文明開化に馬券は舞う

日本競馬の誕生

立川健治

競馬の社会史1

世織書房

ふりむくと
一人の少年工が立っている
彼はハイセイコーが勝つたび
うれしくて
カレーライスを三杯も食べた
……
ふりむくと
一人の人妻が立っている
彼女は夫にかくれて
ハイセイコーの馬券を買ったことが
たった一度の不貞なのだった
……
ふりむくと
一人の老人が立っている
彼はハイセイコーの馬券を買ってはずれ
やけ酒を飲んで
終電車の中で眠ってしまった

（寺山修司「さらばハイセイコー」）

ハイセイコーの敗北は、ただの一頭の馬の敗北ではなかった。そのことの意味は、おそらく一夜あけたあとでこそファンの心に深くよみがえることだろう。それは、私たちの時代には、もはや英雄などは存在しない、そんなものは必要ではないーというメタファーだったのだ。それが、政治化されず、たかが数頭の馬のレースだったとしてもだ。

私はハイセイコーの王座をくつがえした、嶋田とタケホープに拍手を惜しまないが、それよりもすばらしかったと思うのは、競馬そのものが抱えている時代の比喩だった。

（寺山修司「ハイセイコー敗れたり」）

はじめに

私が、本書のもとになるものを書き上げたのは、一九九五年三月のことだった。幕末期から明治二〇年代までの競馬の通史を、同時期の社会の流れと関連づけて書いてみたいというのが、そのとき志したことで、本格的に着手してから約四年間で仕上げたものだった。原稿は提出したものの未刊のまま時間が経過していったが、改めてそのときに書いたものを見直す機会となったのが、二〇〇〇年八月に創刊されたメールマガジン『もきち倶楽部』(山本一生編集、http://www.bunkamura.ne.jp/mokichi-club)に、週一回を原則として、かつて用いた主な資料を紹介し、それに解説を付したものを「文明開化に馬券は舞う」と題して連載を始めたことだった(二〇〇四年一二月まで)。基本的な考えに関しては、まったくといってよいほど変っていないが、かつて書き上げたものをもとに、「文明開化に馬券は舞う」の作業を加えて成立したのが本書である。

以下のものは一九九五年三月に記したもので、今読み返して見ると、現在の私と競馬、あるいは競馬史との関わりからいえばズレを生じているが、あえてそのままにして、「はじめに」に代えたいと思う。

私が馬券を買い、競馬場に行くようになったのは一九七四年、ハイセイコー、タケホープ、タニノチカラ、キタノカチドキが活躍していたときであった。私が最初に好きになり、追いかけ続けた馬は、こういった馬たちではなく、この年のダービーでコーネルランサーの五着になったエクセルラナーという馬だった。この馬は、その後、重賞を一つ勝っただけで、期待の割には凡庸な成績しか残さずに、人知れずターフから消えていった。この馬のレース一つひとつには「想い出」が残り、そのときの私のなにがしかのアナロジーであったようにも思える。だが、現在から振返れば、それはその後の競馬との関わりのほんの端緒にしか過ぎなかった。競馬は生活となり、いつのまにか様々な「人生」をそこで体験することになったからである。

一〇数年もたって、そういった私の競馬にとって転機になることが、偶然訪れた。それは、ちょうど生活上のある決断をしたときだったが、一九八六年四月のある日、ふと公営の東京・大井競馬場に行き、それをきっかけにいわゆる南関東の地方競馬（川崎、大井、船橋、浦和）に熱心に出かけるようになったことだった。転機になった理由はいくつかあるが、ここで論じようとしているものに関係することだけをいえば、それまで土日の中央競馬では気楽にはしゃぐことができていたのに、平日の真昼間に競馬場に行くことが思いもかけない「きつさ」を強いてきたことである（南関東の地方競馬はウィークデーならば一年中毎日行われている）。この「きつさ」のなかには、当時小さかった娘を保育園に預けて、あるいは「人が働いているときに」といった「うしろめたさ」が含まれていた。なぜだろうか、というより、そんなものがどこからやってくるのか、というのがまずそのとき感じた問いだった。だが、そんなことをつきつめて考えるなどという面倒なことはしなかった。もちろん競馬場に行き馬券を買っている方が断然面白かったからである。そのおかげで、騎手・佐々木竹見の六〇〇〇勝にも立ち会えたし（二〇〇一年七月、通算七一五三勝で引退）、ロジータという「川崎競馬に神話を残し」(1)た名牝のレースを最初から最後まで見届けることもできた。そのロジータの一九八九年のオールカマーでの五着という落胆の結果とジャパンカップでの喘ぐような最下位でのゴール、だがそれを覆した東京大賞典と翌一九九〇年の川崎記念での圧勝劇、引退式での調教師・福島幸三郎と騎手・野崎武司（二〇〇五年二月引退）の好感の持てる振る舞い方には印象深いものがあった。

ところがここでも、前述の「きつさ」の問いを探ることになってしまう偶然が起こった。それは一九八八年、ある大学から生活文化に関する講義をしないか、という誘いを受けたことだった。あるテーマの準備を進めるには進めていたが、それでは自分にとってもつまらないなと思い始めたそのとき、突然、競馬に関することをしゃべろうと思いついた。そしてそのとき同時に、自分の研究テーマとして競馬を取り上げることをあらかじめ封じ込めていた、とんでもなく愚かな自分を発見したのである。それが、先の「きつさ」や「うしろめたさ」と関連していることに気付いたのも、ほとんど同時だった。

まず最初の指針となったのは、『日本競馬史』第一～七巻（日本中央競馬会、一九六七～一九七五年）、田島芳郎（フェデリコ・天塩）「日本の競馬の歩み」（『週刊競馬ブック』六九七号関東版、一九八五年七月一日～一二五九号全国版、一九九六年六月一〇日に連載）、山野浩一『新しい名馬のヴィジョン』（中央競馬ピーアール・センター、一九八六年）、紀田順一郎『日本のギャンブル』（中公文庫、一九八六年）、増川宏一『賭博』I～III（法政大学出版局、一九八〇～一九八三年）などであった。そしてこの作業を進めていくうちに奇妙な光景に出会った。明治三九～四一（一九〇六～一九〇八）年を境にして、競馬観が、まるでその様相を変えていたのである。この明治三九～四一年の期間を競馬史のうえでは、馬券黙許時代あるい競馬の狂乱時代と呼ぶが、この時間のなかで、競馬といえば馬券、博奕、賭博というイメージが生み落とされていた。それは日本の近代の一つの「出来事」といってもよく、捜し物を見つけたという感じだった。そして、その作業のなかで、昭和戦前期まで、陸軍が非常に密接に競馬と関わり、それを抜きにして競馬が語れないこと、またそれは、それまでの日本の馬事文化、人と馬のコミュニケーションのあり方の根底的な変革をめざそうとするものであったことも思い知らされた。講義では、このようなことを柱にして、幕末から昭和二〇年代までの人と競馬、あるいは馬券のことについて話したと思う。

そこから二年間の中断をはさんで、一九九〇年秋から、日本の競馬観を決定づけたと考えられる馬券黙許時代の競馬に関する論文に向けて資料の調査に取り掛かり、とりあえず一九九一年四月に仕上げたが（「日本の競馬観(1)馬券黙許時代・明治三九～四一年」『富山大学教養部紀要』第二四巻第一号、一九九一年）、それは単なる始まりの始まりに過ぎないことになった。というのは、時間的な順序は逆になったが、一九九一年六月から、その前提となる鹿鳴館時代（私は明治一二年から二五年頃までをそう呼びたいと考えている）、ついで幕末期の競馬に関する資料を調査し、一九九一〜一九九三年にかけて、それこそ「馬なり」に論文（「日本の競馬観(2)鹿鳴館時代」『富山大学教養部紀要』第二四巻第二号一九九二年、「日本の競馬観(3)鹿鳴館時代（続）」『富山大学教養部紀要』第二五巻第一号、一九九二年、「幕末〜文明開化期の競馬――横浜・根岸競馬をめぐって――」『富山大学人文学部紀要』第二〇号、一九九四年）を書いていくうちに、そこには漠然と思っていたことをはるかに上回るものが埋もれていたからである。

最初に鹿鳴館時代に取り掛かったときには、『日本競馬史』巻二（日本中央競馬会、一九六七年）を指針にして、新聞資料などを網羅的に見ることで、この時代の競馬が女性を主役とするような社交と共に生み出されたことを強調することで精一杯だった。その後、鹿鳴館時代の終焉に眼を移していくなかで、この時代の競馬が、そういった社交だけでなく、馬匹（身体）改良でもあり、スポーツでもあり、ギャンブル（賭博）でもあり、博覧会でもあり、あるいはもっと別のものでもあったと思うようになっていった。それはきっと、前掲の寺山修司の言葉を引けば、競馬が「時代の比喩」であったことを私なりにいいたくなってきたからだった思う。

それとともに競馬が行われ始めたこと自体が、もっと驚くべきことではないかと思うようにもなっていった。なぜなら、結論だけを簡単にいえば、身体性の近代化（西洋化）、女性を主人公とする社交など、それまでの私たちには未知であったものが、そこで獲得されていなければ競馬などを行うことができるはずもなかったからである。それは、江戸期の歌舞伎役者に、そのままの演技法で、西洋人の眼から見ても合格点をもらえるようなレベルで、シェークスピア劇を演じろというようなものであり、またお歯黒と眉剃りと白塗りの女性に「素顔の美しさ」を説くようなものであった。競馬を始めたということはそういった「驚き」でもあったと思う。

こうしたことを念頭におきながら、開港後、横浜にやってきた西洋人たち（以下、「居留民」と記す）が始めた競馬を調べる作業を開始することになった(2)。なぜ彼らが競馬を必要とし、それを継続していったのか、そしてそれがどのように私たちの競馬と関わっていたのか、というところから考えをまとめていこうと思った。そのなかで日本馬と中国馬、さらには雑種馬をめぐる問題に初めて気付くことにもなった。これが、彼らの横浜における競馬だけでなく、私たちの鹿鳴館時代の競馬においても重要な問題を形成していたことが判明したのは、思わぬ副産物であった。

こうして一九九三年九月頃までに幕末期～鹿鳴館時代までの競馬に関しての作業をひとまず終えることになり、ようやく「馬なり」の状態から抜け出して、そこから全体を振り返るところにまでたどりつくことになった。それから一年有余、新たな資料を調べた結果もつけ加えながら、まとめたのが本書である。本書は、競馬の歴史性、言葉をかえれば、前に述べた意味での「驚き」を論じていくことを目的としている。ここでは、私の競馬史研究の端緒となった馬券黙許時代のことは取り扱ってはいないが、それへのつながりは充分意識しているつもりである。

まず第一章では、明治一七（一八八四）年一一月の国家的行事として行われた上野不忍池での競馬とその背景を馬匹改良と女性を必要とする社交の創出から探り、第二章では、この時代の日本側の競馬を担った共同競馬会社の設立の経緯、そしてその日本側の競馬と交錯して明治一三（一八八〇）年横浜で内外の驚くようなメンバーからなるニッポン・レース・クラブが設立されたこと、また鹿鳴館時代に推進された馬事振興、及び不忍池競馬場設置までの経緯などを第一章と同じ視点から論じた。第三章では、西洋の馬文化や彼ら居留民がこの日本で競馬を行うことが彼らや私たちにどのような意味を持つことになったかなどの角度から、幕末から明治二〇年代までの横浜における競馬の展開を論じた。第四章では、明治二五（一八九二）年の共同競馬会社の終焉が、いかに鹿鳴館時代の政治、社会、文化状況そのものと運命をともにしていたかをこの時代の女性をめぐる動向に焦点をあてながら論じた。また文明開化期と鹿鳴館時代の身体性の近代化（西洋化）と競馬の関係性についてもふれてみた。第五章では、この鹿鳴館時代に賭博が個人の内面的な問題とされていくプロセスを読み解きながら、その作用が競馬にも届き始めたことを論じた。そして第六章では、血統的には現在の競走馬たちと断絶しているが、この時代の馬たちへの挽歌としてその蹄跡を書き残してみた。これらの馬たちが息づいていた時代の競馬の雰囲気の一端でも伝えられていればと思っている。

当初、日本における競馬の歩みを調べ始めたものの、しばらくはそこにどう立ち入っていけばよいか戸惑っていた。そのとき、つぎのような明治三九（一九〇六）年に設立された東京競馬会の定款第一条に出会うことによって、なんとか競馬を論じていけるのではないかと思うようになった。いいかえれば、私が競馬史を考察していく出発点となったものである。明治期から昭和戦前期までの競馬の「理念」をコンパクトに、しかもあますところなく言説化したその最高水準の「作品」だったと思う。

本会は馬匹に関する国民の思想を涵養し、産馬事業の発達と馬術の進歩を期して、兼ねて社交を幇助せんがため、競馬を挙行するをもって目的とす(3)。

これを読み解く作業が果たせれば、明治期から昭和戦前期の競馬そのものの位相も明らかにできるはずだと考えている。まだその作業の第一歩を踏み出したに過ぎないが、今その気分をたとえてみれば、未出走のまま三歳の秋を迎えてようやくローカルの五〇〇万下のレースの出走にこぎつけたというのが一番それに近いような感じがする。

文明開化に馬券は舞う

日本競馬の誕生

目　次

（索引はホームページに掲載・http://homepage3.nifty.com/seori/keibanoshakaishi.html）

凡例

一、引用資料は、原則としてカタカナ、変体カナはひらがなに改め、旧漢字は新漢字を用い、漢数字は一部表記を改め、明らかな誤字や送り仮名の誤りは訂正し、また原文に句読点及び濁点がない場合にはそれを補い、漢語部分に関しては一部読み下した。引用文中、ポイントをおとした括弧内は、特に記さない限り引用者の補足である。

二、年号については、原則として元号（西暦）で表記した。ただし第三章第一節から第五節は西暦を原則とした。

三、本書では、以下の資料に関しては、表記のように略記する。

『横浜毎日新聞』（明治一二年一一月一八日からは『東京横浜毎日新聞』、明治一八年五月一日からは『毎日新聞』）→『毎日』、『東京日日新聞』→『日日』、『郵便報知新聞』→『報知』、『読売新聞』→『読売』、『朝野新聞』→『朝野』、『時事新報』→『時事』、『東京朝日新聞』→『東朝』、The Japan Herald→J.H.、The Daily Japan Herald→D.J.H.、The Japan Times→J.T.、The Japan Times' Daily Advertiser→J.T.D.A.、The Japan Times' Overland Mail→J.T.

O.M.、The Hiogo News→H.N.、The Japan Weekly Mail→J.W.M.、The Japan Gazette→J.G.、The Japan Gazette Fortnightly Summary→J.G.F.S.、"Japan Punch"（『THE JAPAN PUNCH（復刻版ジャパン・パンチ）』〈一〉～〈一〇〉雄松堂、一九七五年）→『ジャパン・パンチ』、"The Illustrated London News"（金井圓編訳『描かれた幕末明治　イラストレイテッド・ロンドン・ニュース　日本通信　一八五三～一九〇二』雄松堂、増訂第三刷、一九八六年）→I.L.N.、"Far East"（『THE FAR EAST（復刻版　ザ・ファー・イースト）』第一巻～第七巻、雄松堂、一九六五年）→F.E.、『明治天皇紀』第二（一九六九年）、第三（一九六九年）、第四（一九七〇年）、第五（一九七一年）、第六（一九七一年）、第七（一九七二年）、吉川弘文館→『天皇紀』㈡、㈢、㈣、㈤、㈥、㈦、帝国馬匹協会編『日本馬政史』第四巻、昭和三年、復刻版、原書房、一九八二年→『馬政史』㈣、大友源九郎『馬事年史』㈢、一九四八年、復刻版、原書房、一九八五年→『馬事年史』㈢、霞会館華族資料調査委員会編纂『華族会館誌』上・下、霞会館、一九八五年→『会館誌』上・下、井上馨公伝記編纂会『世外井上公伝』→第三巻、原書房、一九六八年→『井上公伝』㈢。

四、新聞、雑誌の日付に関しては、邦字のものについては明治一〇年一一月二一日→明一〇・一一・二一、英字のものについてはNovember 21 1870→一八七〇・一一・二一と表記する。ただし『ジャパン・パンチ』に関しては、November 1870→一八七〇年一一月号と年月で表記する。

五、メールマガジン『もきち倶楽部』（山本一生編集、http://www.bunkamura.ne.jp/mokichi-club）に関してはURL名を省略し、『もきち倶楽部』No10. 二〇〇〇年と表記する。

文明開化に馬券は舞う

日本競馬の誕生

競馬の社会史 1

1　国家的行事の競馬

1　明治一七年一一月上野不忍池競馬場——近代化日本の象徴

明治一七（一八八四）年一一月一、二、三日、上野公園内不忍池周囲に折から竣工した競馬場（以下、「不忍池競馬場」と記す）で初めての開催が行われた（図1）。しかもその規模と内容は驚くべきものだった。主催は明治一二（一八七九）年に設立された共同競馬会社、英語名はUnion Race Club。当時はクラブを会社と訳していたから、現在の感覚では共同競馬クラブといったことになる。

競馬の母国英国では、競馬は「貴族性」をシンボライズするものであったが、それを意識するかのように、この第一回の不忍池競馬開催の前後の役員には、社長に小松宮、副社長に毛利元徳（元長州藩主）と鍋島直大（宮内省式部長官）、幹事には伊藤博文（宮内卿）以下、西郷従道（農商務卿）、川村純義（海軍卿）、松方正義（大蔵卿）、井田譲（元老院議官）、楠本正隆（元老院議官）、大河内正質（宮内省御用掛、元上総・大多喜藩主）、岩崎弥之助（三菱副社長）、佐野延勝（騎兵大佐）、藤波言忠（侍従）、会計長に三井八郎右衛門（三井家総領家当主）といった錚々たる顔ぶれが名を

図1　揚州周延「上野不忍共同競馬会社開業式之図」明治17（1884）年

開催に先立って刊行された想像図。これから始まろうとしている国家的一大イベントである競馬に対するイメージがうかがえる（馬の博物館蔵）。

列ねていた(1)。岩崎弥之助、佐野、三井八郎右衛門を除く全員が、直前の七月華族となっていた。その岩崎、三井にしてもいうまでもなく日本トップクラスの「ブルジョアジー」だった。会社の会員数は外国人五二名を含んで六〇六名(2)。当時の内外の社交クラブとしては、明治一七（一八八四）年五月鹿鳴館内に内外の友好促進を目的に設立された東京倶楽部が知られているが、同倶楽部の発足時の会員数は名誉会員も含めて一〇二名、内四二名が外国人、明治一八（一八八五）年初めで二七〇名だったから(3)、共同競馬会社は、その二倍を優に越える会員数を誇っていた。したがって共同競馬会社は、当時最大の内外の人々を会員とするクラブであったということにもなる。天皇からは、同会社に対して、これよりの先の一〇月、競馬場落成を祝して五〇〇円、さらにこの開催に際して五〇〇〇円が下賜されていた(4)。このような多額の下賜金は、単に競馬の次元にとどまるものではなく、この開催を国家的行事として行うという政治的判断が下されていたことを端的に示していた。宮内省、農商務省、陸軍省、皇族、三菱会社、各国公使、横浜と東京の居留民などが賞典や賞盃を寄贈し、一レースの賞金は、最大のもので一〇〇〇円、賞金額が不明な七レースを除く一七レースだけでも総額六〇〇〇円を上回っていた(5)。

宮内、農商務、陸軍の各省は、かねてからの競馬の推進者として、省としての政策からもこの共同競馬会社に積極的な支援を行っていた（第二章第一節、第四節）。小松宮を除く前記役員のほとんどはこの開催に馬主として馬を出走させたが、その他に米田虎雄（侍従長）、東園基愛（侍従）、広幡忠朝（侍従）、西四辻公業（侍従）、荻昌吉（侍従）、谷元道之（東京馬車鉄道社長）、堀基（北海道運輸会社社長）、相良長発（騎兵中佐）、稲葉久道（元臼杵藩主）、諏訪重中（騎兵中佐）、波多野尹政（農商務省下総種畜場長）、稲田邦礼（徳島蜂須賀家家老）、本多忠鵬（元西端藩主）、分部光謙（元大溝藩主）らが馬主として名を列ねていた(6)。それとともに、横浜のニッポン・レース・クラブ（同クラブに関しては第二章第三節）の有力会員であるカークウッド（M. Kirkwood：弁護士、明治一八年から司法省御雇）、ジュラン（Jurand：ジュラン商会）、キングドン（N. P. Kingdon：商人）、ウォード（R. J. Ward：鉄道局御雇）、ジャフレ（Jaffray：馬車運輸業・厩舎経営）らの名前を見ることもできた。

初日には天皇が臨場し、供奉の伊藤博文（宮内卿）、徳大寺実則（侍従長）、鍋島直大（式部長官）はもちろん、小松、有栖川、北白川、伏見、閑院の各宮、三条実美（太政大臣）、井上馨（外務卿）、山県有朋（内務卿）、西郷従道（農商務卿）、松方正義（大蔵卿）、川村純義（海軍卿）、山田顕義（司法卿）、大木喬任（文部卿）、黒田清隆、福岡孝悌の政府首脳と元老院議官、芳川顕正（東京府知事）、樺山資紀（海軍大輔）、大迫貞清（警視総監）、そして池田章政（元岡山藩主）、松平定教（旧桑名藩主）らの華族、各省の勅奏任官、陸海軍の将校、さらに各国公使たちのほとんどが姿を現し、当時の慣例に従って婦人同伴とされた内外の招待客の参会者は千数百名に及んだ(7)。内閣で姿を現さなかったのは、洋行中の大山巌（陸軍卿）を除けば、佐々木高行（工部卿）ただ一人だった。二日目には婦人財嚢競走（Ladies' Purse Race）が行われるとあって、初日にも増して多くの婦人が姿を現し、この日の主人公を演じた（本章第三節）。ちなみに大山巌夫人捨松も佐々木高行夫人貞子も、この財嚢に寄附金を醵出していたから、この財嚢には内閣員すべての夫人の名が列ねられていたことになる。

馬見所（スタンド）及び競馬場周辺は、菊などの花々で飾られ、数多くの万国旗や紅燈（イルミネーション）も取り

図２　初日、二日目の記事

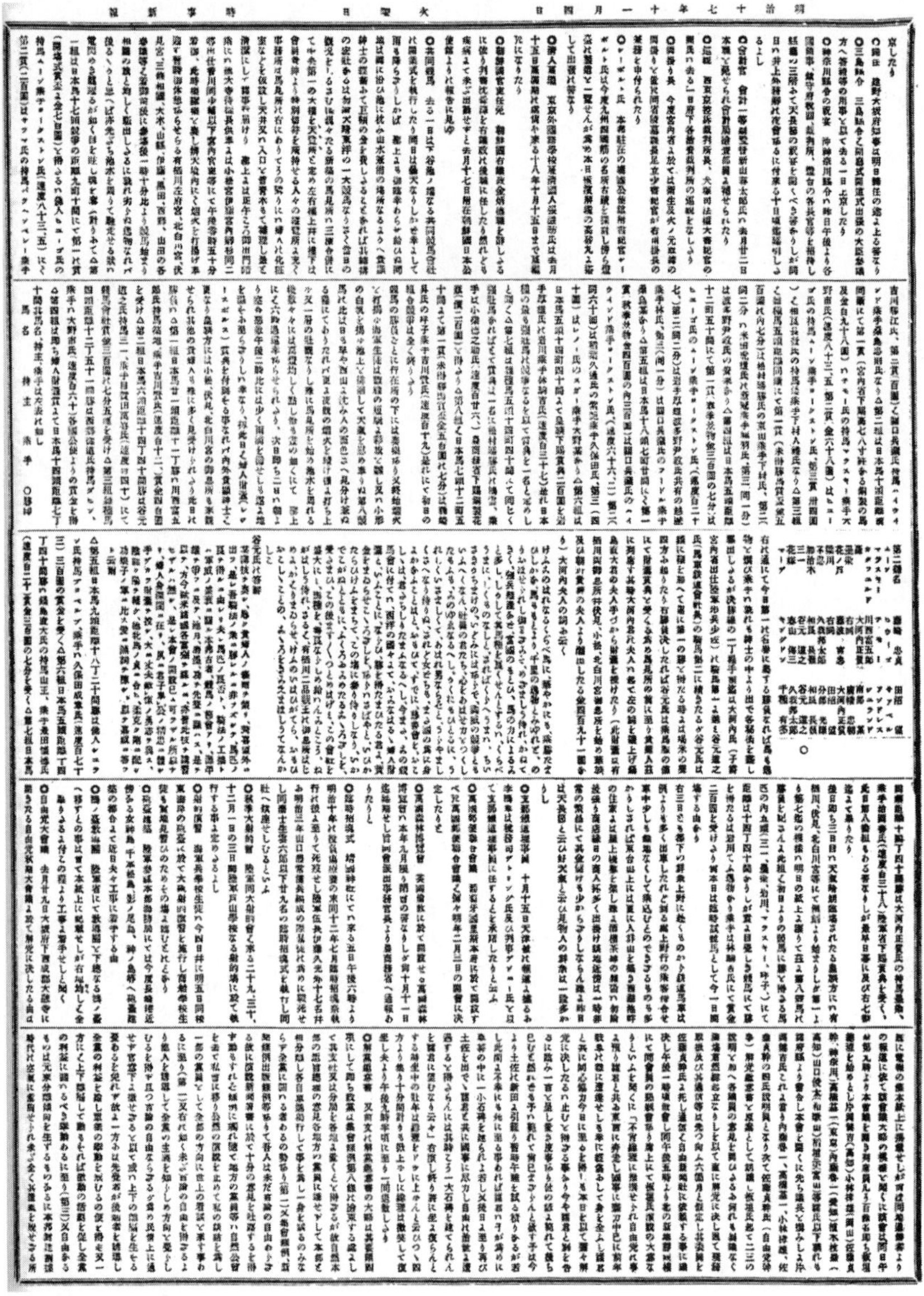

明治十七年十一月四日　火曜日　時事新報

婦人財嚢に関しては、全出走馬、馬主、騎手、レース、表彰式、祝辞、答辞などが詳しく報じられている（『時事』明17・11・4）。

付けられ、そしてレースの合間には陸軍楽隊が音楽を奏で、色々な細工ものが仕込まれた花火（初日一一五発、二日一一三発、三日一〇四発）が打ち上げられた。夜に入ると紅燈のあかりは池水に映え、さらに花火が華やかさを加えた。ちなみに鹿鳴館の天長節の夜会の参会者は八〇〇名、花火の数は九〇本だったから(8)、双方ともにこの競馬開催の方が上回っていた。なお音楽、イルミネーション、花火は、この時代の社交の場面に不可欠な三点セットだった。

一般の観衆も殺到し、周囲の桟敷は予約で満席となり、馬見所の入場券一日上等五円、中等三円を偽造して半額で販売して検挙者が出るほどの前人気で(9)、初日の上野行き馬車鉄道（当時は、新橋―京橋―万世橋―上野―雷門―浅草橋の循環線）は臨時増発されても積み残しが出るほどの超満員、不忍池周囲の各料理店の桟敷だけでなく、仲町、茅町、池之端の民家のにわか造りの桟敷までもが人々で埋め尽くされた。その料理店の楼上には「郭れも細君などを携え」た「華族官員方銀行頭取等」や三菱社員の姿があり(10)、「池の周囲は人の頭を以て埋むるが如く……又上野公園は旧黒門内より東照宮裏門の辺常には人の往来せぬ崖上まで見物人雑踏しにわかに人の山を築きしに異ならず、此日は東京市中の人民残らず其家を虚にして此所に来集せしかと疑はるる程の賑い」だったという(11)。

図３　鹿鳴館の夜会の記事

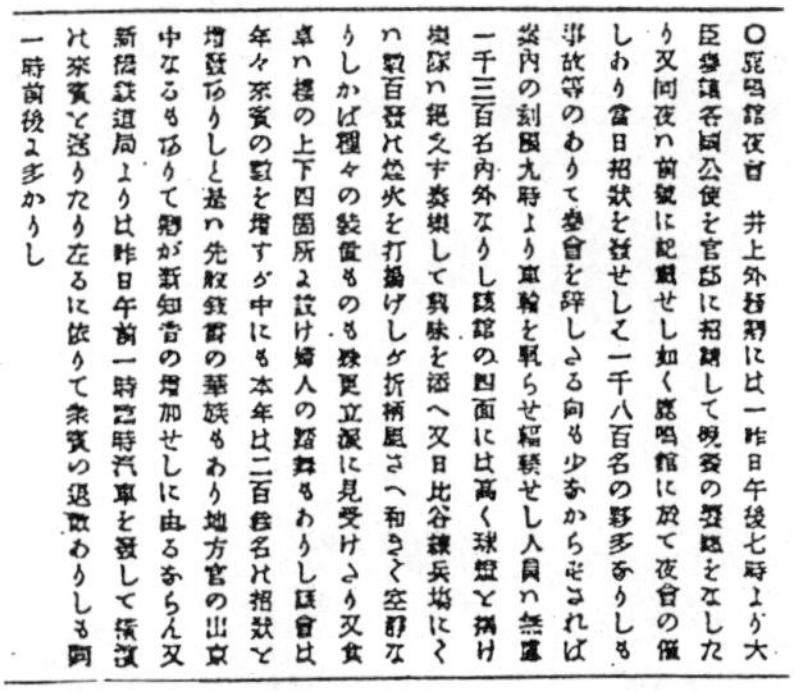

○鹿鳴館夜會　井上外務卿には一昨日午後七時より大臣參議各國公使を官邸に招請して晩餐の饗應をなしたり又同夜は前號に記載せし如く鹿鳴館に於て夜會の催しあり當日招狀を發せしは一千八百名の夥多なりしも事故等のありて參會を辭しゝる向も少なからざれば案内の刻限九時より車輪を馳らせ絡繹せし人員は無慮一千三百名内外なりし該館の四面には高く球燈を掲げ樂隊は絶えず奏樂して興味を添へ又日比谷練兵場にては數百發の煙火を打揚げしが折柄風さへ和ぎて空靜なりしかば種々の裝置ものも殊更立派に見受けられ又食卓は樓の上下四箇所に設け婦人の踏舞もありし該會は年々來賓の數を増すが中にも本年は二百餘名は招狀を増發なりしと甚れ先般叙爵の華族もあり地方官の出京中なるもありて聊か新知音の増加せしに由るならん又新橋鐵道局よりは昨日午前一時二時汽車を發して横濱は來賓を送りたりさるに依りて來賓の退散ありしも同一時前後は多かりし

競馬の取り扱いの方がはるかに大きい（『時事』明17・11・5）。

このようにして、三日間の競馬開催が、天皇、参議、大臣、各国公使らが姿を現し、また二日目の主役を女性が務めるといった演出も加えて繰り広げられた。繰り返せば、驚くべき規模と内容の国家的一大行事として競馬が行われた。それは、先の役員の顔ぶれにも示されているように、当時の「高等政治」にとっても必要であったからだった。鹿鳴館において初めての天長節の夜会が開かれ、バッスル・スタイルの日本女性が、まがりなりにも本格的に舞踏の輪に加わった夜会が開かれるのは、この不忍池競馬場での第一回開催三日目にあたる一一月三日のことだった。後には、夜会、舞踏会が、鹿鳴館時代を象徴するものとして歴史の記憶に残されることになるが、少なくとも当時にあっては、この共同競馬会社第一回開催もそれらと同じように政治的にも大きな意味を持ち、なぜ日本近代史上で、これまでこの開催の意味が論じられてこなかったのかが不思議なくらいの出来事として存在していた。各新聞の取り扱いは、天長節の夜会よりも、競馬開催の方が一様に大きかった（図2・3）。

この競馬開催の舞台となる馬場、馬見所などの競馬場の施設も当然それにふさわしいものに設えられた。不忍池及びその周辺の競馬場への改修工事は、この明治一七（一八八四）年の三月下旬から六ヶ月の予定で開始されていたが(12)、開催直前に竣工したものだった(13)。四八年ぶりに本格的に池の水を浚渫(14)、その泥土で周囲と池之端茅町、仲町の道路沿いの大下水や屈曲した所などを埋め立て、それまでの形態では競馬のコースに不適切であった池の周囲をそれにふさわしい楕円形のものに改修するという大工事だった(15)（図4・5）。馬見所は花園町によった洲を埋め

図4　改修前の不忍池及びその周辺

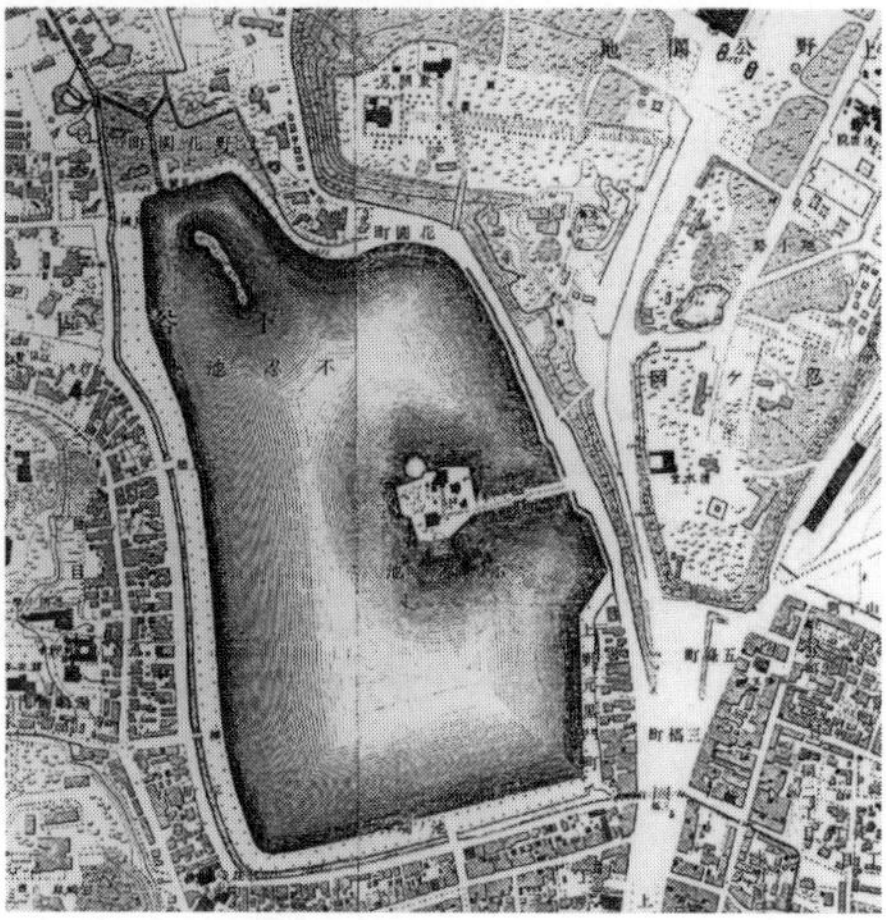

（「参謀本部陸軍部測量局地図〈明治16年から明治17年測量〉」。玉井哲雄編集、石黒敬文企画『よみがえる明治の東京　東京十五区写真集』角川書店、1992年、218頁）

図5　改修後の不忍池及びその周辺

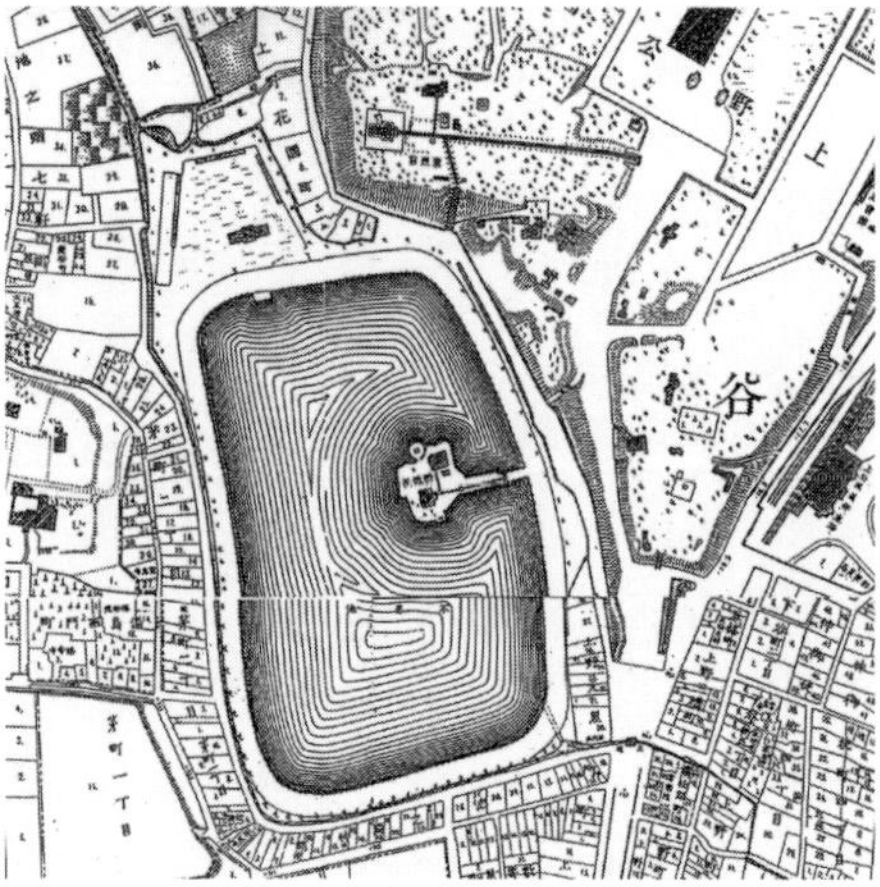

対照すれば改修による変貌の有様がよくうかがわれる（〈明治19年から明治21年測量〉地図資料編纂会『五千分の一　江戸東京市外地図集成』柏書房、1988年、56頁）。

立て地盤を固め、破風造檜皮葺の二階建総檜造三棟の和風のものを建築、二階中央の玉座は間口四間、奥行六間、左右各四間四方の総節なしの檜で楠の格天井(16)、その檜は折りからの皇居造営のために取り寄せていたものが差し回された(17)。開催時は楼上中央の玉座の左室が大臣、参議、各国公使等などの席、右の食堂の大広間が夫人令嬢の遊覧所、間口二四間の楼下一階は上等観覧席という配置だった(18)。九月一五日の暴風雨で、七~八分できていた馬見所中央の柱が折れて屋根も落ちるという事態が生じたが(19)、その後の昼夜をあけずの工事で一〇月下旬には竣工した。この上等馬見所の建設費は約五万円、その「美麗なることは諸人の知る所で」(20)、非開催時は「鹿鳴館或は紅葉館の如く宴席に貸与」される予定だったが(21)、実際にもたとえば、明治二二（一八八九）年の東京開府三百年祭や明治二六（一八九三）年の福島中佐シベリア縦断歓迎市民集会の本会場、あるいは絵画などの展覧会場としても使用されることになる(22)。当時の最高級の社交施設としては、西洋式が鹿鳴館、和式が紅葉館だったが（それぞれ明治一六年一一月、明治一四年二月落成）、この馬見所もそれに匹敵するものだった。その馬見所の姿を伝える当時の写真と錦絵を参考までに掲げておくが（図6・7）、その偉容がしのばれるだろう。

　この馬見所の傍らには間口十四間の中等馬見所も造られ、また計二〇〇頭が収

図6　共同競馬会社馬見所

（前掲『よみがえる明治の東京　東京十五区写真集』219頁）

図7　揚州周延「上野不忍之池競馬会社之図」明治17（1884）年

開催直後に出版されたもの（馬の博物館蔵）。

図8　共同競馬会社馬場図面

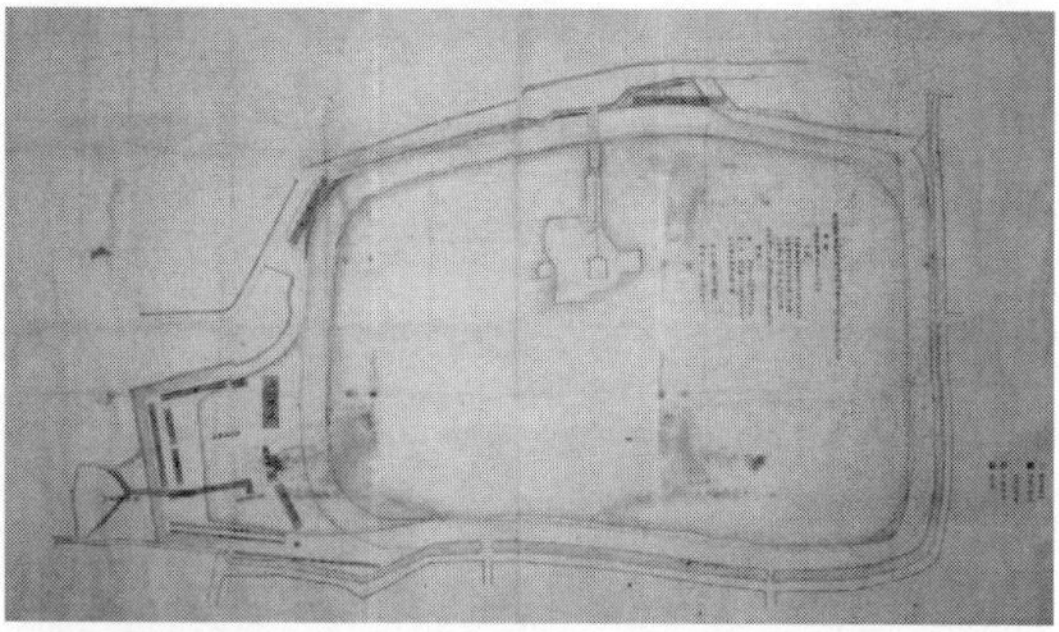

5棟の厩舎、上等・中等馬見所、馬場の総坪数なども書き込まれている（東京国立博物館蔵）。

容できる五棟の厩舎も設置され、岸沿いには花菖蒲、埒沿いには柳、桜、萩が植えられた(23)。競馬場の規模は、馬場一万八〇坪、馬見所及びその附属地七七九五坪、総坪数一万七八七五坪、一周は公称一マイル換算の一四町四〇間であったが(24)（図8）、実際は約一五〇〇メートルであったようである(25)。人々が物見遊山に訪れ、あるいは博物館、図書館、動物園といった「近代の装置」が存在する、ここ上野での競馬場の壮大な工事自体が人々の関心を引く大きなデモンストレーションとなっていた。総工費一一万七三〇〇円余(26)、鹿鳴館の総工費といわれている一八万円に対して決して少なくない額だった。いや、鹿鳴館が外務省をはじめとして各省が共同出資して建設されていたのに対して、不忍池競馬場が形としては一民間クラブの事業だったことを考えれば、大変な額だった。なお現在と違って、当時のシステムでは競馬は賭け（馬券）による収益を主催者にもたらさないから（第五章第一節）、そういった営利を目的にしたものではなかった。これだけでも、不忍池競馬場が、いかに特別な意味を持つものとして出現させられていたかを物語っていた。また工事の請負は久我邦太郎、春山伝蔵だったが、一一月一日の開催初日には、伊藤博文がその功を伝え、天皇が拝謁したというから(27)、これもそういったことをうかがわせてくれる材料でもある。ちなみに、共同競馬会社のこの不忍池周囲の敷地の借地の申請は、明治一六（一八八三）年九月上野公園を管轄する農商務省博物局になされ、一〇月一端却下されていたところを、政治的な後押しをえて、改めて翌明治一七（一八八四）年二月に出願、太政官から三月にその仮認可を得て工事に入ったものだった（第二章第五節）。借地権の公式認可は、明治一六年一〇月以来、上野公園の帝室用地への移管が検討され、宮内省と農商務省の間で交渉が継続されていたことで、遅れていたが、期限七年間（明治二四年三月まで）、延長の場合は改めての出願、馬見所敷地の無税、不忍池周囲の護岸工事、下水の維持・管理、樹木伐採の禁止、場内における割烹店および小憩所類似の営業禁止などからなる一〇項目の条件で、第二回の開催直前の明治一八（一八八五）年四月になってようやく農商務省から認可された(28)（図9）。なお明治一九（一八八六）年三月の博物局の宮内省移管に伴い、この借地条件も引き継がれた。

明治一九年、シャム（タイ）公使の時、日本を訪れたアーネスト・サトウをはじめとして、上野公園を訪れた西洋人たちは、不忍池競馬場をヨーロッパ風のコース、都会的風景であったなどの感想を残しているが(29)、それは会社の目標が達成されたことを意味していた。というのは、そもそもの上野への競馬場の設置の目的がそこにもあったからである。明治一六年四月、パリ公使館に勤務、スイス公使兼スペイン・ポルトガル公使をつとめて帰国し、共同競馬会社の副社長に就任して、この計画を推進していた井田譲（元老院議官、陸軍少将）は、おそらくパリ・ブローニューの森のロンシャン競馬場などを意識して、「公園内に競馬場があるヨーロッパの例に倣って上野にも設置したい」と述べていた(30)。英国での七年間にも及ぶ生活体験を持つ共同競馬会社社長の小松宮も、建設工事が真っ盛りであった明治一七（一八八四）年六月、つぎのように述べていた(31)。

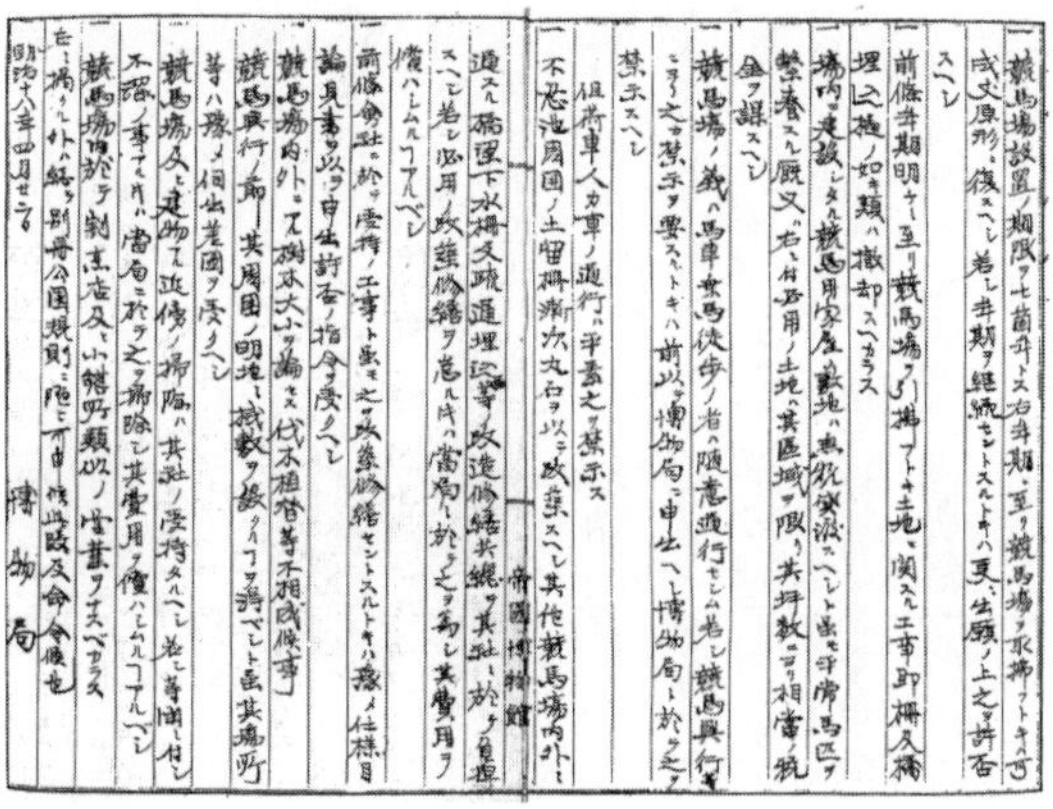

図9　明治18年4月22日付「上野公園不忍池周囲へ共同競馬場設置差許に付命令書」

期限は明治24年3月までの7ヶ年だった（東京国立博物館所蔵）。

> 抑も此場たるや池水を環繞し、東は上野山に傍い、西南は市外を帯び限るに一流を以てし、北は広濶の地に就て観馬台を設け、其馬場の延袤は八八〇間（一マイル換算）、其幅員一二間、あたかも巨大の玉環を将て明鏡の四辺に嵌するが如く、其長短広狭

は都て競馬の原則たる距離に違はず、蓋し天は一池を造って、以て本邦馬産の為めに此好場を与うるに似たり、況や山水の佳麗地境の優美なる実に東京第一に居るに於てをや。

この自負は、決して的はずれではなかった。ロケーションにおいても施設においてもヨーロッパのものに勝るとも劣らない競馬場、それを不忍池競馬場はめざし、そして実現していた。

このような競馬場での国家的行事の競馬開催、上野こそまさにそれにふさわしい舞台だった。

上野公園は、明治一〇（一八七七）年、明治一四（一八八一）年と二回の内国勧業博覧会の開催、明治一二（一八七九）年には、前アメリカ大統領グラントの府民歓迎会、その後も江戸開府三百年祭、日清戦争の戦勝式が開かれるなど「国家的行事のメイン会場」となり、明治期、「近代国家イメージの博覧会場」、あるいは「近代化日本を象徴する祭祠空間」として特異な磁場を持つ空間であった(32)。いいかえれば、当時、競馬も「近代国家イメージの博覧会場」の出し物であり、「近代化日本を象徴する祭祠」でもあったからである。また上野公園には、明治一五（一八八二）年、博物館、動物園、図書館が設置されていたが、競馬場もそういった「近代の装置」の一環として上野という空間に組み込まれたことを意味していた。

この時代の競馬がなぜそのようなものとして存在していたのか。それを読み解いていくことが、ここでの第一の目的となる。

2　馬匹改良と競馬――国運の旺盛

競馬が国家的行事として展開されていくという時代的背景を考えるとき、欧米諸国でもそうであったように、競馬が馬匹改良の根幹的な機能を果たすということがあった。私たちからはその記憶が失われてしまっているが、かつて馬匹改良は国策上の、それも軍事を左右する重要な課題だった(1)。馬匹と軍事というと、私たちではまず騎兵を連想してしまうかも知れない。確かに近代戦においても、飛行機や機甲車両や無線連絡などが本格的に普及するまでは、捜索、警戒、通信と伝令、挺身行動に騎兵がかなりの役割を果たしてはいた。だがもちろん時代は火力戦闘の時代に、それも兵器は日進月歩に近代化されていたから、騎兵が戦闘の主力である時代はとうの昔に終わっていた。しかし、ところが、である。騎兵がそうであったにしても、それだけが軍事と馬匹の関係の主要なものではなかった。近代戦において騎兵の重要性が後退していっていたとしても、それがすぐさま馬匹の軍事的需要の減少ということにはつながらなかった。いや、それどころか逆に、兵器が近代化されればされるほど馬匹の重要性が高まっていた。このことは、二〇世紀に入って随分時間がたった後でも軍事上の常識であった。

輸送車両が本格化するまでは、馬匹は「活兵器」と呼ばれ、陸軍の各部隊は馬匹がいなくては軍隊としての行動がとれなかった。しかも大機動兵力と大火力兵力を編成し、総合戦力の面で技術構成の高い軍備を実現しようとすればするほど、ますます大量に「すぐれた馬匹」が必要となっていた。たとえば、いかに火力の優れた野砲や山砲を保持しようとも、戦場で迅速に効率良く配備できなければほとんど意味がない。その配備を可能とする機動力を持たねばならない。したがってその機動力として野砲を輓く砲兵輓馬や山砲を輓く駄馬が必要不可欠となってくる。それにまた大兵力を展開させようとすればするほど、そのためには大量の糧食、弾薬を運搬する補給線の確保が必須となる。船舶や鉄道で運送された軍需物資を、戦場に展開している部隊にどうやって補給するのか。そういった機動力を持っているのも馬匹でしかなかった。ここでも軍需物資を搭載した荷車を引く馬も含めて、ますます数多くの輜重駄馬が必要とされる。そして偵察、警戒、通信等にも乗用馬が必要だった。つまり、大陸戦を展開しようとするならそこにおける唯一の機動力が馬匹だったのである。輸送車両が本格化した満州事変から太平洋戦争に至る一五年戦争期でもその重要性は決して減ってはいなかった。日本競馬会が昭和一八（一九四三）年、いわゆる地方競馬の後継としての軍用馬鍛錬競走が昭和一九（一九四四）年まで馬券を発売して競馬を開催できたのは、軍馬育成、国防上の必要がその理由となっていた。
では、明治期の日本の馬はこの軍事的要請に応えられたのであろうか。答えは、はっきりと「否」であった。最悪の事態を招きかねない陸軍の大きな弱点として、馬匹の問題が存在していた。きたるべき日清戦争、義和団事件、そして日露戦争でも、その危機に直面することになるだろう(2)。

それは、数の問題だったのだろうか。日本の馬匹の数は、明治期に入るとほぼ一五〇万頭前後を推移し、たとえばここで対象としている時期の最後の年にあたる明治二五（一八九二）年の段階で一五五万頭余であった(3)。このように数だけに限れば充分すぎるほどだった。問題は馬匹の資質だった。軍事的に見ると、日本の在来の馬匹ではあらゆる面で不適格だったのである。日清戦争、義和団事件をへると「我国の馬匹は列国に比類なき劣等の馬種であることは如実に証明」されたという自覚を、それへの屈辱感も加えてもたらされることになる(4)。

図10　日本馬の姿

頭が大きく、首が太く、たてがみや尻尾が密で縮れ、草鞋を履いている（『イラストレイテッド・ロンドン・ニュース』1861・8・17。金井圓編訳『描かれた幕末明治　イラストレイテッド・ロンドン・ニュース　日本通信　1853～1902』雄松堂出版、1974年、68頁）。

一六世紀から二〇世紀初頭にかけて日本を訪れた西洋人たちは、皆一様といってよいほど日本の馬に驚きと嘲笑、あるいは侮蔑を隠さなかった(5)。体高が平均で一二七～一三〇cmと小さく（現在のサラブレッドで一六〇～一六七cm）、たて髪が立ち首が太いなど見てくれも悪く（図10）、また馬は噛んだり蹴ったりする暴れ馬の方が逸物とされたこともあって気性が荒くて人のいうことも聞かず、馬に乗って駆けるという習慣もなく、蹄鉄もつけずにわらじを履いて、しかも右前肢と右後肢が同時に出る側体歩をしていたからである。また血統という概念が欠如していて、種付けも自然繁殖に任せていた。ついでにいえば馬車も知らなかった。したがって当然、速度、持久力、輓曳力、負担力にも著しく劣っていた。横浜では、一八六〇年代に入る頃から西洋式の競馬が行われていたが、その過程でも、早くから、世界的水準からみればさほどでもない中国馬にまるで歯が立たずに日本馬に関してつぎのような評価が定着してしまっていた(6)。

気性が荒くて、人の命令に沿わないから、まっすぐ走れず、バカついて逸走してしまうのが日常茶飯事、コーナーも曲がれない、牝馬を見ると興奮するから牡牝を一緒には走らせることができない、スタート前から焦れ込んで、スタートしたらしたで、ただがむしゃらに走るのでせいぜい三／四マイルまでしかもたず、それ以上の距離になるとスタミナ切れになってしまう（図11）。それに、このような劣悪な競走馬でさえ、不足気味の上に高価で、たとえ入手できたにしても、まがりなりにも競走できるようになるのはやっと七歳、ピークを向かえるにはさらに三～四年もかかる、と。

図11　レース中の日本馬

日本馬の気性の悪さから騎手が落馬してしまった様子が描かれている（『ジャパン・パンチ』1870年８月号）。

日本馬は競馬に不適切、いいかえれば競馬という西洋的な身体の振る舞いには適応性を持っていなくて劣悪というわけであった。まるでそれは、私たちのかつての身体性のアナロジーを語られているかのようであった(7)。このような日本馬の現状、居留民（西洋）の眼から見ると、血統の概念がなく、育成や調教がデタラメで、馬産への意欲もなく、しかも馬を虐待するばかりで馬への愛情も欠如しているなど、私たちの馬事文化がまったくなっていないところからもたらされているものと映っていた。しかし、これは、その他の文化がそうであったように、私たちのものと西洋の馬事文化とが相対的なものだったに過ぎなかった。幕末から明治期にかけて日本を訪れた西洋人のテキストを通して、「逝きし世の面影」を追体験した著作のなかで渡辺京二が述べているように、「人間の利益と馬の幸福の調和点が、外国人から見ればいちじるしく不完全な、日本的な馬の扱いとなって表れた」ものであった(8)。私たちは、それまでの馬事文化でも馬とはうまく暮らしていた。馬を自分たちの仲間として取り扱い、馬に自分たちのために役立ってほしいと思っていたが、その意にそわないことを強制（調教）せず、死後も手厚く弔っていた(9)。

だが、ここで、である。明治期、軍備の近代的編成を進展させていくなかで、「馬にとっては幸せであったかも知れない」それまでの既存の馬事文化では、西洋的な意味での乗せる、輓く、運ぶという実用目的に即した調教と能力が、しかも高い水準のものが要求される軍用馬を作り出すことができないという問題を生じていた。軍事を近代化しようとすればするほど、馬匹の品種改良、生産、馴致、育成、調教技術、そして馬術の向上、あらゆる面での馬事文化の変革、いわば馬匹の身体性の西洋化（近代化）が必要だったからである。したがって陸軍省でも、早い時期から、そういった馬匹改良を推進していく体系的な馬政の確立が追究されていた。私たちと馬の関わりが持つ歴史性、馬事文化を全面的に否定して、それを西洋式に転換しようとするベクトルが働くようになっていた。

それに馬匹改良は、軍事に関わるだけではなかった。殖産上にも重要だった。これも現在の私たちからは、すぐには想像することが難しくなっているが、産業が発達すればするほど、馬匹の必要性が増大するという関係でもあった。もちろん陸上における遠距離の大量輸送は、路線を拡大していきつつあった鉄道、船舶のものとなっていく。だが、少し考えると了解されるように、産業の発達に伴うその大量の物資や製品を、その駅、港を基点としていわば点と点の短距離で目的地までの往復を集荷、配送するには、トラックなどがない時代、やはり馬が最も機動力を持つ効率的な手段だった。ここでは駄馬とともに大量の荷馬車を輓く馬であった。したがって鉄道の駅に付随して数多くの輓馬運送会社が設立されることになるが、現在の日本通運は各地のこれらの会社が後に整理、統合されて成立したものだった。ちなみに昭和二三（一九四八）年段階でも日本通運が取り扱う荷物量の約三四%を、これら荷馬車が担っていた(10)。況んや明治期においてや、である。しかし、馬に車を輓かせるという文化を育てなかった私たちには、そういった輓馬は新たに作り出さなければならない課題として立ちはだかっていた。また、路面電車が登場するまでは都市部での交通に大きな役割を果たした馬車鉄道、あるいは馬車用の馬もかなりの数が必要とされていた。天皇、皇族、政府高官の馬車用の馬は、国家の儀容にも関わる問題でもあった。ポニーの日本馬ではまったく様にならない。

そしてこういった軍事、殖産に比べれば、その必要度は低かったが、農耕や開拓の発展に伴って、犂耕に適する力を持った馬の需要の増大もあった。あるいは逆に馬匹の改良とともに馬耕が広まったともいえるから、昭和期に入るとそういった改良馬が農業の「近代化」に本格的に寄与することになるだろう(11)。

こうして馬匹改良が国家レベルの重要な課題として横たわっていた。明治二〇年代に入るまでは、その馬政は、一般馬政を主管する農商務省系(明治一四年四月のその設置までは内務省)と軍馬を所轄する陸軍系の二本立で別々に取り組まれてはいたが、双方ともその政策の中心は、簡単にいえば、洋種牡馬を導入して在来の牝馬に交配させていくというものだった(12)。また宮内省も、直接的には乗馬、馬車用の御料馬の生産、育成という目的でそこに加わっていた。たとえば第一回の不忍池競馬と日程をあわせるかのように、明治一七(一八八四)年一一月、農商務省が開催した畜産諮詢会、その諮詢の柱の一つが産馬奨励だったが、そこで結論として打ち出されたものも、「洋種馬を輸入して蕃殖を計るを捷径」とするということだった(13)。こういった馬匹改良が緒に付くとともに、そこで、その改良の根幹となるような日本馬の選別を行い、また新たに生産された雑種馬の能力を計る機能を担う、そういった文脈のなかで、競馬が必要とされるようになっていた。諮詢会開会初日の明治一七年一一月一日、共同競馬会社幹事の井田譲は競馬開催の直前にその席上に出かけ、馬匹改良の捷径は「競馬を盛にして馬匹の優良を試み以て各畜産者をして奮起競争の念を起こさしむるにあり」と訴え、また共同競馬会社は諮詢会の参会者全員六〇名余を馬匹改良の趣旨を訴える好機と競馬会に招待してもいた。そして諮詢会の産馬奨励の具体策には「各府県に競馬場を設け競馬を施行して優良馬をなるべく其の地に保留する」といった競馬奨励が組み込まれていた。農商務省はその卿である西郷従道を文字通り筆頭に下総種畜場(明治一八年宮内省へ移管)の生産馬を競馬場に送り込むなど熱心に競馬に取り組んでいたから、諮詢会がこういった結論を出すのも当然といえば当然だった。また陸軍も宮内省も、その生産、育成馬を意欲

図12　共同競馬会社設立趣意書

朝野新聞

(『朝野』明17・6・17)

的に競馬に出走させ、数々の勝利を収めていた。これら三省は、明治一〇年代、横浜根岸や戸山や三田、そして不忍池の各競馬場でライバルとして鎬を削る関係だった（第六章第二節、第三節）。競馬と馬匹改良の密接不可分な関係性。もちろんそれは共同競馬会社設立などをめぐる言説のなかに直接書き込まれていた。共同競馬会社の「設立趣旨書」（図12）はつぎのようなものであった(14)。

それ馬の世に益あるは甚大なり。軍旅これに頼りて整い耕耘これに頼りて盛んに、機械これに頼りて進み、運搬これに頼りて便なり。しからばすなわち馬種の良否は国勢の張弛に関するというも敢えて誣言にあらざるなり。……すなわち千里の驥蹄あるも馳駆せざればそのよく千里なるを知らず。ゆえにこれをして馴駆競走せしめ、その度の遅速緩急を算し、初めてもってその駿駑を弁ずることを得るなり。これすなわち欧州諸邦において専ら馬を験するの方法となす。ここをもって競馬の挙たるや、文明国人の傾向熱心苟も已むべからずとなす所以なり。今欧州の方法に模倣し、共同競馬会社を設立し、毎歳春秋両度馳駆を競い、優劣を試みもって馬格の進歩を図らんと欲す。しかして本社は実用に資して有益を慮り、善良の種馬を養成し、駿馬を産育すべきの端緒を開き、遂にその目的を達するに至るときは、軍事は固よりこれを農業に使用せしめ、器械の便利に藉りて人力の労費を省き将にこれが利用を広めんとす。それこのごときは農家従来の習風を一新し、従って物産の繁殖もまたここに基す。これいわゆる耕耘の興り、物産の通ずるものなり。且つ本邦は東洋の一海国といえども今日欧米諸国と対峙し、富強を競うの隆運に際会し、万里の海波もなお壌地を接するが如し。一旦事あるに及んでは戎馬を海表に馳せ、遠く外地に秣かうことなしというべからず。しからばすなわち駿馬あにあらかじめ充実せざるべけんや……

今まで述べてきたことを踏まえるならば、ここに、軍事や殖産や農業における馬匹需要という現実的要請からくる「劣悪な」在来の日本馬の馬匹改良という国家的課題があり、それに対して競馬の存立を根拠づける競馬の根幹的な機能が表現されていることが明らかだろう。馬匹改良には、競馬での馬の能力の検定、評価、実証、選別が不可欠である、それを欠いては馬匹改良はありえない、馬匹改良が重要な国家的課題であるとするなら、競馬を必要とする、と。この趣意書の結びの言葉は、「競馬なるものは、徒に一場の勝敗を争い、賞与の厚否を望み快を一時の遊観に取るものにあらず、馬種の良否も実にここに基す。千里の能力も実にここに顕われ、進んでもって国勢を張皇するに於て興て力あるや、決して浅少にあらざるなり」であったが(15)、まさしくこれが競馬の存在を根拠づける理念であった。またつぎのものは明治一七(一八八四)年六月一五日、ときの共同競馬会社社長小松宮彰仁が、それまでの陸軍戸山学校用地に設けられていた競馬場から不忍池への移転を間近にひかえた会社の総会で行った挨拶であるが、ここでも同様の理念が語られていた(16)。

……抑も骨太く肉逞しく外見の美は駿良の観相を呈するの馬匹ありと雖も、一鞭首を駢ね場中を馳駆するに当り虚美の態は実力の材に若かず、緩急遅速の差は決して口舌の徒の能く争う可き所にあらず。乃ち形容の仮は実力に譲り、話しの巧は経験に遜るは、自然の理なり。茲に於て乎、真正の理義以て観るべし。而して馬も養う者をして、負重到遠の原理を先にして、毛色肉形の外粧を後にすべき所以を明かにし、選択飼牧の法を勉め駑駘の跋遶を抑て駿駒の真材を試むるに至るときは、則ち広めて之に充てば、軍陣に在りては騎戦の功を奏す可く、平時に在りては馬耕の用運搬の利を興すべく、もし其原を推し其由て来る所に遡るときは、応さに馬格改進の一事に外ならざる可し。其改進を図るの道は、欧米諸州を通視して最も実益ある者を求むるに、未だ曾て競馬より著しきものはあらず……是を以て馬場建設の苟も止む可らざるを察し、一二の奮起者あり資金を捐て以て成功を他日に期し、洪益を今世紀に遺さんと欲し、専ら事業に拮据経営するもの実に力めたりと謂うべし。此時に際し、馬の改進を期し国運の旺盛を図るに於て志しを労する者に存ては、決然起て其事業に賛成せざる可けんや……

先の趣意書でも、またここでも述べられている身体の数値的測定を通じての位階秩序化、あるいは実験と実証の科学的合理主義とも呼ぶべき思想性については第四章第三節で論じることにして、ここでは馬匹改良が、軍事や殖産、とりわけ軍事的に馬匹改良が緊急、重要な課題としてあり、それが競馬を必要とさせていたことが再度確認できることを指摘しておくにとどめる。共同競馬会社が陸軍、農商務、宮内の各省の積極的な支援を受け、政府首脳などの錚々たるメンバーから構成され、また明治一〇年代に入っての時間の経過とともに何かと腰の重くなっていた天皇が競馬開催に臨幸するという、前節でふれた光景は、こういった位相のなかでも描き出されていたのである。そしてそれは、単なる一回限りのエピソードではなかった。繰り返せば、競馬は、「国勢を張皇する」、「国運の旺盛を図る」ものだったからである。

だが競馬は、こういった軍事からくる馬匹改良の要請、ただそれのみだけでも実現していたわけではなかった。そこには、αとωとなった力も働いていた。西洋的な女性を主役とするような社交を必要とする政治的力学であった。

めざす方向が西洋化ということを改良と呼ぶならば、女性をめぐる動向が改良に向かって一気に駆け抜けていこうとする時代があった。男女交際のあり方、あるいは髪型や服装、または教養、社会的役割、さらには女子教育のあり方など女性の存在そのものの西洋化（婦人改良）が、時間的にいえば、明治一七（一八八四）年から一挙に社会の表面に登場し、時代の潮流となろうとしていた。私たちの手になる競馬は、まさにこの時代に誕生していた。この節の主テーマである婦人財嚢競走（Ladies' Purse Race. 以下、「婦人財嚢」と記す）が、新設なった不忍池競馬場で初めて実施されたのがその端的な現れだった。だが、あらかじめいっておけば、このような婦人改良の熱気は、きわめて短期間で反転してしまう。明治二〇（一八八七）年を境にしてきわめて急速にそれに対する反作用に見舞われてしまったからである。

3　婦人財嚢——天晴れ文明国の貴婦人

私たちが鹿鳴館という言葉を聞くとすぐに連想する連夜の夜会・舞踏会というイメージも、それが実質的に繰り広げられたのは、この三年という短い時間の幅に収まっている。したがって、その間を鹿鳴館時代と定義するのも根拠があることになるが、私自身は、年号的にいえばもう少し広くとって、明治一二（一八七九）年から明治二五（一八九二）年頃までを鹿鳴館時代と呼びたいと考えている。なぜなら前にふれた女性をめぐる動向は、直接的には井上馨の外務卿就任と時を同じくして西洋的な社交の創出を課題として明治一二年から始まり、それに最終的に終止符が打たれるのが明治二五年だったからである。日本側の手になる競馬も、まさにこの鹿鳴館時代と運命をともにしていた。

この節では、そういった女性の動向と競馬の関係を、その始まりである明治一二年から婦人財嚢が実施される明治一七年までの時間の幅でみていく。なお鹿鳴館時代の残りの時間、明治二〇年を境として婦人改良熱が反転してから明治二五年に至るまでの女性をめぐる動向については、第四章第二節で論じる。

日本における競馬と女性の関係を遡っていくと、やはり居留地横浜にたどりつく。日本にやってきた西洋人たちが

図13　配布された「婦人財嚢趣意書」

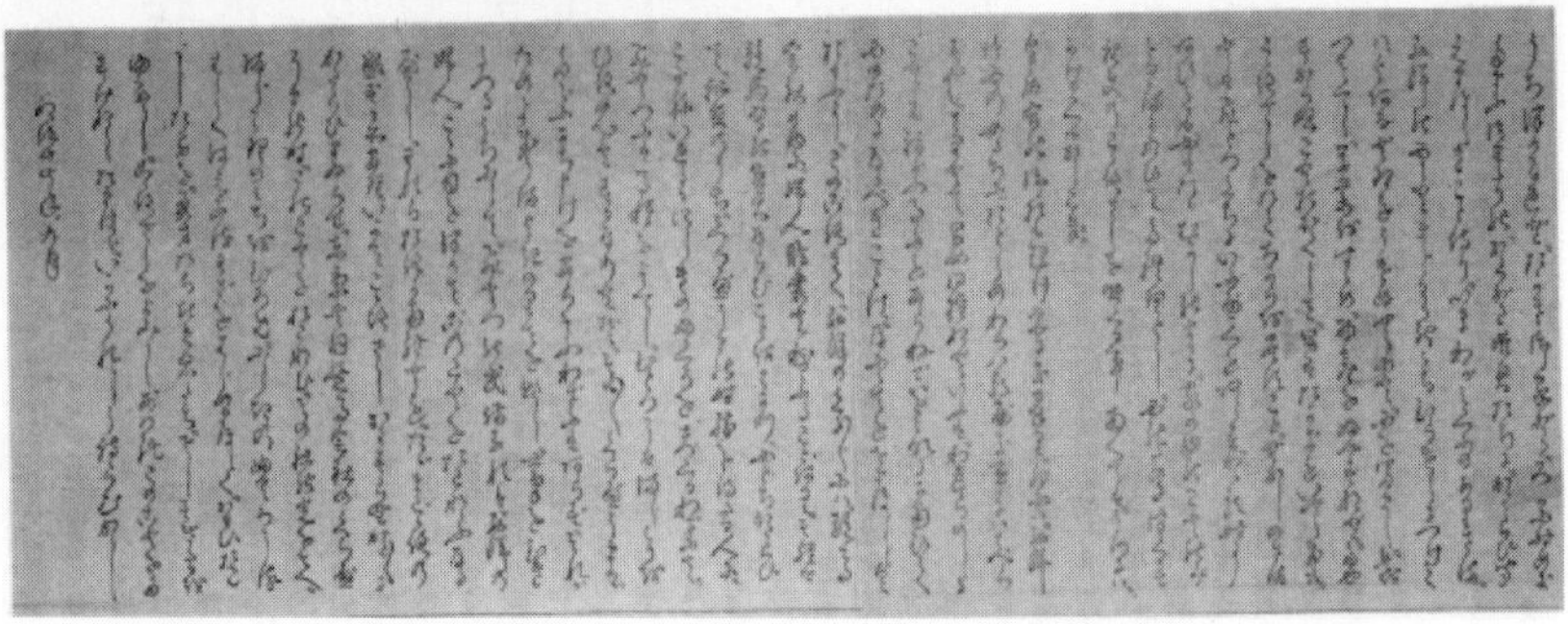

（東京大学法学部明治新聞雑誌文庫蔵。日高嘉継「明治期の競馬博物資料二点の紹介——ミカドベーシズイラストとレジスポルスチラシー」『馬の博物館　研究紀要』第８号、1995年12月）

組織的に競馬を始めた一八六二（文久二）年から、女性が観客として姿を現したにとどまらず、婦人財嚢で主役を演じていた(1)。この婦人財嚢は、夫人、令嬢たちが自分たちで女性の間から寄付金を募り、勝者にそれを与えて栄誉を讃えるというもので、当時の競馬のレースのなかで、最も名誉に値し（the blue ribbon of the day）、開催の華（the race of the day）としての存在だった。その授与式は、婦人たちの前に勝者が膝まづき、祝辞を受け、ついで勝者は答辞を返して、ブーケ（花束）を婦人に捧げる、観客は婦人と勝者に三度の歓呼の声（three cheers）をあげるという形で行われるのが通例だった。それは、夜会や舞踏会で女性が主役を演じるのと同じ意味合いを持っていた。もちろんかつての私たちが、競馬やスポーツの場面に限っても、女性が勝者の栄誉を讃えるといった思想を持ちあわせていなかったことはいうまでもない。したがって、もしそういうことが意図的に演出されるならば、それは女性をめぐって何かが引き起こされようとしていたことを指し示すものであったはずである。初めてということだけに限れば、すでに文明開化期の明治五年九月三〇日（一八七二年一一月二日）の横浜・根岸競馬場の県庁賞杯（Kencho Cup）で、当時の神奈川県令大江卓夫人が、そういった場面に、その与える効果も計算されたうえで、日本人女性としては初めて登場していた（第二章第一節）。それが一時的なものとして中断され、本格的に継続して行われ始めたのが、この鹿鳴館時代、明治一七（一八八四）年一一月不忍池競馬場での初めての開催からだった。女性が主役を演じるこのレース、現在ではその

図14　「婦人財嚢趣意書」

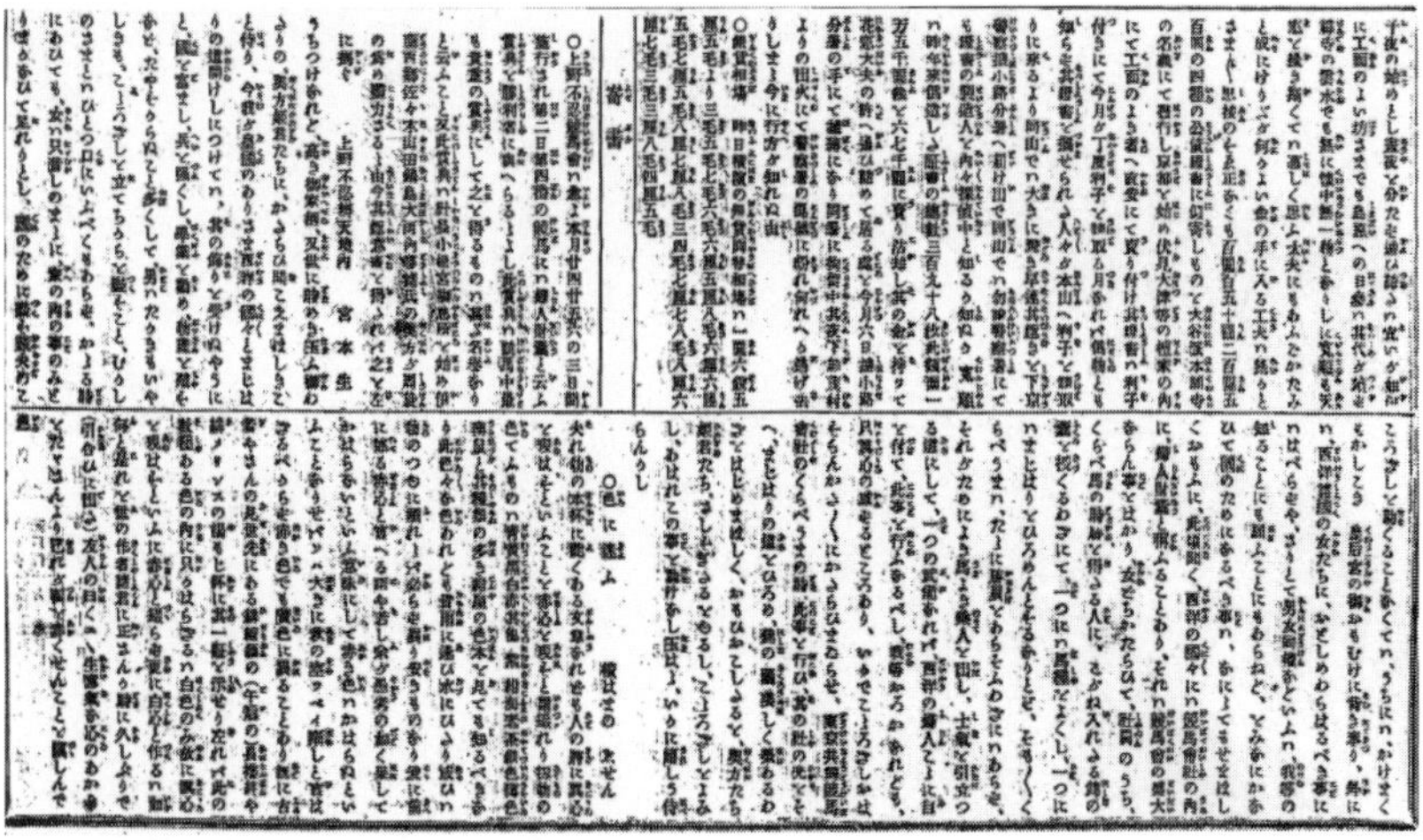

各紙に掲載された（『読売』明17・10・14）。

記憶をとどめていないが、当時は時代を象徴する大きな出来事だった。

明治一七年九月付で、「高き家柄、又世に時めき玉う御あたりの、おくがた姫君たち」に、来る不忍池競馬での婦人財嚢の実施に向けての協力と参加を呼掛けた趣意書（図13）が広く頒布された(2)。各新聞社などにも送られ、一〇月一三日あるいは一四日の各新聞の紙面を飾った(3)（図14）。各紙に共通するコメントは、「此賞典は外国にては競馬賞典中の最も貴重すべきものなりとて之を得るは競馬に取りて最も名誉とする所なりと云う」といった類のものだったが(4)、こういう受け止め方のなかにも時代が表されていた。共同競馬会社として、この婦人財嚢の計画がささやかれ始めたのは、確かめられるところでは明治一四（一八八一）年に遡り(5)、一旦この明治一七年四月の戸山競馬場での共同競馬会社春季開催での実施が内定されたが、不忍池競馬場開催にあわせるのがふさわしいと延期されたものであった(6)。呼掛けの中心となったのは、小松宮夫人頼子、宮内卿伊藤博文夫人梅子、陸軍卿西郷従道夫人清子、司法卿山田顕義夫人龍子、工部卿佐々木高行夫人貞子、宮内省式部長官鍋島直大宮内省夫人栄子、宮内省御用掛大河内正質夫人鋲子らの共同競馬会社の各役員の夫人たちだった(7)。その趣意書の全文はつぎのものであった(8)。婦人財嚢がこの時代の競馬が帯びていた政治性、社交性を鮮やかに象徴するものであったことを端的に見て取ることができるだろう。

うちつけなれど、高き御家柄、又世に時めき玉う御あたりの、おくがた姫君たちに、かたらい聞こえまほしきこと侍り、今我がみくに（皇国）のありさま、西洋の国々とまじわりの道ひらけしにつけてハ、其あなどりを受けぬようにと、国を富まし、兵を強くし、営業を勧め、物産をふやすなど、たやすからぬこと多くして、男はたかきもいやしきも、こころざしをたてちからを尽くすこと、むかしのさまとはひとつくちにいうべくをあらず、かかる時にあひても、女はただむかしのままに、家の内のことのみとりまかないてたれりとし、国のためにつくす親夫のこころさしを助くる事なくては、うちにハ、かけまくもかしこき皇后宮の御おもむけに背き奉り、外にハ、西洋諸国の女たちに、おとしめわらハるべき事にハはべらずや、さりとて男女同権などいうハ、われらのしることにもねがうことにもあらねど、をみなにかなひて国のためになるべきことは、なににてもせまほしくおもうに、このごろきく、西洋の国々にハ、競馬会社の内に、婦人財嚢と称うることあり、それ競馬会の盛大ならん事をはかり、女どちかたらひて、社員のうち、くらべ馬の時勝を得たる人に、こがねいれたるにしきのふくろをさづくるわざにて、ひとつには馬種をよくし、ひとつにはまじわりをひろめんとするなりとぞ、そもそもくらべうまは、ただにかちまけをあらそうわざにはあらず、それがためによきうまよきのりてを出し、士気をひきたつるみちにして、ひとつの武備なれば、西洋の婦人ここに目を付て、このことをおこなうべし、われらおろかなれども、ただまごころの感ずるところあり、いかでこころざしおはすらんかたがたにかたらひまいらせ、東京共同競馬会社のくらべうまの時、このことをおこない、その社の光をそえ、まじわりの道をひろめ、にしきのふくろうるわしくはえあるわざをはじめまほしく、おもひおこしたるを、奥方たちひめ君たち、さしすぎたるをゆるし、こころざしをよみし、あはれこのことをたすけなしたまはしば、いかにうれしう侍らんかし。

このようにこの趣意書では、婦人財嚢を行い競馬を盛んにしていく理念として二つの柱が語られていた。「ひとつには馬種をよくし」、「よきうまよきのりてを出し、士気をひきたつるみちにして、ひとつの武備なれば」、という馬匹、馬術の改良と軍備との関連だった。馬匹、馬術の改良が、軍事を左右し、殖産上にも必要な、きわめて重要な国策上の問題として存在していたことは前節で論じたところであるが、競馬が果たすべき目的としてそれらがこの趣意書のなかでも語られていた。そしてもう一つが、「まじわりの道をひろめ」るためという目的、それも西洋からのまなざしを意識して「西洋諸国の女たちに、おとしめわらハるべき事」がないようにということであった。この時代、自由民権運動の政治的スローガンとしてだけではなく、先にいった意味での女性の改良をめぐる動向のなかで「男女同権」が叫ばれるようにもなっていたが、そうとまではいわないにしても、西洋の女性並に社会的、国家的な役割を果たしていく。そういう文脈のなかに、婦人財嚢を通しての競馬への関与があるということだった。そしてこれを促す直接の契機となっていたのが、女性を主役とするような社交を創出、日本の文明化、西洋化ぶりを端的に対外的にアピールすることによって、条約改正実現への環境を整備していくという「政治的力学」であった。こういった「力学」の萌芽は文明開化期までに遡れるが（第二章第一節）、本格的に作用し始めたのが、冒頭にも述べたように明治一二（一八七九）年だった。

その明治一二年というのは、一月英国下院議員リード（E. J. Reed）、五月ドイツ皇族ハインリッヒ（Heinrich）、六月香港総督ヘネシー（Hennessy）、七月アメリカ前大統領グラント（Grant）、一一月イタリア皇族ゼノア（Genoa）と相次いで外賓を迎えていたことに関わっていた。井上馨の伝記に従えば、明治政府は、この外賓の来日に際して、「面前に東洋第一の文明国であるという事実を見て貰う」ために、精一杯の接待を行ったが、満足な宿泊施設も本格的な夜会ができる社交場もなく、その接待方式も充分に確立されておらず、「国賓を迎えて恥しからぬ程の立派なものではなかった」、その無惨な結果の衝撃が、ソフト面としてこの年一〇月からの西洋式の「内外交際宴会礼式」の制定準

図15　延遼館北側正面

（玉井哲雄編集、石黒敬文企画『よみがえる明治の東京　東京十五区写真集』角川書店、1992年、128頁）

備となり（翌明治一三年一二月制定）、ハード面がこれも西洋式のゲストハウス（後の鹿鳴館、明治一四年一月着工）の建設につながっていく、ということになる[9]。だが、外賓の来日によるこういった衝撃は、今まであまり強調されすぎた観がある。その大きな要因は、この年九月、外務卿に就任した井上馨自身が、その外交政策と連動させて欧化政策を推進していく、政治的な戦術として、そういったレトリックを意図的にふりまいたことに引きずられたことがあったと思われる。だがグラントとゼノアが宿泊した浜離宮の延遼館にしてもそのみすぼらしさだけが強調されるが、残された当時の写真（図15）をみても[10]、あるいは滞在中のグラント夫人の「この家は御殿です！御殿に住んでいるのですわ」と語った感想からも[11]、かなりの施設だったと考えるのがより実体に近い。井上馨にとっての問題は、「みすぼらしさ」ではなく、延遼館が宮内省管轄でありフリーハンドに使用できないという制約であり[12]、また何よりも条約改正交渉実現に向けての環境整備のシンボルとなる建築物は「西洋風」でなければならず、延遼館のように「和風」であってはならないということであった。さらに接待方式にしても、以下に見ていくように、各外賓に対して夜会や市民歓迎会を開催し、そういった場に女性を登場させるなど、西洋式を意識した演出が行われていた。決して手ぶらで外賓を迎えたわけではなかった。競馬もこの「文明国の証」の「接待」の一環として、競馬場を新設して実施され、それが共同競馬会社設立の契機ともなっていた（第二章第一節）。

まず六月四日ハインリッヒが新富座で観劇をした際には、有栖川宮熾仁、東伏見宮、伏見宮らは、接伴掛蜂須賀茂韶の「来状」に応じて夫妻で姿を現し(13)、ついで六月一二日横浜商人主催で町会所で行われたヘネシー歓迎会でも、招待状が夫妻宛に送られ、伊藤博文、大隅重信、井上馨、松方正義、榎本武揚らはそれに応じて夫人同伴だった(14)。七月七日延遼館で行われた天皇主催のグラント歓迎の会食では、天皇は皇后とともにその場に臨み、また皇族も夫妻同伴の「御沙汰」に応じて引き続いて夫妻で出席し、さらにその際、グラントが有栖川宮熾仁夫人董子、三条実美がグラント夫人の手をとってそれぞれの席にエスコートするといった演出も行われていた(15)。天皇が当初、グラントら西洋人との会食を拒み、ようやくの説得でこれが実現したことを思えば、このエスコートの演出が政治的決断に他ならなかったことを明らかにしているだろう。

そしてその翌八日の一五〇〇名が参会して工部大学校講堂で開かれたグラント歓迎の東京府民主催（委員総代渋沢栄一、福地源一郎）の夜会では、日本人主催の夜会としては初めて（正確にいえば横浜を除いてということにはなるが）、列席者に婦人同伴を求める招待状が発せられていた(16)。「文明国の証」として「行く行くは欧米風の夜会の体裁に至る」ためであった(17)。またこの夜会には実際にも、多くの女性が姿を現し、その場に出席していた公使や居留民、御雇らの西洋人たちを驚かせていた。東京大学医学部の御雇教授であったトク・ベルツはその日記に、この日の女性の登場に対する驚きをつぎのように書きとめていた(18)。

ところで一昨日の夜会では、始めて多数の日本の女性が公式の会合に現れるという異変が起きた。先に十一月三日の天皇誕生日のとき、わずかばかりの女性が延遼館に出席していた。しかし今度の夜会では、始めてほんとうに多数が姿をみせたのである。日本の女性にとって、社交界が開放されるとすれば、おめでたいことだ。従来、かの女たちの活動圏や役割は、ほとんど小事に向けられていた。自分は何もこの点で女性を非難しようというのではない。なぜなれば、罪はもともと男性の側にあるのだから。かの女たちは全く境遇が生んだものであり、その境遇たるや「世間の荒波にもまれて養われる」人格の向上発展には至極不利なものであった。日本の女性は教化できる。この事実は上級の学校の女子学生たちを見ればわかるのであって、かの女たちは気品のある態度や精神的な意味の表現を、真に女性的な気質に結びつける――それも意識せず自然に――ことを心得ているのである。

このように、夜会への婦人の多数の参会は、確かにベルツに「日本の文明化、進歩の証」と受け止められていた。ねらった通りの衝撃的な効果をあげていたことになる。この日、アメリカ公使吉田清成夫人貞子、工部卿井上馨夫人武子、その娘末子、外務大輔森有礼夫人常子、鍋島直大夫人栄子ら西洋での生活体験者は洋装であり、その他三条実美、西郷従道、大山巌、川路利良、田中不二磨らも夫人を伴っていた(19)。

ついで七月一六日のグラントの新富座観劇の折にも、三条、榎本、森、吉田らが夫妻で随行し、ここでもグラントが三条夫人治子、榎本が森夫人常子、吉田が榎本夫人多津子と、それぞれ腕を組んでエスコートするといったことが、観客が見つめる前で行われた(20)。

さらに八月二〇日、新設された戸山競馬場で、臨幸のもと開催されたグラント歓迎の競馬会でも、各皇族は夫人連れだった(第二章第一節)。また八月二五日上野公園で施行されたグラントの府民歓迎会でも婦人同伴を求める招待状が出され、大臣参議らは夫妻で姿を現していた(21)。

そして一一月三日工部大学校講堂で開かれた天長節の夜会に際しては、招待状そのものが外務卿に就任早々の井上馨夫妻の名前で出され、勅任官以上は婦人同伴が求められた(22)。天長節で外務卿主催の西洋風のソワレイ(soiree)方式が採られたのは明治一〇(一八七七)年からだったが(23)、その招待状が外務卿とその夫人の連名となったのはこの明治一二(一八七九)年が初めてのことだった(24)。そしてこの動向は、外賓来日のこの明治一二年だけに終わるものではなかった。もちろん競馬も同様であった。

翌明治一三(一八八〇)年の天長節の夜会では、招待客全員の婦人同伴が求められ、踊ったのは「外客」だけと伝えられているが、記録されたものとしては初めて天長節で舞踏が行われた(25)。これより先の同年四月の天皇主催のハインリヒ歓迎の午餐では、有栖川、北白川、東伏見の各宮、外務卿井上馨、ドイツ公使青木周蔵らが夫妻で陪席し(26)、六月前後からは「内外交際宴会礼式」を教本に「春秋二季に於て各大臣省卿が交互に宴遊会、夜会、舞踏会等を催して、宴会訪問の礼を修め」ることも行われ始めていた(27)。また、「欧州各国の帝室が常に社交界の中心たるが如くに倣う」との井上馨の立案で明治一三年秋から恒例化された政府首脳や勅任官、各国公使を招いての天皇主催の観菊会、翌一四（一八八一）年春からの観桜会には、天皇と皇后が姿を現すとともに、出席者は婦人同伴が義務づけられた(28)。皇族の園遊会（garden party）なども夫妻の主催となった。

新年の天皇への拝賀式でも、勅任官以上は明治一四年からは婦人同伴が求められた(29)。この明治一四年の天長節は新設なった外務卿公邸で開催されたが、数多くの西洋建築物を手がけたカペレッティ（G. V. Cappelleti）設計のその公邸の一階には舞踏室が設けらており、和服がほとんどではあったが、数多くの婦人が姿を現し、舞踏が繰り広げられていた(30)。さらにこの直前の一〇月二七日、北白川宮夫妻が主催して、工部大学校講堂で行われた英国皇族二名〔ヴィクター（Victor）とジョージ（George）〕歓迎の夜会では、その二人がそれぞれ東伏見宮夫人頼子、北白川宮夫人光子をエスコートし、井上馨の娘末子と踊ってもいた(31)。この日の夜会に関して、横浜の英字新聞は、そのすばらしさは参会者にとって忘れられないものとなると書いていたほどだった(32)。

また天長節にはその規模が劣るものの例年一～三月のいずれかに開催されて恒例行事となる東京府知事主催の夜会も明治一四年一月から始められていたが、その第一回目から夫婦同伴で姿を現す者が多く(33)、翌明治一五（一八八二）年二月延遼館で開かれた第二回の夜会では五〇〇名余が参会、内外の「紳士貴女」が打ち混じって舞踏し、「大いに盛んに整頓の姿」ですべて欧州のソワレイの風そのままと見受けられたという(34)。この頃には「貴女」が舞踏を練習しているといったことも伝えられるようになっていた(35)。この明治一五年の天長節も七〇〇名余が参会し、舞踏が行われ(36)、またその他の機会でも、たとえば翌明治一六（一八八三）年三月の有栖川宮主催の夜会や蜂須賀茂詔の送別会（フランス公使就任、当時共同競馬会社社長、後任小松宮）のように、日本婦人が加わる舞踏が行われるようになっていた(37)。そして、明治一四年の頃から北白川宮、東伏見宮（明治一五年一二月小松宮と改称）、有栖川宮といった各皇族の邸宅がつぎつぎと新築されていくが、これらは一際目立つ西洋館で、舞踏室やビリヤード室を備え、社交場としても機能した。彼ら皇族のほとんどが西洋での生活体験を持ち、その夫人たちも外国語をしゃべり、夫妻で社交の舞台に登場していた(38)。

以上のようにみてくるならば、明治一二（一八七九）年以降、女性を社交のなかに組み込もうとする作用が強まっていたことが明らかとなるだろう。よく知られているように、この明治一二年、明治政府は、それまでの関税自主権の回復を優先して展開していた条約改正交渉の方針を転換、領事裁判権（治外法権）の撤廃に焦点を絞って交渉を進めていこうとしていた。その環境整備のために西洋的な法体系をめざして各種法典の制定作業を進めていくが、こういった女性をめぐる動向もその「政治的力学」が生み出したものだった。

鹿鳴館は、そういった新たな時代のシンボルとなるべきものだった。その落成は当初の計画より若干遅れ、明治一六（一八八三）年の天長節には間に合わなかったが、延遼館で開かれたその夜会には当然数多くの女性の姿が見られた(39)。そしていよいよ一一月二八日、鹿鳴館の開館式を迎える。もちろん招待状は夫妻連名で出され、一三〇〇名の出席者もほとんどが婦人同伴で現れ、舞踏も行われた(40)。早速鹿鳴館は饗宴や宴会などに使われ、一二月一三日には陸軍卿大山巌・捨松夫妻の結婚披露宴をかねた夜会が開かれた(41)。最初の女子留学生として一一年間のアメリカでの生活を送り、この時代の象徴的存在の一人となる大山（山川）捨松の社交界デビューであった。

そして明治一七（一八八四）年、このような蓄積の上に立って、いよいよ女性が「天晴れ文明国の貴婦人」としての役割を「積極的」に果たすときを迎えた。婦人財嚢、婦人慈善会、舞踏会、このいわば三大演目が、いずれも国家、政治を背負って演じられることになった。

まず一番最初に実施されたのが婦人慈善会だった。六月一二、一三、一四日の三日間、西洋における「チャリテ

図16　楊洲周延「鹿鳴館婦人慈善会図」明治17（1884）年

（小西四郎『錦絵　幕末明治の歴史⑨　鹿鳴館時代』講談社、1977年、94～95頁）

ィ・バザー」に倣って、鹿鳴館で大々的に開かれた[42]（図16）。四月以来大山捨松（大山巌夫人）や伊藤梅子（伊藤博文夫人）、井上末子（井上馨長女）が中心となって準備が進められ、総長に有栖川宮熾仁夫人董子、副総長に同宮威仁夫人慰子、会頭には大山捨松、副会頭に伊藤梅子、井上武子（井上馨夫人）、森常子（森有礼夫人）が就任（六月九日選出）、会員には政府首脳や高官、華族や実業家の夫人、令嬢、約三〇〇名を網羅していた。「貴婦人」には社会福祉活動も必要というわけだった。この慈善会、東京有志共立病院（明治一五年高木兼寛が設立、現・東京慈恵会大学附属病院）を訪れた大山捨松が、看護婦がいないことに驚き、四月にバザーの収益で看護婦養成を計画したことが直接の契機であったようだが[43]、競馬の婦人財嚢がこれより先の年明け早々から議論されていたことを考えるならば、もしこの捨松のエピソードがその通りであったにしても、そういった個人的動機と女性をめぐる時代の流れが出会うことで、その実現にいたったというべきだろう。もちろんまだ女性だけの力で行えないのが実情であったから、実際、伊藤博文や森有礼をはじめとして、政府高官たちがバックアップし、運営も支えていた[44]。だが、伊藤らが黒子に徹したように、あくまでも主役は女性であった、いや主役でなければならなかった。不忍池競馬場での第一回婦人財嚢の表彰式の際、婦人が述べることになる祝辞のなかに慈善会を「国の為に身にかなうことはと」設立したとの一節があるが（後述）、そこに端的に示されているように、慈善会は婦人の地位の急激な向上、日本の進歩をアピールしようとするきわめて政治的な演出でもあったからである。横浜の居留民にも、ある大臣から直接協力が要請され、三〇〇〇枚の入場券が販売され、値札が英語でも表記されていたように、文字通り直接的に西洋が意識されていたが、横浜で発行された英字新聞に「こういったバザーで社会的影響力を示したことは文明国の婦人の勝利」であると評されていたから(45)、この演出、ふっかけた値段での押売りなどの悪評はあったにしろ、ねらいはあたったといえる。入場者総数一〇〇二八名、売上一〇四七九円、と双方ともに大きな数字となり、収益六三六〇円余が東京有志共立病院などに寄付された。

婦人慈善会は第二回を明治一八（一八八五）年一一月に開催、この時から皇后の行啓が恒例となった(46)。そして慈善会は、明治二〇（一八八七）年一月には、皇后を総裁にいだくことになり、共立病院も名を東京慈恵病院と改めて、慈善会もこの病院への寄付を目的とするものとなる。西洋の多くでは帝室を推載あるいは皇后が総裁となった慈恵病院が置かれているとの具申を容れた井上馨が百方斡旋し、実現したものだった(47)。現在にも続いている皇后や皇族の夫人が赤十字など社会福祉団体の名誉総裁におさまるといったことは、この時代に起源をもっている。この明治二〇（一八八七）年には東京養育院（棄児、迷児の救済施設）のための慈善会が東京府知事夫人を会長に新たに設けられ、これ以降、春は養育院、秋は慈恵病院のものと交互に双方の慈善会が開催されていく(48)。このような慈善会は、横浜、神戸、京都、大阪、大津など各地に波及していった(49)。ともかくもこの明治一七（一八八四）年の婦人慈善会は、日本における婦人による慈善活動、その組織の出発点となった。

ついで「貴婦人」は、国家のために踊ることも求められていた。一〇月二七日、井上武子（井上馨夫人）、大山捨松（大山巌夫人）、鍋島栄子（鍋島直大夫人）、森常子（森有礼夫人）らが中心となって、鹿鳴館での初めての天長節（一一月三日）の夜会に向けて、「貴婦人」の多数に呼びかけていた舞踏の練習が行われ(50)、続いて三〇日にも前記の他に宮内省書記官長崎省吾、東大教授穂積陳重、海軍軍医総監高木兼寛の各夫人らが加わり(51)、また外務宮内両省をはじめ諸官庁の官員たちも練習を始めた(52)。一見いかにも泥縄式に見えるが、そうではなく舞踏に向けての歩みが一八七九(明治一二)年から始められていたことは先にふれた通りである。その三日の夜会は、二日の不忍池競馬場での婦人財嚢のデモンストレーションに引き続いて、例年になく多くの婦人が参会し、初めて日本婦人がまがりなりにも本格的に踊った(53)。

そしてこの天長節の夜会を契機として、舞踏の組織化が行われた。一一月一七日には、東京倶楽部の会員の夫人たち二七名が音楽と舞踏の「取調べ、おさらい」を行い、舞踏の教師を雇うこと決め(54)、一二月一日からは鍋島直大を責任者とし、井上武子、伊藤梅子、鍋島栄子が中心となって、参議や勅任官、各国公使の夫人、令嬢を会員として「東京舞楽会」(舞踏と音楽)が設立され、始め週一回、つぎに週二回の定期的に練習が開始されることになった(55)。よく知られているように井上馨が練習場を提供、伊藤博文も毎回出席して会員召集と督励に努め、また西郷従道が舞踏教師のヤンソン(J. L. Janson)川村純義がピアノ演奏のレール(Anna Lohr)を斡旋した。舞踏は、「文明社会の交際上になかるべからざるもの」として(56)、また「婦人高尚の交際を進むる媒となり随て社会上婦人の地位を高める階梯」として(57)、政治性、また社会性や文化性を帯び、女性に欠くことのできない重要な教養にさせられようとしていた。「舞楽会」の会員は明治一七(一八八四)年末で四〇名であったが(58)、翌明治一八(一八八五)年に入ると、会員資格を奏任官以上の妻女や学習院や女子師範の生徒にまで広げ、一二〇名に達する(59)。明治一八年五月二七日、練習の成果を示すものとして、鍋島直大・栄子夫妻と前田利嗣・朗子夫妻の共同主催で舞踏会が盛大に開かれたが、そこには小松、伏見各宮夫妻、伊藤、井上、大山、佐々木の各参議夫妻、各国公使夫妻ら約三〇〇名が参会し、会員は「平日の技量を示す」絶好の機会と「午前一時過ぎまで舞い踊」っていたという(60)。日本人主催で舞踏会と銘打って行われたものとしては、これが初めてのものだった。舞楽会の第一期納会は、希望者の増加で、当初は五月の予定であったものが六月二九日に延期され(61)、九月には第二期が開始され、明治一八年末で卒業した者は三八名、明治一九(一八八六)年初めには中等クラスで学ぶ者六四名、同初等一二〇余名、新規加入が四六名というように、その会員も増大していった(62)。こうして舞踏は、明治二〇(一八八七)年四月までは社交界の華として、というより国家を背負うものとして、鹿鳴館や各大臣官邸や各宮邸などの夜会や舞踏会で活発に繰り広げられていく。そういった状況を受けて、明治一八年一一月には、宮内卿伊藤博文の通達により、西洋に倣って、一一月の観菊会から四月の観桜会までの間が、原則として「交際季節」(社交シーズン)と決められることになった(63)。舞楽会の事務所は鹿鳴館内に設けられていたが、明治一九年一一月青木周蔵外務次官公邸に移される(64)。ちなみに延遼館でも、明治一八年春には、会食堂を舞踏場に改築する動きが出ていた(65)。

そして婦人財嚢であった。不忍池競馬場での初めての共同競馬会社開催の二日目一一月二日、前日初日の盛大な開催を受けて、婦人から賞典を授与される競走に勝利することを最高の名誉とし、「競馬の華」とする効果的な演出が繰り広げられた(66)。

当然数多くの婦人の参場が準備された。直前まで予定されていた皇后の行啓は取り止めにはなったが、皇族、政府高官、華族などの夫人、令嬢が、そして当時の競馬の常として各国公使や領事夫妻、また居留民の「紳士淑女」が多数詰めかけた。そのなかで、いよいよ第四レースが婦人財嚢。ちなみにこの直前の第三レースは、各国公使が賞典を寄贈した各国公使賞盃であったが(勝馬は西郷従道のダブリン)、こういったところにも演出の効果をあげようとする配慮がなされていた。婦人財嚢出走の品種は日本馬、一三頭が出走、「紳士」が参加ということで馬主自らの騎乗を原則とし、距離は横浜の競馬のそれに倣い半マイル換算の七町一〇間。東京馬車鉄道会社の社長で、のちに衆議院議員ともなる、馬好きで有名な谷元道之(薩摩出身)騎乗の三一が、旧大多喜藩主で宮内省におけるこの時代の競馬の中心人物であった御用掛大河内正質騎乗の花ノ戸、横浜のニッポン・レース・クラブの有力な馬主であったカークウッド(M. Kirkwood. 仮定名称ヒューゴ:Hugo)騎乗のムーン、その他カタフェルトや墨染といった当時の日本馬の強豪を破って勝利を得た。つぎはそのレースの模様を伝えたものである(67)。

一昨二日の共同競馬会には、彼の婦人財嚢の賞典等もあれば見物人は夥しく出掛け、皇族方の御息所を始め女官又は内外の各貴婦人には午後より陸続参場せられ……乗手は皆持主なり、此回のみは社員の内にゼントルメンと称れ名望ある人々に限れることにて、本日最も観るべき競走なれば、人々今や遅しと待つほどもなく、合図の旗に一三頭斉しく駈出し、人々拍手して勝負如何にと見る内に、ヒウーゴ氏は九分まで第一着に進みたれば、是や今日の錦嚢を得る人ならんと吾れも人も評し合いしに、何ぞ料らん馬見所より距離二十間ばかりの所に到れば、谷元氏の馬はヒウーゴ氏の馬と相並びしかば、見物人はヤンヤの声を発し、谷元氏一喝して鞭を加えしに逸物三一は、一躍してヒウーゴ氏の馬を追抜け、第一着の賞を得たるに、場の内外は拍手喝采の声暫しは鳴も止まざりし……

そしてこの婦人財嚢の表彰式。これこそが、この日のハイライトであった。「貴婦人たち」が整揃いして待つ馬見所の前に、勝者の谷元が馬を引いて行き、膝まづく、そこで有栖川宮熾仁夫人董子の祝辞があり（大河内正質夫人鋹子が代読）、鹿鳴館時代のスターとなる旧大垣藩主戸田氏共夫人極子（岩倉具視次女）が財嚢を授ける、ついで谷元が謙遜の語をもって答辞を返し、ブーケ（花束）を婦人に捧げる、そして歓呼の声を浴びながら胴上げを受ける、といった式典が繰り広げられた。女性が主、男性が従という構図がことさらに描き出された。このようにして女性に栄誉を讃えられることが最も名誉であるという新たな出来事が出現させられた。ちなみに婦人財嚢への出資者は皇族、政府高官などの婦人六二名、総額四九五円だった(68)。そしてこの祝辞と答辞はあらかじめ新聞社にも送られていたが（図17）、これも新たな女の時代を広く語りかける手続きの一環だった。その祝辞には、先にあげたような馬匹改良の重要性と競馬について述べるとともに、慈善会と婦人財嚢が同じ視線の作用のなかで行われたことが直接言及されていた。「国の為に身にかなうことはと」。これがまた舞踏会にもあてはまっていた。祝辞の全文はつぎの通りである(69)。

図17　婦人財嚢が詳しく報じられている初日、二日目の記事

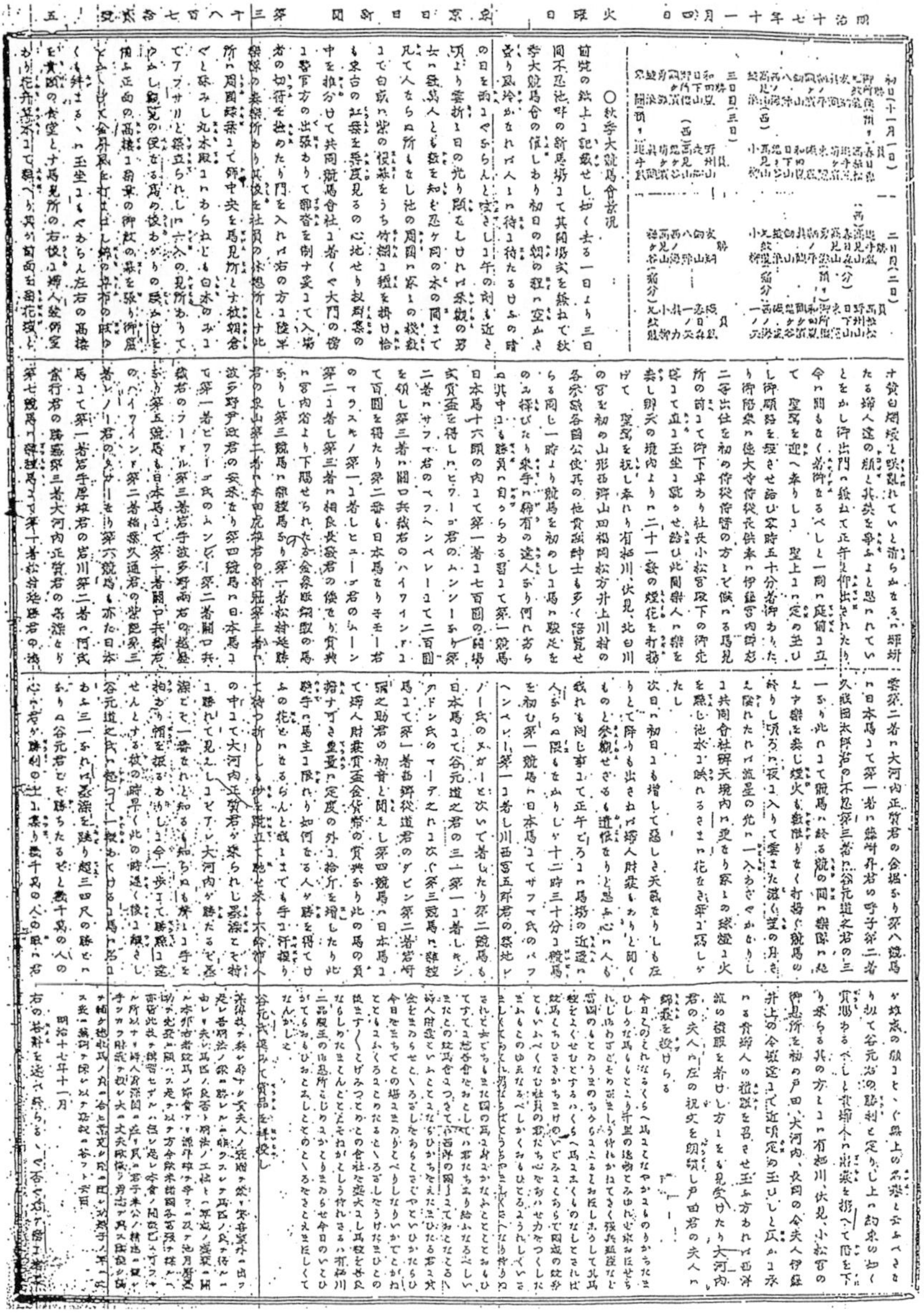

明治十七年十一月四日　火曜日　東京日日新聞　第三千八百七十九号　五

○秋季大競馬会景況

（『日日』明17・11・4。6頁の『時事』明17・11・4も参照）

けふこのはれなるくらべ馬に、華やかにも、乗勝たまいしかな、馬ももとより、千里の逸物とみゆれど、のりおほせられし御わざこそ、めざましう侍れ、かねてきく、強兵殖産など、富国のもとい、馬の力によること多し、しかして其馬種を良くせんとするは、くらべうまに、しくものなしと、さればくらべうまは、ちいさきかちまけのいどみにはあらで、国威の競走ともいうへくなん、社員の君たち、心をあはせ力をつくしたまうも、このゆえなるへし、かくおもいとるに、うれしくいさましくて、あはれ男ならばと、うらやましくさえ侍りぬ、されど女どちも、また国の為に身にかなうことはと、おもひて、すでに、慈善会を、おこししは、君たちしりたまうなるへし、今また、この競馬会に付ては、西洋の国々にて、おこなわるる婦人財嚢と、いうことに、ならい、勝を得たまひたる君に、黄金をまいらせこころざしを、あらはさばやと、いいかたらいけふをまちて、この場に参り侍りしなり、いかでこがねとともに、ふくろにこめたるこころざしを、受けたまひ、この後ますますつとめはげみ、この会社を盛大にし、馬種を、善良ならしめ給はんことこそ、ねがはしう侍れ、さるは、有栖川二品親王の御息所はじめに、かわりまいらせ、けふのいわいがてら、おもいおこししことの、こころをきこえましうてなん

かしこ

その後は、婦人財嚢の授与や祝辞に関わることが、女性のステータスシンボルの意味合いを持つようになっていった。

当時、改進党系の政治小説の分野で『経国美談』の矢野龍渓につぐ存在として多くの読者を獲得していた須藤南翠の代表作に『緑蓑談』(明治二一年刊、原型は明治一九年『改進新聞』連載)があるが、この小説では、主人公が織りなしていく物語の発端として近未来の明治二二(一八八九)年の不忍池競馬の開催日、しかも婦人財嚢の当日という場面が選ばれていた(70)。ちなみにこの小説の最後も主人公に結婚祝いとして競走馬が贈られるという場面で終ってい

図18　揚州周延「上野不忍池競馬之図」1885（明治18）年

当時の競馬と女性の関係が明確なイメージとして描かれている（馬の博物館所蔵）。

る。須藤の作品の本領は、鹿鳴館時代を舞台として、その欧化主義の社会改良的な風潮を積極的に描き、そのなかに恋愛模様を盛り込んだところにあったが、この『緑蓑談』にも婦人財嚢、競馬とともに、夜会、舞踏会、バザー、華族の西洋館、鹿鳴館、自由恋愛を唱えるドイツ帰りの華族令嬢、そして鹿鳴館時代の欧化主義による社会改良の風潮が盛り込まれていた。『緑蓑談』は、ここでの議論に引き付ければ、鹿鳴館時代における婦人財嚢の意義を傍証してくれる作品となっている。

そして、繰り返せば、この一一月二日の婦人財嚢競走の翌日が、鹿鳴館での初めての天長節の夜会であり、そこでこれも初めて女性が「高等政治」を背負って踊ることになった。

このように見てくると、慈善会、婦人財嚢、舞踏が、女性を主人公としようとする一連の出来事であったことが浮き彫りになってくるだろう。これらは「国の為に身にかなうことはと」、女性が社交界の華となり、「天晴れ文明国の貴婦人」(71)を内外にアピールする、この明治一七（一八八四）年の女性と社交をめぐる三大演目ともいうべきものだった。「近代日本の博覧会場」の空間である上野不忍池競馬場での婦人財嚢は、そういった意味で、女性が西洋並に社会的、国家的な役割を果たそうとするものだった。このことを高らかに宣言したものが、「婦人財嚢趣意書」、「祝辞」であった。競馬の文脈からいえば、婦人財嚢は、この時代の競馬が帯びていたその政治性、社交性を象徴していたのである。

共同競馬会社の婦人財嚢は、その後も続けられていく。翌明治一八（一八八五）年五月二日の春季開催では、祝辞を鹿鳴館の舞踏会でのスターだった鍋島直大夫人栄子が担当し、渋沢栄一の長女みね子が授与者となった(72)。この頃には婦人財嚢会というものが組織されており、この開催後には、落馬事故の負傷者に備えて年一人一〇円を寄付することを申し合わせていた(73)。またこの共同競馬会社春季開催直後の五月一四日の横浜のニッポン・レース・クラブの開催では、横浜、東京の居留民の婦人が寄贈した財嚢競走が行われていたが、それとともにこの日には、伊藤博文、井上馨、大山巌、鍋島直大が各夫人を伴って姿を現し、その夫人らが賞盃を寄贈した特別レースも編成され、その授与にあたっては大山夫人捨松が英語で祝辞を述べるなど、いかにもという形でお膳立てが揃えられていた(74)。そしてちょうどこの頃から開始された東京大学や予備門の陸上競技会や競漕会の表彰式の授与者が婦人となり、やがてそこで婦人財嚢競走も行われるようになるのもこの延長線上にあった（第四章第一節）。夜会や舞踏会で女性を主役とすることと同じ意味で、競馬や陸上競技会、ボート競漕会でも女性が必要とされた。

それは、この鹿鳴館時代が、「世上の風潮其后漸く一変し婦女の社会往々に有為の会合を出し且つ世間普通の新聞紙まで今まハ大に此の一事に注目して」(75)、あらゆる場面での女性をめぐる言説や社会的動向が活発になる、いわば新たな女性の時代の始まりでもあったことを告げていた。教養豊かで社会的に活躍する女性を数多く生み出すこと、それに今後の日本社会の進歩の帰趨がかかっている、と一気に婦人改良が進められていった（第四章第二節）。明治一七（一八八四）年一一月の不忍池競馬場での共同競馬会社の開催二日目の婦人財嚢は、そういった婦人改良の先駆けとしても存在していた。

2 共同競馬会社、戸山競馬場時代

1 共同競馬会社の設立——社交と馬匹改良の交錯

明治一二（一八七九）年、明治政府は、外賓たちを迎えることになった。一月英国下院議員リード（E. J. Reed）、五月ドイツ皇族ハインリッヒ（Heinrich）、六月香港総督ヘネシー（Hennessy）、七月アメリカ前大統領グラント（Grant）、一一月イタリア皇族ゼノア（Genoa）が相次いで来日した。この外賓を迎えるにあたって、明治政府が力を注いだのが、「接待」を通して、日本が西洋並の「東洋第一の文明国」に成長したことをアピールすることであった。当時、というより明治期を通じての日本の最大の国家的悲願である条約改正実現に向けての環境作りの一環であった。よく知られているように、明治政府は、当初、関税自主権の回復を優先して改正交渉を展開していたが、英国の強い反対があって挫折を余儀なくされ、この明治一二年からは方針を転換、領事裁判権（治外法権）の撤廃に焦点を絞って交渉を進めていこうとしていた。欧米各国が領事裁判権に固執したのは、日本の法制度が未整備であるというのが最大の理由であったから、明治政府は、西洋的な法制度の確立に向けての準備を進めていくが、それとともに本気で日本社会全体の西洋化にも着手し始めた。たとえば、最盛期の明治一〇年代後半には、女性を主役とする社交界が創出され、教養豊かで社会的にも活躍するような女性を養成することが女子高等教育機関の役割となった。この欧化政策の中心人物であったのが、井上馨であり伊藤博文であった。

明治一二（一八七九）年、来日した外賓に対して、日本を文明国としてアピールしようとした「接待」は、そういった欧化政策の始まりを告げるものであった。そしてこの「接待」のなかに、競馬が含まれていた。井上馨や伊藤博文らは、横浜の競馬での体験も加えて、西洋において競馬が持っている社会的、文化的意味を充分に認識していた。西洋の競馬クラブに倣って共同競馬会社が設立されたのは、多くの外賓が来日して、鹿鳴館時代の始まりを告げたその明治一二年。そしてその競馬の始まりは、外賓に対する「文明国の証」としての「接待」が直接的な契機となっていた。

明治一二年五月一四日付で、宮内卿徳大寺実則と外務卿寺島宗則は、太政大臣三条実美宛につぎのように上申したが、ここには直接、そのことが書き込まれていた(1)。

今般独逸皇孫、伊太利皇族及び米国前大統領グラント氏来航相成滞留中御饗応之一端にも相成るべくに付、競馬供覧に入れたく候処、招魂社内の馬場狭小にして充分の術業も出来難く、又他に然るべき場所これ無きに付ては、陸軍戸山学校区域内に右馬場新規取設相成り候はば、今般之来客のみならず往々外国貴賓等御歓待之一端にも相成るべく、且陸軍省に於ても落成の上は必要之事と存じられ候間、然るべき儀に候はば同省経費を以て繰合出来候否や、同省へ御下議有之出来候儀ならば、今般の来客に使用相成候様落成候はば都合宜敷と存候間、此段及上申候也。

独逸皇孫とはハインリッヒ、伊太利皇族とはゼノアのことであるが、それにグラントを加えてこの年に来日する

「外国貴賓等」の「御歓待」、「御饗応之一端」として新競馬場を設置して、競馬を開催したいということであった。この外賓接待を機に夜会に女性を登場させるなどの様々な演出が行われていたが（第一章第三節）、競馬もそういったものの一環として計画されていた。いいかえれば、私たちは、競馬をそういった「文明国」の社交という形でも了解していた。外務卿就任はまだ少し先とはいえ、事実上この年の外賓接待の責任者であった井上馨も競馬の本場英国から帰国したばかりであり、またハインリッヒ、ゼノアのそれぞれの接待掛であった鍋島直大（旧佐賀藩主）、蜂須賀茂韶（旧徳島藩主）も、鍋島が明治四（一八七一）年から前後八年、蜂須賀も明治五（一八七二）年から足掛け七年に及ぶ英国生活を送っていた。つまり競馬が持つ社交性を本場で体験していたであろう人物が接待の直接の当事者だった。それを裏付けるかのように、鍋島と蜂須賀は、長い間共同競馬会社と密接な関係を持ち続ける。この鍋島と蜂須賀の二人は、鍋島がイタリア公使や宮内省式部長官などを務め、鹿鳴館時代のスターであった妻栄子とともに社交界の舞台回しを引き受けることになり、また蜂須賀はフランス公使や東京府知事、貴族院議長、文部大臣などを務めるなど、無能なものがほとんどであった華族のなかではその才覚が評価されていた。そういった彼らにしてみれば、競馬が時代的に彼らを必要とするなら、それに応じた役割を演じることができるのも当然といえば当然だった。この二人は、後にも折りにふれて登場することになるだろう。さらにグラントの接待担当であった幕末期の「五賢侯」の一人であった伊達宗城（旧宇和島藩主）も、共同競馬会社の役員を長い間務めることになる。宗城は維新直後の横浜・根岸競馬場にもしばしば姿を現していた(2)。

それに、この明治一二（一八七九）年の外賓接待を契機にした社交としての競馬開催の計画、それは何も遠く西欧にモデルがあっただけでなく、身近にもそういったものが存在していた。一八六二（文久二）年から組織的に始められていた横浜の競馬であった。私たちは、伊達宗城がそうであったように、横浜で競馬が持つ社交性の体験を実地に積んでいた。したがって明治一二年に社交としての競馬に突然出会ったわけでは決してなかった。この時代にいたるまでの競馬と社交の関わり、あるいは鹿鳴館時代の社交の前史の一端を明らかにすることにもなるので、話は長くなるが、まずそのことから振り返ってみたいと思う。なお横浜における幕末期からの競馬の推移に関しては、本章第三節と第三章で論じる。

そういった意味での競馬の社交性に関する出来事の起源を、横浜の競馬にたどっていったとき、明治五年九月二八、二九、三〇日（一八七二年一〇月三〇、三一日、一一月一日）のヨコハマ・レース・クラブの秋季開催で、時の神奈川権令大江卓夫人が「主役」を演じていたことに出会うことができる(3)。その三日目の第二レースは、神奈川県が寄贈した県庁賞盃（Kencho Cup. 図1）。賞盃は二〇〇ドル相当で、距離は一マイル一／四、この開催の日本馬と中国馬の勝馬らによる混合のチャンピオン戦、メイン・レースという位置づけだった。この日、神奈川権令大江卓とその妻、そして有栖川宮熾仁や三条実美が姿を現し、さらに、そのレース後の表彰式で大江卓夫人が、祝辞とともに県庁賞盃を授与し、観客からの歓呼の声を浴びていた。つまりこの日、神奈川県がカップを寄贈し、権令夫人がその栄誉を讃える役割を担い、さらにそこには皇族の筆頭や太政大臣も臨席し、「重み」を付け加えているという光景が描き出されていたのである（図2）。日本初めての日刊新聞である『横浜毎日新聞』は、この日の情景をつぎのように書きとめていた(4)（図3）。

図1　県庁賞盃（The Kencho Cup）

（F.E. 1872・11・16）

茲に外国人集会の中から、美麗なる容貌に壮観なる飾服を着し、繊々たる玉手に白銀のケンチョウコップと唱る盃を持ち卓立する皇国の一婦人あり。見物の者これ何れの姫君なるやと衆を押分け各先に出て看るに、当県大江権令閣下の令室なり。衆人一目瞭然其挙止を伺うに、当日勝利を得たる外国人を目前に招き、洋人ラウタの家君をして通弁となさしめて云く、勝利に依て此銀盃を褒賞とし與ん事を其他種々の挨拶ありける否哉、衆多の外国人帽子手に取りミッシス大江フーローと再三大音を放ち祝賀を彼我人民一時囂しく、衆人云く、御開港以来未たこのごとき婦人の外国人に面接せるを見ずと。大江権令閣下令室の手をラウタ氏拱し静々と供に階を下る。大江権令閣下はラウター氏家君の手を拱し随て階を下る……

振り返ってみれば、安政六（一八五九）年開港された横浜では、居留民らによって競馬をはじめとして、陸上競技、レガッタ、射撃などといったスポーツの場面で女性が勝者の栄誉を讃え、また舞踏会や夜会などの社交の舞台で女性が「主役」を演じるといった光景が繰り返されていた。それは、横浜という、いわば日本に生まれた西洋の小空間に填めこまれた光景だった。この県庁賞盃はそこに、「御開港以来」初めて、日本人女性を「主役」として登場させた画期的な事件となった。

居留民は当初から、このような場面に、私たちを意識的に加えようとしていたが、もちろん実現してはいなかった。簡単にいえば、それは私たちの文明には未知なものに他ならず、その意味を了解して振る舞うことができなかったからである。だがそれがこの頃から、その振る舞いに向かおうとしていたことを、この県庁賞盃は示していた。とする

図２

2.—The Kencho Cup.

Presented by the Governor and Officers of the Kencho a Kanagawa.

Value $200. For all winners at this meeting. Entrance compulsory; optional for beaten ponies. To be Handicapped a the close of the second day. Entrance $10. One mile and quarter.

Mr. Lloyd's	.. Will o' the Wisp	10 st.	10 lbs...	1
Mr. Lloyd's	... Chanticleer ...	10 st.	7 lbs....	2
Mr. Lloyd's	.. Hard Lines ..	11 st.		3
Mr. Radley's	.. Edgar ..	12 st.	0 lbs...	0
Mr. Nicolas'	.. Moctezuma ..	11 st.	3 lbs...	0
Dr. Wheeler's	... Typhoon ...	11 st.	0 lbs...	0
do.	.. Boreas ..	11 st.	0 lbs...	0
Mr. Shepard's	.. Melton ..	10 st.	3 lbs...	0

In this the public fancied Edgar, despite the high weight but many backed Will o' the Wisp on the appearance of the weights seeing he had been let in so lightly. On starting Edgar got off badly, Typhoon, Moctezuma and Boreas leading the last inside. At the turn at the dip Boreas bolted, cannoning against Moctezuma, and causing him to do the same to Typhoon. This *contretemps* threw all three out of the race Edgar then went to the front and held the lead along the back stretch, when the Tartan took up the running, and, in the straight it seemed to be Hard Lines' race, but Will o' the Wisp coming again and again landed a winner, Chanticleer second, Hard Lines third. Mr. Lloyd was then conducted to the Grand Stand and introduced to the Governor's wife, who addressed a few words in Japanese to him. Mrs. Lowder then said that she was requested by Mrs. Oye Taku to say that it was with great pleasure that she offered for his acceptance the Kencho Cup, which he had so successfully competed for, and with it she hoped he would receive her congratulations. The cup was then handed to Mr. Lloyd, who said that it was with extreme thanks that he accepted the prize so generously offered by the Kencho. It was not alone the pleasure, he added, of receiving the cup for having won the race, it was the honour done him in receiving it from the hands of Mrs. Oye Taku, the Governor's wife, and which he fully appreciated. Time 3 min.

県庁賞盃のレース条件、着順、レースの経過、表彰式が報じられている（J.W.M. 1872・11・２）。

図３

県庁賞盃の授与の際の有様が描写されている（『毎日』明５・10・２）。

ならば、そこにはそれをもたらした「何か」があったということになる。ときは文明開化と呼ばれる時代が始まる頃のことであったが、この県庁賞盃はそういった時代そのものに関わる出来事だった。

そのことを考えた時、まずこの明治五（一八七二）年に布告された違式詿違条例に出会う(5)。裸や混浴、立ち小便などが「犯罪」として禁止されようとしていた。さらに横浜では、直接居留民の眼があるので、幕末期からこのような禁令が出されていたが、それがまたこの明治五年の初めからたびたび繰り返されるようになっていた(6)。ここに同じ頃、お歯黒や眉剃を「野蛮」だとして止めようとする動きが出ていたことを付け加えてもよい。恥じていなかったものを、恥じなければならない、と私たちが行っていたそれまでのごくありふれた身体の振る舞い、日常の習慣、習俗に関するものを、もっといえば私たちの文明を転倒させようとする作用が生み出されていた。これと関連して明治四（一八七一）年一一月、東京府では裸体禁止令が布告されていたが、その理由はつぎのように説明されていた(7)。

府下賎民とも衣類を着ず裸体にて稼方致し、或ハ湯屋へ出入候者も間々有之、右ハ一般の風習にて御国人ハ左程相軽しめ申さず候えども、外国に於てハ甚だ之鄙しみ候より、銘々大なる恥辱と相心得、我が肌を顕し候事ハ一切無之由、然るに外国の御交際追々盛に相成り、府下の儀は、別て外国人の往来も繁く候処、右様見苦敷風習此侭差置き候ては、御国体にも相拘り候に付、自今賎民たりとも決して裸体相成らず候。

私たちは裸体を一般の風習として「軽しめ」ないが、外国人はこれを非常に「鄙し」むので、外国との交際が広まり、外国人が多くやってくるようになった今日、「国体」にも関わるので、今後は裸体を恥辱と心得なければならず、禁止するというのである。また明治五年三月、神奈川県庁も混浴禁止に関して、つぎのように述べていた(8)。

元来男女入込浴する事は互に其醜悪を厭うべきは勿論、就中女子は肌膚を男子に見らるるは可恥の極に候処、更に無頓着心得違の至に候、以来男女打交り入湯いたす間敷候、若し相背くにおいては見かけ次第差押え急度致すべき沙状候。

女子が男子に「肌膚」を見られることが恥であることの啓蒙とでもいえようか。これらと併せてみるならば、違式詿違条例は、「西洋から見れば恥ずかしい事だから改めなくてはならない」という視線が、裸体や混浴などを問題視させていく作用を及ぼし始めていたことを端的に表していたということができるだろう。もちろん私たちが裸を恥じていなかったわけではなく、その恥らいの視線のありようが異なっていたにすぎないが、それを西洋のように恥じなくてはいけないようにしようとしていたのである。それは、私たちの身体性そのものに対する視線の変容をもたらすことにもなる。まずは、こういったものがあった。

そして、この明治五年六月（一八七二年七月）に起こった「マリア・ルス号事件」であった(9)。ここにも、そのような視線が作用していたことをみてとることができる。よく知られているようにこの事件、時の神奈川県参事大江卓（明治五年七月権令就任）が、外務卿副島種臣の支援を受け、明治政府の及び腰あるいは圧力や英国を除く各国領事の抗議をはねのけて、「人権擁護」を叫んで八月、ペルーへ連れていかれようとしていた中国人苦力二三〇人の解放の判決を下したものだった。一応の事件解決後、明治政府は当初の態度とは逆に、自らの功績としていち早くその経過を英文のパンフレットにまとめ、折からヨーロッパに滞在していた岩倉遣外使節団にも送付して各国に配布させる。西洋に対して、「文明国日本」を強くアピールする格好の材料として利用したのである。またこの事件、「娼妓解放令」という副産物をもたらしてもいたが（明治五年一〇月大政官布告第二九五号。神奈川県では同様のものがこれより先の九月に出されていた）、これも、マリア・ルス号側の日本でも人身売買が行われているではないかとの反論に素早く対応し、「文明国たること」を対外的に示すものとして布告されたものだった。明治五年、このように、西洋からのまなざしを意識して、ことさら私たちの「文明化」をアピールしようとしていた。

そして、このように西洋からのまなざしを意識したとき、西洋人たちがそれを強調することがあったとはいえ、なぜかそこでは女性の地位、もっといえば女性の西洋化の進展度合が文明国か否かの尺度の役割を果たすといった「力学」も作用し始める。そこに浮上してきた端的な事例が県庁賞盃だったのではないか、というのが私の考えである。時間的にいえば「マリア・ルス号事件」の苦力解放と娼妓解放令布告と相前後し、それに直接の当事者も同じく大江卓だった。そしてこれもまた「文明化」を対外的にアピールする国家的行事であった新橋・横浜間の鉄道開業式（九月一二日、陽暦一〇月一四日）とも近接し、大江はそこでも行事を西洋的なものに仕上げる役割の一翼を担っていた（後述）。もう少しこのことについて、立ち入ってみると、つぎのようになる。

「マリア・ルス号事件」に関して英国を除く各国は神奈川県の対応に反対だったから、それで多少ギクシャクした外交関係を円滑にする潤滑油の役割を果たし、また「娼妓芸妓解放令」を裏付けて女性の地位の向上の証ともなり、端的に日本が文明国であることをアピールするようなものを捜していた。そのとき、前々から横浜の競馬を主催するヨコハマ・レース・クラブが続けていた神奈川県への協力要請が浮かぶ。ジャーディン・マセソン商会、オリエンタル銀行といった日本政府とも関係の深い横浜の会社や英国の外交官などから構成されるクラブが主催し、各国公使も姿を現す、横浜の最大の年中行事であり、祝祭であり、社交の場でもあるヨコハマ・レース・クラブの競馬。ちなみにこの開催では、アメリカ公使デ・ロングの夫人が授与したアメリカ賞盃（America Cup）や前開催まで熱心な会員で馬主でもあったF・O・アダムス（英国公使館書記、代理公使）が離日にあたって寄贈したカップの江戸賞典（Edo Plate）なども行われていた(10)。このような競馬にカップを寄贈し、日本女性を「主役」としてその場に登場させる、そしてそこに皇族や太政大臣の姿も書き加える。こういったことを西洋人に対して与える衝撃度をあらかじめ予測したうえで演出する。有栖川宮熾仁の日記の明治五年一〇月一日の項には、この日のことが、「十二字昼飯済、公使（アメリカ公使、デ・ロング）ヨリ馬車迎エニ来、太政大臣同車、ミニストル館江著、夫ヨリ公使同車、競馬見物行向、夕四字下山出張所江帰著」とさりげなく記され、その前後の事情についてはふれられていないが(11)、それは、充分計算されたうえでのものだったはずである。

これより先の明治二（一八六九）年九月、横浜の英国公使館で折から来日したエジンバラ公歓待のための晩餐会および舞踏会が開催された際、東伏見宮（後の小松宮）や伊達宗城が単に姿を現しただけで(12)、在日中のジャーナリストJ・R・ブラックが、「これは、天皇の接見にもほとんど劣らない改革であった」、と述べたほどの効果があったくらいであった(13)。エジンバラの接待を西洋式、日本式いずれで行うかをめぐっては明治政府部内が二分されていたが、西洋式で行うことを決断、天皇の接見というのはそのことをさし、東伏見宮らの参会がその「進歩派の勝利」の流れをさらに明確にしたものと、ブラックは受け取っていたのである。このエピソードにも示されているように、幕末以来、西洋人たちは、私たちが儀礼、社交をどう行うかによっても、「文明化」の程度を測ろうとしていたから、それらを西洋化していくことは、国内の強い反発をかわせるとするならば、大きな効果を期待できるものであった。そこに女性を加えれば、そのインパクトがさらに衝撃的なものになる。社交の場で女性に「主役」を演じさせる効果を計算できる。それは、ここでの議論に引きつけていえば、社交が持つ外交的、政治的意味を了解し始める方向に私たちが踏み出していたということであった。

この明治五（一八七二）年、大江卓の周辺に限っても、それを裏付けるような事例が次々と起こっていた。大江は自らの八月の権令就任の際、各国領事らを招いて、いわばその就任パーティーを開き(14)、ついで一〇月には西洋や横浜の居留民のクラブを模して、山東直砥らの県の高官や高島嘉右衛門、原善三郎、茂木惣兵衛、三井組の社員らの横浜の有力商人を集めて、「勝読会社」という社交クラブを作り、権令退任後は東京でも同様の集成社を設立していた(15)。「クラブは会社の議にして」文明開化に欠くことのできないものというのが、その説明であった(16)。なおこれより先の明治四（一八七一）年秋、居留民からの評価が高かった、時の神奈川権令陸奥宗光は、日本人として初めて、横浜の居留民の社交クラブであったヨコハマ・ユナイテッド・クラブ（Yokohama Uneited Club）に入会を許可されていた(17)。また大江は、この明治五年一〇月、これも居留民の社交クラブであったジャーマン・クラブ（Club

Germania）が、折から来日していたロシア皇族アレクシスの歓待の一環として主催した舞踏会にも、夫妻で参加していた(18)。ちなみにアレクシスの接伴係は有栖川宮で、その歓待には招魂社での天皇とともの競馬観戦も含まれていた(19)。さらに大江ら神奈川県の高官は、アレクシスの横浜上陸の際、政府高官がまだ和装であったのに対して、いち早く打ち揃って洋装で歓迎式に臨んでいた(20)。こういった振る舞いは、大江及びその周辺だからこそのものであったろう。大礼服通常礼服が制定され、官吏らの国家儀礼における洋装が義務づけられるのは、この間の一一月一二日のことであった(21)。

翌明治六（一八七三）年九月には、横浜の商人たちは、生糸貿易で関係が深く同国人との親睦も厚い、と来日したイタリア皇族ゼノア（Duke of Genoe）の市民歓迎式を計画した(22)。ちなみにこのゼノアは、英国公使パークス、アメリカ公使ビンガムらとともに根岸競馬場に姿を現し、秋季開催の三日目（一〇月二五日）のイタリア賞盃（Italian Cup）のプレゼンテーターを務めた(23)。また少し時間は下るが、明治八（一八七五）年二月二六日、足掛け一三年に及ぶ横浜駐屯に終止符を打つ英・仏両軍の送別会が横浜の町会所で開かれた際、そこでは日本海軍楽隊の演奏で舞踏会も行われ、各国公使、領事官、武官、商人とともに西郷従道や大山巌などの政府高官や海軍士官、横浜の区長や戸長らが参会していたが、神奈川県の高官である参事山東直砥や権参事小島信民は夫妻で姿を現していた(24)。先の県庁賞盃といい、この送別会といい、社交の場面へは婦人同伴という、こういった側面においても、横浜が先駆性を持っていたことを示していたが、それがまた次の時代を準備することにもなっていた。

そして明治五年九月一二日（一八七二年一〇月一四日）の鉄道開業式であった(25)。各国公使らもすべて招待して内外に偉容を示す国家儀式として行われ、天皇はまだ衣冠束帯でその姿を現したとはいえ、天皇をめぐる身体性の西洋化のなかでの出来事だった（第四章第三節）。会場となった横浜駅には明治期に西洋飾りと呼ばれた緑門（アーチ）を設け、海軍楽隊が演奏し、また初めて儀式の場が公開され、人々がかつてのように平伏しようとするのを立たせて、天皇の姿を公衆の面前に露出させ、内外の代表から祝詞を受け、礼砲を打つなど、その形式、内容とも西洋式で行われた（図4）。この日は祝日となり、初めてそれに合わせて各戸にも「国旗」を掲揚させることが行われたが、これも西洋式に則ったものだった。またこの開業式にあたって、恣に飲食酔っ払って裸になったり、素足で淫歌狂舞をしたり、男子が女装、女性が男装したりすることが禁止されてもいたが(26)、これも違式詿違条例や裸体禁止令と同じように西洋のまなざしを意識したものだった。もちろんこの西洋式ということには充分に自覚的であり、その演出効果は計算したうえでのことだった。つまりここでいいたいのは、この鉄道開業式と「マリア・ルス号事件」や競馬の県庁賞盃、あるいは違式詿違条例、そこに見られる視線は相互に連関するものだったということである。ちなみに鉄道開業式の内外の祝詞のアイディアは大江が出し、それを井上馨が賛成して、宮内省へ交渉し、そのゴーサインを受けて、大江が居留民の商業会議所に出かけ段取りして実現したものだった(27)。そして居留民代表で祝詞を述べたのが、商業会議所会頭でヨコハマ・レース・クラブの役員でもあったウィリアム・マーシャル（William Marshall）だった。西洋の基準から見ても、この鉄道開業式は、「同じような機会にヨーロッパでごく日常的に見られるものとほとんど相違がなかった」(28)。そのねらった効果をあげたのである。

図4　横浜駅の鉄道開業式

（『イラストレイテッド・ロンドン・ニュース』1872・12・7。前掲『描かれた幕末明治』191頁）

このように私たちは、「日本の文明化をアピールしていく」といった意味で儀礼や社交を了解し、それを演じることができ始めていた。そしてそれらは天皇の周辺でも、儀礼や社交の場に女性を「主役」として登場させようとする力を生み出し、この頃には、皇后がその役割を演じるようにもなっていた。明治六（一八七三）年の新年参賀から許された各国公使の夫妻での拝賀を機に皇后が天皇とともに姿を現し、その後しばらく謁見も皇后とともに行われ、同年一一月の横須賀造船所、翌七年三月の横浜の燈台寮の臨幸の際にも皇后が伴われていた(29)。明治七(一八七四)年一月には、勅任官らの夫人同伴の参朝も、新年拝賀あるいは洋行の際には願い出によってはと条件付ではあったが、許されるようにもなった(30)。そしてこのような演出とともに皇后の身体性の近代化も始められていた。皇后は、この明治六年二月からヨーロッパから持ち帰られてきた乗馬服を着て一旦は乗馬を始め、三月にはお歯黒を剥いで黛を落し、五月には洋楽を聴き、七月からは昼食に西洋料理が添えられるようになり、八月には女官たちとともに粉白を止めていた(31)。このような皇后の振る舞いに関して、J・R・ブラックはつぎのように証言していた(32)。

……そこで、私が注目した今回の接見の大きな意味は、ミカドが、日本の最も厳格な慣習の一つから離れて、自分の妻に、国民の偏見を無視して、自分と対等の者として外国人の前に姿を現すことを許した点である。それは、西欧諸国で婦人に与えられている自由という財産を認めたことであり、日本においても、夫人を夫と同列におこうという希望が実際にあらわれたことであった。

ここでも、皇后の身体及びその振る舞いの文明化に対して、私たちが期待していた反応を西洋人たちが見せていることが示されていた。そして、天皇と各国公使が食事し、その後に皇后と公使夫人が加わるという二段構えながらも一応、社交の場にも天皇と皇后がそろって姿を見せるのは、明治九(一八七六)年八月の延遼館の花火見物のことだった(33)。また、明治七年九月、金星の太陽面経過観測に来日したアメリカの天文学者ダビットソン(Davidson)の延遼館での歓迎式に、伊藤博文、田中不二麿、野村靖が夫妻で出席したように(34)、この頃から社交の場に婦人が姿を現す事例も出てくるようになる。政府が、西洋の「礼式に一考察を加え取調べの手を付」けたのは、ウィーン万国博覧会への参加を機にした明治六年のことだった(35)。

繰り返せば、私たちは、このような社交の場で女性に「主役」を演じさせるという視線のなかでも、競馬をとらえ始めていた、いや県庁賞盃にみられたように競馬にそれが初めて出現していた。県庁賞盃は、翌明治六（一八七三）年ヨコハマ・レース・クラブ春季開催二日目の五月一五日にも神奈川賞盃（Kanagawa Cup）として実施され、この際も大江夫人が授与していた(36)。なお名称を変えたのは、県庁だけでなく神奈川裁判所と横浜税関所と三者合同でカップを寄贈するようになったからであった。この日にはアメリカ賞盃（American Cup）や婦人財嚢などでも婦人が授与者をつとめており、また各国公使、日本の生糸商人がそれぞれ寄贈した外交官賞盃（Diplomatic Cup）や蚕糸賞盃（Ito Cup）が、翌日には工部省や日本人商人が寄贈した鉄道賞盃（Railway Cup）や商人賞盃（Akindo Cup）なども行われていたから、この明治六年春季開催も内外の友好の社交場としての様相を呈していた。翌明治七（一八七四）年一一月の秋季開催には、懸案の借地料交渉の一応の解決（第三章第五節）を祝するかのように参議たちも賞盃（Sangi Cup）を寄贈していた(37)。ちなみに製茶売込商や生糸輸出商など横浜の有力商人たちも、遅くとも一八六八年から競馬に賞典を寄贈し、そこには茶屋順之助、岡野屋利兵衛、村松吉兵衛、井上三千太、茂木惣兵衛などの名前をみることができた(38)。

また明治九（一八七六）年からはそこに三菱も加わっていく(39)。この頃、三菱は太平洋汽船会社（Pacific Mail Steam Ship Co.）やP&O汽船（Peninsular and Oriental Steam Navigation）と上海航路をめぐって激烈な競争を展開していたから、それへの配慮からも、これらのライバル会社の社員も関係していた横浜の競馬へ賞盃を寄贈することになったのだろう。これと相前後して、太平洋郵船に勝利したことが明らかになった明治八（一八七五）年一〇月には同社の「頭取」や横浜、上海の領事館員を招いて「歓会」を持ち(40)、ついでP&Oとの競争に勝った明治九（一九七六）年八月には、東京中村楼で、P&Oや太平洋郵船の代理人、根岸競馬とも関係の深いアメリカ総領事ファン・ビューレン（Van Buren）やジャーディン・マセソン商会ケスウィック（J. J. Keswick）、ウォルシュ・ホール商会ウォルシュ（T. Walsh）らを招いて、「競争の怨を釈き同業の交誼を修る為」の宴を開いてもいた(41)。

このように三菱や先の商人たちが横浜の競馬に関与したのも、競馬が持つ内外友好の社交性を了解したうえでのことだったに違いない。それに「貴顕紳士」の姿も、明治八（一八七五）年五月春季開催に陸軍大輔西郷従道、外務大丞宮本小一、元老院議官吉井友実らが現れる頃から、継続的に根岸競馬場の舞台に書き込まれていくようになる(42)。このようにして根岸競馬場は、社交に対する視線の作用が来るべき鹿鳴館時代を準備し始めようとしていたことを示す空間ともなっていた。

そして実際、この頃から、私たちは別のところでも、このような作用が作り出していた場面にかなり頻雑に出会うことができるようになる。明治一〇（一八七七）年七月四日のアメリカ独立記念日に外務卿代理森有礼夫妻は、横浜停泊のアメリカ海軍の軍艦で舞踏を踊り(43)、ついで同月森が各国公使夫妻を招待した饗応の宴では、森はもちろん全権公使河瀬真孝や文部大輔田中不二麿も夫妻で出席し(44)、その明治一〇年の天長節では外務卿が主催するソワレイ（soiree）方式が初めて採られるようになった(45)。その直後の一二月には、横浜のヨコハマ・ライフル・クラブやスイス・ライフル協会を模して、内外の政府高官や公使からなる共同射的会が設立され、その大会が内外の交流（社交）を打ち出して、陸軍戸山学校で西洋式に開催されてもいた(46)。会長山県有朋、副会長川村純義、幹事には山田顕義、大山巌、村田経芳らが就任、会員には東伏見宮、西郷従道らが名を列ね、各国公使以下居留民らも参加した。西洋飾りの緑門（アーチ）が建てられた会場には各国の国旗も飾られ、競技の合間には陸海軍両楽隊も演奏し、表彰式場も設置され、文字通り横浜の両射撃クラブを模して行われていた。これが、私たちが主催しての内外が交流した初めてのスポーツ大会だったことになるが、ここでも競馬と同様にスポーツが社交としても了解されていたことが示されていた。ちなみに射撃も鹿鳴館時代の舞台装置の一つとなる(47)。

また翌明治一一（一八七八）年一月にはアーチやイルミネーションで飾られた海軍大輔川村純義邸で、陸軍卿山県有朋や西郷従道、アメリカ公使ビンガム、海軍の御雇外国人を招いて開かれた筑波・清輝両艦の海外巡航の送別会のソワレイでは、海軍楽隊が演奏し、「彼国風の踊り」が行われた(48)。以後、様々なソワレイが、数多く行われていくことになる。さらに同年二月には、「海外交際も追々広くなるに従い礼式も区々にて国辱ともなりぬるゆえ」、と西洋式の交際法に倣った「内外の交際私立」が定められ、政府高官や皇族・華族らは相互に「交際」するようにもなっていた(49)。九月の外務卿寺島宗則が主催した各国公使を招いた宴では、寺島と森有礼外務大輔が夫妻で登場し(50)、また一〇月、英国公使パークス夫人の離日に際して開かれた「離盃の宴」では、各国公使とともに、有栖川宮、山階宮や大臣参議らが妻女とともに参会、舞踏の輪のなかには、後に鹿鳴館の主要なキャストとなる鍋島直大や井上馨の娘の末子の姿があった(51)。

明治一〇(一八七七)年九月岩倉具視が華族会館でつぎのような「婦女にしての交際の道を開」く必要を説いた「示談」を行っていたが、保守的な岩倉であるからこそより一層、そこには、ここまで論じてきた動向が政治的な意志から生み出されていたことが、鮮やかに示されているだろう(52)。

外国の風習を見るに夫婦相待て家事を経営す、且つ幼子女を教誨するの任専ら婦人に帰す、本邦婦人も亦貞操端粛其徳美なるあり、然れども目下同族の婦女多くは深閨に潜居し交際する稀なり、今より後、各族懇会は勉めて妻を携え、又会館に於ても之を誘導し、有志者をして相会せしむる為め、豫め督部長より宮内卿へ上請し、芝離宮濱殿吹上禁苑等に於て逍遥雅集するの許可を得て、婦女交際の道を開かんとす、且皇大后宮皇后宮の貴きすら、内外人に謁見を許し、学校博覧会等へも臨御あり、況や同族の婦女にして交際の道を開かざるべけんや、近日学校(学習院)開業の日には相携へて各来校を請はんとす、故に豫め族中へ説得し、来者の多数ならんことを欲す。

私たちは、社交についても、また競馬を外賓の歓待として行うということに関しても、横浜を中心にざっと見るだけでも、またこの岩倉の言にも示されているように、その前史があった。明治一二(一八七九)年の外賓接待の場面に女性が登場するのも、競馬が開催されるのも、そういう意味では決して付け焼き刃ではなかった。だからもちろん、競馬を外賓の歓待として準備したのも、その意味を了解したうえでのものだった。

そしてこういった競馬の社交性とかねて陸軍が求めていた馬匹改良の推進、その一環としての本格的な競馬場の設置、そこでの競馬の恒常的な開催、この節の冒頭に引いた上申の言葉でいえば陸軍省の必要とが結び付いた。これに関しても簡単に、その前史を眺めておこう。

近代的な軍備の編成と馬匹、馬匹改良と競馬の関係性については、陸軍は早くから西洋式（近代）競馬へ向けての歩みを開始していた（第一章第二節）。当初は和式のくらべうま、きそい馬の延長線上に行われざるをえなかったとはいえ、西洋的な身体の振る舞いが要求される軍事では、馬をめぐっても西洋的な身体性を持つ馬匹を不可欠とさせていたからである。陸軍は、明治三（一八七〇）年からの招魂社（一八七九年六月、靖国神社と改称）の馬場で、五月、一一月の例大祭の折、競馬を主催していた(53)。招魂社競馬には当初から居留民たちも出かけ、時には馬を出走させ騎乗することとあったが、この競馬で居留民たちに目を付けられて購入され、横浜の競馬に登場する馬もあり、多くは評判倒れに終わってしまうが、なかには活躍する馬も出現していた(54)。居留民にとって、招魂社は競馬用の馬を見出す貴重な場だったということにもなる。ちなみに陸軍の軍馬は明治四（一八七一）年から蹄鉄を正式に採用していたが(55)、兵士にあわせて馬もいち早くわらじから「靴」に転換したことになる。

そして明治八（一八七五）年一一月の横浜の競馬の開催において、いよいよ陸軍は名義を陸軍大輔西郷従道として四頭を出走させ、ある見習い士官に騎乗もさせる(56)。この出走に関しては、陸軍卿が軍馬局に許可する手続きが踏まれていたから(57)、陸軍として公的な意味を持つものであった。馬も人も、その調教、騎乗技術を含めた身体性が、居留民の競馬に参加できるところまで、まがりなりにもたどりついていた。この西郷の参加、かねてから居留民の評判を呼んでいたが、単に参加しただけでなく二日目の一一月二日、西郷とともに英国公使パークスも観戦しているなかで、その内の一頭（ミカン）が、一一頭立の未得勝馬景物（Maiden Stakes）（一／二マイル）というレースを一分三秒で勝利を収め、観客の大喝采をあびた。日本人の名義として初めての勝利だった。もっとも日本人の騎乗ぶりは、まだ居留民の酷評をあびるような稚拙なものだったが（図５）。続く明治九（一八七六）年五月の春季開催に向けてのヨコハマ・レース・クラブからの出馬要請に対しても、それに応じて軍馬局長はつぎのように陸軍卿山県有朋に上申してその許可を受けていた(58)。

横浜に於て英国人毎年両次競馬興行、当局よりも出馬致呉候様頃日催主より申出候。昨八年十月出馬候者、臨時の命に依りての儀に候えども、仏国等にても市井競馬へ定例軍隊の者出場有之歟にも承り及ぶ。兎角馬術研究の為稗益少なからずと相考え候間、其の毎次調馬手以下数名駿良の馬匹と共に出場候様致度。

このようにして陸軍は、明治八（一八七六）年秋季開催から、馬の出走、人の騎乗、後には馬主としても（軍馬局名義）、また賞典も寄贈して、横浜の競馬に関与し続けていくことになった。

また陸軍だけでなく、それと並行する形で宮内省御厩課でも競馬に向けての歩みが始められていた。明治七（一八七四）年三月からは、赤坂御所内で御厩課所属の馬たちによって、天覧競馬がたびたび行われるようになり(59)、その御厩課所属であった馬からも、居留民の手に渡って横浜の競馬に出走する馬が出現していた(60)。明治八（一八七五）年一二月には吹上御苑で、洋式の乗馬服を着用した陸軍、騎兵と宮内省御厩課員らによる天覧競馬も行われていた(61)。そして、明治九（一八七六）年の秋のシーズンから横浜の競馬はそれまで主催していたクラブが二つに分裂したが、その一方の側に御厩課が参加、高崎正風、片岡利和の両侍従の名義で、在来の日本馬四頭を出走させ、その内二頭が勝鞍をあげ、木村介一、福羽逸人、桑島忠則らの課員も初めて本格的に騎乗するようになった(62)。翌明治一〇（一八七七）年の同じクラブの秋季開催には、前年

図５　西郷従道の騎手

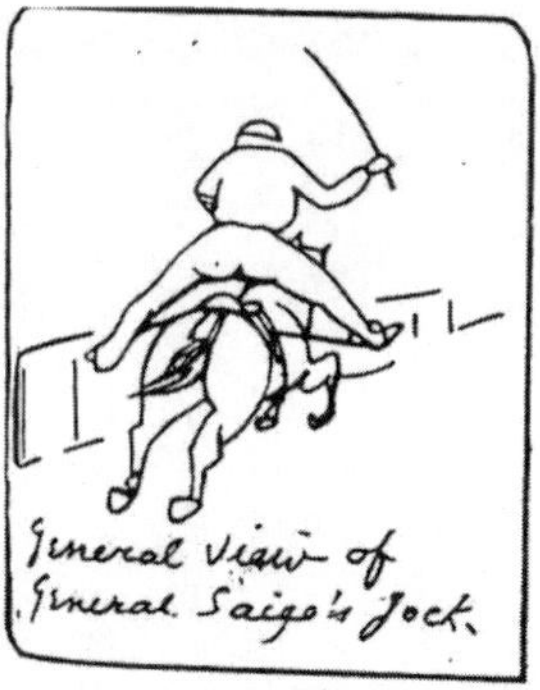

（『ジャパン・パンチ』1875年11月号）

の高崎、片岡に藤波言忠を加えた三人の名義で、騎手には京田懐徳を加え、再び先の四頭が出走し、今度は三頭が勝鞍をあげた(63)。居留民は、この御厩課を、Imperia あるいは Red and White Stable と呼び、天皇(宮内省)の参加と認識していた(64)。御厩課や軍馬局は、横浜の競馬でも、西洋式の馬の調教や騎乗技術を学び、訓練し、自らのものとしようとしていた。さらには馬匹の改良の成果を、そこで問うものにもなっていた。明治一一(一八七八)年横浜の競馬は、分裂が解消され、新たなクラブとして出発することになるが、そのクラブの運命には、こういった御厩課や軍馬局などの日本側の関与が大きな意味を持つようになっていた(本章第三節)。

さらに明治一〇(一八七七)年九月開場した内務省所管の三田育種場でも競馬が始められ、開場式の当日、内務省の意を受けて軍馬局と御厩課が競馬を行い、その後も馬市の開催の折などに継続して開催していった(65)。軍馬局、御厩課などは、横浜の競馬に加えて、この三田育種場の競馬に向けても、馬を調教、騎乗技術を磨いていった(66)。その調教場として、もっぱら使われたのが吹上御苑であった。また内務省においても勧農局を中心に馬産が行われていたが、やがてその馬たちやあるいは掛員が騎手として競馬に出走してくるようになる。

このようにして、馬の調教、騎手の技術も含めた身体性からも私たちの競馬に対する準備が整えられていた。冒頭の明治一二(一八七九)年五月一四日付の外務、宮内省の両卿の上申に対して、五月二二日三条実美太政大臣は陸軍学校内への競馬場新設を西郷従道陸軍卿に照会、その後陸軍省内での検討が進められ(67)、陸軍卿は太政大臣に対して、六月一九日付の「競馬場新設に対する陸軍省提議」でつぎのように回答、答えはもちろん「諾」であった(68)。

今般独逸皇孫、伊太里皇族及米国前大統領グラント氏来航に付御饗応のため競馬供覧相成るべくに付戸山学校内へ競馬新設の儀、宮内外務両卿より之上申書を以て御照会の趣敬承のため取調候ところ、費額六千百弐拾壱円に相及び申し候、然るに右御待遇は勿論当省に於ても馬匹調駝上不可欠の者に付、此年翹望罷在候えども、毎歳引続定額に些かの有余これなく荏苒今日に至り候状況、さりながら今後聊か経費に緩裕を得れば如何様とも設置いたしたき心算に候ところ、先般勅諭により十二年度経費の儀も非常節減致すべき見込に付、旁到底当省費額より支弁難く仕り、前書金員別途御下付相成り候儀に候、事は地所に於ては支障無之候間、渾て之事業当省に於て施行致すべく候。

このようにして外賓の接待を通して日本を文明国としてアピールしようとする外交的、政治的判断は、馬匹改良策の一環としてかねて陸軍が持っていた競馬場設置「翹望」実現の契機となった。社交と馬匹改良の交錯、これがこの明治一二年の共同競馬会社による競馬実施を実現していく直接の推進力だった。

このような手続きと並行して、五月から陸軍、宮内、内務、海軍の各省、実務的には特に松村延勝、平佐是純の両陸軍少佐をはじめとする騎兵の将校が中心となってその設立準備が進められていった(69)。この当時の松村の肩書は軍馬局次長、同年一二月に軍馬局長心得、翌明治一三（一八八〇）年五月軍馬局長となるが、折あるごとにアラブ馬を原種とする馬匹改良の重要性を訴え、役員や馬主として長く共同競馬会社の中心の一人となり、また根岸や三田育種場の競馬でも同様の役割を担うことになる。明治一三年二月には洋式馬学と馬術を詳細に記述した『馬学説要』を出版してもいた。平佐も、後に士官学校騎兵課長（明治一六年）、騎兵操典取調委員（明治一七年）、陸軍乗馬学校初代校長（明治二一年）となるなど、日本の騎兵の基礎を作った人物だった。海軍は別として、宮内省は今までふれてきたように、それまでの競馬の推進力であり、また内務省も、馬産にもあたっていた勧農局だけでなく警視局も馬匹と密接な関係をもっていた。七月に入る頃まで

図６　戸山競馬場及びその周辺

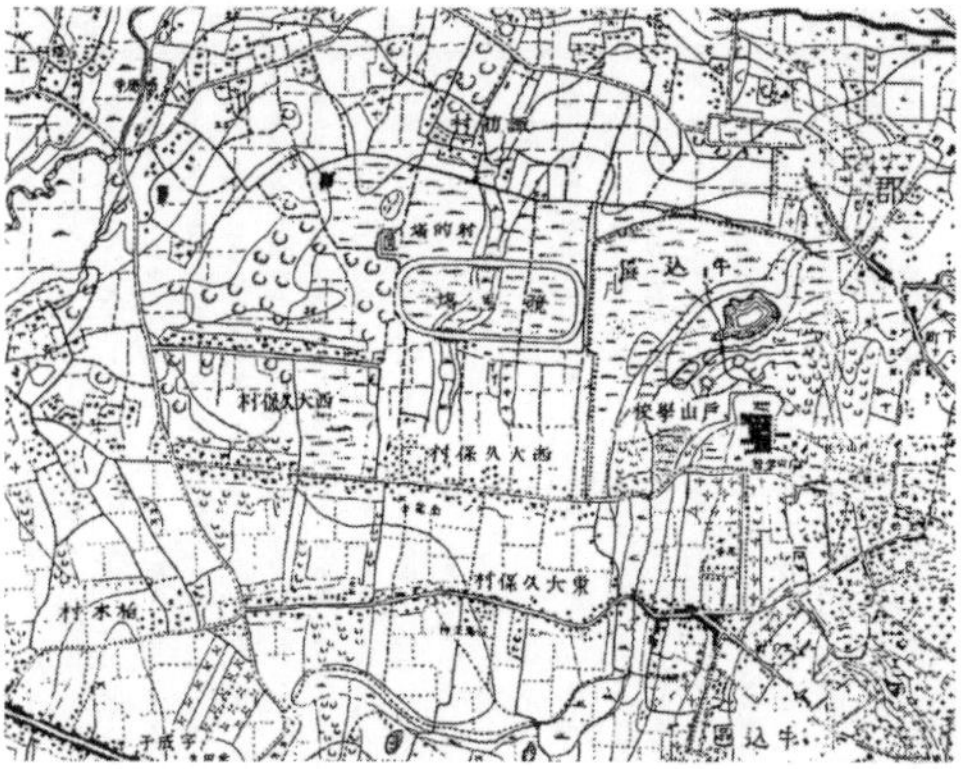

（陸地測量部、明治13年測量、明治19年製版、明治27年発行）

図7　8月20日のグラント歓迎の競馬の記事

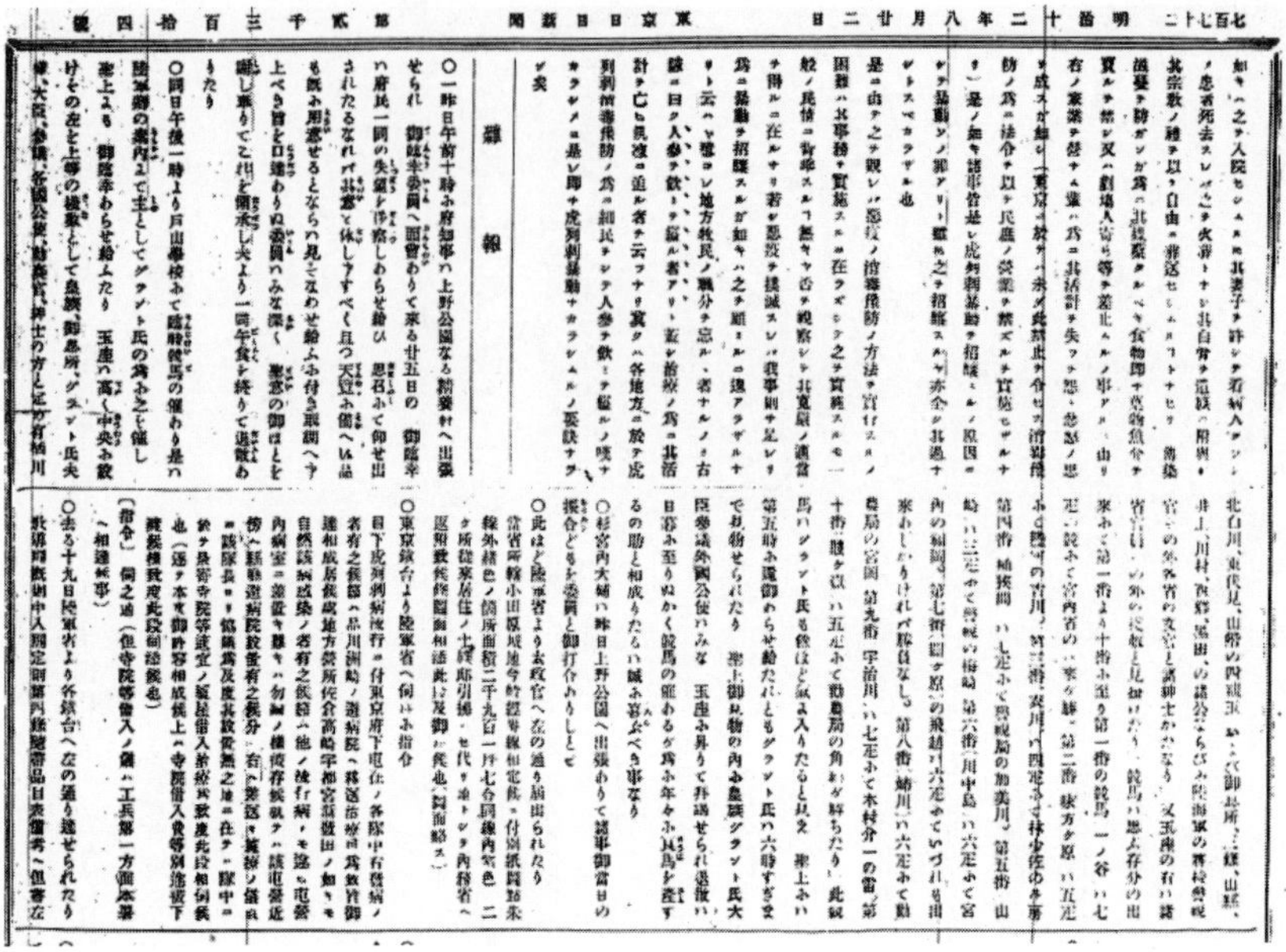

(『日日』明12・8・22)

には、「貴賓の紳士」の入社も増え、規則案もでき上がった(70)。陸軍省は、総経費六一二〇円で七月下旬には、陸軍戸山学校敷地内の戸山ケ原に競馬場を竣工させた(71)（図6）。根岸競馬場を意識して馬場内に丘陵等を作る計画も立てられたが取りやめとなり(72)、馬見所も厩舎も仮のもので、芝生も植えられず、工事を急いだこともあって不十分な施設ではあったが、それでも一周七一〇間（ヤード換算約一四〇〇、約一二八〇《メートル》）の東京初の本格的な競馬場だった（以下、「戸山競馬場」と記す）。当時でいえば南豊島郡西大久保村、現在の新宿区西大久保二丁目、早稲田大学、戸山公園、保善高校のある辺り一帯となる。臨幸の道となる競馬場への馬車道を整備するため、四谷から西大久保にかけて道筋にあたる家屋を買収したという(73)。

そして八月二〇日、この新設なった戸山競馬場でグラント歓待の競馬会が、臨幸のもと開催された(74)（図7・8）。競馬場はアーチ、万国旗、花々で飾られ、またこういった国家的行事にすでにつきものになっていた音楽を海軍楽隊と教導団楽隊が奏で、さらに当然花火も打ち上げられた。主賓グラント夫妻を迎え、アメリカ公使ビンガム夫妻や英国公使パークスといった各国公使や領事、停泊外国艦隊司令官やその将校、御雇外国人、横浜の競馬クラブ（ヨコハマ・ジョッケー・クラブ）の会員、有栖川、北白川、東伏見、山階の各宮の夫妻、三条実美太政大臣、山県有朋、井上馨、西郷従道、黒田清隆、寺島宗則、大隈重信の各参議、華族、陸海軍将校、警視官、各省の勅奏任官などが、この年の外賓接待の夜会などと同じく登場した。少なくとも皇族に対しては、陸軍卿西郷従道名で婦人同伴を求める「来状」が出され、参会者には午餐が供された。この日の競馬場は、公式の接待場、そういう

図８　８月20日のグラント歓迎の競馬の記事

Aug. 23, 1879.]　THE JAPAN WEEKLY MAIL.　1,103

del Dottor Giuseppe Pinto, Roma 1879" that in the Campagna; although the labours of the Trappist monks in planting these trees have unquestionably added not only the grace of fruitful verdure to a previously desolate tract, but given a more healthful tone to the air, it does not seem certain whether the plantation of the same spot by other trees native to the soil would not have produced the same effect. The great advantage possessed by these Australian trees of rapid growth is admitted, as they achieve the same amount of leafage in six or seven years that other trees would take twenty or thirty years to attain; but this advantage is confined to a few sheltered spots, for its long slender stem and thick top foliage only render this tree a surer prey to the strong winds which sweep the broad extent of the Campagna. The same treatise also states that, partly from the nature of the soil and the character of its roots, the *Eucalyptus* in Italy has been a great failure, and its culture on a large scale, so far as Italian experience indicates, can in nowise be recommended. From this it would appear that the result of the Italian experiments are singularly opposite in result to every other place where the tree has been tried, and the disappointment can, we think, easily be accounted for. It is well known (in Australia at least) that the many different kinds of *Eucalypti* possess their peculiar valuable properties in a very varying extent, some being almost, if not altogether, worthless as a febrifuge, and that when the demand arose large quantities of seed were exported wholely regardless of the description of tree which they would produce, and it is very probable that to the use of inferior seed may be attributed the failure of the experiment in Italy. The *Eucalyptus globulus* as grown in Tasmania, is acknowledged to be far and away the best tree of the species and, if the suggestion made by a contemporary be adopted, (as it certainly should), to plant such of our streets as will admit of it with these trees, great care should be exercised to ensure the proper description of seed being obtained. We are at a loss to understand the failures we hear of in the attempts to cultivate the *Eucalyptus* in Japan, as it appears to be equally at home in the cold climate of southern New Zealand, and the intense heat of Queensland. It may not be out of place to mention that to grow the tree successfully, five or six seeds should be sown where the tree is intended to remain, and when the young plants are three or four inches high, the strongest should be chosen and the remainder removed. When this method is not practicable the seed ought to be sown in pots, one plant left as before, and when it is about a foot, or a foot and a half high, planted out in its permanent place, care being taken not to disturb the ball of earth round the roots. Propagation by means of cuttings is never practiced, as even if the cutting grows, which is extremely unlikely, the tree is never well shaped or healthy.

THE TOYAMA RACES.

The Races held on Wednesday last in the Park attached to the Toyama Military College, Tokio, were really a complete success, and the promoters and managers of the affair must be congratulated on the perfect manner in which everything went off. A little less dust about the course and along the road through the Park would have been preferable, but as the wherewithal to wash the dust away had been liberally provided, this drawback to a pleasant afternoon was not felt so much as it might have been.

The Race Course is situate in about the centre of the Park, is oblong in shape and very nearly level the whole way round. Not having yet been turfed, dust has accumulated on it to a considerable depth and the "going" was rather rough on the ponies. The Course measures about 1,400 yards round, and the favorite distance for races appears to be 1,050 yards, as will be seen by the programme below. The Grand Stand was very prettily decorated and a special stand had been erected for H. I. Majesty the Mikado, who arrived about 1.30 p.m. attended by an escort of Lancers who went though their various evolutions in a manner creditable to any country. The Mikado's carriage was drawn by two English horses, and was followed by carriages of the various Ministers and by one containing Mrs Grant accompanied by Mrs. Daté and another Japanese lady, General Grant and his staff having previously arrived; the Grand Stand was filled with Japanese officers and in that portion set apart for Foreign Guests we noticed several faces familiar on the Yokohama Race Course, including many of the Committee of the Jockey Club. The collection of ponies which had been brought together showed us that the Japanese are evidently paying more attention to breeding than in former years; notable were a black Japanese pony *Kudzoka*, a bay *Kamogawa* and two half bred mares named *Toshima* and *Hanabusa* belonging to the Police Department, *Giokuyô* (half brother to "Itchi roku" and "Plover") showed a very considerable turn for speed by the easy manner in which he beat *Momidji* when the latter was cramming him against the outside rails.

The most amusing race of all was the "Hurdle Race," for which seven ponies started. All managed to negociate the first hurdle in more or less clumsy fashion; at the second there were three empty saddles, two of which, however, were quickly refilled by their riders and the six ponies came in a ruck at the final jump. About twenty yards before reaching it, however, a vigorous swerve at the outside rails was made unanimously and a confused mass of ponies and riders was soon struggling in the road outside the course, one rider more lucky than his *confrères* managed to get his pony back and he successfully faced the hurdle and cantered in a winner. The desirability of running this race over again was discussed with much vehemence, but as there appeared no more ground for this than for the foul claimed by the rider of *Momidji* (who in that case was certainly the "*fouler*" and not the "*fouled*",) the race was eventually given to the pony *Tamano*, being in fact the only one that had gone over the course.

An interesting 'vaulting' performance was given between the races by one of the jockeys, who appeared to have learnt various circus tricks and to have trained his pony to perfection. We have often seen similar feats done by circus riders in the confined space of the Ring, but to accomplish these things on a spirited pony in an open race course requires considerable nerve and strength. About half past five, His Imperial Majesty retired and the guests generally began to thin, all agreeing that they would gladly have the opportunity of seeing more such race meetings under similar auspices.

The following is the programme and result of the different events:—

1st Race: 1050 yards, 7 started, won by *Torui*; owner, Household Department; rider, Kitamura, 146 lbs. Time 1.18.

2nd Race: 1050 yards, 6 started, won by *Sarakawa*; owner War Department; rider, Hineno, 148 lbs. Time 1.21.

3rd Race: 1050 yards, 4 started, won by *Giokuyô*; owner, Prince Higashi; rider, Matsusaki, 150 lbs. Time 1.18½.

4th Race: 1050 yards, 7 started, won by *Kamogawa*; owner, Police Department; rider, Kamiya, 145 lbs. Time 1.20.

5th Race: 700 yards, 4 started, won by *Toshima*; owner, Household Department; rider, Matsumura, 150 lbs. Time 0.51.

6th Race: 1050 yards, 7 started, won by *Fukuoka*; owner, Household Department; rider, Kioda, 146 lbs. Time 1.22.

7th Race: (Hurdle) 1050 yards, 7 started, won by *Tamano*; owner, War Department; rider, Ishii, 145 lbs. Time 1.38.

8th Race: 1420 yards, 6 started, won by *Tomioka*; owner, Household Department; rider, Matsumura, 150 lbs. Time 1.50.

9th Race: 1420 yards, 6 started, won by *Hichioke* (late *Mameluke*); owner, Mr. Maeda; rider, Miyazaki, 150 lbs. Time 1.51.

A protest, the nature of which we were unable to ascertain, and which was not settled at the time of our leaving, was entered against the winner of this race.

10th Race: 1420 yards, 7 started, won by *Kudzuoka*; owner, Police Department; rider, Muto, 150 lbs. Time 1.50.

(J.W.M. 1879・８・23)

意味での社交場となった。西洋の競馬場にはつきもののシャンペンも抜かれ、アイスクリームも提供された。こういった内外の「貴顕紳士淑女」は、横浜の競馬にすでに顔を出していたが、この開催だけに限らず、その後の戸山競馬、そして三田の競馬にも姿を現し続けることになる。ちなみにこの日、天皇の馬車を索いていた二頭は英国の馬だったというが、これも儀容を意識したものだろう。後に勝海舟の子、梅太郎と結婚することになるクララ・ホィットニー(Clara Whitney)は、この日のことをその日記につぎのように書き留めていた(75)。

今朝、競馬を見に市ヶ谷の戸山学校に行かないかと、森(有礼)夫人にさそわれた。しかし、夕飯にビンガム(アメリカ公使)夫人とジェシーがみえることになっていたので、勿論私は行かなかった。ウィリイ(クララの兄)が私の代わりに行って、とても面白かったと言って上機嫌で帰ってきた。彼は、フレッド・グラント(前大統領子息)、西郷(従道陸軍卿)中将、川村(純義海軍卿)と知り合いになり、英語が話せない人達に通訳を頼まれた。それでウィリイは大いに楽しんだ――二四歳になっても彼はまったく子供だ。

なおハインリッヒの歓待競馬に関しても、五月蜂須賀茂韶の名によって陸軍卿に照会され、一旦決定されていた六月上旬の吹上御苑のものは中止されたが、六月二五日靖国神社で実施されていた(76)。なおゼノア歓待の競馬は、共同競馬会社第一回開催をかねて一一月三〇日戸山競馬場で行われる(後述)。

そして、繰り返せば、このように競馬を開催して日本を文明国としてアピールしようとする外交的、政治的判断とともに戸山競馬場設置の直接の契機となっていた馬匹改良策の基幹としての競馬の推進も、もちろんこのグラント歓待の競馬の時から輪郭をすでに持ち合わせていた。この日に備えて作られた出走馬の資格、登録方法、負担重量、審判方法、不正騎乗の規定などの臨時競馬規則(二三条)は、横浜の競馬にならってニューマーケット・ルールに則って作成された近代競馬のそれであった(77)。またその規則のなかで、横浜の競馬での勝鞍に応じた増量も規定されていたから、その競馬と結び付いたものとしても出発していた。そして何よりも、ここが私たちの競馬の思想性を明らかにするものだったが、全一〇レースを日本馬八、雑種馬（日本馬とその日本馬の牝馬に西洋種の種牡馬を配合して生産した馬）一、その日雑混合一と、横浜の競馬に深く根付いていた中国馬を排除した番組編成をとったことだった(78)。なおこの日に出走した馬たちは、これまで競馬を推進していた陸軍省軍馬局、内務省勧農局と警視局、宮内省御厩課に繋養された「官馬」と呼ばれた馬が主であった。これに対して、個人所有の馬は「私馬」と呼ばれたが、当分は「官馬」中心で競馬が行われていくことになる。

横浜の競馬では中国馬のレースが数多く行われ、どちらかというとその中国馬に重点がおかれるような番組編成となっていたが、その最大の要因は先にもふれたように日本馬が劣悪で、まともな競馬ができないことだった。日本馬は、競馬では、中国馬の前にまるで歯が立たなかったから、競馬が馬匹改良の基幹となる能力検定の役割を果たすとするなら、この中国馬をその改良の原種としていくということになる。だが、元来、それは成立しえない議論だった。なぜなら競馬用に導入された中国馬は去勢された騸馬《せんば》だったからである。またたとえ騸馬でなくとも、あるいはその牝馬でも、中国馬も体が小さいいわゆるポニー（pony）に属してその血を導入しても改良には遠く、また私たちがくぐり抜けようとしていた文明開化、鹿鳴館時代のなかにあって、その西洋化という象徴的意味合いからも中国馬で改良していくという選択肢はありえなかった。中国馬を日本の競馬においてどう取り扱うかは、居留民たちに日本において競馬を行っていく目的、その思想性を問うことにもなった大きな問題だったが（第三章第四節）、私たちは、その中国馬の競馬を、「（中国馬は）骨格頗る陋く我国の種馬に使用すべきものにあらず、ただ競走に於て勝利を博せんとするの用に止まり大に競馬の趣旨に悖り馬種改良の進歩を妨害する」ものとして(79)、排除する結論を出発時から出していた。日本馬がたとえ劣悪であっても、いやそれだからこそ、育成、調教などで競馬というスポーツの身体性を持った馬に仕上げて競走させ、そこで選別した馬を基礎として生産を行い日本馬の改良をめざしていく、またそれと合わせて馬匹改良の根幹として新たに生産された雑種馬の能力の検定を競馬で行って、さらなる改良の指針としていく、そういった馬匹改良の基幹としての機能を果たす競馬への明確な志向が、グラント歓待競馬の番組編成にも示されていた。

その雑種馬の準備が、この頃、まがりなりにも整い始めていた。すでに明治一〇（一八七七）年横浜の秋季競馬開催に、宮内、陸軍、内務の各省などで生産された雑種馬が登場、そのなかには、慶應三（一八六七）年、フランスのナポレオン三世から贈られたアラブ馬の仔もいたが、その馬たちは、居留民たちの眼からみても、西洋的な馬の身体性を備えていたように映っていた(80)。私たちの日本馬の改良、西洋的な身体性への作り替えへ向けての第一歩の成果だったということになる。そしてこの雑種馬たちが、翌明治一一（一八七八）年一一月の秋季開催から中国馬を問題としないほどの能力の違いを見せつけ、競走体系だけでなくその競馬クラブのあり方の変革までももたらそうとしていた（本章第三節）。こうして明治一二（一八七九）年を迎えていた。

八月二〇日のグラント歓待の競馬の成功を踏まえて、共同競馬会社は、九月二六日、一〇月一三日等と会議を重ね(81)、規則を確定、社員も一二〇名余を数え、一〇月三〇日には総集会を開き(82)、一一月五日には、つぎのような役員を選出した(83)。

幹　事：松方正義（内務省勧農局長）、蜂須賀茂韶（外務省御用掛）
副幹事：田辺良顕（陸軍参謀長）
議　員：石井邦猷（陸軍少将、権中警視）、野津道貫（陸軍少将、東京鎮台司令長官）、小沢武雄（陸軍少将、陸軍省総務局長）、西寛次郎（陸軍中佐）、橋本正人（内務省勧農局少書記官）、保科正敬（陸軍大佐）、黒川道軌（陸軍少将、陸軍軍馬局長）、楠本正隆（元老院議官、前東京府知事）、鍋島直大（外務省御用掛）、田中光顕（参事院議官、陸軍会計監督長）

陸軍関係者が多いのは、実務的にも陸軍主導で設立された経緯を反映したものだった。先にもふれたように、陸軍は明治三（一八七〇）年から招魂社競馬を主催、また明治八（一八七五）年秋季からは横浜の競馬に関与し、明治一〇（一八七七）年からは三田育種場での競馬での経験を蓄積していたからである。この戸山競馬場は軍馬局が所轄し(84)、戸山学校内には士官の競馬係が置かれ(85)、競馬開催の折には共同競馬会社が借用する形がとられたようであり、競馬会社の本社も当初しばらくは富士見町の陸軍士官の社交（親睦）機関である偕行社（明治一〇年創立）に置かれていた(86)。

また薩摩出身の者が多いのは、薩摩が馬産地だったこととも関係していた。その代表格が、ここでは顔を出してはいないが、時の陸軍卿西郷従道だった。西郷は先にもふれたようにかねて横浜の競馬とも関係が深く、翌明治一三（一八八〇）年にはそのニッポン・レース・クラブの設立でも中心的役割を果たす。また共同競馬会社、三田の興農競馬会社の役員を歴任するとともに、ボンレネー（Bon Rene）やダブリン（Dublin）といった明治一〇年代の競馬で名を轟かせた雑種馬たちも所有し、栃木の那須に牧場も経営することにもなる(87)。幹事の松方は、その薩摩の系譜にもつらなるとともに、内務省の農政、馬政と競馬との関係を代表していた。松方は、勧農局長、内務卿として、馬匹改良に相当な情熱を払ったが、自他ともに認める馬術自慢で、和鞍乗りや薩摩風の育成や調教に固執したが、個人としても馬術の普及や馬匹の育成、購入に力を注いだ(88)。明治一三年二月の内務卿就任に伴い、共同競馬会社の幹事長の椅子を、楠本正隆に譲ることになるが(89)、その後も馬や競馬に関わる様々な場面に登場し続ける。松方は、後に栃木県に千本松農場を開くが、その息子の巌に父正義の情熱が引き継がれ、そこからはピュアーゴールドやバンザイといった大正期の活躍馬を輩出することになる。

その松方の後任の幹事長となった議員の楠本も、大村藩馬廻り役の家に生まれたこともあって、自他ともに許す馬術自慢で、明治二〇年代に入るまで共同競馬会社の中心的役割を果たしていく。そしてもう一人の幹事である蜂須賀と議員の鍋島は、先にもふれたように、二人とも七〜八年に及ぶ英国生活を送った経験があり、外賓接待の競馬に備えてその社交性を代表していた。蜂須賀は明治一五（一八八二）年には共同競馬会社の社長の座に就き、明治一六（一八八三）〜一九（一八八六）年フランス公使の経歴を挟みながら、帰国後も会社の役員を務め、また鍋島も明治一

東京・大競馬廣告
戸山 來ル三十日午後第一時ヨリ戸山ニ於テ競馬
ヲ施行ス依テ社員外ノ人ニテ來觀望ノ者ハ
觀覽証左ノ賣捌所ニ於テ購求ノ上臨場アラ
ンコトヲ希望ス但雨天順延
東京飯田町二丁目五十二番地沓香園
明治十二年十一月 共同競馬會社
銀座四丁目十六番地洋服裁縫店 木村市太郎
神田三河町西洋料理店 三河屋久兵衛
麹町山元町三丁目二十二番地 大黒屋惣兵衛
久保町通太左衛門町一番地 三文字屋又兵衛
當日ハ競馬場ニ於テモ賣捌ク可シ

図9　共同競馬会社第１回開催「東京戸山大競馬広告」

（『日日』明12・11・25）

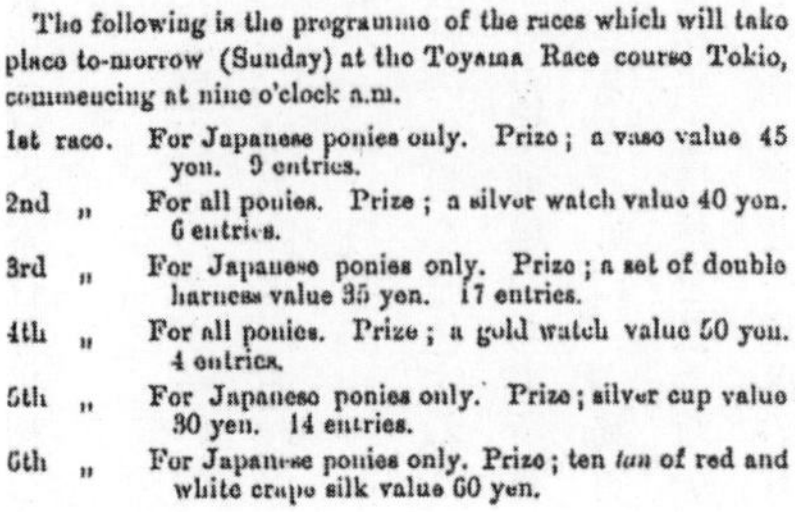

The following is the programme of the races which will take place to-morrow (Sunday) at the Toyama Race course Tokio, commencing at nine o'clock a.m.

1st race.	For Japanese ponies only. Prize ; a vase value 45 yen. 9 entries.
2nd „	For all ponies. Prize ; a silver watch value 40 yen. 6 entries.
3rd „	For Japanese ponies only. Prize ; a set of double harness value 35 yen. 17 entries.
4th „	For all ponies. Prize ; a gold watch value 50 yen. 4 entries.
5th „	For Japanese ponies only. Prize ; silver cup value 30 yen. 14 entries.
6th „	For Japanese ponies only. Prize ; ten *tan* of red and white crape silk value 60 yen.

図10　共同競馬会社第１回開催のプログラム

（J.W.M. 1879・11・29）

五年イタリア公使帰任後から、長く副社長の座にあり、個人的にも多額の寄付を会社に寄せることになる。

競馬、そして馬に対しての強い意欲を持つ陸軍を中心として、そこに内務省の中枢と宮内省の外賓接待の中心となる者を加えた、そういった役員の陣容で共同競馬会社が出発した。馬匹改良に向けての意志、そして「文明国」の証である社交としての競馬、そういった会社（クラブ）の性格を先の役員の顔ぶれが明らかにしていた。やがてそこに、遅くとも明治一四（一八八一）年からは天皇の乗馬に「陪侍」することが多かった大河内正質（御用掛）、あるいは宮内少輔土方久元（明治一四年五月内務大輔）、侍従長米田虎雄ら宮内省関係者が、また伊達宗城も加わっていく。会社（クラブ）としても、陸軍、内務（明治一四年からは新たに設置された農商務省に代わる）、宮内の三省からなる態勢となっていった。なお明治一五（一八八二）年一一月、米田は御厩課長、大河内は同副課長を兼任することになる(90)。明治一五年には社長蜂須賀茂韶、幹事長楠本正隆、幹事伊達宗城らとなり(91)、やがてはそこに小松宮、伊藤博文、岩崎弥之助、三井八郎右門らの名が登場する（本章第五節）。共同競馬会社は陸軍中心から、時間とともに朝野の紳士のクラブとしての体裁を整えていく。

その共同競馬会社の第一回の競馬開催が、明治一二（一八七九）年一一月三〇日、戸山競馬場で、ゼノアの歓待をかねて行われた(92)。天皇からは、会社に二〇〇円の下賜があり(93)、有栖川、伏見、東伏見、北白川、閑院の各宮、伊藤博文、西郷従道、川村純義の各参議、東京府知事松田道之、大警視大迫貞清、

図11　共同競馬会社第１回開催の記事

（『日日』明12・12・3）

図13　明治13年４月第２回開催の観覧証の広告

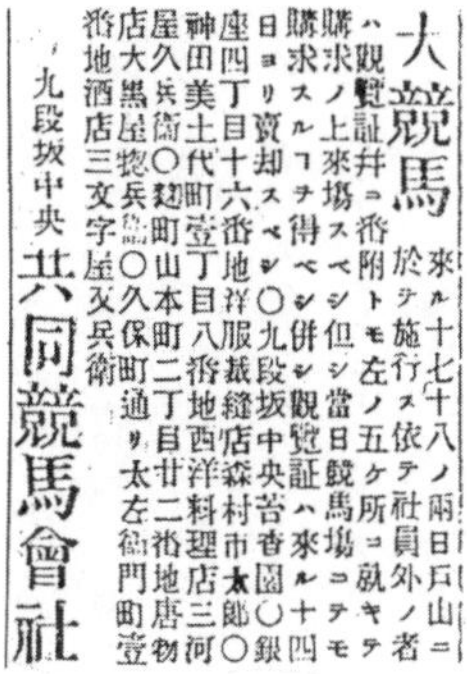

大競馬
来ル十七十八ノ両日戸山ニ於テ施行ス依テ社員外ノ者ハ観覧証并ニ番附トモ左ノ五ケ所ニ就テ購求ノ上来場スベシ但シ当日競馬場ニテモ購求スルヿヲ得ベシ併シ観覧証ハ来ル十四日ヨリ売却スベシ○九段坂中央普香園○銀座四丁目十六番地洋服裁縫店森村市太郎○神田美土代町壱丁目八番地西洋料理店三河屋久兵衛○麹町山本町二丁目廿二番地唐物店大黒屋惣兵衛○久保町通り太左衛門町壱番地酒店三文字屋又兵衛
九段坂中央
共同競馬會社

（『日日』明13・4・5）

図12　明治13年４月第２回開催のレース条件

（『報知』明13・2・16）

大審院判事玉乃世履、小沢武雄少将を筆頭とする陸海軍将校、勅奏任官、華族、各国公使らが姿を現し、レースの合間には陸軍楽隊が演奏した。レースは全部で六つ、三五～六〇円相当の賞品が出され、日本馬が四、日本馬と雑種馬

図14「共同競馬会社明治14年秋期第5次番組表」

共同競馬會社

明治十四年秋期第五次會

十一月十九日二十日

土曜日日曜日

十二時三十分ヨリ

戸山ニ於テ施行

（馬の博物館所蔵）

の混合が二レースという編成で、番外も三レースが行われた。出走馬は、陸軍省、内務省、宮内省からの「官馬」、あるいはその関係者の持馬であり、騎手もその三省から出場していた。鹿鳴館時代の競馬は、この三省（明治一四年からは内務省に代わり、そこから分離した農商務省）が互いに競う形で進展していくことになる。

次の翌明治一三（一八八〇）年四月の春季競馬会から、二日間の開催となり、二～三ヶ月前に番組表を発表（図12）、馬体検査も行い(94)、レース編成も原則として日本馬一〇、雑種馬四となり(95)、その面からも競馬としての体裁をさらに整えていった。

そして、この時、横浜の競馬が、この明治一三年六月の春季開催から、組織を一新して内外の貴顕紳士の一大クラブとなったニッポン・レース・クラブが主催し、またその直前の五月には興農競馬会社が設立され、三田育種場で競馬を開催していた。これらの競馬は相互に緊密に連関して行われていく。さらにこの頃には、吹上御苑における華族や陸軍の競馬会の開催など馬事の振興もはかられるようになっていた（本章第四節）。明らかに競馬は新たな時代を迎えようとしていた。そこに天皇が姿を現すまでには、それほど時間を要しなかった。

先の共同競馬会社の第一回の開催は、「幹事長松方君には諸事を理せられ万事行届かざるなく、馬も乗手も又場所も揃いに揃しことなれば、実に東京に競馬の始まりしより未曽有のことと申して可ならんと、熟れも打寄り評しあへりき」と伝えられているが(96)、それはまさしく、それまでの競馬、そして馬を取り巻いていたものとは異なる、何か新たなものが始まったことを告げていた。競馬からの鹿鳴館時代の始まりだった。その参考として、ここで明治一二（一八七九）年一一月から明治一七（一八八四）年四月春季までの、戸山競馬場時代の共同競馬会社の各開催へ登場した主な「貴顕紳士」や寄贈された賞典名などの表を掲げておく（表1）。

表1　明治12～17年共同競馬会社、主な臨場者・賞典など

開催	主な臨場者	賞典など
明治12年秋季初日（11月30日）	有栖川宮熾仁、東伏見宮、伏見宮、北白川宮、閑院宮、伊藤博文、西郷従道、川村純義、玉乃世履、大迫貞清、楠本正隆、小沢武雄、陸海軍将校、各省勅奏任官、華族、イタリア皇族ゼノア	天皇から100円、番外の4レース天皇から各金盃料50円、陸軍楽隊
明治13年春季初日（4月17日）	伏見宮	
二日目（4月18日）	皇族、参議、各省の長次官、各国公使	
明治13年秋季初日（10月16日）		番外特別宮内省から花瓶一対
二日目（10月17日）		番外特別宮内省から花瓶一対
明治14年春季初日（5月28日）	東伏見宮、伏見宮、大山巌、ドイツ公使アイゼンデヒャー、アメリカ公使ビングハム	宮内省下賜賞典二つ
春季二日目（5月29日）	天皇、東伏見宮、伏見宮、北白川宮、西郷従道、山田顕義	番外4レースに天皇から斜子及び紅白の縮緬
明治14年秋季初日（11月19日）	東伏見宮、朝鮮修信使	天皇から100円、皇族下賜賞典
秋季二日目（11月29日）	天皇、東伏見宮、西郷従道、山田顕義、各国公使	皇族賞典（銀花瓶一対）、宮内省賞典二つ、陸軍楽隊
明治15年春季初日（5月27日）	東伏見宮、西郷従道、中国公使、英国公使パークス、ドイツ公使アイゼンデヒャー	皇族から50円、陸軍楽隊
二日目（5月28日）	天皇、徳大寺実則、三条実美、東伏見宮、伏見宮、北白川宮、大山巌、西郷従道、樺山資紀、楠本正隆、伊達宗城、各国公使	番外2レースに天皇から各紅白縮緬、教導団楽隊
明治15年秋季初日（11月18日）	東伏見宮、山階宮、佐々木高行、福岡孝弟、野津道貫	天皇から100円、皇族下賜賞典、陸軍楽隊
二日目（11月19日）	東伏見宮、伏見宮、中山忠能、米田虎雄、野津道貫、朝鮮修信使	皇族下賜賞典三つ、宮内省賞
明治16年春季初日（6月2日）	小松宮、伏見宮、西郷従道、福岡孝弟、米田虎雄、鍋島直大、各国公使、	皇族下賜賞典二つ

	陸海軍将校	
二日目 （6月3日）		三菱会社賞典、宮内省賞典
三日目 （6月4日）	天皇、小松宮、伏見宮、北白川宮、野津道貫、小沢武雄	天皇から200円、臨時競馬4レースに宮内省から紅白縮緬または鈍子、番外2レースに宮内省から賞品、陸軍楽隊
明治16年秋季初日 （11月17日）	天皇、伏見宮、米田虎雄、杉孫七郎、鍋島直大、井田譲、英国公使パークス、アメリカ公使ビンガム、イタリア公使ランチャーレス、フランス公使シェンキエウィッチ、ドイツ公使デンホフ	天皇から200円、皇族下賜賞典、番外のレースに天皇から紅白縮緬、天皇各国公使を謁見
二日目 （11月18日）		農商務省賞典、宮内省下賜賞典、皇族下賜賞典
明治17年春季初日 （4月26日）	小松宮、鍋島直大、井田譲、楠本正隆、大河内正質、陸軍将校、各国公使	天皇から300円、横浜外国人賞盃、皇族下賜賞典、陸軍省賞典
二日目 （4月27日）	小松宮、伏見宮、北白川宮、伊藤博文、井上馨、西郷従道	農商務省賞典、各国公使賞盃、華族有志者賞盃、三菱会社賞盃
三日目 （4月28日）	小松宮、伏見宮、各国公使	宮内省賞典（金時計）二つ、陸軍楽隊

注：欄の空白は臨場者、賞典などがなかったのではなく資料を欠くことによる。
（『読売』明12・8・21、12・2、明13・10・19、明14・11・22、明15・5・30、11・21、明16・6・6、11・20〜21、明17・4・29〜30、11・2、11・4〜5。『報知』明12・8・21、12・2、明13・4・24、10・20、明14・5・29、5・31、明15・5・29、11・20、明16・11・19、明17・11・4〜5。『朝野』明12・8・21、12・2、明13・4・24、10・20、明14・5・29、5・31、明15・11・21、明16・6・6、11・20、明17・4・29〜30、11・2、11・4〜5。『日日』明12・8・22、12・3、明14・5・31、明15・11・20〜21、明16・6・4、6・6、明17・4・29、11・4〜5。『毎日』明12・12・2、明14・5・29、11・21、11・27、明15・5・28、5・30、11・19、11・21、明16・6・3、6・5、11・18、11・20、明17・4・27、4・29、11・2、11・5。『時事』明15・11・20〜21、明16・6・5、11・20、明17・4・28〜29、11・4〜5。J.G. 1879・8・21。J.W.M. 1879・8・23、1881・12・3。J. G.F.S. 1881・12・9、1882、6・2、11・24、1883・6・16。『天皇紀』（4）810頁、（5）186、346〜7、578、818頁、（6）64、137、179、305頁より作成）

2　興農競馬会社——もう一つの試み

明治一二（一八七九）年一一月、芝区三田四国町の内務省勧農局育種場にも競馬場（六二〇間、約一・一㎞）が完成した(1)。この馬場はほぼ円形という独特の形態であった（図15）。現在でいえば、港区芝二、三、四丁目、東は桜田通りを西に入った三丁目一九、二六、三〇、四一番地、四丁目四、一〇番地、南はＮＥＣ本社敷地の真ん中を、そこから西に戸板女子中・高校、芝小学校を横切り、北側は三丁目一九〜二三番地という一帯となる。日本最初の本格的労働組合である友愛会の誕生地となった唯一館跡をかすめ、焼打ちに会い戊辰戦争の火蓋を切る鳥羽伏見の戦いのきっかけとなった薩摩藩邸跡を含むなど、史跡の地でもある。育種場は、殖産興業政策を邁進する大久保利通の肝いりで、明治一〇（一八七七）年九月二〇日開場されたが、当日、陸軍省軍馬局や宮内省御厩課が参加して競馬も開催されていた。その後も馬市（毎月小市、四月と一〇月が大市）の際などに継続して行われ(2)、その際の馬場は間に合わせのものだったが(3)、それを改めて常設の馬場を設置したのである。その馬場開設を記念して、一二月二〇、二一日と競馬が開催されることになった(4)。レース数は一〇、番外が七、曲乗りも行われた。この開催、当時の競馬を担っていた宮内省御厩課、陸軍省軍馬局、内務省勧農局の三省が顔を揃えた本格的なものだった。宮内省御厩課からは根岸競馬場や戸山競馬場で活躍していた関本、雷（イカヅチ）、都川などが出走、騎手としても木村介一や京田懐徳らが騎乗して活躍していた。また当日

図15　三田競馬場及びその周辺、ほぼ円形のコースだったことがわかる

（陸地測量部、明治13年測量、明治19年製版、明治27年発行）

図16　三田競馬第1回開催とその桟敷入札広告

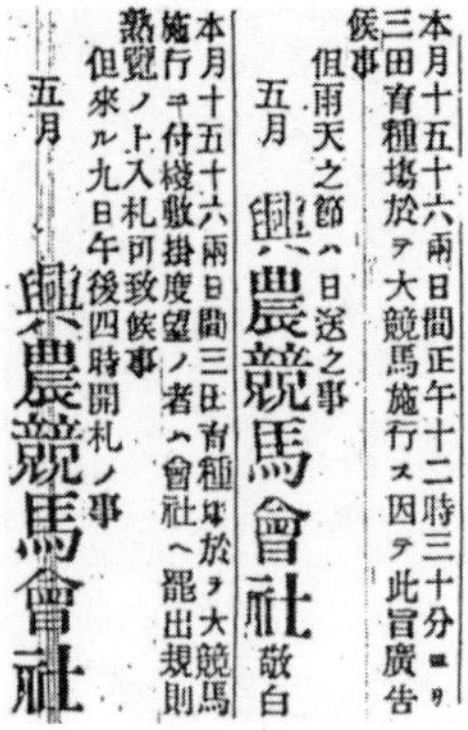

本月十五十六兩日間正午十二時三十分ヨリ三田育種場於テ大競馬施行ス因テ此旨廣告候事
但雨天之節ハ日送之事
五月　興農競馬會社敬白

本月十五十六兩日間三田育種場於テ大競馬施行ニ付桟敷掛度望ノ者ハ會社ヘ罷出規則熟覽ノ上入札可致候事
但來ル九日午後四時開札ノ事
五月　興農競馬會社

（『日日』明13・5・7）

には、華族、陸海軍や警視局の諸官、宮内省や内務省の顕官などが数多く姿を現し、レースの合間には、ここでも陸軍楽隊が演奏した。なお競馬開催とあわせて二〇～二五日と馬市が開かれていた。

そしてこの三田の競馬場の設置も、競馬クラブの設立、定期的な開催をにらんだものだった。早くも馬場ができた直後には、海軍卿川村純義が「共同競馬会社」設立の動きをみせていることが伝えられ(5)、その準備は、翌明治一三（一八八〇）年四月中旬、五月の競馬開催を公表するところまで進んだ(6)。五月一日、勧農局は、その開催にあたるクラブ組織の興農競馬会社（英語名は Agricultural Racing Club）の三田競馬場使用を認可(7)、これを受け、会社は、五月一五、一六日の開催を確定した（図16）。三田競馬場使用の申請者は木村荘平、久保之昌、野津道貫、西寛二郎の四名であった(8)。川村は興農競馬によく顔を出すようになるから、この会社は前年の川村の準備と伝えられたものと関連していたのだろう。野津（陸軍少将、東京鎮台司令官）、西（陸軍中佐）は共同競馬会社の役員でもあり、また久保は、この直前まで共同競馬会社幹事長であった松方正義（内務卿）の兄である。

木村は、明治期を通じて様々な事業に関わっていたが、そのなかでも牛鍋の今でいえばチェーン店の「いろは」を、妾二〇人に一店づつ任せて、旧東京市一五区内に展開した人物として広く知られるようになる人物で、育種場と同じ三田四国町に住居と「いろは」の本店があった。馬市や羊肉の販売など育種場の畜産部門を一手に引き受けていた豊盛社（明治一二年設立）の頭取でもあった。子供も三〇人を数え、そのなかには、画家の木村荘八、作家の木村曙、荘太、荘十一、映画監督の荘十二らが含まれていた。木村は、鳥羽・伏見の戦いのとき薩摩藩の「御用」を勤めたことから、薩摩藩とのつながりができ、明治一一（一八七八）年大久保利道の腹心の川路利良（大警視）の招きに応じて上京、育種場の畜産部門に関係するようになったという。木村は競馬にも情熱を注ぎ、明治一九（一八八六）年の育種場の廃止、払い下げで結果的に明治一八（一八八六）年で終止符を打つことになるまで、興農競馬会社の会計長兼幹事長代理を務め、一貫してクラブの牽引的な役割を果たした。また二〇頭余の競馬、馬車用の馬を所有し、華族などへの競馬用の馬の斡旋、売買も手掛けていた(9)。野津、西、久保は薩摩藩出身であったから、興農競馬会社も、共同競馬会社と同じく薩摩との関係が深かった。

もちろんこの興農競馬会社は孤立した存在ではなかった。前年には共同競馬会社が開催を始め、興農競馬会社と前後して、横浜には内外の「貴顕紳士」からなるニッポン・レース・クラブが新たに結成され（本章第三節）、またこのころには華族たちにも馬事が奨励されるようになっていた（本章第四節）。三田競馬場の春秋二回の開催は、これらと密接に連関して行われていた。明治一三（一八八〇）年から明治一八（一八八五）年までの東京、横浜では、春季が四～六月、秋季が一〇～一二月がシーズンとなり、根岸、戸山、三田と三場で競馬が開催された。他の二場と同様に、三田競馬場も、馬匹改良を謳うとともに社交の場としても機能していた。

まずは、その馬匹改良と競馬の関係を鮮やかに示す資料が三田競馬に残されている。つぎのような「明治十三年十一月興農競馬秋期第二次会勝馬広告表」と題するレース記録である(10)。

なお三田競馬場のレースは、七丁四五間（八四五メートル）、一〇丁二〇間（一一二七メートル）、一二丁五五間（一四〇九メートル）、一五丁三〇間（一六九一メートル）と四つの距離で行われていた。根岸競馬場と戸山競馬場が、一／二マイル、五ハロン、三／四マイル、一マイル、一マイル一／二マイルなどの競馬の基本的距離で行われていたのに対して(11)、このように変則的な距離で実施されたのは、その円形という特殊なコース形態のためだった。また度は秒の意味、負担重量の斤は、ポンドを意味しており、そのkg換算、及び体高のメートル法換算については、それぞれ斤量、体高の後の（　）内に示した。馬主の当時の肩書についても（　）内に示した。

前日（明治一三年一一月二一日）

第壱競馬（未夕勝サル日本馬）　賞品羽二重価金三拾五円　距離、四分ノ三、七丁四十五間、第壱勝利金三拾円、第貳勝利金五円、第壱勝利、七十度半、米田虎雄（侍従長兼御厩課長）、飛電、青毛、四尺四寸五分（一三四・八センチ）、五才、南部産、百三十六斤（六一・七kg）、第弐勝利、七十二度半、木村荘平、瀧川、青毛、四尺七寸五分（一四三・九センチ）、四才、同、百四十三斤（六四・九kg）

第弐競馬　日本馬　賞品時計価四拾円　距離、一回り四分ノ一、十二丁五十五間、第壱勝利三拾五円、第弐勝利金五円、第壱勝利、百十五度二分五、相良長発（騎兵中佐）、（旧火輪）飛鷹、青毛、四尺六寸八分（一四一・八センチ）、六才、南部産、百四十一斤（六四・〇kg）、第弐勝利、百十七度二分五、二階堂蔀（内務省勧農局）、宮岡

青毛　四尺七寸（一四二・四センチ）、七才、三春産牝、百四十五斤（六五・八kg）

第三競馬（日本馬私馬新馬）　賞品紅白縮緬価金七拾円　距離、四分ノ三、七丁四十五間、第壱勝利金六拾円、第二勝利金拾円、第壱勝利、六十九度、大田常二郎（獣医）、稲妻、鹿毛、四尺四寸四分（一三四・五センチ）、七才、南部産、百三十六斤（六一・七kg）、第弐勝利（六十九度二分ノ五）、川西富五郎（馬車製造業）、北海道、月毛、四尺四寸二分（一三三・九センチ）、七才、北海道産、百三十六斤（六一・七kg）

第四競馬（未夕勝サル雑種馬）　賞品銀杯価金三拾五円　距離、一回リ、十丁二十間、第壱勝利金三拾円、第弐勝利金五円、第壱勝利、九十二度二分ノ一、松方正義（内務卿）、東京（黒鹿毛面に星）、四尺八寸（一四五・四センチ）、六才、東京、四ツ谷産牝、百四十六斤（六六・二kg）

第五競馬　日本馬　賞品時計価金三拾五円　距離、一回リ半、十五丁三十間（一六九〇メートル）、第壱勝利金三拾円、第弐勝利金五円、第壱勝利、百五十度、米田虎雄、都川、栗毛、四尺八寸（一四五・四センチ）、九才、南部産、百四十四斤（六五・三kg）、第弐勝利、百五十一度、川西文次郎（洋服商）、奇秀、栃栗、四尺六寸二分（一四〇・〇センチ）、十一才、薩摩産、百四十五斤（六五・八kg）

第六競馬（日本馬私馬）　賞品金盃価金百円　距離、一回リ、十丁二十間、第壱勝利金八拾円、第弐勝利金廿円、

図17　「明治13年11月興農競馬秋期第２次会勝馬」広告表

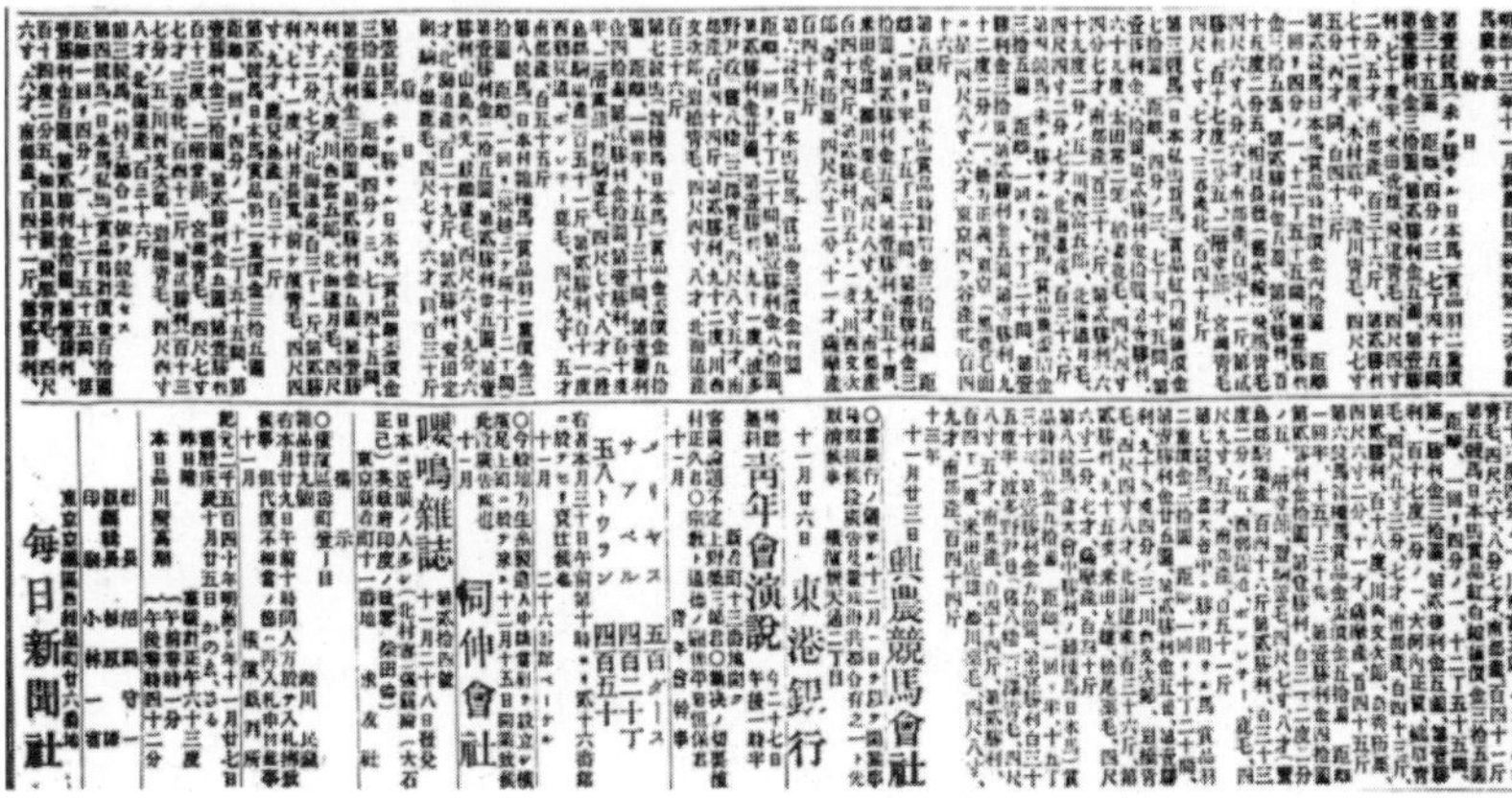

(『毎日』明13・11・27)

第壱勝利、九十一度、波多野尹政（内務省下総種畜場長）、（旧八幡）三沢、青毛、四尺八寸（一四五・四㌢）、五才、南部産、百四十四斤（六五・三kg）、第弐勝利、九十二度、川西文次郎、岩橋、青毛、四尺四寸（一三三・三㌢）、八才、北海道産、百三十六斤（六一・七kg）

第七競馬（雑種馬日本馬）　賞品金盃価金五拾円　距離、一回半、十五丁三十間、第壱勝利金四拾円、第弐勝利金拾円、第壱勝利、百十度半、二階堂蔀、豊駒、芦毛、四尺七寸（一四二・四㌢）、八才（豊島郡駒馬産）、百五十一斤（六八・五kg）、第弐勝利、百十一度、西郷従道（参議）、ボンレネー、鹿毛、四尺九寸（一四八・五㌢）、五才、南部産、百五十五斤（七〇・三kg）

第八競馬（日本并雑種馬）　賞品羽二重価金三拾円　距離、一回り（飛越）二ヶ所十丁二十間、第壱勝利金二拾五円、第弐勝利金五円、第壱勝利、山島久光（開拓使御用掛）、麒麟、芦毛、四尺六寸九分（一四二・一㌢）、六才、北海道産、百二十九斤（五八・五kg）、第弐勝利、安田定則（開拓使大書記官）、駒ヶ嶽、鹿毛、四尺七寸（一四二・四㌢）、六才、同、百二十斤（五九・〇kg）

后日（一一月二三日）

第壱競馬（未タ勝サル日本馬）　賞品銀盃価金三拾五円　距離、四分ノ三、七丁四十五間、四十五円、第壱勝利金三拾円、第弐勝利金五円、第壱勝利、六十八度、川西富五郎、北海道、月毛、四尺四寸二分（一三三・九チセン）、七才、北海道産、百三十一斤（五九・四kg）、第弐勝利、七十一度、村井長寛（近衛少佐、砲兵大隊長）、前ヶ浜、青毛、四尺四寸（一三三・三チセン）、九才、鹿児島産、百三十一斤（五九・四kg）

第弐競馬　日本馬　賞品羽二重価金三拾五円　距離、一回リ四分ノ一、十二丁五十五間、第壱勝利金三拾円、第弐勝利金五円、第壱勝利百十三度、二階堂蔀、宮岡、青毛、四尺七寸（一四二・四チセン）、七才、三春、牝、百四十二斤（六四・四kg）、第弐勝利、百三十七分の五、川西文次郎、岩橋、青毛、四尺四寸（一三三・三チセン）、八才、北海道産、百三十六斤（六一・七kg）

第三競馬ハ持主都合ニ依テ競走セス

第四競馬（日本馬私馬）　賞品時計価金百拾円　距離、一回リ四分ノ一、十二丁五十五間、第壱勝利金百円、第弐勝利金拾円、第壱勝利、百十四度二分五、相良長発、飛雁、青毛、四尺六寸（一三九・四チセン）、六才、南部産、百四十一斤（六四・〇kg）、第弐勝利、百十六度四分の一、川西富五郎、パラドクス、青毛、四尺六寸八分（一四一・八チセン）、七才、南部産、百四十一斤（六四・〇kg）

第五競馬　日本馬　賞品紅白縮緬価金三拾五円　距離、一回リ四分ノ一、十二丁五十五間、第壱勝利金三拾円、第弐勝利金五円、第壱勝利、百十七度二分ノ一、大河内正質、螭眉、青毛、四尺五寸三分（一三七・三チセン）、七才、南部産、百四十三斤（六四・九kg）、第弐勝利、百十八度、川西文次郎、奇秀、栃栗、四尺六寸二分（一四〇・〇チセン）、十一才、薩摩産、百四十五斤（六五・八kg）

第六競馬　雑種馬　賞品金盃価金五拾円　距離、一回半、十五丁三十間、第壱勝利金四拾円、第貳勝利金拾円、第壱勝利、百三十二度二分ノ五、二階堂蔀、豊駒、芦毛、四尺七寸（一四二・四チセン）、八才（豊島郡駒場産）、百

四十六斤（六六・二kg）、第貳勝利、百三十三度二分ノ五、西郷従道、ボンレネー、鹿毛、四尺九寸（一四八・五センチ）、五才、南部産、百五十一斤（六八・五kg）

第七競馬（当大会中ニ勝ヲ得サル馬）　賞品羽二重価金二拾円　距離、一回リ十丁二十間、第壱勝利金廿五円、第弐勝利金五円、第壱勝利、九十四度四分の三、川西文次郎、岩橋、青毛、四尺四寸（一三三・三センチ）、八才、北海道産、百三十六斤（六一・七kg）、第弐勝利、九十五度、米田虎雄、松尾、栗毛、四尺六寸二分（一四〇・〇センチ）、七才、薩摩産、百四十斤（六三・五kg）

第八競馬（当大会中勝利ノ雑種馬日本馬）　賞品時計価金五拾円、第壱勝利百三十五度半、波多野尹政、（旧八幡三沢、青毛、四尺八寸（一四五・四センチ）、五才、南部産、百四十四斤（六五・三センチ）、第弐勝利、百四十一度、都川、栗毛、四尺八寸（一四五・四センチ）、九才、南部産、百四十四斤（六五・三kg）

十三年十一月廿三日　興農競馬会社

この記録に示されているように、日本の競馬も、レース条件、勝馬、馬主、賞金、距離、タイム、産地、年齢、体高、毛色、斤量等で、レースを記述し続ける意思を持って始められていた。近代競馬とそれまでの競馬《くらべうま》を分けるのは、このような記録を継続し、蓄積し続ける思想の有無であるが、誕生したときから日本の競馬もその思想性を持っていた。いや正確にいうと、逆にその思想性を持ったことで競馬が始められたというべきだろう。ただ致命的な欠陥は、競馬の根幹である血統、父馬、母馬の名前が欠如していることだった。だがそれは日本の「家」が必ずしも「血統」によって成立しておらず、また「生物学」が誕生していなかったように、日本における西洋的な「血統」の思想の欠如を反映したもので、競馬だけの問題ではなかった。日本における「馬籍」の確立は、その後も長い間にわたって、馬政の大きな課題となり、実現するのは「家族」の成立とおなじように一九二〇年代をまたねばならなかった。

しかし、競馬に限定すれば、この記述に父母の血統を組み込み日本のスタッドブック（Stud Book）を作成することが視野に入っていた（本章第三節）。そうなれば、「すべての個体の血統とパフォーマンス」(12)が保存される。レースで能力を検定、評価し、位階秩序化を行い、それをもとに馬を淘汰、選別し、種牡馬、繁殖牝馬にしていく。またそこでは生産、育成、調教の優劣も実証される。それらの結果をさらに検証し続けるために、この循環を繰り返し、馬匹改良を実現していく。こういった近代競馬の思想性を、前記の「明治十三年十一月興農競馬秋期第二次会勝馬広告表」は語っていた。

ついで三田競馬場も、他の根岸競馬場や戸山競馬場と同様に社交場としての機能を持っていた。その開催には、内外の「貴顕紳士淑女」が集い、音楽が奏でられ、花火も揚がり、宮内省からも開催毎に一〇〇円の下賜金が出されることが原則となっていた。たとえば明治一三（一八八〇）年五月の第一回の春季開催には、東伏見宮、陸軍卿西郷従道、参議伊藤博文、内務卿松方正義、工部卿山尾傭三などが姿を現し(13)、一一月の秋季開催にも東伏見、北白川、山階の各宮、西郷従道、伊藤博文、松方正義、野津道貫、米田虎雄、石井邦猷、その他各省の「貴官」、在野の「紳士」、外国の「紳士貴女」が参会、天皇（宮内省）からは一〇〇円が下賜されていた(14)。明治一四（一八八一）年春季開催からは、根岸、戸山と並んで三田の競馬場への天皇の臨幸も恒例となる。こういった社交性の参考として、三田競馬場に登場した「貴顕紳士」や賞典などに関する表を掲げておく（表2）。

興農競馬会社の判明する役員の顔ぶれは、明治一四（一八八一）年の幹事長には発足時から引き続いて野津道貫（東京鎮台司令官）、幹事には米田虎雄（侍従長）(15)、明治一五（一八八二）年からは幹事長・西郷従道（農商務卿）、幹事・米田虎雄（侍従長兼御厩課長）、相良長発（騎兵中佐）、藤波言忠（侍従）らだったが(16)、先にもふれたように木村荘平が会計長兼幹事長代理を最初から最後まで務めた。

そして三田の競馬場は、「貴顕紳士」の住居にも、築地の居留地にも近く、競馬開催だけでなく、日頃出かけて行くには便利だったから、彼らの乗馬の場としての役割も果たしていた。明治一二（一八七九）年一一月の馬場完成と同時に内外の人々の馬車、乗馬の練習に開放され(17)、翌明治一三年六月には「馬車及び騎馬の演習馳駆競走を試ん

表２　明治13〜18年三田競馬開催、主な臨場者・賞典など

開催	主な臨場者	賞典など
明治13年春季初日（５月15日）	東伏見宮、西郷従道、伊藤博文、松方正義、山尾庸三	奏楽
二日目（５月18日）		奏楽
明治13年秋季初日（11月20日）	東伏見宮、北白川宮、伊藤博文、川村純義、西郷従道、山田顕義、松方正義、津田直道、渡辺陸軍大佐	式部伶人奏楽、天皇（宮内省）から100円
二日目（11月21日）	東伏見宮、北白川宮、山階宮、西郷従道、松方正義、野津道貫、米田虎雄、石井邦猷	陸軍楽隊
明治14年春季初日（６月25日）		農商務省から琥珀織物３巻、宮内省から100円
春季二日目（６月26日）	天皇、東伏見宮、伏見宮、徳大寺実則	お好み４レースに天皇から鈍子等、海軍楽隊
明治14年秋季初日（12月３日）	東伏見宮、伏見宮、山階宮、川村純義、陸海軍将校、宮内省開拓使警視庁の官員等、外国公使領事	宮内省と皇族から各100円賞典へ下賜、海軍楽隊
二日目（12月11日）	天皇、伏見宮、参議、各国公使	宮内省から100円、天皇から琥珀織、番外２レース天皇から白縮緬１匹、白羽二重２匹
明治15年春季初日（６月10日）	東伏見宮、米田虎雄、藤波言忠、参議、陸海軍将校、各省勅奏任官、外国貴紳	農務局賞典二つ、宮内省賞典、海軍楽隊
二日目（６月13日）	天皇、東伏見宮、山岡鉄舟、米田虎雄	天皇から100円、農務局賞典、特別レースに天皇から花瓶一対、番外２レースにも天皇から紅白縮面、陸軍楽隊
明治15年秋季初日（12月２日）	川村純義、西郷従道、陸海軍諸官省の官員、侍従等	宮内省下賜賞典、海軍楽隊
二日目（12月３日）	天皇、西郷従道、宍戸宏道	番外３レースに天皇から花瓶一対、紅白縮緬など、海軍楽隊
明治16年春季初日（６月９日）	天皇、山階宮、華頂宮、米田虎雄、徳大寺実則、西郷従道	宮内省賞典、皇族賞典、農務局賞典、番外２レースに宮内省から紅白縮緬、陸軍

		楽隊
二日目 （6月10日）		皇族賞典、宮内省賞典、三菱賞盃
明治16年秋季初日 （12月8日）	天皇、ロシア公使ストルーヴェ	天皇から100円、宮内省賞典、農商務省下賜賞典、天皇がロシア公使を謁見、番外2レースに天皇から紅白縮緬、陸軍楽隊
二日目 （12月9日）		
明治17年春季初日 （3月9日）		
二日目 （3月10日）		
明治17年秋季初日 （11月22日）		天皇から100円、宮内省賞典、皇族賞典、農商務省賞典（紅白縮緬2匹）、三菱賞典、東京馬車鉄道会社賞典
二日目 （11月23日）		
明治18年春季初日 （6月6日）		天皇から100円、宮内省下賜賞典二つ、皇族下賜賞典、三菱会社賞典、馬車鉄道賞典
二日目 （6月7日）		馬車鉄道会社賞典、三菱会社賞典二つ、皇族賞典、宮内省賞典
明治18年秋季初日 （11月14日）		天皇から100円、宮内省賞典二つ、皇族賞典、見陸軍楽隊
二日目 （11月15日）	宮内省勅奏任官、陸海軍将校、貴婦人	皇族賞典、宮内省賞典、陸軍楽隊
三日目 （11月16日）		陸軍楽隊

注：欄の空白は臨場者、賞典などがなかったのではなく資料を欠くことによる。
(『報知』明13・5・17、11・27、明14・12・5、12・8、12・12、明16・6・11、12・10、明17・11・26、明18・11・15、11・17。『朝野』明13・5・19、明14・6・28、明15・6・13、12・5、明16・6・12、12・11、明17・11・25、明18・11・17。『読売』明13・12・2、明14・12・13、明15・6・14、12・3、12・5、明17・11・13、明18・6・7、11・13、11・15。『毎日』明13・11・

21、11・24、11・27、明14・6・28、12・4、12・13、明15・6・11、6・14、12・3、12・5、明16・6・10、6・12、12・9、12・11、明17・11・23、11・25、明18・6・7、6・9、11・15、11・17。『日日』明14・6・26、明15・12・4〜5、明16・6・11、明17・11・24、明18・6・7、11・16〜17、11・23。『時事』明15・6・13、12・4、明16・6・11、12・10〜11、明17・11・24、明18・6・8〜9、11・17〜18。J.W.M. 1881・12・17。『天皇紀』（5）191、388〜9、586、719、827頁、（6）313、419、496頁より作成）

と欲するものハ自由たるべし」となった(18)。また遅くとも明治一四（一八八一）年四月には、今でいえば乗馬クラブにあたる「乗馬共進会倶楽部」が設立され(19)、六月には、議長に松方正義、副議長に楠本正隆以下、米田虎雄、相良長発、岩山敬義（農商務省大書記官）、伊集院兼常（土木用達組、鹿鳴館の建設責任者）、議員に久保之昌、藤波言忠、大河内正質、戸田忠綱（元下野高徳藩知事）、野津道貫、松村延勝、林通嘉（騎兵大佐、華族の乗馬の訓練にあたっていた）、庶務に井上良温、山島久光（開拓使御用掛、のちに馬術学校校長）、木村介一（宮内省御厩課、騎手として活躍）、太田常二郎（獣医）、書記兼会計に木村荘平といった役員が選出された(20)。この人物たちは、興農競馬会社にはもちろん、共同競馬会社やニッポン・レース・クラブにも、また競馬に限らずこの時代の馬に関連する様々な場面に常に顔を出していたメンバーだった。この共進会は、木村荘平が発起し、競馬を含む馬術の披露会を開くのが当初の目的で(21)、松方、楠本らが自慢の馬術（和鞍乗り）を披露していた(22)。また会員だけでなく、広く乗馬会への参加を呼掛け、乗馬用の馬を貸し出すことなどを行い(23)、そして会員たちは古流や和鞍ではあったが自分の手馬で競馬を行うという競馬の原点も楽しんでいた(24)。さらに明治一五（一八八二）年五月には「馬術進行会」が設けられ、毎月三と八の日には打毬会、一と六の日にはポロ調練会が開かれた(25)（図18）。また馬の品評会ともいえる馬匹共進会も開かれ、軍馬局や御厩課などからも出場、ときにはそれらの馬で競馬が行われてもいた(26)。また三田競馬場は、共同競馬会社開催の馬体検査やニッポン・レース・クラブに関する御厩課と軍馬局の打ち合せ場所などにも使われた(27)。このように三田競

図18 「馬術進行会」広告

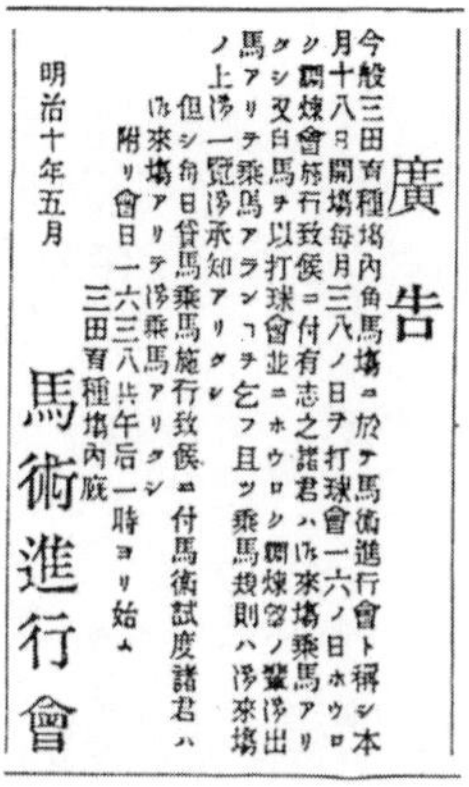
廣告
今般三田育種場内角馬場ニ於テ馬術進行會ト稱シ本月十八日開場毎月三八ノ日ヲ打球會一六ノ日ホウロシ調煉會施行致候ニ付有志之諸君ハ御来場乗馬アリタシ又白馬ヲ以打球會並ニホウロク調煉會ノ節御出馬アリテ乗馬アランコトヲ乞フ且ツ乗馬規則ハ御来場ノ上御一覧御承知アリタレ
但シ毎日貸馬乗馬施行致候ニ付馬術試度諸君ハ御来場アリテ御乗馬アリタシ
附リ會日一六三八共午后一時ヨリ始ム
明治十年五月
三田育種場内厩
馬術進行會

ポロと打毬への参加を呼びかけている。なお明治10年は15年の誤り（『時事』明15・5・18）。

馬場は、春秋の競馬開催はもちろん、都心や「貴顕紳士」の住居にも近いという、地の利が充分活かされて、この時期の馬事振興（本章第四節）の空間ともなっていた。慶應義塾のある三田の丘からは、三田競馬場を眼下に一望することができたから、馬好きの福沢諭吉もこれらの光景を日常的に眺めていたはずであるが、残念ながらその証言は残されていない(28)。

さらに興農競馬会社は、色々なアイデアで競馬を盛り上げ、収入を増加しようと試みてもいた。明治一〇年代に発足した競馬クラブの収入は、会費、入場料、出走馬の登録料及び個人あるいは宮内、農商務、陸軍の各省からの寄付金などからなっていたが、横浜のニッポン・レース・クラブも含めて、共同競馬会社、興農競馬会社の三クラブともに、賞金、施設費、運営費など多額の経費を要し、慢性的な財政不足に悩まされていた。興農競馬会社も含めて、当時も、馬券は発売されていたが（第五章第一節）、それはクラブの外部のものが発売するガラやブックメーカー方式で、クラブに収益をもたらすものではなかった。当時の三クラブのなかで、まずその打開策を講じたのが興農競馬会社、「抽籤券付前売り入場券」の発売だった。このアイデアを発案、実現させたのが、おそらくクラブを牽引していたバイタリティーに溢れる木村荘平だった。

この「前売り入場券」は、馬券とは異なり、馬の勝ち負けとはまったく関係はなく、当選番号によって「景品」が当たるという一種の「富札」であった。したがって後年、大正期の馬券禁止時代の公認競馬倶楽部、あるいは地方競馬で発売された勝馬を予想して投票、的中すれば「商品」を獲得できるという「投票券付入場券」とも、まったく異なるものだった。その発売方法などはつぎの通りであった(29)。

来観切符のうち下等観覧切符に限り、一日分定価二〇銭の所を両日分二〇銭に減じ、此来観人を五千人と見做して、此切符料を競馬に勝た者への賞典と諸経費とし、五千人以上一万人に及ぶ時ハ、跡五千人の切符料にて来観者一万人へ抽籤にて景品を差出されるゆえ、旨く籤に当れバ、競馬を見た上、金二〇円以下四〇銭以上の景品料が取れる由なれど、当日育種場の門前にて売渡される切符ハ、一日分二〇銭にて景品ハ取ぬとの事。

下等桟敷、つまり一般入場者を対象に、まず二日間の入場料を半額にした「抽籤券付前売り入場券」を発売する、その売上の五千枚分までは経費と賞典の増額に振り向け、それを上回る売上分を購入者への「景品」にあてようというものだった。これを前売りだけの特典としたところがみそだった。一万枚が販売されたとして、この計算に従えば、会社は一〇〇〇円の収入増となるから、それだけ賞金をアップすることができる。そしてその賞金のアップは、馬匹改良にとっても有効な刺激剤となるものであった。というのは、簡略にいえば、賞金がアップすれば良馬が集まりレースの質も上がる、ひいては馬の購入意欲も高まるから馬の値段も上がる、そうなれば馬産者の生産意欲も高まり、さらに良馬が生産される、といった循環がもたらされることになるからである。購入者も一等となれば一〇〇倍となってもどってくるのであるから、射倖心をくすぐられるには充分な額である。一挙両得であった。興農競馬会社は第二回目の開催となる明治一三（一八八〇）年一一月の秋季から、このアイデアを導入、その秋季開催には前売りで一万一千枚以上を売り上げ(30)（図19）、「これまでの競馬と違い観覧人も非常に群集なし満場立錐」となるほどだったという(31)。実際勝馬には賞品の他に三五〜一〇〇円の賞典がプラスされていた(32)。この抽籤券は横浜でも発売されていた(33)。また明治一四（一八八一）年一二月の秋季開催では、さらに枚数を延ばして二万枚余を捌いていたというから(34)、それだけで一万円余の売上となっていた。ねらいは当たった。

だがこの方式も、まもなく挫折してしまった。明治一六（一八八三）年春季開催から、三菱から寄贈の三〇〇円のレースを除いて四〇

図19　興農競馬会社「競馬延会広告」

競馬延會廣告
本月十三十四ノ兩日東京三田育種場ニ於テ競馬大會施行スベキ處雨天ニ付来ル廿日（土曜）廿一日（日曜）ノ兩日ニ延會候事
競走馬匹ノ闖取ハ延會ニ随ヒ来ル十九日ニ定ム来観切符去ル十一日迄ニ賣捌ケタル高ハ壹万千十三枚ニ及ヒタリ
来観望ノ諸君ハ延會ニ付大取次小取次ノ各所ニ於テ本日ヨリ十八日迄賣捌クニ付御購求アルヘシ
但シ観覧証ハ兩日分價弐十銭此賣捌代金ハ馬疋ノ増賞ト割戻シトニ充ツヘシ
十九日ヨリ廿日廿一日兩日ハ競馬場門外ニ於テ観覧証賣捌所ヲ設ケ賣渡スヘシ
但シ此来観証代價ハ一日分弐十銭此代金ハ競馬兩日ノ諸雑費ニ充ツルヲ以テ増賞割戻シ等ナシ
右之通広告ス依テハ競馬来観望ノ諸君ハ諸所賣捌キ所ニ於テ観覧証符御購求ノ上延會兩日御来場アランコトヲ乞フ
十一月十三日
三田育種場内
興農競馬會社

11月11日までの前売りで「観覧証」が11013枚販売されたこと、前売り観覧証の売上分が「馬疋の増賞と割戻し」にあてられることなども告知されている（『毎日』明13・11・18）。

図20　太政官布告第25号

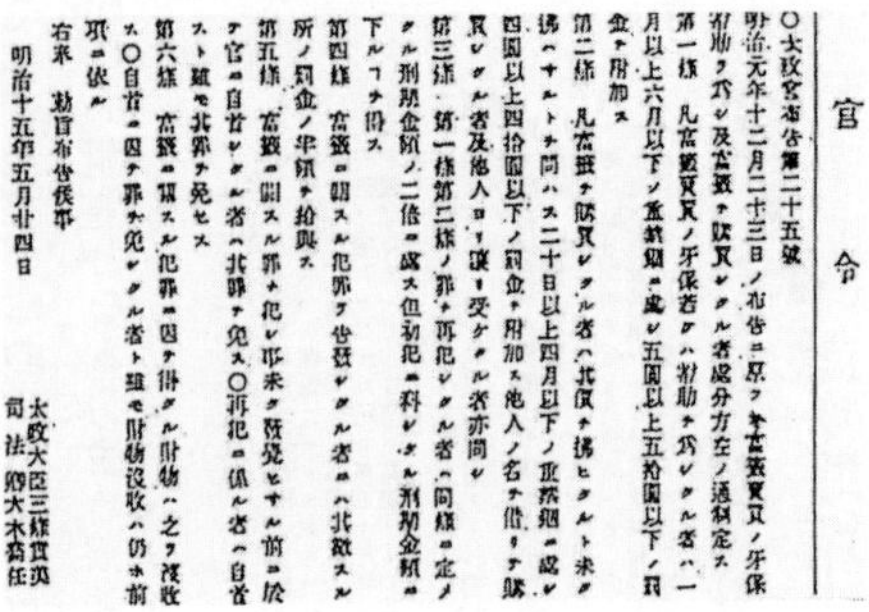
官令

○太政官布告第二十五號
明治元年十二月二十三日ノ布告ヲ廢シ更ニ富籤賣買ノ牙保若クハ幇助ヲ為シ及富籤ヲ賣買シタル者處分方左ノ通制定ス
第一條　凡富籤賣買ノ牙保若クハ幇助ヲ為シタル者ハ一月以上六月以下ノ重禁錮ニ處シ五圓以上五拾圓以下ノ罰金ヲ附加ス
第二條　凡富籤ヲ賣買シタル者ハ其償ヲ拂ヒタルト未タ拂ハサルトヲ問ハス二十日以上四月以下ノ重禁錮ニ處シ四圓以上四拾圓以下ノ罰金ヲ附加ス他人ノ名ヲ借リテ賣買シタル者及他人ヨリ讓リ受ケタル者亦同シ
第三條　第一條第二條ノ罪ヲ再犯シタル者ハ同條ニ定メタル刑期金額ノ二倍ニ處ス但初犯ニ科シタル刑期金額ニ下ルコトヲ得ス
第四條　富籤ニ關スル犯罪ヲ告發シタル者ニハ其徴収スル所ノ罰金ノ半額ヲ給與ス
第五條　富籤ニ關スル罪ヲ犯シ事未タ發覺セサル前ニ於テ官ニ自首シタル者ハ其罪ヲ免ス○再犯ニ係ル者ハ自首スト雖モ其罪ヲ免セス
第六條　富籤ニ關スル犯罪ニ因テ得タル財物ハ之ヲ沒收ス○自首ニ因テ罪ヲ免シタル者ト雖モ財物沒收ハ仍ホ前項ニ依ル
右奉　勅旨布告候事
明治十五年五月廿四日
太政大臣三條實美
司法卿大木喬任

（『報知』明15・5・25）

図21　マニラ・ロッタリーの広告

（J.G. 1880・3・1）

～七〇円と賞金が減少していることからみて(35)、同開催から、あるいはそれより前の明治一五（一八八二）年春季あるいは秋季開催から廃止を余儀なくされたしまっていたからである。さらに明治一六（一八八三）年秋季開催の賞金は、一五～二〇円という低額になっていた(36)。この事態は、この明治一五（一八八二）年五月二四日付で太政官布告第二五号が出され（図20）、富籤及びその類似行為の取締まりが強化されていたことの余波を直接被ったものだと思われる。

この頃、マニラ政庁が発売するロッタリー（Lottery）、いわゆるマニラ・ロッタリーが横浜や築地の居留地で発売されて（図21）、居留民にとどまることなく日本人の間にも愛好者が急増していた(37)。一枚六ドルと高額だったが、なにしろ一等が三万ドルだったというから、借金してでも一獲千金を夢みるに十分すぎるほどの額だった。また、このマニラ・ロッタリーだけでなく横浜や築地の居留地では、独自の富札も発売されて人気を博していた。富札の発売は維新以来一貫として厳禁されていたが、これらのロッタリーや富札は、治外法権の外国人の取り次ぎを名目として日本人の間にも流行していた。このような事態に対して、先の太政官布告は、改めてそれらの売買者への厳しい処罰を表明したものだった。興農競馬会社のアイデアもその布告の前に屈せざるをえなかったようである。ちなみに、日本における富札（宝くじ）が公認発売されるのは、遠く昭和二〇（一九四五）年七月までまたなければならなかった。

この抽籤券の廃止は、賞金の大幅減に示されていたように、大きな打撃を興農競馬会社に与えた。同社は、明治一六（一八八三）年初めには一旦、共同競馬会社との合同を模索したが(38)、その存在の独自性を打ち出していく道を選択した。まず明治一六年春季開催からは、雑種馬のレースを廃止して日本馬に限定した番組編成とし、日本馬、中国馬、雑種馬三本立のニッポン・レース・クラブ、及び日本馬、雑種馬二本立の共同競馬会社との差異化をはかった(39)。ついで明治一七(一八八四)年春季開催からは、根岸競馬場や戸山競馬場に未出走馬限定のレースを創設したり、その二場で勝鞍を上げた馬の出走を不可とする原則を導入して、自らの賞金額に則した下級条件の番組だけの編成とした(40)。日本馬のチャンスを広げ、興農競馬会社への出走馬を増加させる策だった。また明治一八(一八八五)年春季開催には学習院生徒のレースを組み込み(41)、ついで秋季開催では、幹事長相良長発と木村荘平の発起で、三日目第六レースではハンデを距離に置き換えて各馬のスタート位置をズラして競走させたり(42)、さらに誘客策として同開催の下等入場料を木村の寄付で無料にし、多くの花火を打ち上げ、陸軍楽隊を招請するなどもしていた(43)。そしてこれらの振興策は成果をあげていた。明治一八年秋の競馬シーズンを前に、折からの政府の財政難から宮内省や陸軍や農商務省は、それまで継続していた競馬への援助を、ニッポン・レース・クラブと共同競馬会社も含めて、一旦中止していたが(44)、興農競馬会社の開催へは、宮内省や皇族の賞典の寄贈があり、また出走馬の増加や寄付金の増額で、それまでの二日から三日間開催となり、数多くの観客も訪れていた(45)。

このように積極的に競馬を継続させていく意思は存在していたが、結果的にこの開催が最後のものとなってしまった。これより先の明治一七(一八八四)年四月、官業払い下げ政策の一環として、政府は三田育種場の経営を大日本農会に委託していたが(期限は明治二〇年四月まで)、明治一八(一八八五)年一二月、明治一九(一八八六)年七月と一部用地の返還を命じ(それぞれ明治一九年三月、八月実施)、ついで九月には委託そのものを解き、これを受けて大日本農会が育種場そのものを閉鎖、そのうえで一一月に返還を完了させてしまった(46)。この動きのために明治一九年春季開催は、不忍池競馬場での開催を模索、一旦は決定したが断念(47)、また秋季にも同様に不忍池競馬場での開催を追及したが、これも実現しなかった(48)。

振り返ってみれば、興農競馬会社は、明治一四(一八八一)年春季から明治一六(一八八三)年秋季までの六回の

図22　ニッポン・レース・クラブの設立を報じる記事

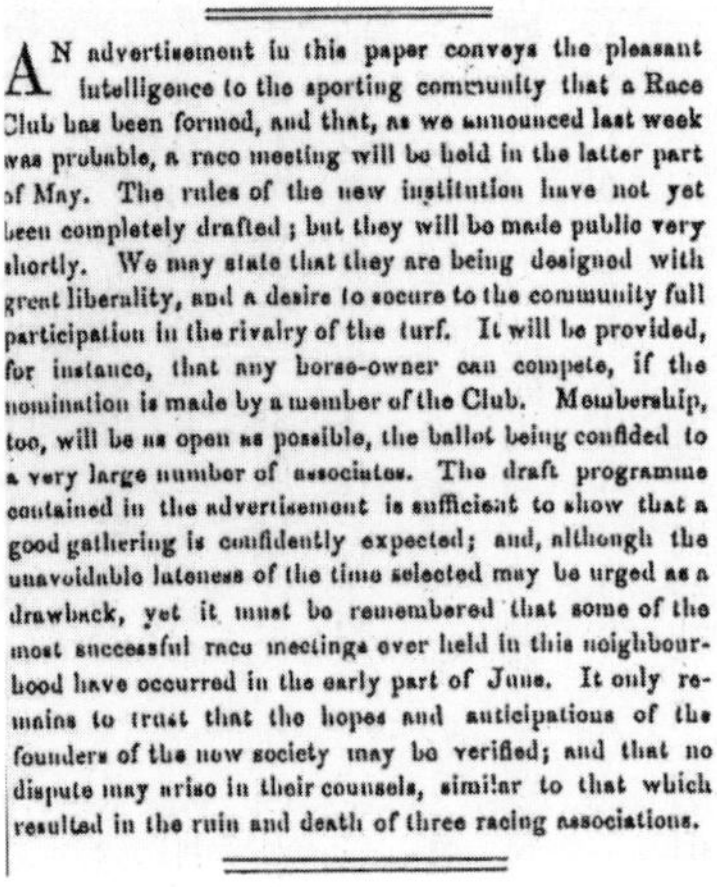

AN advertisement in this paper conveys the pleasant intelligence to the sporting community that a Race Club has been formed, and that, as we announced last week was probable, a race meeting will be held in the latter part of May. The rules of the new institution have not yet been completely drafted; but they will be made public very shortly. We may state that they are being designed with great liberality, and a desire to secure to the community full participation in the rivalry of the turf. It will be provided, for instance, that any horse-owner can compete, if the nomination is made by a member of the Club. Membership, too, will be as open as possible, the ballot being confided to a very large number of associates. The draft programme contained in the advertisement is sufficient to show that a good gathering is confidently expected; and, although the unavoidable lateness of the time selected may be urged as a drawback, yet it must be remembered that some of the most successful race meetings ever held in this neighbourhood have occurred in the early part of June. It only remains to trust that the hopes and anticipations of the founders of the new society may be verified; and that no dispute may arise in their counsels, similar to that which resulted in the ruin and death of three racing associations.

(J.W.M. 1880・4・8)

開催すべてに臨幸が行われていたから、公的にはニッポン・レース・クラブや共同競馬会社の二場と同等に位置づけられていたのは確かである。だがこのような終わり方を見ると、結果的にはその格は他の二クラブの下に評価されていたといわざるをえなかった。何しろニッポン・レース・クラブは政府の全面的支援の下に結成され、根岸競馬場は幕末以来の歴史を刻んでいた。また共同競馬会社は、明治一七（一八八四）年、不忍池競馬への移転を実現、とてつもないスケールで開催を行っていた。政治的にみても、この二つのクラブの前には、どうしても存在意義が小さかった。そして官業払い下げ政策の犠牲となり競馬場を喪失、そのまま消滅に追い込まれることになった。現在の三田にはかつての競馬場を偲ばせるものは何も残されていない。

3　ニッポン・レース・クラブ（日本競馬会社）の誕生——内外の社交、馬政

明治一三（一八八〇）年に入ると、前年の共同競馬会社に引続く興農競馬会社の設立、吹上御苑の馬場での競馬会の開催、また華族への乗馬の奨励など、馬事の振興は幅広いものとなっていた。そしてそのような馬事振興を端的に示す象徴的な事例が横浜でも起こっていた。幕末以来の横浜の競馬がまったく新たな段階に入り、同年四月、ニッポン・レース・クラブ（Nippon Race Club）が誕生したことだった（図22）。ニッポン・レース・クラブの設立にあたって、発起人ともいうべきオリジナル会員（Original Members）が公表されたが、そこには、主員（Patron）の有栖川宮熾仁、東伏見宮嘉彰、伏見宮貞愛、北白川宮能久の皇族をはじめとして、表3のように驚くような人物たちの名が列ね

られていた。
J・J・ケスウィックらの居留地の中核的な人物は別として、明治政府の中枢と各国公使のほとんどが顔をそろえていた。皇族も含めて、このようなメンバーが自然に、あるいは競馬好きだからといった理由でそろうとは到底考えることはできなかった。横浜の英字新聞が、この顔ぶれをみて、「クラブの成功及び今後の日本の競馬の繁栄を約束するものといってよい」と書いたのも(1)、それまでの競馬クラブとの相違を認識した率直な感想だった。なおこのオリジナル会員は、年末のクラブ総会で定められた規則で常任委員会(permanent committee)を構成、内外五名からなる計一〇名の執行委員会(working committee)にも、そこから内外各々二名づつを加えることが規定されるなど強い権限を与えられることになる(2)。

表3　オリジナル会員

氏名	地位	氏名	地位
大隈重信	参議	ストルーヴェ (Ch. de Struve)	ロシア公使
伊藤博文	同上	バルボラーニ (Count U. Barbolani)	イタリア公使
黒田清隆	同上	アイゼンデッヒャー (M. von Eisendecher)	プロシャ公使
西郷従道	同上	グルート (M. de Groote)	ベルギー公使
川村純義	同上	ストゥヴェーゲン (Chevalier de Stoewegen)	オランダ公使
井上馨	同上	バロワ (R. de Balloy)	フランス公使館書記代理公使
松方正義	内務卿	ケネディ (J. G. Kennedy)	英国公使館書記代理公使
榎本武揚	海軍卿	カスティロ (Senor de Castillo)	スペイン代理公使
大山巌	陸軍卿	カルケイノ (S. Carcano)	イタリア領事
上野景範	外務大輔	ケスウィック (J. J. Keswick)	ジャーディン・マセソン商会
土方久元	宮内少輔	カークウッド (M. Kirkwood)	弁護士
品川弥二郎	内務少輔	キングドン (N. P. Kingdon)	キングドン・シュウォーベ商会
野村靖	神奈川県令	フィッシャー (E. Fisher)	エドワード・フィッシャー商会
松田道之	東京府知事	ウォルシュ (T. Walsh)	ウォルシュ・ホール商会
石井邦猷	中警視	ザッペ (Ed. Zappe)	ドイツ領事

当時の参議で会員とならなかったのは大木喬任、寺島宗則、山田顕義、山県有朋の4人ということになる（J.W.M. 1880・5・1、『読売』明13・5・4、『日日』明13・5・4より作成）。

振り返ってみると横浜で

は、開港直後の一八六〇年代から居留民や英国駐屯軍の手によって組織的に競馬が行われていた。一八六七年一月（慶応二年一二月）の開催からは、一八六六年一二月（慶應二年一一月）竣工した本格的な芝生のコースを持つ根岸競馬場（現・横浜市中区根岸台）で、ヨコハマ・レース・クラブ（Yokohama Race Club）というクラブ組織が開催を続けていた。だが、一〇年の時を経て、明治九（一八七六）年秋季開催を前にクラブは二つに分裂、明治一一（一八七八）年にはその一端の合同がなったものの、翌明治一二（一八七九）年には早くもその解散、崩壊の危機を迎えてしまった。それが、この明治一三（一八八〇）年、まったく新たなクラブとして生まれ変わったのがニッポン・レース・クラブだった。幕末から明治九年のヨコハマ・レース・クラブの分裂に至る前までの横浜における競馬については、次の第三章で論じることにして、本節では、ヨコハマ・レース・クラブの分裂からニッポン・レース・クラブ誕生の経緯までをたどってみたいと思う。ここでは、分裂の背景には日本側の競馬への意欲があり、またニッポン・レース・クラブの結成には、根岸競馬場を内外の社交場および馬匹改良の基幹的役割を果たす場として機能させようとしていた日本側の政治的、外交的判断があったことが先のオリジナル会員のメンバーシップに表れたことなどが明らかとなるだろう。

1　ヨコハマ・レース・クラブ（Yokohama Race Club）とヨコハマ・レーシング・アソシエーション（Yokohama Racing Association）

明治九（一八七六）年一〇月、設立以来一〇年の歴史を持つヨコハマ・レース・クラブが分裂、新たにヨコハマ・レーシング・アソシエーションが結成された。翌明治一〇（一八七七）年秋までの三シーズンにわたって、二つの競馬クラブが並立して計六回の競馬会が実施されることになる。

ヨコハマ・レーシング・アソシエーションは、ヨコハマ・レース・クラブ内に強い力を持つ英国人のオーナーたちが主導する体制を批判するものとして結成された。この対立は、かねてからの英国主導の居留地運営への不満が絡んで、各国領事や公使らも巻き込んだ。ことは競馬だけにとどまるものではなくなり、横浜を英国対その他の国々といった形に二分したかのような様相を呈することになった。

その分裂劇は、直接的には三月、ヨコハマ・レース・クラブ・コミッティからロバートソン（J. Robertson：オリエンタル銀行）が辞任したことに端を発していた(3)（図23）。これより先、明治八（一八七五）年一二月三一日に開催されたヨコハマ・レース・クラブ総会で、明治九（一八七六）年度のコミッティ五名、ストラチャン（W. M. Strachan：ストラチャン・トーマス商会）、ケスウィック（J. J. Keswick：ジャーディン・マセソン商会、書記）、ロバートソン（R. Robertson：英国領事）、J・ロバートソン、クルックサンク（W. J. Cruickshank：スミス・アーチャー商会）が選出されていた(4)。クラブの主導権を握っていた、中国馬に重点をおいた番組編成を主張するグループ（以下、このグループを「中国馬派」と記す）がこれまで通り役員を制したもので、そのなかでJ・ロバートソンだけが例外で、中国馬ではなく日本馬に重点を置いた番組編成を主張していた（以下、このように日本馬重点を主張する人たちを「日本馬派」と記す）。中国馬派と日本馬派の対立は長く紛糾を重ねていた（第三章第四節）。その日本馬派のJ・ロバートソンが辞任したのは、コミッティがジェフレ（R. Jaffray）という人物の入会とコースの使用を拒絶したことに対する抗議だった(5)。

ヨコハマ・レース・クラブの規定によれば、入会には二人の推薦人と、そのうえでのコミッティの承認が必要だったが、その推薦人が、日本馬派のN・P・キングドン（Kingdon：キングドン・シュウォーベ商会）とJ・ロバートソンであったから、入会拒否にこれまでのヨコハマ・レース・クラブ内の対立が絡んでいたことは疑いようがなかった(6)。三月下旬、J・ロバートソンの後任として中国馬派のウォルター（J. Walter：香港上海銀行）が選出された(7)。ウォルターが二六票、これに対して日本馬派のフ

図23　ヨコハマ・レース・クラブを去るJ．ロバートソン

別れを告げているのはJ．M．ストラチャン（『ジャパン・パンチ』1876年３月号）。

イッシャー(E. Fisher:エドワード・フィッシャー商会、ハワイ王国領事代理)が二二票。小差とはいえ、この補欠選挙の結果は、コミッティの入会拒否の判断及び運営方針が、会員から承認されたことを示していた。だが、日本馬派も巻き返しに出た。横浜で発行されていた英字紙「ジャパン・ガゼット」(Japan Gazettee)は、かねて日本馬派を支持していたが、同派はそれを活用した。

同紙は、元来、根岸競馬場の使用権は居留民全体に属しており、ヨコハマ・レース・クラブはその委託を受けているに過ぎない、そこを逸脱して特定の居留民を排除するような独断的な方針を取り続けるなら、新たなクラブを結成しようではないか、といった論陣を張っていく(8)。このガゼットの主張は、幕府から明治政府に引き継がれた根岸競馬場の借地規定と「ヨコハマ・レース・クラブ規則」を根拠にしたものだった(後述)。この見解は、後に各国領事団にも支持されることになる。またガゼットは、コミッティの春季開催の番組編成に対しても批判を展開した(9)。一八六七(慶応三)年以来、続けられていた日本馬のチャンピオン戦が廃止され、中国馬に一段と重点を置く方向に変更されたからだった。このガゼットに対して、横浜で発行されていた別の英字新聞「ジャパン・メイル」(Japan Mail)、「ジャパン・ヘラルド」(Japan Herald)はヨコハマ・レース・クラブ支持の立場を取り、次第に論戦も激しくなっていった(10)。

四月下旬、ヨコハマ・レース・クラブは春季開催へのエントリー馬一覧を作成したが、ガゼットの要請にもかかわらず、コミッティは反クラブの態度を理由にその提供を拒否した(11)。また先のジェフレは、コース使用禁止措置に対抗して、数度にわたってコースでの乗馬を強行、ついにコース警備員とのトラブルとなり、ジェフレは、暴力的な威嚇を受けたとして春季開催後に告訴の手続きをとることを表明した(12)。

このようにして迎えた五月一七、一八、二〇日の春季開催が、ヨコハマ・レース・クラブ単独での最後の開催となった(13)。この開催の話題をさらったのは、かつての日本馬のチャンピオン、居留民にリトルマン(Little Man)の愛称で呼ばれていたタイフーン(Typhoon)の復活劇であった(タイフーンに関しては第六章第一節)。タイフーンは、前年秋の開催で、初日からの三戦、まったくよいところがない形で負け続け、三日目の未勝利戦でやっと一勝を上げるにとどまって、これまでの名声を傷つけることなく引退を望む声が上がっていた。それが、この開催で、日本馬のチャンピオン戦を勝ち、さらには、中国馬との混合のハンデ戦でも、香港からの輸入馬を、直線での叩き合いの末に下し、四シーズンぶりに中国馬を打ち破って、三戦三勝と完璧な成績を残した。だが、このタイフーンの復活劇があったものの、観客数は昨秋よりも減少、競馬人気の低落傾向に歯止めがかかっていなかった。

かつての競馬は、居留地最大の年中行事であり、誰もが開催を待ち望み、開催が迫ると馬の話題が人々の会話の中心を占めていた。開催中は、ホリデー・ウィークとなり、男も女も着飾り、馬車を仕立てて競馬場に出かけ、賭けに興じた。それが、ここ数年、クラブの内紛が続くなかで、逆に競馬を忌避する雰囲気が醸成され、この開催では、競馬の期間の休みを利用して、わざわざ横浜を離れ、旅行に出かけるものが目立つようになっていた。

開催後、一時休戦の形となっていた競馬場の使用権をめぐる問題の動きも急となった。競馬場の専有権を主張するヨコハマ・レース・クラブ・コミッティに批判的な人々は、六月一五日付で、各国領事団宛に、この問題に関する陳情書を提出した(14)。「日本政府に、根岸競馬場の使用権は特定のクラブに与えられたのか、それとも横浜の居留民全体に与えられたのか、確認して欲しい、前者であるというなら、新たなレース・クラブを設立するので新コースの設置を認めてほしい」、というのがその趣旨だった。ヨコハマ・レース・クラブの主導権を握っていたのが英国人、特にイングランド人であったから、この陳情書に署名した一三八名の内訳は、スコットランド、ウェールズ、アイルランド、アメリカ、フランス、プロシャ、スイスなど各国の人々からなっていた。

これを受けて各国領事団は、六月二二日協議の場を持ち、六月二六日付で、ヨコハマ・レース・クラブが競馬場の管理権を持つことを認めたが、専有的な権限を持つことについては否定（表決二対六）、競馬場の使用権は居留民全体に与えられたものであるという明快な判断を示した回答を寄せた(15)。この領事団の見解は、根岸競馬場の借地条件に関係する「横浜居留地改造及競馬場墓地等約書」、「横浜競馬場地券」、「ヨコハマ・レース・クラブ規則」などを調査、それがふまえられたものだった。領事団は、七月三日、競馬場の使用権に関して、駐日各国公使団代表の英国公使H・パークス（Parks）にその判断を仰ぐ書簡を送った(16)。「横浜居留地改造及競馬場墓地等約書」（一八六六年一二月締結）において、根岸競馬場は、居留民を代表するクラブに貸与される、そのクラブは領事団が認定、管理を委託すると規定されていた（第一一条）。領事団は、この条項をふまえ、パークスに対して、クラブと領事団のいずれの見解が正当性を持つかの判断を、公使団に要請したものだった。

このような動向を受けて、七月六日、二七名の参会者を得て、ヨコハマ・レース・クラブの総会が開かれた(17)。コミッティに批判的なグループは、まずクラブ入会に関してコミッティ五名が判断するというそれまでの規則を、コミッティに国籍を勘案して選出した八名の委員を加え、計一三名で新たな委員会を設けて審議する、というものに改正する提案を行った。英国人からだけ構成されているコミッティの入会の諾否に関する権限を制限しようとするものだったが、一二対一五という小差で否決され、現行通りという結果になった。ついで、非会員の開催時以外のコース使用に関する規則の制定の議論に移った。これは、コミッティ側が、ジェフレの問題への対応策として、改めて一八六六年七月制定の規則を再確認、つまりこの問題を通しても、ヨコハマ・レース・クラブが競馬場全般に関して専有権を持つことを主張しようとするものであった。コミッティ批判グループは、領事団の見解を受けて、クラブにそのような権限はなく、競馬場は居留民全体のものであるとして、クラブ会員以外も借地料を負担すれば使用する権利がある、との動議を提出、これをめぐって激しい議論が展開されたが、結局否決され、原案が可決された。この論議の過程で、コミッティ側は、クラブは、領事団の見解に左右されないと言明していたから、それも支持されたことになった。

こうしてクラブは、領事団の見解を公式に拒絶した。コミッティは、ジェフレのクラブに対する訴訟への対応に関しても、総会の席上で一任を取り付けた。先の三月の後任委員の選挙の際と同じく、この日の採決も小差であったように、両派の勢力は拮抗しており、それだけに対立は抜き差しならないものとなっていた。この日の総会で、ヨコハマ・レース・クラブの分裂までは、あと一歩を残すのみとなった。

この対立は、かねてからの英国主導の居留地運営への不満が絡んで、各国領事や公使らを巻き込んでもいた。ことは競馬だけにとどまるものではなくなり、横浜を英国対その他の国々といった形に二分したかのような様相を呈することになった。先に始まっていたヨコハマ・レース・クラブ支持の「ジャパン・ヘラルド」及び「ジャパン・メール」と批判グループ支持の「ジャパン・ガゼット」の言論戦は激しさを増していった(18)。八月に入ると、反ヨコハマ・レース・クラブの中心的存在であったN・P・キングドン、J・ロバートソンらが経営する複数の有力厩舎が、同クラブからの撤退を表明した(19)。

九月一日、ヨコハマ・レース・クラブは、臨時総会を開催、先の七月六日の決議を受けて、コースの使用に関する規則を制定、専有権を持つとの姿勢を崩さなかった(20)。

同日、各国公使団は、根岸競馬場が横浜居留地全体に帰属するものである、と明確な裁定を下した(21)。さらに借地料を分担すれば、ヨコハマ・レース・クラブ以外のクラブでも根岸競馬場を使用することを認めていた。これは、この時点で、公使団が、ヨコハマ・レース・クラブの分裂を止むを得ないものと判断したことを意味していた。パークスは、この問題に関する各国公使団の協議の結果を、私信を添えて、九月九日付で、領事団代表スイス総領事ブレンワルド(C. Brennwald)に送った。パークスの私信も、この公使団の判断を追認していた。「居留民が一致してクラブを結成し、競馬場の貸与条件を決めた一八六六〜七年の際には、居留民を代表するクラブ及びその規則を領事団が認定、承認する形態が相応しかった。だが、対立がここまで来たのであれば、その形態を変更し、別のクラブが設立されるのも止むを得ない。それぞれが借地料等を分担する方法をとることを望む」、というものであった。この私信で、パークスは、今後締結する根岸競馬場の地券には、レース・クラブの規則が領事団の承認を必要とするといった内容を含ませないとの判断を示していたが、これもクラブが並立することに備えたものでもあった(22)。ここで、ヨコハマ・レース・クラブが主張していた根岸競馬場に関する専有権は、領事団についで公使団からも明確に否定されたことになった。このことは、三月から続けられていた新たなクラブ結成に向けての動きが、領事団、公使団双方から承認されたことを意味していた。

横浜の各国領事団は、この九月九日付で示された公使団裁定を受けて、九月二九日、Trustees for the Race Course（以下、「評議会」と記す）の設置を決め、委員七名を指名した(23)。「横浜居留地改造及競馬場墓地等約書」（一八六六年一二月締結）第一一条「競馬場は居留民を代表するクラブに貸与される、そのクラブは領事団が認定、管理を委託する」を根拠として、評議会には、競馬場の管理運営等に関する規則の制定、使用の許諾権、年間借地料、維持経費等の分担割合の決定等の権限がある、とした。この領事団決定に際して、中心的役割を果たしていたのが、アメリカ総領事ファン・ビューレン（Van Buren）、支持していたのがベルギー領事グルート（M. de Groote）、デンマーク総領事バヴィエル（E. de Baviel：バヴィエル商会）らであった。反対の態度をとったのは、英国領事R・ロバートソン、ポルトガル領事代理J・J・ケスウィック、スイス総領事C・ブレンワルドの三名。ロバートソン、ケスウィックは、ヨコハマ・レース・クラブ役員であり、六月の領事団の判断についても異議を唱えていた。なおケスウィックは、英国人であったが、ポルトガルから領事代理の委託を受けていた。ともあれ、評議会の設置は、新クラブ結成に向けて、法的な根拠を与えることになった。

こうして、一〇月三日、ヨコハマ・レーシング・アソシエーションの結成大会の運びとなった(24)。参会者は七六名。ファン・ビューレン、グルート、バヴィエルらの領事、フランス公使館三等書記官のモンベル（R. de Monbel）、ハワイ王国領事代理の肩書を持つE・フィッシャー、先の三月ヨコハマ・レース・クラブのジェフレの入会拒絶に抗議した当事者で役員を辞任したJ・ロバートソン、後に日本政府の法律顧問となるカークウッド（M. Kirkwood：弁護士）、幕末期以来の様々な写真を残したベアト（F. Beato：ベアト商会）など多彩な人物が、この総会に姿を現していた。この後の一〇日に開かれたヨコハマ・レース・クラブ総会の出席者が三九名だったことをみると(25)、アソシエーションの方が、居留民の多数に支持されていたようである。アソシエーションによれば、その会員数は一四二名だった(26)。

議長に指名されたのは、J・ロバートソン。総会の冒頭、ロバートソンは、つぎのような挨拶を行った。

これまで横浜の競馬は、大きな対立を生んできた。我々は、横浜全体の利益を考えて行動しようではないか。横浜を代表している我々は、競馬のあるべき姿を追求する。規則も、馬匹改良に資するという競馬の本来の目的を促進するためのものが制定されるだろう。ヨコハマ・レース・クラブと違い、我々のアソシエーションを、すべての者に開かれたものにしようではないか。

このようなロバートソンの発言の背景には、英国人主導のクラブ運営に対する不満が、参会者の間で共有されていたことがあった。ついで、アメリカ総領事ファン・ビューレンが、競馬場の使用権に関する居留民の陳情、それを受けての領事団の判断、公使団の裁定、評議会の設置など、これまでの経過報告を行った。ファン・ビューレンは、これまで競馬に積極的に関与することはなかったが、先にもふれたように新たなクラブ設立の環境作りに向けて、領事団のなかで中心的な役割を果たしていた人物だった。ファン・ビューレンの報告のポイントは、日本政府との協定に従えば、ヨコハマ・レース・クラブが主張している専有権には根拠がなく、すべての横浜の居留民が使用する権利が根岸競馬場には保証されている、ということだった。ついでヨコハマ・レース・クラブが、少数の者の利益をはかるために閉鎖的な運営方針をとっていると批判したうえで、すべての居留民に開かれた組織としてアソシエーションを結成しよう、と発言を締めくくった。そして、ファン・ビューレンは、大会決議として「ヨコハマ・レーシング・アソシエーションの結成」、「レース編成の固定化、番組の早期公表」、「日本人官員の入会を認め名誉会員とする」ことなど一二項目を提案(27)、満場一致で承認された。ついで、コミッティの選出に移り、M・カークウッドが、横浜の居留地を構成する各国人をそれぞれ代表する人物を推薦したいとして、J・ロバートソン、E・deバヴィエル、R・

図24　ヨコハマ・レーシング・アソシエーションにコース使用権が認められたことの告知（10月9日付）

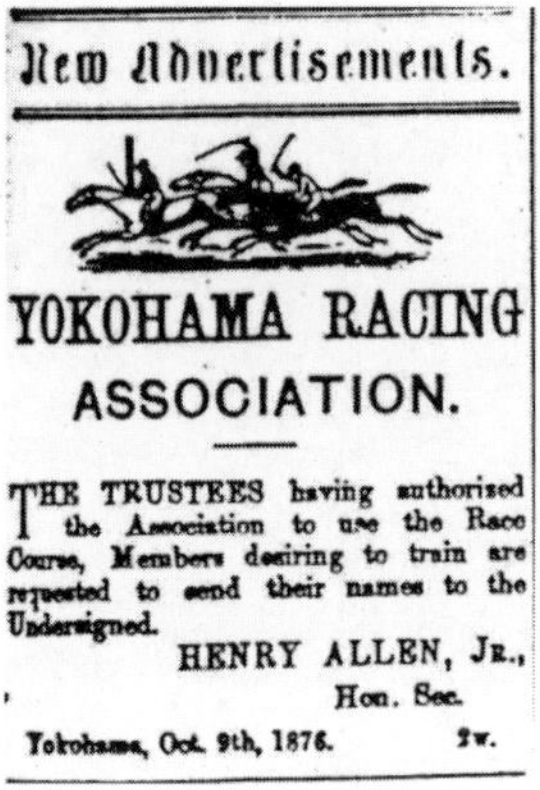
New Advertisements.

YOKOHAMA RACING ASSOCIATION.

THE TRUSTEES having authorised the Association to use the Race Course, Members desiring to train are requested to send their names to the Undersigned.

HENRY ALLEN, Jr.,
Hon. Sec.

Yokohama, Oct. 9th, 1876. 2w.

（J.G. 1876・10・9）

deモンベル（フランス公使館三等書記）、アレン（H. Allen Jr.：コミッション・エージェント）、E・フィッシャー（フィッシャー商会、ハワイ王国領事代理）の五名の名をあげ、満場一致で承認された。ヨコハマ・レース・クラブの役員が英国人だけで構成されていたのに対して、プロシャ一、英国二、フランス一、アメリカ一と各国連合体の色彩をアピールできるよう配慮されていた。議長が、コミッティは一〇日以内に秋季開催の番組を編成すると告げたのを最後に、この日の総会が終わった。ジャパン・ガゼットの社員も、当然、会員となった。

評議会は、結成大会を受けて、アソシエーションの根岸競馬場使用を認可した(28)。アソシエーションは、それを一〇月七日付で表明するとともに（図24）、秋季開催の日程を一一月一七、一八、一九日と決定、番組表を一〇月一四日に公表した(29)。アソシエーション結成の要因の一つには、ヨコハマ・レース・クラブの中国馬重点のレース編成に対する批判があったから、日本で生産された馬のレースを基幹とすることがを番組の編成方針となっていた。ちなみに、クラブの秋季開催のレース数が、中国馬一一、日本馬八、両者の混合が四であったのに対して、アソシエーションが、それぞれ八、九、九、日本馬が出走可能レース数はレース・クラブ一一、アソシエーション一八という割合であった(30)。また、日本官員を名誉会員とする、という限定付であったが、日本人の入会を認めたことも、これまでヨコハマ・レース・クラブが拒否の原則を保持していたことに対する批判からだった。これに呼応して、宮内省御厩課がアソシエーションの秋季開催に参加、高崎正風、片岡利和の両侍従の名義で、日本馬四頭を出走させ、その内二頭が勝鞍を上げ、木村介一、福羽逸人、桑島忠則らの課員も初めて本格的に騎乗することになる(31)。このようにみてくると、分裂に至る過程で、日本側が何らかの形でヨコハマ・レーシング・アソシエーション側に関与していたか、あるいは少なくともヨコハマ・レーシング・アソシエーション側がそういった方針を取ることで日本側の参画を促そうとしていたことが確実であった。

だが、こういったアソシエーションの結成に対するヨコハマ・レース・クラブ側の反発も強かった。それを代弁する形で、「ジャパン・ヘラルド」、「ジャパン・メイル」両紙は、評議会の権限を否定、アソシエーションの結成にも正当性がないこと、領事団の裁定に対する批判、特にファン・ビューレンに対する個人攻撃などを展開した(32)。

評議会は、ヨコハマ・レーシング・アソシエーションの根岸競馬場の使用を認可したのをふまえて、一〇月七日付でヨコハマ・レース・クラブに対し、つぎのような通告を行った(33)。

(1)　一〇月七日以降、ヨコハマ・レーシング・アソシエーションの調教のためにコースを開放すること。
(2)　ヨコハマ・レース・クラブは、一一月一、二、三日の秋季開催中、コース専有権をもつこと。
(3)　会員名簿を提出すること。
(4)　今年度後半期の借地料、コース管理費を報告すること。
(5)　(3)、(4)に基づき、ヨコハマ・レーシング・アソシエーションの負担割合を決定、(4)の額の中からその割合に応じた額が差引かれること。

この通告に先立つ五日、すでにアソシエーションは借地料分担として三七五ドルをヨコハマ・レース・クラブに預託していた(34)。

この通告に対しヨコハマ・レース・クラブは、一〇月九日付で評議会につぎのような回答を行った(35)。

(1)　評議会に関する領事団の決定は、英国、スイス、ポルトガル臣民を拘束するものでないこと。

(2) したがって、ヨコハマ・レース・クラブ・コミッティは評議会の存在を認めないこと。
(3) また秋季開催に関するいかなる指示も不当であること。
(4) ヨコハマ・レース・クラブは、ヨコハマ・レーシング・アソシエーションが調教、開催を行うことを認める用意がある。ただしヨコハマ・レース・クラブが今年度末までの競馬場借地権を保有しており、ヨコハマ・レーシング・アソシエーションは、調教、開催の実施についてヨコハマ・レース・クラブ・コミッティの承認を得なければならないこと。
(5) 借地料、コース管理費の評議会への報告は、同会をヨコハマ・レース・クラブとヨコハマ・レーシング・アソシエーションの負担割合の単なる調整役と見なして行う。

このようにヨコハマ・レース・クラブは、評議会そのものに拘束されないことを表明した。ヨコハマ・レース・クラブは、これより先の六日、七八名の署名を添えて評議会設置、委員の指名が不当であること、借地料の適切な負担があればクラブ以外のコース使用を認める用意があること及び権利の確認を求めた上申書を公使団に提出してもいた(36)。評議会、ひいては領事団との全面的対決の姿勢を打出したに他ならなかった。パークスは、この領事団裁定への不服申し立てに応えて、一〇月二〇日付で、領事団の対応を批判、英国民は領事団の裁定には拘束されないとの判断を示すことになる(37)。

ヨコハマ・レース・クラブは、一〇月一〇日、この対決の方針承認の手続きを踏むべく臨時総会を開催した(38)。参会者は三九名、三日のヨコハマ・レーシング・アソシエーション結成大会七六名の約半数であった。顔を見せていたのは、現役員のW・M・ストラチャン、J・J・ケスウィック、W・J・クルックサンク、J・ウォルターをはじめとして、英国人がほとんどだった。議長にはフレーザー（J. A. Fraser：フレーザー・フェアリー商会）が指名され、書記のケスウィックがこの間の状況の推移、ヨコハマ・レース・クラブの対応を説明した(39)。このケスウィックの報告を受けて、会員からヨコハマ・レーシング・アソシエーションを批判する発言が行われた後、要請に応じて、先にあげた一〇月七日付評議会通告と一〇月九日付ヨコハマ・レース・クラブ回答が読み上げられた。そしてつぎのような決議が満場一致で採択され、総会は終わった。

(1) ヨコハマ・レース・クラブは、これまで通り存続する。なお借地料及び必要経費を平等に負担するならば、他のクラブ等がコースを使用することを妨げない。

(2) ヨコハマ・レース・クラブは、居留民の一部を代表しているに過ぎない領事団中のグループが、評議会委員を指名したことに異議を申し立てる。競馬場が横浜全体に帰属するものであるならば、居留民のみにそのような委員を指名する権限が与えられるべきである。そのように選出された委員会に対してであれば、ヨコハマ・レース・クラブは、借地期限終了後、喜んでコース管理権を移譲する。

このようにヨコハマ・レース・クラブは、領事団に対しては、対決の姿勢を強く打ち出したが、アソシエーションに対しては、明治九（一八七六）年一杯はコースの借地権を保有しているとしながらも、借地料、コース管理費の分担に応じるならば、その存在を否定するのではなく、共存していく姿勢をとった。これにより、不測の事態を生じて開催が不可能となるような事態は回避された。だがこの分裂劇は、両クラブ双方、領事団内部にも感情的なしこりを残した。

ヨコハマ・レース・クラブ支持の「ジャパン・ヘラルド」、「ジャパン・メイル」両紙と、ヨコハマ・レーシング・アソシエーション支持の「ジャパン・ガゼット」の論戦も、さらに激しくなった(40)。領事団内部も、英国領事R・ロバートソンに言わせれば、分裂状態になり党派的な動きが目立つようになった(41)。

このような状況のなかで、一一月、ヨコハマ・レース・クラブ、ヨコハマ・レーシング・アソシエーションは、それぞれの秋季開催を迎えることになった。

まず二、三、四日がヨコハマ・レース・クラブの開催だった(42)。双方の開催にエントリーしたオーナーも存在したが、多くのオーナーは、どちらか一つのクラブに属することを選択していたから、有力馬のほとんども片一方のエントリーだった。たとえば、居留民が愛した日本馬のタイフーンは、ホイーラー(E. Wheeler：医師)がヨコハマ・レース・クラブに属していたから、同クラブの開催だけに出走した。エントリーが半減し、有力馬も二分されれば、当然賭けも面白くなくなる。実際、開催前に恒例となっていたロッタリーも、せり値があがらず低調に終わった。ロッタリーは、資金回収源の一つであったから、オーナーあるいは厩舎経営者には打撃であった。プログラムからは、当時の競馬の華であった婦人財嚢(Ladies' Purse)も、また明治五(一八七二)年秋季開催以来恒例となっていた神奈川県寄贈のレース(第二章第一節)も姿を消していた。

初日前日の一一月一日、ひどい雨が降り続いたが、明けて二日は、絶好の天候に恵まれた。だが、居留民の出足はにぶく、観客数はこれまでの最低を記録した。二日目、明治節(天皇誕生日)で日本人の観客は増えたものの居留民に関しては初日と変化がなく、三日目には、さらに減ってしまった。予測された以上に低調な結果に終わった。「ジャパン・メイル」は、つぎのようにこの開催を総括した(43)。

> グランド・スタンドもパドックもどこもかしこも眠気を誘うような静けさだった。その上、半数近くの馬が調子を崩していた。

このヨコハマ・レース・クラブの秋季開催は、二つのクラブの並立状態が続いていけば、今後の開催継続が危うくなることを端的に示していた。当時の馬資源の状態からいっても、また資金面からいっても、年四回の開催を維持するのは困難であった。「ジャパン・メイル」は、ヨコハマ・レーシング・アソシエーションの結成に批判的な態度をとりヨコハマ・レース・クラブに好意的であったが、それでもこの開催直後、二つのクラブの合同を訴えたほどだった(44)。

一一月一六、一七、一八日、一方のヨコハマ・レーシング・アソシエーションも開催を迎えた(45)。華やかに装飾されたグランド・スタンドは満員の観客で満たされ、多くの婦人客の姿もそこにはあった。二週間前に終えたばかりのヨコハマ・レース・クラブの開催が寂しい光景であったのとは対象的であった。アソシエーションは、この開催でいくつかの新機軸を打出していた。その一つに、その開催日にエントリーした最初のレースには出走義務を負わせ、そこで取り消した場合、その日の後のレースの出走を禁止する規定を設けていたことがあった。目的は、ヨコハマ・レース・クラブの開催毎に浮上していたロッタリーの「不正行為」対策であった。ヨコハマ・レーシング・アソシエーションの設立目的には、横浜の競馬の特徴でもあったこのような「不正行為」を是正することがあったから、ヨコハマ・レーシング・アソシエーションは恣意的な出走取消への対策を規則に盛り込んだのである。

そしてもう一つ、このアソシエーションの開催で注目されたのは、宮内省御厩課が初めて本格的に参加したことだった。高崎正風、片岡利和両侍従の名義で宮内省御厩課のサンノへ（三ノ戸）、セキモト（関本）、フクオカ（福岡）、サンボンギ（三本木）四頭を出馬登録、この内のサンノへ、セキモトが出走、同課員が騎乗した。かねて御厩課と横浜の競馬は関係を持っていたが、ヨコハマ・レース・クラブが原則として日本人の入会を認めていなかったことに対して、アソシエーションが設立を機にそれを公式のものとした成果だった。アソシエーションの競馬の目的が、日本で生産された馬のレースを基幹とし、その馬匹改良に寄与するところにあることが示されたものでもあった。

さらにヨコハマ・レース・クラブの英国人主導の運営に対する批判も、ヨコハマ・レーシング・アソシエーション設立の牽引力となっていたから、各国人連合体のクラブであることが意識的に演出された。たとえば、横浜在留のドイツ、ポルトガル、アメリカ、フランス人がそれぞれのカップを寄贈、また東京の日本人の銀行関係者も三つのカップの寄贈を受けたレースが実施されていた。この内、ポルトガルのものは、初日第三レース、ルシタニアン・カップ

(Lusitanian Cup) として実施され、表彰式では同国婦人がカップの授与にあたるセレモニーが行われた。これは、同国名誉領事でヨコハマ・レース・クラブ役員であったJ・J・ケスウィックが、アソシエーションを敵視していたことに対して、ポルトガル人がアソシエーションを支持していることをアピールするためのものだった。

双方の秋季開催を比較すると、アソシエーションが賞金総額、観客数などすべての面でヨコハマ・レース・クラブを上回っていた。それに宮内省御厩課の参加が、今後を約束させてもいた。アソシエーションの方が有利な立場に立ったことは明らかだった。これにヨコハマ・レース・クラブは、対決姿勢を崩さず、一二月二〇日に開かれた総会でも、あくまでも単独でのクラブ維持の姿勢を鮮明に打ち出した(46)。この日の会計報告によれば、年間借地料一五〇〇ドル全額、コース維持にもほぼ同額を支払い、賞金に総額五六〇〇ドルを支出した後でも、二七六〇ドル余の剰余金が手元に残されたという、財政状態がその根拠となっていた。つまり、分裂が財政的にまったく打撃を与えず、クラブの基盤は強固であるということだった。もっとも半期別にみると、会費、登録料ともに後半期は前半期の六割にとどまり、後半期のコース維持費もアソシエーションとの分担を前提にしたものだったから、分裂の影響がないということでは決してなかったが。またパークスが、これより先の一〇月二〇日付で、ヨコハマ・レース・クラブが行った領事団裁定への不服申し立てに答えて、領事団の対応を批判、英国民は領事団の裁定には拘束されないとの判断を示していたことも(47)、同クラブの方針の支えとなっていた。だが横浜で、二つの競馬クラブが存在することに無理があることは、同クラブでもわかっていた。

この分裂のなかで、明治一〇(一八七七)年度の根岸競馬場借地料一五〇〇ドルの支払い期限、一月一日が迫っていた。半額づつの負担という合意に基づき、レース・クラブが一九日付、アソシエーションが評議会を窓口として二一日付でそれぞれ神奈川県に納付しようとした(48)。だが神奈川県は、明治政府と公使団の借地料支払いに関する合意と異なるとして、受け取りを拒否した。したがって、この問題も課題として残された。この神奈川県の対応に関してはパークスも同意を示していた(49)。

明治一〇（一八七七）年が明けると早々に、アソシエーションとヨコハマ・レース・クラブは、根岸競馬場の維持管理についての協議を進めるとともに、新ジョッキー・クラブ結成に向けての協議を開始した(50)。一月二三日、レースクラブ側の交渉担当者がW・J・クルックシャンク、C・R・ブラウン（ライス商会）、アソシエーション側M・deモンベル、E・バヴィエルだった。だが、本題である新ジョッキー・クラブ結成については、春季開催前がめざされていたが、平行線をたどり、打開の糸口すら見出せていなかった。最大の原因は、協議当初から、アソシエーションが、自らの方針に基づいた新クラブの結成、事実上のヨコハマ・レース・クラブの吸収合併を譲らなかったことだった。先にもふれたように、ヨコハマ・レース・クラブと比較すると、アソシエーションの方が会員数も多く、資金も豊かで、また宮内省御厩課の参画も得ていたことが、この姿勢の裏付けとなっていた。そこで、新クラブ結成を棚上げとし、春季開催番組の合同編成に向けての折衝に移ったが、日本馬重点のアソシエーションと中国馬重点のヨコハマ・レース・クラブで調整をつけるのは困難であり、これもまた行き詰まった。

見切りをつけたアソシエーションが三月二日付で、五月一〇、一一、一二日（四月七日付で五月一六、一七、一八日に変更）(51)、ついでレース・クラブも二四、二五、二六日の単独開催をそれぞれ告知した(52)。競馬の目的や運営方針の対立ではあったが、そこに反英国、あるいは個人的な感情も絡んで、問題はさらに複雑になっていた。一八七六年度のヨコハマ・レース・クラブ役員であったが、その任期切れをまって辞任していた英国領事のR・ロバートソンは、公使のH・パークスに対して、辞任でこの対立から距離をおけるようになってほっとしていると書き送っていたほどだった(53)。ただコースの維持管理については、費用も含めて合同して処理にあたることでまとまっていた。

両クラブの間には妥協の余地がなくなっていたが、居留民にとって分裂開催は一回だけで充分だった。対立が居留地の生活全般にも影響を及ぼし始めていたし、どちらの開催に顔を出すかで色分けされるのにも困惑を覚えていた。また競馬そのものも頭数が分散し、賭けの興味も半減する。それに分裂の中心となった有力オーナー以外の一般オーナーにとっては、賞金の減額も好ましいものではなかった。双方の単独開催決定後も、居留民の間では、その和解を望む声が強かった。アソシエーション・コミッティは、四月九日付で、レース・クラブに対して新ジョッキークラブ結成に向けての条件を提案、あわせてそれを新聞紙上にも公表した(54)。

拝啓

横浜の競馬界の利益を考え、当方から合同問題に関して新たな提案を行い、この不幸で変則的な状況に終止符を打ちたいと望んでいる。

春季の競馬開催が近づき競馬に関心が高まっているこの時期が、合同の協議にふさわしいと思う。

当方が合同の条件と考えているものを単刀直入に提案する。この諸条件で合同は可能になるものと考えている。この提案を貴クラブの良識に訴えることをヨコハマ・レーシング・アソシエーション会員も支持してくれるものと思う。(以下の項目については引用者が要約)

(1) ヨコハマ・レーシング・アソシエーション及びヨコハマ・レース・クラブの会員が新たに設立した団体が、横浜の競馬全般の統括及び根岸競馬場の管理運営にあたる。すべての外国人及び日本人官員は、この団体への入会資格をもつ。年会費一〇ドル、ただし半期会費五ドル。会費は、コース及び施設維持管理にあてる。

(2) ジョッキー・クラブを設立する。ジョッキー・クラブは規則の制定、春秋二回の開催、競馬場全般の管理運営にあたる。

(3) ヨコハマ・レーシング・アソシエーション及びヨコハマ・レース・クラブのコミッティはジョッキー・クラブ設立に向けての中核となり、設立委員二〇名を選出する。

(4) すべての規則は、ニューマーケット・ルール及び英国ジョッキー・クラブのものに則る。

(5) ジョッキー・クラブが、ヨコハマ・レーシング・アソシエーションとヨコハマ・レース・クラブ双方の細則及びローカル・ルールを参照にしながら、必要な細則及びローカル・ルールを定める。ただし、取り消しに関するヨコハマ・レーシング・アソシエーションの規則を必ず盛り込む。

(6) ヨコハマ・レーシング・アソシエーション、ヨコハマ・レース・クラブ及び新たな団体(中核はジョッキー・クラブのメンバー)が保有する会費、登録料、その他のすべての資金は、新たな団体のジョッキー・クラブのメンバー中から選ばれた委員会に委託する。委員会は、財務内容を公表しなければならない。

(7) ジョッキー・クラブは、五〇名以上が参加する総会の承認を得ることなしに、コースの管理方法を変更することはできない。

(8) 秋季開催及びそれ以降の番組は、ジョッキー・クラブが編成する。番組は、確立されたレース体系に基づき編成される。その変更は、総会の承認を得なければならない。今季の春季開催は、ヨコハマ・レーシング・アソシエーション及びヨコハマ・レース・クラブのコミッティが協議し、すでに公表された両クラブの番組を調整して、中四日の間隔をあけて二日間づつの開催に変更する。中国馬の新馬レースは六レースとする、ただし中国での出走経験馬は除く。

これらの提案は、我々も含めた関係者の熟慮のうえになされているものと受け取ってもらいたい。春季開催が近づき、事は迅速な行動が求められており、貴クラブの一刻も早い回答をいただければ幸いである。ヨコハマ・レーシング・アソシエーション会員及び居留地全体に告知するため、この書簡及び貴クラブの回答を当地の日刊新聞に掲載することを提起する。

(署名)

ヨコハマ・レーシング・アソシエーション・コミッティ

モンベル M. de Monbel(フランス公使館三等書記官)

フィッシャー E. Fisher(エドワード・フィッシャー商会、ハワイ領事代理)

バヴィエル E. de Baviel(バヴィエル商会、デンマーク総領事)

アレン H. Allen Jr.（コミッション・エージェント）
エルダー S. J. Elder（オリエンタル銀行）

このように、アソシエーション・コミッティの構想は、両クラブが合同してジョッキー・クラブを結成するのではなく、日本人官員を含めて競馬全般を統括する団体を組織し、そのなかにジョッキー・クラブを存在させるというものであった。競馬全体を統括する第三者を交えた組織の下で、ジョッキー・クラブの権限を開催実務に限定するというこの形態は、二つのクラブの強い対立感情を和らげることを目的としたものだったろう。だがこのアソシエーションの提案は、ヨコハマ・レース・クラブ側からみれば、全面的屈服に等しいものであった。まず⑴が、ヨコハマ・レース・クラブの入会規定が資格審査を伴うものであったものを否定し、また同クラブが原則認めていなかった日本人官員の入会規定を盛り込んだものだった。また⑸の取り消し規定云々は、アソシエーションがヨコハマ・レース・クラブ批判のポイントとして規則に謳ったものを必ず盛り込むということであった。ついで⑺は、ヨコハマ・レース・クラブから見れば、アソシエーション会員の方が多数であることを見越しているものだった。そして⑻も、かねてヨコハマ・レース・クラブが番組を開催毎に変更する傾向があったことに対するアソシエーションの批判であった。アソシエーション側は、新馬の購入、育成、また将来的に馬産界と競馬が結び付くためには、番組編成の固定化、レース体系の確立が必要であるとの立場をとっていた。中国馬新馬六レースということだけがヨコハマ・レース・クラブへの譲歩だったが、同クラブは中国での出走経験馬も新馬という見解であったから、それを除くというのは、簡単に同意できるものではなかった。

アソシエーションは、この提案を全面的に受け入れなければ協議を打ち切るとの態度をとり、一歩も譲歩する姿勢を見せなかった。この提案の公表のねらいは、行き詰まっていたヨコハマ・レース・クラブ・コミッティとの協議に見切りをつけたアソシエーション・コミッティが、同クラブに総会を開催させ、会員のなかから合同賛成の声を上げさせることにあったという。

四月一八日、ヨコハマ・レース・クラブは臨時総会を開いた(55)。参会者は、約三〇名。コミッティは、合同を会員に諮るのではなく、その不可能なことを説得して、その承認を得るという態度で総会に臨んだ。同コミッティは席上まず、年明けからの経緯を明らかにし、前記のアソシエーション・コミッティ提案が同クラブの吸収合併を意味する以外のなにものでもないことを説明した声明文を読み上げた。これに対してすべての情報を開示を要求する声も上がったが、結局、声明文が承認され、アソシエーション・コミッティ提案は拒絶されることになった。また会員が行った春季の合同開催の提案も、ヨコハマ・レース・クラブ・コミッティの意向が支持され、否決された。しかし合同を望む会員の声を受けて、同コミッティは、合同についてのプランを春季開催後の六月の臨時総会に提案することを約束せざるを得なかった。

図25　ヨコハマ・レース・クラブとヨコハマ・レーシング・アソシエーションの対立

中央右が幕末から横浜の競馬の中心的存在だったヨコハマ・レース・クラブ（Y.R.C）のW. M. ストラチャン（タータン厩舎）、左がヨコハマ・レーシング・アソシエーション（Y.R.A）のE. アボット（『ジャパン・パンチ』1877年５月号）。

だが、同コミッティはアソシエーション側の提案を受け入れるつもりはなかった。春季開催前の五月四日付で、アソシエーション側に新たな提案を行ったが、その案は「二つの組織を解消して、まったく新たなジョッキー・クラブを結成、コース使用に関する規則は、従来の諸規則には拘泥せず、横浜のすべての住民がその権利を持つことにその原則をおく」というものだった(56)。これは、アソシエーション側の提案を拒否し、まったく白紙で協議に入ろうと提案したに他ならなかった。つまり、同クラブは、ここで妥協の余地がないことをアソシエーション側に再度表明したのである（図25）。

こうして明治一〇（一八七七）年春季シーズンも、ヨコハマ・レーシング・アソシエーションが五月一六、一七、一九（雨天順延）

日、ついでヨコハマ・レース・クラブが二四、二五、二六日と昨秋に続いての分裂開催となった(57)。

ハンデキャップ競走などを除いた延べエントリー頭数・登録料(五ドル)は、アソシエーションが三八〇頭・一九〇〇ドル、ヨコハマ・レース・クラブが二二〇頭・一一〇〇ドル。延べ出走頭数は、アソシエーションが二九レースで二〇二頭、レース・クラブが二六レースで一三一頭。ここでも、アソシエーションの支持者の方が多いことを示した結果となった。なお今季のアソシエーションには、西南戦争の余波も加わって、宮内省御厩課など日本側からの出走はなかった。

昨秋の分裂の際には、相互交流は行われなかったが、この春季シーズンでは、アソシエーションがヨコハマ・レース・クラブ在籍のままでの入会を認めてエントリーを促し、またヨコハマ・レース・クラブもそれを不問に付したことで、複数の厩舎が強豪馬を双方の開催に出走させた。たとえば、昨秋のヨコハマ・レース・クラブ開催で限界説を囁かれた日本馬のタイフーンも双方の開催に出走、アソシエーションでは日本馬のチャンピオン戦を勝ち、つづくヨコハマ・レース・クラブでも一勝を上げるなど復調ぶりを示す結果を残していた。またタイフーンのオーナーでヨコハマ・レース・クラブの中心的存在の一人であった英国人E・ホイーラーは、アソシエーション開催の時計係を務めていた。

出走頭数では下回っていたが、レースそのもので見ると、ヨコハマ・レース・クラブの開催の方が好レースが多く、好時計が続出していた(58)。絶好のコースコンディションもあったが、同クラブが、伝統の意地をかけて、優秀な新馬を中国から導入し、また目一杯の仕上げをした結果だった。

この春季シーズンのエピソードとして注目されるのは、ヨコハマ・レース・クラブ開催二日目の二六日、英国公使パークス公使夫妻が姿を現したことであった。パークスは、昨年来、この分裂劇にも公使団代表として判断を下していた。その際は、中立的態度をとっていたが、この観戦は、パークスがヨコハマ・レース・クラブを支持していることを表明したことに他ならなかった。そして、三菱が双方の開催にカップを寄贈したことだった。三菱は、一方に肩入れすることをせず、アソシエーションでは中国馬、ヨコハマ・レース・クラブでは日本馬を対象として、各々二〇〇ドルの三菱チャレンジ・カップを寄贈、それぞれが重賞として実施された。先にもふれたように三菱が、初めて横浜の競馬にカップを寄贈したのは分裂前、明治九（一八七六）年五月ヨコハマ・レース・クラブ春季開催。分裂後の同年秋季開催では一旦中断したが、三菱は、二月以来の西南戦争でも莫大な利潤を上げており、日本一の船会社としての自負も加わり、それをこの春季シーズンに復活させたものだったろう。このような形で始まった三菱と競馬の関係が、のちに小岩井農場の馬産に結実していく。

先の約束に従い、ヨコハマ・レース・クラブ・コミッティは、六月二九日、臨時総会を招集、この間の合同交渉の経緯を報告した(59)。同コミッティは、先の五月四日付の提案を会員に配布、支持を求めてもいたが(60)、この日の参会者が、先の四月一八日の総会よりも一〇名少ない二〇名だったことは、コミッティの方針が必ずしも会員の支持を得ていなかったことを示していた。アソシエーション側は委員の不在を理由に、先の五月四日付提案の回答を先送りしていたが、クラブ側の六月一五日付の要請を受けて、翌一六日付で拒絶の旨をクラブ・コミッティに通告した(61)。年明けから断続的に続けられていた合同の協議が、このようにして暗礁に乗り上げていた。これを受けてのこの日の総会だったが、同クラブ・コミッティは従来からの強硬な態度を変えなかった。総会で規則の改正を提案、その第一条では、ヨコハマ・レース・クラブが「根岸競馬場の管理と競馬開催にあたること」を謳っていたが、これをアソシエーション側から見れば、ヨコハマ・レース・クラブがコースの占有権を持つとの見解を保持、単独でクラブを維持していくことを宣言したものに他ならなかった。規則の主な改正点は、(1)五名のコミッティが入会資格審査にあたっていたものを新にその専任委員七名を選出すること、その委員とコミッティとの併任を禁じたこと（第二条、第三条、第四条）、(2)非会員も会費（年二〇ドル、半期一〇ドル）相当を支払えばコースを使用できること（第一二条）などであった。これらは、かねての批判に対応するものではあったが、同クラブがコース管理及び競馬開催に関するすべての権限を持つという従来の方針を転換したわけではなかった。

合同は絶望的となった。かねてヨコハマ・レース・クラブを支持していた「ジャパン・メイル」も、この同クラブ・コミッティの態度に対して批判の声を上げた(62)。当然反ヨコハマ・レース・クラブだった「ジャパン・ガゼット」も強い批判を加えた(63)。合同に向けて協議が開始されるには、もう一度の分裂開催が必要だった。

そして明治一〇（一八七七）年秋のシーズンも、ヨコハマ・レース・クラブが一一月七、八、九日(64)、ヨコハマ・レーシング・アソシエーションが一一月二〇、二一、二二日(65)、と三度目の分裂開催となった。

分裂状況のなかにあっても、後から振り返れば、この秋のシーズンは日本の競馬の画期となっていた。雑種馬（half-bred）が横浜のターフに初めて登場したことだった(66)。雑種馬とは、在来日本種の牝馬にトロッター、アラブ、サラブレッドなどの洋種の牡馬を配合して生産された馬。明治四、五（一八七一、二）年、内務省勧農局、陸軍省、開拓使などの政府機関、一部の民間牧場が、アメリカからの輸入馬、あるいは慶応三（一八六七）年フランス皇帝ナポレオン三世から贈呈されたアラブを種牡馬として、その生産に着手していた。その第一世代が五歳前後となるこの明治一〇（一八七七）年、アソシエーションとヨコハマ・レース・クラブ双方の開催に出走してきた。これらの雑種馬は、首が短くて太く、体高も一三〇チセン前後であるといったそれまでの日本馬とは明らかに異なった馬体と走りの軽快さを持ち合わせていた。

この双方の開催では、日本馬に種別されて出走したこともあって圧勝劇が予想されたが、期待外れの戦績しか残せなかった。雑種馬に対する育成、調教技術が未成熟であったこともあって、各馬の気性が非常に悪く、能力を発揮できなかったからだった。だが雑種馬が、日本馬はいうまでもなく中国馬を問題にしなくなる時代が、間近に迫っていることは誰の目にも明らかだった。その後三〇年近くを要することになるが、サラブレッド中心の競馬への歩みがここに始まっていた。

そして、ようやく横浜の競馬界の分裂状態にも終止符が打たれようとしていた。双方のクラブの対立感情は根強いものがあったが、三シーズンの分裂開催をへて、ヨコハマ・レース・クラブの運営が行き詰まりを見せ始めていたからである。

ヨコハマ・レース・クラブの秋季開催は、厩舎数一〇、出走頭数二一頭。これに比して、アソシエーションの厩舎数一八、出走頭数五一頭。ヨコハマ・レース・クラブが英国籍の居留民の単独開催の趣であったのに対して、アソシエーションは英国籍も含めて各国の居留民の連合開催であり、観戦に訪れた人々もアソシエーションの方が多かった。またアソシエーションには、宮内省御厩課が高崎正風、藤波言忠、片岡利和の三侍従の名義で日本馬四頭を出走させ、木村介一、京田懐徳ら御厩課員も騎手として騎乗、それぞれ勝鞍を上げていた。すでに居留民は、御厩課を **Imperial** あるいは **Red and White Stable** と呼び、天皇（宮内省）の参加と認識するようになっていた(67)。御厩課の他にも、東京で競馬向けに調教される軍馬局、勧農局などの馬も増加し、横浜ではこれを総称して **Tokio Native Stable** などと呼び、また西郷従道や松方正義の馬産、競馬への意欲もよく知られるようになっていた(68)。これらは、居留民側から見て、日本側が馬匹改良の意義を認識して、それに取り組み始めたように映っていた。藤波、木村、京田は、鹿鳴館時代の競馬だけでなく日露戦後の馬券黙許時代も含めて、以後の明治期の競馬において大きな役割を果たすことになる。

この秋のシーズン、アソシエーションの開催には、東伏見宮、西伏見宮、宮内卿徳大寺実則、宮内一等侍補土方久元、高崎、藤波、片岡の三侍従、及びその他奏任官、また東京日日新聞社主の福地桜痴なども姿を現し(69)、ヨコハマ・レース・クラブの開催には、大蔵卿大隈重信、大蔵大輔松方正義が観戦に訪れていた(70)。こういった「貴顕紳士」の登場を、居留民たちは、日本側がクラブや内外の友好の促進といった側面からも競馬を了解しつつあるものとして受け取っていた(71)。

このような日本側の競馬への意欲に応えることが、雑種馬、日本馬の出走の確保を考えても、今後の横浜の競馬がとるべき方向性を指し示していた。だが、ヨコハマ・レース・クラブの日本人の入会拒否の方針は、それを自ら閉ざすものだった。後に両クラブが合同にあたって新クラブであるヨコハマ・ジョッケー・クラブに移譲した資金は、ヨコハマ・レース・クラブが六〇〇ドル、アソシエーションがその約三倍の一六六六ドルだったが(72)、この財政力の差からいっても、このまま分裂状態を続けていけば、ヨコハマ・レース・クラブの存在そのものが危うくなりかねなかった。それに、多くの人々も、両クラブの長く続く対立に嫌気をさすようになっていた。

図26　ヨコハマ・レース・クラブとヨコハマ・レーシング・アソシエーションによる新競馬クラブ設立に向けての協議会の告知

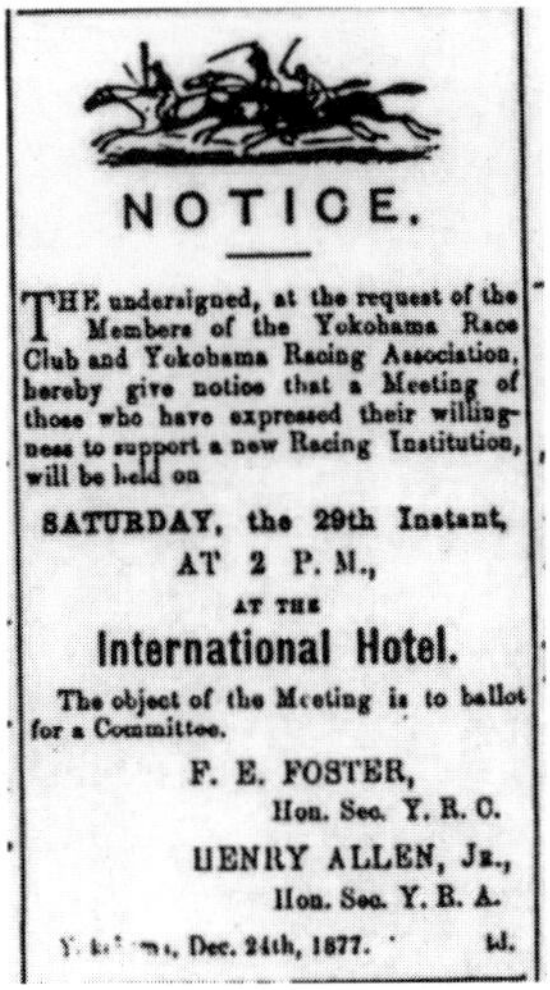
NOTICE.

THE undersigned, at the request of the Members of the Yokohama Race Club and Yokohama Racing Association, hereby give notice that a Meeting of those who have expressed their willingness to support a new Racing Institution, will be held on

SATURDAY, the 29th Instant,
AT 2 P. M.,
AT THE
International Hotel.

The object of the Meeting is to ballot for a Committee.

F. E. FOSTER,
Hon. Sec. Y. R. C.
HENRY ALLEN, Jr.,
Hon. Sec. Y. R. A.

Dec. 24th, 1877.

（J.G. 1877・12・27）

この状況を前に、まず双方のオーナーたちが動き、一二月一五日、新ジョッキー・クラブ結成合意に達した(73)。一二月二四日付で、ヨコハマ・レース・クラブ書記フォスター（F. E. Foster：太平洋郵船会社）とヨコハマ・レーシング・アソシエーション書記アレン・Jrが連名で、新クラブ結成の協議の場が一二月二九日に設けられることを告知、双方のクラブ員の参加を呼びかけた(74)（図26）。

二九日の協議会では、新クラブの名称をヨコハマ・ジョッケー・クラブと決定、新クラブの規則作成にあたる委員、J・J・ケスウィック、E・フィッシャー、アレン・Jr.、W・J・クルックサンク、エヴァーズ（A. S. Evers：エヴァーズ商会）、J・A・フレーザー、センター（A. Center：東西汽船会社 O&O Steamship Co.）、M・カークウッド、バーナード（A. Barnard）、M・deモンベル、ボアンヴィル（C. A. C de Boinville：工部省御雇）の一一名が選出された(75)。委員構成をみると、この明治一〇（一八七七）年のヨコハマ・レース・クラブ役員であったクルックサンク、ブラウン、エヴァーズ、前年役員のケスウィックの四名が含まれており、数的には必ずしもアソシエーション側が有利であるというものではなかった。だがその四名も、行き詰まりを見せいていたヨコハマ・レース・クラブの現状を踏まえ、アソシエーション側の主張に歩み寄る姿勢をとっていた。規則案作成作業は、先にあげたこの年四月のアソシエーション提案に沿った形で行われることになった。幕末以来、ヨコハマ・レース・クラブをリードしてきたW・M・ストラチャンは、一五日もこの二九日にも姿を現すことはなかった。それまでのヨコハマ・レース・クラブの方針を貫くことを強硬に主張していたストラチャンら中国派のグループは、クラブ内で孤立してしまっていた。それにこれまでの三シーズンの経験で、中国派のグループだけで競馬開催を維持していくことが困難なことを、彼らも自覚せざるえをえなくなっていた。

こうして事実上、アソシエーションがヨコハマ・レース・クラブを吸収して新たなクラブが設立されることになった。今回の合同は、居留民が単独で主導していた幕末以来の横浜の競馬が新たな段階に入ったことを示していた。日本側との提携を深める方向が、一旦は選択されたのである（図27）。

図27　新たなクラブ結成

侍姿の日本人が牧師役を務めて、ヨコハマ・レース・クラブとヨコハマ・レーシング・アソシエーションが「結婚」して新たなクラブが結成されることが描かれている（『ジャパン・パンチ』1878年1月号）。

2　ヨコハマ・ジョッケー・クラブ（Yokohama Jockey Club）

明治一〇（一八七七）年一二月二九日の協議会における新クラブ結成の決議を受ける形で、一二月三一日、まずヨコハマ・レース・クラブが総会を開いた。クラブの解散、保有資金六〇〇ドル及び全施設のヨコハマ・ジョッケー・クラブへの委譲を満場一致で承認した(76)。

一方、ヨコハマ・レーシング・アソシエーションも、年があけた明治一一（一八七八）年一月一〇日、総会を開催、ヨコハマ・レース・クラブと同様に、組織の解消、保有資金一六六六ドル余及び全施設のヨコハマ・ジョッケー・クラブへの委譲を満場一致で承認した(77)。

この二つのクラブの手続きをへて、前年一二月二九日、新クラブ規則作成のために選出されていた委員一一名が、規則案の検討作業に入った(78)。中核となる書記には、アソシエーションの役員であったA・センターが就任していた。

二月二六日、ヨコハマ・ジョッキー・クラブは、規則案審議を目的に、総会を開催した(79)。この日の議長は、これもアソシエーション役員であったE・フィッシャーが務めた。まず、この日の段階で会員数が東京在住者も含めて一三〇名、今後の増加が期待できることが報告された。ついで、規則案の逐条審議に移り、一部修正して規則を承認した(80)。原案の日本人が日本人官員と修正されたが、その入会を認め(第二条)、またレースに出馬投票した際の出走義務とその罰則(ロッタリーに関する不正行為対策、第二八条)など、この規則は、総じて旧アソシエーション側の主張を基調として作成されていた。この規則の承認を受けて、委員会は、春季開催日程を五月八、九、一〇日と発表、ただちに編成作業を終えている春季開催番組を公表する旨を告げて、この日の総会は散会した。

番組は、二ヶ月前以上という規則(第一七条)を履行、三月四日付で公表された(81)。一日九レース、日本馬一一、中国馬九、混合七の計二七レース。規則(第一九条)で、雑種馬(half-bred)は日本馬に分類されていたから、出走してくれば混合レースもその雑種馬が勝つ可能性が大きく、それも考えに入れれば番組編成は、これも旧アソシエーションの主張にそって日本馬に大きく重点を置いたものとなっていた。

調教は三月初めから始まり、四月に入ると本格化していった。体高測定は四月一二、一三日に実施され、エントリーの締切は四月一七日、日本馬及び中国馬新馬が四月三〇日だった(82)。賞金総額は三四〇〇ドル余と新たなスタートに相応しい額が設定されていたが、カップ寄付金が一八〇三ドルに留まり、またエントリー料総額も、前年アソシエーション春季開催とほぼ同額の一八九五ドルと、いずれも予想を下回った(83)。それでも二年ぶりに分裂状態が解消されたとあって、人々は開催を待ち望んでいた。それに応えて、各新聞は、随時各馬の状態を詳しく報じ、開催直前には、ロッタリーなどの「馬券」をにらんでの予想記事を掲載、ロッタリーも久しぶりに盛況となった(84)。開催では、ヨコハマ・ジョッキー・クラブ規則の効果もあって、ロッタリー絡みで何かと物議を醸していた恣意的な取り消しがなくなり、その結果、単走が一レースもなかった(85)。期待されていた宮内省御厩課からの出走は、馬の出走態勢が整わなかったことで実現しなかったが(86)、日本側は、ヨコハマ・ジョッケー・クラブに対して、かねてよりも踏み込んだ協力態勢を示していた。

五月八日の開催初日、英国公使パークス、スペイン代理公使アルヴァレッツとともに、東伏見宮、伏見宮の皇族が初めて根岸競馬場に登場したのが、その端的な現れだった。その他、川村純義、西郷従道、神奈川大書記官小島信民、神奈川一等警部川井久徴らも観戦に訪れていた。二、三日目には、海軍楽隊がレースの合間に演奏した。ちなみに、このときが海軍楽隊の根岸競馬場への初登場となった。すでにこの頃には、天皇が姿を現す所、あるいは国家的行事の場では、西洋音楽を奏でることが通例となっていたが、その演奏の中心的存在が海軍楽隊であった。その海軍楽隊が、根岸競馬場に登場したことは、ジョッケー・クラブに対する日本側の強い支援の姿勢が示されていた。ちなみに、この当時、演奏は、西洋人の耳で聞いても、「西洋音楽」と聞こえるレベルになっていた(87)。

この開催は、昨秋から出走し始めた雑種馬が、ジョッケー・クラブの存立に関わる問題として浮上する契機となった。実際には、雑種馬に対する育成、調教技術が未成熟であったこともあって、この開催に登場した新馬は気性が非常に悪く、能力を十分に発揮しているとはいいがたかった。トロッターやアラブの血脈を受け継いだ雑種馬であれば、まず日本馬や中国馬に負けることはありえなかった。だがこの開催でも昨秋に続いて、そのまさかが起こっていた。それでも雑種馬が、競走馬として日本馬や中国馬をはるかに上回る存在であることは、誰の目にも明らかだった。この春季開催後、雑種馬の独自の種別化、レースの新設が提案されることになった。

七月五日、ヨコハマ・ジョッケー・クラブは定期の総会を開いた(88)。当初六月二八日の予定だったが、定足数の一／五に達せず延期されたものだった。前半期の会計報告を承認した後のこの日の焦点は、雑種馬を日本馬から種別化して独自のレースを設けるという提案だった。提案者は、陸軍御雇フランス人馬医A・R・D・アンゴ（Angot：中尉相当、一八七四年来日）。横浜の競馬に関して日本側と居留民との橋渡し役を勤めていた人物だった。このアンゴは、三田競馬場や戸山競馬場、あるいは吹上御苑での競馬にも中心的な役割を果たしていく。提案理由は、雑種馬が、日本馬、中国馬を圧倒、問題としなくなる時代が間近に迫っている、ということだった。だが委員会は、アンゴからの提案には手続き上の不備があるとして、門前払いした。規則第七条、「ただし臨時総会では、規則変更の審議は出来ない」がその根拠とされた。しかし、この日の総会は、定期総会が延期されたものであり、臨時総会という解釈には無理があった。当然アンゴは、この件に関する再検討を委員会に求めた。アンゴに同調するグループは、規則に従い、二五名以上の賛成を得て総会開催を要求した。

これを受けて、九月一〇日頃、その総会が開催されたが、委員会は、ここでも規則を盾に、アンゴらの要求にとりあわなかった(89)。アンゴの要求が、日本側の意向を受けたものであることは、よく知られていた。したがって、それを拒絶しようとするこの委員会の対応は、ジョッケー・クラブ内に日本側の影響力が強まることへの懸念がもたらしたものであった。雑種馬レースを新設、維持していこうとすれば、雑種馬が宮内省や内務省、陸軍などの政府機関で生産されていたため、どうしても日本側に依拠せざるをえない。そのうえ、日本側は、中国馬のレースを馬匹改良に結び付かないと、その意義をまったく認めておらず、そういった日本側の発言力が強まることは、横浜の競馬に深く根を下ろしていた中国馬のレースを後景に退かせることにつながりかねない。また雑種馬は、日本側とつながりのある一部の厩舎（オーナー）を除けば、入手困難であり、しかも高価だった。本格的な競馬をめざすのであれば、雑種馬のさらなる導入、レース新設が望ましいことは、委員会の誰もがわかっていた。だがそれを進めていけば、日本側の影響力が強まっていくことも明らかであった。日本側との協力も謳って設立されたジョッケー・クラブの委員会内部でも、それを嫌うグループが、まだかなりの力を持っていた。このアンゴの雑種馬に関する提案をめぐる動向は、それを明かにしたものであった。

この委員会の対応は、それに不満な厩舎（オーナー）が、秋季開催へのエントリーを取りやめるという波紋を引き起こした(90)。その結果、総レース数は、春季の二七（日本馬一一、中国馬九、日中混合七）から二一（日本馬八、中国馬八、日中混合五）と六つも減る結果となっていた(91)。

一〇月三〇日から三日間にわたって行われた秋季開催には、雑種馬がこれまで通り日本馬と種別されてレースに出走してきた(92)。注目の雑種馬の出走可能レースは、日本馬と日中混合の計一三、雑種馬が出走する可能性がない混合の障害レースを除けば一二。そのすべてに雑種馬の登録があり、実際にも出走してきた。その結果は、「雑種馬が日本馬、中国馬を問題にしなくなる時代がすぐ迫っている」というアンゴらの主張を裏付ける衝撃的なものとなった。先の五月に出走していた二頭ペトレル（Petrel）、アドミラルラウス（Adomiral Rous）、それに今開催の新馬一頭、計三頭が、その一二の内の一〇レースに勝鞍をあげるという圧倒的な強さを見せつけたのである。「ジャパン・メール」は、この秋季開催をつぎのように総括していた(93)。

この開催は、横浜のターフにおける日本産馬の時代の始まりとして記憶されるだろう。今開催に出走してきた雑種馬は、幕末以来登場してきたどの馬たちよりも優れた能力をもっていることを実証した。最強の中国馬でさえも、まったく問題にならなかった。それでもペトレルとアドミラルラウスは、まだ全力を発揮していないだろう。

春季開催まで、とりこぼしの多かった雑種馬も、ここでその能力の高さを充分に見せた。ジョッケー・クラブ委員会も、雑種馬の種別化を回避することがもはや困難であることを認識せざるをえなかった。

明治一二（一八七九）年度のジョッケー・クラブ年次総会の開催は、二月七日と決まった(94)。規則第五条に則り、規則改正案が一月二八日付で告示された。ジョッケー・クラブ規則の雑種馬に関する規定は、「中国馬と日本馬のみが出走資格を有する。雑種馬は母馬が日本馬である場合に限って日本馬とする」という第一九条のみであったが、これに対して四つの改正案が提案されていた(95)。

二月七日の総会出席者は、四〇名余(96)。議長には、E・フィッシャーが指名された。会計報告を承認した後、規則改正案の検討に移った。四つの提案の内、雑種馬単独でのレース新設は一つ、残りの三つの内二つは、雑種馬独自のレースの新設をせず、負担重量の規定を別に設けて、中国馬、日本馬、及びその混合レースに出走させる、残りは日本馬のレースに限定して重量、長距離（一マイル以上）に出走させるというものだった。結局、雑種馬単独でのレースという趣旨を明確にした「雑種馬は独自に種別化され、委員会が定めた負担重量で雑種馬のレースに出走する」という新設案が可決された。これを受けて三月上旬に告示された春季開催のレース編成は、日本馬九、中国馬八、その混合二、雑種馬六となった(97)。

明治四、五（一八七一、二）年、内務省勧農局、陸軍省、開拓使などの政府機関及び一部の民間牧場が、アメリカからの輸入馬、あるいは一八六七（慶応三）年フランス皇帝ナポレオン三世から贈呈されたアラブを種牡馬として、その生産に着手して以来七、八年。この日本側の馬匹改良に向けての歩みが、幕末以来の横浜の競馬における競走体系の変更をもたらした。だが、居留民のなかのホースマンにとって、この事態は、単純にもろ手を挙げて賛成できることではなかった。最大の理由は雑種馬の入手できるルートが、日本側と関係の深い厩舎（オーナー）に限定されていることだった。

この明治一二（一八七九）年、共同競馬会社など日本側が主催する競馬も開始されることになるが、出走は雑種馬と日本馬に限定されており、中国馬は排除されていた。騸馬の中国馬のレースは馬匹改良に資することができず、ルーレットのような単なるギャンブルの道具でしかない、というのがその理由だった（後述）。雑種馬のレースを維持、拡大していこうとすれば、日本側の影響力が強まっていく。それによって、日常の乗馬にも適していることもあって居留民の間に深く根付いている中国馬のレースが後景に退き、廃止に追い込まれる可能性が強まる。この懸念からも、雑種馬のレース導入に反対の声が根強かった。したがって、この二月七日の総会で、雑種馬レースの新設が決定されたもののまだその位置づけは不安定だった。

またこの日の総会に向けて、一月二八日付でプロの騎乗に関する第一六条の改正も告知されていた(98)。従来四レースだけが開放されていたものを、逆にアマチュア限定レースを四とし、その他をプロに開放するという提案だった。この提案は、審議を始める前に撤回されていたが、改めて七月の総会に提案され、承認されることになる。この問題でも、ジョッケー・クラブ内は揺らいでいた。

この二月七日の総会で明治一二（一八七九）年度委員として、J・J・ケスウィック、W・J・クルックサンク、E・フィッシャー、ウルフズ（J. Wolfs：リリエンタール商会）、スミス（H. R. Smith：バターフィールド・スワイヤ商会）、ネイヤー（V. de Naeyar：ベルギー領事）、ハズウエル（C. H. Haswell Jr.：東西汽船）、パーキンス（H. M. Perkins：歯科医）、グレーニー（A. W. Glennie：茶鑑定人、コミッション・エージェント）、モリソン（J. P. Mollison：モリソン・フレーザー商会）、オステン（L. von der Osten：ドイツ公使館通訳生）が選出されていた。結果的に、この一一名が、横浜の競馬クラブの役員が外国人だけで構成される最後のメンバーとなった。

五月六、七、八日、ヨコハマ・ジョッケー・クラブは通算三回目の開催を迎えた(99)。その注目の雑種馬の六レース。新馬六頭と旧勢力一頭、計七頭が出走してきたが、新馬の内四頭は競走馬失格の走りしか見せることができず、それに加えて出走希望がなくて一レースが不成立、他に単走一、また同一厩舎二頭立となったレースでは、その厩舎が人気薄の勝利を宣言して物議を醸し、もう一つは能力差のはっきりしたレース、しかも全五レースの内の四つを先の問題の厩舎が勝ってしまうなど、雑種馬レース新設に対する懸念、不満の声を立証する形となってしまった。旧勢力の有力馬二頭は出走を回避していたが、これは厩舎間の談合を疑わせていた。雑種馬の絶対数が少ないだけにその能力の差も大きかったが、特定の厩舎に利益をもたらしただけの結果となった。この結果をみれば、今後も雑種馬レースは茶番劇の繰り返しとなる可能性が大きく、その編成には再検討が必要なことは確かだった。

この現状を打破し、雑種馬レースの充実をはかるには、日本側との協力をさらに深めていくという選択肢があった。日本側は、この明治一二（一八七九）年から、競馬クラブ（共同競馬会社）を設立し、雑種馬と日本馬の二本立で競馬を開催していくことになるから、それには現実性があった。それに日本馬や中国馬より、はるかに本格的な競走馬に近い雑種馬の導入拡大が、本来からいえば、望ましいものであった。

だがジョッケー・クラブ委員会が選択したのは、日本側との共同歩調ではなく、雑種馬レースの縮小という道であった。繰り返せばそこには、居留民の間に深く根付いている中国馬のレースが後景に退かされ、廃止に追い込まれることへの懸念が強かったことがあった。結果的に、この選択が、ジョッケー・クラブを自滅の道に追い込むことになる。

ジョッケー・クラブは九月四日付で、一一月六、七、八日の秋季開催番組を発表した(100)。全二四レース中、注目の雑種馬のレース数は各日一ずつの三。その他は、中国馬八、日本七、日中混合六。春季開催と比べれば、全体で四レースが減るなかで、中国馬が同数、日本馬が二の減、混合が一の増、雑種馬が三の減となっていたから、かつての中国馬重点に回帰するような編成となっていた。このような編成になったのも当然であった。というのは、ジョッケー・クラブ委員会は、秋季開催に向けて、中国馬については、上海から出走経験馬二〇頭を導入、会員に抽籤、配布するといった出走奨励策をとっていたが、雑種馬と日本馬に関しても何の手も打っていなかったからである(101)。この委員会の方針には不満の声が強かった(102)。秋季開催番組のレース総数が減っていたのは、委員会に反発したオーナーたちが、出走を取り止めることを予測したものでもあった。

もう一つの大きな問題が、「プロ」の騎手への対応だった(103)。この問題もヨコハマ・レース・クラブ時代からくすぶっていた。なおここでいわれているプロとは、各厩舎(オーナー)に雇用されている日本人馬丁、または上海などの競馬で騎乗した経験を持つ者、あるいは軍馬局の軍人、内務省農務課員、宮内省御厩課員などをさしていた。ジョッケー・クラブの規則(第一六条)によれば、このようなプロには、一開催四レースの開放が規定されていた。結成当初から、会員のなかからは、全面開放を要望する声が強かったが、委員会が受け入れを拒んでいた。その規則の改正を、ようやくこの七月の総会で実現、原則として全部のレースをプロに開放することになった。だが、実際に発表された番組は、この改正に反するものだった。初日六、二日目六、三日目五の計一七レースがアマチュアに限定され、プロに開放されたのは、残りの初日二、二日目二、三日目三の計七となっていた。委員会の独断専行だった。

このようなジョッケー・クラブ委員会の運営方針は、かつての中国馬派の離反も招いていた。幕末以来の横浜の競馬の中心的存在で、ヨコハマ・レース・クラブの中国馬派の重鎮であったタータン厩舎（Tartan Stable）のW・M・ストラチャンが、春季開催後、横浜の競馬からの撤退を表明、持馬をオークションに出し、手離していた(104)（図28）。ついで、秋季開催の番組編成発表後には、これもまた中国馬派の中心であり、上海競馬と密接なパイプを持つジョン・ピール（John Peal Stable）厩舎のケスウィック（J. J. Keswick：ジャーディン・マセソン商会）が、出走を回避することを表明した(105)。明らかに、ジョン・ピール厩舎の馬を狙い撃ちした不利な出走条件、たとえば過去の開催の勝馬の出走不可などが設定されていたことへの反発からだった。ジョッケー・クラブ委員会との確執は抜き差しならないところまできていた。

一方、ジョッケー・クラブ委員会が日本馬派かというと、先の動向からも明らかなように、決してそうではなかった。同委員会が、雑種馬と日本馬の出走促進策に踏み出さず、またプロの騎乗を制限したことは、日本側との協力関係の進展の拒絶を宣言したことと同じであった。

その後も会員の離脱は進み、カップ等への寄付金も集まらなかった。番組発表後から、根岸競馬場の調教コース（レース・コースの内側）が開放されたが、一〇月に入っても、調教を行っている厩舎はただ一つという状況だった(106)。

図28　タータン厩舎の解散

（『ジャパン・パンチ』1879年5月号）

しかも一〇月一八日のエントリー締切日に登録してきたのは、中国馬八頭、日本馬五頭、雑種馬三頭の計一六頭、二八日締切の日本馬新馬の三頭を加えても一九頭に過ぎなかった(107)。春季開催では、出走馬の実数でも四一頭であったから、この頭数では、三日間の開催は覚束なかった。開催中止も噂されたが、委員会は、一一月六、七日の二日間に短縮、レース数も、中国馬八から六、

表4　明治９年秋季〜明治12年秋季：ヨコハマ・レース・クラブ（Y.R.C）、ヨコハマ・レーシング・アソシエーション（Y.R.A）、ヨコハマ・ジョッケー・クラブ（Y.J.C）、品種別レース数変遷

開催	日本馬	中国馬	日中	雑種馬	日中雑
YRC明治９年秋	8	11	4	—	−
YRA明治９年秋	9	8	9	—	−
YRC明治10年春	8	12	6	—	—
YRA明治10年春	9	12	7	—	—
YRC明治10年秋	7	11	5	—	—
YRA明治10年秋	9	10	7	—	—
YJC明治11年春	11	9	7	—	−
YJC明治11年秋	8	8	5	—	—
YJC明治12年春	9	8	5	6	—
YJC明治12年秋	3	4	3	2	1

（J.G. 1876・11・2〜4、11・16〜18、1877・5・16〜17、5・19、5・24〜26、11・7〜9、11・20〜22、1879・5・6〜8、11・6〜7。J.W.M. 1876・11・4、11・18、1877・5・9、5・26、11・10、11・24、1878・5・11、11・2、1879・5・10、11・8より作成）

日本馬七から二、日中混合六から三、雑種馬三から二、日中雑の新設一と全二四を一四に減らして、開催を強行した。

　開催の二日間、絶好の天候とコースコンディションに恵まれたが、内外の観客は少なく、女性も数人という有様だった[108]。この開催に出走してきた厩舎は九を数えたが、出走馬は中国馬五、日本馬六（内新馬三）、雑種馬二、とエントリーから六頭減らした計一三頭となった。各レースの出走頭数も、初日七レースの内三頭立が二、残りの五つが二頭立、二日目七レースの内四頭立が一、三頭立が三、二頭立が三、単走が一という惨憺たるものとなった。この内、春季開催の焦点となっていた雑種馬は、春季開催の雑種馬新馬六頭が一頭も姿を見せず、旧勢力であったが、その二戦とも「出来レース」に等しかった。また日本馬新馬三頭もひどかった。この三頭は、新馬戦の一戦だけで残りのレースには出走すらできなかった。かつての中国馬派の中心の厩舎からも見離され、日本側との協力関係を否定してしまえば、中国馬、日本馬、雑種馬のすべてのレースが立ち行かなくなることは当然のことだった。ヨコハマ・ジョッケー・クラブ委員会が選択したのは、この道だった。開催後、ジョッケー・クラブに残されたのは、負債と孤立だけだった（図29）。

　だがその一方で、この行き詰まりを打開する方策が、この開催で指し示されてもいた。それは、秋季開催二日目、

九月に外務卿に就任したばかりの井上馨が、外務少輔上野景範（四月まで英国公使）、外務大輔榎本武揚、陸軍卿西郷従道、大蔵大書記官吉原重俊を伴い、ロシア代理公使ローゼン（R. Rosen）、オランダ公使ヴェッカーリン（W. F. H. Weckherlin）夫妻らとともに姿を現していたことであった(109)。かつての神戸の競馬クラブでは、財政的に立ち行かなくなったとき解散のプロセスをたどらざるをえなかったが、横浜の競馬は、政治的な利用価値があった(110)。外務卿井上あるいは明治政府は、来るべき条約改正交渉に向けて、競馬クラブ、根岸競馬場を活用することを考えていたからである。

3　ニッポン・レース・クラブの誕生

ヨコハマ・ジョッケー・クラブ内の対立それ自体は、横浜に数多く引き起こされていた居留民の派閥争いにすぎないものだった。だがそれが日本側の競馬に向けての歩みと交錯することで、馬匹改良と結び付いた競馬か、あるいはそうではなく、たとえば単なるギャンブルを伴った娯楽として競馬を行っていくかといった日本における競馬の目的、思想性を居留民に問うものともなっていた。そして、このときの行き詰まりが、結果的に、横浜の競馬に日本側の意向を強く反映させることになった。というのは、居留民が競馬の存続をはかるには、馬とともに資金的にも、日本側の積極的な支援が必要であり、そうであるならば、馬匹改良と結び付く雑種馬と日本馬のレースを根幹にするという日本側の要求を取り入れなければならなくなるからである。繰り返せば、まさにこのとき、私たちは共同競馬会社を設立し、雑種馬と日本馬で競馬を行い始め、また同様に興農競馬会社も出発させようとし

図29　ヨコハマ・ジョッケー・クラブの挽歌となった明治12年秋季開催

（『ジャパン・パンチ』1879年11月号）

ていた。しかもそのうえ、日本側は、この明治一二（一八七九）年、第一章第三節で論じたような意味で外賓を社交的に接待し、またその九月井上馨が外務卿に就任、条約改正をめざして様々な演出を行い始めていく時代に突入していた。条約改正の環境作りだけでなく、日本の社会全般を西洋化することこそが進歩であると確信していた西洋主義者の井上は、競馬が持つ社交的な意味合いなどとっくに心得て、その嗅覚を働かしていたはずであった。

外務卿就任早々の井上が、一一月七日、日本側の関与を嫌ったヨコハマ・ジョッケー・クラブのその秋季開催二日目、根岸競馬場に姿を現したのは、その初めての表れだった。秋季開催後のヨコハマ・ジョッケー・クラブの状況は、解散の選択しか残されていないようなものだったから、そのままでは、年間一五〇〇ドルの借地料支払いが不可能となり、そうなれば根岸競馬場の借地権を政府に返還しなければならなくなる。土地の権利の回復という観点から考えれば、ジョッケー・クラブを放置する選択肢もあった。だが井上はそうしなかった。

明けて明治一三（一八八〇）年、政府をあげて支援するするといった新たな構想を持った新クラブの結成に進んでいった。まずその手続きは神奈川県令野村靖が二月六日付で、ジョッケー・クラブに対して借地料納人を督促、これを受けてクラブが二月一四日総会を開いて今後の動向を協議、その後解散を決定（日時不明）、二四日付で支払不能を神奈川県に通知、二八日の総会で一〇日以内に新クラブが資産と負債の引き継ぎを表明するかあるいはそれがない場合の清算を条件に解散を決定したところから始まった(111)。ジョッケー・クラブは、一月一日から二月二四日までの借地料相当分二二四ドル九八セントの支払にも同意した(112)。これを受ける形で野村県令は領事団代表バヴィエルに「横浜居留地改造及競馬場墓地等約書」に基づいて根岸競馬場の返還の手続きをとることを通告（日時不明）、三月二四日付でバヴィエルは領事団として同意する旨を野村県令宛に通知してきた(113)。なお根岸競馬場に関する事柄は、公使団との交渉事項であり、その窓口が領事団であった。

その一方でというより、この解散、返還の手続きは、新レース・クラブ設立が前提となっていた。つまりジョッケー・クラブを解散させる、ついで借地権を一旦日本政府へ返還させる、そして新クラブを結成して根岸競馬場の借地権をそのクラブに委託する、さらに年間借地料一五〇〇ドルを半額の七五〇ドルに減額するというシナリオがあらかじめ出来上がっており、それに従って手続き、根回しが進められていったと思われる(114)。このような借地料に関する措置は、明治初年代からの競馬場借地料をめぐる明治政府と居留民、外交団との緊迫した交渉過程と対照すると、きわめて寛大な措置であり、それだけの外交的配慮を必要とするという政治的判断がなされていなければ、ありえないことだった(明治初年代の借地料交渉に関しては第三章第五節)。領事団代表のバヴィエルは、ヨコハマ・レース・クラブ時代から競馬に関わりアソシエーション、ジョッケー・クラブの役員も務めていたから、この辺の事情をよく了解したうえで動いていただろう。

三月中には新クラブ結成の準備も進み、ヨコハマ・ジョッケー・クラブの負債を引き継ぐこと(これによりジョッケー・クラブの解散が確定した)、内外の「貴顕紳士」が発起人となること、役員は内外同数とすること、幅広く日本人の入会を認めること、また日本側が強く主張する雑種馬、日本馬に根幹を置くレース編成の合意にも達していた(115)。四月二日付で新クラブは、春季開催のプログラムの概要、また神奈川県宛に借地願を提出しているから、正式には後のことになるが、遅くともこの時点でクラブは形としては発足していたと考えられる(116)。「ジャパン・ウイークリー・メイル」紙四月三日号にも同クラブ名、四月二日付で春季開催のプログラムの概要が掲載されている。

領事団に続いて、井上馨外務卿は三月三一日付で、英米蘭仏四公使に対して「横浜居留地改造及競馬場墓地等約書」に基づく根岸競馬場返還の同意を求める書簡を送付、四月六日付でオランダ公使ストゥヴェーゲン、英国代理公使ケネディ、ついで八日付でフランス公使バロワ、少し遅れて一五日付でアメリカ公使ビンガムが同意を通知してきた(117)。このなかでビンガム以外の三公使はニッポン・レース・クラブのオリジナル会員となるが、その三公使は同クラブへの貸与への特別の配慮、というより実質的に七五〇ドルへの半減の履行を求めていた。井上は、さらに四ヶ国公使が返還に同意した旨を四月二一日付で四ヶ国以外のロシア、イタリア、中国、ベルギー、ドイツ、スウェーデン、オーストリア、ペルー各国公使、スペイン代理公使、オランダ弁理公使兼デンマーク事務代理宛に「報知」、折から中国旅行中だったペルー大使が帰国後の七月一九日になったのを最後に、この公使たちの同意の手続きも完了させた(118)。そして四公使の同意があるまでと中断させていた四月七日付で神奈川県から内務省に上申されていた新クラブの借地料額を七五〇ドルとすることに関して、県令野村靖宛に同月二三日付でその交渉を進める「許可」を通達、事実上この時点でその措置をとることが決定されていたが、松方正義内務卿が、「証券改正下付」の認可を神奈川県令に「指令」したのは、ニッポン・レース・クラブ第一回開催後の六月一七日付となった(119)。なお「横浜競馬場貸地の券証」が正式に発効するまでには時間を要し、明治一七(一八八四)年一二月二七日付のことになる(120)。

そしてこのような外交的手続きを終えたのを受けて、四月下旬には、正式にニッポン・レース・クラブの設立を宣言、冒頭に紹介した皇族、政府首脳、各国公使や領事、居留地の中核的存在からなる主員、オリジナル会員、また規則、番組を公表した(121)。このオリジナル会員に根岸競馬場返還をめぐる外交手続きの内外の当事者たちが就任したことを考えれば、そのやりとりは新クラブ設立の根回しの意味も持っていたと、思われる。役員には、西郷従道(参議)、松方正義(内務卿)、上野景範(外務大輔)、土方久元(宮内少輔)、石井邦猷(中警視)、ストゥヴェーゲン(オランダ公使)、ケスウィック(ジャーマン・マセソン商会)、カークウッド(弁護士)、フィッシャー(エドワード・フィッシャー商会、ハワイ王国領事)、ザッペ(ドイツ領事)が、横浜、東京それぞれの実務責任者としての書記には、ケスウィック、上野が就任した(122)。この一連の過程で、新クラブの実現に向けて熱意を傾けたのが、西郷従道と折から賜暇休暇中の英国公使H・パークスに代わって代理公使を務めていたJ・G・ケネディ(Kennedy)だった(123)。

日本側は、明治九(一八七六)年結成のヨコハマ・レーシング・アソシエーション、また明治一一(一八七八)年横浜におけるレース・クラブの分裂状態を一旦解消して結成されたヨコハマ・ジョッケー・クラブにも部分的に関与して、居留民たちとの協力関係を構築はしていた。だがニッポン・レース・クラブは、それらと次元を異にしたものだった。

時は、条約改正交渉の主目標が税権回復から法権回復へと転換され、その条約改正草案が確立し、これからの困難

図30　ニッポン・レース・クラブへの入会と出走登録の呼びかけ

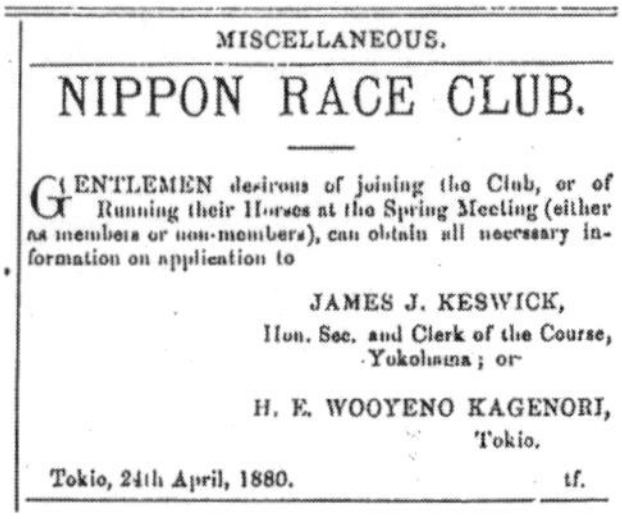

MISCELLANEOUS.

NIPPON RACE CLUB.

GENTLEMEN desirous of joining the Club, or of Running their Horses at the Spring Meeting (either as members or non-members), can obtain all necessary information on application to

JAMES J. KESWICK,
Hon. Sec. and Clerk of the Course,
Yokohama; or

H. E. WOOYENO KAGENORI,
Tokio.

Tokio, 24th April, 1880. tf.

(J.W.M. 1880・４・24)

図31　ニッポン・レース・クラブ第１回開催出走登録の告知

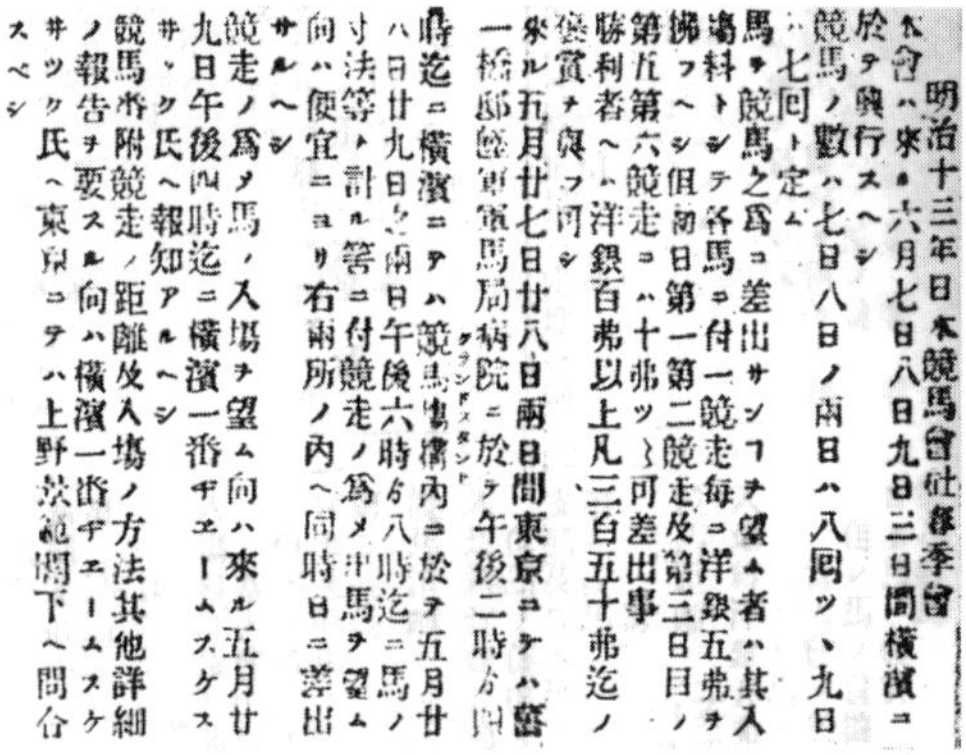

明治十三年日本競馬會社春季會

本會ハ來ル六月七日八日九日三日間横濱ニ於テ興行スヘシ
競馬ノ數ハ七日八日ノ兩日ハ八回ツヽ九日ハ七回ト定ム
馬ヲ競馬之爲ニ差出サンコトヲ望ム者ハ其入場料トシテ各馬ニ付一競走毎ニ洋銀五弗ヲ拂フヘシ但初日第一第二競走及第三日目ノ第五第六競走ニハ十弗ツヽ可差出事
勝利者ヘハ洋銀百弗以上凡三百五十弗迄ノ褒賞ヲ與フ可シ
來ル五月廿七日廿八日兩日間東京ニテハ舊一橋邸陸軍馬局病院ニ於テ午後二時ヨリ四時迄ニ横濱ニテハ競馬場構内《グランドスタンド》ニ於テ五月廿八日廿九日之兩日午後六時ヨリ八時迄ニ馬ノ寸法等ヲ計ル筈ニ付競走ノ爲メ出馬ヲ望ム向ハ便宜ニヨリ右兩所ノ内ヘ同時日ニ差出サルヘシ
競走ノ爲メ馬ノ入場ヲ望ム向ハ來ル五月廿九日午後四時迄ニ横濱一番ケエームスケスヰック氏ヘ報知アルヘシ
競馬者附競走ノ距離及入場ノ方法其他詳細ノ報告ヲ要スル向ハ横濱一番ケエームスケスヰック氏ヘ東京ニテハ上野景範閣下ヘ問合スベシ

（『日日』明13・５・17）

な外交交渉がひかえていたタイミングであり、法典の整備や社交の創出、あるいは社会の西欧化が一気に進められていく時代（いわゆる井上外交）に入っていた。ニッポン・レース・クラブの誕生が、その始まりと歩調をともにしていたことを考えれば、政府の政治的、外交的獲得目標がどこにあったかは明らかだろう。条約改正実現に向けた環境作りの一環として、ニッポン・レース・クラブは活用されようとしていた。しかもこれが、破産状態に陥っていた財政の立て直し策として、大隅重信が提案した外債募集案をめぐっての対立で政府部内が緊張し、また自由民権派の国会開設運動も高まりをみせ、政府が追いつめられようとしていた政治状況下であったことを考えれば、明治政府がニッポン・レース・クラブ支援と参加にかけたその強い意欲がさらに浮き彫りになってくる。いいかえればニッポン・レース・クラブの存在からも、条約改正が明治政府の最優先課題であったことを知ることができるだろう。

　そして迎えた六月七、八、九日のニッポン・レース・クラブの第一回の開催、政府も当然それにふさわしい舞台とするべく全力で取り組んだ(124)。まず政府首脳の会員が姿を現した。伊藤博文、黒田清隆、西郷従道、川村純義、井上馨の各参議、松方正義（内務卿）、榎本武揚（海軍卿）、大山巌（陸軍卿）、上野景範（外務大輔）、土方久元（宮内少輔）、品川弥二郎（内務少輔）、松田道之（東京府知事）、野村靖（神奈川権令）、及び有栖川、伏見、東伏見、北白川の各皇族、伊達宗城らが姿を現した。大隈重信を除く、主員とオリジナル会員全員だった。ちなみに井上は、英語に堪能で皇后の通

図32　英語のニッポン・レース・クラブ第１回開催のプログラム

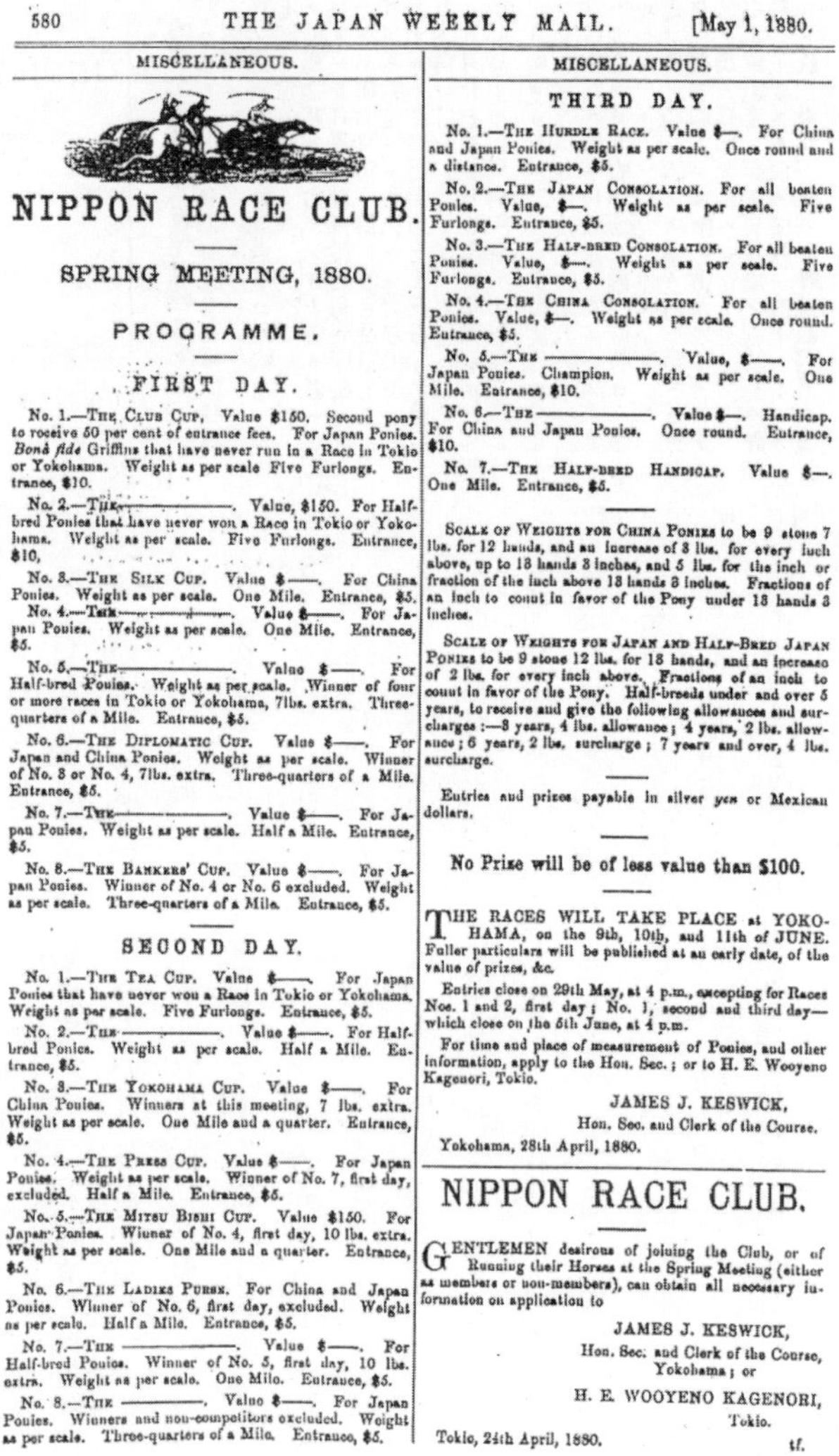

580　THE JAPAN WEEKLY MAIL.　[May 1, 1880.

MISCELLANEOUS.

NIPPON RACE CLUB.

SPRING MEETING, 1880.

PROGRAMME.

FIRST DAY.

No. 1.—The Club Cup. Value $150. Second pony to receive 50 per cent of entrance fees. For Japan Ponies. *Bonâ fide* Griffins that have never run in a Race in Tokio or Yokohama. Weight as per scale Five Furlongs. Entrance, $10.

No. 2.—The ————. Value, $150. For Half-bred Ponies that have never won a Race in Tokio or Yokohama. Weight as per scale. Five Furlongs. Entrance, $10,

No. 3.—The Silk Cup. Value $——. For China Ponies. Weight as per scale. One Mile. Entrance, $5.

No. 4.—The ————. Value $——. For Japan Ponies. Weight as per scale. One Mile. Entrance, $5.

No. 5.—The ————. Value $——. For Half-bred Ponies. Weight as per scale. Winner of four or more races in Tokio or Yokohama, 7lbs. extra. Three-quarters of a Mile. Entrance, $5.

No. 6.—The Diplomatic Cup. Value $——. For Japan and China Ponies. Weight as per scale. Winner of No. 3 or No. 4, 7lbs. extra. Three-quarters of a Mile. Entrance, $5.

No. 7.—The ————. Value $——. For Japan Ponies. Weight as per scale. Half a Mile. Entrance, $5.

No. 8.—The Bankers' Cup. Value $——. For Japan Ponies. Winner of No. 4 or No. 6 excluded. Weight as per scale. Three-quarters of a Mile. Entrance, $5.

SECOND DAY.

No. 1.—The Tea Cup. Value $——. For Japan Ponies that have never won a Race in Tokio or Yokohama. Weight as per scale. Five Furlongs. Entrance, $5.

No. 2.—The ————. Value $——. For Half-bred Ponies. Weight as per scale. Half a Mile. Entrance, $5.

No. 3.—The Yokohama Cup. Value $——. For China Ponies. Winners at this meeting, 7 lbs. extra. Weight as per scale. One Mile and a quarter. Entrance, $5.

No. 4.—The Press Cup. Value $——. For Japan Ponies. Weight as per scale. Winner of No. 7, first day, excluded. Half a Mile. Entrance, $5.

No. 5.—The Mitsu Bishi Cup. Value $150. For Japan Ponies. Winner of No. 4, first day, 10 lbs. extra. Weight as per scale. One Mile and a quarter. Entrance, $5.

No. 6.—The Ladies Purse. For China and Japan Ponies. Winner of No. 6, first day, excluded. Weight as per scale. Half a Mile. Entrance, $5.

No. 7.—The ————. Value $——. For Half-bred Ponies. Winner of No. 5, first day, 10 lbs. extra. Weight as per scale. One Mile. Entrance, $5.

No. 8.—The ————. Value $——. For Japan Ponies. Winners and non-competitors excluded. Weight as per scale. Three-quarters of a Mile. Entrance, $5.

MISCELLANEOUS.

THIRD DAY.

No. 1.—The Hurdle Race. Value $—. For China and Japan Ponies. Weight as per scale. Once round and a distance. Entrance, $5.

No. 2.—The Japan Consolation. For all beaten Ponies. Value, $—. Weight as per scale. Five Furlongs. Entrance, $5.

No. 3.—The Half-bred Consolation. For all beaten Ponies. Value, $—. Weight as per scale. Five Furlongs. Entrance, $5.

No. 4.—The China Consolation. For all beaten Ponies. Value, $—. Weight as per scale. Once round. Entrance, $5.

No. 5.—The ————. Value, $——. For Japan Ponies. Champion. Weight as per scale. One Mile. Entrance, $10.

No. 6.—The ————. Value $—. Handicap. For China and Japan Ponies. Once round. Entrance, $10.

No. 7.—The Half-bred Handicap. Value $—. One Mile. Entrance, $5.

Scale of Weights for China Ponies to be 9 stone 7 lbs. for 12 hands, and an increase of 3 lbs. for every inch above, up to 13 hands 3 inches, and 5 lbs. for the inch or fraction of the inch above 13 hands 3 inches. Fractions of an inch to count in favor of the Pony under 13 hands 3 inches.

Scale of Weights for Japan and Half-Bred Japan Ponies to be 9 stone 12 lbs. for 13 hands, and an increase of 2 lbs. for every inch above. Fractions of an inch to count in favor of the Pony. Half-breeds under and over 5 years, to receive and give the following allowances and surcharges :—3 years, 4 lbs. allowance ; 4 years, 2 lbs. allowance ; 6 years, 2 lbs. surcharge ; 7 years and over, 4 lbs. surcharge.

Entries and prizes payable in silver *yen* or Mexican dollars.

No Prize will be of less value than $100.

THE RACES WILL TAKE PLACE at YOKOHAMA, on the 9th, 10th, and 11th of JUNE. Fuller particulars will be published at an early date, of the value of prizes, &c.

Entries close on 29th May, at 4 p.m., excepting for Races Nos. 1 and 2, first day ; No. 1, second and third day—which close on the 5th June, at 4 p.m.

For time and place of measurement of Ponies, and other information, apply to the Hon. Sec. ; or to H. E. Wooyeno Kagenori, Tokio.

JAMES J. KESWICK,
Hon. Sec. and Clerk of the Course.

Yokohama, 28th April, 1880.

NIPPON RACE CLUB.

GENTLEMEN desirous of joining the Club, or of Running their Horses at the Spring Meeting (either as members or non-members), can obtain all necessary information on application to

JAMES J. KESWICK,
Hon. Sec. and Clerk of the Course,
Yokohama ; or

H. E. WOOYENO KAGENORI,
Tokio.

Tokio, 24th April, 1880.　tf.

（J.W.M. 1880・５・１）

訳も務めた娘の末子を伴って訪れていた。そしていうまでもなく、各国公使や居留民も数多く集っていた。根岸競馬場は、内外の「貴顕紳士淑女」の一大社交場の様相を呈した。当然、そういった競馬の華である婦人財嚢（日本馬と中国馬一／二マイル）も行われ、財嚢の授与者を務めたのが、オランダ公使でニッポン・レース・クラブの役員でもあるストゥヴェーゲンの夫人だった。敗退はしたが伊藤博文も自分名義の馬を出走させたのは、こういった光景に日本側の「貴顕紳士」を描き込んでいく、その意味を了解してのものだった。これが、第一章第三節で論じたような女

図33　日本語のニッポン・レース・クラブ第１回開催のプログラム

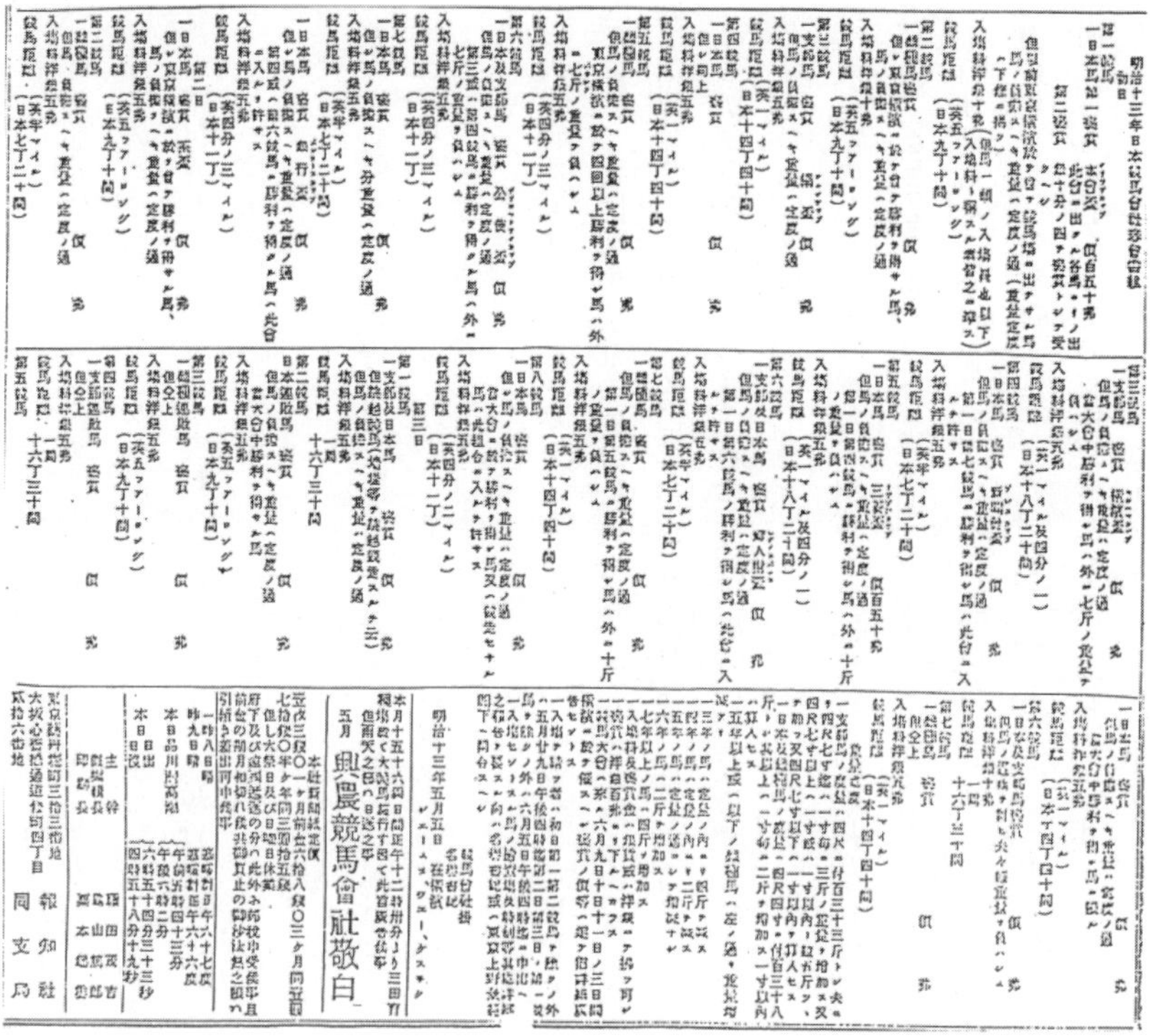

（『報知』明13・5・10）

性と社交をめぐる動向の一環であったことは明らかだった。居留民たちが、このような日本側の競馬への参加と支援について内外友好の証として高く評価していたから、ここで日本側が直接意図した点については、その効果が充分にあったことになる(125)。

ニッポン・レース・クラブの誕生に関わった井上馨は、後の明治一六（一八八三）年一一月の鹿鳴館落成式の際、鹿鳴館を「向後中外縉紳の共に相交り以て経緯度の存することを知らず又国境の為に限られざるの交誼友情を結ばしむるの場となさんことを決定せり」と述べ(126)、実際に翌明治一七（一八八四）年五月「修好の媒介を謀り内外国人の交際を親密にせんが為め海外諸国に現行するクラブの体裁に準拠し」た東京倶楽部を設立させることになるが(127)、その際の井上の念頭に根岸競馬場とニッポン・レース・クラブの体験があったことは確かであろう。いいかえれば根岸競馬場とニッポン・レース・クラブは、鹿鳴館や東京倶楽部の「内外国人の交際」の前史となっていた。競馬もその出発当初から、鹿鳴館時代の重要な舞台装置の一つ、いや競馬こそが鹿鳴館時代の先駆けとしての存在だった。

ついでこのニッポン・レース・クラブの第一回の開催に際して、天皇と宮内省からは、それぞれ五〇〇ドル、二〇〇ドルが寄付され、そのうえ、天皇からつぎのような趣旨で賞品の寄贈があり、それを競うレース The Mikado's Vase（以下、ここでは「天皇賞典」と記す）が実施されたことだった(128)。

競馬を奨励し且馬種の改良を図らんがため、内外人相結託して横浜に日本競馬会社を設立し、而して近日競技を行はんとす、乃ち特旨を以て、金銀銅象眼銅製花瓶一対を賞品として同会社に賜う。

この天皇賞典もまた、ニッポン・レース・クラブ及びこの開催が持っていた政治性を明かにしていた。「競馬を奨励し」には、共同競馬会社や興農競馬会社、さらには吹上御苑での競馬（次節）、あるいは馬事振興が連動し、また「内外人相結託」という部分には文字通り内外友好、社交の場としてニッポン・レース・クラブの結成が推進されていたことが読み取れるだろう。新たな競馬の時代を象徴するかのように、開催中、この「金銀銅象眼銅製花瓶一対」はスタンドの前に飾られていた(129)。

また天皇賞典と並んで陸軍省、内務省、外務省が、それぞれ陸軍省賞盃（Rikugunsho Cup：二〇〇ドル、日本馬）、内務省賞典（Naimusho Vase：賞金額不明、雑種馬）、外務省賞盃（Gaimusho Cup：一五〇ドル、日本馬と中国馬）を提供し、そして三菱からも三菱賞盃（Mitsu Bishi Cup：一五〇ドル、日本馬）が寄贈されていた。宮内省、陸軍省、内務省はその所有の馬や騎手も参加させ、また伊藤博文、松方正義、品川弥二郎、土方久元らも、自らの名義で馬を出走させた。この面からも政府あげての支援だった。全二三レース中八つしか勝てなかったが、この開催の出走頭数四〇頭の内二〇頭が（延べでは一二一頭の内五五頭）、それら日本側関係の馬だった。天皇賞典は、三日目に、この開催のいわばメインレース、日本馬のチャンピオン戦として距離一マイルで行われた。このレースには八頭が出走、勝ったのは軍馬局の起燕（キエン）。馬券的には波乱の結果だった。このレースは、つぎのように報じられている[130]（図34）。

ここは、僅かでも勝つ見込みのある日本人所有の馬が全頭出走してきた。よいスタートが切られ、向う正面の坂をのぼったところで、キエン（起燕）が先頭に立ち、そのまま逃げ切った。勝タイム二分一七秒。松方内務大臣が、勝利騎手に賞典（二つの銅製花瓶）を授与、その間、キエンはスタンドの前を意気揚揚と周回していた。皆の垂涎の的となっていた賞典は、期待通りに日本側の厩舎の手に落ちた。日本人は歓喜し、騎手、オーナー、キエンに対して大歓声をあげた。

図34　ニッポン・レース・クラブ第１回開催、三日目天皇賞典と外務省盃の記事

5.—The Mikado's Vase.—For Japan Ponies. Champion. Weight as per scale. One Mile. Entrance, $10.

Mr. Sagara's *Kien*, 10st. 4lbs. 1
Count Diesbach's *Jim Hills*, 10st. 4lbs. 2
Mr. John Peel's *Annandale*, 10st. 8lbs. 3
Mr. Hugo's *Katerfelto*, 10st. 4lbs. 0
Mr. O'kotchi's *Odaki*, 10st. 8lbs. 0
Mr. Hijikata's *Mikojawa*, 10st. 10lbs. 0
Mr. Ito's *Yawata*, 10st. 10lbs. 0
Count Diesbach's *Oyama*, 10st. 4lbs. 0

This, of course, brought out every Japanese owned horse that stood the slightest chance. A fair start was effected, and after the hill was negotiated, *Kien* came to the front and was never caught again. Time, 2 min. 17 secs.

The prize (two bronze vases) was presented to the winning jockey by H. E. Matsugata, Minister of the Interior, the pony at the same time being paraded in front of the stand. As may be expected, the much coveted prize going to a Japanese stable, the natives were very jubilant thereat, and jockey, owner and pony, came in for a large share of applause.

6.—The Gaimusho Cup.—Value $150. The winner to receive also 50 per cent of Entrance Fees. Handicap. For China and Japan Ponies. Once round. Entrance, $10.

Mr. Geoghegan's *Chief Mongolian*, 11st. 8lbs. 1
Count Diesbach's *Gled*, 10st. 10lbs. 2
Count Diesbach's *Jim Hills*, 11st. 3
Mr. Osborn's *Bonny Doon*, 10st. 8lbs. 0
Mr. Hugo's *Katerfelto*, 11st. 2lbs. 0
Mr. Fischer's *Clown*, 11st. 2lbs. 0
Mr. Durant's *Daisy Chain*, 10st. 8lbs. 0

Before a fair start could be effected *Katerfelto* and *Gled* bolted, the former going round the course before he was stopped. When at length they were sent away, *Gled* led up the hill, but afterwards had to give place to the *Chief*. In the home straight *Gled* again came up and a splendid race ensued, the *Chief* winning by a head only. Time, 2 min., 14½ secs.

（J.W.M. 1880・6・12）

起燕は、直前の共同競馬会社春季開催でデビュー勝ちをおさめ、続く興農競馬会社の第一回開催でも勝鞍をあげ、このニッポン・レース・クラブの開催に臨んでいた、名義は、戸山や三田の競馬の場面で中心的な役割を果たしていた騎兵少佐相良長発だったが、実際は軍馬局所有。騎手も軍馬局員、居留民が所有する本命馬オオヤマらの強豪馬を破っての勝利だった。この予想外の勝利に、先の記事にもあるように、日本人の観客は歓喜し、西郷従道は大いに喜んで騎手を抱き上げたとい

う(131)。賞典を授与したのは、当時の競馬界で西郷と並ぶ中核的存在であった内務卿松方正義だった。ちなみに現在のＪＲＡ（日本中央競馬会）で行われている春秋の天皇賞の起源は、直接的には日露戦争中の日英友好の証として明治三八（一九〇五）年五月、ニッポン・レース・クラブの春季開催で行われたThe Emperor's Cupに求められるが、それを遡っていけば、ここでの天皇賞典にたどりつく。

そしてこの開催のレース編成も、全二三レースの品種別内訳が、日本馬一一、雑種馬六、中国馬三、日本馬・中国馬混合三、と日本側の意向が強く反映され、日本馬と雑種馬に重点が置かれたものとなっていた。先にあげた出走実数頭数の各種別の内訳は日本馬一九頭、雑種馬一二頭、中国馬九頭、その内で日本側の名義だったのがそれぞれ一一頭、九頭、〇頭、居留民側が八頭、三頭、九頭であった。居留民の間では、中国馬の出走の割合が高かったのに対して、その単独のレースが三というのは、居留民側から見れば、中国馬軽視以外のなにものでもなかった。この年の秋季開催では、全レース二六の品種別内訳が日本馬一〇、雑種馬六、中国馬五、日本馬・中国馬混合四と若干修正されたが(132)、それでも中国馬に対する冷遇措置には変わりがなかった。競馬サークル内の派閥争いは別として、中国馬は、乗馬に適していることもあって、幕末以来、横浜の競馬にも深く根付いていたものだったから、会員のなかから不満の声があがったのも当然だった。横浜の事情を考えれば、考慮の余地はあったが、クラブ側は日本馬と雑種馬重点の基本方針を改める姿勢を見せなかった。この明治一三（一八八〇）年、一二月三一日の総会で、つぎのようなやりとりが行われていた(133)。

コープ（F. A. Cope）氏は、日本馬に比べて中国馬が冷遇されていると述べた。これは、クラブの委員会が中国馬のレースを望んでいるのか、あるいはそうでないのかといった問題に帰着する、というのが彼の意見だった。

議長は、これに対して、クラブは日本における馬匹の改良に資することをもって目的とする、と規則に謳ってあると告げた。

キングドン（N. P. Kingdon）氏も、日本馬のレースを中核としなければならない、そうでなければ日本人の常任委員の同意が得られない。なぜなら彼らは、中国馬のレースは単にギャンブルの道具でしかないと見なしているからだ、と述べた。

ここでの発言のように日本側は、中国馬のレースの意義をまったく認めていなかった。また、中国馬のレースに対するつぎのような態度も、日本側が一環として取り続けたものだった(134)。

骨格頗る陋く、我国の種馬に使用すべきものにあらず、ただ競走に於て勝利を博せんとするの用に止まり、大に競馬の趣旨に戻り、馬種改良の進歩を妨害する。

したがって、政府の馬匹改良政策からも、共同競馬会社、興農競馬会社の開催からも、中国馬は当初から排除されていた。ここ根岸競馬場で日本側の中国馬の出走がゼロだったのは、このためだった。

ニッポン・レース・クラブは、この日本側の意向にそって日本馬と雑種馬を根幹としてレース編成を行い、規約にも「馬匹改良」を謳った（第二条）。ニッポン・レース・クラブの成立は、横浜の競馬が、日本側が追求する競馬、馬事の振興と直接に連動し始めたことも意味していた。翌明治一四（一八八一）年秋季開催から、一旦は、日本馬に関して、西郷従道の斡旋でくじ馬制度が導入され（くじ馬制度については本章第五節）、併せて限定レースを創設して、その勝馬の生産者に賞金の一部を与えるという奨励策も導入された(135)。このようなニッポン・レース・クラブの誕生によって、競馬が日本で生産された馬の能力検定の機能を果たし、また馬の価格の上昇をもたらして馬産者の意欲を刺激し、さらには日本では未知であったスタッドブック（Stud-Book. 血統書）を刊行する、という思想を語る現実的基盤ができたことになった(136)。前章であげた三田の興農競馬会社の記録に表されていたのも、この思想だった。

これらは、レース（能力検定）→種牡馬・繁殖牝馬の選別→配合・生産→育成→調教→レースの循環といういわば実証主義の思想でもあった。鹿鳴館時代、そしてその後の日本の競馬は、この思想も語り続けることになる。

ニッポン・レース・クラブの誕生、その第一回開催の意義を、横浜の英字新聞はつぎのように論評していたが、そこには、ここまで述べてきた内外の友好の促進、日本の馬産、育成、調教の進歩、競馬の将来の展望ということが的確にとらえられていた(137)。いいかえれば、日本側が意図したことが実を結んでいたことを傍証するものとなっていた。

（ニッポン・レース・クラブは従来の競馬クラブとは異なり）外国人だけが会員というわけではなく、日本人の入会も歓迎されている。クラブは、初めから日本人の入会と支援を前提として結成された。皇族、閣僚、華族、その他の政府高官が当初からクラブに参画し、開催では、彼らの多くが持馬を出走させて、余暇を楽しむジェントルマンの精神を発揮した。賞典として、外務省からはカップ、天皇からは花瓶が寄贈された。これらは、上流社会が外国人に厚い友好の精神をもっていることの強い証であり、私たち居留民はそれを受けとめて、心からの感謝でもって応えなければならない。

もう一つ注目しなければならないのは、日本人が馬の育成、調教に力を注いだ成果が現れてきたことであった。日本人が出走させてきた馬の何頭かは、馬体のバランスもすばらしく、状態も非常によい、という意見が場内で数多く聞かれた。特に、数頭の雑種馬の完璧さは話題の中心となった。内務卿松方正義、参議西郷従道両氏の馬が勝鞍をあげたことは、二人の熱心な競馬への取り組みを知っているだけに、大変喜ばしいものであった。……（西郷従道や松方正義などに代表される馬産への取り組みなどから判断すると）日本人が、今後馬産に関心を払っていくことが期待できる。したがって、それほど遠くない内に、私たちは、各馬のパフォーマンスが正確に記述されたものを手に取ることができるようになると思う。ニッポン・レース・クラブの誕生が、その日本のスタッド・

ブック（stud book）の第一頁を飾ることになるだろう。

スタッド・ブックの刊行は、日本人と一体となってクラブを運営することを歓迎する人にとっては、十分に考慮に値する事柄であり、すでにその第一歩は成功裏に踏み出されていると思う。鉄は熱い内に打ての格言通り、今なら、スタッド・ブックの利用法、真の価値を日本の友人たちに教示し、彼らの知識を競馬にふさわしい形に系統立てさせることができる。また血統も不詳、育成と調教も施されていない馬のなかから選ぶよりも、系統立った馬産の方がいかに大きな利点があるかに目を向けさせることもできる。もう一つのことを示唆しておくことも有益だろう。馬産が充分な発展をとげたならば、世界の各地と同様に、定期的な馬のせり市場が成立し、そうなれば、最良の馬を手に入れたいと望む人々の購入意欲が刺激されて、馬の価格も上がっていくことになる、と。

私たちの提言が、受け入れられて実を結ぶことを確信している。最後に、横浜に住むものとして、ニッポン・レース・クラブが、すばらしい開催を内外の人々に提供したことに対して、心から感謝の意を表しておきたいと思う。


このようにニッポン・レース・クラブの将来は、明るいものに見えていた。なおニッポン・レース・クラブの明治一三年末の会費納入者数は、外国人九〇名、日本人五一名の計一四一名だった(138)。東京倶楽部が、明治一七（一八八四）年五月発足時で名誉会員も含めて一〇二名、内四二名が外国人だったことを考えれば、ニッポン・レース・クラブが相当の数を誇っていたということができるだろう。

こういったニッポン・レース・クラブの誕生、そして共同競馬会社、興農競馬会社の存在、そのなかで、競馬場への臨幸が恒常化することになった。その始まりは、明治一四（一八八一）年五月一〇日、ニッポン・レース・クラブ春季開催二日目。この日のことが、『明治天皇紀』につぎのように記されている(139)。

図35　根岸競馬場への初の臨幸を伝える記事

SECOND DAY,—10TH MAY.

WE do not remember having witnessed a more animated scene on the Yokohama Race Course than that of yesterday. The knowledge that his majesty the Mikado would be present, coupled with the most charming weather, had the effect of bringing out nearly the whole of the foreign residents of Yokohama. His Majesty arrived by special train, and entering the Imperial carriage at the railway, passed through the foreign settlement, along Homura, the usual dull aspect of which was enlivened by an unlimited display of bunting, and entered the Race Course at the top of the hill, the cortege riding round the course. His Majesty was received at the Grand Stand by the committee, the excellent band from the French man-of-war playing the Japanese national anthem. His Majesty was accompanied by Their I. H. Arisugawa-no-Miya, Higashi Fushimi-no-Miya, Fushimi-no-Miya, Kita Shirakawa-no-Miya, Date, and General Saigo; most of the foreign ministers and consuls being also present.

(J.G.F.S. 1881・5・20)

十日、日本競馬会幹事西郷従道・同伊達宗城等五人連署し、宮内卿（徳大寺実則）に、是の月九日より三日間横浜に於て施行する所の内外人共同日本競馬会に臨幸の栄を賜はんことの執奏を請う、之れを納れたまい、是の日午前九時四十分宮内卿・宮内大輔（杉孫七郎）・侍従長（山口正定）等を随えて御出門、新橋より汽車にて十一時十分横浜に著御、東海鎮守府に於て御昼餐を取らせられ根岸村競馬場に臨幸す、先著の嘉彰（東伏見宮）親王・貞愛（伏見宮）親王・能久（北白川宮）親王扈従す、御覧所階下に於て、外国使臣及び日本競馬会社社員等の奉迎するあり、階上の玉座に著御、特に謁を伊太利国特命全権公使ル・コント・ユリッス・バルボラニー（R. Conte Ulisse-Barbolani）に賜う、午後六時五十分競技終り九時五十分還幸あらせらる、是の日賞品として花瓶一対を下し賜う、又番外競技一組を望ませられ、錦二巻を其の優者に賜う、天皇の日本競馬会に臨幸ありしは是れを以て始とす。

ちなみにこの開催のニッポン・レース・クラブの主員（patron）は有栖川、伏見、東伏見、北白川の各宮、日本側の幹事は西郷従道、伊達宗城、大河内正質、松村延勝、井上勝之助だった(140)。かねて横浜の居留民から、アスコット競馬場に登場する英国王室を模して臨幸を望む声があり(141)、ニッポン・レース・クラブが誕生した明治一三（一八八〇）年春季、ついで秋季にも、また戸山でも同年四月の春季開催の際にも、検討されていたが(142)、それがここで実現した。根岸競馬場では、英国のアスコット競馬場でのスタイルに倣い、人々がコースを取り巻いて出迎えるなか、天皇が馬車でコースを通って入場し、また退場の際には歓呼の声をあげ帽子を高く放り投げるといったことが行われた(143)(図35)。競馬場への臨幸は、すでに明治一二(一八七九)年八月二〇日の戸山競馬場でのグラント歓待競馬で行われていた。だが、このときは、グラント歓待に力点があり、競馬場そのものへの臨幸という意味では、この明治一四(一八八一)年五月のニッポン・レース・クラブの春季開催が初めてだった。当時のあり方から考えれば、この臨幸は、競馬も近代日本に不可欠の存在であることが政治的に認知されたことを意味していた。この根岸競馬場に引き続いて同月二九日の戸山競馬場、六月二六日の三田競馬場と臨幸が行われ、以後明治一六(一八八三)年秋のシーズンまでの三年間、この三場の競馬開催には、「明治一四年の政変」のような大事件であったにしても、天皇の病気などを除いては臨幸するのが原則となったのが、それを裏付けている。この間の全一八開催中、明治一四年秋季、明治一六年春季の根岸、明治一五(一八八二)年秋季の戸山を除いて、計一五回の臨幸が行われた。

ちなみに三場への臨幸の際には、臨時競馬が組まれ、その勝者には天皇から紅白縮緬などの賞品が授与された(144)。また共同競馬会社と興農競馬会社には開催毎に一〇〇円ないしは二〇〇円が天皇あるいは宮内省から下賜されるとともに、三場の競馬開催には宮内省や農商務省や陸軍省、皇族などからの賞典の寄贈が慣例化した。そして天皇と競馬の関係はこれにとどまらず、次節でふれるように、明治一三(一八八〇)年から吹上御苑の馬場で華族や軍人が行う競馬の天覧もまた繰り返されるようになっていた。それは、数々のエピソードを持つ天皇個人の馬や馬術への嗜好とは、また別の位相のものであった。競馬場への臨幸に象徴される競馬あるいはそれを含めた馬事の振興は、トク・ベルツが行った宮中における洋装化の批判に対する伊藤博文の返答のひそみにならっていえば、「高等政治の要求するところ」(145)から行われていた。社交、馬匹改良、あるいはまた別の物語をはらんで。

4　華族競馬、吹上競馬、乗馬飼養令——馬に乗ろう!

明治一二(一八七九)年共同競馬会社、翌明治一三(一八八〇)年ニッポン・レース・クラブと興農競馬会社が相

図36　吹上の馬場及びその周辺

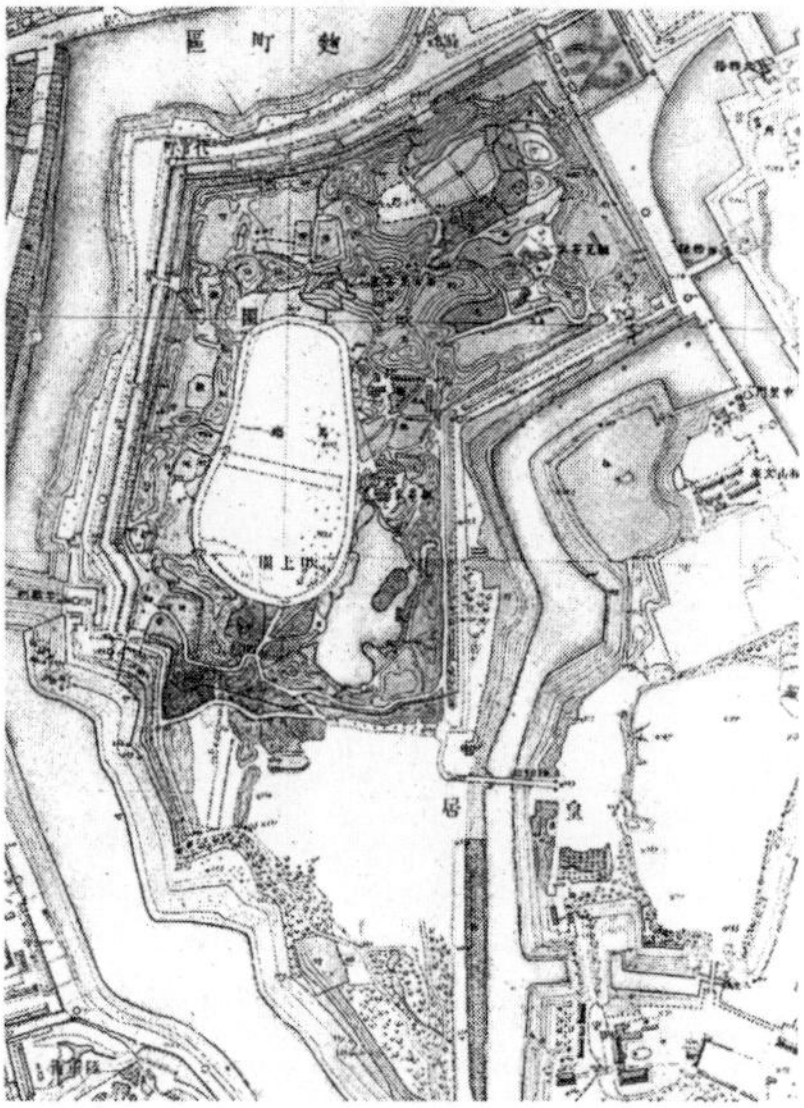

（「参謀本部陸軍部測量局地図（明治16年から明治17年測量）」前掲『よみがえる明治の東京　東京十五区写真集』56頁）

次いで設立されたように、競馬は明らかに新たな時代に入った。そしてそれは競馬にとどまるものではなく、幅広く馬事振興をはかるものであった。皇居内の吹上御苑の円馬場（四〇六間、約七三八メートル、図36。以下、「吹上馬場」と記す）が、そういった競馬も含めた馬事振興の象徴的な場所となっていた。明治一三年五月以降、吹上馬場では、継続的に競馬（原則として三頭立）や馬術が継続的に、かなりの頻度で、しかもその多くが天覧で行われるようになっていたからである。ここでも始まりは、明治一二年だった。

まず、華族への乗馬の奨励があった。当時の華族会館長岩倉具視が射的（当時は射撃をこう呼んだ）とともに「勧誘」したものだった(1)。八月二日付で折から開設された戸山競馬場を華族の乗馬の練習にも貸し出すことが通達され(2)、九月からは軍馬局での華族の乗馬演習も始められ(3)、戸山や三田の競馬にも顔を出す諏訪重中と林通嘉の両騎兵大尉がその指導にあたった(4)。またこの明治一二年には華族の子弟の学校である学習院の課程にも体操と同時に馬術が取り入れられていた(5)。そして、この乗馬の奨励は競馬の実施を視野に入れたものであった。翌明治一三年五月三〇日、吹上馬場で北白川、伏見、東伏見、山階の各宮や数百名が縦覧するなか第一回の華族競馬会が乗馬会とともに開かれた(6)。

この開催を機に、華族の吹上馬場での春秋二回の乗馬（規則運動）と競馬の開催が恒例化され、明治一三（一八八〇）年秋からは共同競馬会社などに倣って、宮内省から開催毎に奨励金二〇〇円が射的会とともに与えられることになった(7)。なお当時はこの様な乗馬と競馬の開催は乗馬会と称されていたが、その内容にあわせてここでは競馬会と呼んでおく。一二月一九日、その奨励金を受けた初めてのものが、東伏見、北白川、閑院の各宮、岩倉具視、山県有朋、西郷従道、山田顕義ら四〇〇名余が参会して秋季競馬会として開かれた(8)。またこれに先立つ一一月一六日には、華族と学習院生徒の馬術会と競馬会が、三条実美、有栖川宮、岩倉の三大臣や参議九人も参会して天覧で行われていた(9)。このような競馬開催にあたっては、御厩課や軍馬局が馬を貸し出して全面的に支援した(10)。また学習院へは、明治一三年八月からこういった乗馬を奨励するために御厩課からの馬の下賜が始められていた(11)。この華族競馬にも、明治一三年一二月には近代競馬に即した規則が定められ(12)、翌一四(一八八一)年六月には服色、帽子も制定され、競馬としての体裁が一層整えられた(13)。このように、「お遊び」ではなく本格的なものがめざされ、しかもそれは華族の公的な行事としての色彩を帯びたものだった。明治一四年四月一〇日の春季開催には北白川、伏見、東伏見の各宮や華族三〇〇余名が参会し(14)、一一月一八日の秋季開催は華族と陸軍士官で行われた(15)。この明治一四年の華族関係の競馬にはこのような春秋の定例会の他にも、六月九日、一一月八日と華族及び学習院生徒の競馬がともに天覧で行われ(16)、また五月の共同競馬会社の春季開催には華族のレースが組み込まれていた(17)。なお一一月八日の天覧競馬の際の華族と学習院生徒の騎乗者は、それぞれ四九名、一六名であったというから、かなりの数であった(18)。

このようにして、華族に対して馬術と競馬が奨励され始めていた。このなかからは旧近江・大溝藩主分部光謙のように、明治一六(一八八三)年春のシーズンから戸山や不忍池、根岸、三田の各競馬場に、馬主、騎手として登場し、名を馳せる華族が出現した。なお分部は、先にふれた明治一三(一八八〇)年一一月の第二回華族競馬会、第四、第一〇レースに出場、ともに最下位の三着に終っていた(19)。分部は、岩川(日本馬、鹿児島産)などをはじめてとして多くの活躍馬を所有し、たとえば明治一八(一八八五)年不忍池競馬場の共同競馬会社秋季開催では番外を含む全二三レースの内一二もの勝鞍をあげていた(20)。また共同競馬会社のくじ馬の購入に奥州に出かけたり(21)、賞金を寄贈して特別レースを組ませたり(22)、さらには根岸競馬場でも明治一九(一八八六)年五月、ニッポン・レース・クラブ春季開催の婦人財嚢競走で日本人騎手としては初めて勝利し(23)、翌年春季の同競走も連覇するなど(24)、競馬にかける情熱は並々ならぬものがあった。分部は、個人としては明治一〇年代後半の競馬界の最大の馬主であり、またこの時期のニッポン・レース・クラブでも、居留民と伍してその四大厩舎の一つとして数えられていた(25)。また折からさかんとなっていた打毬(伝統的馬術競技)でも活躍をみせていた(26)。ちなみにこの分部、競馬や馬好きが原因となったのだろうか、明治二〇(一八八七)年七月華族会館から「家産を浪費し華族たる品位を失」したとして「謹慎一〇日」の処分を受けることになった(27)。これが契機となったかのように競馬界から名が消えてしまう。だが実は、この時代の華族への馬事、競馬の奨励は、このような分部を生み出すことが目的でもあった。

馬事、競馬の奨励は、射的の奨励と並行していたように、直接的には、不品行や風紀の乱れをこの頃にも伝えられていた華族を引き締める「武技」として、またその延長線上に後の華族の陸海軍従事奨励論、武官養成論を誕生させていくような文脈の内にあった。福沢諭吉が「華族を武辺に導くの説」を華族会館に建議したのは明治一二(一八七九)年五月のことだった(28)。だがここまで述べてきたような社交性を打ち出した当時の競馬のあり方から考えると、つぎのような華族と馬との関係を密にしようとするところからも、それが行われていたはずであった。

華族が馬を持ち、乗馬や馬車で街を行き来し、社交場に現れる。ときには遠乗りや狩猟にも出かける。そして競馬に持馬を出走させてその支柱ともなっていく。そうすれば馬は話題の中心となり、西洋的な社交界に一歩近づける。おそらく英国、あるいはヨーロッパの貴族を念頭において、そういったことのなかにも華族の存在理由を作り出す。先の分部は、いち早くその典型的な存在となったともいえるだろう。皇族が、絶えず競馬場に姿を現し、ニッポン・レース・クラブや共同競馬会社の役員に就任しているのも、そういった文脈の内に含まれるものであった。英国での生活の体験を持ち、神田駿河台に豪壮な洋館を構え、この時代の数々の社交の場を賑わし、長く共同競馬会社の社長を務めることになる小松宮に、その競馬と皇族との関係の代表的な存在を見出してもよい。幕末、明治初期に在日のジャーナリストとして活躍したJ・R・ブラックは、明治一〇(一八七七)年、三〇歳前後の小松宮の姿を、つぎのように描写していた(29)。

英国紳士の馬丁のように腰帯をつけ、長靴をはいた騎乗の馬丁を従えて、素晴らしい外国産の馬に乗り、東京の市内を乗り廻す彼の姿は、よく見ることが出来る。……日本の皇族はみな、天皇と、魅力的で小柄な皇后をはじめ、その他にいたるまで外国人によく知られているが、東伏見宮は他の皇族よりもずっと知られており、姿が見られることも多い。彼は極めて愛想がよいが、決して威厳をそこなうことはない。その身のこなしには、皇族にふさわしい魅力がある。

ちなみに小松宮は、明治一五(一八八二)年一二月までここに書きとめられているように、東伏見宮を称していた。またつぎのものは、直接華族を対象としたものではなく「東京士人の運動遊戯」を論じたものではあるが、ここで述べているようなことをうかがわせてくれていると思う(30)。

試みに西洋諸国の例を見るに、乗馬漕舟の如きは紳士貴女の遊戯中最も高尚のものにして、或は巴里城外の秋晴に相携えて遠乗の快遊を試み、或はテームズ河上の月夜に端艇を共にして柔櫓声裡に吟誦相和するが如き決して無風流のものに非ず、而して時に好時節を卜して、競馬競舟の会を催ほせば、一場の勝敗優劣は忽ち交際社会一般の談柄と為り、彼を品し此を評し譪然たる和楽の中に自から競争の意味を寓するは、其愉快は他より窺い知る可らざるものあり。

西洋的な社交を作り出す課題を前にしたとき、そこには華族などの「上流社会」の中身に盛り込むべき要素として競馬や馬事が存在していた。そしてここでも述べられているが、この時期のボート(端艇)、あるいは射撃や陸上競技（運動会）も、そこに組み込まれようとしていた。文明開化期に始められたこれらのスポーツは、鹿鳴館時代に本格的に行われていくことになるが、東京大学や東京高等商業学校などの運動会や競漕会には、皇太子や皇族、大臣や公使といった内外の「貴顕紳士」やその「夫人令嬢」が姿を現し、音楽が奏でられ、花火もあがり、そして婦人が表彰式の授与者を務める婦人財嚢も行われるなど、競馬と同様に社交の場としても演出されていた（第四章第三節）。明治一四（一八八一）年から恒例となった海軍の墨田川の競漕会にしても、そういった性格を帯びていた。射撃も、明治一五（一八八二）年には小松宮、西郷従道らが中心となって内外の「貴顕紳士」が共同射的会という倶楽部を設立し、その一一月の第一回大会には臨幸も行われ、春秋二季の大会には一〇〇円が下賜された(31)。明治二二（一八八九）年六月には府下大森に三〇〇、五〇〇ヤードの射撃場及び遊猟射撃場、クラブハウスを持つ本格的な射撃場を所有することになり、その開場式、主賓には会長小松宮夫妻、オーストリア皇族ハインリッヒ夫妻を迎え、各国公使、大臣、紳士ら数百名が参会して盛大に行われていた(32)。横浜では有島武（武郎の父）、吉田健三（茂の父）らが、明治二一（一八八八）年放鳥射撃会を組織して、神奈川県鶴見に射的場を設けて、春秋二回の大会を、京浜の内外の紳士たちと続けていた(33)。またこの時代、狩猟も紳士のスポーツとして行われるようになっていたが、明治一〇年代半ばには天皇自らが主催するほどだった(34)。これらのスポーツも、鹿鳴館時代を彩る舞台装置であった。

その後の華族の競馬会の経緯に簡単にふれておく。明治一五（一八八二）年のものは五月一三日と一二月六日に吹上馬場で(35)、翌明治一六（一八八三）年からは戸山や三田競馬場で一般公開して開催されるようになった。共同競馬会社がその本拠地を不忍池競馬場に移すまでは、明治一六年六月二四日春季、一〇月二一日秋季、翌明治一七（一八八四）年四月二九日春季開催と戸山競馬場で実施(36)。その後は、三田競馬場に移って、同年一二月一三日秋季、翌明治一八（一八八五）年六月二八日、一一月六日春秋競馬会が催された(37)。この明治一八年六月六、七日の興農競馬会社の春季開催では学習院生徒のレースが行われ(38)、また同生徒は独自にも六月二八日と一一月二九日に三田競馬場で競馬会を行っていた(39)。なおこれより先の明治一三（一八八〇）年から始まっていた御厩課からの学習院への馬の下賜も続けられていたが(40)、明治一五年一一月には、特に競馬用にも最適と御料馬二頭が与えられていた(41)。共同競馬会社や興農競馬会社が進展していくのと歩調を合わせるかのように、華族の競馬会もピークを迎えた。その後確認できるのは、明治二〇(一八八七)年七月一〇日と一一月一一日の戸山競馬場での春秋の競馬会があるが(42)、結果的にこの年のものが最後となった。明治二一(一八八八)年春季も戸山競馬場での開催が決定していたが、華族の参加が年々少なくなっているとの理由で、そしてまたおそらく賭けを伴っていたからでもあろう、学習院生徒の競馬会への参加が「修学上に妨害」と禁止されたこともあり、宮内省の意向で中止に追い込まれ、そのままとなってしまったからである(43)。なおこういった華族の競馬会の中止や禁止の時代的背景については、第四章第二節、第四節でふれる。

そしてこういった華族の競馬会とともに、吹上馬場では、陸軍省軍馬局、宮内省御厩課、内務省勧農局や警視局などの部局を対象とした競馬会(以後、「吹上競馬」と記す)もまた、華族のそれを上回る頻度で開催されるようになっていた。先にふれたようにこれら陸軍、宮内、内務の三省が、共同競馬会社や興農競馬会社の推進力であり、あるいはニッポン・レース・クラブの支柱ともなっていたが、この動向はまさにその三場の競馬と相呼応していた。先にふれた華族競馬会が初めて開催される直前の明治一三(一八八〇)年五月六日、鎮台士官、近衛将校、宮内省官吏らによる天覧の吹上競馬の第一回が実施された。この天覧の吹上競馬は、明治一三年から一七(一八八四)年にかけて二〇数回以上にわたって行われることになる。なお華族の競馬会がそうであったように、この吹上競馬も、天覧に限って行われたものではなかったから、総数はもっと多くなる。その第一回、五月六日の当日の様子がつぎのように記録されている(44)。

午後一時御茶屋に面せる楕円形馬場に臨御し、御練兵御用掛大河内正質・同岡田善長・侍従北条氏恭・藤波言忠・荻昌吉・宮内省御用掛日根野要吉郎及び雑掌等の競馬一〇数番を天覧あらせらる、近衛騎兵・警視局警部並びに陸軍省雇仏国人アンゴー競技に参加す、馬匹は、御厩課の外、参議黒田清隆・同西郷従道・開拓大書記官安田定則及び開拓使等各、所有の駿足を出す、久元（土方）・言忠・要吉郎及び侍従東園基愛検査役たり、優者に縮緬・羽二重・八丈縞等を賜う、御前に於て之を授与す。

ここに登場する大河内、藤波、アンゴ（Angot）、黒田、西郷、土方、安田が、共同競馬会社、興農競馬会社、ニッポン・レース・クラブの役員、あるいは馬主として名を出し、また東園、日根野、荻は不忍池競馬場時代の馬主のなかにその名を列ねることになるから、この日の登場人物のほとんどが鹿鳴館時代の競馬に関係していくことになる顔ぶれだった（第一章第一節、第二章第二節、第四節）。なおこの日も東伏見、伏見、北白川の各宮が陪覧していた。ついで五月二六日にも近衛将校による競馬が開かれた(45)。この日も天覧だった。

……近衛将校の競馬を御覧遊ばされたり都て三五番にて一番に三頭つつ競争せり、乗手は少尉以上にして其の勝を得たるものへは御前に召されて、聖上自ら賞品（白七子一反）を下させ玉ひぬ……

この三五番の他にも番外競馬が一一番行われ、そこでは、藤波言忠、大河内正質も含めて、この時代の競馬に各クラブの役員、馬主として登場する海軍卿川村純義、大警視大山巌、東京鎮台司令官野津道貫、侍従長米田虎雄、軍馬局の騎兵少佐松村延勝、同平佐是純、騎兵大尉諏訪重中らが互いに競走した番組が組まれていた(46)。この日の参会者には、有栖川、伏見、東伏見、北白川の各宮とともに、山県有朋、西郷従道の参議、三好重臣、野津鎮雄、三浦梧楼の中将、小沢武雄少将らも名を列ねていたから、陸軍中枢部がほとんど姿を見せていたなかで競馬が行われていたことになる。

この吹上馬場での二つの天覧競馬が五月六、二六日、あるいは先の華族の天覧競馬が五月三〇日、共同競馬会社の

第二回開催がこの少し前の四月一七、一八日、興農競馬会社の第一回開催がこれらに挟まれた五月一五、一六日、そしてニッポン・レース・クラブの第一回開催がこの直後の六月七、八、九日。そして登場人物たちも重なる。これだけ見ても、戸山、三田、横浜の競馬と吹上馬場での競馬が直接的に関係したものであることが一目瞭然であった。華族あるいは陸軍、宮内、内務の各省の吹上競馬も、今まで述べてきた競馬をめぐる出来事のなかに加わろうとしていた。

この明治一三（一八八〇）年秋の吹上馬場での天覧競馬は、一一月九日の近衛将校・侍従、この日には有栖川宮威仁、川村純義、山田顕義両参議、警視庁警部等が参加した番外競馬も組まれ(47)、ついで前述の一一月一六日の華族と学習院生徒の競馬、そして一二月七日の近衛将校(48)、さらに一二月一一日の内務省警視局警視・警部や近衛将校や宮内省官員等の競馬と続いて実施され、この日の番外では大警視樺山資紀と中警視石井邦猷、石井と藤波言忠のマッチレースも行われて、二つとも共同競馬会社役員である石井が勝っていた(49)。

翌明治一四（一八八一）年にも、吹上馬場では、天覧のものだけで、四月一一日午前に参謀監軍両本部の士官と近衛士官、午後には侍従と御厩課員、五月四日鎮台士官、同月二六日陸軍各機関の士官、六月九日には皇后と皇太后も見守るなかでの華族と宮内省官吏と陸軍将校、一一月八日近衛将校と華族と学習院生徒、同月一三日宮内省官吏、同月一八日午前は華族、午後には鎮台士官と華族、といった競馬が、そのほとんどを東伏見、伏見、北白川の各宮らも陪覧するなかで行われていた(50)。天皇が、根岸、戸山、三田の三競馬場の春秋開催への毎回の臨幸を始めたのが、この明治一四年からだったことは先にふれたところである。ちなみに一時的なものに終わってしまったようだが、この頃から天皇は原則としてそれまでの馬車から乗馬で臨幸するようになったという(51)。

そしてここには陸軍が主催して、明治三（一八七〇）年九月から例大祭（五月、一一月）や臨時大祭の際、相撲などとともに奉納され、次第に東京の風物詩として定着し、賑わいをみせるようになっていた靖国神社での競馬（明治一二年七月まで招魂社、馬場五〇〇間、約九〇〇メートル《メートル》、図37）が加わる(52)。遅くとも明治一五（一八八二）年の春からは、陸

図37　靖国神社の馬場及びその周辺

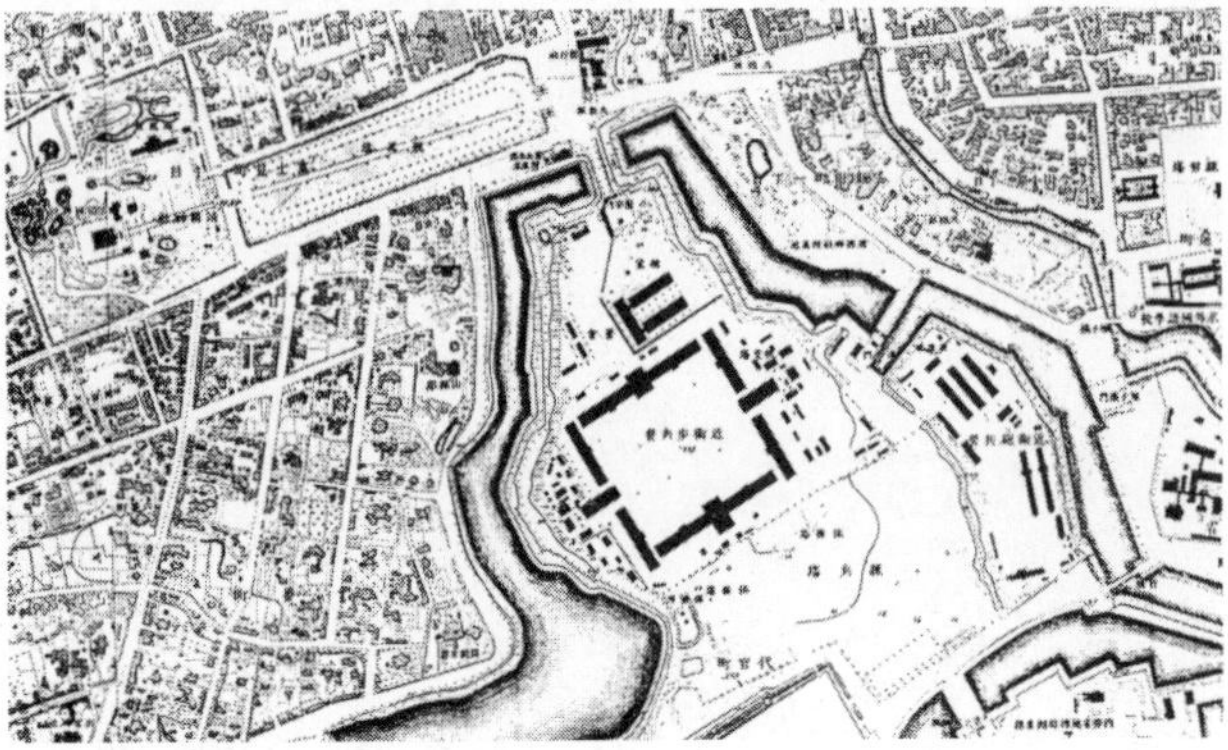

（「参謀本部陸軍部測量局地図（明治16年から明治17年測量）」前掲『よみがえる明治の東京　東京十五区写真集』59頁）

軍は購入した馬を調教した後、選択した馬を靖国競馬に出走させて、さら馬を選別していくことを始めていた(53)。また明治一七（一八八四）年の春からは、共同競馬会社、ニッポン・レース・クラブ、興農競馬会社の各クラブのくじ馬（一括して購入した馬を会員に分配したもの）の能力検定の役割も果たすようになっていた(54)。そして明治一七年の乗馬飼養令の施行（後述）に際しては、文官に払い下げる馬の良否の検定、価格の決定の役割も担っていた(55)。靖国神社も、競馬あるいは馬事振興の空間となっていた。

そして、この吹上や靖国競馬で実力を発揮した騎手や馬が、さらにレベルの高いものを求めて、戸山、三田、根岸の各競馬場に出走していく。逆にいえば、吹上や靖国競馬は、戸山、三田、根岸の各競馬に向けての選抜戦の意味合いも持っていた。したがって双方とも当然、そういったスポーツ、近代競馬にふさわしい競馬規則を備えていた(56)。

このようにして、競馬を奨励し、たとえば各部局間、あるいは個人の間の競争心を刺激する。そのことによって、馬事全般への関心を高め、その質をあげていく。吹上や靖国競馬の目的は、そこにもあっただろう。

その後の吹上馬場における天覧競馬は、明治一五（一八八二）年には、四月五日軍馬局将校と華族と学習院生徒、五月二三日陸軍士官と御厩課官吏と華族、一一月二〇日宮内省官吏と華族、一二月一六日近衛士官と行われていたが(57)、明治一六（一八八三）年は一〇月一〇日御厩課と華族、明治一七年（一八八四）は四月一四日華族と学習院生徒、一一月二五日宮内省官吏と学習院生徒と数を少なくし(58)、この明治一七年で最後となる。なおこれらの競馬にも東伏見（小松）、伏見、北白川の各宮が陪覧するのが常であり、明治一七年一一月二五日のものには、伏見宮と有栖川宮威仁も騎乗し、それぞれが勝鞍をあげていた。それに代わって増えたのが、明治一六（一八八三）年から積極的に奨励されるようになった和鞍乗りの馬術であった(59)。天皇の和鞍乗りへの趣味が反映していたのかもしれないが、華族の競馬が明治一六年から戸山や三田の競馬場にその場を求めていったことも考えれば、皇居造営の影響で近代競馬に必要なだけの広さが確保できなかったことも影響していたのだろう。ただ、少なくとも明治二〇年代に復活しなかったことは、華族の競馬会の終わり方と同様の時代的背景があったことをうかがわせている。

図38　太政官達第65号乗馬飼養令

時事新報

東京　明治十七年八月二日　土曜日　第七百廿七號　日曜日休刊　定價金

公報

（『時事』明17・8・2）

　さて明治一七（一八八四）年、根岸や戸山や三田の競馬、そして来るべき不忍池での競馬、さらには華族競馬や吹上競馬や靖国競馬などにも示された、この時代の馬事振興を象徴する出来事が起こった。八月一日付で俸給一〇〇円以上の勅奏任文武官に対して公布された「乗馬飼養令」であった(60)。一〇〇〜三〇〇円未満は一頭、三〇〇〜四〇〇円未満は二頭、四〇〇〜五〇〇円未満は三頭、五〇〇円は四頭、六〇〇円は五頭、八〇〇円は六頭という割合で乗馬の飼養を義務づけた法律だった（図38）。その直接の目的は、第二条に「文武官飼養の馬匹は戦時若くは事変に際し軍用に供するの義務あるものとす」と謳ってあったように、不足する軍馬を少しでも確保しようとするものであった。

　飼養令の公布は、この明治一七（一八八四）年の始めから噂され、にわかに馬術をならうもので借馬場が大流行したりするなど対象予定者を慌てふためかせていた(61)。「成り上がり」が多い高等官に馬術を心得ている者が少なかったからだという。軍馬局などは馬術の教授、馬の払い下げ等を通じて飼養令への

表5　乗馬飼養令―義務者、飼養者、上納者など

年次	飼養義務者	飼養者	飼養馬数	飼養料上納者	飼養料上納金額(円)
明治19年	743	573	—	174	13,810
同　20年	813	700	—	109	11,896
同　21年	812	740	847	75	6,101
同　22年	855	791	914	71	6,932

(『馬事年史』3・174頁、『馬政史』4・417頁より作成)

対応を準備していた。だが飼養令が実際に布告されると、厩付の家屋の物件、また馬の価格や馬具の値段があがる、いざ乗馬で官庁に通い始めてはみたものの、ぶざまな乗馬姿をさらしたり落馬したりする高等官が続出する、といったドタバタ劇が繰り広げられた(62)。人々の間には、特権階級である官吏に対する反感が強かったから、日頃の鬱憤を少しでも晴らすかのように、このようなドタバタ劇を嘲笑、揶揄して楽しんだ。飼養令施行に対する嘆きや不満が毎日のように繰り返され、官報の講読義務と並んでこの飼養令は、官吏にとっての二大迷惑と称された(63)。ちなみに官報は、明治一六（一八八三）年七月二日に発刊され、奏任官以上は私費で購入することが義務付けられていた。したがって、飼養する代わりに一頭に付月一〇円の飼養料の上納が認められると、そちらを選ぶ者、また後には貸し馬業者などの馬を形だけ自分が飼養している体裁を整えるといった抜け道を利用する者が増加の一方となった(64)(表5)。

　明治一八（一八八五）年一二月三一日段階の調査では、該当者八二〇名中、飼養料上納者は二一七名、その内一頭を義務づけられた俸給一〇〇〜三〇〇円の該当者が五一八名、上納者が二〇三名の割合だったから、上納者のほとんどが高等官の「下層階級」であった構図が浮かび上がってくる(65)。馬を購入しなければならないのはもちろん、そのうえに厩、別当、飼葉なども必要となるから、飼養するよりも負担が軽かったからである。明治期に入り、馬、とりわけ馬車は権威を象徴する階級的な文化となっていたが、いざそれを義務付けられると、高等官といえども、その経済的負担に耐えることはそう容易でなかった。このように半ば税金化してしまって、直接の目的とされた軍用馬の確保ということに対しても実効があがらず、早くから廃止をめぐる議論が展開され、時間がたつにつれて、その存在意義を問う声も高まり、ついに明治二四（一八九一）年七月廃止さ

れる(66)。

このように飼養令は、その結果だけを見れば、官吏の間に不満の声を巻き起こし、実効性もなく、数多くの喜劇的なエピーソードを生み出しただけの茶番に終わってしまったかのようにみえる。だが、もちろん飼養令はそういったものにとどまらない出来事だった。

三宅雪嶺はその名著『同時代史』第二巻のなかで、この乗馬飼養令についてつぎのように論評している(67)。

乗馬飼養令は、世間の人に奇異に感じられ、寧ろ滑稽と見えたけれど、政府に於て頗る重きを置き、多大の効果を期せるなり……（維新後衰退した馬産を陸軍や宮内省は保護、育成してきたけれども）……欧州の例に徴すれば、乗用にも、輓用にも、甚だしく貧弱を感じ、軍事上に一大欠陥とせざるべからず。官吏一般に乗馬と定むるは、其の品質を高め、併せて馬に対する趣味を普及し、競馬の如きを盛んにすべしと考えられ、陸軍にて新たに四個の軍馬育成場を設け、尚ほ足らざるを覚え、如何なる方法にても馬種を改め、馬数を増さんことを欲し、種々の必要を総合し、名案として乗馬飼養令の出でたるも、発案者と其れ以外との意志が疎通せず、官吏が覚束なき姿にて痩せ馬に乗り、如何の利益あるかを疑はる。官吏の多くは最初こそ幾許か勇みたれ、次第に飽きて乗馬を廃するに至る……自由民権論にて世間の動揺せる頃、突然華族令の出で、足軽輩が華族顔し、続いて突然飼養令の出で、奏任官以上が人力車を馬に変じ、平民を見下だすかに見えたるを以て、其の長所を認むるよりも短所を認め、馬を好むよりも之を厭うに傾く。されど他にも軍馬育成の方法あるべしとし、軍馬に注意を払い、延いて一般の馬に及ぶは、当時進べき必然の道程にして、大陸に事ありて一層馬に力を注がざりしを憾まる。

飼養令の意図は、雪嶺が、ここに的確に引き出したものであった。特に飼養令から、馬事に対する趣味普及させ、競馬などを盛んにするところから馬匹改良を実現していくという構想を引き出しているのはさすがである。飼養令が失敗に終わり、他に有効な馬匹改良策を見出せなかった結果、日清戦争、北清事変、日露戦争と、劣悪な馬匹が大陸戦の展開のうえで支障を来したのも、これもまた雪嶺の指摘通りであった。馬事に対する趣味の普及は、改めて日清戦争以後、大きな課題となる。だが確かにこの飼養令は、直接的には軍馬の改良に行き着くものではあったが、雪嶺がここで考えているほどにはそれ自体にとどまるものではなかった。雪嶺が、「足軽輩が華族顔し」、「平民を見下だす」と鹿鳴館時代への不快感や嫌悪感と結び付けている官吏たちの乗馬姿での登場、そこにも、この飼養令のねらいがあった。飼養令制定の当局者であった「参事院軍事部」は、その施行目的をつぎのように述べていた(68)。

養馬は軍備拡張の一端又運輸耕耘開国の事業に欠く可らざる論を俟たざるなり、今乗馬飼養規則を設け官吏をして先ず其の義務を負担せしめ次に之を貴族社会に及ぼし、漸次全国養馬の風に化せしめ、民間に牧畜養馬の業を奨励し軍用に運輸に耕耘に馬匹使用の業を増加し、併せて事業改良の路を開く以て期す可きなり、加之本案文武官員に乗馬を飼養せしむるは平時に在ては朝廷の儀式は勿論、官衙出入其の体裁を改め戦時に於ては軍用の馬匹を補充し一挙両全とし、依て左案を起草し閣裁を仰ぐ。

「貴族社会に及ぼし」というのは、当時華族への飼養令が論議されていたことをさしていた(69)。これが、先に述べた華族への乗馬、競馬の振興とも関連していたことはいうまでもない。そしてここで注目したいのは、「官員」をして「朝廷の儀式は勿論、官衙出入其の体裁を改め」という一節である。この背景となっていたのが、当時、条約改正に向けて推進されていた社会全般にわたる欧化政策だった。「朝廷の儀式」、あるいは舞踏会などの社交の舞台にも乗馬や馬車は欠くことのできない演出道具である。ぶざまな格好で乗馬姿をさらしたり、人力車で出かけていくというのでは、いかにもさまにならない。先にも述べたように、馬事は「上流社会」の中身に盛り込むべき要素として存在していた。また、外務卿井上馨は、明治一九(一八八六)年早々、臨時建築局を設置、霞ヶ関一帯への西洋風の新官庁街の一大建設計画を立案していたが(70)、これが実現した暁、その新官庁街にふさわしい雰囲気を醸し出すには、そこを馬や馬車で行き交う光景も書き込まなくてはならない。そうでなければ画龍点睛を欠くことになる。そのためにも、高級官吏にも馬の飼養を義務付け、馬事に愛着をもたせなくてはならない。こうしたイメージを現実化させる仕掛けとしての馬事振興は、条約改正に向けての社会的環境創りの一環として重要な意味を持っていた。

フランスの一九世紀の社会において、馬車がすぐれて階級的なフランス文化を象徴するもっとも端的な事物であったかについては、鹿島茂『馬車が買いたい！』（白水社、一九九〇年）の第一六、一七章に詳しいが、そういった文化が日本でも欲求されようとしていた時代だった。政府が英国から一二輛の馬車を輸入して参議に貸与したのもこの頃だった(71)。天皇及びその周辺の西洋化は、まず明治四（一八七一）年八月の馬車の導入から開始され、政府高官たちもその身を誇示して馬車に乗るようになっていた（第四章第三節）。また、こういったことによって、「上流社会」が競って良馬を所有し、それを名誉とするような気風が広まれば、馬の価格も上昇して馬産を活気づけることになり、ちょうど英国のように、そのことが民間の側からの馬匹改良の推進力となっていく(72)。ちなみに不忍池競馬場は、官吏たちの乗馬練習場としても使用された(73)。そして鹿鳴館時代、婦人の乗馬の奨励とその実践も本気で取り組まれていくことになる（第四章第二節）。現在でも乗馬は「上品」なイメージを喚起させるものがあるが、このようにみてくると、それはこの時代に起源をもっていたことになるだろう。ただその「上品」さは、雪嶺が揶揄したり、皮肉な目で眺めたり、不快感を示しているように、陰影を帯び、屈折したものではあったが。鹿鳴

図39　馬車は儀容にも不可欠であった

（井上探景「憲法発布青山観兵式図」1889（明治22）年、丹波恒夫『錦絵にみる明治天皇と明治時代』朝日新聞社、1966年所収、56頁）

館時代は、競馬、舞踏会、女性、賭博などに総じて「イカガワシサ」を醸し出すイメージも付着させていくことになるが（第四章第二節、第五章第一節、同第三節）、それが乗馬にも該当していた。

乗馬飼養令は、戸山や三田や横浜における競馬、そして来るべき不忍池の競馬、あるいは華族競馬や吹上競馬などに示された、この鹿鳴館時代の馬事振興の仕上げの意味を持っていた。それは、飼養令が直接その目的として謳った軍用馬の確保だけでなく、「上流社会」を構成する要素として馬を盛り込むような新たな馬事文化の創出をめざすものでもあった。「近代国家イメージの博覧会場」上野に不忍池競馬場が出現し、舞踏会が本格的に繰り広げられ、慈善会が開かれたその明治一七（一八八四）年、乗馬飼養令が公布されたのは、単なる偶然ではありえなかった。

5　不忍池への移転――ヨーロッパ並の競馬場

競馬、馬事の振興が進展するとともに、戸山競馬場の上野不忍池への移転計画が浮上してきていた。明治一六（一八八三）年のことである。戸山が「稍僻辺の地に位し、之れか為め、衆庶の縦覧に不便なるは甚た遺憾の至に付、府下上野公園不忍池の周囲に馬場を設け候時は、衆庶縦覧の便は勿論、従て大に世人の注意を惹き起し、愈々馬種の改良進歩の著しきを観るに至り申すべく」というのがその理由であった(1)。東京中心部に近い上野不忍池への移転によって、競馬への関心が高まり、クラブのさらなる発展、馬匹改良の進歩がもたらされるということだった。なお上野で競馬を行おうとするアイデアは、実現はしなかったが、明治九（一八七六）年五月、上野公園開園式の際、イタリア公使が主催しようとしたものにその起源が求められる(2)。

共同競馬会社では当初、横浜に倣って、上等は高い料金をとり（一日分二円、二日分三円）(3)、「上流」の雰囲気を保ち、またその収入で、賞金（明治一六年までは一レース三〇～一〇〇円）など競馬の運営費を捻出しようとの目論見もあったようである。だが当時の戸山は、「僻辺の地」でそれに相当する人数が集まらなかった。明治一四（一八八一）年春季からは上中の観覧証の別を廃止、会社の構内に入場しなければ無料とし(4)、明治一五（一八八二）年春季からは半額（一日分一円、二日分一円五〇銭）に値下げしたが(5)、収入増にはつながらなかった。その他の収入は、会費（明治一七年までは二円、一円、五〇銭の三クラス）(6)、出走馬の登録料、宮内、陸軍、農商務の各省などからの援助金、あるいは天皇や皇族や三菱などからの寄付金から成り立っていたが、競馬開催には多額の資金がかかり、たえず財源不足に悩まされていた。その不足を補うために、横浜の競馬で獲得した賞金を、共同競馬会社の賞金にあてることも行われていた(7)。ちなみに宮内省御厩課は、明治九（一八七六）年参加当初から当時の横浜の慣習に従い、賞金の一〇分の二を騎手に、一〇分の一を「馬丁」に「慰労」として与え、明治一五（一八八二）年春季開催からは陸軍省軍馬局もそれに倣っていたから、残りの一〇分の七が事実上の馬主である御厩課や軍馬局に入っていたことになる(8)。御厩課の二頭が明治一五年のニッポン・レース・クラブ春季開催で獲得した賞金は一五〇〇ドルであったという(9)。

明治一五（一八八二）年春、共同競馬会社幹事長楠本正隆とこの時代の競馬の中心人物であった西郷従道（農商務卿）の間で会社の「維持振作」が話し合われていたと伝えられているのも、そういった資金、財源不足と関係していただろう(10)。確かに上野に移転したら、戸山よりも多数の観客を期待できる。だが仮に、かなりの入場料を集めることができたにしろ、それだけでは競馬の運営を賄えるわけではない。国家的一大行事であった明治一七（一八八四）年一一月の開催の入場料は、三日間で上等が五円だったが(11)、一日多めに見積って一〇〇〇人が三日間とも上等に入場したとしても、総計五〇〇〇円、賞金だけでも総額六〇〇〇円を上回り、もちろんその他の経費も要していたから、それだけでは赤字となってしまう。当時の賭け（馬券）は、その収入が会社に入るシステムではなかったから（第五章第一節）、始めからそれは計算の外だった。明治一八（一八八五）年の規則に従って会費を月一円、仮に当時の会員六〇六名全員が支払ったとしても年間七二七二円の収入(12)、それに各省からの援助金、また皇族などの寄付金を加えても、それでは不忍池競馬場の開催を維持していくだけで精一杯のところである。この事情は戸山競馬場時代の方が、どう考えてもはるかに厳しかった。つまり、資金的にみれば、競馬を恒常的に開催していくことだけで汲々としていたのが実情であったろう。しかもときは、超緊縮政策によってきわめて深刻な不況に陥っていた松方財政の時代。この厳しい経済環境のなかで、先にもあげたように一一万七三〇〇円余という多大な資金が不忍池競馬場建設に投入された。このような事業が、単に観客を増やすためだけに計画されることなど普通ではありえなかった。そこには、もっと別次元の力が働いていなければならなかった。その力というのが、第一章第三節、第二章第一節で論じてきたように、「貴婦人」も参加する本格的な社交の場の創出ということだった。ここでは、戸山から不忍池への移転の経緯を追いながら、併せてそういった力の作用の話の補足も行っていきたいと思う。

共同競馬会社が不忍池への移転を決定したのは、明治一六（一八八三）年六月二一日。社長の小松宮以下、社員の有栖川、北白川、伏見の各皇族、山県有朋、川村純義、大山巌、大木喬任の各参議、「外国人」、「京浜間の豪商」らが出席した総集会の席上のことであった(13)。なおこれより先の一月、それまでの社長の蜂須賀茂韶（元徳島藩主）がフランス公使就任にしたのに伴い、小松宮がその跡を継いでいた(14)。この総集会の決定を受けて、早速皇族、参議が、ついで根津の芸者連が寄付を寄せたという(15)。そしてこの移転の決定の前後には、たとえばつぎのような共同競馬会社の動きがあった。

まず五月規則を改正、それまでは認めていなかった居留民の入会とその所有馬の出走を認め、実際六月二、三日の開催から実施、かねて居留民が強い不満を持っていた方針を改めたことだった(16)。併せてプログラムの英訳もこの開催から初めて行われた(17)。またこの開催は雨で一週間順延されたが、その六月二、三日では日程のやりくりがつかなかったことで、臨幸を実現させるために四日に臨時競馬会を開き、そこでことさら日本人と居留民が互いに騎手となってその腕を競うレースを組み、そして横浜の居留民や各国公使らが寄贈した賞典のレースを実施していた(18)。このようにして、共同競馬会社も、内外の「貴顕紳士」の交流を積極的に図ろうとしていた。先の六月二一日の総集会に「外国人」が参会していたのも、その一環だった。そして天皇が、共同競馬会社のこの明治一六（一八八三）年一一月一七日の秋季開催初日英国、アメリカ、イタリア、フランス、ドイツの各国公使、また一二月八日の三田秋季開催初日にはロシア公使に、それぞれ謁見してもいた(19)。ことさら競馬場において、である。そして外務卿井上馨が、その直前、一一月六、七、八日のニッポン・レース・クラブ秋季開催に際して、外務省から五〇〇ドル相当の賞典を寄付して特別レース（外務省挑戦賞典：Gaimusho Challenge Prize）を新設させてもいた(20)。

このとき、条約改正会議開催に向けての予備交渉が乗るかそるかの時期に差し掛かっていた。鹿鳴館は七月に竣工、一一月二九日の落成式で外務卿井上馨が「向後中外縉紳の共に相交り以て経緯度の存することを知らず又国境の為に限られざるの交誼友情を結ばしむるの場となさんことを決定せり」と述べ、また実際井上の肝入りで翌明治一七（一八八四）年五月内外の社交クラブである東京倶楽部が設立される、そういったクラブの前史的存在として明治一三（一八八〇）年設立のニッポン・レース・クラブがあったが（本章第三節）、ここで共同競馬会社も積極的に同様の役割を果たす存在になろうとしていたのである。内外の「貴賓紳士」だけでなく「貴婦人」も加わるような本格的な社交の場を作る、そういった「高等政治の要求するところ」に共同競馬会社をより明確に位置づける。それに最も効果的な舞台、ここに上野不忍池が浮上した。「近代化日本を象徴する国家的祭祀空間」、「近代国家イメージの博覧会場」として特異な意味の磁場を形成していた上野。そこに競馬も組み込む。不忍池競馬場は鹿鳴館と並ぶ時代のシンボルとなるべく期待されて計画されたものだった。

そういった象徴的な存在になるのにふさわしく、ロケーションもすばらしかった。北東一帯は緑に囲まれ、南西には向ヶ岡が拡り、池を囲んだ馬場は見映えもよく、弁天社の朱も鮮やかに映える。都心からも近い。当時のメインストリートである日本橋、万世橋をへて、広小路というルートをたどっていけば、上野の森がそして華やかに飾り付けた豪壮な馬見所が見えて来る。音楽は間断なく流れ、夜に入れば、万燈、電燈はまばゆく輝き、花火は華やかに空に舞う。上野駅はまだ仮設だったが、日本鉄道は営業を開始し（明治一六年七月仮開業、明治一七年六月開業式）、東京馬車鉄道も、すでに新橋・上野・浅草間を走っていた（明治一五年一〇月開通）。博物館、図書館、動物園も存在する。

図40　共同競馬会社副社長井田譲、鍋島直大、明治16年９月付農商務卿西郷従道宛「競馬場拝借願」

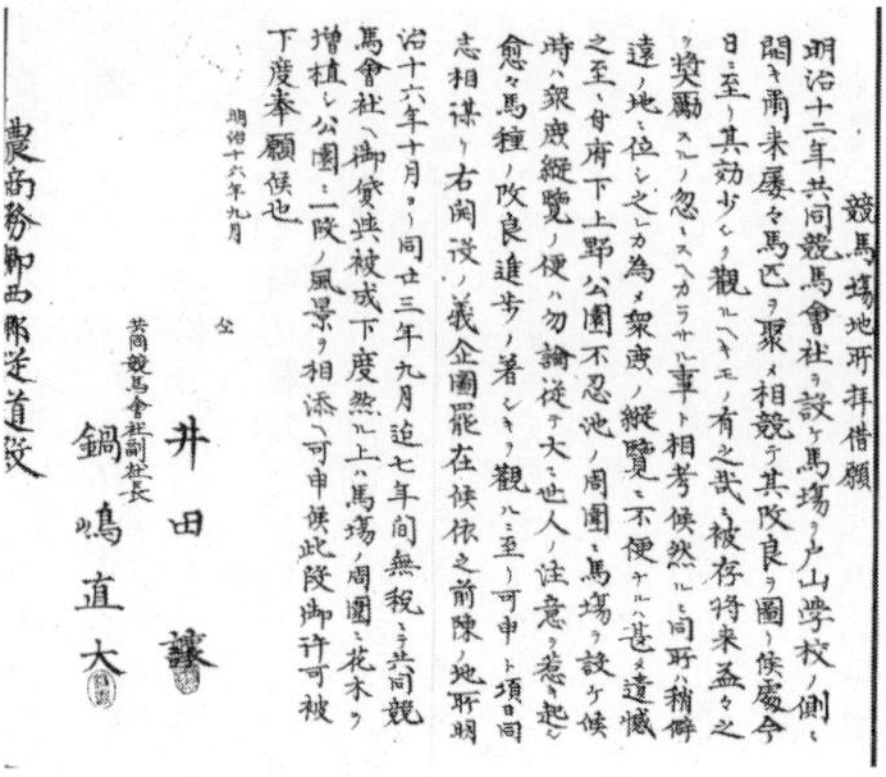

競馬場地所拝借願
明治十二年共同競馬會社ヲ設ケ馬場ヲ戸山學校ノ側ニ
開キ爾来屡々馬匹ヲ聚メ相競テ其改良ヲ圖リ候處今
日ニ至リ其効少シク観ルヘキモノ有之哉ニ被存将来益々之
ヲ奨励スルノ忽ニスヘカラサル事ト相考候然ルニ同所ハ稍僻
遠ノ地ニ位シ之レカ為メ衆庶ノ縦覧ニ不便ナルハ甚タ遺憾
之至ニ付府下上野公園不忍池ノ周圍ニ馬場ヲ設ケ候
時ハ衆庶縦覧ノ便ハ勿論従テ大ニ世人ノ注意ヲ惹キ起シ
愈々馬種ノ改良進歩ノ著シキヲ観ルニ至リ可申ト頃日同
志相謀リ右開設ノ義企圖罷在候依之前陳ノ地所明
治十六年十月ヨリ同廿三年九月迄七年間無税ニテ共同競
馬會社ヘ御貸與被成下度然ル上ハ馬場ノ周圍ニ花木ヲ
増植シ公園ニ一段ノ風景ヲ相添ヘ可申候此段御許可被
下度奉願候也
明治十六年九月
共同競馬會社副社長　井田譲
鍋島直大
農商務卿西郷従道殿

（東京国立博物館所蔵）

このような上野で、内外の「貴顕紳士淑女」が集って競馬を催す。それは「山水の佳麗地境の優美なる実に東京第一に居るに於てをや或は以て一の遊観場と為すも亦都府の色を添ゆるに足」り(21)、日本の「文明国ぶり」をアピールできる絶好の舞台になるに違いなかった。実際この不忍池競馬場の建設、パリ、ブロニューの森、ロンシャン競馬場が意識されていた（第一章第一節）。

共同競馬会社は、明治一六（一八八三）年九月末、上野公園を所轄する農商務省博物局への移転申請へと動いた（図40）。出願人は、副社長・鍋島直大、井田譲（元老院議官、陸軍少将）(22)。鍋島はイタリア公使を経て明治一五（一八八二）年宮内省式部頭に就任していたが、この頃から、共同競馬会社運営にも力を注いでいた。井田は、スイス公使兼スペイン・ポルトガル公使であったフランス公使館勤務から四月帰国したばかりであったが、不忍池への移転の積極的な唱道者であった（第一章第一節）。

ついで競馬場建設は、下谷区役所にも打診された(23)。不忍池の周囲は、農商務省の管轄ではあったが、下谷区が使用権を有し、折から市区改正計画に伴う大下水修繕計画があって、同区でもこの頃、池之端芳町仲町の道路沿いの大下水の埋め立て、住宅地建設の計画を持っていたからである。それに、それまでの人々の行楽の地であったものを競馬場として独占してしまうのであるから、まず地元の合意が不可欠だった。景観を乱すという意見も出て、それへの配慮が求められてもいた(24)。区役所はこの件で臨時会議を開き、一〇月二〇日頃承認したようだが(25)、博物局は一〇月二五日、競馬会社による不忍池周囲の独占使用は、公衆に開放するという公園の趣旨に反し、「天然山水閑雅の風景を毀損」するなどと、その出願を却下していた(26)。博物局への根回しが十分行われておらず、また博物局も競馬場設置の意義を理解していなかったようである。しかしその後、おそらく政治的な判断が下され、この却下は覆されることになる。

共同競馬会社からの拝借願が改めて、翌明治一七（一八八四）年二月八日付で博物局に提出された(27)。このときの出願者は、副社長・鍋島直大、幹事・大河内正質（宮内省御用掛）。この願には、同日付の東京府知事芳川顕芳の許可を求める具申も添えられていた(28)。博物局長野村靖は、これを農商務卿西郷従道にあげ(29)、西郷は、二月一四日付で、太政大臣三条実美に対してその許否の裁定を求める上申を行った(30)。三月三日付で、大政官から貸与の裁可があり、五日付で東京府知事芳川顕正にその旨が通知され、一三日付で博物局が、東京府知事を通じて共同競馬会社に対して競馬場建築案の提出を求めることを条件に仮許可を与えた(31)（図41）。共同競馬会社は、三月二七日付で工事計画を申請、博物局は三〇日付でこれを認可した(32)。そして、翌明治一八（一八八五）年四月、農商務省から池の周囲の護岸工事の完成などの付帯条件がついた七年間の借地が認可されることになる（第一章第一節）。

大政官の認可を得て、三月二四日には、それまで陸軍偕行社（麹町区平河町）に置かれていた本社を、不忍池弁天別当所生池院内に設けられた仮事務所に移転したのを祝して、陸軍楽隊が演奏するなか、社長小松宮、鍋島ら役員五〇名余が出席して盛大なる祝宴が催された(33)。なおこの春の役員の陣容は、社長・小松宮、副社長・鍋島直大（宮内省式部頭）、井田譲（元老院議官）、幹事・楠本正隆（元老院議官）、大河内正質（宮内省御用掛）らであった(34)。なおこの明治一七年初め、岩崎弥太郎、安田善次郎、大倉喜八郎らの共同競馬会社会社への関与も伝え

図41　明治17年３月14日付博物局長野村靖「上野公園内不忍池周囲に競馬場設置の義共同競馬会社へ御指令相成候に付東京府へ御回答案」

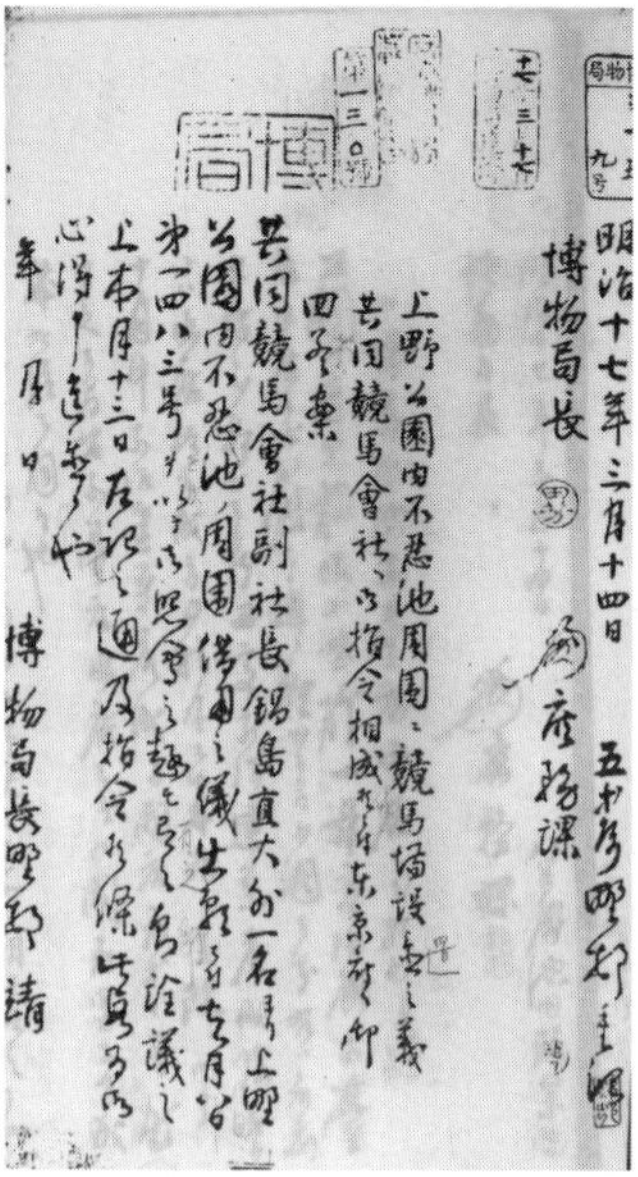
明治十七年三月十四日
博物局長
上野公園内不忍池周囲ニ競馬場設置之義
博物局長野村靖

（東京国立博物館所蔵）

られている(35)。

コースを設置するための不忍池周囲の改修、馬見所（スタンド）建設などの工事は三月二九日から六ヶ月の予定で開始された(36)。着工の情報を聞いた横浜の英字新聞は、期待を込めて世界で最も美しい競馬場の一つになるだろうと書いた(37)。工事の有様や上等馬見所の偉容は第一章第一節にふれたところである。

共同競馬会社は、戸山の地から不忍池への競馬場移転計画とともに、明治一七（一八八四）年四月の春季開催に向けて、レースの充実、賞金のアップなどの準備も進めていた。これより先の明治一六（一八八三）年一二月、次の春季開催から、それまでの二日間から三日間開催へと拡大することを決定(38)、またくじ馬制度を導入し、そのくじ馬による六つのレースの新設も決めた(39)。くじ馬制度とは、クラブが購買した馬を会員に一律の価格で抽籤で配布するものであった。当時まがりなりにでも競馬に対応できる馬が、日本馬、雑種馬とも少なかったから、一定以上の能力を持った競走馬の頭数を確保するためには望ましい制度だった。そしてくじ馬の購入者には出走の有無にかかわらず、登録料の納入を義務づけ（一定期限内取消しの場合は半額返還）、それを賞金の増額にあてる計画だった。またこの制度は、生産者の馬産への意欲の刺激剤にすることを意図したものでもあった(40)。これにより安定した供給先が生み出され、また良馬であればそれが高価格での売却が期待できるからであった。横浜の競馬では、中国馬の輸入でこの制度が早くから導入されていたが、ニッポン・レース・クラブが誕生した翌年の明治一四（一八八一）年からは、西郷従道の斡旋で日本馬でもこのくじ馬制度が導入されていた(41)。この導入とともに、その日本馬くじ馬限定のレースを新たに編成、またその勝馬の生産者にも賞金を振り分けていた。共同競馬会社のくじ馬制度は、これに倣っただけでなく、その規模を拡大しようとするものであった。

翌明治一七（一八八四）年早々、共同競馬会社が、奥州、南部地方の三〇〇頭の候補馬から購入したくじ馬四〇頭余が到着した。年齢五～七歳、体高は四尺六寸（一三九・四センチ）以上、購入平均価格は一頭平均約六〇円だった。今後到着するくじ馬も含めて、そのなかから五〇頭を軍馬局長松村延勝や大河内正質が選択し、靖国神社のコースで能力検定を行い、内外三人づつからなる担当委員が、最終的に配布馬を決める予定となっていた。この制度には、共同競馬会社が、その手段を持たない者に対して調教を委託できる人物を斡旋することも含まれていたが、これはオーナーの拡大策であった。また、このくじ馬は、日本馬不足に悩むニッポン・レース・クラブの居留民の会員にも配布されることになっていたので、彼らからも歓迎された。

ついで二月、賞金を大幅に増額したレース番組を公表した(42)。それまで最高一〇〇円、賞金総額も一〇〇〇円に満たなかったのに対して、一着賞金が四〇〇円のものを二(総賞金五〇〇円)、同三〇〇円を一(総賞金四〇〇円)、同二五〇円を三、同二〇〇円を一、といった計七の主要レースの新設を含めて、総額四〇〇〇円余と大幅に賞金がアップされ、この他に皇族、陸軍省、外務省、農商務省、宮内省、華族、三菱、横浜の居留民などからのカップ、賞典の寄贈が予定されていた。鹿鳴館時代の競馬の象徴となる婦人財嚢競走が、実施はされなかったが、一旦計画されたのも、この開催に向けてであった(43)。これらは、来るべき不忍池での国家的行事としての開催を既定のものとして、それの予行演習となるような一大競馬を行う、そういった意欲の表れだった。

その戸山競馬場の最後となる四月二六、二七、二八日の開催(44)。通算一〇回目だった。天皇からは、それまで慣例であった二〇〇円を上回る三〇〇円が下賜された。初日の模様は、つぎのようなものだった(45)。

昨日は正午十二時より戸山原に於て春季共同競馬会の第十次会を催されたり。本会は是迄と違い場内頗る丁寧の出来にて、玉座及び上等桟敷は紅白黄青等千々色々の花を以て装飾せられ、特に玉座の御ひさしには椿の花にて菊の花を編み出せしなど中々に美事なりし。当日臨場ありしは社長小松宮彰仁親王殿下を始めとして副社長鍋島直大、井田譲、幹事楠本正隆、大河内正質等の諸氏及び陸軍将校外国公使等なりし。

開催中は、いつもの音楽、花火に加えて数百の風船(軽気球)も飛ばされ、雰囲気を盛り上げた。初日第一レースが、共同競馬会社がこの開催から導入した日本馬くじ馬の新馬戦。距離九町一〇間（五ハロン）、一七頭立、一着賞金四〇〇円、総額五〇〇円（二着七〇円、三着三〇円）の最高賞金のレースだった。くじ馬新馬戦は、同一条件で二日目、第一レースでも実施された。ちなみに一一月不忍池競馬場の初開催の新馬戦の総賞金は一〇〇〇円。鹿鳴館時代の競馬では、原則としてこのように新馬戦が最高賞金レースとして位置づけられていた。

初日の勝馬は、烏森（からすのもり）。持主が、前節で紹介した明治一〇年代後半の競馬界で名を馳せることになる元近江大溝藩主分部光謙。この日本馬くじ馬の第一回レースでの勝鞍は、分部のその後の活躍を予感させるものだった。

そしてこのレースの三着が、三菱の副社長岩崎弥之助の篝火（かがりび）。三菱も、鹿鳴館時代の競馬に積極的に関与し、共同競馬会社、ニッポン・レース・クラブ、興農競馬会社の開催には、それぞれ三〇〇円、五〇〇円、三〇〇円のカップを寄贈するのが通例となっていた(46)。この開催では二日目第七レース三菱賞盃として実施された。岩崎弥之助は、この開催に、雑種馬の初音（はつね）も出走させ、初日第三レース、横浜外国人賞盃、距離九町一〇間（五ハロン）、四頭立で、西郷従道名義の強豪馬ダブリンを破って勝鞍をあげた。またこのレースの二着が伊藤博文名義の金堀（かなほり）。二日目第六レース、華族有志賞盃、距離一二町五〇間（一四〇〇メートル）では、初音と金堀の二頭立となったが、ここでも初音が勝った。金堀は、この開催三戦したが、三戦とも二着に終わった。この金堀に限らず、伊藤は、競馬での勝運がなかった。岩崎弥之助、西郷従道、伊藤博文は、共同競馬会社の幹事として、一一月不忍池競馬場での開催を迎えることになる。

二日目に予定されていた臨幸は、天皇の病気で実現しなかったが（日本鉄道会社の開業式も延期された）、小松宮の他に、伏見宮、北白川宮、伊藤博文、井上馨、西郷従道、各国公使らが姿を現し、農商務省賞典、各国公使賞盃、華族有志者賞盃、三菱会社賞盃などが実施された。三日目には、小松宮、伏見宮、各国公使らが引き続き観戦、宮内省の賞典が二レース実施された。

こうして、秋に不忍池競馬場で予定される国家的行事としての開催に備えた予行演習ともいえる戸山競馬場での最後の開催が終った。なおこの開催に引き続いての四月三〇日、ここ戸山競馬場では、鍋島直大、井田譲も参会して、華族の競馬会が開かれていた(47)。

この開催後の共同競馬会社。不忍池の工事の進捗とともに、秋季開催に向けて、内外の「貴顕紳士」のクラブにふさわしい体制作りが行われていった。まず六月七日の役員会で、入会資格を「社員二名の紹介を要し議員の決議に於て之を許否する」、「社員の名称を別て特別社員名誉社員有功社員通常社員となし、特別社員ハ皇族に限り、名誉並びに有功社員ハ本社の為めに尽力し又ハ出金を為して其成績著しきもの」とするなど、規則を大幅に改正（全二三条）、それが六月一五日向ヶ丘弥生舎で開かれた総集会で承認された(48)。この一五日には役員選挙も行われ、社長に小松宮、副社長に鍋島直大（宮内省式部頭）と毛利元徳（旧長州藩主）、幹事に伊藤博文（宮内卿）以下、西郷従道（農商務卿）、川村純義（海軍卿）、山田顕義（司法卿）、井田譲（元老院議官）、楠本正隆（元老院議官）、土方久元（内務大輔）、大河内正質（宮内省御用掛）、岩崎弥之助（三菱会社副社長）、会計長には三井八郎衛門（三井家総領家当主）が選ばれた(49)。英国をはじめとしてヨーロッパでは、競馬が「高貴な社交」として存在しているとの認識から、このように陣容を整えたものだった。この役員の顔ぶれに若干の出入りがあって、第一章第一節でふれたメンバーで一一月の不忍池競馬開催を迎えることになる。第一章第二節で引用した「共同競馬会社設立趣意書」が配布されたのは、この六月頃のことである(50)。またこの明治一七（一八八四）年の女性をめぐる出来事の第一段、「貴婦人」には社会奉仕も必要と婦人慈善会が開かれたのは、この頃の六月一二、一三、一四日だった。なお寄付金を拠出した者には特典を与え「厚意永遠に表証する」ため石碑に名を刻み感謝状も与えることも決定されていた(51)。ついで七月八日、前記の役員ら四〇余名で役員会を開き、事務拡張などを決定、この頃には共同競馬会社の評判もあがって会員も増え、四〇〇名にのぼっていたという(52)。

そして八月二〇日、小松宮、鍋島直大、井田譲、大河内正質、山田顕義、土方久元の役員に加えて北白川宮ら六〇

図42　玉英「上野不忍池共同競馬会真図」明治17（1884）年

（馬の博物館蔵）

名余が参会して、馬見所の上棟式が行われた(53)。この上棟式は市民にも喧伝され、折から来日するスウェーデンの皇孫オスカルの歓迎式も兼ねることになった(54)。来るべき不忍池開催を前にして、共同競馬会社の存在をアピールする盛大なイベントとして実施しようという計画だった。当日、仕掛け花火の他に「種々の人物及び獣類の空気玉」を揚げ、この時代によく行われていた油が塗られた丸太をのぼることや目隠しでの瓶打ちや豚追いなどといった「西洋遊戯」、また根津芸妓などによる手踊りが披露され、素人相撲も行われた。この間陸軍楽隊が間断なく演奏した。夜には花火が打ち上げられ、不忍池の周囲には数千の球燈が、馬見所には最新テクノロジーである電気燈が燦然と輝いた。音楽、花火、電気でのイルミネーションは、鹿鳴館で夜会などが開催される際には、必須の三点セットとなるが、この上棟式は、その鹿鳴館時代の華やかさを演出する予行演習ともなっていた。この日には、小屋掛けの西洋料理店、氷店も出され、数千人の人出で賑わったという。

　この上棟式後の八月三〇日、先のくじ馬制度に基づいて、奥州へ六名を派遣して購買した馬、いわゆる南部駒の社員への抽籤配布が行われ(55)、その他三春（福島）など各地方からも馬が集められていた(56)。不忍池の一一月の開催の出走頭数は七三頭にのぼったが、それまで一開催せいぜい三〇頭前後だったことを思えば、これは当時としてはかなりの数だった。馬の面でも、国家的行事に向けての準備が進められていた。

　一〇月一一日、馬が構内の厩舎に入り、馬場馴しの乗り試しと数番の競馬が行われ(57)、一〇月一九日には、本郷龍岡町岩崎弥太郎邸から下谷茅町を経て千川上水から不忍池に水が引き入れられて、鴨などの鳥たちももどり(58)、埒も出来上った(59)。なお非開催時の馬場は、当初市民の通行にも開放されていたが、明治一八(一八八五)年一〇月会社から、調教中の馬と人との接触事故がおこり、またコースも傷んでレースの際の危険性が増すとの理由から市民の立ち入りの禁止を求める願いが出され、明治一九(一八八六)年一月それが認められことで、不満の声があがることになる(60)。

共同競馬会社の不忍池競馬場での第一回の開催は一旦、一〇月二三、二四、二五日と決まっていたが、馬見所の未完成と雨天続きで幾度か順延されて一一月一、二、三日に開催を迎えることになった(61)。

各国公使や政府高官、内外の「貴顕紳士」などへの当日の参加、賞典の寄付などの働きかけも行われ、たとえば華族の団体である華族会館にも二〇〇円寄付の要請が行われ、会議の結果、会館としてはその要請の拒絶を決定したが、個人として二〇名余が一七四円余を寄付、開催後鍋島直大が二五円余を補填して総額二〇〇円となっていた(62)。また、この年の女性をめぐる出来事の第二段、婦人財嚢実現のため「おくがた姫君たち」への参加も呼び掛けられ、その趣意書が各新聞の紙面を飾ったのは、一〇月一三、一四日のことだった(第一章第三節)。招待は当然、西洋風に婦人同伴とされた。天長節の外務卿主催の夜会に向けて、「貴婦人」たちが舞踏の練習を始めたのは、この間の一〇月二七日のことである(同前)。なにか、とてつもないことが催される、そんな何かを待ち望む気分が漲っていただろう。開催初日の一一月一日の姿を見せた招待客は、千数百にのぼり、観客も殺到した(第一章第一節)。鹿鳴館時代を彩る不忍池競馬の幕が切っておとされた。

3 横浜の競馬

1 幕末の競馬——競馬への欲求

日本にやってきた西洋人たちが、開港後、競馬を開催するまでには、それほど時間がかからなかった。ボンベイ、上海、香港などの租界や植民地と同じように、横浜においても競馬が欲求されていた。もちろん、当初から賭け（馬券）も行われていた。英国のエプサムダービーやセントレジャーなどの情報も伝えられ(1)、それに対する馬券も発売されていた（図1）。居留地は競馬も必要とする。このような彼らの馬券を伴う競馬に関する日本側の証言も残されているが、それは次のようなものであった(2)。

彼、空地へ馬場を補理《シツライ》ありておりおり乗馬をなす。其日の服は平日とハ違い思い思いの派手やかなる装して、三人五人ぐらい競馬《クラベウマ》をいたすを、同士の見物仲間にて、洋銀を百枚あるいは五百枚などと賭て勝負をなし楽しむことなり。都て西洋人は究理学のみにして、我国のごとく風雅風韻の優美なる楽み事はいまだ、露ばかりも見聞し事なし。

図1　時間は下るがエプサム（英国）ダービーのロッタリー広告

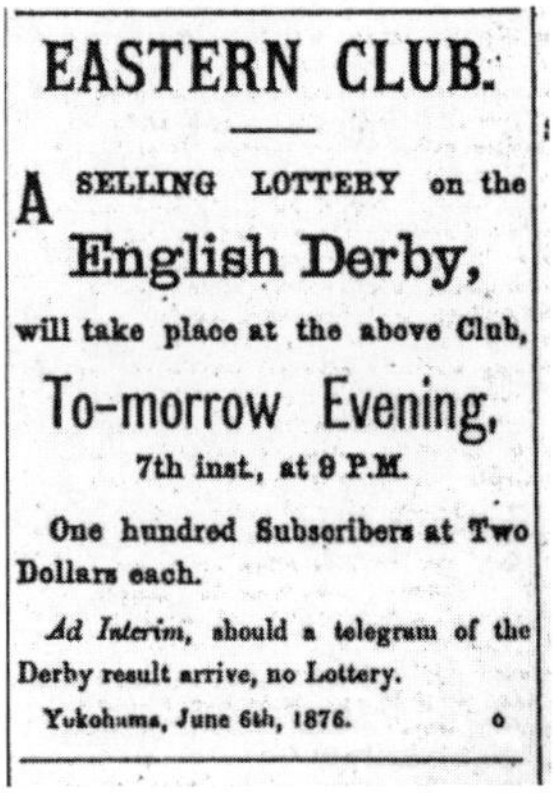
EASTERN CLUB.

A SELLING LOTTERY on the English Derby, will take place at the above Club, To-morrow Evening, 7th inst., at 9 P.M.

One hundred Subscribers at Two Dollars each.

Ad Interim, should a telegram of the Derby result arrive, no Lottery.

Yokohama, June 6th, 1876.

(J.G. 1876・6・6)

このように、かつての私たちにとって競馬もその賭けも未知で、「西洋人は物事をすべて打算的に行う（究理学）」といった形で受け止めるほかはなかった。だが鹿鳴館時代、私たちも、競馬とともにその賭けも導入することになる（第五章第一節）。

大会形式をとった初めての競馬は、開港一年二ヶ月後、一八六〇年九月一日（万延元年七月一六日）に開催された。驚くべき早さだった。一八五九年一一月来日したフランシス・ホール（Fransis Hall）は、その日記の一八六〇年九月一日の項につぎのように記していた(3)。

今日は、日本における西洋文明伝播の歴史の上で、初めて競馬が開催された日として記録されることになるだろう。レースの開催要項にしたがって、居留民たち（foreign citizens）は、山手の麓に準備されたグランドで第一回の大会を開いた。コースは、半マイル、川沿いの固い砂地の上に設けられた。そこからの眺めは大変すばらしいものであった。ホームストレッチ側には、多くの穀物が作付けされている山手の丘を見ることができ、反対側の方には、田畑と横浜の町が広がっていた。コースは杭とロープで区切られていた。審判台も設置され、観客のスタンドは居留民で埋められていた。出走馬は多く、レースは、非常に興味深いものであった。駆歩（running）と速歩（trotting）競走が実施された。ある馬たちは、梃子でも動こうとしなかったし、また別の馬たちは、乗り手の指示にまったく従わず、コースと別の方向に走りだすという始末だった。馬たちは、徹底的に天性の頑固さを発揮した。何人かの紳士は落馬したが、幸いにも怪我をしたものはいなかった。この日、一番興奮したのが、通訳官（フランス公使館付書記官兼通訳官）のブレクマンの馬が、障害の前で後込みして、彼をコースに振り落としてしまった置障害（hurdle）レースだった。

ホールは、来日一ヶ月もたたないうちに、乗馬を始めていた。日記を見る限りレースに参加した形跡はないが、開港以来、居留地初の大イベントであったこの競馬大会を十分に楽しんでいたことが伝わってくる。また「劣悪な日本馬」が、競馬で「徹底的に天性の頑固さを発揮」する姿が、早くもここに描かれている。この九月一日は、残念ながら「日本における西洋文明伝播の歴史の上で、初めて競馬が開催された日として記録されること」にはならず、横浜の競馬史のうえでも忘れ去られることになってしまうが、この日のことが、一〇年余りたった後につぎのように回想されていた(4)。

この頃（一八六〇年九月）までには、居留地も大いに成長を遂げていた。日本にやって来ている外国人たちが集まり、最初の競馬大会が開催された。馬蹄形のコースが、堀川（creek）の向こう側に作られた。そこに出走した馬の名前も、オーナーたちの名前も、横浜の歴史に残されていない。レースそのものは取るにたらないものであったが、人々が大いに楽しんだことだけは間違いない。

堀川は、居留地を出島化するために開鑿され、この一八六〇年夏、工事が終了していたが(5)、居留地から見てその堀川の向こう側ということで、ホールの先の証言と合わせると、馬蹄形のコースが設置されたのが当時の本村（現・横浜市中区元町商店街一帯）だったことが特定できる。山手の丘の麓と堀川に挟まれた狭い一帯であり、間に合せのコースではあったが、ともかくも「最初の競馬大会」だった。振り返ってみると、建物もまだ海に面したBund（海岸通り）と現在の本町通の間に数十戸と、居留地の整備もまだこれからの段階、直前の八月三〇日には攘夷を叫ぶ水戸藩士が神奈川宿を徘徊、横浜では厳戒態勢もとられていた(6)。こういった環境のなかでも開催する、繰り返せば、横浜には競馬が必要だった。

このような競馬への欲求、その背景を考えたとき、何よりも彼らが馬を欲していたということがあった。それはもちろん、実際の足として必要ということがあった。たとえ日本の道が乗馬をまったく度外視して作られたものだったにしても、乗馬の方が機動力を与え、行動範囲を広げたからである。だが、彼らが馬を欲したのは、そういった実用上の必要だけからではなかった。彼ら西洋人にとって、馬は、もっと別の文化的意味を持っていた。たとえばアメリカ移民としての生活を体験し、日米修好通商条約を締結し初代アメリカ公使となるハリス（Townsend Harris）とともに、一八五六年、その書記官として来日したオランダ生まれのヒュースケン（Henry C. Heusken）は、自分が馬を購入したことについて、つぎのように述べていた(7)。

日本にきて、まず下男を雇った。今度は馬持ちだ！　この調子だと、自分の馬車を持って皇帝の一人娘に結婚を申し込むことにもなりかねない。そうなると俺は植民地総督だ！　ああ、ニューヨークよ！　夕飯ぬきで過ごした時代、あやうく野宿しそうになったことも度々だった。着古して光っている黒服。踵も爪先も風に吹かれていた靴。穴だらけのズボン。あれはみなどこへ行ってしまったのか？　ここへきてヒュースケン殿下を見てくれ！　馬に乗って練り歩いているんだぜ。いや、とんでもない、貸馬なんぞであるものか！　そりゃあつまらないあてこすりだ！　諸君、彼は自分の馬に一五〇フランという大金を払って――払わなくちゃならないのだが、それはどっちでも同じこと――自分で買った馬に乗っているんだぜ。

彼ら西洋人が、馬そして馬車を所有することに対する心情が見事に吐露されている。開港後、横浜にやってきた将来の成功を夢みる青年たちが、こういったヒュースケンの心境と相通じるところからも馬を飼ったことだろう。馬を持つことのステータス、つぎには馬車。馬車がすぐれて階級的なフランス文化のもっとも端的な事物であり、野心に満ち溢れた青年たちに対していかに強い憧れをもたせていたかについては、鹿島茂『馬車が買いたい!』（白水社、一九九〇年）の第一六、一七章に詳しいが、西洋人の彼らにとって、馬や馬車は憧れの上流社会の文化であり、成功の証だった。幕末の日本では、それが容易く実現できた。私たちも、このような西洋的な馬事文化を鹿鳴館時代に導入しようとする（第二章第四節）。

さらに彼らは、運動のためにも馬を欲していた。攘夷の圧力に曝されるなかでの緊張した生活からの解放感を求めるかのように、日常的にその馬を乗り回す。精神や肉体の健康のために運動を必要とするという「科学」を、すでに持っていたからである。ストレスを発散し、病気を予防するためには運動が必要というわけであった。外交的にも、彼らは「運動あるいは欝散の為」の「遊散場」を、幕府に要求していた（後述）。乗馬が、そういった彼らの代表的な運動だった。たとえば、ハリスは、一八五七年一二月、日米修好通商条約締結に向けて江戸に滞在した際、その交渉にあたっていた井上信濃守清直に対して、「野外の運動は西洋人の毎日の慣習で、健康の保持に必要であるから、ヒュースケン君と私とが必要な運動をすることのできる、どこか広い道路、さもなくば馬場を、幕府で指定するようにして欲しいと告げ」て、その馬場を獲得していた(8)。また初代英国駐日公使となったオールコック（Ratherford Alcock）も攘夷の危険性を理由とした幕府による外出の制限処置に対して、「過去の経験から明らかなように、なんでもすぐに、公使館のいろいろな特権――わたしの日課になっているような、運動のために市内や近郊の田舎へ馬にのって外出するというまったく悪気のないことまでも――を制限したり削減したりすることの口実にされる」といった不満を口にする(9)。そして、一八六〇年九月~六一年一月、修好通商条約締結に向けて滞在したプロシャのオイレンブルク伯一行も、連日のように遠乗りを行っていた(10)。一八六二年九月イギリス公使館通訳生として来日、幕末史のうえでも活躍し、後に英国駐日公使ともなったアーネスト・サトウ（Earnest Satow）も、居留民と乗馬に関して、つぎのように述べていた(11)。

金は豊富だった。いや、そんなふうに見えた。だれもかれもが一、二頭の馬を飼い、頻繁な宴会のごちそうにシャンペンを景気よく抜いたものだ。春秋の二期に競馬が催され、時には「本物」の競走馬が出場した。日曜日の行楽には、東海道を馬を遠乗りして川崎で弁当を食べ、夕方になって帰宅するのが喜ばれた。もっと遠出をして、金沢、鎌倉、江ノ島などへいくこともあった。

図2　「異人遠馬走り乗帰宅之図」

（玉蘭済貞秀『横浜開港見聞誌』青木茂、酒井忠雄『日本近代思想大系17　美術』岩波書店、1989年、305頁）

このように彼らは、仕事の終わった後の運動、レクリエーションとしても馬に乗った。そこには、これも私たちの驚きとなるが、女性の姿も交えられていた（図2）。日曜日ともなると、神奈川から川崎までの東海道はこのような乗馬の遊歩道ともなっていた。こういった彼らの乗馬を、当時の私たちはつぎのように書きとめていた(12)。

さて又異人の馬に乗る事は小児の頃より男女ともに乗習ふなり、勿論流儀などという事は更になく、只いつとなく乗馴自然と達者にのり覚るゆへその駆引自在なり、あるいは血気運動のためにとて用なき時とても館内市中をも歩行いたす事もあり、我国のものいたさぬ事なり。

運動、レクリエーションのための乗馬、走らせるものとしての馬、これは、右にも書きとめられているようにかつての私たちにとって新しい出来事であった。なぜなら、私たちは彼らのようには馬を駆けさせることすらしていなかったからである。ましてや運動、レクリエーションの概念などは未知そのものであった。これは、私たちの走りが彼らのものとは異なり、陸上競技を知らなかったことと相応していた。したがって、日本にやってきた西洋人たちは、馬が駆けないというところからも、私たちの馬事文化に対しての嘲笑や驚きを隠そうとはしなかった。たとえばオールコックもつぎのように述べている(13)。

この馬(オールコックが試乗した日本馬)の頭・くび・前半身はよかったが、後半身はずっと落ちて、大きさの割にひづめが狭かった。並足・調子歩き・駆け足をやらせることはできたが、速歩の名にあたいするようなものは、この馬にはとうていできなかった。前にものべたように、馬を並足以上で駆けさせることは、日本では野卑とされているので、馬はけっして歩度をのばすようにけられることもないし、教えられてもいない。

彼らは、このように駆けるという馬事文化のないところで馬を駆けさせていた。そこでは当然、彼らと私たちの間で摩擦を生じることになった。乗馬で飛び回る姿への反感もあって一八六一年一月暗殺されたヒュースケン、そして一八六二年九月、ピクニック途中で男女四人が殺傷された生麦事件は、異質の馬事文化の衝突で生じた出来事でもあった。生麦事件では、女性は日本馬であったが、男性三人が乗っていた馬は、日本馬よりはるかに大きいアラブとスタッド・ブレッドであったから(14)、それが与える威圧感に対する反発もあったに違いない。

またペーパーハント(paper hunt)という狐狩りの代用の「狩猟」も早くから行われていた(15)。馬に乗った狐役が紙を蒔いていき、その跡を乗馬で追いかけるというものだった。狐狩りは英国の「上流階級」で盛んなものだったが、それも横浜でなんとか真似ようとしたのである。このペーパーハントは、田畑を踏み荒すことで農民との間で賠償問題を引き起こすほど行われていた(16)。私たちもこういった「狩猟」を、鹿鳴館時代に倣おうとする。

このように馬とともにある毎日、そして競馬を知っていた彼ら。そこでは自然に、適当な場所を選んで、当事者の間で馬の速さや持久力、あるいは飛越の巧みさが競われるようになり、その延長線上に、競馬の開催が求められていったであろう。冒頭にあげた一八六〇年九月の競馬大会が、その表れだったが、本村では、その後も開かれた可能性がなくもない(17)。その他、一八六一年前後に「大岡川の後方横浜新田の堤塘に沿い、沼地を埋立て幅六間の道路敷を築造し」て設けられたという「非公式の馬場」(18)、また一八六一年中埋め立てられた洲干弁天社裏の馬場で「馬術を練習し、競馬を行っていた」という記録も(19)、資料的には確証できないが、彼らが適当な場所を選んで競馬を行っていたという記憶がそこに投影されたものと考えれば、事実としてこれらの馬場で競馬が行われたかどうかは、それほど問題としなくてもよいだろう。一八六〇年以降、日常の乗馬と結び付いて、少なくとも一回の競馬大会を含む何がしかの競馬が行われていた。

こういった乗馬と競馬の関係については、サトウが先に引いたように語っていたが、在横浜スイス領事でもあったリンダウ（R. Lindau：リンダウ商会、領事在任期間一八六四〜六六年）も、一八六四年フランスで出版され、世界中で広く読まれたその日本に関する著書のなかで、つぎのように証言している(20)。

自由地区と港の周りに扇形に広がる丘の間に、広い平野が広がっており、そこに大枚を投じて奇麗な競馬場が作られた。ヨーロッパ人社会は、もっぱら休息と東洋的無頓着の敵である若い、活動的な人間から成り立っている。彼等は各々馬を一頭は持っており、二、三頭飼っている人も多い。そして太陽が水平線に沈み、その日の仕事が終わるとすぐに、人々はそそくさと馬の鞍に乗り、あるいは独りで、あるいは何人かの仲間と、横浜の近辺を乗り回すのである。しかし、いつも早足で馬を進め、競って自分達の、頭のよい、胴の細い、速足の馬に活を入れるのである。本国におけるのと同じ習慣から、競馬場が横浜では社会生活の必需品の一つであったに違いない。それは二年前から開かれていて、春と秋には、外国人社会全体を沸き立たせるお祭りが催される。賭もなされる。イギリス人が持っているいろんな種類のスポーツについての知識の御蔭で、万事高貴な学問の規則に従って、とどこおりなく行われる。日本人達はこの競馬の気晴らしに繰り広げられる大胆さと器用さに大いに見惚れ

図３　1862年９月か10月の横浜居留地

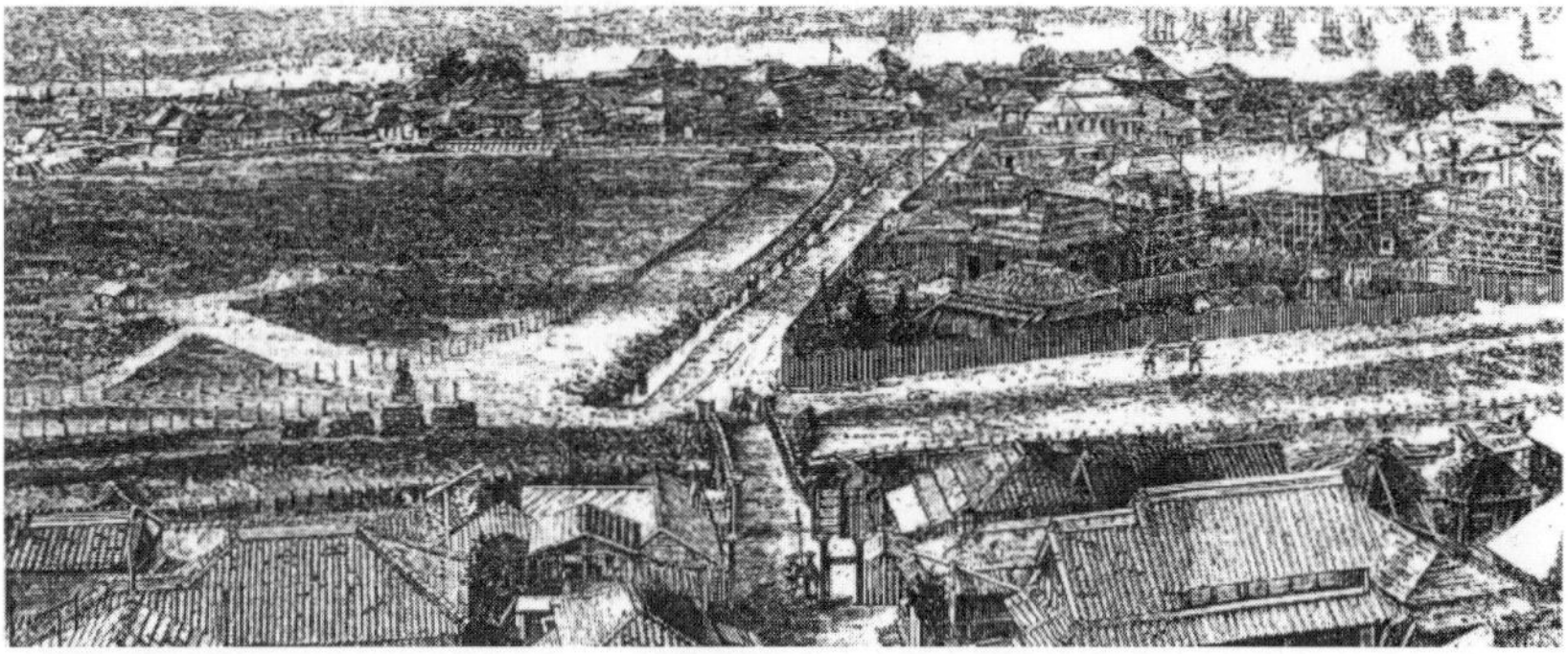

中央部分の横浜新田（現・中華街）に競馬用の柵がめぐらされているのが見える。手前の橋は前田橋（『イラストレイテッド・ロンドン・ニュース』1863・９・12。前掲『描かれた幕末明治』90～91頁）。

る。そして正直にこの点に関してヨーロッパ人が勝っていることを認めている。

日常的な乗馬、その自慢の愛馬たちで競馬を行う。それは、ここにも述べられているように、「社会生活の必需品の一つ」、あるいは「外国人社会全体を沸き立たせるお祭り」でもあった。そして、ここで「二年前から」というのが、今ではよく知られるようになっている一八六二（文久二）年五月一、二日及び一〇月一、二日の春季、秋季の二回の開催だった。コースは、現在の横浜市中区山下町のほぼ中華街一帯にあたる当時の横浜新田に設置、一周約三／四マイル、幅員約一一メートル、ゴールまでの直線が約二〇〇メートル[21]、という本格的なものだった。幅員は小さいが、かつての宇都宮競馬場（二〇〇五年三月廃止）とほぼ同じような規模である。秋の開催には「グランドスタンド」も現在の山下町一四三番付近に建てられていたが[22]、結果的にこのコースは、秋季開催までの仮の施設に終わったものだった（後述）。またこのコースは、設置されている間は、日常的に居留民の乗馬場としても使われていた。先のアーネスト・サトウも、来日した当日の九月八日に早速利用していた[23]。なお春季と秋季ではコースが若干変更され、秋季には春季のものよりは全長が少し短くなってもいたが[24]、ここにあげた図版（図３）は[25]、秋季開催前後のものである。

図4　キール（右）とハンサード（左）

（『ジャパン・パンチ』創刊号、1862年5月）

図5　キールに言い寄るショイヤー（競売業・左）

ハンサード（中）やキールが、この5月の春季開催の賭けで大儲けしたことが（不正行為が疑われていた）、居留民の間には知れ渡っていたようである（『ジャパン・パンチ』創刊号、1862年5月）。

春季開催の開催執務委員（steward）は、コーンズ（F. Corns：アスピネール・コーンズ商会）、リグビー（Edward Rigby：ロス・バーバー商会）、ポルスブルック（D. de Grafty van Polsbrock：オランダ領事）、キール（O. R. Keele：ジャパン・ヘラルド紙社主）、ショイヤー（R. Schoyer：競売業）、ヤング（J. M. Young：オーヴァ・ウェッグ商会）、書記はリグビー、審判ガワー（S. J. Gower：ジャーディン・マセソン商会）、走路委員（clerk of course）はポルスブルックが務めていた[26]。英国公使館のヴァイス（F. H. Vyse：領事）、ジェンキンス（Dr. Jenkins：公使館付医師）ら六名がその騎手の服色をダーク・ブルーで揃えて出走させていた[27]。居留民たちは、春季開催番組を日本語に翻訳した「よこはまかけのり　はるのもよおし」を配布、日本人の参加を呼びかけていた[28]。これは秋季開催も同様だったが[29]、彼らが当初から、競馬を内外友好の場としても考えていたことをうかがわせている。春季開催では、あるレースの裁定をめぐっての紛糾が起こり、その当事者であった「ジャパン・ヘラルド」（横浜で発行されていた英字紙）社主キールとそのビジネスパートナーである競売業のショイヤーらを、ワーグマン（Charles Wirgman）が、折りしもその五月に自ら創刊した風刺漫画雑誌『ジャパン・パンチ』*Japan Punch* で痛烈に批判（図4・5）、ヘラルドとパンチの双方の紙上で応酬を繰り広げ、英国領事及び領事裁判官が仲裁に入り、横浜に波紋を引き起こすほどの騒ぎになっていた(30)。そこには、賭け(馬券)の不正行為が絡んでいたようだが、そのような「外国人社会全体を沸き立たせるお祭り」も含むのが居留地の競馬だった。

秋季開催予定の二週間前の九月一四日には、生麦事件が勃発、横浜は一気に緊迫した空気に包まれただけでなく、事件への対応をめぐって、薩摩藩への即時の報復を求めるヴァイス英国領事及び居留民と、外交的処理を譲らない英国公使代理ニール(E. St J. Neal)との間で大きな対立を生じていた(31)。秋季開催はそのような状況でも中止されることなく行われた。逆にそのような状況だからこそ、「社会生活の必需品の一つ」としての競馬が果たす役割があるとの判断だったのだろう。開催の体制は、春の裁定をめぐる紛糾があったためか、開催執務委員から当事者のキール、ショイヤーが退き、ヴァイス(英国領事)、ポルスブルック、S・J・ガワー、アプリン(V. J. Applin)中尉(英国公使付騎馬護衛隊長)、A・A・J・ガワー(英国公使館第一補佐官、書記兼務)が就任、英国主導の陣容となった(32)。この秋季開催では、外交官や居留地の婦人たち、あるいは横浜を訪れた人たちが寄贈したそれぞれの外交官賞盃(Diplomatic Cup)、婦人財嚢(Ladies' Purse)、観客賞典(Visitors' Plate)といったレースが組まれ、社交場の色彩も強まっていた(図6)。グランド・スタンドには、ニール英国代理公使、クーパー提督(Admiral Kuper:薩英戦争時の英国極東艦隊司令官)、各国領事、及び数少なかった女性もその姿を現していた(33)。この秋季開催をアーネスト・サトウはつぎのように日記に記していた(34)。

競馬の日だが暑い。賭けには加わらなかったが、わたしは会員になっていたので、特別観覧席に陣取った。最良のレースは三頭が出走し、一頭が他の二頭にわずか半馬身の差で勝ったレースである。もうひとつ良いレースは、馬場を三周してから、さらに直線コースを走るものだったが、バタヴィア号が終始リードをつづけ、おまけに一周余計にまわってしまった。

図6　1862年10月1、2日秋季開催のプログラム

178　THE JAPAN HERALD.　No. 44, SEPTEMBER 20, 1862.]

YOKOHAMA RACES.

1st and 2nd October, 1862.

First Day.

1.—YOKOHAMA STAKES.—Value $80, for all Japanese, Chinese and Manilla Ponies, once round and a distance. Weight for inches as per scale. Entrance $5.

2.—THE VISITOR'S PLATE.—Value $100, for all Horses, half-a-mile. Colonial and Stud Bred 11st. 7lb., Arabs 10st. 5lb. Entrance $10.

3.—THE YOKOHAMA DERBY.—Value $150, for all Japanese, Chinese and Manilla Ponies, three times round and a distance, weight for inches as per scale. Entrance $10.

4.—METROPOLITAN PLATE.—Value $200, for all Horses, twice round and a distance. Weights as in the Visitor's Plate. Entrance $10.

5.—CONSOLATION SCRAMBLE.—Value $30, for all beaten Ponies, once round. Entrance Free.

6.—FOOT RACE.—For all Bettos in Foreign employ, once round, 1st prize $10, 2nd prize $6, 3rd prize $4, 4th prize $2, 5th prize $1.

Second Day.

1.—THE VALLEY STAKES.—Value $50, for all Ponies 12.2 and under, once round. Catch weights. Entrance $5.

2.—DIPLOMATIC CUP.—Value $200, for all Horses, twice round and a distance. Colonial and Stud Bred 11st. 7lb., Arabs 10st. 4lb. Winner of the Metropolitan to carry 7lb extra. Entrance $10.

3.—THE FUSIYAMA PLATE.—Value $60, for all Japanese, Chinese and Manilla Ponies, once round and a distance. Weight for inches as per scale. Winner of the Yokohama Stakes to carry 7lb extra. Entrance $5.

4.—HURDLE RACE.—Value $150, for all Horses, twice round over 3 flights of hurdles. Weights as in Metropolitan Plate and Diplomatic Cup. Winners of these Cups to carry 7lb extra. Entrance $10.

5.—LADIES PURSE.—Value $......, for all Ponies 13.2 and under, once and a-half round. Weight for inches as per scale. Entrance $5.

6.—CONSOLATION STAKES.—Value $30, for all beaten Horses, once round and a distance. Catch weight. Entrance Free.

NOTIFICATION.

H. B. M.'s CONSULATE, KANAGAWA; 17th September, 1862.

The undersigned H. B. M.'s Consul has the honor to convey his sense of gratitude to all those who attended the Funeral of the unfortunate victim Mr. Richardson, who was assassinated on the 14th instant.

F. HOWARD VYSE, H. B. M.'s Consul.

NEW ADVERTISEMENTS.

FOR LONDON DIRECT. The A 1 Clipper Barque "ROMEO,"

FOR SHANGHAI. The Dutch Brig "GUINEA,"

FOR SHANGHAI. The American Barque "HOMER,"

FOR FREIGHT OR CHARTER. The Dutch A 1 brig "ZWALUW,"

TO LET.

PHOTOGRAPHY.

THE JAPAN HERALD.

ちなみに同じ紙面に生麦事件の記事が報じられている（J.H. 1862・9・20）。

ここでサトウが会員になったといっているのは、遅くとも八月には設立されていたヨコハマ・レーシング・クラブ（後述）のことをさしているものだと思われるが、この秋季開催は、同クラブが主催する形態をとっていた。またバタヴィアが出走したレースは、日本で初めてダービーの名を冠したヨコハマ・ダービー（Yokohama Derby）、距離一周

一ディスタンス（約一二〇〇メートル）、一着賞金一五〇ドルだった。バタヴィアは、一八六七年一月の根岸競馬場の第一回開催まで折にふれて横浜の競馬に出走して長い競走馬生活を送り、居留民たちの記憶に残された馬となる（第六章第一節）。このようなレースとともに、この秋季開催のレース中にも、春季開催に続いて暴力沙汰の喧嘩が起こった(35)。そのうえに開催終了後、英国代理公使ニール中佐が主催した夕食会でも一悶着あった。アーネスト・サトウの来日先立つこと四ヶ月前の一八六二年五月、英国公使館補助官兼医官として来日していたウィリアム・ウィリス（Wiliam Willis）が、この夕食会のことをつぎのように英国の姉のもとに書き送っていた(36)。

> 競馬があった日に公使館で夕食会が催されました。酒に酔って大変さわがしい会でした。ニールはひどく不愉快になってしまい、それがもとで険悪な空気がながれ、口論が起こる始末です。私はそんな論争に荷担しないと強く拒否しました。とうとうニール中佐の命令で宴会は解散となったのです。

ニールが主導することになった生麦事件の処理に対しては、居留民による「弱腰」などといった反発が強かった。ウィリスも、ニールに対して批判的であった。この競馬開催及び夕食会には、生麦事件をめぐる対立感情を宥和する目的もあっただろうが、その席で、当の事件の話が持ち出され、それをきっかけにニールへの不満が噴出したに違いなかった。競馬の開催は、横浜におけるこういった外交官と居留民、居留民同士の対立を宥和し、相互の円滑な交流をもたらす社交場の役割を果すものとなるはずであった。だが実際は、このように春も秋も逆の様相を呈した。

しかし、このような騒ぎが起ころうが、抜き差しならない対立が生じようが、それも含めて若い居留地横浜にとって競馬は、「本国におけるのと同じ習慣から」、「社会生活の必需品の一つ」として、また上流の雰囲気を味わうためにも、さらには内外の友好の場としても必要だった。この一八六二年は、将来の恒常的な競馬開催に向けての実質的な出発点となった。この春秋の開催を契機として、以下に述べていくように、番組編成、ルールが整備され、競馬ク

表1　1862年春秋開催の出走馬

	日本	中国	マニラ	アラブ	スタッド・ブレッド	不明	計
春季	25	0	1	4	1	9	40
秋季	14	1	2	5	2	1	25
実数計	35(4)	1	2 (1)	7 (2)	2 (1)	9 (1)	56(9)

（　）内は同一馬が両開催にエントリーした数（J.H. 1862・4・26、9・27）。

ラブが結成され、競馬場建設の協議が進められていた。

この一八六二年春秋開催の出走馬は、日本在来産の馬（Japan or Japanese pony. 以下、「日本馬」と記す）を中心に、その他アラブ（Arab）やスタッド・ブレッド（Coloniel and Stud Bred）、あるいは中国産の馬（China or Chinese pony）やフィリッピン産の馬（Manilla pony. 以下、「中国馬」、「マニラ馬」と記す）やギャラウェイ馬（Galloway. 足が早くて競馬に適していた）だった[37]。レース編成は、当時、馬の能力は体高に比例していると考えられていたから、春季は、これら品種による区別ではなく体高の高低を基準にホース（horse）とポニー（pony）にクラス分けして組み立てられていた。このとき日本馬のなかにはホースと分類されてアラブやスタッド・ブレッドと同じレースに出走した馬もいたが、秋季にはホースのレースはアラブとスタッド・ブレッドだけとなり、日本馬はマニラ馬、中国馬とともにポニーのレースに組み込まれた。能力が異なることがはっきりしたからである。春季、秋季にエントリーしたそれぞれの馬の数は、表1のようになる。

日本馬が多数だったのはもちろん入手が容易だったからだが、この日本馬、競走馬としては「劣悪」だった。したがって時間がたつにつれて、ここでは僅かしか登場していない中国馬が導入されていくことになる。先にも述べたように日本馬が、競馬という西洋の身体性に適応できないことが、居留民にとっても大きな問題を生じさせることになる（第一章第二節）。この時点でアラブやスタッド・ブレッドも出走していたのは、すでに軍隊や居留民がそれらの馬を持ち込んでいたからだった。たとえば一八六一年一一月に着任した英国公使付の騎馬護衛隊はアラブやスタッド・ブレッドを帯同してきていた[38]。秋季開催直前の一八六二年九月に発生した生麦事件で薩摩藩士に襲われた男性三名、女性一名の当事者たちが乗っていた馬も、先にふれたように女性は日本馬だったが、男性たちはアラブとスタッド・ブレッドだった。このアラブやスタッド・ブレッドのレースは、一八六八年頃再び行われたのを除けば、この一八六二年だけで、横浜における競馬は明治一〇年代に入るまでは日本馬と中国馬のレースが原則となる。

これらの馬の持主として名を登場させたのは、春季二四名、秋季には春季から一三名が消えて新規の七名を加えた一八名、つまり春秋合わせて三一名の名前があがっていた(39)。実名とは別に馬主名や厩舎名として用いられた仮定名称が多いが、その内実を推測できる人物たちには、ヴァイス（英国領事）、フフナーゲル（C. J. Huffnagel：横浜ホテル経営）、ミー（R. A. Mees：ドコニング・カルスト&レルズ商会）、エリアス（Ellis Ellias：バーネット商会）、ボイル（James H. Boyle：貿易商）、ジェンキンス（Jenkins：英国公使館付医師）、モリソン（W. M. Strachan：ワトソン商会）、ヘクト（H. A. Noordhoek Hegt：ヘクト商会）、テータム（Thomas Tatham：テータム商会）、パトウ（Wm Patow：パトウ商会）らがいた。これら馬主が役員とともに、初期の横浜の様々な場面で中核を担った人物たちだったことはいうまでもない。先のバタヴィアの所有者は、フフナーゲルであった。

レース体系の構築には時間が足りなかったが、その志向はすでにもたれていた。レースに応じて賞金を春季四〇ドル～一〇〇ドル、秋季三〇ドル～二〇〇ドルと格差をつけ、また距離の短・中・長の別をもうけ、品種による能力の違いを意識して番組を編成していた(40)。そして、賭けが成立するには不可欠なこともあって、ルールも、現在でも競馬の世界共通ルールであるニューマーケット・ルールに準拠されていたから(41)、近代競馬としての形態が整えられていた。ただ馬がポニーという点が「本物の競馬」とは異なってはいたが、そのポニーのレースは、上海や香港の「植民地」で実施されていたから、それに範をとっていた。またそれらの競馬、あるいは英国やヨーロッパ、アメリカの競馬を通じて、競馬の何たるかも知っていた。こういった競馬の導入が、先にもで述べたように日本のかつての馬事文化を根底から転倒させていく端緒となった（第一章第二節）。

そしてこの一八六二年には、外交交渉を通じての競馬場設置も現実化していた。かねてから居留民は英国人を中心として、競馬場設置をたびたび要望、それに応えて英国公使オールコックが幕府（神奈川奉行）と交渉、オールコックは、賜暇帰国した三月までには、競馬場を含むレクリエーション・グランド設置の約束を取り付けていた(42)。その交渉を引き継いでいた英国領事ヴァイスが、春季開催後の六月、その協定締結に成功した(43)。協定は、幕府の費用で横浜新田（the newly filled in swamp）にコースを設置し、居留民を代表するレース委員会（Race Committee）が設立されれば、コース使用権をその委員会に委託する、という内容からなっていた。なおこういった協定が結ばれたところをみると、春季開催のコースは、オールコックの約束を前提にしながらも、居留民が、仮の施設として設置したようである。この一八六二年初め（文久二年一月）に埋め立てが終わり、その後もその造成が進められ、それに加えてかつて競馬を行ったことがあるかもしれないこの横浜新田は、その広さと居留地に隣接するという地の利があった。この六月の協定は、その横浜新田へのコース設置を公式に認め、恒久化しようとするものだった。この協定締結の旨が、ヴァイス、ポルスブルック（オランダ）、クラーク（E. Clarke：ポルトガル）、デゥーリィ（F. Dury：フランス）の四ヶ国の領事名、六月一七日付で居留民につぎのように告知された(44)（図7）。

下記に署名した私たちは、ここに以下のことを告知する。かねてからの横浜の居留民たちの要望にしたがって、新たに埋め立てられた沼地（swamp）の一区画が日本政府によって、競馬場用地として提供された。この競馬場用地は、レース・コミッティの管理に委ねられることになる。

この告知を受けて、六月二三日、英一番のジャーディン・マセソン商会のS・J・ガワー邸で開かれた会合には、スターンズ（J. O. P. Stearns：商会名等不明）、マーシャル（W. Marshall：マクファーソン・マーシャル商会）、ブレキマン（Blekman：フランス領事館書記官兼通訳官）、ホープ（C. S. Hope：ジャーディン・マセソン商会）、ブルネ（W. Bourne：アスピノール・コーンズ商会）、テータム、キールらが参加、そして議長には、その日記に一八六〇年九月一日の競馬大会を書きとめていたホール（F. Hall：ウォルシュ・ホール商会）が就いていた(45)。レース・コースに関する評議員（Trustees for the Race Course）にポルスブルック、S・J・ガワー、ホール、ブーレー（L. Boureret：レミ・シュミット商会）、任期一年のレース委員（Race Committee）にポルスブルック、S・J・ガワー、リグビーが、それぞれ就任、ヨコハマ・レース・コミッティ（Yokohama Race Committee）が設立された。そして、これも本国あるいは「植民地」の競馬に倣って、秋季開催に向けて遅くとも同年八月に競馬クラブであるヨコハマ・レーシング・クラブ（Yokohama Racing Club）を設立、秋季開催は同クラブが主催する形態となった(46)。居留民は、このコミッティ、クラブの設立を、ののちのヨコハマ・レース・クラブ（Yokohama Race Club）の起源と記憶するようになり(47)、ニッポン・レース・クラブ（Nippon Race Club）もこの一八六二年からその設立年数を数えることになる(48)。この横浜の競馬が現在のJRA（日本中央競馬会）の源流の一つとなるが、そういった意味でも、このコミッティの設立は、日本における競馬にとって画期となるものであった。

ところがこのコミッティ設立直後から、コースの新たな候補地探しが始められていた。居留民（委員）の間から、横浜新田の地盤が悪く、とりあえず秋季開催は行うにしても、恒久的なコースとしては不適切との声があがり、それが多数の支持をえていたからである(49)。これとともに改めて領事たちと幕府（神奈川奉行）との交渉も行われ、八月

図7　競馬場用地認可の告知

RACE COURSE.

WE have much pleasure in calling attention to the two Circulars hereunder—and to the intimation from Mr. Gower that a meeting to consider the carrying out of the object therein referred to will be held at his house on Monday, at 2 o'clock (Sharp !)

BRITISH CONSULATE,
Yokohama, June 17, 1862.

No. 10.

Whereas the British Community at this Port have frequently expressed a desire to obtain a Race Course; the undersigned begs publicly to notify all those whom it may concern, that he has at length succeeded in obtaining the same and that there is a portion of the newly filled in swamp set apart for that purpose, which will be immediately marked out and placed in possession of the Race Committee when formed.

(Signed) F. HOWARD VYSE,
H. B. M.'s Consul.

Yokohama, June 17, 1862.

We the undersigned, do hereby notify for general information, that a portion of the newly filled in Swamp has been set apart by the Japanese Government for a Race Course, in accordance with the wishes of the Foreign Community at this Port; and it is further notified that the said Race Course when marked out, will be placed at the disposal of a Race Committee.

F. HOWARD VYSE,
H. B. M.'s Consul.

D. DE GRAAFF VAN POLSBROCK,
H N M.'s Consul.

EDWARD CLARKE.
H. M. F. M.'s Consul.

F. DURY,
V. Consul de France.

TO THE FOREIGN COMMUNITY.

F. Howard Vyse, Esq., H.B.M.'s Consul having procured from the Japanese Government a piece of land for a Race Course, free of cost, which will be handed over to such gentlemen as may be appointed to act as a Race Committee, it becomes necessary at once to take steps to secure to the Community the advantages of the bequest so kindly obtained for them through the exertions of the aforesaid gentleman, and in the absence of any other proposition, I would suggest that a meeting be held to discuss the matter and elect said Committee and should no more elegible location offer, I hereby invite the foreign residents to meet for the purpose at my house on Monday the 23rd instant, at 2 P.M. (Sharp !)

S. J. GOWER.

Yokohama, 19th June, 1862.

幕府から競馬場用地が認可されたことの四ヶ国領事名の告知、それを受けての居留民の会合開催の告知（J.H. 1862・6・21）。

には、領事たちが神奈川奉行の役人と協議のうえで候補地を選定し、来春の開催に間に合うように、そこに恒久的なコースを設置するとの合意に達していた(50)。このときに合わせて、横浜新田のコース廃止も取り決められたようである。したがってこの新田のコースは、競馬が確かに実施されたとはいえ、結果的に仮の施設のままで終わったことになる。この頃には、新田の造成工事も完了し、秋季開催後には、本来の目的にそい、居留民に貸し渡されることになっていく。その後、一〇月に入る頃には、おそらく大岡川を挟んで居留地の向こうになる吉田新田のどこかに設置するところまで協議が進み(51)、幕府も一、二ヶ月で候補地を決定できると約束していたようである(52)。居留民たちは、秋季開催の費用とともに新競馬場設置に向けての資金四〇六〇ドルを集め、開催終了後、約二五七八ドルがその設置の寄付金として残された(53)。

そして一〇月一、二日の秋の開催直後、先の合意に基づいて埒（post と rails）が撤去され、コースが廃止された(54)。時あたかも生麦事件（九月一四日）の直後、居留民の東海道の通行が禁止され、そしてその後も居留地襲撃の風説が流れるなかで、東海道に限らず居留地の外に出る遠乗りの危険性が強く意識され、居留地内でのそういった施設の必要性がますます高まっていった。となれば、安全な乗馬の場所が求められる。居留民の間から、つぎのようなコース廃止に対する不満の声があがったのも当然だった(55)。

遺憾なことに、競馬開催後、以前から設置されていたコースの埒が、撤去されてしまった。単なる木材としてみれば、その価値は非常に小さいが、そのまま残されていれば、馬たちにはすばらしい運動場となり、我々横浜の住民にとっても、気分のよい遊歩道として利用できたものである。我々の乗馬の楽しみは、一ヶ月前より大きな制約を受けている。実際の恐怖がないにしても、遠乗りに出かけるには、かなりの不安を伴っている。ビジネスが終わってから食事までの夕暮れ時に、乗馬を楽しむことができなくなってしまった。コースに埒が残されていれば、我々の住居から数分のところで、夕食前に三〇分余りの運動ができる場所を維持できていた……。

（約束されている新競馬場設置が早期に期待できないとするなら）これまでのコースに杭と柵を再び設置し、別のコースが獲得できるまで、使用できるようにしようではないか。費用は取るに足らないものであるから、全部でなくとも多くの横浜の住民が、僅かの寄付を寄せるだけで、大きな恩恵を受けることが確実である。この提案が読者諸兄に受入れられ、これまでのコースを維持するために何らかの方策がとられることを望みたい。

この交渉も生麦事件直後から行われていたが、実現はしなかった。新競馬場用地の方も、一八六三年を迎えようとしている時期になっても、神奈川奉行は確定できずにいた(56)。乗馬もできない、来春の競馬開催もおぼつかないという状態に陥った。これに対して当然、居留民の間からは強い不満の声が起こり、それを受けて外交ルートでも、そういった「遊散の諸処置」が要求されることになった。乗馬は日常的に必要であり、競馬は「社会生活の必需品の一つ」であったからである。

幕府は、この各国公使の要求に対して、平塚―厚木―鶴間―長津田―溝ノ口―世田谷―品川という東海道のルート変更で、彼らの乗馬の道を確保しようとし、一八六二年一二月三一日（文久二年一一月一一日）付でその案を各国公使へ提案した(57)。居留民の「遊散」の強い要求に、とりあえず乗馬の道だけでも確保し、また生麦事件のような大名行列と居留民が衝突する危険を回避するためにも、早急で具体的な対応が必要だったからである。これに対し、英国代理公使ニール、フランス公使ベルクールは、幕府案を基本的に了承した旨を、それぞれ一八六三年一月四日、六日（文久二年一一月一七日、一九日）付で伝えたが(58)、アメリカ公使プリュイン（R. H. Pruyn）からは幕府宛に、一月八日（一一月二一日）付で、付け替えを望まず、山手にそういった道を新たに開くという、後の根岸遊歩新道につながるプランが提案された(59)。そしてこのプランには、その新道とともに遊散場（公園）とそのなかへの競馬場とクリケット・グランド（投毬）設置の要求が付随していた。プリュインは、幕府の提案に理解を示しながら、付け替えは、①東海道沿道の住民の生計に大打撃を与えること、②東海道における外国人との交流が妨げられること、③警護を充分にすれば足りること、④内外民を遠ざける処置は「互に交りて双方の不居合を鎮めし機会を失ハしむる也」、と述べて、つぎのように提案していた。ここには、先にふれた運動に関するイデオロギーを端的にみることができる。

余勘考するに、横浜の岡地に於て十分に大なる一区之地を開き、外国人の居留地となし、且乗馬の為に最勝の場にて遊楽を為す程の道を開くを良とす、其地の中央に公けの遊散場を設け、並乗馬せんと欲する人の為に競馬を乗り試むるの一道を造り、且投毬の遊をなし、且外国人其本国に在て常に為す処の諸遊楽を為すの所とすべし……又余思ふに、上に述たる遊散のための諸処置は、外国人には快かるべし、而して運動或ハ鬱散の為に当今往来する処の東海道にて外国人の乗馬する事は自ら止むべし。

このプリュインのプランを幕府はとりあえず了承、その旨を一八六三年二月一三日（文久二年一二月二五日）付で英国代理公使、フランス公使へ通告し、アメリカ公使との「示談」を要請した(60)。このような「遊散場」のプランは、これより先にも存在していた。先にもふれたように一八六二年三月までには、オールコックが幕府に競馬場を含むレクリエーション用地を要求して、その設置の約束を取り付けていたし(61)、また一八六二年五月山手地区の居留地化を一旦正式に承認したときには、公園設置の要求がそこにも盛り込まれていた(62)。これらがこのときの乗馬と競馬場の問題と組み合わされて拡充したものとなったとも考えられるから、このプリュインの提案に先行して存在していたといえるだろう。いずれにしろ、かなり早い時期から根岸付近への競馬場建設の構想が存在していた。プリュインの提案に基づく折衝が行われ、その結果、遊歩新道の方は山手、根岸、本牧周回の原案に則したものとなったが、「遊散場」の候補地は先にふれた吉田新田のどこかと決定したようである。一八六三年三月の段階では、その来るべき競馬場とレクリエーション・グランドの貸与への対応、その埋め立てと造成の費用の一／一〇を賃貸料と見積って、一〇名のイギリス人が年一〇〇〇ドルを供託するというプランとジョッキー・クラブの設立が協議され、一旦は具体化の方向に向かっていた(63)。

ともかくも一八六三年三月頃までには、居留民の強い要求を受けて、恒久的な競馬場とレクリエーション用地設置そのものが、外交的にも約束されたことになった。だが横浜は、前年からの打ち続く襲撃の風説など攘夷の強い圧力に曝され、また外交的にも生麦事件の賠償問題をめぐる交渉から薩英戦争へと至る緊迫した情勢が続いたためだろう、この具体案自体が中断、棚上げされてしまった。再び、その動きが出て来るのは、翌一八六四年八月のことになる。だがそれ以降の幕府と各国との居留地の整備、拡充をめぐる交渉において、競馬場設置とともに、それとあわせてレクリエーション・グランドを要求する形がとられ、一八六四年「横浜居留地覚書」、一八六六年「横浜居留地改造及競馬場墓地等約書」に競馬場設置が盛り込まれることになるのは、このときの交渉が出発点となっていた。たかが競馬場、レクリエーション・グランドではなく、それは、居留地という空間を構成する要素として欠くことのできない重要な問題だった。

2 ギャリソン競馬――ヨコハマ・レース・クラブへ

一八六二年一〇月以降、組織的な競馬は開催されていなかったが、一八六五年二月二一日、英国駐屯軍が主催して競馬を行う(1)。二年四ヶ月余にわたる中断を経ての再開だった。この競馬は、一八六四年七月に本体が到着した第二〇連隊第二大隊が中心となっていたが、この連隊は香港でも開催を成功させた体験を持っていた(2)。場所は調練場(parade ground)、現在の横浜市中区諏訪町の一帯、近くに「港の見える丘公園」や「外人墓地」を控えた、なだらかな窪地である。出走資格は、一八六二年の競馬とは異なって、アラブやスタッド・ブレッドが除外され、体高の低いポニー(pony)に限定されていたが、ほとんどが日本馬で、後に横浜の競馬の主力となる中国馬はまだ数が少なかった。レースに参加できたのは、駐屯していた軍人だけだったが、この開催は、居留地の行事の様相を呈し、女性も

図８　1865年４月６日調練場（パレードグランド）での第２回ギャリンソン競馬での武士のレース

（『イラストレイテッド・ロンドン・ニュース』1865・7・8。前掲『描かれた幕末明治』138頁）

含めてそのほぼ全員が姿を現していた。ロッタリーのオークションは熱気を帯び、ブックメーカー方式の馬券も発売、新聞には予想記事も掲載され、居留民は久々の競馬に打ち興じた(3)。

かねて競馬再開を熱望していた居留民にとっては絶好の機会だった。競馬の空白期、若者たちは、競馬がもたらす興奮の代替をペーパー・ハントに求めていたという(4)。この駐屯軍の競馬に居留民が参加を希望したのも当然のなりゆきだった。二回目の四月六日の開催には、ユナイテッド・サーヴィス・クラブとヨコハマ・クラブ会員に対してもそのほとんどのレースが開放され、より明確に居留地全般の競馬の色彩を帯びることになった(5)。たとえばこの開催でも婦人財嚢競走が行われたが、そこには陸海軍の士官、ユナイテッド・サービス・クラブ、ヨコハマ・クラブの二一名がエントリーしていた。「ジャパン・ヘラルド」はこの日のことを次のように報じた(6)。

天候不順で順延されたのを受けて（当初四月一日予定）、この日に開催された競馬は、天候にもめぐまれ、多くの観客を集めて成功裡に終わった。グランドスタンドは、前回よりも大いに改善され、横浜のすべての婦人が姿を見せた。彼女らが楽しむ姿は、さらにこの日をすばらしいものとしてくれた。

武士たちによるレースも、この開催で実現した。このレースの模様は、チャールズ・ワーグマンにより英国に発信され、『イラストレイテッド・ロンドン・ニュース』一八六五年七月八日号に掲載されることになった（図8）。なお以下、この駐屯軍主催の競馬をギャリソン競馬（Garrison Race）と呼ぶ。

この調練所は、英国軍の横浜駐屯が本格化していくのを受けて前年の一八六四年八月に貸与が決定されたものだったが(7)、つぎの証言のように、競馬以外のスポーツの場としても、よく利用されていた(8)。

英国海兵隊の軽装歩兵大隊が駐屯する陣営は、広い山合いのくぼ地の片側にあった。そしてその反対側の斜面に、第二〇連隊やその他の部隊が宿営していた。この中央のあき地はすばらしい演習場になったばかりではなく、競馬場やクリケット場、それに連隊が徒競走や騎馬競走などの様々な運動競技をひらく場所となった……ここはすばらしいクリケット場となり、駐屯軍同士、あるいは駐屯軍対海軍、駐屯軍対居留民との間で行われた試合ほど楽しいものはなかった。またここでは競馬も開催され、たくさんの騎手が登場した。

ちなみに、ここで引いた著作の筆者であるポインツ（W. H. Poynz）は、一八六四年六月英国海兵隊の一員として上陸、先の二月のギャリソン競馬第一回のスターターを務めていた(9)。第一次～第三次東禅寺事件、生麦事件、たび重なる横浜襲撃の風説、そして来るべき薩英戦争と緊迫する情勢に対応して、一八六三年七月には幕府も英国、フランス両軍の常時駐屯を認めるなど、横浜には次第に英国軍を中心とする数多くの軍人が存在するようになっていたが、このポインツもその一人だった。駐屯軍の総数は、下関砲撃が行われた一八六四年の約八〇〇〇人は別格にしても、一八六三年後半から明治初期までは一〇〇〇人を下らない数で推移していく(10)。こういった数多くの軍人の存在が、社交や演劇や音楽など横浜の様々な場面を活気づけていくことになるが、スポーツに関しても、まさにそうであった。

西洋の近代の軍隊、特に英国軍の赴くところ、世界各地どこでもスポーツが展開される。とりわけ英国軍の将校は、

図9　1863年10月1、2日開催予定のインターナショナルレガッタのプログラム

No. 8⁄ September 19th. 1863.]

GRAND
YOKOHAMA
INTERNATIONAL REGATTA

TO BE HELD (WEATHER PERMITTING)
ON OCTOBER 1st. AND 2nd. 1863

Managing Committee.

Lieutenant de Vaisseau Barbarin.
Lieutenant Grapow.
Lieutenant Applin.
Captain Kingston.

Programme of Races

FIRST DAY.

ROWING.

No 1.—LAUNCH RACE.—Distance Two miles: Entrance $2. For all Launches not exceeding 42 feet in length.
First Prize $50.
Second Prize $40

No. 2—ADMIRALS' BARGES. Dist. Two Miles. Prize $40 Entrance $2.

No 3.—PINNACE and BARGE RACE.—Distance One mile: Entrance $2. Boats not to exceed 34 Feet in length Admirals' Barges excluded.
1st Prize $40
Second Prize $25
Third Prize $15

No 4.—FIRST CUTTER RACE.—Dist. Two miles. Entrance $2. For Cutters of 12 and 14 oars not exceeding 30 feet in length.
First Prize $40
Second Prize $25
Third Prize $15.

No 5 SECOND CUTTER RACE.—Dist Two Miles. Entrance $2 For Cutters of 8 and 10 oars, not exceeding 25 feet in length.
First Prize $40
Second Prize $25
Third Prize $15

No 6.—FIRST GIG RACE.— Distance Two miles. Entrance $2 For Gigs (Government Boats) not exceeding 34 feet in length Six oars.
First Prize $50
Second Prize $25
Third Prize $15

7.—WHALE BOAT RACE. Distance Two Miles Not exceeding 7 oars Prizes, 1st boat $40, Second $20

No 3.—FIRST CUTTER RACE.—Entrance $2. For Cutters not exceeding 30 Feet in length.
First Prize. $30
Second Prize.— $20

No 4.—SECOND CUTTER RACE. Entrance $2. For Cutters not exceeding 25 Feet in length.
First Prize.—$30 Second Prize.—$20.

No 5.—FIRST GIG RACE. Entrance $2 For Gigs not exceeding 34 Feet in length.
First Prize.—$25. Second $12

No 6.—SECOND GIG RACE Entrance $2. For Gigs not exceeding 27 feet in length.
Prize —$20

No 7.—HOUSE BOATS. Covered. Pulled by Japanese. Prize $10 Distance One Mile.

No. 8—GENERAL RACE Entrance $1 For Boats of All Description.
4 Prizes
The Prizes for this Race will be regulated according to the state of the Funds.

☞ Since the above was prepared all Entries are declared Free.
Whale-boats to be allowed to enter in the Sailing races, their length according.

REGULATIONS.

1.—Application for entrance to be made to the Committee, addressed to the Secretary at Dent & Co's., by noon on Friday the 25th instant, accompanied by a description of the boats' distinguishing Flag

（J.H. 1863・9・19）

自らの身体性を誇示することも、その任務であるかのようにスポーツを行った。身体性の優秀さはスポーツでも示されなければならない。英国資本主義の、そしてその軍事力の世界制覇を象徴するかのように。それは、軍隊で必要とされる身体性とスポーツや近代工場におけるそれとが、身体性を機能効率的に編成するという同一の視線の作用のもとにあったからに違いない。この意味で英国で誕生したサラブレッドはその象徴性を帯びた存在でもあった。彼ら軍人はもちろん、横浜においてもスポーツを行い始めたが、そこに、競馬場やレクリエーション・グランド設置の約束を棚上げされ、運動の機会を制約されていた居留民が参加していくことになった。こうして軍人と居留民のスポーツは、居留地全体が楽しむイベント、そして社交の場ともなっていった。

そのような「催しのはしり」として、一八六三年一〇月五、六日には、軍人が世話人となって準備し、居留民も参加したグランド・ヨコハマ・インターナショナル・レガッタ（Grand Yokohama International Regatta：様々なボートやヨット競技）と銘打たれた競技会が開かれた[11]（図9）。このレガッタと並行して、準備されたフィールド・スポーツ（Field Sports：陸上競技）の方は、中止を余儀なくされたようだが、それも翌一八六四年五月五、六日、山手の英国領事館予定地で実施された[12]（図10）。この陸上競技会には、駐屯軍将校とともにS・J・ガワー（Gower：ジャーディン・マセソン商会）、マクドナルド（J. Macdonald：英国領事館員）、ミラー（J. I. Miller：ジャーヴィ・サーバーン商会）、フレーザー（J. C. Fraser：ロス・バーバー商会）、ダウニー（J. S. Downie：フレッチャー商会）が、その役員として名を列ね、スタン

ドには英国公使オールコック夫妻、アメリカ公使プリュイン、フランス公使ベルクール（Bellecourt）、英国海軍クーパー提督、各国領事全員、そして神奈川奉行一行らの姿があった。

このようにして始まっていた軍人と居留民を交えてのスポーツが、第二〇連隊第二大隊の本体が到着し（一八六四年七月）、英国、フランス、オランダ、アメリカ四ヶ国艦隊による下関砲撃も終了した一八六四年秋頃あたりから、さかんに繰り広げられるようになった。前掲のレガッタやフィールド・スポーツ、そして競馬の他にも、クリケット、射撃、ラケット（テニスの前身）、ボーリングなどが行われ(13)、そのクラブも結成されていく。一八六五年秋にはスイス・ライフル協会（Societe Swisse de Tir）やヨコハマ・ライフル・アソシエーション（Yokohama Rifle Association）の二つの射撃クラブ(14)とラケット・コート・クラブ（Racquet Court Club）が(15)、また翌一八六六年一月にはフットボール・クラブ（Football Club）も設立された(16)。この頃には、他にクリケット・クラブ（Criket Club）の設立の動きもあったという(17)。もちろんこれらのクラブにとって、軍人は主要なメンバーだった。

このようにスポーツが活性化するのと並行して、居留民から先に幕府から約束されたスポーツ施設の設置実現を求める声も強くなっていった(18)。一八六四年三月賜暇休暇から帰任したばかりの英国公使オールコックも、早速幕府との交渉に入り、五月には、競馬やクリケットが可能なレクリエーション・グランド用地の早期設置の必要を再確認させていた(19)。居留民も、その実現の方策を探るべく八月六日の総会を準備した(20)。そしてこの総会で、競馬場並びにレクリエーション・グランド設置という先の約束の履行を幕府に

図10　1864年5月5、6日開催予定のフィールドスポーツのプログラム

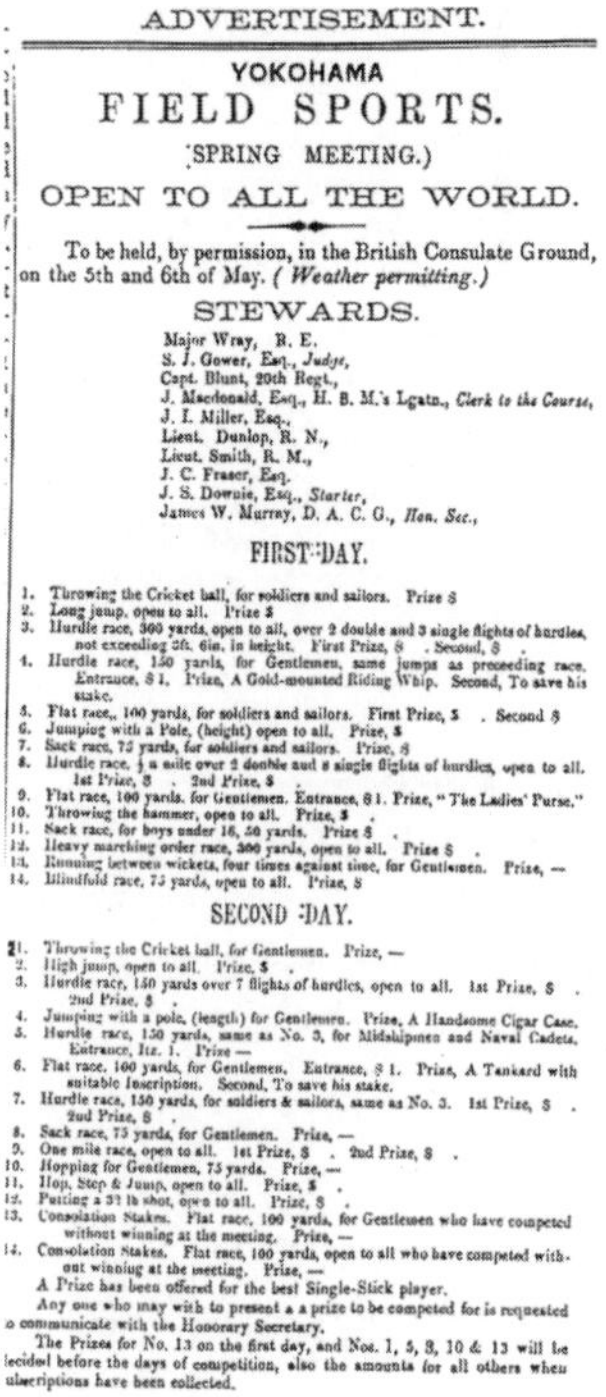
ADVERTISEMENT.

YOKOHAMA
FIELD SPORTS.
(SPRING MEETING.)
OPEN TO ALL THE WORLD.

To be held, by permission, in the British Consulate Ground, on the 5th and 6th of May. (*Weather permitting.*)

STEWARDS.

Major Wray, R. E.
S. J. Gower, Esq., *Judge*,
Capt. Blunt, 20th Regt.,
J. Macdonald, Esq., H. B. M.'s Lgatn., *Clerk to the Course*,
J. I. Miller, Esq.,
Lieut. Dunlop, R. N.,
Lieut. Smith, R. M.,
J. C. Fraser, Esq.
J. S. Downie, Esq., *Starter*,
James W. Murray, D. A. C. G., *Hon. Sec.*,

FIRST DAY.

1. Throwing the Cricket ball, for soldiers and sailors. Prize $
2. Long jump, open to all. Prize $
3. Hurdle race, 300 yards, open to all, over 2 double and 3 single flights of hurdles, not exceeding 2ft. 6in. in height. First Prize, $. Second, $.
4. Hurdle race, 150 yards, for Gentlemen, same jumps as proceeding race. Entrance, $1. Prize, A Gold-mounted Riding Whip. Second, To save his stake.
5. Flat race, 100 yards, for soldiers and sailors. First Prize, $. Second $
6. Jumping with a Pole, (height) open to all. Prize, $
7. Sack race, 75 yards, for soldiers and sailors. Prize, $
8. Hurdle race, ½ a mile over 2 double and 8 single flights of hurdles, open to all. 1st Prize, $. 2nd Prize, $.
9. Flat race, 100 yards. for Gentlemen. Entrance, $1. Prize, "The Ladies' Purse."
10. Throwing the hammer, open to all. Prize, $.
11. Sack race, for boys under 16, 50 yards. Prize $.
12. Heavy marching order race, 300 yards, open to all. Prize $.
13. Running between wickets, four times against time, for Gentlemen. Prize, —
14. Blindfold race, 75 yards, open to all. Prize, $

SECOND DAY.

1. Throwing the Cricket ball, for Gentlemen. Prize, —
2. High jump, open to all. Prize, $.
3. Hurdle race, 150 yards over 7 flights of hurdles, open to all. 1st Prize, $. 2nd Prize, $.
4. Jumping with a pole, (length) for Gentlemen. Prize, A Handsome Cigar Case.
5. Hurdle race, 150 yards, same as No. 3, for Midshipmen and Naval Cadets. Entrance, Itz. 1. Prize —
6. Flat race, 100 yards, for Gentlemen. Entrance, $1. Prize, A Tankard with suitable Inscription. Second, To save his stake.
7. Hurdle race, 150 yards, for soldiers & sailors, same as No. 3. 1st Prize, $. 2nd Prize, $.
8. Sack race, 75 yards, for Gentlemen. Prize, —
9. One mile race, open to all. 1st Prize, $. 2nd Prize, $.
10. Hopping for Gentlemen, 75 yards. Prize, —
11. Hop, Step & Jump, open to all. Prize, $.
12. Putting a 32 lb shot, open to all. Prize, $.
13. Consolation Stakes. Flat race, 100 yards, for Gentlemen who have competed without winning at the meeting. Prize, —
14. Consolation Stakes. Flat race, 100 yards, open to all who have competed without winning at the meeting. Prize, —

A Prize has been offered for the best Single-Stick player.

Any one who may wish to present a a prize to be competed for is requested o communicate with the Honorary Secretary.

The Prizes for No. 13 on the first day, and Nos. 1, 5, 8, 10 & 13 will be lecided before the days of competition, also the amounts for all others when ubscriptions have been collected.

（D.J.H. 1864・4・14）

図11　居留民代表による七ヶ国領事に対する競馬場、レクリエーション用地に関する1864年８月16日月要請書

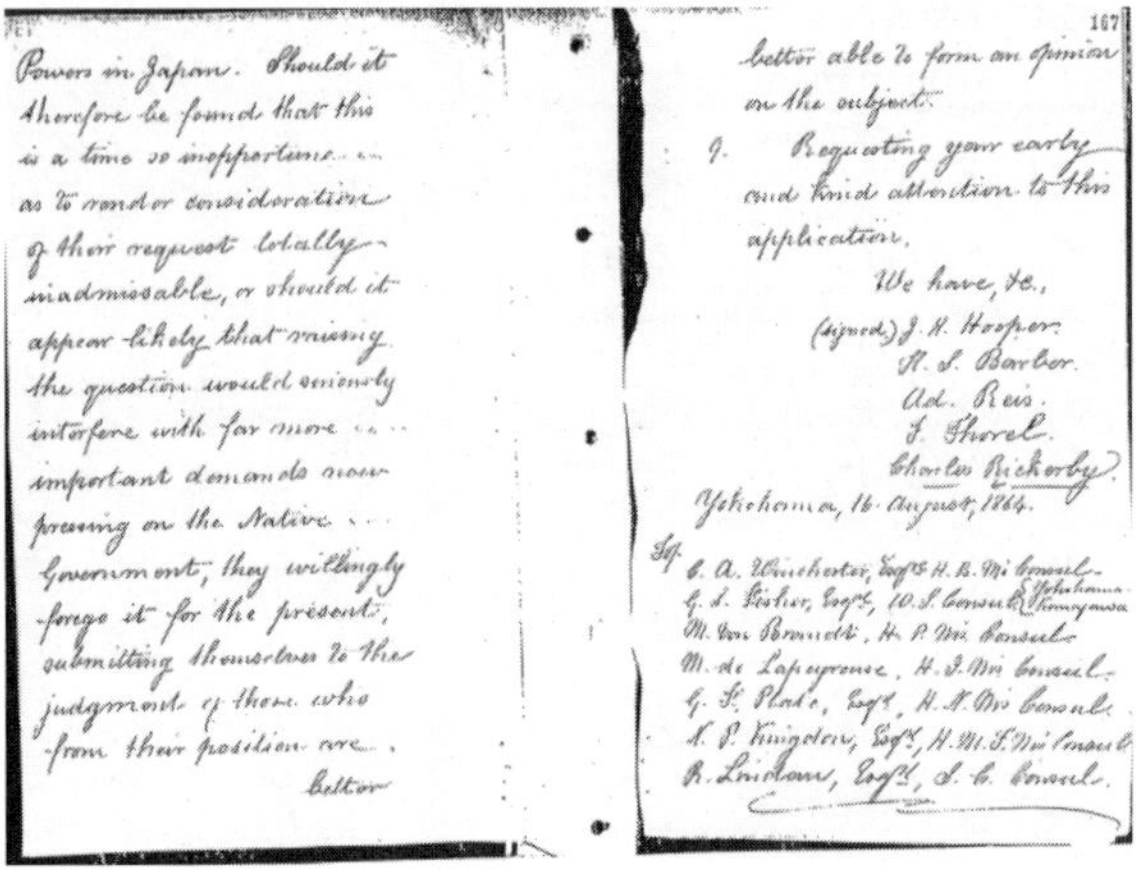
Powers in Japan. Should it therefore be found that this is a time so inopportune as to render consideration of their request totally inadmissable, or should it appear likely that raising the question would seriously interfere with far more important demands now pressing on the Native Government, they willingly forego it for the present, submitting themselves to the judgment of those who from their position are better

167

better able to form an opinion on the subject.

9. Requesting your early and kind attention to this application,

We have, &c.,

(signed) J. H. Hooper.
H. S. Barber.
Ad. Reis.
J. Thorel.
Charles Rickerby.

Yokohama, 16 August, 1864.

To
C. A. Winchester, Esq. H. B. M's Consul.
G. S. Fisher, Esq., U. S. Consul, Yokohama Kanagawa
M. von Brandt, H. P. M's Consul.
M. de Lapeyrouse, H. I. M's Consul.
G. S. Plate, Esq., H. N. M's Consul.
S. P. Kingdon, Esq., H. M. S. M's Consul.
R. Lindau, Esq., S. C. Consul.

J.H. フーパー、R. リカビーらの署名が見える（Copy of a letter from Committee of Residents respecting a Race–Course etc., Aug.16,1864, F.O.262. Vol.80. Inc. in Winchester's Desp.No.59 of Aug.20,1864. 横浜開港資料館所蔵）。

要求していくことを決議、レース・コース・コミッティ（Race Course Committee）としてフーパー（H. J. Fooper：オーグスチン・ハード商会）、バーバー（J. S. Barber：ロス・バーバー商会）、ライス（A. D. Reis：シュルッ・ライス商会）、ホール（T. Hall：ウォルシュ・ホール商会）、リカービー（C. Rickerby：西インド中央銀行支配人）の五名を選出、八月一六日付で英国、アメリカ、プロシャ、フランス、ポルトガル、オランダ、スイスの七ヶ国領事団に陳情書を提出した(21)（図11）。ときは、四ヶ国連合艦隊の下関の遠征直前であり、関門海峡の航行の安全保証、前年の長州藩による外国船砲撃に対する懲罰、賠償金、幕府による横浜鎖港の要求の撤回、居留民の安全の確保、通商の権利の保証などをめぐって緊張のピークを迎えていた(22)。英国、アメリカ、フランス、オランダ四ヶ国連合艦隊が、下関に向けて横浜を出航したのは、八月二八日だった。この陳情書は、その外交交渉が優先するとしながらも、幕府負担によるグランド設置を強く求めたものだった。また、この年一二月幕府と各国間で締結されることになる「横浜居留地覚書」に向けての交渉が開始されており、居留民の間からも上下水道、道路といった居留地の生活環境の整備拡充、改良を要求する声が高まっていたが、競馬場並びにレクリエーション・グランド（運動場、公園）獲得もその一環として存在していた。それも横浜という居留地の空間を構成する要素として欠くことのできないものであった。実際、かねてから居留民は、「衛生という科学」とともに、スポーツ・運動が、仕事のストレスの解消や精神のリラックスをもた

らし、健康を増進させる、その不足がストレスと病気を引き起こす、といった言説を展開し(23)、特に英国人の場合は、そのアイデンティティさえもスポーツを行うところに求めるかのように振る舞っていた(24)。居留民たちは、先の七ヶ国領事団宛の陳情書のなかでも、つぎのようにそのことを述べていた。

アジアにおいて西洋人が居住するすべての都市には、そのようなグランドが設置されている。そこでの経験が立証しているように、運動とレクリエーションの機会が与えられることによって、居留民の健康状態は良好なものとなる。最近の横浜の人口の急激な増大は、喜望峰以東の西洋人が居住する都市と同じように、そういった施設の必要性をますます高めている。

こういった、「スポーツ、運動の科学」は、西洋においても新しいイデオロギーに属していたが、居留地の設計図を描いていくうえで、居留民はその最新の「科学」を武器に、スポーツ、運動の施設も不可欠の要素だと訴えていたのである。一八六三年一月のプリュインの「遊散場」の要求もこの文脈のなかにあったことは、前節にふれた通りである。もちろん私たちは、そういった「科学」とは無縁だったが、それを我が物としていこうとするとき、「文明開化」が始まる。この八月一六日付の居留民の陳情に対して、先にふれたように外交的にすぐ対応することは困難な状況だった。七ヶ国領事団としては、遅れて一〇月四日付でその全面的支持を表明することになるが、英国領事ウインチェスター（C. A. Winchester）は素早く反応した。八月二〇日付で、ウインチェスターは、その陳情書をオールコックに回送、「居留民のよりよい生活のために非常に重要な問題の一つである」、と幕府高官との早期協議を求めた(25)。オールコックも同二〇日付で回答を寄せ（図12）、それが八月二六日、コミッティのフーパーに示された(26)。オールコックは、そのなかで、居留民の要求がかねての幕府の約束の履行を求めた正当なものであること、そしてオールコック個人に対しても一八六二年にそういった施設の設置が確約されていたので実現に責任を負っていること、直前に

図12　競馬場設置に関する外交交渉の現状報告が行われているオールコックの外交文書

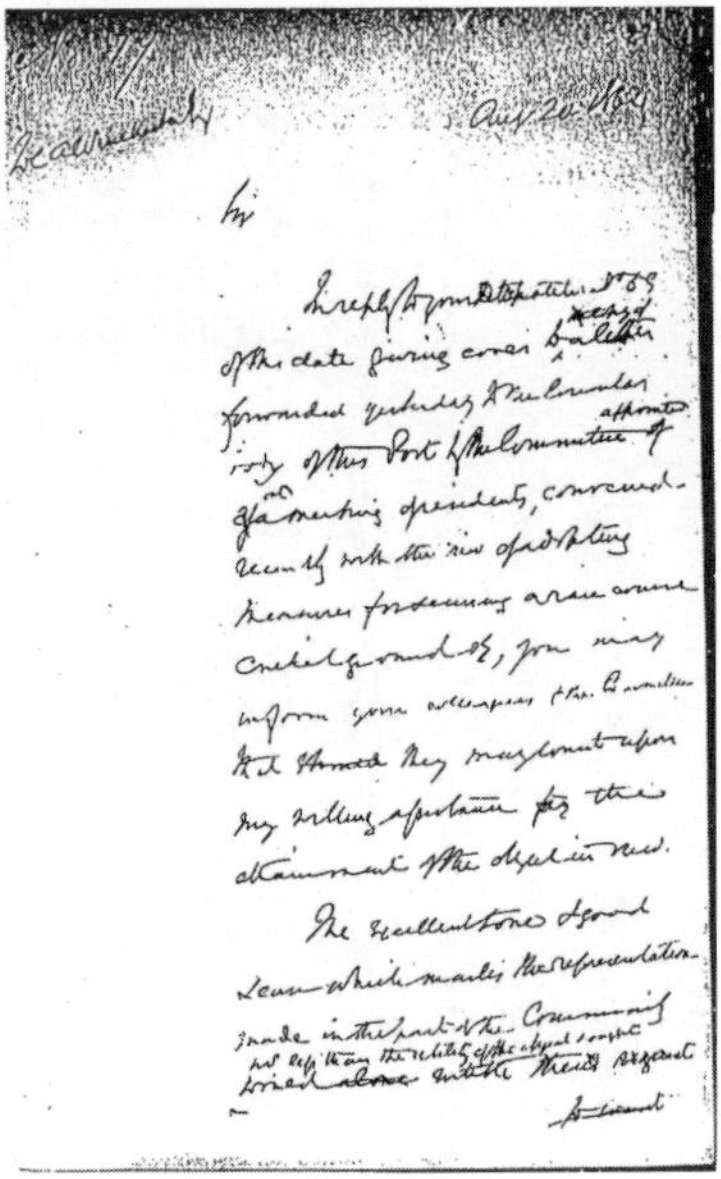

（F.O.262.Vol.80.From Alcock to Winchester. No.17.of Aug.20, 1864．横浜開港資料館所蔵）

幕府の高官とその交渉を行ったが、今は他の重要案件を優先しなければならないこと（前にふれた外交交渉）、だが今までの感触では幕府の反応は決して悪いものではなく早期の実現の可能性があること、候補地については、オールコック個人としては居留民が希望する居留地に隣接した場所（in the swamp）よりも根岸村への建設が望ましいとの考えを持ってはいるが、これについては領事団と居留民の選択に委ねる、との判断を述べていた(27)。

オールコックは、居留民の意向が決定するまでは、この根岸案で幕府と交渉を続けた。九月八日（元治元年八月八日）、居留地横浜の都市環境の整備、改良を目的とした「覚書」締結に向けて、オールコックと幕府外国奉行、神奈川奉行らとの間で、交渉が開始された。下関砲撃は九月五日に始まっていたが、その軍事力を背景に、オールコックは、強硬な態度で交渉に臨んでいた。その第一回会談の際、オールコックの要求を受け、つぎの事項が確認された(28)。

日本政府にて此後取極むる馬に乗るに尤便利にして景色良き且運動のため根岸の方へ広き道を造る事を承諾せり。右道は、居留地より郷地まで曲道に造るべし。此道を差向け日本政府の入費にて拵へ清潔に為し置くべし。右は方今国中不折合に付、外国人東海道を遊歩する代り右道を遊歩させせしめんためなり。其道は粗き砂を敷き清潔に為し且其道巾は廿三尺より狭くあるべからす。山道に接し周囲一マイルの競馬場を造るべし。右馬場の地代は外国商人より払ふべし。

また九月二二日付の「対日政策に関する覚書（Memorandum on Foreign Policy in Japan）」のなかでも、江戸開市の放棄及び外交団以外の外国人の東海道旅行権の放棄の代償として、全長四～五マイルの道路（遊歩道）と娯楽のためのグランドの設置を要求していた(29)。このオールコックの新たな候補地提案を含む回答を受けて、フーパーとウィンチェスターとの間の協議を挟み、改めて九月二日に、居留民は住民大会を開いた(30)。先のレース・コース・コミッティの役割は、各国領事団に陳情書を提出することに限定されたものだったので、ここで、コミッティに候補地選定交渉に関する権限を付与することを決めた。また建設費用に関しては、改めて大会を開くことも確認していた。

この新たな使命を帯びたコミッティは、各国領事団からの回答がない限り、正式に動くことができなかったが、一〇月四日付で、最大限の支援を行うとの回答を受け取った。その間も、コミッティは手をこまねいていたわけではなく、対応を進め、ボンド中尉（Liet Bond：英国陸軍工兵隊）の協力をえて調査を行っていた。早ければ九月下旬には、候補地をおそらく一八六三年春頃に一旦外交的に確約されたものの延長線上に、吉田新田の新道と金沢道の間挟まれた一帯（on the farther side of the canal between the new road and the road to Kanazawa）と決定し、それを英国領事ウィンチェスターに伝えていた。だがこの吉田新田案も、実現させようとすれば現に耕作されている土地であり、その収用には様々な困難が待ちかまえていたから、幕府側は拒絶したようである。また幕府側も別の候補地の提案を行ったが（地名不明）、こちらの方は居留民が不適当と却下していた。そして、前述のオールコックのプラン、あるいは先にふれた一八六三年一月のアメリカ公使プリュインの提案にもあった遊歩新道と組み合わせて競馬場及びレクリエーション・グランドを根岸付近に設置するというプランも、居留民からは居留地から遠いという声があがり、一方幕府の方でもこの時点では山手方面への居留地の拡大を阻止したかったから、これも退けられた形となり、「覚書」締結交渉の過程で消えることになった。

残るは、先の居留民の八月一六日付の陳情書に盛り込まれていた、吉田新田一ツ目沼を埋め立て、そこに競馬場と調練場を組み合わせて設置するといった案だった。そして遅くとも一一月八日前後には、遊歩道は原案通り根岸の丘から本牧を通る周回ルートとし、競馬場及びレクリエーション・グランドに関するものは、それを受ける形で、内外の軍隊の調練場をかねて一ツ目沼を埋め立て設置することで合意された。かなりの時間を要することが予測されるにしても、居留地に隣接したものを希望する居留民の意向に、オールコックが応えたことになった。

この時期の最大の外交懸案は、条約勅許、横浜鎖港要求の撤回、貿易制限の撤廃、下関遠征の事後処理であった。交渉を主導していたオールコックは、下関遠征で四ヶ国連合艦隊が見せつけた圧倒的軍事的優位を背景に、幕府に強硬な姿勢で臨み、これらの諸問題に関して大きな外交的成果をあげていた(31)。これと並行して九月九日、一〇月二四日、一一月九日とオールコック、アメリカ公使H・プリュインらと幕府外国奉行、神奈川奉行らとの間で行われた居留地横浜の都市環境の整備、改良を目的とした「覚書」締結に向けての交渉も、前述の競馬場、遊歩道の合意にも示されているように、オールコックの要求を受け入れたものになっていた。

オールコックは、下関遠征後、軍事行動を懸念する本国からの帰任命令を受け取り、その離日が、一二月一八日に予定されていた（実際は一二月二四日となった）が(32)、オールコックはその残された一ヶ月余りの間に、競馬場及びレクリエーション・グランド、遊歩新道などの実現に向けて一歩を踏み出すように、幕府に対して強く申し入れた(33)。幕府は、このオールコックの要求を基本的に受け入れる姿勢をとった。この頃には、幕府がオールコックに寄せる信任も厚いものになっており(34)、責任を問われて帰任する格好となったオールコックの功労に報いる意志も働いていたと思われる。山手、本牧地区を周回する遊歩新道は、覚書締結前の一一月中から工事に入り、オールコック離日前に、一部が竣工、翌年には拡幅工事が行われ、馬や馬車が行き交う道となる(35)（図13）。私たちがそれまで知ることのなかった乗馬や馬車という文化が生み出した道であった。また競馬場及びレクリエーション・グランド、調練場に関しては、必要費用を見積もり、近く取り掛かるとの回答を行っていた(36)。その用地は、周囲一マイル、建設費用は幕府が負担、借地料は調練場に関しては無料、競馬場及びレクリエーション・グランドの部分は、その後の交渉によって決める、というものであった。

一二月一九日、「横浜居留地覚書」がオールコックら四公使と幕府との間で締結された(37)。競馬場及びレクリエーション・グランドは、つぎのようにその第一、遊歩新道は第十一に盛り込まれていた。

> 第一　周囲日本里程十八町英法一里（マイル）にして、既に方位ハ示し置たる掘割の向なる地所を、各国人の調練場、且当地居留の外国人競馬の為に、永々免し給ん事、右地所は、当今沼地なるが故、日本政府其失費にて埋立らるべし。且此地所は双方の調練場なるが故、此地租は払ふ事なしといへども、競馬の為に設くる外面周囲の地租は、追て取極め払ふべし。
>
> （略）
>
> 第十一　当今懸念の場合も有之に付、日本政府にて、外国人の東海道出行成るべく丈省かん為めに、日本政府にて、長サ四五メートル巾二十フートに減せさる善き街道を、外国人運動の為めに、根岸村を通し円転し、既に差出したる図の如く且高官ゼニーマヨールレー（Major Wray）の見込にて、既に取掛たる工作に従て営む事、並右街道の日本政府の費用にて贖ふべし。
>
> （略）

こうして居留民が久しく待望した競馬場及びレクリエーション・グランドが、条約として確約された。この間のオールコックの尽力は、「ラザフォー

図13　遊歩新道の不動坂から根岸湾を望む

（横浜開港資料館『F．ベアト幕末日本写真集』横浜開港資料普及協会、1987年、24頁）

ド卿の帰任（一八六四年三月）以来の仕事の中で、居留民に有益なことが一つあった」と記憶されるものとなった(38)。オールコックは、帰路に立ち寄った長崎でも、同地の居留民の要望を受けて、横浜の前例を根拠に長崎奉行に競馬場設置を要求した(39)。後任の英国公使パークス（H. Parks）もそれを引き継ぎ、幕府も要求に応える意思を持っていたことで実現寸前まで交渉は進んだこともあったが、最後の詰めで折り合わず、一八六七年で事実上断念された。

居留民は、「横浜居留地覚書」締結後、すぐに埋め立てが開始され、競馬場とレクリエーション・グランドが早期に実現されると考えていたようだが、未着工の状態が続く。居留民は不満の声をあげ、一八六五年五月二日付で英国領事代理マーカス・フラワー（Marcus Flower）、アメリカ領事フィッシャー（Geo S. Fisher）に対して今後の見通しの情報提供の要請を行い、それを受けて両領事は幕府（神奈川奉行）に工事の即時開始を強く申し入れ、着工の言質を引き出していた(40)。だが、その後も棚上げの状態が続き、着工される兆しも見えなかった。冒頭に述べた一八六五年二、四月に駐屯軍が競馬を行ったのが、こういう状況のなかでのことであったから、居留民たちがそこに参加を熱望したのも当然のなりゆきだった。

だがそのコース、である。調練所跡の諏訪町を訪れて見るとわかるが、競馬が行われたとは信じられないほどの狭い所である。当時の記録を見ても一／二マイルレースで三周しているから、一周約二六七メートルしかなかったことになる(41)。このコースの狭さもあり危険を回避するためだろう、一八六五年二月の開催では全六レース中四レースが、スピードがそれほど出ない障害レース（コース内に障害を置いた hurdle race と野外も利用する steeple chase race）であった(42)。これでは平地レースはいうまでもなく、障害のレースでも事故が多くなるから、つぎのように早期の新競馬場実現を望む声が大きくなったのも当然だった(43)。

事故のために数人の騎乗者がけがを負ったことは遺憾であった。しかし、このコースの形態を考えれば、驚くことではない。落馬した人たちが、すぐに治ること、また横浜が、以前から確約されているコースをできるだけ早く獲得できることを期待したい。

とりあえず別のコースでの実施が必要だった。実際、ここ調練場での競馬は一八六五年二月、四月の二回で終わる。もっとも先にふれたように、クリケット、陸上競技、フットボールなどには、その後も使用され続けた。

新たなコースの候補地は、第二回の開催の頃にはすでに存在していた。それは根岸村字立野の鉄砲場（Rifle Range：現・横浜市中区大和町商店街一帯、図14）。この鉄砲場設置の交渉は一八六四年一一月（元治元年一〇月）に一応成立、翌年四月（元治二年三月）設計案が老中から了承されて(44)、竣工したものだった。そしてここに競馬のためのコースを設置しようというプランが、その建設中か、あるいは完成直後に浮上してきて実行に移された(45)。これより先の三月、この鉄砲場の情報を駐屯軍の調練場設置と聞いた居留民は、一八六二年に集められていた新競馬場建設のための資金二〇〇〇ドルの提供も含めて、早速協力を申し出ていたから(46)、たとえそれが誤解だったとしても、こういった声も直接、鉄砲場へのレース・コースの設置を促すものになっていただろう。また、この年の一〇月設立されるスイス・ライフル協会やヨコハマ・ライフル・アソシエーションもここを競技場とし(47)、後の一八七三（明治六）年にはヨコハマ・アマチュア・アスレチック・クラブ（Yokohama Amateur Athletic Club：一八七二年設立）の陸上競技のコースも建設されことになる(48)。ここでも山手の調練場と同じように軍事施設が、スポーツの場として利用された。J・R・ブラックは、この鉄砲場（射撃場）についてつぎのように述べている(49)。

図14　現・JR根岸線山手駅前大和商店街のライフルレンジ

(F.E. 1870・9・16)

また日本人は、本牧の谷に深く入りこんだ入り江の一つを、射撃場と

図15　1865年12月６日開催予定のギャリソン競馬のプログラム

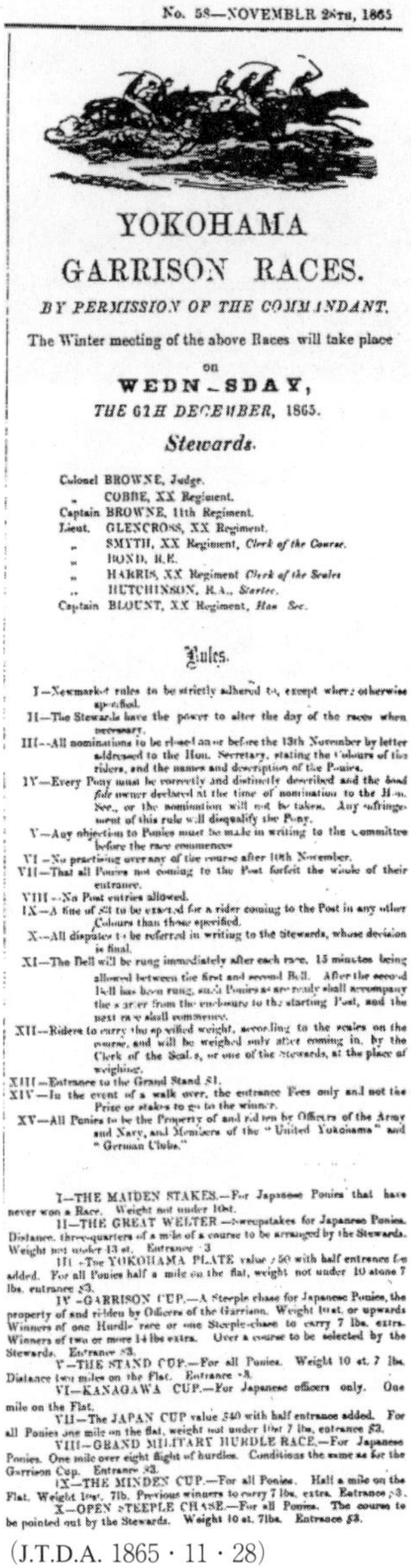
No. 58—NOVEMBLR 28TH, 1865

YOKOHAMA
GARRISON RACES.

BY PERMISSION OF THE COMMANDANT.

The Winter meeting of the above Races will take place
on
WEDN-SDAY,
THE 6TH DECEMBER, 1865.

Stewards.

Colonel BROWNE, Judge.
" COBBE, XX Regiment.
Captain BROWNE, 11th Regiment.
Lieut. GLENCROSS, XX Regiment.
" SMYTH, XX Regiment, *Clerk of the Course.*
" BOND, R.E.
" HARRIS, XX Regiment *Clerk of the Scales*
" HUTCHINSON, R.A., *Starter.*
Captain BLOUNT, XX Regiment, *Hon Sec.*

Rules.

I—Newmarket rules to be strictly adhered to, except where otherwise specified.
II—The Stewards have the power to alter the day of the races when necessary.
III—All nominations to be closed on or before the 13th November by letter addressed to the Hon. Secretary, stating the Colours of the riders, and the names and description of the Ponies.
IV—Every Pony must be correctly and distinctly described and the *bona fide* owner declared at the time of nomination to the Hon. Sec., or the nomination will not be taken. Any infringement of this rule will disqualify the Pony.
V—Any objection to Ponies must be made in writing to the Committee before the race commences.
VI—No practising over any of the course after 10th November.
VII—That all Ponies not coming to the Post forfeit the whole of their entrance.
VIII—No Post entries allowed.
IX—A fine of $3 to be exacted for a rider coming to the Post in any other Colours than those specified.
X—All disputes to be referred in writing to the Stewards, whose decision is final.
XI—The Bell will be rung immediately after each race, 15 minutes being allowed between the first and second Bell. After the second Bell has been rung, such Ponies as are ready shall accompany the starter from the enclosure to the starting Post, and the next race shall commence.
XII—Riders to carry the specified weight, according to the scales on the course, and will be weighed only after coming in, by the Clerk of the Scales, or one of the Stewards, at the place of weighing.
XIII—Entrance to the Grand Stand $1.
XIV—In the event of a walk over, the entrance Fees only and not the Prize or stakes to go to the winner.
XV—All Ponies to be the Property of and ridden by Officers of the Army and Navy, and Members of the "United Yokohama" and "German Clubs."

I—THE MAIDEN STAKES.—For Japanese Ponies that have never won a Race. Weight not under 10st.
II—THE GREAT WELTER.—Sweepstakes for Japanese Ponies. Distance, three-quarters of a mile of a course to be arranged by the Stewards. Weight not under 13 st. Entrance $3
III—The YOKOHAMA PLATE value $50 with half entrance fee added. For all Ponies half a mile on the flat, weight not under 10 stone 7 lbs. entrance $3.
IV—GARRISON CUP.—A Steeple chase for Japanese Ponies, the property of and ridden by Officers of the Garrison. Weight 10st. or upwards Winners of one Hurdle race or one Steeple-chase to carry 7 lbs. extra. Winners of two or more 14 lbs extra. Over a course to be selected by the Stewards. Entrance $3.
V—THE STAND CUP.—For all Ponies. Weight 10 st. 7 lbs. Distance two miles on the Flat. Entrance $3.
VI—KANAGAWA CUP.—For Japanese officers only. One mile on the Flat.
VII—The JAPAN CUP value $40 with half entrance added. For all Ponies one mile on the flat, weight not under 10st 7 lbs, entrance $3.
VIII—GRAND MILITARY HURDLE RACE.—For Japanese Ponies. One mile over eight flight of hurdles. Conditions the same as for the Garrison Cup. Entrance $3.
IX—THE MINDEN CUP.—For all Ponies. Half a mile on the Flat. Weight 10st. 7lb. Previous winners to carry 7 lbs. extra. Entrance $3.
X—OPEN STEEPLE CHASE.—For all Ponies. The course to be pointed out by the Stewards. Weight 10 st. 7lbs. Entrance $3.

（J.T.D.A. 1865・11・28）

して設計した。そこには、高台になっている二つの長い突出部に囲まれ、その突端の丘が削られ、仕上げをされた。標的が置かれると、東洋における最良の小銃射撃場の一つとなった。二つの突出部の間の広い空地は、両側を深い溝に囲まれている。それは、約一千ヤードの距離があった。これは日本人、外国人を問わず、使用されることになっていた。その地所の一部は、排水がよくされ、適当に草を繁らせて、競馬場として使われた。

この施設を持ったことで、早くも六月一五、一六日には競馬の開催が準備され、プログラムの作成、エントリーの発表も行われた(50)。実際の第一回の開催は、天候不順のためたびたび延期されて、八月一六、一七日となるが(51)、第二回は一二月六日（図15）、第三回は翌一八六六年三月二七日、第四回は五月八日、第五回は一二月九日と引き続いて行われていく。ここでの競馬は次節でも述べるが、開催を重ねるにしたがって、各レースが目的を持って番組が編成されるようになり、また負担重量の軽量化も進むなど競技スポーツとしての性格も強まっていく。だがコースそのものとしては、ここも、障害レースはまだしも平地レースは直線コースを往復する形態で、長さに関しては調練場よりはましとはいえ、「両方とも平地競馬にはみじめな、当座しのぎのものだった」(52)。この鉄砲場へのコース設置を、「横浜居留地覚書」実現の遅延の理由とされることを懸念する声が、つぎのように当初から存在していた(53)。

この射撃場設置には賛成だが、ここを競馬場として使用することには反対する。というのは、そういったアイデアや意見があるのはわかるが、よく考えれば、ここを間に合わせの競馬場とすれば、横浜居留地覚書で確約された競馬場建設を遅延させる口実を、幕府に与えることになるからである。そのような事態は断固認めてはならない。私たちが静観し、外交団がこのまま遅延を容認するようなことになるのは避けなければならない。もしこのような妥協が図られようとしているのであれば抗議する。

オールコックの後任のパークスが着任したのは七月だったが、パークスを待ち受けていたのは、条約勅許、兵庫開港・大坂開市、輸入関税の改訂の問題だった。これらの要求の実現をはかるべく、パークスは一一月、連合艦隊を率いて兵庫沖に赴き、その軍事力を背景に大坂で幕府との外交交渉に入ることになる(54)。この懸案と長州藩への対応(いわゆる第二次征長問題)が絡み合い、外交交渉は、幕府にとっても、反幕府側の長州や薩摩藩にとっても、政治の主導権の帰趨がかかる重大な局面となっていた。居留民は、このような政治、外交の緊迫した状況を認識、理解を示しながらも、競馬場及びレクリエーション・グランドの早期実現をはかるべく、吉田新田一ツ目沼埋め立ての一刻も早い着工を求めていた(55)。

こういった居留民の声を受けて、パークスは、一一月、大坂での外交交渉の場でもこの競馬場用地問題を持ち出していたが(56)、江戸にもどってからその交渉再開を確約させたようである。またこの頃(慶応元年一〇~一二月)、居留地西側の海岸地区日本人街を新たに居留地とすることなど、日本側にとって不利な条項が含まれる「横浜居留地覚書」の改訂交渉も始まっていたが、そのなかで、競馬場の早期実現という課題を前に吉田新田一ツ目沼埋立案が再検討されたとき、パークスは居留地隣接ということより早期実現を選択、翌一八六六年一月(慶応元年一一月)、公使団

（パークス）側から幕府に対して、「調練輪乗馬場」の吉田新田一ツ目沼から「山手」への変更が申し入れられた(57)。これは幕府の利害とも一致していた。幕府は覚書改訂交渉を円滑に進ませるための切札として山手地区の居留地化を決断していた(58)。こうして懸案の競馬場設置問題は実現に向けての歩みを開始することになった。一八六四年以来の競馬場設置をめぐる経緯を、同時代のジャーナリストとして見守っていたＪ・Ｒ・ブラックは、つぎのように回想していた(59)。

一八六四年（元治元年）頃、神奈川奉行とラザフォード・オールコック卿との間に、協定が出来、居留地裏の塩水沼沢地を埋め立て、これを、みごとな空地を取り囲む競馬場に変えて、日本人と外国人の両方の用に供しようという契約がされていた。この競馬場は、相当な額で、競馬クラブに貸し付けられ、その囲い地は、すべての娯楽目的に無料で使用させることになっていた。

こういう土地を持たないことは、実に不便だった。というのは、もとの居留地と堀割との間の沼沢（太田屋新田）の一部がだんだんと埋め立てられ、こうして、開拓された土地は、その使用者が決まり、建物が出来るまでの間は、クリケットその他の訓練用に用いられた。けれども、われわれはまだその借地権もなく、その土地は次第にわれわれの手から離れていった。居留地の背後の敷地をミシシッピ湾（根岸湾）近くの競馬場と交換しようという提案がされたという噂を聞き始めたのも、この頃（一八六六年初春）であった。というのは、沼沢地（吉田新田一ツ目沼）を埋め立てて、競馬場を作るよりも、この方がはるかに容易に出来、またずっと少ない費用で出来るわけだから、この相談は決まった。そして、確かに現在の競馬場（根岸競馬場）は、居留地からたっぷり二マイルと離れているが、その敷地が美しいので、目立っていると同時に競馬場という目的に、まことにみごとに適ったものであった。

居留民も、今回はいよいよ実現に向かっているとの判断で動き出した。一八六六年三月九日（慶応二年一月二三日）、この問題に関する住民大会を開催した(60)（図16）。一八六四年九月二日以来のことだった。先の一八六四年八月に選出していたレース・コース・コミッティのリカービー（C. Richerby：西インド中央銀行、この日の書記）による一八六三年三月から一八六五年五月までの競馬場問題に関する経過報告を受けて、一八六二年新コースの建設資金として寄付された約二五七八ドルの管理をこの日選ばれる新コース・コミッティ（以下、「コース委員会」と記す）へ移譲すること、競馬場並びにレクリエーション用地獲得に関する権限をこのコース委員会に付与することを決議、新コース委員としてマイバーグ（F. G. Myburg：英国領事、この日の議長）、リンダウ（R. Lindau：スイス領事）、フレーザー（J. C. Fraser：ロス・バーバー商会）、ストラチャン（W. M. Strachan：トーマス・ストラチャン商会）、マルコム（W. A. Malcom：ハドソン・マルコム商会）の五名を選出した。なおこの日の出席者にはその他、マクファーソン（Macpherson：マクファソン・マーシャル商会）、デヴィエス（G. R. Davies：アダムソン商会）、ウィンスタンリー（A. Winstanly：シャウ・カル商会）、リカード（J. G. Ricard：オリエンタル銀行）、スミス（W. H. Smith：ヨコハマ・ユナイテッド・クラブ）、エリアス（T. Elias：バーネット商会）、ユール（A. H. Yule：ロス・バーバー商会）らがいた。

根岸村の候補地は、窪地が入り込んだ台地で、コースとして使用するには、様々な工事が必要とされ、またここに存在する田畑の買収、補償（「御年貢引方作徳御手当」）も行わなければならなかった。さらに、ここは遊歩新道のルートにもあたっていたので幕府は用地変更を申し入れたが、三月八日選出の新コース委員会を代表とする居留民側は、新道の付け替え工事、候補地での建設を要求、幕府もこれを入れ、慶応二年三月（一八六六年三～四月）には、遊歩新道のル

図16　1866年3月9日英国領事館での根岸競馬場建設案に関する協議会開催の告知

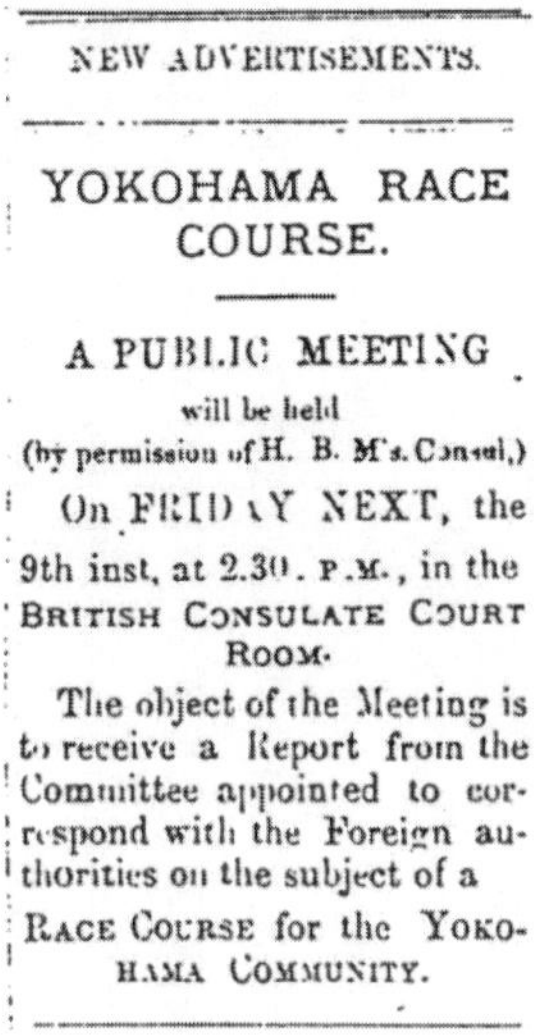
NEW ADVERTISEMENTS.

YOKOHAMA RACE COURSE.

A PUBLIC MEETING will be held (by permission of H. B. M's. Consul,) On FRIDAY NEXT, the 9th inst, at 2.30 P.M., in the BRITISH CONSULATE COURT ROOM.

The object of the Meeting is to receive a Report from the Committee appointed to correspond with the Foreign authorities on the subject of a RACE COURSE for the YOKOHAMA COMMUNITY.

（J.T.D.A. 1866・3・7）

ート内にある根岸村（現・横浜市中区根岸台）に設置することを内定、交渉にあたっていた神奈川奉行はその旨を勘定奉行に申稟した(61)。これを受けて同四月（陽暦五月から六月）、小栗上野介忠順ら勘定奉行は、同意を与えた(62)。同四月、神奈川奉行（早川能登守）は、競馬場の年間借地料を一〇〇坪当たり一〇ドルとして総額一四五六両余（一八七二ドル余）、「御年貢引方作徳御手当」分を六四八両三分余（八三三ドル余）、幕府利益分を八〇七両余（一〇三七ドル余）と見積もって、交渉を進めていくことを、外国奉行（柴田日向守ら）宛に上申した(63)。居留民たちは、八月半ば（陽暦九月末）までの競馬場竣工を要求、英国駐日公使H・パークス（Parks）も、早期着工への圧力をかけていた(64)。これに対して、神奈川奉行は、在日各国公使が、「横浜居留地覚書」第一条に盛り込まれた吉田新田一ツ目沼案の廃棄を確約することを求めた。「横浜居留地覚書」の改正交渉と競馬場建設を連動させたものだった。この神奈川奉行の要求に応じ、四ヶ国公使は、幕府が費用を負担して根岸村に競馬場を建設し、年間借地料を一〇〇坪に付一〇ドルとすれば、「横浜居留地覚書」第一条を廃棄することを「競馬場築造を促す為め英仏米蘭公使連署の証明」で確約した。この「証明」の「慥なる記録」が、この一八六七年一二月締結の「居留地改造及競馬場墓地等約書」に盛り込まれることになるから、根岸競馬場設置は、「横浜居留地覚書」の改訂交渉の具体的成果の第一段となったことにもなる。この「証明」を獲得した神奈川奉行からの「競馬場築造の申稟に指令を促す」上申を受けて、外国奉行は、即座にゴーサインを出した。八月中（以下、年月日は陽暦）には、根岸競馬場の工事が始まり、一二月に竣工した。

一八六二年以来の居留民の要求は、ここに実現した。

一二月一九日、幕府と各国間で、「横浜居留地改造及競馬場墓地等約書」が締結された。競馬場に関係する条項は以下のものであった(65)。

第一ヶ条　競馬場操練場及び遊歩場のため大岡川の後方に在る沼地を埋立んとする事に関る右約書中第一ヶ条に掲る取趣ハ、此度全廃止せり。且是に替へ根岸の湾を見下す原野に於て今既に落成せし競馬場を用い（ることを

日本政府にて契約せり）（以下略）

（第二～九ヶ条略）

第十ヶ条（前略）第一ヶ条に載る競馬場に用ゆる地所ハ、別紙絵図面に号に判然たり、且地租ハ一ヶ年百坪に付十ドルラルにして、年々前渡すべし。右ハ日本政府の出費にて造築せんといえども、其修覆ハ常に外国人の引受たるべし。

七月には、第二次征長の役の戦闘が始まり、八月には将軍家茂が死去するなど幕末の政治状況がさらに緊迫の度を加えるなかでの競馬場の設置だった。翌一八六七年、日本を訪れたあるフランス人は、「外国人の娯楽のため、大君が競馬場を初めてつくろうとしたその鷹揚さについて人の語るのをこれまでに何度も聞いた」と述べているが(66)、「その鷹揚さ」は、居留民とパークスらの要求を受け入れた幕府の外交的判断を評価したものだった。

このように根岸競馬場建設が現実のものになり始めるとともに、居留民は、一八六二年から四年ぶりの競馬主催に向けて動き出した。「しばらくの間、当地のスポーツはなんであれ、軍隊によって設立されたものだった。居留地の紳士たちも、仲間に加わるように招かれてはいたが、それらは『駐屯兵』のスポーツとされていた。ところが」、来るべき根岸競馬場開設は、その変化を引き起こそうとしていた(67)。そして一八六六年六月一九、二〇日、居留民（ヨコハマ・レース・コミッティ）が主催する競馬が鉄砲場で開催された(68)（図17）。居留民主催、それも二日間というのは、一八六二年一〇月以来、約四年ぶりとなるものだった。開催は、新競馬場の設置、競馬クラブの結成も視野に入っていたので、居留地をあげてのものとなった。主賓として英国公使H・パークス夫妻が招かれた。出走頭数も増え、賞盃、賞典も充実し、ニホン・チャンピオン・プレート（Niphon Champiom Plate）及びチャレンジ・カップ（Challenge Cup）という重賞も設置された。鹿鳴館時代には競馬の華となる婦人財嚢（Ladies' Purse）も実施され、そのプレゼンテーターは、パークス夫人がつとめた。パークスは、一八六二年以来、懸案であった横浜における競馬場設

図17　レース・コミッティ主催での4年ぶりの開催広告

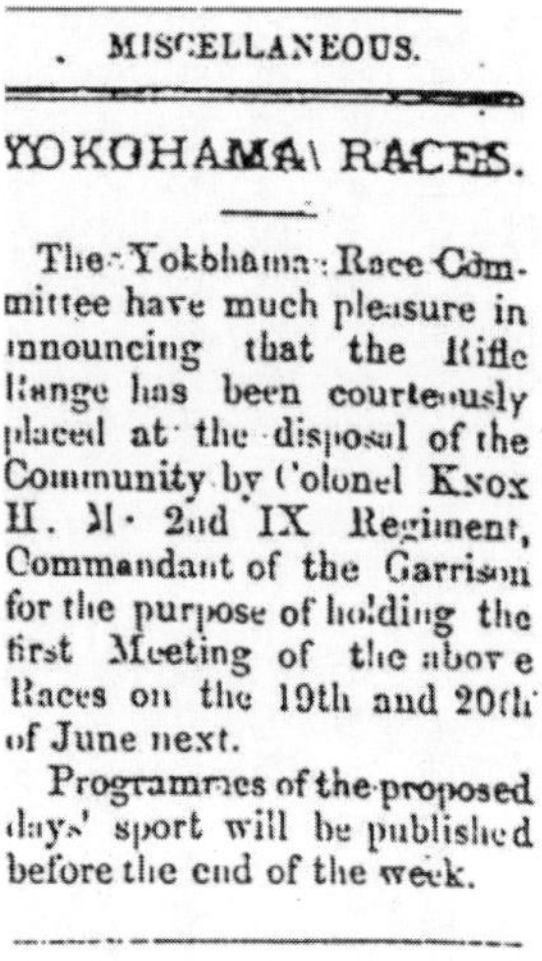

MISCELLANEOUS.

YOKOHAMA RACES.

The Yokohama Race Committee have much pleasure in announcing that the Rifle Range has been courteously placed at the disposal of the Community by Colonel Knox H. M. 2nd IX Regiment, Commandant of the Garrison for the purpose of holding the first Meeting of the above Races on the 19th and 20th of June next.

Programmes of the proposed days' sport will be published before the end of the week.

(J.T.D.A. 1866・5・18)

置問題が解決しつつあるのを受けて行われた、この居留民の開催を満足げに見守っていただろう。パークスは、七月以降、英国艦隊とともに、長州、薩摩、宇和島を歴訪することになるが、途中寄航した長崎では、前任公使オールコックが宿題として残していた同地における競馬場及び遊歩道設置に向けての交渉を行っていたが、フランス公使ロッシュも、パークスの跡を追って長崎を訪問、両公使は、この問題でも鞘当を演じた(69)。英国公使にとって、スポーツ、レクリエーション施設の設置は、外交案件でもあった。

当時、横浜で発行されていた英字新聞は、この居留民主催の競馬大会をつぎのように報じていた(70)。

早春の三月に続いて五月にもギャリソン競馬が開催されたので、ヨコハマのような小さな競馬サークルが、さらに新たな開催の実施を呼びかけたときには、少々驚かされた。英国の国民的娯楽への愛着が深く根を下ろし、競馬の賭けへの嗜好も強く、スポーツを愛好する人たちにも大きな余力が残っていたのであろう。開催は、出走馬も多く、人気を呼んで多くの人が観戦に訪れた。新たな居留民の委員会は、駐屯軍の世話人が前開催に傾けた尽力に刺激を受け、クラブ結成に向けてこの機会を活かすべく二日間の開催を決定した。したがって、ヨコハマの春季開催は、一七レースとなり、火曜日に始まった。観戦した人々には誰にでも明らかなように、ヨコハマの競馬を特徴づけているのが、この射撃場のコースの特殊な形態である。このように競馬には不十分なコースであることが知られていても、観客数はこれまでの開催のなかで最大だったといってよい。近隣の村落の日本人たちの観客も増えていたように思う。グランド・スタンドの婦人の姿も、かつてないほどに多かった。また中国からの女性の観戦客も増加した。中華帝国における貴族的ですばらしい開催に慣れ親しんでいる、このご婦人たちには、ヨコハマの現状のものでは、満足を与えることはできなかっただろう。だがそれでも二日間のスポーツを楽しみ、日本のターフの想い出を胸にいだいて帰国してもらったと信じている。

これと併せて新競馬場開設に備えての組織(クラブ)の整備が進められていた。競馬場貸与、使用権にも関係していたからである。地代や使用権などの競馬場の貸与をめぐる条件は、先にふれた一八六二年六月一七日付の協定、一八六四年一二月一九日付の「横浜居留地覚書」でも、競馬場建設は幕府の費用、競馬場は居留民を代表する委員会(committee)に委託する、というものだった。この条件が根岸競馬場にも引き継がれることが確実だった。実際にも「横浜居留地改造及競馬場墓地等約書」で、地代一〇〇坪に付一〇ドル(第一〇条)や貸与するクラブは領事団が認定する(第一一条)というように規定された。したがって新競馬場設置に伴い、その貸与、使用権委託の受け皿となる組織(クラブ)を早急にもたなければならなかった。この六月の開催は、ヨコハマ・レース・コミッティの主催ではあったが、それは形式上だけで、実際の運営はコース委員会が担っており、コミッティは事実上名目的存在だったからである。しかも、このコース委員会も、あくまでもコース実現までのものであり、それにまた、居留地は一八六二年当時とは大きくその姿を変え、居留民を代表するという形式をとるためにも、また年間一六〇〇ドルと予想される借地料の負担に耐えるためにも、委員会方式よりも、多くの居留民を会員とするクラブ組織が望ましかった。この開催を前にジョッキー・クラブの設立が提案されたのも、こういった事情からだったろうが、その準備の時間があまりにも短かすぎた(71)。この六月の開催後、レース委員会は、改めてクラブ設立を訴えるために、七月三日大会を開いた(72)(図18)。この呼びかけに応じて、多くの居留民が参集した。この日の議長は英国領事マイバーグ、席上、根岸への建設の正式決定が伝えられ、借地料とその他の諸経費の資金を充当するためにと、つぎのようにヨコハマ・レース・クラブ(Yokohama Race Club)結成の提案がなされた(73)。

図18　1866年7月3日英国領事館で開催のヨコハマ・レース・クラブ結成に向けての大会の告知

NEW ADVERTISEMENTS

THE YOKOHAMA

RACE COMMITTEE,

Request a full attendance of the

COMMUNITY,

At 4 P.M on *Tuesday*, the 3rd July, at H. M. Consulate Court Room, which has been courteously placed at the disposal of the Committee for the purpose, to receive an announcement regarding the acquisition of a new RACE COURSE on a suitable SITE.

(J.T. 1866・6・30)

一、レース・クラブを結成し、名称をヨコハマ・レース・クラブとする。

二、外交官、すべての国の陸海軍人、ヨコハマとヨコハマ・ユナイテッド、及びジャーマンの各クラブのメンバーが、提案のレース・クラブの中心となる。本日から一四日後、つまり一八六六年七月一七日、火曜日までに、書記（Hon Sec）宛に姓名を届けるか、あるいは上記各クラブに置いてある入会書に署名すれば、入会が認められる。

一八六六年七月一八日以後に、レース・クラブに入会を希望する者は、会員の推薦を必要とし、その諾否は、コミッティの投票によって決定する。

三、レース・クラブの会費は、年間二〇ドル、前納とする。会員は、グランド・スタンドに無料で入場する資格をもつ。

四、レース・クラブの会員のみが、馬を出走させ、また騎乗する資格をもつ。

五、コースは、開催時を除き、内と外の二つに分けられる。内側のコースは、柵を設置し、レース用として保護される。外側のコースは、乗馬用として使用される。その使用料は、年間一〇ドル、前納とする。ただし、レース・クラブの会員の権利は与えられない。

六、コミッティは、レース・クラブ運営及びコース全般に関する附則を決定する権限をもつ。

議論の後、この提案は、満場一致で可決された。

マイバーグ氏は、レース・クラブ及び乗馬用の会費で、幕府から要求されている借地料及びコース維持に必要な経費が充当できることを期待すると述べた。現在、コミッティは、約三八〇〇ドルを保有している。だが、

図19　競馬場の変遷

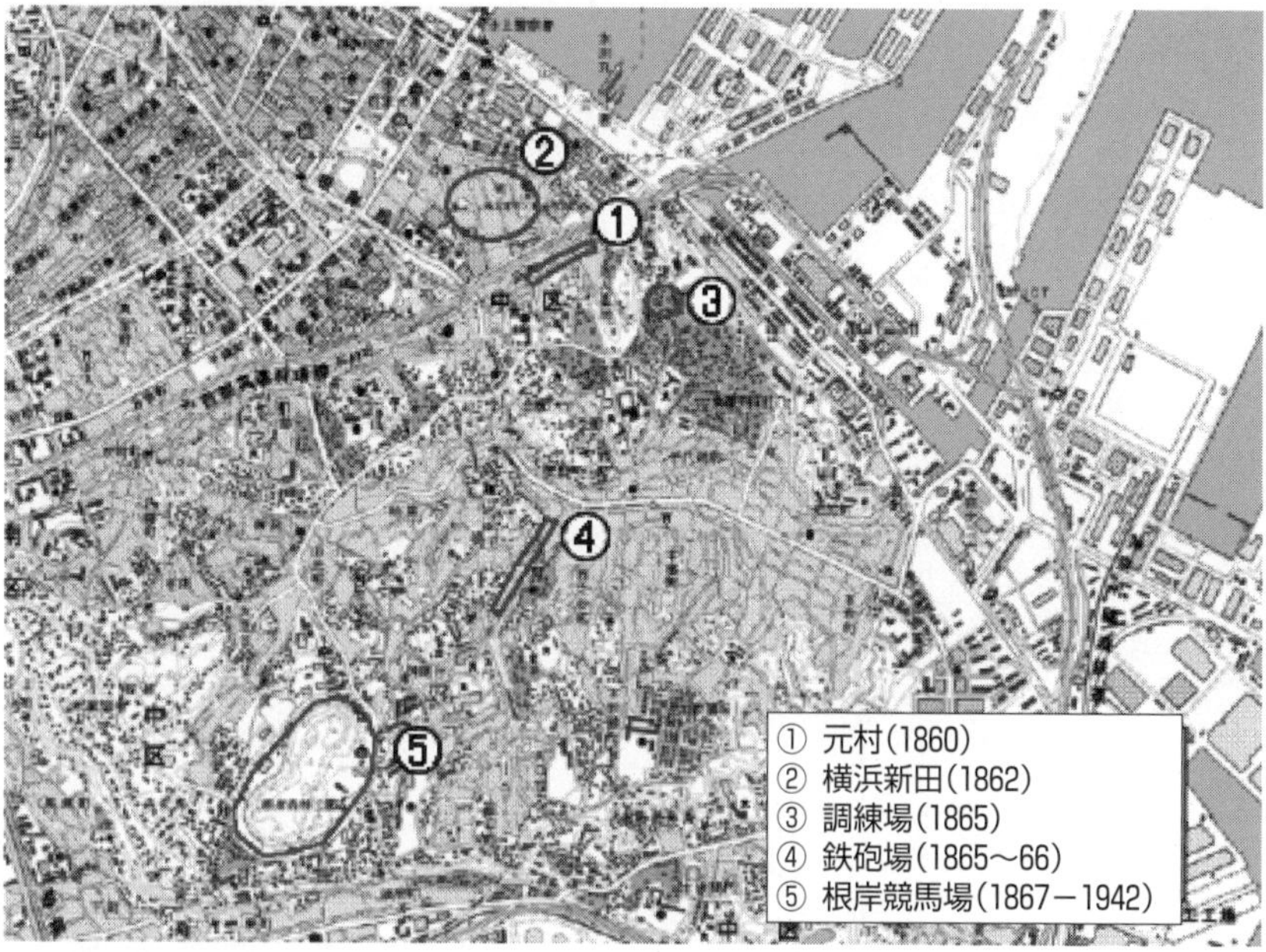

（原図「国土地理院地図閲覧サービス（試験公開）5339152万5千分1地形図名：横浜東部（南西)」を参考に立川文が作成）

この金額には、かつて一八六三年の開催に向けて、ヨコハマを訪れた人たちから寄贈された五〇〇ドルが含まれており、これは、新競馬場における第一回開催の賞金に当てられる。したがって、グランド・スタンド建設、及び幕府から引き渡された後のコース整備には、三三〇〇ドルが残されていることになる。

繰り返せば、根岸競馬場建設が決定した後に、居留民に残された課題は二つあった。一つは、競馬場の貸与を受ける組織として居留民を代表する競馬クラブを結成すること、もう一つが一六〇〇ドルと予定されている年間借地料の確保であった。この二つの課題を解決するのが、ここで提案された各国駐屯軍、及びヨコハマ・ユナイテッド・クラブ、ジャーマン・クラブ（共に横浜の社交クラブ）のメンバーを中核とするレース・クラブ案だった。実際、これらのメンバーが一八六五年以降の競馬を支えてきたから、その基盤は整っており、

図20　1867年1月11、12日根岸競馬場での第1回開催の告知

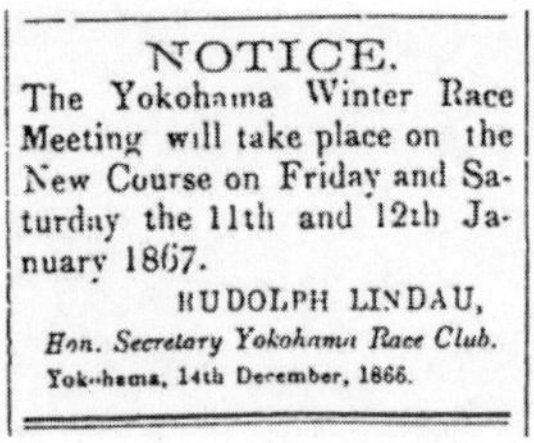
NOTICE.
The Yokohama Winter Race Meeting will take place on the New Course on Friday and Saturday the 11th and 12th January 1867.
RUDOLPH LINDAU,
Hon. Secretary Yokohama Race Club.
Yokohama, 14th December, 1866.

(D.J.H. 1866・12・14)

現実的なプランであった。仮に一〇〇名の加入があれば、年間二〇〇〇ドルの資金が確保でき、その他乗馬使用料も入ってくる。J・R・ブラックは、結成大会及びその後の経緯について、つぎのように簡潔に述べていた(74)。

(七月三日)外交官、すべての国の陸海軍人、ヨコハマとヨコハマ・ユナイテッド、およびジャーマン・クラブのメンバーは、地代とその他の諸経費に必要な資金を集め、また提案のレース・クラブの中心となることを期待されて招かれた。非常に多数の者が入会したので、コースの建設は進められ、数ヶ月後にクラブに引き渡された。

コースがヨコハマ・レース・クラブに引き渡されるまでの地代支払いを幕府に対して保証したのは、この頃の競馬の中核を担ったR・リンダウとこれから長く横浜の競馬で活躍することになるN・P・キングドンの二人だった(75)。なお鉄砲場は、その後も馬の調教場に使用された(76)。

競馬場予定地の地形は、窪地が入り込んでいる楕円形の台地であったから、すり鉢の淵にコースを設置するようなものであった。しかもその台地には、田畑が存在し、また高低差もあったから、コースとして使用するには、その凸凹を埋め立て、地盤を固めるなどの様々な工事が必要だった。英国陸軍工兵隊の指導、協力があったとはいえ、未経験の日本側による四ヶ月の突貫工事であったから、コース状態に不安を生じても不思議ではなかった。一八六七年夏は旱魃に見舞われたが、それでコースに地割れを生じて、幕府は、工事請負の根岸村村民に補修を命じていた(77)。「横浜居留地改造及競馬場墓地等約書」第十一ヶ条によれば、その「修覆」は、外国人側、つまりヨコハマ・レース・クラブの負担ということになるが、クラブは、建築工事の不備であるとして、幕府にその責任を認めさせたものだった。その後も、コースの陥没、崩壊などに悩まされ、クラブは、明治政府にその「修覆」費用負担を理由に借地

料の軽減を求め、外交問題ともなった（本章第五節）。

こういった不備があるコースではあったが、山手の高台にあるというロケーションは絶好だった。競馬場から見渡される富士山、江戸湾、房総半島、三浦半島などの風景は美しかった。居留民たちは、英国で一番美しいといわれたグッドウッド競馬場よりもすばらしいと自負していたほどだった[78]。一周約一七〇〇メートル[79]。一八六七年一月一二、一三日（慶応二年一二月六、七日）、ヨコハマ・レース・クラブは、この根岸競馬場での初めての開催を迎えた[80]（図20・21）。一八六二年の競馬で強さを発揮したバタヴィアも出走してきていた。

以後、この根岸競馬場では、一九四二年までの七五年間にわたって開催が続けられることになる。

図21　第１回開催の初日の記事

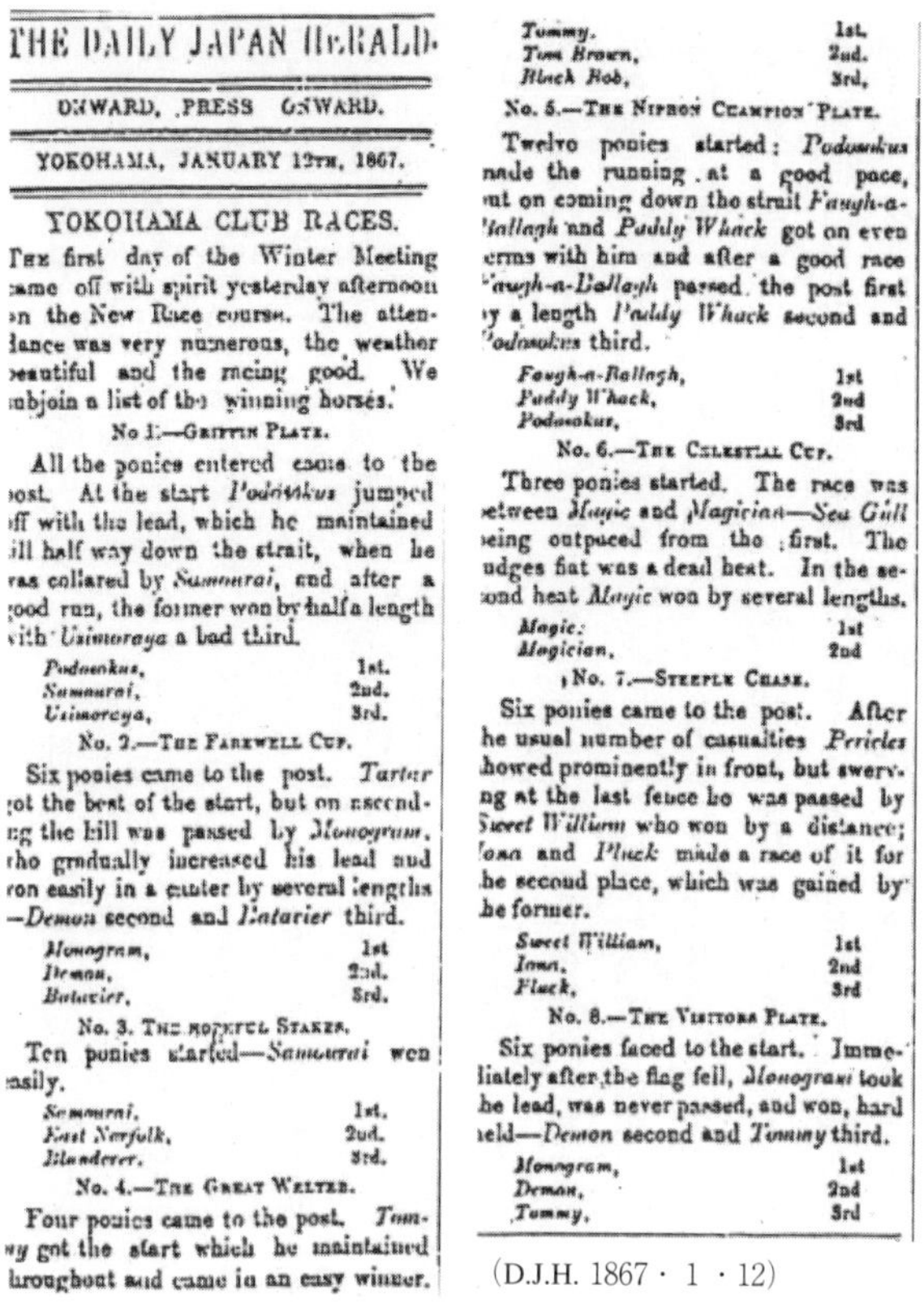

THE DAILY JAPAN HERALD.

ONWARD, PRESS ONWARD.

YOKOHAMA, JANUARY 12TH, 1867.

YOKOHAMA CLUB RACES.

The first day of the Winter Meeting came off with spirit yesterday afternoon on the New Race course. The attendance was very numerous, the weather beautiful and the racing good. We subjoin a list of the winning horses.

No 1.—Griffin Plate.

All the ponies entered came to the post. At the start *Podosokus* jumped off with the lead, which he maintained till half way down the strait, when he was collared by *Samourai*, and after a good run, the former won by half a length with *Usimoraya* a bad third.

Podosokus, 1st.
Samourai, 2nd.
Usimoraya, 3rd.

No. 2.—The Farewell Cup.

Six ponies came to the post. *Tartar* got the best of the start, but on ascending the hill was passed by *Monogram*, who gradually increased his lead and won easily in a canter by several lengths—*Demon* second and *Batavier* third.

Monogram, 1st
Demon, 2nd.
Batavier, 3rd.

No. 3. The Hopeful Stakes.

Ten ponies started—*Samourai* won easily.

Samourai, 1st.
East Norfolk, 2nd.
Blunderer, 3rd.

No. 4.—The Great Welter.

Four ponies came to the post. *Tommy* got the start which he maintained throughout and came in an easy winner.

Tommy, 1st.
Tom Brown, 2nd.
Black Bob, 3rd.

No. 5.—The Nippon Champion Plate.

Twelve ponies started: *Podosokus* made the running at a good pace, but on coming down the strait *Faugh-a-Ballagh* and *Paddy Whack* got on even terms with him and after a good race *Faugh-a-Ballagh* passed the post first by a length *Paddy Whack* second and *Podosokus* third.

Faugh-a-Ballagh, 1st
Paddy Whack, 2nd
Podosokus, 3rd

No. 6.—The Celestial Cup.

Three ponies started. The race was between *Magic* and *Magician*—*Sea Gull* being outpaced from the first. The judges fiat was a dead heat. In the second heat *Magic* won by several lengths.

Magic, 1st
Magician, 2nd

No. 7.—Steeple Chase.

Six ponies came to the post. After the usual number of casualties *Pericles* showed prominently in front, but swerving at the last fence he was passed by *Sweet William* who won by a distance; *Iona* and *Pluck* made a race of it for the second place, which was gained by the former.

Sweet William, 1st
Iona, 2nd
Pluck, 3rd

No. 8.—The Visitors Plate.

Six ponies faced to the start. Immediately after the flag fell, *Monogram* took the lead, was never passed, and won, hard held—*Demon* second and *Tommy* third.

Monogram, 1st
Demon, 2nd
Tommy, 3rd

（D.J.H. 1867・１・12）

3　競馬をめぐって——社交、スポーツ、馬匹改良

幕末期の競馬といえば、ポニー主体のチャチなお遊びの気晴らし程度で、牧歌的に行われていた、というイメージがあるかもしれない。だが結論からいってしまえば、そうではなく、たとえ馬はポニーであっても当初から本格的なものが追求されていたと考えた方がよい。先に論じてきた私たちの競馬と関係することからいっても、社交、スポーツ、馬匹改良など様々な要素を孕んで行われていた。

まず社交としての競馬であった。居留民は早くから良い意味でも悪い意味でも若さに溢れた「社交界」を横浜に作っていたが(1)、英国やヨーロッパ、あるいはボンベイや上海、香港でもそうであったように、競馬もその重要な要素であった。いいかえれば、横浜の競馬を、「上流（noble）」のスポーツ、社交の場にしようとしていた。レース・クラブの会員には「紳士」であることを求め、その役員や馬主には領事や有力商会の支配人などが名を列ね、開催日には、公使や領事、陸海軍の高官や将校、商人が集い、女性が華を添え、賭けも盛大に行われた。実際に、「不正行為」が行われ喧嘩沙汰が起ころうとも、建前は英国のような競馬だった。先にふれたように私たちに対しても、一八六二年の開催当初から、観戦を呼掛け、レースへの参加も促し、内外の友好、社交の場にもしようとしていた。一八六二年の二回の開催には、私たちは参加しなかったが、一八六五年四月の調練場の競馬では、武士のレースが行われて日本の男性としては初めて女性から賞品の授与を受け(2)、鉄砲場でのギャリソン競馬第四回の一八六六年五月八日には、英国公使パークス夫妻、英国駐屯軍司令官ブラウン、オランダ領事ポルスブルックらとともに神奈川奉行、副奉行らが姿を現していた(3)。社交としての競馬の象徴である婦人財嚢（Ladies' Purse）も出発当初の一八六二年の二回の開催から実施されていた(4)。駐屯軍主催のギャリソン競馬では一八六五年四月開催のみであったが、居留民が主催する開催では、ヨコハマ・レース・コミッティ主催の一八六六年六月も含めて、ヨコハマ・レース・クラブ時代も毎回続けられていた(5)。一八六二年五月、一八六六年六月開催の際の授与者はそれぞれ、英国臨時公使ウィン

チェスター夫人、英国公使パークス夫人だった(6)。ちなみにパークス夫人は、乗馬がうまく、熱心な馬の愛好家であり(7)、また一八七八(明治一一)年の離日まで様々なスポーツの場面にその姿を現していた。

そして競馬に限らず、横浜におけるスポーツ全般が社交としての要素を持って行われていた。先にふれた一八六三年一〇月のレガッタに各国公使が姿を見せ(8)、また一八六四年五月のフィールド競技でも婦人財嚢競走や英国公使館が賞金を寄贈し初代英国駐日公使オールコック夫人が授与者となったレース(Japan Champion Cup)が行われ、スタンドにはオールコック、アメリカ公使プリュイン、フランス公使ベルクール、英国海軍クーパー提督、各国領事全員、神奈川奉行一行らが姿を見せていたことは(9)、そういったことを示すものであった。もちろん居留民は、スポーツだけではなく、各国の記念日や元首の誕生日、公使夫人の到着など様々な機会をつかんで夜会や舞踏会を繰り広げていた(10)。英国ヴィクトリア女王誕生祭(五月二四日)の際には、それが一体化し、昼間のレガッタや陸上競技会などのスポーツ・イベントと夜の夕食会と舞踏会が恒例化していた(11)。このようにスポーツも社交の機会の一つであり、競馬の開催はその代表的なものであった。競馬が行われる日、横浜は半日休日となるのが常だった。私たちは、鹿鳴館時代、こういった競馬を、そしてスポーツを、婦人財嚢も含めて取り入れた。

つぎにスポーツとしての競馬であった。番組の編成は、一八六五年八月以降の鉄砲場でのギャリソン競馬開催の段階となるとかなり整備されていた(12)。鉄砲場のコースは、約八〇〇メートルの直線、平地も障害もその直線を走り、突き当たりの丘陵の手前でUターンするものだったから、確かに「みじめな、当座しのぎ」のものではあったが、レース体系は確立されていた。出走資格は、日本馬と中国馬のポニー(pony)、レースは日本馬のものと、日本馬と中国馬の混合戦の二本立。英国陸軍第二〇連隊第二大隊が主力となって主催した最後の開催となった一八六六年五月八日、全一〇レース(番外レースを除く)、平地六(日本馬限定四、日本馬と中国馬混合二)、障害二(同一、一)、野外障害二(同一、一)の番組編成を見ると、レースが、各馬の距離適性が計れるように平地レースの距離が一/二、一、一二マイルと分けられ、また障害の各レースも、日常の乗馬などに適する馬を選別する目安となるように、重い重量のハ

図22　1866年6月19、20日レース・コミッティ主催、二日目第1レース日本馬優勝賞典のレース結果

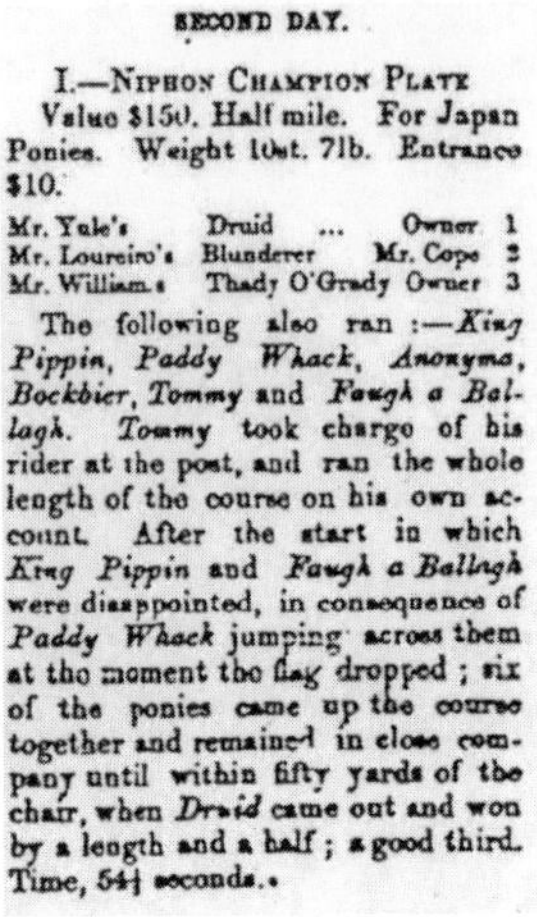

SECOND DAY.

I.—NIPHON CHAMPION PLATE
Value $150. Half mile. For Japan Ponies. Weight 10st. 7lb. Entrance $10.

Mr. Yale's	Druid ...	Owner	1
Mr. Loureiro's	Blunderer	Mr. Cope	2
Mr. William.s	Thady O'Grady	Owner	3

The following also ran :—*King Pippin*, *Paddy Whack*, *Anonyma*, *Bockbier*, *Tommy* and *Faugh a Ballagh*. *Tommy* took charge of his rider at the post, and ran the whole length of the course on his own account. After the start in which *King Pippin* and *Faugh a Ballagh* were disappointed, in consequence of *Paddy Whack* jumping across them at the moment the flag dropped ; six of the ponies came up the course together and remained in close company until within fifty yards of the chair, when *Druid* came out and won by a length and a half ; a good third. Time, 54½ seconds.

54秒1／2の勝時計が記録されている（J.T. 1866・6・23）。

ードル（hurdle）、平地と同じ重量でのハードルとステープル・チェイス（steeple chase）からなり、平地、障害の混合戦は中国馬と日本馬の基準重量を定め、さらに平地、障害とも勝利数に応じた増量が規定されていた。開催を重ねてきたギャリソン競馬の成果だった。

　このギャリソン競馬のレース体系を念頭において、一八六六年六月の居留民（レース・コミッティ）主催の競馬開催の番組編成を見ると、各レースの目的が明確にされたうえで、さらに体系化が進められていたことが浮き彫りになってくる⒀。まず日本馬に対して、新たに登場する馬の能力を計る新馬戦（Griffin Race）を行い、各馬のスピードやスタミナを計る短距離、中距離の一／二マイル、一マイルのレースを組む、そのうえで日本馬のチャンピオン戦を一マイルで行う、そしてこれらのレースに相応して中国馬とのそれぞれの混合戦を組む、さらに二マイルでその日中混合のチャンピオンを選出する。障害戦はすべて混合戦とする。最後に勝鞍をあげられなかった馬にも再度チャンスを与えるその開催の未勝利馬だけのレース、というように編成されていた。またこの開催で初めて、勝時計が記録された（図22）。なおこれ以降、横浜ではスピードを競うスポーツの勝時計が秒未満単位で記録されていくことになる。いわば日本における勝時計の誕生だった。この開催からは、日本馬の最良馬を選ぶ日本優勝賞典（Niphon Champion Plate. 一／二マイル）、日本馬と中国馬混合での最良馬を選ぶ挑戦賞盃（Challenge Cup. 二マイル）という重賞（基幹）レースも設けられ、根岸競馬場でも、条件は変更されながらも実施されていく。このようにレースはそれぞれに意味があったから、各レースがその目的にふさわしい出走資格、負担重量、距離であるかといった検証がたえず行われ続け、整備されていくことになった。

　たとえば、この開催から重賞として導入された日本優勝賞典（Niphon Champion Plate）の距離が一／二マイルに設定

されたことに対してつぎのような意見が提起されていた(14)。

ニホン・チャンピオンに関しては、最良の日本馬であることを実証するというこのレースの趣旨からいっても距離が短すぎると思う。半マイルの勝馬をチャンピオンとは考えることができない。みすぼらしい馬でさえ、半マイルならそこそこ走ってしまうだろう。

鉄砲場が一／二マイルの直線コースであったこと、日本馬の気性もあって、この距離に設定されたのであろうが、このような声を受けて、根岸競馬場での開催では、この日本馬のチャンピオン戦は一マイルに変更される。また日本馬と中国馬混合で今開催勝馬限定のチャンピオン決定戦である挑戦賞盃（Challenge Cup）、二マイルのレースが、開催前のエントリーが必要との規定に対しても、「レースの性格からいってポスト・エントリーとすべき」との声があがり(15)、これも次回の根岸競馬場の開催から実行されることになる。また五月のギャリソン競馬で、平均的な成人男子の重量に近い一三ストーン（約八二・六kg）で行われていた障害レースであるグレート・ウェルター（Great Welter）が廃止されたことに対しては、つぎのような不満の声があがっていた(16)。

急ごしらえの競馬開催の番組を見て、おなじみのウエルター・レースがなくなったことに非常に驚かざるをえない。どんな理由で、このエキサイティングで有用なレースが、実施する価値がないと考えられたのか。委員会が、権限を悪用したものでないことを、丁寧に説明してくれることを望みたい。私たちの意見では、馬の丈夫さを検定する点では、ウエルター・レースが、いうまでもなく卓越した価値を持っている。このレース結果は、ヨコハマに新たにやってきた人たちが馬を購入する際に、非常に重視されるものとなっている。馬車の代わりに荷車をつかわざるをえない日本でさえ、持久力のある馬が不可欠である。

図23　馬のオークション広告

BLACK BOB.
For Positive Sale.

Messrs. HANSARD & Co,
have been instructed by Major Wray, R. E., (in consequence of his being about to leave Yokohama by the Mail for England),

TO SELL BY PUBLIC AUCTION,
ON TUESDAY,
AT 2 O'CLOCK P. M.

That very superior Black Japanese Pony
"BLACK BOB,"
Winner of the "Garrison Cup" at both Meetings and second on each occasion in the "Great Welter."

レースでの成績が謳われている（J.H. 1865・4・8）。

横浜の初期の競馬は、日常の乗馬と結び付き、英国本国でもそうであるように、障害レースの人気が高かった。居留民や駐屯軍将校は、気性の悪い日本馬をなんとか調教して遠乗りすることを好んだ。当時の横浜の周辺は、自然の地形がそのまま残されていたから、馬にとって飛越の能力も必要とされていた。したがって、この障害レースの結果は、駐屯軍将校や居留民が馬を購入する際の判断材料となっていた。横浜では、開催後のレース用馬のオークションが恒例となっていたが、障害レースで能力を示した馬は高い値段で取り引きされた(17)（図23）。障害に限らず競馬の各レースでの良績が、馬の評価（価格）を高めることにつながっていた(18)。このような実用と結び付いたグレート・ウェルターであったから、早速、六月の居留民（レース・コミッティ）主催の競馬で、一二ストーン七ポンド（約七九・四kg）の斤量で復活されていた(19)。その他、競走馬の改名、出走馬の取り消し、ハンディキャップの決定方法、勝鞍の増量規定などをめぐっても議論が展開されていた(20)。そしてこういった競馬の「公正」を保証するためには基本のルールがなければならないが、先に述べたように横浜でも当初から、現在でも世界中の競馬が準拠しているニューマーケット・ルールに則っていた。参考までに、そのルールの一例として一八六五年一二月のギャリソン競馬の規則をあげておく(21)。

一、特に規定しない限り、ニューマーケット・ルールを厳守する。
二、開催執務委員（stewards）は、必要であれば、開催日を変更することができる。
三、出馬登録は、一一月一〇日までに、騎乗者の服色、馬の名称及び馬体の特徴を記して、文書を以て書記（Honorable Secretary）宛に申し込まなければならない。

四、オーナーは出馬登録時、各馬の馬体の特徴を明確かつ正確に記したものを、書記宛に提出しなければならない。これが守られなければ、出馬登録は受付けられない。違反すれば馬の出馬資格が失われる。
五、馬に関する異議は、レース出馬前に、文書を以て委員会に申し立てなければならない。
六、一一月一一日以降、コースで調教を行ってはならない。
七、レースに出走しなければ、出馬登録料は没収される。
八、締切日以降の追加出馬登録は受け付けない。
九、登録した服色以外で出走しようとした場合は、三ドルの罰金。
一〇、レースに関する異議は文書で以て委員会に申し立てなければならない。委員会が最終裁定を下す。
一一、各レース終了後、ベルが鳴らされる。第一ベルと第二ベルの間隔は一五分。第二ベルが鳴らされた後、各馬はスターターに先導されて、待機場所からスタート地点に移動し、発走する。
一二、騎乗者は、規定された斤量で騎乗しなければならない。入場した後、計量委員あるいは開催執務委員の一名が、規定の場所で計量する。
一三、グランドスタンド入場料は一ドル。
一四、単走の場合、賞盃あるいはステークスは与えられず、各馬の出馬登録料が賞金となる。
一五、出走馬は、陸海軍の将校及びユナイテッド・クラブとジャーマン・クラブ両会員所有の馬に限る、騎乗も同様。

居留民は、このような厳格なルールの下にさらなるレース体系の整備をめざして「本物」の競馬を追求していていた。これらが、私たちが鹿鳴館時代に行い始めた競馬のレース編成やルールの原型となった。

こういった世界共通のルールを持ち、各レースが意味を持って体系づけられていた横浜の競馬は、明らかに競技スポーツの段階に入っていた。当初は馬を飼養する者は誰でもといってよいほど出走させ、騎乗もしていたが、開催を重ねる毎に、日頃の乗馬の延長線上のものでは、勝つことはおぼつかなくなっていた。それと並行して調教や騎乗の技術もその技量を問われ、一定以上の専門性を要求されていく。また遅くとも一八六五年一二月の開催からは基準負担重量が一〇ストーン七ポンド（約六六・六八kg）となり(22)、その後次第に軽量化されていく。軽くなったといっても現在の五五kg前後から見ればかなり重いものだが、それでも騎乗可能な居留民は少なくなったからつぎのような声が起こったほどだった(23)。

すべてのレースの斤量が、今の規定では、軽すぎるといわざるをえない。ここヨコハマのような小さな世界では、一〇ストーン七ポンドの斤量で騎乗できる人間はそう多くはない。この一〇ストーン七ポンドが多くのレースの負担重量であるが、これでは、騎乗の楽しみが奪われてしまうか、大きな不利となることを承知で騎乗しなくてはならない。これに対して、最低斤量を一一ストーン七ポンド（約七三・〇三kg）、あるいは一一ストーン（約六九・八五kg）とすれば、これまでよりも持主が自ら騎乗するレース（owner's up）を多く編成することができ、レースの不確定要素が大きくなって、さらに楽しみが増すことになるだろう。

だが、この主張のように娯楽としてではなく、競技スポーツとしての競馬ではスピードやスタミナを計るうえでの適切な負担重量というものがあり、一〇ストーン七ポンドでも重すぎた。この先も軽量化が進み、一八七八（明治一一）年には基準重量は、九ストーン七ポンド〜一一ポンド（約六〇・三〜六二・六kg）となる(24)。そこでは、プロとまではいかなくともセミプロ級のジョッキーが必要とされるようになっていた。

そしてこういうスポーツ化とも関連して、その先にはここまでたびたび論じてきた競馬と馬匹改良という問題が、この段階でも浮上してきていた。それは、数々の競馬で、競馬という近代の身体性から見たとき、すでに日本馬に対する中国馬の「優秀性」、日本馬が「劣悪」であることが実証されてしまったことと関連していた。ギャリソン競馬の他にも、たとえば一八六五年四月、前年末に開設されていた遊歩新道で、中国馬のラット(Rat)と日本馬のバタヴィア(Batavier)の間で行われた、つぎのようなマッチ・レースがあった(25)(図24)。距離四マイル三/四(約七六〇〇メートル)、高額の一〇〇〇ドルが賭けられていた。

本日の早朝、久しく大きな関心を引いていた中国馬のラットと日本馬のバタヴィアのマッチ・レースが一〇〇〇ドルを賭けて行われた。遊歩新道がコースとなり、スタート地点は谷戸坂だった。好スタートが切られ、ラットが先行し、不動坂あたりでは、六馬身のリードを奪っていた。ここでバタヴィアは脱落、ラットが楽勝した。タイムは一三分、距離は四マイル三/四だった。

このようにラットが楽勝した。このバタヴィアは、一八六二年秋季開催のヨコハマ・ダービー(Yokohama Derby)で楽勝したのをはじめとして、長くその強さを居留民の記憶にとどめさせた馬だったが(26)、そのバタヴィアでもまるで歯が立たなかった。このマッチ・レースに関しては、つぎのような回想も残されている(27)。

図24　バタヴィアとラットのマッチレースの記事

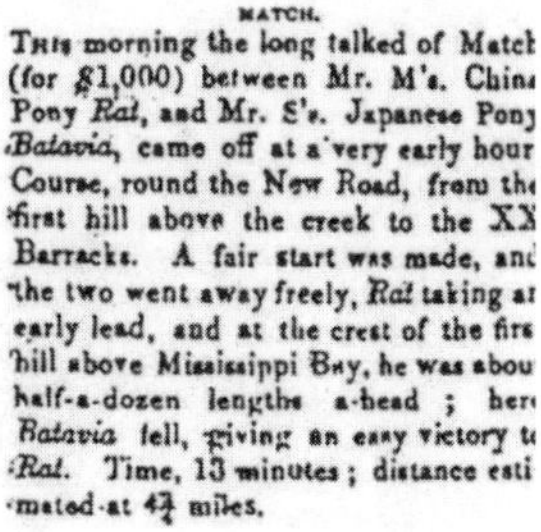
MATCH.
THIS morning the long talked of Matc
(for $1,000) between Mr. M's. Chin
Pony *Rat*, and Mr. S's. Japanese Pon
Batavia, came off at a very early hour
Course, round the New Road, from th
first hill above the creek to the XX
Barracks. A fair start was made, an
the two went away freely, *Rat* taking a
early lead, and at the crest of the fir
hill above Mississippi Bay, he was abou
half-a-dozen lengths a-head ; her
Batavia fell, giving an easy victory t
Rat. Time, 13 minutes ; distance esti
mated at 4¾ miles.

(J.H. 1865・4・22)

熱狂的な競馬支持者がトム・トーマス氏で、当時の競馬に関するあらゆる事や、その後、半世紀にわたって起こった事まですべて知っていた。当時、日本産と中国産のポニーだけが競馬に出場していた。トーマス氏は中国産と日本産ポニー一頭ずつを出場させる有名なレースを組んだ。トーマス氏自身が中国産馬の騎手を務め、日本産馬には日本滞在期間が当時最も長かったエド・シュネルが乗り、コースに見立てた道路を一周した。トーマス氏の方があらゆる面で優れていたので、これ以来日本産より中国産の馬の方が優秀だと格付けされた。

図25　T.トーマス

（横浜開港資料館編『図説　横浜外国人居留地』有隣堂、1998年、83頁。原版『ジャパンガゼット横浜50年史』所収）

ここのトーマスとは、ストラチャン（W. M. Strachan）とパートナーを組んで、生糸の輸出では有数のストラチャン・トーマス商会（Strachan & Thomas Co.）を経営、また同時に二人で中国馬を主力とするタータン厩舎（Tartan Stable）を構え、横浜の競馬で大きな位置を占めていたトーマス・トーマス（Thomas Thomas）であった（図25）。バタヴィアは、このマッチ・レース当時にはこれもまた幕末期の競馬の中核であったL・リンダウ（White and Black Stable）の所有に移っていた。したがって、このマッチ・レースは、双方の馬主（厩舎）の意地のぶつかり合いの産物であり、それが一〇〇〇ドルという賭金額になったのだろう。ラットは、老齢馬だったようだが、一八六五年一二月、鉄砲場でのギャリソン競馬第二回から登場して次々と勝利をおさめていた(28)。このマッチ・レース後の一八六六年六月の居留民主催の開催では、挑戦賞盃（Challenge Cup）、婦人財嚢、チャンピオン戦のハンディキャップ賞典（Handi cap Plate）という基幹レースをすべて勝って圧倒的な強さを示していく。ラットは、この頃から進みつつあった中国馬の輸入のなかで誕生した強豪馬だった(29)。競馬に出走した中国馬は、一八六二年には一頭だったが、一八六五年一二月、一八六六年三月、五月のギャリソン競馬では確認できるものでそれぞれ六頭、四頭、三頭(30)、これに対して一八六六年六月の開催にエントリーした数は一六頭、その内で出走したのが一一頭（内五頭は一八六五年一二月に出走した馬）、ちなみに日本馬はそれぞれ三四頭、二七頭だった(31)。本格的なコースである根岸競馬場設置が近づきつつあり、上海などからも競馬用の中国馬の市場として注目され(32)、居留民たちも導入を進めて、その中国馬たちが鉄砲場の競馬に登場していたのである。一八六六年五月、六月の開催から、混合レースでは日本馬に対して中国馬がそれぞれ七ポンド（約三・一八kg）、一ストーン（一四ポンド、約六・三五kg）と重い負担を課せられていたが[33]、この規定は、ラットに限らず、輸入された中国馬が見せていた日本馬との能力の違いから行われたものだった。

ということは、資金があって、横浜における賞金がその投資に見合うようになれば、強い馬を入手するには、中国から輸入すればよいことになる。先のラットが、一八六六年六月の居留民主催の競馬で示した圧倒的な強さに対しても、つぎのようにいわれていた[34]。

もし日本で競走馬をもつオーナーが、ラットを打ち負かそうと考えるならば、これまでとは、まったく異なった質の馬を輸入しなくてはならない。

中国では上海を中心として、香港や天津などで競馬が行われており、その能力が序列化されており、確実に強い馬を輸入することが可能だった。いいかえればこの中国馬は競馬というものに適応する調教がなされており、その身体性は、日本馬に比べれば、西洋化されていた。中国馬の強さの背景の一つに、フランス軍が持ち込んだアラブ種が交配されていたこともあったという[35]。この中国馬に対して、日本馬は、競馬という身体性から見ると、まったく劣悪であったから、レース体系が整備され、速くて強い馬を求める競技スポーツ性が強まると、それに応える馬ということからも、当然それだけ中国馬に重点が移る。しかも根岸競馬場での開催の始まりは、賞金もあがって、勝つことが経済的な利益をもたらす可能性も生まれていたから、その点からも中国馬の輸入に拍車がかかっていく。遅くとも一八六八年の春季開催からは中国馬のレースが独立して設けられるようになった[36]。もし、横浜の競馬も、馬匹改良を目的とするなら、良績を残した馬を種牡馬や繁殖牝馬として選別する機能を持たねばならない。競馬は単なる娯楽であってはならない。だが中国馬が主力となってしまっては、この馬匹改良の目的を果たすことができない。実は、これら中国馬は去勢馬だった。それに文明開化期以降、私たちがその身体性を西洋化していくとき、その西洋化という象徴的意味合いからも、馬匹改良の原種として中国馬を排除していたから、横浜の競馬が日本の馬匹改良に寄与するには中国馬という選択肢はありえなかった。しかし日本馬だけでは、まともな競馬はおぼつかない。このようにして、日本馬と中国馬、そのいずれに重点を置くのかといった問題は、居留民に対して、彼らが日本において競馬を行う目的を問うていくことにもなった。

幕末期の競馬は、日本における競馬の思想性を問うという意味でも、本格的なものが追求されていた。

4　日本馬か、中国馬か――競馬の目的

一八六七年一月一二、一三日（慶応二年一二月六、七日）、ヨコハマ・レース・クラブは、竣工なった根岸競馬場で第一回の開催を行った。当初から、クラブは運営方針をめぐって対立をかかえ、その深刻さが頂点に達した一八七六（明治九）年には、分裂を迎えることになる（第二章第三節）。その対立で競馬の根幹に関わっていたのが、日本馬、中国馬のいずれに重点を置いて競馬を運営していくかという問題だった。本節では、その問題に焦点をあてるが、まずそのまえに、分裂する頃までの明治初年代のヨコハマ・レース・クラブの開催をめぐる光景を、当時の英字新聞を基にして大ざっぱに描いてみる(1)。私たちの新聞も、鹿鳴館時代に競馬を描き始めるが、それよりも、時間の流れからいえば逆ではあるが、この時期の英字新聞のなかの競馬の方が、はるかに現在の私たちには身近に感じられる。それはもちろん、居留民が競馬という出来事を「知っていて」記述していたからだった。

開催は原則として、五月と一一月前後の春季と秋季の二回。戊辰戦争期、横浜も緊張につつまれていたが、そういう状況であればこそ、競馬は歓迎され、一八六八年春季開催からは、それまでの二日間から事実上三日間となり、一八七二年以降は四日目にもマッチレースなどが行われるようになった。開催も二～三ヶ月前ぐらいになると、番組表

が発表され、競馬場では調教も始まる。早朝、オーナーだけでなく、その他の人々も散策をかねて、それを見物に行く。スタンドには紅茶やコーヒー、パンなどが用意されている。一ヶ月ぐらい前にはエントリーが締め切られ、ブック（各レースのエントリー馬を記載したもの）が発売され、各新聞には馬の調子や予想が詳しく伝えられる。開催が近づくと、人々の話題は各厩舎の馬の調子、オッズ（賭け率）などで占められるようになり、ヨコハマ・ユナイテッドやジャーマンなどの各クラブ、あるいはグランドやイースタンなどのホテルで、連日ロッタリー（lottery）の発売が行われる（ロッタリーに関しては後述）。形成期の横浜の名物的存在だったあの公共心に溢れたW・H・スミス（Smith）も、このロッタリーのせり人としても著名だった[2]。競馬開催期間は、ホリデー・ウィークとして銀行や商店なども半日休業となった。当日は、男も女も着飾り、馬車を仕立てて出かける。レースの合間には、楽隊が音楽を奏で、シャンペンなどを酌み交わし、賭けにも興ずる。そこには各国公使や入港中の艦船の艦長や士官たち、上海や香港、あるいは神戸から見物にやって来た人々の姿もある。開催の三日間、競馬場は歓声と興奮につつまれる。開催後しばらくは、多くの「もしも」が語られ、祭りの後のような虚脱感が漂う。賭け金の清算にも追われる。このような競馬は、横浜に欠くことのできない最大の年中行事となっていた。それは、私たちに対して、「競馬も文明国の生活の一部だよ」と語りかけていたかのようであった。

競馬を主催するヨコハマ・レー

図26　フッティーズ・クラブのロッタリー広告と公式レース・ブックの販売広告

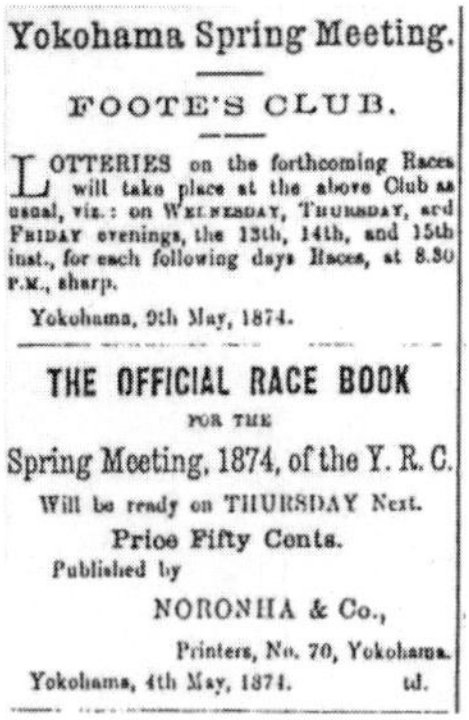

Yokohama Spring Meeting.

FOOTE'S CLUB.

LOTTERIES on the forthcoming Races will take place at the above Club as usual, viz.: on WEDNESDAY, THURSDAY, and FRIDAY evenings, the 13th, 14th, and 15th inst., for each following days Races, at 8.30 P.M., sharp.

Yokohama, 9th May, 1874.

THE OFFICIAL RACE BOOK FOR THE Spring Meeting, 1874, of the Y. R. C. Will be ready on THURSDAY Next. Price Fifty Cents. Published by NORONHA & Co., Printers, No. 70, Yokohama.

Yokohama, 4th May, 1874. td.

（J.G. 1874・5・11）

図27　1874年春季開催当日の銀行休業広告

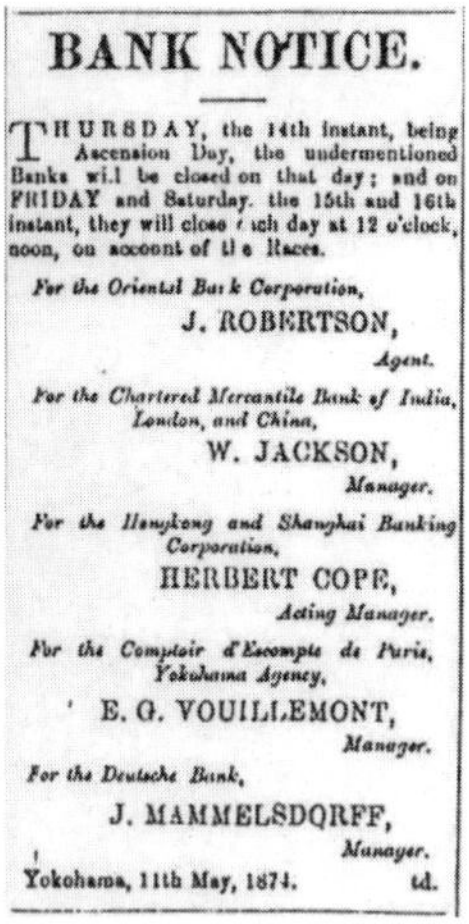

BANK NOTICE.

THURSDAY, the 14th instant, being Ascension Day, the undermentioned Banks will be closed on that day; and on FRIDAY and Saturday, the 15th and 16th instant, they will close each day at 12 o'clock, noon, on account of the Races.

For the Oriental Bank Corporation, J. ROBERTSON, Agent.

For the Chartered Mercantile Bank of India, London, and China, W. JACKSON, Manager.

For the Hongkong and Shanghai Banking Corporation, HERBERT COPE, Acting Manager.

For the Comptoir d'Escompte de Paris, Yokohama Agency, E. G. VOUILLEMONT, Manager.

For the Deutsche Bank, J. MAMMELSDORFF, Manager.

Yokohama, 11th May, 1874. td.

（J.G. 1874・5・11）

図28　1874年春季開催、婦人の来場を望む告知

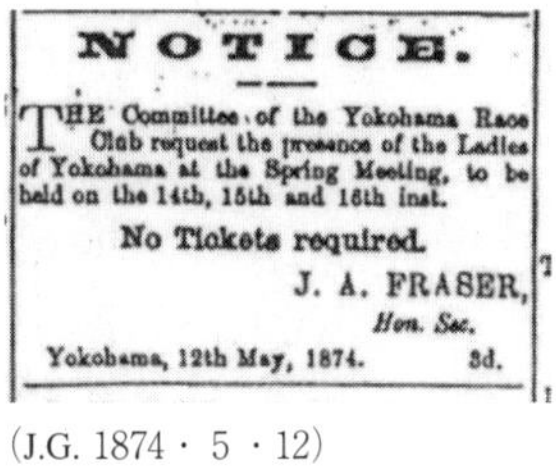

NOTICE.

THE Committee of the Yokohama Race Club request the presence of the Ladies of Yokohama at the Spring Meeting, to be held on the 14th, 15th and 16th inst.

No Tickets required.

J. A. FRASER, Hon. Sec.

Yokohama, 12th May, 1874. 3d.

（J.G. 1874・5・12）

ス・クラブの会員には、ジャーディン・マセソン商会やオリエンタル銀行や太平洋郵船会社の支配人、あるいは英国やアメリカの領事などといった各国外交官、また英国駐屯軍の将校や御雇外国人、ジャパン・メイル社やジャパン・ガゼット社のマネージャーなどといった横浜での有力者が名を列ねていた。先にあげた一八六二年もそうであったように、英国本国や上海などに倣って、当然ヨコハマ・レース・クラブでも「上流」のクラブを形作ろうとしていた。このようなクラブにつきものの内部対立を抱え、主導権争いも繰り広げていた。表2・3は、一八六七～七六年のY・R・Cの役員とその他の目についた会員の顔ぶれである。

このなかから、横浜商業会議所（Yokohama Chamber of Commerce）会頭として、R・リンダウ（一八六六年）、W・マーシャル（一八七〇～七二年）、A・ウィンスタンリー（一八七六～七七年）、J・J・ケスウィック（一八八〇年）、J・A・フレーザー（一八八三年）、T・トーマス（一八八五～八六年）、J・ウォルター（一八九五～九七年）を出したのを始めとして(3)、その他の商業や自治活動などの場面でも、これらの役員、会員たちが、その中核を形成していたことを見れば、ヨコハマ・レース・クラブが「上流のもの」であったといえるだろう。また英国公使パークス（H. S. Parks）、アメリカ公使デ・ロング（C. E. De Long）やその後任のビンガム（J. A. Bingham）、フランス公使ジョフロワ（de Geoffroy）などといった各国公使も根岸競馬場の開催によく姿を現していた(4)。日本人の入会は、原則として認められていなかったが、伊達宗城、三条実美、有栖川宮熾仁、大江卓、西郷従道なども、当初は散発的に、後にはある意志を持ってそこに顔を見せた（第二章第一節）。カップや賞典は、開催毎に、商人や公使団らの外交官、駐屯軍、女性、各国のコミュニティ、あるいは中国からの来訪者などが寄贈、寄付し、ここでも日本側の商人、神奈川県、官庁がその列に加わっていった。このように、根岸競馬場は内外の友好、社交の場ともなっていた。

そしてレースは、本格的な芝生のコースを持ったことで、平地は一／二から二マイルまで一／四マイル刻みで多様な番組が編成されることになった(5)。前節でふれたようにこのような距離別のレース編成は、それぞれがスピードや耐久力を検定するという意味を持っていた。レースの華であった婦人財嚢は、日本馬の一／二マイルで続けられていたが（一八七六年春季からは日本馬と中国馬の混合）、この期間を通じて継続された最も重要な根幹レース（重賞）は、日本馬の今日でいう新馬戦、日本馬と中国馬とその混合のそれぞれ計三つのチャンピオン戦だった。各々新馬賞典（Griffins' Plate. 原則として春季）、日本優勝賞典（Nippon Champion Plate）、挑戦賞盃（Challenge Cup）、優勝賞盃（Champion

表2　主な会員（1867年〜1876年）

氏名	商会など
バヴィエル（E. Bavier）	バヴィエル商会、デンマーク総領事
グリゴール（J. Grigor）	元香港上海銀行
ロビンソン（R,. D. Robinson）	ウィルキン・ロビンソン商会
マークス（H. Marks）	マークス商会
ブラント（Von Brandt）	プロシャ総領事
プリンス（A. H. Prince）	ジャパン・メイル
ハネン（N. J. Hannen）	英国領事裁判所副判事代理
アスピネール（W. G. Aspinall）	アスピネール・コーンズ商会
ジャクソン（T. Jackson）	香港上海銀行
アダムス（F. O. Adams）	英国公使館書記、代理公使
バックル（W. T. Buckle）	医師
ジオギーガン（E. J. Geoghegan）	茶鑑定人
ディファンジャー（H. D'Iffanger）	アダムソン・ベル商会
カーギル（W. W. Cargill）	鉄道局お雇差配役
タルボット（E. H. Tabot）	会計士
コープ（F. A. Cope）	ミッチェル・コープ商会
ミッチェル（W. P. Mitchell）	ミッチェル・コープ商会
コブデン（C. H. Cobden）	ジャーディン・マセソン商会
ベアト（F. A. Beato）	F. ベアト商会
リリブリッヂ（H. D. Lilibridge）	太平洋郵船会社
ホイーラー（E. Wheeler）	医師
ワトソン（E. B. Watson）	チャータード・マーカンタイル銀行
ブルーク（J. H. Brooke）	ジャパン・メイル
ウルクハルト（A. Urquhart）	橙台寮お雇
ドッヅ（J. Dodds）	バターフィールド・スワイヤー商会
モリソン（J. P. Mollison）	モリソン・フレーザー商会
ディキィンズ（F. V. Dickins）	弁護士
フィッツヘンリー（D. Fitz-Henry）	コントワール・デスコント銀行

（J.T.O.M. 1869・4・30、10・28。J.W.M. 1871・1・21、1872・1・27、1873・3・15、6・14、1875・7・3、1876・1・1、12・22 より作成）

表3　ヨコハマ・レース・クラブ役員（1867年～1876年）

氏名	商会名など	役員就任年
フレーザー（J. C. Fraser）	フレーザー商会	1867
リンダウ（R. Lindau）	リンダウ商会、スイス領事	1867*、1868*
ワレス（T. Wallace）	競売業	1867、1869、1870
マルコム（W. A. Malcom）	ハドソン・マルコム商会	1867
ボンド中尉（Lt. Bond）	英国工兵隊	1867
ヘルム中尉（Lt. Helm）	英国陸軍第10連隊	1869、1870、（1871）
マーシャル（W. Marshall）	マクファーソン・マーシャル商会	1869、1870*、1872*、（1873）
ストラチャン（W. M. Strachan）	ストラチャン・トーマス商会	1869、1870、1872、1874、1875、1876
バーナード（A. Barnard）	D. サッソン・ソンズ商会	1869*
オースチン（J. H. Austin）	ジャパン・ガゼット	1869
カーン（L. Kahn）	ライス商会	1870
シート（R. Scheidt）	テクストル商会	1871
メルフーシュ（T. J. Melhuish）	ギルマン商会	1871、1872、〈1875〉
ロバートソン（R. Robertson）	英国領事	1871、1872、（1873*）
スノウ大尉（Cap. Snow）	英国海兵隊	〈1871〉、1872、〈1873〉
トーマス（T. Thomas）	ストラチャン・トーマス商会	1872、（1873）
キングドン（N. P. Kingdon）	キングドン・シュウォーベ商会	（1873）
シェパード（C. O. Shepard）	アメリカ領事	（1873）
レーン（Geo. E. Lane）	太平洋郵船会社	〈1873〉
フレーザー（J. A. Fraser）	オーガスチン・ハード商会	〈1873〉、1874*、1875
デヴィソン（J. Davison）	デヴィソン商会	〈1873〉、1874
サンドウィズ（J. H. Sandwith）	英国海兵隊	〈1873〉、1874、（1875）
ベーカー（R. B. Baker）	チャータード・マーカンタイル銀行	〈1873〉
ホイッタール（E. Whittal）	ジャーディン・マセソン商会	（1875）
ケスウィック（J. J. Keswick）	ジャーディン・マセソン商会	1876
ロバートソン（J. Robertson）	オリエンタル銀行	（1876）
クルックサンク（W. J. Cruickshank）	スミス・アーチャー商会	1875*、1876*
ウオルター（J. Walter）	香港上海銀行	〈1876〉

注：*印は書記、（　）印は途中辞任、〈　〉は途中就任を示す。
（D.J.H. 1867・1・29。J.T.O.M. 1869・2・12、H.N. 1871・1・11。J.W.M. 1871・1・21、1872・1・27、1873・2・1、1876・1・1。J.G. 1874・5・4、1875・1・27。The China Directory. 1873、1874。The Japan Gazette, Hong List and Directory, for 1874、1875、1876より作成）

表4　1867年春季～1876年春季、品種別レース数の変遷

開催	67春	68春	69秋	69秋	70春	70秋	71春	71秋	72春	72秋	73春	73秋	74春	74秋	75春	75秋	76春
日本馬	6	8	5	5	6	7	7	6	8	12	10	8	7	8	9	9	10
中国馬	／	2	5	7	5	6	7	11	7	8	13	10	9	10	10	10	10
混合	11	5	6	6	8	4	9	7	8	4	3	6	7	5	5	5	6

注：67秋、68秋を記録を欠く。
（D.J.H. 1867・5・7～8。J.T.O.M. 1868・5・16、1869・5・14、10・28。J.W.M. 1870・5・28、11・12、1871・5・18、11・11、1872・5・11、11・2、1873・5・17、10・25、11・1、1874・5・16、11・14、1875・5・15、11・6、1876・5・20より作成）

Cup）と称されたレースだった。その勝利は重みを持ち、勝馬の評価が高まった。優勝賞盃は寄贈者がいる場合それにちなむ名称が冠され、そこには英国駐屯軍、神奈川県、工部卿、グランド・ホテルなどの名が並んでいた。新馬戦は一／二マイル（一八七五年からは五ハロン、約一〇〇〇メートル）、三つのチャンピオン戦は、日本馬が一マイル（一八七五年からは一周、約一七〇〇メートル）、中国馬が二マイル（一八七五年からは一マイル三／四）、混合が一マイル一／四で行われていた。一八七四年から秋季開催の日本馬の新馬戦はヨコハマ・ダービー（Yokohama Derby）と称され、賞金もその名にふさわしく一着賞金二〇〇ドルに一頭当たり二〇ドルの登録料を加えるという高額なもの（仮に二〇頭が登録すると四〇〇ドル）となった。この一八七四年前後には、初日、二日目は日本馬と中国馬の各距離のレースを交互に行い、三日目は日本馬と中国馬それぞれのコンソレーション（Consolation. その開催の未勝利馬だけが出走）を除いては、すべて混合戦で、障害戦、チャンピオン・レース、短距離レースなどというように編成された。勝馬の増量や出走除外規定もこれら各レースの位置づけに応じて行われた。前節でふれたようにギャリソン競馬のときから、レベルは日常の乗馬の延長線上のものを越えようとしていたが、根岸競馬場での開催が進むにつれて、その傾向が一層強まっていた。各オーナー、厩舎の競争意識も強く、その手腕を問われてトレーナーの交代が行われたり、あるいは負けた経済的打撃から厩舎が解散するなど、競争原理からの厩舎の新陳代謝も生じていた。

この時期の横浜の競馬は、明確に競技スポーツの段階に入っていた。

そしてこのような横浜の競馬の運命を左右することになったのが、競馬の文字通

りの根幹、馬そのもののに関わること、直接的にはヨコハマ・レース・クラブの番組編成の重点を日本馬、中国馬のどちらに置くのかという問題だった。それに関してまず、この時期の横浜の競馬の各品種別のレース数の変遷を表4に掲げておく。出走できる品種は、先にもふれたように日本馬と中国馬で、レースはその混合戦（all ponies）を加えての三本立で行われ、厩舎も、中国馬主力のものと日本馬主力のものとに分かれていた。

表のようにほぼ一八六九年秋季開催までは、レース数の増加は中国馬のレースの拡大を意味していた。しかも混合戦では、日本馬は中国馬にまったく歯が立たず、これも中国馬のレースに加えたのが実状の数に近くなるから、その傾向がさらに明らかだった。それが一八七二年秋季から翌年春季開催までは日本馬重点へと転換を見せ、一八七三年秋季開催以降は再び混合も加味して中国馬に重点をもどしながらも、日本馬と中国馬双方のバランスがとられようとしていた。

このような変遷は、日本馬が一五〇万頭を越える数が存在したものの競馬という西洋の身体性から見たとき劣悪であり、競馬に不適格だったことから起こっていた（第一章第二節）。日本馬に比べれば中国馬は、はるかに「優秀」で、しかも、上海などの中国の競馬で能力を発揮した馬が確実に輸入できた。少しでも競馬らしい競馬を追求しようとする人間にとって、日本馬より中国馬の方が望ましかった。そのうえ根岸競馬場時代に入ると賞金もあがり、勝つことが経済的にも利益をもたらすようになっていたから、その点からも中国馬の輸入に拍車がかかっていた(6)。実際、根岸競馬場での開催が始まるやいなやすぐに、それまでの中国馬よりも、断然「良質」な馬が導入されるようになっていた(7)。当初は個人の輸入であったが、後には共同出資して何頭かを購買、それをくじで各人に配布するくじ馬制度がとられるようにもなり、エージェントの手を通じて主として上海からの中国馬の輸入ルートができあがった(8)。上海競馬にとっては、横浜が競走馬の有力な輸出先ともなっていた。さらに馬だけでなく、ジョッキーやトレーナーの競馬関係者も、中国から招かれるようになっていた(9)。このような中国の競馬関係者によって、横浜の競馬の水準があがっていった。

そして中国馬の導入は、確実に強い馬を輸入することができる資金力のある者が有力となるということでもあった。もちろん賞金も彼らの手に落ちる。早くも一八六八年春季開催では二〜三の厩舎が勝利を独占するような事態が生じていた(10)。ついで一八六九年秋季開催では、二人のジョッキーを上海から呼び寄せたモリソン・ストラチャン（Morrison Strachan）のタータン厩舎（Tartan Stable）が、一八レースの内一三（日本馬二、中国馬八、混合三）も勝ってしまっていた(11)。このうえに中国馬や混合戦が増えるとなると、さらに一層これら有力厩舎やオーナーによる横浜の競馬の「私物化」が進むことになる。この頃には、資金の豊かな大厩舎やオーナーは中国馬を主力とし、そうでないものは日本馬といった図式ができあがっていたからである(12)。

またヨコハマ・レース・クラブの役員も、いわばそういった中国馬派が多数を占めていた。それも当然といえば当然だった。中国馬派は、本格的な競馬をめざし、資力と情熱を傾けていたグループでもあったからである。だが、問題は誰もが高価な中国馬を買うことはできず(13)、それでは競馬へ参加できる居留民が限定されてしまうことだった。従って、手ごろな費用で多くの人が参加できる、そういったいわば娯楽的なものこそが横浜の競馬の目的であると考えるグループからは、「資金力だけが決め手となるような中国馬のレース数を制限し、また混合レースも廃止して、日本馬新馬レースを重視するなど日本馬奨励策をとろうではないか」、といった中国馬重点の方針から日本馬への転換を求める声も、早くからあがっていた(14)。一八六九年度の役員も中国馬派が占めていたが、このような声を受けて、クラブは、日本馬購入の助成策を採り、春季開催から新馬レースを復活させていた(15)。また一八七〇年春季開催から翌年春季開催までは、日本馬のレースをわずかだが増加させ、混合戦では中国馬の強豪馬の出走制限を設けるなど、両者は、一旦は歩み寄っていた(16)。実は中国馬派も、日本馬のレースに意欲を見せていないわけではなかった(17)。だが競馬に適した日本馬の入手は困難をきわめ、やっと入手できても仕上がる馬が少なかった。日本馬派が主張するようなこれ以上の日本馬中心のレース編成、賞金の大分を割当てるような奨励策は(18)、現実的に無理なのが実情であった。彼らが、少しでも本格的な競馬をめざす限り、中国馬へ傾斜していくのも仕方がなかった。

一八七一年秋季開催からは、クラブは、中国馬重視に明確に方針を転換した(19)。娯楽色を薄め、専門的な調教や騎乗技術を必要とするような競馬へとハンドルを切ったものだった。そしてこれにより、もう一つの大きな問題、近代競馬発祥の地英国をはじめとする各国の競馬の歴史がそうであったように、横浜の競馬にも「不正」や「悪徳」が蔓延していたことに一気に焦点があてられることになった。この問題は、早くも一八六二年五月の春季開催から起っていたが(本章第一節)、すでに一八六五年一二月のギャリソン競馬の際にはつぎのような声があがるほどになっていた(20)。

一二月六日(水)の競馬開催は、とどこおりなく行われ、楽しいものだった。また、登録馬をきちんと出走させたオーナーたちの馬が、多くの勝鞍をあげたことで、一段とすばらしいものとなった。というのは横浜でも、「紳士の楽しみ」である競馬を単なる八百長賭博に変えて、中国の競馬を破滅させたような不正に精通した「いかがわしい奴ら」がいるからである。

ブラウン(Browne)大佐をはじめとする英国駐屯軍、また近く選ばれるであろうヨコハマ・レース・コミッティの役員たちに(近々、幕府が競馬場用地を提供するのは確実である)、そして生まれたばかりの横浜の競馬を紳士のスポーツにふさわしいものにしたいと考えるすべての人々に、生まれようとしている「不正行為」をその芽のうちに徹底的に摘み取ってしまうことを心から切望したい。まず、明確な理由もないレース直前の出走取り消しをなくさなければならない。そのためには、ロッタリーのオークションを禁止しなければならない。というのは、現在は、オーナーが持馬の札を購入できなかったという理由で、出走を取り消すことが許されているからである。ラットのような強豪馬のオーナーが、いつもハントレー(Huntley)氏のような公正な人物とは限らないのである。

不正をたくらむ奴らに警告しておく。もし再び、同じようなことを企てたら、本紙は、君たちの実名をあげて、徹底的に追及して、そういった不正を根絶する覚悟である。

ここで「不正行為」と結び付くものとして言及されているのが、当時の賭け（馬券）の主流、ダブル・セリング・ロッタリー（double selling lottery. 以下、「ロッタリー」と記す）だった(21)。そのロッタリーの「不正行為」に関して、一八六五年の段階で、警告が発せられていたことになるが、その芽は摘まれるどころか逆に、根岸競馬場時代になるとはびこるようになっていた。後から見れば、ここで示された懸念は、ほんの端緒でしかなかった。ロッタリーとは、簡単にいうとつぎのようなものだった。

たとえば二〇本のガラ札を一本、五ドルで売り出す。登録馬が八頭だとすると、まずそれに対応する八本を抽籤で決定し、その時点で一二本がはずれとなる。登録馬に対応した八本のうち、持主が希望した札をオークションにかける。一着だけのロッタリーだと、手数料が一割とすれば、勝馬の札の所有者は、どのレースでも九〇ドルを受け取る。つまりブックメーカー式の単勝と比べれば、人気馬の札であればあるほど得ということになる。一・五倍の本命馬なら、九〇ドルの配当を得ようとしたら六〇ドルを賭けなくてはならないが、このロッタリーでは、そのまま持っていれば五ドルで一八倍、また三〇ドルで競りおとしても三倍の配当となるからである。逆に、まったく見込みがない馬の札の持主だったら、五ドルを損するならばと一ドルでも手放すかも知れない。買う方も、ひょっとしたら、一ドルが九〇ドルになるとの期待をいだける。ロッタリーは、抽籤時までは宝くじのように偶然に頼るものだったが、オークションの時点では、このように馬の実力と価格の釣り合いをにらんでの駆け引きが加わって、単なる馬券以上に面白いものとなっていた。

だが問題は、このロッタリーを出走登録馬のオーナーたちも購入できたことだった。ここに、オーナーたちの「不正行為」の入り込む余地が生ま

図29　1874年秋季開催のイースタン・クラブのロッタリー広告

(J.G. 1874・10・28)

れていた。その主な手段が、出走取り消し（scratch）であった。なお、出走取り消しそのものはオーナーの権限で、ルール違反ではなかったから、この出走取り消しも含めてギャンブル（馬券）だった。

中国馬重点への方針転換が行われた一八七一年秋季開催ではこのような「不正行為」が目に余っていたという。横浜で発行されていた英字新聞「ジャパン・メイル」は、競馬が不正な金儲けの手段と化してしまった現状の改善を訴えるつぎのような論説を掲載した(22)。

横浜の競馬はその骨の髄まで腐っているということだ。……競馬をその名に値するものとして続けていきたいなら、また競馬を居留地全体のものとして支えていくために、さらには競馬が一部の人間たちによって私物化されないためにも、断固とした改革が絶対に必要である。もしヨコハマ・レース・クラブが、自立した会員によって構成されているのであるならば、改革は実現するし、横浜の競馬はもっと立派なものになるだろう。真に競馬を愛する会員諸君に訴える。間近に迫ったクラブの総会において、以下の二点を提案してもらいたい。

一、ヨコハマ・レース・クラブの書記は、出走取り消しを、ヨコハマ・ユナイテッド・クラブとジャーマン・クラブの掲示板及び新聞で毎日告知すること。

二、当該レース前日の午前一二時以降に取り消した馬は、翌日の全レースに出走不可とすること。

横浜の競馬をひどい状況に陥らせている最大且つ唯一といってよい原因がロッタリーであることは誰の目に明らかだ。ヨコハマ・ユナイテッド・クラブがロッタリーを発売しなかった春季開催と、今季を比べて見れば、それは一目瞭然となる。今季、多くのオーナーは、ロッタリーがもたらす利益如何を見計らって、どのレースに出走させるかどうか決めていた。ロッタリーのオークションで、自分がせり落とすか、あるいは他人にせり落とさせるかは、すべて、オーナーたちの思惑次第だった。オーナー・サイド以外の者が、必ず勝つ見込みのある馬がどのレースに出走するかの情報を握ったつもりで、せり落としても、その馬の十中八九が取り消されてしまった。

自分たちがリスク承知でやったことで、その損失の責任は自分で負うべきであるというのは簡単だ。だが、実際に出走する馬のロッタリーを持つことができるのが、オーナーサイドだけであるならば、ロッタリーは、オーナーたちの利益のためだけに行われている単なる茶番にしか過ぎない。先の二点の提案は、こういったオーナーの不正とオーナーサイド以外の者が被る不当な損失を根絶するために、またロッタリーが双方の対等且つ公正な賭けに生まれ変わるために行うものである。しかるべき理由があって、決められた時間までに取り消しが行われるなら、オーナーがせり落としたレースにだけ出走することもなくなって、誰にでも納得できるようになるはずである。そのうえ、他人にせり落とされたレースに関して出走をその直前に取り消した場合、後のレースのその馬のロッタリーを持っているオーナーも損を被ることになる。不正が減って、信頼の回復につながり、レースそのものも、はるかに面白くなるはずだ。

ここで提言された二点は結局、ヨコハマ・レース・クラブが取り入れるところとはならなかった。

オーナーもファンも、オークションにおいて、ロッタリーの価格と馬の実力をにらんでの駆け引きを展開するのは同じであった。ロッタリーの面白さもそこにある。だがそれも、その馬が出走してこその話だった。オーナーたちが、ロッタリーの様子を見て、好き勝手に特定のレースの出走を取り消してしまえば、どうなるか。馬鹿を見るのは、取り消された馬のロッタリーを、それも本命馬なら高い価格で、せり落とした人物ということになる。同一オーナーが一レースに二頭、あるいは複数を登録、その内の一頭が本命だったとする。人気のない方の持馬を安く自分で、あるいは誰かに頼んで、せり落としておいて、当日、本命馬の出走を取り消してしまう。最も確実な方法は、オーナー同志で互いに談合して、それぞれの取り消しレースを決め、レースを一頭の単走（walk over）にすることだった。賞金も、後には単走の場合、半額とされたが、当時は全額が支払われたので、一挙両得となる。また、一日の複数レースにエントリーするのが常だったから、他人にロッタリーを購入されたレースは取り消して、自分が購入できたレースだけに出走させる、等々であった。こういったことが、これまでの開催、この開催、さらにその後の開催でも繰り返されていた。

そして、こういった「不正行為」の蔓延をもたらしている要因が、中国馬の導入、中国馬重視の方針であるということだった。たとえば先に引いた現状の改善を求めた「ジャパン・メイル」の論説では、「オーナーが、中国で活躍した馬の導入など厩舎経営に莫大な投資を行って、本来は余暇の楽しみであるべきものを職業（ビジネス）に変え、他人や世間を欺いて、金を儲けることに全力を傾けるようになった」、とそのことが明確に述べられていた。

このように「不正行為」が中国馬の導入と密接に関係しているならば、そこからも日本馬重点へとクラブの方針を転換させなくてはならないという主張が強くなってくるのも当然であった。たとえばつぎのような声であった(23)。

強い中国馬を輸入するためには多額の資金を必要とし、三、四回も繰り返すと、それ以上、オーナーたちの資金が続かなくなってしまう。その結果、オーナーたちは、つぎ込んだ資金を回収しようと多額の賭けに走るか、さらに悪い場合には、ファンを欺くようなことまでするようになる。このようなギャンブルの精神が、多かれ少なかれ競馬界全体に浸透しているが、横浜の世論を受けて、中国馬ではなく日本馬中心の競馬となれば、その問題が解決することになる。もっとも同時に、競馬に多額の資金を投じたオーナーが、中国馬のレースの増加を望む気持ちもわからないわけではない。だがそれもあくまでも、中国馬のレースが日本馬のために資するものであるという条件の枠の内にあっての話しである。

このように「不正行為」を告発、糾弾する声と、ヨコハマ・レース・クラブの番組編成の重点を日本馬、中国馬、どちらに置くのか、日頃の乗馬の延長線上にあるレベルにとどまるのか、それとも本格的なものをめざすのか、といった問題とが交錯していった。このことは、横浜の競馬が日本の馬匹改良に寄与することを目的とするのか、しないのかを問うものともなっていた。

このような状況のなかでクラブからの脱会者が増加していた。一八七二年春季開催も、前年秋季と同じ方針を継続すると決定されると、一〇〇名余のなかからさらに二五名もが脱会していた(24)。問題はクラブの文字通りの存亡と関わるところにまできていた。

たとえば、一八七二年春季開催の直前には、つぎのような声があがっていた(25)。


クラブの方針が誤っていることが、ここ数年の大幅な会員数の減少、競馬人気の凋落をもたらした。最近は開催毎に、競馬への不満、不正行為を糾弾する声が高まっている。中国馬のオーナーたちがクラブを牛耳り、番組編成に口出し過ぎていることが、多くの弊害をもたらしていることは間違いないことだと思われる。（最近上海では、クラブの役員にオーナーは就任できない規則となった。同様のことが横浜でも可能であるはずだ）オーナーが、自分たちの都合のよいようにことを決めて、賞金を自分の懐に入れるような真似をしているのはまったくフェアではない。

横浜の競馬において中国馬中心のレース編成を行うことは、完全に間違っている。中国馬は、全世界の競馬クラブに共通する目的、即ち、その国の馬匹の改良に資して、さらにファンが馬券を買いたくなるような番組を提供するといったことにはまったく役に立たない。

一方、日本馬のレースの奨励は、それらに役立つものとなる。たとえば調教を適切に行うことによって、どれほど馬匹が改良されるかを日本の人々に教えることができるし、また日頃乗馬に使用する馬が、レースに出走することができれば、購買の際にも、その後の育成にも、レースを意識して十二分に注意を払うようになり、若い世代の間にもその技術を競い合う心が芽生えてくるだろう。

横浜の競馬が、資力のある個人あるいは商社の独占物になってはならない。そう資力を要さずに、オーナー同志が競うようなものとなるべきである。クラブの役員会が、この点を考慮して番組編成を行えば、人気は復活し、去って行った草創期の会員たちも戻ってくることはまちがいない。

このような主張にそれまでの実績の裏付けがないわけではなかった。たとえば幕末から競馬に情熱を傾けていたN・P・キングドンは実際に、日本馬の調教にすぐれた手腕を発揮、活躍馬を輩出して、そのことを実証していた。その技術は高く評価され、宮内省御厩課や陸軍省所属の馬の調教にあたるようにもなっていた（第六章第一節）。キングドンは、横浜の競馬は日本馬に重点を置かねばならないとする日本馬派の中心的存在であった。

そしてさらには、競馬で優秀な種牡馬、繁殖牝馬を淘汰、選別し、その馬を基礎に生産を行っていく、という文字通りの馬匹改良論から中国馬重点への批判も出てくる。「競馬の主要な目的は、その国の馬匹改良に資するところになくてはならない」(26)、と。ここからも中国馬のレースは、まったくふさわしくなかった。なぜなら繰り返せば、導入された中国馬たちは去勢された騸馬《せんば》であり種馬にすることは不可能だったからである。

このような横浜の競馬のあり方、目的が問われるなかで迎えた一八七二年春季開催は、振興策の一環として神戸からの遠征馬を迎えたものの低調なものに終わった(27)。横浜から競馬が消滅しかねないような危機的状況と受け止める居留民も多かった。そしてヨコハマ・レース・クラブも、春季開催後の五月二六日開かれた総会で、つぎのような提案を受け、中国馬重視の方針を転換した(28)。

競馬は、と彼は続けた。一部の金持ちのためにではなく、多くの人々のためにある。その目的は、スポーツを楽しみ、交際を深めることにある。クラブ衰退の要因は中国馬のレース数が日本馬のそれを上回ったことにあると考えられる。現在、中国馬の厩舎は三つ存在している。日本馬の厩舎は七つだが、奨励策を採れば九か一〇に増えるだろう。日本馬より中国馬のレースの方が競馬にふさわしいし、タイムも速い。だがスピードだけが目的ならば、もっとそれに適した馬がいるではないか。大多数が望んでいるのは、早いタイムではなく、オーナー、出走馬、騎乗者の増加、面白いスポーツ、競走である。これらは、中国馬の代りに日本馬のレースを実施し、日本馬のオーナーに適切な助成策を採ることで実現されると述べ、つぎのような提案を行った。

春季開催以前からも中国馬よりも日本馬の厩舎の数が多く、また日本馬の入手が容易で経済的であることを考えれば、日本馬のレースを増加させれば、現在よりも多くの者の参加が可能となる。適切な助成策を採るならば、オーナーが増加するのも確実である。春季開催の状況から判断すれば、秋季開催では、三日目のコンソレーション・プレート（Consolation Plate）を含めて、大多数のレースを日本馬限定で実施することを役員会に要請する。

役員五名の内、四名が賛成の立場をとったこともあって、この提案が可決され、日本馬重点への転換が決定した。一一月の秋季開催は、この方針転換を受けた注目の開催となった(29)。先の表4にあげたように、各レース数は、日本馬が一二、中国馬が八、混合が四、総会の決議では、大多数とのことであったが、競走馬として劣っていた日本馬では、全レースの半分の一二という数が精一杯であった。クラブの内部対立に戸惑いや不信感を持つ居留民もいて、観客数は減少を見せてはいたが方針転換は効果をあげていた。その最大の目的であったオーナー数の増加もうまくいき、厩舎数は、それまでの七から一七となっていた。勝鞍も一〇の厩舎に分散、一部が独占するような状態も回避された。増加された日本馬のレースのいくつかでは接戦が繰り広げられた。そのなかでも、それまでのチャンピオン馬モクテズマに新興勢力タイフーンが挑んだレースがハイライトとなった。モクテズマが貫禄を示し、最強の日本馬の評価を不動のものとしたが、タイフーンも将来性を十分に感じさせるレース振りを見せた（第六章第一節）。またこの開催は、先にもふれたように神奈川県令大江卓夫人を「主役」とするレースが実施され、根岸競馬場が日本の文明化をアピールする内外の社交場として利用された記念すべき開催ともなった（第二章第一節）。

日本馬派であった「ジャパン・メイル」が、このような開催を、つぎのように歓迎したの当然だった(30)。

ここで原因を追求するつもりはないが、居留民の一部は競馬を見放した。だがそれにもかかわらず、昨日終了した秋季開催が、ここ数年の間で最もすばらしいものとなったことに心から満足している。この二、三年、ヨコハマ・レース・クラブは内部に大きな対立をかかえていた。ここで再びかつての問題を持ち出して、古傷にふれるつもりはない。だが二年前の開催が、それまでの競馬とは異なる方針で実施され、多くの人に不満を覚えさせたことには言及しておかねばならない。談合してレースを仕組むとともに、数多くの不正な運営を行ったという噂は、そのほとんどがほぼ事実であったから、数名のクラブ会員が、それに対して異議を申し立てたことは当然であった。我々の読者であればご存知のように、クラブの少数派が断固として闘った目的は、日本馬のレースの改良にあった。日本で誕生したヨコハマ・レース・クラブは、日本馬のレースを第一の目的にすべきである。だが横浜の競馬関係者は中国からやってきており、実情をいうと、その多くは、自分が選んだ日本馬を仕上げていく自信がないので、多額の費用を投じて能力のわかった中国馬を導入する方に走っている。そのような中国馬のレースは、ダークホースのいない本命レースとなるので、資金力のあるオーナーにとっては望ましい。一方、ヨコハマ・レース・クラブの存在は、そういった少数の者のためにではなく、多くの人びとのためにある。クラブの抽籤馬の購入希望者は、中国からの馬に高い金額を支払うよりも、日本の馬を安く入手する方が望ましいという我々の意見に同意するはずである。馬を選び購入することはどのような場合でも難しい。だが限られた者だけではなく、多くの者がオーナーになるべきだとすれば、中国から多くの馬を購入することは馬鹿げている。

我々は、クラブの少数派の支持を受けて、このような見解を強く競馬サークルに対して訴えてきた。長い間、望ましい変化は見られなかったが、ついに希望の兆しが見えることになった。先の五月の総会で、日本馬重視に方針を転換、そのレース数を増加させる動議が提出された。役員の一人が、彼の名誉のためにいえば、日本における最良の中国馬を所有しているが、日本馬を重視すべきだと明言して皆を驚かせた。それでただちに動議が可決されることになった。これがもたらしたものは、時とともに明らかになった……

この開催が横浜の画期となり、今後、ヨコハマ・レース・クラブは広範な支持をえていくことになるだろうというのが、「ジャパン・メイル」の総括だった。だがこの見通しは甘かった。この開催を経験した中国馬派の不満は、強いものとなっていたからである。まず、これまで多額の資金を投じて中国馬を導入してきたことがあった。レース数が減れば、当然、獲得できる賞金も減る。それにクラブの運営の主導権を手離せば、ロッタリーの「不正行為」で資金の回収もできなくもなる。さらに先にも述べたように中国馬派は、本格的な競馬をめざしていた。その彼らの目から見れば、この一八七二年の秋季開催の日本馬及び新馬のなかでまともな馬は数頭しかいなかった。したがって中国馬派から見れば、このままの方針を続けることは、横浜の競馬の自殺行為以外の何物でもなかった。

翌一八七三年一月二九日、ヨコハマ・レース・クラブの総会が、たった一度の開催だけで再び中国馬重点へ回帰することを決定する場となった(31)。この日の議長は、日本馬派の中心人物、N・P・キングドン(キングドン・シュウォーベ商会)。新役員として、マーシャル(W. M. arshall：マクファーソン・マーシャル商会)、シェパード(C. O. Shepard：アメリカ領事)、トーマス(T. Thomas：ストラチャン・トーマス商会)、ロバートソン(R. Robertson：英国領事)、スノウ(Snow)大尉(英国海兵隊)の五名を選出、シェパードを除いた四名が再任だった。元々予定されていた議事は一つ、根岸競馬場の借地料問題だけだった(次節)。

明治政府は、幕府から年間借地料一五〇〇ドルを引き継いでいたが、一八七〇年から三年間の期限で一二〇〇ドルの減額措置をとっていた。この期限開け後の借地料への対応を決めるのが、この日の議題だった。結局、付帯条件付で一二〇〇ドルの継続措置を交渉することが決議された。役員の四名は再任であったから、このまま総会は終わり、日本馬重視の方針が引き継がれていくように見えた。だがここで、かねて日本馬重点の方針を主張していたA・H・プリンス(Prince：ジャパン・メイル)が発言を求めた。つぎのように方針転換への考慮を促すものだった(32)。

第一にレース番組を、多くの人の要望に応えて今よりも早く公表して欲しい。そうなれば、馬の入手と調教にもっと計画性をもつことができるようになる。

第二にレース数を減らして賞金を増額すべきである。会員の目的が金ではないことは承知しているが、現在の七五ドルから一五〇ドルという額を、かつてのように三〇〇ドルか一〇〇ポンドに増額すべきである。

第三に前開催は日本馬重視の番組編成であったが、まともな日本馬がほとんど出走しなかった。次期開催では、これまでの中国馬の活躍馬に加えて多くの新馬が出走する。頭数も日本馬より中国馬の方が多くなるので、両者のレース数は同数にすべきである。

最後に、日本馬の負担重量も、体高に応じて決定されている中国馬と同様にすればよいと思う。チイサイ(Chisai)のような馬が、なぜボレアス(Boreas)のような馬と同斤量なのか理解できない。一三ハンズに対して一〇ストーンを基準にして、一インチ毎に二ポンド増量、一インチ未満の端数は切り捨てればよい。

プリンスも、単なる中国馬派ではなく、横浜の競馬の将来ということを考える人物であったが(33)、昨秋の開催の日本馬の劣悪さを再認識させられ、このままの方針を続けていけば、横浜の競馬が行き詰まっていくと判断したのだろう。プリンスの提案は、正式の議題に取り上げられ、二つ目のレース減、賞金増額を除いて、可決された。プリンスの意図を別としても、この総会で中国馬派が巻き返しに成功したことは事実であった。

この方針転換を受けて、中国馬派、日本馬派はそれぞれ論陣を張り、一歩も譲らない姿勢を見せた(34)。中国馬派が、これまで日本馬の入手、調教に関して厖大な資金を投入、努力を重ねてきたが徒労にすぎなく、安定した能力を示す中国馬を重視するのは当然であるといえば、日本馬派は、競馬の目的はあくまでも馬匹改良にある、日本政府への働きかけを行えば実現できると応酬する、といった具合であった。この対立は、すぐに双方の誹謗中傷合戦に発展、その過程で生じたある問題の事実調査、対応をめぐって役員会が対立、役員の一人、アメリカ領事シェパードが辞任を表明する騒ぎとなった。

事態の収拾をはかるために、日本馬派の会員を中心に臨時総会開催を求める声が強まった(35)。役員会は、当初、消極的であったが、署名を添えた要求の前に、三月一二日、開催を余儀なくされた。シェパードと共同歩調をとり、署名活動の中心となっていたのが、N・P・キングドンだった。キングドンは、繰り返せば、日本馬の調教に優れた手腕を発揮し活躍馬を輩出、宮内省や陸軍省所属馬の調教の指導にもあたっていた。このキングドンにすれば、横浜の競馬は、日本の馬匹改良に資するものでなければならなかった。一二日の総会は、予想通り、双方の激しい論戦となった。キングドン、シェパード、マーシャルらへの個人攻撃も行われ、険悪な雰囲気になったが、結局、多数を制したのは、役員会支持派であった。シェパードの辞任も認められた。この日の出席者は五〇名、採決に参加したのは三七名、会員数は六二名に減少していた。

この紛糾の余波が続くなか、四月八日には、一等スタンドが火災に見舞われた(36)。春季の開催は決定されたが、目前にして、また問題が起こっていた。キングドンの厩舎所属馬を開催から締め出そうとする声があがったのである(37)。キングドンが、役員会に対する抗議の姿勢として出走登録料を納めなかったのをとらえて追及したものだった。また、キングドンのある馬は、別の馬のすり替えとの疑いをかけられ、登録を拒否されてもいた。明らかに日本馬派の中心であるキングドンのクラブからの追い落とし策であった。キングドンの厩舎所属馬を欠いては、日本馬のレースはおぼつかなくなるので、なんとか出走は認められたが、キングドンが務める予定であった開催執務委員、ハンデキャッパーに関しては辞任を余儀なくされた。

こうして迎えた五月一四、一五、一六日の春季開催。神奈川県庁、工部省、横浜の商人らがカップを寄贈するなど日本側のクラブに対する支援は続いていたが、観客数は非常に少ないものとなった(38)。

開催後、中国馬、日本馬両派の対立がさらに激しさを増していくなかで、六月一一日、後半期の総会を迎えた(39)。

出席者は、わずかに二八名。この年度の会員数は六二名であったから、成立していなかったはずであるが、とにかくも議事は進行された。ここで、半期分の財政状況は三七七ドルの黒字と報告されたが、四月火災で焼失したグランド・スタンドの再建費用の目途はまったくたっていなかった。だがこの日の総会は、再建を議論するどころではなくなってしまった。委員の一人であった英国領事R・ロバートソンが、他の委員とともに辞任を申し出たからである。三月には、アメリカ領事C・O・シェパードも委員を辞任していたから、全委員五名の内、少なくとも三名が辞任することになり、結局、委員会は総辞職を表明せざるをえなかった。クラブ運営は暗礁に乗り上げた。この役員の総辞職劇のなかでも、クラブは、根岸競馬場の借地料問題で明治政府との交渉を行っていかなければならなかった。判断を誤れば、借地権返還という事態が待ち受けていた（次節）。

したがってその後の三開催は、一時休戦の形がとられたようであり、懸案のレース数も日本馬の現状に応じて、日本馬七～八、中国馬・混合一五～一六という数字に落ち着いていた。後任の役員もレーン（Geo. E. Lane：太平洋郵船会社）、フレーザー（J. A. Fraser：オーガスチン・ハード商会）、デヴィソン（J. Davison：デヴィソン商会）、サンドウィズ（J. H. Sandwith：英国海兵隊）、ベーカー（R. B. Baker：チャータード・マーカンタイル銀行）という、それまでこの対立と関係のなかった人間たちが選ばれていた(40)。また翌一八七四年の役員も、中国馬派の中核のタータン厩舎のW・M・ストラチャンが二年ぶりに就任していたが、フレーザー、デヴィソン、ベーカーが留任、新たにウィッタル（E. Whittall：ジャーディン・マセソン商会）が就任して(41)、休戦状態が続いたようである。しかもそのなかで、一八七四年一一月秋季開催に向けて、日本馬優遇策として、ヨコハマ・ダービー（Yokohama Derby）というレースが創設されたから（図31）、日本馬派と中国馬派の協調関係は表面的には深まっていた。同年七月、ヨコハマ・レース・クラブが公表した出走条件は、つぎのようなものであった(42)。

日本馬新馬限定、負担従量・体高、距離・五ハロン、第一回登録締切七月三一日、登録料・第一回登録時一五ド

ル、出馬登録時五ドル、計二〇ドル、ただし出馬登録がない場合も一五ドルは返却しない、総賞金・登録料十二〇〇ドル、一着賞金・総賞金の八〇%、二着賞金・同二〇%、三着賞金・同一〇%。

騸馬の中国馬ではなく、日本馬の改良につながるような競馬を実施するというのが、日本馬派の主張の一つであったが、それに応え、購入意欲を刺激して、将来的には生産意欲、調教技術を高めようとするものであった。つまり劣悪な日本馬の現状と優遇策との折り合いをつけた打開策がこの高額賞金のヨコハマ・ダービーの創設だった。かつてヨコハマ・ダービーという名のレースは、一八六二年一〇月、横浜新田の秋季開催で実施されたことがあったが、それ以降、横浜の居留民たちは、ダービーの名を大切にして一度もレースに冠することはなかった。そのヨコハマ・ダービーの名称を復活させたところにも、日本馬優遇策への意欲が示されていた。もちろん、突然日本馬の質があがるはずもなく、実態は例年の新馬戦を高賞金にしただけのことであったが、その効果はすぐ表れた。一六頭の新馬が登録、出馬登録(一〇月一六日締切)も一二頭と、これまでにない多頭数となった(43)。調教の見物に訪れる人も増え、各新聞も予想に力を入れるなど、ヨコハマ・ダービーの前人気は高かった。

秋季開催初日、一一月一〇日、第二レースがヨコハマ・ダービーだった(44)。一〇頭立となり、賞金総額五〇〇〇ドル、一着三五〇ドル。一着がキングドン所有のモスコー(Moscow)、タイム一分二三秒、半馬身差の二着がW・ストラチャンのドリフト(Drift)

図30　ヨコハマ・ダービーのトレーニング(調教)・ノート

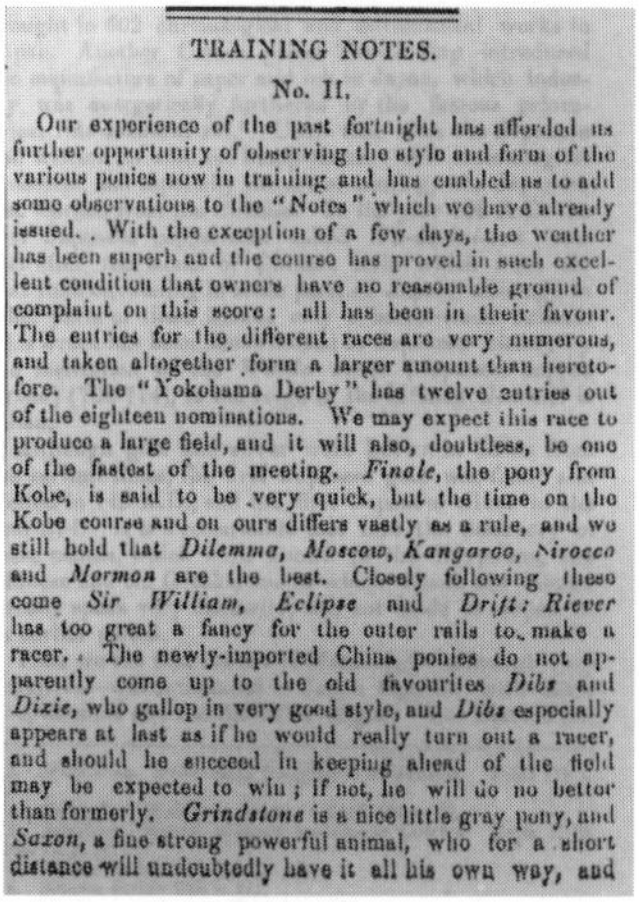

TRAINING NOTES.

No. II.

Our experience of the past fortnight has afforded us further opportunity of observing the style and form of the various ponies now in training and has enabled us to add some observations to the "Notes" which we have already issued. With the exception of a few days, the weather has been superb and the course has proved in such excellent condition that owners have no reasonable ground of complaint on this score: all has been in their favour. The entries for the different races are very numerous, and taken altogether form a larger amount than heretofore. The "Yokohama Derby" has twelve entries out of the eighteen nominations. We may expect this race to produce a large field, and it will also, doubtless, be one of the fastest of the meeting. *Finale*, the pony from Kobe, is said to be very quick, but the time on the Kobe course and on ours differs vastly as a rule, and we still hold that *Dilemma*, *Moscow*, *Kangaroo*, *Sirocco* and *Mormon* are the best. Closely following these come *Sir William*, *Eclipse* and *Drift*: *Riever* has too great a fancy for the outer rails to make a racer. The newly-imported China ponies do not apparently come up to the old favourites *Dibs* and *Dizie*, who gallop in very good style, and *Dibs* especially appears at last as if he would really turn out a racer, and should he succeed in keeping ahead of the field may be expected to win; if not, he will do no better than formerly. *Grindstone* is a nice little gray pony, and *Saxon*, a fine strong powerful animal, who for a short distance will undoubtedly have it all his own way, and

(J.W.M. 1874・10・24)

図31　ヨコハマ・ダービー(新馬)のくじ馬の抽籤配布希望の締切が7月31日であることの告知

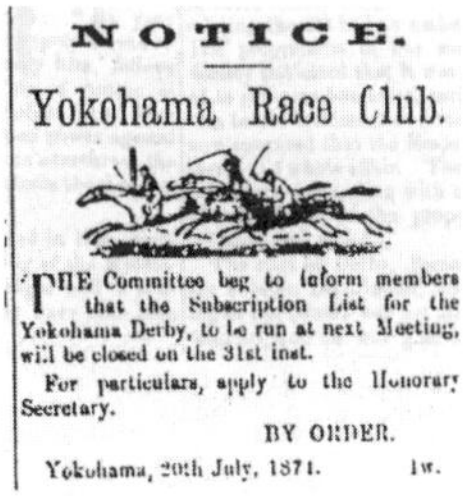

NOTICE.

Yokohama Race Club.

THE Committee beg to inform members that the Subscription List for the Yokohama Derby, to be run at next Meeting, will be closed on the 31st inst.

For particulars, apply to the Honorary Secretary.

BY ORDER.

Yokohama, 20th July, 1874.　1w.

(J.G. 1874・7・21)

図32　ヨコハマ・ダービーのレース条件、着順、レース模様

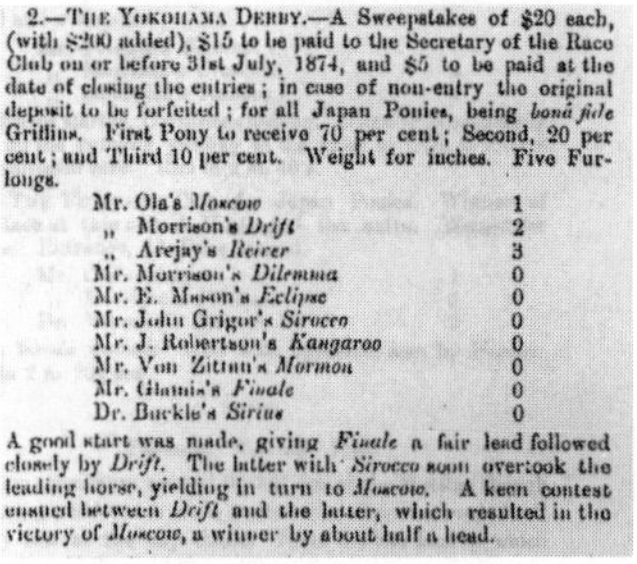
2.—The Yokohama Derby.—A Sweepstakes of $20 each, (with $200 added), $15 to be paid to the Secretary of the Race Club on or before 31st July, 1874, and $5 to be paid at the date of closing the entries; in case of non-entry the original deposit to be forfeited; for all Japan Ponies, being *bonâ fide* Griffins. First Pony to receive 70 per cent; Second, 20 per cent; and Third 10 per cent. Weight for inches. Five Furlongs.

Mr. Ola's *Moscow*	1
„ Morrison's *Drift*	2
„ Arejay's *Reiver*	3
Mr. Morrison's *Dilemma*	0
Mr. E. Mason's *Eclipse*	0
Mr. John Grigor's *Sirocco*	0
Mr. J. Robertson's *Kangaroo*	0
Mr. Von Zittau's *Mormon*	0
Mr. Glamis's *Finale*	0
Dr. Buckle's *Sirius*	0

A good start was made, giving *Finale* a fair lead followed closely by *Drift*. The latter with *Sirocco* soon overtook the leading horse, yielding in turn to *Moscow*. A keen contest ensued between *Drift* and the latter, which resulted in the victory of *Moscow*, a winner by about half a head.

(J.W.M. 1872・11・14)

図33　モスコーの勝利とキングドン（右）

(『ジャパン・パンチ』1874年11月号)

図34　タータン厩舎関係者の落胆

(『ジャパン・パンチ』1874年11月号)

だった（図32）。この他ヒョウゴ・オオサカ・レース・クラブ（神戸）からの遠征馬も出走していた。ちなみに、ヨコハマ・ダービーのロッタリーでは、評判の高いモスコーではなく、ドリフトが高値をよんで話題となっていた[45]。レース直前までその人気が下がらず、不審に思われていたところ、レース中、モスコーが二回、進路をカットされたことで、これがあらかじめ仕組まれていたからドリフトが売れたのではないかと噂された。『ジャパン・パンチ』（一八七四年一一月号）には、モリソンらが妨害を仕組んだことをほのめかし、モスコーの勝利を喜ぶキングドンら二人の姿が描かれている（図33・34）。進路妨害がなければ楽勝しただろうというのがモスコーに対する評価だった。それを立証するかのように、モスコーは、二日目第九レース富士山賞盃（Fujiyama Cup）、距離一周（約一七〇〇メートル）、古馬も加わった七頭立でも、一頭だけ七ポンド増量されていたが、それをものともせず二分二六秒三／四で楽勝した。三日目第二レースハンデ戦の優勝賞盃（Champion Cup）、距離一マイル一／四、八頭立では、この勝利が高く評価され、モスコーは王者タイフーンと同斤量のハンデを課されていた。途中でバカついて、結果は着外に終わっていたが、初代ダービー馬にふさわしくその将来を予感させる走りを見せていた。だがモスコーは、その気性難を克服することができなかった。気性の荒さは当時の日本馬に共通し、競走馬としての適性を欠く大きな要因となってい

たが、モスコーも結局、これが災いし、一八七七年春のシーズンまで走ったが、期待はずれの成績しか残せなかった（第六章第一節）。

日本馬の調教技術を高く評価されていたキングドンでも、手を焼いたのであるから、モスコーの気性がいかに悪かったかがうかがえる。先にもふれたようにヨコハマ・ダービーは、このような日本馬の競走馬としての資質を高め、その改良に資していくことが目的であったが前途多難だった。そのうえヨコハマ・ダービーが続いていくためには、ヨコハマ・レース・クラブが、日本馬を重視する方針を転換しないことが必要であった。

一八七五（明治八）年一月二七日開催されたヨコハマ・レース・クラブ年次総会の主な議題は、会計報告、ルールの改正、新役員選出の三つであった(46)。会計報告は、問題なく満場一致で承認。それによれば会計規模は一二〇〇〇ドル、借地料減額交渉がまとまったのを受けて、一八七三、七四年度二年分の借地料二四〇〇ドルを支払ったが、それでも一八五〇ドル余の黒字であった。かつて一〇〇名以上を数えていた会員数も、この頃には六〇名前後となり、その分の収入減は八〇〇ドル（年会費二〇ドル）近くになっていたが、それを埋め合わせるには足りなかったとはいえ、五年間に及ぶ借地料の減額措置もあってか、財政的には不安のない状態になりつつあった。

ルール改正は、賭け金、出馬登録料、罰金などを支払わない者の取り扱いをどう規則に盛り込むかであった。この当時の主たる賭け（馬券）であったロッタリーは、ヨコハマ・ユナイテッドやジャーマンの居留民の社交クラブ、グランドやイースタンの各ホテルが売り出していた。またその他ブックメーカー方式、一対一の賭けなどがあった。開催後、それらの賭けの決済日を憂鬱な顔で迎える人々も多かったが、これらの人々は支払う意志があるだけまだ良心的で、この頃には、踏み倒すといった確信犯が目に付くようになっていた。もっともロッタリーも、「不正行為」にまみれており、居直る方にも理屈があった。それでも負けは負けということであり、クラブのこの日の提案も、このような不払い者への対応に迫られてのものだった。種々の意見が取り交わされたが、結局、これらの債務（default）を決済日から四週間以内に支払わない者の会員資格を剥奪すること、再入会の申請は、一年の除名期間を過ぎた後、総会の席上で二／三以上の賛成で許可という規定となった。

新役員には、W・M・ストラチャン、J・A・フレーザー、J・H・サンドウィズ（以上三名前年からの留任）、クルックサンク（W. J. Cruickshank：スミス・アーチャー商会、新任）、R・ロバートソン（英国領事、二年ぶりの再任）の五名が選出された。明確に日本馬派側に立つ委員が選出されず、ストラチャンら中国馬派が主導権を握り続けるものとなっていたが、表面上は引き続き友好な状態だった。その他、クラブがロッタリーを売り出して、その収益で一八七三年五月焼失したグランド・スタンド再建することの検討を促す声もあがったが、こちらは棚上げとなった。

当時、番組表は、開催二～三ヶ月前には公表されるのが通例だったが、この一八七五年の開催は遅れて四月中旬になった(47)。日本馬、中国馬、日中混合のレース数は各九、一〇、五であり、バランスがとられた編成だった。だが役員会が、独断で根幹レースの距離変更を行ってしまっていた。日本馬新馬戦を一／二マイルから五ハロンへ、日本馬チャンピオン戦を一マイルから一周（約一七〇〇メートル）へ、中国馬チャンピオン戦を二マイルから一マイル三／四へというものだった。これが大きな波紋を呼び、再び中国馬派と日本馬派の対立に火をつけることになった。たとえば、「ジャパン・メイル」は、つぎのよう論じた(48)。

レース・コミッティが、過去八年間続けられていた番組編成方針を変更したことに非難の声があがっている。その編成をにらんで厩舎を運営してきたオーナーの立場からみれば、本来、競馬界の利益を擁護するために選ばれたはずの役員が、その立場を忘れて、この変更を勝手に行ったことになる。さらに悪いことには、その結果、役員たちが管理者あるいは代表者である厩舎が非常に有利になるのに対して、他の厩舎が不利になってしまうのが見込まれることである。だが、今年度選出された役員は独善的でも無責任でもないので、改善策がとられることを期待したい。また、このような明らかにアンフェアで不公平な行為に対しては、会員から説明が求められることにもなるだろう。このようなつまらない対立は、できるならば、公にではなく内々に解決されることが望ましい。彼らの対立は、国民的な娯楽である競馬に暗い影を落としている。残念ながら一般の居留民たちはすでに、クラブを下劣で存在意義のないものと考えるようになっている。

この様な論調は、日本馬派側に立ったものだった。七名のオーナーも、正式に文書で、役員会に抗議と改善を申し入れた(49)。だが役員会は、結局、これらの声に耳を傾けることはなかった。開催までの間、「ジャパン・メイル」は、横浜の競馬の最大の障害となっているのは、ロッタリーでオーナーたちが様々な不正行為を行って莫大な利益をあげていることである、とその廃止を求める激しい論陣を張っていった(50)。ここでのオーナーというのが、ストラチャンら役員のメンバーをさしていることは明らかだった。番組の変更も、そういった不正行為の一環ではないか、クラブがこういうことを繰り返しているから、一般の居留民たちが競馬を見離してしまうのだ、というのが「ジャパン・メイル」の主張であった。

対立が深まるなか、ともかくもヨコハマ・レース・クラブは、一八七五(明治八)年、五月一二、一三、一四日、そして一五日のマッチレースと春季開催を迎えた(51)。レース自体は、天候に恵まれ、コースコンディションが絶好であったこともあって好時計のレースが続出するなど興味深いものとなっていた。距離短縮を主眼とする変更を主導したのは、中国馬派の中核であるタータン厩舎のストラチャンであったが(52)、この結果からうかがえるように、ストラチャンの競馬に関する見識には高いものがあった。だが入場者数は、これまでのものと比べてさらに少なくなっていた。前年来の不景気のせいもあったが、打ち続くクラブの内部対立に加えて、この春季開催でも番組編成をめぐるクラブ内の紛糾が表面化していたから、それに嫌気がさした居留民の足が遠のいたものであった。また一八六五年以来、騎手、オーナー、またヨコハマ・レース・クラブの会員、役員として横浜の競馬の支柱となっていた英国駐屯軍が、この年の三月、任務終了で撤退してしまったことも影響していた。前年の春季開催と比較して、チケットの売上は五〇〇ドル減(53)、五ドルの一等スタンドの人数に換算すれば一〇〇人、二ドルの二等で考えれば二五〇人に相当していた。このような観客減はあったが、開催後、二〇五五ドルの剰余金を残していたから、クラブは、財政的には安定した状態が続いていた。だが、これまでの原則を変更したレース・コミッティの番組編成をめぐる不満がおさまるはずもなかった。

六月二七日開かれたヨコハマ・レース・クラブの定期総会では、激しい論戦が繰り広げられることになった(54)。議長には、日本馬派の中心的存在キングドンが指名された。議題は役員を五名から七名に増加させ、その二名を会頭、副会頭とし、副会頭には、神奈川県令を迎えるという提案だった(55)。おそらく会頭には英国公使ということが念頭にあったのだと思われる。これをめぐる議論で焦点にされたのが、春季開催の番組内容を変更したのがストラチャンであり、その「独走」を役員会が追認してしまったという責任問題であった。このような議論の展開をみると、この提案の狙いが、英国公使と神奈川県令を重石として、ストラチャンら中国馬派の役員の独走を抑えることにあったことをうかがわせている。日本馬派は、徐々にできつつあった日本側とヨコハマ・レース・クラブの友好関係を活用しようとしていた。だがこの提案は、敗れ去ってしまった。クラブの多数が、ストラチャンに代表される中国馬派を支持していることが再確認される形となった結果だった。そしてここで、中国馬派がクラブの運営に日本人が関与することを歓迎していないことも明らかとなった。後のヨコハマ・レーシング・アソシエーション結成の背景の一つとなるものであった。

一八七五（明治八）年一一月三、四、五日と決定されたヨコハマ・レース・クラブの秋季開催の番組編成は、春季の方針がそのまま引き継がれた。日本馬派の不満がおさまったわけではなかったが、それがことさら表面化してはいなかった。それに代わって、開催前、論議を呼んでいたのが、ヨコハマ・ユナイテッド・クラブがロッタリーの発売の再開を決定したことだった(56)（図35）。同クラブは、前身が一八六三年頃結成された居留民最大の社交クラブで、宿泊機能を備えた立派なクラブハウスを持っており、一八六五年以降の競馬開催の際にロッタリーを発売していたが、その弊害が叫ばれた一八七二年に一旦は、発売を中止していた。この前の春季開催の際も、再開の動きがあったが、競馬をさらに堕落させるといった「ジャパン・メイル」などの強い反対の前に断念していた。が、今季はそれらを押し切って発売を決定したものだった。「ジャパン・メイル」が、この発売決定に絡めて、紳士としての名誉を守りたいなら競馬に関わらないこと、あるいは競馬に関わること自体が品性の問題となる、といった激しいロッタリー批判、また競馬の目的は金銭ではなく、勝つという名誉だけで満足し、経済的な見返りを追求しない、これが紳士の名に値する競馬というような競馬論を展開していたが、これもまた形を変えた中国馬派主導のヨコハマ・レース・クラブに対する批判だった。

そして開催前のもう一つの大きな話題が、秋季開催に向けて、陸軍中将西郷従道名義の馬が出走の準備を進めていたことだった(57)。日本人名義の馬の出走は、クラブ史上、初めてのことだった。出走させることができるのは会員に限られていたが、ヨコハマ・レース・クラブは、先にふれたように日本人の入会を認めていなかった。入会したのか、また特例だったかどうかは不明だが、春季開催に西郷従道が姿を現していたこと、また先にふれたように六月の総会で否決されてはいたが、神奈川県令を名誉会員として副会長にとの提案があったから、少なくともそれらの動きと関係していたと思われる。おそらくキングドンら日本馬派が、中国馬派に対する巻き返し策として西郷従道の出走に向けて積極的に動いたのだろう(58)。開催にも、実際四頭が出走してきたが、この西郷従道名義の出走は、陸軍として公的な意味を持つものだった(59)。このようにして陸軍は、この一八七五(明治八)年秋季開催から、馬の出走、人の騎乗、後には馬主としても(軍馬局名義)、また賞典も寄贈して、横浜の競馬に関与していくことになる。そして宮内省でも、競馬に向けての歩みが進められていた(第二章第一節)。

このように、日本側も、競馬を行い始めようとしていた。かつての私たちは、人も馬も競馬を知らなかった。競馬に必要とされる身体、思想性を持ち

図35　ヨコハマ・ユナイッテド・クラブのダブル・セリング・ロッタリーの再開

(『ジャパン・パンチ』1875年11月号)

合わせていなかったからである。この西郷従道名義の馬のヨコハマ・レース・クラブの掲載への出走は、それが変わりつつあったことを示していた。また一八七一、二（明治四、五）年、内務省勧農局、陸軍省、開拓使などの政府機関、一部の民間牧場が、アメリカからのトロッター、サラブレッドの輸入馬、あるいは一八六七（慶応三）年フランス皇帝ナポレオン三世から幕府に贈呈されたアラブを種牡馬として、在来日本馬に配合して生産に着手していた雑種馬（half-bred）が、横浜の競馬に登場してくる日も近づいていた（第二章第三節）。私たちが、自らの手で競馬を行うまではあと一歩のところまできていた。

そしてこのような日本側の競馬の歩みと横浜の競馬が交錯したとき、ここで見てきたヨコハマ・レース・クラブ内における中国馬、日本馬のいずれに重点をおいてクラブを運営していくのかといった対立が、結果的に日本で競馬を行っていく目的、思想性を問うものにもなった。その後の展開は、第二章第三節で論じた通りである。

5 根岸競馬場借地料交渉

明治期に入り一八七六（明治九）年にクラブ分裂に至るような中国馬派と日本馬派の対立、あるいは英国の民留民主導の運営に対する反発の問題をヨコハマ・レース・クラブはかかえていた。それとともに、ことは外交交渉であったから、クラブが直接の交渉当事者ではなかったが、この期間、根岸競馬場の借地料に関して、外交団を代表する英国公使H・パークス（Parks）と明治政府との間で緊迫した交渉が行われていた(1)。そのヤマ場は、一八七三（明治六）年から一八七四（明治七）年にかけてのことだった。

根岸競馬場の借地条件に関しては、一八六六年一二月（慶応二年一一月）、幕府と各国の間で締結された「横浜居留地改造及競馬場墓地等約書」第一〇条、第一一条で、年間借地料一〇〇坪に付一〇ドル、計一五〇〇ドル、使用権を持つ競馬クラブは領事団が決定するといったことが定められていた(2)。翌一八六七（慶応三）年に入り、これを受けて、神奈川奉行と各国領事の間で「横浜競馬場の地券」が取り交わされ、その第二条で、つぎのように領事団が、居留民を代表する競馬・クラブに競馬場を貸与する権限が与えられたことが規定されていた(3)。

保人たる右コンシユル（領事）等横浜レースコロウ（クラブ）競馬社中を外国臣民の総代として競馬場の取扱を差図すべし。右レースコロウは右競馬場取扱方の規則を設る権あるべし。右規則は保人たるコンシユル等の承引を受くべし。

この地券に基づき、ヨコハマ・レース・クラブが貸与を受け、管理・運営の規則を制定していた（本章第二節）。またこの地券には明文化されなかったが、クラブは、その年の年間借地料一五〇〇ドルを一月一日付で前払いすることが合意されていた(4)。幕府瓦解後、明治新政府は、幕府及び各藩の負債も含めて、幕府が各国と締結した諸条約をすべて引き継ぐが、根岸競馬場借地権に関しても同様だった。

借地料問題が外交交渉として表面化したのは一八七〇（明治三）年だった。前年からの不況は横浜にも影響を及ぼしていたが、そこにクラブ員の減少を加わって、年が明けても借地料未納のままで時間が過ぎていた。これより先、少なくとも一八六九（明治二）年の借地料は、クラブからの要請が受け入れられて、一〇〇〇ドルに減額されていたから(5)、クラブの財政は、悪化の一途をたどっていたことになる。四月、クラブの要請を受けた英国公使パークスは、外務大輔寺嶋宗則と応接の際、借地料減額を要求した(6)。これに外務省が即座に反応、一八七〇（明治三）～七二（明治五）年の三年間、年間借地料を一〇〇坪に付二ドル減額して八ドル、計一二〇〇ドル、期限明けの借地料に関しては改めての交渉を行うという条件を提示した。当時、明治政府の外交政策のなかで、英国との関係が優先順位の第一位を占めていたから、パークスの要求は重みを持っていた。またパークスは、根岸競馬場建設を実現させた当事者の一人でもあったから、明治政府の当局者よりも、根岸競馬場に関する事柄については詳しかった（本章第二節）。

そのパークスからの要求であるから、外務省が即座に反応、あっさり減額に応じたとしても不思議はなかった。

パークスの内諾をえた外務省は、この条件を神奈川県に通達、同県は四月二七日付で了承、当然クラブも同意、これで一八七二（明治五）年までの減額措置が決定した(7)。減額された三〇〇ドルは、会費一五人分（ちなみに当時の会員数七〇〜八〇名）、あるいは当時の重賞レースの平均的な賞金一五〇ドル二つに相当していたから、窮状に陥っていたクラブの財政に対してかなりの支援となっていた。

借地料の支払い期限は、当該年度の一月一日であったから、減額措置期間が終わる一八七二（明治五）年中に、協議を終えておく必要があった。この協議が簡単でなかったのは、根岸競馬場の借地料が、一八六六（慶応二）年一二月幕府と各国との間で締結された「横浜居留地改造及競馬場墓地等約書」を受けて規定されており、その変更等は、外交交渉のテーブルに乗せなければならず、また一八七一（明治四）年の太政官職制の改編に伴い、国有地処置の最終決定権が大蔵省に移管され、根岸競馬場借地料の交渉に関しても大蔵省の判断を仰がなければならないことであった。

明治五年一〇月二二日（一八七二年一一月二二日）付で、神奈川県は外務省に根岸競馬場借地料に関する「伺書」を提出(8)、一一月一二日（一二月一二日）付で、外務省は、借地料の最終決定権を持つ大蔵省の意向を受けて、規定額一五〇〇ドルに復する旨を神奈川県、英国代理公使R・G・ワトソン（Watson）に伝えた(9)。政府側の見解は、景気の回復、及び競馬場周辺の地価の上昇とのバランス上、復額が妥当というものだった。この一方的な通知は、明らかに、先の一八七〇（明治三）年の合意事項に違反していた。

当初ワトソンは、期限後については改めて協議するという合意事項を把握していなかったが、ヨコハマ・レース・クラブの役員でもある英国領事R・ロバートソンの示唆を受け、外務省にそういった手続をふむように求めた(10)。英国公使パークスは一八七一（明治四）年五月から賜暇帰国中、当初一年間の予定であったが、折からの岩倉遣外使節団の英国訪問を受けて、公務に復帰するのは、一八七三（明治六）年三月のことになるから(11)、外務省は、パークス不在の間隙をぬって、事を決めてしまおうとも考えていたかも知れない。だが、事情に通じたロバートソンに歯止めをかけられた格好になった。居留地取締長官E・ベンソン（Benson）は、一八七三（明治六）年一月一日付で、クラブに対して一五〇〇ドルの支払を命じてきた(12)。なお取締長官は、神奈川県令のもとで居留地の管理運営にあたる職であったから、通達の窓口となったものだった。

この後、協議が開始されたが、双方の主張は平行線をたどった。あくまでも一五〇〇ドルへの復額を主張する政府に対して、ワトソンは、地価上昇を否定するとともに、会員減がもたらしている財政上の困難を理由として、一二〇〇ドルでも支払困難と、それを拒否したからである(13)。実際、クラブは運営方針の対立の影響で会員減が続いていた（本章第四節）。外務省の督促を受けた神奈川県は、大蔵省へ地価等の実情調査を依頼、その結果を受けて判断するとの態度をとった(14)。これに対してヨコハマ・レース・クラブは、総会に諮ったうえ、回答するとベンソンに伝えた(15)。

こうして一月二九日、クラブ総会が開かれた(16)。ここで出た結論は、借地料を一二〇〇ドルに据置き、復額交渉の前提条件としてコースの修復を求める（第一コーナーから第二コーナーにかけてのは田畑を埋め立てたもので地盤が悪く陥没して凹地ができやすく、且つ下り坂でカーブがきつく危険であった）、というものだった。この決議の後に、クラブは、たった一度で日本馬重点から中国馬重点への番組編成へと再転換する決定を行うことになる（前節）。判断を誤れば、借地権返還という事態が待ち受けていたが、この日の総会の借地料に関する決議は、ともあれ神奈川県、外務省、大蔵省へ伝えられた。もちろん借地料は支払われなかった。

三月に入り、大蔵省は、四日付で、調査の結果、競馬場周辺の借地料は一〇〇坪一二ドルであり、競馬場貸与の時点（同一〇ドル）より上昇しているとして、旧額に復する決定を維持することを神奈川県に伝えた(17)。神奈川県は、七日付で、この決定を外務省に伝え、英国公使との交渉に入ることを要請した(18)。外務省は、八日付で、ワトソンに対して、英国領事ロバートソンを通じてクラブ側に一五〇〇ドルの支払を行う指令を発するよう要請した(19)。応じなければ、競馬場収用もありうるという強硬姿勢だった。また外務省の二四日付の指示を受けた神奈川県も、三月二八日付でロバートソンに一五〇〇ドルの支払いを求めた(20)。

クラブ側も、ワトソンも、この状況を打開するために、パークスの帰任を待ち受けていた。パークスが、公務に復帰したのは三月二七日だったが(21)、早速、パークスは攻勢に打って出た。四～五月、数回にわたって、根岸競馬場借地料問題に関して、外務省、大蔵省と交渉、その結果、様相はそれまでのものとは一変することになった(22)。パークスが、交渉の切り札として持ち出したのが、根岸競馬場設置の経緯であった。パークスの主張はおおむねつぎのようなものであった。元来、「横浜居留地覚書」（一八六四年一二月締結）では、幕府の負担で吉田新田一ッ目沼を埋め立て、競馬場・レクリエーション及び調練場を設置すること、及び借地料は無料と規定されていた（実際の「横浜居留地覚書」は、調練場の借地料は無料、競馬場及びレクリエーション・グランドは交渉のうえで決めると規定していたから、パークスが思い違いをしていたか、あるいは故意に捻じ曲げて交渉を有利に運ぼうとしたものであった）。しかし、巨額な費用の見通しがつかず、未着工の状態が続いていた。この苦境に配慮、譲歩して、居留地から遠い根岸村への競馬場設置に同意した。一八七〇年から埋め立てられている一ッ目沼（工期一八七〇～七三年）が、宅地等に利用できるのは、この譲歩があったからだ。また根岸競馬場の借地料も、本来なら無料であるはずであるが、支払われている。同じ公共地という性格を持つ山手公園が一〇〇坪に付六ドルであるから、一〇ドルは高価である。財政難であるヨコハマ・レース・クラブにとって、借地料は負担となっている。競馬場周辺の地価が騰貴しているとしても、売却して利益をあげることができないので、競馬場は「一般家屋」と異なり、同等に論じることはできない。この点を考慮して減額に応じるのが当然というのが、パークスが展開した論理だった。

このパークスの申入れを受けた外務省は、最終的な決定権を持つ大蔵省に再度の判断を委ねた(23)。この五月九日、大蔵省事務総裁に就任したばかりの大隈重信は、パークスの要求を拒否、やはり一五〇〇ドルに復することを、一四日付で通告してきた(24)。競馬場と同様の性格を持つヨコハマ・アマチュア・アスレチック・クラブの競技場用地の借地料が一〇〇坪に付約二八ドルであることと比較しても「公平至当」、というのが大隈の見解だった(25)。

パークスは、この通告の受け入れを拒否、外務卿代理であった少輔上野景範に対し、さらなる考慮を求めた書翰を五月三一日付で送った(26)（図36）。パークスは、このなかで根岸競馬場設置の経緯、山手公園との比較という従来の主張に加えて、大隈重信が新たな論拠として持ち出してきたヨコハマ・アマチュア・アスレチック・クラブ競技場用地の借地料は根岸競馬場とはまったく事情を異にすること、及びグランド・スタンド焼失（五月八日）の打撃を述べて、競馬場借地料減額措置の継続を求めた。

このパークスの申入れを受けた上野景範は、六月二日付で大隈重信宛に、「早々御商議の上、尚回答」を求める書翰を送った(27)。だが大蔵省は、この時期、財政政策をめぐっての混乱が続いていた(28)。大蔵卿は大久保利通であったが、大久保は一八七一（明治四）年一二月以降、岩倉遣外使節団の副使として外遊中であったから、その間の省務責任者は井上馨、渋沢栄一であった。井上、渋沢の二人は、大幅な緊縮財政で明治六年度予算案を編成しようとしたが、政府部内から激しい反対の声があがり、大蔵省はほぼ機能停止状態に陥っていた。これを打破するため、五月二日、太政官制が改正され、予算編成権が正院（内閣に相当）に移されたが、これに抗議して井上、渋沢が辞職、大蔵省の財政収入の欠陥を公表した。五月九日、大蔵省事務総裁に就任した大隈重信は、この事態の対処に追われていた。先にふれたように就任当日、パークスの要求拒絶の判断を即座に示していたが、六月二日付の外務省の書翰に対する大隈の返答は遅れ、七月二二日付となった。ここでも大隈は、パークスの主張を一蹴、借地料一五〇〇ドルに復する決定が揺るがないことを外務省に伝えた(29)。グランド・スタンドの焼失も、「非常の災害」で

図36　パークスの5月31日付書翰

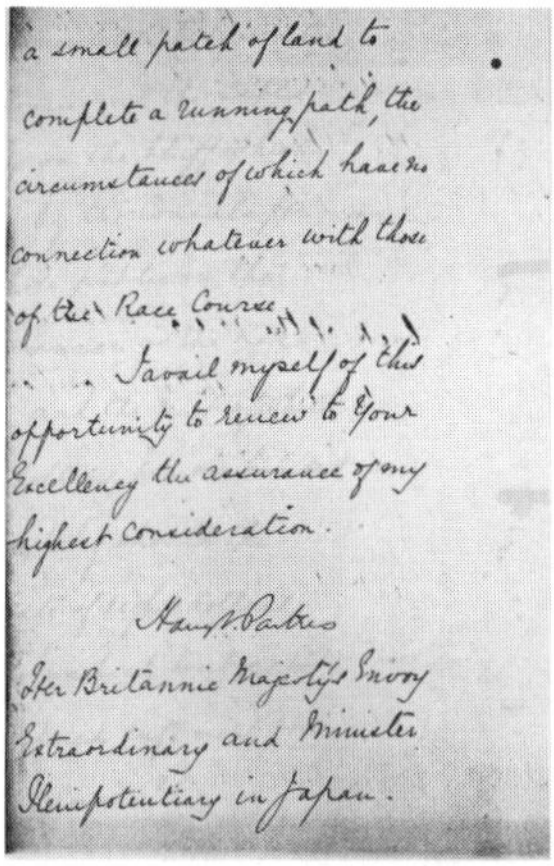
a small patch of land to complete a running path, the circumstances of which have no connection whatever with those of the Race Course.

I avail myself of this opportunity to renew to Your Excellency the assurance of my highest consideration.

Harry S. Parkes

Her Britannic Majesty's Envoy Extraordinary and Minister Plenipotentiary in Japan.

「同（英）公使より大蔵省の書面に対して云々の事情を弁駁し尚熟考あらんを請う旨の来翰　明治六年五月三一日（末尾）」と記されている（『自明治三年至明治一三年　横浜山手競馬場地租軽減并滞納の為解約更に日本競馬会社に貸与一件』。以下『貸与一件』と記す）。

減額の理由とはまったくならないという見解であった。この大蔵省の結論を外務省は、七月二五日付で、パークスに伝えた(30)。このなかで、大隈の書翰にはなかった反論が新たに付け加えられていた。競馬場を、吉田新田一ッ目沼案から現在の根岸村に移したのは、「横浜居留地改造及競馬場墓地等約書」に基づくものであり、幕府の巨額の工費負担云々ということとはまったく関係がない、とパークスが交渉の切り札としていた点をあっさり切りすてたことだった。

パークスは、八月に入り、避暑とロシア情報の収集を兼ねて箱館に赴いたから(31)、外務省への返答は八月二五日付のことになった(32)。ここで、パークスは、減額を求める方針を転換、「幕府（政府）が工費を負担したことを理由に『競馬場の地券』（一八六七年契約）に規定された借地料一五〇〇ドルを支払うべきあるというなら、現在、コースにできてしまっている凹地を整備してレースが可能な状態にするのが当然である。それを日本政府が受け入れるならば、旧額に復することを承諾する」と、それまでの減額を求める方針を転換した。これは、先の一月二九日、ヨコハマ・レース・クラブ年次総会で決議された、「日本政府が凹地を地均ししてコースを整備しない限り、横浜の地価、またクラブの財政状態を根拠として、現在の借地料一二〇〇ドルを増額するのは正当なことではない」に呼応したものであった。これは一見、明治政府の強硬な態度を前にしてパークスが譲歩し、一五〇〇ドルに復することを前提とした条件闘争に移ったかのように見える。だが、仮にコース整備に一〇〇〇ドルを要するものとすれば、それは三年以上の減額措置に相当していたから、実際には後退したものではなかった。それに、凹地が建設時の欠陥工事が原因だとして、その前提条件が満たされていないと、「横浜居留地改造及競馬場墓地等約書」第一〇条、借地後のコース整備等はレース・クラブの負担との規定の棚上げを明治政府に要求するものでもあった。

外務少輔上野景範は九月一五日付で大隈重信に至急の回答を要請(33)、パークスが、明治政府がコース整備負担を受け入れるかどうかに交渉の焦点を置こうとしたのに対して大隈は、「横浜居留地改造及競馬場墓地等約書」を把握しており、明確にパークスの要求を拒絶したうえで、あくまでもこれまでの方針で交渉を続けること、それでもパークスが減額を主張するならば「約書」に基づき返地を行わせることを、一〇月五日付で外務卿副島種臣に伝えた(34)。返地をちらつかせることで、パークスに妥協の余地がないことを示そうとするものだったろう。副島は、一〇月九日付で、この旨をパークスに伝えた(35)。

この直後、いわゆる明治六年の政変が起こる。政変後の外務卿には、かつて一八七〇（明治三）年の根岸競馬場借地料減額措置の際の当事者であった寺嶋宗則が就任、また大隈重信も大蔵卿に就任していたが、交渉はしばらく棚上げの状態となった。パークスも、先の一〇月九日付の副島の要請に回答を行わなかった(36)。神奈川県が、一一月二〇日付で、外務卿寺嶋宗則に対して、借地料一五〇〇ドルを支払うようパークスと交渉して欲しい旨の要請を行っていたが(37)、寺嶋、大隈というより政変劇のなかで明治政府には、この神奈川県の要請には応える余裕がなかった。一八七二（明治五）年秋季開催に続いて、一八七三（明治六）年春季開催にも神奈川県はカップを寄贈、その他工部省もカップを寄贈していたが、秋季開催では中止されてしまったのは、この政変劇、借地料交渉の影響だったと思われる。

翌一八七四（明治七）年二月、佐賀の乱鎮圧直後、一九日付で外務卿寺嶋宗則が前年一〇月九日付の前外務卿副島種臣の要請に対するパークスの回答を「催促」したことによって、借地料問題に関する交渉が再開された(38)。二月二四日パークスと寺嶋の会談の場で、まずこの問題に関する意見も交換され(39)、ついで三月一二日の両者の会談は、この借地料問題に限定して行われ、相互の主張の激しい応酬の場となった(40)。ここでの寺嶋の主張は、一五〇〇ドルへの復額、それを拒否すれば競馬場の返地を命ずる、と明快なものだった。これに対してパークスも、政府が競馬場の地均し工事負担を受け入れるならば復額を承諾するという昨年八月の主張を譲らなかった。

このパークスの態度は折込済みであったから、寺嶋がつぎに打つ手は、返地に向けての準備を進めることであった。岩倉使節団が身をもって学んだ教訓の一つは、いったん外国側に譲り渡した権利の回復がいかに至難の業か、ということであった(41)。一八六五年のロンドン滞在時から外交体験を積み始めた寺嶋は、維新後、外務官僚としての道を

図37　外務卿寺嶋宗則の要請書

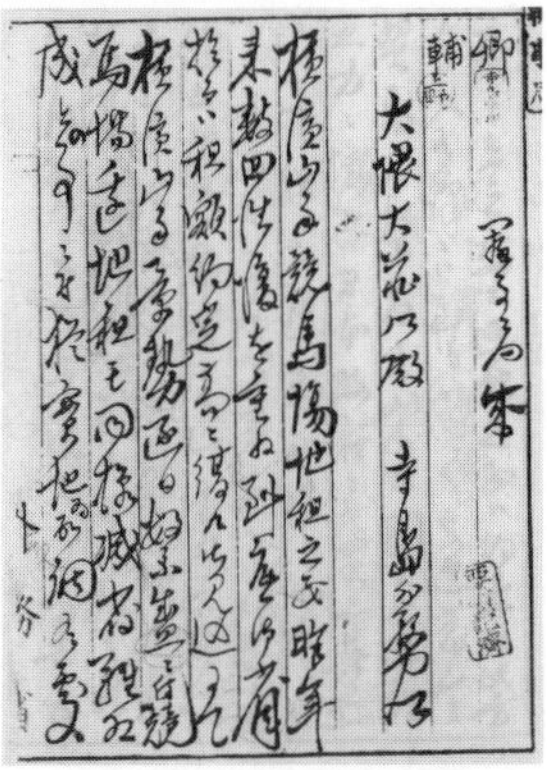

「大蔵卿へ競馬場の最初の約定もあれは返地せしめ且実際の景況を取調へし旨の云々を述へ今後三ヵ年間減租を許允し然るへき旨の往翰　明治七年五月三〇日」と記されている（『貸与一件』）。

歩み、岩倉使節団ロンドン滞在中は、駐英公使としてパークスとも渡り合った。このようなキャリアを積み、明治六年の政変後、外務卿に就任した寺嶋も当然、そのことを痛切に思い知らされていた。たかが三〇〇ドルをめぐる攻防とはいえ、それが持つ意味は大きいというのが、寺嶋の認識であっただろう。したがって寺嶋には、妥協の余地などまったくなかったはずであった。

だが、ここで突然の方針転換が行われる。外務省は、五月二五日付で、神奈川県に対して、競馬場用地の居留地化及びその収入見込み等の調査を命じたが、その期限を翌々日の二七日までとし、しかも外務大丞を出張させてその回答を受け取るということになった[42]。そして、競馬場を廃棄しても居住者が見込めず居留地化が困難であり、三〇〇ドルの減額措置（借地料一二〇〇ドル）が妥当という神奈川県の回答を受け、それを根拠に間髪を入れずに、三〇日、外務卿寺嶋宗則は、大蔵卿大隈重信宛に、減額措置（借地料一二〇〇ドル）を要請する[43]（図37）、というそれまでの交渉からは考えられない対応がなされた。この五月三〇日の大隈宛の要請のなかで、寺嶋が減額措置妥当の理由としてあげていたのは、(一)返地後は宅地化の見込がないこと、(二)根岸競馬場の設置経緯への配慮、(三)ヨコハマ・レース・クラブの財政難であったが[44]、これらはすべて、寺嶋がそれまで拒絶していたものだった。神奈川県への調査命令も、外務省側の結論が先にあって、外務大丞を出張させて神奈川県の同意を取り付けたようなものだった。この間の二九日には、パークスと寺嶋、そして台湾蕃地事務局長官として滞在していた長崎からもどったばかりの大隈重信を加えての三者会談で、借地料問題も話し合われ、前年来の主張を繰り返すパークスに対して、記録上は、この方針転換はまだ明らかにされていないが[45]、なんらかの形でその場で伝えられた可能性が大きい。この時点で方針転換を、急遽決断しなければならない事態が起こっていたとしか考えられなかった。それは折からの台湾征討をめぐって情勢が緊迫するなかでの出来事だった。以下、この点を萩原延壽の研究に拠りながら見ていきたいと思う(46)。

一八七四(明治七)年四月から五月にかけて、台湾征討計画の実施をめぐって政府部内は対立、混乱を深めたが、結局遠征は強行され、五月下旬、西郷従道率いる征討軍は台湾に上陸、戦闘に入った。だがこのような戦争の場合、事の成否は、戦闘行為そのものよりも、その後の外交交渉に成否がかかっていた。中国との直接交渉はいうまでもなく、西洋列強、とりわけ英国の動向は重要なものであった。パークスは、日清両政府の情報を収集、分析し、必要な手を打っていた。パークスは、基本的にこの遠征に反対だったが、日本政府の前に立ちはだかるようなことは考えていなかった。パークスが、この時点で明治政府に強い憤激をぶつけたのは、岩倉遣外使節団帰国以降の明治政府の「非友好的態度」に対してであった。寺嶋、外務省が競馬場借地料に関して方針転換を行ったその直前の五月下旬、右大臣岩倉具視にその不満を直接ぶつけ、その際、「非友好的態度」を否定する岩倉に対して、行動で示せとパークスは強く迫っていた。パークスからみれば、岩倉使節団帰国後、明治政府が事の大小を問わずパークスに抗することが多くなっていたが、とりわけパークスを苛立たせていたのは、昨年来、パークスが強く要求していた外国人商人の内地旅行(商業活動)の自由を拒否、外国人に対する制限を強めていたことだった。

先にもふれたように、岩倉遣外使節団帰国後、明治政府は将来の条約改正交渉をにらみ、外国側に新しい権利の供与を行わないということを外交の基本原則とした。たかが競馬場の借地料、それも三〇〇ドルをめぐる交渉であっても、パークスの要求に容易に屈しなかったのも、この基本原則に基づいたものであっただろう。だが、台湾征討をめぐる日清両政府の外交交渉を控えている段階で、パークスが明治政府の「非友好的態度」に対する「鬱積していた不満を一挙に爆発させた」かのように強い不満を岩倉にぶつけたの受けて、急遽その「非友好的態度」の一つを取り除く、そういった政治的決断を行った。その結果が、先にみた寺嶋、外務省の根岸競馬場の借地料減額の決定だったと思われる。

それでも一ヶ月余の時間があいたのは、大蔵省が反対した可能性をうかがわせているが、結局大蔵省も減額措置に同意、七月三日付で外務省にその旨通達した(47)。これを受けて、寺嶋はパークスに対して、三〇〇ドルの減額措置(借地料一二〇〇ドル)を前年一八七三(明治六)年に遡って三年間継続することを通知した(48)。このパークスへの通知のことは、七月九日付で大蔵省、一〇日付で神奈川県へ伝えられた(49)。パークスの指示を受けたヨコハマ・レース・クラブが、八月、二年分の借地料二四〇〇ドルを支払ったことで、足かけ二年に及ぶ借地料交渉は一応の決着をみた(50)。この決着もあってか、この年の秋季開催、参議たちがカップを神奈川県が再開しただけでなく、参議たちもカップの寄贈を行った(第二章第一節)。

この譲歩を受けて、八月七日、寺嶋宗則外務卿との会談の際、パークスはコースの凹地の整備問題を持ち出した(51)。三〇〇ドルの減額措置がとられたのであり、コース整備費はレース・クラブが負担すべきであるという寺嶋に対して、あくまでも建設時の不充分な工事が原因だとして政府負担を要求してきたのである。さらにパークスは、一八七三、七四年度分の借地料二四〇〇ドルをヨコハマ・レース・クラブに命じたことを伝えた八月一九日付の寺嶋宛の書簡でも、現在コースに生じている凹地は不充分な建設工事が原因だとして、明治政府の責任でのコース整備を強く申し入れた(52)。外務省は、八月二〇日付で、神奈川県に対して、競馬場建設工事が不充分であったために凹地が生じたのか、それとも「堅牢」に築造したがその後自然に「敗壊」したものかの調査を命じた(53)。

八月二八日付の神奈川県の回答は、竣工後、クラブの要請を受けて「再度盛土」したことがある、そこは元来高低ある場所だったが、その後「敗壊」したことはない、というものであった(54)。この神奈川県の回答は、コースの凹地が不充分な建設工事の結果であるかどうかを確認したいという外務省の意向からはズレたものであった。そこで、外務省は、改めて九月二日付で、神奈川県に対して、その補修工事費を、建築に伴うものとして幕府が負担したのか、それともヨコハマ・レース・クラブが負担したのかを問い合わせた(55)。神奈川県は、幕府時代の関係者、文書を調査、九月二三日付で、「築造不注意により地盤減低相成候場所も無之」と充分な工事のうえ、クラブに貸し渡され、その後、問題なく競馬場として使用され続けたと外務省に伝えた(56)。このことが確認できるならば、パークスの要求を外交的に拒絶することが可能であった。残されているのは、「再度盛土」が、いつ誰の要請によって、誰が行ったかであった。外務省は、一〇月二日付で、それを神奈川県に照会した(57)。神奈川県は、一〇月八日付で、「再度盛土」が、一八六六年一一月二六日の横浜の大火（横浜の日本人町の二/三、居留地一/五を焼失、「横浜居留地改造及競馬場墓地等約書」締結の直接の契機となった）前後のことであり、クラブの求めに応じて神奈川奉行早川能登守が担当したとの報告を外務省に行った(58)。これを受けて、一一月、寺嶋外務卿は、神奈川県の調査の結果、判明したのは、建設工事の段階で、「窪凹地相成り易」い個所に関して、ヨコハマ・レース・クラブの要請を受けて追加工事が行われ、その結果、引き渡しは「充分の馬場」としたうえでのものだったこと、したがって、現在の凹地の原因は建設工事の不備ではなく、その後の時間の経過で生じたものであるから、クラブの責任で整備するのが至当であるとの判断を、パークスに伝えた(59)。この判断が外交的にも正当であることを裏付けるために、この書翰には、「横浜居留地覚書」（一八六四年一二月締結）、「横浜居留地改造及競馬場墓地等約書」（一八六六年一二月締結）が添えられていた。

だが、問題は残っていた。かつて一八六七年夏の旱魃の際、コースに地割れを生じたことがあった。前にもふれたように競馬場予定地の地形は、窪地が入り込んでいる楕円形の台地であったから、たとえていえば、すり鉢の淵にコースを設置するようなものであった。しかもその台地には、かなりの高低差があり、コースとして使用するには、その凹地部分を埋め立て、地盤を固めるなど様々な工事が必要だった。英国工兵隊の指導、協力があったとはいえ、未経験の日本側による四ヶ月の突貫工事であったから、コース状態に問題があっても不思議ではなかった（本章第二節）。「約書」第一一条によれば、その「修覆」は、ヨコハマ・レース・クラブの負担ということになるが、クラブは、建築工事の不備であるとして幕府の責任を追求、それを認めた幕府が、補修工事を実施していたことがあったからである(60)。八年前のことを覚えている居留民がいることぐらいは予測がついたであろうから、調査にあたった神奈川県が、これにふれなかったのは、おそらく意図的ではなかっただろう。したがって、神奈川県が言及した「再度盛土」

というのは、一八六七年夏の旱魃によって生じた地割れの補修の年度を取り違えたものか、あるいは「再度盛土」は一八六六、六七年の二度にわたって行われたが、六七年の資料を欠いていたので気付かないまま六六年分だけが報告されたとも考えられる。いずれにしろ、競馬場竣工後の一八六七年、幕府負担で補修工事が行われたのは事実であった。

だが仮に、その後、パークスがこの一八六七年の補修工事のことを知ったとしても、明治政府はこの決定を変えることはなかっただろう。借地料は、「約書」を受けた「地券」に規定されたものであるから、あくまでも一時的な措置という見解をとることができた。だがこれに対し、コース引き渡し後の補修工事のクラブ負担は「約書」そのものに規定されていたから、それを認めれば「約書」を改正するのに等しいことになり、外国側に新たな権利を供与することになったからである。したがって、外国側に新たな権利を供与しないという明治政府の外交原則からみれば、借地料よりは、このコース補修問題の方が譲れないものだった。そのうえ、この一一月の段階では、台湾征討をめぐる日清の交渉も、すでに清国が日本側の台湾遠征を正当なものと認めて賠償金を支払うという形で決着していたから(61)、それへの影響という懸念もなくなっていた。またこれより先の八月、昨年来の外国人の「内地旅行の自由」の問題も、各国公使の申請によって許可が与えられるという、パークスも満足した形で決着を見ていた(62)。この面からも、明治政府がコース補修問題に関して一歩も譲らなくてもよい状況ができていた。

この寺嶋外務卿の書翰以後の補修問題に関する資料が、外交資料にも当時の英字新聞にも残されていないので、その後の交渉の経緯ははっきりとしないが、パークスは、結局この明治政府の決定を受け入れた(本章第四節)。パークスには、コース整備の要求を取り下げても、借地料減額という実利は獲得しているという判断があったのだと思われる。一方明治政府にとっても、パークスへの外交的配慮から減額という譲歩をしつつも、コース整備問題に関してはパークスの要求を突き返して、外国側に新たな権利の供与を行わないという外交原則を堅持することができていた。

ヨコハマ・レース・クラブは、今回の減額措置明けの一八七六(明治九)年分に関しても、再々度の減額を申し出たが、明治政府は却下、根岸競馬場の借地料は一五〇〇ドルに復することになる(63)。一八八〇（明治一三）年ニッポン・レース・クラブ誕生の際、半額への減額措置がとられたことは（第二章第三節）、本節での減額交渉と照らし合わせて考えれば、その間に競馬の持つ政治性がさらに大きくなっていたことを浮かび上がらせてくれるものだった。

6 鹿鳴館時代のニッポン・レース・クラブ――明治一〇年代

明治一三（一八八〇）年発足したニッポン・レース・クラブは、主員（パトロン patron）に、有栖川、伏見、東伏見、北白川の各宮の皇族、役員に政府高官、及び各国公使・領事、居留民の中心的存在が顔を揃え、それを宮内、陸軍、農商務、外務の各省が強力に支える、といった政治的な色彩の強いクラブであった（第二章第三節）。明治一五（一八八二）年、会頭に、その前年賜暇休暇から帰国した英国公使H・パークスが就任したことで、この体制はさらに強化された(1)。英国公使が会頭に就任することは慣例化し、以後明治一六（一八八三）年、清国公使に栄進したパークスの後任のプランケット（F. R. Plunket）(2)、明治一八（一八八五）年には病気休養のプランケットの代理公使のトレンチ（P. le. Poer. Trench：形式としては会頭を空席として副会頭）(3)といったように引き継がれていった。日本側から見れば、このニッポン・レース・クラブは、内外の社交の場としても利用価値の高いものであった。明治一四（一八八一）年五月の春季開催から、定例化した天皇の臨幸がそのことを象徴していた。表5は、明治一〇年代に根岸競馬に登場したその主な顔ぶれと日本側提供の賞盃や賞典などである。表をざっと見ただけでも、この時期の根岸競馬と日本側との深い関係をうかがうことができるだろう。

宮内、陸軍の両省は開催毎に、その所属の馬を差し廻して出走させるとともに(4)、カップや賞典などを寄贈し、御厩課員や軍馬局員は騎手としても出場した(5)。参考までに軍馬局の出走頭数と賞典の寄贈に関する数字をあげておくと、明治一四（一八八一）年春季には三頭、一〇〇ドル、同年秋季四頭、一五〇円、明治一五（一八八二）年春

表5　明治13年～19年ニッポン・レース・クラブ、主な臨場者、賞典など

開催	主な臨場者	賞典など
明治13年春季初日（6月7日）	東伏見宮、西郷従道、井上馨、川村純義、榎本武揚、大山巌	陸軍省賞盃、各国公使賞
二日目（6月8日）	有栖川宮、東伏見宮、北白川宮、西郷従道、井上馨、伊藤博文、大山巌、川村純義、上野景範、榎本武揚、松田道之、各国公使	三菱賞盃、婦人財嚢（オランダ公使夫人ストゥヴェーゲン夫人授与）、内務省賞典、教導団楽隊
三日目（6月9日）	黒田清隆、西郷従道、松方正義	天皇賞典、外務省賞盃
明治13年秋季初日（10月27日）	有栖川宮、東伏見宮、西郷従道、井上馨、井上末子、上野景範夫人、ドイツ公使アイゼンデッヒャー、ロシア公使ストルーヴェ、オーストリア公使ホッフェンフェルズ、英国代理公使ケネディ、クリッツ米海軍提督	天皇から錦一巻、陸軍省賞盃、宮内省賞典、日本海軍楽隊
二日目（10月28日）		県令賞盃（神奈川県令寄贈）、三菱賞盃、アメリカ海軍リッチモンド号楽隊
三日目（10月29日）		日本海軍楽隊
明治14年春季初日（5月9日）	英国代理公使ケネディ、仏公使ロケット	宮内省賞典、競馬賞典（西郷従道寄贈）
二日目（5月10日）	天皇、米田虎雄、有栖川宮、伏見宮、東伏見宮、北白川宮、徳大寺実則、杉孫七郎、野村靖、西郷従道、各国公使・領事	陸軍省景物、三菱賞盃、婦人財嚢（英国代理公使ケネディ夫人授与）、開拓使賞盃、番外天皇下賜賞典（花瓶一対）、お好み四番天皇から各織物二巻、仏海軍テーミス号楽隊 天皇がイタリア公使バルボラーニ謁見
三日目（5月11日）	伏見宮、東伏見宮、黒田清隆、松方正義	各国公使賞盃、主員賞典
明治14年秋季初日（11月4日）		陸軍省賞盃、　日本の楽隊
二日目（11月5日）	大河内正質、伊達宗城、松村延勝、井上勝之助	主員景物、開拓使賞盃
三日目		宮内省賞盃、三菱挑戦賞盃

（11月７日）		
明治15年春季初日 （５月８日）	天皇、徳大寺実則、有栖川宮、北白川宮、伏見宮、東伏見宮、西郷従道、大山巌、川村純義、樺山資紀、上野景範	天皇から銅花瓶一対、主員賞盃、各国公使賞盃、陸軍省賞盃、日本海軍楽隊 英国公使パークスが諸事を周旋、西郷従道や沖守固も尽力
二日目 （５月９日）	有栖川宮、北白川宮	婦人財嚢（英国公使パークス令嬢授与）、神奈川賞盃（沖守固神奈川県知事寄贈）
三日目 （５月10日）	伏見宮、東伏見宮、閑院宮、西郷従道、大山巌、沖守固	三菱挑戦賞盃、日本海軍楽隊
明治15年秋季初日 （10月30日）		領事賞盃、陸軍省賞盃、農商務省賞盃、宮内省賞盃、フランス海軍楽隊
二日目 （10月31日）	天皇、伏見宮、北白川宮、井上馨、西郷従道、大山巌、川村純義、三条実美、杉孫七郎、樺山資紀、朝鮮修信使	番外天皇賞典（天皇召して銅の花瓶一対授与）、フランス海軍楽隊
三日目 （11月１日）		
明治16年春季初日 （５月16日）	西郷従道、大山巌、藤波言忠、片岡利和、沖守固、松村延勝、相良長発等	各国公使賞盃、陸軍省賞盃、日本海軍楽隊
二日目 （５月17日）	西郷従道、大山巌、東伏見宮、沖守固、侍従、英国公使パークス、オランダ公使ヴァンデルポット等	臨幸予定も行違いで中止、宮内省賞典（真鍮花瓶一対、天皇代理で藤波言忠授与）、婦人財嚢、日本海軍楽隊
三日目 （５月18日）	天皇の代覧で伏見宮、藤波言忠	日本海軍楽隊
明治16年秋季初日 （11月６日）	天皇、伏見宮、小松宮、井上馨、米田虎雄、その他外務省宮内省官吏	天皇から銅花瓶一対、陸軍省賞盃、日本海軍楽隊
二日目 （11月７日）		番外特別外務省挑戦賞典（井上馨から特別賞典500ドル）、宮内省賞典、農商務省賞典、アメリカ海軍リッチモンド号楽隊
三日目		三菱挑戦賞盃、教導団楽隊

（11月８日）		
明治17年春季初日（５月８日）	榎本武揚、鍋島直大、塩田三郎、各国公使等	臨幸風邪で中止、各国公使賞盃、陸軍賞盃、日本海軍楽隊
二日目（５月９日）	西郷従道、井上馨	外務省挑戦賞典、日本海軍楽隊
三日目（５月10日）		この三日間で農商務省、宮内省が賞典寄贈
明治17年秋季初日（11月11日）	小松宮、有栖川威仁、陸海軍将校	陸軍省賞盃、農商務省賞盃、日本海軍楽隊
二日目（11月12日）	天皇、有栖川宮、小松宮、伏見宮、北白川宮、伊藤博文、西郷従道、吉井友実、吉田清成、鍋島直大、英国公使プランケット	天皇から銅花瓶一対、県令賞盃、宮内省景物、英国公使賞盃、外務省景物、天皇が各国公使に謁見、日本海軍楽隊
三日目（11月13日）		三菱賞盃
明治18年春季初日（５月13日）	鍋島直大、藤波言忠、大河内正質、英国公使プランケット、ポルトガル公使ロレイロ	各国公使賞盃、陸軍省賞盃、宮内省賞盃（天皇の名のもとに授与）、ロシア海軍軍艦楽隊
二日目（５月14日）	小松宮夫妻、伏見宮夫妻、伊藤博文夫妻、井上馨夫妻、大山巌夫妻、鍋島直大夫妻、吉田清成、沖守固神奈川県知事令嬢、英国公使プランケット、イタリア公使マルチーノ、ドイツ公使ホーレンベン、オーストリア公使ザルスキー、オランダ公使ヴァンデルポット、フランス公使サンギウィッツ夫妻、中国公使、スペイン代理公使ベドーヤ、スペイン代理公使、瀧書記官、藤波言忠、山口定和	英国公使プランケット夫妻主催の昼食会 神奈川景物、外務省賞盃、婦人財嚢、番外に伊藤井上大山各夫人寄贈のレース、その表彰式に際して大山夫人英語で演説
三日目（５月15日）		三菱会社賞盃
明治18年秋季初日（10月28日）		
二日目（10月29日）	天皇、小松宮、北白川宮、伊藤博文、西郷従道、沖守固、英国公使プランケット、アメリカ公使ハッバード、オランダ公使ヴァンデルポット等	天皇から銅花瓶一対、神奈川県賞盃、宮内省賞盃、天皇が各国公使に謁見、仏海軍楽隊

三日目（10月31日）	天皇から万里小路通房、広幡忠朝を差遣	（観客少ない）
明治19年春季初日（５月26日）		各国公使賞盃、ロシア海軍楽隊
二日目（５月27日）	西郷従道、京浜の貴紳多く参観	婦人財嚢
三日目（５月28日）		
明治19年秋季初日（10月26日）		英海軍アウダシアス号楽隊
二日目（10月27日）	天皇、有栖川宮、伊藤博文、徳大寺実則、沖守固ら貴紳数十名、ベルギー・アメリカ・ロシアを除く全公使	天皇から蒔絵料紙硯箱一組、県庁賞典（沖守固神奈川県知事授与）、宮内省賞盃、英海軍アウダシアス号楽隊
三日目（10月28日）	沖守固、岡村始審裁判長	英海軍アウダシアス号楽隊

注１：欄の空白は、臨場者、賞典などがなかったのではなく資料を欠くことによる。
注２：有栖川宮は、特に記されない限り熾仁。
（J.G. 1880・6・7～9、10・27～29、1886・10・26～28。J.W.M. 1880・6・12、10・30、1881・5・14、11・5、11・12、1882、5・13、1885、5・23。J.G.F.S. 1881、5・20、11・8、1882、5・20、11・10、1883・5・30、11・9、11・26。『朝野』明14・5・12、11・6、明15・11・1～2、明17・5・10～11、11・13～15、明18・5・15～17、10・30～11・1、明19・5・28～30、10・27～29。『日日』明14・11・7～8、明15・11・2、明16・5・18、11・8、明17・11・13～15、明18・5・15、10・30、11・1、明19・5・28、10・27、10・29～30。『毎日』明14・11・9、明15・11・1、明16・11・7、明17・5・9、5・11、5・13、11・11～14、明18・5・14～16、10・24, 10・30、明19・5・27、5・29～30、10・27～29。『時事』明15・11・2、明16・5・18、11・7、11・9、明17・5・10、5・12、11・12～13、11・15、明18・5・15～16、11・2、明19・5・28～29、5・31、10・28～29。『読売』明16・5・18～19、11・9～10、明17・5・10～12、11・13、明18・5・15～17、10・31、明19・5・28、10・28～30。『天皇紀』（5）60、344～5、700、806頁、（6）55、132、311、406、492、646頁より作成）

季四頭、総経費八三〇円、明治一六（一八八三）年春季四頭、総経費約四〇〇円[6]、明治一六年秋季以降は一開催への支出を五〇〇円と決め、明治一八（一八八五）年春季は八頭、往復入費四五〇円だった[7]。下総に種畜場を持つ内務省勧農局（明治一四年からは農商務省農務局）も同様に賞典とともに馬や騎手を出場させ、また天皇、皇族、外務省、三菱なども賞盃や賞典を寄贈、その内三菱と井上馨外務卿が明治一〇年代半ばの数年にわたって提供した三菱挑戦賞盃（Mitsu Bishi Cahllenge Cup）（図38）や外務省挑戦賞典(Gaimusho Challenge Prize）は、五〇〇ドル相当とき

図38　三菱挑戦賞盃の告知

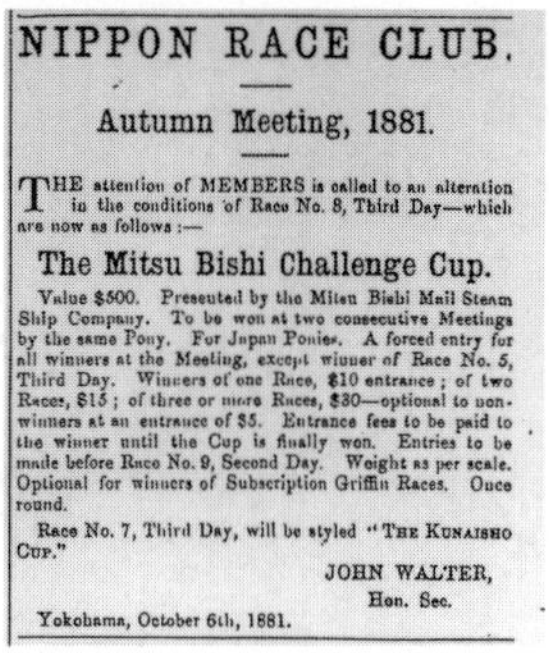

NIPPON RACE CLUB.

Autumn Meeting, 1881.

THE attention of MEMBERS is called to an alteration in the conditions of Race No. 8, Third Day—which are now as follows :—

The Mitsu Bishi Challenge Cup.

Value $500. Presented by the Mitsu Bishi Mail Steam Ship Company. To be won at two consecutive Meetings by the same Pony. For Japan Ponies. A forced entry for all winners at the Meeting, except winner of Race No. 5, Third Day. Winners of one Race, $10 entrance ; of two Races, $15 ; of three or more Races, $30—optional to non-winners at an entrance of $5. Entrance fees to be paid to the winner until the Cup is finally won. Entries to be made before Race No. 9, Second Day. Weight as per scale. Optional for winners of Subscription Griffin Races. Once round.

Race No. 7, Third Day, will be styled "THE KUNAISHO CUP."

JOHN WALTER,
Hon. Sec.

Yokohama, October 6th, 1881.

(J.W.M. 1881・10・15)

わめて高額だった(8)。日本馬と雑種馬のレースに関しては、居留民の入手ルートが少なく、特に雑種馬は政府機関で主に生産されていたから、これら日本側の協力態勢がなければ充分なものが編成できなかった。また騎手も、軽量化が進み、先の明治八（一八七五）年には数多く騎乗していた英国駐屯軍兵士も去って、居留民の騎乗も限られていたから、御厩課員などの比重が増大していた。これらの関係の日本の馬主と騎手たちは、それぞれ相当の勝鞍をあげるようになっており、たとえば明治一八（一八八五）年春季開催では、日本側の馬主の勝利数は一四、居留民側が一四、騎手に関しては日本人が二四勝、居留民が四勝であった(9)。この時代の馬主としては、藤波言忠（侍従）、軍馬局、農商務省、相良長発（騎兵少佐）、大谷金次郎（洋服商）、川西富五郎（馬車製造業）、分部光謙（旧近江・大溝藩主）、大河内正質（宮内省御用掛）、西郷従道（陸軍卿→農商務卿→海軍大臣）、鍋島直大（宮内省式部頭）、藤崎忠貞、沖守固（神奈川県令）、波多野尹政（農商務省勧農局）、大西厚、藤崎昇らの名前があり、騎手としては、御厩課の岡治善、片岡辰吉、木村介一、福羽守人、京田懐徳、目賀田万喜、軍馬局の久保田成章、下村人礼、根村市利、下総種畜場農務局の吉川勝江、林駒吉、居留民の別当であった大野市太郎、神崎利木蔵らが活躍した。

　このような日本側の関与に対する居留民側の感情は、条約改正交渉などに対してと同様に一枚岩であったわけではなく、誕生当初から日本側の関与を快く思わず排除しようとする雰囲気も強かった(10)。また直接的には居留民たちの入手ルートが少ない日本馬と雑種馬重点のクラブの方針、とりわけ雑種馬のレースに関しては不満が強かった(11)。政府が全面的にバックアップしたニッポン・レース・クラブの誕生は、日本馬と雑種馬が入手困難という状況が改善されるのではないかとの期待を居留民に懐かせたが、それも期待はずれの結果となっていた(12)。雑種馬と日本馬のレースでは、居留民が事実上排除された状態となり、日本側の馬主が勝鞍をほとんどあげてしまうことへの不満から中国馬重視への回帰を望む声が強くなってもいた(13)。その結果として、明治一四(一八八一)年秋季開催から明治一六(一八八三)年秋季開催までは、中国馬のレースが一旦は増加されていた(後掲表7参照)。だが馬匹の確保や財政状況を考えれば、日本側の関与がなくてはクラブの存在が危うくなるのが過去の体験からいっても明らかだったから、居留民側の大勢としては、日本側の関与を受け入れていた。ニッポン・レース・クラブの役員が、その常任委員会(permanent committee)の三〇名と執行委員会(working committee)の一〇名とも、内外同数から構成されていたことは先にふれたところだが、それもこういった実情を反映し、内外のバランスを配慮したものであった。

明治一七(一八八四)年一二月には、明治一三(一八八〇)年のニッポン・レース・クラブ誕生の時から懸案となっていた、根岸競馬場の借地権の契約も正式に、神奈川県知事沖守固の斡旋でクラブと政府との間で締結された(14)。これにより年七五〇ドルという廉価な借地料で、根岸競馬場(国有地)の「特有専権」が、法的にもニッポン・レース・クラブに与えられることになった。なおその契約の代表者となっていたのは、クラブの供託を受けた西郷従道とカークウッド(Montague Kirkwood)の二名だった。共同競馬会社や興農競馬会社といった日本側の競馬クラブも軌道に乗り、明治一七(一八八四)年には、上野・不忍池競馬場が設置され、乗馬飼養令などの馬事振興も進展していた。そのなかで、政治的な支援を受けているニッポン・レース・クラブの将来は、誰の目にも明るいものと見えていた。

たとえば一八八五(明治一八)年五月一三、一四、一五日、ニッポン・レース・クラブ春季開催は、二週間前の五月一、二、三日の共同競馬会社の春季開催に引き続いて、鹿鳴館時代を彩るものとなっていた(15)。ハイライトは、二日目の一四日だった。この日、レース開始に先立ち、英国公使F・R・プランケット夫妻主催の昼食会が、まず開かれた。この日、姿を現していたのは、小松、伏見の各宮夫妻、宮内卿伊藤博文、外務卿井上馨、陸軍卿大山巌、式部長官鍋島直大らの夫妻、そしてフランス公使サンキウィッツ(Sienkiewicz)、ロシア公使タウィドウ(Davydow)、イタリア公使マルチノ(Martino)、ドイツ公使デンホウ(Doenhoff)、オーストリア公使ザリスキ(Zaluski)、オランダ公使ファンデルポット(Van der Pot)、中国公使徐承祖、スペイン代理公使ベドーザ(Bedoya)、神奈川県知事沖守固、侍従の藤波言忠、山口正定らだった。第三レースが婦人財嚢。いつも通りに、セレモニーが進行し、婦人への歓呼三唱（three cheers）があげられた後に、引き続いて、特別レースが行われた（図39）。東京の「貴婦人」たちが寄贈した金色飾りの賞盃を受けてのものだった。表彰式では、井上馨夫人武子が賞盃を授与、その際、大山巌夫人捨松が、英語で馬の栄誉を讃えるとともに、競馬及びニッポン・レース・クラブの繁栄を祈願して婦人たちが賞盃を寄贈した旨の祝辞を述べていた。セレモニーの最後に、日本婦人のために歓呼三唱があげられた。この日の第七レースには外務卿寄贈の外務省チャレンジ・カップ（五〇〇円相当）も行われた（図40）。大河内正質（宮内省御用掛）名義の墨染が二開催連続して勝ち、このカップを獲得したが、その授与にあたったのは神奈川県令沖守固だった。英国公使主催の昼食会、婦人財嚢、そして特別レース及び外務省チャレンジ・カップ。夫人を伴った皇族、政府の高官、各国公使の姿。この時代の根岸競馬場は、こういった光景に彩られていた。この日、臨幸が決定していたが、天皇は「異例（病気）」を理由に、突然取り消した。これに伊藤博文宮内卿は、天皇が外交に対する配慮を欠如していると強く遺憾の意を漏らしていたが[16]、このエピソードは、ニッポン・レース・クラブ開催の二日目がもっていた特別の意味をうかがわせている。

　しかし、である。意外と早くニッポン・レース・クラブは危機に直面せざるをえなかった。明治一〇年代後半も時

図39　明治18年春季開催二日目（５月14日）第３レース後、伊藤梅子、井上武子、鍋島栄子、大山捨松がカップを寄贈した特別レースの記事

EXTRA RACE, a Prize presented by Japanese Ladies, for Japanese Ponies; weight as per Negishi Stakes. Three Furlongs. Entrance, $5, to go to second pony.

Mr. Kawanishi's Katerfelto, 11st. 4lb. (Mr. Kubota) 1
Mr. Nemo's Maraschino, 11st. ....(Mr. Ichi) 2
Mr. Kawanishi's Miura, 11st. 7lb....(Mr. Kuga) 3
Mr. Hugo's Moonshade, 9st. 2lb. (Mr. Shimamura) 0

Mr. Kawanishi's pair led, Katerfelto in front all the way; Maraschino got on Miura's quarters at the distance, and drew level a few strides from home, landing the entrance money on the post. Time, 46 sec.

Mr. Kawanishi, the owner of Katerfelto, was shortly after led up to the Stand, where the Countess Oyama presented the prize, congratulating him on the success of his horse, and adding that the subscribers had presented the trophy as a mark of the interest they took in the races and in the prosperity of the Nippon Race Club. Three cheers for the Countess Oyama concluded the ceremony.

(J.W.M. 1885・５・23)

図40　明治18年春季開催二日目（５月14日）第７レース、外務省挑戦賞盃のレースの記事

The GUAIMUSHO CHALLENGE PRIZE; presented by the Minister of Foreign Affairs; value Yen 500; for Japan Ponies; to be won at two consecutive meetings by the same Pony; entrance fees to go to the winner until the prize is finally won; weight as per scale. Three Quarters of a Mile. Entrance $10.

Viscount Okoji's Sumizome, 10st. 4lb. (Mr. Oka) 1
Mr. Hugo's Moonlight, 10st. 6lb. (Mr. Shimamura) 2

Moonlight and Sumizome went for the Guaimusho Prize, the latter having won it once. Moonlight led for nearly two furlongs, where Sumizome came up, and the pair raced together all the way home, Viscount Okoji's pony landing first past the judge by a head. Time, 1.36.

The prize, having now been won according to the conditions, was presented by Mr. Oki Morikata, and cheers were given for the donor, Count Inouye.

(J.W.M. 1885・５・23)

間が進むにつれて居留民の競馬への意欲が後退し、明治二〇（一八八七）年を迎えようとする頃には、存続も危ぶまれるほどになったのである(17)。まずは居留地全体に競馬への経済的余裕がなくなっていたことがあった(18)。かつての横浜では競馬の一開催への支出（馬の登録料や賞典の寄付）は、総計数千ドルにのぼっていたが、この頃には数百ドルの余裕しかなくなっていたという(19)。居留民たちは、国内的には明治一〇年代半ばの松方財政下の恐慌に見舞われるとともに、世界的な不況の影響下にも苦しんでいたからである。明治一七（一八八四）年春季開催を前に、会費（二〇ドル）を半額にした名誉会員制度を新設したのも、少しでも会員を増加させ、収入増をもたらそうとする策であった(20)。だが、このような財政的苦境は日本側の積極的な関与があれば凌いでいける。元来ニッポン・レース・クラブはこういった面での日本側の関与を織り込んで設立されたものだった。実際、日本側の関与が継続していた明治一八（一八八五）年春季開催までは、各開催のエントリー料だけで明治一六（一八八三）年春季一七二五ドル、秋季一五九五ドル、明治一七年春季一七八五ドル、秋季二〇三〇ドル、明治一八年春季一九〇〇ドルとかなりの額に上り、賞盃・賞典寄贈の減少傾向があっても賞金をまかなえていた(21)。また財政状況も、明治一六年から明治一九（一八八六）年までは、それぞれ七五〇ドル、一六一一ドル、九九五ドル、三九六ドル（台風被害修理費用五六二ドルを差引いた額）の前年からの繰越金が出るほどだった(22)。先にもふれたように、その他に外務、陸軍、農商務、宮内各省、神奈川県からの賞盃・賞典の寄贈も続いていた。

だが明治一八（一八八五）年秋季開催では、状況が一変し、エントリー料不足等で賞金も七六二ドルの赤字となってしまっていた(23)。宮内省、神奈川県を除いて、陸軍、農商務、外務の各省が根岸競馬への賞典の寄贈などの財政的支援を一時停止してしまったからである。松方財政下にあってその影響が最も激しかった期間も継続されていた支援が、なぜこのタイミングで停止されてしまったのかは不明だが、三田競馬場が廃止され、それに伴い興農競馬会社の開催がこの年で最後となったのも、官業払下げの余波であったことを考えれば、この停止も、官業払下げと同様の政府の経費削減の措置であったのだろう。当時、ニッポン・レース・クラブ会頭であったトレンチが、こういった状

表6　明治14〜20年度の会頭、主員、役員・幹事、書記

年度	会頭	主員	役員・幹事など	書記
明治14年	J. G. ケネディ	有栖川宮熾仁、東伏見宮嘉彰(明治15年11月に小松宮彰仁と改称)、伏見宮貞愛、北白川宮能久	西郷従道、伊達宗城（大山巌と途中交替)、大河内正質、松村延勝、M. ロケット、M. カークウッド、J. ミドルトン、E. ホイーラー、J. ウォルター＊走路委員：N. P. キングドン	井上勝之助、J. ウォルター
明治15年	H. パークス	不明	西郷従道、大山巌、井上勝之助、M. カークウッド、E. ホイーラー、J. ウォルター、D. フイッツヘンリー、T. トーマス	T. トーマス
明治16年	H. パークス	有栖川宮熾仁、小松宮、伏見宮、北白川宮	西郷従道、大山巌、沖守固、松平定教、M. カークウッド、E. ホイラー、J. ウォルター、D. フィッツヘンリー、T. トーマス	J. F. ピン
明治17年	F. R. プランケット	有栖川宮熾仁、小松宮、伏見宮、北白川宮	西郷従道、伊藤博文、沖守固、松平定教、M. カークウッド、E. ホイーラー、D. フィッツヘンリー、T. トーマス	J. F. ピン
明治18年	F. R. プランケット	有栖川宮熾仁、小松宮、伏見宮、北白川宮、有栖川宮威仁	西郷従道、大山巌、沖守固、M. カークウッド、J. R. メリアン、E. ホイーラー、D. フィッツヘンリー、T. トーマス	J. F. ピン
明治19年	P. le. Poer. トレンチ	有栖川宮熾仁、小松宮、伏見宮、北白川宮	西郷従道、沖守固、M. カークウッド、J. R. メリアン、D. フィッツヘンリー、T. トーマス、A. J. イーストン	J. F. ピン
明治20年	P. le. Poer. トレンチ	不明	E. ホイラー、R. D. ロビソン、F. ストラーレル、A. J. イーストン、T.　トーマス。秋季開催審判トレンチ、走路委員・スターター：トーマス＊日本人に関しては不明	J. F. ピン

(Japan Gazette “The Japan Directory” 1881−1888の各年度版。J.W.M. 1881・1・22、1885・2・23, 11・9.『日日』明13・10・23、明14・5・13、11・7。『読売』明14・5・10、11・6。『朝野』明15・11・1、明18・5・13。J.G.F.S. 1883・2・23、11・9。『時事』明17・11・10。『毎日』明17・11・11より作成)

図41　明治18年秋季開催の寂しさ

外交官も全員欠席したように描かれている
（『ジャパン・パンチ』1885年11月号）。

況を受けて、競馬振興、馬匹改良政策に対する政府の財政的な支援を強く訴えたが、それも実現せず（後述）、また陸軍、農商務、外務の各省の賞典寄贈も復活することはなかった。なお共同競馬会社に対しても宮内省も加えて三省とも支援を停止していたが、こちらは翌明治一九（一八八六）年に復活する(24)。しかし陸軍、農商務、外務各省の支援停止の打撃は大きかったとはいえ、それが資金面の問題にとどまるのであれば、景気が回復すればそれは乗り越えられる可能性がある。しかも、陸軍省などの支援が停止された明治一八年秋季開催には、臨幸は行われていたから、政治的にニッポン・レース・クラブが見放されたわけではなかった。

　問題は、ここでも競馬の文字通りの根幹、馬そのものだった。明治一八（一八八五）年秋季開催、雑種馬のレースがゼロになってしまったのである(25)。というのは、この開催から陸軍、農商務の両省が、財政的支援だけでなく馬匹の出場も停止し、また宮内省も藤波言忠、大河内正質（大河内はこの直前に軍馬局詰となってはいたが）らが日本馬は出走させたが雑種馬を登録しなかったからだった。この三省からの馬匹の提供がなくなったことが、財政面よりも、ニッポン・レース・クラブに与えた打撃は大きかった（図41）。引き続いて翌明治一九（一八八六）年春季開催も雑種馬のレースは実施できなかった。馬主からは、藤波や大河内を除いてこの三省関係者の名前が消え、残るは分部光謙、大谷金次郎、大西厚、川西富五郎、藤崎昇らの個人馬主だけとなった(26)。こういった事情は、ニッポン・レース・クラブに限らず共同競馬会社も同様であった（第四章第一、四節）。ニッポン・レース・クラブは、こういった競走馬不足を打開するためにも明治一八年六月、上海へ人を派遣してアメリカ産馬五〇頭の購入を図ったが(27)、その後、横浜に登場することはなかったから、この導入策は失敗に終わったようである。

　振り返れば、とりあえず日本馬を別としても、馬匹改良の柱となる雑種馬に関しては、一旦その馬産の水準があがろうとしていたのも事実であった。先にふれた根岸競馬場での明治一一（一八七八）年秋季開催での圧勝劇に始まり、その後も絶対数は少なかったがボンレネー、ダブリン、白雲、鴻雲などの活躍馬が次々と出現したことに、それを見ることができた（詳しくは第六章第三節）。だがその水準がこの前後には落ちていたことが、雑種馬レースが実施できないという形で反映されていた。陸軍は、松方財政下の経費削減のためだろう、明治一七（一八八四）年で繁殖部門を廃止し、また軍馬局も明治一九年二月一日廃止されてしまっていた(28)。農商務省も、日本馬も含めて競走馬を多く生み出していた下総種畜場を明治一八（一八八五）年宮内省へ移管していたから(29)、当分はこの両省から再び雑種馬が送り出される可能性がほとんどなくなっていた。それにおそらく、松方財政が農村部に与えた打撃も、この競走馬不足の遠因になっていた。たとえば福島では、明治一八年の産馬数は、明治一四、一五（一八八一、一八八二）年頃に比べれば、三〇〇〇頭余も減少していたという(30)。

明治一〇年代の競馬は、宮内、陸軍、農商務の三省が競うことで、支えられ発展してきていた。ニッポン・レース・クラブも、誕生以来、この事情に変わりはなかった。この三省が競馬の後景に退けば、それがすぐに大きな打撃となって現れる。それに居留民が、馬産と結び付いた独自の入手ルートを持っているわけでもなく、ましてや独自に馬産を展開できるわけでもなかった。三省が横浜の競馬から撤退してしまえば、中国馬に依存する以外に方法はなくなる。だがそれでは、競馬で活躍できるような中国馬を導入できる資金力とルートのある人間だけに限られてしまう。こうして、競馬に意欲を持っていても、それに応える環境が崩れつつあり、出走馬、オーナー（厩舎）が減少するという事態に直面していた。明治二〇年代を迎える前後には、たとえば開催の休みを利用して、箱根や熱海に出かけるものが多くなるという、居留地全体が楽しんだかつての競馬開催からは考えられないことが起こっていたのも、こういった事情から、横浜の競馬が精彩を欠くものになってしまったことが、直接影響していたと思われる(31)。ニッポン・レース・クラブは苦境に陥っていた。

表7はニッポン・レース・クラブが誕生した明治一三（一八八〇）年から、存亡の危機に立たされていた明治二〇

（一八八七）年の期間の品種別のレース数の変遷であるが、雑種馬がニッポン・レース・クラブ誕生直後は別として慢性的に不足気味であり、レース数が漸減傾向にあったこと、また先にもふれたように居留民の不満を背景に中国馬のレースが明治一四（一八八一）年秋季から明治一六（一八八三）年秋季までは増加していたこと、日本馬が明治一八（一八八五）年頃まではまだしもその後には急速に減少したこと、そしてその結果として日中混合が事実上中国馬のレースになっていたことを加味すると中国馬のレースが再び増加したこと、つまりニッポン・レース・クラブの馬匹改良への寄与という目的とは裏腹に全体として中国馬のレースが増加していったことが端的に示されている。

明治二〇（一八八七）年秋季開催が最大の危機であった。これより先の明治一九（一八八六）年秋季のシーズンを

表7　明治13（1880）～20（1887）年品種別レース数変遷

開催	日本馬	雑種馬	中国馬	日中	日中雑
明治13年春	11	6	3	3	1
秋	9	6	5	4	1
明治14年春	8	5	6	3	0
秋	10	5	8	4	0
明治15年春	10	4	12	4	0
秋	8	5	10	5	0
明治16年春	7	4	11	5	0
秋	7	4	10	5	0
明治17年春	8	3	6	8	0
秋	4	1	5	1	—
明治18年春	11	3	7	8	0
秋	11	0	3	13	0
明治19年春	2	0	—	7	—
秋	4	3	6	11	0
明治20年春	5	3	7	4	0
秋	3	3	10	3	1

注：明治14年秋の雑種は５の内２が不成立、明治17年秋は全27の内11レース分、明治19年春は全25の内９レース分、明治20年春は２、３日目の18レース分

（J.G. 1880・6～9、10・27～29、1886・10・26～28、1887・10・25～27。J.W.M. 1880・6・12、10・30、1881・5・14、11・5、11・12、1882・5・23。J.G.F.S. 1881・5・20、11・8、1882・5・20、11・10、1883・5・30、11・9、11・26。『朝野』明14・5・12、11・6、明15・11・1～2、明17・5・10～11、11・13～15、明18・5・15～17、10・30～31、11・1、明19・5・28～30、10・27～29、明20・5・19、5・21、10・27～29。『日日』明14・11・17～18、明15・11・2、明16・5・18、11・8、明17・11・13～15、明18・5・15、10・30、11・1、明19・5・28、10・27、10・29～30、明20・10・28～29。『毎日』明14・11・9、明15・11・1、明16・11・7、明17・5・9、5・11、5・13、11・11～14、明18・5・14～16、10・24、10・30、明19・5・27、5・29～30、10・27～29、明20・5・18、5・20～21、10・27、10・29。『時事』明15・11・2、明16・5・18、11・7、11・9、明17・5・10、5・12、11・12～13、11・15、明18・5・15～16、11・2、明19・5・28～29、5・31、10・28～29、明20・5・19～21、10・27、10・29。『読売』明16・5・18～20、11・9～10、明17・5・10～12、11・13、明18・5・15～17、10・31、明19・5・28、10・28～30、明20・5・19、5・21～22、10・27～29。『報知』明20・10・27～28より作成）

前に、宮内省は、共同競馬会社とニッポン・レース・クラブに対して雑種馬購入の便宜を図り、この時は居留民も入手し、その雑種馬たちが両開催に出走していた(32)。だがこの明治二〇年秋季のシーズンの際には、共同競馬会社のみに雑種馬が提供され、ニッポン・レース・クラブ会員が入手できた雑種馬の新馬がゼロであった(33)。その結果、この秋季開催で予定されていた雑種馬の一〇のレースは、三つしか実施できず、しかもその実数がわずか三頭というものになってしまっていた。それに日本馬に関しても、偽籍という重大な問題への対応から(後述)、その実施された三レースに出走した実数が、こちらもまた三頭だった。クラブは、中国馬のレースを一〇に増加させて対処したが、全体のレース数は、前春季開催の全二七レースから初日六、二日目七、三日目六の計一九レースと減らさざるをえなかった。開催が危ぶまれていたが、このような形でも開催になんとかこぎつけることができたのは、一八六〇年代からの横浜における競馬の中心的存在、中国馬派であったT・トーマスの尽力の賜物であったという(34)。繰り返せば、存亡の危機だった。これではニッポン・レース・クラブが、いかに馬匹改良を目的として謳おうとしても、その現実的根拠が失われているといわざるをえなかった。

この危機的状況と関連して、明治二一(一八八八)年二月のニッポン・レース・クラブ年次総会で、会頭の英国代理公使トレンチは、日本における馬匹がいかに劣悪かについて、つぎのように語っていた(35)。

私が初めて日本に赴任し時、明治一六年のことと思う、一頭の乗馬を得ようとして、西郷大将に相談したら、西郷は「馬匹は自分の任意になるから、新馬の中から選んだらよい」と勧めてくれた。そこで晩餐会の前に、良馬を入手できることを期待して、ある日の午後英国公使館を出て、約三、四百頭の新馬を見に出かけていったら、なんと一頭も良馬を見出すことができなかった。期待に反して失望落胆して公使館に帰ってきた。……日本ではどんなに金を支出しても、一頭の良乗馬さえ購入できないことがわかった。日本は私の意見に従って馬匹の改良を進めない限り、決して良馬を生産することは不可能である。もし日本政府が騎兵隊及び砲兵隊に良馬が必要としているのであれば、この際大いに馬匹改良の方針を検討することが必要である。

トレンチが見にいったところは、陸軍省軍馬局の厩舎だったと思われるが、陸軍は馬匹改良に早くから取り組み、精一杯の「優良馬」をかき集めていたが、その馬でさえ、英国人の目を基準にすれば、乗馬に適した馬が一頭もいなかったということになる。況んや競走馬においてをや、である。

自らも言及しているが、トレンチはそのニッポン・レース・クラブ会頭時代（明治一八〜二二年）、そういった日本における馬匹の劣悪な現状を打開するために競馬を通じての馬匹改良の提言を積極的に続け、政府高官への働きかけも強く行っていた。たとえば、明治一九（一八八六）年四月のクラブ総会の席上、トレンチは、つぎのような構想を明らかにしていた(36)。なお、これは、明治一八（一八八五）年秋季開催の陸軍省、農商務省の支援停止、雑種馬レースゼロといった状況を受けての発言だった。

日本政府の援助がなければ、クラブは多額の賞金を出すことを期待できない。政府が、年間五〜六〇〇〇ドル、クラブに援助してくれるならば、五〇〇ドルのレースを六つ、一〇〇〇ドルのレースを二つ実施できる。そうなれば、人々は、馬匹に多額の投資を行うようになるだろう。私は、この件について日本人に話したが、彼らは、結局その賞金が外国人の懐に入ってしまうと考えているらしかった。私は、それはまったく間違っている、たとえ、外国人が賞金を得るとしても、その金は馬産を行っている日本の生産者の手に落ちることになるのだ、と説明した。もし馬匹の取引市場が成立すれば、生産者も意欲を持つし、また四〜五〇〇ドルを支出しても良馬を購入する人間が出てくることにもなる。

政府の支援を受けて、高額賞金レースを創設する。そうなれば競馬界に活気がもたらされ、ひいては良馬への購買意欲が沸き、生産界も刺激されるという構想だったが、もちろん実現はしていなかった。トレンチは、翌明治二〇（一八八七）年二月の総会でも、さらに翌々年二月の総会でも、同様の趣旨で政府の財政支援を訴え続けた(37)。こういったトレンチの動きと関連して、ダービー、その名もトウキョウ・ダービーの創設が、つぎのように語られるようになっていた(38)。

（政府の競馬奨励策は）わずかの金額で充分に効果をあげることができる。二千ドルに登録料をプラスした賞金のトウキョウ・ダービー、またその半額の賞金のレースを三か四、上野（不忍池）と根岸に創設すれば、競馬界に大きな効果をもたらすだろう。レースへの意欲もわき、勝利をおさめれば、馬に投じた資金の一部を回収することができるようにもなる。それに、たとえ賞金が居留民の厩舎の懐に入ることになっても、日本人に対しても利益をもたらすことはいうまでもない。カップの価値以上の資金が投入されることになるし、また競馬施行の第一の目的から見れば、内外どちらが勝とうが、その結果は同じことであるからである。日本政府が、競馬が再起できないような状態に陥る前に、これらのことを真剣に考慮することを望みたい。

単なる名称だけでなく、競馬の中核に位置するものとしてダービーが構想されたのは、この時に始まったといってよい。

そして、この頃、日本馬に関して、重大な問題が浮上していた。雑種馬との疑念がある馬が日本馬として登場し、勝鞍を次々とあげていたことだった(39)。明治二〇（一八八七）年秋季開催、雑種馬が極端に少なくなっても、日本馬のレースが三で、出走が三頭となっていたのは、ニッポン・レース・クラブが、その疑惑馬の出走を拒絶したことの結果だった。共同競馬会社も、同年の秋季開催で同様の措置をとっていた(40)。日本馬のレースが行われる限り偽籍の問題は解消されない、日本馬が競馬にふさわしいものでないことは横浜におけるそれまでの三〇年近い経験から明かであったうえに、この問題であったから、日本馬のレースの意義がさらに小さくなり、望ましいのは廃止だった。だが廃止に向かうにも、中国馬だけの競馬では、日本側の参画はない。中国馬が、競馬及び馬政から排除されている日本で、馬匹改良の基幹として競馬を行っていくためには、日本馬のレースを欠くことはできなかった。そこで日本馬の出走に関しては、翌年春季開催から、ニッポン・レース・クラブが日本馬と認定したものだけに限定することで対処した(41)。

だが本格的な競馬に向けては雑種馬がどうしても不可欠であった。日本馬に関してはなんとかなっても、雑種馬の入手に関しては、政府関係機関の支援が必要だった。共同競馬会社は、日本馬の偽籍への対応もあって、明治二〇(一八八七)年秋季開催から宮内省の御料牧場からの供与を前提として、それまでの日本馬から雑種馬重点のレース編成へと転換していた(42)。だが先にもふれたように、宮内省からのニッポン・レース・クラブへの雑種馬の供与は行われず、同年秋季開催に向けての出走してきた雑種馬は三頭だけだった。ここでもトレンチは、おそらくこの対応への抗議も含めて、積極的に動いた(43)。ニッポン・レース・クラブと共同競馬会社が協力して二〇頭の雑種馬を購入、それぞれの会員に配布するプランを立て、海軍大臣西郷従道(元陸軍卿、農商務卿)、ついで宮内大臣土方久元、農商務大臣黒田清隆(元開拓使長官)に尽力を依頼、それぞれ充分の援助を与えるとの回答を引き出していた。だが、馬産、競馬に大きな影響力を持っていたこれらの人物及び省の力をもってしても、雑種馬の獲得はままらなかった。トレンチは、この経緯を、先にあげた明治二一(一八八八)年二月のクラブ年次総会で、つぎのように述べていた(44)。

(明治二〇年一一月)秋季競馬開催後、会員二〇名が雑種馬を購入したいと熱望したので、その旨を西郷(従道)に伝えたところ、西郷はこれを快諾し、充分の援助を与えると回答した。そしてまた宮内大臣(土方久元)を訪問し、また黒田(清隆)伯爵にも面会し、その希望を述べたところ、両氏とも西郷と同様の回答を得ることができた。その後、彼らに会う機会のある毎に、この問題を繰り返したが、ついに西郷は、「先月調査の結果、三歳（満年齢）の雑種馬だけでなく、二歳馬さえも獲得することは困難である」と答えた。

それに財政的支援も、この総会の席上で、「日本のような文明国が馬匹改良にわずかの金を惜しむような近視眼的な態度であるのは嘆かわしい」と表明せざるをえないものだった(45)。明治二一（一八八八）年は、このような状況を打開する横浜の競馬にとって画期となる年であったが（次章）、トレンチは、その成果を充分に見ることなく帰国することになった。その帰国に先立つ翌明治二二（一八八九）年一月一四日、クラブ総会の席上で、トレンチは、つぎのように語っていた(46)。

ニッポン・レース・クラブは日本の馬匹改良を目的に設立されたものである。私が日本に在任している間、そのクラブに対して日本政府が援助を行うように常に要請を続けてきた。だがその努力も空しいままに終わってしまった。私が接触した政治家たちは、彼らが常に注意を払っている国の利益に関係するということでは同じであるにも拘わらず、クラブの支援に関してはまったく耳を貸そうとしなかった。彼らは、軍隊に数百万円を支出しているのに、馬匹の改良のためには数千円すら出し惜しんだ。明治一七（一八八四）年、私がこのクラブの副会頭に就任して以来、行ってきた忠告を、もし彼らが聞き入れていたならば、騎兵は大きな進歩を遂げていただろうし、競馬場においても今日とはまったく別の馬たちを見ることができたはずである。それだけでなく、政府が支出した数千円が、この四年間、外国人の懐に入っていたとしても、結局、その金は日本の馬産家たちに流れていったはずでもある。日本側がなぜ、このことをわからないのか、非常に不思議である。しかしながら、私は、もはや希望を持つことができない。クラブへの援助を獲得するためにできうることはすべてやったからだ。私は彼らに対して、私が赴任した世界中どこでも、競馬クラブが馬匹の改良のために設立され、カップや賞金を国が補助し、それによって馬産家たちが潤うことができるようにしているのだ、と指摘したり、説明したりしてきた。

私は、全部の政治家たちの説得を試みたが、成果を得られないまま去ることになった。このことに関して後任の会長に託さなければならないのが残念である。

この弁のようにトレンチの競馬にかける情熱はほんものだった。こういったニッポン・レース・クラブ会頭としてのトレンチの姿を、明治一〇年代後半に来日、ニッポン・レース・クラブで騎手として、また馬主として活躍したテイサーレイ（Tytherleigh）はつぎのように書きとめている(47)。

一八八〇年代に関する、これらの多少の記録を述べるにあたり、代理公使P・レ・トレンチ氏が、気のよい人気者の会長として、しばらくクラブに尽くしてくれた事を話さないで筆をおく事は出来ない。いつも総会の会長を務め、スピーチの中では必ずといってよいほど、日本人が陸軍用日本産馬の改良を必要としている事に話を向けた。離日に際し、イギリスで作らせた立派な優勝銀杯を贈り、同じ馬主の馬が、大会で二度優勝した時に贈られる事になっていた。これは「会長杯」と呼ばれ、一八八九年の秋季大会で、遂にR・フィールド氏のトラスティー号が獲得し、時のニッポン・レース・クラブ会長沖守固神奈川県知事によって授与された。

ここでもふれられているようにトレンチは、内外の人間にきわめて評判がよい人物だったが(48)、競馬に対してもそういう人柄を背景として、多忙な英国代理公使としての職務を務めながら、馬匹改良に寄与する本格的な競馬実現に向けて動いていたのである。そしてここに名を出している神奈川県知事沖守固も、トレンチと共同歩調をとって、この苦境時代に非常な力を注いでニッポン・レース・クラブを支援していた。その尽力に対して、明治一八（一八八五）年から会頭就任までの四年間連続して、ニッポン・レース・クラブの総会の席上、感謝決議をあげられていたほどだった(49)。そして、トレンチの後任として明治二二（一八八九）年から二三（一八九〇）年まで会頭の座についた。

また沖は馬主でもあった。なおトレンチは、明治二七（一八九四）年、公使として再来日、ニッポン・レース・クラブ会頭に就任、興隆に赴いていたクラブの姿を見ることになる。

振り返れば、ニッポン・レース・クラブは、馬匹改良への寄与を謳って、明治政府の全面的な支援の下に設立されたものだった。だが明治一八（一八八五）年春季開催を転機として、その支援体制が崩れていた。その後も、トレンチの具体的な競馬振興策の強い働きかけに対して、政府は積極的には応えようとしなかった。その深い失望感をトレンチは、先に引いた帰国前の明治二二（一八八九）年一月のクラブ総会で語っていたことになる。だが英国代理公使でもあるトレンチの要請とあれば、トレンチが気付かなかったようなことも含めて、外交上の配慮から支援がなされていたはずであった。宮内省が馬匹供給、資金の面でも支援を続け(50)、また折にふれて政府高官も姿を現し、天皇の臨幸も、明治一八年からは秋季開催二日目が原則となっていたことは（表5）、そういった配慮の一端を示していた。だが明治二〇年代に入っていくと、共同競馬会社を政治的に支えていこうとする意思も後退していくから（第四章第四節）、政府が競馬への意欲を失っているとトレンチの目に映ったのも当然といわざるをえない面があった。

こういった競馬を取りまく厳しい状況のなかで、居留民が自らの手で競馬を継続していこうとするならば、馬匹改良の側面を後退させて、現実的な対応として中国馬に頼らざるをえなくなる。先の表7にあげた明治一八（一八八五）年秋季開催からの中国馬のレース数の増大は、そういった事情が端的に示されていた。明治二〇年代に入る頃トレンチが追求した馬匹改良の基盤となるような競馬は後景に退き、ニッポン・レース・クラブはかつての中国馬主体の競馬の時代に逆戻りするかのような状況に陥っていた。

この状況を救ったのが、トレンチが望んだ明治政府ではなく、次節で取り上げるパリミチュエル方式の馬券導入だった。

7　パリミチュエル方式馬券の導入――本格的競馬への道

前節でふれたように明治二〇年代に入る頃、ニッポン・レース・クラブは、日本側の関与が後退して日本馬、雑種馬の確保もままならず、競馬を存続させるために中国馬主体のレース編成に逆戻り、競馬人気も低迷して、存亡の危機を迎えていた。

だが、それを転換させていく劇的な事が起こった。後から振り返れば、単純であった。明治二一（一八八八）年秋季開催からパリミチュエル（parimutuel）方式の一枚一ドルの馬券を発売したことだった。当時は馬賭あるいは賭札と呼ばれ、馬券という言葉が初めて登場するのは明治三九（一九〇六）年のいわゆる馬券黙許の競馬が開始される前後からだったが、便宜上ここでは、馬券と呼んでおく。パリミチュエル方式というのは、馬券の総売上金額から一定率を控除したうえで、それぞれの購入比率に応じて配当を計算する方式だった。パリミチュエル方式の「発明」は一八六〇年代後半のことだったから(1)、横浜での導入は「発明」からそう時間がたっていなかった。ＪＲＡ（日本中央競馬会）も含めて、現在の日本における公営ギャンブルは、すべてこの方式をとっている。このパリミチュエル方式の導入で、横浜の競馬人気が復活し、馬券の売上高だけでなく入場者数の増加などでクラブに経済的な余裕をもたらすことにもなった。またその結果として、馬匹獲得熱も高まった。この馬券発売は、ニッポン・レース・クラブの新たな時代を始まりを告げ、将来的にはサラブレットを主体とする本格的な競馬への道を切り開くものともなったのである。ニッポン・レース・クラブの五〇年史は、つぎのようにその意義を書いていた(2)。

明治二一（一八八八）年は、日本競馬史に於て永久に記憶せらるべき年なり。蓋しパリミチュエルが此年甫《はじ》めて日本の競馬界に導入せられたればなり。

競馬に対する賭け自体は、一八六〇年代、横浜で競馬が開始された当初から盛んに行われていた。一八六〇年代の横浜には、すでに複数の「競馬予想家」も存在していた。もちろん彼らが、それを専業として生計を維持していたわけではない。新聞記者か、あるいは読者の寄稿という形で予想記事を掲載する程度の存在であったが、それでも開催を積み重ねる毎に、その予想が待ちこがれられるようになり、馬券の指針となっていった。そして、次第に彼らの手によって、調教の過程も詳しく報じられるようにもなる。彼らは、他紙の「予想家」を意識して、互いに鎬を削っていた。たとえばギャリソン競馬の段階で、つぎのような自信満々の予想家も存在していた(3)。なおこれらの「予想家」は、予想や調教の分析だけでなく、日本における競馬のあり方についても提言、その成長を願う存在にもなった。

親愛なる諸君。しっかり聞いて、配当金を運ぶ人夫を準備したまえ。諸君には未だ不明だろうから、絶対確実な勝馬を全レースについてご教示して差し上げる。諸君がレースの日になすべきことは、大枚を賭けることだ。そうすればたちまちに大儲けすること受け合いだ。

一八六〇年代以降、横浜で行われていた賭けの方式は、本章第三節で取り上げたロッタリーといわゆるブックメーカー方式のものであった。ブックメーカー方式というのは、ある個人なり業者なりが設定した賭け率に応じて賭けるものであった。たとえば、一八六二年一〇月以来の開催となった一八六四年二月のギャリソン競馬の際には、つぎのような予想とともに賭け率が公表されていた(4)。

メイドン・ステークス（Maiden Stakes）は、これまでレースでその強さを発揮する機会はなかったのに、なぜだかトミー（Tommy）に人気が集中した。能力が抜けているという評判と軽い斤量ということで、楽勝が見込まれたのであろう。ネリィー（Nelly）は、サヨナラ（Sayonara）やセント・アルバヌス（St. Albans）と互角と考えられているが、私はもっと期待できると思う。バウンディングゼファー（Bounding Zephyr）はまったく人気がないが、騎手がうまく乗れば、まったく見込みがないというわけではない。（中略）以下は、主なレースの最新のオッズ（単勝）である。

メイドン・ステークス：トミー三・五倍、ネリー五倍、サヨナラ一一倍、セント・アルバヌス一三倍（後略）

ちなみにこのレース、サヨナラが勝った。賭けの面白さ、あるいは予想（思想）の明確さからいったら、発売枚数（額）の応じて配当が決まるパリミチュエル方式よりも、ブックメーカー方式の方に軍配があがる。たとえば、強いと前評判が高い馬がいる。あるブックメーカーがその馬が負けると確信して三倍の単勝オッズをつけたとする。あるいは逆に一・一倍でもよい。そこには、自己責任とギャンブルの精神が存在する。分析的であり、のるかそるかである。買い手の方も、同じである。予想あるいは前売りオッズではなく、いつの段階でも「確定」で判断しなければならない。ブックメーカー方式は、このようにして、売り手と買い手の双方がその予想（思想）を賭け合う「真剣勝負」となる。いいかえれば、ブックメーカー方式はきわめて「人間的な賭け」である。またロッタリーは、ブックメーカー以上に「人間的な賭け」であった（本章第三節）。したがって、その分に照応して、「人為的操作」が入り込む余地があり、その歴史が「不正」に満ちたものとなっていた。

このようにブックメーカーもロッタリーも、その方式からいって「不正行為」にまみれることが構造的であるのに対して、パリミチュエル方式は、単純な賭けの数字（金額）の総和の結果が、オッズとして明示される。賭けの総金額が大きくなればなるほど、オッズの数字に「人為的操作」が反映される余地がほとんどなくなる。したがって、パリミチュエル方式では、そこに個人の多様な「思想」が含まれるとしても、そういったものは棚上げとなり、個々の馬券の「思想性」は、世論のようなあやふやな匿名性のなかに隠れてしまう。こういった意味でも、パリミチュエル方式は「公正」であり、ロッタリーやブックメーカー方式のような駆け引きを必要としない。誰もが賭けに、手軽に参加できる。その結果売上高も上がる。しかも、パリミチュエル方式は、賭けの「主催者」の収益を確実に確保する最高の方法であった。少し考えて見ればわかるように、賭けの「胴元」にとって、これほど安全なシステムはないからである。発売の「必要経費」がかかるだけで、賭け率を設定するといったギャンブルとしてのリスクはなく、「テラ銭」が確実に入ってくる。このパリミチュエル方式の馬券導入が議論され始めたのは、遅くともニッポン・レース・クラブが存亡の危機に瀕していた明治二〇（一八八七）年(5)、議論はあったが、この「公正」と「安定した収益」をもたらす馬券の導入の決断がニッポン・レース・クラブを救うことになった。

パリミチュエル方式の馬券が導入された明治二一（一八八八）年一〇月の秋季開催を受けて、翌明治二二（一八八九）年一月一四日開かれたニッポン・レース・クラブ年次総会で、事実上の会頭であった副会頭の英国代理公使トレンチは、つぎのように報告していた(6)。

パリミチュエルの発売は秋季開催で初めて実施され、予想外の一六〇ドルの収益をもたらすという大成功をおさめた。今後、売場を増やしていけば、売上高は増大するだろう。次開催には発売設備も充実するだろうが、現在、ロビソン氏が調査を行っているトータライザー（totalizer）の導入はしばらくは期待できない。パリミチュエルがクラブの大きな収入源となることは別として、そうなることを私は期待しているが、場内のハットロッタリー（hat lottery）が観客にもたらしている迷惑を除去するには大いに役立つだろう。

予想を上回る一六〇ドルの収益といっても、年会費八人分に相当するだけではあるが、パリミチュエルの導入は、この金額にとどまらない刺激剤となった。開催の入場料収入も、導入前の明治二一（一八八八）年春季が四七四ドルだったのに対して、導入されたその秋季が七四三ドル、翌明治二二（一八八九）年春季が七七三ドル、秋季が九九二ドルと増大していった(7)。そしてしばらく導入は困難と言われていたトータライザーを、その明治二二年に三〇〇ドルで設置、パリミチュエルの収益も四〇〇ドル余、クラブの繰越金は前年の八七六ドルから二二三三ドルと一気に増大、さらに明治二三（一八九〇）年のパリミチュエルの収益は三九七ドルと変わらなかったものの繰越金は三二一七五ドルと一〇〇〇ドル以上も増えていた(8)。それまでの収入源は、年間二〇ドルの会費、五ドルないしは一〇ドルの出馬登録料、一日二ドル、三日間五ドルの入場料、賞典の寄贈などであったが、日本側からの支援が不安定になった明治二〇（一八八七）年前後にはレースの賞金も馬主の赤字となるような額しか出せなくなっていた(9)。それが、パリミチュエル方式の馬券発売後は、年度によっては一時的な後退もあったが、その売上高とともに、それに伴う競馬人気の高まりの相乗効果も加えて、財政的な余裕をニッポン・レース・クラブにもたらしていった。この明治二〇年代、私たちと賭博の関係は、上流社会の賭博が摘発され始めるなどその取り締りという局面に限っても、新たな時代を迎えようとしていた（第五章）。そのなかにあって、ここ横浜の居留地は治外法権の地であり、居留民だけでなく私たちも公然と賭博を楽しむことができたのであるから、人々が押し掛けて熱狂したのも不思議ではなかった。繰り返せば、パリミチュエル方式の馬券は、誰もが気軽に買える「公正」なものだったからである。

そして財政に余裕が生まれたことで早速施設面での改善が緒に付いた。まずなによりもグランドスタンドの新築であった。明治六（一八七三）年四月の火災以来、改善処置は施されていたとはいえ、仮設のままであったものを、煉瓦造り二階建ての本格的なものが明治二二（一八八九）年一〇月二九日からの秋季開催前に竣工した(10)。この建設にあたり総額約六七〇〇ドルが内外の人物から寄付されたが、そのなかで最大の寄付者が一〇〇〇ドルの天皇だった(11)（図42）。その他、日本側からは原六郎（横浜正金銀行頭取）が一五〇ドル、岩崎弥之助（三菱社長）が五〇ドル、また神奈川県知事沖守固の尽力もあって、天皇を除いた日本人の寄付総額は二〇二五ドルに上った(12)。その他、隣接土地の借地、審判小屋、馬場の改修などの施設改善も行われていった(13)。

さらに最も重要なのは、馬匹の入手に、このパリミチュエルの効果がすぐ現れたことだった。導入後の次の明治二二（一八八九）年春季開催に向けて、明治二一（一八八八）年冬には上海から中国馬一二頭が、また明治二二年一月には南部産の雑種馬九頭が、三月には北海道産の日本馬一三頭が到着して、早速この五、六年来なかったといわれるほどの活況を呈することになった[14]。レース数も明治二一年春秋がそれぞれ二一だったのが、明治二二年には春秋二七と、明治一八（一八八五）年の水準にもどっていた[15]。

馬券発売→クラブの収入増大→賞金額のアップ→馬匹購入への意欲増大→くじ（抽籤）馬などの高額購入→馬の価格の上昇→馬産界の活況、というサイクルがすぐに回り始めていた。前節で見たトレンチの日本政府への支援要請が目的としていたものが、パリミチュエル式の馬券導入で実現していこうとしていた。それはまた、明治三九（一九〇六）年からの馬券黙許時代の先駆けともなっていた[16]。そして宮内省が明治一九（一八八六）年以来、ニッポン・レース・クラブに継続していた下総と新冠の御料牧場からの雑種馬の提供に対しても（明治二〇年を除く）、クラブは一層積極的にその購入にあたるようになっていた[17]。その際には、主馬頭の藤波言忠が便宜をはかっていた。雑種馬レースの増加は、その結果だった。もちろん、馬産の成果は一年、二年で測れる問題ではないから、すぐには結論が出るものではないが、競走馬生産は馬産全体の水準を引き上げていく、そういった牽引力の役割を果たしていこうとしていた。それでも日本の馬産界が本格的な競走馬を生産できないとするなら、日本の外にその馬たちを捜さなければならなくなる。その資金が、パリミチュエル導入によってもたらされていた。確かに明治二二（一八八九）年から

図42　グランドスタンド建設資金寄付者及び金額の告知

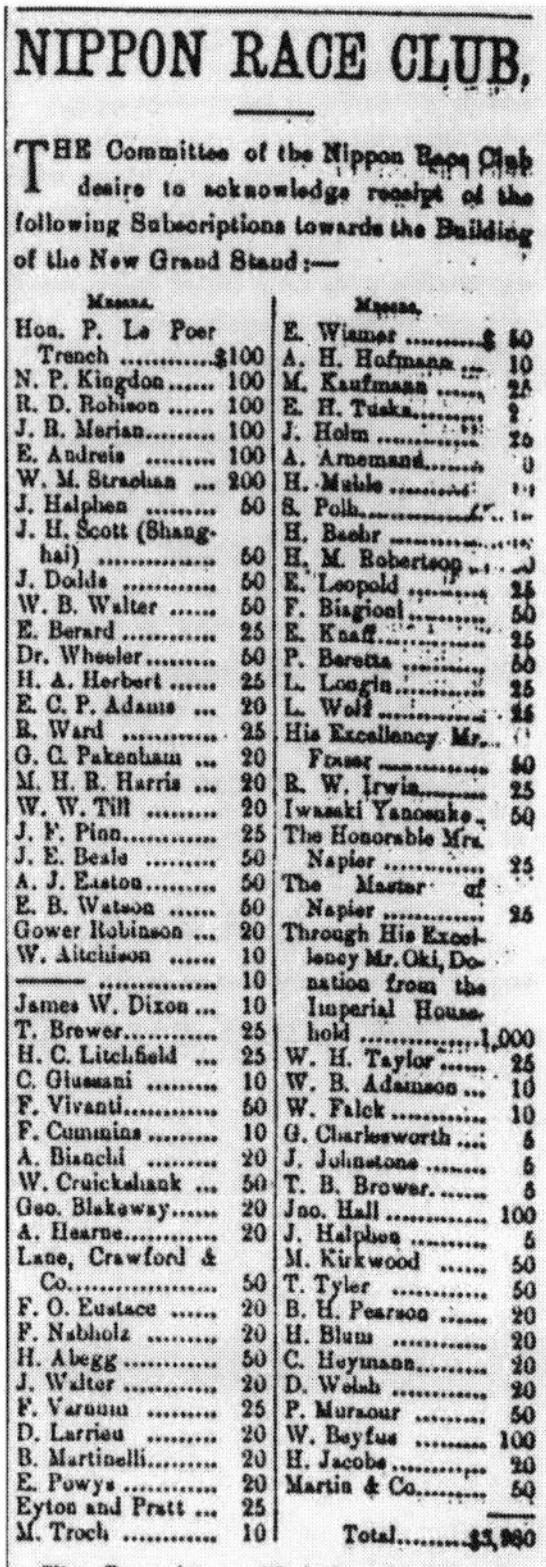

NIPPON RACE CLUB.

THE Committee of the Nippon Race Club desire to acknowledge receipt of the following Subscriptions towards the Building of the New Grand Stand;—

Messrs.	
Hon. P. Le Poer Trench	$100
N. P. Kingdon	100
R. D. Robison	100
J. B. Merian	100
E. Andreis	100
W. M. Strachan	200
J. Halphen	50
J. H. Scott (Shanghai)	50
J. Dodds	50
W. B. Walter	50
E. Berard	25
Dr. Wheeler	50
H. A. Herbert	25
E. C. P. Adams	20
R. Ward	25
G. C. Pakenham	20
M. H. B. Harris	20
W. W. Till	20
J. F. Pinn	25
J. E. Beale	50
A. J. Easton	50
E. B. Watson	50
Gower Robinson	20
W. Aitchison	10
———	10
James W. Dixon	10
T. Brewer	25
H. C. Litchfield	25
C. Giussani	10
F. Vivanti	50
F. Cummins	10
A. Bianchi	20
W. Cruickshank	50
Geo. Blakeway	20
A. Hearne	20
Lane, Crawford & Co.	50
F. O. Eustace	20
F. Nabholz	20
H. Abegg	50
J. Walter	20
F. Varnum	25
D. Larrieu	20
B. Martinelli	20
E. Powys	20
Eyton and Pratt	25
M. Troch	10

Messrs.	
E. Wismer	$50
A. H. Hofmann	10
M. Kaufmann	25
E. H. Tuska	[illegible]
J. Holm	25
A. Arnemann	[illegible]
H. Mahle	[illegible]
S. Polh	[illegible]
H. Baehr	[illegible]
H. M. Robertson	[illegible]
E. Leopold	25
F. Biagioni	50
E. Knaff	25
P. Beretta	50
L. Longin	25
L. Wolf	25
His Excellency Mr. Fraser	50
R. W. Irwin	25
Iwasaki Yanosuke	50
The Honorable Mrs. Napier	25
The Master of Napier	25
Through His Excellency Mr. Oki, Donation from the Imperial Household	1,000
W. H. Taylor	25
W. B. Adamson	10
W. Falck	10
G. Charlesworth	5
J. Johnstone	5
T. B. Brower	5
Jno. Hall	100
J. Halphen	5
M. Kirkwood	50
T. Tyler	50
B. H. Pearson	20
H. Blum	20
C. Heymann	20
D. Welsh	20
P. Muraour	50
W. Beyfus	100
H. Jacobs	20
Martin & Co.	50
Total	$3,960

The Committee will feel obliged to any Gentlemen who have not subscribed, and are willing to help in this public undertaking, if they will kindly send in their names to the Treasurer.

R. D. ROBISON.

天皇、岩崎弥之助らの名も見える（J.G. 1889・7・11）。

明治二四（一八九二）年にかけて、一旦は、競走用として入手が確実である中国馬のレースが増加されていたが[18]、将来本格的な競馬をめざすならば、横浜の競馬の中核となるべき存在が中国馬ではありえなかった。

すでに日本馬のレースについては、出走条件の厳格化が始まっていた。前節でふれた日本馬の偽籍対策として、明治二一（一八八八）年から北海道産の馬、原則としてニッポン・レース・クラブが日本馬と認定して購入して配布したくじ馬に限定していく方向を明らかにし、遅くとも明治二二（一八八九）年春季開催からはそれを実施した[19]。明治二二年春季開催の北海道産のくじ馬、同新馬のエントリー数は、それぞれ九頭、一三頭を数えていたから、とにかく頭数だけはそろった[20]。そして遅くとも明治二四（一八九一）年秋季開催からは、その北海道産馬を中心にしながらも、さらに日本馬の出走条件をさらに厳しくして、ニッポン・レース・クラブの特別委員会が認定した馬に限定した[21]（図43）。ちなみにその秋季開催の日本馬のエントリー数は五～六頭であった[22]。だがこの修正が行われ、入手への努力が続けられていたにもかかわらず、偽籍の問題は解消しなかった。政府関係の馬産者が（おそらく宮内省関係者）、出走させるということ

表８　明治21～25年ニッポン・レース・クラブ、品種別レース数の変遷表

開催	日本馬	雑種馬	中国馬	日中	日中雑
明治21年春	6	3	8	2	2
秋	5	7	7	2	0
明治22年春	7	8	9	3	0
秋	7	6	11	3	0
明治23年春	10	6	9	2	0
秋	17	8	11	1	0
明治24年春	7	9	11	0	0
秋	3	9	13	2	0
明治25年春	2	4	3	0	
秋	3	13	7	2	0

（『毎日』明21・5・22～23、5・25、10・30～31、11・1、明22・4・27、5・1、10・31、11・1～2、明23・5・1～2、5・4、11・1～2、明23・5・1～2、5・4、11・1～2、明24・4・30、5・1～2。『時事』明21・5・22、5・24、10・30～31、11・1、明22・4・26、4・28、4・30、10・30～31、11・1、明23・5・2～4、明24・4・30、5・1～2、11・6～7、11・10、明25・4・30、11・2、11・4。『読売』明21・5・23～25、10・31、11・1～2、明22・4・27、4・30、5・1、10・31、11・1～2、明23・5・2～4、明25・4・30、5・1、5・3、11・2。『朝野』明21・5・22～24、10・30～31、11・2、明22・4・27、4・30、5・1、10・31、11・1～2、明23・5・2～4、10・31、11・2。J.G. 1887・10・25～27、1889・4・25、4・27、4・29、10・29～31、1891・11・4～6。『報知』明22・10・30～31、11・1（夕）。『日日』明21・10・31、11・3、明22・10・31、11・1～2、明23・5・2、11・1～2、11・5。『東朝』明21・10・30～31、明22・4・27、4・29、5・1、10・31、11・1～2より作成）

図43　1891年秋季開催エントリー表、初日（11月4日）第3レース、ジャパン・ステークス

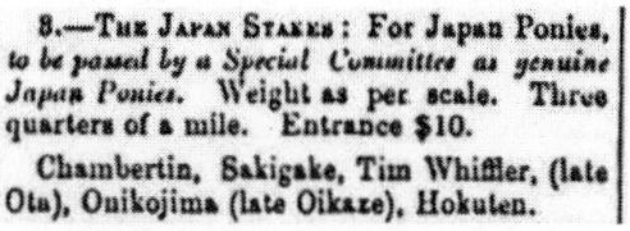
8.—The Japan Stakes: For Japan Ponies, *to be passed by a Special Committee as genuine Japan Ponies.* Weight as per scale. Three quarters of a mile. Entrance $10.

Chambertin, Sakigake, Tim Whiffler, (late Ota), Onikojima (late Oikaze), Hokuten.

出走は特別委員会が認定した日本馬に限定されている（J.G. 1891・10・19）。

とが日常的になっていた。「日本馬の名誉を保ち日本馬種にも斯く駿足あるを外人に誇る」ためだったという(23)。

だがこの問題は、そういった「ナショナリズム」にとどまらない競馬の根幹そのものを揺るがすものだった（詳しくは第四章第四節、第六章第五、六節）。これでは日本馬のレースをその偽籍の雑種馬が勝ってしまうだけでなく、さらには日中混合のレースでも同様のことになる。これでは日本馬獲得の意欲はますます小さくなり、その存続の意味もなくなってしまう。それまで、その劣悪さにかかわらず日本馬のレースが継続されていたのは、日本の馬匹改良と結び付く競馬であろうとすれば、その看板を下ろすわけにはいかなかったからだった。だが、その根拠も失われつつあった。それでも、先にふれたようにクラブが認定した日本馬に限定、偽籍馬を排除する方策をとって、レース数を減らしても、何とか日本馬のレースを存続していこうとしていたが(24)、時間がたつにつれて日本馬のレースそのものの廃止を求める声が強まっていったのも当然だった(25)。明治二四（一八九一）年春季開催からの日本馬レースの激減は、そういった声に応えたものだった。そして、ニッポン・レース・クラブでも、共同競馬会社と同様に、宮内省の支援を基盤として雑種馬のレースに重点を移し、またその上に外国から日本の馬匹改良に結び付く馬が導入されれば、日本馬のレースはやがて消えていく運命が待ち受けていた。

日本馬単独のレースの廃止が表明され、オーストラリア産牝馬の輸入が試みられたのは明治二八（一八九五）年のことであった(26)。この試みは失敗に終わってしまったが、雑種馬、日本馬というようにではなく、本邦産というクラス分けになって、日本馬のレースが廃止されたのは明治三〇（一八九七）年春季開催のことであった(27)。そして明治三二（一八九九）年からはオーストラリア産牝馬の輸入が継続的に行われていくことになり(28)、早速ミラという馬が出現、後に「クラシック馬」が誕生する牝系の祖となる(29)。パリミチュエル方式の馬券発売に始まった財政の好

転によって、クラブ内に存在していた「一般の傾向は日支産馬使用を快しとせず。寧ろ優良なる輸入馬匹を競走に使用せんとする希望」が(30)、一〇年余で実現することになった。これが日本の競馬のあり方や馬政の方針に大きな影響を与え、日露戦争後の馬券黙許の競馬の実現の推進力ともなっていく。このようにしてニッポン・レース・クラブのパリミチュエル方式の馬券導入は、サラブレット主体の本格的な競馬への道を切り開くものとなっていた。

しかしこの時期、ニッポン・レース・クラブが隆盛に赴く一方で、日本側の馬主、会員の関与の度合いが小さくなっていた。かつての西郷従道、大河内正質、相良長発、軍馬局、藤波言忠、波多野尹政、大谷金次郎（明治二一年死去）といった馴染みの名前が消え、たとえば明治二〇（一八八七）年秋季開催には岡治善、川西厚、沖守固、大西富五郎の四人(31)、明治二二（一八八九）年春季開催には大西富五郎と川西厚の二人(32)、明治二四年秋季開催にはタツタ（森謙吾）ら三人だけ(33)という状態となっていた。陸軍と農商務省の関係者は明治一八（一八八五）年秋季開催以降、馬主としても復活せず、宮内省も、賞典の寄贈と雑種馬と日本馬の購入の便宜の供与は継続していたが、その関係者が馬主として名を列ねたのが明治二〇年秋季開催が最後となった結果だった。発足時五一名を数えていた日本人会員も減少しており、記録が残されている明治一九（一八八六）年段階で東京の日本人会員は二〇名、その内会費を納入していのは六名だけだった(34)。またニッポン・レース・クラブが財政的に自立の度合を高めていくと、日本側の支援に依存しなければならない必要性が小さくなっていたから、かねてから存在していた日本側のクラブの運営への関与を排除しようとする動きを表面化させてもいた(35)。もっとも共同競馬会社の方でも、居留民に対して排他的な側面を持っており、明治二〇年代に入り、反欧化主義的な政治的、社会的、文化的状況の進展と共に、その雰囲気が強まっていたから、その「排斥感情」は相互のものではあった(36)。

こういった日本側の支援の後退から、西郷従道を除けば政府高官の明治一三（一八八〇）年発足時のオリジナル会員も脱会状態になっていた。そのため、規約上、オリジナル会員のなかから内外同数を原則として構成されることになっている最高決議機関の常任委員会（permanent committee. オリジナル会員を終身委員とする）、執行機関である執行委

表9　明治21〜25年度の会頭、主員、役員・幹事、書記

年度	会頭	主員	役員・幹事など	書記
明治21年	P. le. Poer. トレンチ	不明	E. ホイラー、R. D. ロビソン、F. ストラーレル、A. J. イーストン、T. トーマス ＊日本人に関しては不明	J. F. ピン
明治22年	沖守固	有栖川宮熾仁、小松宮彰仁、伏見宮貞愛、北白川宮能久、有栖川宮威仁	西郷従道、沖守固、三橋信方、E. ホイーラー、R. D. ロビソン、F. ストラーレル、F. ウォキンショー	J. F. ピン
明治23年	沖守固	有栖川宮、小松宮、北白川宮、有栖川宮威仁	西郷従道、沖守固、三橋信方、E. ホイーラー、R. D. ロビソン、F. ストラーレル、F. ウォキンショー、M. コーフマン、F. ヴァレンネ、J. E. ピール、T. D. タイラー	J. F. ピン
明治24年	内海忠勝	有栖川宮、小松宮、伏見宮、北白川宮、有栖川宮威仁	西郷従道、沖守固、三橋信方、J. R. メリアン、E. ホイラー、R. D. ロビンソン、F. ストラーレル、F. ヴァレンネ ＊秋季開催グランドスタンド委員リード、園田孝吉、Dr. メクレ、パドック委員G.G. ロビンソン、時計係J. P. ピン、審判R. D. ロビソン、三橋信方、重量検査係E. ホイーラー	J. F. ピン
明治25年	内海忠勝	有栖川宮、小松宮、伏見宮、北白川宮、有栖川宮威仁	内海忠勝、三橋信方、園田孝吉、J. R. メリアン、E. ホイーラー、R. D. ロビンソン、A. C. リード、Dr. メークル	W. R. H. カリュー

(J.W.M. 1887・2・19、2・4、1889・1・19、1890・3・15、1891・2・7。J.G. 1899・1・15、日本中央競馬会『明治22年以降の開催執務員氏名及専任職員に関する法令抜粋』1970年より作成)

員会（working committee）の各委員を選出できなくなっていた[37]。元来、日本側のオリジナル会員が形式的な存在であり、また常任委員会がオリジナル会員を終身委員とするといった規約上の不備もあり、年度毎に選出される役員会が実質的な運営を担っていた。

　その役員に西郷従道、沖守固（神奈川県知事）、三橋信方（神奈川県書記官）が名を列ねてはいたが、それまでの英国公使を慣例としていたものを明治二二（一八八九）年から明治二

六（一八九三）年まで沖、内海忠勝の神奈川県知事がクラブ会頭に相次いで就いたのは、いわば明治一三年体制の崩壊、相互の「排斥感情」の宥和、日本人会員の減少に対して配慮した対応だったろう（表9）。ちなみに騎手は、明治二四（一八九一）年秋季開催の一九人中一〇人というように日本人が多数登場していた(38)。

ニッポン・レース・クラブは、日本側の関与という観点から見れば、誕生時から明治一八（一八八五）年頃までとは異なる新たな時代に入っていた。レースそのものへの参加も少なくなり、居留民の自立性が高まっていた。だが日本側は、ニッポン・レース・クラブに対する政治的、外交的な配慮を決して放棄したわけではなかった。その象徴としての根岸競馬場への臨幸は、明治一八年からは秋季開催二日目が慣例となり（明治二四年は春秋二回）、ポルトガル国王死去の喪に服した明治二二（一八八九）年、病気で皇太子が代理となった明治二三（一八九〇）年、明治二五（一八九二）年（理由不明）を除いて続けられた(39)。その後も日清戦争中の明治二七、二八年を除いて、明治二九（一八九六）年までは続き、条約改正が発効、居留地制度が廃止された明治三二（一八九九）年が最後となった。共同競馬会社の不忍池競馬への臨幸が、明治一七（一八八四）年一一月以降、明治二〇（一八八七）年秋季開催と明治二三年の内国勧業博覧会附属の臨時競馬会の二回だけで終わり、また臨幸全般も数を減らし且つ天皇が西洋的なこと、西洋人と会見することを好まなかったことを思えば(40)、ニッポン・レース・クラブが、特別の意味を持っていたことを示しているだろう。

図44　明治20年代の根岸競馬場（着色写真）

（『横浜と上海——二つの開港都市の近代』（財）横浜開港資料普及協会、1993年所収、96頁）

明治二三（一八九〇）年鹿鳴館が政府の手を離れていたように、明治二〇年代に入って、社交は政治的にも放棄されてしまったが（第四章第二節）、それだからこそ根岸競馬場は内外の友好の証の空間として、天皇が姿を現すだけの政治的、外交的な意味を持っていた。先にもふれたように明治二二（一八八九）

表10　明治20～25年ニッポン・レース・クラブ、主な臨場者・賞典など

開催	主な臨場者	賞典など
明治20年春季初日（５月17日）	沖守固神奈川県知事、三橋信方神奈川県書記官等	英女皇在位50年期祝祭賞盃、外交官賞盃、日本海軍楽隊
二日目（５月18日）	英国代理公使トレンチ、沖守固、２、３の領事	婦人財嚢、フランス海軍楽隊
三日目（５月19日）		日本海軍楽隊
明治20年秋季初日（10月25日）	沖守固、英国代理公使トレンチ、米国副領事シドモル	伊藤賞盃（伊藤博文寄贈）、米国海軍モノキャシー号楽隊
二日目（10月26日）	天皇、西郷従道、土方久元、有栖川宮威仁、徳大寺実則、英国代理公使トレンチ、ハワイ公使アーウィン、ポルトガル公使ペレイラ	宮内省賞盃（金蒔絵高彫の花瓶一対）、正金賞典（横浜正金銀行頭取原六郎寄贈） 天皇が各国公使及びロシア、フランス両国東洋艦隊司令官等に謁見
三日目（10月27日）	沖守固、外国領事館員等	米国海軍モノキャシー号楽隊
明治21年春季初日（５月21日）	各国領事、三橋信方神奈川県書記官	各国領事、三橋信方神奈川県書記官
二日目（５月22日）	大隈重信夫妻、松方正義夫妻、富田鉄太郎日銀総裁、有馬武神奈川税関長、三井銀行頭取、原六郎正金銀行頭取、三橋信方神奈川県書記官、フランス代理公使、英国代理公使トレンチ、アメリカ公使他公使等	日本賞盃（伊藤博文夫人梅子授与）
三日目（５月23日）		
明治21年秋季初日（10月29日）		英国海軍楽隊
二日目（10月30日）	天皇、有栖川宮熾仁、西郷従道、三宮義胤、各国公使、ロシア・フランスの海軍提督、吉井友実等	宮内省から銅製花瓶一対、神奈川県庁賞盃（沖守固知事寄贈） 天皇が各国公使と海軍提督に謁見
三日目（10月31日）		

明治22年春季初日 （4月25日）		米国海軍オマハ号楽隊
二日目 （4月27日）	沖守固、三橋信方	婦人財嚢、米国海軍オマハ号楽隊
三日目 （4月29日）	井伊伯爵	米国海軍オマハ号楽隊
明治22年秋季初日 （10月29日）	英国公使フレーザー夫妻、沖守固神奈川県知事	新グランドスタンド完成
二日目 （10月30日）	西郷従道、土方久元、榎本武揚、オーストリア公使ビーゲレーベン夫妻、沖守固夫妻	神奈川県賞盃（沖守固知事寄贈、沖夫人授与）、ツルンネ号楽隊
三日目 （10月31日）	沖守固	会頭沖守固が会長賞盃の授与、演述、ツルンネ号楽隊
明治23年春季初日 （4月30日）	浅田徳則、三橋信方等	東京市中音楽隊
二日目 （5月1日）		婦人財嚢、ロシア海軍楽隊
三日目 （5月2日）		
明治23年秋季初日 （10月30日）		市中音楽隊
二日目 （10月31日）		麒麟麦酒競走賞盃、神奈川賞盃、市中音楽隊
三日目 （11月1日）	皇太子（天皇代理）、西郷従道内務大臣、沖守固（貴族院議員）、浅田神奈川県知事	
明治24年春季初日 （4月28日）		市中音楽隊
二日目 （4月29日）	天皇、英国公使、オーストリア公使、ドイツ公使	天皇から花瓶一対、婦人財嚢、神奈川賞盃、麒麟麦酒競走賞盃 天皇が英国、オーストリア、ドイツ各公使に謁見
三日目（4月30日）		
明治24年秋季初日 （11月4日）	三橋信方、園田孝吉	
二日目 （11月5日）	天皇、内海忠勝神奈川県知事、2、3の公使領事	神奈川県賞盃、麒麟麦酒挑戦賞盃

三日目 （11月６日）		
明治25年 （４月28日）		市中音楽隊
二日目 （４月29日）	内海忠勝神奈川県知事、三橋信方神奈川県書記官	
三日目 （４月30日）		
明治25年秋季初日 （10月31日）		
二日目 （11月１日）		神奈川賞盃、伊藤景物
三日目 （11月２日）		

注：欄の空白は、臨場者、賞典などが無かったのではなく資料を欠くことによる。
（『毎日』明20・5・18、5・20～21、10・27、10・29、明21・5・22～23、5・25、10・30～31、11・1、明22・4・27、5・1、10・31、11・1～2、明23・5・1～2、5・4、11・1～2、明24・4・30、5・1～2。『時事』明20・5・19～21、10・27、10・29、明21・5・22、5・24、10・30～31、11・1、明22・4・26、4・28、4・30、10・30～31、11・1、明23・5・2～4、明24・4・30、5・1～2、11・6～7、11・10、明25・4・30、11・2、11・4。『読売』明20・5・19、5・21～22、10・27～29、明21・5・23～25、10・31、11・1～2、明22・4・27、4・30、5・1、10・31、11・1～2、明23・5・2～4、明25・4・30、5・1、5・3、11・2。『朝野』明20・5・19、5・21、10・27～29、明21・5・22～24、10・30～31、11・2、明22・4・27、4・30、5・1、10・31、11・1、明23・5・2～4、10・31、11・2。J.G. 1887・10・25～27、1889・4・25、4・27、4・29、10・29～31、1891・11・4～6。『報知』明20・10・27～28、明22・10・30～31、11・1（夕）。『日日』明20・10・28～29、明21・10・31、11・3、明22・10・31、11・1～2、明23・5・2、11・1～2、11・5。『東朝』明21・10・30～31、明22・4・27、4・29、5・1、10・31、11・1～2。『天皇紀』(6) 83頁、(7) 143、314、796頁、(8) 314頁より作成）

年、グランドスタンドの建設にあたり、天皇が一〇〇〇ドル寄付したことも、そういったことを明らかにしている。したがって伊藤博文、大隅重信、松方正義、土方久元、陸奥宗則らの政府首脳が姿を現し、天皇、宮内省、あるいは伊藤博文などは折にふれて賞典の寄贈も続け、皇族が開催の主員を務めるといった形が継続されていたのである。参考までに明治二〇年から明治二五年までの根岸競馬への主な登場人物と日本側提供の賞典などの表10を掲げておく。

だがニッポン・レース・クラブが興隆に向かう一方で、共同競馬会社は明らかに衰退に向かっていた。それは、日本側の競馬が、社交という推進力が加わることによって誕生していたように、その運命もまた社交をめぐる時代の動向に翻弄されてしまった結果だった。これを検討するためには、その後の共同競馬会社の運命に目を移さなければならない。

最後に繰り返せば、ニッポン・レース・クラブは、日本側の競馬が衰退、廃止に向かっていく一方で、自立の道を歩み、サラブレッド導入につながる隆盛に向かっていた。それは、パリミチュエルというすぐれた賭け（馬券）のシステムの導入が決定打となっていたのである。

4　共同競馬会社、不忍池時代

1　その後の共同競馬会社――どこへ行く

共同競馬会社は、明治一八（一八八五）年の春季開催に向けて、臨幸を要請し、賞金も総額五三五〇円を調達、引き続いて婦人財嚢を行い、また陸軍楽隊の奏楽、毎日の花火も昼三〇〇、夜四〇〇発を準備、不忍池には彩旗を翻した小舟を廻漕させ、仕掛花火も用意するなど、前回の明治一七（一八八四）年一一月秋季開催を再現するものが計画されていた(1)。分部光謙（旧大溝藩主）や本多忠鵬（旧西端藩主）が中心となって購買したくじ馬二五頭が、一二月二五日居留民九名を含む二一名に分配され、引き続いて下馴らし（調教）が始められ、競馬が近いことを告げていた(2)。また共同競馬会社内には、この明治一八年から鍋島直大（宮内省式部頭）、大河内正質（宮内省御用掛）、前田利同（旧越中藩主）、藤堂高義（旧久居藩主）、堀親篤（旧飯田藩主）、松平定教（旧桑名藩主）、南部利恭（旧盛岡藩主）ら華族が中心となって、西洋のポロを意識して、打毬会も設けられ、月二回程度、その後には毎日曜に開催されていた(3)。たとえば帝国大学医学部の御雇教授であったトク・ベルツも、明治二二（一八八九）年四月七日のこういったた打毬会の有様をつぎのように書きとめていた(4)。

上野公園から、その真下にある競馬場――公園とわが家との中間にあたり、不忍池に沿っている――へ車で行く。競馬は池をめぐって行われる。今日は華族会館の盛大なポロ（打毬）の催しがある。会員は日本古式の服装で日本式のくらに乗っているものもあれば、競馬騎手の服で洋式のくらに乗っているものもある。これらの人々のもつ高度のみやびやかさと巧みさが繰りひろげられるのをみて、満足した。特に松平氏が見事だった。また、その態度と技能ですっかりひきつけられたのは、やっと一五歳になる細川侯の令息で、五時間にわたる競技中、大人の誰にも劣るところはなかった。終了後、シャンパンの祝杯を挙げるため全員が集合した時、その活躍ぶりで先刻われわれを驚嘆させた少年が、あまりにかよわい子供であるのを見て、びっくりした。

そして迎えた五月一、二、三日の春季開催。あくまで追求した臨幸は実現しなかったが(5)、初日には小松宮、北白川宮、伏見宮、伊藤博文、勅奏任官、華族、外国公使ら数百名が、二日目には小松宮、伏見宮、華頂宮、佐々木高行参議、勅奏任官とその「夫人令嬢」、ドイツ公使ら数百名が、三日目には婦人同伴の伊藤、佐々木、英国公使プランケットらと、三日間を通して「貴顕紳士淑女」がその姿を見せていた(6)。二日目には、予定通り婦人財嚢も実施され、やがて鹿鳴館における夜会などのスターとなる鍋島栄子が祝辞を述べ、渋沢栄一の長女みね子が授与者を務めた。この頃には婦人財嚢会が創立されており、この開催後、財嚢会は落馬事故に備え、その見舞金にあてるべく年一人一〇円を集めることも決めていた(7)。この春季開催の出走頭数は五〇頭であった。この春季開催を終えて、共同競馬会社は年四回開催への拡大を検討(8)、また東京府下大森村八景園に一マイルのコース新設計画も話題に上るほど(9)、前途は洋々たるものに見えていた。

こういった鹿鳴館時代を彩るものとしての競馬、これは戸山競馬場時代から数えれば明治一二（一八七九）年以来七年もの時間を刻んで、競馬の光景のなかに社交を、社交の光景のなかに競馬を書き込んでいったことのひとまずの仕上げともいえた。競馬には社交のイメージが付与され、また逆に競馬が社交のイメージを生み出すものともなっていた。これ以降も、そういったイメージが繰り返し叙述されていく。その象徴的存在である婦人財嚢も明治一九（一八八六）年までは春季、明治二〇（一八八七）年からは秋季に移して明治二二（一八八九）年まで続けられる。農商務省は、不忍池競馬場での第二回開催直前の明治一八（一八八五）年四月二二日付で、共同競馬会社に対して不忍池競馬場設置の正式認可の「命令書」を発して、こういった意味での社交場としての不忍池競馬場の存在を保証した(10)。明治一八年春季開催から明治二五（一八九二）年秋季開催までの共同競馬会社の開催に姿を現した「貴顕紳士淑女」と、婦人財嚢の授与者などの顔ぶれを、この時代の競馬の社交性をうかがう参考資料として、表1に掲げておく。

そしてこの競馬の社交性のなかには、実業家たちも含まれていた。競馬への関与、名馬を所有することが実業家のステータスともなる雰囲気が、この時代生まれようとしていた。まず三菱副社長の岩崎彌之助であった。三菱が、横浜の競馬に賞典に寄贈し始めたのは明治九（一八七六）年に遡り、戸山や三田競馬が始まってからはこの両開催にも賞典を出し、やがて彌之助は馬主ともなった(11)。また記録に確実なところでは、明治一七（一八八四）年からは共同競馬会社の役員となり、少なくとも明治一八（一八八五）年まではその地位にあった(12)。さらにこの明治一七年には、三井家の総領家である北家の当主、第八代三井八郎右衛門（高福）も役員となっていた(13)。また明治一七年初めには、実現はしなかったようだが、岩崎弥太郎、安田善次郎、大倉喜八郎らの共同競馬会社への関与の可能性が伝えられてもいた(14)。そして財界の大御所渋沢栄一も、明治一八年には役員となり、少なくとも明治二〇（一八八七）年まではその地位にあった(15)。また先にふれたようにその長女みね子は明治一八年五月春季開催の婦人財嚢の授与者を務めていた。社交の重要性をよく知る渋沢は、若き日に見たロンシャン競馬場のイメージを不忍池に重ね合わせていたのかも知れない。また東京馬車鉄道社長の谷元道之（薩摩出身の元外務・海軍官僚、後に衆議院議員）の馬好きの趣味は知れわたっていたが、その評判に違わず谷元は熱心な馬主で、不忍池競馬場での第一回婦人財嚢の勝利者、その

表1　共同競馬会社明治18〜25年主な臨場者、賞典など

開催	主な臨場者	賞典など
明治18年春季初日（5月1日）	小松宮、伏見宮、北白川宮、伊藤博文、勅奏任官、華族、外国公使ら	天皇から200円、三菱会社賞盃、谷元賞盃、陸軍楽隊
二日目（5月2日）	小松宮、伏見宮、北白川宮、華頂宮、佐々木高行、ドイツ公使ホーレーベン、勅奏任官（夫人連れ多い）	華族有志者賞典、皇族下賜賞典、婦人財嚢（渋沢みね子授与、200円、鍋島栄子祝辞）、陸軍楽隊
三日目（5月3日）	伊藤博文、佐々木高行、英国代理公使プランケット、貴顕と夫人令嬢	各国公使賞盃、宮内省下賜賞典、陸軍楽隊
明治18年秋季初日（10月23日）	西郷従道、山田顕義、勅奏任官、各国公使	天皇から300円、陸軍楽隊
二日目（10月25日）	2、3の貴顕と4、5の外国人	
三日目（10月26日）		
明治19年春季初日（4月23日）		天皇から200円、陸軍楽隊
二日目（4月24日）	小松宮、北白川宮、伊達宗城、その他貴婦人	婦人財嚢（大河内正質夫人先導、佐々木高行令嬢祝辞、池田章政令嬢授与、170円）
三日目（4月25日）	貴顕紳士婦人、清国公使	
明治19年秋季初日（11月20日）	明宮、鍋島直大、土方久元、高崎五六、井田譲、英国代理公使プランケット、貴婦人ら	天皇から200円、宮内省賞典、皇族下賜賞典、各国公使賞盃、陸軍楽隊
二日目（11月21日）	北白川宮夫人、伏見宮夫人、岩倉具定夫妻、伏見宮博恭、伊藤博文夫妻と娘、井田譲令嬢、松方正義夫人、仁礼景範夫妻、各国公使夫妻	農商務省賞典
明治20年春季初日（6月4日）	明宮、伏見宮、北白川宮、有栖川宮、梨本宮、福岡孝弟、佐々木高行、スペイン公使クライトナー	天皇から200円、宮内省賞典、皇族下賜賞典、陸軍楽隊
二日目（6月6日）	北白川宮、鍋島直大夫妻、高崎五六、各国公使	農商務省賞典、各国公使賞盃、番外レースに東京株式取引所仲買人より時計寄贈、陸軍楽隊
明治20年秋季（11月12日）	天皇、伏見宮、西郷従道、土方久元、鍋島直大、蜂須賀茂韶、朝鮮代理公使、各国公使ら数百名	天皇から200円、皇族下賜賞典（金の置時計）、西郷従道からは置き時計と馬の

		置物、番外レースに東京株式仲買商から花瓶一対
二日目（11月13日）	明宮、伏見宮、華頂宮、梨本宮、佐々木高行、皇后より二人の典侍派遣、内外の貴婦人	農商務省下賜賞典、婦人財嚢（乗馬の達人伊賀稲子が授与）、各国公使賞盃、番外レースに東京株式取引所仲買人から花瓶一対
明治21年春季（5月12日）		天皇から200円、各国公使賞盃、海軍楽隊
二日目（5月13日）	明宮、有栖川宮威仁、小松宮、伏見宮、鍋島直大、内外貴顕紳士300余名	皇族下賜賞典
明治21年秋季初日（11月24日）	小松宮夫妻、北白川宮夫妻、伏見宮夫妻、山階宮夫妻、高崎五六、佐々木高行、英国代理公使トレンチ、フランス公使シエンキィビッツ	天皇から200円、宮内省賞典、各国公使賞盃、農商務省下賜賞典、皇族下賜賞典、海軍楽隊
二日目（11月25日）	明宮、小松宮夫人、鍋島直大夫妻、土方久元夫人、各大臣夫妻、各華族、各公使夫妻	婦人財嚢（万里小路通房夫人先導、小松宮夫人授与、200円）、海軍楽隊
明治22年春季初日（5月11日）	中国公使夫人令嬢、米田虎雄、滋野海軍少将	天皇から200円、宮内省下賜賞典、皇族下賜賞典、海軍楽隊
二日目（5月12日）	皇太子、伏見宮、曽我祐準中将ほか陸軍将校、華族勅奏任官等数十名、オランダ公使ヴァンデルポット、清国公使館員	各国公使賞盃
明治22年秋季初日（11月10日）	イギリス公使フレーザー、イタリア公使マルチーノ、オーストリア公使ビーゲレーベン、中国公使、朝鮮公使、及び上記各国書記官、鍋島直大、松平信正他２、３の華族、貴婦人	天皇から200円、宮内省下賜賞典、皇族下賜賞典、陸軍楽隊
二日目（11月11日）	皇太子、中国公使ら各国公使、伊達宗城、藤波言忠、姉小路公義、宮内省高等官学習院生徒、貴婦人	各国公使賞盃、農商務省賞典、婦人財嚢（大河内正質夫人鉄子授与、285円）
明治23年博覧会臨時初日（5月16日）	天皇、伏見宮、鍋島直大、曽我祐準中将、臨時競馬会委員一同	天皇から600円、東京馬車鉄道会社賞典、日本銀行賞典
二日目（5月17日）		北海札幌競馬会社賞、日本鉄道会社賞盃、高田商会賞盃
三日目（5月18日）	皇太子、伏見宮、陸軍士官	横浜紳士賞盃、日本郵船会社賞盃

明治23年春季初日（6月1日）	小松宮夫妻、池田章政、松平定教	天皇から200円、東京府下賜賞典
二日目（6月2日）		皇族賞盃、各国公使賞盃、宮内省下賜賞典
明治23年秋季初日（11月15日）		天皇から200円、宮内省下賜賞典、各国公使賞盃、東宮職下賜賞典、市中音楽隊
二日目（11月16日）	皇太子、フランス公使シエンキィビッツ、朝鮮公使	日本麦酒醸造会社賞盃、皇族下賜賞典
明治24年春季初日（5月9日）	小松宮夫妻、各国公使数名	天皇から200円、宮内省下賜賞典、各国公使賞盃、横浜有志賞盃、東宮職下賜賞典、皇族下賜賞典、陸軍楽隊
二日目（5月10日）	皇太子、伏見宮、土方久元、鍋島直大夫妻、その他文武官、外国人	日本麦酒醸造会社賞盃（銀の置物）、近衛軍楽隊
明治24年秋季初日（12月5日）	貴顕の姿なし	天皇から200円、宮内省下賜賞典、皇族下賜賞典、東宮職下賜賞典
二日目（12月6日）	閑院宮、有栖川威仁、西郷従徳、京浜の外国人	各国公使賞盃
明治25年春季初日（5月7日）	常宮、周宮、華族、紳士、外国人等数100名	天皇から200円、東宮職下賜賞典、宮内省下賜賞典、陸軍楽隊
二日目（5月8日）	皇太子、数人の外国公使、華族官吏等	各国公使賞盃、皇族下賜賞盃
明治25年秋季初日（11月19日）	小松宮、閑院宮、常宮、周宮、中国朝鮮両公使	天皇から200円、宮内省下賜賞典、陸軍楽隊
二日目（11月20日）	皇太子、横浜からの外国人	宮内省下賜賞典、各国公使賞盃、皇族下賜賞典

注1：欄の空白は臨場者・賞典などがなかったわけではなく、資料を欠くことによる。
注2：有栖川宮、伏見宮は、特に記さない限り、有栖川宮熾仁、伏見宮貞愛。
（『毎日』明18・5・2～3、5・5、10・24、明19・4・25、4・27、11・23、明20・6・5、6・7、11・13、11・15、明21・5・13～14、11・25、11・27、明22・5・12、5・14、11・12、明23・5・17、6・3、11・16、明24・5・10、5・12、12・6、明25・11・20。『日日』明18・5・2～3、5・5、10・24、10・27、明19・4・24、4・27、11・23、明20・5・26、6・7～8、11・15、明21・11・25、11・27、明22・5・12、5・14、明23・6・3、11・16、明24・5・10、5・12。『報知』明18・5・2～3、5・5、10・24、明19・4・24～25、4・27、11・20～21、明20・6・5～7、11・12～13、11・15、明21・5・13、5・15、明22・5・12～13（夕）、11・11～12、明23・5・17～18、6・2、11・16～17、明24・5・10、12・6、12・8、明25・11・22。『朝野』明18・5・2～3、5・5、10・24、10・27、明19・4・24、4・27、11・21、11・23、明20・6・7、11・13、11・15、明21・5・13～14、11・25、11・27、明22・5・12、5・14、明23・5・18～20、6・2、11・16、11・18、明24・5・12、12・8、明25・11・2、11・20。『読売』明18・5・3、5・5、10・27、明19・4・24～25、4・27、11・23、明

20・5・26、6・5、6・7、11・13、11・15、明21・5・13、5・15、11・27、明22・5・12、5・14、11・11〜12、明23・5・7、5・18〜19、6・2〜3、11・16〜17、明25・11・21〜22。『時 事』明18・5・4〜5、10・24、10・27、明19・4・24、4・26、11・22、明20・6・6〜7、11・13〜14、明21・5・14、11・25〜26、明22・5・12〜13、5・27、11・11〜12、明23・5・17、5・19、6・3、11・11〜12、明24・5・10〜11、12・6、12・8、明25・5・8、5・10、11・20、11・22。J.G. 1886・11・23、1887・11・15、1889・5・13、1891・12・7。『東朝』明21・11・25、11・27、明22・5・12、5・14、11・12、明23・5・17〜18、5・20、6・3、11・16、11・18、明24・5・10、5・12、12・6、12・8、明25・5・8、5・10、11・20、11・22。『天皇紀』（6）400、488、574、653、748頁、（7）59、269、405、562、683、808、950頁より作成）

後も同レースの常連でもあり、共同競馬会社の中心人物の一人でもあった(16)。その他に日本の洋服商の草分けでその中心的存在でもあった大谷金次郎（大和屋）、また馬車製造業の川西富五郎も、多くの馬を共同競馬会社だけでなく、ニッポン・レース・クラブにも出走させた(17)。そして後に経済界で名をなす中野武営、今村清之助ら当時の東京株式取引所の役員も（明治二一年からは谷元道之が頭取、中野が副頭取）、明治二〇（一八八七）年春季開催から賞典を寄付するとともに馬主となり、また共同競馬会社の役員にも就任していた(18)。横浜では、横浜正金銀行頭取の原六郎と第七四銀行頭取の森謙吾が、ニッポン・レース・クラブの役員ともなった熱心な馬主でもあった(19)。競馬という新たな出来事へ参加することも、実業家としての地位の必要条件と見なしていたかのように、彼らは競馬に積極的に関与した。それは彼らも、鹿鳴館時代の数々の舞台の登場人物であったことを思えば、当然ではあった。憲法発布を祝して明治二二（一八八九）年三月、東京の実業家たちが、初めて舞踏会を主催したことが、西洋人たちから見ても、社会的に重要な出来事と映っていた位である(20)。実業家の多くが、こういった社交の場に馬車で登場したが、競馬への関与も、そういった実業家たちの新しい時代を告げるものの一つであった。

　先に紹介した須藤南翠『緑蓑談』でも、主人公越山卓一の政治的同士となる新聞社主山田文治が、自ら競馬道楽と称し、経営する新聞社の利益があがると、早速雑種馬の三歳馬を購入、婦人財嚢に出走させ、また馬主として獲得した賞金を、地方自治制度確立のための「地方遊説の政治活動」に振り向け、そして主人公卓一がかつて食客として師事していた弁護士で政治的同士ともなった中島博智とヒロイン春川艶子との結婚で大団円を迎えるが、その結婚祝いとして新聞社主山田がその艶子に、また艶子の父が政敵でもある娘婿中島にそれぞれ所有の雑種馬を贈呈するという設定になっていたのも、実業家が競馬に積極的に参画するような時代の雰囲気を反映したものだった(21)。

そして「上流社会の中身に盛り込むべき要素として馬が存在する」、そういった意味での馬事の振興（第二章第四節）もさらに展開されていた。政府高官や華族・宮内省員などによって催される遠乗会が、たとえば明治一八（一八八五）年五月三日、大蔵卿松方正義、侍従長徳大寺実則の発起で、小松、伏見、北白川の各宮、近衛将校、宮内省官吏ら二三〇騎余が参加して東京府下小金井までのものが行われていたように折にふれて実施されていた(22)。時にはそこに女子の姿も交えられていた(23)。この頃には、皇族を頭にいだき「貴顕紳士・貴婦人」が学ぶ馬術練習所・馬術学校が設立され(24)、また明治二〇（一八八七）年には宮内省の女官が努めて乗馬を稽古するようになって(25)、皇后も明治六（一八七三）年以来再び、乗馬の練習を開始していた(26)、またポロが意識されて、先の共同競馬会社の他にもいくつかの打毬会が設立され、「貴公子紳士」たちが参加していた(27)。小松宮邸で開かれる園遊会や外賓接待の際には、折にふれて打毬会が行われ(28)、また華族たちも打毬会を設立していた(29)。様々なエピソードを生み、廃止が噂されていた乗馬飼養令も、明治一九（一八八六）年一一、一二月、明治二二（一八八九）年四月、五月などたびたび自馬騎乗の天覧を行い、天皇を媒介させてその存続が表されていた(30)。その他いろいろな所でも、こういった馬事振興の記述に出会うことができるだろう。

このようにして、競馬も含めた馬事は、「上流社会の貴顕紳士淑女」に不可欠の要素となろうとしていた。競馬場は、その代表的な社交の場でもあった。当時数多く描かれた不忍池競馬場の錦絵のなかにも、このような社交の空間性が祝祭性に彩られながら叙述されているのを見ることができるだろう（図1・2）。

社交とともにもう一つのこの時代の競馬の言語であった馬匹改良の基幹としての競馬、共同競馬会社は、もちろんこれも追求していた。明治一八（一八八五）年秋季開催からは一旦、宮内、陸軍、農商務の三省からの援助が中止され、その影響でニッポン・レース・クラブと同様に雑種馬のレースがゼロとなっていた(31)。あわせて財政支援も停止されたこともあって、ニッポン・レース・クラブとの合併話もささやかれたが(32)、現実化することはなかった。また翌明治一九（一八八六）年春季開催も予定されていた雑種馬六レースの内五つもが不成立となり、また日本馬に関しても出走頭数が減ってしまうなどの打撃を受けた(33)。宮内省は、従来の競馬用の馬を乗馬用に調教し直していたともいう(34)。だが会社は自らの手でくじ馬を購入してその苦境をよく凌いだ。その明治一八年秋季開催を前にした八月二九日、七月以降に購入された南部産二〇頭余を会員に配布(35)、翌明治一九年春季のくじ馬は、三月一四日横浜で検査の上、購入されて、不忍池での馬場馴らしに入っていた(36)。この開催には、それまでのチャンピオン馬である岩川との雌雄を決しようと多くの新馬、また札幌や函館で走っていた馬が導入されたが(37)、そのなかからは、英というとんでもなく強い馬が誕生することになった（第六章第五節）。

　そして明治一九（一八八六）年秋季開催からは宮内省、陸軍省、農商務省の支援も復活(38)、このときの馬匹導入の苦境は短期間で終わった。この三省のなかでも、宮内省は、雑種馬のくじ馬に関して特別の便宜を図るなど、単なる復活ではなく、これ以降単独でも共同競馬会社を維持、発展させていくという強い意志を持った支援体制を

図1　楊堂玉秀「上野不忍池共同競馬全真図」明治17（1884）年

（馬の博物館蔵）

図2　歌川国晴「上野不忍池春季競馬之真図」明治18（1885）年

（馬の博物館蔵）

とった。同開催に向けて、下総種畜牧場からの八頭が各二〇〇円で払い下げられたが(39)、これは、共同競馬会社が、近い内にレースを雑種馬重点へと転換させていくことをにらんだものであった。それを受けて会社は八月一日にその雑種馬を配布、内四頭が居留民に購入された(40)。このくじ馬八頭は、同年秋の不忍池、根岸両競馬場に出走、そこからは早速、日光という強豪馬が出現していた（第六章第五節）。

またこの開催を前にした一一月二日の共同競馬会社の総集会では、アラブ馬の導入計画も決められていたが(41)、清仏戦争の際、フランス軍が帯同していた軍用馬を陸軍が購入するとの情報を念頭に置いたものだった(42)。先の宮内省の雑種馬提供とあわせて考えると、この段階で、共同競馬会社は、問題の多い日本馬から脱却し、雑種馬やアラブでの本格的な競馬をめざそうとしていた。実際陸軍は、明治二〇（一八八七）年には二〇〇頭余を根岸競馬の中心の一人であったジュラン（Jurand）の斡旋で購入、翌明治二一（一八八八）年にも係員をハノイへ派遣して八〇頭余を購入、西郷従道も伊藤博文も黒田清隆もその内から個人的に入手していた(43)。この内の何頭かが明治二一年五月の靖国競馬に出走し、また四頭がその直後の共同競馬会社春季開催で番外レースとしてダク乗りでデモンストレーションを行っていた。これらのアラブ馬は、種牡馬として陸軍に置かれただけでなく、各府県にも貸与されたが、靖国競馬では陸軍購入の内国産の馬に敗れるなど競走馬としては適性を欠いていたようである。

そして明治二〇（一八八七）年春季開催でも多くの雑種馬くじ馬の配布が行われていたが(44)、この年の秋季開催から共同競馬会社では、このような宮内省の御料牧場からの雑種馬の供与を前提にしてレース編成のうえで大改革を実施することになった。八月、かつて共同競馬会社の馬主でもあった侍従の万里小路通房が選定し引き連れてきた新冠産雑種馬の新馬二〇頭を購入、配布価格は平均一頭二〇〇円(45)。これらの雑種馬の調教には宮内省主馬寮があたることになっていた(46)。購入者には出走の有無を問わず二五円を納付させて、それを雑種馬レースの賞金に附加することも新たに導入された(47)。ちなみにその購入者のなかには東京株式取引所の中野武営、今村清之助らも名を列ねていた(48)。それまでの開催では、一日七レースの内雑種馬は二レースが一般的であったものが、この明治二〇年の秋季開催ではそれがまったく逆転して雑種馬のレース数が五に対して日本馬が二となり、雑種馬が主流となった（表2）。

この転換にふさわしくこの年の雑種馬からも早速、ヤングオーストラリアという明治二〇年代前半の最強馬が出現していた（第六章第六節）。これ以降の開催のレース編成も、翌明治二二（一八八九）年春、明治二三（一八九〇）年春秋の一時的なゆり戻しもあったが、雑種馬重点の傾向が続く。明治二一（一八八八）年秋季開催には、主馬寮の各員が持馬として出場させるために新冠御料牧場から三歳馬一七頭、下総御料牧場から同七頭を選抜(49)、その二四頭が九月一五日に到着し、調教に入っていた(50)。ついで明治二二年春季開催に向けては、「北海道新冠産の駿馬三一頭の購求方を今度同地へ在勤を命じられた主馬寮九等技手目賀田雅周へ依頼」(51)、この馬たち三〇頭が奥州産も含めて四月に到着し、不忍池競馬場で主馬寮技手をはじめとする騎手等が日々「下ならし」を行っていた(52)。この馬たちの多くが日本馬だったことで、この春季開催の日本馬レースの増加となっていた。同年の秋季開催には、「新冠及び下総の御料牧場より到着せし雑種馬数頭（新冠一〇頭、下総八頭）」を九月一〇日にくじ取りして配布し、一二日より「馬馴の為め下稽古に着手」したことで(53)、雑種馬を再び増加させることができていた。

このようにして宮内省は、明治一九（一八八六）年秋季からは、毎開催、新冠や下総の両御料牧場生産の雑種馬の購入に便宜をはかって、雑種馬重点のレース編成を支え、御厩課員がその調教にもあたっていた。また宮内省関係者は、開催に際しても、その執務の半ば以上を担っていた。たとえば明治二〇（一八八七）年一一月秋季開催の執務は、接待掛に鍋島直大（式部長官、明治二一年七月から式部頭）、勝敗検査係（審判）に楠本正隆（元老院議官）以下、井田譲（元老院議官）、佐野延勝（騎兵局長兼軍馬局長、旧姓松村）、大河内正質（麹町区長、元宮内省の競馬の中心的人物）、土方久元（宮内大臣）、田沼望（侍従試補）、旗振り役（スターター）には谷元道之（東京馬車鉄道会社社長）、相良長発（騎兵大佐）、広幡忠朝（侍従試補）、日根野要吉郎（侍従職勤務）、重量検査係に大河内正質、富士重本（陸軍監獄長）、速度取調係に木村介一（御厩課）、根村当守（御厩課）、という陣容だった(54)。そして馬主としても、御厩課の新山荘

表２　共同競馬会社明治12〜25年品種別レース数の変遷

開催	日本馬	雑種馬	日雑
明治12年秋	4	0	2
明治13年春	9	4	0
明治13年秋	9	2	0
明治14年春	10	3(1)	0
明治14年秋	11	3	0
明治15年春	10	4	0
明治15年秋	13	5	0
明治16年春	15	6	0
明治16年秋	10	4	0
明治17年春	15	6	0
明治17年秋	18	6	0
明治18年春	18	6	0
明治18年秋	21	0	0
明治19年春	18	1(5)	0

開催	日本馬	雑種馬	日雑
明治19年秋	10	5	1
明治20年春	14	4	0
明治20年秋	4	11	0
明治21年春	9	9	0
明治21年秋	6	11	0
明治22年春	10	8	0
明治22年秋	7	11	0
明治23年春	12	6	0
明治23年秋	10(3)	5	0
明治24年春	7	8(1)	0
明治24年秋	4	12	0
明治25年春	8	10	0
明治25年秋	4	6	0

注１：この他明治12年８月グラント歓迎競馬では日本馬８、雑種馬２、明治23年５月博覧会付属臨時競馬会では日本馬10、雑種馬10、日雑１であった。
注２：（　）内は不成立のレース数。
(『読売』明12・8・21、12・2、明13・10・19、明14・11・22、明15・5・30、11・21、明16・6・6、11・20〜21、明17・4・29〜30、11・2、11・4〜5、明18・5・3、5・5、10・27、明19・4・24〜25、4・27、11・23、明20・5・26、6・5、6・7、11・13、11・15、明21・5・13、5・15、11・27、明22・5・12、5・14、11〜12、明23・5・7、5・18〜19、6・2〜3、11・16〜17、明25・11〜22。『報知』明12・8・21、12・2、明13・4・24、10・20、明14・5・29、5・31、明15・5・29、11・20、明16・11・19、明17・11・4〜5、明18・5・2〜3、5・5、10・24、明19・4・24〜25、4・27、11・20〜21、明20・6・5、6・7、11・12〜13、11・15、明21・5・13、5・15、明22・5・12〜13（夕）、11・11〜12、明23・5・17〜18、6・2、11・16〜17、明24・5・10、12・6、12・8、明25・11・22。『朝野』明12・8・21、12・2、明13・4・24、10・20、明14・5・29、5・31、明15・11・21、明16・6・6、11・20、明17・4・29〜30、11・2、11・4〜5、明18・5・2〜3、5・5、10・24、10・27、明19・4・24、4・27、11・21、11・23、明20・6・7、11・13、11・15、明21・5・13〜14、11・25、11・27、明22・5・12、5・14、明23・5・18〜20、6・2、11・16、11・18、明24・5・12、12・8、明25・11・20、11・22。『日日』明12・8・22、12・3、明14・5・31、明15・11・20〜21、明16・6・4、6・6、明17・4・29、11・4〜5、明18・5・2〜3、5・5、10・24、10・27、明19・4・24、4・27、11・23、明20・5・26、6・7〜8、11・15、明21・11・25、11・27、明22・5・12、5・14、明23・6・3、11・16、明24・5・10、5・12。『毎日』明12・12・2、明14・5・29、11・21、11・27、明15・5・28、5・30、11・19、11・21、明16・6・3、6・5、11・18、11・20、明17・4・27、4・29、11・2、11・5、明18・5・2〜3、5・5、10・24、明19・4・25、4・27、11・23、明20・6・5、6・7、11・13、11・15、明21・5・13〜14、11・25、11・27、明22・5・12、5・14、11・12、明23・5・17、6・3、11・16、明24・5・10、5・12、12・6、明25・11・20。『時事』明15・11・20〜21、明16・6・5、11・20、明17・4・28〜29、11・4〜5、明18・5・4〜5、10・24、10・27、明19・4・24、4・26、11・22、明20・6・6〜7、11・13〜14、明21・5・14、11・25〜26、明22・5・12〜13、5・

27、11・11～12、明23・5・17、5・19、6・3、11・11～12、明24・5・10～11、12・6、12・8、明25・5・8、5・10、11・20、11・22。J.G. 1879・8・21、1886・11・23、1887・11・15、1889・5・13、1891・12・7。J.W.M. 1879・8・23、1881・12・3。J.G.F.S. 1881・12・9、1882・6・2、11・24、1883・6・16。『東朝』明21・11・25、11・27、明22・5・12、5・14、11・12、明23・5・17～18、5・20、6・3、11・16、11・18、明24・5・10、5・12、12・6、12・8、明25・5・8、5・10、11・20、11・22より作成）

輔、木村介一、日根野要吉郎、根村当守、京田懐徳らが名を列ね(55)、さらに、これとともに鍋島直大、土方久元、藤波言忠（明治二一年四月主馬権頭心得、明治二二年七月主馬頭）らが引き続いて共同競馬会社の役員であった(56)。また先の表1に掲げたように最後の開催まで共同競馬会社には天皇から通例二〇〇円の下賜金が出され、明治一九（一八八六）年秋季開催からは明宮（皇太子）も、開催毎に必ず姿を現し続けた。このような宮内省の競馬への積極的な関与が共同競馬会社を支えていたといっても過言ではなかった。藤波言忠は、この後、新冠、下総両御料牧場の拡充に努め、また日露戦争中から、戦後に馬匹改良三〇年策として実現する政策の立案にあたり、馬政局設置後はその事実上の責任者となるなど、明治期の競馬及び馬政をめぐる場面での主役を務めることになるが(57)、競馬及び馬政に積極的に関わるようになったのは、この時期からのことであった。

ところが、こういった宮内省の積極的な支援があった一方で、共同競馬会社は、クラブ運営上の問題を抱えていた。まずは財源難だった。約一一万八千円という不忍池競馬場の建設費用がクラブの財政を圧迫していた。天皇からの下賜金五〇〇〇円も含めて様々な支援があったとはいえ、建設費用が完済できておらず、明治一八（一八八五）年二月には、その残額一万八千円余支払の調停が請負業者から求められていた(58)。この時は、開催毎の中等座敷の売高の半額を渡すことで和解が成立していたが、後に訴訟沙汰に発展する（本章第四節）。当時の馬券は、主催者に収益をもたらすようなシステムではなかったから、会社の収入源は、通常会員の月一円の会費（明治一七年までは二円、一円、五〇銭の三クラスの会費）、出走馬の登録料、開催時の三日間で上等五円、中等三円といった入場料、天皇、宮内省からの下賜金、陸軍省、農商務省からの補助金及び賞典の寄贈、それに会員からの寄付金からなりたっていた(59)。だがこれだけの収入では開催を維持していくだけでも精一杯、そのうえに数万円の支払などの余裕がないのはもちろんだった。毎開催赤字でいつも持ち出しとなり(60)、不忍池競馬場での第一回開催前後には早速、鍋島直大は個人的に一万円を寄付していたという(61)。主催者に賭けの「テラ銭」が入らないシステムのもとでは、「上流階級」の贅沢な趣味として、あるいは政治的に支えていくことがなければ、元々財政的にいえば、会社（クラブ）の自立には相当無理があった。明治一八（一八八五）年秋季開催からは馬匹の供与だけでなく、宮内、陸軍、農商務の三省は、下付金、賞典の寄贈も停止(62)、翌年秋季開催から復活されたとはいえ、会社の窮状に追い討ちをかけていた。なお三菱も、共同運輸会社との合併による日本郵船の設立で、明治一八年春のシーズンを最後として共同競馬会社、ニッポン・レース・クラブ、興農競馬会社への賞典の寄贈を止め(63)、この鹿鳴館時代にそれを復活させることはなかった。

そして共同競馬会社は会員数の減少にも悩まされていた。明治一八（一八八五）年初頭には、外国人五二名を含む六〇六名だったものが(64)、同年秋には約一〇〇名減の五〇〇名となっていた(65)。月一円の会費として、ざっと見積っても年一二〇〇円の減収となる。ちなみに横浜のニッポン・レース・クラブに対しても、また東京倶楽部に対しても、日本人会員のほとんどは顔を出すことがなかったから、この減少は、私たちがクラブ文化を自らのものにするのにはまだ遠い道のりがあることを示す事例の一つということもできた(66)。さらに、明治一七（一八八四）年秋季開催が特別なものであったとはいえ、そこから見ると明治一八年春季開催以降の馬見所への入場者数も減少傾向が続いていった。たとえば明治一八年の春季開催、冒頭に述べたように、その演出は変わらなかったが、早くも三日間ともに昨年と比べて見物人も少なく周囲の桟敷も「緩やか」なものとなっていた(67)。

またこの頃には、先にもふれた雑種馬を日本馬と偽り、出走させる偽籍の問題にも直面していた。これでは日本馬のレースの存在意義がなくなってしまう。実は、共同競馬会社が、宮内省の強力な支援を受けて、明治二〇（一八八七）年秋季開催から雑種馬重点のレース編成へと転換したのは、この問題を打開するためでもあった。また同時に「疑惑馬」の出走を不許可にする対応もとっていた。だがそれでも、この偽籍の問題は解消せず、相変わらず日本馬のレースに「疑惑馬」が出走し、圧倒的な強さを発揮し続けた。そしてこの問題は、競馬の根幹である血統、育成、調教、競走に関わり、この時代の競馬の存在意義を問う大きな問題になっていった（本章第四節）。

このように、共同競馬会社は、難問をかかえていた。こういった状況を受けて、会社は、明治一八（一八八五）年から翌年にかけて、組織の再編、開催規模や運営方針の検討を続け、明治一九（一八八六）年の秋季開催を前に、それまでの三日間開催を二日間に（以後も二日間開催で続けられる）、賞金総額もその年の春季の三〇五〇円よりもさらに減少させて約一八〇〇円とする(68)。明治一七（一八八四）年一一月開催の、最大賞金レースの総額が一レースで一〇〇〇円、全二四レースの内一七で六〇〇〇円を上回っていたことを思えば、相当な縮小であった。だが、このように規模が縮小したといっても、それは明治一七年一一月と比較しての話であって、当時の他の行事とのバランスからいえば、それでもまだかなりのものだった。難問に直面していても、いやそれだからこそ、共同競馬会社を維持し、ある空間性を作り出し続ける。まだ時代は、政治的にも、競馬を必要としていた。

明治一九（一八八六）年一一月秋季開催前に行われた役員改選では（無印は留任、＊印は新任を示す）、社長に小松宮、副社長に鍋島直大（宮内省式部長官）と蜂須賀茂詔（特命全権公使）、幹事に西郷従道（海軍大臣）以下、松方正義（大蔵大臣）、楠本正隆（元老院議官）、佐野延勝（軍馬局長）、藤波言忠（侍従）、井田譲（元老院議官）＊、大河内正質（軍馬局）＊、土方久元（宮中顧問官）＊、谷元道之（東京馬車鉄道会社社長）＊、相良長発（騎兵大佐）＊、会計長に池田章政（旧岡山藩主、第十五銀行頭取）、会計役員には渋沢栄一、波多野尹政（農商務省）、富士重本（陸軍監獄長）＊、長谷川吉郎次＊、といったそれまでと同様の政府首脳、華族や実業家、あるいは宮内、陸軍、農商務各省の馬政と関係の深いものが選出されていた(69)。それに先にふれたように、この開催から宮内省も積極的な支援を再開していた。財政的には無謀でも、不忍池に移転し、とてつもない施設と規模で競馬を開催し、さらに大幅な困難を抱えても続けていく。雑種馬重点へとレース編成が転換されたその明治二〇（一八八七）年一一月の秋季開催の初日、天皇は明治一七（一八八四）年一一月以来二年半ぶりに不忍池競馬場に姿を現し、また皇后は二日目の婦人財嚢にあわせて典侍を派遣し

図3　楊齋延一「東京名所　上野不忍競馬之図」明治23（1890）年

（馬の博物館蔵）

ていた[70]。この時、条約改正交渉が中止に追い込まれ、三大事件建白運動が最高潮に達して伊藤博文内閣が窮地に立たされ、またそれと同時に反欧化主義的な社会風潮が一気に強まり、競馬もその標的の欧化主義の象徴的存在であったことを考えれば、この段階での臨幸、典侍の派遣は、競馬も、先にも借りた伊藤博文の言葉を再び使えば、「高等政治の要求するところ」だったことをよく示していた。

このように紆余曲折はあったが、明治一七（一八八四）年秋季以来、不忍池競馬は開催を経るにしたがって、上野の光景にとけ込んでいった。厩舎には、たえず馬の姿があり、馬場では乗馬が行われ、また通常開催六〇日前から始められる新冠や下総などから到着した新馬の「馬場馴らし」は、春秋の競馬の開催を告げるものとなった。開催には内外の「貴顕紳士淑女」が集い、岩川、英、日光などの名馬も生まれた（これらの馬については第六章第二、三、五節）。春秋の不忍池競馬は、鹿鳴館時代の東京の四季の風景に組み込まれた風物詩ともなり、それを示すかのように数多くの錦絵にも描かれた（図3）。明治二三（一八九〇）年一一月秋季開催の折には、折からの帝国議会開設で上京した議員たちも、「何に付け東京の風俗懐かしく都の景物珍らかに感じ」て、不忍池競馬を訪れていたというエピソードも残されているほどであった[71]。このようにして社交と馬匹改良を直接の目的とする競馬が続けられていた。だが先の伊藤の言葉が皇后などの宮中の洋装化に対してのものであったことにいみじくも符号するかのように、競馬も明治二〇年代の女性の洋装と同じ運命をたどることになる。「高等政治」そのものに翻弄され、鹿鳴館時代の終焉をもたらす政治的、社会的な力の前に競馬も追いつめられていったのである。

2 婦人財嚢の消失——スキャンダルとしての女性

現在の私たちからは、その記憶が失われてしまっているが、鹿鳴館時代、日本の文明化、西洋化を端的にアピールし、女性が西洋並に社会的、国家的な役割を果たすものとして、競馬の婦人財嚢が行われていた（第一章第三節）。そしてこの婦人財嚢は、競馬に限ったものではなかった。当時の陸上競技会（運動会）やボート競技会（競漕会）でも行われるようになっていた。この時代、夜会などは婦人同伴が求められていたが、これらの競技も同様で、社交と同じように女性が主役たる役割を与えられていた。「鹿鳴館レディー」は、舞踏や英語、音楽や読書といった教養と並んで、スポーツの場面に姿を現すことも必要であった。

東京大学（明治一九年から帝国大学）の陸上競技会（運動会）は、明治一八（一八八五）年六月に始まった(1)。身体の鍛錬の効用といった私たちにはそれまで未知であった「科学」を熱心に説いたストレンジ（F. W. Strange）らの御雇外国人教師の熱意によって実現したものだった。その第一回の競技終了後の表彰式、法科大学教授穂積陳重夫人やストレンジ夫人が勝利者への賞品の授与にあたり、開催の終了を告げたのは女性のために捧げられた歓呼の声（three cheers）だった。翌明治一九（一八八六）年五月の第二回では、ストレンジやベルツらの御雇の教授夫人が財嚢（金銭）を寄付、帝国大学総長渡辺洪基夫人が賞品の授与にあたって、ここでももちろん女性に捧げる歓呼の声で開催が終了した(2)。第三回の明治二〇（一八八七）年一一月の運動会では、「貴婦人」たちは銀盃を寄贈、記録で確認できるものとしては初めて婦人財嚢と銘打った競走が行われ（八八〇ヤード）、レース後の表彰式では、近衛篤麿夫人衍子、鍋島直大夫人栄子、前田利嗣夫人郎子やストレンジ夫人が式場に列なるなか、帝国大学総長渡辺洪基夫人が賞品の授与にあたり祝辞を述べていた(3)。しかもこの帝国大学陸上競技会には、横浜のアスレチック・クラブ員も招待されて競走するのが恒例となっていたから、この競技会は、内外の友好の意味合いも持っていた。この光景は、ほとんどが競馬の婦人財嚢と変わりがなかった。翌明治二一（一八八八）年一〇月の第四回は、皇太子とともに臨場した有栖川宮熾仁夫人董子が授与にあたっていた(4)。明治二二（一八八九）年一〇月の同運動会にも皇太子が鍋島直大夫妻とともに姿を現し、文部大臣榎本武揚夫人多津子が賞品の授与にあたり(5)、翌明治二三（一八九〇）年一〇月には帝国大学教授鳩山和夫夫人春子(6)、ついで明治二四（一八九一）年一一月の表彰式は大山巌夫人捨松が担当していた(7)。夏目漱石の『三四郎』の主人公が見ることになる運動会に、ヒロイン美禰子など多くの婦人が参観していたのは、その起源をここに持っていた。帝国大学以外の陸上競技会（運動会）で婦人財嚢が実施された例には、確認できるところでは明治二二年五月の海軍医学校のものがあった(8)。

ボート競技会も、明治一七（一八八四）年一〇月、東京大学が開催、その直後からその他の高等教育機関などでも盛んになってきていた（次節）。そして時間的には陸上競技よりも遅れるが、このボート競技でも婦人財嚢が、まず明治二二年四月六日高等商業学校の競漕会(9)、その直後の四月一〇日帝国大学春季競漕会や同月一三日の第一高等中学校競漕会にそれぞれ文部大臣榎本武揚夫人多津子が寄贈した形で始まっていた(10)。翌明治二三（一八九〇）年四月五日高等商業学校、七日第一高等中学校、一二日帝国大学と相次いで行われた三校の競漕会でも引き続き実施されていた(11)。一高は榎本文部大臣夫人多津子らが、帝大は鳩山和夫夫人春子がそれぞれ寄贈したものだった。明治二四（一八九一）年四月の高等商業学校端艇競漕会でも、各教授夫人の寄贈で婦人財嚢が行われていた(12)。競馬での婦人財嚢が、明治二二（一八八九）年で終了したのに対して、若干長く実施されたが、それは競馬とは異なり、「イカガワシサ」の付着の度合い（後述）が小さかったからだった。

このように、競馬や陸上競技会、ボート競漕会でも女性が必要とされた。それは、女性の西洋化をめざすことを婦人改良と呼ぶならば、その先駆けとなっていた。明治一七（一八八四）年、競馬の婦人財嚢、舞踏会、慈善会の女性をめぐる三大演目が演じられたのを契機とするかのように、時代は、あらゆる場面での婦人改良をめぐる言説や社会的動向が活発になっていった。そのような婦人改良の第一の奨励策が「男女交際」だった。日本の社会の改良進歩を実現するためには、男女交際の道を開かねばならないというのが、「社会改良論者」の口癖になっていたという(13)。

舞踏会がそういった役割を持つものだったが、そのモデルとして、当時の男女それぞれの学校の頂点に位置していた帝国大学と東京高等女学校生徒の交際の必要が主張され、そして実践された。高等女学校教員、帝国大学教授の発意で、アメリカのものに倣って、「会話、踏舞、音楽、唱歌等の方法で善良なる交際の慣習を養成することを目的に」、明治二〇（一八八七）年三月、設立された和楽会であった(14)。和楽会の委員には瓜生繁子、鳩山春子、矢田部良吉、穂積陳重、箕作佳吉らが名を列ね、毎週土曜日宮内省の伶人が演奏して舞踏会などが開かれ、生徒が男の先生と手を組んで踊ったり、そのうちミスターフレンドといわれる男性を連れてきて友人たちに引き合わすことも流行、その後、東京府下の男子学校では、「種々の男女交際様の集会が発起」されるようになり、「茲に年少の女生を会して、自由に談話し演述し奏楽し遊び廻り、而して文明の神髄を得たりと心得る」ようになったともいう(15)。

また海軍将校の社交機関である水交社も、それまでも折にふれて舞踏会を行っていたが、明治一九（一八八六）年に社内に舞踏場を新設、明治二〇（一八八七）年二月には、軍医総監高木兼寛の発起で、その妻女の「婦人交際の途を開く」ことを目的に丁亥会を設立、毎土曜日に舞踏会並びに談話会を開くようになっていた(16)。海軍では、各地にもこういった会が設立されていった(17)。様々な舞踏会で金モールの軍服を着て踊る海軍将校の姿は光彩を放ち女性の目を引いていくことになるが、これはその成果であった(18)。

そしてこのような「男女交際」に対する動向を、新聞などの言論界も、全般的にいえば、明治一九（一八八六）年までは時代の要求として肯定的に受け止めていた。たとえば明治一九年八月、『郵便報知新聞』は「女徳改良論」と題されたつぎのような社説を掲載した(19)。

……古来女子の品行厳正ならずして、社会の品行厳正なるの邦国はあらず、西哲も女徳の高卑は国家の盛衰に関係すと明言せるほどにて、女子の品行は社会国家の風紀を動かす大勢力あるものなれば、汲々として進取を図るの今日に方ては女徳改良の事最も力めすんはある可らさる也、今日我か国に於て女徳の修まらざるは、其原因一に足らす、社会全体の徳義の程度尚ほ卑低なるが如き、婦女子の無学無識なるが如きは、皆な其重因なるべしと雖ども、婦女子を蟄居せしめ、之を世間の交際社会に出さざるの一事こそ其重因中の最も重大なる者なるに似たり……則ち女徳改良の方法多しと雖ども、其蟄居を解き交際の路を通開するに在るべし……社会全体の徳義の上進せしむる便法は、男女の関係を正すより善きはなく、之を正すの便法は女子の蟄居を解くより善きはなし、女子の蟄居を解き、之をして交際社会に入らしむれば、其知識も増加し其徳義も進歩し其坐作応対も亦改良すべし、蓋し交際ほど人の態度風采言語容貌及び知識等を進歩改良するの効能多き者はあらず（なぜなら男を見る目が養え男女の関係が正しくなるからである）。

日本の進歩は「女徳改良」にかかっているともいってよいが、まだ日本の女性は後進的な存在にとどまっている、その最大の要因は女性が家に閉じ込められていることであり、積極的に社会に進出することで、それを撃ち破らなければならない、男女の交際はその推進力である、という趣旨であった。また成島柳北、末広鉄腸などを擁した政論紙として反政府的な立場であった『朝野新聞』も、鹿鳴館時代の趨勢に批判的な論陣を展開していたが、それでも原則的にはこういった婦人改良を受け入れていた。つぎのものは、明治一九（一八八六）年八月、よりよい婦人の新風俗を作るため、コルセットやイヤリング、小さな靴といったものの有害さを訴えた「婦人の風俗改良」という論説の冒頭であるが、婦人改良そのものは、肯定されていたことがよくうかがえる(20)。

近来社会上の事物を改良するの計画頻りに行ハるる中にも婦人の風俗を改良すること最も速に行ハるべき傾向あり、其華麗やかにして上流に行ハるるものハ踏舞唱歌の如き、其の実用上より来りて一般に波及すべきものハ束髪会の如き、及び朋友の間の男女打雑りたる質素なる集会の如き、郭れも古来より離群独居の習慣に抑制せられたる婦人に向ひて、更に社会的の幸福を与え、其の会話より自づと智力を開発し、其の遊戯の中往復訪問の間に於て自づと体力を発達する者なれば、少しく智識ある人々の間に於て其の改良の速に行ハるべきハ勿論なるべし。

こういった「男女交際（婦人改良）」を押し上げていくような時代のエネルギーとともに、女子の高等教育機関も新設、増加し始め、その教育内容も外国語、舞踏、唱歌、奏楽、談話、読書を教養とするような「鹿鳴館レディー」の養成を謳って、人気をえていた。明治一八（一八八五）年早々には、貴族婦女学校では学科の他に唱歌舞踏が加えられようとし(21)、また学習院や東京高等女学校では舞踏が正式の学科目へ加えることが検討され、何らかの形で教えられるようになっていた(22)。また東京高等女学校では週二八時間中、英語八時間、音楽七時間といった外国語、唱歌や奏楽に重点を置いたカリキュラムが組まれたのも(23)、「男女交際」のエネルギーがもたらしたものだった。さらに同女学校では、より徹底化して西洋風の生活そのものも学ばせようとする。西洋婦人の指導のもとで女学生をすべて西洋風で寄宿させせて、「足本邦の地を離れずして、身ハ恰も西洋に留学するものの如く外国家事の風習を実際上に練習し、加え朝夕英語を用ふるを以て之に熟達」させることを目的に、西洋風の一屋を建て、アメリカの女性教師を招請して明治二〇（一八八七）年一一月五日、その開場式を行ってしまうのである(24)。

こういった動向は、この高等女学校に限ったものではなかった。明治一九（一八八六）年東洋英和女学校では特別の一科を設けて、すべて西洋婦人と同様の生活をさせたし(25)、明治二〇（一八八七）年初めからは、伊藤博文、土方久元、岩崎弥之助、渋沢栄一、外山正一、菊池大麓ら政府首脳、財界人、大学教授の主唱で、「日本の貴婦人に欧米諸国の貴婦人と同等なる佳きの教育世事の修練及び家事の訓練を受け」させて「要するに洋行して学ぶ得べき程の事を居ながら日本にて学び得て立派なる欧米の貴婦人に比しき成果を望む」(26)、と高等女学校と同様の成果をめざした女学校の設立計画（女子教育奨励会）が具体化され(27)、翌明治二一（一八八八）年には六名の英国人女性教師を招請、東京女学館が開校された(28)。この女学館は、明治一九年夏に外山が構想し、伊藤が賛同したところから始まったものだったという(29)。

図4　皇后をはじめとしてすべての女性が洋装で描かれている

（楊洲周延「チャリネ大曲馬御遊覧之図」明治19（1886）年。前掲『錦絵　幕末明治の歴史⑨　鹿鳴館時代』103～104頁）

またこのような女性の西洋化をはかろうとする試みは、これらの女学校に限らず、幅広く取り組まれ始めていた。その先陣を切っていたのが、婦人の洋装と束髪の奨励だった。婦人束髪会の設立は明治一八（一八八五）年六月。女子師範の教員は早速これに賛同、生徒も入会して束髪を実行(30)、また海軍軍医の夫人たちもその後、西洋風の束髪にすることを申し合わせた(31)。束髪は中流以上の女性、特に上流、女生徒に取り入れられようとしていた。流行をリードする花柳界でも、束髪が人気を博し(32)、芸妓たちは慈善会もやってのけた(33)。一方洋服に関しては、まず宮中内でその先鞭がつけられた。礼式の際の婦人の洋装化への布石は明治一五（一八八二）年から打たれ始めていたが、婦人の三大演目が演じられた明治一七（一八八四）年には「西洋服装の儀は其時々達すべし」と、必要な際には洋装を命じる旨が告示され、明治一九（一八八六）年六月には、かねて懸案だった皇后の洋装が実現、同年七月下旬以降公の場に皇后が姿を現す場合、洋服姿が原則となった(34)。錦絵でも明治一九年一一月楊洲周延画「チャリネ大曲馬御遊覧之図」あたりから以降のものは、皇后は洋服姿で必ず描かれるようになる（図4）。皇后は、明治二〇（一八八七）年元旦新年の儀式に初めて洋装の大礼服で登場、そしてその直後の一月一七日の皇后の名による女子の洋装を奨励する「思召書」の布告となった。高等女学校が生徒の洋服着用を定めたのも明治一九年八月、高等女子師範の洋服採用も同年一一月のことであり、伊藤博文夫人梅子が中心となって政府高官の婦女の洋服着用を申し合わせたのも、また陸軍武官の妻女が儀式宴会出席すべて洋服とすることを決定したのも、その頃のことだった。

明治一〇年代後半から明治二〇年代初めにかけて各地方の女子師範や女学校でも、制服の洋装化が一気に進められてもいた。そして「貴顕外賓」との交際に備えて華族の令嬢が西洋料理の食べ方を学ぶための洋食会も設立された。幹事は、競馬や舞踏をめぐる場面でこれまでもたびたび登場していた鍋島直大、蜂須賀茂韶らが務め、明治一九（一八八六）年秋には月二回のペースで開催されていた(35)。また陸海軍軍医の夫人令嬢も同様の趣旨で婦人食礼会（幹事軍医総監高木兼寛夫人富子）を開くようになっていた(36)。さらには明治一九年六月、各大臣、各国公使らの夫人が参集して、欧米及び東洋の慣習礼式等に関する談話会を持つようにもなり、しばらくは定期的に続けられた(37)。また伊藤博文夫人梅子らが中心となって婦人交際会を設立、「此彼言語の講究」、「経済家政の要務の稽古」などを申し合わせてもいた(38)。英語などの学習熱も高まり(39)、また婦人の読書会も開かれ、大山捨松や井上馨の娘末子らが顔を見せてもいた(40)。

このように髪型・服装といった外形的なものから教養、そして生活全般にわたる西洋化に向けての動きが一気に始まっていた。西洋の男女同権論を聞き込んで男子の奴隷に甘んぜず、日曜などには必ず良人とともに馬車で外出することをねだる婦人が良人に迷惑をかけている、あるいは夫婦で「手を携えて」散歩する姿などといった噂話が揶揄された形で伝えられてもいるが(41)、当時の文脈でみると結構現実感を伴う話だった。

そして婦人は、スポーツにも乗り出す。その代表が乗馬であった。その背景になっていたのは、第二章第四章で述べたような馬事振興だった。婦人の乗馬の奨励とその実践も、乗馬飼養令施行の翌年の明治一八（一八八五）年になると目につくようになった。たとえば、つぎのものは、あるフランス人の夫人（日本人）のもとへ、近頃乗馬を習おうとする「貴婦人」たちの申し込みが頻りだ、と報じた明治一八年の新聞記事であるが、婦人の乗馬奨励のめざすところの一端をよく伝えているだろう(42)。

……婦人社会も束髪が流行すれば踏舞も亦流行し……此頃貴顕方の令閨令嬢には、此上には欧州婦人の如く馬の横乗して良人と共に市中を逍遥せば、先ず外国の婦人に対しても恥ずかしからぬべし……

華族会館は、華族の婦人たちへの乗馬教習を、かつての開拓使の官吏で当時の競馬にも関与し、著名な馬術家でもあった山島久光が明治一八（一八八五）年六月設立した小石川の乗馬学校に依頼、この学校では明治二〇（一八八七）年四月には、山島の長女輝子のもとで四三名の婦人たちが練習に励んでいた(43)。その他の府下の乗馬学校でも婦人の姿が見られた(44)。また明治二〇年には、婦人慈善会、舞楽会も会として乗馬の稽古に取り組み始めようとし(45)、そして宮内省の女官たちも乗馬の稽古に努め、皇后も一旦明治六（一八七三）年に始めたこともあった練習を再開していた(46)。こうなれば当然婦人が市外へ遠乗りする姿が、よく見かけられるようになり(47)、永田町、霞ケ関あたりを歩くと、流行の「横乗りで夫婦轡を駢べて行くのもあった」ほどであった(48)。明治二〇年秋季の共同競馬会社の婦人財嚢の授与にあたったのは、馬術の名手として名が高かった伊賀稲子だったが(49)、これもこういった婦人の乗馬奨励の雰囲気のなかでの出来事でもあった。なお婦人の射的会も、井上馨夫人武子、大山捨松が発起人となって、明治一九（一八八六）年には一旦は具体化していた(50)。

このように新たな女性の時代の始まりが、競馬などのスポーツの場面における婦人財嚢、女性の洋装や束髪、舞踏会、そして乗馬といった形で可視的なものとなっていた。そしてその典型的な姿を重要な国家的行事であった天長節（一一月三日）の夜会において典型的に見ることができる。鹿鳴館での二回目の開催となった明治一八（一八八五）年の状況が、つぎのように描写されている。

……本年ハ洋装の日本婦人多く、舞踏の如きは郭れも練熟して、西洋婦人にもおさおさ劣らざるを覚えしと(51)。

……奏楽の益々其調の精妙に入りぬると共に、我が貴婦人方の舞踏に巧にならせ玉へるは敬服の至りなり、其上に今日の貴婦人は、復た昔日の巾幗にてはあらず、其進退周旋と云ひ知る人に対しての挨拶ぶりと云ひ、談話の幽雅にして活発なる如才なき中に、品格を備えられたる振舞は、天晴れ文明国の貴婦人なり(52)。

そして翌明治一九（一八八六）年の天長節夜会ともなると、参会した一三〇～四〇名の女性のほぼ全員が洋装、束髪で登場、踊っていた(53)。横浜で発行されていた英字新聞やそれを引いたチェンバレンの『日本事物誌』での表現を借りれば、采は投げられていた(54)。洋装と束髪は少なくとも上流社会のものとなり、また女学生や女教師、洋行者といった「文明の識者社会に行われる風俗」となろうともしていた(55)。逆にいえば、そういった「天晴れ文明国の貴婦人」の「鹿鳴館レディー」のいわばしるしづけが洋装と束髪であり、その新たな身体の振る舞いが、舞踏や乗馬であり、ピアノやオルガンの演奏でもあったことになる（図5）。この明治一八、一九（一八八五、六）年頃文学、演劇、小説、文字、人種などあらゆる局面での社会改良が叫ばれ、それが社会現象となっていくが、婦人改良はその先頭を走り、時代を一気に駆け抜けよう、あるいは駆け抜けさせられようとしていた。巌本善治の『女学雑誌』の表現を借りれば、「女権伸張女学進歩の大勢破竹の勢を以て日本社会を突走」していたのである(56)。鹿鳴館で連日連夜、夜会や舞踏会が開かれたというイメージは実態とは程遠く、最盛期の明治一七（一八八四）年から明治二〇（一八八七）年にかけても、それぞれ五、一七、一七、一〇という数字なのだが(57)、そういったイメージが形成されたのは、同時期の婦人改良熱を先頭とする社会改良熱の熱気がそこに集約されたからであろう。したがって強いていえば、そのイメージが現出していたのは、明治一八（一八八五）年秋から一九（一八八六）年春にかけて、また一九年秋から二〇（一八八七）年春にかけての社交シーズン

図5　「鹿鳴館レディー」の典型的なイメージが描かれている

（楊洲周延「梅園唱歌図」明治20（1887）年。前掲『錦絵　幕末明治の歴史⑨　鹿鳴館時代』100～101頁）

（原則として一一月の観菊会から四月の観桜会）のことだった。

ところが、である。この婦人改良熱が、急激な転回をみせることになった。ここでも天長節の夜会にそのことを端的に見ることができる。先にふれたように明治一九（一八八六）年の夜会に参会したほとんどの女性が洋装で舞踏を踊っていた。それが、明治二〇（一八八七）年は、まだ引き続き出席の婦人全員が洋装で踊っていたが(58)、つぎの明治二一（一八八八）年には、かつては見かけなくなっていた白襟の婦人が二〇名余登場(59)、つぎのように踊っているのはほとんどが外国人という光景になっていた(60)。

……如何なる風の吹き回しか文明流の舞踏も頓に流行を減じて其結果は本年大隈伯の夜会に波及し、是迄の宴会には屹度舞踏の先達以て任じたる其々の若紳士すら今年は宴会に臨みながら舞踏は存ぜぬというが如き面持にてトンと振り向かざる者あり、熟練なる人既に斯くの如くなれば習いたての若令嬢は猶々人前を恥じらいて舞踏せざるも多かるべく櫻上の舞踏場は概ね外人の手を携えて翩躚《へんせん》するを見る迄にて、偶さかえに交じりたる日本人あれと一昨年に較ぶれば最も少なく……

これより先の明治二一（一八八八）年二月の東京府知事の夜会でも、数十人の白襟紋付の婦人が見受けられ、洋服姿の者も膚を現さない平服が多くなっていた(61)。そして明治二三（一八九〇）年の天長節の夜会ともなると、日本人では夫人を同伴するものすら少なくなって、踊る者は外国人の一〇分の一になり、参会の婦人も白襟紋付の一〇名余だけとなってしまっていた(62)。明治二四（一八九一）年の帝国ホテルで開かれた天長節の夜会でも、婦人の数だけは若干増えて三、四〇名とはなったが、洋装は末松謙澄夫人（伊藤博文長女生子）と高木兼寛夫人富子だけで、その他が引き続いて白襟紋付姿のうえに、眉剃り、お歯黒姿の者も現れ、日本人で舞踏する者も男女合わせて一〇数人とさらに減っていた(63)。翌明治二五（一八九二）年の天長節では、婦人の白襟紋付が多かったのはもちろん、大振袖の

「令嬢」も増加、日本人で踊るのは三人の男性だけになってしまっていた(64)。その他明治二三（一八九〇）年一月三〇日に開かれた総理大臣山県有朋主催の夜会でも、参会した日本婦人は少なく、舞踏する日本人も六、七名、その内の婦人は小松宮、有栖川宮の各夫人だけとなり(65)、明治二四年四月の観桜会では、明治一三（一八八〇）年以来の形態が崩れ、夫人を同伴する者がほとんどいなくなってしまっていた(66)。また養育院のための慈善会の売り場の婦人の姿も、明治二一年四月の洋服と白襟紋付が半々の状態から(67)、翌二二（一八八九）年四月には洋装はわずか四、五名、たいていが白襟紋付となっていた(68)。さらに明治二五年二月の帝国ホテルで開かれた慈善舞踏会では、踊り手の多数が東京横浜の居留民の男女で、二～三〇名の日本婦人は、皆日本髪の和服で見物するだけだったという(69)。

このようにざっと見ただけでも、かつては鹿鳴館時代を象徴的に彩った場面で、洋装だった婦人の姿が、驚くほど短期間の内に和服、日本髪へと回帰し、そして踊る者が消えようとしていた。だがそれでも、こういった天長節などの夜会での変貌の速度は、公的な場面であるだけに遅かったくらいであった。変貌の一端は、早くも明治二〇（一八八七）年の終わりには洋服店が閑になりつつという形で伝えられ(70)、ある大臣が夫人の洋服を持ってきた商人を、人民が飢渇に苦しんでいる折にこのような贅沢な品物を用いるから邸宅も華美となり舞踏も行われて無益の費用がかかることになる、と追い返したと伝えられただけで、喝采を受けるようにもなっていた(71)。明治二一（一八八八）年に入ると、「洋服採用の熱心家、恰も消ゆるが如く」になって(72)、島田髷に日本服に戻る女性が増えたのが目立つようになり(73)、洋服店には顧客の不足で閉店に追い込まれる所も出始めていた(74)。明治二二（一八八九）年には、婦人の洋装の衰退は、誰の目にも明らかなものとなっていたという(75)。皇后をはじめとした皇族の女性は、公的な場面では洋装であり続け、国家的儀式では婦人にも洋装を義務づけたが、そういった政治力でも、その回帰をとどめることができないほどの作用が、そこには働いていた。それを端的に示す事例が起こっていた。というのは明治二五（一八九二）年一〇月のある夜会に、鹿鳴館時代の象徴的存在でもあった大山捨松が、蝦色の花紋形を折り出した着流し頭髪後ろに長く垂らし先を結び、まったく古代官女の扮装で登場していたのである(76)。何かが起こっていた。

振り返って見ると、西洋化をアピールするための様々な演出、それが女性そのものにその西洋的なるものを媒介していた。そしてそこには、あらかじめ性的なものが付着しており、女性の身体にそれも媒介する。とするとそれとともにまず女性の身体の健康や精神の健全さの問題も浮上してくる。なにしろ舞踏一つをまがりなりにも踊るだけでも、その振る舞いだけでなく、服装や髪型、化粧、それに音感やリズム感の作り替えなど、要するにあらゆる方向からの身体への視線の変容が不可欠であったからである。私がいいたいのは、舞踏や婦人財嚢やバザーや乗馬が、あるいは英語や唱歌や奏楽や読書が、あるいは洋装や束髪が、あるいは男女交際が、女性の身体へ性的な視線を媒介させた、先に見た天長節の夜会の光景の転回は、女性の身体をスキャンダラスなものとしていく位相での出来事だったのではないのか、ということである。

まずはそのような意味での女性の身体の健康や精神の健全さの問題の浮上であった。鹿鳴館時代を象徴するものとしての舞踏も、そういったところからも、その必要性が語られていた。たとえば鹿鳴館での踏舞会の教師を勤めたヤンソン（J. L. Janson）は、明治一八（一八八五）年六月二九日、その講習会（東京舞楽会）の第一期の閉会式の席上で舞踏の効用をつぎのように述べていた(77)。

（第一）踏舞は身体の発達を助け就中婦人方の運動には最も適する事
（第二）踏舞は精神を活発にして婦人方の深窓に欝悶するが如き弊を除く事

舞踏は女子の身体の健康、精神の健全をもたらす、というわけである。つまり、舞踏というこの時代を象徴していた新たな振る舞いは、女子の身体にこのような視線を媒介させていたことになる。また先にふれたようにこの時代に奨励された婦人の乗馬にも同じ視線の作用が働いていたことを見出すことができる(78)。

我国の婦人が、常に好て一室の内に篭城し、外出を喜ばず、交際を好まず、従て外に出て、営むべき職業を嫌い、空しく深窓に蟄居して、人為を以て其顔色を青白ならしめ、其身体を幺麼細少にして、自ら佳人の常態と信ずるが如きは、甚だしき悪弊にして世の識者が久しく憂うる所なり、抑婦人を活発にするには其策種々あるべしと雖ども、我輩の所見に従えば、之に乗馬を奨励し、或は春天に馬足を軽くして墨田の花を賞さしめ、或は秋日に郊外を騎行して楓葉の紅なるを観せしめ、男子と均しく最も愉快に最活発なる遊に慣れしめ、以て自然に戸外の空気を呼吸するの道を開くこと亦良策中の一ならんと信ず。

女性を社会の表面に押し出していこうとした力は、同時にこのような女性の身体の健康、精神の健全という問題を登場させた、とでもいえようか。華族の女子に行うべき教育として華族会館が「体操騎馬踏舞」をあげたのが明治一八（一八八五）年(79)、女学校などでの体操が始まり、宮内省の女官が「身体の健康を要する為め毎休日」運動を始めたのもこの時代だった(80)。和服も日本髪も単なる欧化ということではなく、行動を制約する、身体を活発に動かせないといった女性の衛生や健康の観点から批判され、その改良（洋装、束髪）が叫ばれていた(81)。だから、いわゆるバッスル・スタイルのコルセットは、洋服であっても批判される。女子の健康に悪影響を及ぼすと。婦人（母性）の健康、保護の問題化はこの延長線上にも登場してくることになるだろう。帝国大学医学部の御雇教師ベルツも、そういった女性の健康の重要性の啓蒙に努めることになる(82)。のちに女学生の間で流行する自転車は「母性」への影響をめぐっての論議を引き起こすことになるだろう、妊娠率の低下を招くなどと。そしてこのような鹿鳴館時代の女性の新たな身体、精神をめぐる言説は、女性の身体性をスキャンダラスなものとしていく作用と表裏一体の出来事だった。

私の考えでは、女性の身体性がスキャンダラスなものになっていることを劇的な形で露出させることになったのが、明治二〇（一八八七）年四月二〇日、伊藤博文夫妻主催で、首相官邸で開催された仮装舞踏会（fancy ball）における

図6　仮装舞踏会のスキャンダルに関する社説

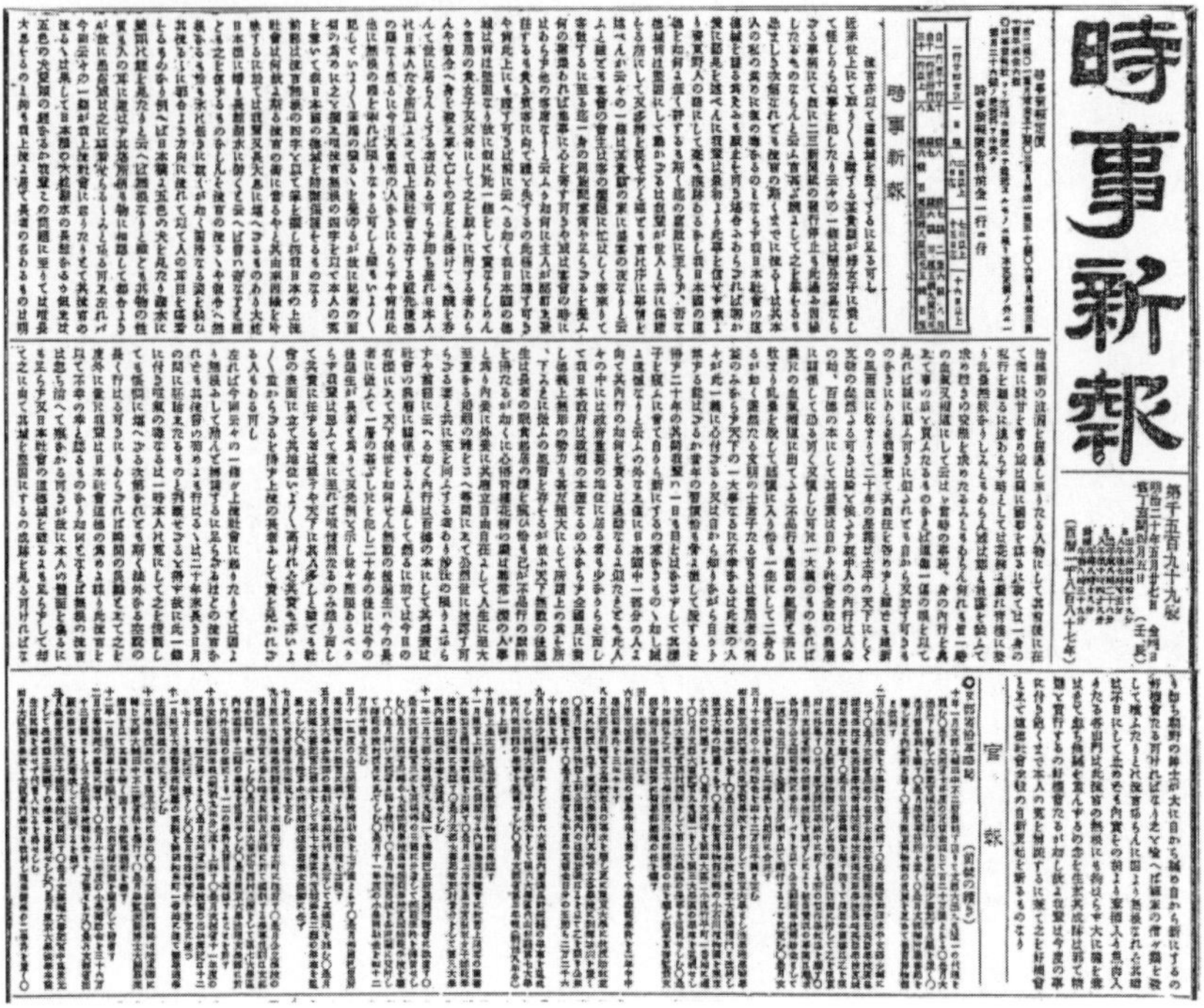
時事新報

第千五百九十九號

（『時事』明20・5・27）

伊藤と戸田極子の「醜聞」だった。伊藤が極子を「肉体関係を強要」したとの噂が広まり、鹿鳴館が「姦淫の空気」の震源地となったことであった。極子の夫の氏共（元大垣藩主）が「事件」の直後、公使館参事官から弁理公使（五月四日）、ついでオーストリア全権公使（六月四日）へと異例の昇進を遂げたことを含めて、この「醜聞」それ自体の内容はよく知られているので、それは省くことにするが、ここで注目したいは、この「醜聞」が、政治的にも道徳的にも「責任」を追求されるスキャンダルとなっていたことであった。新聞や雑誌の言論界では、「強姦」の事実は無根とするものも多かったが（『時事新報』、『毎日新聞』、『朝野新聞』、『郵便報知新聞』など、事実としたものは『東京日日新聞』など）、それでも、いやそれだからこそ、こういった噂が出ること自体の政治的、道徳的な「責任」が声高に追求されていった（図6）。政治や社会や文化の頽廃と堕落を象徴している、我国固有の美風を破壊している、襟を正せ、と(83)。こういった攻撃の矛先をかわすかのように、鹿鳴館は明治二〇年七月～一一月と修繕に入った(84)。この年の天長節の夜会は延遼館で、しかも欧化色を抑制して行われた(85)。明らかに仮装舞踏会の「醜聞」の影響だった。

しかし、である。あえていえば、これがたとえ事実であったにしても、このように弾劾されなければならないような大事件だったのであろうか。少し考えてみるとわかるが、この出来事そのものは、それ自体としては単なる伊藤の「好色」のエピソードにしかすぎなかったといってもよいと思う。なぜなら、こういったことは「上流階級」ではありふれたことだったし、それにそれまでの私たちは、天皇の権典侍、将軍や大名の側室、あるいは一般的な「蓄妾」を思い浮かべるだけでも、またあるいは性的にも「馴染み」を重ねて配偶者を選んでいた民衆の「結婚」の実情に照らし合わせても、もし本当に伊藤が極子との関係を持っていたにしても、それだけのことで、その道徳的な、あるいは社会的な、さらには政治的な「責任」を追求されることになるというものとは別のところで生きていたからである。性―愛―結婚のいわゆる三位一体の結婚制度はまだ成立していなかった。勝海舟が、この噂が公になった直後の五月の「授爵に際しての建白書」のなかで、「近来高官の方が、さしたる事もこれなきに宴集、夜会等にて太平無事奢侈の風に御流れ候やに相見え候。何とか御工風、穏便の御宴会になされたく候事」、「舞踏会盛んに行わはれ、ついては淫風の媒介となる如き風評も下にては粉々ひそかに相伝え候。左様の儀万々これあるまじく候えども、今少し控え、いはゆる程よくなされ候方よろしく候こと」といった二条を盛り込み(86)、喝采を浴びたが、その海舟が、妻妾同居の自らの生活をまったく意識せずにこれを建白したという、逆説じみたことのなかにも、それは鮮やかに示されているだろう。

だがここではこの「醜聞」が、スキャンダラスな「噂」になること自体も含めて、軽佻浮薄、驕奢柔弱、淫靡の風潮を促進し、国家の対面を失わせたものとして、伊藤や井上の政治的や道徳的な「責任」、あるいは欧化主義的な政治や社会や文化状況を追いつめていく武器として使われ、しかも大きな威力を持つとあらかじめ予測されて活用されていたことに着目したいと思う。そして、実際は首相官邸で開催されたこの仮装舞踏会が、結果的に鹿鳴館（欧化政策）の皮相さや愚劣さの代名詞とまでになってしまう。時代は、単なる「好色」をそれ以上、いや別の次元のものにする力が作用してしまう、新たな局面を迎えようとしていた。この出来事は、この鹿鳴館時代、女性に媒介された西洋的なものには性的なものが付着しており、そういった女性の身体性がそれ自体として何かを語り始める、スキャンダラスなものとなっていたことを、端的に示していたと思う。振り返ってみると、鹿鳴館で舞踏が始められるや否や、それを「猥褻・淫奔」と見るつぎのような視線が生み出されてしまっていた。

……かく何事も文明国の風習の間然する所なしと思う不如笑子なれども、何分はや彼の夜会の踊りに至りては感服仕るを得ず、成る程面白しと云はば面白くもあらんか、到底馬鹿げたる所作にして味もなく興もなく、又理屈張りて猥褻なりと言い出せばどこ迄も猥褻に相違なし(87)。

……一方に婦人の心身を活発にし動作を優美にするの利益あれば、他の一方には婦人の淫奔を誘引し無益の冗費を消耗するの弊害あるを免かれず……願うに従来深富に屏居して世人と交際する事至て稀少なる我婦嬢諸君が、酒宴の会席に於て男女の区別なく相交り互に合い抔して踏舞するときは、随分醜状見に堪ざることも起こりつるならん歟(88)。

そしてこの仮装舞踏会の頃には、それが現実味を強く帯びたのものとなっていた。たとえば明治二〇（一八八七）年二月には女学校寄宿生徒の風俗の取締りが噂され(89)、三月初めには東京高等女学校は、生徒の保証人に対して、つぎのような書簡を出して「男女の集会に関する注意」を促していた(90)。

近頃世上に男女交際の緊要なることを論じる者多く、随て欧米各国の風習に倣い夜会園会等も漸々多数の女子を交へ、男子も亦女子を待遇するに鄭重を旨とするに至りたるは、社会上女子の品位を高尚にする一地歩として悦ぶ可き事と存候、然るに各種の集会其数を増すに従い、其会主たる者、其幹事たる者、其実客たる者、男女交際の規約を知らざるがために、行儀上不相当の挙動をなす者往々有之哉と存候……若し女子にして此規約を心得ず、濫に社会に往来し世の悪評を来たす事のあらんには、実に不幸の最大なるものと存候、本校生徒中是の如き不幸に遭遇するもの一人も無之様に致度は、余の常に切望する所なれば、交際の心得等は巳に本校に於て生徒に教授するの計画を尽し居候、然れども生徒の父母兄姉若くは其他監督者に於て務めて深く此に注意し、本校に協力せらるるにあらざれば、其効少なきは判然たる事と存候（したがって当校生徒が参会する場合保護者が同伴して欲しい）。

こういったなかで、仮装舞踏会の「醜聞」が、待ち受けられていた。そして、「西洋の婦人ハヨク間男を為すと聞き、舞踏の間に意中の人の手を握りて愉快を感じる貴婦人も亦無きに非ざるなり」(91)、といった噂がまた一層勢いをえていく。それが、かねて「猥褻・淫奔」だけにとどまるものだけではなかった、従来からの華美、贅沢、冗費、軽操浮薄といった欧化政策への批判、反感を増幅させ、それを一気に噴出させてしまう。政治的にも、政府部内における様々な伊藤批判を顕在化させ、「宮中」関係者の反伊藤の策動も、この「醜聞」を機にして強いものとなったという(92)。そしてこの「醜聞」は、最終局面を迎えていた条約改正交渉に対する政府部内、あるいは在野の反対運動に高いエネルギーを供給する形となった。条約改正交渉を事実上中止に（明治二〇年七月）、また井上馨を外務大臣辞職に（同年九月）、さらにはいわゆる三大事件建白運動を激しくさせ、そして結局伊藤内閣を退陣（翌二一年一月）に追い込むほどのうねりをもたらした。時代は、伊藤の「好色」を新たな位相の問題としていた。

いいかえれば仮装舞踏会の「醜聞」は、時代の逆説的な象徴ともなり、社交、鹿鳴館、女性だけでなく、政治、社

図７　『貴女交際の栞』広告

（『朝野』明20・10・27）

会、外交、あるいは宮中をめぐる様々なおしゃべりを饒舌にさせていた。そして「イカガワシサ」の摘発は、政治的、社会的、文化的な力を発揮し始めていた。文部大臣森有礼夫人常子が紅毛碧眼の子を産んだとか、陸軍大臣大山巌夫人捨松が使用人と浮気をして離婚をするとかの噂もまことしやかなものとして広まり、社会性や政治性、文化性を帯びてしまっていた(93)。また伊藤に関しても、仮装舞踏会の直前に死去していた親王が実は伊藤の実子だとか、皇大后を姦したこともあるといった噂まで人々の間で語られたという(94)。夜会、舞踏会に出席するような女性、「鹿鳴館レディー」＝「猥褻・淫奔」という図式が成立しようとしていた。このようなものを政治的な言説に置き換えれば、民権派や国粋保存主義などの当時の欧化政策、条約改正交渉への反発や怒り、ナショナリズム的な思想の心情の部分を語ることになるであろう。いいかえれば欧化政策、条約改正交渉に対する「ナショナリズム」は、このような「イカガワシサ」摘発の力をさらに強化させていっていた。

明治一九（一八八六）年、『将来之日本』、『新日本之青年』で思想界に衝撃を与えてデビューした徳富蘇峰は、このような形で婦人改良が後退、転回していく状況に対して、政府の欧化主義を「空中に湧出」するような貴族的急進派のものと批判しながらも、それに対する反発から保守的反動、いいかえれば国粋主義、国家主義、ナショナリストが台頭することに警鐘を鳴らし、社会、政治、生活の西洋化（近代化）そのものは必要との論陣を張ったが(95)、このような摘発の力の前には無力であった。

鹿鳴館、そして社交（男女交際）は、そういった「イカガワシサ」そのものの代名詞となってしまう。その結果、社交（男女交際）に身を置くことは、「イカガワシサ」を引き受けることになる。だから今度は逆に「紳士淑女」であろうとするならば、夜会や舞踏会への参会を控えなければならない。この明治二〇（一八八七）年一〇月、『貴女紳士交際の栞』（山崎忠直訳）と題する本が出版されていたが、それが広告で唱っていたのは、「淫風の交際日々盛んな折り、夜会舞踏への臨み方、驕奢淫猥を以て文明の風俗礼儀となす妄想を排除する」ことだった(96)（図7）。明治二〇年はその秋の社交シーズンを迎えても、舞楽会は開店休業、翌二一（一八八八）年のシーズンには解散説も流れ(97)、和楽会も次第に尻すぼみとなり、丁亥会でも明治二一年会員のなかからその解散の声が出るなど(98)、夜会や舞踏会の数も目に見えて減り、それとともに女性の洋装が急速に衰退していった。その様子の一端がつぎのように伝えられている。

……彼処にも踏舞会此処にも仮装会と開く、宴会に必ず洋服を着する婦人を見ざるなきに至り、此等の事に熱心なる人は、心竊に男女交際の端、開けたるを喜び居たりしに、中頃より如何なる風の吹き廻しにや、或は云うべからざるの弊害ありてか、或は某々の会にて斯る事のありしとか、世間の噂区々なりしかば、是迄は嫌ざりし人迄も、近頃となりて踏舞会や夜会と云えば、胸悪るき程に思い込み、折角の風流才子が骨折も今は早や顧る者さえなきに至りたるを以て……(99)。

……近時夜会の催しは殆ど絶えて、鹿鳴館内及び大臣の私邸に音楽の声舞踏の響きを聴くことなきに至りたるは、抑々何等の原因に因るか……将た夜会の為めに従来東洋に固有せる男女交際の関係を一変し、之れが為めに言う可からず又筆す可からざる淫猥の風を上流社会に誘わんとしたるに因るか、将た斯の如き風俗壊乱の媒を為すの恐あらざるも、朝野の間に多少之を非難したる者あるに因るか、蓋し識る者は之を知らん、吾輩は未だ其原因の何れにあるかを明言すること能はざるなり(100)。

先にふれたような天長節などの夜会に、踊りの輪に加わる数だけでなく参会する女性そのものの姿も少なくなり、しかも白襟紋付が増えていたのは、こういった「踏舞会や夜会と云えば、胸悪るき程に思い込み」、「淫猥の風を上流社会に誘」い、「風俗壊乱の媒を為」し、「朝野の間」に大いに「之を非難」する事態が進行した結果だった。そして女性の洋装、束髪が、「鹿鳴館レディー」のものであったがゆえに、今度は、それが「イカガワシサ」のしるしづけとなる。欧化主義に対する反作用の可視的な標的が女性の洋装や束髪であり、そこからも挟撃、追い落とされていく。新聞、雑誌の論調も手のひらを返してそれまでのものを一八〇度転回させていた。洋装、束髪の激減は、そういったことを、目に見えるものとして端的に物語っていた。婦人の胃病や子宮病などの原因はコルセットにあるとして、洋服を「科学的」にも非難する声が、ここでもあの伊藤の仮装舞踏会のスキャンダルを契機にして大きくなり、婦人がそれに理由にしても洋服を脱ぎ始めたのも、それと並行したものだった(101)。ちなみに男子の羽織袴を、夜会や議会出席の正装として認めるべきだとの議論も、こういった女性の洋装に反発するといったものと並行して生じていた(102)。男女交際、女子教育、家政などをめぐっていた婦人改良の直接の声は行き場を失い、消え去ろうとしていた。

そしてこのような「おしゃべり」は、そこにとどまってはいなかった。つぎなる標的は、鹿鳴館時代のもう一つの産物、女学生だった。時間でいえば明治二二（一八八九）年、女学生の品行、女子教育のあり方が問題化された。女子の教育論は、それまでの西洋的なものから、急速にこの年を境に「儒教的」なものへとその外見を変え、授業の中身も英語、唱歌（奏楽）、舞踏から、「針箱、茶の湯、割烹」といった「家政学」へと転換されていった(103)。またここで、この頃、大隅重信の条約改正案への激しい反対運動、あるいは国粋保存主義や国民主義や平民主義がその存在を確固たるものとしようとしていたことを思い浮かべてもよいだろう。「女学生の品行の頽廃」といったものへの反感も、その思想に対して心情的な部分からエネルギーを供給して女学生を追いつめていたと考えられるからである。それに来る明治二三（一八九〇）年には教育勅語も待ち受けていたが、そこにこの女学生の問題が関わっていなかったとはいえなくもないだろう。ここでも、その問題化は女学生、あるいは女学校のスキャンダルが契機であった。

明治二二（一八八九）年に入ると、女学校の教師と生徒の風紀の紊乱、女学生は卑猥の手本となりその種を蒔く、といった世評が広まり、その暴露小説的なものがいくつか登場し始めていた(104)。そのなかで、『改進新聞』に四月から五月に連載された「濁世」は、女学校長、その教授、牧師らの「敗徳乱倫」と、女学生、女学校の女性校長の「破貞破行」と、いかにも道具立てがそろったものだった(105)。その東京高等女学校長矢田部良吉とおぼしき人物が、夜会、慈善会、舞踏、交際会といったものに取り残された病弱の糟糠の妻を捨てて女学生と結婚し(矢田部は教え子を妻としていた)、またその部下の教師も美人の女学生とみると手を出しているとの設定になっていた(106)。この「濁世」はキワモノではあったが、スキャンダル化していき、矢田部は名誉毀損の訴訟を起こすが、矢田部は次第に窮地に追い込まれていった(107)。そしてこれに畳み掛けて、ある女学校の教師が、といっても同じ東京高等女学校というのは知れわたっていたが、「山の手の某貴顕の才色兼備の令嬢」に、特別な関係を迫ったという「艶聞」が広がったのが決定打となった。つぎがこれを報じた新聞記事であるが、この令嬢が、ふさぎ込んで四、五日学校へ行かないので、心配した父親が話を聞くと、ようやく顔を赤らめて話し出し、「余りお世話が届き過ぎて有り難た過ぎて迷惑します」との娘の言葉に続いて、父親の以下のような怒りの声が洩れてきたという筋立てであった(108)(図8)。

図8　女学校の教師と生徒のスキャンダルを報じる記事

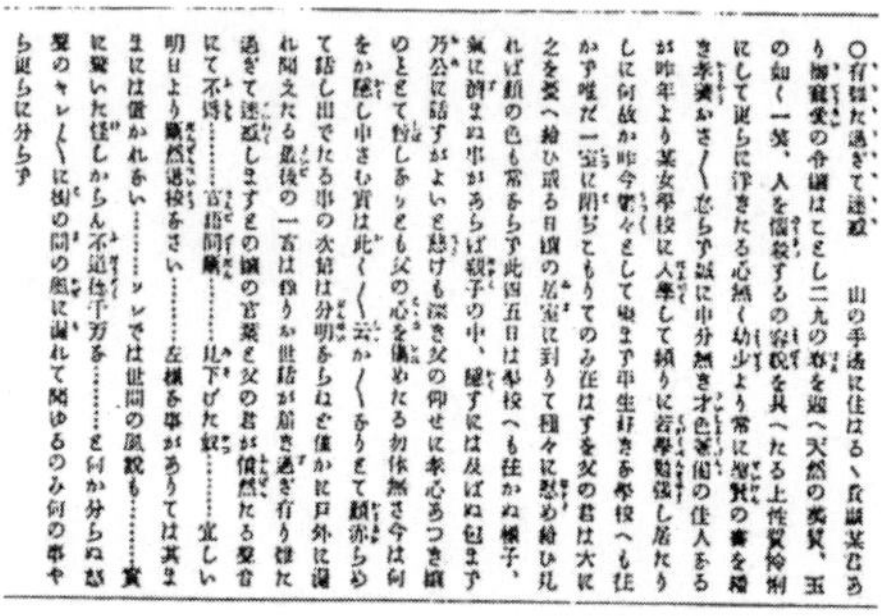

(『朝野』明22・6・9)

> 不埒……言語道断……見下げた奴……宜しい明日より断然退校しなさい……左様な事がありてはそのままには置かれない……ソレでは世間の風説も……実に驚いた怪しからん不道徳千万な……

この思わせぶりな断片的な言葉だけで、人々には充分すぎるほどに噂は力をえていた。さらにここに、この「艶聞」の当事者と目される教頭が、教育ある女性の結婚は理学士や文学士に限る、政治家、農家、陸海軍人らはよろしくない、といった内容からなる「教育ある女性に完全なる夫婦併立の生活を遂げんとするに如何なる男子に嫁す可きか」と題する論稿を、それも「濁世」のモデルと目される矢田部良吉が主催する雑誌『国の基』に発表するという事態が加わった(109)。高等女学校が、女生徒の品定めをさせるために女学校を参観させ生徒の結婚の媒酌の斡旋を行っているとの噂をこの論稿が実証するような形となり(110)、結婚媒酌学校、高等待合所、第二の妓楼等の罵倒の言葉が投げつけられることになった(111)。女生徒の就学中の結婚斡旋は、明治の後半、大正の頃には、女学校では一般化したことだったが(112)、この時代にはスキャンダルそのものに他ならなかった。このようにして高等女学校のスキャンダル化に拍車がかかり、「近頃府下女学校の事に付ての評判甚だ騒々しく、天下悉く目を圓して此の一点を注視するの次第」となっていった(113)。この教頭は六月一九日非職となり、校長矢田部良吉の辞職を求める声も大きくなり、さらに高等女学校そのものの廃止の声もあがった(114)。各新聞などは、この高等女学校の問題を、面白おかしくというよりは、時代の憂慮すべき潮流を象徴し、政府の責任を追求するものとして真正面に取り扱った。こういったスキャンダルの露払いを役割をするかのように、音楽舞踏も催す「西洋主義を以て教育する」と、高等女学校の生徒であることをほのめかして、彼女らが、最低の結婚条件として、二頭立の馬車に乗っている人、秘書官などをあげているとか、あるいは結婚などしないで女学校を設立するのが夢とか、男女同権なのだから恋愛も自由だとか語り合っているといった話がまことしやかに流布されていた(115)。

またこの頃、女学生の下宿も問題とされるようになっており、東京府高等女学校が、六月一四日、父兄保証人を呼んで、下宿を止めて母親も手元におくようにすべき事など、「悪評を受る様」のないようにその心得方を懇話し(116)、明治女学校校長厳本善治が各女学校の調査を行うなどの対応を行っていた(117)。女学生が退寮して下宿するのは、男と同棲するためであり、彼女らの間では情人をもたないと恥辱のごとき有様となっている、という世評がもたらしたものであった(118)。教員と女生徒、あるいは女生徒と他学生などの情人の組合せ、そして結婚の斡旋。町を歩く高等女学校生徒には、「淫乱学校」との嘲笑が浴びせられるようになっていたという(119)。

このように、「鹿鳴館レディー」の「生意気」と「性的な放縦、不品行、堕落」のイメージは、女学生と地続きとなった。かつて女子留学生の山川（大山）捨松がアメリカでホームスティしていた先の娘であり、明治二一（一八八八）、二二（一八八九）年と華族女学校の教師として折から来日していたアリス・ベーコン（Alice Bacon）は、この東京高等女学校のスキャンダルを女子教育そのものを攻撃するために仕組まれたものとして、その渦中の明治二二年六月、つぎのように述べていた(120)。

攻撃のやり口は、嘘を宣伝する程度の低い新聞が、学校のこと、先生のことを書き立てることでした。一度、嘘の話が書かれると、他のレベルの低い新聞も書き立て、話が段々と大きくなり、その話が本当のようになり、ついに、まともな新聞までそれについて批判的な記事を書くようになってしまいました。そして、最後に東京中の人たちの口にのぼるようになったのです。

朝校門が開くと、下品なことを書いたプラカードが立ちならび、女生徒たちが登校すると、道路上で男子が侮辱するのです。すべては根拠のないゴシップが原因で行われたのです。……この事件は、この学校のみを攻撃するのではなく、女子教育そのものを攻撃するために仕組まれたものなのです。低級な新聞が、今度はミッションスクール系の女学校を攻撃しているのを見てもわかります。

このスキャンダルをめぐる熱気とそれが女子教育を追いつめていく雰囲気が的確にとらえられていると思う。

こういった「女学生品行の頽廃」について、国民主義の最高級の言論紙を自他ともに許した『日本』も、つぎのようにその社説で論じていた(121)。

……今日に在りて、女性学生の風儀彼れの如く腐敗したるは、誰人が其の責に任するか……然れども我国特別の機運より見れば、貴人社会即ち長上の風儀は実に其の第一の原因たるを見る……是の故に鹿鳴館に催したる舞踏の会は、昭代の盛事に相違なきも、或る点より見れば、是れ既に全国良家の子女をして、公然男女混合の歓楽を貧りて耻さらしむるの勢力あり、況んや教育家其の人にして長上の意を迎え、或は青年の男女を教えて恋慕の自由を奨励するものあるに於てをや、荘厳真淑の礼儀は最も青年者の厭う所にして、淫猥の俗薄倖の風は誠に置郵して命を伝ふるより速なり。

ここまで述べてきたような、鹿鳴館時代と「イカガワシサ」の物語のなかに女学生が取り込まれていたことが明らかだろう。この翌日の社説には、よりそのことが端的に描かれていた(122)。

……吾輩倩ら今日女性の教育を受けたる者を見るに、或は書生風の女子あり、或は論客風の女子あり、又或は学者風政治家風の女子あり、而して女性風の女子は却て所謂文明女子社会の擯斥する所と為るものの如し、即ち男女同権なる奇説に基ける教育は、吾輩をして恰も変性女子を養成するの一方法かと疑はしむるものあり、是れ果して文明教育の本色なるべき歟……今日女子の教育を司る人は、必ず此の精神を抱く者ならん、是に於てか生徒に徒らに装飾を教え修容を勧め、又は其の意中の人を問ひて幽情の赴く所を言はしめ、或は男子と共に仮装演芸を為さしめ、又は男女相携へて舞踏を学ばしめ、或は拡く他人と対談笑話以て衆人稠座に入るの実験を為さしむるに至る、蓋し西洋文明国の風習を我が社会に浸入せしめんには、斯る方法を取るの必要あるやも測り難し、然れども日本今日の状態は、未だ俄かに斯る奇狂の教育を施して好結果を見るべきにあらざるに似たり。

ここで直接念頭に置かれているのは、やはり高等女学校だったが、その高等女学校に象徴されるこの時代の女子教育を、男女交際、仮装演芸、舞踏、談論に巧みな「変性女子」を生み出したに過ぎないと追いつめることができるようになっていたことを、この論説は示していた。それまでに、「鹿鳴館レディー」のスキャンダル化が成功していたことが、その前提となっていたことはいうまでもない。かつては男女交際のモデルとなろうとした高等女学校生と帝国大学生の交際を唄った和楽会も、男女入り交じっての茶番狂言、舞踏のみを行っている、つまり男女混合の歓楽に貧っているといった類の言い囃しの前に追いつめられ、会そのものの存立の余地をなくされていた(123)。『日本』は、明治二二(一八八九)年七月、各地方の師範学校長宛に「日本の女子は学芸の外に尚ほ西洋流の交際を学はしむるの必要ある歟、女子に音楽を学ハしむるは単に一家の楽に止むる歟或ハ尚ほ社交上の必要ありや、小説は妙齢女子の好て読む所のものなり其の教育上の注意如何」といった項目からなるアンケートを実施する(124)(図9)。「必要なし、社交上必要なし、読ませるべきでない」との答えを引き出すためのものだったとしかいいようがないが、実際の答えもほとんどがそれにそうものだった(125)。『朝野新聞』でも「本邦女子教育論」という懸賞論文が募集されたが、ここでも第一位になったのは、この間の女子教育が、舞踏、音楽、英語、読書(小説)といった知育に重きを置き過ぎて、徳育に欠けた結果、自由の放縦に陥り、浮華に流れ放漫な女子を作り出してしまった、というものだった(126)(図10)。要するに、これらも女学校のスキャンダルをさらに強化し、先にいった意味での鹿鳴館時代の婦人改良の女子教育を、追いつめていく機能を果たしていたに他ならなかった。その後も、某伯爵の娘の女学生が、男の品定めに憂き身を費やし、俳優との関係を噂されてお預けになったとか、あるいは男女の運動場を垣根一ツで隔てた学校(高等師範学校とその女子部)では、日常的に男女学生が密会しているとか(127)、醜聞続出して女学生の数が一/三に減少したとか(128)、下宿の女学生は男学生と同じ様な生活をして身を持ち崩し、わずかの金で誘惑されて「恋事」を結ぶとか、一ヶ月四、五円で「旦那取り」をする

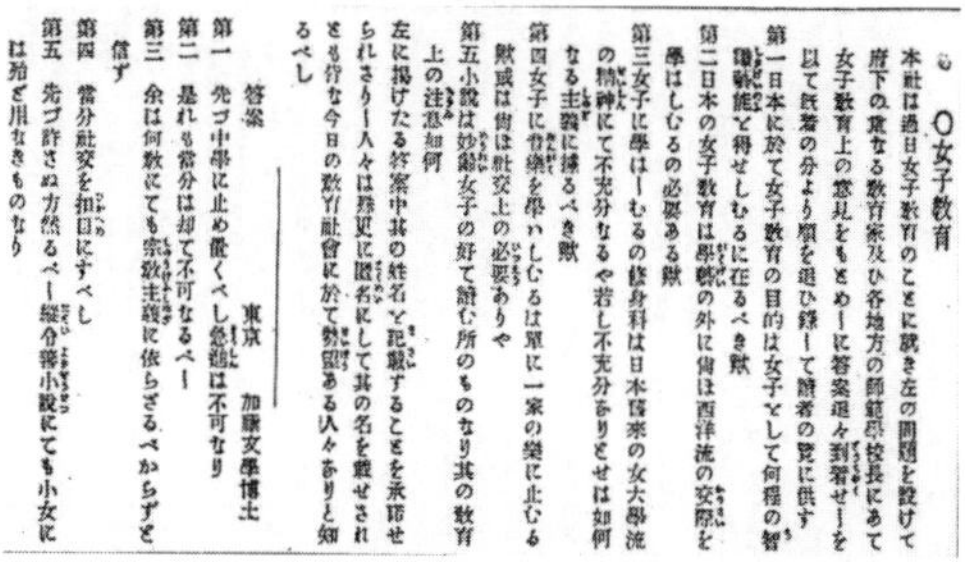
○女子教育
本社は過日女子教育のことに就き左の問題を設けて府下の重なる教育家及び各地方の師範学校長にあて女子教育上の意見をもとめしに答案追々到着せしを以て既着の分より順を追ひ録して読者の覧に供す
第一日本に於て女子教育の目的は女子として何程の智識技能を得せしむるに在るべき歟
第二日本の女子教育は学科の外に尚ほ西洋流の交際を学はしむるの必要ある歟
第三女子に学はしむるの修身科は日本従来の女大学流の精神にて不充分なるや若し不充分なりとせは如何なる主義に拠るべき歟
第四女子に音楽を学ハしむるは単に一家の楽に止むる歟或は尚ほ社交上の必要ありや
第五小説は妙齢女子の好て読む所のものなり其の教育上の注意如何
左に掲げたる答案中其の姓名を記載することを承諾せられざりし人々は殊更に匿名にして其の名を載せされとも皆な今日の教育社会に於て勢力ある人々ありと知るべし
答案　東京　加藤文学博士
第一　先づ中学に止め置くべし急進は不可なり
第二　是れも当分は却て不可なるべし
第三　余は何教にても宗教主義に依らざるべからずと信ず
第四　当分社交を扣目にすべし
第五　先づ許さぬ方然るべし縦令稗小説にても小女には殆ど用なきものなり

図9　『日本』からの各府県師範学校長宛のアンケート
(『日本』明22・7・13)

図10 『朝野新聞』の懸賞論文「本邦女子教育論」の第1位

聞

第四千八百三十九號

懸賞文

(『朝野』明22・11・22)

とか、女学生を「賎業女子」のなかに見るとかいった(129)、もっともらしい噂が公然と語られ続けていった。文部省も女学生の下宿の禁止といった取り締りに着手しようとし(130)、一方父母も女学校に通わせるのを躊躇し、地方からの遊学者も減少するようになったというから(131)、ことは単なる噂話のレベルではなくなっていた。

そして明治二四(一八九一)年三月、ある裁判が注目をあびた(132)。衆議院議員との愛人関係の縺れから二四歳の女性が自殺騒ぎを起こし、それに関連した窃盗事件で起訴されたものだったが、この女性が女学生から女教師という経歴を持っていたことで、特別な意味を帯びてしまっていた。おまけに愛人関係の発端は、英語学を学ぼうとしたこの女性に、学資の援助を申し出たところにあったというから、いかにも道具立が揃っていた。そういった経歴だけで、もはやスキャンダルそのものであったのである。つぎのような裁判の傍聴記事は、そういったまなざしのありようをよく示しているだろう。

(この女性の陳述は)漢語も随分多く用ひ殊に「肉体の交際は致しません」とか「致しました」とか事も無げに申し立てるときは満廷顔を見合いするばかりなりき、弁舌は早口にしてヨドミなく、涙一滴目に持たず声もからさず頻にシャベリたがる所は、マサか今ときの女書生と云ふものが皆な斯るものにはあるまじ。

「鹿鳴館レディー」＝「猥褻・淫奔」という図式の上に女学生のスキャンダル化も成立し、「実態」となって独り歩きしていた。明治二〇年代、時間を経るにしたがって、各地方の女学校は全体的に縮小、あるいは廃校に追い込まれていくことになるが(133)、その直接の理由とされた政費削減とともに、こういった女学生を摘発していく作用も、その減少、廃校をもたらしていたと思う(134)。明治二三（一八九〇）年三月、高等師範学校女子部が分離されて、女子高等師範学校となり、そこに東京高等女学校が合併されてその附属高等女学校となっていたが(135)、この再編、合併劇にも、こういった女学生を摘発していく力が作用していただろう。ちなみにこの女子師範が、制服を和服にもどしたのは明治二六（一八九三）年四月からだった(136)。

そしてこの様な位相から、女子の近代的な性秩序の規範が形成されていく。それは性を一夫一婦の制度的関係、「家庭」のなかに封じ込める力としても働くであろう。たとえば仮装舞踏会のスキャンダルをめぐるなかで、伊藤博文や井上馨の夫人を意識して、つぎのような「あてこすり」が行われ始めていたことにも、そのことが端的に示されていた。

……今日男女の交際漸く開くるに方り、交遊社会の品行厳粛ならずして、間ま厭ふべきの風説を生ずるハ、畢竟威厳貞操なき賤業者の気風を誘入するの媒介者あるが為めなれバ、名誉を重んするの士ハ成るべく賤業者に遠かり、遂にハ賤業出身の婦人をバ、交際社会より拒絶すること欧米諸国の如くなるに至るべからず(137)。

……欧米の婦人は正業、賤業の区別を立ること極めて厳重にて、正業者は貧賤なる百姓の子供と雖も、芸娼妓の輩と伍することを恥つ故に、偏ま醜業社会より出てて高貴の夫人となり上る者あるも、他の夫人令嬢は決して之と交際せざるなり、我が国の婦人も此位の見識は有りたき事なり(138)。

「娼婦」を非人間的存在とするような、新しい性の秩序へのベクトル。女性への視線は「鹿鳴館レディー」から「家庭」・「良妻賢母」へと移され、その身体性は産むためのものとされていく。婦人矯風会の設立が、明治一九（一八八六）年一二月のことであり、明治二二（一八八九）年六月、その矯風会員のものをきっかけに各地から一夫一婦制の建白がなされ、同年一一、一二月と各地の県会で廃娼決議が揚げれられていくのも(139)、こういった変容の端緒の一断面を物語っていた。

鹿鳴館は、このような「イカガワシサ」の震源地となってその終焉を迎えることになった。いや単にそれだけではなく、その終焉は、「イカガワシサ」がいたるところで、政治的にも社会的にも文化的にも、摘発する力を持つイデオロギーとなり始めたことを象徴していたというべきだろう。鹿鳴館が厄介視され、払い下げの噂が出るようになったのは明治二二（一八八九）年春頃(140)、この年は、創設以来の寂しさともいわれるほど、夜会は少なくなっていた(141)。『朝野新聞』は明治二三（一八九〇）年早々、時代の世論の追風を受けて、このような舞踏会（鹿鳴館）の寂寥に対して、つぎのように言い放っていた(142)。

今や奇観醜状漸く減じて、その跡を絶たんとす。余輩私かに之を賀す。

明治二三（一八九〇）年元旦の『日本』には付録として「優勝劣敗世見立双六」（図11）が付けられていたが、そのなかの貴婦人の項には「あいけうすぎて艶ぶん」、「本をただせばしんばし」、鹿鳴館の項には「をりをり漏れるハ艶聞」、女学生の項には「意中の人は学生」、「高慢で言文一致の小説」、「不品行で艶聞」、といった当時の女性をめぐる視線のありようを象徴する「詞書」が書き込まれていた(143)。鹿鳴館が宮内省に移管されたのが明治二三年四月、華族会館に貸与が決められたのは同年七月（移転は八月）、そのとき華族会館内部には、貸与を受けるに反対する意見も強かったが、その理由は鹿鳴館の「奢侈、猥褻・淫奔」というイメージが華族会館に付着してしまうというものだった(144)。ちなみに井上（馨）外交、及び鹿鳴館時代のもう一方の象徴であった臨時建築局の廃止も同じ二三年三月だった(145)。もちろんその後も、鹿鳴館では舞踏会、夜会、音楽会、慈善会などが折にふれて開催されたが、政治からは見放されてしまっていた。東京府知事の春の恒例の夜会も明治二二（一八八九）年から中止となっていた。

図11　「優勝劣敗世見立双六」

（『日本』明23・1・1）

このように「鹿鳴館レディー」、女学生のスキャンダル化は鹿鳴館時代を終焉させる力を持っていたものだった。また女性をめぐる視線の変容をもたらしてもいた。その結果として、鹿鳴館及び鹿鳴館を代名詞とするような社交、そして女性に「イカガワシサ」が付着してしまっていた。そしてその婦人の改良が先頭を切っていた様々な社会改良も追いつめていき、それらの改良も舞踏や洋装と同様の運命をたどらせていた。たとえば、明治一八（一八八五）年初めの設立後、一年間で瞬く間に会員数六三〇〇名余と膨張させた羅馬字会は、明治二二（一八八九）年を迎える頃には二五〇〇名余と急減し、その存続が危うくなっていた(146)。また明治一九（一八八六）年近代国家の首都にふさわしい演劇、劇場の芸術化をめざし、末広謙澄の主唱という形をとって、伊藤博文、井上馨、福地源一郎、外山正一、岩崎弥之助、渋沢栄一らの政治家や学者や財界人を加えて組織された演劇改良会も、「餓殍の野に横ハるハ之を憂えずして、演劇の未だ改良せられざるを憂い、国勢の漸く疲衰するハ之を憂えずして、却て奏楽舞踏の巧妙ならざるを憂ふ」(147)、といった「ナショナリズム」の前に追いつめられ、明治二四(一八九一)年には自然消滅していた。

ここで共同競馬会社における婦人財嚢が、なぜ明治二二(一八八九)年で終わってしまったかの解答がようやく書けるところまでたどりついたことになった。鹿鳴館時代の競馬、新たな馬事文化の出来事からも社交、「上流社会」のイメージが政治的に作り出されようとしていたのに対して、そうであるがゆえに、競馬にもここで述べたような「イカガワシサ」が付着し、鹿鳴館、あるいは女性の洋装や束髪、「鹿鳴館レディー」や女学生の存在そのものと同様に、それを摘発する政治的、社会的な力に耐えきれなくなってしまったのである。ここまで折にふれて引いてきた『緑蓑談』の主人公はつぎのようなセリフを述べていたが、ここにもそういったことの一端をうかがうことができる(148)。

士気を鼓舞して馬匹を慣す為だというから競馬も財嚢も悪くはないが、教育もないレヂーから貰った所が名誉でもなかろう。夫よりやア眼を転じて、地方の困憊でも救う方に注意を厚くすることは出来ないか知らん、斯う文明の皮にばかり発狂されちゃ困ったものだ。

共同競馬会社から婦人財嚢が消失したのは、「鹿鳴館レディー」、女学生がスキャンダル化し、鹿鳴館の政治的役割が終わって華族会館に貸与されたその明治二三(一八九〇)年。そして陸上競技会やボート競漕においての女性の表彰式も、この頃導入されたにもかかわらず、すぐに消え去ろうとし、私たちの記憶にもとどまらなくなる。そして洋装姿、舞踏会や夜会に参会する女性も激減していき、さらには女学校も西洋的なものから「日本的な教育」へと転回していく。婦人慈善会も明治二五（一八九二）年で事実上の終わりを迎えることになる。婦人財嚢は始まりがそうであったように、その終焉も時代とともにあったのである。女性をめぐる視線は、鹿鳴館時代をくぐりぬけるなかで変容を遂げていた。そしてそれは表面的な「欧化」から「日本」への回帰ではなく、それ以前とは根源的に異なるものとなろうとしていた。

このようにして競馬の「イカガワシサ」は、その社交性からもやってきていた。この鹿鳴館時代の競馬を、社交としての要素から見たとき、それは後の競馬にイメージとしての上流性や社交性だけでなく、それに付着した「イカガワシサ」までも、その残像として残すことになった。不忍池競馬場は、鹿鳴館とともに社交としての空間性の根拠を失い、その空間性は宙に浮こうとしていた。それは、政治的に社交性が付与された競馬、馬事が、今度はそれに見離されたこと、いいかえれば競馬が「上流」であろうとしたが故に生じていた作用だった。明治二四（一八九一）年一月には、各省の省用馬車の廃止が打ち出され(149)、同年七月乗馬飼養令も廃止された(150)。社交とともに、馬事振興も競馬も「高等政治」に翻弄されたのである。

そしてこのような物語は、第五章で論じるように私たちとギャンブルの関係をめぐっても進行していた。

3　新たな身体性――スポーツ、博覧会の競馬

思えば、私たちが競馬を始めたということは、驚くべきことだった。なぜなら、私たちは、馬を競走させて、その優劣を競わせ、おまけにそれを馬産の基礎とするなどといった思想性の断片すらも持ち合わせていなかったからである。私たちは馬を競走のために走らせるということを知らず、さらに馬車も作らなかった。確かに以前から私たちも馬に乗り、くらべうま、きそいうまを行ってはいた。だがそれは、西洋的な意味での競馬とは似て非なるものだった。馬具の違いなどではない。まず馬そのものが、競馬に適用する身体性を持ち合わせていなかった。人の方にしても、

同じであった。幕末以来、居留民は競馬の開催毎に、私たちに参加を呼びかけ、時折実現することもあったが、そこでの騎乗は、馬にコーナーを回らせるとか、レース中の位置取りを有利に運ぶとか、早く走らせたりあるいはスタミナを保たせるかといった対応をまったく行わず、他馬を無視して、ただ「走らせる」ということしかできないものだった。そもそも競走といった概念を欠いていた。たとえば一八六七年五月の根岸競馬場で行われた武士のための特別レースに関して、居留民はつぎのように書きとめていた(1)。

この騎乗者たちが競馬の何たるかを全く知らないのは明かすぎるほど明らかだった。ある者は、外埒沿いに馬を走らせていたが、レースにおいてどこを走れば有利かなどは、全く気にしていなかった。

さらに競馬を行うための時間(タイム)という概念も欠いていた。私たちは季節によって時間の単位の異なる不定時法で暮らしていた。これでは、秒単位で競うということなど原理的に了解不可能だった。そして血統という概念も欠いていたから、馬匹改良の基幹として競馬を開催するという理念など存在しようがなかった。もちろん明治期に入っても、私たちは、すぐには競馬に適応することができなかった。

これは、他のスポーツにおいても同様であった。たとえば私たちは以前から確かに走り、船を漕ぎ、泳いではいたかもしれない。だがその走り、漕ぎ方、泳ぎの延長戦上に、陸上競技やボート競技、競泳というスポーツが存在するわけでは決してなかった。ここでも競走の概念を欠いていた。また空き地や、川や海が存在していたにしても、それらが各競技の競技場として区切られるということにもならなかった。そういった空間論を欠いていたからである。あるいは日本舞踊を踊っていたからといって、それだけでダンス(舞踏)を踊ることができるというわけでもなかった。西洋人にとって一つの身体の振る舞いにすぎないダンスを私たちがまがりなりにも踊るには、その振る舞いだけでなく服装や髪型や化粧、それに音感やリズム感なども含めたものの作り替えが必要とされる。スポーツができない、それは西洋人の身体性は近代に属していたが、私たちにとってはそれがまだ未知だったからであった。

このことは、私たちのかつての具体的な身体性に目を移してみると、もう少しはっきりするかもしれない(2)。ここでいう身体性とは、歩き方や走り方、それに生活全般にわたる立居振る舞い、あるいは衣服や髪型や化粧法といった、身体そのものからその所作、あるいはそれにまつわるあらゆるものを含めたものとして考えている。幕末から明治期に日本を訪れた西洋人たちが数多くの証言を残しているように、私たちの身体性は、彼らの目にはまるで異質な、もっといえばある者にとっては未開なものと映り、強烈な違和感を与えるものだった。私たちは、草鞋や下駄、あるいは裸足で、膝を曲げて右手と右足が同時にでるような歩き方をし(「ナンバ」)、走るときにも足を摺るようなものだったし、座るのも椅子ではなくあぐらや正座であり、それに女性も含めて、裸体を見せたり混浴するのを今のようには恥じてはおらず、丁髷や丸髷などを結い、男は髭をはやさず、女はお歯黒や眉剃りや白塗りをしていたからだった。ちなみに馬も右前肢と右後肢が同時に出る側体歩であったのも、こういった文脈のなかにあった。こういった身体性を変化させ、またそれに対する視線の変容が起こったとき、私たちは競馬や陸上競技を行えるようになり、またダンスを踊ることができるようになったはずである。

一言でいえば、競馬などのスポーツは新たな身体性を要求していた。それは、おそらく多木浩二がミシェル・フーコーの思想によりながらつぎのようにいったものだった(3)。

近代は、その新しい社会システム(学校、工場、軍隊)をとおして身体を機能的効率(資本主義的労働の要求する身体)という視点から訓練しなおした。それだけでなく、西欧は、衣装がそうであったように、その身体技法を世界中に、まるで自然な普遍的身体であるかのようにひろめたのである。近代スポーツの伝播がそのいい例である。日本人の身体はまだその訓練に無縁であった。エドワード・モースは『日本その日その日』のなかで、日本の都市を見て、人々の歩き方がまったく整然としていないのに驚いたことを記しているが、これは近代的な身体観で日本人を見ていたせいである。たしかに近代は明らかに別の身体を要求していた。

また三浦雅士が、「身体の零度」という位相から、直接的には近代オリンピックが、なぜ均質な空間と時間を厳密な尺度として競技可能となったのかについてつぎのように論じたものでもあった(4)。

なぜならそれは、均質化され近代化された身体を前提としているからである。計測され、比較され、記録された身体、まさにその尺度にのっとって訓練され、調教される身体こそが前提とされているからだ。近代医学の視線にさらされた身体、いってしまえば、物理的な身体を前提としているからである。

近代をこういった身体に対する新たな視線と考えたとするならば、これまで論じてきた馬匹改良と競馬をめぐる言説は、近代そのものを語るものだったともいえるだろう。なぜなら競馬も、新たな身体を要求して、その絶えざる計測、比較、評価、選別を行い、位階秩序化していく、近代そのもののシステムだったからである。たとえば第一章第二節に引いた共同競馬会社の設立趣意書の「すなわち千里の驥蹄あるも馳駆せざればそのよく千里なるを知らず。ゆえにこれをして馴駆競走せしめ、その度の遅速緩急を算し、初めてもってその駿駑を弁ずることを得るなり」、「毎歳春秋両度馳駆を競い、優劣を試み、もって馬格の進歩を図らんと欲す。しかして本社は実用に資て有益を慮り、善良の種馬を養成し、駿馬を産育すべきの端緒を開」くといった思想性(5)。その馬が実用、有益かどうかは、レースを行い、その結果によって実証されなければならない、いいかえればレースで計測、比較、評価、選別し、位階秩序化を行い、配合・生産して、さらにその結果を検証するために、この循環を繰り返す。軍事・殖産という近代が馬の身体に何を求めているのか、その尺度を競馬によって数値として測り、在来の馬事文化を転倒(近代化)していく。つぎのものは共同競馬会社社長小松宮が、明治一七(一八八四)年六月、戸山から不忍池への移転をひかえて行った挨拶であるが、ここにもまたそのような近代が語られていた(6)。

……抑も骨太く肉逞しく外見の美は、駿良の観相を呈するの馬匹ありと雖も、一鞭首を駢ね場中を馳駆するに当り、虚美の惰は実力の材に若かず、緩急遅速の差は決して口舌の徒の能く争う可き所にあらず、乃ち形容の仮は実力に譲り、話しの巧は経験に遜るは自然の理なり、茲に於て乎、真正の理義以て観るべし、而して馬も養う者をして、負重到遠の原理を先にして、毛色肉形の外粧を後にすべき所以を明かにし、選択飼牧の法を勉め駑駘の跋扈を抑て駿駒の真材を試むるに至るときは、則ち広めて之に充てば、軍陣に在りては騎戦の功を奏す可く、平時に在りては馬耕の用運搬の利を興すべく、もし其原を推し其由て来る所に遡るときは、応さに馬格改進の一事に外ならざる可し、其改進を図るの道は、欧米諸州を通視して最も実益ある者を求むるに、未だ曾て競馬より著しきものはあらず。

繰り返せば、「形容の仮は実力に譲り、話しの巧は経験に遜るは自然の理なり」という、レースで計測、比較された能力、その数値の評価を尺度に馬匹改良を展開していく、「選択飼牧の法を勉め駑駘の跋扈を抑て駿駒の真材を試むる」といった思想性。サラブレッドは、まさにその思想が生み出したものであった。日本の競馬も、まだサラブレッドを欠くにしても、そのような思想性を語り、見せ続けてもいた。逆にいえば、人々はそのような近代を競馬を通して体験してもいた。まさに「競馬なるものは、徒に一場の勝敗を争い、賞与の厚否を望み、快を一時の遊観に取るものにあらず、馬種の良否も実にここに基す、千里の能力も実にここに顕はれ、進んでもって国勢を張皇するに於て、興て力あるや決して尠少にあらざるなり」(7)、であった。

そしてこのことが、競馬のレースの記録に端的に示されていたことは、第二章第二節でふれたところである。レースで能力を検定、評価し、位階秩序化を行う、それをもとに馬を淘汰、選別し、種牡馬、繁殖牝馬にしていく。また

図12　「共同競馬会社明治22年春季開催」広告

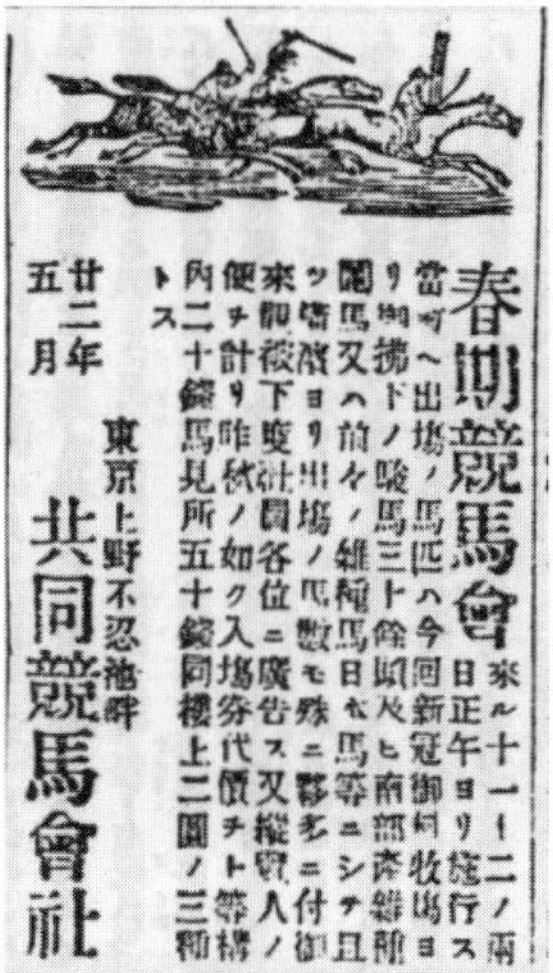

（『時事』明22・5・8）

そこでは生産、育成、調教の優劣も実証される。それらの結果をさらに検証し続けるために、この循環を繰り返し、馬匹改良を実現していく。競馬はこういった記録の一覧表の記述への意志も、そこから語っていた。

その記述の公正を保証しているのが、品種や騎手の負担重量や距離やレースにおける失格規定などの出走・競走条件、そしてレースの審級を裁定する審判制度であった。さらに競馬のレースは、「どれが勝つのか」といった関心を持つ観客も生み出す。なにしろ賭けてもいたからである。特定の馬のファンともいえる観客の姿には、主催者も自覚的で、レースそのものへの興味を引き起こそうとしていた。つぎのものは共同競馬会社の明治二二（一八八九）年春季開催にあたっての広告（図12）であるが(8)、このようなものが毎回出されていた。

当会へ出場の馬匹は今回新冠御料牧場より御払下の駿馬三〇余頭及び南部産雑種くじ馬又は前々の雑種馬日本馬等にして且つ横浜より出場の馬数も殊に夥多に付御来場被下度……

私たちは、ここに「ゲームの参加者とゲームの公式的な成立や個々の経緯を判定し記述する審判や公機関、さらにはゲームを見まもる観衆からなりたつひとつの公的機関」となったスポーツ(9)、高度な競技スポーツを見出せるであろう。競馬は、このスポーツを語り続けてもいた。

そしてもちろん、この競馬から、新たな身体性という近代が不可避であることも語られていく。たとえば、この時代の競馬では、西洋種の血を導入した、文字通りの新たな身体性を持つ雑種馬が速力やスタミナでもすぐれた能力を発揮し、日本馬の劣悪性が「科学的」に実証し続けられていた。そこには、和鞍乗りとはまったく異質の西洋式の騎乗法もつけ加わる。その結果、馬匹改良は、理念としてはアラブなどの西洋種を原種とするというものが勝利を収める。また人にも、馬に乗るということだけにとどまらず、西洋的な意味での轡く、載せる、といった技術を新たに訓練、教育していく。馬それ自体に加えて、在来の馬事文化は新たなものへと転倒しなければならない。そこでは愛までも作り出されていく(10)。明治一七(一八八四)年の乗馬飼養令の前後には、馬あるいは乗馬とは何かといった馬に関する一連の著作が刊行されているが、そのなかでの共通のモチーフが、馬の身体の解剖を踏まえて、その機能、有用性を引き出す調教、いいかえれば馬を人間の身体の一部とする、その身体の訓練というものであることに気づくことができるだろう(11)。馬も人も機能効率的な身体性を持つ。馬匹改良も、この文脈のなかにあった。これらのことは、もちろん他のスポーツにも共通していた。また記録の記述、レースの形態、さらには社交性も含めたその空間性も、競馬と同質のものだった。

時間的にいっても、私たちは、競馬と同じ頃に、陸上競技、射撃、ボートなどを始めようとしていた。横浜の居留民の間では、明治五(一八七二)年を過ぎた頃になると、競馬の他に射撃、ボート競技、射撃、陸上競技、クリケットなどが、それぞれのクラブを基盤に恒久的施設を確保して活発に行われるようになっていた(12)。そこに私たちが、競馬と同じようにまずは参加し始め、そして数年たつと、それらを自らの手で行うようになり、鹿鳴館時代に本格的なものになるという軌跡をたどっていく。以下、陸上競技、ボート競技についてその簡単な推移を追ってみる。参考までに繰り返しておけば、私たちがまがりなりにも競馬に本格的に参加したのが明治八(一八七五)年一一月のヨコハマ・レース・クラブの開催、クラブを組織して競馬を自らの手で行い始めたのが明治一二(一八七九)年一一月の共同競馬会社の開催、不忍池競馬場での開催が始まったのが明治一七(一八八四)年一一月のことであった。

まず陸上競技。横浜では、一八六四年から折にふれて陸上競技会が開かれていたが、明治五年一一月(一八七二年一二月)には、ヨコハマ・アスレチック・クラブ(Yokohama Athletic Club)が設立され(13)、鉄砲場(Rifle Range)に競

図13　ライフル・レンジに明治６年常置された陸上競技場

かつては競馬場として使用されていた。明治６年11月のヨコハマ・アスレチック・クラブ秋季開催の光景。この開催で「日本人」のレースも実施された（F.E. 1873・12・1）。

技場（図13）が造られて以降は、春秋二回の大会を開催していった。その競技場での第一回、明治六（一八七三）年一一月の秋季開催に、日本人のための一周（四八〇ヤード）のレースが組まれ、一〇名が参加した(14)。私たちは楕円のコースを走るということにはまだ身体性が適応できていなかったから、五名が途中棄権、優勝者もスタート直後には転倒していたが、ともかくも陸上競技として走った。他のレースと同じように、このレースにも一着五ドル、二着四ドル、三着二ドルといった賞金が出され、翌日の表彰式の授与者は、いつもの通り女性であったから、この勝者は、陸上競技の場面で賞金を獲得し、女性から栄誉を讃えられ、おそらくは賭けの対象ともなった日本人の第一号だった。

そしてこの直後の明治七（一八七四）年三月、御雇の英国人の全面的な指導があったとはいえ、初めて私たちだけが競技者となった陸上競技会が開かれた。日本最初の運動会といわれる海軍兵学寮の「競闘戯遊会」であった(15)。種目は、一五〇、三〇〇、六〇〇ヤードの各競走、幅跳び、三段飛び、棒高飛び、ハードル競走などであったが、鹿鳴館時代に東大や慶應義塾などで行れた運動会も、このような種目からなるものだった。この「戯遊会」でも三着まで賞品が出されていた。また競技の合間には、日本人に対して初めて本格的に洋楽の訓練にあたった英国海軍横浜駐屯軍出身の御雇フェントン（J. W. Fenton）の指揮で海軍楽隊が演奏、その上達ぶりが参観の外国人を驚かせていた。横浜においては、幕末から、各スポーツの場面で、入港していた各国の軍艦のバンドなどが演奏しており、スポーツは音楽とともにあったが、それに私たちも倣っていたのである。

この海軍楽隊、それに陸軍楽隊も、これ以降積極的にスポーツの場面で演奏していく。戸山や三田、そして不忍池の各競馬場、さらには東大などの運動会や競漕会にも、絶えず音楽が流れていたのは、ここから始まっていた。ついで明治九（一八七六）年四月にも、再び海軍兵学寮で、今度は三菱会社商船学校や開拓使学校生徒らも加えて、「遊戯」大会が開かれ、ここでも海軍楽隊が演奏、英国公使パークス夫妻や海軍大輔川村純義が参観していた(16)。このときの種目も、駆くら、垣を飛こす、前へ飛ぶ、高く飛びあがる、球を遠くへ投げる、竿を地へついて高く飛越させる等と説明されるものだったが、これらが先にあげた陸上競技の各種目であったことはいうまでもない。この他海軍兵学寮生徒が、東京の居留民らが主催する翌五月の陸上競技会、翌明治一〇（一八七七）年四、一〇月の競技会に参加していた(17)。このような私たちの動向は、西洋人の目から見ても、日本政府が体育（physical edcation）の必要性を認識し始めたように見えていたが(18)、それは的はずれなものではなかった。私たちは確かに体育という近代も手に入れ始めていた。

　そして、陸上競技会は、競馬開催と歩を合わせるかのように広がりをみせ、高等教育機関で開催されるようになっていった。東京大学及び予備門では明治一八（一八八五）年六月、身体の運動の効用といった、私たちにはそれまで未知であった「科学」を説いたストレンジ（F. W. Strange）らの御雇外国人教師の熱意もあって、その第一回が行われた(19)（図14）。そこに並んでいた種目は、その「科学」にふさわしく、勝敗、順位、記録を競う一〇〇、二二〇、四四〇、八八〇の各ヤード競走、高飛び、幅跳び、棒高飛び、砲丸投げ、ハードル

図14　明治18年6月東京大学の第1回陸上競技会

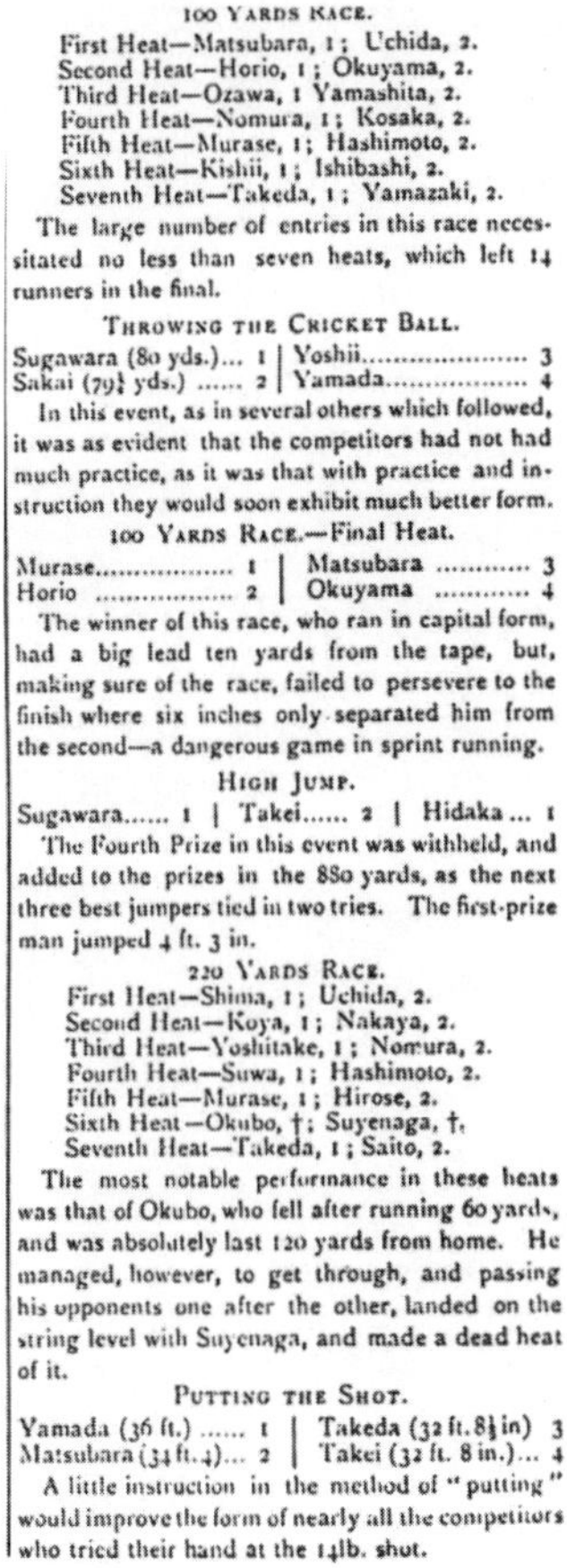

100 YARDS RACE.
First Heat—Matsubara, 1; Uchida, 2.
Second Heat—Horio, 1; Okuyama, 2.
Third Heat—Ozawa, 1 Yamashita, 2.
Fourth Heat—Nomura, 1; Kosaka, 2.
Fifth Heat—Murase, 1; Hashimoto, 2.
Sixth Heat—Kishii, 1; Ishibashi, 2.
Seventh Heat—Takeda, 1; Yamazaki, 2.

The large number of entries in this race necessitated no less than seven heats, which left 14 runners in the final.

THROWING THE CRICKET BALL.

Sugawara (80 yds.)...	1	Yoshii....................	3
Sakai (79½ yds.)	2	Yamada..................	4

In this event, as in several others which followed, it was as evident that the competitors had not had much practice, as it was that with practice and instruction they would soon exhibit much better form.

100 YARDS RACE.—Final Heat.

Murase..................	1	Matsubara	3
Horio	2	Okuyama	4

The winner of this race, who ran in capital form, had a big lead ten yards from the tape, but, making sure of the race, failed to persevere to the finish where six inches only separated him from the second—a dangerous game in sprint running.

HIGH JUMP.

Sugawara...... 1 | Takei...... 2 | Hidaka... 1

The Fourth Prize in this event was withheld, and added to the prizes in the 880 yards, as the next three best jumpers tied in two tries. The first-prize man jumped 4 ft. 3 in.

220 YARDS RACE.
First Heat—Shima, 1; Uchida, 2.
Second Heat—Koya, 1; Nakaya, 2.
Third Heat—Yoshitake, 1; Nomura, 2.
Fourth Heat—Suwa, 1; Hashimoto, 2.
Fifth Heat—Murase, 1; Hirose, 2.
Sixth Heat—Okubo, †; Suyenaga, †.
Seventh Heat—Takeda, 1; Saito, 2.

The most notable performance in these heats was that of Okubo, who fell after running 60 yards, and was absolutely last 120 yards from home. He managed, however, to get through, and passing his opponents one after the other, landed on the string level with Suyenaga, and made a dead heat of it.

PUTTING THE SHOT.

Yamada (36 ft.)	1	Takeda (32 ft. 8¾ in)	3
Matsubara (34 ft. 4)...	2	Takei (32 ft. 8 in.)...	4

A little instruction in the method of "putting" would improve the form of nearly all the competitors who tried their hand at the 14lb. shot.

(J.W.M. 1885・6・13)

競走などであった。夏目漱石の『三四郎』の主人公が見ることになる東京帝国大学の運動会は、現在の感覚からすれば陸上競技会そのものであるが、それはこの年に始まっていた。またその第一回から横浜の居留民のクラブ員が招待されるのが恒例となり、その種目はトラック競走（学生と混合、あるいは独立したレース）だったが、それをはじめとしてその他のフィールド種目でも、居留民は東大生を問題にしなかった[20]。なお明治二〇（一八八七）年からは横浜の居留民の競技会に帝国大学生が招かれるようになる[21]。

　この東京大学（帝国大学）の運動会を契機にするかのように、明治一八（一八八五）年秋東京専門学校、翌明治一九（一八八六）年からは、共立学校、慶応義塾などが、その後には明治法律学校、東京農林学校、東京高等商業学校、英吉利法律学校、成立学舎、東京専修学校などが続いて、その開催が一斉に恒例化していった[22]。これらの運動会は、従来の花見や遊山などのような屋外での娯楽といった趣を呈していないこともなかったが[23]、当初は競技性に主眼を置くものだった。特に東大では、元来の出発点が、先にもふれたように、新たな身体性を数値として計測する競技スポーツを志向していくところにあったから、その性格が強かった。東大では、運動会に先立つ明治一七（一八八四）年一〇月から、同じ志向性を持って競漕会も始められていた（後述）。また明治二〇年代に入ると、少なくとも東京及びその周辺では、小学生の間でも運動会がその数を一気に増していくことになるが、そういったものの始まりとして明治二〇（一八八七）年、各区、郡単位での連合の運動会が始められていた[24]。これは、当時の文部大臣森有礼のもと、明治一九（一八八六）年以降、積極的に推進されていた体操を重視した教育の成果、身体の訓練の度合いを測る行事として運動会が存在しようとしていたことを示していた。それとともに、前節で述べたように東大などの運動会、競漕会では、競馬と同様に婦人財嚢が実施されていたことが、この鹿鳴館時代の競技スポーツの特徴だった。小学校の運動会が地域の祝祭的性格を帯びるのは、まだ後のことになる。

　そしてボート競技。居留民が主催する横浜の大会で、外国人クルーの一員となって日本人が競技に参加するのは、明治四（一八七一）年から明治五（一八七二）年にかけてのことだった[25]。ボートは、もちろん日本の海軍の操練としても取り入れられていたから、その一環としても競技が行われていたが(26)、まがりなりにも公開して私たちが行ったのは、先にふれた明治九（一八七六）年四月の海軍兵学寮の「遊戯」の際、また翌五月の御雇外国人の陸上競技会に合わせて実施されたボートレースあたりからとなる(27)。横浜の居留民の競技会に私たちが本格的に参加したのは、明治一二（一八七九）年一〇月のヨコハマ・アマチュア・ローイング・クラブ（Yokohama Amateur Rowing Club. 以下、「Y・A・R・C」と記す）の秋季大会のカッター競漕に、日本海軍の金剛、日進両艦選抜の二つのクルーが、英国、ドイツ両海軍それぞれのクルーと競ったものが初めてのようである(28)。ちなみに、日本海軍のクルーは外国勢に大きく敗れていた。そして明治一四（一八八一）年六月二日のY・A・R・Cの春季大会にも日本海軍のクルーは参加して、ここでも敗れるが(29)、その直後の六月一六日私たちの手になる本格的なものとしては初めての競漕会（ボート大会）が、海軍によって隅田川で開催された(30)。そこにはY・A・R・Cも招待され、双方の大会での交流が始まった。これ以後、この海軍の隅田川の競漕会は恒例となり、明治一六（一八八三）年六月、明治一七（一八八四）年四月の大会は臨幸のもとで行われた(31)。陸上競技と同様に、この海軍の競漕会でも、たとえば明治一四（一八八一）年の第一回大会当初から、一着二五円、二着一二円というように、賞金が出されていた(32)。

またこれより先の明治一三（一八八〇）年一二月には有栖川宮威仁の英国留学の送別の競漕会が開かれ(33)、明治一四年一一月には一旦、東京府知事松田道之を社長、三条公恭を副社長とし多くの貴顕が加入する「共同競漕会社（あるいは競漕共遊会）」というボート・クラブが設立され、翌明治一五（一八八二）年春、墨田川での大会を計画するといった動きもあった(34)。さらに明治一七（一八八四）年一〇月からは東京大学及び予備門の競漕会も墨田川で始まり、翌明治一八（一八八五）年秋からは医学部や工部大学が続き、明治一九（一八八六）年帝国大学となると合同して四月に実施されるようになり、花見どきの風物詩となっていく(35)。明治二〇（一八八七）年四月には、言問橋付近に帝国大学の漕艇庫も完成していた(36)。

東京大学は、明治一八（一八八五）年から横浜の居留民のクラブ（Y・A・R・C）の大会に参加し始め(37)、明治二一（一八八八）年からは帝国大学の競漕会の方にもY・A・R・Cが招かれるようになった(38)。そして、運動会と同様にここでもこの東京大学（帝国大学）の実施を契機とするかのように、その他の高等教育機関でも、この頃から競漕会が盛んになっていく。明治二〇（一八八七）年には東京高等商業学校が開始し、その後には明治二一年第一高等中学校、明治二三（一八九〇）年共立学校、明治二四（一八九一）年慶応義塾と続き(39)、また明治二二（一八八九）年には日本銀行の端艇倶楽部が設立され(40)、その他にも官吏や銀行員からなる桜倶楽部も設立されていた(41)。このように見てくると、墨田川をボートのメッカとして、日本のテムズ川とすることが意識されていたといえなくもないだろう。

こういったスポーツの展開を受けて、明治二二（一八八九）年には、帝国大学をはじめとする各官立学校の運動会（クラブ）による連合競技会の動きが出てきていた(42)。帝国大学では、明治一九（一八八六）年、これらのボート、陸上だけでなく、水泳、球技、体操などの各種競技からなる「運動会（クラブ）」が発足(43)、明治二三（一八九〇）年には利子で運営できるほどの財政基盤を備えるようになっていたというから(44)、その力の入れ方がうかがえるであろう。このようにして学生がスポーツをはじめ、そのクラブがスポーツを主導していくといったことの端緒もこの鹿鳴館時代に生み出されていた。そして、繰り返せば、そこには婦人財嚢が伴われていた。

このようにして、スポーツという新たな身体性、そしてそこにまなざされる視線を私たちは手に入れ始めていた(45)。身体性をいかに機能効率的にするか。軍隊は、そのような身体性を自らのメカニズムの一環に組み込み、その運動効率を最大限にしていこうとする。学校でも、そのような視線のもとに、生徒の身体性が再編成されていく。たとえば椅子に座り机に向かうという訓練で、もう少し時間を下れば体操や唱歌で、あるいはまた号令のもと整列しリズムに合わせて行進させられたりして。日本におけるスポーツが、横浜も含めて、軍隊がその最初の担い手となり、ついで学生がそれに続くのは、このような身体性への共通性の視線からもたらされたものだった。学制の頒布が明治五（一八七二）年、徴兵令の施行が明治六（一八七三）年と相前後したものであったことも、もちろん偶然ではなかった。まさにこの時、私たちは、裸体を見せたり混浴することを犯罪とし、あるいは断髪してお歯黒や眉剃りを止め、化粧法を替え、洋服を着て、肉を食べ、太陽暦と定時法を採用し、銀座煉瓦街や公園を作り出そうとし、音楽を奏で始めていた。身体性は、そこにまなざされる視線を含めて、あらゆる方向から近代に曝され始めていた。私はこういった位相における作用を文明開化と呼びたいと考えている。

そしてその作用を、天皇の身体性をめぐる出来事のなかに象徴的に見ることができる。それは明治四（一八七一）年八月から一気に開始されていた。先の三浦雅士の概念を借りれば、天皇はまさにその「身体の零度」に立ち向かって、あるいは向かわされていた。まず八月一七日の臨幸の際、それまでの鳳輦を止めて、馬車、騎馬を原則とすることの布告が出され、その翌一八日の岩倉具美邸と浜離宮への臨幸で早速実施された(46)。これは、この日の供奉の者が洋服を着用して概ね騎馬だったように、臨幸や巡幸の様式を西洋化することの宣言でもあった。また馬車に乗るということは、君主として座席に座るという西洋的な身体の振る舞いも伴う。さらに、この日の延遼館では大臣、参議、諸省長官次官らが西洋料理の陪食を命ぜられ、そこでは兵学寮楽隊（後の海軍楽隊）が洋楽を奏でていた。服制更改の内勅が出されのがこの直後の八月二五日(47)、九月には天皇は馬具を西洋式に転換した(48)。軍服での乗馬姿の天皇を演出するには、この馬具の転換が必要だった。一一月には皇后とともに牛乳を飲み始め、一二月には宮中での肉食の禁がとかれ(49)、さらに明治六（一八七三）年九月からは天皇、皇后、女官らは正式に西洋料理の食し方を学び始めた(50)。天皇、皇后のみならず、政府高官や皇族たちも、明治四（一八七一）年からはかなりの頻度で、西洋料理を公に食べる、あるいは食べさせられるようになり、そしてそこでもやはり西洋音楽が奏でられていた(51)。各国公使を招いて毎年行われていた延遼館での天長節の祝賀会でも、明治六年からは、それまでの雅楽に替わって海軍楽隊が奏でる楽が流れ、料理も西洋料理だけとなる(52)。明治七（一八七四）年九月の天皇と各国公使の初陪食でも、海軍楽隊が演奏し(53)、同年一一月には式部寮伶人も先のフェントンから洋楽を学び始め(54)、明治九（一八七六）年天長節の宴で初めて演奏する(55)。

明治五（一八七二）年からは天皇が指揮をとる軍事訓練が開始され(56)、この年の五～七月の近畿、中国、四国、九州巡幸には、天皇は燕尾形ホック掛の服を着用して、乗馬で姿を見せ、供奉の諸官も洋服にサーベルだった(57)。この頃には、天皇が洋服を着て椅子に座る姿が見られるようになり、宮中の廊下には絨毯が敷かれ、官人は靴を脱がず、侍従らは椅子に座って事務を執るようにもなっていた(58)。朝儀に参加する臣下の大礼服通常礼服が洋服と決められたのも、この明治五年一一月(59)。こうして見ると、臨幸や巡幸、その目的のなかには、急激に西洋化されつつあった天皇の身体性を公にすることが含まれていたといえるだろう。明治六（一八七三）年三月、天皇はそれまでの白塗り、お歯黒、描き眉といった化粧を止めて断髪したが(60)、これはこの段階での天皇の身体性の西洋化の仕上げを告げるものだった。

このように、これら一連の天皇をめぐる出来事は、臨幸や巡幸といった儀式だけでなく、食べ物を通して身体そのものも、また生活様式や乗馬や軍事訓練などを通じて身体の振る舞い方も、さらには洋楽を通じて聴覚も、そして服や髪や化粧といった外見も、要するにあらゆる方向から天皇の身体性を西洋化していこうとする作用から生み出されていた。これらの転換は、これまで女性的・公家的な世界から男性的・士族的な世界に天皇を置こうとする宮中改革といった意味での西洋化でもあったが(61)、ここではそれよりも象徴的な広がりをもたせて、先にふれたような意味での文明開化という新たな身体性の文脈のなかに置きたいと思う。

『ファー・イースト』*Far East* や『日新真事誌』を発行するなど幕末・明治初年期のジャーナリズムで活躍し、また『ヤング・ジャパン』*Young Japan* というこの時期の貴重な証言を残したブラック（**J. R. Black**）は、この間の天皇の身体性の急激な変化（西洋化）を、自らの目で目撃し、つぎのように書きとめていた(62)。

（明治四年一二月の横須賀造船所臨幸の際の）描写の一つを拾ってみよう―「……頭髪は頭の上まで、くしけずられており、特殊の冠の中に隠れている……服装は純白で、袴は赤色、歩くと、両手は大きなひだのなかに隠れるようだ。陛下は、飾りのついた非常に大きな鎖を身につけていた。またよく磨かれた皮の長靴も忘れてはならない。歩き方は見事とはいえない。というのは、つまさきで歩き、不安げな様子で、足を引きずっているからである」と。

二年後に私は書いた、「今われわれが陛下の御様子を説明するとすれば、以前とは非常に違った描写をすることになろう。身長は五フィート七インチ、顔色は浅黒く、表情はよいが、いかめしい。頭髪と服はヨーロッパ風、歩き方は自然で、活発であり、何もかも前より、よくなった」と。

また英国公使館員として明治二（一八六九）年折から来日したエジンバラ公が天皇に謁見する際に通訳の任にあたったミットフォード（A. B. Freeman Mitford）は、そのときのものと明治六（一八七三）年再来日した際に見た天皇の身体性の相違について、つぎのように証言していた(63)。

しばらく皇族や公卿たちが公に敬意を表したりしたのち、公は皇居御苑のなかの紅葉御茶屋に案内され、そこでお茶や山海の珍味を供された。そのうちに天皇がお待ちになっている滝見御茶屋へお招きの連絡があった。公のお供をしたのはパークス公使、ケッペル提督、それに私だけである。この類例のない宮廷の接遇のしかたは、たしかにやや異常のものであった。それは二度と行われることはない。東洋と西洋との相違はあざやかに際立っていた。当時の日本人のあいだには、へりを上にまげた正装用の三角帽や金で縁どられた大礼服を着る習慣はなかった。天皇とその全宮廷は遠くかすんだ太古の時代の絵から抜け出してきた生き写しの肖像であった。

そのつぎに私が天皇を見たのは、一八七三年に日本を再訪した時である。彼はほろ付きの四輪馬車の座席に背をもたせてすわり、ご自身と同様にヨーロッパ風の制服をつけた護衛の槍騎兵の一隊にかこまれていたが、まさに近代人中のひとりであった。

このように、西洋人の眼から見ても、天皇の身体性は「よくなっ」ており、「近代人中のひとり」のものになっていた。つまり天皇は、課題によく答え、西洋的な身体性を身に付けたかのように振る舞うことが出来始めていた。それは、文明開化期において、競馬などのスポーツという形態で表れ始めた新たな身体性をめぐる出来事を象徴的に具現化したものだった。

いってみればこのような天皇に現れた新たな身体性が、鹿鳴館時代にスポーツとしてその作用を広げていった。そしてそれが、身体の健康、精神の健全への効用という「科学」からも理論づけられていく。たとえば、前節でも引用した鹿鳴館の舞踏の教師であるヤンソンの婦人の舞踏の効用についての説明を再びあげてみよう(64)。

(第一) 踏舞は身体の発達を助け就中婦人方の運動には最も適する事
(第二) 踏舞は精神を活発にして婦人方の深窓に欝悶するが如き弊を除く事

このようなイデオロギーを付随させていた舞踏が、社交を離れても女学校で体操教育の一環となったのも当然だった。この時期、先にふれたように運動会(陸上競技会)とともに奨励されていた競漕の目的についても帝国大学総長渡辺洪基は、明治二〇(一八八七)年、つぎのように述べていた(65)。

……其目的とする所、主として精神の発育と身体の術養とをして権衡を失はしめず、相待ちて長養し、以て完全完美の学士を陶成せんと期するにあり、夫れ身神健全なるときハ、智識の体壮にして、徳義の盛鋭々に事に当りて能く果敢衡行するを得べし。

また体操とともに学校教育に導入された唱歌という、新たな身体性もそのような健康と健全さへの効用から語られていた(66)。

……唱歌は、声音を練り、体格を正し、呼吸を適度に使用して胸膈を開帳し、以て肺臓を強健ならしむ……千百の子弟、相和諧して、坐作進退、恰かも一教師の心を以て其手足を使用するが如くに至らしむもの、平素和諧の心情を育成するにあらずんば、能わず。……然り而して此和諧の心情を発育するは、音楽の力与りて効ありとす。

そしてもちろん、この頃普及し始めた体操(普通、兵式)でも、このような健康と健全の相関関係が語られていた。たとえば、学習院では明治一二(一八七九)年から体操が課程となっていたが、数年来その時間を二倍にした結果、「独り体育のみか学術も大に進歩するの姿あり、是れは全く身体の壮健なるに随て脳力の発達するに由るものならんと云へり」(67)と。そして運動一般に対しても、「凡そ一国の強弱は其国民の心身如何に由るものにして、国民個々の心身惰弱なるときは国勢の隆盛は得て望む可らず……左れば東京士人の生活の有様は、単に一身一家の為めのみならず、国家独立の点より見るも、今後大に反省を要す可き所にして、先づ第一に惰弱の風を警むると同時に、更に進んで心身の活発健康を致すの方法を講ぜざる可らず……」(68)、というように。

福沢諭吉に、身体の健康を無視して猛勉強を強いる「少年の屠殺場」と痛罵された東京大学で(69)、陸上競技会や競漕会が始まったのは、先にふれたように明治一七、一八(一八八四、一八八五)年の頃だった。ここからおおよそ一五~二〇年経過したとき、東大医学部の御雇い教授であったベルツは、明治三三(一九〇〇)年、三六(一九〇三)年の日記に「体格というものに対する理解」と「体育向上とスポーツ愛好」の「効果」を、それぞれつぎのように書きとめていた。

（明治三三年四月一九日）今日午後、川沿いの大きな茶屋中村楼で、学部対抗ボート・レースの優勝を祝う医学部学生の大集会があった。他の連中にまじって自分も一席弁じ、従前の世代とは違って現今の青年が、つい一世代前まではまだ全く等閑に附されていた身体のためにいっそう多くの時間をさいているのは至当であって、同慶にたえないと述べた。しかしながら、単に身体を練り鍛えるだけでなく、これに尺度を与えるべきで、体格というものに対する理解は常に貧弱であるといようよりはむしろ、もともと日本には従来ほとんどなかったのであるから、これを養うべきであると勧めておいた(70)。

（明治三六年一二月四日）夜、医科大学の本年度卒業生百名が茶屋亀清で催した盛大な祝宴に、正賓として出席。非常に目立つのは、これら当代の人達が二十年前の先輩連に比べて、遥かに堂々たる体格をし、強壮で端麗な点である。これは体育向上とスポーツ愛好の結果である(71)。

繰り返すと「東京大学他官設諸学校の生徒中最はや卒業の期に近くなると兎角病身になりて半途で廃業の者往々あるは其就業中運動の不足なるに原因することもあらん、依りて自今其体格を強壮ならしめんには端舟競漕等を操練なさしむるに若かずの議」(72)といったものが声高く叫ばれ、陸上競技会や競漕会が開催されていったのは、明治一七、八（一八八四、一八八五）年という鹿鳴館時代の中心となっていた時間だった。

こうして、競馬をはじめとするスポーツは、時間的にいえば、文明開化期に始まり鹿鳴館時代に入って本格的なものとなっていった。ダンスだって、単なる「猿真似」では踊ることはできなかった。これらは、先に論じた社交性に加えて、新たな身体性への要求、そこでの身体と精神への視線が作用する位相における出来事だった。したがって、そこにも競馬の語っていたような近代を見ることができるであろう。

そして、このことが、最も端的に、そして集約的に表れた競馬が行われることになった。明治二三（一八九〇）年四〜七月に上野で開催された第三回内国勧業博覧会において五月一六、一七、一八日の三日間にわたって開催された博覧会附属臨時競馬会であった。

それまでの博覧会でも、馬の「品評」がレース（実証）を欠いた形ではあったが行われていた。そのなかからも、明治一〇（一八七七）年第一回の出展馬からはボンレネー、明治一四年第二回からはダブリン、鴻雲といった戸山競馬場、根岸競馬場の開催で強さを発揮した雑種馬が出現していた（第六章第四節）。この第三回博覧会で初めて、馬の「品評」の根幹として競馬が実施されたことは、さらに的確に博覧会の思想にそうものとなった。馬の実用、有益性は、レースの数値で実証された結果によって、評価、選別、ランクづけするということであったからである。まず簡単に、その臨時競馬会の開催に至るまでの経緯を振り返っておこう。

博覧会での開催へ向けての動きが表面に現れたのは、明治二二（一八八九）年六月のことであった。共同競馬会社が、会社の「馬種改良」の趣旨にそうと、「各産馬地方の出馬を促し之を競争せしめ」(73)、「競走馬匹の優劣を審判し馬種改良の途を奨励」するために(74)、役員を派遣して各地の競馬会に一大連合競馬会を呼び掛けていたが、それがこの六月の段階で賛同を得ることに成功していたのである(75)。この時点での博覧会の競馬会に向けての陣容は、総裁小松宮、委員楠本正隆（東京市会議長）、井田讓（元老院議官、明治二二年一一月死去）、花房義質（帝室会計審査局長官、博覧会事務長官）、奈良原繁（日本鉄道社長）、前田正名（農商務省工務兼農務局長、八月博覧会事務委員）、藤波言忠（宮内省御厩課主馬頭）、万里小路通房（侍従）、大河内正質（麹町区長）、村井長寛（近衛大佐）、谷元道之（東京株式取引所頭取）、中野武営（関西鉄道会社社長）、今村清之助（今村銀行）(76)。社長の小松宮以下、共同競馬会社の役員に花房や前田といった博覧会の首脳が加わった態勢となっていた。この六月の時点で、開催が内定していたと思われるが、正式決定は翌明治二三（一八九〇）年一月四日付の藤波言忠等の請願を受けて一月一八日となり、一月二五日に公示された(77)（図15）。開催費用等の経費、運営は全面的に共同競馬会社が担うものだった(78)。出走の条件は「競争馬匹の優劣を審判し、将来馬種改良の奨励に充るの目的に出しものなれば、出場の馬匹も純粋なる内国種にあらざれば洋和雑種のものとなし、洋種の馬の出場を許さざること」とし、その旨「各地方へ通諭しその出場をも勧誘」していった(79)。日本馬、雑種馬限定というこの出走条件は、共同競馬会社のそれを踏襲したものだった。各地方庁を通じて出馬を申し込み、その締切は明治二三（一八九〇）年二月二八日だった(80)。

各産馬地方の駿馬を一堂に集め、その優劣を審判する、そして各地の馬匹を序列化する。吉見俊哉は、博覧会に関する先行研究を踏まえながら、博覧会が「近代」を差異性と同一性の格子のなかに位階秩序化して一個の具象として提示し、近代的なるものに向けて人々のまなざしを組織していくメディアとしてわが国の近代化のなかで象徴的な役割を果たしていた、そこで訓練、教育したまなざしが分類・比較する視線だった、と論じているが(81)、そういった博覧会にふさわしい競馬の実施だった。当時不忍池、根岸の両競馬場では定期的に競馬が行われていたが、その主旨を内実を伴って行うとするなら、その他の各地においても近代的な競馬が存在していなければならない。当時、東京で発行されていた新聞などをざっと見ていくだけでも、北海道、鹿児島、福島、静岡、大阪、千葉、栃木など各地に競馬会が誕生していたことがうかがえるから、その基盤はあったと考えてよいだろう。

札幌では、開拓使育種場に競馬場が常設された明治一一（一八七八）年頃からは開拓使の「官営」のものが定期的に春秋二季開催され（明治一五年からは共同競馬会が主催、明治二〇年には中島遊園地の競馬場に移転）、函館では、明治

図15　第3回内国勧業博覧会事務局告示第9号

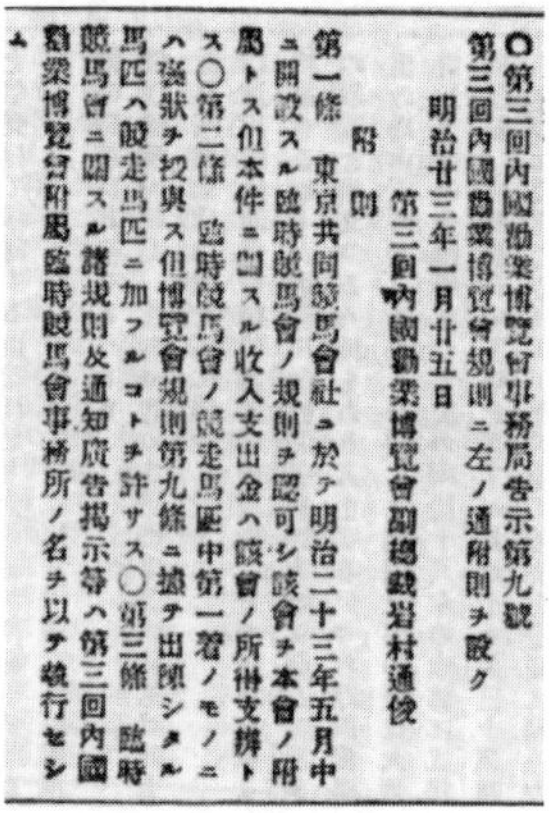
○第三回内國勸業博覽會事務局告示第九號
第三回内國勸業博覽會規則ニ左ノ通附則ヲ設ク
明治廿三年一月廿五日　第三回内國勸業博覽會副總裁岩村通俊
附則
第一條　東京共同競馬會社ニ於テ明治二十三年五月中ニ開設スル臨時競馬會ノ規則ヲ認可シ該會ヲ本會ノ附屬トス但本件ニ關スル收入支出金ハ該會ノ所得支辨トス○第二條　臨時競馬會ノ競走馬匹中第一着ノモノニハ褒狀ヲ授與ス但博覽會規則第九條ニ據テ出陳シタル馬匹ハ競走馬匹ニ加フルコトヲ許サス○第三條　臨時競馬會ニ關スル諸規則及通知廣告掲示等ハ第三回内國勸業博覽會附屬臨時競馬會事務所ノ名ヲ以テ執行セシム

（『時事』明23・1・26）

図16　第3回内国勧業博覧会附属臨時競馬会番組表

（馬の博物館所蔵）

一六(一八八三)年一〇月から北海道共同競馬会社が開催し(明治二三年から函館共同競馬会)、この博覧会附属臨時競馬会にまでに第九次会を数えていた(82)。これら北海道の競馬の質は高かった。神奈川では平沼新田(明治二二年設立)と岡野新田(明治二三年設立)の競馬会があり、ニッポン・レース・クラブや共同競馬会社とも関連してかなり本格的なものを行っていた(83)。また福島では、明治二二(一八八九)年一〇月五、六日の福島町第六回競馬会(明治二〇年から春秋開催)に関して、「福島町と同県下桑折町との間に非常の競争を生じ、一方にては数百円にて横浜より駿馬を買入るれば、一方にては数千円を抛ちて同じく横浜より駿馬を我劣らじと競争せしが……福島は我国のケンタツキー州と謂うべきか」、といった記事が残されている(84)。ちなみにケンタツキーというのは、サラブレッドの本場といった意味である。そして鹿児島でも共同競馬会社が設立され、春秋二回定期的に行われ、たとえば明治二〇(一八八七)年一一月の開催には折から鹿児島を訪れていた伊藤博文、大山巌も姿を見せていた(85)。静岡には、会員一五〇名余の遠江全国共同競馬会など複数の競馬会が存在していた(86)。千葉でも、明治一〇年代半ばから下総種畜場で定期的に行われていたが、明治二〇年代に入ると下総競馬会社などが春秋の競馬会を開催していた(87)。また栃木では、下野那須競馬会が、明治一六(一八八三)年九月第一回を行い、以後春秋二回を原則として開催を続けていた(88)。さらに、南部駒の生産地であり、当時の競馬に多くの競走馬を送り込んでいた青森、岩手でも競馬会は繰り広げられていたはずであるから、調査を進めれば、この時代、その他の各地でも競馬が行われていたことを明らかすることができるだろう。

このような競馬を背景に各地では博覧会競馬に向けて、「頻りに丹精を凝して良馬を選び互に競争して飼養」する(89)。そして各地から選抜されて来た馬を集めて一堂の下に競走させて優劣を審判し、馬匹改良に向けて選別、各地の競馬の序列化を行う。そこでは、育成・調教の審判も同時に行われる。馬及び人の試験、評価、選別、位階秩序化を行う、このような競馬は、博覧会にふさわしい、というより博覧会そのものの思想だった。

その博覧会附属臨時競馬会(90)。初日には、明治二〇(一八八七)年一一月の秋季開催以来、二年半ぶりに天皇が不忍池競馬場に姿を現し、六〇〇円を下賜した。開催の態勢は、委員長松方正義、審査長・佐野延勝（騎兵大佐、騎兵局長）、委員楠本正隆、花房義質、奈良原繁、藤波言忠、万里小路通房、前田正名、大河内正質、村井長寛、谷元道之、中野武営、今村清之助、理事山口融（宮内省車馬監）ら三名(91)。各地からそれぞれの競馬を背景に博覧会附属臨時競馬会に集まって来た馬は、新冠御料地三頭、下総御料地四頭、その他東京、神奈川、静岡、熊本、鹿児島、千葉、栃木、福島、宮城、岩手、青森、北海道等からの計一一八頭(92)。出走延べ頭数は約一九〇、原則として一日日本馬四、雑種馬三の七レースずつで三日間全二一レース、賞金総額約五〇〇〇円、その賞典・賞盃には、東京有志（三五〇円）、東京馬車鉄道会社（二〇〇円）、日本銀行（三〇〇円）、北海札幌競馬会社（一着雑種馬一頭、二着九〇円）、鹿児島有志（二〇〇円）、日本鉄道（二〇〇円）、横浜紳士（一五〇円）、日本郵船会社（三〇〇円）などの名が並んでいた。全レースの結果を表3に掲げておく。この内、三日目の第二、第三、第四、第五レースの雑種馬新馬、日本馬新馬、雑種馬古馬、日本馬及び雑種馬の古馬と新馬に分けて行われた、それぞれのチャンピオン戦の優勝馬には博覧会からの褒状も授与された。ヤングオーストラリアや玉来やシヤンベルタンといったそれまでのニッポン・レース・クラブや共同競馬会社の開催で強さを見せていた馬たち、またいろはや鬼小島や北海や札幌といった函館や札幌の競馬会の活躍馬たちは、その能力を発揮してそれぞれ勝鞍をあげていた。そして北海道の馬たちも含めて、これらの馬たちはその後のニッポン・レース・クラブや共同競馬会社の開催で活躍していくことになる（これらの馬たちについては第六章第五、六章）。

各地から馬を一堂に集め、競走させ、その結果で優劣を判定する、さらにその記録の一覧表は記述され、これらを基に種牡馬、繁殖牝馬が選別される、そして生産、再び競馬、とシステムが機能していく。臨時競馬会は、そういった役割を果たそうとしたものだった。この臨時競馬会では、北海道産→九、千葉（下総御料牧場）産→九（同着一回を含む）、静岡産→二（ただしこの二勝をあげた馬は後に下総産と表記される）、鹿児島産→一、南部産→一、またその直後の共同競馬会社春季競馬会でも、北海道産→一三、千葉（下総御料牧場）産→四、千葉産→二、というように北海道産と千葉県下総御料牧場産の馬が圧倒していた(93)。この結果は、明治一〇年代後半から明治二〇年代前半の競馬での成績と符合したものだった。

この博覧会附属臨時競馬会は、新たな身体性への要求、そこでの身体と精神への視線が作用する位相で、明治一二（一八七九）年以来、戸山、三田、不忍池と行われてきた競馬の集約点に位置したもののものだった。この意味でも「近代国家イメージの博覧会場」上野に競馬はふさわしかった。

だがこの時代の競馬は、前節で述べたように社交や女性を摘発していった作用に追いつめられていた。そして、この節で述べてきた意味での競馬にも、そのような作用と関連して、そこに綻びが生じていた。この博覧会附属臨時競馬にもそれが出現していた、雑種馬の血統を日本馬と偽るという問題だった（次節）。その後、馬に関しては、「和洋混血」の馬匹改良策が断行されていくことになるが、西洋の血を入れながら「日本馬」と名乗り、その能力を誇るという単純ながらも屈折した形で、この時点ではこれも鹿鳴館時代の欧化主義から「ナショナリズム」への転回に照応していた。この偽籍の問題も競馬を追いつめていく。

ここまで折にふれて引いてきた『緑蓑談』のなかで、それに関連したことが次のようにパロディー化されていた(94)。

（賭けの清算の描写に続いて）一体競馬なんぞというものは国威を輝やかす為めの道具だから、一個人の損得は何でも宜しい。精養軒へでも行て夜食と出かけ、身体を肥して日本人種の改良に着手すべしサ。

ここでは当時の社会改良論の一環であった「人種改良論」が踏まえられているが、その後この「人種改良論」も鹿鳴館時代を嘲笑する格好の対象となってしまった。だが実は現在でも、それが私たちの「見果てぬ夢」であることを考えれば、これが単なるパロディーに終わらない、私たちの「近代の悲哀」をも予感させていたと思う。この部分で

表3　第三回内国勧業博覧会附属臨時競馬会成績表

レース名（品種）	距離、賞金	勝馬（2着馬）／頭数、斤量、産地、騎手、馬主、タイム
初日（5月16日） 1.―― （日本馬）	9町10間 250円（1着175円、2着75円）	北海（観大）／10、142斤（約64.4kg）、新冠御料牧場、林義保、鈴木愛次郎、1分16秒1／4
2.有志賞典 （雑種馬）	9町10間 350円（1着245円、2着105円）	初駒（第四大浪）／8、126斤（約57.3kg）、北海道真駒内、函館大次、堀健次郎、1分10秒1／2
3.―― （日本馬）	11町 150円	シヤンベルタン／8、154斤（約69.9kg）、新冠御料牧場、大野市太郎、寺道芳助、1分33秒
4.東京馬車鉄道会社賞典（雑種馬）	12町50間 200円	玉来／6、141斤（約64.0kg）、下総御料牧場、大野市太郎、村井長寛、1分41秒
5.―― （日本馬）	14町40間 200円	鬼小島（いろは）／6、140斤（約63.5kg）、北海道沙流、函館大次、藤本良之助、2分8秒
6.日本銀行賞典 （雑種馬）	14町40間 300円	荒浪（武蔵野）／8、145斤（約65.8kg）、遠江、大橋庄平、河島瀧蔵、1分57秒
7.―― （日本馬）	14町40間 150円	大山／7、138斤（約62.6kg）、下総御料牧場、大竹考太郎、大竹考太郎、2分8秒
二日目（5月17日） 1.北海札幌競馬会社賞（雑種馬）	7町20間 1着雑種馬1頭・2着90円	万里（初紅葉）／8、131斤（約59.4kg）、下総御料牧場、根村市利、下総御料牧場、55秒
2.鹿児島有志賞盃 （日本馬）	7町20間 200円（1着140円、2着60円）	札幌（如風）／14、142斤（約64.4kg）、新冠御料牧場、飯田藤作、飯田藤作、59秒1／2
3.―― （雑種馬）	9町10間 150円	第四大浪・アデールカデール／5（同着）、1分10秒、第四大浪→120斤（約54.4kg）下総御料牧場、根村市利、下総御料牧場、アデールカデール→131斤（約59.4kg）下総御料牧場、林義保、山本かね
4.日本鉄道会社賞盃 （日本馬）	11町 200円（1着140円、2着60円）	いろは（高岡）／8、142斤（約64.4kg）、北海道白老、飯田藤作、伊香友弥、1分35秒1／2
5.―― （雑種馬）	11町 250円（1着175円、2着75円）	黒瀧（養老）／9、145斤（約65.8kg）、鹿児島、神崎利木蔵、春田惟、1分27秒
6.高田商会賞盃 （日本馬）	9町10間 100円	金華山／11、142斤（約64.4kg）、南部、林義保、大山文之助、1分19秒1／2

7.―― （日本馬）	12町50間 200円（1着140円、2着60円）	魁（如風）／5、142斤（約64.4kg）、北海道沙流、日向正我、井深甚、1分49秒1／2
三日目（5月18日） 1.横浜紳士賞盃 （雑種馬）	9町10間 150円	ヤングオーストラリア／7、137斤（約62.2kg）、下総御料牧場、コリンス、大竹考太郎、1分11秒1／4
2.雑種馬新馬優等賞盃（雑種馬）	14町40間 600円（1着300円、2着200円、3着100円）	荒浪（武蔵野）／6、遠江、大橋庄平、河島瀧蔵、1分58秒1／2 ＊以下斤量不明
3.日本馬新馬優等賞盃（日本馬）	12町50間 350円（1着175円、2着105円、3着70円）	いろは（鬼小島）／8、北海道白老、飯田藤作、伊香友弥、1分53秒1／2
4.古馬優等賞盃 （雑種馬）	14町40間 300円（1着150円、2着90円、3着60円）	ヤングオーストラリア（アデールカデール）／3、下総御料牧場、コリンス、大竹考太郎、1分57秒
5.優等賞盃 （日本馬雑種馬混合）	12町50間 250円（1着125円、2着75円、3着50円）	大山（如風）／8、下総御料牧場、大竹考太郎、大竹考太郎、1分52秒1／2
6.日本郵船会社賞盃 （雑種馬）	12町50間 500円（1着250円、2着150円、3着100円）	第四大浪（アデールカデール）／15、下総御料牧場、根村市利、下総御料牧場、1分44秒
7.―― （日本馬）	12町50間 300円	鬼小島（龍田）／22、北海道沙流、函館大次、藤本良之助、1分53秒1／2

（「明治23年第三回内国勧業博覧会附属臨時競馬会番組表」馬の博物館蔵。『毎日』明23・5・17。『読売』明23・5・17〜19。『報知』明23・5・17〜18。『朝野』明23・5・18〜20。『時事』明23・5・17、5・19。『東朝』明23・5・17〜18、5・20より作成）

も、たかが競馬に終わるものではなかった。

4　共同競馬会社の終焉——イカガワシサ、悪所性

明治二三（一八九〇）年前後から、共同競馬会社をめぐる状況が、明らかに異なってくる。「競馬も亦一時の流行にして今日は甚だ盛ならざるが如し」(1)、といった雰囲気を漂わせるようになっていた。確かに、馬見所へ入場する「貴顕紳士」の数が減り、特に「貴婦人」の姿が少なくなってきてはいた。だが花火、音楽という演出がなくなったわけでもなく、また、開催毎に、二〇〇円の下賜金が相変わらず出され、天皇の名代として皇太子も必ず姿を現し、宮内省も皇族も各国公使も賞典を寄贈し続けていた。競馬の光景の変化は、そういった外形だけからもたらされていたものではなかった。

本章第二節で論じたように、婦人改良を先駆けとするような社会改良に対する強いナショナリスティックな政治的、社会的反発が、競馬を追いつめていた。欧化主義の象徴的存在の一つであった競馬にも「イカガワシサ」が付着し、それを摘発する力の標的となっていた。明治二二（一八八九）年秋季開催で、婦人財嚢が終焉を迎えたことは、そのことを端的に示していた。これと関連して、「欧化主義」への反作用としての「ナショナリズム」のささやかな一断面と考えられるだろうが、かねて内外の友好を打ち出していた共同競馬会社のなかに、居留民を排除するような雰囲気が醸し出されてもいた(2)。

そして共同競馬会社には、この鹿鳴館時代の競馬における社交と並ぶ理念であった馬匹改良の根拠を喪失させる問題も生じていた。それは、雑種馬を日本馬と偽る偽籍の問題であった。競馬は、その品種の別を明確にすることが大前提である。その上に立ってこそ初めて、能力の検定、種牡馬・繁殖牝馬の淘汰、選別というレースのシステムが機能できる。この時期の日本側の競馬のレースの体系は、日本馬と雑種馬の双方に対して新馬戦、未勝利戦、距離別の

レース、定量での優勝戦、ハンディキャップの優勝戦、というように組み立てられていた。それが偽籍で根幹から崩れようと、いや崩れていた。日本馬のレースは、日本馬のレースではなくなるから、そこでいくら能力を発揮したとしても、馬匹改良を謳う競馬としては、まったく意味をなさなくなるからである。ここからも、競馬の光景は「甚だ盛んならざる」ものへと変化していた。

明治二三（一八九〇）年一一月の不忍池競馬の秋季開催後、つぎのような投書が『東京日日新聞』に掲載された。「横浜競馬熱心生」と名乗るその主は、投書の内容から判断するとその名にふさわしく競馬にかなりの知識と見識を持つ人物だった(3)。

（競馬の目的は遊戯ではなく馬匹改良の奨励である）左れば馬匹を競走するにも第一其馬籍を明かにし、之れが区別を立る事最も肝要にして、若し馬籍乱れて日本馬も雑種馬も区別なしに競走せしめば、其優其劣誰れか之を争うものあらん、雑種馬独り勝を誇らば日本馬の改良は自然退歩すべきのみ、故に日本馬競走は必ず日本馬に限り、支那馬は支那馬、雑種は雑種と明かに其種類を別ち、決して異種の競走を許さざるは競馬通則となれり、然るに年来我牧畜当局の人は、唯日本馬の名誉を保ち、日本馬種にも斯く駿足あるを外人に誇らん為め、所謂負ん気を出して曖昧なる雑種馬をも公然日本馬馬籍に組み入れたる、其弊害は忽ち競馬社会の苦情に現はれ、（以後根岸がその自衛策をとるなど問題となった、今回の不忍池競馬でも官有牧場産のある日本馬をめぐっての疑義が起こったが、内国勧業博覧会附属臨時競馬会を含めてこれまで日本馬として押し通してきており、当局者の責任問題となるから、日本馬として出走が認められた）、現在其馬匹の雑種なるを知る者は、誰れしも異種馬と共に競走せしむるの無益なるを知り、終に出場を思い止まるに至りたるものさえあり、為めに二三組の番組消滅するに至れり。

かねてからの雑種馬を日本馬と偽るという事態が、対応策が講じられたにもかかわらず、解消されるどころかますます深刻なものとなっているということだった。この投書が念頭においている該当馬は、おそらく下総御料牧場産の大山だったが（第六章第五節）、実際この秋季開催初日の一一月一五日の日本馬六レース中二つが出走馬がなく不成立、二日目の日本馬のハンディキャップ戦も同様に出走馬がなく不成立となっていた(4)。この投書に述べられているように、こういった事態は、これより先の明治二三（一八九〇）年五月一六、一七、一八日の内国勧業博覧会での臨時競馬会でも起こっていた。この博覧会の競馬は、前章で述べたように全国の馬匹を一同に会して行われたきわめて重要な意味を持つものだった。それが日本馬の偽籍疑惑にまみれていた。能力検定、その前提となるルールの無視、それも官有牧場当局者、おそらく下総、新冠両御料牧場関係者（陸軍、農商務両省は関与しなくなっていた）というわけだから、根が深かった。その原因が「日本馬の名誉を保ち日本馬種にも斯く駿足あるを外人に誇る」といったものにとどまるならば、事は単純であった。問題は、競馬の思想に関わる能力検定、種牡馬・繁殖牝馬の淘汰、選別というシステム、つまり競走や血統の概念の欠如、あるいは未成熟にあった。

当時の競馬の記録を振り返ると、この問題が顕在化、深刻化したのは明治二〇（一八八七）年前後のことであった。明治一九（一八八六）年一〇月のニッポン・レース・クラブ秋季開催に南部産の日本馬新馬として登場した神奈川県知事沖守固名義の播磨は、宮内省賞盃などに二戦二勝、その直後の大谷金次郎（洋服商）の名義で登場した一一月の不忍池秋季開催でも二戦一勝と、初めから強さを見せていた(5)。だが、その勝ち方が日本馬離れをしていて、雑種馬ではないかとの疑念が強く呈されていた。その出走の可否が論議されるなかで翌明治二〇年春季のシーズンを迎えたが、ニッポン・レース・クラブ、共同競馬会社双方で二戦二勝の四戦全勝、あっさりとチャンピオンの座についてしまった(6)。このシーズンの名義は、ニッポン・レース・クラブが大河内正質（麹町区長）、共同競馬会社が木村介一（宮内省御厩課）だったが、このように播磨の名義に名を列ねた四名ともがそろいもそろって当時の競馬の中心的人物だったことが、逆にこの問題の深刻さを浮き彫りにしていた。それでもついに共同競馬会社の役員は、明治二〇（一八八七）年秋季開催での播磨の出走を、断固として許可しなかった(7)。この共同競馬会社の決断の背景には、雑種馬重点のレース編成への転換があった。ニッポン・レース・クラブでも同秋季開催では出走していないから、同様の処置をとったようである。

そして、英（ハヤブサ）という牡馬だった。明治期の北海道日高の著名な馬産家であった大塚助吉が、受胎のまま新冠御料牧場から払い下げを受けた牝馬から生まれた日本馬で、「他に匹敵なき未曾有の駿馬」と謳われた(8)。明治一八（一八八五）年函館の競馬でデビュー、不忍池競馬場に登場したのは明治一九（一八八六）年春季開催のことだった(9)。それまでの日本馬の最強馬のスター、岩川との勝負は開催前から評判を呼んでいたが、初日、二日目と勝って、三日目のその開催のチャンピオン戦は、他の馬が出走を回避して英と岩川のマッチレースとなった。ここで英は、岩川を問題にしないで楽勝した。その強さにこの開催後、ニッポン・レース・クラブ副会頭として競馬に情熱を注いでいた英国代理公使トレンチが九〇〇円、またある外国人も上海の競馬に出走させたいと一五〇〇円で購入を申し込んだほどだった(10)。ところがこの英も、残されたその写真から判断すると（図17）、首さしがスッキリしているなどの馬体から見て、とうてい日本馬だったとは思えない(11)。新聞記事にはふれられていないとはいえ、おそらく当時もそういった疑念が強かったはずで、実際、明治二〇（一八八七）年の不忍池の秋季競馬では、播磨と並んで英は出走を拒絶されていた(12)。出走の機会を奪われてしまった英は、やむをえず明治二一（一八八八）年五月新冠御料牧場で、種牡馬となっていた(13)。

図17　英

（札幌競馬場馬主協会『北ぐにの競馬』35頁）

これまでも述べてきたように当時の競馬のレース編成は、日本側が日本馬と雑種馬、横浜では、そこに中国馬が加わったものだった。日本側が中国馬のレースを排除していたのは、馬匹改良に結び付かないからであった。雑種馬に対しては、日本馬はいうまでもなく、中国馬でも相手にならなかったから、共同競馬会社でもニッポン・レース・クラブでも雑種馬と他の混合戦は原則的に行われていなかった。そういった雑種馬が日本馬として登録されれば、能力の劣る日本馬では勝負にならないから、その偽籍馬が出走登録した日本馬のレースには他馬は出走を回避してしまう。その結果、レースが不成立になるなどの弊害が出てくる。たとえ成立したとしても、そのレースの意味はゼロに等しい。能力検定の機能を果たすことができず、日本馬のレースの存在意義が危うくなっていた。ニッポン・レース・クラブでは中国馬との混合戦でも、その「日本馬」が勝つことになる。だが血統（馬籍）が確立していないから雑種馬の疑いがあっても、それを追求できない。

振り返って馬匹改良をめぐる諸政策（馬政）を見ると、血統（馬籍）の確立とそれと結び付く去勢の実施が大きな課題となっていた。元来、在来の日本の馬文化には、この二つとも存在していなかったからである。これを転換させなければ、西洋的な馬産、馬匹改良を軌道に乗せることはできない。だがそれは、単に馬にとどまるだけの問題ではなく、日本の「血」に関する文化の転倒を必要としていた。なぜなら日本において近代以前、「血」が不可欠な構成要件であるような家制度が成立しなかったように、家畜に関しても「血」の概念そのものが存在していなかったからである。馬の血統（馬籍）を記述していくためには、そういった概念が成立し、自明のことにならなければならない。明治三二（一八九九）年民法で、「家制度」が法的に生み出されたが、馬の血統（馬籍）に関する法律が制定されたのは、遠く大正一〇（一九二一）年のこととなる（施行は翌大正一一年）。つまり馬の血統の概念の確立は、近代的な「血」の概念そのものの形成という問題のなかにもあった。

ニッポン・レース・クラブでは、先にふれたように、このような偽籍の問題に対して、日本馬のレースへの出走資格を、明治二一（一八八八）年春季開催からは北海道産の馬をクラブが購入して会員に配布したくじ馬（北海道くじ馬日本馬）に限定していく方向を明らかにし、翌二二（一八八九）年春季開催からはそれを原則として確立し、さらに遅くとも明治二四（一八九一）年からは、その北海道産馬を中心としながら、ニッポン・レース・クラブの委員会が認定したものとさらに厳しい規定を設けた。しかし、日本馬と中国馬との混合戦で、かつてとは逆に中国馬が勝つことの方が珍しくなっていたように、それでも偽籍の日本馬が出走し、この問題が尾を引き続けていた（第三章第六節）。

また共同競馬会社でも、先にもふれたように、播磨と英が出走を拒絶されたその明治二〇（一八八七）年一一月秋季開催から、競馬の重点を雑種馬に転換していたが、そこには、この偽籍の問題が大きく作用していた。偽籍が跡を絶たないならと、日本馬のレースそのものを少なくして、手っとり早くその問題を回避しようとしたのである。この転換を全面的に支えていたのが、新冠や下総の御料牧場を持つ宮内省だった。だが問題は、雑種馬はその絶対数が不足していたうえに、さらに競馬用に適する数がきわめて限られていたということだった。それに数がきわめて限られているということは、馬の能力のばらつきが大きいということでもあった。一旦強い馬が出現すれば、なかなかその馬を打ち破る馬が出てこない。こうして共同競馬会社の開催は、日本馬でも雑種馬でも出走頭数が少ないレース、あるいはレースが不成立になってくる数も増えていった。いいかえれば、まさに馬そのもの自体に関する面から馬匹改良というその競馬の言語の根拠が崩壊しつつあった。先に引いた「横浜競馬熱心生」も、そのことを次のように論じていた(14)。

此事たる実に遊技上の些事に似たれども、馬籍乱れたるは直ちに競馬の不振となり、競馬の不振は自然日本馬匹の改良の退歩を現ハすべく、是等は当局の人に於て厳密に取調べ馬籍の乱雑を防がん事希望の至りに耐へず。

こういった状況のなかで、宮内省と並んで鹿鳴館時代の競馬の支柱であった陸軍と農商務の両省は、明治一八（一八八五）年秋季開催を除いて、明治一二（一八七九）年以来続けていた共同競馬会社への援助を明治二二（一八八九）年を最後として止めていた(15)。必要とする馬匹が乗馬、馬車用馬であり、競馬との関連性が直接的であった宮内省に対して、陸軍が輓曳力やスタミナに富む馬の改良に重点をおいていたことも、陸軍の競馬からの撤退の要因になっていたようである(16)。この事情も、宮内省と陸軍省の競馬への対応の差異につながっていた。馬匹改良の基幹としての実質をなくしつつあったから、陸軍、農商務の両省が競馬を見離す、それによってさらに、その事態が一層進行する。この経緯を『読売新聞』は、「馬かけ」と題する記事のなかで、つぎのように簡潔に述べていた(17)。

鎌倉、岩川（ともに明治一〇年代半ばの強豪馬）等有名の日本馬斃れてよりは、数少き雑種馬の勢い強くて入場の馬匹追々に減じ、時たま函館産の英とて未曾有の駿馬出でたる事もあれど、之と競う馬なくして空しく種馬に落とされし始末なれば、自づとさびれて両省（陸軍・農商務）も手を引かれ今年（明治二五年）の如きは、一番一〇頭以上の組合はなく、随て競馬催しの趣旨に叶える来賓も絶え絶えになれり。

この記事は、明治二五（一八九二）年春季開催を受けてのものだったが、実際この開催、出場馬匹は減り、すでに能力の明らかとなった馬たちによる単調なレースが多かった(18)。

思えば、このとき、日露戦争後の馬匹改良の三〇年計画に直接つながるような馬政の確立が模索され始めていた。陸軍省と農商務省は、それまで両省別立で実効があがらなかった反省の上にたって、明治一九（一八八六）年五月、協議を開始、このときは財政的な理由で棚上げとなったが、明治二二（一八八九）年にも再び両者合同の馬匹改良に向けての調査方法の協議を開始した(19)。明治二四（一八九一）年には、①馬籍（血統）の確立、②欧州からの種馬の輸入、③去勢、という具体的な実施計画の方針が確認され(20)、明治二六年には調査委員会の設置、種牡馬牧場の設置や西洋種種牡馬の導入等の馬匹改良策、共進会・競馬会の保護などの産馬奨励策など、後の馬政の骨格もできあがっていた(21)。陸軍は明治一〇年代後半から大陸戦用に軍備編成を転換しつつあったから、馬匹改良の必要度は一層高まっていた。そのとき、現状の競馬では馬匹改良につながらないと共同競馬会社は見離されてしまっていたのである。

だがこれは、少し考えるだけでも奇妙なことであった。なぜなら競馬を見放すことと並行して競馬会の保護が論議され、また日清戦争後には馬匹調査会が設置され、さらに日露戦争後には、馬匹改良の柱として馬券を黙許してまでも民間の競馬倶楽部の設立が求められることになるからである。このように馬匹改良は、明治二〇年代以降も国策の一つとしてその重要性が増しこそすれ、減少するということは決してなかった。なぜ、共同競馬会社、あるいはニッポン・レース・クラブを見離して、競馬会の保護を論ずるというような迂回した手続きがとられねばならなかったのか。そこには、これまで述べてきたような意味での競馬の基盤が未成熟だったということにとどまらない事情もあったはずである。おそらくそれは、本章第二節で論じた「鹿鳴館レディー」、そして女学生を摘発していった政治的、社会的な力の作用と関連していた。つまり、競馬が社交としても存在し、明治二〇年代の「ナショナリズム」による欧化主義摘発の標的となっていたことであった。そういった競馬にとどまれば馬匹改良にも「イカガワシサ」が付着してしまい、それにまみれてしまう。不忍池の風光を「半ば俗了」していると、この頃には競馬の撤退を求める声もあがるようになっていたのも、そういったことをうかがわせている(22)。こういった競馬だから手を切らなくてはいけない。おそらく時代の反欧化主義的風潮の前に、馬匹改良の言語では耐えきれなかったのである。陸軍、農商務の両省が共同競馬会社を見離したのは、そういう作用が働いていたからにも違いなかった。

そしてこの状況のなかで、共同競馬会社は資金の面からも窮地に陥っていた。その端的な表れが明治二三（一八九〇）年四月に提起された明治一七（一八八四）年の不忍池競馬場建設に伴う工事代金の未払い分に対する調停の申出だった(23)。本章第一節でふれたようにこれより先の明治一八（一八八五）年二月、当時の副社長毛利元徳（元長州藩主）と鍋島直大（宮内省式部長官）、幹事伊藤博文（宮内卿）以下、西郷従道（参議）、川村純義（海軍卿）、松方正義（大蔵卿）、井田譲（元老院議官）、楠本正隆（元老院議官）、大河内正質（宮内省御用掛）、岩崎彌之助（三菱副社長）、佐野延勝（陸軍軍馬局長）、藤波言忠（侍従）らを相手取って、五万二千円余の支払遅延償却の調停が求められていた。工事費九万円余で請負、内三万八千円が手付けで支払われていたという。その際には、開催のある度毎に中等桟敷の売高の半額を渡すことで一旦和解が成立していた。当初一万八千円余と伝えられていたが、その後も工事が続いて額が膨らんでしまったようである。ところが、明治二二（一八八九）年までに一万七千円余が入金されただけで、それ

図18　「明治24年11月21日付工事請負残額契約履行請求事件」に付ての東京控訴院から帝国博物館への問い合せ

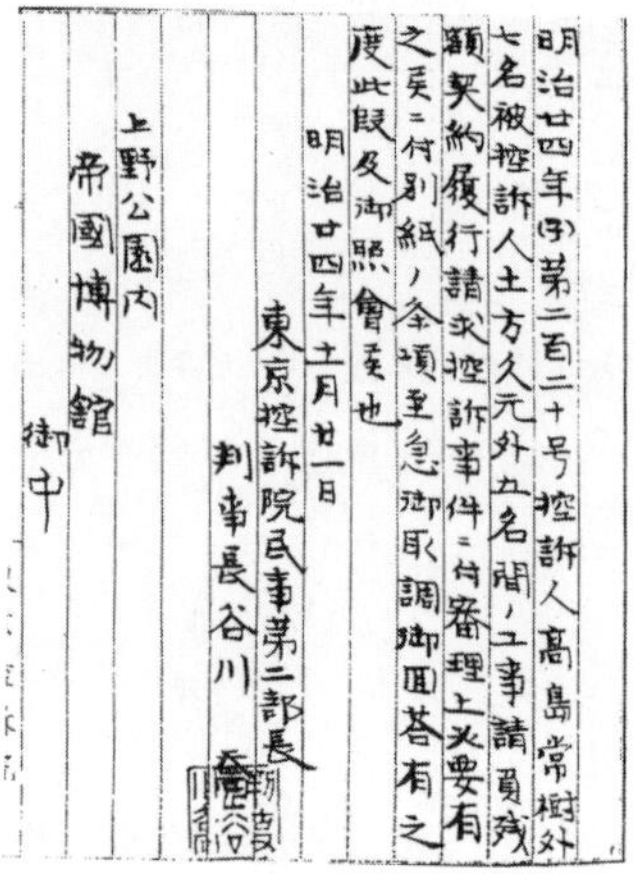
明治廿四年(ネ)第二百二十号控訴人高島常樹外
七名被控訴人土方久元外五名間ノ工事請負残
額契約履行請求控訴事件ニ付審理上必要有
之候ニ付別紙ノ条項至急御取調御回答有之
度此段及御照会候也
明治廿四年十一月廿一日
東京控訴院民事第二部長
判事長谷川
上野公園内
帝國博物館
御中

（東京国立博物館所蔵）

では到底償却の目途が立たないと、工事にあたった高島常樹・菊池市太郎他六名が、役員の蜂須賀茂韶（東京府知事）、鍋島直大（宮内省式部頭）、万里小路通房（宮内省典侍）、大河内正質（麹町区長）、藤波言忠（宮内省主馬頭）、広幡忠朝（侍従試補）、楠本正隆（元老院議官）、村井長寛（騎兵大佐）らを相手取って再び調停を求めたのである。その後、残金を支払うか、それができなければ会社が権利を持つ不忍池と空き地を提訴者に貸し渡すか、をめぐっての調停交渉が行われたが、不調に終わり、その明治二三（一八九〇）年一〇月本訴となった(24)。共同競馬会社の弁護人は大岡育造(25)、この大岡の尽力で蜂須賀と鍋島は訴訟の当事者から外れたが、副社長の宮内大臣土方久元が被告代表となったという(26)。「会社の目的利益を主とせしものにあらずして我国馬匹の改良を主とせしもの故、現今之を維持する方法に付きては大に困難の次第」、というのが共同競馬会社の弁であった(27)。翌明治二四（一八九一）年七月九日、原告敗訴の判決が下されたが、原告は控訴、同年一〇月、翌明治二五（一八九二）年五月と口頭弁論が行われていた(28)（図18）。

また明治二五年二月にはこの訴訟に大井憲太郎が介入の動きを見せた。大井は、「宮内省及び陸軍省等の特別保護の下に立ち重もに貴族より成立たるものなるに、仮染にも法律上為すべからざるの契約を為し、是れ等細民を困むるは甚た不徳義の事なれバ、公衆に訴えて其不当を鳴らすべし」とその動機を語っていた(29)。先の会社の弁が、財政的に困難な状況で馬匹改良に寄与している、その国策への寄与が優先されるべきというものだったのに対して、大井の弁は、それでも「細民」を苦しめることは許されないと実情をついたものだった。大井の動向も含めて、その後の訴訟の経過は不明であるが、ここでは会社の財政難が訴訟という形で浮き彫りにされていたことを確認しておけば十分である。

こういった財政難は、施設の改修もままならなくしていた。借地条件であった不忍池の護岸工事も進まず、壊れた埒の姿が目立つようにもなっていた(30)。さらに明治二三（一八九〇）年一二月には（中等）馬見所一棟も焼失してしまい(31)、その苦境に拍車をかけることになった。

このような財源難とともに、共同競馬会社の態勢そのものも揺らいでいた。この頃、社員のなかには、毎回の開催の出費をなんとなく厭うものが多くなってもいた(32)。明治二三年博覧会附属臨時競馬会直後の六月一、二日の春季開催は、それを如実に示すものとなった。これまで力を入れていた新聞広告、市中のポスター、各新聞社等への招待状などの宣伝にも手がまわらくなり、初日は、外国人を別として、「貴顕紳士」は少なく、桟敷にも空席が目立ち、内々にて催すの感がするような(33)、「近年稀なる不景気」で(34)、二日目も、「前日にも勝り人出至て少なく午後一時頃に至るも僅かに馬見所に二、三〇人の内外人を見しのみにて馬場周囲の桟敷には未だ一人の来観者もなかりし」(35)、という光景だった。この寂寥は、この開催にとどまらなかった。

続く明治二三（一八九〇）年一一月の秋季開催には、会社の「内輪揉め」が伝えられ、出場馬も減少し、ほとんどが少頭数のレースとなり、しかも全一八レース中三レースが取りやめとなった(36)。そしてこの時代の社交としての競馬の象徴であった婦人財嚢も実施することができなかった。この後、婦人財嚢が再開されることはなかった。反欧化主義的な政治的、社会的風潮の高まりのなかで、「鹿鳴館レディー」や女学生と同様に競馬も追い詰められていたことを端的に示した出来事だった（本章第二節）。先の「内輪揉め」に続いて、共同競馬会社の不忍池競馬場の七ヶ年の借地期限が切れる明治二四（一八九一）年三月を機に、新倶楽部設立が噂されるようにもなっていた(37)。実際は、明治二三年一二月付で会社は、従来無税であった借地料の支払いという新たな条件に加えて、さらに一〇年間の期間延長を帝国博物館に申請（図19）、継続の意志を表明していたのだが(38)、偽籍問題、陸軍、農商務両省の撤退、婦人財嚢の終焉、とこの時代の競馬の言語であった社交や馬匹改良が共同競馬会社から奪われていったことは否定できない事実であった。

図19　明治23年12月付共同競馬会社幹事大河内正質・藤波言忠・村井長寛より帝国博物館長九鬼隆一宛「拝借継続願」

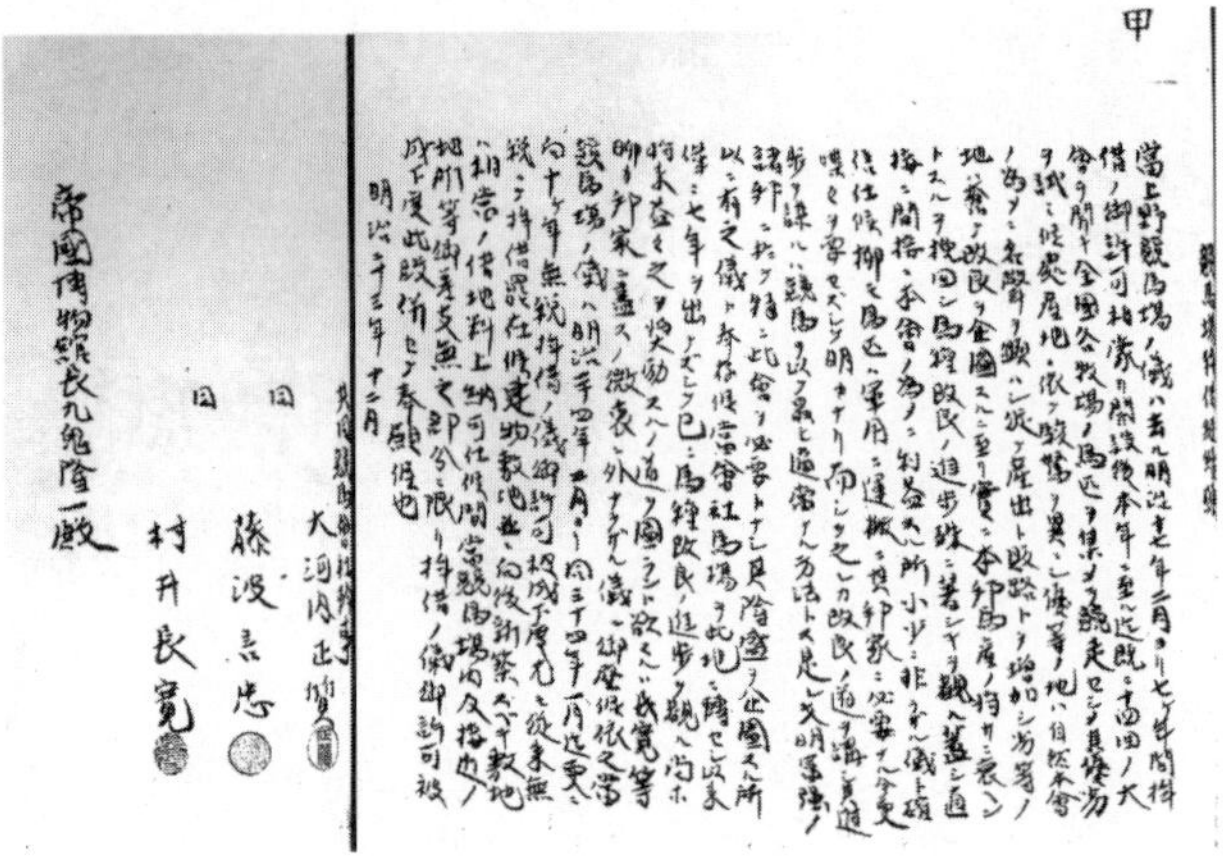

（東京国立博物館所蔵）

ところがここで、である。共同競馬会社が揺らぎ、社交や馬匹改良という競馬の言語も実質を失いつつあったが、それが必ずしも競馬場すべてが寂しくなったことを意味したわけではなかった。というのは、それでも構外の観客は相当賑わっていたからである。これは何を物語っていたのだろうか。この明治二三（一八九〇）年の秋季開催、確かに「殊の外寒気厳しく見物人も例年に比して至りて少なく、現場婦人財嚢競走の催しもなくいと物さびし」げだったという情景描写もあるが(39)、逆に観客は押し掛けていたという証言の方が多いのである。たとえば初日、「見物人も多く頗る盛会なりし」(40)、二日目、「桟敷の札売を始め場外の諸商人見世物師等は何れも勇み立ちて来観人多かれと待構えたるに違わず……東西の各桟敷可なりの入りにて就中東桟敷（東照宮下）は多人数詰掛けたる為め第三競馬第六競馬の真最中何れも潰れ落ちんとしたる騒ぎに怪我せしものさえ多少ありたる程なり」(41)、というように。これより先の五月の博覧会附属臨時競馬会の開催の際にも、「競馬は近年人気衰えて切符を買て入場するもの誠に少なく馬場の周囲にも格別の人出もな」かったが、「唯弁天境内池の周囲のみ非常の群衆にて東照宮境内の山より見物するもの」が多く(42)、またその直後の六月の春季開催でも、「馬見所楼上楼下抔には余り多くの観客も見受けず貴顕の方々」も小松宮夫妻だけだったが、「されど埒外よりの立見連は例の如く黒山築き」(43)、また「場外は随分雑沓せしも場内は左程来観人なかりし」(44)、といった同様の描写が残されている。

このように、構内の馬見所の「貴顕紳士」の姿は確かに減ってはいたが、構外の「立見連」は多いという光景が現出していた。ただ、馬見所以外の「立見連」の観客が多かったのは、なにもこの頃から始まっていたわけではなかった。明治一七（一八八四）年一一月不忍池競馬場第一回開催のときもそうであった。競馬場はその出現以来、人々が様々な楽しみに耽けることのできる遊興の空間でもあった。それが、馬見所の「貴顕紳士」の姿が減ることによって相対的に前面に出てくるようになっていた。いいかえれば社交と馬匹改良という言語が奪われていく状況が、こういった「立見連」を顕在化させていた。そしてその「立見連」が相変わらず多かったのは、不忍池競馬場では賭け（馬券）が「公然」と「黙許」されていたことと関係していた。だから「立見連」は、不忍池競馬場に押し掛けていたとするなら、「貴顕紳士」が減るにつれて不忍池競馬場の賭け（馬券）を露出させていたことにもなる。それとともに構内、構外の競馬の賭けの有様が、つぎのように記述されるようになった。それぞれ明治二三（一八九〇）年六月春季開催、同年一一月秋季開催のものであった。

春季共同競馬会社二三回競馬は、雨天の為め延引し、昨日執行したるが、天気はよし、休日にはあり、人出も定めて多からんと思いしが、馬見所（スタンド）は案外に入場者少なく、唯だ賑やかなるは奏楽所の楽声と賭勝負の場所のみにて、楼上楼下ともチラホラ人の散点するを見るのみ。高貴の方々も小松宮殿下並御息所の楼上に臨ませられたるのみにて他に貴顕を見受けず(45)。

昨日は日曜日といひ好天気なりしかば、午後二時には可なりの人出あり。東照宮下の桟敷二ヶ所潰れたれども、別に怪我人はなかり。皇太子殿下は二時ころ臨御したまへり。其他貴顕の人々は仏国公使、曽我（祐準）中将等なり。場内勝負の賭けは盛なりし(46)。

いいかえれば馬見所の「貴顕紳士」の姿が寂しくなるにつれて、こういった「悪所性」が書きとめられるようにな

図20　「帝国博物館明治24年10月27日付競馬場存続之件」

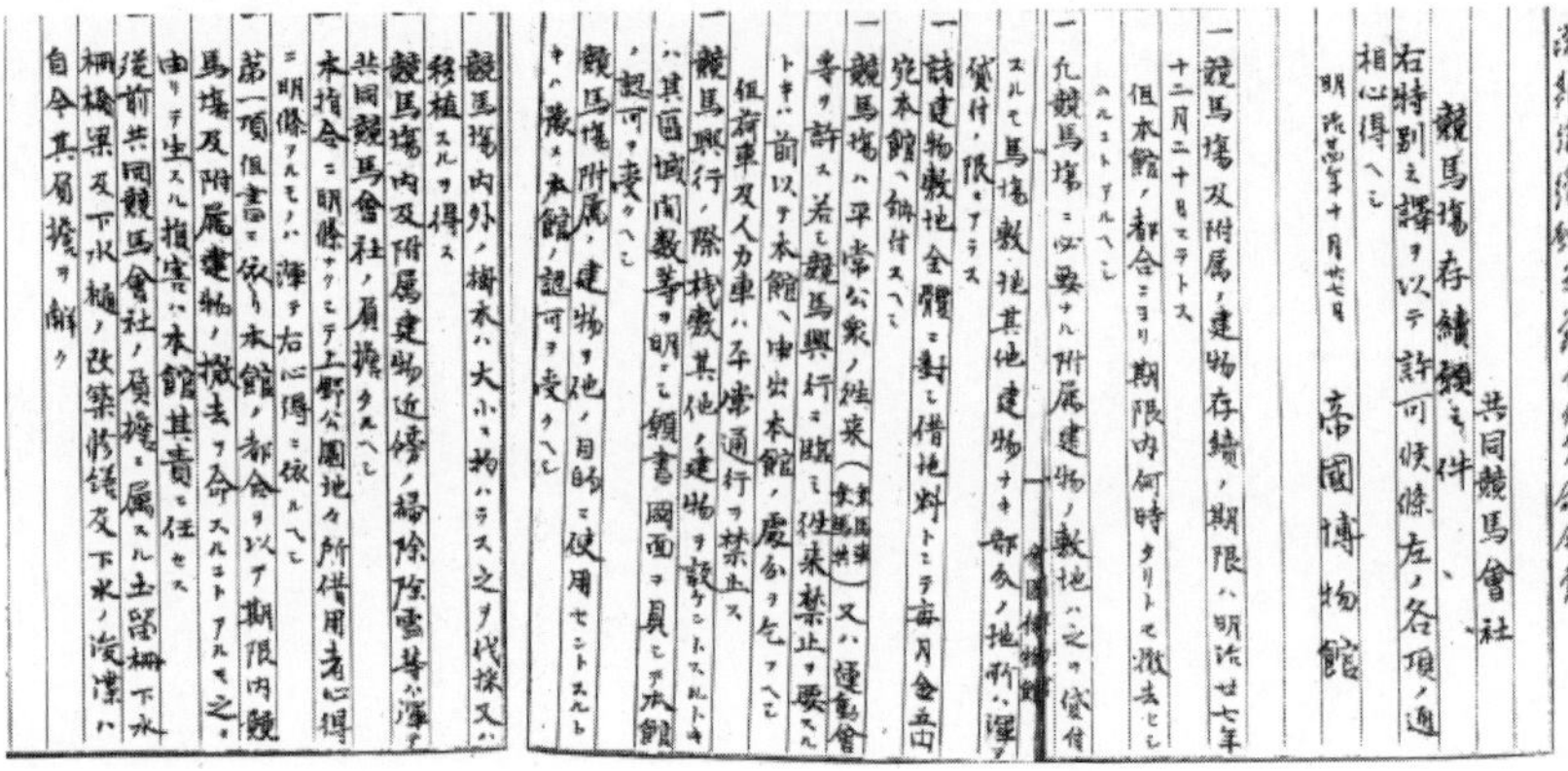

共同競馬會社

競馬場存續願之件

右特別之譯ヲ以テ許可候條左ノ各項ノ通相心得ヘシ

明治廿四年十月廿七日　帝國博物館

一 競馬場及附属ノ建物存續ノ期限ハ明治廿七年十二月二十日マテトス

但本館ノ都合ニヨリ期限内何時タリトモ撤去セシムルコトアルヘシ

一 右競馬場ニ必要ナル附属建物ノ敷地ハ之ヲ貸付スルモ馬場敷地其他建物ナキ部分ノ地所ハ渾テ貸付ノ限ニアラス

一 諸建物敷地全體ニ對シ借地料トシテ毎月金五円宛本館ヘ納付スヘシ

一 競馬場ハ平常公衆ノ往来又ハ運動會等ヲ許ス若シ競馬興行ニ臨ミ往来禁止ヲ要スルトキハ前以テ本館ヘ申出本館ノ處分ヲ乞フヘシ

但荷車及人力車ハ平常通行ヲ禁止ス

一 競馬興行ノ際桟敷其他ノ建物ヲ設ケントスルトキハ其區域間數等ヲ明ニシ願書圖面ヲ具シテ本館ノ認可ヲ受クヘシ

一 競馬場附属ノ建物ヲ他ノ目的ニ使用セントスルトキハ總テ本館ノ認可ヲ受クヘシ

一 競馬場内外ノ樹木ハ大小ニ拘ハラス之ヲ伐採又ハ移植スルヲ得ス

一 競馬場内及附属建物近傍ノ掃除除雪等ハ渾テ共同競馬會社ノ負擔タルヘシ

一 本指令ニ明條ナクシテ上野公園地々所借用者心得ニ明條アルモノハ渾テ右心得ニ依ルヘシ

一 第一項但書ニ依リ本館ノ都合ヲ以テ期限内競馬場及附属建物ノ撤去ヲ命スルコトアルモ之ニ由リテ生スル損害ハ本館其責ニ任セス

一 従前共同競馬會社ノ負擔ニ属スル土留柵下水桝橋梁及下水樋ノ改築修繕及下水ノ浚渫ハ自今其負擔ヲ解ク

（東京国立博物館所蔵）

図21　「借地延長」広告

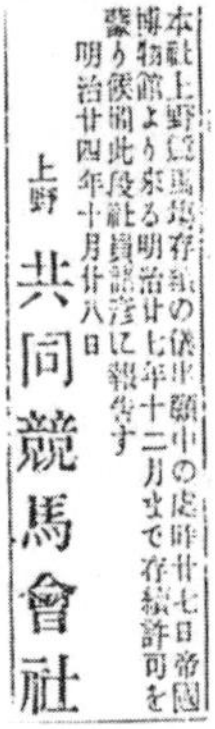

本社上野競馬場存續の儀出願中の處昨廿七日帝國博物館より來る明治廿七年十二月まで存續許可を蒙り候間此段社員諸彦に報告す

明治廿四年十月廿八日

上野　共同競馬會社

（『東朝』明24・10・31）

っていた。不忍池競馬から社交という意匠がはずされようとするとともに、その一方でその社交が漂わせていた「イカガワシサ」を付着させながら、こういった「悪所性」が露出してきていた。この「悪所性」は、「近代化日本の博覧会場」あるいは「国家的行事のメイン会場」といった上野の空間性とそぐわないものだった。

翌明治二四（一八九一）年五月九、一〇日の春季開催、初日、馬見所は寂しかったが、競馬場の周囲には飲食店、見世物、手踊り、といったものが用意され、やはり「周囲に設けし桟敷池畔所々葭子を張りての立見連等の場所は相応に見物人」がいた(47)。そして二日目も、「（皇太子、鍋島直大夫妻）其他同楼上には内外の貴顕紳士の顔もボツボツ見え又楼下も中々の看覧人あり、欄外なる桟敷もミシミシと詰め掛け例の弁天境内又は欄外にて立見する人は一層の雑踏にて押返したり」(48)、といった光景だった。この開催、ロシア皇太子の歓待を兼ねることを予定していたが、来日の遅れで実現はしなかった。大津事件が勃発したのは、五月一一日のことだった。

先の借地延長願は棚上げ状態が続き、この年の三月で期限切れとなっていたが、再度の請願で、ようやく一〇月二七日付で宮内省帝国博物局から許可がおりた(49)（図20・21）。それまでの無料から一ヶ月五円というタダ同然の借地料が課される代わりに、先の明治一八（一八八五）年の際の護岸工事、下水の浚渫や修繕などの義務が解かれていた。この点においては会社への配慮がなされていたが、一〇ヶ年という申請に対して、期間が明治二七（一八九四）年一二月までの三年間に短縮されていた。これに対して共同競馬会社は、翌明治二五（一八九二）年三月、競馬場敷地の払下げを幹事藤波言忠、大河内正質の名で帝国博物局に申請した(50)。その請願書のなかで、明治一二（一八七九）年以来の会社の歴史を述べ、競馬が馬匹改良の基幹として果たす役割の重要性を語り、それに続いて、「低廉の価格」での年賦払下げを「懇願」したが、即座に却下された（図22）。博物局も宮内省管轄であるから、藤波言忠は、おそらく根回しを行ったうえでの「懇願」であっただろうが、これを実現するような政治力は、すでに共同競馬会社から奪われていた。

この間の明治二四（一八九一）年秋季開催。借地願の帰趨が不分明であったこともあって、開催も未確定、準備が遅れていた(51)。借地許可を受けて一一月に入り、ようやく一二月五、六日の開催が決まった(52)。これでは馬の準備もままならなかっただろうが、一一月二一日には北海道（新冠）や下総の御料牧場から馬が到着(53)、宮内省が支えた。ちなみにこの明治二四年の共同競馬会社の陣容も、社長に蜂須賀茂韶（東京府知事、七月貴族院議長）、副社長に土方久元（宮内大臣）と鍋島直大（宮内省式部長）、幹事には万里小路通房（宮内省典侍）、藤波言忠（宮内省主馬頭）らという宮内省主体の顔ぶれだった(54)。だがこの明治二四年からは、宮内省関係者の名が馬主としては消え、また御厩課員の騎手も姿を現さなかった、その支援も後退し始めていた。

図22　競馬場構内一部及び不忍池払い下げ願の却下按

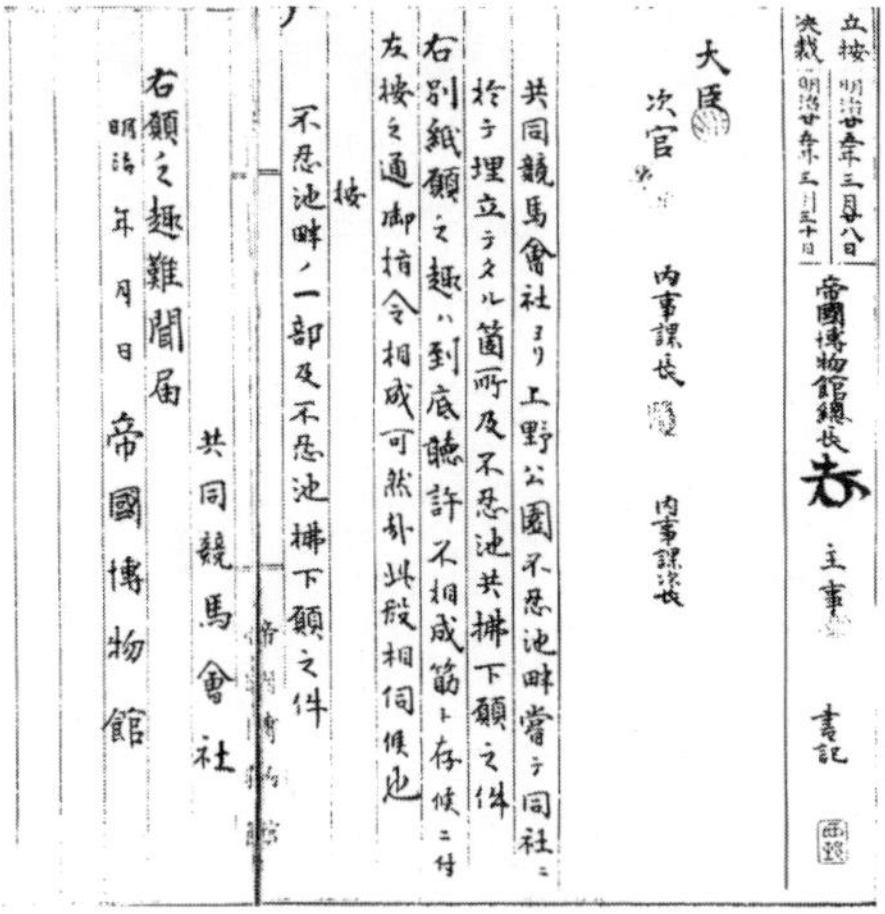

立按 明治廿五年三月八日
決裁 明治廿五年三月三十日
帝國博物館總長
主事
書記
大臣
次官
内事課長
内事課長
共同競馬會社ヨリ上野公園不忍池畔當テ同社ニ於テ埋立テタル箇所及不忍池共拂下願之件
右別紙願之趣ハ到底聴許不相成筋ト存候ニ付左按之通御指令相成可然哉此段相伺候也
按
不忍池畔ノ一部及不忍池拂下願之件
共同競馬會社
右願之趣難聞届
明治　年　月　日　帝國博物館

（東京国立博物館所蔵）

させその開催、借地延長の許可を受けたので「申訳の為めに開きたる様子」で、初日は「馬見所の中央席などは一人の影も」見えなかったという(55)。だがそれでも、「相変わらず馬場の四方には衆庶の見物人所狭きまで囲繞し勝負毎に喝采の声最と賑しか」った(56)。ここでも「貴顕紳士」が少なくとも「衆庶の見物人」は多数という、これまでと同じ光景が現出されていた。なお二日目は、皇太子が姿を現すとともに「貴顕紳士」の来場も増えていた(57)。このように宮内省が支え、皇太子が姿を現し続けることで、翌年も開催は続けられていく。だが、それはさらに「悪所性」を際立たせることともなった。

明治二五(一八九二)年五月七、八日の春季開催。この開催でも、これまでと同様の光景が描き出されていた。初日、「来賓は少なかりしも皇女常宮周宮始め華族紳士外国人等数百名にて、馬場の周囲の見物人は相変らず多く相応に賑はひたりと」(58)。二日目は、「初日とは打て変わりたる人出にて、馬見所楼上には東宮殿下を始め奉り各貴顕の来観あり、各桟敷には見物人充満してなかなかの雑踏を極めたり」(59)、というように。先に引いた馬匹改良の基幹としての実質をなくしつつあったことから、陸軍、農商務の両省が競馬から撤退してしまったことを述べた「馬かけ」と題する記事は(60)、この開催を受けてのものだった。この「馬かけ」は、鹿鳴館時代の競馬について、この他にも重要な証言を記録しているが、そこには「馬券」発売が黙許されていたこと、「馬券」で活況を与えて競馬の振興をはかり、馬匹改良に結び付ける、というその理由付けまでが書き込まれている。そして結論が、不忍池競馬場が、かつての社交、馬匹改良の場から、その「素情」が「下」って、純粋の賭場のような雰囲気を漂わせるようになり、競馬(ウマカケ)が馬賭(ウマカケ)の場所に変じてしまった、というものであった。ただ、逆にいえば、この「馬かけ」は、当時の「馬券」に打ち興じる人々の姿を描いたものでもあった。そして繰り返せば、それが「悪所性」を際立たせていた。この「馬かけ」は、「悪所性」が露出していた不忍池競馬場に、この時代その手続きが進行していた賭博を問題化し、摘発していく視線が届いていたことを示すものであった。この開催前後、「法官弄花事件」が摘発され、賭博が社会問題化していた(第五章第三節)。

そして、結局つぎの明治二五（一八九二）年一一月一八、一九日の秋季開催が、最後のものとなった（図23）。初日、馬見所は四、五〇名などと寂寥そのもので、二日目も、皇太子が姿を現し、賭けを楽しむ横浜の居留民もかなり参観にきて、前日よりは賑わったものの、レースは前日と合わせて、一四の内四つが不成立、延べ出走頭数も雑種馬一六頭（実数七頭、全六レース）、日本馬一二頭（実数四頭、全四レース）と惨憺たる数だった(61)。そのレースも賭けとして波乱は起こったが、勝負付けの終わったメンバーであり、雑種馬のレースは六つとも居留民の持ち馬が勝利を収めていた。ちなみに、明治二四（一八九一）年からは共同競馬会社でも、居留民の馬たちが勝鞍の大勢を占めるようになっていた。明治二三（一八九〇）年春秋が、それぞれ一八の内五、一五の内七だったものが、明治二四年春には一六の内一二、秋には一六の内一〇、明治二五年春が一七の内一一という割合になっていた(62)。かつて競馬を支えていた西郷従道、相良長発、佐野（旧姓松村）延勝、波多野尹政、岩手厚雄、谷元道之、分部光謙らの名前はすでに消えて久しく、そして、宮内省関係者も馬主となることから手を引き始めていたのに対して、ニッポン・レース・クラブは隆盛に向かっていたから、こういった状況も当然といえば当然のことであった。

このような共同競馬会社の競馬は、馬匹改良の言語とそぐわないことを実証し、また皇太子や皇族の姿を書き込んでも、社交（上流、貴族性）の空間性を支えきれなくなっていたこと、そしてさらには不忍池競馬場の「悪所性」を露出させるものとなっていた。競馬の鹿鳴館時代の終焉が告げられていた。

翌明治二六（一八九三）年三月、明治一六年以来一時期を除いて共同競馬会社社長の座にあった小松宮の辞任が公表（図24）されたが(63)、それは不忍池競馬を支えていた政治的な意志が放棄

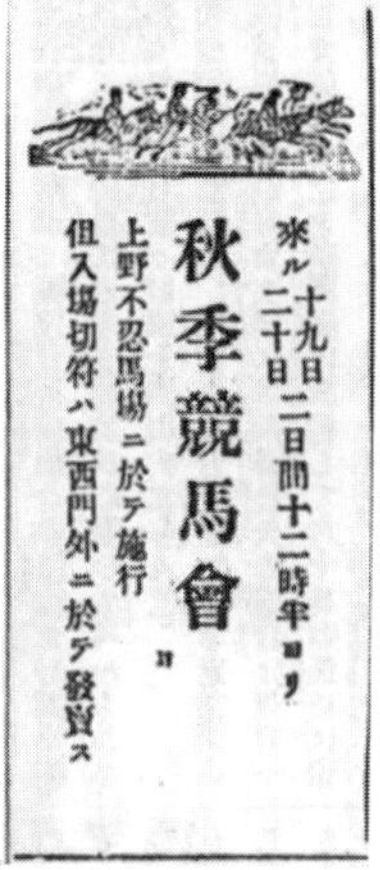
秋季競馬會
來ル十九日二十日二日間十二時半ヨリ
上野不忍馬場ニ於テ施行
但入場切符ハ東西門外ニ於テ發賣ス

図23　結果的に最後の開催となった共同競馬会社明治25年秋季開催広告

（『時事』明25・11／18）

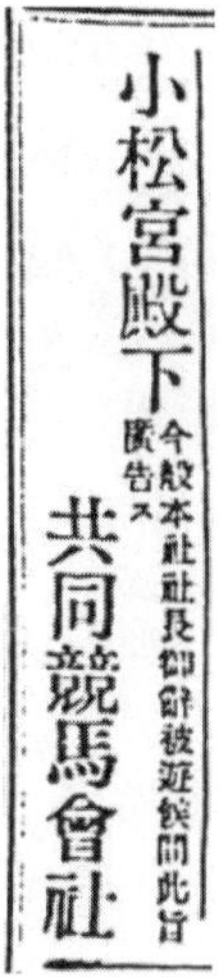
小松宮殿下
今般本社社長御辭被遊候間此旨廣告ス
共同競馬會社

図24　共同競馬会社社長小松宮の辞任告知

（『時事』明26・3・25）

図25　競馬場施設競売広告

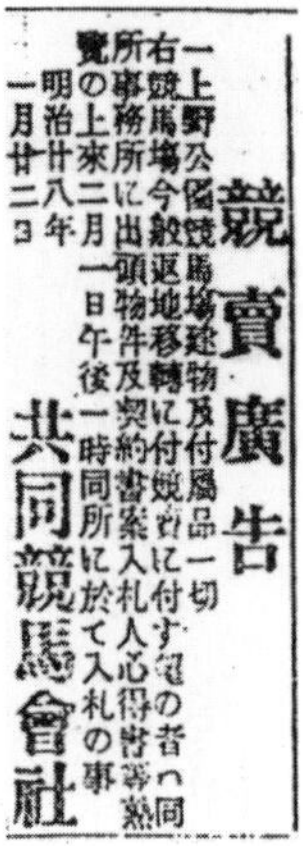
競賣廣告
一上野公園競馬場建物及付屬品一切
右競馬場今般返地移轉に付競賣に付す望の者は同所事務所に出頭物件及契約書案入札人心得書等熟覧の上來二月一日午後一時同所に於て入札の事
明治廿八年一月廿二日
共同競馬會社

（『東朝』明28・1・23）

図26「建物取毀御届」

建物取毀御届
上野公園不忍池畔所在共同競馬會社建物其他一切
右本日ヨリ取毀ニ着手致候條此段御届仕候也
明治廿八年二月四日
共同競馬會社幹事
藤波言忠
帝國博物館御中

（東京国立博物館所蔵）

図27「建物取毀着手済御届」

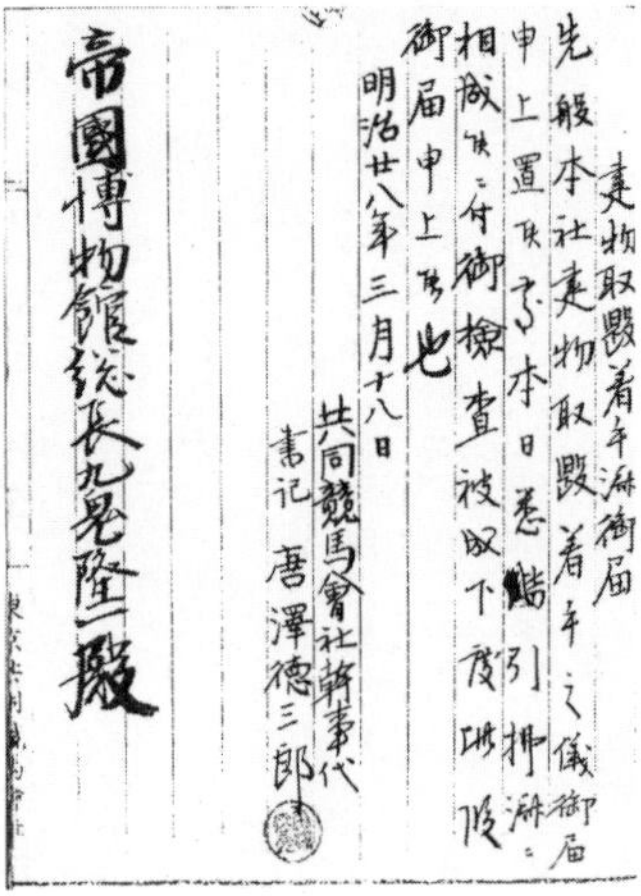
建物取毀着手済御届
先般本社建物取毀着手之儀御届申上置候処本日悉皆引払済ニ相成候ニ付御検査被成下度此段御届申上候也
明治廿八年三月十八日
共同競馬會社幹事代
書記　唐澤徳三郎
帝國博物館総長九鬼隆一殿

（東京国立博物館所蔵）

されたことを象徴するかのようであった。五月二六、二七日と予定されていた春季開催はエントリー不足との理由で見送られ(64)、そして秋季開催も、「不忍の共同競馬は兎角近年思はしからざるより、今年の如きは既に春期競馬も休会せしが、秋期も相変わらず人気引き立ず随つて其の財源も乏しきをもて多分是も休会なるべし、と去る競馬通の話しに聞く」(65)、と報じられた通り開催されなかった。明治二七（一八九四）年も、同様であった。競馬開催が行われなかった期間も、競馬場の引き払いは猶予されていたが、借地期間の終わった明治二八（一八九五）年一月、市区改正事業で競馬場構内に道路が通る予定となったのに伴い、馬見所の取り払い、競売が決定（図25）され(66)、二月一日にその入札が実施されることが広告された(67)。馬見所の解体は二月四日から着手され（図26）、共同競馬会社は、三月一八日付で、「先般、本社建物取毀着手之儀、御届申上置候処、本日悉皆引払済ニ相成候ニ付、御検査被成下度、此段御届申上候也」、と博物館長九鬼隆一宛に届け出た(68)（図27）。こうして足掛け一二年にわたってその偉容を誇った馬見所、競馬場が姿を消した。なお、この間の幹事は引き続いて藤波言忠だった(69)。

馬見所撤去後、不忍池周辺の住民が競馬に代わる施設、催し物を模索もした。競馬開催時の賑わいが失われたのは残念ということだった[70]。また日清戦争後、馬匹改良への国家的取り組みが本格的に開始されようとするなかで、明治二九（一八九六）年には、馬匹改良のためには、せっかくの競馬場があったのに利用しない手はないと、不忍池競馬場再興の動きが出て来たが、それも実現しなかった[71]。この共同競馬会社の歴史は、後の日露戦後の馬券黙許時代の中心となる人物（加納久宜）には、「大失敗」と記憶されるものになったが[72]、それは結果論的に見ると、この鹿鳴館時代の競馬の総括として正鵠をえたものだった。

日露戦後、馬券黙許時代を迎える直前の明治三九（一九〇六）年五月、「非合法」に馬券を発売して、不忍池畔で競馬開催が行われた[73]。鹿鳴館時代の競馬の記憶がよみがえった一瞬だった。

5 賭博の鹿鳴館時代

1 賭博と競馬——競馬に対する賭け（馬券）

現在から見れば、競馬に馬券（賭博）がつきもので、いつの時代でもその賭博性が競馬がかかえる大きな問題であるかのように思える(1)。だがこの自明さも、少し考えてみれば意外と危ういものがある。たとえばそこでは、賭博そのものが罪悪で不道徳であり、または犯罪あるいは犯罪の誘因となる「悪事」であるといったことが、あらかじめの前提とされていなければならないからである。もし賭博がかつてそうではなく、人々のごくありふれた生活のひとコマとしてあるようなものだったとしたら。また賭博が人々の「内面」から、やましさやうしろめたさをおぼえさせるようなものではなかったとしたら。このように考えただけでも、その自明さが揺らいでしまうだろう。現在私たちが何気なくかつてからそうだと考えてしまっているような賭博観、それは〈近代〉が生み出したものだったかも知れない。

増川宏一は、日本における賭博に関わる出来事の変遷を追った著書のなかで、つぎのように述べている(2)。

長い歴史の過程を経て、現在の多くの人たちは「賭博」という言葉から不道徳で陰湿な行為を連想し、嫌悪感や忌避感を抱いている。そして多くの人々は、このような観点がずっと昔から、おそらく我が国で賭博が行われた最初から続いてきたと思い込んでいる。だが、江戸時代の後半期には賭博を知らない者は「野暮」といわれるほど流行し、幕末には半ば公然化していたところをみると、賭博への罪悪感、蔑視観は意外に近い時代につくられた概念であるかもしれない。

つまり増川は、現在の賭博観は明治期以降に形作られた新しいものだといっているのである。またフィリップ・アリエスは、近代における「子供期の発見」を論じた著書のなかでつぎのように述べている(3)。

十七世紀には依然として賭けごとが行われていたと推定されることから、賭けごとに対する道徳的無関心が広く行きわたっていたと判断してもよいだろう。私たちは今日、賭けごとをいかがわしく危険なこととみなし、賭けごとによる儲けは所得のうちでも最も道義性に欠け最も公言のはばかられるものと考えている。私たちは相変わらず賭けごとに手を出したりはするものの、その裏ではやましさを感じているのである。十七世紀にはまだこうではなかった。この近代のやましさの意識は、十九世紀の社会を「生まじめな人びと」の社会にした深部からの道徳化の結果なのである。

西洋でも、かつては賭けごとと道徳は無縁で、賭けごとへのやましさの意識は一九世紀に生み出されていた。ここでのアリエスの言葉に倣えば、社会を「生まじめな人びと」の社会にした深部からの道徳化、このような作用が日本でも、明治の初期から二〇年代にかけて、それも劇的に進行したように思われる。

増川宏一が明らかにしているように、日本においても賭博は古代からずっと禁令の対象ではあったが、人々は様々な形態で楽しんでいた。いいかえれば「支配層」は、「庶民」の賭博に不寛容で、それを秩序を乱すものとしてたえず厳しい禁令の対象としたけれども、人々は普通の行動様式、生活慣習として賭博を営んでいた(4)。かつてもし賭博で罰せられたとしても、それは現在、スピード違反や駐車違反で罰金を課せられたような「運が悪い」といった類の感覚でしかなかっただろう。賭博は本来、西村清和が「遊び」を論じたなかでつぎのようにいっている「遊び」に属するものだった思う(5)。

ひとは、ねたりたべたり、仕事をしたりする。それとおなじ現実生活のただなかで、ときにひとは遊ぶ。してみれば、遊びを非現実、非日常として隔離するのではなく、むしろ、他の諸行動とならんで、ひとがこの世のなかで生き行動するひとつの、独特のありかたと考えるべきではないか。おそらく、遊びとは、自己の存在の可能性を未来に企てていくありかたとはことなった、しかし、これとおなじように、人間生活のもっとも基本的な様態のひとつなのである。

だから賭博も「遊びの現象学」の対象となる(6)。賭博という「遊び」は本来、道徳や倫理とはまったく別な位相のものである。だがそういった賭博が、〈近代〉という時代のなかで、たとえば「健康で文化的な社会の基礎を成す勤労の美風」を害する道徳的、倫理的頽廃の表徴とされ、また破廉恥な、モラルとしても恥ずべきものとなっていく。ならば、そこに〈近代〉の一つの風景を見ることにもなる。

競馬に伴う賭博（馬券）も、そういったまなざしのもとに置かれた。だから、賭博、馬券をめぐる出来事を見ていくならば、そこに〈近代〉の一つの風景を見ることにもなる。

私たちが、戸山、三田、不忍池と競馬を行い始めたとき、その競馬と賭博（馬券）はどのような関係のもとにあったのだろうか。一八六〇年代からの横浜における競馬では、居留民の手によるものとはいえ、賭け（馬券）はごくありふれたものだった。賭けを伴わなければ、競馬の魅力はほとんどなくなってしまう。私たちは、競馬に関する様々なものを、直接横浜から学んでいくが、当然そこには賭けも含まれていたはずであった。不忍池競馬場など私たちの競馬と賭けに関しては、横浜のものとは異なり、乏しい資料しか残されていないが、そのなかからともかくも賭けが行われていたことだけは確かめられる。それにこの鹿鳴館時代、社交の導入とともに、そこに必要な教養として賭博も組み込まれていた。競馬に関しても、そういう意味での時代の要請があったから、半ば公認、もっといえば奨励されていたともいえた。不忍池競馬に関する明治二五（一八九二）年のある新聞記事には、治外法権の居留民（外国人）だけではなく、私たちの馬券（ガラ）の発売も黙許されていたことが書きとめられているが、そこにはさらに都合のよいことに、その黙許の理由もふれられていた。第四章第四節でも紹介した『読売新聞』明治二五年五月九日付の「馬かけ」である。

その記事によれば、黙許の理由は「此（競馬）催しは元良馬の養成を励ます趣意より出で、始めは宮内省陸軍省など力瘤を入れられ、ガラと唱うる一種の賭博も此場所限り黙許の姿にて頻りに其賑いを助け」るものだったと説明されている。つまり競馬に賭博（馬券）で活況を与えて競馬の振興をはかり、馬匹改良に結び付ける、という日露戦後の馬券黙許時代と同じ理由で、ガラが黙許されていたというのである(7)。ちなみにガラとは、開催事前に売り出され、先にも紹介した宝くじとオークションと馬券を合わせたようなロッタリーのことで（第三章第四節）、射倖性が強かったが、ここではその文字通りのガラだけでなく、その他のブックメーカーのような馬券の発売方法も含んでいたようである。別の明治一八（一八八五）年の資料には、競馬に対する賭けは「馬匹改良に必要」という理由があるといった意味のことが記されているから(8)、このような競馬の賭けの黙許は、遅くとも明治一七（一八八四）年一一月不忍池競馬場第一回開催のときから始められていたと考えられる。

この黙許ということを念頭において、当時の不忍池競馬場の様子を見渡すと、そこが賭博の空間でもあったことが浮かび上がってくる。先にもいったようにこれに関する資料は乏しいから、できるだけ網羅的に紹介してみる。

まずは戸山競馬場時代から。明治一二（一八七九）年八月二〇日の前アメリカ大統領グラント歓迎の競馬の際、西郷従道（参議兼陸軍卿）と黒田清隆（参議兼開拓使長官）、グラント大佐（前アメリカ大統領グラント子息）らが互いに賭け合う姿が、つぎのように書きとめられていた(9)。

西郷従道、黒田清隆、グラント大佐と紳士たちは、額は小さかったが、熱心に賭け合っていた。ここから紹介する話しは、私が実際見聞きしたものであるから、その正確さは保証付きである。

最終レース、グラント大佐の本命は、青毛馬の関本であった。大佐は、私に内々に、関本に賭けようと思っているが、額をどれくらいにするか迷っていると告げた。そして不意に、黒田清隆に賭けを申し込んでくれないかと頼んできた。私は、どんな結果になるかわからないので丁重に断った。それで大佐は、近くの紳士に話しをもちかけたが、今度は相手も承諾した。「それじゃ」、と大佐はその紳士にいった。「黒田長官のところへ行って、私があの白い勝負服の青毛の馬に」と、ここまでいいかけて、あたかも複雑な計算をしているかのように、しばし思案を続けた。「よし、一セントを賭けると伝えてくれ」。このすばらしい申し入れを受けた黒田長官は息を呑んでしまった。しかし、負けてもふところには全く響かない、と考えたにちがいない。黒田長官はグラント大佐の賭けに応じた。この向こう見ずな大佐は、つぎに西郷陸軍卿に賭けを申し入れ、金を出す段になった。大佐は、しばらくポケットを探っていたが、空っぽであった。それを見た黒田長官は、喜んで金銭的援助をさせていただきたいと大佐に申し入れた。だが黒田長官も同じ窮地に陥った。どこを探しても、一セントも出てこなかったからだ。そこでグラント大佐は、西郷陸軍卿が後の二人の賭け金も出すというすばらしい提案を思い付いた。だが、西郷はそれだけの持ち合わせがないと、提案を受けようとはしなかった。大佐が引き下がらず、さらに頼み込んだことで、真実が洩れることになった。西郷も一セントも残っていなかったのである。こうして、金がなくてこの賭けは不成立となってしまった。

この記事の「みそ」は、舞台設定が最終レースということである。したがって、グラント大佐も黒田清隆も西郷従道も、それまでに馬券をはずして有り金残らずすってしまっていて、賭けたくても賭けられなかったというのが「おち」になっている。ちなみに、最終レースは五頭立で、勝馬は関本ではなく内務省勧農局所有の賎ヶ岳という馬だったから、グラント大佐が、もしここで賭けていても、また不的中の結果に終わっていた。

他に戸山競馬場時代の賭けの記録としては、明治一五（一八八二）年一一月秋季開催の第七レースに関して本命馬の賭け率が二対一であったというものしか残されていない(10)。また三田競馬場の記録も、明治一三（一八八〇）年一一月秋季開催、「最も多く外国の紳士貴女を見受けたりしが、其中少く其等の下りたつ外国人が頻りに馬の勝敗を賭けして之を争い高声にて罵り合う」のは「殺風景」だといったものが唯一である(11)。だが戸山や三田の競馬場での賭けが、このような例外的なものだったということはありえない。記録が残されなかったのは、後で述べるが、当時の賭博をめぐっての状況がそこに反映していたと思われる。これに比較すると、不忍池競馬場では賭けをめぐる証言が増えてくる。まず明治一八（一八八五）年秋季開催初日一〇月二三日第四レース、一二頭立のものだった(12)。

折柄一人の外国人あり、吾れ鳶より五〇円を賭せん、誰れか鬮取《クジトリ》より五円を賭せよとは思いの外なる、五〇円と五円の賭金エライはり込み、アリヤ鳶びいきと人語り合いしが、此の勝負は其如く鳶の勝となり賞金一〇〇円を得たり。

現在の単勝オッズに置き換えると、鳶→一・一倍、鬮取→一一倍となる。鳶は、これより先の六月の興農競馬会社の春季開催で勝鞍をあげていたが、この不忍池開催後のニッポン・レース・クラブ秋季開催、一一月の興農競馬会社秋季開催でも勝つことになるから、この「外国人」が自信をもって賭けたのも馬を見る目があったことになる(13)。

須藤南翠『緑蓑談』のなかに描かれたつぎのような賭けのやり取りも、種類としては、こういった観客同士が相互に賭け合うものだった(14)。

第四競馬も勝負を判ち婦人財嚢の名誉ある勝賜《ショウシ》も既に果けるか、紳士と覚しく綾羅紗のモーニング、コートを纏ひたると、フロック、コートの左の胸へ競馬会社の徽章を懸たる二人に続いて、商人なるべし、赤毛の入りたる蘇格《スコッチ》の背広を着たる一人の男（甲）が、憚り気もなくうち語らふて側に設けし榻子《コシカケ》へ並びて座を占め、リチモンドの紙巻煙草を吹しながら、

（甲）何です僕の慧眼にハ恐れ入たろう。此の勝負ハ何と言っても緑野に極つてるのサ。都なんざア名馬でも何でもモウ先が知れてる老馬だから、那《ア》んなものに懸るのハ僕の先見が明かのでハない、君たちの目が見えないのサ。何でもいいから出し給へ、ヨー諸君。

南翠は、当時の競馬を相当調べたうえで『緑蓑談』を書いていることが確実なので、この描写も実情に近いものだったと考えてよい。

不忍池競馬場の馬見所前は芝生であったが、ここは、主に居留民などが、そういった相互の賭けを行う場ともなっていた(15)。たとえば明治二二（一八八九）年一一月秋季開催初日第九レース、本命馬が落馬したレースが、つぎのように書きとめられていた(16)。

共同競馬会社が春秋二季上野不忍池畔に於て催ふす大競馬も近年は兎角不繁盛にて、既に昨日の如き日曜の休暇にも拘はらず構内縦覧人少なく、……楼下の桟敷も観客マバラにて至て淋しく、同所前の芝生も僅に外国人が三々五々此処彼処に相組んで勝敗を賭するあるのみ。……第九は川西富五郎氏の持馬シャンベルタン（騎手大野

市太郎氏）と大谷金次郎氏の持馬バシコロ（騎手岡治善氏）の二頭にて何れも日本馬なるが、シヤンベルタンの方、常に馬の首だけ先きへ出て、終には馬の胴だけ先きとなりしも、競定点を距る一町許り手前の曲り角に於て、シヤンベルタンの騎手大野氏落馬せし為め、終にバシコロの勝となりしは是非もなく、此賭けには非常のクルイありし由。

図１　共同競馬会社明治22年春季開催に対するホールのロッタリー広告

KIODO KEIBA KAISHA.

SPRING MEETING.

HALL'S LOTTERIES.

SELLING LOTTERIES on the above Races will be held at the Sale Rooms, No. 58, Main Street, on FRIDAY, the 10th 8.30 P.M.

LISTS NOW POSTED.

JNO. W. HALL, Auctioneer.

Yokohama, May 7th, 1889. td.

（J.G. 1889・５・７）

シヤンベルタンは、新冠御料牧場産、横浜・根岸のニッポン・レース・クラブの明治二一（一八八八）年秋季の北海道産日本馬のくじ馬。デビュー時の名は、タッタース。翌二二（一八八九）年の春のシーズンから、持主の変更に伴い、シヤンベルタンと改名、根岸、不忍池と七戦七勝と圧倒的な強さを示した。同年秋の根岸を四戦二勝で終えて、不忍池の初戦がこのレースだった。バシコロは、共同競馬会社の明治二二年春の日本馬くじ馬。同開催の新馬戦を含めて二勝をあげていたが(17)、それでもシヤンベルタンの前では問題にならないと予想されていたことがわかる。シヤンベルタンは、この秋のシーズン、どうも本調子にはなかったように思われるが、それでも賭けが「非常のクルイ」となったのは、春のシヤンベルタンの強さがそれほど圧倒的だったからである（シヤンベルタンに関しては第六章第五節）。

また少なくともこの明治二二（一八八九）年、横浜の居留地においても、共同競馬会社春秋開催を対象に、ホール（J. W. Hall）が主催して、本町通り五八番で、その開催直前にロッタリー（ガラ）のオークションが行われていた(18)（図１・２）。これがこの年だけのものだったとは考えられず、継続して行われていたと考えるのが自然だろう。明治一九（一八八六）年一一月秋季開催初日第三レース・皇族下賜賞典、明治二〇（一八八七）年一一月秋季開催初日第四レース・雑種馬景物が、英字新聞ではそれぞれ Lottery Stakes、Half-Bred Lottery Stakes と称されていたのは(19)、居留民たちが、それらのレースを対象にロッタリー（ガラ）を発売していたからだと推測される。

そして明治二三（一八九〇）年五月内国勧業博覧会附属臨時競馬会の際には、つぎのような具体的な馬券発売の様子が残されている[20]。

> 当日馬見場構内の裏手なる小さき掛小屋に賭け札を売出す所あり。札の表には番組騎手馬名等を記しあり。賭を為さんと欲する者は、其番組の中、己れの勝つべしと思う馬を指し示し、一円二円乃至三円（是は番組に依て高低ありとかゆふ）を払うときは、売人は其切符に割印を捺し、切符の一半を割きて、買人に与え置き、勝負の終りし後ち、各自示せし所の当否に依て、或は賭したる金を失い、或は賭したる金に数倍せる金円の払戻を受くるの仕組なりしか如し。其他構内構外とも三人五人より集り、私に遊びを為し楽しみとせる者も少からさりし。

表に番組騎手馬名等を記した賭け札を一〜三円（レースで高低）で発売して、その切符の一半を買人に与え、レース後勝馬の札に払い戻しをする。これは、おそらく各馬に対してのオッズを発表し、レース後、勝馬の札の購入者に払い戻す、ブックメーカー方式のものだったと思われる。私の知る限り、この資料が、鹿鳴館時代の日本人の手になる競馬開催で、このようなブックメーカー方式の「馬券」が発売されていたことを記述した唯一のものである。切符に割印だから、多分印刷物ではなかっただろうが、どのような形態であったのか、また発売者は、どうやって情報を集めて、各馬のオッズを決めていたのか。この開催では、全国から馬が集まってきていたから、通常の開催以上に苦労したのではないかなどの興味が湧くが、残念ながら、こ

図2　ニッポン・レース・クラブ明治24年春季開催のホールのロッタリー

（"Potins de Yoko"1891. 横浜開港資料館所蔵）

の記事以上のことはわからない。当時の年間の開催日数を考えると、ニッポン・レース・クラブが六日間、共同競馬会社が四日間、これだけで生計を立てていけたとはとうてい思えないが、発売者が、かなりの「馬通」だったことはまちがいないだろう。その他にも構内構外で三人五人集まって、「私に斯る遊び」をしていたというのは、先に紹介した『緑蓑談』のような賭けであっただろう。この開催でも「横浜在留の外国人は当日の休暇を幸い孰れも熱心に賭する模様」だったと報じられている(21)。

また第四章第四節で不忍池競馬場の「悪所性」の露出として紹介した明治二三(一八九〇)年六月春季、一一月秋季の両開催のものであった。ここでは、賭けがにぎわっていた資料として、再び紹介しておく。

春季共同競馬会社二三回競馬は、雨天の為め延引し、昨日執行したるが、天気はよし、休日にはあり、人出も定めて多からんと思いしが、馬見所は案外に入場者少なく、唯だ賑やかなるは奏楽所の楽声と賭勝負の場所のみにて、楼上楼下ともチラホラ人の散点するを見るのみ(22)。

昨日は日曜日といひ好天気なりしかば、午後二時には可なりの人出あり。東照宮下の桟敷二ヶ所潰れたれども、別に怪我人はなかり。皇太子殿下は二時ころ臨御したまへり。其他貴顕の人々は仏国公使、曽我(祐準)中将等なり。場内勝負の賭けは盛なりし(23)。

さらに明治二四(一八九一)年五月春季開催には、馬見所の楼下(一階)に施設として「洋人の賭場」が設置されていた(24)。明治二五(一八九二)年五月春季開催では、横浜の居留民が一日五円の地料で仮の葭小屋を設けて賭博を行い、また日本人のガラ師は彼処此処をかけ廻りて賭博の連中を集めていたという(25)。

最後の不忍池競馬場での開催となった明治二五年一一月秋季開催の際には、つぎのように賭けに熱狂する描写が残されている(26)。

此の競走は本日中の見ものにて、敵手たる淀氏の持馬北天は横浜にても勝を取りて有名の良馬なれば、外国人も此北天に賭けをなすもの多かりしが、北上は午前来勝続けたる勢あれば、之にも賭する者多く、何れも手に汗握りて見物せしが、両馬は互角の勢にて決勝線の一丁許り手前より北上は一層の勇気を増して北天を追越せしは非常の大喝采、外国人中賭に負けたる者も多かりしと云う。

北天は、札幌の名で、明治二三(一八九〇)年五月の内国勧業博覧会臨時競馬会でデビュー、明治二四(一八九一)年春の共同競馬会社、ニッポン・レース・クラブ開催から頭角を現し始めた。明治二五年春のシーズンも好調を持続し、この共同競馬会社の開催を本命で迎えていた。北上は、それまで下位の成績しか残していなかったので、人気は北天に集まったが、人気薄の北上が勝ち、穴をあけたから、この大喝采となっていた(北天、北上に関しては第六章第五節)。

このように、不忍池競馬の賭け(馬券)は、ロッタリー(ガラ)だけではなく、その場に居合わせた客同士が相互に賭合うものか、または賭け元が設定した倍率に賭けるブックメーカー方式のものか、あるいはそれまでの日本の賭と競馬を何らかの形で組み合わせたものが行われていた。新聞記事では、競馬の賭けに熱心だったのが居留民であったことが主に描かれているが、冒頭にも述べたように不忍池競馬場では賭けが黙許されており、また賭博行為そのものも黙許された雰囲気であったから、日本人でもこれらの競馬に対する賭けは大っぴらだったと考えてよいだろう。『緑蓑談』が描いた「貴顕紳士」、あるいは新聞が書きとめた居留民だけでなく、構外の桟敷や立見の観客も賭けていたはずであった。「貴顕紳士」の姿が少なくなっても、構外の観客は相当集まっていた光景が、このような不忍池競馬場が持っていた賭博の空間性と関連していた(第四章第四節)。ちなみに、このように賭けが行われていたのに、共同競馬会社が財政難だったのは、ニッポン・レース・クラブが明治二一（一八八八）年秋季開催から導入したような主催者にその収益が入るシステム（パリミチュエル方式）で賭け（馬券）が発売されていなかったからである。導入したくても、時代はすでにそれを許さなくなっていた。

また、この鹿鳴館時代、私たちは射撃やボートや陸上競技を盛んに行い始めるようになっていたが、これらの競技にも賭けを伴っていたようである。観客が賭けていたことを傍証する資料としては、東京大学の明治一八（一八八五）年春季の競漕会のものしか残されていないが(27)、私たちが直接手本にした横浜においてこれらの競技に対して賭けが行われていた。また日本側が主催したこれらの競技で実施されていた居留民との招待競走では、少なくとも居留民たちはそのレースで賭けを行っていたはずであった。また競技者同士でも、お互いに金銭あるいは何らかの賭けを行っていた可能性が高い。それに鹿鳴館時代のこれらの競技、日本側が実施する際もその賞品は賞金（金銭）であった場合が多かった（第四章第三節）。

そしてここで強調したいのが、競馬の賭けも、あるいはスポーツをめぐる賭けも、この時代、すぐさま問題化されていないことである。もしこれらの賭けが、それ自体として罪悪や不道徳を意味していたなら、それを告発するという形で、もっと記録が残されていたはずだからである。だが、明治一〇年代から二〇年代にかけての新聞をはじめとする競馬の描写のなかでも、賭け（馬券）をめぐる出来事はほとんど記述されていない。私が調べた範囲ではせいぜい先に引いた程度しか存在しない。しかし、それだからといってこの鹿鳴館時代が、賭博に関して不活発な時代だったというわけでは決してなかった。事態はまったく逆であり、従来からの賭博だけでなく、新聞などのコミュニケーションの発達を背景に、社会事象への賭けも新たに登場するなど多様な賭けを生み出していた(28)。たとえば西南戦争の行く末(29)や自由民権運動に関する裁判の結果(30)、あるいはもっとも話題を呼んだものでは、明治二四（一八九一）年、ロシア皇太子が来日する際、西郷隆盛が同行して帰国するかといった「生死」に関するものであった(31)。ちなみに西郷従道の賭けは、当初は「生」に六～七分、「死」に三～四分のかけだったが、次第に二～三分へとその比率が逆転していっていた。このような賭博をめぐる状況のなかに競馬及びスポーツと賭けが存在していた。

そのような競馬などの賭けに対しては、すぐさま問題化されることはなかったが、その一方で賭博の蔓延による社会秩序の乱れといった賭博の弊害に関しては非常に饒舌な時代だった。

その端的な表れが、明治一七（一八八四）年一月施行された、刑法を一時失効させて、裁判無しの行政処分で、傷害致死と同等かあるいはそれ以上に相当する最高で一〇年の懲役刑を課し、獄衣も別、といった賭博犯処罰規則だった(32)。賭博の蔓延、「博徒」の横行に対処することをその直接的な目的として、有無をいわさず「博徒」を弾圧しようとする厳罰だった(33)。この処罰規則は当初から、法体系を逸脱しているとの批判もあり、明治憲法発布を機として明治二二（一八八九）年六月廃止された(34)。

ちょうどその時、その一方で、賭け（馬券）を黙許された不忍池競馬場の競馬が幕を開けようとしていた。「博徒」の賭博への厳罰と「上流」のギャンブルの奨励という鮮やかな対比であった。いってみれば、賭博をその階層性と空間性で区切り、賭博の選別化が行われていた。もし、ここですでに、賭博が一人ひとりが自らを「内面」から律しなければならない道徳、倫理の問題として存在していたのなら、このような階層による賭博の区切りは成立しなかったはずである。賭けをめぐる出来事へのまなざしは、まだ後のものとは異なったものだった。したがって、競馬の賭けも、社交や馬匹改良という理念と結び付けば、黙許される。競馬に限らず、スポーツに賭けを伴うことは、この時代においては、まだ後のようには問題化されてはいなかった。その結果新聞などにも、それが記述されなかった、というのが私の考えである。

そして、この時代、こういった賭博の黙許は、競馬、あるいはスポーツにとどまってはいなかった。「上流」の賭博は鹿鳴館時代の「社会改良」の一環として、政府が奨励した側面すらもっていた。賭博にも鹿鳴館時代が訪れていた。ふりかえれば、この賭博犯処罰規則の手続きが進行する以前から、在来の賭博にまつわる文化とは別に、ビリヤード、カードなどの西洋系譜の賭博も出現していた。「上流」の賭博とされたものは、社交界に不可欠の教養である

図3 「鹿鳴館絵図」一階

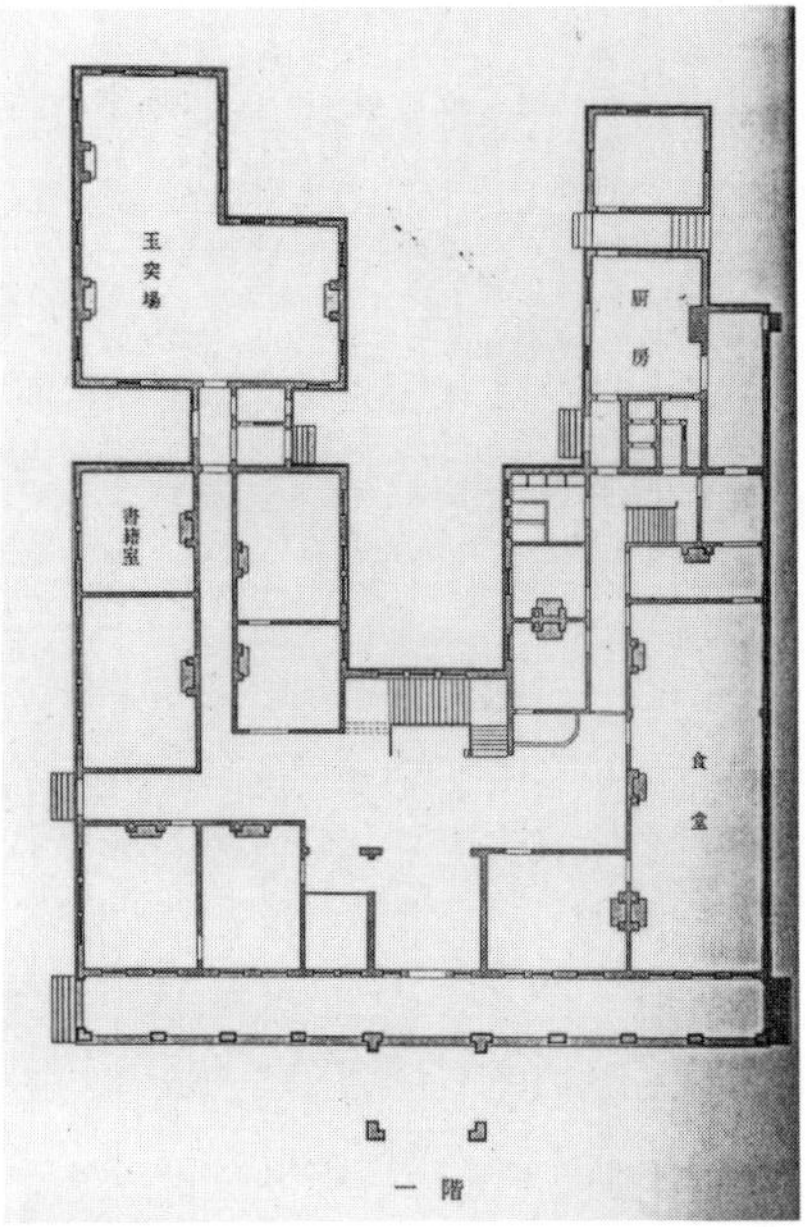

大きな玉突場が確認できる（霞会館編纂『華族会館史』1966年）。

かのように導入されていった。街のビリヤード（玉突）は、博奕として早くから取締りの対象だったのに対して(35)、これら「上流」の賭博は、「遊楽としてなら禁制の必要なし」との法解釈で、賭博犯処罰規則の網の目からもはずされていた(36)。「上流」の賭博が国内において、現実に内外の社交として、外交上の公的な性格を帯びて存在していたことへの配慮が、そこには働いていた。明治二二（一八八九）年六月賭博犯処罰規則が廃止されたことに関して、賭博は欧米上流社会の一般の風習であり、条約改正後の内地雑居の際、取締りの対象となれば、不平が出ることになるので、あらかじめ先手を打って居留民の賭博に関しては現行の治外法権を適用しようとする配慮から決定された外交政策の一環と受け取る向きもあったぐらいであった(37)。

競馬場には内外の「貴顕紳士」が姿を現し、鹿鳴館や皇族などの住居にはビリヤードやカード室が完備され（図3）、彼らはそれに打ち興じていく。たとえばビリヤードに関していえば、明治一四（一八八一）年には北白川などの各宮がその邸宅に集会して月一回ずつ行い始め(38)、明治一七（一八八四）年一一月三〇日鹿鳴館内の東京倶楽部では、長岡護美ら内外の二〇名が中心となって「玉突競争会」が発会していた(39)。英国のクラブが「紳士の賭博場」でもあったことを思えば、それに倣ったともいえるだろう。鹿鳴館内でのビリヤードは盛んで、競馬に情熱を傾けていた英国代理公使トレンチが明治二二（一八八九）年の帰国時に寄贈したカップ、あるいはそのトレンチの後任としてニッポン・レース・クラブ会頭となった神奈川県知事沖守固が寄贈したカップをめぐっての争奪戦などが行われていた(40)。また明治二三(一八九〇)年オーストリア特命全権公使として赴任する渡辺洪基の東京倶楽部主催の送別会の席上、外務大臣青木周蔵が、ビリヤードは社交上不可欠でそれができないのが渡辺の欠点だからウィーンで学んで帰国後はプレイするのを期待する、といった送辞を述べていたが、これも当時の雰囲気を伝えるエピソードである(41)。トランプは、書生の間でも流行し(42)、「貴婦人」たちも楽しんでいたようである。それに明治二〇年代に入ると、花骨牌(花札)が「上流社会」や「中等社会」に大流行していった(本章第三節)。賭博が、「上流社会」の交際上の「雅事」や「一要部」となったような様相が、一時的であったにしろ、現出したのである(43)。

このように「上流」の賭博は、広がりをみせていた。それは、舞踏会やバザーや婦人財嚢、洋装や束髪、ローマ字、演劇改良などといった鹿鳴館時代の「社会改良」とともに存在していた。もっといえば、「上流」の賭博は、そのような「社会改良」の一環として存在していた。とするなら、第三章第二節で論じたように、婦人改良と同じような運命が賭博に関しても待ち受けているのだろうか。答えは、「イエス」であった。時間的にもちょうど、婦人改良が追いつめられていくのと並行して、「上流」の賭博の問題化も行われていた。「上流」の賭博が「鹿鳴館文化」として存在するのならば、その意味で、それを摘発した「ナショナリズム」の作用が賭博にも及ぶのも当然のことであった。

その「上流」の賭博の問題化に関しては、詳しくは三節で取り扱うが、競馬に伴う賭け(馬券)の問題化だけを、あらかじめここで簡単にふれておく。それが、間接的にでも、賭博の問題化の視線の対象となり始めるのは、「上流」の賭博が追いつめられていた明治二〇年代も半ばになってからだった。実は、先に取り上げた『読売新聞』明治二五(一八九二)年五月九日付「馬かけ」の記事そのものの主旨は、ロッタリー(ガラ)の黙許の理由を説明するのではなく、競馬場の賭博の空間性を問題化するものであった。

どのように問題にされたのか。この記事によれば、それは、先にふれたように賭け(馬券)が馬匹改良の競馬の振興のために黙許されたにもかかわらず、「賑わす賭事の素性も追々下りて今は純粋の賭事に変じ」たから問題だという。不忍池競馬場の開催が、少頭数、馬の能力の格差が大きいなどの理由から、馬匹改良の目的にそわなくなり、陸軍と農商務の両省が手を引いたその結果、「素性」が「下」って「純粋の賭事に変じ」た、だから問題だ、と。その「悪所性」はつぎのように描写されていた。

されば其賑はす賭事の素情も追々下りて、今は純粋の賭博に変じ、横浜の或る外国人は馬見所の此方に一日五円の地料を払いて仮に葭小屋を設け、十二の馬画ける車の俗にドッコイドッコイと云えるに似たるを備える洋妾に堂取らすあり、又在来のガラ師は彼処此処をかけ廻りて賭博の連中を集むるなど不体裁狼籍極る有様と云うべく、其賭博に拘わる人々を目察すれば、馭車馬丁あるいは旦那待ちの車夫、横浜上りの商人など多く、特別券もて馬見所の貴賓席に列なる嬋妍《アデヤカ》の美人連、また同伴の下男に囑けて賭札買わすもあるは、馬骨に錦着せたる狼ものと思われて可惜色を消しぬ、馬見所の状、大凡斯くの如くにて此の埒に入るものは半ばは馬を見、半ばは賭場に集りて、馬の品評は馬耳の東風ほども耳にかけねば、警察官も稍や之を悟りしものと見え、日本人の企てる賭博《ウマカケ》は、時によりて解散すべしなど言はれたるよしにて、ガラ師は案外閉口の様子に見え、競馬《ウマカケ》の場所忽ち馬賭の場所と変じたるが如し。

先に間接的にといったように、ここで告発されているのは、競馬に伴う賭け（馬券）そのものではなく、競馬場における賭博行為（ドッコイドッコイ）であり、「賭事の素性も追々下りて」競馬場が賭場の雰囲気を漂わせている、ということであった。「馬の品評」に伴う賭け（馬券）であれば構わない、そうでなく「賭場」に、競馬（ウマカケ）の場所が馬賭（ウマカケ）の場所に変わったからいけない、そういった論法である。いいかえれば、賭け（馬券）が、社交、スポーツの空間、あるいは馬匹改良といった理念に組み込まれていればよいが、それが後景に退いて、賭博性そのものが露出すれば問題化されるということだった。ここでもまだその段階だった。だがそれでも、賭博の問題化の視線が競馬に確実にとどき始めていた。競馬場の「悪所性」の露出、あるいはその意味付与がこういう形で始まっていた。そして、これが明治二五（一八九二）年であったことも単なる偶然ではなく、先に論じた意味での鹿鳴館時代の終焉をここからも告げるものだった。

2 「下層」の賭博

幕末から、居留民たちは、競馬、各種のボート競技、陸上競技、射撃、クリケット、フットボール、ボーリングなどのスポーツを行い始めていた。そこでは、競技者は賞金あるいは賞品獲得を競っていたし、また観客などの第三者や時には競技者自身も競技の結果に賭けるという行為（賭博）が、ごくありふれたものとして行われていた(1)。どんな些細なものであれ、勝敗が決められる競技が行われる機会には賭けが行われていた。これらの居留民のスポーツに私たちも参加するようになるが、その際には当然、私たちも賭けの対象となっていた。競馬以外では、一八七二年六月のレガッタ・レースに参加、アメリカ海軍と対戦した際のものが、確かめられるところでは最も早い記録である(2)。

競馬はいうまでもなく、前節でもふれたように、私たちが自らの手でこれらのスポーツを始めた時にも、賭けを伴っていたはずである。また後の時代とは異なり、陸上競技（運動会）、ボート競技などには、多くの場合、賞金が出されており、これらの競技の華である婦人財嚢は、婦人が集めた賞金を勝利者に与えるものだった。日本の近代スポーツもその起源というところで見れば、賭けと切り離しては考えられず、近代スポーツ発祥の地英国と同様に、競馬に限らず、スポーツは賭けとともに存在していたと想定する方が自然だと思う。そうだとすると、賭けがスポーツも育て、スポーツは賭けとともに成長してゆく可能性があったのかも知れなかった。

ただ後の時間がそのようには経過しなかった。賭博を罪悪、不道徳とし、スポーツと賭博を関連づけることがスポーツをあたかも汚すものであるかのようなまなざしが形成されてしまった。それは、その起源における賭け、賞金の記憶までも抹消させてしまう作用を及ぼした。この鹿鳴館時代、スポーツが賭け、賞金を伴いながら行われていく一方で、この事態が進行していた。本節では、下層の賭博の問題化に焦点をあてながら、そういった事態を考えてみたいと思う。

ここでも明治一七（一八八四）年の賭博犯処罰規則から、その話を始めていく。前節でふれたように、この処罰規則、「上流」の賭博を社交として少なくとも黙許という形で奨励する一方で、「博徒」を直接の対象として、裁判無しの行政処分で厳罰に処していくものであった。「博徒」が、賭博の蔓延、社会秩序の乱れ、その厳しい取締りの要求、といった形でも語られるようになっていた当時の社会状況のスケープゴートとされた観があった(3)。もちろん賭博行為は博徒の占有物ではなく、生活のひとコマとしてあるようなものであり、また社会階層で区切れるものでもなかった。だがそのような賭博を博徒でしるしづけて、隔離しようとしたのである。武装した集団で暴力を背景に傍若無人な振る舞いを日常とする博徒というイメージを活用して、その博徒への反感と賭博を結び付け、その反感のなかに賭博を組み込んでいく。賭博は博徒、無産無頼の徒のものである、賭博をすることは博徒同様の存在である、というように。博徒で賭博をしるしづけ、賭博を生活から隔離し、賭博＝博徒という図式を形成していく、その手続きが賭博犯処罰規則だった。ちなみにここで対象となっているのはもっぱらサイコロ賭博だった。

だがこのような手続きだけでは、「内面」から賭博を罪悪、あるいは不道徳として自らを律することにはならない。法は古代からいつの時代でも賭博に対して厳しかった。またそこに「上から」の「道徳」といったものの押しつけを加えても、自らを律することにはならない。なぜなら、その外部にあるしるしづけや道徳を各個人の「内面」に存在させ、あたかもかつてから自然にそうであったかのように我がものとさせる何かがなければならないからである。

明治初年代から明治一〇年代までの、明治政府の賭博に関する取締りは、法的に見れば、仮刑律（明治元年）、新律綱領（明治三年）、改定律令（明治六年）、現行犯逮捕の原則（明治七年）とその取り消し（明治一二年）、刑法・治罪法（明治一五年）、賭博犯処罰規則（明治一七年）というように変遷していた。増川宏一が指摘するように、その中身は、賭博に厳しくなったり甘くなったり、また厳しくなったりと、その間にかなりの振幅が存在している(4)。この振幅は、賭博が単に法の形式の問題として捉えられて、未だ賭博そのものを内在的に問題とする視線がなかった段階から、それが形成されていく段階までの過程が反映されたものだったように思える。たとえ賭博が西洋の法的な言語によって問題化されているように見えても、それが内面化されるまでには時間を要する。たとえば刑法制定作業に向けて明治一一(一八七八)年、茨城、群馬、埼玉、千葉、栃木の各県令が連名で、司法卿宛に提出したつぎのような意見書がある(5)。

苟も社会上に必要なる財産をして固安の位置を失はしめば、終に国力の衰弱に関係を起すにいたるべし、賭博の害たる豈止た風俗を害するの罪ならんや、現に財産に対する罪たるを認む。古より関左の地は博徒の巣窟にして、其害今に甚しと謂といえども、全国を概観するに亦賭博の害あらざるの地なし。今や地租改正功方に竣り、人民をして漸く産業の緒に就かしむるに際し、其芥毒たる賭博の害を防止せざれば、如何に政府の能力を以て勧奨する所あるも皆烏有に属すべし。

だがこの意見書の目的は、このように賭博を問題化、禁圧することではなかった。このように展開したうえで賭博を博徒の手から引き離すためにも、行政が管理する「賭遊場」設置、いわば賭博の官営化・公営化を求めることが、その趣旨であった。ここには、財産に対する罪、産業への芥毒という、新しい言葉があっても、「内面」から賭博を罪悪、不道徳とさせてしまうような何かがまだ欠けていた。いいかえれば、賭博の問題が法の形式的な段階にとどまり、内面的な「病理」(「絶対悪」)として考えられていない。その何か。

ここで私が想定しているのは「労働(勤労の精神)」である。それは西村清和が『遊びの現象学』でいうような、近代という時代における子供と同時に遊びの主題的発見を伴い、「余暇をカードやさいころや飲酒などのわるいあそびでうめるかわりに、あらたな仕事にむかうための気分転換やレクリエーションとして活用」させる、「遊び」を「労働」の一契機としてしまうような、あるいは「本業の仕事の余白、つまり厳粛な人生の余白としての子ども時代や、また労働の余白としての余暇の補充としてのみ人間生活のなかに位置づける」、そのような「労働」だった(6)。日本においてもこの「労働」が発見されていた。学校、軍隊、工場の誕生、あるいは裸体や混浴の禁止、断髪してお歯黒や眉剃りを止めること、また太陽暦や定時法を採用することなどが、その具体的な表れであった。第四章第三節で述べたような新たな身体性、スポーツは、こういった「労働」の発見を、その身体性から告げていた。この「労働」を、人々が自発的に我がものとすれば、そのとき賭博は「病理」となり、一人ひとりが「内面」から自制しなければならない道徳的なものとなる。後から見れば、博徒による賭博のしるしづけは、その視線を形成する作用として働いていたことにもなると思う。

いいかえれば明治一〇年代、賭博は、このような「労働」の視線にもさらされ始めていたのである。たとえば『明治一五年明治一六年地方巡察使復命書』は、先の賭博犯処罰規則施行に直接結び付く、あるいは根拠を与える形で博徒の横行、賭博の蔓延がつぎのように書きとめられていた。

（博徒が）猶進て其横行を擅にし、良民を誘導し到る処賭博をなさしめ、甚しきは良家の子弟を誘い此悪行に惑溺せしめ、金銭財産を奪い取るもの不尠、近来賭博の形況良民相率て此風に流れ、産業を破り田園を荒蕪し風俗の敗壊殆と其極に達し、民間の蠧害実に甚しきを見るに至る、到底此蠧害を防がんとするは博徒を掃除せざるべからず(7)。

窃盗賭博の犯罪に多きを加うるは、細民の貧困に迫るもの多きと、怠惰無頼の弊浸染するの深きとを知るに足るべし(8)。

人情は古来温厚なる処にてありしが、地の繁栄なるに従い、日に月に浮薄軽躁に趨き、皮相開化者流輩出、全街一意射利に汲々、朝の親友夕の敵となる類尠なからず……風俗は都人を学び、好て新様を競へ、身分の如何を顧みず、美衣美食を以て栄となすのみならず、本地の繁栄なるに従い、芸娼妓陸続移集、其風習自然良家の子女に波及し、書学裁縫の業を擲つて弦歌を学び、少年輩は賭事を好み、散財一時の快楽を買う者を以て人物なりと称譛する類比々皆此なり(9)。

博徒の横行、賭博の蔓延は、「社会の風潮開進の点に趣くに従い悪弊亦従て生」じた(10)、放恣座食、淫蕩軽躁、人情狡猾、風俗敗壊、怠惰放逸、無産無頼、侈侈、放蕩、といった現今の民情の端的な例証（表徴）である。賭博は、道徳と風紀の乱れ、自堕落で安逸な風潮に人々が染まっていることの証しであり、社会に有害で危険な病の徴候であるというわけだった。賭博がこのような問題を形成するものとして見出されたとき、「労働」も生み出されようとしていた。あるいはその逆も。第四章第三節で述べたこととあわせて考えれば、そういった「労働」のまなざしの下に身体とともに精神が置かれ始めたことを示していた。精神もこの意味で健全であらなければならない、と。

明治一五（一八八二）年、折から施行された刑法、治罪法の現行犯逮捕の原則では、賭博が蔓延するばかりで「良民蟄伏悪徒横行世治上」多大なる影響が及ぶと、行政による厳しい対応を求めた「司法省伺」（明治一五年一二月二〇日付）でも、賭博の弊害がつぎのように述べられていた(11)。

都鄙一般無頼放蕩に陥らしむるも賭博なり、財産産業を失はしむるも賭博なり、争論闘殴を促がすも賭博なり、詐偽賊盗を為さしむるも賭博なり、総て悪事醜行賭博に原因せざる者は殆ど稀なる可し。

そしてこのような生活からの逸脱、諸悪の病因といったまなざしの下におかれた賭博を、とりあえず博徒でしるしづける。とすると、それが様々な形をとって増殖、伝染し始める。賭博も、明治一〇年代、大流行したコレラのアナロジーとして存在していたかのように。

そしてコレラが「衛生問題」となったように、貧困、下層社会が「社会問題」として見出される。それは貧困、下層社会を社会の病理と見なすような視線によって、つまりそれも「労働」から見出される。明治二〇年代に入ると、鈴木梅四郎『大阪名護町貧民窟視察記』（明治二一年）、桜田大我『貧天地餓寒窟探検記』（明治二三年）、松原岩五郎『最暗黒の東京』（明治二六年）、といった「細民社会」のルポルタージュが登場することになるが、それはこういった出来事が進行していたことを端的に物語っているだろう。そうなると、賭博はそういった病理の原因、治療の対象とも見えてくる。賭博が、自堕落で勤労精神を持たない自律心のなさを示し、その頽廃を助長している。だらしがないから賭博などにうつつをぬかす、賭博などをするから働くことを嫌い厭うようになる。貧困（だらしなさ）と賭博は切っても切れない関係がある。賭博の蔓延は貧困、下層社会をしるしづける固有の劣等性となる。たとえば、つぎのように(12)。

この輩流が恒産を擲ち常業を棄ててこれ（チーハー）に熱哀し、身を亡ぼし家を失う者は全くこれらの談（大きな当選金を得た）に神魂を奪わるがためなり。今や七八《チーハー》の勢いはコレラとその兆を同じうせり、今に及んでこれを防がざれば、その社会を芥毒する尠少ならざらんとす、当局者厳重に探偵を尽くせ。

このようにして貧困、下層社会の原因が賭博という点からも説明されるとすれば、その予防、治療は賭博からも行わなければならなくなる。賭博の誘惑から抜け出すことが、道徳心、自律心の向上の証しとなる。勤労意欲と賭博に相関関係があるとするなら、モラル教化の指標は賭博の減少からも測られる。先にふれた『明治一五年明治一六年地方巡察使復命書』での博徒の横行、賭博の蔓延をめぐる饒舌なおしゃべりは、それを逆の形で示しているだろう。繰り返せば、このようにしても「労働」が作り出されていく。

明治二〇年代に入る頃から新聞紙上につぎのような記事を数多く見出すことになる(13)。

築地より浜町辺の町〻には、先頃よりチーパ《ママ》ーと唱ふるものの流行凄まじく、裏店住居の其日暮しの者共迄南京米買うべき銭、寝酒飲むべき料、財布の底敲きて札買へども、嘗て中りといふを占めたる者なし……兎にも角にもかかる浅墓なる振舞して無けなしの銭失はぬこそ肝要なれ。

チーハーは、居留地から発生した中国系譜の新たな賭博で、一〜一〇銭と廉価で、毎日、運び人が販売と当選の通知にあたる仕組みで手軽に購入できたから「下層社会」で愛好され、大流行したものだった(14)。各新聞で見る限り、明治一〇年代に入るか入らない頃から横浜におけるチーハーの流行と取締りの記事が登場し始める(15)。東京でも、築地の居留地を本拠地として行われ、明治二〇年代に入ると、深川木場町や日本橋蛎殻町などのいわゆる「場末小民」の地域にまで広がり、流行を見せていた(16)。明治二五（一八九二）年には発行元が、中国人のものが築地に一〇ヶ所余、その他の所には日本人だけで取り仕切るものも含めて数十ヶ所に上り、全部で五〇ヶ所以上に及んでいたという(17)。このチーハーが、貧困、下層社会のしるしづけを強化するものとして活用されていく。あるいはその視線がチーハーの流行を問題としてとらえさせる。先の引用をもう一度引けば、「裏店住居の其日暮しの者共迄南京米買うべき銭、寝酒飲むべき料、財布の底敲きて札買へども嘗て中りといふを占めたる者なし……兎にも角にもかかる浅墓なる振舞して無けなしの銭失はぬこそ肝要なれ」、というように。貧困なるが故に賭博の泥沼にはまる、賭博の誘惑から抜け出さない限り貧困からの脱出はない、一生懸命に働いて倹約せよ、道徳心を持て、自らを律せよ、と。賭博に対する罪の意識の啓蒙とでもいえようか。その効果を可視的にすることを目的にするかのように、明治二〇年代、このチーハーへの厳しい取締りが何度も繰り返される(18)。その後チーハーは、いわゆる初期の労働運動の場面でも労働者を堕落させる病理としても叩かれる(19)。

そしてこういった博徒や下層の賭博への厳しい取締りは、一方における社交としての賭博が黙許という状況を浮かび上がらせてしまう。法的な公正、社会正義を欠いているではないかと。また博徒や下層の賭博へ振り向けられた視線も、階層による賭博の区切りを無効にしていっていた。なぜならそれは「内面」から律すべき道徳、倫理の問題となろうとしていたからである。それに社交を摘発する政治的、社会的反発も押しとどめることのできないものとなっていた。これらが相乗的に融合しながら作用して、今度は「上流」の賭博をその標的としていく。賭博に関して、「不寛容」な言説、視線がはりめぐらされていった。

冒頭の話にもどれば、この手続きが成立していくなかで、スポーツとギャンブルは切り放されていき、スポーツにギャンブルを持ち込むことが、あたかもスポーツを汚すような「虚構」が実体を持ってしまうことになっていくというのが、私の考えである。

3 「上流」の賭博――スキャンダル化

明治二〇(一八八七)年四月の仮装舞踏会を契機としたスキャンダルが、舞踏会や「鹿鳴館レディー」、女学生を追いつめ、それとともに「上流」の道徳的頽廃がさんざんあげつらわれていった(第四章第二節)。明治一〇年代後半から二〇年代にかけて、賭博が「上流社会」の交際上の「教養」のようになった状況が現出していたが、今度は、それだからこそ「上流」の賭博が、「上流社会」の頽廃の格好の標的として叩かれていくことになった。

ここでも、明治二〇(一八八七)年四月の仮装舞踏会のように、それを劇的に示した事件が起こっていた。明治二五(一八九二)年四月に表面化した「法官弄花事件」だった。児島惟謙大審院院長らの大審院判事が待合いで芸者を

図４　法官弄花事件に関する社説

明治廿五年五月三日　年中無休刊　第五千三百廿三號　(一)

讀賣新聞

注意
◎両議院成立す
◎衆議院正副議長確定す
◎島田三郎氏壮士の暴行に遇ふ
◎壮士稲垣代議士の邸に闖入す
◎島田孝之氏の當撰訴訟棄却せらる
◎弄花事件に付懲戒裁判を開くに決す

讀賣新聞

○弄花事件は興味に付すべからず

(『読売』明25・5・3)

交えて賭けて花合わせあるいは花骨牌と呼ばれた花札を行い（以下、「花骨牌」と記す）、大審院内でその勝ち負けを挨拶代わりに話題にしている、という噂が広がり始めた(1)。児島らに辞職を勧告した「怪文書」が出回り、検察当局が柳橋芸妓一八名を取り調べたあたりから社会の注目をあび始め、政治問題ともなっていった。この児島は、よく知られているように、前年の大津事件の裁判で政府の圧力にも屈しなかった「硬骨漢」で、司法の独立を守ったと評価される人物。事件そのものは、刑法上も賭博罪として成立しないものであり、児島らは六月二七日から懲戒裁判にふされたが、七月一二日免訴で法的な決着がつき、結局司法部内の派閥争いに利用されただけに終わってしまった観があった(2)。だが、ここで問題としようとしている文脈から見れば、この事件で明らかになったのは、別のところにあった。それは、すでに賭博をするという行為そのものが、あるいは賭博をしたと噂されるだけで、裁判官のモラルに関わり、辞職に値するということに誰もが逆らえないような時代をすでに私たちが迎えようとしていたということだった。たとえば、つぎのように(3)。

裁判官の職に在る者にて賭博を為すが如きは司法権を蔑如

し大審院を汚したるものなり速やかに辞職すべし。

各新聞は、四月下旬から七月にかけて、それこそ連日、この事件の「真相」やその波紋を報じていった（図4）。そこに共通していたのが、この記事のように、判事と花骨牌という取り合わせが、そのことだけで既に問題を形成するということであった。いいかえれば、判事が金銭を賭けて花骨牌をすることが、裁判官の品位に関わり、裁判制度の根幹を揺るがす、といったまなざしがあらかじめの前提とされていた。モラルに欠ける行為、破廉恥だ、と。児島らにしても、これは意外なことであったろう。当時としてはごくありふれた「楽しみ」、「教養」を行ったにすぎないはずだったからである。だが時代は、そこに芸妓を絡ませれば、スキャンダルとしてはこれ以上にない取り合わせとなるところに入ろうとしていた。そして、その過程でのそれをめぐる賑やかなおしゃべりがまた、そのまなざしをますます強化していた。

こういったまなざしが元来私たちに存在していたわけではなかったし、またもちろん、この事件で一気にそれが形成されたというわけでもなかった。本章第一節でもその大ざっぱな手続きを述べたように、明治二〇年代にそれが進行したというのが私の考えである。以下改めて、それを詳しく述べてみたいと思う。

まずこういった「不公正」への不満は、明治二〇（一八八七）年四月の仮装舞踏会のスキャンダルを契機にして、「上流」の賭博に対する反感が、つぎのように人々の口に登るようになっていた(4)。

下方人民には種々人民の御禁制あれども、上方高貴方の所には何でも御停止なし、御勝手やりほうだいなり、下方人民にて博奕を行へば直に懲役に処せられ、高貴方の花ガルタは金銭を賭しても御尤めなし、下方にて苛税之為に公売処分身体限あれども、競馬煙火の御游は御自由なり、此皆人民の膏血に非る歟など紛々紜々。

「人民」は賭博を禁制されているのに、「高貴方」は勝手やりほうだい。「下方」は生活に苦しんでいるのに、「高貴方」は、その「人民の膏血」で競馬、花カルタに耽っている。こんな鹿鳴館時代はまちがっている、といったことにでもなるだろうか。仮装舞踏会で一気に燃えあがった欧化主義に対する反発が、「下方人民」と「上方高貴方」の博奕への対応への差異の「不公正」を、このように際立たせてもいた。その「上流」の賭博として、直接の対象となっていたのが、「法官弄花事件」の主人公となった花骨牌であった。この花骨牌、日本版のカードとして鹿鳴館時代、社交の手段ということで、「官吏や雲上の公達に」大流行、芸妓が好んだこともあって「紳士」の間でも流行していたものであった(5)。「貴顕紳士」が集まる席では花骨牌が付物となり、花骨牌を知らなければ、紳士の列には加われないといわれるような状況にもなっていたという(6)。女学生や「淑女」も、大いに嗜んでいた(7)。本章第一節でふれたように「上流」の賭博は遊楽としてなら禁制の対象ではない、というのが当局の見解であり、少なくとも黙許という形で奨励していたから、そのままでは流行の歯止めはなかったといってもよかった。現在のイメージでは、花札といえば、古くさくモダンな印象を受けることはないが、当時は「上流」のものであろうとしていた。

先のような反発の声におされて、明治二一(一八八八)年末から翌年にかけて、時の黒田清隆首相が、賭博の取締りが博徒や下層社会に偏り、ある部分にはそれが行き届かないというのでは、大いに公平を失うきらいがあり、施政上の信用にも影響すると、「上流」の賭博を厳重に取締まることを、警視総監に指令を出さざるをえなくっていた(8)。ただ現実には、たびたびその取締りがささやかれながら、すぐに着手されることはなかった(9)。

だが時間が経過するにつれて、「鹿鳴館レディー」、女学生のスキャンダル化が一層進展し、また大隅重信外相の条約改正交渉が文字通り爆裂させられ、議会開設と共に政府と民党の対立も激化し、反政府の言論や運動が強まっていくとともに、賭博に対する取締りの不均衡、法の怠慢を告発する言説がさらに強まっていった。たとえば、つぎのように、賭博の取締りは、「賤者罪あり貴人罪なし」の状況ではないかと(10)。

而して貴顕、紳商即ち所謂社会の上流に位し名誉の源泉を以て目せらるる者にして、之を為せば、警官其中に入らず、刑條又之を罪する能はす、否独り罪せざるのみならず、今の顕官高士たらんと欲する者は、此戯を知らざれば、未た其資格を備えたる者と称すばからずとかや、而して後者（貴人）の賭博は之を称して花合と呼び、前者（賤者）の賭博は之を「むき出し」に一六勝負と呼ぶ。

図５　勧業義済会の物品の縦覧と分配開始を伝える広告

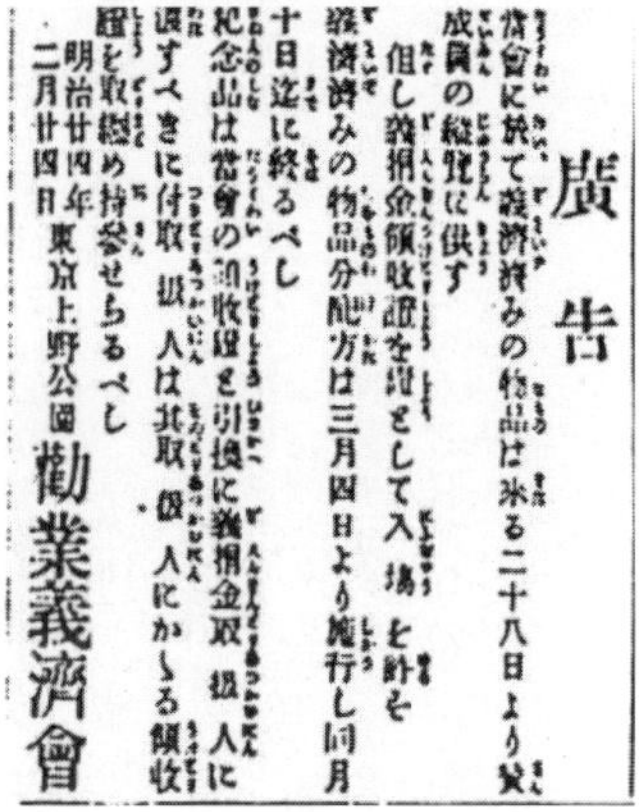
廣告

當會に於て救濟濟みの物品は來る二十八日より賛成員の縦覽に供す

但し義捐金領收證を證として入場を許す

救濟濟みの物品分配方は三月四日より施行し同月十日迄に終るべし

紀念品は當會の領收證を引換に義捐金取扱人に渡すべきに付取扱人は其取扱人にかゝる領收證を取纏め持參せらるべし

明治廿四年二月廿四日　東京上野公園　勸業義濟會

（『朝野』明24・２・26）

そして、このいわば「社会正義」を求める声は、博奕を取締りにあたる人物たちこそが博奕の主動者に他ならないのではないか(11)、またこういった状況に警鐘を鳴らすためにこのような「紳士」を引致すべきである(12)、といった「上流」の取締りを待望する空気を醸成していった。「上流」の賭博を叩くことは、政治的にも、また社会的文化的な状況に対しても、「ナショナリズム」の側に立つことにもなっていた。ここからも「生まじめな人々」の社会に向けての手続きが進行していった。

またこの頃には「勧業義済会」なるものをめぐって、富籤の是非という問題も浮上してきていた。この義済会は、明治二三（一八九〇）年の第三回内国勧業博覧会出展者の経済的損失の救済を謳って設立され、一枚一円の番号付抽籤券を発売、明治二四（一八九一）年三月にその未売却の出展品を賞品として、第一回の分配、一〇銭から四五〇〇円までの高価な出展品が当たるということを売りとしていた(13)（図５）。この義済会は農商務大臣陸奥宗光のアイデアになり、博覧会事務官長花房義質や同審査官長久鬼隆一らが賛同(14)、明治二三年冬には榎本武揚が名誉会頭に、花房義質が同副会頭に就任することを内諾、義済会は、半ば政府公認の組織のような体裁を呈し、官吏たちも一種の義務として購入、民間に対してもその抽籤券購入の勧誘に努め、明治二三年末で募集金一八万円余という大きな金額を集めていたという(15)。これをある人物が、第一回の抽籤に先立つ明治一四年一月下旬、富籤類似行為だとして警視局に告発した(16)。目的が義捐を謳うからといっても富籤であることに変わりはなく、「僥倖の利を以て民心を誘惑するものにあらずして何ぞや」、もし許されるなら花骨牌、トランプなどの賭けも義捐を唱えば罰せられないことになる、というのがその告発者たちの理屈だった(17)。これに対して公益に属するもので富籤にはあたらない、というのが内務省警視局第一局長の見解だった(18)。これを受けて告発者たちは三月、「勧業義済会に関し是非を問う」や「勧業義済会の方法は富籤興行と同一なるや否や」と題された討論会や演説会を開催、またその一方で帝国大学教授鳩山和夫らが義捐、公共救済で富籤にはあたらないとの論陣を張るなど社会の注目を集めていった(19)。

そのなか三月に予定されていた第一回の抽籤がたびたび延期されたうえに、義済会が陳列場から出展品も引き上げてしまったあたりから(20)、雲行きが怪しくなってきた。詐欺ではないかとの声もあがり、また横浜の居留民らも義済会告発の動きを見せ(21)、さらに九月には義済会委員三名が出品物を持ち出して売却した容疑で逮捕されるまでにいたった(22)。翌年五月、その内二名が重禁固一年三ヶ月の有罪判決を受ける(23)。当然、義済会の広告塔の役割を果たした榎本武揚や関与した官吏らの責任追求の声もあがり(24)、ことはスキャンダル化していった。榎本らは、その売却品の回収に努め、検事局に打診を行って当初予定の分配を実施しようとしたが(25)、この時は、警視局が先とは異なり富籤行為に該当するとの見解を示したことで行き詰まった(26)。翌明治一五（一八九二）年七月には疑念や不満の声を強く残しながらも、ともかくも委員らの手によって物品の処分が行われ、ひとまず決着を迎えた(27)。

結局、榎本武揚や官吏らの責任はあやふやなものになってしまったが、彼らの関与、及び先の警視局の見解は、この義済会の富籤あるいはその類似行為が、不忍池競馬場と同じく、ある公の目的を実現するためという理由で、黙許されたうえでのものだったことをうかがわせている。それが、このような形でスキャンダル化したことで、この義済会をめぐる出来事は、富籤を摘発させていく力を顕在化させ、強化するものとして働いたということになるだろう。

振り返ってみれば、富籤及びその類似行為に関しては、明治維新以来、法的には厳禁されていた。明治一五（一八

図6　岩崎久弥の「弟勝弥」に関する報道の事実無根の告知

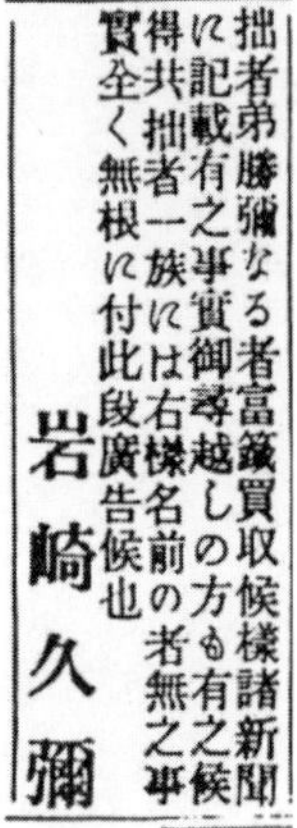

拙者弟勝彌なる者富籤買収候樣諸新聞に記載有之事實御尋越しの方も有之候得共拙者一族には右樣名前の者無之事實全く無根に付此段廣告候也

岩崎久彌

（『日日』明25・11・12）

八二）年、太政官布告でさらにそれが強化されたとはいえ、治外法権の横浜や築地の居留地では、マニラ政庁が発行するマニラロッタリーなどが発売されているだけでなく、日本人も居留民の名義を借りて富籤を発行するなど、現実的には、放任状態でもあった。この状態に対して、おそらくこの義済会事件も一つの契機となって、対処が要請されたのであろう、居留地で発売されていたマニラロッタリーなどへの警察による取締り開始が報じられたのは、その明治二四（一八九一）年七月のことであった(28)。その結果、これらのロッタリーを購入したとしてある日本人が逮捕されたが、明治二五（一八九二）年五月結局、外国人からの購入には賭博罪を適応できないと放免されてしまった(29)。この推移も富籤に対する厳しい法の適用を求める声を刺激することに一役をかっていただろう。またこの明治二五年一一月頃、三菱の岩崎久弥の弟「勝弥」（実在しない）が横浜で購入した富籤で五万円を当てたという噂が広まり、久弥が新聞広告で事実無根を訴える（図6）という出来事も起こっていた(30)。こうして、富籤からも、賭博に関する「不寛容」な言説が、はりめぐらされていく。

こういった状況を受けて、明治二四（一八九一）年五月成立した松方正義内閣の内務大臣品川弥二郎は風俗矯正をその大きな方針として打ち出し、猥褻画やそれを掲載した雑誌などを次々と発禁に処し(31)、また「密売淫」取締りを厳しくしたりした(32)。その一環として「上流」の賭博の取締りの強化を表明、花骨牌の厳重の取締りを各警察に内訓して、「紳士」の引致をほのめかし、「上流」の腐気を一掃を謳った(33)。これで、つぎのようにさらに「上流社会」の取締りの断行を待望する声が強まった(34)。

内務大臣の矯風政策は、其評判甚た高く大に世上の耳目を聳動せるものあり、大臣の矯風に鋭意なる尤も賞賛すべしと雖も、世人は其の重に下流社会の敗俗を矯むるに傾き、却て上流社会に対する矯風策の未た顕著なるものあらざるを惜しみ、寧ろ其力を用るの方針を顛倒して、更に上流社会の矯風を以て主位に置かんことを希望するものの如し。

ついで花骨牌の全面発売禁止も検討される。もっとも警視総監は、この禁止に対して、トランプ、囲碁、将棋等の禁止にもつながり娯楽を奪いかねないと、懐疑的だったが(35)。

ここで、格好の獲物として待ちかねられていたかのように、明治二四(一八九一)年一〇月頃、鹿鳴館内の東京倶楽部における賭博をめぐっての噂が登場した。同倶楽部は、時の外務卿井上馨の肝煎りで、明治一六(一八八三)年に設立された内外の社交クラブであったが、そのクラブが、実態かどうかは別として、「上流社会」の頽廃の象徴そのもののように賭博の巣窟となっているというものであった。陸羯南が社長を務め、政論紙としての格調を自他ともに誇った『日本』は、東京倶楽部での賭博の有様をつぎのように描いていた(36)。

(鹿鳴館内におかれている東京倶楽部は)名は社会の交際を進め内外国人の友誼を親密にするが為めなれども、扨て社会の交際とは如何なるものぞ、此の解釈を適当に解し去るもの此社中に幾人かあるや、試みに其の社に至りて見よ、円球盤上に跳り、花牌卓上に排せらる曰くチーパー《(ママ)》、曰くプール、凡そ勝敗を決するに依て快楽を得べき遊戯の具は一として備らざるなし、甲乙盤に対して球を突けば丙丁卓を囲んで花を弄す、一離一合一勝一敗賭する所のものは悉く是黄白の阿堵物、敗者のポッケットより直に勝者のポッケットに入り、失意者の手より忽ち得意者の手に移り、一瞬の間に栄枯地を易え貧富位を異にす。

こうして負けがこんで、高利貸しなどから借金に借金を重ね、ついには「之か為めに産を破り家を傾け、信を失い、名を堕し、遂に一族の体面を損ふに至るもの往々にして」、三人が破産した。しかも三人だけでなく、「尚ほ此の他に此の禍害の未た破綻を顕さざるものを求めば其数甚だ少」なくない、として『日本』は、続いてつぎのように論じていた。

今や風紀の事頗る人の口に上る、然れども其の禍機の伏する所、焉ぞ彼に非ずして此に在るを知らんや、況んや此の社の為す所の如き明かに法令の禁ずる所なるをや、只だ白雲深く鎖して俗人の到るを許さざるのみ、当局者たるもの豈に注意せずして可ならんや。

東京倶楽部は、名を社交に借りた賭博の巣窟である。そこではあらゆる賭博が行われ、多額の金が動き、借金で身を持ち崩す悲惨な事例が現実に起きている。当局者は、「下層」を取締まるばかりではなく、なぜ鹿鳴館に踏み込まないのか、放置していることの政治的、社会的責任は重い、これが『日本』の主張だった。なおここで破産したとして問題となっている三人は長岡護美、松平某、万里小路通房、勝者としてあげられている三人は石井邦猷、沖守固、大久保利和であったが、その真偽をここでは詮索しないでおく。なお長岡、万里小路、石井、沖は、競馬の場面にも登場していた。

ここで注目したいのは、セックス・スキャンダルで鹿鳴館、社交を摘発していっていた視線に賭博も絡みとられようとしていたことである。鹿鳴館、社交というしるしづけを媒介とすれば、セックスについで賭博をスキャンダル化することが容易にできるようになっていた。鹿鳴館、社交というイメージが喚起させるものは、すでに充分すぎるほど「上流社会」の風紀の紊乱と頽廃と「イカガワシサ」を象徴するものとなっていた（第四章第二節）。それが「上流」の賭博の問題化に活用された。「上流」の賭博が、社交として存在しようとしても、すでにその社交そのものが「イカガワシイ」ものへと変容していた。逆に「上流」の賭博が鹿鳴館時代の「欧化主義」の産物であるだけに、それが一層摘発の言説を正当化させていく。こうして、私たちはセックスや賭博に「厳格、不寛容」であらねばならない、という手続きが進行していく。明治二〇年代の「ナショナリズム」は、その心情的部分に、こういった「厳格、不寛容」を繰り込むことで、さらなるエネルギーを与えられていたともいえるであろう。

このような鹿鳴館時代への政治的、社会的反発が、さらに「博徒」や「下層社会」の賭博が問題なら、「上流社会」の賭博も問題だ、といった法の不公正、怠慢を告発する声にエネルギーを供給して、たとえばつぎのように「上流」の賭博を追いつめていった(37)。

花合の流行は実に世を挙げて皆然るなり、紳士之を嗜み、書生之に耽り、淑女亦之を弄す、啻に市井の無頼と陋巷の娼婦とのみならざるなり、之を公言して憚らず、之を盛行して耻とせず、却て交際の要具となりと称し、亦之なければ実に或社会に於て交際を謝絶せらるるの状あり、弊も亦極れる哉……嗚呼旧来賭博なるもの行われざるに非ず、然れども其之を為すは、所謂博徒の亜流にして下等なる賎民の独り弄ぶ所なりき、今や即ち然らず、其最も之に耽けるは賎民に非ずして、却て実に上流の社会にあるなり、上流者既に之を恥とせず之を公行す、世を挙げて滔々流行し来れるも当然なるのみ、而して彼の警察の厳なるも其及ぶ所は貧と賎との者に止まりて富と貴に及ばず、所謂上流の者は白昼公堂に之を弄そんで而して憚らざるなり。

「市井の無頼と陋巷の娼婦」の賭博を「紳士、書生、淑女」が交際の要具とすることは何事か、「下流」だけでなく「上流」も取締まれ。そして、それは一方に対する厳罰、もう一方に対する黙許といった階層による区切りを取り払って、賭博そのものを問題化していくまなざしの形成を告げていく。「大に勤労心を欠き遊惰に流るる」病理を生み出しているではないか(38)、というようなものを。「博徒」と「下層社会」のしるしづけを転用した「労働」からの「上流」の賭博への告発、それは賭博の階層性による区切りをなくしていく。賭博をすることは、「博徒」や「下層」と身を同じくすることを自ら刻印することになってしまう。つい先頃までは「紳士、書生、淑女」の社交として存在しようとしていた賭博は、自らの品位に関わるものとしての問題を形成するようになっていた。「法官弄花事件」直前の明治二五（一八九二）年二月二四日、富田鉄太郎東京府知事は、各課長及び属官等に対して、酒宴の席又は座興として行う花骨牌、ホィスト、ポーカーなどの禁止を通達(39)、これより先の明治二三（一八九〇）年には、花骨牌に関して取り調べられた官吏が三千人余に及び(40)、翌明治二四（一八九一）年には官吏が数名とはいえ、弄花のため免職(41)、ある代言人も禁固・罰金刑を言い渡されていたという(42)。

このようにして「法官弄花事件」の準備が整えられていた。賭博は、階層の如何を問わず、いや「上流社会」に属する者にとってこそ、品位の問題とされる。賭博を行えば、あるいはそう噂されただけでも、破廉恥でモラルに欠けることになる。

之醜事件、果して事実なりや否や未だ之を確知すべからずと雖も、若し其現行犯ならざるの故を以て罪なしと謂はん歟、刑法上の罪は之なからんと雖も、懲戒法上の罪を奈何、否公徳の上に於ける其罪を奈何、司法官なる者は最も信用を保たざる可らず、今回の事件の如き最も信用を失する所以ならずや(43)。

抑々金銭を賭して、骨牌を弄するが如きは、固と市井無頼の儕輩が好んで為す所の遊戯にして、士君子の苟くも手に触る可らざる所のものなり、況んや身、非違を訊すの職に在り、官、司法の最高等に居る大審院の判検事にして、仮にも陋醜事件の為に嫌疑を受け、法廷の公開を煩はさんとするに至りては、仮令裁判は結局其無実を証明するとなすも、司法官全般の威厳を損し其名誉を損うこと決して鮮少にあらざるなり(44)。

「無頼の徒」と同じことをする者は裁判官失格だ。賭博に関心さえ抱かないのが「品位」の証であり、もし関心を持てばそれだけでも「品位」の汚れを示している、事態は憂うべきである、というわけである。道徳、モラルが、こういった態度をとることを要求する。とするなら、「然るに同じ法律の下に立ちながら、一は公然之を行うも罪を免れ、一は隠然之を犯すも忽ち罪せらる、彼の賤民其の罪の外に如何なる罪あってか独り偏頗の処置を受けざるを得ざるか」(45)というような、以前から繰り返されていた法の前に貴賤なしといった、あるいは懲戒されるかどうかに司法の威信がかかっているといった言説が(46)、モラルや道徳と手に手を携えた「社会正義」のそれとして、事件のスキャンダル性を強める作用をしていった。実際このスキャンダルは、「而も一国法律の淵源たる最も忌む所の賭博に類する弄花を為したり抔の説を生じたるは其責司法大臣行政職務に懈怠に帰せざるを得ず」(47)、と時の田中不二麿法相の六月二〇日の辞職の直接の契機ともなるほどの衝撃力を持っていた。ただし民法商法施行延期法案を衆議院、貴族院が可決上奏、政府もこれを承認したことへの田中の不満が背景にあったが。

事件そのものは、賭博罪を構成しないことで(旧刑法は現行犯逮捕が原則)、児島ら六名は「官職上の威厳又は信用を失うべき所為」として六月二七日から懲戒裁判にふされ、その結果七月一二日免訴とはなったが、当初、頑として拒んでいた児島も、世論に押され、結局このスキャンダルの責任をとった形で八月二三日辞任する(48)。この辞任は、事件そのものが、どのような発端でどのような結末を迎え、また何が「真実」であったにしろ、この事件をめぐる言説が、賭博を単に法の問題でなく破廉恥といったような「品位」の問題、つまり賭博を一人ひとりの「内面」からの道徳、倫理の問題とする視線を強化させていったことを示している。ことは、児島らの弁護であれ追求であれ、事件をめぐるおしゃべりがどの様な形をとっても、つぎのように「道義、徳義上」の問題として語られていたからである。

法律上潔白の身となるも、一旦社会に流布したる風評は消滅せしむること能はず、否假令座興にもせよ、弄花の事実あれば、其不応為の責を負ひ自ら退官すること為らん(49)。

若し法律世界の外に道義の世界あり、道義の命令頗る尊重すべきものとすれば諸氏焉ぞ平然たるを得ん、余輩は敢て諸氏の処決を求むるものなり(50)。

(児島院長以下、懲戒裁判では青天白日の身となったが）諸氏既に此栄誉を荷ふ、宜しく之に対するの処置なかるべからず、即ち潔よく其身を退き、以て社会に謝する所なかるべからざるなり、……（その地位に留まるなら）吾輩は諸氏を以て亦た一個破廉恥漢と呼ぶに躊躇せざるべし。蓋し今回の判決たる法律上の判決のみ、諸氏が徳義上の責任は依然として変す所なし、即ち「ジャウダン」にもせよ「ホンマ」にもせよ、待合茶屋に於て芸妓を相手に賭博を行ひしことは、明々白々復た減ずへからざるものあり、……（たとえ金銭を賭けていなかったにせよ）均しく是て賭博のみ、古来士君子の為すを恥づる所、而して堂々たる一国の最高法官之を為す、豈に不徳義の極にあらずや、仮令表面上其罪を免るるも、裏面上飽くまで其責に任ぜざるべからず、是れ吾輩が諸氏に向て潔白なる処置を勧告する所以なり(51)。

このように「道義、徳義的責任」をとって辞任しろとの大合唱が巻き起こっていた。そして辞任後にもつぎのように語られた(52)。

余輩は司法部内有為の人物を失いたるの憾なきにあらずと雖ども、大臣の硬直能く其情弊を一掃し、徳義の制裁茲に勝利を得て諸氏亦永く徳義の奇貨を受くるを免れたるを思へば、世人の此一挙に満足なる知るべき也。

事は、少し前までは、生活の一コマ、あるいは社交として楽しんでいた他愛のないものにすぎなかったのに。鹿鳴館時代におけるこの一連の過程は、人々のなかに「労働」が自発的に我がものとされる過程を賭博からも語っていた。「労働」が賭博を「内面」の問題として見出させる。そしてその「労働」が一人ひとりのものとなれば、それが自省の基準を形成し、賭博に対して自発的に自己拘束的な抑制を働かせる。それは、「賭博に興味を持つのはあなたの精神に問題があるのだ」とささやき、自分を支配してしまう。賭博は「健全な精神」からの逸脱となり、悔い改めるべき対象となる。その逸脱は、不健全、悪しきこと、病理であり、後ろめたく、やましいことなのだから、賭博（射倖心）は、そういったものの表徴となる。「内面」に「健全な精神」を持つべく自ら律しなくてはならない。法にふれる犯罪だからではない、道徳・倫理的な逸脱、病理なのだから一人ひとりが我が身を律すべく自制しなければならない。そして賭博は社会的タブーともなる。鹿鳴館時代、賭博の問題化がこのようなプロセスで進行したというのが私の考えである。それはこの賭博からも明治国家の形成を告げようとするものだった。私たちは「生まじめな人びと」の社会に生きることになろうとしていた。賭博が背徳的行為として、たとえば「文化人」に刺激を与えるというような倒錯した心理は、こういう手続きの成立なくしてはありえないだろう。

ここで、この明治二五（一八九二）年のもう一つの賭博をめぐる出来事に、簡単にふれてみたい。それはこの年の秋、賭博律廃止運動が東洋義友会の宮地茂平、津田官次郎他一二五名によって、甲州、上州、野州を基盤に展開されようとしたことであった(53)。一〇月一一日には「京浜の侠客親分」の懇親会を開いて、将来の運動のことを協議していた(54)。目的として謳ったのはつぎのようなことであった(55)。

この沈睡せる社会を覚醒し、大いに財物の融通を謀り、社会に活気を与え、不景気を挽回する目的並びに刑法上に賭博律を置くの不道理なることを認め、断然賭博律を廃し、公に大いに賭博を行い、盛んに富籤を興すよう致度。

この運動は、単なる思い付きではなく、国民協会を当てにして実現の可能性を見込んだものだったようである。というのは、この年のいわゆる選挙干渉事件における博徒の働きへの見返りとして国民協会が、富籤の官許案を第四議会へ提出する動きを見せていることが伝えられていたからである(56)。また宮地らは、東洋義友会のめざすところとして労働者や小作人等の保護を謳い(57)、そして賭博律廃止も所有権への侵害という観点から主張しており(58)、思想的な背景を持っていたこともうかがえる。宮地は、自由民権運動さかんな頃、政府に日本脱管届を出してもいたが(59)、そのような思想性がここにも活かされていた。だが運動としては、その一一月の賭博律廃止大会が、社会の安寧秩序を妨害すると解散させられ、東洋義友会も結社を禁止されてしまい(60)、あっけなく終わりを迎えてしまう。ただそうではあっても、宮地らのこの動きを、ここまで述べてきた賭博の問題化の文脈において見ると、「生まじめな人々」の社会が生成されていくことに対する批判からもそれらが生み出されていたように思える。

ともあれ賭博(射倖心)と「健全で文化的な社会の基礎を成す勤労の美風」とを対立するものとするまなざしは、自明のことのように見えるが、このような賭博の問題化によって生じた新たなものだった。それは鹿鳴館時代の終焉を賭博からも告げていた。

まさにそのとき競馬場の賭け(馬券)に対しても、このような問題化の視線がとどき始め、その介入を受け始めようとしていた。それが「法官弄花事件」と同じ明治二五(一八九二)年のものであることは単なる偶然ではなかった。私たちは、この時代以降、競馬をめぐる論議を、もっぱら馬匹改良という国策と馬券という賭博性との間に、どう折り合いをつけるかという形でもって見なければならなくなる。『時事新報』(福沢諭吉)が、明治二四(一八九一)年、賭博に対してもいたずらに道徳家を装わず、プラグマチックにつぎのように語っていた、その「明るさ」のなかにも、賭博の問題化の成功が告げられていたと思う(61)。なおこの社説は射撃の奨励を論じたものであった。

(江戸時代、大弓を参河一国に許すとともに)之を奨励するに金銭の賭物を以てしたるは、其法の最も巧みなるところにして、大いに我輩の意を得たるものなり、今の成法にては賭博は勿論、競馬端舟其他の遊戯に至る迄も金銭を賭するは一切禁制なれども其禁制あるこそ幸なれ、独り射的一事に限り其弊を解て金銭の賭を許すときは、全国の人心これに向はざんとするも得べからず……

このようなものが明治三九（一九〇六）年に、そのままの形で馬券黙許となって実現する。そして、明治三九～四一（一九〇六～一九〇八）年の馬券黙許時代になされたのが、現在もその呪縛から抜け出すことの難しい競馬＝賭博という自明さの「仕上げ」だった(62)。

6 失われてしまった馬たち

この章では、幕末期から鹿鳴館時代の競馬で活躍して注目をあび、話題を呼んだ馬たちを紹介していく。いってみれば「名馬物語」ということになるが、この時代の馬たちには、残念ながら、その言葉をあてはめることができない。というのは、馬の物語が血脈の継続と広がりをその不可欠の要素とするなら、まずその父と母の名を欠いているし、また、日露戦争後、サラブレッドやアラブが本格的に登場してくるようになると、日本馬と雑種馬は競馬場からは消え去っていく運命となり、この時代に活躍を見せた馬たちの子孫たちが現在に残されている可能性はまずゼロだからである。また横浜の競馬に出走していた中国馬は、騸馬であったから、元々その可能性はゼロである。このように、この時代の馬たちの蹄跡を書きとどめたとしても、現在の馬たちとは、血脈的に断絶しているから、その意味では、まったく現実的意義を持たないものである。だが、この時代の競馬がそれでも競馬であったことや、またこの時代の競馬の上にその後の競馬や馬政が存在していたことを明らかにしていくためにも、その作業を行っておきたいと思う。それに競馬史での「主役」は彼らにこそ演じてもらわねばならない。

幕末期に始まった日本の競馬の歩みを明治二〇年代半ば頃までたどっていくと、かなわぬ夢ではあるが、この時代に活躍した馬たちの子孫が、現在も競馬場を走っているとすると、どんなに楽しいかと想像するときがある。今ではまったく忘れさられ、また血脈的にも失われてしまっているが、バタヴィア、サムライ、タイフーン、鎌倉、岩川、墨染、ボンレネー、白雲、ダブリン、英（ハナブサ）、日光、ヤングオーストラリアなどといった馬たちの物語が、寓話も含めて語り継がれることになっていたかも知れないからである。

私たちは、日頃競馬に関心のない人までもが、ある馬を国民的英雄のように語り継ぐといったような文化を、かつてもそして現在でも持ち合わせていない。したがって、たとえばシンザン（一九六一～一九九六年）という同時代の野球でいえば王や長島に匹敵するような馬にしても、その認知度ははるかに小さなものにすぎない。況やその後の競馬に血脈としてはまったくつながらないこの幕末から鹿鳴館時代の馬など、遠い時間のなかでとうに忘れ去られてしまったのも当然である。だがそれでも、残されている断片的な資料を繋ぎ合わせただけでも、それなりに具体的なイメージを結ばせる馬たちが浮かび上がってくる。そういった馬たちを時期を区切りながら概観していくのがここでの直接の目的である。ただその資料のほとんどを当時の新聞に頼らざるをえないので、エピソードを交えたりあるいは競馬をめぐる様々な寓話を盛り込んでの叙述ということにも到底なりえないこと、またその馬の選択も私の独断にすぎないことをあらかじめ断っておきたい。なおここで取り上げるのは日本馬と雑種馬に限定するが、それは日本側の競馬に中国馬の出走を認めていなかったことによる。

まずは一八六〇年代の日本馬から始めて、明治一〇年代に登場した雑種馬、そして明治二〇年代半ばまでの日本馬、雑種馬と時代を下っていく方法で、そういった馬たちの蹄跡を追ってみたいと思う。

1　年号については、原則として一八七二年までを陽暦、日本で太陽暦が採用された一八七三年からは元号（陽暦）で表記する。
2　横浜のレース名に関しては、鹿鳴館時代の邦字新聞を参考にして日本語訳もつけた。
3　レース名等に関しては、レース名（賞金）、距離、頭数で表記した。

4　主な馬に関しては、生涯成績表もつけたが、一八六二（文久二）年から一八九二（明治二五）年の全レース成績に関しては、拙稿「鹿鳴館時代の競馬――明治一二～二五年　資料編」『富山大学人文学部紀要』第二二号、一九九五年、「横浜の競馬――一八六二～一八七八年　資料編」『富山大学人文学部紀要』第二三号、一九九五年に網羅してある。なお生涯成績表の年号については、第一節は陽暦、第二節以降は元号で表記、また品種については日本馬の限定戦をjp、日本馬と中国馬の混合戦をapと略記する。

5　それぞれの競馬場の1周の距離は、根岸が約一七〇〇メートル、戸山が約一二八〇メートル、三田が約一一〇〇メートル、不忍池が約一五〇〇メートルであった。当時の競馬の距離はマイル表示が基準で、私たちの町・間での表示も、一／二マイル＝七町二〇間、五ハロン＝九町一〇間、三／四マイル＝一一町、七ハロン＝一二町五〇間、一マイル＝一四町四〇間、一マイル一／八＝一六町三〇間、一マイル一／四＝一八町二〇間、一マイル一／二＝二二町と換算したものだった。その他、一ハロン（furlong）＝約二〇〇メートル、一ディスタンス（distance）＝約一〇〇メートル。生涯成績表では一ディスタンスを1disと略記する。

1　幕末から明治初年代の日本馬

1　バタヴィア＝Batvier――すべての馬に負けなかった

幕末期の競馬に関しては、記録としては、微かな蹄跡しか残されていないが、居留民の間で語り継がれることになる馬が一頭出現していた。バタヴィア（Batavier）、栗毛、体高一三ハンズ二インチ（約一三七センチ）、日本最初の西洋式ホテルである横浜ホテルの経営者フフナーゲル（Huffnagel）の名義の馬であった(1)。横浜の組織的な競馬の第一回の一八六二年五月一、二日春季開催に出走し、ここでも勝鞍をあげていたようだが、記録に残っている勝鞍は同年一〇月一、二日秋季開催、初日第三レース・横浜ダービー（Yokohama Derby）（賞金一五〇ドル）、三周1dis（約三七〇〇メートル）、三頭立を楽勝したときものであった。このレースについてアーネスト・サトウとJ・R・ブラックが、それぞれ次のように書きとめていた。

競馬の日だが暑い。賭けには加わらなかったが、わたしは会員になっていたので、特別観覧席に陣取った。最良のレースは三頭が出走し、一頭が他の二頭にわずか半馬身の差で勝ったレースである。もうひとつ良いレースは、馬場を三周してから、さらに直線コースを走るものだったが、バタヴィア号が終始リードをつづけ、おまけに一周余計にまわってしまった(2)。

すべての相手に負けなかった小さな馬のバタヴィアが、初めて自分の体内にある力をしめしたレースだった。この馬の向かうところ、勝利は容易であった。一〇ストーン一〇ポンド（約六八キロ）の騎手を乗せる横浜ダービーで、バタヴィアは他の馬どころか自分の騎手までも自由自在にした。そのわけは、このレースを報道した新聞がこう書いた。「しかし、力一杯走ったバタヴィアは簡単に勝った。騎手はくたくたになっていたので、手綱を引いて馬を止まらせないうちに、バタヴィアはさらに二回りもした」と(3)。

後の明治一〇年代になっても、居留民たちはこのバタヴィアを語り継いでいたから(4)、「すべての相手に負けなかった」強さは、強烈な印象を残していたことになる。

つぎに、バタヴィアの名が記録に登場するのは、先にも取り上げたが（第三章第三節）、一八六五年四月、前年一二月開設された遊歩新道において、一〇〇〇ドルという高額を賭けて、日本馬の代表として中国馬ラット（Rat）との間で行ったマッチ・レースであった(5)。

本日の早朝、久しく大きな関心を引いていた中国馬のラット(Rat)と日本馬のバタヴィア(Batavier)のマッチ・レースが一〇〇〇ドルを賭けて行われた。遊歩新道がコースとなり、スタート地点は谷戸坂だった。好スタートが切られ、ラットが先行し、不動坂あたりでは、六馬身のリードを奪っていた。ここでバタヴィアは脱落、ラットが楽勝した。タイムは一三分、距離は四マイル三/四(約七六〇〇メートル)だった。

おそらくその他にもこのようなレースを時折行い、最強の日本馬としての地位を保ちながら、二年半の間を健在で過ごしていたのだろう。このマッチ・レースの際には、バタヴィアの名義は、プロシャ人の商人でスイス領事を兼ねていたR・リンダウ(Lindau)に移っていた。リンダウは、厩舎White and Black Stableを経営し、優秀な日本馬を育て、また中国馬の輸入にも熱心だった(6)。一方ラットの名義はトーマス・トーマス(Thomas Thomas)、ストラチャン(W. M. Strachan)とパートナーを組んで、生糸の輸出では有数のストラチャン・トーマス商会(Strachan & Thomas Co.)を経営、また同時に二人で中国馬を主力とするタータン厩舎(Tartan Stable)を構え、すでに横浜の競馬で大きな位置を占めていた。したがって、このマッチ・レースは、双方の馬主(厩舎)の意地のぶつかり合いとなり、その産物として一〇〇〇ドルという高額の賭金になっていたのだろう。このバダヴィアの敗戦が、中国馬と日本馬の能力の相違を明確にした契機となった(第三章第三節)。このマッチレースも、横浜で語り継がれていった(7)。

一八六二年一〇月の横浜新田のコースの開催後に再び組織的な競馬が行われるのは、二年四ヶ月余の時間をはさんでの一八六五年二月の調練場(parade ground)での英国駐屯軍主催の開催(以下、「ギャリソン競馬」と記

図1　バタヴィアと騎手 E. シュネル

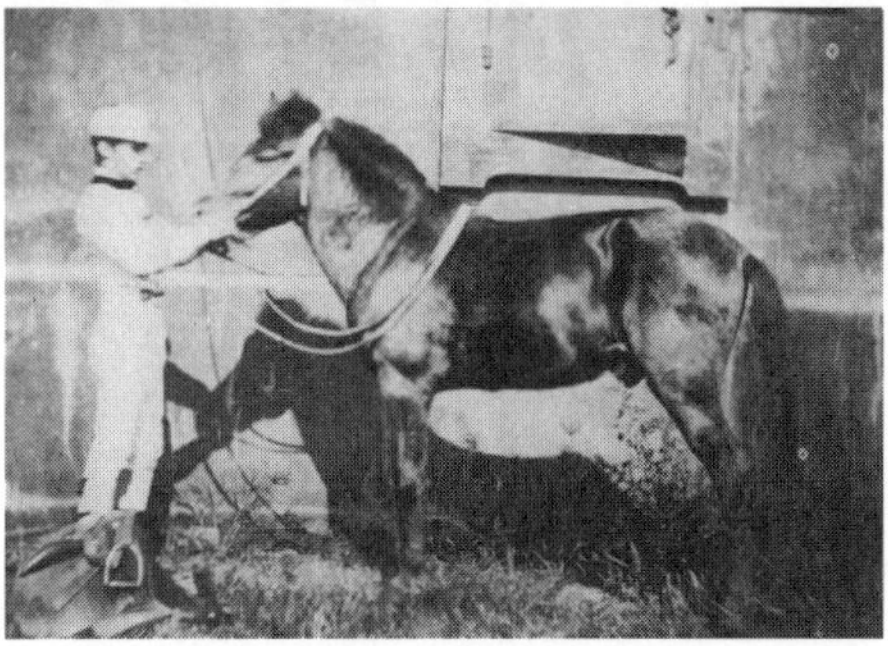

(ヘルマン・ムースハルト編著/生熊文訳『ポルスブルック日本報告　1857−1870　オランダ領事の見た幕末事情』雄松堂、1995年、209頁)

す）になるが（第三章第二節）、バタヴィアがこのギャリソン競馬に登場したのは、一八六五年一二月の鉄砲場（Rifle Range）での二回目、通算四回目のときであった。この開催では、それぞれ中国馬との混合戦の第五レース・スタンド賞盃（Stand Cup）、二マイル、六頭立と第六レース・日本賞盃（Japan Cup）（五〇ドル）、一マイル、八頭立に出走、ともに先のマッチレースで敗れていた当時の中国馬の最強馬ラットの着外となっていた(8)。

翌一八六六年三月開催の際には、日本馬限定となっていた第五レース・スタンド賞盃（Stand Cup）、二マイル、六頭立に出走、日本馬同士ではさすがに強いところをみせ、一〇馬身差をつけるという大楽勝を収めていた(9)。

そして記念すべき根岸競馬場の第一回開催、一八六七年一月一一、一二日に姿を現した。記録は初日分しか残されていないが、初日第二レース、サヨナラ賞盃（Farewell Cup）（六頭立）に出走、残念ながらモノグラム（Monogram）という馬の三着に終わっていた(10)。だが黎明期の横浜の競馬の象徴的存在であったバダヴィアが、ともかくも根岸競馬場に登場しただけでも、「古参」の居留民たちには感慨深いものがあっただろう。

続く五月七、八日の第二回開催では、二日目第八レース、日本馬のチャンピオン戦であった重量負担賞典（Handicap Plate）（賞金一〇〇ドル）、一周一ディスタンス（約一八〇〇メートル）、四頭立に出走してきた(11)。ここには、モノグラム、ファフアバラ（Faugh a Ballagh）、サムライ（Samourai）といった当時の強豪馬が顔をそろえた。各馬のハンデは、モノグラムが一四ストーン（約八八・九kg）、ファフアバラが一一ストーン（約六九・九kg）、サムライが一〇ストーン四ポンド（約六五・三kg）、バタヴィアが一〇ストーン（約六三・五kg）。「最軽量」のハンデというのが、バタヴィアの力の衰えを端的に示していた。レース結果もほぼハンデの評価通り、ファフアバラが一着、二着が先にバタヴィアを破っていたモノグラム、三着サムライ、バタヴィアは着外というものだったが、四頭がそろってゴールになだれ込むという接戦、判定は微妙だった。このレースの勝馬ファフアバラは、根岸競馬場第一回開催、初日第五レース・日本馬優勝賞典（Nippon Champion Plate）、一マイル、一二頭立に続いて、この第二回開催の初日第六レース・日本馬優勝賞典（Niphon Champion Plate）（一五〇ドル）、一マイル、五頭立を道中最後方から進み直線追い込んで勝って優勝戦を連

表1　バタヴィア 生涯成績・7戦2勝（判明分）

競馬場、日付	レース名（品種）	距離、賞金	着順／頭数、勝馬（2着馬）
横浜新田 1862年10月1日	Yokohama Derby (jp)	3周1dis、150ドル	1／3
横浜新道 1865年4月22日	Match Race (ap)	4マイル3/4、1000ドル	2／2
鉄砲場 1865年12月6日	第5レースStand Cup (ap) 第6レースJapan Cup (ap)	2マイル 1マイル、50ドル	着外／6、Rat 着外／8、Rat
鉄砲場 1866年3月27日	第5レースStand Cup (jp)	2マイル	1／6、(Young Lochinvar)
根岸競馬場 1867年1月11日	第2レースFarewell Cup	6頭立	3／6、Monogram
根岸競馬場 1867年5月8日	第8レースHandicap Plate (jp)	1周1dis、100ドル	4／4、Faugh a Ballagh

注：横浜新田1周約1200メートル、鉄砲場は半マイルの直線コース。
(J.H. 1862・9・26、1865・4・22。J.T.DA. 1865・12・6、1866・3・27。D.J.H. 1867・1・12、5・8。前掲『ヤング・ジャパン』1、127頁より作成)

覇し、根岸競馬場における日本馬初代チャンピオンとなっていた馬だった(12)。ファファバラは三日目重量負担賞典より前の第三レース・スタンド賞盃（Stand Cup）（一〇〇ドル）、二マイル、五頭立でも終始先頭に立ってそのまま二馬身差をつけて楽勝していた。翌一八六八年からこのファファバラにとって代わるチャンピオンの存在となるのがサムライだったから、この重量負担賞典のメンバーは、当時の日本馬の最強メンバーといってよかった。そのなかで、バタヴィアは最後方から直線するとく追い込み、勝ったようにも見えたというから、往年の力の片鱗を見せてはいた。人々はバタヴィアを好きになっていたのだろう、レース中、バタヴィアへ大きな声援を送り、判定結果に対しては不満の声を強くあげていたという。そしてこれが、記録に残されたバタヴィアの最後のレースとなった。

このように記録で見る限り、横浜新田の競馬を除いては一勝しかあげていないにもかかわらず、居留民が語り継いでいったのは、横浜新田あるいはそれ以前の競馬でのバタヴィアの強さが伝説化されていたうえに、マッチ・レース、ギャリソン競馬、そして根岸競馬場と「老齢」でも健闘した姿を見せ、さらに物語を付け加えていたからだと思われる。

2　サムライ＝Samourai——根岸の王者第一号

根岸競馬場での競馬の始まりと歩調を合わせるかのように、強さを発揮した日本馬が出現した。バタヴィア最後のレースで三着となっていたサムライ（Samourai）、青毛（black）であった。この馬もバタヴィアと同じくリンダウの所有だったが、そのリンダウが、根岸競馬場開催に向けて情熱を傾けて調教していた馬だった。

一八六七年一月一一日、根岸競馬場第一回開催初日、そのまさに記念すべき第一レースの新馬戦に登場、そこでは二着だったが[13]、翌一八六八年からは期待に違わない活躍を見せ、競走馬と呼ぶにふさわしい日本馬の第一号となる。

サムライが初めて注目されたのは、根岸競馬場での第二回目の一八六七年五月六、七日の開催、この頃の日本馬の一番手であったファファバラ（Faugh a Ballagh）を破ってあげた婦人財嚢（Ladies' Purse）の勝利だった[14]。

一八六七年一一月の秋季開催は調教で足元を悪くして休養したが[15]、翌一八六八年五月七、八日の春季開催、本格化して圧倒的な強さをいきなり見せつけた[16]。ときは戊辰戦争期、横浜も緊張感につつまれていたが、そういった状況だからこそ競馬が歓迎された。サムライは、そこで誕生したスター馬だった。まず初日第八レース、日本馬のチャンピオン戦の日本馬優勝賞典（Niphon Champion Plate）、一マイル、五頭立を二分三三秒で勝ったのを皮切りに、二日目第三レース・スタンド賞盃（Stand Cup）（一〇〇ドル）、一マイル、四頭立を五分六秒第五レース・商人賞典（Akindo Cup）、一周（約一七〇〇メートル）と基幹レース三つを制した。ここでの一マイル、二マイルの勝時計だけを見ると、今からは信じられないくらい遅いものだった。だが当時の競馬に出走していた日本馬も中国馬も、体高が一三〇センチ前後のポニーであり、このタイムでも好時計であった。かつてテレビ朝日系列で放映されていた「さんまの何でもダービー」のポニー競走を思い起こしてもらえれば、アラブやサラブレッドのレースとはまったく異なる当時の競馬の姿が想像できると思う。そしてサムライは、二日目第九レース、日本馬と中国馬の混合ハンデ戦、横浜重量負担景物（Yokohama Handicap）（一〇〇ドル）、一／二マイル、六頭立で、日本馬は中国馬にはまったく歯が立たないという常識を打ち破る偉業も成し遂げた。日本馬のなかだけなら、競走馬も少なかったから、少し能力が抜けていれば勝ち続けることは容易だったが、中国馬を破ったというのであれば話は別であり、その強さは本物であった。しかも、サムライが勝鞍をあげた四レースともに、相手馬がそれまでの開催で勝利をあげていた得意な距離でのものであったから、勝鞍を重ねる毎に、賞賛の声が高まり、人々を魅了していったという。唯一の敗戦だった初日第五レース・婦人財嚢の二着も、優勝馬に進路妨害を受けたようであり（異議申立は却下）、三日目に行われたマッチレースで、その馬にきっちりと借りを返していた。この戦績であるから、それまでの横浜の競馬における日本馬最強の評価を受けたのも当然だった。

一八六六年、世界的な不況が起こり、アジアの大商社であったデント商会などが倒産、横浜も打撃を受けていたが、リンダウの商会もその余波を受け、一八六七年破産の憂き目にあっていた[17]。サムライの活躍は、いくらかはこの失意のリンダウの慰めとなっていたかも知れない。

一八六八年秋季開催は記録を欠いているが、次の年の春季開催の成績から見ても、サムライが活躍したことはまちがいないだろう。なお一八六八年のクリスマスには、野外障害競技として、かつての競馬場でもあった鉄砲場（Rifle Range）を出発点に根岸競馬場をゴールとして行われたペーパーハント（Paper Hunt）が実施されていたが、そこでも、サムライはスタミナを発揮して勝利していた[18]。ペーパーハントは、英国で「上流社会」の遊びとして人気のあった狐狩りを真似たもので、散布された紙片を狐に見立てて追走するものだった。横浜でも盛んに行われていたが、田畑を荒らされる地元民との紛糾の種ともなっていた[19]。

図2　R. リンダウ

（日高嘉継／横田洋一『浮世絵　明治の競馬』小学館、1998年所収、91頁。原版『ジャパンガゼット横浜50年史』所収、横浜開港資料館蔵）

サムライは、一八六九年五月六、七、八日の春季開催でも、最強馬の実力をいかんなく発揮した(20)。初日第七レース・新客賞盃（New Comers' Cup）、一マイル一／二、四頭立を四分一三秒、ついで二日目第六レース・スタンド賞盃（Stand Cup）（一〇〇ドル）、二マイル、三頭立を五分二六秒でともにまったくの大楽勝、そして三日目第一レース、中国馬との混合の開催勝馬による世話人賞典（Steward's Plate）、一マイル一／四、八頭立、日本馬と中国馬のすべての当該開催勝馬によるチャンピオン決定戦にも勝って、三戦三勝の完璧な成績を収め、押しも押されもしない根岸競馬場の王者となった。なお、サムライの馬主であったリンダウは一八六八年の秋季開催後、その厩舎（White and Black Stable）を解散、一八六九年二月で惜しまれながら横浜を去っていたから(21)、この春季開催、名義は英国駐屯軍将校のリー（Lee）に移っていた。サムライは、初日第三レースに組まれていた日本馬のチャンピオン戦日本馬優勝賞典（Niphon Champion Plate）には出走してこなかったが、それは、所属部隊の離日が予定されていて、同一馬主による二開催連続勝利でのカップ獲得という規定を前にして、リーが出走を取り消したからだった。もし出走していたら、確実に勝っていただろう。

一八六九年一〇月一八、一九、二〇日の秋季開催、サムライの名義は競売業のワレス（T. Wallace）に移っていた(22)。初日第七レース・ドイツ賞盃（German Cup）（二五〇ドル）、三／四マイル、六頭立では直線での叩き合いの末の一分五五秒、ついで二日目第二レース・日本馬優勝賞典（Nippon Champion Plate）（二〇〇ドル）、一マイル、六頭立も道中最後方から行ってゴール寸前で交わすという余裕のレースぶりの二分三五秒で勝ち、日本馬のチャンピオンとしての座を守った。だが前の二開催とは異なって、三日目第一レース中国馬との混合戦のウエルター賞典（Welter Plate）（一二五ドル）、一周一ディスタンス（約一八〇〇メートル《メートル》）、中国馬との混合戦では二着に終わってしまった。この頃から輸入される中国馬の質が上がっていたし、サムライの力も徐々に衰え始めていた。

そして翌一八七〇年のシーズンもやはり、中国馬のチャンピオンクラスにはかなわなかった。五月二六、二七、二八日の春季開催、初日第四レース、日本馬のチャンピオン戦日本馬優勝賞典（Niphon Champion Plate）（一五〇ドル）、一マイル、五頭立、固い本命と思われていたが、スタートの出遅れがこたえてモクテズマ（Moctezuma）（後述）という新鋭の前に二着に破れ、その連勝記録が途絶えてしまった(23)。もっとも二日目第六レース・スタンド賞盃（Stand Cup）（一二五ドル）、一マイル三／四、四頭立では道中バカついてしまった他馬から不利を受けながらも楽勝、三日目第一レース・ウエルター賞典（Welter Plate）（一〇〇ドル）、一周一ディスタンス（約一八〇〇メートル）の障害戦にも勝利して力は示していた。だが続く同日第二レース、中国馬との混合の開催勝馬による優勝賞盃（Champion Cup）、一マイル一／四、四頭立では、善戦むなしく、中国馬のチャンピオンであったサザンクロス（Southern Cross）の二着に敗れていた。

一一月九、一〇、一一日の秋季開催、初日第四レース・日本馬優勝賞典（Nippon Champion Plate）（一五〇ドル）、一マイル、五頭立に三度目の勝利を収めて、チャンピオンの座に返り咲き、二日目第六レース・スタンド賞盃（Stand Cup）、二マイル、三頭立では、途中一旦バカついてしまって四〇ヤードも立ち遅れてしまったが（この際サムライの別当がコースに入ったため二着馬から異議が申し立てられたが却下された）、終わってみれば楽勝と力の差を見せていた(24)。三日目第一レース・駐屯軍賞盃（Garrison Cup）、一周一ディスタンス（約一八〇〇メートル）、三頭立の障害戦では、二つ目の飛越を拒否、このレースでは三倍の本命であったから、賭けに波乱をもたらしていた。初期の横浜の競馬では、日常の乗馬やペーパーハントと結び付く形で、あるいは軍事的な意味合いからも、障害戦が重視されており、その勝馬の評価は高かったから(25)、サムライに限らずほとんどの馬が障害戦に意欲的だった。

一八七一年のシーズン。五月一〇、一一、一二日の春季開催、サムライは、初日第六レース・フェアウエル賞盃（Farewell Cup）、一周一ディスタンス（約一八〇〇メートル）、二頭立を楽勝し、二日目第二レース・ドイツ賞盃（German Cup）、三／四マイル、四頭立も一四ポンド（約六・三五kg）の増量をものともせず一分四一秒で勝ち二勝をあげた(26)。だが、初日第四レース・日本馬優勝賞典（Nippon Champion Plate）（一五〇ドル）、一マイル、五頭立と二日目第四レース・婦人財嚢、一／二マイル、六頭立の二つの重要なレースでは、ともに一年前にも敗れていたモクテズマの二着になっていた。モクテズマが成長し、サムライの力を上回ってしまったことを明らかにする結果だった。

表2　サムライ生涯成績・35戦22勝（判明分）

日　付	レース名（品種）	距離、賞金	着順／頭数、勝馬（2着馬）、タイム
1867年1月11日	第1レースGriffin Plate (jp) 第3レースHopeful Stakes (jp)		2／3、Podosokus 1／10、(East Norfolk)
5月6日 5月7日	第9レースSelling Stakes (jp) 第5レースLadies' Purse (jp) 第8レースHandicap Plate (ap)	50ドル 1/2マイル 100ドル、1周1dis	2／？、Thady O'Grady 1／6、(Podosokus) 3／4、Faugh a Ballagh
1867秋季開催記録を欠く			
1868年5月7日 5月8日 5月9日	第5レースLadiea' Purse (jp) 第8レースNippon Champion Plate (jp) 第3レースStand Cup (jp) 第5レースAkindo Plate (jp) 第9レースYokohama Handicap (ap) Match Race Match Race	1/2マイル 1マイル、300ドル 2マイル、100ドル 1周 1/2マイル、100ドル 1/2マイル 1/2マイル	2／5、Antelope、1分5秒 1／5、(John Peel)、2分33秒 1／4、(Hamlet)、5分6秒 1／4、(Thady O'Grady) 1／8、(Rose Diamond)、1分5秒 1／2、(Antelope) 1／2、(Quifah)
1868年秋季開催記録を欠く			
1869年5月6日 5月7日 5月8日	第7レースNew Comers'Cup (jp) 第6レースStand Cup (jp) 第1レースSteward's Plate (ap)	1マイル1/2 2マイル、100ドル 1マイル1/4	1／4、(Nobody's Child)、4分13秒 1／3、(Glenlivat)、5分26秒 1／8、(Flatcather)
1869年10月18日 10月19日 10月20日	第7レースGerman Cup (jp) 第2レースNippon Champion Plate (jp) 第1レースWelter Plate (ap) 障害戦	3/4マイル、250ドル 1マイル、200ドル 1周1dis、125ドル	1／6、(Paddy Whack)、1分55秒 1／6、(Thady O'Grady)、2分35秒 2／？、Rose Diamond
1870年5月26日 5月27日 5月28日	第4レースNippon Champion Plate (jp) 第6レースStand Cup (jp) 第1レースWelter Plate (ap) 障害戦 第2レースChampion Cup (ap)	1マイル、125ドル 1マイル3/4、125ドル 1周1dis、100ドル 1マイル1/4	2／5、Moctezuma 1／4、(Torpedo) 1／？、(Antelope) 2／4、Southern Cross
1870年11月9日 11月10日 11月11日	第4レースNippon Champion Plate (jp) 第6レースStand Cup (jp) 第1レースGarrison Cup (ap) 障害戦	1マイル、150ドル 2マイル 1周1dis	1／5、(Paddy Whack) 1／3、(Thady O'Grady) 飛越拒否、Thady O'Grady
1871年5月10日	第4レースNippon Champion	1マイル、150ドル	2／5、Moctezuma

	Plate (jp)		
	第6レースFarewell Cup (jp)	1周1dis	1／2、(Paddy Whack)
5月11日	第2レースGerman Cup (jp)	3/4マイル	1／4、(Paddy Whack)、1分41秒
	第4レースLadies'Purse (jp)	1/2マイル	2／6、Moctezuma
1871年11月8日	第5レースNippon Champion Plate (jp)	1マイル	1／2、Moctezuma
	第7レースFarewell Cup (jp)	1周1/4	1／2、(Paddy Whack)
11月9日	第7レースLedger Cup (jp)	1/2マイル	3／5、Paddy Whack
1872年5月8日	第4レースNippon Champion Plate (jp)	1マイル、150ドル	3／4、Gin Yen
5月9日	第1レースAmerican Cup (jp)	3/4マイル、300ドル	3／3、Typhoon
5月10日	第4レースSolace Cup (jp)	1周1dis、100ドル	1／6、(Disley)

(D.J.H. 1867・1・12、5・7〜8。J.T.O.M. 1868・5・16、1869・5・14、10・28。J.W.M. 1870・5・28、11・12、1871・5・13、11・11、1872・5・11より作成)

次の一一月八、九、一〇日の秋季開催はそのことを如実に示すものになった[27]。初日第五レース・日本馬優勝賞典（Nippon Champion Plate）、一マイル、モクテズマとの二頭立になったが、モクテズマにまったく歯が立たなかった。モクテズマのいない同日第七レース・フェアウエル賞盃（Farewell Cup）、一周一／四、二頭立では勝ったが、二日目第七レース・帳簿賞盃（Ledger Cup）、一／二マイル、五頭立では、一四ポンド（約六・三五kg）の増量が堪えたのか、三着に終わっていた。チャンピオン戦、中国馬との混合戦以外のレースでの敗戦は予想外だった。それにこの開催では、モクテズマだけでなく、タイフーン（Typhoon）（後述）という馬が将来の活躍を予感させるようなデビューを飾っていた。サムライも、デビュー以来五年目を迎えて峠を越し、新旧世代の交代の時期に入っていた。

翌一八七二年五月八、九、一〇日の春季開催は、サムライの力の衰えを確認させる結果となった。初日第四レース・日本馬優勝賞典（Nippon Champion Plate）（一五〇ドル）、一マイル、二日目第一レース・アメリカ賞盃（American Cup）（三〇〇ドル）、三／四マイルではともに三着、やっと三日目第四レース、未勝利馬戦の撫恤賞盃（Solace Cup）（一〇〇ドル）、一周一ディスタンス（約一八〇〇メートル）、六頭立をクビ差でようやく勝つという成績に終わってしまった[28]。また先の一八七一年秋季、ついで一八七二年春季とその開催の日本馬優勝賞典勝馬を残りのレースから事実上締め出し、その他のレースでも一回の勝利で一四ポンド（約六・三五kg）増量するなどサムライとモクテズマ二頭を標的にした出走制限策が導入されていた(29)。ここが、いい潮時と判断されたのであろう、この開催を最後に、サムライの引退が決断された。生涯成績（判明分）三五戦二一勝。

サムライは、根岸競馬場の誕生と同時に登場した最初の競走馬らしい日本馬で、根岸でのスター馬の第一号となった。一八六八～六九年の絶頂期には、短距離から長距離までをこなし、中国馬にも勝つなどの圧倒的な能力を示した。引退後、それにふさわしくサムライが種牡馬になったという証言が残されているが(30)、もちろん現在にその血脈を見ることはできない。

3　モクテズマ＝Moctezuma——これまでの最強の日本馬

一八七〇（明治三）年のシーズンから、サムライに代わって、日本馬のチャンピオンの座についたのが、モクテズマだった。日本馬としては大きくてもっさりとした感じだったという(31)。その名は、古代アステカ族最後の皇帝にちなんだものだろう。持主はキングドン（Nicolas P. Kingdon）。キングドン（一八二九―一九〇三年）は、一八六三年、東アジアの代表的な商社であったデント商会の代理人として来日、一八六六年の同商会の破綻後も横浜に滞在して、居留地運営の様々な分野でリーダーシップを発揮し、活躍していた(32)。競馬もその一つで、ルドルフ・リンダウとともに初期の横浜の競馬の中心的な役割を果たした人物であった。一八七四年まではニコラス（Nicolas）を厩舎名や馬主の仮定名称として使い、その後しばらくは、誰かとパートナーを組んで、Russian Stable あるいは Russo-Mexican Stable を経営、出走に際してはオラ（Ola）を名乗った。キングドンは日本馬の調教に関してすぐれた手腕を持っており、横浜の競馬でそれを実証していった(33)。その技術が高く評価され、宮内省や陸軍省所属の馬の調教などにあたることにもなった。キングドンの協力もあって、一八七五年からは陸軍省、翌年からは宮内省の馬が横浜の競馬に出走することになる。モクテズマが、そのキングドンの明治初年代における代表馬であった。

モクテズマのデビューは、一八六九年五月六、七、八日の春季開催(34)。初日第一レース、重要な基幹レースの一つであった新馬戦、新馬賞典（Griffins' Plate）（二〇〇ドル）、一／二マイル、六頭立を前年の同レースよりも二秒も早い一分五秒で勝つという鮮烈なものだった。当時のタイムとしては、非常に早いもので、将来を期待させるに充分だった。この開催、そしてつぎの一〇月一八、一九、二〇日の秋季開催、サムライなど古馬や中国馬の壁が厚く勝鞍をあげることはできなかったが(35)、成長した姿を見せるのにそう時間はかからなかった。

デビュー一年後の一八七〇年五月二六、二七、二八日の春季開催、初日第四レース・日本馬優勝賞典（Nippon Champion Plate）（一五〇ドル）、一マイル、ここで早くもこの日本馬のチャンピオン戦を制した(36)。先に取り上げたサムライを二馬身半差で二着に下してのものだった。このレースでの二頭の攻防は、人々を熱狂させ、直線では大きな歓声があがり、モクテズマが勝ったというその結果は、新旧交代劇を印象づけるものだったという。この開催では、他に二日目第四レース・婦人財嚢、一／二マイルにも出走したが、ここでは短距離得意の勝馬の一分一秒からの二着に終わっていた。

一八七〇年秋のシーズンは、本命の呼び声が高かったが、体調を崩して開催には姿を見せなかった(37)。キングドンは、無理使いをしないのが特徴で、じっくり成長を待つタイプであった。それに応えてモクテズマの強さは一段と増しつつあった。

翌一八七一年五月一〇、一一、一二日の春季開催を前にして、サムライはモクテズマの前には、もはや問題とならないだろうというのが大方の見方となっていた(38)。そして結果もその通りとなった、初日第四レース・日本馬優勝賞典（Nippon Champion Plate）（一五〇ドル）、一マイル、五頭立、二日目第四レース・婦

図3　N. P. キングドン

（前掲『図説横浜外国人居留地』72頁。原版『ジャパンガゼット横浜50年史』所収、横浜開港資料館蔵）

人財嚢、一／二マイル、六頭立と、二戦ともにあっさりとサムライを打ち破ってしまった。この勢いで中国馬との混合戦、二日目第八レース・重量負担賞典（Handicap Plate）、一／二マイル、五頭立、及び三日目第二レース、開催勝馬による優勝景物（Champion Stakes）、一マイル一／四に臨み、その壁は厚かったが二走とも善戦、特に優勝景物では二着となって、中国馬の他のチャンピオンクラスには先着、相当の能力を示した。なおこの開催は、ラズレー（Radley）名義だったが、次の開催からはニコラス（キングドン）の名義にもどった。

続く一八七一年の秋のシーズン、調教でも絶好調、前評判も高く日本馬の大本命として、一一月八、九、一〇日の秋季開催を迎えた(39)。初日第五レース、日本馬のチャンピオン戦日本馬優勝賞典（Nippon Champion Plate）、一マイル、人気に応えて、サムライとの二頭立に楽勝、このレースの春秋連覇を達成した(40)。だがこの開催では、このレースの勝ち馬は、他のレースに出走できないか、あるいは一四ポンド（約六・三五kg）の増量という規定であった。この規定によりモクテズマが他に出走できるのは二日目第二レース・オランダ賞盃（Netherland Cup）、三／四マイル、五頭立だけとなっていた。このレースでは増量が応える形での着外に終わってしまったが、それでもその走りぶりは、人々に今後のモクテズマの時代の到来を強く予感させるものであったという。モクテズマは強さを感じさせる何かを持っていた。なおこの時、モクテズマを負かしていたのが、この開催でデビューしていたタイフーンであった。

図4　1872年横浜競馬春季開催優勝記念カップ

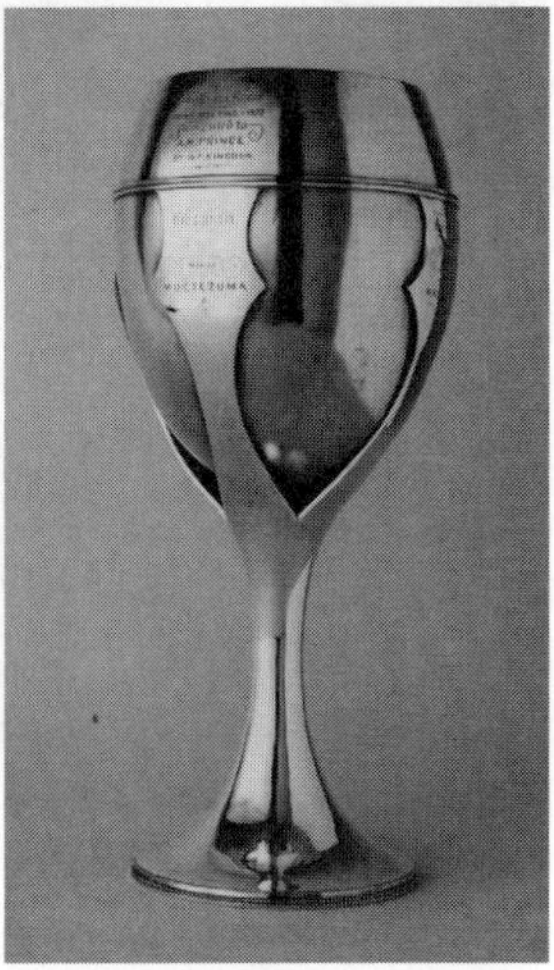

'Yokohama Races SPRING MEETING-1872 Presented to A. H. PRINCE by N. P. KINGDON German Cup won by MOCTEZUMA'と刻まれている（秋永和彦『横浜ウマ物語——文明開化の蹄音』神奈川新聞社、2004年所収）。キングドンが同開催であげた4つの勝鞍のレース名と勝馬を記して、これらの勝馬に騎乗したプリンスに贈ったもの。ジャーマン・カップは、初日第6レース、横浜在住のドイツ人が寄贈。残りの3面には、初日第2レース・グリフィンズ・プレート（Griffin's Plate）のマッサキ（Massaki）、二日目第5レース・ホープフル・ステークス（Hopeful Stakes）のマーミョン（Marmion）、二日目第7レース・高輪賞盃（Takanawa Cup）のモクテズマの名が同様の形で刻まれている。2004年9月、筆者も閲覧。

表3　モクテズマ生涯成績・23戦12勝

日　付	レース名（品種）	距離、賞金	着順／頭数、勝馬（2着馬）、タイム
1869年５月６日	第1レースGriffins' Plate (jp)	1/2マイル、200ドル	1／6、（Soter Johny）、1分5秒
５月７日	第3レースLadies' Purse (jp)	1/2マイル	着外／8、Wintlaw、1分6秒
５月８日	Match Race		2／2、Faugh a Ballagh
1869年10月18日	第7レースGerman Cup (jp)	3/4マイル、250ドル	着外／6、Samourai、1分55秒
10月19日	第5レースLegeder Cup (jp)	1/2マイル	2／6、William、1分13秒
10月20日	第4レースScurry Sweepstakes (ap)	1/4マイル	3／3、Harrison、31秒
1870年５月26日	第4レースNippon Champion Plate (jp)	1マイル、150ドル	1／5、（Samourai）
５月27日	第4レースLadies' Purse (jp)	1/2マイル	2／6、Delight、1分1秒
1871年５月10日	第4レースNippon Champion Plate (jp)	1マイル、150ドル	1／5、（Samourai）
５月11日	第4レースLadies' Purse (jp)	1/2マイル	1／6、（Samourai）
	第8レースHandicap Plate (ap)	1/2マイル	4／5、Southern Cross、1分2秒1/2
５月12日	第3レースChampion Stakes (ap)	1マイル1/4	2／6、Wiil O'the Whisp
1871年11月８日	第5レースNippon Champion Plate (jp)	1マイル	1／2、（Samourai）
11月９日	第2レースNetherland Cup (jp)	3/4マイル	着外/？、Typhoon
1872年５月８日	第6レースGerman Cup（jp）	3/4マイル、120ドル	1／4、（Typhoon）、1分45秒1/4
５月９日	第3レースLadies' Purse（jp）	1/2マイル	2／5、Typhoon
	第7レースTakanawa Cup（jp）	3/4マイル	1／6、（Typhoon）
1872年10月31日	第1レースAmerican Cup (jp)	3/4マイル、300ドル	1／4、（Typhoon）、1分44秒
	第5レースLedger Plate (jp)	3/4マイル	1／7、（Boreas）、1分44秒3/4
11月１日	第2レースKencho Cup (ap)	1マイル1/4、200ドル	着外／8、（Will O'the Whisp）、3分0秒
1873年５月14日	第6レースNippon Champion (jp)	1マイル、150ドル	1／2、（Typhoon）、2分18秒
５月15日	第2レースAmerican Cup (jp)	3/4マイル、300ドル	1／2、（Boreas）、1分45秒
	第6レースKanagawa Cup (jp)	1マイル、200ドル	1／？、（Typhoon）

（J.T.O.M. 1869・5・14、10・28。J.W.M. 1870・5・28、11・12、1871・5・13、11・11、1872・5・11、11・2、1873・5・17より作成）

一八七二年五月八、九、一〇日の春季開催は、その期待に応える場となった(41)。まず、初日第六レース、横浜在住のドイツ人寄贈のドイツ賞盃(German Cup)(一二〇ドル)、三／四マイル、四頭立を一分四五秒一／四、ついで英国代理公使であったアダムス(F.O. Adams)が寄贈、事実上この開催のチャンピオン決定戦であった二日目第七レース・高輪賞盃(Takanawa Cup)、三／四マイル、六頭立の二つを勝ち抜いた。この二戦とも二着がタイフーンであったが、二日目第三レース・婦人財嚢、一／二マイル、五頭立では、逆にタイフーンが一着、二着モクテズマという着順となった。昨秋といい、今回の婦人財嚢といい、タイフーンが成長を見せ、ライバルとしての力を蓄えつつあった。

図5　モクテズマの墓

(『ジャパン・パンチ』1873年10月号(推定)。『川崎市市民ミュージアム紀要』第9集、1996年9月所収)

そして一八七二年一〇月三〇、三一日、一一月一日の秋季開催、初めての両馬の対戦となった二日目第一レース・アメリカ賞盃(American Cup)(三〇〇ドル)、三／四マイル、四頭立では、タイフーンの前評判が高く賭けでも本命となっていた(42)。だがモクテズマはスピードの違いを見せつけて、スタートからリード、そのまま三馬身差をつけて逃げ切った。この勝ちタイム一分四四秒は、かなりの好タイムであり、人々はモクテズマのスピードに改めて称賛の声を送ったという。このアメリカ賞盃は、当該開催で日本馬最高のレースと位置づけられ、栄誉を讃えるセレモニーも行われていたが、そのカップ(在日アメリカ人寄贈)の授与にはアメリカ公使デ・ロング夫人があたった。また同日第五レース・帳簿賞典(Ledger Plate)、三／四マイル、七頭立では、アメリカ賞盃とは逆に大きく出遅れ、道中追いどおしだったが、終わってみれば再び好タイムの一分四四秒三／四で楽勝した。三／四マイルではこれまでの最強の日本馬、という称号がこの二つのレースぶりからモクテズマに与えられた。モクテズマは、この勢いで、三日目第二レース・県庁賞盃(Kencho Cup)(二〇〇ドル)、一マイル一／四、中国馬との混合の開催勝馬によるチャンピオン戦に出走してきた。このレースが、第二章第一節で紹介した神奈川県寄贈のカップを知事夫人が贈呈するといった演出が行われたものであった。モクテズマは、この記念すべきレースでは着外に終わってしまったが、勝馬の中国馬の最強馬よりも七ポンド（約三・二kg）も重い斤量一一ストーン三ポンド（約七一・二kg）を背負い、しかも道中バカついた馬からの大きな不利も受けていたから、この敗戦も割り引いて考えてよいものだった。このレースにはタイフーンも一一ストーン（約六九・九kg）で出走していたが、同様に不利を受けて着外だった。

モクテズマは、翌一八七三年五月一四、一五、一六日の春季開催では、完璧の成績を残すことになった(43)。まず初日第六レース・日本馬優勝（Nippon Champion）（一五〇ドル）、一マイル、タイフーンとの二頭立を二分一八秒のアタマ差で勝利、ついで二日目第二レース、最も高額賞金レースであったアメリカ賞盃（American Cup）（三〇〇ドル）、三／四マイル、二頭立も一分四五秒で制して、この基幹の二レースを昨秋に続いて連覇した。さらに同日第六レース、この開催から中国馬との混合から日本馬限定となった神奈川賞盃（Kanagawa Cup）（二〇〇ドル）、一マイルにも楽勝し、キングドンは、大江卓夫人から賞盃を受け取った。この頃には、キングドンが、劣悪な日本馬のなかから、活躍馬を育て上げていることへの賞賛の声が高まっていたが(44)、まさにそれを実証することになった三戦三勝だった。

このままいけば、強さを加え、タイフーンとのライバル物語の第二章が展開されるはずだった。だが開催後、モクテズマは、突然病気に侵され、急死した(45)。これから絶頂期に入ろうとしたその瞬間が最後の時となった。生涯成績二三戦一二勝。もし無事であったなら、キングドンとの関係が深かった宮内省か陸軍かに望まれて、種牡馬となった可能性が大きかったと思われる。

4　タイフーン＝Typhoon——偉大なリトルマン

タイフーンは、英国公使館付医師であったE・ホイーラー（Wheeler：一八四〇～一九二三年）が、一八七一（明治四）年陸軍が主催していた招魂社（後の靖国神社）競馬で見出し、安い値段で購入、自らの手で本格的な競走馬に仕上げた馬だった(46)。根岸競馬場で一八七一（明治四）年〜一八七九（明治一二）年の足かけ九年間にわたって出走し、居留民からリトルマン（Little Man）の愛称で呼ばれた。大きくてもっさりとしていたモクテズマとは好対照で、小柄で闘志を表に出したところから名付けられたものだった(47)。なおホイーラーは、この時代から長く横浜のレース・クラブの中心人物の一人として活躍することになる。

デビューは、一八七一年一一月八、九、一〇日の秋季開催(48)。まず初日第二レース・未得勝馬景物（Maiden Stakes）、一／二マイルでは直線追い込んで楽勝、ついでモクテズマも出走していた二日目第二レース、オランダ領事でもあったヴァン・デア・ターク（Van der Tak）寄贈のオランダ賞盃（Netherland Cup）、三／四マイルではフライング気味ではあったが、好スタートからそのまま逃げ切って二勝をあげた。ともかくもモクテズマを破ったことで、注目される存在となった。招魂社競馬は、陸軍が西洋的な調教、騎乗法をいち早く導入するために、一八七〇年から春秋二回の開催を始めたものだったが、居留民にとっては、有力馬を見出す場ともなっていた。早速、その成果があがった格好となった。

明けて一八七二年五月八、九、一〇日春季開催(49)。先にふれたように初日のドイツ賞盃などの二つのレースではモクテズマに挑戦して退けられていたが、二日目第一レース、開催最高賞金のアメリカ賞盃（American Cup）（三〇〇ドル）、三／四マイル、三頭立ではサムライ、ついで第三レース・婦人財嚢、一／二マイル、五頭立ではモクテズマを破って二勝をあげた。この勢いでただ一頭の日本馬として三日目第二レース、中国馬との混合の開催勝馬によるハンデ戦の英国駐屯軍賞盃（British Garrison Cup）、一マイル一／四、七頭立に臨み、道中は先頭に立っていたが、やはり力が足りず直線で後退してしまい中国馬からの着外に終わっていた。だがその走りぶりは近い内に日本馬の代表的な存在になることを十分に予感させるものだったという。

一〇月三〇、三一日、一一月一日の秋季開催、初日第七レース・日本馬優勝景物（Nippon Champion）（一五〇ドル）、一マイル、六頭立では、スタートからリードしてそのまま逃げ切っての二分二六秒で楽勝、初めて日本馬のチャンピオン戦をものにした(50)。この勝利が高く評価され、二日目第一レース・アメリカ賞盃（American Cup）（三〇〇ドル）、三／四マイル、四頭立では七ポンド（約三・二kg）の増量があっても大本命となっていた。連覇をねらったが、ここはモクテズマの逃げ切りを許してしまい二着。三日目第二レース、中国馬との混合のチャンピオン戦の神奈川賞盃（Kencho Cup）（二〇〇ドル）、一マイル一／四、八頭立では、先にも述べたように、重いハンデや道中の不利があって中国馬の前にモクテズマとともに着外に終わっていた。

明けて明治六（一八七三）年五月一四、一五、一六日の春季開催(51)。初日第六レース・日本馬優勝（Niphon Champion）（一五〇ドル）、一マイルと二日目第六レース・神奈川賞盃（Kanagawa Cup）（二〇〇ドル）、三／四マイルの二つのレースではともにモクテズマの二着に敗れていた。昨秋の敗戦とあわせて、まだモクテズマの壁を完全に打ち破るまでの力を充分につけていないことを示す結果となった。だが、モクテズマがいなければさすがに強く初日第八レース・富士山賞盃（Fijiyama Cup）（一〇〇ドル）、三／四マイルは楽勝、ついで三日目第二レース、中国馬との混合の工部省寄贈の鉄道賞盃（Railway Cup）（二〇〇ドル）、一マイル一／四では、中国馬の強豪馬を退け、大金星をあげた。この春のシーズン後、モクテズマが急死したことで、ライバル物語は未完となってしまったが、タイフーンは、日本馬の第一人者としての存在に相応しい馬に成長しようとしていた。

図6　タイフーンと馬主のE. ホイーラー（手綱を持っている人物）

（F.E. 1872・7・1）

明治六（一八七三）年一〇月二三、二四、二五日の秋季開催(52)。初日第六レース・日本馬優勝（Niphon Champion）（一五〇ドル）、一マイル、二頭立では新鋭馬モヒトツ（Mohstotz）（後述）に二分一六秒一／二のレコードで楽勝、ついで二日目第二レース・アメリカ賞盃（American Cup）（一五〇ドル）、三／四マイル、四頭立も一分五〇秒一／二で大楽勝、二つの基幹レースを制した。

同日第七レース・為替賞盃（Exchange Cup）、一マイル一／四、六頭立では当然本命に推されたが、この二勝による一〇ポンド（約六・三五kg）の増量が堪えた格好で二着に終わってしまった。だがタイフーンが、モクテズマ亡き後の日本馬のなかでは、断然な強さを持つことは衆目の一致するところとなっていた。残るは、中国馬に勝つことであった。日本馬は、気性が荒くてスタートからやみくもに走り、一〇〇〇メートルを越えると急激にスタミナを失ってしまうのが一般的だったから、それ以上の距離になると、なおさら中国馬と互角に戦うことが困難だった。中国馬との混合戦で勝つことが、当時の一流馬の証だった。タイフーンは、先の春季開催でそれを達成していたが、今回の三日目第二レース、中国馬との混合の開催勝馬によるチャンピオン戦であるグランドホテル賞盃（Grand Hotel Cup）（二〇〇ドル）、一マイル一／四、六頭立がその真価を問う場となった。負担重量は、中国馬一一ストーン（約六九・九kg）、日本馬一〇ストーン（約六三・五kg）。タイフーンがどんな走りを見せるかが注目の的だった。タイフーンはいつもの通り先行、だが残念ながらそれも三／四マイルまでだった。あとは先の春季開催では二着に下していた中国馬にもて遊ばれる格好となり、今回は逆に二着に終わってしまった。また距離が短くなった同日第五レース・イタリア賞盃（Ialian Cup）（折から来日のイタリア皇族ゼノアが授与）、三／四マイル、八頭立でも、中国馬の壁を破れず三着に終わった。だがタイフーンはこの汚名をすぐ返上する。タイフーンは何かを持っていた馬だった。

明けて明治七（一八七四）年五月一四、一五、一六日の春季開催(53)。まず初日第四レース・日本馬優勝（Nippon Champion）（一五〇ドル）、一マイル、三頭立でモヒトツを二着に退けて、このレースを三連覇。ついで同日第六レース・各国領事賞典（Cosular Plate）、三／四マイル、二日目第六レース・神奈川賞盃（Kanagawa Cup）（二〇〇ドル）、一マイル一／四の二つの基幹レースも軽く制して、三日目第二レース、中国馬との混合の開催勝馬によるチャンピオン決定戦のロイド記念賞盃（Lloyd Souvenir Cup）（二〇〇ドル）、一マイル一／四に臨んだ。このレースには、当該開催の中国馬のチャンピオン馬であったディクシー（Dixie）という馬も出走してきていた。タイフーンは、ディクシーよりも一ストーン（約六・三五kg）も重い斤量を背負ってはいたが、ディクシーをまったく問題としない形で退けるという堂々としたレースぶりでここを制した。一マイル一／四という距離を克服して、昨秋の雪辱を果たし、主要四レースのすべてに楽勝という完璧の成績をおさめた。この頃から、居留民たちは、タイフーンへの称讃と愛おしさを込めて、リトルマンと呼ぶようになった。

当時、開催が終わると競走馬はオークションに掛けられるのが常であった。ホイーラーは、この絶頂期のタイフーンの評価を問う形で、せりに掛けた。「お台（せり開始時の価格）」は三〇〇ドル、当然白熱したせり合いが続き、あるグループが八〇〇ドルという高額で落札した(54)。当時のレートで一六〇〇円、太政大臣の月俸より高く、それまでのレコードをはるかに上回った。

その名義が換わって迎えた明治七（一八七四）年一一月一〇、一一、一二日の秋季開催。環境の変化のためか、開催前の調教に入った時、体調を崩していてレースに出走できるような状態ではなかったという(55)。そのような体調不良の状態でも、タイフーンは、日本馬同士では強かった(56)。初日第四レース・日本馬優勝賞典（Nippon Champion Plate）（一五〇ドル）、一周（約一七〇〇メートル）、二頭立では好調を伝えられていたモヒトツをスタートから先行してそのまま二分二〇秒からの半馬身差に退けてチャンピオン戦を四連覇、二日目第七レース・土佐賞盃（Tosa Cup）三／四マイル、六頭立でも、一分四〇秒一／二のレコードで、今度は先行したモヒトツを半馬身差交わして勝っていた。だがやはり本調子でなければ中国馬との勝負にはならず、三日目第二レース、中国馬との混合の開催勝馬によるチャンピオン決定のハンデ戦の優勝賞盃（Champion Cup）、一マイル一／四、八頭立では、一着馬の一一ストーン七ポンド（約七三・〇kg）に対して一〇ストーン一二ポンド（約六八・九kg）と「軽量」ではあったが、二分五八秒一／二からの着外に終わっていた。そしてこの開催後には、またホイーラーの名義にもどった。

明治八（一八七五）年五月一二、一三、一四日の春季開催では、初日第四レース・日本馬優勝賞典（Nippon Champion Plate）（一五〇ドル）、一周（約一七〇〇メートル）、三頭立を二分二〇秒で楽勝して、このレースの五連覇を達成(57)。ついで二日目第六レース・神奈川賞盃（Kanagawa Cup）、三／四マイル、五頭立も一分三九秒一／二で二馬身差をつけて勝ち、基幹レース二つを制してその王者の座を堅持した。だが、三日目第六レース、中国馬との混合のサヨナラ賞盃(Farewell Cup)、一周(約一七〇〇メートル)、九頭立で、モヒトツの着外に終わったのが、後から考えれば、悪い予兆だった。秋には、今度は本格的な不調に陥った。一一月三、四、五日の秋季開催、初日第四レース・日本馬優勝賞典(Nippon Champion Plate)(一五〇ドル)、一周(約一七〇〇メートル)、四頭立ではモヒトツに楽勝された二分二〇秒からの二馬身差の二着、同日第八レース・横浜賞典(Yokohama Plate)、五ハロン、四頭立でもロジ(Lodi)という馬に楽勝された一分二〇秒からの二着、二日目第四レース・富士山賞盃(Fujiyama Cup)、一/二マイル、三頭立でもまたロジの一分三秒からのまったくよいところのなかった最下位、やっと勝ったのが三日目第四レース、未勝利戦の撫恤賞盃(Solace Cup)、五ハロン、一二頭立の一分二五秒一/二という遅い時計でのものだった[58]。日本馬のチャンピオン戦の連覇が五で途絶えただけでなく、まったく精彩を欠いたレースぶりが居留民たちを悲しませた。彼らは、力が衰えた姿を見るに忍びないほど、タイフーンを好きになっていた。これ以上、名声を傷つけることなく引退を望む声があがった[59]。だがリトルマンは、物語を付け加えた。

翌明治九(一八七六)年五月一七、一八、二〇日の春季開催[60]。緒戦の初日第八レース・春季景物(Spring Stakes)三/四マイル、三頭立に登場してきたときには、居留民たちは、タイフーンに敬意を払いながらも、それほど期待をしていなかった。ここを一〇ポンド(約三、七kg)のハンデをものともしない逃げ切りで勝ったときも、まだタイフーンの復活を信じることができず、老雄の健闘を讃えるような雰囲気にとどまっていた。だが三日目第三レース、チャンピオン戦の日本馬優勝重量負担景物(Nippon Champion Handicap)、一周(約一七〇〇メートル)、八頭立、ここでレース半ば過ぎのところで先頭に立ち、直線での三頭の追い比べを制するという力強いレースぶりを見せた。こうしてタイフーンは、一シーズンの間を置いただけでチャンピオンの座に返り咲いてしまった。それにとどまらず、さらには、同日第七レース、中国馬との混合のハンデ戦のサヨナラ景物(Sayonara Stakes)、一周(約一七〇〇メートル)、七頭立でも、香港からの輸入馬を直線での叩き合いの末に半馬身差の二分一九秒で下した。四シーズンぶりの中国馬との混合戦での勝利だった。三戦三勝、再び力を示し、人々に驚きを与え、リトルマンはさらにリトルマンになった。

明治九年一〇月、長年の対立をかかえていたヨコハマ・レース・クラブがついに分裂した（第二章第三節）。横浜を英国とそれ以外の国といった形で二分する形となり、別にヨコハマ・レーシング・アソシエーションが結成された。タイフーンは、長年の競走馬生活で、脚元が悪くなっていたところに、このドタバタ劇も響いたのかも知れない。調教中、その脚元に故障が発生するというアクシデントに見舞われた(61)。ホイーラーは、レース・クラブに属し、その看板馬であるタイフーンの出走は、この時期だからこそ望まれていた。タイフーンは、懸命に調整されて、何とか出走するところにまでこぎつけられた(62)。

そのクラブの一一月二、三、四日の開催。春の全勝の復活劇もあって、たとえ三本脚でも楽勝するとの声もあったくらいだったが(63)、やはり脚元は悪かった。初日第七レース・珈琲賞盃（Coffee Cup）、三／四マイル、二頭立のレースでは相手馬が楽走しているのについていけず、タイフーンの騎手は追うのを止めてしまった(64)。二日目第七レース・横浜賞典（Yokohama Plate）、五ハロン、四頭立のレースでも、一分二四秒という遅い勝時計にもかかわらず、それでも問題外の最下位に終わってしまった。ついに三日目には出走してくることができなかった。この開催のレースぶりは、いよいよタイフーンの時代を終わりをつぎのように居留民に感じさせるものとなった(65)。

この開催が横浜の最強馬の終わりとなるに違いない。だがタイフーンの栄光に彩られた活躍は、引退しても永遠に語り継がれていくことになるだろう

だがホイーラーはタイフーンを、引退させなかった。ホイーラーは、タイフーンの何かを信じていた。明治一〇（一八七七）年の春のシーズンに向けての入念な調整が行われ、レース・クラブ、レーシング・アソシエーション双方の開催に出走してきた。

表4　タイフーン生涯成績・48戦23勝（判明分）

日　付	レース名（品種）	距離、賞金	着順／頭数、勝馬(2着馬)、タイム
1871年11月8日	第2レースMaiden Stakes (jp) 第2レースNetherland Cup (jp)	1/2マイル 3/4マイル	1／？、(Marmion) 1／？、(Paddy Whack)
1872年5月8日	第6レースGerman Cup (jp)	3/4マイル、120ドル	2／4、Moctezuma、1分43秒1/4
5月9日	第1レースAmerican Cup (jp)	3/4マイル、300ドル	1／3、(Marmion)
	第3レースLadies'Purse (jp)	1/2マイル	1／5、(Moctezuma)
	第7レースTakanawa Cup (jp)	3/4マイル	2／5、Moctezuma
5月10日	第2レースBritish Garrison Cup (ap)	1マイル1/4	着外／7、Adams
1872年10月30日	第7レースNippon Champion (jp)	1マイル、150ドル	1／6、(Massaki)、2分26秒
10月31日	第1レースAmerican Cup (jp)	3/4マイル、300ドル	2／4、Moctezuma、1分44秒
11月1日	第2レースKencho Cup (ap)	1マイル1/4、200ドル	着外／8、Will O'the Whisp、3分0秒
1873年5月14日	第6レースNippon Champion (jp)	1マイル、150ドル	2／？、Moctezuma、2分18秒
	第8レースFujiyama Cup (jp)	3/4マイル、100ドル	1／？、(Maszrao)
5月15日	第6レースKanagawa Cup (jp)	3/4マイル、200ドル	2／？、Moctezuma
5月16日	第2レースRailway Cup (ap)	1マイル1/4、200ドル	1／？、(Crusader)
1873年10月23日	第6レースNiphon Champion (jp)	1マイル、150ドル	1／2、(Mohstoz)、2分16秒1/2
10月24日	第2レースAmerican Cup (jp)	3/4マイル、150ドル	1／4、(Friar Tuck)、1分50秒1/2
	第7レースExchange Cup (jp)	1マイル1/4	2／6、Friar Tuck、2分57秒
10月25日	第2レースGrand Hotel Cup (ap)	1マイル1/4、200ドル	2／6、Crusader、2分55秒
	第5レースItalian Cup (ap)	3/4マイル	3／8、Calabar、1分38秒1/2
1874年5月14日	第4レースNippon Champion (jp)	1マイル、150ドル	1／3、(Mahstoz)
	第6レースCosular Plate (jp)	3/4マイル	1／？、(Lodi)
5月15日	第6レースKanagawa Cup (jp)	1マイル1/4、200ドル	1／？、(Massaki)
5月16日	第2レースLloyd Souvenir Cup (ap)	1マイル1/4、200ドル	1／？、(Dixie)、2分57秒
1874年11月10日	第4レースNippon Champion Plate (jp)	1周、150ドル	1／2、(Carrots)、2分20秒
11月11日	第7レースTosa Cup (jp)	3/4マイル	1／6、(Mahstoz)、1分40秒1/2
11月12日	第2レースChampion Cup (ap)	1マイル1/4	着外／8、Braemar、2分58秒1/2

1875年5月12日	第4レースNippon Champion Plate (jp)	1周、150ドル	1／3、（Tim Whiffler）、2分20秒
5月13日	第6レースKanagawa Cup (jp)	3/4マイル	1／5、（Lodi）、1分39秒1/2
5月14日	第6レースParewell Cup (ap)	1周	着外／9、Mahstoz
1875年11月3日	第4レースNippon Champion Plate (jp)	1周、150ドル	2／4、Mahstoz、2分20秒
	第8レースYokohama Plate (jp)	5ハロン	2／4、Lodi、1分20秒
11月4日	第4レースFujiyama Cup (jp)	1/2マイル	3／3、Lodi、1分3秒
11月5日	第4レースSolace Cup (jp)	5ハロン	1／12、（Black Douglas）、1分25秒1/2
1876年5月17日	第8レースSpring Stakes (jp)	3/4マイル	1／3、（Stalemate）、1分41秒
5月19日	第3レースNippon Champion Handicap (jp)	1周	1／8、（Sirius）、2分19秒
	第7レースSayonara Stakes (ap)	1周	1／7、（Talapoosa）、2分19秒
1876年11月2日	第7レースCoffee Cup (jp)	3/4マイル	競走中止／2、Sirius
11月3日	第7レースYokohama Plate (jp)	5ハロン	4／4、Drift、1分24秒
1877年5月16日	第6レースAkindo Cup (jp)	3/4マイル	2／3、Kickapoo、1分38秒1/2
5月18日	第5レースNippon Stakes (jp)	1マイル	1／7、（Kickapoo）、2分13秒
5月24日	第6レースAkindo Cup (jp)	3/4マイル、110ドル	1／4、（Sandboy）、1分39秒3/4
5月26日	第8レースMitsu Bishi Challenge Cup (jp)	1周1dis、200ドル	2／3、Kickapoo、2分40秒1/2
	第8レースSayonara Stakes (ap)	1周	2／5、Crusader、2分17秒3/4
1877年11月7日	第7レースAutumn Plate (jp)	3/4マイル	3／6、Annandale、1分43秒
11月8日	第2レースMitsu Bishi Challenge Cup (jp)	1周1dis、200ドル	着外／5、Distemper、2分41秒
	第7レースLottery Cup (jp)	5ハロン	4／4、Exile、1分21秒3/4
1879年5月6日	第8レースConsular Cup (jp)	3/4マイル	3／6、同着Kangaroo・Mamenrook、1分38秒1/2
5月8日	第6レースJapan Consolation (jp)	5ハロン	2／8、Jim Hills、1分20秒3/4

（J.W.M. 1871・11・11、1872・5・11、11・2、1873・5・17、10・25、11・1、1874・5・16、11・14、1875・5・15、11・6、1876・5・20、11・4、11・18、1877・5・19、5・26、11・20、11・24、1878・5・11、11・2、1879・5・9より作成）

まず五月一六、一七、一八日のアソシエーションの開催(66)。初日第六レース・商人賞盃（Akindo Cup）、三／四マイル、キカップ（Kickapoo）とオオヤマ（Oyama）（後述）との三頭立、この両馬ともにこの頃成長を遂げていた活躍馬であった。本命はオオヤマで、タイフーンは人気を下げていた。いつもの通りタイフーンが先行して、三頭雁行のレース展開となり、そのままの態勢で直線に入って接戦のゴールとなったが、一着キカップの一分三八秒一／二からのアタマ差でタイフーン、さらに一／二馬身差の三着がオオヤマ、このタイムはレコードだったから、ここでのタイフーンのレースぶりはその復調を示していた。そして三日目第五レース、チャンピオン決定戦の日本馬景物（Niphon Stakes）、一マイル、七頭立、ここでタイフーンは、きっちりキカップに借りを返した。ここもまずタイフーンが先行、つぎにキカップがハナを奪い、再びタイフーンが前に出るという展開、タイフーンは一旦後退したが、再度ハナを奪って、大きく引き離して直線に入り、そのまま逃げ切った。二分一九秒三／四という好タイムだった。二着キカップ、三着オオヤマ。

ついで一週間後の二四、二五、二六日のレース・クラブの春季開催(67)。タイフーンは、初日第六レース・商人賞盃（Akindo Cup）（一一〇ドル）、三／四マイル、四頭立のレースを一〇ポンド（約四・五kg）の増量を問題とせず、二着に二馬身差をつけて一分三九秒三／四で勝った。同日第八レース・三菱挑戦賞盃（Mitsu Bishi Challenge Cup）（二〇〇ドル）、一周一ディスタンス（約一八〇〇メートル）、三頭立では、キカップの二分四〇秒一／二からの二着だったが、猛然と追い込んできて着差はわずかにクビ。ついで三日目第九レース、中国馬との混合のハンデ戦のサヨナラ景物（Sayonara Stakes）、一周（約一七〇〇メートル）、五頭立でも、レコードの二分一七秒三／四からアタマ差の二着。ここでも直線に入ったときは先頭で、一着の中国馬のチャンピオン馬ら三頭と接戦を演じていたから、三戦一勝二着二回でも悪くない成績だった。

この春のシーズンの走りぶりは、新しく台頭してきた馬たちと互角以上にわたりあったものであった。限界説は、また打ち破られたかのようだった。だが振り返れば、一八七一年秋季開催の初出走以来七年もの時間がたっていた。

ある記録によれば、デビューは七歳と思われるから(68)、このとき一三歳を迎えていたことになる。いくら健在ぶりを示しても、脚元の故障と年齢からくる衰えは隠せなかった。

やはりというか、つぎの明治一〇（一八七七）年秋のシーズンは、はっきりとそれを示すものとなった。一一月七、八、九日のレース・クラブの開催(69)。初日第七レース・秋季賞典（Autumn Plate）、三／四マイル、六頭立、タイフーンはいつも通り先行、四コーナーでヨレて直線で外埒沿いに走るという不利はあったが、一着アナンデール（後述）の一分四三秒からの三着、二日目第二レース・三菱挑戦賞盃（Mitsu Bishi Challenge Cup）（二〇〇ドル）、一周一ディスタンス（約一八〇〇メートル）、五頭立では二分四一秒からの着外、同日第七レース、敗者復活戦のロッタリー賞盃（Lottery Cup）五ハロン、四頭立にも出走してきたが、ここでも一分二一秒三／四からの着外に終わってしまっていた。三戦三着一回着外二回。ついに三日目には出走してくることができなかった。

もはやタイフーンの引退の潮時であることは、誰の目にも明らかであった。だが、ホイーラーは、ここでももう一度、タイフーンの並外れた力以上の何かを信じようとしていた。翌明治一一（一八七八）年春秋のシーズンには、体調を整えるための休養にあてられた。この年、分裂していた二つのクラブは、日本側の協力を得て、ヨコハマ・ジョッキー・クラブとして新たな出発をしていた（第二章第三節）。

タイフーンは、満を持して、一年半ぶりに明治一二（一八七九）年五月六、七、八日の春季開催にエントリーしてきた。当然評価は低いものとなっていた(70)。初日第八レース・領事賞盃（Consular Cup）、三／四マイル、六頭立では一分三八秒一／二から大きく離された三着、三日目第六レース、未勝利戦の日本馬撫恤景物（Japan Consolation）、五ハロン、八頭立でも一分二〇秒三／四からの二着だった(71)。善戦したともいえるが、かつての姿をそこに見ることはもはやできなくなっていた。

横浜の競馬に限定しても九年目の競走馬生活、このとき、ホイーラーは、ようやく、タイフーンとの別れを決断した。生涯成績四八戦二三勝。引退後のタイフーンが、その蹄跡にふさわしく種牡馬となったことをうかがわせる記録が残されている(72)。だが、残念ながらその繋養先も不明で、タイフーンの仔が出走した形跡もない。

5　モヒトツ＝Mohstotz――御厩課出身第一号

モクテズマ死亡後、タイフーンのライバル的存在になると目されていたのが明治六（一八七三）年一〇月二三、二四、二五日秋季開催でデビューしたモヒトツ、青毛（black）、元御厩課所属の馬だった(73)。名義は御厩課と関係の深かったN・P・キングドン。同人が育てたモクテズマと入れ替わるかのような登場だった。初出走は、この前年に離日した英国公使館書記官（代理公使）アダムス（F. O. Adams）が寄贈した初日第四レース・江戸賞盃（Edo Cup）、三／四マイル、ここを二馬身差をつけて一分四八秒で勝ち、早くも基幹レースを制した(74)。おそらくかねてからキングドンが調教していた御厩課の一番馬的存在であったのが、満を持して出走し、その実力を発揮したものだったろう。一レースを挟んだ第六レース・日本馬優勝（Nippon Champion）（一五〇ドル）、一マイルで早速タイフーンに挑んだが、その壁は厚くレコードの二分一六秒一／二からの二着に退けられた。二日目第七レース・為替賞盃（Exchange Cup）、一マイル一／四、五頭立でも善戦したが二分五七秒からの三着に終わった。

明けて明治七（一八七四）年五月一四、一五、一六日春季開催、初日第四レース・日本馬優勝（Nippon Champion）（一五〇ドル）、一マイル、ここでも再びタイフーンの二着となった(75)。だが二日目第二レース・婦人財嚢、一／二マイルを一分二秒で獲得して好調ぶりを示し、その勢いで、三日目第五レース、中国馬との混合のハンデ戦サヨナラ景物（Sayonara Stakes）、一マイルでも二分二〇秒で勝つという大金量をあげた。軽ハンデに恵まれてのわずかハナ差だったとはいえ、後に上海競馬にも挑むことになる中国馬の活躍馬ジブス（Dibs）という馬を破ってのものだった。モヒトツは、日本馬の強豪馬である証を、わずか二シーズン目にやってのけた。ここまでは期待に違わない戦績をあげ始めていた。タイフーンにとって代わる存在になる日も近いと考えられても不思議ではなかった(76)。

ところが一一月一〇、一一、一二日の秋季開催は、善戦はしたもののその期待を裏切る結果となった(77)。初日第四レース・日本馬優勝（Nippon Champion）（一五〇ドル）、一周（約一七〇〇㍍）と二日目第七レース・土佐賞盃（Tosa Cup）、三／四マイル、六頭立の二レースではともにタイフーンの二着、その他二日目第四レース・東京サムライ賞盃（Tokei Samurai Cup）、一／二マイル、三頭立では一分二秒からクビ差の二着、三日目第三レース、中国馬との混合のスカーリー・ステークス（Scurry Stakes）、一／四マイル、一二頭立でもスタート直後は先頭に立っていたが三〇秒一／四からの二着と惜敗が続き、さらに同日第六レース、中国馬との混合のハンデ戦サヨナラ景物（Sayonara Stakes）、一周（約一七〇〇㍍）、八頭立では二分一七秒からの着外となり、この開催、結局未勝利に終わってしまった。開催前の調教では評判が高かったから[78]、モヒトツへの失望には大きいものがあった。当時の日本馬一般に共通していたが、気性が悪くて、ハナを切って逃げなければ力を発揮できず、それに距離面では三／四マイルが限界ということに加えて、モヒトツにはズブイところがあったから、その評価は低いものに変わろうとしていた[79]。

だが明治八（一八七五）年のシーズンのモヒトツは、自力でその評価の見直しを迫っていった。五月一二、一三、一四日の春季開催、初日第八レース・珈琲賞盃（Coffee Cup）、一／二マイル、三頭立を一分三秒一／二の大楽勝で一シーズンぶりに勝鞍をあげたのがきっかけとなった[80]。二日目第六レース・神奈川賞盃（Kanagawa Cup）、三／四マイル、五頭立ではタイフーンの三着、三日目第二レース、中国馬との混合のサヨナラ賞盃（Sayonara Cup）、一マイル一／四、六頭立でも五五秒からの三着ともう一歩の成績だったが、同日第六レース、中国馬との混合のハンデ戦フェアウエル賞盃（Farewell Cup）、一周（約一七〇〇㍍）、タイフーンとチャンピオン戦の勝馬を含む中国馬七頭が出走してきた九頭立。ここでモヒトツは、これらの強豪馬を退けて勝った。ここでのレースぶりは素晴らしく、ハナを切って逃げることができてもせいぜい三／四マイルまでの馬との評価をくつがえすようなものだったという。

一一月三、四、五日の秋季開催、さらに調子をあげ、初日第四レース・日本馬優勝賞典（Nippon champion Plate）、一周（約一七〇〇㍍）、タイフーンを含む四頭立、ハナを切り直線に入ってリードを広げてそのまま初めて優勝戦を制した[81]。勝タイム二分二〇秒、タイフーンは二着だった。二日目第八レース、これも基幹レースの神奈川賞盃（Kanagawa Cup）、一周一ディスタンス（約一八〇〇メートル）、五頭立でも、他馬をまったく問題にしないで逃げ切るという二分四九秒の大楽勝劇を演じた。その勢いで三日目第二レース、中国馬との混合の開催勝馬によるハンデ戦アメリカ賞盃（American Cup）、一マイル一／四、九頭立、唯一の日本馬として出走。ここでは二分五〇秒三／四からの二着に終わったが、その一着馬がこの頃無敵を誇るようになっていた中国馬のブレマー（Braemar）という馬であり、しかもモヒトツはスタート前にすでに一／四マイルを逸走するというハンデを背負っていた。レースは、モヒトツがハイペースで逃げて、直線で三着馬と叩き合っていたところをブレマーに漁夫の利をさらわれて一／二馬身差交わされたというものであったから、モヒトツがここで発揮した能力は相当なものであった。この開催でタイフーンは、未勝利戦でようやく勝鞍をあげたのみに終わっており、いよいよモヒトツの時代がやってきそうに思えた。

だが明けて明治九（一八七六）年五月一七、一八、二〇日の春季開催、またもモヒトツは期待を裏切ってしまう(82)。中国馬との混合戦の二戦、初日第三レース・中華賞盃（Celestial Cup）、三／四マイル、五頭立は後に上海競馬に挑むことになる中国馬ジプスとの接戦となったが、その一分三八秒からの二着、二日目第一レース・三菱賞盃（Mitsu Bishi Cup）、一周（約一七〇〇メートル）、二頭立、ここも香港から輸入された勝馬の二分一八秒からの三馬身差で敗れた。この二戦の敗北はまだしも、三日目第五レース、未勝利馬限定の撫恤賞盃（Solace Cup）、五ハロン、六頭立でも一分二一秒からの二着となって勝てなかった。三戦三敗、限界説をささやかれていたタイフーンが三戦三勝であったのに対して、予想とは逆の皮肉な結果であった。

この開催後、ヨコハマ・レース・クラブが分裂、キングドンがアソシエーションの中核の一人であったことで、モヒトツは、以後引退までの三シーズンはアソシエーションの開催だけに出走してくる。アソシエーションの第一回開催の一一月一六、一七、一八日の際、キングドンがモヒトツへの過大な評価を改め、二日目第八レース・蚕糸賞盃（Ito Cup）（一一五ドル）、五ハロン、四頭立、ついで三日目第四レース・東京銀行者賞盃（Tokio Bankers' Cup）（一〇〇ドル）、三ハロン、八頭立という軽いレースのみに出走させたことで、ここはさすがにそれぞれ一分二八秒、四八秒で勝ち、二戦二勝の成績だった(83)。

だが明けて明治一〇(一八七七)年五月一六、一七、一八日春季開催、初日第三レース、中国馬との混合のルシタニア賞盃(Lusitania Cup)、三/四マイル、九頭立、ただ一頭の日本馬として出走したが、逃げられずに一分三八秒三/四からの着外、また第八レース・ジャーマンクラブ賞盃(Club Germania Cup)、五ハロン、六頭立では、今度は逃げることができて直線まで粘ったが、一分二一秒一/二からの三着に終わり、二日目以降は出走してこなかった(84)。

キングドンは、一一月二〇、二一、二二日の秋季開催を最後の出走の機会と決断したのであろう、万全の調教で臨み、これに応えたモヒトツの前評判は久しぶりに高かった(85)。だが初日第三レース、中国馬との混合のロシア賞盃(Russian Cup)、三/四マイル、五頭立では中国馬の一分三六秒三/四からの着外、日本馬限定の同日第六レース・オランダ賞盃(Netherland Cup)(一〇〇ドル)、三/四マイル、五頭立でもオオヤマの一分三六秒一/四からの着外、ついで二日目第七レース・蚕糸賞盃(Silk Cup)(一〇〇ドル)、三/四マイル、七頭立でも、スタート前に一周してしまったこともあり御厩課の三ノ戸(次節)の三着、三日目第二レース、中国馬との混合の持主賞盃(Owners' Cup)(一〇〇ドル)、三ハロン、一一頭立でも英国公使館名義の中国馬の四六秒三/四の三着となっていた。同日第七レース、未勝利馬限定の東京賞盃(Tokio Cup)(一〇〇ドル)、五ハロン、八頭立では、さすがに一分一九秒一/四で他馬を寄せ付けずに勝ったが、五戦一勝、三着二回、着外二回という結果に終わった。開催後の一一月二七日の番外レース、三/四マイル、七頭立を楽勝したのが(86)、モヒトツの最後のレースとなった。

振り返ってみれば、明治六(一八七三)年秋デビューしたときから、いずれはタイフーンにとって代わる存在となると期待されていた。だが、それに応えるかと思うと、つぎにはそれを裏切るという結果が続いた。最後まで、タイフーンを凌ぐことができず、新たに登場してきたオオヤマなどにも先を越されることになった。チャンピオン級としては、その名の通り「もうひとつ」の成績しか残せなかった。生涯成績三一戦一一勝。

そしてこのキングドンは、モヒトツとほぼ同時期にもう一頭の期待はずれに終わった馬を持っていた。明治七(一八七四）年一一月一〇、一一、一二日の秋季開催から、ヨコハマ・レース・クラブは日本馬の新馬を対象に、二〇〇ドルに各馬の登録料二〇ドルを加算するという高額の賞金を用意してヨコハマ・ダービー（Yokohama Derby）、五ハロンというその名の通りダービーを意識したレースを創設した(87)。その第一回、九頭立を、本命の人気に応えて一分二三秒で勝ったのがモスコー（Moscow）だった。モスコーはこの開催で、その他二日目第九レース・富士山賞盃（Fujiyama Cup）、一周（約一七〇〇メートル）、七頭立でも、七ポンド（約三・二kg）の増量をものともせず二分二六秒三／四で楽勝、三日目第二レース、ハンデ戦の優勝賞盃、一マイル一／四、八頭立では、バカついて着外に終わっていたが、ダービーの初代優勝馬にふさわしくその将来を予感させる走りぶりを見せていた。ところがこのモスコーも気性が非常に悪く、翌明治八（一八七五）年五月一二、一三、一四日の春季開催では当時の王者であったタイフーンとも好勝負になると期待されていたが四戦未勝利、次の一一月三、四、五日の秋季開催では一勝をあげたが、明治九（一八七六）年五月一七、一八、二〇日の春季開催では再び未勝利、次の一一月一六、一七、一八日ヨコハマ・レーシング・アソシエーション秋季開催では、やっと二勝をあげ本格化するかと期待させたが、翌明治一〇（一八七七）年五月一六、一七、一八日のアソシエーション春季開催で、コーナーでふくれて着外に終わったのを最後に引退してしまった(88)。

気性の荒さは当時の日本馬に共通し、競走馬としての適性を欠く大きな要因となっていたが、モスコーも結局、これが災いし、期待はずれのままの成績しか残せなかった。日本馬の調教技術を高く評価されていたキングドンでも、手を焼いたのであるから、モスコーの気性がいかに悪かったかがうかがえる。キングドンの側に立って考えれば、ヒトツもモスコーも、キングドンだからこそ、ここまでの成績をあげたともいえなくもなかったが。

6　オオヤマ＝Oyama、アナンデール＝Annandale――日本側の馬たちに立ちふさがった存在

タイフーンが限界説を打ち破って、優勝戦や中国馬との混合戦も含めて三戦三勝のすばらしい成績をあげ復活劇を

演じた明治九（一八七六）年五月一七、一八、二〇日の春季開催、後に日本馬のチャンピオンとしてニッポン・レース・クラブ誕生を迎える馬がデビューしていた(89)。オオヤマ（Oyama）、青毛（black）、オリエンタル銀行支配人のロバートソン（J. Robertson）所有であった。ロバートソンは、横浜の有力厩舎の一つであるミステリー厩舎（Mystery Stable）を経営していた。オオヤマのデビューは芳しいものではなく、ヨコハマ・ダービーの名が外された初日第二レース・新馬賞典（Griffins' Plate）、五ハロン、七頭立の三着をはじめその後の二戦も勝てず、ようやく三日目第五レース、未勝利馬限定の撫恤賞盃（Solace Cup）、五ハロン、七頭立を一分二一秒で初勝利をあげた程度だった。四戦一勝、ただ撫恤賞盃でハナ差ではあったが破ったのがモヒトツだったのが、かろうじて将来を予感させるものではあった。

秋のシーズンは、ロバートソンがヨコハマ・レーシング・アソシエーションの中心人物であったから、オオヤマも、当然その一一月一六、一七、一八日の開催に出走してきた(90)。春の開催の成績は期待はずれなものではあったが、体高も二〜三インチの成長を見せ、よほどオオヤマは大物といった雰囲気を漂わせていたのだろう、この段階でミステリー厩舎の日本馬の代表的存在と目されるようになっていた(91)。そしてそれに応える格好で初日第六レース・東京銀行者賞盃（Tokio Bankers' Cup）（一〇〇ドル）、三／四マイル、三頭立を一分三九秒三／四、ついで三日目第三レース、開催勝馬による優勝戦の秋季景物（Autumn Stakes）、一マイル、五頭立も二分二一秒で制して二戦二勝、この開催のチャンピオンの座についてしまった。だが、この二レースともに相手馬に騎乗した日本人騎手の未熟さに助けられたというのがその戦評だったが、これも逆にオオヤマへの期待の高さが示されたものであった。

明けて明治一〇（一八七七）年五月一六、一七、一八日のヨコハマ・レーシング・アソシエーション春季開催では、思ったほどの成長を見せることができなかった(92)。初日第六レース・商人賞盃（Akindo Cup）、三／四マイルでは三着、二日目第九レース、敗者復活戦の会社賞盃（Club Cup）、五ハロン、九頭立は一分二〇秒で楽勝したが、三日目第五レース、優勝戦の日本馬景物（Niphon Stakes）、一マイル、六頭立では「老雄」のタイフーンの二分二〇秒からの三着、同日第九レース、中国馬との混合のハンデ戦オリエンタル賞盃（Oriental Cup）（一〇〇ドル）、一マイル、九頭立でも、一〇ストーン一二ポンド（約六八・九kg）を背負っての直線での追い比べとなり、一一ストーン一二ポンド（約七五・三kg）の中国馬の強豪馬の二分一九秒からクビ差の二着と健闘したが、結局四戦一勝二着二回三着一回に終わり、もう一つ物足りない成績であった。だがこの結果であってもオオヤマの潜在能力への評価は、高まることがあっても低くはならなかった。次の秋のシーズンを前にした時、日本馬としては珍しく気性難がなかったのだろう、三／四マイル以上の距離では無敵との予想がなされたほどであった(93)。

そしてドン・カルロス（Don Carlos）名義で出走してきた明治一〇（一八七七）年の一一月二〇、二一、二二日のヨコハマ・レーシング・アソシエーション秋季開催は、その評価にとりあえずは応えるものとなった(94)。なおこの名義変更は、それまでのオーナーのロバートソンが支配人を務めていたオリエンタル銀行がこの明治一〇～一一（一八七七～一八七八）年にかけて経営が悪化、ロバートソンも帰国せざるをえなくなったからである。まず初日第六レース・オランダ賞盃（Netherland Cup）（一〇〇ドル）、三／四マイル戦、五頭立を一分二六秒一／四のレコードで大楽勝、一レースを挟んでの第八レース・日本銀行者賞盃（Japan Bankers' Cup）（一〇〇ドル）、五ハロン戦、五頭立も一分一九秒三／四の好時計で楽勝、日本馬では抜けた存在であることを誇示した。三日目第九レース、中国馬との混合のハンデ戦コミュニティ賞盃（Community Cup）（一五〇ドル）、一マイル、八頭立が真価を問われる場となった。道中ハナに立ち、そのままゴール直前まで粘り、勝ったかと思われたが、七ポンド（約三・二kg）軽い中国馬に交わされ、クビ差の二着に敗れた。勝時計二分一四秒一／二は平均タイムより五秒ほど早いもので、敗れたとはいえ、ここでの走りはオオヤマの評価を高め、これまでの最強の日本馬との賞讃の声があがったほどだった。なおこれより先の同日第一レースの障害戦（Hurdle Race）（七五ドル）、一マイル一ディスタンス（約一八〇〇メートル）、七頭立にも出走していたが、ここでは着外だった。

明けてクラブの統合がなった明治一一（一八七八）年五月八、九、一〇日のヨコハマ・ジョッケー・クラブ春季開催、この開催からはジェフレ（A. Jaffray：貸馬業）の仮定名称バロン（Baron）名義となった(95)。ジェフレも、競馬に強い意欲を持つ人物だったから、オオヤマの将来性を見込んでの移籍だったろう。初日第三レース、中国馬との混合の中華賞盃（Selestial Cup）、三／四マイル、八頭立では、直線での追い比べとなり中国馬の快速馬の一分三八秒一／二からクビ、クビ差の三着、日本馬限定の同日第五レース・茶商賞盃（Tea Cup）、一／二マイル、九頭立でも後に活躍することになるアナンデール（Annandale）（後述）の一分一秒一／二の着外という成績で幕を開けることになったが、同日第九レース・蚕糸賞盃（Ito Cup）、一マイル、五頭立ではそのアナンデールを着外に破って二分一四秒というすばらしい時計で勝って力を示した。オオヤマは、マイル戦を最も得意とするようになっていた。二日目第七レース・ルシターノ賞盃（Rusitano Cup）、一マイル、三頭立でも二分一九秒で大楽勝、さらに三日目第四レース・日本馬優勝景物（Japan Champion Stakes）、一マイル、二頭立も二分一八秒で楽勝した。同日第八レース・アメリカ賞盃（American Cup）、一周（約一七〇〇メートル）、六頭立、ハンデ戦では、一一ストーン（約六九・九kg）を背負ったためか、一〇ストーン（六三・五kg）のジムヒルズ（Jim Hills）という馬の着外となっていた。六戦三勝でこの開催を終えたが、オオヤマがチャンピオンの存在であることは誰しも認めるところであった。

ところが次の一〇月三〇、三一日、一一月一日の秋季開催、日本馬として種別された雑種馬の二頭が圧倒的な強さを示し、その出走可能の日本馬八、日本馬と中国馬の混合五、計一三レースの内一〇も独占した(96)。トロッターやアラブの血脈を受け継いでいる雑種馬が、能力を出せば、余程のことがなければ、まず日本馬や中国馬に負けることはありえなかった。オオヤマも初日にその雑種馬に敗れて二着二回、雑種馬が出走しなかった三日目第六レース、未勝利馬限定の撫恤賞盃（Solace Cup）（一〇〇ドル）、五ハロン、七頭立を一分二九秒で順当に勝ったが、その直後の第七レース・秋季重量負担景物（Autumn Handicap）、一周（約一七〇〇メートル）、一三頭立では、またその雑種馬の着外に敗れていた。だがここでの敗戦は、オオヤマの評価を下げるものではなかった。

明けて明治一二（一八七九）年五月六、七、八日の春季開催から、雑種馬のレースが日本馬とは分けて編成されたから、オオヤマは当然その強さを発揮した(97)。まず初日第四レース・銀行者賞盃（Bankers' Cup）、三／四マイル、三頭立を一分三八秒で楽勝、ついで二日目第一レース、中国馬との混合のレナニナ賞盃（Rhenania Cup）、一周（約一七〇〇メートル）、六頭立が圧巻だった。中国馬の強豪馬二頭を下し、タイムも二分一五秒、人々に驚きを与えた勝ちぶりだった。二日目第八レース・三菱賞盃（Mitsu Bishi Cup）、三／四マイル、三頭立も大楽勝で制していたが、三日目第九レース・日本馬重量負担景物（Japan Handicap）、一周（約一七〇〇メートル）、三頭立では、勝馬のジムヒルズよりも一六ポンド（約七・三kg）も重い斤量を背負ったことが響いたのか、その二分一六秒からの二着に終わった。それでもこの敗戦が、その開催の賭けの最大の波乱だったというから、いかにオオヤマの評価が高かったかがわかる。この開催、四戦三勝だった。

つぎの明治一二（一八七九）年一一月六、七日の秋季開催は、ヨコハマ・ジョッケー・クラブが解散状態に陥るなかで開催され、レース編成も変則となった(98)。オオヤマは、四戦したが、その内三戦が中国馬との混合戦、初日第三レース・セレシャル賞盃（Celestial Cup）、三／四マイル、三頭立、一分三九秒からの三着、二日目第四レース・持主賞盃（Owners' Cup）、一／二マイル、二頭立でも一分〇秒一／二の前に敗れ、同日第七レース・オリエンタル賞盃（Oriental Cup）、一周（約一七〇〇メートル）、四頭立も二分一八秒一／二からの最下位、といずれも中国馬の前に屈し、日本馬限定の二日目第五レース・日本賞盃（Nippon Cup）、三／四マイル、三頭立を一分四一秒一／二で勝ったのみの四戦一勝に終わった。クラブの混乱のなかで、オオヤマも精彩を欠いたレースぶりだった。

こうしてオオヤマは、ニッポン・レース・クラブの誕生を迎えた。当時、共同競馬会社、興農競馬会社の開催に居留民所有の馬は出走することができなかったから、日本側の馬との対決の場は、根岸競馬場しかなかった。オオヤマは、居留民側の日本馬を代表する存在だった。

オオヤマは、明治一三（一八八〇）年六月七、八、九日のニッポン・レース・クラブ第一回春季開催、初日第四レース・陸軍省賞盃（Rikugunsho Cup）（二〇〇ドル）、一マイル、四頭立では都川（次節）を二着に下して二分二一秒一

／二で勝ち、第七レース・日本賞典（Nippon Plate）、一／二マイル、五頭立でも宮岡（次節）を二着に退けての一分二秒一／二で楽勝した(99)。だが、この後が尻すぼみだった。二日目第五レース・三菱賞盃（Mitsu Bishi Cup）では接戦には持ち込んだものの初日の勝鞍による一〇ポンド（約四・五kg）の増量がこたえたのかカタフェルト（次節）の二分五〇秒一／二からの二着、続く第六レース・婦人財嚢、一／二マイル、一〇頭立でも、中国馬の快速馬の一分〇秒一／二からの二着に終わった。この敗戦があっても、開催のメーン・レースであった三日目第五レース・チャンピオン決定戦の天皇賞典（Mikado's Vase）、一マイル、八頭立では、得意の距離であることもあってオオヤマが本命であった。ところが、騎兵少佐相良長発名義の起燕が二分一七秒で勝利、オオヤマは着外、賭けも大波乱となってしまった。

一〇月二七、二八、二九日の秋季開催、先の春季開催とは異なって、ここではオオヤマはいかんなく実力を発揮した(100)。この開催での名義はカウント・ディスバッチ（Count Diesbach）。まず初日第五レース・陸軍省賞盃（Rikugunsho Cup）、一／二マイル、五頭立を本命の期待に応えて一分一秒三／四で大楽勝、ついで第九レース・宮内省賞典（Kunaisho Prize）、三／四マイル、三頭立も一分四五秒一／四で楽勝、さらに二日目第五レース、中国馬との混合のロッタリー賞盃（Lottery Cup）、一／二マイル、五頭立でも、三頭の中国馬も退けて一分〇秒で勝ち、ここまで圧倒的な強さを見せつけての三連勝だった。三日目第五レース、日本馬のチャンピオン戦のコミッティ賞盃（Committee Cup）、一マイルでは、この時は同馬主となっていたジムヒルズとの二頭立となり、勝ちを譲った形で取り消したが、この開催での日本馬の王者は誰が見てもオオヤマだった。だがそれも、この開催が最後となった。

明けて明治一四（一八八二）年五月九、一〇、一一日の春季開催に登場したとき、体調を崩しているか、あるいは衰えが見えるような走りぶりとなっていた(101)。それでも、初日第五レース、フランス公使寄贈のセント・ジョージ賞盃（St. George Cup）、一／二マイル、四頭立を一分一秒一／二で勝ち、二日目第四レース・婦人財嚢、一／二マイル、五頭立では中国馬の快速馬の二着となったのはさすがだったが、その後、出走してくることができなかった。

これが尾を引いていたのか、次の一一月四、五、七日の秋季開催、その緒戦となった初日第四レース・陸軍省賞盃

(Rikugunsho Cup)、一／二マイル、三頭立の競走中に前脚に故障を発生してしまった(102)。このレースの勝時計は一分三秒であったから、かつてのオオヤマなら問題なく勝っていたレースだった。三日目第四レース、未勝利馬限定の日本馬撫恤景物(Japan Consolation)(一五〇ドル)、五ハロンに姿を現すことは現してきたが、走ることができない状態であり、出走が取り消された。何とも後味の悪い結果となった。

誰もがこれで引退と考えていたようだが、なんとオオヤマは、一年後の明治一五(一八八二)年一〇月三〇、三一日、一一月一日の秋季開催に、ジュラン(B. Durant)名義でカムバックしてくる(103)。その初日第五レース、ここまで二度の勝ち鞍をあげていた陸軍賞盃(Rikugunsho Cup)、一／二マイル、六頭立も着外に終わり、三日目第二レース、中国馬との混合戦スカーリー景物(Scurry Stakes)(一五〇ドル)、三ハロン、六頭立では中国馬の新星の四四秒一／二からの二着と善戦はしたが、やはりその衰えは隠しようもなかった。これが明治九(一八七六)年のデビュー時から、大器と期待され続けたオオヤマの最後のレースとなった。生涯成績四五戦二〇勝。結果的に見れば、その大きな期待に必ずしも応えるような成績、またタイフーンのような物語も残すこともできなかった。オオヤマのその後の消息はわからない。

このオオヤマに代わって、明治一四(一八八一)年から居留民側の日本馬の代表的存在となっていたのがアナンデール(Annandale)、芦毛(Grey)だった。デビューはオオヤマと同じ明治九(一八七六)年秋だったが、オーナーのジャーディン・マセソン商会の支配人ケスウィック(J. J. Keswick)が、ヨコハマ・レース・クラブの中心的存在だったこともあって、アナンデールはクラブの方に出走していた(104)。初勝利は、一年後の明治一〇(一八七七)年一一月、ヨコハマ・レース・クラブの秋季開催でタイフーンを破ったときであった(105)。その後明治一一(一八七八)年五月のヨコハマ・ジョッケー・クラブ春季開催でオオヤマを退けるなど、将来の力の片鱗を見せることもあったが(106)、本格化し始めたのは、明治一三(一八八〇)年一〇月、ニッポン・レース・クラブの第二回開催で、中国馬、雑種馬との混合戦一マイル(八頭立)の勝鞍を含む二勝をあげたときからだった(107)。なお明治一三(一八八〇)年八月のケスウィックの離日に伴い、ブキャナン（Buchanan）に三五〇ドルで売却され、同年秋季開催からはその名義で出走していた[108]。翌明治一四（一八八一）年春季開催、二日目第三レース・三菱賞盃（Mitsu Bishi Cup）、三／四マイル、七頭立では鎌倉（藤崎忠貞名義）、雷（藤波言忠名義、これらの馬については次節）の日本側の強豪馬らに一分四一秒で勝ち、三日目第一レース、日本馬のチャンピオン決定戦の各国公使賞盃（Diplomatic Cup）、一周（約一七〇〇メートル）、三頭立でも、二分一六秒三／四という好時計で鎌倉らを破ってチャンピオンの座についた[109]。また次の一一月四、五、七日の秋季開催でも、二日目第八レース・根岸景物（Negishi Stakes）、一周（約一七〇〇メートル）、四頭立を二分二五秒、ついで三日目第八レース、この開催から創設された日本馬のチャンピオン決定戦の三菱挑戦賞盃（Mitsu Bishi Challenge Cup）（五〇〇ドル）、一周（約一七〇〇メートル）、五頭立を二分一八秒三／四で勝ち、両レースともに再び雷、鎌倉を退けていた[110]。第九レース、中国馬との混合のハンデ戦秋季重量負担景物（Autumun Handicap）（二〇〇ドル）、一周（約一七〇〇メートル）にも出走していたが、勝タイム二分一五秒という早い時計もあったのか、ここでは中国馬の着外に終わっていた。翌明治一五（一八八二）年五月八、九、一〇日の春季開催、初日第七レース・春季賞盃（Spring Cup）（一〇〇ドル）、三／四マイル、三頭立に一分三九秒一／二で勝ち、さらに三日目第六レース・三菱挑戦賞盃（Mitsu Bishi Challenge Cup）（五〇〇ドル）、一周（約一七〇〇メートル）、五頭立も直線追い込んでカタフェルト（次節）をクビ差交わして二分一八秒一／四で制して、このレースの二開催連覇となり、きわめて高額の賞盃を初めて獲得した馬となった[111]。このようにアナンデールは、明治一四（一八八一）年から明治一五（一八八二）年にかけて本格化した強さを発揮、日本側の日本馬に対して立ちはだかる存在となっていた。だがそれも短かった。鎌倉を筆頭として、日本側の日本馬が強くなるのにそれほど時間を要しなかったからである。

2　明治一〇年代の日本馬

明治一二（一八七九）年から日本側が開催した競馬は、明治二〇（一八八七）年頃までは、日本馬を中心として行われていた。そしてその日本馬からは、鎌倉や岩川のようにこの時代の人々の記憶にその名をとどめる馬たちが生まれていた。ここでは、そういった日本馬たちを中心に明治一六（一八八三）年頃までをながめていきたいと思う。

1　宮内省御厩課、農商務省勧農局、陸軍省軍馬局の馬たち

図7　ミカン号の勝利

驚いているのはN. P. キングドン（『ジャパン・パンチ』1875年11月号）。

横浜の競馬で、日本側の所有馬として初めて勝鞍をあげたのは、明治八（一八七五）年一一月秋季開催の西郷従道名義のミカン（第二章第一節）、この様子がワーグマンの『ジャパン・パンチ』に残されたことで（図7）、競馬史のなかにもこの勝利が記憶されることになった(1)。だが残した実績からいえば、出走がこの開催だけであったミカンよりも、翌明治九（一八七六）年一一月一六、一七、一八日のヨコハマ・レーシング・アソシエーション第一回秋季開催に高崎正風、片岡利和両侍従の名義で出走した宮内省御厩課の三ノ戸、関本、福岡、三本木の四頭の馬たちの方が上回っていた(2)。その開催で、この内、三ノ戸が初日第二レース・新馬賞典（Griffins' Plate）（一四〇ドル）、五ハロン、七頭立を接戦の末に一分二四秒で勝ったが（判定には微妙なものがあったが）、この新馬戦は根幹レースの一つで、その勝利は新馬の一番手になったことを意味していた。ここで三着だった関本は、このレースで二着馬にたびたび噛み付きにいき、またつぎの第九レース・ウエルカム賞典（Welcome Plate）（一〇〇ドル）、一／二マイル、三頭立でも今度は騎手を振り落とすといった気の悪さを見せていたが、二日目第二レース・東京銀行者賞盃（Tokio Bankers' Cup）（二〇〇ドル）、一／二マイル、六頭立では、道中二頭で抜け出して直線の叩き合いの末、アタマ差の一分六秒一／二

で勝鞍をあげていた。その他三ノ戸は二日目第六レース・フランス賞盃（French Cup）、三／四マイル、七頭立では、初日の勝鞍による七ポンド（約三・二kg）の増量もあってか明治七（一八七四）年一一月秋季開催のヨコハマ・ダービー馬モスコーの一分四五秒一／二からの三着、また関本も三日目第四レース、中国馬との混合の東京銀行者賞盃（Tokio Bankers' Cup）（一〇〇ドル）、三ハロン、八頭立でモヒトツの四八秒からの二着に終わっていた。

西南戦争の影響か翌明治一〇（一八七七）年春のシーズンの出走はなかったが、一一月二〇、二一、二三日のアソシエーション秋季開催には、再びこの四頭が出走してきた(3)。関本が初日第四レース・日本蚕糸賞盃（Japan Silk Cup）（一〇〇ドル）、一／二マイル、五頭立を一分四秒一／四で楽勝、ついで三本木が二日目第二レース・未得勝馬賞典（Maiden Plate）（一〇〇ドル）、一／二マイル、五頭立を一分四秒で一着同着後、決定戦を同タイムで勝っていた。また三ノ戸も二日目第七レース・蚕糸賞盃（Silk Cup）（一〇〇ドル）、三／四マイル、七頭立でモヒトツを三着に退けて一分四一秒で勝っていた。三ノ戸の勝鞍はこの一勝だけであったが、その他のレースでもかなりの能力を見せていた。初日第六レース・オランダ賞盃（Netherland Cup）（一〇〇ドル）、三／四マイル、五頭立では直線よく追い込んでオオヤマの一分三六秒一／四からの三着、二日目第五レース・商人賞盃（Akindo Cup）（一〇〇ドル）、一マイル、五頭立では、一着キカップ（Kicapoo）（旧名カンガルー：Kangaroo）と叩き合いの末の二分一五秒からクビ差の二着、そして三日目第五レース・日本馬優勝景物（Japan Champion Stakes）（一マイル）、四頭立でも、キカップの二分一四秒から一馬身差の二着となっていた。この日本馬のチャンピオン戦には関本も出走していたが、三ノ戸が先行、関本とキカップが追いついて道中三頭が雁行して進むというレース展開となり、直線三ノ戸とキカップが抜け出して二頭が叩き合うという接戦だ

図8　三ノ戸

向かって左が木村介一、右が京田懐徳（鈴木健夫『ニッポンレースクラブ50年史』日本中央競馬会、1970年所収。原版『馬の友』第3巻8号、大正8年8月）。

った。オオヤマはこの開催のチャンピオンであり（前節）、またキカップもオオヤマと並ぶような存在であり、その勝タイムもいずれも早く、三ノ戸の健闘が讃えられるものであった。この三ノ戸の写真（図8）が残されているが、それは根岸競馬場で三ノ戸が見せた実力が高く評価されていたことをうかがわせている。三ノ戸は、その名の通り南部産、御厩課の木村介一が騎乗、競馬で発揮した力もあって明治一三（一八八〇）年三月福島県三春に種牡馬として下賜されていた(4)。また御厩課の福羽逸人、京田懐徳らも騎手として参加していた。その後、御厩課の横浜の競馬への出走は、明治一三年のニッポン・レース・クラブ誕生まで途切れてしまうが、この間、日本側の競馬開催への準備が進められていた（第二章第一節、第三節）。

共同競馬会社や興農競馬会社の開催でまず名を馳せたのは、こういった関本や福岡らのかつての横浜の出走組、あるいは吹上競馬や三田育種場の大市の際の競馬などで活躍していた雷（イカヅチ）、南部産、黒鹿毛、四尺七寸三分（約一四三・三センチ）、都川、南部産、明治四（一八七一）年生、栗毛、四尺八寸（約一四五・四センチ）、薩摩、班毛らであった(5)。薩摩が陸軍省軍馬局所属であったことを除けば、他の馬は宮内省御厩課所属であった。事実上の私たちの競馬の始まりであった明治一二（一八七九）年八月二〇日の前アメリカ大統領グラント歓迎の競馬でも、福岡（宮内省名義）が第六レース・川中島（官馬限定、五円）、三／四周（約九六〇メートル）、六頭立を、ついで雷（木村介一名義）が第九レース・宇治川（私馬限定、七五円）、一周（約一二八〇メートル）、七頭立を勝っていた(6)。また第八レース姉川（私馬限定、五〇円）、一周、六頭立を勝った宮岡（勧農局名義）は、三春産、明治六（一八七三）年生青毛、四尺七寸五分（約一四三・九センチ）、明治一二年五月六、七、八日のヨコハマ・ジョッケー・クラブ春季開催に、二階堂蔀（内務省勧農局）名義で出走、初日第二レース・新馬景物（Griffins' Stakes）、五ハロン、五頭立の二着同着でデビューしていた馬だった(7)。

一一月三〇日の共同競馬会社第一回開催でも、まず雷（木村介一名義）が第六レース（紅白縮緬代六〇円）で勝鞍をあげ、ついで番外第一レースでは関本（宮内省名義）が力の違いをみせ、道中二／三を過ぎたところで鞭を入れると瞬く間に他馬を抜きさって楽勝、そして番外第二レースでも雷が勝って、それぞれ金盃（五〇円）を獲得していた(8)。新設の三田の競馬場で開催された一二月二〇、二一日の競馬、記録が残されている初日だけでも、この関本、都川、雷、薩摩がそれぞれ勝鞍をあげていた(9)。なお横浜出走組の関本と福岡は、この明治一二（一八七九）年のシーズンで競馬から姿を消し、翌明治一三（一八八〇）年からは雷、薩摩、都川らが主力となった。明治一三年四月一七、一八日の共同競馬会社春季開催を前に、きたるべき雷と薩摩の対戦に関して、つぎのような記事がすでに掲載されるようになっていた(10)。

何処の競走にも後れを取らず無双の駿足と聞え高き宮内省競馬馬雷と陸軍省御雇教師アンゴ氏の持馬班毛（薩摩）との取組にて来る一七、一八両日中四度の競走の由なるが、騎手は何れも名におう壮士、雷には木村介一氏、班毛には久保田成章氏が之に当るとのことなれば、一段と面白きことにてあらん……

すでにここまでの競馬で、この雷と薩摩の両馬がチャンピオン的存在を競う馬として認められていたことがうかがえるだろう。アンゴは、陸軍お雇いフランス人馬医A・R・D・アンゴ（Angot：中尉相当、一八七四年来日）、横浜の競馬に関して日本側と居留民との橋渡し役を勤め、また日本側の競馬にも中心的な役割を果たしていた人物だった。またここで騎手としてあげられている木村は先にもふれたように御厩課員、久保田は軍馬局員であったが、両者とも戸山、そして横浜の根岸でもすでに活躍していた。なおこの開催での薩摩の名義は岩下だったとも伝えられているが(11)、その岩下とは砲兵大尉岩下清十郎であり、横浜ではアンゴとの共同名義で出走させることになる。また雷もこの開催での名義は木村介一、福羽逸人騎乗とも報じられているが(12)、福羽も御厩課員であった。強い馬に巧い騎手が騎乗しての競馬、どちらが勝つか、これに賭けが加われば、この時代の競馬は、つぎのようにその始まりから相当の興奮を伴っていただろう(13)。

此日（初日）有名なる駿馬雷と薩摩との競走は殊に見ものにて、薩摩の勝利を得し時は喝采の声暫ばし鳴りも止まざりしと。

このように薩摩は初日第四レースと第六レースに勝鞍をあげて喝采をあび、この開催では雷との勝負に勝ったことになった。二日目第四レースでは都川（藤波言忠名義、京田懐徳騎乗）が勝ち、次の第五レースでは雷が起燕（陸軍騎兵少佐相良長発名義、根村市利騎乗）にも敗れ、雷は未勝利に終わってしまった(14)。雷は、調子を崩していたらしく、以後休養に入り、再登場は翌年春の根岸となる。薩摩と起燕は、五月一五、一六日の興農競馬会社第一回開催でも勝鞍を加えた(15)。

こうして六月七、八、九日のニッポン・レース・クラブ第一回春季開催を迎えた。日本側から出走したのがこれらの馬たちだった。馬の所属を組織の系統で分ければ、宮内省御厩課、内務省勧農局（明治一四年からは農商務省農務局）、陸軍省軍馬局の三つからなっていた。この日本馬たちは善戦はしたが、ほとんどが居留民の馬たちの前に敗れ去ってしまっていた(16)。薩摩（岩下&アンゴ名義）は、初日第八レース・銀行者賞盃（Bankers' Cup）、三／四マイル、六頭立で起燕（相良長発名義）の一分四三秒一／二の着外、第二日目第八レース・富士山賞盃（Fujiyama Cup）（一五〇ドル）、三／四マイル、五頭立でも横浜のトップグループの一頭であるジムヒルズ（カウント・ディスパッチ名義）の一分三九秒一／四からの二着、ようやく三日目第二レースの未勝利戦である日本馬撫恤景物（Japan Consolation）（一〇〇ドル）、五ハロン、六頭立を一分一九秒一／二で勝った。都川（土方久元名義）は、初日第四レース・陸軍省賞盃（Rikugunsho Cup）（二〇〇ドル）、一マイル、四頭立でオオヤマとの接戦となったが二着、第八レース・銀行者賞盃（Bankers' Cup）、三／四マイル、六頭立では着外、二日目第五レース・三菱賞盃（Mitsu Bishi Cup）（一五〇ドル）、一マイル一／四、四頭立でもカタフェルト（後述）の二分五〇秒一／二からの三着、三日目第二レース・日本撫恤景物では薩摩の二着、第五レース・天皇賞典（Mikado's Vase）では起燕の着外に終わっていた。結局日本側の名義の日本馬で薩摩の他に勝鞍をあげたのは、先にもふれた初日第八レース・銀行者賞盃（Bankers' Cup）、三／四マイル、六頭立を勝っていた起燕だけであった。起燕は、この春のシーズン絶好調であり、この開催のメイン・レースの存在であった三日目第五レース・天皇賞典（Mikado's Vase）、一周（約一七〇〇メートル）、八頭立も、本命馬オオヤマを破って二分一七秒で勝っていた。予想外の勝利に、日本人の観客は歓喜し、西郷従道は大いに喜んで騎手を抱き上げたという（詳しくは第三章第三節）。未勝利に終わった御厩課とは対照的に、チャンピオンとなった起燕、そして薩摩と、軍馬局の優位が明らかにされた開催となった。なおこのニッポン・レース・クラブの負担重量は体高を基準とし日本馬雑種馬ともに四尺四寸（約一三三・三センチ）が基準で一三八斤（ポンド、約六二・六kg）、一寸（三・〇三センチ）毎に二斤（約九〇七g）増量、これに加えて雑種馬では五歳を基準として（この当時は満年齢で数えていた）、それ以下三歳までは一歳毎に二斤減、六歳は二斤増、七歳以上は四斤増だった(17)。

次の一〇月二七、二八、二九日のニッポン・レース・クラブ秋季開催では、日本側の名義の日本馬は一勝もあげることができなかった(18)。だが、明治一五（一八八二）年一杯まで居留民所有の馬は、共同競馬会社や興農競馬会社での出走資格がなかったから、当然その両場の開催では、それまでの活躍馬が勝鞍を重ねていた。たとえば明治一三（一八八〇）年一〇月一六、一七日の共同競馬会社秋季開催で、都川（土方久元名義）が二勝、薩摩（諏訪重中名義）が一勝をあげ(19)、続く一一月二〇、二一日の興農競馬会社秋季開催でも都川（米田虎雄名義）と宮岡（二階堂蔀名義）は一勝、三沢（波多野尹政名義）が二勝(20)、という具合だった。都川は、明治一四（一八八一）年六月、競馬での数々の勝利が評価されて、福島の牧場へ種馬として払い下げられ(21)、また明治一二（一八七九）年八月前アメリカ大統領グラント歓迎の競馬の第一レースの勝馬であった御厩課の戸来（宮城産）も高知へ種牡馬として払い下げられた(22)。種牡馬となったと記録に残されているのは先の三ノ戸とこの二頭だけであるが、都川や戸来よりも競馬の実績に優った福岡や関本なども同様に種牡馬となっていた可能性が高い。だがその後当分の間は、宮内省関係からの活躍馬は出てこなくなり、内務省勧農局や軍馬局からは遅れをとることになる。なお先に出てきた三沢には林駒吉が騎乗、宮岡は、その名義を岩手厚雄や志田実に代え、松村梅吉が騎乗していたが、これらの人物たちは勧農局関係者であった。

2　鎌倉——南部産最強の日本馬

先にふれたように明治一三（一八八〇）年秋のシーズンまでの根岸競馬場では、かねてから出走していた居留民の日本馬の方が強かったが、この状況が、明治一四（一八八一）年春のシーズンから変わろうとしていた（雑種馬についても同様であるが、それに関しては第四節）。この転換をもたらす主役となっていたのが鎌倉であった。それに明治一三年の春秋のシーズン通じて不出走だった雷の再起であり、また岩川、勝鯨波（カチドキ）といった新興勢力の活躍だった。これらの馬たちが、根岸競馬場でオオヤマやアナンデールといった居留民所有のチャンピオン的存在の馬を破り、また戸山や三田の競馬場でも次々と勝利を収めていき、互いにレースを交じえるようになっていく。

鎌倉は、青毛、四尺五寸七分（約一三八・四チセン）、南部産、内務省勧農局下総種畜場に勤務したことのある千葉県印旛郡久能村の裕福な酒造業者藤崎忠貞の名義、明治一四（一八八一）年春のシーズンにデビューしたとき五歳であった[23]。勝鯨波は軍馬局相良長発中佐の名義、青毛。岩川は、鹿児島産、栃栗毛、四尺八寸（約一四五・四チセン）、勧農局の波多野尹政や岩手厚雄の名義、鎌倉の後をついで最強馬の名を欲しいままにして明治二〇（一八八七）年まで勝鞍をあげ続けた。鎌倉には吉川勝江（下総種畜場）、岩川には林駒吉（下総種畜場出張農務局員）、勝鯨波には根村市利（軍馬局）が主に騎乗した。その他この時期の官庁関係者の騎手では、下村人礼（軍馬局）、福羽守人（御厩課）、目賀田万喜（同前）、岡治善（同）らが活躍していた。

明治一四（一八八一）年春のシーズン。デビュー前から鎌倉の評判には高いものがあった。そして初出走となった五月九、一〇、一一日のニッポン・レース・クラブ春季開催はそれに応えるものとなった[24]。まず根幹レースであった初日第一レース・新馬賞典（Griffins' Plate）（一五〇ドル）、五ハロン、六頭立を一分二一秒二／三で楽勝、ついで二日目第五レース・銀行者賞盃（Bankers' Cup）、一周（約一七〇〇メートル）、三頭立でも、直線を一気に駆け抜けて、二分一六秒という日本馬としてはかなりの好タイムで勝った。三日目第一レース、日本馬のチャンピオン戦であった各国公使賞盃（Diplomatic Cup）、一周（約一七〇〇メートル）、三頭立では、アナンデールの二分一六秒三／四からの二着に終わってしまったが、気難しさを見せながらも追い込んだ姿は強烈な印象を与えた。居留民たちは、この鎌倉の出現を日本馬の改良の証とし、今後確実に横浜の現勢力を凌駕していく存在と早くも評価するようになっていた。

　そしてこの開催には雷（藤波言忠名義）が復帰していた。初日第八レース、西郷従道寄贈の競馬賞典（Keiba Vase）、三／四マイル、五頭立では三沢（大河内正質名義）の一分四二秒一／二からの着外だったが、二日目第三レース・三菱賞盃（Mitsu Bishi Cup）、三／四マイル、六頭立ではアナンデールの一分四一秒からの二着同着とまずまずの成績をあげ、三日目第五レースの未勝利戦ではあったが日本馬撫恤景物（Japan Consolation）（一五〇ドル）、五ハロン、七頭立を一分二〇秒で勝っていた。第一回共同競馬会社開催以来、約一年半ぶりの勝鞍だった。

　根岸に続く五月二九、三〇日の共同競馬会社春季開催、鎌倉は初日第三レース（六〇円）、一周（約一二八〇メートル）を一分四七秒、ついで二日目第七レース、一周（約一二八〇メートル）を一分四五秒で勝って二勝をあげ、一方の雷は二日目第四レース一周（約一二八〇メートル）を一分四六秒で勝っていた[25]。雷の名義は侍従長の米田虎雄にもどっていたが、このようにニッポン・レース・クラブでは藤波言忠、共同競馬会社や興農競馬会社では米田と使い分けられていた。そして六月二五、二六日の三田春季開催でも、鎌倉は初日第五レース、二日目第二レース（二頭立）、番外の天皇の希望による「御好み」第四レース（八頭立）と三勝を加え、雷も二日目第三レース（五頭立）の一勝をあげていた[26]。日本馬に関しては、新鋭の鎌倉と復活した古豪の雷の時代を一旦迎えていた。

　次の明治一四（一八八一）年秋のシーズン。まず一一月四、五、七日のニッポン・レース・クラブ秋季開催[27]。雷は、初日第九レース・富士山賞典（Fujiyana Plate）（一二五ドル）、三／四マイル、四頭立を一分三九秒一／二で勝ち、アナンデールを一馬身差の二着に、鎌倉をさらにアタマ差の三着に破った。二日目第四レース・主員賞盃（Patrons' Cup）（開催勝馬除外）、三／四マイルでは鎌倉の単走となり、第八レース・根岸賞典（Negishi Plate）（一五〇ドル）、一周（約一七〇〇メートル）、四頭立では、アナンデールが二分二五秒で勝ち、二着雷、四着鎌倉だった。もっともこのレースでは、それまでの勝鞍で雷と鎌倉が七ポンド（約三・二kg）増量されていたうえに、鎌倉がまっすぐに走らず、雷は雷でスタート前に逸走、一周してしまっていたから、その敗戦も割り引けるものではあったが、力負けであることも否めなかった。ついで三日目第八レースの開催勝馬による日本馬のチャンピオン戦である三菱挑戦賞盃（Mitsu Bishi Challenge Cup）（五〇〇ドル）、一周（約一七〇〇メートル）、五頭立でも、雷は出遅れ、アナンデールが先行して二分一八秒三／四の勝利、またもや二着雷、三着鎌倉だった。なお鎌倉とアナンデールは第九レース、中国馬との混合の秋季重量負担景物（Autumn Handicap）（二〇〇ドル）、一周（約一七〇〇メートル）にも出走したが、二分一五秒という早い時計もあったのか、両馬ともに中国馬の着外に終わっていた。このように雷と鎌倉は期待に反する成績だった。二頭の直接の着順に限れば、雷の方が鎌倉を上回っていたから、雷の方が芝コースに適性があったようである。

二週間後の一一月一九、二七日の共同競馬会社の秋季開催、居留民所有の馬たちがいなければ鎌倉と雷の強さが抜けていた(28)。なお雷の名義は米田虎雄にもどっていた。早速鎌倉と雷の争いとなった初日第二レース、一周（約一二八〇メートル）では鎌倉が勝ち、その後この二頭は、鎌倉が第五レース（五〇円）、一周（約一二八〇メートル）、雷が第六レース（七〇円）、一周（約一二八〇メートル）とそれぞれが一勝をあげた。ついで二日目第二レース・皇族下賜賞典（銀瓶）、一周（約一二八〇メートル）、三頭立では鎌倉が一分四八秒で勝鞍を加え、また第四レース・宮内省下賜賞典（五〇円）、一周（約一二八〇メートル）、三頭立でも鎌倉が二着に雷を下して一分四九秒で楽勝、さらに番外に天皇が賞典を下賜して行われたニッポン・レース・クラブ開催出走馬によるハンディキャップ戦、一周（約一二八〇メートル）も、一四七ポンド（約六六・七kg）を背負った鎌倉が一分五二秒で勝った。鎌倉は、雷との直接対決の三戦も含めて五戦五勝。雷は四戦一勝、残りはすべて鎌倉の二着だった。それまでの雷は、戸山競馬場を得意としていたから、ここでの完敗は、土のコースでの鎌倉の強さを印象づけた。その後も鎌倉の本領は芝よりも土のコースで発揮される。

それから一週間後の一二月三、一一日の興農競馬会社秋季開催(29)。雷は初日第二レース(四頭立)でカタフェルトに敗れたが、鎌倉は第三レース、第五レースと勝っていた。なおこの日の第一レースで岩川が勝利していたが、これが根岸、戸山、三田の三競馬場を通じて岩川がその勝馬のなかに初めてその名を出したものだった。おそらくこの秋のシーズンが岩川のデビューであった。ついで鎌倉との対戦を避けた雷が、二日目第二レースに勝ち、騎手の福羽守人が天皇からの琥珀織一反を授与された。鎌倉は単走となった第三レース、七ハロンを一分四〇秒で駆け抜け、ついで第五レースの優勝景物(Champion Stakes)、五ハロン一ディスタンス(約一一〇〇メートル)を制し、さらに第八レースのハンデ戦もトップハンデの一五四ポンド(約六九・九kg)を背負って一四二ポンド(約六四・四kg)のカタフェルト(後述)や一三一ポンド(約五九・四kg)の岩川を寄せ付けずに勝った。五戦五勝。戸山と合わせれば一〇戦一〇勝と完璧な成績だった。鎌倉は、戸山と三田では無敵を誇る存在になった。なお雷は、このシーズンを最後に競馬場から姿を消してしまう。翌明治一五(一八八二)年春のシーズンに左足を故障(30)、その後再起できなかったからである。この雷を最後として、宮内省からは日本馬の活躍馬が出てこなくなる。宮内省は雑種馬に力を入れるようになっていた。

明けて明治一五(一八八二)年春のシーズン。鎌倉は体調を崩し、五月八、九、一〇日のニッポン・レース・クラブ春季開催には姿を見せなかった。三週間後の五月二七、二八日の共同競馬会社春季開催には出走してきたが、初日第二レース(七〇円)、一周(約一二八〇メートル)、三頭立では宮岡の二着、また二日目第四レース(一〇〇円)、三/四マイル、四頭立でも、三沢の二着と勝てず、生涯唯一の未勝利に終わった開催となった(31)。一方昨秋のシーズンに登場していた岩川は、初日第五レース(特別に皇族から五〇円)、一マイル、四頭立、二日目第二レース(五〇円)、一マイル、二頭立との二勝を林駒吉の騎乗であげ、鎌倉のライバルとして名乗りをあげた。また勝鯨波は、この戸山の開催で二着二回の記録を残しているが、おそらくここがデビューであった。いよいよ役者が揃った。

続く六月一〇、一一日の興農競馬会社春季開催、初日第三レース・農務局賞典、三頭立で鎌倉と岩川の対戦が早速実現した(32)。もう一頭はカタフェルト、当時の有力馬主大西富五郎（馬車製造業）所有、短距離に真価を見せていた馬だった。このレースの描写がつぎのように残されている(33)。

……孰れも一粒撰の駿馬にてありければ、観客は、此れこそ今日の晴れ勝負、如何あらんと瞳を凝らして見てあるに、三馬は流石に競馬馴れしことなれば、少もわろびれたる模様なく、指令と共に駈け出せしが、如何なしけん、岩川は一歩後れて駈け始めたれば、アナヤと思う間に馬場の三分程に至りし時は、鎌倉が真先に立ち、カタフェルト之れに次ぎ、岩川又た之れに次ぎて両馬に後れたる四間余もありしにぞ、人々は、第一こそ鎌倉にて第二がカタフェルトと憶断して殆んど両馬にのみ目を注ぎ、岩川は恰がら無きもの同然なりければ、予て岩川を愛する人は歯がみをなして悔みし程に、岩川の乗手はコハ仕損じたり適わじと術を尽して励ましければ、其勢以前に変りて次第に烈しく砂煙を蹴立てて飛び行く様は射る矢も及ばぬ程にして、早や馬場の六分に達せしと思う頃、終に難なくカタフェルトを乗越したれば、観客は意外に出てたることなれば誰れとて驚かざるはなく、喝采の声四方に湧きたり。扨も岩川は一頭を乗越したるに勢付き、今ま一声馬だに打越さば最早我こそ第一なれと乗手が一心に駈りたれば、双馬均しく竝びし頃、早くも勝負の場となりたりし曳と一気を得て打ち入たる鞭に、岩川は遂に鎌倉をも乗越して、天晴れ第一の勝を得て万敗の内に全利を占めたるは、最とど勇ましく覚えたり、去れば岩川も農務局より賞金を受けたりし。

このように出遅れた岩川が、後方からいって追い込むといった後の姿を予感させるような強い勝ち方を見せていた。番外レース（四頭立）でも岩川は一勝を加えた。鎌倉は、次の第四レース・宮内省賞典、三頭立では勝ち、ついで二日目のチャンピオン戦である第四レース、三頭立で岩川との再戦に臨んだ。今度は、鎌倉が一〇間（約一八・二メートル）

余も出遅れたが、その不利をものともせず岩川を破り、雪辱をきっちりと果たしていた。だが不調のなかで二勝をあげたのはさすがとはいえ、鎌倉としては物足りない成績であった。しかし、次の秋のシーズンでは、横浜でも復調を見せることになる。

その明治一五年（一八八二）秋のシーズン。一〇月三〇、三一日、一一月一日のニッポン・レース・クラブ秋季開催(34)。鎌倉は、初日第五レース・陸軍賞盃（Rikugunsho Cup）、一／二マイル、六頭立、花ノ戸の一分一秒という好タイムの前に緒戦は二着だったが、第七レース・農商務省賞盃（Noushomusho Cup）、三／四マイル、七頭立では、一分三七秒で、勝鯨波を二着、三着同着に岩川、着外にアナンデールやカタフェルトを下した。続く二日目第七レース・根岸賞典（Negishi Plate）（一五〇ドル）、一周（約一七〇〇メートル）、五頭立では、勝鯨波の二分一六秒一／二の前に着外と敗れてしまったが（岩川とアナンデールが二着同着）、それでも三日目第六レース・日本馬優勝賞盃（Japan Champion Cup）（一五〇ドル）、一周（約一七〇〇メートル）、三頭立に臨んだとき、ここまで三戦一勝の成績だったとはいえ、評価は一番で賭けでも本命だった。鎌倉はここを、直線で楽々と抜け出し、期待に応えて二分一八秒で優勝した。レースは、まず先行したアナンデールが道中で大きく後退、直線で盛り返してはきたものの二着、勝鯨波は直線でバカつき三着に終わった。この勢いで鎌倉は、第八レース、中国馬との混合のチャンピオン決定戦の秋季重量負担馬景物（Autumn Handicap）（一二五ドル）、一周（約一七〇〇メートル）、九頭立にただ一頭の日本馬として出走。二、三着の中国馬より一～二ポンド（約〇・四五～〇・九一kg）重い斤量を背負いながら楽勝、二分一六秒一／四でこのレースを制した。中国馬を破ることは、この時代でも日本馬の強豪馬の証であったが、鎌倉はこれを達成し、名実ともにこの開催のチャンピオンとなった。なお岩川は三日目第四レース・日本馬撫恤景物（Japan Consolation）（一〇〇ドル）、五ハロン、六頭立でも一分二〇秒一／四からの二着となり、三戦未勝利に終わっていた。

こうして迎えた一一月一八、一九日の共同競馬会社秋季開催、鎌倉に一段の注目と人気が集まり、賭けでも本命になったのも当然だった(35)。初日第二レース（八〇円）、四頭立、鎌倉、岩川、勝鯨波、そして直前の根岸で鎌倉を破っていた花ノ戸が出走、「何れも屈指の名馬なれば、之れぞ見事の勝負あらんと見物の人々はかたづを呑ん」で見守った(36)。レースは、その期待に違わないものとなり鎌倉と勝鯨波がほぼ同時にゴールに入線するほどの接戦となった。判定は勝鯨波の勝ちと下ったが、鎌倉側が異議を唱え、審議の結果、両馬のデッドヒート（同着）となった。その後、番外で決定戦が行われ、今度も接戦となったが、鎌倉がクビ差で勝った。このレース中、観客は手を叩き声をあげ、また贔屓の馬の名前をそれぞれ叫ぶなど熱狂したという。ある横浜の居留民が、帽子を振りながら、「鎌倉、鎌倉」と叫んで、我を忘れて馬場を駆け回っていたという姿も記録されている(37)。翌一九日チャンピオン決定戦の第五レース、一マイル四〇ヤード（約一六四五メートル）、四頭立も、鎌倉、勝鯨波、岩川らの対戦となった。鎌倉は、前日の勝鞍で七ポンド（約三・二kg）の増量、レースは七分あたりから鎌倉と勝鯨波が抜け出して二頭の争いとなったが、鎌倉が二分三一秒で楽勝、岩川は着外、ここ一番のレースで鎌倉が本領を発揮した格好となった。なおこのレース、勝鯨波の騎手が、鎌倉の吉川勝江の鞭の使用法に対して異議を唱えたが、却下されていた。第七レース（一〇〇円）、一周（約一二八〇メートル）、五頭立、再び鎌倉、岩川、勝鯨波、カタフェルトらの対戦となった。賭けは鎌倉が二対一（三倍）で本命、だが今度は九分あたりから抜け出した根村市利騎乗の勝鯨波が二分一九秒で勝ち、鎌倉は一／二馬身差の二着。ハンデは鎌倉が一五一ポンド（約六八・五kg）、勝鯨波が一五〇ポンド（約六八・〇kg）でほとんど同斤だったから、鎌倉がチャンピオン戦の後だったことで気を抜いたことがあったかも知れないが、先の根岸開催に続く勝鞍は、勝鯨波も確実に力をつけていたことを示すものだった。岩川はここでも着外。岩川は、この他初日第四レース（皇族から五〇円その他）、四頭立にも出走していたが、カタフェルトの二着で、この開催も未勝利に終わっていた。先のニッポン・レース・クラブに続くものだったから、岩川は、この秋のシーズン、本調子にはなかったようである。なお一二月二、三日の興農競馬会社秋季開催には、賞金の下落もあってか（第二章第二節）、鎌倉、勝鯨波、岩川は出走してこなかった。

明けて明治一六（一八八三）年春のシーズン。成長を見せた岩川が、鎌倉、勝鯨波の間に加わった格好で、レースが展開された。居留民所有の日本馬では、この三頭に勝てなくなっていた。五月一六、一七、一八日のニッポン・レース・クラブ春季開催、初日第七レース・横浜賞典（Yokohama Plate）、三／四マイル、四頭立、鎌倉、岩川、勝鯨波が出走、ロクストン（W. Roxton）が騎乗した岩川が一分三六秒三／四で楽勝、二着が鎌倉、三着が勝鯨波だった[38]。岩川の根岸初勝利だった。なおロクストンは警察関係の御雇で明治一〇（一八七七）年から騎乗し始めて多くの勝鞍をあげていたこの当時の名騎手だった[39]。二日目第七レース・根岸景物（Negisi Stakes）（一五〇ドル）、一周（約一七〇〇メートル）、四頭立にもこの三頭が出走、ここでは鎌倉が二分二一秒一／四で楽勝、二着岩川、三着勝鯨波だった。そして三日目第六レース・日本馬優勝賞盃（Japam Champion Cup）（一五〇ドル）、一周（約一七〇〇メートル）、二頭立には、岩川、勝鯨波が出走してこなかったから、鎌倉が二〇馬身差という大楽勝劇を演じていた。第八レース中国馬との混合の春季重量負担景物（Spring Handicap）（二二五ドル）、一周（約一七〇〇メートル）、七頭立には、岩川と鎌倉が出走、残りの五頭は中国馬、ここで鎌倉と岩川は、中国馬を相手にしなかった。レースは、鎌倉がまず先行、半マイル地点で岩川が先頭に立ったが鎌倉も譲らず、直線での二頭の叩き合いとなり、そのまま両馬が並んでゴールに入った。時計は、二日目根岸景物より七秒三／四も早い二分一三秒一／二という好タイム。判定は同着、決着戦も接戦となったが、ここは岩川がアタマ差で勝った。岩川も成長、強くなっていた。

二週間後の六月二、三、四日の共同競馬会社春季開催、初日第二レース（一〇〇円）、一周（約一二八〇メートル）、ここにも鎌倉、岩川、勝鯨波の三頭が出走、鎌倉がまず先行、勝鯨波が鎌倉に並びかけ、直線での二頭の追い比べとなったが、勝鯨波が一／二馬身差で鎌倉を下した[40]。勝タイム一分五一秒。岩川が三着だった。鎌倉と岩川は、初日のその後のレースにも出走してきたが、直接顔を合わせなければ他の馬を寄せ付けず、第四レース・皇族下賜賞典、一周（約一二八〇メートル）、七頭立では鎌倉が一分五四秒、また第五レース（八〇円）、一周（約一二八〇メートル）、三頭立では岩川が一分五〇秒一／四でそれぞれ三沢、カタフェルトに楽勝していた。その翌日二日目、第三レースのチャンピオン決定戦の三菱会社賞典（三〇〇円）、一周三／四（約二二四〇メートル）、四頭立は、鎌倉、岩川、勝鯨波、三沢の対戦となった。

表5　鎌倉生涯成績・48戦32勝（判明分）

競馬場、日付	レース名（品種）	距離、賞金	騎手、着順／頭数、勝馬（2着馬）、タイム
明治14（1881）年			
根岸　5月9日	第1レースGriffins' Plate (jp)	5ハロン、150ドル	1／6、（精錬）、1分21秒2/3
5月10日	第5レースBankers' Cup (jp)	1周	1／3、（三沢）、2分16秒
5月11日	第1レースDiplomatic Cup (jp)	1周	2／3、Annandale、2分16秒3/4
戸山　5月29日	第3レース（jp）	1周、60円	吉川勝江、1／？、1分47秒
5月30日	第7レース（jp）	1周	吉川勝江、1／？、1分45秒
三田　6月25日	第5レース（jp）		1／？
6月26日	第2レース（jp）		1／2
	番外天皇御好第4レース（jp）	天皇から紺鍜子1巻	1／8
根岸　11月4日	第9レースFujiyama Plate (jp)	3/4マイル、125ドル	2／4、雷、1分39秒1/2
11月5日	第4レースPatrons' Cup (jp)	3/4マイル	単走
	第8レースNegisi Plate (jp)	1周、150ドル	4／4、Annandale、2分25秒
11月6日	第8レースMitsu Bishi Challenge Cup (jp)	1周、500ドル	3／5、Annandale、2分18秒3/4
	第9レースAutumn Handicap (ap)	1周、200ドル	着外／11、Peacock、2分15秒
戸山　11月19日	2レース皇族下賜賞典（jp）	1周、賞典と各馬登録料	1／？
	第5レース（jp）	1周	1／？
11月27日	第2レース皇族下賜賞典（jp）	1周、銀瓶と各馬登録料	1／3、（雷）、1分43秒
	第4レース宮内省下賜賞典（jp）	1周、賞典と各馬登録料	1／3、（雷）、1分49秒
	番外（jp）	1周、天皇が賞典下賜	1／？、1分52秒
三田　12月3日	第3レース（jp）		吉川勝江、1／？
	第5レース（jp）		吉川勝江、1／？
12月11日	第2レース（jp）		吉川勝江、単走、1分40秒
	第5レース優勝景物（jp）	5ハロン1dis	1／？、（カタフェルト）
	第8レース（jp）		1／？、（カタフェルト）
明治15（1882）年			
戸山　5月27日	第2レース（jp）	1周、70円	2／3、宮岡
5月28日	第4レース（jp）	3/4マイル、100円	2／4、三沢
三田　6月10日	第3レース農務局賞典（jp）		吉川勝江、2／3、岩川
	第4レース宮内省賞典（jp）		1／？
6月11日	第4レース（jp）		1／？
根岸　10月30日	第5レースRikugunsho Cup (jp)	1/2マイル	2／6、花ノ戸、1分1秒
	第7レースNousyomusyo Cup (jp)	3/4マイル	1／7、（勝鯨波）、1分37秒

10月31日	第7レースNegishi Plate (jp)	1周、150ドル	着外／5、勝鯨波、2分16秒1/2
11月1日	第6レースJapan Champion Cup (jp)	1周、150ドル	1／3、（Annandale）、2分18秒
	第8レースAutumn Handicap (ap)	1周、125ドル	1／9、（Red Heart）、2分16秒1/4
戸山　11月18日	第2レース（jp）	80円	小西賢、1／4、勝鯨波と同着後、決定戦で勝利
11月19日	第5レース（jp）	1マイル40ヤード	吉川勝江、1／4、（勝鯨波）、2分31秒
	第7レース皇族下賜賞典（jp）	1周	吉川勝江、2／5、勝鯨波、2分19秒
明治16（1883）年			
根岸　5月16日	第7レースYokohama Plate (jp)	3/4マイル	2／4、岩川、1分36秒3/4
5月17日	第7レースNegishi Stakes (jp)	1周、150ドル	1／4、（岩川）、2分21秒1/4
5月18日	第6レースJapan Champion Cup (jp)	1周、150ドル	1／2、（南山）、2分15秒1/2
	第8レースSpring Handicap (ap)	1周、125ドル	2／7、岩川、2分13秒1/2、岩川との同着後、決定戦で敗退
戸山　6月2日	第2レース (jp)	1周、100円	2／3、勝鯨波、1分51秒
	第4レース皇族下賜賞典 (jp)	1周	1／7、（三沢）、1分54秒
6月3日	第3レース三菱会社賞典 (jp)	1周3/4、300円	1／4、（岩川）、2分47秒
	第5レース (jp)	1周、100円	1／5、（カタフェルト）、1分41秒3/5
6月4日	第4レース (jp)	1/2周、宮内省賞典と各馬登録料	吉川勝江、1／5、（木崎野）、48秒1/2
	第6レース (jp)	1周1/4、宮内省賞典と各馬登録料	吉川勝江、1／3、（勝鯨波）、2分10秒
三田　6月10日	第4レース宮内省賞典 (jp)	1/2周、35円	吉川勝江、1／4、（飛電）
	第8レース三菱会社賞盃 (jp)	1/2周、300円	1/2、（綾錦）

（J.W.M. 1881・5・14、11・5、11・12、12・3、1882・5・13、1885・5・23。J.G.F.S.　1881・5・20、11・8、12・9、1882・5・20、6・2、11・10、11・24、1883・5・30、6・16。『毎日』明14・5・29、6・28、11・9、11・20、11・29、12・4、12・13、明15・5・28、5・30、6・11、6・14、11・1、11・19、11・21、12・3、12・5、明16・6・3、6・5、6・10、6・12。『日日』明14・5・31、6・26、11・7〜8、11・29、明15・11・2、11・20〜21、12・4〜5、明16・5・18、6・4、6・6、6・11。『読売』明14・11・22、12・13、明15・5・30、6・14、11・21、12・3、12・5、明16・5・18〜20、6・6。『報知』明14・5・12、5・30〜31、12・5、12・8、12・12、明15・5・29、11・20、明16・6・11。『朝野』明14・5・12、5・29、5・31、6・28、11・6、明15・6・13、11・1〜2、11・21、12・5、明16・6・6、6・12。『時事』明15・6・13、11・2、11・20〜21、12・4、明16・5・18、6・5、6・11。「共同競馬会社明治14年秋季競馬会番組表」馬の博物館蔵より作成）

図９　「鎌倉の碑」

小高い丘（千葉県富里市久能）の林中にある。上部に「駿馬鎌倉埋骨之所」と刻まれ、その下に鎌倉と藤崎正貞に関する事柄が篆書されている（2004年９月筆者撮影）。

本領を発揮すれば鎌倉の強さは断然で、二分四七秒で勝ち、二着が岩川、三着が勝鯨波だった。第五レースのハンデ戦（一〇〇円）、一周（約一二八〇メートル）、五頭立にも鎌倉は出走して一分四一秒三／五で勝鞍を加えた。鎌倉は、その他三日目第四レース（紅白縮緬二反他）、一／二周（六四〇メートル）、五頭立の短距離戦でさらに一勝を加えた後、第六レース（錦一巻他）、一周一／四（約一六〇〇メートル）、三頭立、岩川、勝鯨波との対戦に臨んだ。ここでは勝鯨波が残り四〇〇メートルで先頭にたち、直線に入ったが、鎌倉が一気に追い込んで勝った。その様子は、「疾風の如く一層の速力を増」すような凄さだったという(41)。鎌倉はこの直後の六月九、一〇日の興農競馬会社春季開催でも、二日目第四レース・宮内省賞典（三五円）、四頭立とチャンピオンレースの第八レース・三菱会社賞盃（三〇〇円）、一／二周（約五五〇メートル）、二頭立の二勝を加えていた(42)。鎌倉は、七歳のこの明治一六（一八八三）年春のシーズン、根岸で四戦二勝、戸山で六戦五勝、三田では二戦二勝の計一二戦九勝、三場のチャンピオンレースのすべてに勝ち、その評価をさらに高いものとしていた。この頃の日本馬をランク付すれば、鎌倉がトップ、つぎに岩川が離れてその後に続き、勝鯨波がその次に位置していた。鎌倉は、ますます強さを加えようとしていた。この時、まだ七歳、当時の日本馬の競走馬は、それから円熟期に入るのが常だった。また共同競馬会社が、戸山から上野・不忍池への競馬場の移転を決定するなど（第二章第五節）、競馬は新たな段階を迎えようとしていた。鎌倉は、その新たな時代にふさわしいスターとなるべき馬として期待されていたに違いなかった。

だが残念なことにそれもかなわぬ夢となってしまう。鎌倉は明治一六年春のシーズンが終わった直後の七月六日突然病に襲われ、八月三日死亡してしまったからである(43)。その生涯の獲得賞金は二万円にも及んだというが(44)、これは当時の賞金レベルからいって誇大すぎると思う。だが、かなりの賞金を獲得したのは事実であった。生涯成績(判明分)、四八戦三二勝。馬主の藤崎忠貞は、その死を深く悼んで墓碑を千葉県印旛郡七栄獅子穴(現・富里市)に建てたが、その後忠貞が住む同郡久能に移し、現在もその他に残っている(45)(図9)。この墓碑には、まず一伯楽が奥州七戸で鎌倉を入手、ついである外国人に売ったが、四歳の時、藤崎がその素質を見抜いて多額な謝礼で譲り受け、五歳で明治一四(一八八一)年ニッポン・レース・クラブ春季開催にデビュー、三五回の勝鞍をあげ(ただし判明分は四八戦三二勝)、巨額の値で譲渡を申し込まれても、藤崎はこれを固辞し続けた。明治一六(一八八三)年七月六日突然の病に襲われ、医師の百方手を尽くした治療も効を奏さず死亡した、といった福羽逸人作の碑文が記されている(この福羽逸人は先にふれた御厩課員、後に子爵)。鎌倉は、後には忘れ去られたとはいえ、このような墓碑に示されているように、少なくとも鹿鳴館時代は、名馬として語り継がれた馬だった。

3 カタフェルト——快速のスプリンター

鎌倉亡き後は、岩川の時代を迎えることになるが、その前にここまで度々名前を出していたカタフェルトを取り上げてみる。当時の日本側の新聞ではカタフェルドとしているが、デビューした横浜では Caterfelto と記されていたのでそれに従っておく。水青毛、四尺七寸四分(約一四三・六六チセン)(46)。チャンピオンの座につくことは一度もなかった馬だったが、明治一〇年代を通じての名脇役の一頭だった。デビューは、ニッポン・レース・クラブ第一回開催の明治一三(一八八〇)年六月七、八、九日、緒戦は初日第八レース・銀行賞盃(Bankers' Cup)、三/四マイル、六頭立、一分四三秒一/二からの三着だった(47)。一着がこの開催のチャンピオンとなる起燕、二着がそれまでの強豪馬ジムヒルズ、それに都川、白鳥ヶ嶽も出走していたから、時計は遅かったが悪くないデビューだった。馬主は、横浜の大厩舎の一つを経営していたカークウッド(M. Kirkwood:弁護士、仮定名称ヒューゴ:Hugo)だった。そして二日目第五レース・三菱賞盃(Mitsu Bishi Cup)(一五〇ドル)、一マイル一/四、四頭立、ここで本命のそれまでのチャンピオン

図10　M. カークウッド

(『ジャパン・パンチ』1880年4月)

馬オオヤマを破って、それも中国馬の同距離のレースよりも四秒一／二も早い二分五〇秒一／二という好時計のオマケ付で、初勝利をあげた。このような勝ち方は将来に期待をいだかせるものだったが、三日目第五レース、チャンピオンの戦天皇賞典(Mikado's Vase)、一マイル、八頭立と第六レースの中国馬との混合戦の外務省賞盃(Gaimusho Cup)(一五〇ドル)、一周(約一七〇〇メートル)、七頭立では、ともに着外に終わってしまっていた。カタフェルトは、当時の多くの日本馬に共通していたように三／四マイルまでが精一杯の馬であることが次第に明らかになっていくが、加齢とともにさらに短距離に傾斜していく。三菱賞盃の勝利は、後から振り返れば例外に属していた。

次の一〇月二七、二八、二九日のニッポン・レース・クラブ秋季開催、二日目第九レース・フライアウエー景物(Flyaway Stakes)(一〇〇ドル)、三／四マイル、八頭立を一分四二秒一／二で勝ったが、三日目第八レース・雑種馬と中国馬との混合戦のサヨナラ景物(Sayonara Stakes)(二〇〇ドル)、一マイル、八頭立では、やはり着外に敗れていた[48]。

翌明治一四(一八八一)年五月九、一〇、一一日のニッポン・レース・クラブ春季開催、二日目第三レース・三菱賞盃(Mitsu Bishi Cup)、三／四マイル、六頭立ではアナンデールの一分四一秒からの二着同着だったが、三日目第五レース・日本馬撫恤景物(Japan Consoklation)(一五〇ドル)、五ハロン、七頭立では、得意の距離で未勝利馬限定であったにもかかわらず雷の一分二〇秒からの着外に終わり、この開催は未勝利に終わっていた[49]。次の一一月四、五、七日のニッポン・レース・クラブ秋季開催では、三日目第四レース・日本撫恤景物(Japan Consoklation)(一五〇ドル)、五ハロン、二頭立を一分二七秒一／二で勝っていたが、二日目第八レース・根岸賞典(Negishi Plate)(一五〇ドル)、一周（約一七〇〇メートル）、四頭立と三日目第八レース、チャンピオン決定戦の三菱挑戦賞盃（Mitsu Bishi Challenge Cup）（五〇〇ドル）、一周（約一七〇〇メートル）、五頭立では、ともにアナンデールの二分二五秒、二分一八秒三／四からの着外となった[50]。カークウッドはカタフェルトを高く評価し、ここまでチャンピオン戦に挑ませてきたが、少なくとも芝の根岸では、能力が足りないことが明らかになったと判断せざるをえなかったのだろう、この開催後に、カタフェルトを川西富五郎（馬車製造業）に譲渡した。この名義変更により、カタフェルトは戸山、三田の両場に出走できることになった。

その一一月一九、二七日の共同競馬会社秋季開催、初日第七レースを勝ち、二日目第五レース、一周（約一二八〇メートル）、三頭立も一分五一秒で楽勝し、天皇が賞典を出して組まれた番外のレース、一周（約一二八〇メートル）では、五ポンド（約二・三kg）増量されてはいたが、鎌倉の一分五二秒から一／二馬身差の二着となるというまずまずの成績をあげた[51]。ついで一二月三日、一一日の興農競馬会社秋季開催、初日第二レース、四頭立、「距離半ばを過ぐる頃、雷（後方を進んでいた）は二馬（松尾、宮尾）を乗り越へあはやカタフェルトをも追い抜けんとしたるに、流石名を轟かしたるカタフェルト一段高く飛ぶよと見えしが、遂に二間程も乗り越へて」勝ち、続いて第六レースにも勝鞍をあげた[52]。芝よりは土の、そして三田への適性を予感させるレースぶりとなった。この三田では大野市太郎が騎乗していた。なおこの大野は、日本馬の調教技術にすぐれ宮内省とも関係のあったN・P・キングドンのもとで別当として働き、一五歳のときの明治九（一八七六）年根岸秋季開催からデビュー、その後アンドリュース（E. H. Andries、仮定名称ネモー：Nemo）の弟子となって騎乗技術を学んだようで、イチの愛称で長く活躍した[53]。

明けて明治一五（一八八二）年のシーズンが、カタフェルトが競走馬生活で一番の成績をあげたものとなった。五月八、九、一〇日のニッポン・レース・クラブ春季開催[54]。初日第七レース・春季賞盃（Spring Cup）（一〇〇ドル）、三／四マイル、三頭立では、残り五〇ヤードでアナンデールに差されて一分三九秒一／二からの二着となったが、二日目第七レース・神奈川賞盃（Kanagawa Cup）、一周（約一七〇〇メートル）、三頭立では大逃げを打って二分二八秒一／二で、この由緒のあるレースを勝った。デビュー時以来二年ぶりの一マイルを超える距離での勝鞍だった。時計が非常に遅く、恵まれての勝利と思われたが、カタフェルトは好調だった。三日目第六レース・三菱挑戦賞盃（Mitsu Bishi Challenge Cup）（五〇〇ドル）、一周（約一七〇〇メートル）、五頭立では、それまでの自らの持時計を一〇秒も詰めた。先行するアナンデールを追走、直線でカタフェルトが一端は先頭に立ったが、ゴール直前で抜き返され、クビ差の惜敗。勝タイム二分一八秒一／四、善戦だった。続く五月二七、二八日の共同競馬会社春季開催、初日第七レース、四頭立、と二日目第五レース（五〇円）、二頭立を、御厩課の多賀一騎乗でそれぞれ勝っていた(55)。だが六月一〇、一三日の興農競馬会社春季開催では、番外の一レースを勝っただけで、その他のレースでは鎌倉、岩川らに敗れていた(56)。好調で得意のコースであっても、鎌倉クラスにはかなわなかった。

次の秋のシーズン。一〇月三〇、三一日、一一月一日のニッポン・レース・クラブ秋季開催では、三日目第四レース・日本馬撫恤景物（Japan Consolation）（一〇〇ドル）、五ハロン、六頭立を含めて四レースに出走したが、鎌倉、勝鯨波らの前に、すべて着外に終わっていた(57)。続く一一月一八、一九日の共同競馬会社秋季開催、初日第四レース・皇族下賜賞典、四頭立では岩川を二着に下して、また二日目第八レース・皇族下賜賞典（五〇円）、五頭立にも勝っていたが、その直前の二日目第七レース・皇族下賜賞典（一〇〇円）、一周（約一二八〇メートル）、五頭立の鎌倉、岩川、勝鯨波らとのチャンピオン戦では勝鯨波の二分一九秒に敗れていた(58)。そして迎えた一二月二、三日の興農競馬会社秋季開催、初日第四レース・宮内省下賜賞典、一周一／四（約一三八〇メートル）、三頭立、二日目第二レース、三頭立、第四レース、四頭立、そして天皇から紅白縮緬が出された番外、四頭立と、三田巧者ぶりをいかんなく発揮して四勝をあげた(59)。強豪馬と呼ぶには明らかに物足りないものだったが、この三田での四勝、戸山での二勝、また春の根岸の神奈川賞盃の獲得などカタフェルトにとってはこの明治一五（一八八二）年が生涯最高の成績を残したシーズンとなった。

明けて明治一六（一八八三）年五月一六、一七、一八日のニッポン・レース・クラブ春季開催、ここでは再び昨秋に続いて未勝利に終わり(60)、続く六月二、三、四日の共同競馬会社春季開催では、二日目第一レース（六〇円）、三／四周（約九六〇メートル）、八頭立と第四レース（六〇円）、一周（約一二八〇メートル）、五頭立をそれぞれ一分二〇秒一／二と一分四七秒で勝ってはいたが、その他の五レースではやはり岩川や鎌倉の前に敗れ去っていた(61)。六月九、一〇日の興農競馬会社春季開催、初日第七レース・農商務賞典、一周（約一一〇〇メートル）、三頭立、二日目第四レース・宮内省賞典（三五円）、四頭立では、また鎌倉などには敗れていたが、やはり得意なコースであり、初日第四レース・皇族賞典（四〇円）、一周（約一一〇〇メートル）、三頭立と二日目第七レース、二頭立の二勝をあげていた(62)。

次の秋のシーズン、一一月六、七、八日のニッポン・レース・クラブ秋季開催、初日第五レース・陸軍省賞盃（Rikugunsho Cup）、一／二マイル、四頭立を大野市太郎騎乗の一分一秒一／四で勝ち、根岸では三シーズンぶりの勝鞍をあげたが、その他では二日目根岸景物（Negishi Stakes）、三／四マイル、五頭立の二着が最高だった(63)。一一月一七、一八日の共同競馬会社秋季開催では、岩川や三沢らに勝てず、未勝利だったが(64)、続いての一二月八、九日の興農競馬会社秋季開催では、三田巧者の健在ぶりを示し、初日第三レース（一五円）、一一町（三／四マイル）、五頭立と二日目第五レース（一五円）、四頭立の二勝をあげた(65)。だが、三田への出走はこの開催が最後となってしまう。翌年からはそれまでの根岸、戸山、三田の三場での勝馬の出走を除外する規定が設けられてしまったからである（第二章第二節）。

明治一七（一八八四）年の春秋のシーズンは、寂しい成績しか残せなくなっていた。五月八、九、一〇日のニッポン・レース・クラブ春季開催二日目第四レース、七頭立で、新興勢力の墨染らを破っての一勝と(66)、一一月一一、一二、一三日の同クラブ秋季開催二日目第三レース・宮内省賞盃（天皇から花瓶一対）を京田懐徳騎乗で勝った計二勝のみで(67)、四月二六、二七、二八日の共同競馬会社春季開催（戸山競馬場）と一一月一、二、三日の同秋季開催（不忍池競馬場）では、婦人財嚢などにも出走したが結局未勝利に終わっていたからである(68)。それでも、根岸での初めての宮内省賞盃の獲得は光ってはいた。

そして明治一八（一八八五）年春のシーズンがいよいよ、カタフェルトの足掛け六年に及ぶ競走馬生活の最後のときとなった。五月一、二、三日の共同競馬会社春季開催には出走せず、五月一三、一四、一五日のニッポン・レース・クラブ春季開催に登場してきた(69)。一／二マイル以下の芝のスプリント戦に焦点を絞ったものだった。初日第五レース・陸軍省賞盃（Rikugunsho Cup）、一／二マイル、五頭立ではスタート直後から先頭に立ち、そのまま押し切って一分二秒で勝った。そして二日目第三レース婦人財嚢（三〇〇ドル）、一／二マイル、七頭立は一分一秒からの着外に終わったが、その直後に組まれた伊藤博文夫人梅子、井上馨夫人武子、鍋島直大夫人栄子らの寄贈にかかる番外特別（Extra Race）、三ハロン、四頭立。このレースは鹿鳴館時代を象徴するような華やかな雰囲気のなかで実施されたレースであった（第一章第三節、第三章六節）。馬主の川西富五郎はスタンドで井上武子から賞品の授与を受け、スタート着後から先頭に立ちそのまま一気に駆け抜けて四六秒で勝った。久保田成章騎乗のカタフェルトは、スタート着後から先頭に立ちそのまま一気に駆け抜けて四六秒で勝った。馬主の川西富五郎はスタンドで井上武子から賞品の授与を受け、大山巌夫人捨松から英語の祝辞を受け、捨松には歓呼の声（three cheers）が捧げられた。快速のスプリンター、カタフェルト（The speed sprinter Katefelto）というのが、この開催の活躍を受けてカタフェルトに与えられた称号だった。

生涯成績（判明分）五七戦二七勝。このようにカタフェルトは、決して主役にはなれなかったが、短距離でのスピードを最後の最後に見せて、それを花道とするかのように競馬場を去った。この馬のその後の消息もわからない。

4　岩川――鹿児島産の逸物

鎌倉亡き後、岩川は次第に強さを加え、ライバル的存在だった勝鯨波をはじめとして、墨染や呼子といった新興の馬たちの挑戦も退けていった。岩川は、鹿児島産、栃栗毛、四尺八寸（約一四五・四センチ）(70)。名義は、明治一七（一八八四）年の春のシーズンまでは、農商務省勧農局の波多野尹政あるいは岩手厚雄、主戦騎手が下総種蓄場の林駒吉だった。勧農局は、宮内省御厩課、陸軍省軍馬局と並ぶ鹿鳴館時代の競馬の推進部局であったが、岩川は、そこから出現した日本馬の代表的存在だった。ライバルの勝鯨波は軍馬局の代表馬だったが、馬政の主導権をめぐっては、農商務省と陸軍省が何かと対立していたから、二頭の争いは両部局のメンツもかかっていた。また薩摩は、古くから馬産地としても有名で、西郷従道や松方正義をはじめとする薩摩出身者は、明治の競馬の中心的役割を果たしていたが、この時代の鹿児島産の競走馬としては、岩川が唯一の活躍馬だった。

鎌倉亡き後の明治一六（一八八三）年秋のシーズン。伏兵馬に一敗は喫したものライバルの勝鯨波を下しての六戦五勝、ほぼ完璧な成績だった。まず一一月六、七、八日のニッポン・レース・クラブ秋季開催、初日第七レース・横浜賞典（Yokohama Plate）（一〇〇ドル）、三／四マイル、三頭立、早速岩川と勝鯨波の対決となった(71)。ロクストン騎乗の岩川が、鞭も入れずに一分三八秒で楽勝、二着勝鯨波。以後のレース、勝鯨波が直接対決を回避してしまうほどの強さだった。二日目第三レース後に外務省挑戦賞典（Gaimusho Challenge Prize）（五〇〇ドル）、三／四マイルが番外で行われた。この賞典、外務卿井上馨が、条約改正交渉が本格的になっていくなかで、内外友好の証として、この開催から創設したものだった（第二章第五節）。当時の重賞の通例で、二開催連続勝利で獲得という規定であったが、賞金は五〇〇ドルという最高額であったから、各オーナー（厩舎）にとって欲しいタイトルであったはずであった。だが岩川を前にして、回避馬が続出、二頭立となってしまった。岩川は、ここも一分四三秒一／二であっさりと制した。三日目第五レースには開催勝馬によるチャンピオン決定戦の三菱挑戦賞盃（Mitsu Bishi Challenge Cup）、一周（約一七〇〇メートル）が組まれていた。このレースは、開催勝馬に出走登録を義務付け、一勝毎に一〇ドルの登録料を徴収、賞金に付加する重賞だった。ところが、岩川の強さの前に挑戦する馬がいなかった。岩川は、ただ一頭、王者としてターフを悠々と駆け抜けた。三戦三勝。そして岩川は、この秋季開催以降、明治一七（一八八四）年春季から明治一八（一八八五）年春季までの三開催の間、横浜での出走を見合わせることになる。その理由が考えられるとすれば、おそらく日本馬のレースの勝鞍を、日本側のオーナーが独占することに不満な居留民の感情に配慮したものだったと思われる。一方勝鯨波は、本命で迎えた二日目第七レース・根岸景物（Negishi Stakes）、三／四マイル、五頭立でも、ロクストン騎乗の三沢の一分三九秒一／二の三着に終わって期待を裏切ってしまった。だが、ただ一頭の日本馬として出走した二日目第九レース、中国馬との混合の敗者復活戦のフライアウェー景物（Flyaway Stakes）（一〇〇ドル）、七ハロン、七頭立を一分五九秒で勝ち、ついで三日目第八レース、ここも中国馬との混合の秋季重量負担景物（Autumn Handicap）（一二五ドル）、一周（約一七〇〇メートル）、一四頭立でも、トップハンデの一一ストーン二ポンド（約七〇・八kg）を背負いながら二分一五秒一／四で勝っていた。四戦二勝、勝鯨波は、岩川には及ばなかったが、それにつぐ存在としての力は見せていた。

九日後の一一月一七、一八日の共同競馬会社秋季開催(72)。岩川は、芝よりは土のコースの方が安定感があったから、向かうところ敵なしというのがもっぱらの前評判であった。岩川と勝鯨波の二頭立となった第三レース（一〇〇円）、一二町五〇間（七ハロン）。両頭は期待通りに接戦を展開、ゴールまで互いに譲らなかった。競馬場は興奮につつまれ、前評判を聞きあらかじめ岩川に関心を示していた天皇も身を乗り出して観戦したという。判定は、岩川のハナ差の勝利であった。ついで二日目第五レース・皇族下賜賞典、一一町（三／四マイル）、三頭立、カタフェルトとの接戦にはなったが、ここも岩川が制した。勝鯨波も、人気は横浜の強豪モンフェレー（Montferre）（E・H・アンドリュース、仮定名称ネモー名義）に集まっていた第三レース・宮内省賞典（一〇〇円）、一二町五〇間（七ハロン）、二頭立を、その低評価を覆して勝っていた。こうして、岩川、勝鯨波両頭は、二日目第七レース（横浜居留民からの賞典）、一二町五〇間（七ハロン）、三頭立に臨むことになった。ところがここを勝ったのは、三沢という伏兵馬、二着勝鯨波、三着岩川だった。この秋のシーズン、岩川が喫した初の敗戦であった。三沢は、先の横浜でも勝鯨波を破っていた。農商務省勧農局の波多野尹政名義、騎乗はイチの愛称で呼ばれていた横浜の名ジョッキー大野市太郎だった。三沢は、その他に二勝をマークしていたからこの開催の一番手の座についたことになるが、残念ながらここで競馬場からその姿を消してしまった。

明けて明治一七（一八八四）年春のシーズン。四月二六、二七、二八日戸山競馬場最後の共同競馬会社春季開催(73)。初日第五レース・皇族下賜賞典（一〇〇円）、一四町四〇間（一マイル）、ここも岩川と勝鯨波の二頭立。昨秋に続いて、接戦を展開、ゴールまでもつれ込んだ。判定は岩川の勝ちだったが、異議が認められてデッドヒート（同着）となった。決着は、三日目第七レースの開催勝馬によるチャンピオン戦（二〇〇円）、六頭立に持ち越されたが、ここでは岩川が貫禄を示して圧倒、二着が勝鯨波だった。岩川が、文句のないチャンピオンとなった。

続く一週間後の五月七、八、九日のニッポン・レース・クラブ春季開催、先に述べたように岩川は出走してこなかったが、勝鯨波は、初日第八レース、八頭立で根岸の強豪の中国馬のサンライト（Sunlight）を破り、また二日目第六レース、三頭立にも勝って、二勝をあげた(74)。なお勝鯨波の根岸での勝鞍は、これが最後となる。ちなみにこの開催の日本馬のチャンピオン戦を勝っていたのが、後で述べることになる墨染だった。

そして岩川と勝鯨波の次の対戦の場となったのが、屋外の鹿鳴館というべき壮大な上野・不忍池競馬場だった。この開催の最大賞金レースは新馬戦の一〇〇〇円（一着七〇〇円）だったが、当然、古馬には出走権がなかった(75)。この岩川と勝鯨波の二頭が姿を見せたのは、一一月一、二、三日の不忍池の第一回開催初日第六レース、日本馬の「最壮馬」のレース皇族下賜賞典（二〇〇円）、一四町四〇間（一マイル）、五頭立だった。ライバルたちはかつての面影を失っており岩川が二分一七秒であっさりと勝った。この開催、勝鯨波は未勝利に終わり、直後のニッポン・レース・クラブの開催にも出走せず、そのまま競馬場から姿を消すことになった。したがって結局、これが岩川と勝鯨波が直接顔を会わせた最後のレースとなった。勝鯨波に代わるかのように、力をつけ始めていたのが、墨染、呼子といった新興勢力だった。三日目第八レース、開催の勝馬を集めたチャンピオン戦（二〇〇円）、一四町四〇間（一マイル）、五頭立、その墨染、呼子の二頭も出走してきたが、岩川が強さを見せつけ、問題としなかった。こうして岩川は、この記念すべき開催、不忍池競馬場の初代日本馬のチャンピオンとなった。

そして岩川は、翌明治一八（一八八五）年の春秋シーズンを九戦八勝で終えることになる。まず五月一、二、三日の共同競馬会社の春季開催(76)。岩川の緒戦は初日第四レース・三菱会社賞盃（一〇〇円）、一四間四〇間（一マイル）、三頭立、墨染と呼子を問題とせずに二分一四秒で勝ち、ついで二日目第三レース・華族有志者賞典（一〇〇円）、一八町二〇間（一マイル一／四）、二頭立でも二分五七秒一／四で墨染を下した。三日目第二レース・東京有志者賞盃（三〇〇円）、一四町四〇間（一マイル）、八頭立では、岩川と墨染が同時に入線、出された判定は同着だった。この接戦は、岩川が楽走したためだったが、結果が出るまで人々は固唾を飲んで注視していたという。岩川が断然の実力を持っていることは誰の目にも明らかだった。この日、というより開催のメインレースであった第七レース・宮内省下賜賞典（二〇〇円）、一四町四〇間（一マイル）、開催勝馬に登録を義務づけていたので、墨染も含めて一一頭の登録があったが、一〇頭は、到底岩川に勝つ見込みはないと出走を回避してしまった。岩川は、単走となったので、ここを通常のレースよりも三〇秒以上も遅い時計二分四一秒を要して悠然と駆け抜けたが、その姿は「あたかも横綱免許の一人土俵入りといふ風情」だったという(77)。この春季開催四戦四勝（同着一回）、最強馬と呼ぶにふさわしい成績であった。だが春のシーズン終了後、岩川の名義人であった波多野尹政、というより農商務省は、岩川をこれも実力馬であった総角（アゲマキ）とともに譲渡してしまう。下総種畜場の所管がこの明治一八（一八八五）年農商務省から宮内省へ移り、また農商務省もその秋のシーズンから一旦は競馬から撤退することになるので、それに伴った処置だった。岩川の譲渡価格は当時としては高額の約七〇〇円位だったという(78)。そして秋のシーズンに登場してきたとき岩川を入手していたのが、競馬に情熱を傾けていた子爵分部光謙だった（分部に関しては第二章第四節）。

その明治一八（一八八五）年の秋のシーズン。一〇月二三、二五、二六日の共同競馬会社秋季開催、初日第三レース（一〇〇円）、一四町四〇間（一マイル）、早速岩川と墨染との二頭立となった(79)。墨染はこの春のニッポン・レース・クラブの開催で五戦五勝の完璧な成績を残していたので期待されていたが、結果はあっけなく、岩川が墨染を一方的に圧倒した。二日目第三レース、一四町四〇間（一マイル）では他馬が恐れをなして出走を回避、岩川の単走となり、三日目第三レース当該開催の勝馬を集めた優勝賞盃（一五〇円）は、やっともう一頭が出走してきたが、当然ここでも岩川が勝利を収めた。これで岩川は、不忍池競馬場では、その明治一七（一八八四）年一一月秋季初回開催から三連続でチャンピオン、優勝戦を制したことになった。しかも明治一七年秋季二戦二勝、明治一八年春季同着一

表6　岩川生涯成績・57戦35勝（判明分）

競馬場、日付	レース名（品種）	距離、賞金	騎手、着順／頭数、勝馬（2着馬）、タイム
明治14（1881）年			
三田　12月3日	第1レース（jp）		林駒吉、1／？
明治15（1882）年			
戸山　5月27日	第5レース（jp）	1マイル、皇族からの50円賞金に附加	1／？
5月28日	第2レース（jp）	1マイル、50円	林駒吉、1／3
三田　6月10日	第3レース農務局賞典（jp）		林駒吉、1/3、（鎌倉）
	番外		1/4
6月11日	第4レース（jp）		2/3、鎌倉
根岸　10月30日	第7レースNousyomusyo Cup（jp）	3/4マイル	3着同着／7、鎌倉、1分37秒
10月31日	第7レースNegishi Plate（jp）	1周、150ドル	2着同着／5、勝鯨波、2分16秒1/2
11月1日	第4レースJapan Consolation（jp）	5ハロン、100ドル	2／6、山吹、1分20秒1/4
戸山　11月18日	第2レース（jp）	80円	3／4、鎌倉（勝鯨波と同着、決定戦で鎌倉）
	第4レース皇族下賜賞典（jp）	1周、50円と各馬登録料半額	2／4、カタフェルト
11月19日	第5レース（jp）	1マイル40ヤード	4／4、鎌倉、2分31秒
	第7レース皇族下賜賞典（jp）	1周	着外／5、勝鯨波、2分19秒
明治16（1883）年			
根岸　5月16日	第7レースYokohama Plate（jp）	3/4マイル	ロクストン、1／4、（鎌倉）、1分36秒3/4
5月17日	第7レースNegish Stakes（jp）	1周、150ドル	2／4、鎌倉、2分21秒1/4
5月18日	第8レースSpring Handicap（ap）	1周、125ドル	1／7、（鎌倉）、2分13秒1/2、1着同着後、決定戦で岩川
戸山　6月2日	第2レース（jp）	1周、100円	林駒吉、3／3、勝鯨波、1分51秒
	第5レース（jp）	1周、100円	林駒吉、1／3、（カタフェルト）、1分50秒1/4
6月3日	第3レース三菱会社賞典（jp）	1周3/4、300円	林駒吉、2／4、鎌倉、2分47秒
6月4日	第6レース（jp）	1周1/4、各馬登録料と宮内省から錦一巻	林駒吉、3／3、鎌倉、2分10秒
根岸　11月6日	第7レースNegishi Plate（jp）	3/4マイル、100ドル	ロクストン、1／3、（勝鯨波）、1分38秒
11月7日	番外Gaimusho Challenge Prize（jp）	3/4マイル、500ドル	1／2、（Back Eye）、1分43秒1/2
11月8日	第5レースMitsu Bishi Challenge CUP（jp）	1周	単走

戸山　11月17日 11月18日	第3レース (jp) 第5レース皇族下賜賞典 (jp) 第7レース (jp)	12町50間、100円 11町、100円 12町50間、賞典は横浜居留民寄贈	林駒吉、1／2、(勝鯨波) 林駒吉、1／3、(カタフェルト) 林駒吉、3／3、三沢
明治17（1884）年 戸山　4月26日 4月28日	 第5レース皇族下賜賞典 (jp) 第7レース (jp) ＊開催勝馬登録義務	 14町40間、100円 200円	 林駒吉、1／2、勝鯨波と1着同着 林駒吉、1／6
不忍池11月1日 11月3日	第6レース　皇族下賜賞典 (jp) 第8レース (jp) ＊開催勝馬登録義務	14町40間、200円 14町40間、200円	林駒吉、1／2、(勝鯨波)、2分17秒 林駒吉、1／5、(墨染)
明治18（1885）年 不忍池5月1日 5月2日 5月3日	 第4レース三菱会社賞盃 (jp) 第3レース華族有志者賞盃 (jp) 第2レース東京有志者賞盃 (jp) 第7レース宮内省下賜賞典 (jp)	 14町40間、100円 18町20間、100円 14町40間、300円 14町40間、200円	 林駒吉、1／3、(墨染)、2分14秒 林駒吉、1／2、(墨染)、2分57秒1/4 林駒吉、1／8、墨染と1着同着、2分15秒 林駒吉、単走、2分41秒
不忍池10月23日 10月25日 10月26日	第3レース (jp) 第3レース (jp) 第3レース優勝賞盃 (jp)	14町40間、100円 14町40間 150円	林駒吉、1／2、(墨染) 根村市利、単走 根村市利、1/2
根岸　10月28日	第4レース海軍賞盃 (ap) 第7レース横浜賞盃 (ap)	100ドル 100ドル	根村市利、1／3 2／2、サムライ
明治19（1886）年 不忍池4月23日 4月25日	 第3レース(jp) 第8レース優勝戦(jp)	 14町40間、100円 1周、150円	 下村人礼、単走 下村人礼、2／2、英
根岸　5月26日 5月27日	第3レース各国公使賞盃(ap) 第7レース根岸景物（不明）	3/4マイル 1マイル	林駒吉、1／5 林駒吉、1／4
根岸　10月26日 10月27日 10月28日	第7レースNegishi Plate (jp) 第1レース Caeserwitch Stakes (ap) 第7レース Hall Lottery Purse (jp) 第3レース Members'Plate (ap) 第6レース Champion Stakes (ap)	3/4マイル 3/4マイル、200ドル 1周1dis 5ハロン 1マイル1/4	下村人礼、1／6、(呼子)、1分37秒1/4 下村人礼、3／11、住吉、1分41秒1/2 下村人礼、2／5、呼子、2分34秒 アンドリュース、1／6、(英)、1分18秒1/2 下村人礼、2／6、サムライ、2分48秒
不忍池11月20日 11月21日	第3レース皇族下賜賞典(jp) 第7レース優勝景物（日本馬・雑種馬）	1周、100円 1周、賞金200円と花瓶	下村人礼、3／3、呼子、2分5秒 根村市利、3／3、日光、2分3秒

明治20（1887）年 根岸　5月18日	第8レース　根岸景物 (jp)	3/4マイル	久保田成章、1/4
不忍池6月4日	第7レース皇族下賜賞典(jp)	14町40間、100円	2着以下／4、英
6月5日	第6レース撫恤景物 (jp)	11町、150円	久保田成章、1／2、(勝霧)、2分0秒
	第9レース春季重量負担景物 (jp)	16町30間	久保田成章、2／6、播磨、2分45秒
根岸　10月27日	第4レース日本馬ハンデキャップ景物	3/4マイル	久保田成章、1／2、(サツマ)、1分38秒
不忍池11月11日	第5レース上野賞盃 (jp)	14町40間、100円	久保田成章、1／2、2分19秒
11月12日	第6レース不忍賞盃 (jp)	14町40間、150円	久保田成章、1／4、2分17秒

(J.W.M. 1881・12・3、1882・5・13、1885・5・23。J.G. 1879・5・6～8、8・21、11・6～7、1880・6・7～9、10・27～29。1886・10・26～28、11・23、1887・10・25～27、11・15。J.G.F.S. 1881・12・9、1882・5・20、6・2、11・10、11・24、1883・5・30、6・16、11・9、11・26。『毎日』明14・12・4、12・13、明15・5・28、5・30、6・11、6・14、11・1、11・19、11・21、12・3、12・5、明16・6・3、6・5、6・10、6・12、11・7、11・18、11・20、12・9、12・11、明17・4・27、4・29、5・9、5・11、5・13、11・2、11・5、11・11～14、11・23、11・25、明18・5・2～5、5・14、5・16、10・24、10・30、明19・4・25、4・27、5・27、5・29～30、10・27～29、11・23、明20・5・18、5・20～21、6・5、6・7、10・27、10・29、11・13、11・15。『日日』明15・11・2、11・20～21、12・4～5、明16・5・18、6・4、6・6、6・11、11・8、11・29、明17・4・29、11・4～5、11・13～15、11・24、明18・5・2～3、5・5、5・15、10・24、10・27、10・30、明19・4・24、4・27、5・28、10・28～30、11・23、明20・5・26、6・7～8、10・28～29、11・15。『読売』明15・5・30、6・14、11・21、12・3、12・5、明16・5・18～20、6・6、11・9～10、11・20～21、明17・4・29～30、5・10～12、11・2、11・4～5、11・13、明18・5・3、5・5、5・15～17、10・27、10・31、明19・4・24～25、4・27、5・28～30、10・28～29、11・13、11・15、明20・5・19、5・21～22、5・26、6・5、6・7、10・27～29、11・13、11・15。『報知』明14・5・12、5・30～31、12・5、12・8、12・12、明15・5・29、11・20、明16・6・11、11・19、12・10、明17・11・4～6、11・26、明18・5・2～3、5・5、5・14、5・16～17、10・24、10・31、11・1、明19・4・24～25、4・27、5・28～30、11・20～21、明20・6・5、6・7、10・27～28、11・12～13、11・15。『朝野』明15・6・13、11・1～2、11・21、12・5、明16・6・6、6・12、11・20、12・11、明17・4・29～30、5・10～11、11・2、11・4～5、11・13～15、11・25、明18・5・2～4、5・15～17、10・24、10・27、10・30～31、11・1、明19・4・24～25、4・27、5・28～30、10・28～30、11・21、11・23、明20・5・19、5・21、6・7、10・27～29、11・13、11・15。『時事』明15・6・13、11・2、11・20～21、12・4、明16・5・18、6・5、6・11、11・7、11・9、11・20、12・10～11、明17・4・28～29、5・10、5・12、11・4～5、11・12～13、11・15、11・24、明18・5・5、5・15～16、10・24、10・27、11・2、明19・4・24、4・26、5・28～29、5・31、10・28～29、11・5、11・22、明20・5・19～21、6・6～7、10・27、10・29、11・13～14。「共同競馬会社明治18年春季競馬会番組表」馬の博物館蔵より作成)

回を含んではいたが四戦四勝、秋季三戦三勝、計九戦全勝という完璧な成績であった。

そして四シーズンぶりに一〇月二八、二九、三〇日のニッポン・レース・クラブ秋季開催に姿を現すことになった(80)。オーナーが分部に代わったことで実現したものだったろう。またこの開催から農商務省、陸軍省などの出走がなくなったことへの配慮もあったかも知れない。初日の中国馬との二つの混合戦に出走、緒戦の第四レース・海軍賞盃、三頭立は勝ったが、本命で迎えた第七レース・横浜賞盃（一〇〇ドル）、二頭立では、中国馬サムライに敗れた。岩川はこの二戦一勝だけに終わったが、墨染は三戦三勝、墨染に比べると岩川は芝の根岸のコースの適性には欠けるところを見せた。

こうして、岩川は、根岸は別として、最強の日本馬として明治一八年のシーズンを終えた。「全国無双の逸物」、「日本第一の駿足」との岩川の評判は広く全国に轟き、明治一九（一八八六）年春のシーズンを前に岩川に闘いを挑むべく、多くの馬たちが不忍池に集まろうとしていた(81)。だが四月二三、二四、二五日の共同競馬会社春季開催を実際に迎えたときには、岩川の強さを前にして、ほとんどの馬が挑戦を諦めてしまっていた(82)。したがって岩川の初登場となった初日第三レースは、単走となってしまった。それでも、その直前の第二レースの新馬戦が、岩川の挑戦者決定戦の趣をもち、英（ハナブサ）という馬がとんでもなく強い勝ち方をしてデビューを飾っていた（後述）。英は、二日目も圧勝、英の勝ちぶりは、岩川との対決を充分に期待させるものであった。三日目第八レース優勝（チャンピオン）戦、他の馬が回避して、岩川、英の二頭の直接対決となった。場内は大いに沸いたが、勝負はあっけなかった。英が、先行した岩川をあっさりと交わして破ってしまったからである。英が一三一ポンド（約五九・四kg）、岩川が一四四ポンド（約六五・三kg）、一三ポンド（約五・四kg）という斤量差があったとはいえ、文句のつけようのない英の圧勝劇だった。

後から振り返れば、この二頭の対戦は、日本馬のレースが、その役割を終えつつあることを告げるものとなっていた。というのは、英が、日本馬といってもトロッター種との雑種馬の疑いが強く、しかもこの頃から、英のような偽籍馬が、日本馬のレースに出走してくるケースが増えつつあったからである。英とならぶ強豪馬の播磨（後述）もそうであった。偽籍馬が日本馬として登録されれば、能力の劣る日本馬では勝負にならないし、またレースそのものが能力検定の意味をまったくなさなくなる。共同競馬会社もニッポン・レース・クラブも偽籍馬対策を講じ、結局は、日本馬のレースそのものの廃止に向かい、雑種馬に重点を移すことになっていった。

もちろん英、播磨などの偽籍馬を除けば、岩川はまだ強く、その後も、明治二〇（一八八七）年の秋のシーズンまでは活躍を続け、その最後のシーズンには、英、播磨などが出走を締め出されたことで、根岸と不忍池のチャンピオンの座にもカムバックする(83)。岩川は、この明治二〇年秋のシーズンのカムバック劇を有終の美とするかのように、競馬場から姿を消す。生涯成績（判明分）五七戦三五勝。鹿鳴館時代の競馬は、薩摩出身の者たちが担っていたともいえるから、そこで薩摩産として唯一活躍した岩川が種牡馬となる可能性は大きかったが、この秋のシーズン後、死亡の可能性をほのめかす記録が残されている(84)。

5　墨染——芝の王者

墨染は南部産、青毛、四尺八寸五分（約一四七チセン）(85)。日本馬としては大きかった。明治一〇年代後半から、共同競馬会社とニッポン・レース・クラブの開催では、北海道産馬が南部馬に対して優勢を占めるようになり、南部馬は次第に姿を消していくことになったが、墨染はその最後の活躍馬となった。デビューは、明治一六（一八八三）年一一月六、七、八日のニッポン・レース・クラブ秋季開催、初日第一レース・新馬賞典（Griffins' Plate）（一〇〇ドル）、五ハロン、四頭立(86)。前評判は高くなかったが、スタート直後に先頭に立ち、途中一端はハナを譲ったが、直線で差し返して、三馬身差の一分一九秒で楽勝するという味のある勝ち方を見せた。名義は大河内正質、騎乗は岡治善。大河内は宮内省の競馬関係の中心人物、岡も宮内省御厩課員で各開催で活躍を見せていた。墨染は明治一八（一八八五）年春のシーズンまでこの宮内省コンビで出走する。この開催は新馬賞典の一走だけだったが、宮内省の日本馬としては、雷以来の期待馬の誕生だった。

だがこの直後の一一月一七、一八日の共同競馬会社秋季開催では、初日第四レース、五頭立、二日目第一レース・農商務商賞典、九町一〇間（五ハロン）、六頭立、第四レース、一一町（三／四マイル）、七頭立と三走したが、ともに三沢などの前に着外だった(87)。芝ではない土の戸山のコースでは、目立つところのないデビューとなった。

したがって翌明治一七（一八八四）年四月二六、二七、二八日の戸山の共同競馬会社春季開催は、その後にひかえている根岸への足馴しと思われていた。ところが、相手が少し軽かったとはいえ、初日第七レース（一〇〇円）、六頭立に続いて、三日目第三レース・宮内省賞典（金時計）、九頭立にも強い勝ち方で二勝をあげてしまった(88)。この墨染の変身ぶりと勝負強さは驚きを与えるものだったという。ここで来るべき不忍池競馬場の第一回の開催でも、岩川の挑戦者として一躍期待される存在となった。

土の戸山のコースでも成長を見せたことで、根岸では、デビュー二シーズン目で、すでに本命視される存在となっていた。その五月七、八、九日のニッポン・レース・クラブ春季開催、初日第五レース・陸軍省賞盃、八頭立では、呼子、カタフェルトらを破り、二日目第四レース、七頭立では逆にカタフェルトに敗れたが、三日目の第七レース、四頭立の日本馬チャンピオン戦を制し、続いて第九レース（一二五ドル）、一二頭立のハンディキャップ戦にも勝った(89)。この四戦三勝の戦績は、芝の根岸コースの新王者の誕生を告げるものだった。

明治一七（一八八四）年一一月一、二、三日の不忍池競馬場での第一回開催、この国家的一大行事であった開催は、墨染にとっては、岩川への挑戦の場でもあった(90)。だが、先にもふれたように、初日の日本馬の「最壮馬」のレースも、三日目のチャンピオンレースでも、まったく歯が立たず、力の差をまざまざと見せつけられた結果となった。もちろん岩川がいない他のレースでは、二日目第七レース・陸軍省下賜賞典及会社賞盃（二〇〇円）、一四町四〇間（一マイル）、四頭立、また三日目第三レース・三菱会社賞盃（三〇〇円）、一四町四〇間（一マイル）、一〇頭立と二勝をあげていたが、土のコースでは、せいぜい二、三番手という評価が下されていた。

だが芝のコースとなれば話はまったく違った。一一月一一、一二、一三日のニッポン・レース・クラブ秋季開催、初日第九レース・農商務省景物、七頭立、二日目第二レース・県令花瓶賞、一四町五〇間（約一六二〇メートル）、六頭立、第八レース・外務省挑戦賞典、一一町（三／四マイル）、三頭立、三日目第七レース、チャンピオン戦の三菱賞盃、四頭立を制覇しての四戦四勝、しかも四つともに非常に重みのあるレースであった(91)。農商務省景物は競馬の推進部局の寄贈、県令花瓶と三菱賞盃は、各々明治五（一八七二）年、明治九（一八七六）年にまで、その歴史をさかのぼり、また外務省挑戦は五〇〇ドルという高額賞金レースだった。芝コース、日本馬の王者としての堂々たる成績だった。

明けて明治一八（一八八五）年春のシーズン。五月一、二、三日の共同競馬会社春季開催(92)。二日目第七レース・会社賞典（一〇〇円）、一二町五〇間（七ハロン）、一三頭立を一分五七秒で勝ったが、この開催でも、岩川には遠く及ばなかった。三日目第二レース・東京有志者賞盃（二〇〇円）、九頭立での抜きつ抜かれつの接戦の末の同着があったとはいえ、これは岩川が楽走したもので、初日第三レース・三菱賞盃（一〇〇円）、一四間四〇間（一マイル）、三頭立、二日目第三レース・華族有志者賞典（一〇〇円）、一八町二〇間（一マイル一／四）、二頭立の両レースではともに岩川に軽く遊ばれていた。チャンピオン戦である三日目第七レース・宮内省下賜賞典（二〇〇円）は、岩川への挑戦を諦め、第八レース・ハンデカップ景物（三〇〇円）、一周（約一五〇〇メートル）、七頭立に確勝を期して臨んだが、飛燕という馬に不覚をとってしまっていた。墨染は、競走馬としてのピークをこのシーズン前後に迎えていたが、そのときでさえ、土のコースでの甘さを克服できなかった。

ところがやはり芝のコースになると変身、五月一三、一四、一五日のニッポン・レース・クラブ春季開催では圧倒的な強さを示すことになった(93)。初日第四レース、中国馬との混合の各国公使賞盃（Diplomatic Cup）、三／四マイル、四頭立では半マイルから先団にとりつき、直線ではリードを広げる一方で、中国馬の強豪のサムライ（A・ジェフレイの仮定名称：バロンBaron名義、神崎利木蔵騎乗）らに一分三九秒三／四で楽勝。また第八レース、これも中国馬との

図11　1885年5月14日ニッポン・レース・クラブ春季開催二日目第8レース外務省挑戦賞典レース結果

The GUAIMUSHO CHALLENGE PRIZE; presented by the Minister of Foreign Affairs; value *Yen* 500; for Japan Ponies; to be won at two consecutive meetings by the same Pony; entrance fees to go to the winner until the prize is finally won; weight as per scale. Three Quarters of a Mile. Entrance $10.

Viscount Okoji's Sumizome, 10st. 4lb. (Mr. Oka) 1
Mr. Hugo's Moonlight, 10st. 6lb. (Mr. Shimamura) 2

Moonlight and Sumizome went for the Guaimusho Prize, the latter having won it once. Moonlight led for nearly two furlongs, where Sumizome came up, and the pair raced together all the way home, Viscount Okoji's pony landing first past the judge by a head. Time, 1.36.

The prize, having now been won according to the conditions, was presented by Mr. Oki Morikata, and cheers were given for the donor, Count Inouye.

(J.W.M. 1885・5・23)

図12　1885年5月15日ニッポン・レース・クラブ春季開催三日目番外特別・墨染賞盃レース結果

EXTRA RACE. The SUMIZOME CUP, presented; value $100; for all Japan ponies that have run and not won a race at the meeting; to be ridden by members of the Club; weight as per scale, with 10lb. added. Jockeys that have never had a winning mount 7lb. allowance. Three-quarters of a Mile.

The Baron's Dawn, 11st.............(Mr. Harford) 1
Viscount Wakebe's Mahdi, 10st. 9lb....(Owner) 2
Mr. Nemo's Maraschino, 11st. 4lb. (Mr. Andries) 3

Maraschino led, Mahdi next, Dawn last. The trio afterwards closed up, and Mahdi took up the running. It was anybody's race at the turn for home, but Dawn, well ridden, came away, and a good race up the straight ended in favour of the last-named by a length from Mahdi, Maraschino close up. Time, 1.42.

(J.W.M. 1885・5・23)

混合の海軍及観客賞盃（Navy and Visitors' Cup）、一マイル一／四、二頭立でも、この開催の中国馬のチャンピオンレースに勝つことになるサンライト（M・カークウッドの仮定名称：ヒューゴ名義、大野市太郎騎乗）を半マイル過ぎから引き離す一方の二分五〇秒一／四で大楽勝した。二日目第五レース、これも中国馬との混合の重量負担景物（Weight Careers' Stakes）、一周（約一七〇〇メートル）、四頭立、スタートから先頭に立ち徐々に差を広げ、直線では追うことなしに二分一九秒の楽勝。ここまでの三戦いずれも、チャンピオンクラスの中国馬でも、墨染のスピードについていけなかった。二日目の第八レース・外務省挑戦賞典（Gaimusho Challenge Prize）（五〇〇ドル）、三／四マイル、二頭立、連覇がかかるこのレースが今回の目標であった。着差はアタマ差であったが、危なげなく制した（図11）。明治一六（一八八三）年秋季開催から外務卿井上馨によって創設され二開催連続勝利で獲得となるこの賞典を、初めて獲得した馬になった。この日の根岸競馬場は、小松宮、伏見宮、伊藤博文、井上馨、大山巌、鍋島直大の各夫妻、英国、フランス、オランダ、ドイツ、イタリア、オーストリアの各公使が臨場、英国公使主催の昼食会も開かれるなど、屋外の社交場として華やかな雰囲気につつまれていた（第一章第三節）。外務省挑戦賞典の表彰式も、それを彩るものとして執り行われた。表彰式では、神奈川県知事沖守固がその授与にあたり、創設者の井上馨に対しても歓呼の声が観客から贈られた。三日目第七レースの日本馬のチャンピオン戦である三菱賞盃（Mitsu Bishi Cup）、一周（約一七〇〇メートル）、二頭立では、今開催三勝を重ねていた呼子という新鋭馬との同斤量での争いとなったが、墨染の敵ではなかった。スタート二ハロンから呼子をリードすると、そのまま二分一五秒一／四で楽勝した。五戦五勝、内四戦は楽勝という圧倒的な強さだった。この墨染の活躍は大河内正質（もしくは宮内省御厩課）にとって誇らしいものであったのだろう、大河内正質は、一〇〇ドル相当のカップをクラブに寄贈、クラブはそれを受けて、三日目最終レース後の番外に特別レースの墨染賞盃（Sumizome Cup）を実施した（図12）。

次の明治一八（一八八五）年秋のシーズン。大河内がこの一〇月宮内省から陸軍省にもどり軍馬局詰となっていたからであろう(94)、墨染の名義は藤波言忠に移っていた。騎乗は引き続き岡治善で、この藤波と岡のコンビは墨染の引退まで変わらなかった。一〇月二三、二五、二六日の共同競馬会社秋季開催、二八日から始まるニッポン・レース・クラブの開催をにらんでのことだろう、二走にとどまった(95)。二日目第二レース・ハンデカップ景物（一五〇円）、一一町（三／四マイル）、六頭立は重馬場も応えたのか、総角（アゲマキ）の二着だったが、三日目第一レース・ハンデカップ景物（一二〇円）、四頭立で勝鞍をあげたのはさすがであった。

中一日で迎えた一〇月二八、二九、三一日のニッポン・レース・クラブ秋季開催(96)。当時のことであるから、不忍池から横浜根岸までの「徒歩」の輸送を挟んでの参戦であった。陸軍省、農商務省が競馬から撤退したことを受けて、この開催では、日本馬の単独レースが少なくなっていたから（第三章第六節）、墨染が出走した三レースはすべて中国馬との混合戦であった。かつて日本馬は中国馬に敵わなかったが、墨染クラスになると、もはや中国馬は問題ではなくなっていた。初日第九レース・観客賞盃、四頭立、二日目第七レース・重量負担景物、一四町五〇間（約一六二〇《メートル》）、三頭立、そして三日目の当該開催勝馬による第七レース・勇将景物、四頭立と、三戦三勝で難なく勝ち抜きチャンピオンの座を維持した。振り返れば、墨染は、根岸の芝コースでは、明治一七（一八八四）年春季開催での一敗後は、ここまで一四連勝、チャンピオン戦は四連覇だった。

しかし、ここまでが、墨染の競走馬としてのピークだった。翌明治一九（一八八六）年春のシーズンの墨染は調子

表7　墨染生涯成績・39戦28勝（内根岸競馬場：20戦18勝）

競馬場、日付	レース名（品種）	距離、賞金	騎手、着順／頭数、勝馬（2着馬）、タイム
明治16（1883）年 根岸　11月6日	第1レースGrriffins' Plate (jp)	5ハロン、100ドル	岡治善、1／4、（加治木）、1分19秒
戸山　11月17日 11月18日	第4レース (jp) 第1レース農商務省賞典(jp) 第4レース (jp)	80円 9町10間 11町	3／5、三沢 着順不明／6、加治木 着順不明／7、三沢
明治17（1884）年 戸山　4月26日 4月28日	第7レース (jp) 第3レース宮内省賞典 (jp)	100円 金時計	岡治善、1／6、（加治木） 岡治善、1／9、（加治木）
根岸　5月7日 5月8日 5月9日	第5レース陸軍省盃 (jp) 第4レース (ap) 第7レース (jp) 第9レース (不明)	125ドル	岡治善、1／8 岡治善、着順不明／7、カタフェルト 岡治善、1／4 岡治善、1／12
不忍池11月1日 11月2日 11月3日	第6レース皇族下賜賞典(jp) 第7レース陸軍省下賜賞典及会社賞盃 (jp) 第3レース三菱会社賞盃(jp) 第8レースチャンピオン戦(jp)	14町40間、200円 14町40間、300円 250円	岡治善、3／5、岩川、2分17秒 岡治善、1／4、2分18秒 岡治善、1／10、（ムーン） 岡治善、2／5、岩川
根岸　11月11日 11月12日 11月13日	第9レース農商務省景物(jp) 第2レース県令花瓶賞 (jp) 第8レース外務省挑戦賞典(jp) 第7レース三菱賞盃	 14町50間 11町	1／7 岡治善、1／6 岡治善、1／3 岡治善、1／4
明治18（1885）年 不忍池5月1日 5月2日 5月3日	第4レース三菱賞盃 (jp) 第3レース華族有志者賞典(jp) 第7レース会社賞典 (jp) 第2レース東京有志者賞盃(jp) 第8レース春季ハンデカップ景物 (jp)	14町40間、100円 18町20間、100円 12町50間、100円 14町40間、200円 1周、300円	岡治善、2／3、岩川、2分14秒 岡治善、2／5、岩川、2分57秒1/4 岡治善、1／13、1分57秒 岡治善、1／9、岩川と1着同着、2分15秒 岡治善、2／7、飛燕、2分5秒
根岸　5月13日 5月14日	第4レース各国公使賞盃 (ap) 第8レース海軍及観客賞盃(ap) 第5レース重量負担景物 (ap)	3/4マイル 1マイル1/4 1周、各馬登録料と50ドル	岡治善、1／4、（サムライ）、1分39秒3/4 岡治善、1／2、（サンライト）、2分50秒1/4 京田懐徳、1／4、（サムライ）、2分19秒

5月15日	第8レース外務省挑戦賞典(jp) 第7レース三菱賞盃(jp)	3/4マイル、500ドル 1周	岡治善、1/3、(ムーンライト)、1分36秒 岡治善、1/2、(呼子)、2分15秒1/4
不忍池10月25日 10月26日	第2レースハンデカップ景物(jp) 第1レースハンデカップ景物(jp)	11町、150円 120円	岡治善、2/6、総角 岡治善、1/4、(北辰)
根岸　10月28日 10月29日 10月31日	第9レース観客賞盃(ap) 第7レース重量負担景物(ap) 第7レース勇将景物(ap)	 14町50間	岡治善、1/4 岡治善、1/3 岡治善、1/4
明治19(1886)年 不忍池4月23日 4月25日	 第7レース(jp) 第6レース(jp)	 14町40間、80円 1周、150円	 岡治善、1/2 岡治善、1/4
根岸　5月28日	第一位占勝馬景物(ap)	18町20間	1/7
根岸　10月27日 10月28日	第2レース県庁賞典(jp) 第6レース勇将第一位占勝馬景物(ap)	1周、県知事から花瓶 1マイル1/4	岡治善、1/2、(英)、2分14秒 岡治善、3/6、サムライ、2分48秒
不忍池11月20日	第5レース各国公使賞盃(jp)	16町30間、150円	岡治善、単走、2分46秒

(J.G.F.S. 1883・11・9、11・26。『毎日』明16・11・18、11・20、12・9、12・11、明17・4・27、4・29、5・9、5・11、5・13、11・2、11・5、11・11〜14、11・23、11・25、明18・5・2〜3、5・5、5・14、5・16、10・24、10・30、明19・4・25、4・27、10・28〜29、11・23。『日日』明16・11・8、11・29、明17・4・29、11・4〜5、11・13〜15、11・24、明18・5・4〜5、5・15、10・24、10・27、10・30、明19・4・24、4・27、10・28〜30、11・23。『読売』明16・11・9〜10、11・20〜21、明17・4・29〜30、5・10〜12、11・2、11・4〜5、11・13、明18・5・3、5・5、5・15〜17、10・27、10・31、明19・4・24〜25、4・27、10・28〜29、11・13、11・15。『報知』明16・11・19、12・10、明17・11・4〜6、11・26、明18・5・2〜3、5・5、5・14、5・16〜17、10・24、10・31、11・1、明19・4・24〜25、4・27。『朝野』明16・11・20、12・11、明17・4・29〜30、5・10〜11、11・2、11・4〜5、11・13〜15、11・25、明18・5・2〜4、5・15〜17、10・24、10・27、10・30〜31、11・1、11・17、明19・4・24〜25、4・27、10・28〜30。『時事』明16・11・7、11・9、11・20、12・10〜11、明17・4・28〜29、5・10、5・12、11・4〜5、11・12〜13、11・15、11・24、明18・5・5、5・15〜16、10・24、10・27、11・2、明19・4・24、4・26、10・28〜29、11・5、11・22。J.W.M. 1885・5・23。「共同競馬会社明治18年春季競馬会番組表」馬の博物館蔵より作成)

を落としていた。四月二三、二四、二五日の共同競馬会社春季開催では、初日第七レース（八〇円）、一四町四〇間（一マイル）、二頭立と三日目第六レース（一五〇円）、一周（約一五〇〇メートル）、四頭立の二勝を加えてはいたが、それは英と岩川との対戦を避けてのものだった(97)。続く五月二六、二七、二八日のニッポン・レース・クラブ春季開催、得意の芝のコースでも、三日目第六レース・第一位占勝馬景物、一八町一〇間（一マイル一／四）、七頭立に勝ってチャンピオンの座は維持したもののその一勝だけに終わっていた(98)。

そして本調子にはもどらないまま秋のシーズンを迎えることになった。一〇月二六、二七、二八日のニッポン・レース・クラブ秋季開催、二日目第二レース・県庁賞典（神奈川県知事から花瓶）、一周（約一七〇〇メートル）、英との二頭立では、この評判の英を二分一四秒で破ったのさすがだったが、これは英の凡走にも助けられた観があった(99)。三日目第六レース、日本馬と中国馬の開催の勝馬による勇将第一位占勝馬景物、一マイル一／四、六頭立では、かつては問題にしていなかった中国馬のサムライの二分四八秒の三着に敗れてしまった。二着が岩川。芝の根岸のコースにおいて明治一七（一八八四）年春季開催以来保ち続けていたチャンピオンの座を失っただけでなく、その時以来五シーズンぶりの敗戦だった。この開催での走りは、明らかにかつての墨染のものではなくなっていた。ここで素早くシーズンで引退が決断された。約一ヶ月後の一一月二〇、二一日の共同競馬会社秋季開催、初日第五レース・各国公使賞盃（一五〇円）、一六町三〇間（一マイル一／八）が、墨染の引退レースとなった(100)。ここには、英と岩川も登録していたが、墨染に花道を飾らすためだろう出走を回避した。その結果、単走となり、二分四六秒で走って最後の姿を見せた。

明治一八（一八八五）年秋のシーズンから墨染の名義を大河内正質から引き継いだ藤波言忠は、天皇の信任が厚い侍従として明治憲法制定をめぐる場面をはじめとして色々な局面に顔を出していた(101)。ただ後世は、それよりも、明治二〇年代以降、宮内省主馬頭として新冠御料牧場や下総御料牧場の充実拡大、馬産界の発展に尽くし、また日露戦争前後、馬券黙許の競馬実現や馬匹改良三〇年計画の推進にも努めた人物として知られるようになる。墨染はその藤波所有の「名馬」として名を残すことになった(102)。不忍池競馬場では、岩川や英には及ばなかったとはいえ、根岸の芝コースでの強さは圧倒的なものであったから、そう記憶されるだけの実績は充分残していた。また藤波自身も墨染のことを、折にふれて後々まで語り続けていたのだろう。この頃から、不忍池と根岸の競馬では、北海道産馬が南部馬に対して優勢を占めるようになり、雷、都川、鎌倉らを輩出した南部馬は次第に姿を消すことになっていくが、墨染はその南部馬の最後の強豪馬だった。この墨染のその後の消息もわからず、またその仔が競馬場に姿を現したという記録もないが、少なくとも明治期には、その名を記憶されていただけでも、他馬に比べて幸運だったかも知れない。

6　呼子――根岸競馬場の婦人財嚢獲得第一号

岩川や墨染を凌いだというわけではなかったが、根岸競馬場で初めて婦人財嚢を日本人騎手にもたらすなど記念すべき勝鞍をあげたのが呼子だった。藤崎昇名義、下総産、青毛、四尺六寸四分(約一四〇・六センチ)(103)。デビューは明治一七(一八八四)年の春のシーズン。四月二六、二七、二八日の共同競馬会社春季開催(戸山競馬場)の初日第二レース・東京有志者賞盃、九町一〇間(五ハロン)、一〇頭立、ついで五月八、九、一〇日ニッポン・レース・クラブ春季開催の初日第五レース・陸軍省賞盃、八頭立、三日目番外の外務省挑戦賞典の計三レースに出走していたが、勝鞍をあげることはできなかった(104)。次の秋のシーズン。一一月一、二、三日の共同競馬会社第一回不忍池秋季開催、初日第八レース・未得勝馬賞盃(五〇〇円)、一二町五〇間(三/四マイル)、七頭立、一分五九秒で初勝利をあげ、その勢いで三日目第八レースのチャンピオン戦などにも出走したが、そこでは岩川や墨染の後塵を拝した(105)。続く一一月一一、一二、一三日の根岸秋季開催でも、二日目第六レース・根岸景物、一三頭立で一勝を加えたが(106)、ここまでは目立つところのない成績だった。

明けて明治一八(一八八五)年春のシーズン。五月一、二、三日の共同競馬会社春季開催でも、一勝だけだったが、それが当時の競馬の華として、最も名誉とされた二日目第四レース・婦人財嚢（二〇〇円）、七町二〇間（一／二マイル）、登録一一頭、勝タイム一分五秒、婦人財嚢の趣旨に則り騎乗は藤崎昇自身、渋沢栄一の長女みね子から財嚢を授与され、鹿鳴館の夜会などのスターであった鍋島栄子の祝辞を受けた(107)。この勝鞍がきっかけとなったかのように、呼子は、続く五月一三、一四、一五日のニッポン・レース・クラブ春季開催で、生涯のなかで最高の成績を収める(108)。まず初日第七レース・宮内省賞盃（Kunaisho Cup）、三／四マイル、三頭立を、後方から徐々に追い上げて、二馬身差をつけて一分三九秒で楽勝。天皇の名代藤波言忠から賞盃を授与された。ついで二日目第一レース・神奈川県賞典（Kanagawa Plate）、一周（約一七〇〇メートル）、四頭立でも、直線で抜け出し、三馬身差の二分一四秒で楽勝した。この賞典は、その起源を明治五（一八七二）年秋季開催の県庁賞盃（Kencho Cup）に持つ伝統のあるものだった（第二章第一節）。さらに同日第九レース、中国馬との混合の銀行賞盃（Bankers' Cup）、七ハロン、四頭立でも、それまでの二度の勝利で一四ポンド（約六・三五kg）増量されていたが、道中三番手を進み、残り半マイルで先頭に立って、もう一頭と雁行して直線に入り、残り一ハロンのところで勝負を決めるという味のある勝ち方を見せた。勝タイム一分五八秒。この勢いで、三日目第七レースのチャンピオン戦の三菱会社賞盃（Mitsu Bishi Cup）、一周（約一七〇〇メートル）、二頭立、根岸の王者墨染に挑戦したが、やはりその壁は厚く問題にされなかった。三日目第九レース・中国馬との混合の春季重量負担景物（Spring Cup）一周（約一七〇〇メートル）、七頭立でも勝馬の中国馬の二分一六秒一／二からの三着だったが、呼子はトップハンデの一二ストーン三ポンド（約七七・二kg）、九ストーン七ポンド（約六〇・三kg）の勝馬とは二四ポンド（約一一・九kg）もの差があった。同距離の神奈川賞典（Kanagawa Plate）では二分一四秒で勝っていたから、斤量がこたえたものだったろう。五戦三勝、この開催の騎乗は、すべて軍馬局の名騎手久保田成章だった。以後も、原則的に久保田が騎乗した。

次の明治一八（一八八五）年秋のシーズン。一〇月二四、二五、二六日の共同競馬会社秋季開催では、未勝利に終わった(109)。だが芝のコースには適性があったようで、一〇月二九、三〇、三一日のニッポン・レース・クラブ秋季開催では、墨染や岩川が出走していないレースではあったが、初日第八レース（一五〇ドル）、四頭立、二日目第五レース・日本景物（一〇〇ドル）、三頭立と二勝をあげていた(110)。

明けて翌明治一九（一八八六）年春のシーズン。ここで記念すべき勝鞍をあげることになった。四月二三、二四、二五日の共同競馬会社春季開催では、三日目第二レース（一〇〇円）、九町一〇間（五ハロン）、五頭立の一勝だけに終わっていたが(111)、一ヶ月後の五月二六、二七、二八日のニッポン・レース・クラブ春季開催、二日目第一レース・セザレウィッチ景物（一五〇ドル）、六頭立を勝って臨んだのが、第四レース・婦人財嚢（一五〇ドル）、五頭立だった(112)。騎乗は、あの競馬好きの子爵分部光謙。婦人財嚢は一八六二年の横浜新田の競馬以来行われていたが、ニッポン・レース・クラブの時代に入ってもまだ日本側が勝利したことは一度もなかった。そしてその記念すべき第一号の馬と騎手に呼子と分部がなった。この勝利は話題を呼び、分部には競馬での勲章がまた一つ増えることになった。呼子は、前年共同競馬会社春季開催の婦人財嚢でも勝っていたから、根岸、不忍池両場で勝鞍をあげた初めての馬にもなった。後にシヤンベルタンという馬が呼子に続くことになる（後述）。

そして次の明治一九（一八八六）年秋が呼子の最後のシーズンとなった。呼子は、呼子なりに好調だった。一〇月二六、二七、二八日のニッポン・レース・クラブ秋季開催、初日第七レース・根岸賞典（Negishi Plate）、三／四マイル、六頭立では岩川の一分三七秒一／四の二着だったが、その強さが話題となっていた英には先着した(113)。二日目第一レース、中国馬との混合のセザレウィッチ景物（Cesarewitch Stakes）（二〇〇ドル）、三／四マイル、一一頭立では住吉という馬の二着だったが、ここでも三着の岩川には先着した。そして二日目第七レース・ホール・ロッタリー景物（Hall's Lottery Plate）、一周（一ディスタンス）（約一八〇〇メートル）、五頭立、ここで呼子が岩川、墨染を下して勝鞍をあげた。呼子と岩川が二頭で引き離して先行、そのまま直線に入り、墨染が追い込んできたが、呼子が凌いだ。勝タイム二分三四秒、二着岩川、三着墨染だった。呼子が、岩川、墨染の二頭をともに下して勝鞍をあげた生涯唯一のレースとなった。この勢いで、三日目第六レース開催の勝馬による勇将第一位占勝馬景物（Champion Stakes）、一マイル一

／四、六頭立に臨んだが、中国馬の着外に終わり（二着岩川、三着墨染）、やはりチャンピオン戦では一つ足りなかった。

続く一一月二〇、二一日の共同競馬会社秋季開催、ここでも好調ぶりを示して、初日第三レース・皇族下賜賞典（一〇〇円）、一周（約一五〇〇メートル）、三頭立を二分一五秒で勝ち、この時も岩川を三着に下していた(114)。だが第七レース・不忍景物（三〇円）、一一町（三／四マイル）、七頭立では、無敵の強さを誇示するようになっていた英の前には相手にならず、その着外に終わった。そして、このレースが呼子の最後のものとなった。

振り返って呼子の戦績を岩川や墨染と比べて見れば、この三頭のなかでは三番手の評価が妥当なところだった。だが不忍池、根岸両場の婦人財嚢、あるいは根岸の宮内省賞盃や神奈川県景物を勝つなど、墨染、岩川とレースをうまく棲み分けて注目される勝鞍を獲得したのも確かだった。この明治一九（一八八六）年秋のシーズンは、前年春に続いて好調であり、またデビューから三年目ということを考えれば、当時の日本馬としては、引退が早すぎた。生涯成績（判明分）二五戦一三勝。

墨染や呼子の引退と軌を一にするかのように、共同競馬会社、そしてそれに続いてニッポン・レース・クラブでも日本馬のレースが数を減らし後景に退いていく。偽籍問題も加って、日本馬のレースの意義が失われつつあった。

3　明治一〇年代の雑種馬——新たな競馬の時代

1　アドミラルラウス、ペトレル——ニッポン・レース・クラブ誕生まで

ここでは明治一〇年代に活躍した雑種馬（half-bred）の蹄跡を追っていく。雑種馬とは、在来種の日本馬の牝馬にトロッター、アラブ、サラブレッドなどの洋種の牡馬を配合して生産された馬。内務省勧農局、陸軍省、開拓使などの政府機関、一部の民間牧場が、その生産に着手したのは、明治四、五（一八七一、二）年。時は、「文明開化」の幕

開け、人間の方も、丁髷を切り、洋服を着て、靴を履き、歩き方や顔の表情を変えようとし始めていた。身体のあり様は、「日本の近代化」そのものの問題を形成していたが、雑種馬は、その馬版にあたっていた。雑種馬が初めて公式に横浜の競馬に出走したのは、第一世代が五歳前後となる明治一〇（一八七七）年秋のシーズン。前年以来、横浜の競馬クラブは、ヨコハマ・レース・クラブとヨコハマ・レーシング・アソシエーションの二つに分裂していたが、その双方に登場してきた。これらの雑種馬は、首が短くてしかも太く、体高も一三〇センチ前後であるといったそれまでの日本馬とは明らかに異なった馬体、また走りの軽快さを持ち合わせていた。アラブやサラブレッドを見慣れている居留民たちの目から見ても、日本側が取り組み始めていた馬匹改良があげた成果の証として映っていた（以上第二章第三節）。

このシーズンにデビューした雑種馬のなかで、最も評判の高かった馬が、一一月七、八、九日のヨコハマ・レース・クラブの開催に出走してきたイチロク（Ichiroku）、芦毛（grey）(1)。その名は一六勝負の「いちろく」にちなんだものだろう。父は、一八六七（慶応三）年フランス皇帝ナポレオン三世から徳川幕府に寄贈されたアラブ馬二六頭のなかの一頭、母は南部産の日本馬、明治五（一八七二）年生の満五歳だった。ナポレオン三世から寄贈されたアラブ馬の血脈は、明治の競馬のなかに受け継がれていくが、イチロクはその第一号だった。ただその貴重な血脈にもかかわらず、当時としては珍しく去勢されていたから、余程気性が荒かったのであろう。名義は、東アジア最大の商会であるジャーディン・マセソン商会の横浜支配人のケスウィック（J. J. Keswick、仮定名称ジョン・ピール：John Peel）だった。当時の横浜の競馬は、中国馬、日本馬、その混合の三本立てで行われていたが、この開催、雑種馬は、日本馬に種別されて出走した。

初日第二レース、基幹レースであった新馬戦（Griffins' Plate）、五ハロン、イチロクの前評判の高さの前に二頭立となった。イチロクは、ここを期待通りに一分二三秒一／二で楽勝したが、気性の悪さは解消されていなかった。二日目第二レース、当時の最大の重賞である三菱挑戦賞盃（Mitsu Bishi Challenge Cup）（二〇〇ドル）、一周一ディスタンス

（約一八〇〇メートル）、五頭立と同日第九レース・日本馬標準景物（Nippon Criterion Stakes）、一周（約一七〇〇メートル）、三頭立、その気性難が出て、両レースとも直線に入って、バカついてしまい、ともに三着に終わっていた。もっとも、まともに走っていたら、誰の目から見ても、楽勝のケースであったという。三日目第三レース、開催の勝馬によるチャンピオン戦（Nippon Handicap）、一周（約一七〇〇メートル）、五頭立、今度はまともに走り、二馬身差をつけて二分一九秒一／二で勝ち、チャンピオンの座についた。だがこの直後の第四レース・スカーリー景物（Scurry Stakes）、中国馬との混合の三ハロンの短距離戦では、出遅れが致命傷となって、中国馬の快速馬ブレマー（Braemer）の四六秒の前に着外となっていた。五戦二勝、物足りない成績であった。だがその能力の可能性は誰しもが認めるところだった。イチロクの将来には、最大級の期待がかけられていた。しかし残念なことに、その後故障、立ち直ることができなかった。

翌明治一一（一八七八）年の春シーズンから、明治九（一八七六）年以来の横浜の競馬クラブの分裂状態が解消され、ヨコハマ・ジョッケー・クラブが結成されていた（以下クラブと雑種馬に関しては第二章第三節参照）。日本人の入会を認め、日本側の協力を得ることでなった合同だった。だがこのクラブも、内部対立を抱え込み、次第に有力オーナーや厩舎が撤退、会員も減少、財政難に陥っていった。日本側の全面的撤退が決定打となって、あっけなく二年足らずで存続不能となってしまう。その内部対立の契機となったのが雑種馬をめぐる問題だった。なおヨコハマ・ジョッケー・クラブでは、雑種馬でも、母馬が日本馬の場合、日本馬と種別される規定（第一九条）だった。

そのジョッケー・クラブの第一回の明治一一（一八七八）年五月八、九、一〇日の春季開催[2]。イチロクに続いて期待されたのが、この開催でデビューしたアドミラルラウス（Admiral Rous）とペトレル（Petrel）だった。アドミラルラウスは、一九世紀半ばのイギリスのジョッキークラブの中心人物の名にちなみ、ペトレルはミズナギドリの意だろう。二頭とも、名義はドン・カルロス（Don Carlos）（本名不明）だった。アドミラルラウスが、初日第二レース・新馬賞典（Griffins' Plate）（二〇〇ドル）、距離五ハロン、四頭立を一分一九秒一／四で勝ち、その三馬身差の二着がペトレル、そのペトレルも三日目第六レース・日本馬撫恤（Japan Consolation）、距離五ハロン、七頭立を一分一九秒一

／二で大楽勝したが、その他のレースはアドミラルラウスが三着一回着外一回、ペトレルが二着一回着外一回、とあまり目立った成績を収めることができず、アナンデールなどの日本馬や中国馬の前に簡単に敗れていた。カリカリとした気性が災いしたものだった。先のイチロクの場合もそうであったが、トロッターやアラブの血脈を受け継いでいれば、日本馬や中国馬に、負けることなどはありえないはずであった。それが、こうもあっさり負けたところを見ると、雑種馬の調教技術が手探りで、まともに走らせることができなかったとしか考えられなかった。だがそれでも、少しでも能力が発揮できる状態となれば、日本馬や中国馬を圧倒してしまうことは明らかだった。したがって、この春季開催後、雑種馬の独自の種別、レースの新設が提案されたが、ときのクラブの委員会はその提案を棚上げにしてしまった。つまり次開催も雑種馬は、日本馬として出走することになった。

そして迎えた明治一一（一八七八）年一〇月三〇、三一日、一一月一日の秋季開催(3)。先のアドミラルラウスとペトレルの二頭が、日本馬や中国馬をまったく問題としない強さを見せつけた。この二頭で出走可能の日本馬限定の八レース、日本馬と中国馬の混合の五レース、計一三の内の八レース、もう一頭の雑種馬が二レース、計一〇も勝鞍をあげ、居留民に対して「横浜の競馬における日本産馬の時代の始まりと記録されるだろう」といった衝撃を与えた。この事態は、居留民にとって大きな問題であった。なぜなら、このまま雑種馬を日本馬として出走させていくならば、日本馬のレースだけでなく、日本馬と中国馬との混合のレースも雑種馬のものとなってしまうからであった。混合のレースは、それまで中国馬が圧倒的に優位であったから、それは中国馬のオーナーの賞金獲得のチャンスを奪うことになる。また日本馬のオーナーにとっても持馬の勝つ見込みがなくなってしまう。したがってこの事態の回避を求める声が大きくなっていき、ようやく翌明治一二（一八七九）年二月のクラブ総会で、雑種馬レースの新設が決定された。同時に、規定が変更され、母馬、父馬のいずれかが洋種の場合には雑種馬との種別となった。

この決定を受けて明治一二（一八七九）年五月六、七、八日の春季開催は、中国馬八、日本馬九、その混合五、雑種馬六（内一レースが不成立）、というレース数で編成されることになった(4)。幕末以来維持されてきた競走体系の変更であった。だが、雑種馬のレースへの懸念、不満の声は解消されてはいなかった。居留民にとって、入手ルートが限られているうえ、絶対数が少ないだけにその能力差も大きく、有力馬のオーナーだけの利益にしかならないことが予測されたからである。しかも、いずれ日本側の雑種馬に席巻されることも目に見えていた。この春季開催、新設された雑種馬のレースは、その懸念、不満を立証する形となった。雑種馬のレースに出走したのは、先のアドミラルラウスとペトレルの二頭に加えて、バロン（Baron）名義のウォーウィック（Warwick）、軍馬局の二階堂蔀名義のメガイ（Megai）、マイコ（Maiko）、ジョン・ギルピン（John Gilpin）名義のペンギン（Pengin）などの六頭の新馬。初日第五レース、新馬戦の茶商賞盃（Tea Cup）、一／二マイル、六頭立ではウォーウィックが一分二秒で勝って一番馬となり、二日目第九レース・東京賞盃（Tokio Cup）、一周一ディスタンス（約一八〇〇メートル）も獲得した。もっともこのレースはアドミラルラウスとの二頭立となり、二頭の馬主バロンがウォーウィックの勝ちを宣言したものだった。なおウォーウィックは、バラ戦争時の提督あるいはイギリスの都市の名にちなんだものだろう。二日目第五レース・観客賞盃（Visitors' Cup）、五ハロン、五頭立ではペンギンが一分二一秒一／二で勝ち、その勢いで三日目第七レース、チャンピオン戦のアメリカ賞盃（American Cup）、一周（約一七〇〇メートル）、二頭立でアドミラルラウスに挑戦したが、二一ポンド（約九・五kg）も重い斤量を背負ったアドミラルラウスの二分一九秒三／四の前に問題にもされなかった。その他の二階堂のメガイとマイコの二頭は、競走馬としては失格の走りしか見せていなかった。ペンギンを除いて、バロン（Baron）の三頭が互いに勝鞍を分け合い、全五レースの内、開催未勝利戦を除く四勝をあげてしまった。

この事態の前に、クラブの委員会は、日本側との共同歩調の道を採るのではなく、その影響力の排除へと向かった。雑種馬のレース数も、六から三と縮小を決定した。こういったクラブの方針に反対して、有力オーナーや厩舎が撤退を表明、日本側も全面的に手を引くことになった。したがって、その明治一二（一八七九）年一一月六、七日の秋季開催は、それまでの三日間から二日間、出走馬も春季の延べ一三六頭から三五頭、実数も四一頭から一三頭へと大幅減という惨憺たる有様となった。雑種馬のレース数も二となり、出走はアドミラルラウスとウォーウィックの二頭だけとなった。

クラブは、会員減と資金不足で解散の道しか残されてないような苦境に陥った。ここで、横浜の競馬の存続をはかるには、馬の面でも資金的にも、日本側の積極的な支援が不可欠となった。それは、馬匹改良と結び付く雑種馬と日本馬の競馬を根幹にするという日本側の要求を取り入れることを意味していた。こうして、明治一三（一八八〇）年四月、ニッポン・レース・クラブの誕生となった。この時、共同競馬会社、三田興農競馬会社が設立され、雑種馬と日本馬で競馬が開始されていた。ニッポン・レース・クラブでは、雑種馬のレースも増やされ、アドミラルラウスとウォーウィックの二頭にも、活躍の場が与えられることになった。また共同競馬会社も、同明治一三年四月の春季開催からは原則として二日間開催の全一四レース中四レースを雑種馬にあて、同年五月に第一回開催を迎えていた興農競馬会社もほぼこれに倣っていた。雑種馬の新たな時代の始まりだった。なお居留民所有の馬は、共同、興農両競馬会社への出走が認められていなかった。

2 ボンレネー、豊駒、朝顔——三場での戦いの始まり

新たな段階に入った競馬のシンボルが雑種馬であった。雑種馬は日本の馬匹改良の基幹として位置づけられ、宮内、内務、陸軍の各省も競ってその生産、育成に力を注ぎ始めていた。そのいわば第一期生たちが、競馬に登場してくるようになった。その代表馬がボンレネー（Bon Rene）、豊駒、朝顔、ホクセ（Hokuse）らだった。ボンレネーと朝顔は、陸軍の所有で、競馬の際は、御雇フランス人馬医アンゴ（A. R. D. Angot）か砲兵大尉岩下清十郎、あるいはその共同名義で出走、主戦ジョッキーは軍馬局の久保田成章だった。

ボンレネーは青森広沢牧場産で明治九（一八七六）年生、鹿毛、四尺九寸四分（約一四九・七㌢）、第一回内国勧業博覧会に出展され龍紋賞を受賞していた(5)。この広沢牧場は、旧会津藩士の広沢安任が明治五（一八七二）年に三本木野に創設し、旧知のアーネスト・サトウの助言も得て、二人の英国人を招いて西洋馬の導入をはかるなど馬匹の改

良に務めていたものだった。明治九（一八七六）年に広沢牧場で生まれた馬は一三頭、内七頭が雑種であったが、ボンレネーはそのなかでの一番の存在だったことになる。当時、宮内、陸軍、内務の官有牧場以外の民間牧場で、こういった競馬で活躍する馬、それも雑種馬を出したのはきわめて例外的なことで、広沢牧場の馬産水準の高さを示していた。その息子広沢弁二も明治二〇年代から昭和初期にかけて長く馬産、競馬界で活躍し、広沢牧場からは、明治、大正、昭和と多くの活躍馬が生み出される。なお広沢安任は明治九（一八七六）年東北巡幸の際、牛八〇頭、馬二四頭を天覧に供し、五〇円を下賜されてもいた。豊駒は二階堂蔀名義、内務省勧農局所有、東京豊島郡駒場産、芦毛、明治五（一八七二）年生であった(6)。

明治一二（一八七九）年一一月三〇日、共同競馬会社第一回開催の折りには、両馬が際立った存在という評判が広まっていたのだろう、豊駒とボンレネーの争いはすでに注目されるものとなっていた。その対決となった第四レース（時計五〇円）は、「人目を驚かせ」て豊駒が勝っていた(7)。七歳と三歳の差が出たものだった。だがボンレネーは、すぐにそれも克服することになる。

明けて明治一三年春のシーズン、東京・横浜では、ここから戸山、三田、根岸の三場で春秋の開催が繰り広げられていくことになった。四月一七、一八日が戸山、五月一五、一六日が三田、六月七、八、九日が根岸という日程だった。

まず戸山開催、ボンレネーが初日第五レースで勝鞍をあげ、二日目第六レースで朝顔との対決となったが、ここは朝顔が勝ち、ボンレネーは二着だった(8)。続く三田では、朝顔が初日第三レース、ボンレネーが第六レースとそれぞれ勝ち(9)、雑種馬にとっても、この春のシーズンの焦点だったニッポン・レース・クラブの第一回開催を迎えることになった。なお豊駒は、このシーズンの出走を回避していた。雑種馬のレースは全二三の内六。日本側のボンレネー、朝顔、それに新星のホクセ（Hokuse）と居留民が所有するアドミラルラウス、ウォーウィックと対決することになった。

ホクセは、このニッポン・レース・クラブの開催がデビュー。南部産、明治五（一八七二）年生、月毛（Cream）、四尺五寸一分（約一三六・七センチ）、岩下とアンゴの共同名義で出走してきたが、実際は内務省勧農局の所有で、かつて三田育種場で「農馬」として飼養されていた馬だった(10)。後に宮内省に献上され、白雲（ハクウン）と名を改め、圧倒的な強さを発揮することになる。

初日第二レース、新馬及び未勝利馬限定の試競賞典（Trial Plate）、距離五ハロン、五頭立(11)。各馬の将来を占う根幹として位置づけられたレース、ここを勝ったのがホクセだった。ホクセは二日目第二レース・下総賞盃（Simofusa Cup）（一五〇ドル）、一／二マイル戦、七頭立でも、ウォーウィックを直線で交わすという新馬らしからぬ味のある勝ち方を見せた。勝タイム一分二秒、後の姿を充分予感させるレースぶりだった。だが残念ながら、ホクセはこの二戦のみで、翌明治一四（一八八一）年秋のシーズンまで姿を見せることができなかった。

一方ボンレネーの緒戦は、初日第五レース・墨田景物（Sumida Stakes）（一五〇ドル）、アドミラルラウスとの対戦、三／四マイル戦、五頭立だった。アドミラルラウスがハナを切り、道中後方を進んでいたボンレネーが直線で追い込んできたが、クビ差届かなかった。勝ちタイム一分三八秒、優秀な時計で、他の馬ではこの二頭の相手にならなかった。当時の負担重量は、体高が基準だったが、アドミラルラウスの方が体高が高くて一一ストーン（約六九・九kg）、ボンレネーが一〇ストーン八ポンド（約六七・二kg）、基準負担重量で六ポンド（約二・七kg）の斤量差があった。またレース毎に斤量の規定があり、通常、指定レースの勝鞍あるいは勝鞍数に応じての増量が行われていた。アドミラルラウスは、この初日の勝鞍で以後のレース、一〇ポンド（約四・五四kg）増となった。したがって二日目第七レース・内務省賞典（Naimusho Vase）、一マイル、三頭立での対戦の際には、両馬の斤量差は一六ポンド（約七・三kg）。こうなれば、ボンレネーが楽勝しても当然だった。勝時計は二分一二秒。今では二三〇〇メートルのレースのタイムに相当するが、当時にあってはレコードタイム、ボンレネーが能力を示したものとなった。

朝顔は、三日目第三レース、開催未勝利馬限定の雑種馬撫恤景物（Half-Bred Consolation）（一〇〇ドル）、五ハロン、六頭立を一分一七秒三／四でウォーウィックらを下して初勝利をあげていた。

三日目第七レース・雑種馬重量負担景物（Half-Bred Handicap）（一五〇ドル）、一マイルは、ホクセを欠くものの雑種馬のチャンピオン戦にふさわしく、朝顔、ボンレネー、ウォーウィック、アドミラルラウスが顔をそろえた四頭立となった。それぞれの斤量は、朝顔一〇ストーン（約六三・六kg）、ウォーウィック一〇ストーン一二ポンド（約六八・九kg）、ボンレネー一一ストーン一〇ポンド（約七四・四kg）、アドミラルラウス一二ストーン（約七六・二kg）、各馬の実力の評価に対応したものだった。レースはあっけなかった。最軽量の朝顔が、道中大逃げをうち、そのまま二分一三秒で逃げ切ってしまったからである。ボンレネーのレコードより一秒遅いだけであったから好時計だった。二着が直線よく追い上げてきたボンレネー、三着ウォーウィック、アドミラルラウスはハンデが応えた格好の四着であった。アドミラルラウスを意識しすぎたボンレネーに助けられた観はあったが朝顔が大金星、ボンレネーも力は見せたレースだった。

この春のシーズン終了後、ボンレネーと朝顔は、時の陸軍卿で競馬界の中心的存在でもあった西郷従道の名義に移される。この事情もあってか、岩下清十郎砲兵大尉とアンゴの二人は、ボンレネーなどの写真を久保田成章騎乗で撮影、場所は、東京印刷局、東京と横浜の競馬で数々の勝鞍をあげたその姿を永く伝えようとしたものだったという(12)。

明治一三（一八八〇）年秋のシーズン。一〇月一七、一八日が共同競馬会社、一〇月二七、二八、二九日がニッポン・レース・クラブ、一一月二〇、二一日が三田興農競馬会社の開催という日程だった。

まず戸山開催(13)。ボンレネーは出走せず、それに代わるかのように、暁霜（芦毛）という馬が宮内省下賜賞典を含む二勝をあげていた。この暁霜は、春のニッポン・レース・クラブの新馬戦でホクセの二着だった馬。名義は、軍馬局長松村延勝騎兵大佐だった。暁霜は、直後の根岸開催二日目第三レース・県令賞盃（Kenrei Cup）、一／二マイル、四頭立でも朝顔やウォーウィックを破り、翌年五月の戸山開催でも宮内省下賜賞典を獲得するなど、中々の能力の持主だった(14)。この時点では、ボンレネー、朝顔に続いてこの暁霜を出した陸軍省の雑種馬の層が厚かったことになる。

つぎの根岸開催(15)。ボンレネー、アドミラルラウス、朝顔三頭の対決は、開催前から話題を呼んでいた。まず朝顔が、初日第七レース・秋季賞盃（Autumn Cup）（一五〇ドル）、三／四マイル、四頭立で、アドミラルラウスの一分三六秒一／二の勝ちの前にあしらわれたことで、この争いを回避、別路線に向かった。朝顔は、二日目第三レース・県令賞盃（Kenrei Cup）、一／二マイル、四頭立でも、暁霜の五九秒三／四に敗れて二着同着だったが、三日目第三レース、開催未勝利戦の雑種馬撫恤景物（Half-Bred Consolation）（一〇〇ドル）、三／四マイル、三頭立ではさすがに強く、ウォーウィックを二着に下して、一分三八秒一／四で楽勝していた。注目のアドミラルラウスとボンレネーの対決は、他馬が出走回避して、二戦とも二頭立となってしまった。距離は、当時のチャンピオン・ディスタンスの一マイル、二戦ともに両頭の力のぶつかりあいとなり、スタートからゴールまで観客の声援で大いに沸いた。その緒戦は、二日目第八レース・下総賞盃（Simofusa Cup）（一五〇ドル）。初日の勝鞍でアドミラルラウスは七ポンド（約三・二kg）増量、斤量差は一三ポンド（約五・九kg）だった。スタートよく飛び出したボンレネーに、アドミラルラウスが外から馬体を合わせて譲らないまま直線に入り、一旦引き離したボンレネーに再びアドミラルラウスが迫いこんでくるという接戦となったが、最後はクビ差でボンレネーが勝った。タイムは、レコードと同タイムの二分一二秒。二戦目が三日目のチャンピオン戦、競馬景物（Racing Stakes）、負担重量は、体高基準の定量。したがってアドミラルラウス一一ストーン（約六九・九kg）、ボンレネー一〇ストーン八ポンド（約六七・二kg）だった。スタートから先行したボンレネーが、そのまま直線に入り、終わってみれば三馬身差をつけて楽勝。タイムも、それまでのレコードを一秒一／四も短縮した二分一〇秒三／四というすごいものであった。定量戦でのこの結果は、新旧交代を強く印象づけた。日本人の観客は、ボンレネーの勝利に大満足したという。

またこの開催では、タチバナという馬がデビューしていた。名義は開拓使の山島久光、おそらくトロッターの種牡馬を導入していた北海道七重農業試験場の生産馬だった。このタチバナ、初日第二レース・雑種馬未得勝馬賞典(Half-Bred Maiden Plate)（一五〇ドル）、五ハロン戦、三頭立を一分一七秒で楽勝。この時計は優秀で、タチバナの将来性を期待させるに充分なものであった。この後、北海道産の雑種馬は、それまでの馬たちを問題にしないほどの強さを発揮していくことになるが、タチバナがその先陣となっていた。そしてまたこの開催で明らかになったことは、今後、入手ルートが限られている居留民の雑種馬の勝つ見込みが小さくなったということであった。雑種馬、日本馬に番組編成の重点を置くクラブに対して、居留民が、不満を募らせ、番組編成の変更を求めたのは、この秋季開催後の一二月三〇日、ニッポン・レース・クラブの第一回総会でのことだった（第三章第六節）。

根岸に続く三田開催(16)。ここに豊駒が、再起してきた。豊駒は、先にふれたように、前年一一月三〇日、共同競馬会社第一回開催の折りに「人目を驚かせ」るような勝ちぶりでボンレネーを破っていたが、それ以来の登場であった。この二頭は初日第七レース（五〇円）、一二町五五間（約一四一〇メートル）、二日目第六レース（五〇円）、距離一五町三〇間（約一六九〇メートル）で対戦、いずれも一着豊駒、二着ボンレネー、勝タイム一分五〇秒一／二、二分一二秒二／五という結果だった。この開催で、観客が「最も目を注ぎしもの」が、この二レースだったという。

これより先のニッポン・レース・クラブ開催で強さを見せていたボンレネーだったから、芝と土のコースの相違があっても、この敗戦は予想外のものであった。これに対して、飼葉の種類や量など細心の注意を払って飼養していたアンゴの手を離れて西郷従道の名義となり、その飼養方法が杜撰になったのが敗戦の原因だとの声もあがっていた(17)。だがそういった調整、調教の問題とは別に、ボンレネーが直面しようとしていたのは、自分の資質（血統）を上回る馬たちの登場だった。翌明治一四（一八八一）年の春秋のシーズンは、それを示す新旧交代劇の場となった。

3　タチバナ、小桜——宮内省の台頭

明けて迎えた明治一四（一八八一）年春のシーズン。五月九、一〇、一一日、ニッポン・レース・クラブ春季開催、

昨秋デビューしていたタチバナが期待に応えてチャンピオンの座を獲得、また小桜という馬が鮮烈なデビューを飾った(18)。

タチバナは、まず初日第六レース・宮内省賞典（Kunaisho Vase）、三／四マイル、五頭立に出走。アドミラルラウス、豊駒など他の四頭とはスピードがまるで違った。抑えたままの楽勝だったが、タイムはそれまでのレコードを四秒も短縮した一分三二秒一／二という驚異的なものだった。二着アドミラルラウス、三着豊駒。三日目第三レース、チャンピオン決定戦の主員賞盃（Patrons' Cup）、一周（約一七〇〇メートル）でも、二着にボンレネー、三着に暁霜、四着に豊駒を下した。勝タイム二分一〇秒、これも中国馬のレコードよりも七秒ほど速いものだった。

タチバナが、ボンレネー、アドミラルラウス、豊駒などのそれまでの雑種馬と比較して一つも二つも抜けた能力を持っていることが明らかだった。だがそのタチバナをさらに上回る力を見せたのが、この開催でデビューした小桜だった(19)。小桜は、北海道産、青毛、四尺六寸三分（約一四〇・三センチ）、開拓使から明治一二（一八七九）年、宮内省へ献上された馬。父は、日本側の資料ではドンジュアンと記されているが、その綴りは Don Juan であるから、正しくはドンファン。このドンファンは、一八六九年ケンタッキー生まれのトロッター種、初期の北海道開拓の中心A・C・ケプロンを介して明治六（一八七三）年、開拓使の所有となり、東京での種牡馬生活を経て、明治八（一八七五）年から函館郊外の七重農業試験場に移った。母は、薩摩産の日本馬とアラブの雑種だったという。体高は低かったが、馬体はすばらしく、居留民の目から見ても、西洋種の特徴がよく出ていたという。ここでの名義は、宮内省侍従の藤波言忠だった。

小桜は、初日第三レース、雑種馬のメイドン戦（Half-Bred Maiden Plate）（一〇〇ドル）、五ハロン、四頭立を一分一七秒一／二で楽勝して、三日目第八レース、日本馬と中国馬と雑種馬との混合戦サヨナラ景物（Sayonara Stakes）（一七五ドル）、一周（約一七〇〇メートル）、一〇頭立に出走してきた。このレースが圧巻だった。アドミラルラウスも出走していたが、小桜は、アドミラルラウスをまったく問題とせず、馬なりのまま逃げ切った。しかも同じ日のタチバナのタイムを三秒半も上回る二分六秒一／二という驚異的なレコードだった。小桜の馬体とレースぶりはすばらしく、居留民は、これまで日本で生産、育成されたなかで最高級の馬だとの賛辞を呈していた。また政府がめざすべき馬匹改良の方向性が、これで明らかになったとの評価の声もあがった。

これに対する旧勢力、ボンレネーは二日目第七レース・開拓使賞盃（Kaitakushi Cup）、一周一ディスタンス（約一八〇〇メートル）の単走の一勝、豊駒は三日目第四レース後の番外の天皇下賜賞典（Emperor's Gift）、一周（約一七〇〇メートル）、四頭立でアドミラルラウスを二着に下して二分一二秒で勝っていたが、朝顔は未勝利に終わっていた。またアドミラルラウスも未勝利に終わり、かつての最強馬も、その評価が四、五番手にまで下がっていた。

振り返ってみれば、明治一三（一八八〇）年六月、ニッポン・レース・クラブの第一回開催からここまで、雑種馬の新馬あるいは未勝利戦は三回行われていたが、その勝馬タチバナ、小桜ともにかつての強豪馬を圧倒していく実力を見せていた。またその第一回開催のデビュー以来姿を見せていないホクセも、この秋のシーズンから白雲と名を変えて大活躍することになるから、雑種馬の世代交代が確実に進んでいた。それは、レコードタイムの驚異的な更新に端的に示されていた。雑種馬の水準は、確実に上がりつつあった。

4　白雲――リトル・ワンダー＝Little Wonder

そして明治一四（一八八一）年秋のシーズンを迎えた。一一月四、五、七日がニッポン・レース・クラブ、一一月一九、二七日が共同競馬会社、一二月三、一一日が三田興農競馬会社という開催日程だった。

そこにはアドミラルラウス、そして豊駒、さらには期待されていたタチバナの姿もなかった。タチバナは翌年春に出走してくるが、結局アドミラルラウスと豊駒の二頭は、先の春のシーズンで競馬場を去っていた。その引退もあって、結果的に根岸、戸山、三田の三競馬場の開催、雑種馬の出走頭数が減った。

シーズン幕開けのニッポン・レース・クラブの開催でも、雑種馬は三レース、しかも出走馬もボンレネー、白雲、小桜の三頭だけとなった(20)。だがレースは、馬の質があがっていたから本格的な勝負が繰り広げられた。名義は、ボンレネーが陸軍卿西郷従道、小桜、白雲がそれぞれ宮内省の藤波言忠、大河内正質、いずれもこの時代の競馬の中心人物だった。初日から三頭の対決。第七レース・秋季賞盃（Autumn Cup）（一二五ドル）、三／四マイル、春の衝撃的な勝ちぶりがあって小桜が本命だった。レースは、その小桜が先行、それをボンレネーがマークする展開となった。直線に入ると意外なことに小桜がずるずると後退、追い込んだ白雲がボンレネーも交わして一分三三秒で勝った。一馬身一／二差の二着がボンレネー。白雲は、三シーズンぶりの復帰戦を好タイムで飾った。二レース目が、三日目第三レース・雑種馬撫恤景物（Half-Bred Consolation）、三／四マイル、当然白雲に出走権がなく、ボンレネーと小桜の二頭立となった。ここも小桜が先行したが、ボンレネーが交わして一分三五秒三／四で勝った。三日目第七レースがチャンピオン決定戦の宮内省賞盃（Kunaisho Cup）、一マイル一／二、再び三頭が顔をそろえた。最初スローペースで三頭が雁行、そのなかからそれまでの追い込みから戦法を変えて白雲がハナに立ち、ここでも小桜が遅れ始めた。ボンレネーが追いすがろうとしたが、結局、白雲が三馬身をつけた楽勝、勝タイム三分一九秒、二着ボンレネーだった。

このように根岸の開催は、復帰した白雲が圧倒的な力を示した結果となった。小桜は、三レースとも途中でついていけなくなるというレースぶりで、春の衝撃的なデビューから見ると、明らかに本調子になかった。ボンレネーも健闘していたが、白雲との力の差が大きいことが明らかとなった。

次の戸山の開催も出走は、白雲、ボンレネー、小桜の三頭のみだった(21)。なおこの開催での各馬の名義は、ボンレネーは引き続き西郷従道だったが、白雲が土方久元、小桜が米田虎雄と代わっていた。初日第三レース（七〇円）、距離一周（約一二八〇米《メートル》）は、白雲とボンレネーの二頭立。結果は実力通り、つぎのようなレースぶりで白雲が勝った(22)。

縦覧人も、今日の晴勝負如何ならんと、片唾を飲んで見物せしに、両馬は何れも名ある駿馬、始終勝り劣りなく首を駢へて駈行きしか、僅の所にて白雲の乗手、エーと一声掛るや否や、遂に白雲はボンレネーを越えて、勝を取りしは、最も目覚しかりき。

中七日をおいての二七日の二日目第三レース・宮内省下賜賞典（五〇円）、一周半（約一九〇〇メートル）、白雲、ボンレネー、小桜の三頭立の対戦となった。やはりここでも、白雲が三馬身差、二分四二秒の楽勝劇を演じた。白雲は、秋のシーズン、ここまで四戦無敗となった。またその後の第六レース、雑種馬の開催未勝利戦（四〇円）、一周（約一二八〇メートル）、小桜とボンレネーの二頭立。ボンレネーが本命だったが、行きぶりが悪く、道中一度も先頭に立てず、本調子にもなかった小桜に敗れてしまった。レース後、ボンレネーの騎手、軍馬局の久保田成章は怒って鞭でボンレネーの頭を打ったという(23)。

そして中五日での三田の開催。初日第四レースもこの三頭立。つぎのようなレースぶりで、ここでは、久しぶりに白雲を下してボンレネーが勝った(24)。

出発の時、白雲少しく後れて、小桜が先頭となり、ボンレネー又之に続きて競走せしが、三頭共寸延の逸物なれば、其の迅速なる矢の如く、瞬時間にして馬場の半ばを過ぎしが、ボンレネーは小桜を追い越し、遂に一五間（約二七メートル）も先きになり、勝となれり。

このレース、ボンレネーの評価が低かったので、賭けも波乱となった。また持主の西郷従道、久保田から乗り代わった騎手の軍馬局の根村市利、ともに非常に面目を施すものとなったという(25)。

中七日おいての二日目も再び三頭の対戦。ここでは、白雲が力を発揮した(26)。

何れも名ある駿馬小桜、白雲、ボンレネーにてありければ、満場の観客も、殊更其勝負如何に注目し居たりしが、合図の旗一振々るると見るから彼の三頭は斉しく頭を並べて飛出し、白雲は繞かに一歩小桜に先きだち、ボンレネー之れに次ぎ、雲や霞と駈廻りしが、一ト廻り半競走せし後、終に白雲の勝とはなれり。

このように白雲は、三田初日での敗戦があったが、秋のシーズンを六戦五勝で終えた。当初高い評価で期待されていた小桜、あるいはボンレネーを問題としないほどの力を見せつけた。白雲は、尾を五色の糸で結んで「ハラハラと下げ」て、人目を引く姿で出走していたこともあって(27)、居留民の間からは、タイフーンの Little Man（本章第一節）のように、その小さな体や毛色にちなんで Little Wonder あるいは Little Cream と呼ばれるほどの人気を得るようになっていた(28)。

この当時、宮内省は、日本馬では陸軍省軍事局や農商務省勧農局から立ち遅れていたが、雑種馬での白雲という「スター馬」の誕生は、それを帳消しにしてあまりあるものだった。なお小桜は、その後も調子を取り戻すことができず、結局この明治一四（一八八一）年秋が最後のシーズンとなった。その血統、デビュー時に示した能力から明治一六（一八八三）年三月、福島の産馬会社へ種牡馬として払い下げられた(29)。

翌明治一五（一八八二）年の春のシーズンには、白雲らの「古馬」たちに、ダブリン、千途勢といった新馬たちが挑んでくることになる。

5 ダブリン——サラブレッドの血

明治一五（一八八二）年春のシーズン。五月八、九、一〇日がニッポン・レース・クラブ、二七、二八日が共同競馬会社、六月九、一〇日が三田興農競馬会社という日程だった。

タチバナ、ボンレネー、そして昨秋圧倒的な強さを示した白雲の古馬陣に、ダブリン、桜野、千途勢といった新馬たちが挑むという構図となった。この新馬たちのなかで、特に強かったのがダブリンだった。

ダブリンは、農商務大臣西郷従道名義、栗毛、明治一四（一八八一）年第二回内国勧業博覧会に出陳され、西郷に六〇〇円で買上げられた馬であった(30)。ダブリンは気性も良く、それまでの馬で最高の馬体をしているというのが居留民たちの評価であった。それもいわば当然であった。というのは、同名の父、ダブリン（Dublin）は、北海道の馬産の祖ともいえるエドウイン・ダン（Edwin Dun）を通じてアメリカから購入されたサラブレッドだったからである。一八七一年生、ケンタッキー産、開拓使の新冠牧場（一八八三年から新冠御料牧場）で供用されていた。産駒のダブリンは、血統が判明するサラブレッドの血を引く、競走馬の第一号、明治一〇年代を代表する雑種馬となった。

桜野（芦毛）は大河内正質や土方久元名義、千途勢は藤波言忠や米田虎雄名義で出走。この四名は、いずれも宮内省の人間だった。宮内省は、雑種馬に力を入れ、この頃から日本馬からは撤退し始めていた。

シーズン開幕の根岸開催(31)。初日第三レース・主員賞盃（Patrons' Cup）、三／四マイル、四頭立。早速、桜野が、古馬の白雲、ボンレネー、及び一年ぶりの出走となるタチバナに挑んだ。ここは白雲が貫禄を示して一分三六秒で楽勝したが、二着に桜野が入った。新旧交代の予兆であった。道中三番手を進んだボンレネーは、タチバナにも交わされて、最下位に終わっていた。ボンレネーは、前年春のシーズン後にアンゴの手を離れて以来、生彩を欠き、気性の悪さも見せるようになっていた。なお主員とは、ニッポン・レース・クラブの名誉会員である有栖川宮熾仁、東伏見宮、伏見宮、北白川宮のことであったから（第二章第三節）、このレースは、彼ら皇族が寄贈したカップ戦であった。

ついで初日第九レース、雑種馬のメイドン戦（Half-Bred Maiden Stakes）、五ハロン。新馬のダブリン、千途勢、桜野、三頭立となった。ダブリンが前評判通り勝ち、二着千途勢、三着桜野。結果的に見れば、三頭の実力通りの着順だった。タイムは一分二一秒、小桜がデビューしたときよりも、四秒ほど遅かったが、時計は問題ではなかった。二日目第六レース・根岸景物（Negishi Stakes）、一周一ディスタンス（約一八〇〇メートル）、ここがこの新馬三頭が白雲に挑戦する場となった。だが結果はあっけなかった。ダブリンが半マイル地点でスパートとすると、そのまま二分二三秒一／二で逃げ切ってしまったからである。白雲が初日の勝利で一〇ポンド（四・五四㎏）増量されていたが、それがなくてもと思わせるスピードの違いを見せつけたダブリンの勝ちぶりだった。二馬身差の二着が白雲、三着千途勢、四着桜野だった。

三日目第一レース、チャンピオン決定戦の（Half-Bred Handicap）、一周（約一七〇〇メートル）。ダブリンが出走せず、千途勢、桜野の新馬二頭と古馬の白雲とボンレネーの四頭立。それぞれの斤量は、千途勢九ストーン一〇ポンド（約六一・七㎏）、ボンレネー一〇ストーン（約六三・五㎏）、桜野一〇ストーン四ポンド（約六五・三㎏）、白雲一一ストーン（約六八・九㎏）。トップハンデでも、ダブリンがいなければ、白雲の勝利は間違いないというのが大方の予想だった。だが結果は違った。「軽量」の千途勢とボンレネーが先行、二頭の行きぶりがよかった。とくにボンレネーの手応えはよく、直線に入るまでは勝つ勢いだった。ところが、第四コーナーで外埒の方に大きくよれて自滅、千途勢の後塵を拝して二着となった。白雲は追い込んできたが三着。「軽量」だったとはいえ、千途勢の勝タイムは、昨春の小桜のものを一／四秒上回る二分六秒一／四のレコードだった。

このように、昨秋には圧倒的な強さを示した白雲が、新馬のダブリン、千途勢の前に敗れてしまった。ボンレネーは、チャンピオンレースでの善戦はあったが、生彩を欠き競走馬としての終わりを迎えようとしていた。繰り返せば、この一年ごとの新旧勢力の交代劇は、雑種馬の質が目に見えて向上していたことの証であった。

次の戸山開催(32)。ボンレネーは欠場。初日第三レース、ダブリンと白雲などの四頭立。白雲が焦れ込んで出遅れ、後方からのレースとなり、ダブリンの大楽勝と思われたが、脚色がにぶり勝つには勝ったが、白雲がその差をよく詰めていた。ダブリンが、本調子にはないことが明らかとなるレースぶりであった。その不調が結果にも表れ、同日第六レースでは千途勢、二日目第三レースでも白雲に敗れてしまった。同日第七レースのチャンピオン戦には勝つには勝ったが、千途勢の前を犬が横切ったことに助けられたものだった。

後から振り返れば、ハンデとの戦いとなった明治一六（一八八三）年秋のシーズンまで、ダブリンが敗戦を喫したのは、この開催の二敗だけであった。なお千途勢は、この開催後、病気にかかり(33)、ほぼ一年休養、再登場は明治一六年、戸山の春季開催となる。

中一〇日余りで迎えた三田開催(34)。体調がもどらないダブリンは欠場、出走馬は、白雲、桜野、ボンレネーの三頭、二レースだけとなった。二日目第二レース・農務局賞典、勝ったのは桜野、二着白雲、ボンレネーは明らかに無理をしての出走だったので問題にならなかった。もう一つの同日第七レース、ここは白雲の単走となった。

結局、この第二レースが、ボンレネーの最後のレースとなった。明治一三(一八八〇)年、ニッポン・レース・クラブの秋季開催のチャンピオンの座についた以外は、豊駒、タチバナ、白雲たちの後塵を拝した物足りない競走馬生活となってしまった。期待は大きかったが、先にもふれたようにアンゴの手を離れて以降は、調整がうまくいかなかったうえに資質(血統)に恵まれた新馬たちの登場でそれに応えることができなかった。消息は不明だが、愛馬家の西郷従道は、当時、栃木県那須野ヶ原に牧場を開いてもいたから、それなりの晩年を送らせたものと思う。

次の明治一五(一八八二)年、秋のシーズン。一〇月三〇、三一日、一一月一日のニッポン・レース・クラブ、一一月一八、一九日の共同競馬会社という開催日程。本調子にもどったダブリンの強さが一層際立つものとなった。日本馬の鎌倉と並んで双璧となる強さだった。なお三田興農競馬会社は、賞金難から、雑種馬の出走条件を未勝利馬及び新馬に限定したため一レースしか実施されず、ダブリンらは出走できなくなっていた(第二章第二節)。

シーズン幕開けの根岸開催(35)。初日第九レース・宮内省賞盃(Kunaisho Cup)、三/四マイル、ダブリン、白雲、桜野の三頭立。桜野が先行したが、後方から追い込んだダブリンが一分三二秒三/四の好時計で楽勝、二着が白雲だった。二日目第五レース・北海道賞盃(Hokkaido Cup)、一周一ディスタンス(約一八〇〇メートル)、ここも同じメンバーの三頭立。再びダブリンが二分二三秒で楽勝、着順も二着白雲、三着桜野と前日と同じだった。レース後のグランドスタンド前での表彰式。騎手に賞典を授与したのが持主の西郷従道であったが、その際、観客のなかから西郷に対する歓呼の声(three cheers)があがった。西郷は、明治八(一八七五)年秋季開催以来、横浜の競馬に関わり、ニッポン・レース・クラブ内で日本側を代表する役員でもあったが、そういった西郷に対して、居留民たちが示した好意と敬意であった。三日目第一レース、チャンピオン戦の雑種馬負担景物（Half-Bred Handicap）、一周（約一七〇〇メートル）、三頭立。ハンデが重くなり過ぎたダブリンが出走してこなかったので、ここでは白雲が二分一三秒で楽勝していた。

続く戸山開催(36)。初日第三レース、白雲とダブリンの二頭立となったが、もはや実力差は明らかだった。先行して活路を開こうとする白雲をからかうかのように、ダブリンが楽々と抜き去った。二日目第六レースのチャンピオン戦、三頭立。ここもダブリンの圧勝劇であった。スピードの違いを見せつけ、手綱を抑えたままで先行、ゴール前で桜野が迫ってきたところを見計らって、手綱を緩めると、その差が見る見る内に開いていった。これより先の第二レース・皇族下賜賞典、ダブリン不在のここでは、白雲が強く、楽勝、桜野を二着に下していた。このように、白雲もダブリンを除けばまだ強かったが、もはやダブリンの相手でないことも明らかだった。それを再確認したかのように、白雲はこのシーズンで引退、明治一七（一八八四）年一二月、福島へ種牡馬として払い下げられた(37)。

ダブリンは、デビューの春のシーズンでもかなりの強さを発揮していたが、この秋のシーズン、根岸、戸山と、流石にサラブレッドの血を引く馬らしく圧倒的な強さを示していた。この後、どのくらい成長を見せるかが期待された。

明けて明治一六（一八八三）年春のシーズン。五月一六、一七、一八日がニッポン・レース・クラブ、六月二、三、四日が共同競馬会社という開催日程だった。ボンレネー、白雲が去り、王者ダブリンに新興勢力の金堀、鴻雲が挑むという構図となった。金堀は、宮内省所属馬、出走に際しては、大河内正質、藤波言忠、米田虎雄、いずれかの名義が使われた。一時は当時の宮内卿伊藤博文の名義でも出走した。鴻雲は、鹿毛、陸軍軍馬局あるいは騎兵中佐松村延勝の名義で出走、明治一四（一八八一）年の第二回内国勧業博覧会に岩手県から出陣されたのを、陸軍省が博覧会第一の高価格八〇〇〇円で買上げた馬だった(38)。なおこのシーズン以降、三田興農競馬会社は資金難から、雑種馬のレースを廃止していた（第二章第二節）。

まず根岸の春季開催(39)。実際に出走したのは、ダブリン、金堀、鴻雲、そして宮内省所有の追電の四頭、全四レースとなった。初日第三レースの・雑種馬未得勝馬賞典（Half-Bred Maiden Stakes）、五ハロンは、ダブリンを除いた三頭立。昨秋の興農競馬会社の番外をデビュー勝ちしていた金堀(40)を除けば、後二頭はここがデビュー戦だった。金堀が一分二二秒で勝ち、二着が鴻雲だった。ついで二日目第五レース・北海道賞盃（Hakkaido Cup）、一周一ディスタンス（約一八〇〇メートル）も同じメンバーの三頭立、ここでも金堀が二分四一秒一／二で二勝目をあげ、また鴻雲が二着だった。この時点では、競走馬として一日の長がある金堀の力が優っていたが、将来性を感じさせていたのは鴻雲だった。

王者ダブリンの初登場となったのは、初日第九レース・春季賞盃（Spring Cup）、三／四マイル、追電との二頭立。追電では相手にならないことが予想されたが、追電がレース途中で暴れて落馬、文字通り勝負にならなかった。ダブリンの二走目は、三日目第二レース、チャンピオン戦の雑種馬重量負担景物（Half-Bred Handicap）、一周（約一七〇〇メートル）。ダブリンへの挑戦権は金堀が獲得した形となっていたが、金堀は回避、鴻雲、追電との三頭立となった。ハンデはダブリンが一一ストーン七ポンド（約七三kg）、鴻雲が一〇ストーン二ポンド（約六四・四kg）、追電が九ストーン（約五七・二kg）だった。上下三五ポンド（約一五・九kg）のハンデ差だったが、ダブリンには、まったく問題とならず、抑えたままで二分九秒一／二という好タイムで楽勝した。鴻雲は最下位の三着だった。

次の戸山の開催の初日第三レース、一周（約一二八〇メートル）が、ダブリン、金堀、鴻雲の三頭がそろっての初めての対決の場となった(41)。ここも力通り、ダブリンが一分四五秒で楽勝、二着金堀、三着鴻雲という着順だった。二日目第二レース、出走登録は五頭あったが、ダブリンのあまりの強さの前に、残りの四頭が出走を取り消してしまった。ダブリンは単走で一周したが、そのタイムが前日を上回る一分四四秒だったから、前日も全力を残しての勝利だったことになる。それでも当時の新聞の論評によれば、「希代の駿足と云ふべき歟」という駆けぶりであった。三日目第三レース、宮内省下賜の賞典を競うレースにも、この三頭が出走予定であったが、ここは金堀の単走となった。鴻雲が脚を痛めて出走回避、宮内省所属の金堀に花を持たせる格好で、ダブリンも取り消したからである。

このようにダブリンが、この春のシーズン、四戦無敗で根岸と戸山を駆け抜けた。デビュー以来の戦績も一二戦一〇勝。金堀が二番手、その後に鴻雲が続くという勢力地図だったが、この二頭とダブリンとの力の差は、余りに大きかった。ダブリンはどこまで強くなるのか、そんな期待を抱かせていた。

次の明治一六（一八八三）年秋のシーズン。一一月六、七、八日がニッポン・レース・クラブ、一一月一七、一八日が共同競馬会社という開催日程だった。有力な新馬も登場しなかったから、ダブリンの敵はハンデ、あるいは自らの体調となった。

まず根岸の開催(42)。雑種馬は四レース、出走してきたのは、鴻雲、金堀、ダブリンに軍馬局、西郷従道、相良長発らの名義の新馬四頭の計七頭。鴻雲が、初日第三レース・雑種馬未得勝馬賞典（Half-Bred Maiden Stakes）、五ハロン、四頭立を一分一四秒で勝ち、根岸、戸山を通じての初めての勝鞍をあげた。鴻雲は、見込み通りの成長を遂げつつあった。ダブリンと金堀の初出走は、同日第九レース・北海道賞盃（Hokkaido Cup）、三／四マイル、三頭立、ここはダブリンが貫禄を示して一分三一秒で勝った。このレースでは、金堀が焦れ込んで、スタート前にコースを一周してしまい三着に終わっていた。金堀は、二日目第五レース・農商務省賞典（Noshomusho Prize）、一周一ディスタンス（約一八〇〇メートル）、二頭立を二分三七秒一／二で勝ち上がった。そして迎えた三日目第七レース・チャンピオン戦雑種馬重量負担景物（Half-Bred Handicap）、一周（約一七〇〇メートル）、四頭立、ダブリン、金堀、鴻雲が顔をそろえた。各馬のハンデは、ダブリンが一二ストーン（約七六・二kg）、金堀が一一ストーン四ポンド（約七一・七kg）、鴻雲が一〇ストーン一〇ポンド（約六八kg）、上下差一八ポンド（約八・二kg）もあったが、賭けはもちろんダブリンが本命だった。ところが鴻雲が勝ち、賭けも大波乱となった。二着金堀、ダブリンは三着に沈んでしまった。前年の戸山の春の開催以来三シーズンぶりの敗戦だった。鴻雲との斤量差は、春の時と変わらなかったが、ダブリンのハンデが極量に近くなったことが響いていたのか、あるいは調子を崩していたのか、いずれにしろダブリンにとっての初めての負けらしい負けだった。

中九日で迎えた一一月一七、一八日の戸山の開催(43)。初日第二レース、ダブリンと金堀の二頭立。金堀が、ここでも気性の悪さを見せ、スタート後に暴れ、今度は競馬場から飛び出してしまった。レースは、当然ダブリンの勝ちとなった。だが根岸からすでに体調を崩していたのか、ダブリンは、この開催、その後は出走してこなかった。ダブリン不在となれば、後のレースは金堀と鴻雲のものとなった。初日第七レース、三頭立での直接対決は、出遅れながらも鴻雲が勝った。二日目第二レース、開催未勝利戦、三頭立は、さすがに金堀が勝ったが、チャンピオン戦の第六レース、一二町五〇間(七ハロン)、ここでも鴻雲は金堀を下して、根岸でのチャンピオン戦勝利がフロックではなかったことを実証した。春のシーズンとは異なり、気性難が成長を妨げていた金堀を鴻雲の力の方が優るようになっていた。

明けて翌明治一七(一八八四)年春のシーズンでも、ダブリンの体調が元にもどらず、ダブリンに代わってチャンピオンの座についていた鴻雲も不調に陥っていた。

戸山競馬場での最後のものとなった四月二六、二七、二八日の開催(44)。来るべき上野・不忍池競馬場における開催の予行演習の色彩を持ち、賞金も増額され、新馬も多く登場してきた(第二章第五節)。そのなかの一番手が初音、二番手が黒雲。初音は当時の競馬に深く関与していた三菱の副社長岩崎弥之助が所有、黒雲は宮内省所属で名義は大河内正質、他に藤波言忠名義の紫雲だった。

初日第三レース・横浜外国人賞盃、早速、ダブリンとこれらの三頭の新馬との対戦となった。驚くことに、ここでダブリンが三着に沈んだ。勝ったのが初音、二着が黒雲だった。三日目第五レース、三頭立でも、ダブリンは黒雲に敗れていた。だがダブリンは、この間、初日第六レース・陸軍省賞典、一四町四〇間(一マイル)、三日目第二レース・宮内省賞典といった旧勢力の金堀や鴻雲が相手の二レースでは勝っており、またダブリンを破った初音は、二日目第六レース・華族有志者賞盃でも金堀とのマッチ・レースを制していたから、ダブリンが不調だったとはいえ、初音がこの開催のチャンピオンとなったことは確かであった。鴻雲は二日目第三レース・農商務賞典、九町一〇間(五ハロン)、金堀とのマッチレースを制した一勝のみの三戦一勝三着二回、金堀は三戦ともに二着の未勝利だった。ちなみに、この開催の金堀の名義は伊藤博文。伊藤は、明治一三(一八八〇)年六月、ニッポン・レース・クラブの第一回開催から、時折馬主としても名を出していたが、馬主運が悪く、記録に残っている限り、その名義の馬が勝鞍をあげたことは一度もなかった。

続く五月七、八、九日の根岸開催(45)。出走メンバーが、ダブリン、初音、鴻雲、金堀、黒雲の他に三〜四頭と数はそろっていたが、雑種馬は三レースしか行われなかった。居留民の馬が一頭もいなかったことを反映したものだった。そのなかで、金堀、鴻雲、ダブリン、初音の四頭が出走した二日目第三レースのチャンピオン決定戦に勝ったのが、やはり初音だった。ダブリンは、三日目第三レース、開催未勝利馬限定の撫恤戦、六頭立をようやく勝つという成績に終わった。もう一つの初日第三レースの勝馬が黒雲だった。

この春のシーズンを見る限り、新馬が旧勢力を打ち破っていくというこれまでの傾向が続いたことになった。新馬の力が古馬のダブリンらを上回り、その新馬では初音が一番手、それに続くのが黒雲、古馬はそれまでと同じくダブリン、鴻雲、金堀という順であった。だが後から振り返れば、初音や黒雲の活躍はこの時だけのものとなるから、この新馬の活躍は、ダブリンや鴻雲の不調に助けられた面が大きかったといえなくもなかった。

そして明治一七(一八八四)年一一月一、二、三日、上野・不忍池競馬場での第一回開催を迎えた(46)。これまでも何度もふれたように、国家的行事だった。

初日第七レース・農商務省賞典(二〇〇円)、一四町四〇間(一マイル)、五頭立、雑種馬の「最壮馬」のレース。ここに出走してきたのはダブリン、鴻雲、金堀の旧勢力の三頭、勝ったのが鴻雲だった。銅製花瓶を獲得、タイムは直前の日本馬「最壮馬」の岩川を一一秒も上回る二分六秒。二着は金堀、ダブリンが最下位の三着だった。ダブリンは、二日目第三レース・各国公使賞盃(二〇〇円)、一二町五〇間(七ハロン)で初音を初めて下して勝ったが、三日目第四レース、チャンピオン戦の重量負担馬景物(三〇〇円)、六頭立では、再び鴻雲に敗れ、二着となっていた。

表8　明治12（1879）年春季～明治18（1885）年春季雑種馬レース成績表

競馬場、日付	レース名	距離、賞金	頭数、勝馬（2着馬）、騎手、タイム
明治12（1879）年			
根岸　5月6日	第5レースTea Cup	1/2マイル	6頭立、ウォーウィック（モミジ）、1分2秒
	第9レースSilk Cup	1マイル1/4	単走、アドミラルラウス
5月7日	第5レースVisitors' Cup	5ハロン	5頭立、ペンギン(モミジ)、1分21秒1/2
	第9レースTokio Cup	1周1dis	2頭立、ウォーウィック（アドミラルラウス）
5月8日	第7レースAmerican Cup	1周	2頭立、アドミラルラウス（ペンギン）、2分19秒3/4
戸山　8月20日	第3レース衣川	3/4周	4頭立、花房
	第5レース山崎	1/2周	3頭立、梅崎
根岸　11月6日	第5レースClub Cup	3/4マイル	2頭立、ウォーウィック（アドミラルラウス）、1分46秒3/4
11月7日	第2レースKanagawa Plate	1周1dis	2頭立、アドミラルラウス（ウォーウィック）、2分37秒
戸山　11月30日	第2レース富士山	時計（40円）	豊島
	第4レース筑波山	銀盃（30円）	豊駒
明治13（1880）年			
戸山　4月17日	第3レース		朝顔(波燕)、久保田成章
	第5レース		ボンレネー(豊島)、久保田成章
4月18日	第2レース		単走、鶴ヶ池、林駒吉
	第6レース		朝顔（ボンレネー）、久保田成章
三田　5月16日	第3レース		朝顔（豊島）
	第7レース		ボンレネー（軍川）
根岸　6月7日	第2レースTrial Plate	5ハロン、150ドル	5頭立、ホクセ（暁霜）、1分18秒
	第5レースSumida Stakes	3/4マイル、150ドル	5頭立、アドミラルラウス（ボンレネー）、1分38秒
6月8日	第2レースSimofusa Cup	1/2マイル	7頭立、ホクセ（ウォーウィック）、1分2秒
	第7レースNaimusho Vase	1マイル	3頭立、ボンレネー（アドミラルラウス）、2分12秒
6月9日	第3レースHalf-Bred Consolation	5ハロン、100ドル	6頭立、朝顔（ウォーウィック）、1分17秒3/4
	第7レースHalf-Bred Handicap	1マイル、150ドル	4頭立、朝顔（ボンレネー）、2分13秒

戸山　10月16日	第3レース	3/4周	暁霜
10月17日	第2レース	3/4周	駒ヶ嶽
	番外		駒ヶ嶽
	番外特別	花瓶一対（宮内省）	暁霜
根岸　10月27日	第3レースHalf-Bred Maiden Plate	5ハロン、150ドル	3頭立、タチバナ（イキオイ）、1分17秒
	第7レースAutumn Cup	3/4マイル、150ドル	4頭立、アドミラルラウス（朝顔）、1分36秒1/2
10月28日	第3レースKenrei Cup	1/2マイル	4頭立、暁霜（2着同着朝顔、ウォーウィック）、59秒3/4
	第8レースSimofusa Cup	1マイル、150ドル	2頭立、ボンレネー（アドミラルラウス）、2分12秒
10月29日	第3レースHalf-Bred Consolation	3/4マイル、100ドル	3頭立、朝顔（ウォーウィック）、1分38秒1/4
	第6レースRacing Stakes	1マイル	2頭立、ボンレネー（アドミラルラウス）、2分10秒3/4
三田　11月20日	第4レース	10町20間、35円（1着30円と時計）	東京、1分32秒1/2
	第7レース ＊日本馬、雑種馬混合	12町55間、50円（1着40円と金杯）	豊駒（ボンレネー）、1分50秒1/2
11月21日	第6レース	15町30間、50円（1着40円と金杯）	豊駒（ボンレネー）、2分12秒2/5
明治14（1881）年			
根岸　5月9日	第3レースHalf-Bred Maiden Plate	5ハロン、100ドル	4頭立、小桜（フェニックス）、1分17秒1/2
	第6レースKunaisho Vase	3/4マイル	5頭立、タチバナ（アドミラルラウス）、1分32秒1/2
	番外Emperor's Gift	1周、錦二巻	4頭立、豊駒（アドミラルラウス）、2分12秒
5月10日	第7レースKaitakusi Cup	1周1dis	単走、ボンレネー
	第3レースPatros' Cup	1周、150ドル	4頭立、タチバナ（ボンレネー）、2分10秒
5月11日	第7レースHalf-Bred Consolation	3/4マイル、120ドル	2頭立、フェニックス（朝顔）、1分37秒1/2
	第8レースSayonara Stakes ＊日本馬、中国馬、雑種馬混合	1周、175ドル	11頭立、小桜（ジムヒルズ）、2分6秒1/2
戸山　5月24日	第5レース宮内省下賜賞典	1周、100円	暁霜、根村市利、1分45秒
5月25日	第5レース	1周	駒ヶ嶽、桑島忠則、1分46秒
根岸　11月4日	第7レースAutumn Cup	3/4マイル、125ドル	3頭立、白雲＊旧ホクセ（ボンレネー）、1分33秒
11月6日	第3レースHalf-Bred Consolation	3/4マイル、各馬登録料と50ドル	2頭立、ボンレネー（小桜）、1分35秒3/4

	第7レースKunaisho Cup	1マイル1/4	3頭立、白雲（ボンレネー）、3分19秒
戸山　11月19日	第3レース	1周、70円	白雲
11月27日	第3レース宮内省下賜賞典	1マイル1/4、各馬登録料と賞典	3頭立、自雲（ボンレネー）、福羽守人、2分42秒
	第6レース雑種馬撫位景物	1周、40円	2頭立、小桜（ボンレネー）
三田　12月3日	第4レース		3頭立、ボンレネー（白雲）、根村市利
12月11日	第3レース	7ハロン	3頭立、白雲（小桜）
明治15（1882）年			
根岸　5月8日	第3レースPatrons' Cup	3/4マイル、150ドル	4頭立、白雲（桜野）、1分36秒
	第9レースHalf-Bred Maiden Stakes	5ハロン、各馬登録料と50ドル	3頭立、ダブリン（千途勢）、根村市利、1分21秒
5月9日	第6レースNegishi Plate	1周1dis、100ドル	4頭立、ダブリン(白雲)、2分23秒1/2
5月10日	第1レースHalf-Bred Handicap	1周、各馬登録料と50ドル	4頭立、千途勢（ボンレネー）、2分6秒1/4
戸山　5月27日	第3レース	70円	2頭立、ダブリン(白雲)、根村市利
	第6レース		3頭立、千途勢、柴田津之助
5月28日	第3レース	100円	4頭立、白雲（ダブリン）
	第7レース	1マイル、100円	2頭立、ダブリン（千途勢）、根村市利
三田　6月13日	第2レース農務局賞典		3頭立、桜野（白雲）
根岸　10月30日	第3レースHalf-Bred Maiden Stakes	5ハロン、各馬登録料と50ドル	4頭立、春駒（ユリオ）、1分16秒1/4
	第8レースKunaisho Cup	3/4マイル	3頭立、ダブリン(白雲)、1分32秒3/4
10月31日	第5レースHokkaido Cup	1周1dis	3頭立、ダブリン(白雲)、根村市利、2分23秒
	特別番外	1周	3頭立、トーカ（桜岡）、2分13秒
11月1日	第1レースHalf-Bred Handicap	1周、各馬登録料と50ドル	3頭立、白雲（トーカ）、2分13秒
戸山　11月18日	第3レース	70円	2頭立、ダブリン(白雲)、根村市利
	第6レース	1周、50円	3頭立、桜野、京田懐徳
11月19日	第2レース皇族下賜賞典	1周、50円	3頭立、白雲（桜野）、福羽守人、1分44秒
	第6レース	1マイル1／4、100円	3頭立、ダブリン、根村市利、2分40秒
	第10レース		5頭立、桜野

三田　12月3日	番外＊4歳限定	花瓶一対（天皇より）	3頭立、金堀、京田懐徳
明治16（1883）年			
根岸　5月16日	第3レースHalf-Bred Maiden Stakes	5ハロン、各馬登録料と50ドル	3頭立、金堀（鴻雲）、京田懐徳、1分22秒
	第9レースSpring Cup	3／4マイル	2頭立、ダブリン、根村市利
5月17日	第5レースHokkaido Cup	1周1dis	3頭立、金堀（鴻雲）、2分41秒1/4
5月18日	第2レースHalf-Bred Handicap	1周、各馬登録料と50ドル	3頭立、ダブリン(追電)、2分9秒1/2
戸山　6月2日	第3レース	1周、100円	3頭立、ダブリン（金堀）、根村市利、1分45秒
	第6レース皇族下賜賞典	1周	2頭立、ラストン（金堀）、2分11秒
6月3日	第2レース		単走、ダブリン
6月4日	第3レース	1周1／4、緞子一巻(宮内省より)	単走、金堀、京田懐徳、2分11秒1/2
根岸　11月6日	第3レースHalf-Bred Maiden Stakes	5ハロン、各馬登録料と50ドル	4頭立、鴻雲(デブンゲ)、小柴辰之助、1分14秒
	第9レースHokkaido Cup	3/4マイル	3頭立、ダブリン(ラストン)、岡治善、1分31秒
11月7日	第5レース農商務賞典	1周1dis	2頭立、金堀(ラストン)、2分37秒1/2
11月8日	第7レースHalf-Bred Handicap	1周、各馬登録料と50ドル	4頭立、鴻雲（金堀）、2分8秒3/4
戸山　11月17日	第2レース		2頭立、ダブリン
	第7レース	60円	3頭立、鴻雲、小柴辰之助
11月18日	第2レース	12町50間	3頭立、金堀（デブンゲ)、京田懐徳
	第6レース	12町50間、100円	3頭立、鴻雲、小柴辰之助
明治17（1884）年			
戸山　4月26日	第3レース横浜外国人賞盃	9町10間	4頭立、初音（梁川)、下村人礼
	第6レース陸軍省賞典	14町40間、100円	3頭立、ダブリン（金堀)、根村市利
4月27日	第3レース農商務省賞典	1周、100円	2頭立、鴻雲（金堀)、小柴辰之助
	第6レース華族有志者賞盃	12町50間、100円	2頭立、初音（金堀)、下村人礼
4月28日	第2レース宮内省賞典	金時計	3頭立、ダブリン（金堀)、大野市太郎
	第5レース	100円	3頭立、黒雲、京田懐徳
根岸　5月8日	第3レース		3頭立、黒雲、片岡辰吉
5月9日	第3レース		4頭立、初音、下村人礼

不忍池11月1日	第3レース未得勝馬賞盃	9町10間、500円	5頭立、東山(新冠)、下村人礼
	第7レース農商務下賜賞典	14町40間、銅製花瓶（200円）	5頭立、鴻雲（金堀)、小柴辰之助、2分6秒
11月2日	第3レース競馬会社賞盃	12町50間、200円	4頭立、ダブリン(初音)、大野市太郎、2分40秒
	第8レース東京有志者賞典		2頭立、金堀、岡治善＊日没で翌日実施
11月3日	第4レース重量負担景物	18町20間、300円(1着225円)	6頭立、鴻雲（ダブリン)、小柴辰之助
	第7レース撫恤華族有志者賞典	9町20間、200円	10頭立、黒雲、福羽守人
根岸　11月11日	第4レース未得勝馬景物		4頭立、新冠、福羽守人
11月12日	第4レース北海道賞盃	16町	4頭立、金堀、岡治善
11月13日	雑種馬重量負担景物		5頭立、鴻雲、小柴辰之助
明治18（1885）年			
不忍池5月1日	第3レース未勝利馬景物	9町10間、300円(1着200円)	5頭立、北海（雪ノ谷)、大野市太郎、1分21秒
	第7レース谷元賞盃	14町40間、100円	2頭立、深雪、片岡辰吉、2分7秒
5月2日	第5レース横浜賞盃	1周、100円	8頭立、新冠、福羽守人、1分55秒
	第8レース皇族下賜賞典	18町50間、100円	5頭立、北海、根村市利、2分43秒
5月3日	第3レース各国公使賞盃	14町40間、200円(1着150円)	7頭立、深雪（八橋)、片岡辰吉、2分5秒
	第6レース雑種馬撫恤景物	9町10間、100円	3頭立、衣笠、林駒吉、1分12秒1/4
根岸　5月13日	第3レースHalf-Bred Maiden Stakes	5ハロン、各馬登録料と50ドル	4頭立、御幸（八橋)、片岡辰吉、1分14秒
5月14日	第4レースHokkaido Cup	1周1dis	2頭立、新冠（ダンシングマスター)、福羽守人、2分30秒
5月15日	第3レースHalf-Bred Handicap	1周、各馬登録料と50ドル	5頭立、新冠（御幸)、岡治善、2分7秒1/2

（J.W.M. 1879・5・10、8・23、11・8、1880・6・12、10・30、1881・5・14、11・5、11・12、12・3、1882・5・13、1885・5・23。J.G. 1879・5・6〜8、8・21、11・6〜7、1880・6・7〜9、10・27〜29。J.G.F.S. 1881・5・20、11・8、12・9、1882・5・20、6・2、11・10、11・24、1883・5・30、6・16、11・19、11・26。『毎日』明12・8・21、12・2、明13・11・21、11・24、11・27、明14・5・29、6・28、11・9、11・20、11・29、12・4、12・13、明15・5・28、5・30、6・11、6・14、11・1、11・19、11・21、12・3、12・5、明16・6・3、6・5、6・10、6・12、11・7、11・18、11・20、12・9、12・11、明17・4・27、4・29、5・9、5・11、5・13、11・2、11・5、11・11〜14、11・23、11・25、明18・5・2〜3、5・5、5・14、5・16。『日日』明12・8・22、12・3、明14・5・31、6・26、11・7〜8、11・29、明15・11・2、11・20〜21、12・4〜5、明16・5・18、6・4、6・6、6・11、11・8、11・29、明17・4・29、11・4〜5、11・13〜15、11・24、明18・5・2〜3、5・15。『読売』明12・5・8、8・21、12・2、明13・10・19、12・2、明14・11・22、12・13、明15・5・30、6・14、11・21、12・3、12・5、明16・5・18〜20、6・6、11・9〜10、11・20〜21、明17・4・29〜30、5・10〜12、11・2、11・4〜5、11・13、明18・5・3、5・5、5・15〜17。『報知』明12・8・21、12・2、明13・5・17、10・19、11・27、明14・5・12、5・30〜31、12・5、12・8、12・12、明15・

5・29、11・20、明16・6・11、11・19、12・10、明17・11・4～6、11・26、明18・5・2～3、5・5、5・14、5・16～17。『朝野』明治12・8・21、12・2、明13・4・24、5・19、10・20、明14・5・12、5・29、5・31、6・28、11・6、明15・6・13、11・1～2、11・21、12・5、明16・6・6、6・12、11・20、12・11、明17・4・29～30、5・10～11、11・2、11・4～5、11・13～15、11・25、明18・5・2～4、5・15～17。『時事』明15・6・13、11・2、11・20～21、12・4、明16・5・18、6・5、6・11、11・7、11・9、11・20、12・10～11、明17・4・28～29、5・10、5・12、11・4～5、11・12～13、11・15、11・24、明18・5・5、5・15～16。『明治天皇記』（5）388～9頁。「共同競馬会社明治14年秋季競馬会番組表」、「共同競馬会社明治18年春季競馬会番組表」馬の博物館蔵。『馬政史』（四）613～6頁。『馬事年史』（三）150～1、182頁より作成）

このようにダブリンはついに立ち直ることができないまま、この開催で競馬場を去ることになった。この他の雑種馬のレースは、初日第三レース、新馬戦の未得勝馬賞盃（五〇〇円）、九町一〇間（五ハロン）、五頭立では東山（名義松村延勝）が勝ち、二日目第八レース・東京有志者賞典（二〇〇円）、一四町四〇間（一マイル）、二頭立では金堀が勝ち（レースは日没延長で三日目に行われた）、三日目第七レース、開催未勝利馬限定の撫恤華族有志者賞典、九町一〇間（五ハロン）、一〇頭立では黒雲が勝っていた。なおこの開催の金堀の名義は、伊藤博文から大河内正質にもどっていたので、伊藤はまたもや勝鞍を逃したことになった。

中八日で迎えた一一月一一、一二、一三日の根岸開催(47)。春に続いて、雑種馬は三レースしか行われなかった。二日目第四レース・北海道賞盃（Hokkaido Cup）、一六町（約一七四四㍍）、四頭立では、もう一頭の馬が先行して、鴻雲が中途で先頭に立つという展開となったが、直線追い込んできた金堀が勝った、だが、三日目第三レース、チャンピオン戦である雑種馬重量負担景物（Half-Bred Handicap）、五頭立では鴻雲が勝っていた。この秋のシーズンの雑種馬の勢力地図は、不忍池、根岸とチャンピオン戦を連覇した鴻雲が一番手、それに金堀が続くというものになった。

ダブリンは、明治一六（一八八三）年春のシーズンまでは、他馬を圧倒する断然の成績を残していた。ところが、その年の秋のシーズン、体調を崩したことから急に下降線をたどり始めてしまった。翌明治一七（一八八四）年春のシーズン、戸山ではチャンピオン戦を勝てず、根岸でも三日目の未勝利戦でようやく勝鞍をあげた程度で、秋のシーズンになっても不振から立ち直ることがなかった。第一回不忍池競馬開催後、引退が決断され、種牡馬として四〇〇〇円で軍馬局に購入された(48)。サラブレッドの血を引き、明治一六（一八八三）年春のシーズンまでに見せた強さから考えれば、低い評価だったが、おそらく馬主の西郷従道が軍馬局に便宜を図ったものだったろう。だが残念なことに、この軍馬局購入直後、死亡、種牡馬生活に入ることができなかった(49)。明治一五(一八八二)年春のシーズンから足掛け三年、六シーズンにわたるその生涯成績は、二一戦一五勝だった。またダブリンとともに鴻雲、金堀といった馬たちも、この明治一七(一八八四)年秋のシーズンで競馬場の舞台から消えてしまった。

このような雑種馬の蹄跡を見ると、日本馬が四〜六年以上走り続けるのに対して、二〜三年程度の短期間で終わってしまうのがその競走馬生活の一般的傾向だったことが浮かび上がってくる。おそらく、育成、調教技術がまだ暗中模索の状態であったことがその大きな要因になっていたのだと思う。

この後しばらくは、雑種馬のドングリの背比べの状態が続くことになる。それは、民間で生産された雑種馬で競馬に出走できるような馬がきわめて少なかったのに加えて、明治一八(一八八五)年秋のシーズンから、ここまで活躍馬を出していた宮内省、陸軍省、農商務省がその便宜の提供を中断してしまったことが、大きく影響していた(第三章第六節、第四章第一節)。だが明治一九(一八八六)年秋のシーズンからは宮内省が雑種馬提供に精力的になり、毎年、新冠や下総の御料牧場から雑種馬を払い下げるようになったことで、日光、ヤングオーストラリアといった傑出馬が出現することになる。

4 明治一九、二〇年を駆け抜けた馬——英、播磨、日光

1 英——最強の「日本馬」

明治一〇年代後半、最強の日本馬として岩川の名が全国に轟いていた(本章第三節)。明治一九(一八八六)年四月二三、二四、二五日に行われた共同競馬会社の春季開催(1)。年明けから、「新馬」が入厩し始めるなど、この開催は

岩川への挑戦の場として注目を集めていた(2)。そこには、本来の意味での新馬だけでなく、各地の競馬会で活躍を見せた馬たちも含まれていた。

初日第二レース新馬戦、九町一〇間（五ハロン）、賞金は高額の三〇〇円、ここが岩川への挑戦者決定の場となった。出走してきたのは五頭。そのなかに、前年明治一八（一八八五）年、函館の北海共同競馬会社第五次秋季会で本田親秀の名義、飯田藤作の騎乗で、四戦三勝をあげる活躍をみせていた英（ハナブサ）がいた(3)。この馬が、とんでもなく強かった。英は、他馬とは次元の違ったスピードを見せつけ、この新馬戦を圧勝、「この馬なら、西洋の競馬に出走してもさほどひけをとらないだろう」という論評も(4)、あながち誇張とはいえないような鮮烈なデビューだった。このレースぶりに、翌二日目、英が登録した第七レースでは、他馬が出走を取り消し、英の単走となってしまった。そして三日目第八レースのチャンピオン戦が、待ちに待った英と岩川との対決だった。二頭の強さの前に、他馬は出走を回避、文字通りのマッチレースとなった。ハンデは、英一三一ポンド（約五九・四kg）、岩川一四四ポンド（約六五・三kg）。岩川も、競走馬生活の絶頂期であった。レースは、岩川が先行、場内は両馬への声援で沸いたが、結果はあっけなかった。斤量差があったとはいえ、英があっさりと岩川を交わし、力の差を見せつけたレースぶりで勝った。レース後、英に対して、拍手がしばらく鳴り止まなかったという。

図13　英と飯田藤作騎手

（前掲『浮世絵　明治の競馬』93頁。原版『札幌競馬沿革史』明治44年）

開催直後、この頃、駿馬を熱心に求めようとしていた英国公使代理プランケット（F. R. Plunkett）が、早速九〇〇円で英の購入を希望(5)、またある「外国人」も、上海の競馬に出走させたいと、一五〇〇円で譲渡を申し込んだが(6)、ともに馬主は応じなかった。

この英は、明治期の北海道日高の著名な馬産家であった大塚助吉が、受胎のまま新冠御料牧場から払い下げを受けた牝馬から生まれた「日本馬」、青毛、四尺五寸八分（約一三八・八センチ）(7)。残された写真（図13）から、またレースぶりから見て到底日本馬とは考えられず、体高は低いがトロッター種などが配合された雑種馬だったと思われる。この不忍池開催では佐野延勝名義、騎乗は函館から引き続いての飯田藤作だった。この佐野は、共同競馬会社の創設の中心の一人、軍馬局長ともなった旧姓松村延勝、飯田は函館や札幌の競馬で馬主や騎手として活躍していた(8)。

　一ヶ月後のニッポン・レース・クラブ春季開催には出走せず、英が、根岸に初登場するのは、この年の秋季開催、一〇月二六、二七、二八日のことになった(9)。懸念材料があるとすれば、芝への適性と体調だったが、誰もがそんなことは問題にならないと思っていた。この開催から、英の名義はニッポン・レース・クラブ会員大西厚（馬車製造業）、騎乗は宮内省御厩課の京田懐徳となった。以後引退まで、原則としてこのコンビであった。

　初日第二レース、中国馬との混合戦の海軍賞盃（Navy Cup）、三／四マイル、五頭立。もちろん英が本命だった。他の有力馬は、岩川と芝のチャンピオン墨染。英は、スタートからハナに立った。墨染は中団、岩川は最後方からの展開。英は快調に飛ばし、そのまま直線に入り、岩川が追い込んできたが届かず、一馬身差の一分三七秒で英が勝利を収めた。墨染は三着。まずは評判通りの順当な勝利のように見えた。ところが同日第七レース・根岸景物（Negisi Stakes）、距離も同じ三／四マイル、六頭立。英は、ここでもハナを切っていたが、直線でずるずると後退、岩川の三着に沈んでしまった。勝タイムは一分三七秒一／二であったから、予想外の敗戦だった。もちろん賭けも波乱となった。

　そして二日目第二レース・県庁賞盃（Kencho Cup）、一マイル、三頭立。この県庁賞盃、神奈川県知事沖守固がカップを寄贈したもので、明治五（一八七二）年秋季開催までさかのぼる由緒のあるレースだった。前日の敗戦はあっても、英がやはり本命だった。ここでもハナを切り、直線に入るまでリード、誰の目にも楽勝と見えた。ところが、残り一〇〇メートルで墨染に並ばれ、ゴールまでの追いくらべとなったが、芝が得意の墨染の二分一四秒のクビ差に敗れてしまった。この熱戦に観客は大喝采、賭けもまた波乱となった。さらに三日目第二レース・社員賞典（Members' Plate）、五ハロン、六頭立。ここも二日目と同じようなレースとなった。先行した英が、残り一〇〇㍍のところで、直線追い込んできた岩川に交わされ、一／二馬身差で敗れた。距離が短くなればと思わせたが、やはり末があまくなるのに変わりはなかった。

この敗れた三戦のレースぶりを見ると、英は、逃げている間はよいが、一旦並ばれると脆いところがあることが明らかだった。結局この開催での英の成績は四戦一勝、二着二回、三着一回、岩川に二敗し、墨染にも敗れるなど、その前評判が高かっただけに、一層期待はずれの結果となった。だが翌年春の根岸の走りぶりから考えると、ここでの英の敗因は調子を崩していたことにもあったようである。

続く一一月二〇、二一日、共同競馬会社秋季開催(10)。少しでも調子が上がれば、やはり他馬では問題にならなかった。初日第七レース・不忍景物（一〇〇円）、一一町（三／四マイル）、七頭立。ここには、英の他、岩川、呼子、そして先の根岸の秋季開催で中国馬も破って二勝をあげていた播磨も出走、当時の活躍馬がすべて顔をそろえたレースであった。英が、あっさりと逃げ切って一分三七秒で楽勝、二着が播磨、三着が美雲という馬、岩川は着外だった。美雲（谷本道之名義）は、この明治一九（一八八六）年の春のシーズン前は、新馬では一番手との評判を呼んでいた馬だった。二日目第四レース、チャンピオン戦秋季重量負担景物（一五〇円）、一四町四〇間（一マイル）、六頭立。ここで英は一五〇ポンド（約六八kg）を背負っていたが、二分一七秒一／二で他馬を寄せ付けなかった。二着が一三五ポンド（約六一・二kg）の美雲だった。芝の根岸競馬場での三敗はあったが、不忍池競馬場では無敗、土のコースでの強さを遺憾なく発揮した一年となった。

明けて明治二〇（一八八七）年春のシーズン。今度は芝の根岸のコースでも圧倒的な強さを示した。五月二六、二七、二八日の春季開催(11)。初日第六レース・横浜賞典景物、一周（約一七〇〇㍍）、四頭立、二日目第三レース、中国馬との混合の婦人財嚢、一／二マイル、四頭立、三日目第二レース・春季景物、一マイル一／二、三頭立と、距離

表9　英不忍池・根岸成績・14戦10勝

競馬場、日付	レース名	距離、賞金	騎手、着順／頭数、勝馬（2着馬）、タイム
明治19（1886）年			
不忍池4月23日	第2レース (jp)	9町10間、300円	飯田藤作、1／5
4月24日	第7レース (jp)	11町、100円	飯田藤作、単走
4月25日	第8レース (jp)	1周、150円	飯田藤作、1／2、(岩川)
根岸　10月26日	第2レースNavy Cup (ap)	3/4マイル	京田懐徳、1／5、(岩川)、1分37秒
	第7レースNegishi Plate (jp)	3/4マイル	京田懐徳、3／6、岩川、1分37秒1/4
10月27日	第2レースKencho Cup (jp)	1マイル、花瓶一対	京田懐徳、2／6、墨染、2分14秒
10月28日	第2レースMember's Plate (ap)	5ハロン	京田懐徳、2／7、岩川、1分18秒1/2
不忍池11月20日	第7レース不忍池景物 (jp)	11町、100円	京田懐徳、1／7、(播磨)、1分37秒
11月21日	第4レース秋季重量負担景物 (jp)	14町40間、150円（1着112円50銭）	京田懐徳、1／6、(美雲)、2分17秒1/2
明治20（1887）年			
根岸　5月17日	第6レース横浜賞典	1周	京田懐徳、1／4
5月18日	第3レース婦人財嚢 (ap)	1/2マイル	分部光謙、1／4
5月19日	第2レース春季景物 (jp)	1マイル1/2	京田懐徳、1／3
不忍池6月4日	第7レース皇族下賜賞典 (jp)	14町40間、100円	京田懐徳、1／4、2分10秒
6月6日	第9レース春季重量負担景物 (jp)	16町30間	京田懐徳、着順不明／6、播磨、2分45秒

（『毎日』明19・4・25、4・27、5・27、5・29～30、10・27～29、11・23、明20・5・18、5・20～21、6・5、6・7。『日日』明19・4・24、4・27、5・28、10・28～30、11・23、明20・5・26、6・7～8。『読売』明19・4・24～25、4・27、5・28～30、10・28～29、11・13、11・15、明20・5・19、5・21～22、5・26、6・5、6・7。『報知』明19・4・24～25、4・27、5・28～30、11・20～21、明20・6・5、6・7。『朝野』明19・4・24～25、4・27、5・28～30、10・28～30、11・21、11・23、明20・5・19、5・21、6・7。『時事』明19・4・24、4・26、5・28～29、5・31、10・28～29、11・5、11・22、明20・5・19～21、6・6～7。J.W.M. 1886・10・26～28、11・23。J.G. 1886・10・26～28、11・23より作成）

の長短を問わず、三戦三勝で駆け抜けた。二回目で芝に慣れてそのスピードをいかんなく発揮していた。

続く六月四、六日の不忍池の春季開催[12]。初日第七レース・皇族下賜賞典、一四町四〇間（一マイル）、四頭立。ここでも英は二分一〇秒であっさりと逃げ切り、岩川や美雲らを破った。ところがチャンピオン戦である二日目第九レース・春季重量負担景物、一六町三〇間（一マイル一／八）、六頭立。播磨が六〇〇メートルを過ぎたあたりで英を交わして先頭に立ち、そのまま押し切って二分四五秒で制した。二着岩川、その後に英だった。英は、やはり一旦交わされると脆かった。この英を破った播磨も、雑種馬であった可能性が大きく、これで八戦七勝と「日本馬」しては抜けた力を示していた馬だった。その一敗は英に喫したもので、ここでその借りを返した格好だった。この後二頭は、ライバルとなって戦いを繰り広げるはずであった。

だが結局この敗戦が、英の最後のレースとなった。唐突で余りにも短い、あっけない競走馬生活だった。「他に匹敵なきより」というのが表向きの理由だった(13)。だが実際はそうではなかった。明治一〇年代後半、この英や播磨など、雑種馬との疑いが濃厚な馬が「日本馬」として出走したことによって、競走体系が崩れ、競馬の存立そのものが問題になろうとしていた。ニッポン・レース・クラブと共同競馬会社が、その対策に乗り出し、その第一段として、次の明治二〇(一八八七)年秋のシーズンから、双方のクラブは、英、播磨の出走を拒否した。この処置によって、英が引退を余儀なくされてしまったのが実情だった(第四章第四節)。

明治一九(一八八六)年春以降の三シーズンの英の成績は、一四戦一〇勝。デビュー時から見せつけた圧倒的なスピードに加えて、英にはこの成績以上にプラスαの華があったようで、鮮烈な印象を残していた。人々は、後々まで「名馬」として語り継いだ(14)。明治二一(一八八八)年五月、種牡馬として新冠御料牧場へ送られ(15)、その後大塚の牧場に移ってそこで死んだ(16)。両牧場とも、競馬界に多くの活躍馬を送り出しているから、そのなかに英の産駒が含まれていた可能性もなくはないと思う。

2　播磨――疑惑の日本馬

明治二〇(一八八七)年六月、共同競馬会社春季開催で英(ハナブサ)を破っていた播磨は、南部産の日本馬と称していたが、調教時から圧倒的なスピードと強さを誇り、雑種馬との疑念が非常に強く持たれていた馬だった。デビューは明治一九(一八八六)年一〇月二六、二七、二八日のニッポン・レース・クラブ秋季開催(17)。この開催では、日本馬の出走数が減少していた。その要因は、品種に疑問のある二頭、つまりこの播磨と英があまりに強すぎることだった(18)。それもあって日本馬の単独レースは四、日本馬と中国馬の混合レースが一一となり、新馬戦も中国馬との混合戦となった。播磨は、初日第一レース、その新馬戦、試競賞典（Trial Plate）、一周（約一七〇〇メートル）、六頭立に出走してきた。前評判通り、スピードの違いでハナに立つと、他馬をまったく問題にしない大楽勝を演じた。勝タイム二分一五秒。次走が二日目第四レース、これも中国馬との混合の宮内省賞盃（Kunaisho Cup）、一／二マイル、六頭立。ここでも、スタート直後からハナに立ち、そのまま二馬身差をつけて一分〇秒三／四の好タイムで楽勝した。名義は、ニッポン・レース・クラブに尽力を惜しまなかった神奈川県知事沖守固、騎乗は宮内省御厩課の名騎手岡治善。播磨が勝鞍をあげたこの二つのレースは、今でいえば重賞レースに相当、そこで、播磨は、日本馬離れをした凄さを感じさせる勝ち方を見せていた。これで開催前からもたれていた雑種馬ではとの疑念がさらに強まった。この開催後、その対処が求められたが、この時は手を打つことができなかった(19)。

続く一一月二〇、二一日の不忍池の秋季開催にも、日本馬として出走した(20)。播磨の相手になるのが英しかいないことは衆目の一致するところとなっていた。英のところでも紹介した初日第七レース・不忍景物、一一町（三／四マイル）、七頭立、ここが英と播磨の初めての直接対決の場となった。当時は、体高が斤量の基準であったから、四尺五寸八分（約一三八・八センチ）の英が一三八ポンド（約六二・六kg）、それより大きい播磨が一四八ポンド（約六七・一kg）を背負っていた。ここは、英が、あっさりと逃げ切って一分三七秒で楽勝、播磨は二着だった。後からふりかえれば、この敗戦が播磨の唯一の黒星であった。二日目第二レース・観客賞盃、七町二〇間（一／二マイル）、英がいなければ、播磨の楽勝だった。勝タイム一分四秒。騎乗は引き続き岡治善、名義は当時の大馬主の大谷金次郎（洋服商）に代わっていた。

翌明治二〇（一八八七）年春のシーズンを迎えるにあたって、当然、播磨の出走資格が問題となっていた(21)。だが五月一七、一八、一九日の根岸春季開催も、明治一〇年代の競馬における宮内省の中心人物だった大河内正質（当時は麹町区長）の名義で、日本馬として出走してきた(22)。騎乗は、宮内省御厩課の京田懐徳。この京田は、日露

表10　播磨生涯成績・8戦7勝

競馬場、日付	レース名	距離、賞金	騎手、着順／頭数、勝馬（2着馬）、タイム
明治19（1886）年			
根岸　10月26日	第1レースTrial Plate (ap)	1周	岡治善、1／6、（マーサラ）、2分15秒
10月27日	第4レースKunaisho Cup (ap)	1/2マイル	岡治善、1／6、（ダンドロー）、1分0秒3/4
不忍池11月20日	第7レース不忍景物 (jp)	11町、100円	岡治善、2／7、英、1分37秒
11月21日	第2レース観客賞盃 (jp)	7町20間、100円	岡治善、1／2、（住吉）、1分4秒
明治20（1887）年			
根岸　5月17日	第3レース英女王在位50年期祝祭賞盃	1周	岡治善、1／7
5月18日	第2レース日本景物 (jp)	3/4マイル	京田懐徳、1／2
不忍池6月4日	第4レース上野景物 (jp)	1周、100円	岡治善、単走、2分31秒
6月6日	第9レース春季重量負担景物 (jp)	16町30間	岡治善、1／6、（岩川）、2分45秒

（『毎日』明19・10・27〜29、11・23、明20・5・18、5・20〜21、6・5、6・7。『日日』明19・10・28〜30、11・23、明20・5・26、6・7、6・8。『読売』明19・10・28〜29、11・13、11・15、明20・5・19、5・21〜22、5・26、6・5、6・7。『報知』明19・11・20〜21、明20・6・5、6・7。『朝野』明19・10・28〜30、11・21、11・23、明20・5・19、5・21、6・7。『時事』明19・10・28〜29、11・5、11・22、明20・5・19〜21、6・6〜7。J.W.M. 1886・10・26〜28、11・23。J.G. 1886・10・26〜28、11・23より作成）

戦後の馬券黙許時代の競馬では、各競馬倶楽部の役員となり、また目黒競馬場付近に厩舎を構える存在となる。播磨は、まず初日第三レース、ヴィクトリア英国女王の在位五〇周年を記念したカップ戦、一周（約一七〇〇メートル）、七頭立、ついで二日目第二レース・日本景物、距離三／四マイル、二頭立を軽く連勝した。この勝利で、三日目第六レース・優勝馬ハンデカップは極量が課せられたためか、出走を回避していた。播磨は、昨秋よりも成長しており、向かうところ敵なしの観があった。英との対戦が期待されたが、ここでは実現しなかった。

続く六月四、六日の不忍池の春季開催(23)。ここでもやはり日本馬として出走してきた。名義は宮内省御厩課の木村介一、騎乗は岡治善にもどっていた。木村は、騎手としても活躍、馬券黙許時代は、先の京田とともに各競馬倶楽部の役員、馬主として活躍することになる。この開催の播磨の初出走となった初日第四レース・上野景物（一〇〇円）、一周（一マイル）。「南部産とあれど、雑種にまぎらわしきとの説起こり、之と競走するものなく」、単走となった(24)。もはや、誰もが無駄な対戦をしようとはしなくなっていた。播磨の相手となるのは英一頭となった。二日目第九レース、チャンピオン決定戦の春季重量負担景物、一六町三〇間(一マイル一／八)が播磨と英の対決の場となった。二度目の対戦であった。英がハナを切ったが、六〇〇《メートル》を過ぎた辺りで、播磨がハナを奪うとそのまま逃げ切った。勝タイム二分四五秒。播磨は、ここまでの三シーズン八戦七勝、敗れたのは先の春の不忍池の開催での英に逃げ切られた一回だけだった。その英にも、ここできっちりと借りを返して勝っていたのだから、「日本馬」としての強さは抜きんでていた。しかし雑種馬の播磨が「日本馬」として出走する限り、その強さの意味はゼロに等しかった。しかも日本馬のレースの意義を奪い、競馬の根幹を崩していく。

ここで共同競馬会社の役員は、次の明治二〇(一八八七)年秋季開催への播磨の出走を許可しないことを決定、ニッポン・レース・クラブもこれに倣った(25)。そして共同競馬会社は、秋季開催から、番組を雑種馬重点へと転換していった。それまでも偽籍問題が積み重なっていたところへ、この播磨、そして英の存在が、その措置の決定打となっていた。播磨は、出走を締め出され、引退を余儀なくされた。

播磨の名義が、そろいもそろって鹿鳴館時代の競馬における中心的人物だった沖守固、大谷金次郎、大河内正質、木村介一であったことも、問題の深刻さを物語っていた。この播磨の偽籍問題は、よほどの論議を呼んでいたらしく、後々まで繰り返し持ち出されることになった(26)。

播磨も英も、西洋の血を持ちながら「日本馬」と名乗り、その優秀性を誇るという単純ながらも二重に屈折した形で、鹿鳴館文化を象徴するような存在として、足早に競馬場を駆け抜けていった。播磨のその後の消息は、英と異なりわからない。

3　日光——雑種馬のスター

英(ハナブサ)と播磨が、ニッポン・レース・クラブの根岸競馬場に初めて登場した明治一九(一八八六)年一〇月二六、二七、二八日の秋季開催。ここに日光という栗毛の、おそらくアラブの血脈を持つ雑種馬がデビューしていた(27)。名義は当時の大馬主大西厚（馬車製造業）、騎乗は宮内省御厩課の名騎手京田懐徳。明治二〇（一八八七）年秋の引退までこの二人のコンビであった。ちなみにこの二人は、この根岸の秋季開催からの英のコンビでもあった。

この頃、ニッポン・レース・クラブでは、雑種馬のレースが頭数の減少から存続の危機に陥っていた。またその事情は、共同競馬会社でも同じようなものがあった。そこで宮内省が積極的な支援に乗り出し、この明治一九年秋のシーズンから、両クラブに対して、雑種馬の購入に対して便宜をはかっていた（第四章第一節）。質の高い雑種馬を安定的に供給し、競馬の挽回策につなげようというものだった。その第一期生として、下総御料牧場からの八頭が一頭二〇〇円で払い下げられた(28)。希望者に抽選、配布する仕組みでくじ馬と呼ばれたが、日光は、その内の一頭だった。ところが日光は、やせ形、足が長く、一見して走りそうにもない馬体をしていた(29)。他の馬にはすぐ買い手がついたが、日光だけは希望者がなかった。そこで仕方なく会員が資金を出し合って共有の形をとり、出走にこぎつけたものだったという。したがって名義の大西厚は、共有者の代表として名を出していたことになる。根岸競馬場に在厩中の日光の調教には、ニッポン・レース・クラブを代表する厩舎を構えていたキングドン（N. P. Kingdon）があたっていた(30)。

日光のデビュー戦は、初日の第三レース、雑種馬スィープステークス（Half-Bred Sweepstakes）、一／二マイル、八頭立(31)。スタート後、すぐハナを切り、そのままリードを広げる一方という圧倒的な勝ち方を見せた。勝タイム五八秒一／二。当時、一／二マイルで一分を切るのは、きわめて優秀な時計であった。日光は、貧弱な馬体から、開催前には、評判にあがるどころか、逆に最低の評価しか与えられていなかった。この勝ちぶりは驚きを与え、もちろん賭けも大波乱となった。ちなみにこの開催の初日の第一レースから第三レースまでを播磨、英、日光の三頭が相次いで勝つという圧巻のレースが続いていた。日光は二日目第三レース・下総賞盃（Simofusa Stakes）、三／四マイル、七頭立では一分三三秒からの三着に終わっていたが、雑種馬のチャンピオン戦である三日目第五レース・雑種馬重量負担景物（Half-Bred Handicap）、五ハロン、六頭立を、一分一四秒三／四で楽勝した。他の馬が出遅れたとはいえ、スピードの違いが歴然だった。

続く一一月二〇、二一日の不忍池秋季開催でも、日光は強かった(32)。初日第一レース・宮内省賞典、九町一〇間（五ハロン）を一分一三秒で楽勝。二日目第七レース、日本馬と雑種馬との混合のチャンピオン戦である優勝賞盃、一周（約一五〇〇メートル）、三頭立でも、一回も鞭を使わずに圧勝、タイムも二分三秒と優秀だった。このレースの表彰式は馬見所前で盛大に行われ、賞盃の授与には副社長の井田譲（元老院議官）があたった。日光は、購入時には誰にも見向きもされなかった馬だったが、このようにいざ実際レースで走ってみると、あっさりと根岸と不忍池の雑種馬のチャンピオンの地位についてしまった。ダブリン以来の雑種馬のスター馬の誕生だった。競馬場での日光は、英に負けず劣らず華があり、人々に強烈な印象を与えていた。「伯楽は常になし」というのが、日光のデビューまでのエピソードを紹介した新聞の見出しだった(33)。

翌明治二〇（一八八七）年の春のシーズン。体調が万全ではなく、五月中旬のニッポン・レース・クラブの開催には姿を見せず、六月四、六日の共同競馬会社の開催だけに出走してきた。初日第五レース・観客賞盃、九町一〇間（五ハロン）、二頭立は、一分一一秒で勝ったが、同日第八レース・春季景物、一四町四〇間（一マイル）、三頭立では、カリヤルドという馬の二分六秒の前に敗れてしまった(34)。昨秋より三秒遅い時計でも負けてしまったのは体調が不充分だったからだと思われるが、それでも敗戦は敗戦で、デビュー以来の二敗目を喫してしまった。だが二日目第七レース、チャンピオン戦である雑種馬重量負担景物（一五〇円）、距離一六町三〇間（一マイル一／八）、三頭立では、先のカリヤルドに雪辱して二分三四秒で勝ったのはさすがだった。

つぎの秋のシーズン。一〇月二五、二六、二七日がニッポン・レース・クラブ、一一月一一、一二日が共同競馬会社という開催日程だった。

根岸初日第二レース、日本馬と雑種馬との混合戦日本新馬景物（Japan Stakes）（明治一九、二〇年くじ馬限定）、一周

（約一七〇〇メートル）、三頭立(35)。ここでは、スターライト（Starlight）という馬が本命だった。スターライトは、日光が不出走だったこの年のニッポン・レース・クラブ春季開催でデビュー、チャンピオン戦の雑種馬優勝賞典（Half-Bred Handicap）を勝っていた馬だった(36)。日光と同じ明治一九（一八八六）年秋季のくじ馬。宮内省の雑種馬生産の質の高さが、この二頭の出現で実証されていた。スターライトは、鋭く追い込んでくるそのレースぶりから評価が高かった。だがここでは、力を見せた日光が二分二秒三／四で楽勝した。二日目第二レース・宮内省賞盃（Kunaisho Cup）、一マイル一／四、三頭立、日光とスターライトとの再戦となり、当日第一の注目レースとなった。今度は、初日のレースぶりからも日光が本命となった。日光がハナを切り、二馬身スターライトをリードしてスタンド前を通過。スターライトが徐々に差を詰めながら周回、直線に入った。スターライトがゴール前一〇〇メートルのところで日光に並びかけ、そこから一気に日光に二馬身差をつけ、二分二七秒で勝った。日光が初めて力負けしたレースだった。だが日光は、雑種馬のチャンピオン戦の三日目第二レース・秋季景物（Autumn Stakes）、一周（約一七〇〇メートル）、四頭立で、すぐスターライトに雪辱を果たした。スタートから日光がハナに立ち、道中緩やかなペースに落し、直線に入ってからのスターライトの追込みを凌いだ。着差一馬身、勝タイム二分二秒。スターライトはスタートが悪く、それがなければと思わせる内容だった。スタミナ勝負になると、スターライトに分があることを明らかにした二戦だった。

続く不忍池の開催(37)。スターライトが不出走であったから、日光の独り舞台となった。初日第六レース、「当日第一の名誉品」である皇族下賜賞典（二〇〇円）、一二町五〇間（七ハロン）、出走予定四頭であった。ところが、残りの三頭が「とても競う可からず」と出走を取り消し、日光の単走となった。悠々として一分五〇秒で駆けたその姿は、横綱の土俵入ともいった雰囲気を漂わせるものだったという。二日目第七レース・各国公使賞盃、一四町四〇間（一マイル）、四頭立も二分六秒で圧勝した。この開催で、観客が最も喝采したのが、このレースでの日光の勝利だったという。人々は、貧弱なみてくれでも懸命に走る日光を好きになっていた。ここまで一三戦一〇勝の成績だった。だが、日光は、ここであっけなく引退してしまう。

表11　日光生涯成績・13戦10勝

競馬場、日付	レース名	距離、賞金	騎手、着順／頭数、勝馬（2着馬）、タイム
明治19（1886）年			
根岸　10月26日	第3レースHalf-Bred Sweep-stakes	1/2マイル、各馬登録料と50ドル	京田懐徳、1／8、（スターライト）、58秒1/2
10月27日	第3レースSimofusa stakes	3/4マイル、各馬登録料と50ドル	京田懐徳、3／7、デュック、1分33秒
10月28日	第5レースHalf-Bred Handi-cap	5ハロン	京田懐徳、1／6、（デュック）、1分14秒3/4
不忍池11月20日	第1レース宮内省賞典	9町10間、200円（1着賞金140円）	京田懐徳、1／4、（七重）、1分13秒
11月21日	第7レース優勝賞盃 ＊日本馬、雑種馬混合	1周、200円と花瓶	京田懐徳、1／3、（デュック）、2分3秒
明治20（1887）年			
不忍池6月4日	第5レース観客賞盃	9町10間、150円	京田懐徳、1／2、（明石）、1分11秒
	第8レース春季景物	14町40間、100円	京田懐徳、着順不明／3、カリヤルド（旧デュック）、2分6秒
6月6日	第7レース雑種馬重量負担景物	16町30間、150円	京田懐徳、1／3、（カリヤルド）、2分34秒
根岸　10月25日	第2レースJapan Stakes ＊日本馬、雑種馬混合	1周、各馬登録料と50ドル	京田懐徳、1／3、（スターライト）、2分2秒3/4
10月26日	第2レースKunaisho Cup	1マイル1/4、花瓶一対（宮内省寄贈）	京田懐徳、2／3、スターライト、2分27秒
10月27日	第2レースAutumn Stakes	1周、各馬登録料と50ドル	京田懐徳、1／4、（スターライト）、2分2秒
不忍池11月11日	第6レース皇族下賜賞典	12町50間、100円	京田懐徳、単走、1分40秒
11月12日	第7レース各国公使賞盃	14町40間、150円	京田懐徳、1／4、2分6秒

（『毎日』明19・10・27～29、11・23、明20・5・18、5・20～21、6・5、6・7、10・27、10・29、11・13、11・15。『日日』明19・10・28～30、11・23、明20・5・26、6・7～8、10・28～29、11・15。『読売』明19・10・28～29、11・13、11・15、明20・5・19、5・21～22、5・26、6・5、6・7、10・27～29、11・13、11・15。『報知』明19・11・20～21、明20・6・5、6・7、10・27～28、11・12～13、11・15。『朝野』明19・10・28～30、11・21、11・23、明20・5・19、5・21、6・7、10・27～29、11・13、11・15。『時事』明19・10・28～29、11・5、11・22、明20・5・19～21、6・6～7、10・27、10・29、11・13～14。J.W.M. 1886・10・26～28、11・23。J.G. 1886・10・26～28、11・23より作成）

明治二〇（一八八七）年秋のシーズン終了後、この優秀な成績を残した日光が、理由は不明だが、驚くことに、hack（乗馬あるいは馬車馬）に転用されてしまった(38)。丸一年、三シーズンだけの競走馬生活だった。翌明治二一（一八八八）年四月には、日光の評判を聞きつけた大阪の豪商・鴻池家からの乗馬にとの懇望に応じて譲渡されたという(39)。その後の消息は不明である。

日光の後のチャンピオンの座についたのがスターライトだった。明治一〇年代からの根岸の有力な厩舎のオーナーであったカークウッド（M. Kirkwood：弁護士、明治一八年から司法省御雇、仮定名称ヒューゴ：Hugo）の名義で、日光と同じ明治一九（一八八六）年秋季のくじ馬で、明治二〇（一八八七）年根岸春季開催でデビューして二勝をあげ、その内の一勝が先にふれたように雑種馬優勝賞典であった(40)。明治二一（一八八八）年、五月一二、一三日の共同競馬会社春季開催でも各国公使賞盃、宮内省賞盃と二勝をあげた(41)。また一週間後の五月二一、二二、二三日のニッポン・レース・クラブの開催でも一勝を加えていた(42)。だがこのスターライトも、この春を最後にして三シーズンという短い期間で競馬場を去ってしまう。この馬の引退の理由もその後の消息も不明である。スターライトも、ダブリンや日光と並んで、後々まで居留民に記憶されていたから、その成績以上に強さを感じさせた馬だったようである(43)。

前節でも述べたように当時の雑種馬の蹄跡を見ると、日本馬が四〜六年以上走り続けるのに対して、二〜三年程度の短期間で終わってしまうのが、その競走馬生活の一般的傾向だった。その育成、調教技術がまだ暗中模索の状態であったことが大きな要因であったと思われるが、それにしても、日光とスターライトの競走馬生活は短すぎた。おそらくそこには番組編成上での出走制限、たとえば明治二〇（一八八七）年以降のくじ馬に限定されたことなどがあっただろうが、この二頭に続いて生産された雑種馬、ヤングオーストラリアや玉来といった馬たちが（本章第七節）、はるかに上回る能力をもっていたことが決定的な要因になっていたようである。

このようにして明治一九（一八八六）年から明治二〇（一八八七）年にかけて出現した「日本馬」の英、播磨、雑種馬の日光、スターライトといった華のある馬たちが、足早に競馬場を駆け抜けていった。

5　日本馬の挽歌――シャンベルタンを中心として

明治二〇年代に入ると、根岸でも不忍池でも日本馬のレースが後景に退いていく。共同競馬会社では明治二〇（一八八七）年秋季開催から雑種馬へ重点を移し、ニッポン・レース・クラブも明治二一（一八八八）年春季開催から日本馬を北海道のくじ馬に限定するとともにそのレース数を減らしていった。雑種馬を日本馬とする偽籍問題がそういった事態をもたらす直接の要因となっていた。文字通りの日本馬は、やがて競馬場から消えていく運命にあったが、そういったなかでも、かつての鎌倉、岩川とまではいかなくとも、それに迫ろうとする馬たちが出現はしていた。ここでは、シャンベルタンという馬を中心として、明治二〇年代前半の根岸や不忍池両競馬場で名を馳せた馬たちの蹄跡を追ってみる。

1　シャンベルタン＝Chambertin

明治二〇（一八八七）年春のシーズン後、「日本馬」の英（ハナブサ）と播磨が引退を余儀なくされ、かつての最強の日本馬、岩川も同年秋のシーズン後、死亡したようである[1]。この馬たちの跡を継ぐかのように登場したのが、シャンベルタンだった。岩川にも劣らない戦績をあげ、また鹿鳴館時代の競馬における唯一の記録（後述）を打ち立てた馬であった。名を後世に残すことができなかったのは、走った時期が悪かったとしかいいようがなかった。

シャンベルタンは、新冠御料牧場産、明治一七（一八八四）年生、明治二一（一八八八）年、一〇月二九、三〇、三一日、ニッポン・レース・クラブ秋季開催、北海道産日本馬のくじ馬として、タッタース（Tatters）の名でデビュー、青毛、四尺七寸七分（約一四四・五チセン）と日本馬としては大柄だった[2]。シャンベルタンはフランスの高級ワインの銘柄名にちなみ、タッタースはボロの服の意だろう。タッタースは、初日第二レース、北海道くじ馬限定の新馬戦新冠景物、三／四マイル、四頭立を勝ち、その他二日目第五レース・根岸景物、一／二マイル、七頭立でも勝鞍をあげ、後の姿を予感させるような形でデビューを飾った(3)。くじ馬制度は、日本馬の偽籍問題に悩んだニッポン・レース・クラブが、その対策として導入したものだった（第三章第七節）。

続く一一月二四、二五日の共同競馬会社の秋季開催(4)。タッタースは、初日第五レース・東台賞盃（一五〇円）、九町一〇間（五ハロン）、三頭立で勝鞍をあげて、次に臨んだのが、二日目第五レース・婦人財嚢だった。距離は、幕末以来の横浜の慣例に従って、七町二〇間（一／二マイル）、出走は三頭、タッタースに騎乗していたのはアンドリュース（E. H. Andries）、他の二頭が日根野要吉郎（宮内省御厩課）とカンプレドン（Campredon）。三人も名手と謳われ、その手綱さばきも注目された。そのなかで勝ったのがタッタースだった。アンドリュースはタッタースを馬見所正面に索き、小松宮夫人頼子から財嚢（二〇〇円）を授与された。婦人財嚢は、鹿鳴館時代の競馬の象徴であり、開催最大の注目をあびるレースであった。明治二〇年代を迎え、時代は急転回、婦人財嚢を見つめる目は冷ややかなものになりつつあったが、それでもまだ華やかさは残されていた。財嚢授与式の際、「外国人一同は異口同音に祝意を表し」たという。タッタースはシヤンベルタンの名で翌年の婦人財嚢も勝つことになるが、不忍池競馬場で実施された六年の期間で、このレースを連覇したのはこの馬だけであった。また明治二四（一八九一）年、明治二五（一八九二）年と、ニッポン・レース・クラブの春季開催の婦人財嚢も連続して獲得する。根岸、不忍池の双方で連覇という偉業を成し遂

図14　1885年5月14日 ニッポン・レース・クラブ春季開催二日目、第3レース婦人財嚢（賞金300ドル）

アレグレット号に騎乗し勝利したアンドリュース（仮定名称ネモー Nemo）（『ジャパン・パンチ』1885年5月号）。

げたのも、もちろんこのシャンベルタン一頭だけであった。

明けて明治二二（一八八九）年春のシーズン。ニッポン・レース・クラブが四月二五、二七、二九日、共同競馬会社が五月一一、一二日という開催日程だった。ここからタッタースは、ネモー（Nemo）名義となり、シャンベルタンと改名した。ネモーは明治一〇年代後半から明治二〇年代初めにかけての横浜の有力厩舎、同時期に騎手としても活躍し、前年秋の不忍池開催の婦人財嚢を獲得していたアンドリュースの仮定名称(5)。このシーズン、シャンベルタンは圧倒的な強さを示した。

まず根岸の開催(6)。初日第五レース・蚕糸賞盃（Silk Cup）（北海道産くじ馬限定）、距離一周（約一七〇〇メートル）では、後方を進み半マイルから先頭に立ち、三馬身差をつけての二分二一秒で楽勝。ついだ二日目日本馬と中国馬との混合の第四レース・婦人財嚢、一／二マイルでは、勝馬のサツマの一分〇秒一／二からの三馬身差の二着に終わったが、直後の第五レース・日本景物（Japan Stakes）、三／四マイル、五頭立では、他馬が一二七～一四九ポンド（約五七・六～六七・六kg）に対して、一頭だけ一六三ポンド（約七三・九kg）という重い斤量を背負いながらも一分四〇秒で勝った。三日目第四レース・チャンピオン戦日本馬優勝景物（Japan Champion）（明治二一、二二年北海道産くじ馬限定）、一周（約一七〇〇メートル）、このシャンベルタンの抜けた力の前に他馬が回避、単走となってしまった。これで、つぎのハンデ戦、第七レース・北海道ハンデカップ景物（Hokkaido Handicap）、シャンベルタンは、満量（full weight）（ハンデの上限）の一八〇ポンド（約八一・六kg）を課された。三／四マイル、八頭立、他馬の斤量は一三八～一五〇ポンド（約六二・六～六八・〇kg）。シャンベルタンは、スタート後、しばらくして先頭に立ち、残り一／四マイルでリードをひろげにかかった。直線、さすがに斤量が応え、追い上げられたが、そのまま一分四三秒でゴールを駆け抜けた。ハンデが不安視されていたから、アンドリュースは勝利を大いに祝福されたという。五戦四勝、文句のない日本馬のチャンピオンとなった。

続く不忍池開催(7)。ここが圧巻だった。初日第五レース・競馬会社賞典、一二町五〇間（七ハロン）、四頭立の予定も、他馬が「シャンベルタンの勢に挫かれ」て単走となった。二分一秒のキャンターで駆けたが、それでも満場は大喝采したというから、シャンベルタンが醸し出す存在感も相当なものとなっていた。ついで第九レース・関口賞盃、一一町（三／四マイル）、三頭立では一七〇ポンド（約七七・一kg）を背負ったが、ここも一分三九秒一／二で楽勝した。ちなみに二着馬が一三三ポンド（約六〇・三kg）であったから、今季のシャンベルタンの前には斤量も問題でなくなっていた。そして二日目第九レース・チャンピオン戦日本重量負担馬景物、一四町四〇間（一マイル）、七頭立。シャンベルタンの斤量は、初日よりもさらに重い一七五ポンド（約七九・四kg）。それでも他馬をまったく問題とせず、「一騎群を挺てて」、二分一五秒一／二の楽勝劇を演じた。ちなみに二着馬は三〇ポンド（約一三・六kg）も軽い一四五ポンド（約六五・七kg）、残りの馬が一三三〜一五〇ポンド（約六〇・三〜六八・〇kg）だった。三戦三勝、根岸から数えれば八戦七勝と、ほぼ完璧な成績を残した春のシーズンとなった。

　明治二二（一八八九）年、秋のシーズン。ニッポン・レース・クラブが一〇月二九、三〇、三一日、共同競馬会社が一一月一〇、一一日という開催日程だった、斤量との戦いを克服した春の勢いから見て、誰もがシャンベルタンの相手になる馬はいないと思っていた。だが、根岸で四戦二勝、不忍池では三戦一勝に終わってしまう。

　まず根岸(8)。緒戦の初日第七レース・青森賞典（Aomori Plate）、一周（約一七〇〇メートル）、四頭立を二分二二秒一／四で勝ったが、二日目第三レース、中国馬との混合の社員賞盃（Members' Cup）、一／二マイル、六頭立、中国馬モエト（Moet）の一分一秒からの二着となって、シャンベルタンが春とは異なり調子を崩しているのではないかと思わせた。それでも、同日第七レース・神奈川県賞盃（Kanagawa Cup）、一マイル一／四、一二頭立では、相手馬一四一ポンド（約六四・〇kg）に対して一五四ポンド（約六九・九kg）を背負ってはいたが、ここは三分〇秒で楽勝した。この勝時計は遅すぎるから相手が軽くシャンベルタンは楽走したのだろう。ここまでもたびたびふれてきたがこの神奈川県賞盃は、一時の中断はあったが、その歴史を明治五（一八七二）年まで遡る伝統のレース、この年は、その出発時のように、神奈川県知事沖守固夫人が花瓶一対の授与にあたった。これを受けた勝利騎手兼オーナーのアンドリュースが、花瓶を肩に掲げて退く際、知人たちが帽子を振りフラーの声をあげて祝福したという。不忍池とは異なり、根岸では女性が主役を演じる時代がまだ続いていたなかでの勝利だった。ところが三日目第四レース・日本馬優勝賞典（Japan Champion）（八八、八九年のくじ馬）、一周（約一七〇〇メートル）、二頭立、先の敗戦の懸念が現実のものとなった。二分二一秒で勝ったベンディゴ（Pendigo）という馬の斤量が一三〇ポンド（約五九・〇kg）、シヤンベルタンが一五〇ポンド（約六八・〇kg）。だがシヤンベルタンは、それまでのレースで、ここでの二〇ポンド（約九・一kg）差以上を背負っても、ベンディゴを問題としていなかった。それに斤量は、これまでと比べれば軽い一五〇ポンド（約六八・〇kg）、本来の調子にあれば、負けないはずであったが、調子を崩していたところに加えてベンディゴの成長もあった。以後の蹄跡を見ると、ベンディゴは一マイル以上の「長距離」に力を見せ、シヤンベルタンは三／四マイル以下に強かった。

ベンディゴの名義は横浜ニッポン・レース・クラブの有力厩舎（馬主）ウォード（R. J. Ward、御雇鉄道技師、仮定名称：サツマSatsuma）。前年明治二二（一八八九）年ニッポン・レース・クラブ春季開催のくじ馬としてデビュー、北海道産、鹿毛、一三ハンズ（hands）（約一三二・一センチ）、この時は、三戦未勝利だった(9)。それでもその走りは将来性を感じさせ、続く不忍池の開催では、初日第一レース・宮内省賞典（二〇〇円）、九町一〇間（五ハロン）、三頭立を鮮やかに勝ってそれを実証していた(10)。その名は、オーストラリアの地名にちなみ、かつて一八六二年の横浜新田の競馬に、同名の馬が出走していたから(11)、その古きよき時代の記憶を呼び起こすためであったのかも知れない。この明治二二（一八八九）年根岸の秋季開催、期待通りの成長を見せ、まず初日第二レース・アールフィールド賞盃（R. Fields Cup）（明治二二年春季くじ馬限定）、五ハロン、五頭立を、ゴール直前で追い込むという味のある勝ち方を見せて、高額の二〇〇ドルの賞金を獲得、勝タイム一分二四秒、ついで二日目第五レース・北海道賞盃（Hokkaido Cup）、三／四マイル、六頭立も一分四二秒一／二で連勝して、三日目の優勝戦でのシヤンベルタンとの対決に臨み、ここも制した(12)。ベンディゴは、以後、偽籍を嫌って根岸にだけ出走するが、明治二三（一八九〇）年秋季開催まで、この三勝を含む八連勝を達成することになる。

シヤンベルタンは本調子を欠いたまま、明治二二（一八八九）年不忍池の秋季開催を迎えた(13)。初日第九レース・有志者賞盃、一周（約一五〇〇メートル）、二頭立、鹿鳴館時代の名騎手であった大野市太郎（アンドリュースの弟子）が落馬というのが、シヤンベルタンの緒戦となった。それでも二日目第五レース・婦人財嚢、七町二〇間（一／二マイル）、五頭立を連覇したのはさすがであった。騎乗はアンドリュース、前年に続く馬、騎手ともの勝利だった。共同競馬会社の婦人財嚢はこの年で終焉を迎えていたから、シヤンベルタンとアンドリュースは、その最後の勝者となった。かつてなら大喝采をあびていたはずなのに、寂しい幕切れであった。そしてチャンピオン戦である第八レース・秋季重量負担景物、一四町四〇間（一マイル）、八頭立に臨んだ。ここには、この開催初日第二レース新馬景物、九町一〇間（五ハロン）、三頭立に圧勝していた大山という馬が出走してきていた。大山は、下総御料牧場産(14)、名義は下総出身、御料牧場にも関係していた大竹考太郎、最初から最後まで大竹自らが騎乗した。この大山も、雑種馬ではないかとの疑念が強く呈されていた馬だった。ニッポン・レース・クラブでは、日本馬を北海道産に限定していたから出走資格がなかったが、共同競馬会社では疑念があっても出走可能だった。本調子を欠くシヤンベルタンにとって、雑種馬の可能性が高い大山との対戦はなおさら不利だった。だがそれでもシヤンベルタンへの期待は大きく、人気は両頭が分け合った。アンドリュース騎乗のシヤンベルタンが先行、それを大山が追走、抜きつ抜かれつの二頭の力勝負となり、場内は沸いた。だが、最後はやはり大山の前に屈した。大山は、当時競走馬生産の中心であった下総御料牧場産であり、しかも大山の日本馬としての馬籍を宮内省関係者の役員が認めていたから問題は深刻だった(15)。おそらく大山は、内国勧業博覧会臨時競馬会での優勝を目標にした雑種馬の「日本馬」だった。シヤンベルタンは、斤量だけでなく、この偽籍問題とも戦わなければならなくなった。この秋のシーズン、シヤンベルタンは根岸で四戦二勝、不忍池で三戦一勝、大山のことがあるにしても、調子は落ちていた。

明けて明治二三（一八九〇）年の春のシーズンには、ニッポン・レース・クラブの四月三〇日、五月一、二日、共同競馬会社の六月一、二日の開催とともに、その間の五月一六、一七、一八日に第三回内国勧業博覧会附属臨時競馬会が待ち受けていた。シャンベルタンは調子を取り戻していたが、ベンディゴもさらに強くなっていた。

まず根岸の開催(16)。ここでは大山が出走権がなかったので、復調なったシャンベルタンが、チャンピオンの座に返り咲いた。二日目第七レース・北海道賞盃、三／四マイル、七頭立、ついで三日目第四レース・日本馬優勝賞典、一周（約一七〇〇メートル）、四頭立を制して、二戦二勝。この春のシーズンは、大野市太郎がずっと騎乗した。一方ベンディゴは、初日第五レース・根岸景物、一周（約一七〇〇メートル）、六頭立を力通りに勝って、二日目第六レース、自らの名を冠したベンディゴ賞盃、距離一マイル一／四、五頭立に臨んできた。この賞盃は、昨秋のベンディゴの優勝戦での勝利を喜び、ウォードがクラブにカップを寄贈したことを受けてのものだった。ここもベンディゴはものにした。前年秋以来五連勝、シャンベルタンが出走した三日目のチャンピオン戦こそ回避していたが、ベンディゴの強さも本物であった。

ついで博覧会附属臨時競馬会(17)。全国から日本馬、雑種馬の新馬、古馬を一同に会して、能力を検定、ランク付けを行い、それぞれのチャンピオンを決定するという目的をもった鹿鳴館時代の競馬の集約点ともいうべき開催だった（第四章第三節）。ベンディゴは回避したがシャンベルタンは有力馬として出走、期待に応えて初日第三レース（一五〇円）、一一町（三／四マイル）、一〇頭立を一分三三秒で勝った。なおこの競馬会でのシャンベルタンの名義は寺道芳助となっていたが、出走が日本人の名義の馬に限られていたことからとられた処置だった。もう一方の「日本馬」の雄、大山も初日第七レース（一五〇円）、一四町四〇間（一マイル）、一一頭立を二分八秒で楽勝していた。そして三日目第五レース・優等賞盃（総賞金二五〇円、一着一二五円）、三／四マイル、八頭立。日本馬及び雑種馬の新馬・古馬によるチャンピオン決定戦で両頭が相まみえることになった。雑種馬との混合であったが、偽籍問題を嫌ったのであろう、「日本馬」に負けては評価が落ちてしまうことになりかねない。有力な雑種馬はここを回避していた。そして、好調であったシャンベルタンでも、やはり大山には歯が立たなかった。タイム一分五二秒一／二、大山は目標を達成、シャンベルタンは三／四秒離された三着に終わった。だが偽籍の大山のここでの勝利はこの時代の競馬の理念を無に帰してしまうものであった。大山は、第七レース（三〇〇円）、一二町五〇間（七ハロン）、二二頭立にも出走したが、多頭数のため道中大きな不利でも受けたのであろう、三着に終わっていた。なお三日目第三レース・日本馬新馬優等賞盃、一二町五〇間（七ハロン）、八頭立を制して日本馬新馬のチャンピオンとなっていたのがいろは（後に花園と改名）だった。

　そして、つぎの不忍池の春季開催(18)。日本馬古馬の最初のレース、初日第四レース・東台賞盃、一一町（三／四マイル）、四頭立に勝ったのはシヤンベルタンだった。勝タイムは一分三八秒三／四、先の博覧会の競馬会よりも五秒以上遅いのは、重馬場のためだった。シヤンベルタンの名義は、アンドリュースにもどっていた。この開催、大山とシヤンベルタンの初対決となったのが、同日第六レース・観客賞盃、一四町四〇間（一マイル）、六頭立だった。大山とシヤンベルタンの争いと見られていたが、ところがここは北天という伏兵馬が二分一一秒で勝ちをおさめた。北天は、先の博覧会臨時競馬会で札幌という名でデビュー、北海道産、明治一八（一八八五）年生、四尺六寸七分（約一四一・五㌢）、青毛(19)。札幌は、一二日目第二レース・鹿児島県有志賞盃（二〇〇円）、七町二〇間（一／二マイル）、一四頭立を五九秒一／二で勝っていたが、三日目第三レース・日本馬新馬優等賞盃（総賞金三五〇円、一着一七五円）、一二町五〇間（七ハロン）、八頭立、及び第五レース・優等賞盃（日本馬及び雑種馬の新馬及び古馬）、一二町五〇間（七ハロン）の二つの優勝戦では双方とも着外に終わっていた。名義、騎手ともに、明治一九（一八八六）年不忍池春季開催で英に騎乗した飯田藤作だった(20)。この不忍池開催から松村亀吉の名義となり、北天と改称して、この観客賞盃に臨み、大金星をあげたものだった。おそらく賭けも大波乱だった。二日目第八レース、日本馬のチャンピオン戦の宮内省下賜賞典、距離一四町四〇間（一マイル）、一一頭立で、再びシヤンベルタン、大山、北天の三頭が顔をそろえたが、ここは実績通りに大山が二分九秒で制した。そしてこれが大山の最後のレースとなった。生涯成績七戦五勝。ここまで繰り返してきたように、偽籍は競馬の根幹を揺るがすものであり、対応は遅きに失したものであったが、ようやく共同競馬会社も、秋のシーズンを前に、大山の日本馬の認定を拒絶、出走の場を奪ってしまったからであった（第四章第四節）。偽籍問題は、日本馬のレースを後景に退かせていくことにつながっていたから、結果的に大山は、日本馬のレースに終焉をもたらす要因の一頭になっていた。

明治二三（一八九〇）年秋のシーズン。一〇月三〇、三一日、一一月一日がニッポン・レース・クラブ、一一月一五、一六日が共同競馬会社という開催日程だった。根岸の初日、二日目の戦績は不明だが、大山がいなければ、シャンベルタンの強さが抜けていた(21)。三日目第一レース、開催未勝利馬限定の日本馬撫恤景物、五ハロン、一〇頭立をあっさりと勝ち、第七レース・北海道ハンデカップ景物、三／四マイル、一二頭立に臨んで、このチャンピオン戦も制した。一方ベンディゴは、初日第五レース・横浜賞典、距離一周（約一七〇〇《メートル》）、五頭立を勝ち、ついで二日目第六レース・ベンディゴ賞盃、一マイル一／四、九頭立を連覇、三日目第四レース・日本馬優勝景物、距離一周（一七〇〇《メートル》）、六頭立は、シャンベルタンがベンディゴとの対戦を避けたことで、ここはベンディゴの順当勝ちとなった。ベンディゴは前年秋以来八戦無敗で、評価はシャンベルタンに迫り、そしてそれを上回ろうとしていた。

中二週で迎えた共同競馬会社秋季開催(22)。大山に対する出走拒否など一応の偽籍問題の決着もあって、ベンディゴが不忍池競馬場に初めて登場した。両雄の直接対決は根岸に続いて実現しなかったが、ベンディゴは、二日目第七レース、日本馬のチャンピオン戦のくじ馬ハンデカップ景物、一四町四〇間（一マイル）、四頭立を二分一五秒で制した。一方シャンベルタンは、初日第二レース・日本くじ馬賞盃、一一町（三／四マイル）、五頭立を一分三九秒一／二、ついで第八レース・社員競馬賞盃、九町一〇間（五ハロン）、四頭立を一分二〇秒一／二でそれぞれ勝ち、さらに二日目第四レース・日本麦酒醸造会社賞盃、七町二〇間（一／二マイル）、三頭立でも、スタートから先頭に立ち一分一秒一／二で楽々と逃げ切った、三戦三勝。この秋のシーズンを終わってみれば、ベンディゴとの対決の回避はあったが、シャンベルタンがその力を示した結果となった。騎乗は、春から秋の不忍池の一走目までは大野市太郎だったが、後の二走がアンドリュースだった。

明けて明治二四（一八九一）年春のシーズン。四月二八、二九、三〇日のニッポン・レース・クラブ、五月九、一〇日の共同競馬会社の開催という日程、シヤンベルタンの好調が続いた。

　まず根岸の開催(23)。初日第三レース・日本馬景物、三／四マイル、五頭立と第六レース・横浜賞典、一周（約一七〇〇メートル）、四頭立と軽く二勝をあげて臨んだ二日目の婦人財嚢、一／二マイル、七頭立、ここをアンドリュース騎乗で制して、共同競馬会社とニッポン・レース・クラブ双方で財嚢を獲得した史上初、そして最後の馬となった。三日目のシヤンベルタンも出走可能だった日本馬優勝賞典、北海道ハンデカップは負担重量を嫌ってか出走してこなかった。一方昨秋まで八連勝していたベンディゴは、この開催では前年までの強さがウソのようなレース振りで精彩を欠き、三日目第一レース、開催未勝利戦を勝ったのみにとどまった。秋の開催では、その未勝利戦も勝つことができず(24)、そのまま引退してしまう。足掛け三年の短い競走馬生活だった。

　続く五月九、一〇日の不忍池の開催(25)。シヤンベルタンは、初日の第二レース・くじ馬賞典、一一町（三／四マイル）、三頭立、と続く第三レース・各国公使賞盃、九町一〇間（五ハロン）、五頭立をそれぞれ一分四二秒、一分一五秒一／四で、軽く連勝していた。そして前年春季開催後、北海道にもどっていたのか姿を見せなかった北天が、不忍池に一年ぶりに登場、初日第七レース・東京有志賞盃、一四町四〇間（一マイル）、四頭立を二分八秒一／四で勝ちを収めていた。名義は、ベンディゴの馬主であったウォードに移っていた。この両頭は、二日目第三レース・日本麦酒醸造会社賞盃、七町二〇間（一／二マイル）で対決したが、シヤンベルタンは北天をまったく問題とせず五七秒一／二で楽勝した。ハンデが重くなりすぎたシヤンベルタンの回避があったが、北天は二日目第七レース・チャンピオン戦の日本馬ハンデカップ賞盃、一六町三〇間（一マイル一／八）、六頭立を二分二七秒一／二で制した。北天も頭角を現しつつはあったが、その北天を一蹴したシヤンベルタンが、今回の競馬中「第一等の勝馬」との評価は衆目の一致するところだった。このように根岸、不忍池両開催のチャンピオン戦は極量のハンデを嫌って出走を回避していたが、この春のシーズン六戦六勝、明治二二（一八八九）年春以来、再び押しも押されもしない存在となった。

　次の明治二四（一八九一）年秋のシーズン。まず一一月四、五、六日のニッポン・レース・クラブの秋季開催(26)。

日本馬が出走可能なレースは、春の七から五（内中国馬との混合二）と減らされていたが、シャンベルタンは、その内三レースに出走した。緒戦は、初日第三レース・日本景物（Japan Stakes）、三／四マイル、四頭立。逃げ切りをはかったが、追い込んできた根岸初登場の北天にゴール寸前で交わされ二着となった。次の二日目第五レース、日本馬と中国馬の混合の麒麟麦酒挑戦賞盃（Kirin Beer Challenge Cup）、一／二マイル、五頭立、北天不在のここでは、スタートからハナに立ち、そのまま逃げ切って一分一秒で楽勝、この賞盃を春秋連覇した。ここで武田鶴吉が初めて騎乗した。武田は当時有力馬を所有する馬主でもあった。一レースをはさんだ二日目第七レース、中国馬との混合の秋季景物（Autumn Stakes）、一マイル、七頭立、ここには北天が出走、レースはその北天との直線での叩き合いとなり、競り負けて二着となった。勝タイム二分一〇秒一／二、初日に続いてシャンベルタンの力負けであった。賭けでも、北天は、初日のレースが評価されて、シャンベルタンを押さえて本命だった。このレースは、中国馬のくじ馬と日本馬には登録する義務があり、一着賞金はその登録料の半額とそれに加えての二〇〇ドルという高額のレースであったから、重い位置づけを持ったレースだった。ついで両頭は三日目第五レース・日本馬優勝景物（Japan Champion）、一マイル一／四、五頭立に出走、北天による新旧交代劇の仕上げとなるレースかと思われたが、北天には距離が響いたのか、その予想とは逆にここではシャンベルタンが力を示した。シャンベルタンがスタートから快調に飛ばし、北天が二番手を追走、直線、前年の内国勧業博覧会附属臨時競馬会で二勝をあげていた鬼小島という馬が追い込み北天を交わしたが、シャンベルタンには一／二馬身差及ばなかった。勝タイム二分五〇秒。北天が三着。シャンベルタンにとって、明治二二（一八八九）年春、明治二三（一八九〇）年春に続く三度目の優勝景物の制覇だった。

続く一二月五、六日の不忍池の開催(27)。ここでの名義がこれまでのネモーからタケダに代わった。このタケダは、先の根岸の開催でシャンベルタンに騎乗し勝鞍をあげていた武田鶴松だと思われ、その所有馬の中に同馬を加えたものだったろう。緒戦の初日第二レース・未勝利馬賞典、一一町（三／四マイル）、六頭立、結果は二着だったが、タケダは、勝馬から妨害を受けたと異議を申し立てた。裁定は却下、これに不満なタケダは、シャンベルタンだけでなく雑種馬の活躍馬ヤングオーストラリアなどすべての持馬を引き上げるという強硬手段に訴えた。当然、シヤンベルタンはその後のレースには出走してこなかった。不忍池競馬は、翌明治二五（一八九二）年で終焉を迎えるが、その春秋開催にもシヤンベルタンは姿を見せなかった。

したがって明治二五年春秋のシーズン、シヤンベルタンの出走は、ニッポン・レース・クラブだけとなった。名義はアンドリュース（仮定名称：ネモー）にもどった。

この年の番組編成で、日本馬が出走可能なのは、春季開催初日が二、二日目が四（内一が中国馬との混合）、三日目三（すべて中国馬との混合）(28)、秋季開催初日が一、二、三日目が中国馬との混合のそれぞれ一計三レースとなった(29)。このなかにはくじ馬の新馬や未勝利のレースも含まれていたから、シヤンベルタンら古馬にとって、春はまだしも、秋は出走可能レースがほとんどなくなってしまっていた。

その四月二八、二九、三〇日の春季開催。シヤンベルタンは、二日目第四レース・婦人財嚢、一／二マイル、四頭立を昨春に続いて連覇した。繰り返せば、ニッポン・レース・クラブ、共同競馬会社双方で連覇を成し遂げるという快挙となった。騎乗は、アンドリュースではなくピアソン（Pearson）。同日第七レース中国馬との混合の麒麟麦酒競走賞典、一／二マイル、三頭立でも勝鞍をあげていたが、シヤンベルタンは、その他のレースには出走してこなかった。次の一〇月三一日、一一月一、二日秋季開催、シヤンベルタンは、三日目第三レース、中国馬との混合の秋季ハンデカップ景物、一マイル、七頭立で勝鞍をあげた一走のみにとどまった。この開催で、シヤンベルタンに代わって強さを発揮していたのが北天だった。その北天の勝鞍のなかでも、二日目第七レース・伊藤賞盃、一周一ハロン（約一九〇〇メートル）のレースは、特に面白い勝負だったという。この伊藤賞盃は、明治二〇（一八八七）年秋季、明治二一（一八八八）年春季と伊藤博文あるいはその夫人がカップを寄贈して行われていたが、それを総理大臣として久しぶりに復活させたものであったから、この勝鞍は記念すべきものであった。そして一一月一九、二〇日、北天は不忍池最後の開催を本命として迎えたが、負けて賭けに大波乱をもたらすというエピソードも残した（第五章第一節）。

表12　シヤンベルタン（旧タッタース）生涯成績・44戦33勝

競馬場、日付	レース名	距離、賞金	騎手、着順／頭数、勝馬（2着馬）、タイム
明治21（1888）年			
根岸　10月29日	第2レース新冠景物 ＊北海道産くじ馬限定	3/4マイル	松岡豊太郎、1／4
10月30日	第5レース根岸景物 ＊北海道産くじ馬限定	1/2マイル	松岡豊太郎、1／7
不忍池11月24日	第5レース東台賞盃	9町10間、150円	松岡豊太郎、1／3
11月25日	第5レース婦人財嚢	7町20間、200円	アンドリュース、1／3
明治22（1889）年			
根岸　4月25日	第5レースSilk Cup ＊北海道産くじ馬限定	1周	アンドリュース、1／3、(カコレ)、2分21秒
4月26日	第4レース婦人財嚢 ＊日中混合	1/2マイル	アンドリュース、2／8、サツマ、1分0秒1/2
	第5レースJapan Stakes ＊北海道産くじ馬限定	3/4マイル	アンドリュース、1／5、(ハラコブ)、1分40秒
4月27日	第4レースJapan Champion ＊1888、1889年北海道産馬限定	1周	アンドリュース、単走
	第7レースHokkaido Handi-cap ＊北海道産くじ馬限定	3/4マイル	アンドリュース、1／8、(ベンディゴ)、1分43秒
不忍池5月11日	第5レース競馬会社賞典	12町50間	大野市太郎、単走、2分1秒
	第9レース関口賞盃	11町	アンドリュース、1／3、(ベンディゴ)、1分39秒1/2
5月12日	第9レース日本重量負担馬景物	14町40間	アンドリュース、1／7、(ベンディゴ)、2分15秒1/2
根岸　10月29日	第7レースAomori Plate ＊北海道産くじ馬限定	1周	アンドリュース、1／4、(赤兎)、2分22秒1/2
10月30日	第3レースMember's Cup ＊日中混合	1/2マイル	アンドリュース、2／6、モエト、1分1秒
11月1日	第7レースKanagawa Cup ＊北海道産馬限定	1マイル1/4	アンドリュース、1／2、(トルーアント)、3分0秒
	第4レースJapan Champion	1周	アンドリュース、2／2、ベンディゴ、2分21秒
不忍池11月10日	第9レース有志者賞盃	1周	大野市太郎、落馬／2、バシコロ
11月11日	第5レース婦人財嚢	7町20間、285円	アンドリュース、1／5
	第8レース日本重量負担景物	1周	アンドリュース、2／8、大山
明治27（1890）年			
根岸　5月1日	第7レース北海道賞盃 ＊くじ馬限定	3/4マイル	大野市太郎、1／7
5月2日	第4レース日本馬優勝賞典	1周	大野市太郎、1／4

第三回内国勧業博覧会附属臨時競馬会			
不忍池５月16日	第3レース	11町、150円	大野市太郎、1／8、1分33秒
５月18日	第5レース優等賞盃 ＊日本馬·雑種馬、新馬・古馬開催勝馬限定	12町50間、250円 （1着125円）	大野市太郎、3／8、大山、1分52秒1/2
不忍池６月１日	第4レース東台賞盃	11町	大野市太郎、1／4、1分38秒3/4
６月２日	第8レース宮内省下賜賞典	14町40間	大野市太郎、着順不明／11、大山、2分9秒
根岸　11月１日	第1レース日本馬撫恤景物	5ハロン	大野市太郎、1／10
	第7レース北海道ハンデカップ景物	3/4マイル	大野市太郎、1／12
不忍池11月15日	第2レース日本くじ馬賞盃	11町	大野市太郎、1／5、1分39秒1/2
	第8レース社員競馬賞盃	9町10間	アンドリュース、1／4、1分20秒1/2
11月16日	第4レース日本麦酒醸造会社賞盃	7町20間	アンドリュース、1／3、1分1秒1/2
明治24（1891）年			
根岸　４月28日	第3レース日本馬景物	3/4マイル	小林音吉、1／5
	第6レース横浜賞典	1周	小林音吉、1／4
４月29日	第3レース婦人財嚢 ＊くじ馬限定	1/2マイル	アンドリュース、1／7
不忍池５月９日	第2レースくじ馬賞典	11町	小林音吉、1／3、1分42秒
	第3レース各国公使賞盃	9町10間	小林音吉、1／5、1分15秒1/4
５月10日	第3レース日本麦酒醸造会社賞盃	7町20間	アンドリュース、1／3、57秒1/2
根岸　11月４日	第3レースJapan Stakes ＊委員会認定馬限定	3/4マイル	小林音吉、2／4、北天、1分34秒1/2
11月５日	第5レースKirin Beer Challenge Cup	1/2マイル	武田鶴吉、1／5、（トラジック）、1分1秒
11月６日	第7レースAutumn Stakes ＊日中混合	1マイル	小林音吉、2／7、北天、2分10秒1/2
	第5レースJapan Champion	1マイル1/4	小林音吉、1／5、（鬼小島）、2分50秒
不忍池12月５日	第2レース未勝利馬賞典	11町	2／6、ティムフィフラ、1分20秒1/4
明治25（1892）年			
根岸　４月29日	第4レース婦人財嚢	1/2マイル	ピアソン、1／4
	第7レース麒麟麦酒競走賞典	1/2マイル	ピアソン、1／3
根岸　11月２日	第3レース秋季ハンデカップ景物　＊日中混合	1マイル	小林音吉、1／7

（『毎日』明21・10・30〜31、11・1、11・25、11・27、明22・4・27、5・1、5・12、5・14、10・31、11・1〜2、11・12、明23・5・1〜2、5・4、5・17、6・3、11・1〜2、11・16、明24・4・30、

5・1〜2、5・10、5・12、12・6。『日日』明21・10・31、11・3、11・25、11・27、明22・5・12、5・14、10・31、11・1〜2、明23・5・2、6・3、11・1〜2、11・16。『読売』明21・10・31、11・1〜2、11・27、明22・4・27、4・30、5・1、5・12、5・14、10・31、11・1〜2、11・11〜12、明23・5・2〜4、5・17〜19、6・2〜3、11・16〜17、明25・4・30、5・1、5・3、11・2。『報知』明22・5・12〜13(夕)、10・30〜31、11・1(夕)、11・11〜12、明23・5・17〜18、6・2、11・16〜17、明24・5・10、12・6、12・8。『朝野』明21・10・30〜31、11・2、11・25、11・27、明22・4・27、4・30、5・1、5・12、5・14、10・31、11・1、11・12、明23・5・2〜4、5・18〜20、6・2、10・31、11・2、11・16、11・18、明24・5・12、12・8。『時事』明21・10・30〜31、11・1、11・25〜26、明22・4・26、4・28、4・30、5・12〜13、10・30〜31、11・1、11・11〜12、明23・5・2〜4、5・17、5・19、6・3、11・1〜3、11・17、明24・4・30、5・1〜2、5・10〜11、11・6〜8、12・6、12・8、明25・4・30、11・2、11・4。『東朝』明21・10・30〜31、11・1、11・25、11・27、明22・4・27、4・29、5・1、5・12、5・14、10・31、11・1〜2、11・12、明23・5・17〜18、5・20、6・3、11・16、11・18、明24・5・10、5・12、12・6、12・8。J.G. 1889・4・25、4・27、4・29、5・13、10・29〜31、1891・11・4〜6、12・7。『日本』明22・5・12、11・11〜12、明23・11・17。「明治23年第三回内国勧業博覧会附属臨時競馬会番組表」馬の博物館蔵。「共同競馬会社明治25年春季競馬会番組表」馬の博物館蔵より作成)

一方シヤンベルタンは、翌明治二六(一八九三)年、ニッポン・レース・クラブ春季開催、エントリーにのみとどまり、出走してはこなかった(30)。そしてそのまま九歳で競馬場から姿を消してしまった。当時の九歳は、まだ競走馬としてそれほどの年齢でもなかったから、故障だったかも知れないが、いかにも尻切れトンボで消化不良の感があった。だが、日本馬のレースが消滅に向かっていたのではそれも仕方がなかった。足掛け六年に及ぶ四四戦三三勝という成績だけを振り返れば、かつての鎌倉や岩川には優るとも劣らない戦績をあげ、特に明治二二(一八八九)年春のシーズンの強さは圧倒的なものであった。だが明治二〇年代、偽籍問題もあって次第に競馬における日本馬のレースの存在意義が薄れていたから、高い評価を受けることができなかった。明治二五(一八九二)年春季開催直後、横浜で行われた競走馬のオークション、二八〇円という価格がそれを示していた(31)。ちなみに北天は将来性を買われたのか若干上回る三〇〇円だった。馬匹改良においても日本馬の種牡馬の価値がさらに後退していたから、シヤンベルタンが、仮に種牡馬となっていたにしても、その後の運命は厳しいものがあったと思われる。

2 花園、そして園田実徳

鹿鳴館時代の不忍池競馬場の最後のレースとなったのが、明治二五(一八九二)年秋季一一月二〇日、共同競馬会社秋季開催二日目、番外の有志景物(二〇円)、三頭立のレースだった(32)。ここを勝ったのが、園田実徳名義の花園という馬だった。花園（旧名いろは）は、北海道白老産、明治一七（一八八四）年生、四尺六寸一分（約一三九・七センチ）、栗毛(33)。馬主の園田実徳（一八四八～一九一七年）は、薩摩出身、藩主の小姓を務め、西郷隆盛の知遇を得て維新で国事に奔走（後に園田の長女は隆盛の嗣子寅太郎と結婚）、明治五（一八七二）年開拓使に勤務、明治一五（一八八二）年の開拓使廃止後は、実業界に転じ、北海道共同運輸会社社長を皮切りに、鉄道、炭鉱、銀行などの分野で活躍、政財界に幅広い人脈を持っていた(34)。それとともに、明治一六（一八八三）年九月函館で創立された北海道共同競馬会社の発起人の一人となり、以後も函館の競馬の中心人物として活躍、また明治一九（一八八六）年からは開拓使七重勧農試験場を引き継ぎ馬産にも従事、ついで明治二八（一八九五）年には、函館の桔梗野一帯に軽種馬生産を主とする牧場を経営し、ハンガリー、英国、オーストラリアから種牡馬、繁殖牝馬を積極的に輸入した。園田牧場からは明治、大正、昭和と多くの活躍馬が輩出されることになる。園田は明治二四（一八九一）年にニッポン・レース・クラブの役員を勤めたあたりから東京、横浜の競馬でも活躍するようになり、日露戦後の馬券黙許時代には競馬界の押しも押されもしない牽引者となっていた。馬券黙許時代の所有馬の代表的存在は、シノリ（父第二スプネー、母ミラ、新冠御料牧場産、価格一五〇〇〇円）、ハナゾノ（父豊平、母千里、父母ともトロッター種）、ホクエン（父豊平、母不詳）だった。

明治四〇（一九〇七）年一一月二〇日、園田は、芝区西久保巴町（現・港区虎ノ門）の自宅で、母親の快気祝いと自身の誕生日、そしてハナゾノ、ホクエン（それぞれ五、一一月の東京競馬会で帝室御賞典獲得）の優勝祝賀会を兼ねて園遊会を催していたが、そこでは、当時の歌舞伎界の大スターであった尾上梅幸、中村羽左衛門、尾上菊五郎が舞を踊り、また元帥野津道貫、元老の井上馨らが、園田の馬匹改良への貢献を讃える演説を行っていた。来会者三五〇名余、当時、園田がどのような存在であったかを端的に示す会であった(35)。園田は、安田伊左衛門と並ぶかあるいは安田を上回る競馬界の指導的人物であり、競馬史のうえでその功績を安田以上に残す可能性があったが、明治四四（一九一一）年以降、競馬倶楽部の運営からは退き、持馬の出走も止め、自らその道を閉ざしてしまった。大正三（一九一四）年からは北海道選出の衆議院議員となる。園田は、桔梗野の牧場の経営を実弟の武彦七に任せていたが、この彦七は、ＪＲＡ（日本中央競馬会）の武邦彦、武宏平両調教師の祖父、武豊、幸四郎両騎手の曾祖父にあたる(36)。彦七は騎手としても活躍、また函館競馬会、日本競馬会（目黒）の理事でもあり、開催にあたってはスターター、ハンデキャッパーなどを務め、また馬主としても足跡を残していた。

この園田実徳が、東京、横浜の競馬に関与し始めた当初の代表馬が、この花園だった。先にふれたように明治四〇（一九〇七）年五月東京競馬会で帝室御賞典をハナゾノという同名馬が獲得するが、このハナゾノの名は、園田がこの鹿鳴館時代の花園に寄せていた想いから由来した可能性が高いと思う。

花園は、いろはの名で明治二一（一八八八）年六月札幌共同競馬会で三勝、八月同競馬会でも一勝をあげるなど、北海道の競馬で活躍していた馬だった(37)。そして明治二三（一八九〇）年五月一六、一七、一八日の内国勧業博覧会附属臨時競馬会に同名で登場、この時の名義は伊香友弥、騎乗は飯田藤作だった(38)。緒戦の初日第五レース、一四町四〇間（一マイル）、六頭立では鬼小島（北海道砂流産、一〇歳、栃色、四尺五寸九分、明治一〇年代末から函館、札幌の競馬で活躍、藤本良之助名義、函館大次郎騎乗）の二分八秒から一／二秒差の二着だったが、二日目第四レース・日本鉄道会社賞盃（二〇〇円）、一一町（三／四マイル）、八頭立では一分三五秒一／二で勝った。ついで臨んだ三日目第三レース・日本馬新馬優等賞盃、一二町五〇間（七ハロン）、八頭立、ここも一分五三秒一／二で勝ち、この臨時競馬会の日本馬の新馬のチャンピオンとなった。先にふれた札幌（北天）もこの優勝戦に出走していたが着外だった。続く六月一、二日の春季不忍池開催では、北天などと接戦を演じたが、期待に反して未勝利に終わってしまっていた(39)。その後、明治二四（一八九一）年一一月五、六日の不忍池秋季開催に出走してくるまでは、北海道に引き上げ、花園と改名して実徳の実弟園田（後に武姓）英彦名義で函館の競馬会に出走していた(40)。

そして一年半ぶりの不忍池の開催(41)。花園は、二日目第二レース・不忍賞盃、九町一〇間（五ハロン）、三頭立を一分二〇秒一／二で勝利をあげると、第七レース・日本馬ハンデカップ、一四町四〇間（一マイル）、七頭立でも、北天の一五七ポンド（約七一・一kg）に対して一四五ポンド（約六五・七kg）と「軽い」斤量だったが、二分一二秒で勝って、二戦二勝、この開催のチャンピオンの座についた。北海道での成長ぶりを見せ、かつての博覧会附属臨時競馬会の新馬のチャンピオンの面目を施した。この開催では全一六レース中一一も居留民の馬たちが勝ちを制していたこともあって、この勝利に、日本人観客は大いに拍手喝采したという。

明けて明治二五（一八九二）年五月七、八日の不忍池春季開催では、二日目第三レース・日本馬撫恤景物、一四町四〇間、二頭立を二分一一秒一／二で勝つと、第七レース・各国公使賞盃、一四町四〇間（一マイル）、四頭立も二分一二秒で制し、優勝戦を昨秋に続いて連覇した(42)。続く秋のシーズン。一〇月三一日、一一月一、二日のニッポン・レース・クラブ秋季開催、ここで初めて根岸の勝馬のなかに名を列ね、初日第四レース・横浜賞典、一マイル、三頭立と第八レース銀行賞盃、一マイル一／二、六頭立の二勝をあげた(43)。この開催の日本馬が出走可能の残りのレースは日本馬と中国馬の混合戦の二つだけだったが、その二日目の伊藤賞盃を北天、三日目の秋季ハンデカップ景物をシヤンベルタンがそれぞれ勝っていたから、この三頭でその勝鞍の全部を制していた。この根岸に続く一一月一九、二〇日の不忍池開催では、花園は未勝利に終わっていたが、番外の有志景物を勝ったことによって花園が、繰返せば鹿鳴館時代の不忍池競馬場の最後のレースの勝馬となった。

花園も、これを最後に競馬場から消える。明治二四（一八九一）年秋、明治二五（一八九二）年春の不忍池の優勝戦を二勝していたとはいえ、内国勧業博覧会附属臨時競馬会の日本馬新馬のチャンピオンとしては、その能力を充分に開花させないままに終わってしまった観があった。当時の日本馬は八歳でも若いくらいだったから、その後の成長の余地が残されていたと思うが、不忍池競馬場が明治二六（一八九三）年春季開催から休止となり、根岸競馬場でも増々日本馬の出走が制約されるようになり、その可能性を確かめることもできなくなっていた。その満たされぬ想いから、園田実徳が、後に期待馬をハナゾノと命名して走らせたに違いないと思う。その意味で、花園は、園田を通じて鹿鳴館時代から馬券黙許時代を結ぶ架け橋となった馬だった。

6　明治二〇年代の雑種馬――ヤングオーストラリアを中心として

明治二〇年代前半、日本馬の偽籍問題もあって、ニッポン・レース・クラブ、共同競馬会社ともに原則的に雑種馬レースが増加していくことになった。そこで活躍する雑種馬は、宮内省御料牧場産、それも下総御料牧場産のものがほとんどとなった。明治二二（一八八九）年をもって陸軍や農商務省が競馬から撤退し、また民間の馬産の水準も、競馬に出走可能な馬を送り出すところまでに至っていなかったからである。ここで取り上げるヤングオーストラリア、玉来、アデールカデール、アニバルの四頭も、ヤングオーストラリアが新冠御料牧場産、残りの三頭が下総御料牧場産だった。この四頭は、明治二三（一八九〇）年五月の内国勧業博覧会附属臨時競馬会に出走して新馬、古馬のチャンピオン決定戦の勝馬か、あるいはそれを機に活躍することになった馬たちであった。各馬の個体を記録した資料(1)によると、アニバルを除いて、デビューが二歳の秋となり、当時の育成、調教技術のレベルから考えると、この各馬の年齢には疑問があるが、ここではそれに一応従っておく。そして雑種馬の馬主も居留民が多くなっていたが、それは、日本側の競馬への意欲が減退し、それに対してニッポン・レース・クラブがパリミチュエル方式の馬券の導入で隆盛に赴いたことに相呼応したものだった。

なお明治二〇年代に入ると、雑種馬についてもチャンピオン戦が、体高を基にした定量の斤量を原則として勝鞍に応じて増量される優勝戦とハンディキャップ戦の二つが行われるようになった。優勝戦は、明治二〇年代前半しばらくは過去二年間のくじ馬の限定戦であり、その制限を設けず且つ重い斤量を背負ってのハンデ戦の勝利こそが重みを持っていたともいえるが、ここでは双方をチャンピオン戦としておく。もちろん双方とも勝ち抜けば、文字通り、当該開催の覇者たる雑種馬ということであった。明治二〇年代、時間が経るに従って、ニッポン・レース・クラブでは、当該年度の雑種馬限定のレースも増加していったが、早くから登場していたこの四頭がチャンピオン戦では勝鞍をほぼ独占し続けた。結果的にみれば、明治二〇年代の雑種馬戦線では、明治一八、一九（一八八五、一八八六）年世代の水準が高かったということだった。

博覧会附属臨時競馬会の雑種馬古馬のチャンピオンとなったのがヤングオーストラリア（Young Australia）、新冠御料牧場産、明治一八（一八八五）年生、四尺九寸五分（約一五〇・〇センチ）、黒鹿毛[2]、名義は横浜ニッポン・レース・クラブの有力厩舎（馬主）であるウォード（**R. J. Ward**：御雇鉄道技師、仮定名称サツマ：**Satsuma**）だった。博覧会臨時競馬会のときの名義は大竹考太郎となっていたが、これはこの競馬に出走させることができるのが日本人に限定されていたので、形式的にそういった手続きが踏まれたものだった。ちなみに大竹は、それまでにヤングオーストラリアに騎乗したことがあった。

ヤングオーストラリアのデビューは、明治二〇（一八八七）年一一月一一、一二日の不忍池秋季開催、初日第一レース・試競賞典（四〇〇円）、九町一〇間（五ハロン）、七頭立、ここを圧倒的な強さを見せて一分六秒で勝った[3]。賞金が四〇〇円と高額だったのは、この秋季開催から、宮内省御厩課の全面的な支援のもと、全一五レース中一一と雑種馬主体のレース編成へと転換が計られており、その第一世代の新馬戦で重要な位置づけを持っていたことを反映したものだった。また、それまで日本馬で一分二〇秒台、雑種馬で一分一〇秒台前半であったことを考えれば、その勝時計は驚異的なもので、この新世代の雑種馬の能力の高さを明らかにするものだった。ついで二日目第八レース、ハンデのチャンピオン戦である重量負担景物（一五〇円）、一周（約一五〇〇メートル）、八頭立に臨み、かなり出遅れながらも、距離半ば過ぎあたりで先頭に立つとそのまま押し切った、勝タイム二分六秒一／二。このようにヤングオーストラリアは、新馬でチャンピオン戦に

図15　R. J. ウォード（仮定名称サツマ）

（前掲『図説　横浜外国人居留地』68頁。原版『ジャパンガゼット横浜50年史』所収、横浜開港資料館蔵）

勝つという快挙をやすやすとやってのけた。ウォードはこの勝利がよほど嬉しかったのであろう、騎手吉川勝江を肩車して何かを呟きながら歓ばしげに練り歩いたという。吉川は明治一〇年代後半から登場し、かなりの勝鞍をあげていた騎手であり、明治二一年秋のシーズンまでヤングオーストラリアの主戦となる。ニッポン・レース・クラブ秋季開催はすでに終わっていたから、根岸への登場は翌年となった。

だが前途を大いに期待させるデビューを飾ったヤングオーストラリアも、翌明治二一（一八八八）年は、大した成績を残さなかった。調子を崩したのか、あるいは気性難に災いされたのか、春のシーズン、五月一一、一二日の共同競馬会社春季開催には出走しなかったかあるいは未勝利に終わり(4)、その後の五月二一、二二、二三日のニッポン・レース・クラブ春季開催でも初日の勝馬には名を出さず、二日目第五レース・海軍賞盃、一周（約一七〇〇メートル）、四頭立では、バカついて外埒を越えスタンドに飛び込んで競走中止となっていた(5)。それでも三日目定量の優勝戦の第四レース・銀行者賞盃、一周（約一七〇〇メートル）、三頭立を勝って、能力の片鱗は見せていた。だが次の秋のシーズンも伸び悩んだ。一〇月二九、三〇、三一日のニッポン・レース・クラブ秋季開催、勝鞍は二日目第六レース、三／四マイル、六頭立の予定だったところが単走となった一勝のみ(6)、一一月二四、二五日の共同競馬会社秋季開催でも、初日第三レース・各国公使賞盃（一五〇円）、一四町四〇間（一マイル）、三頭立の一勝しかあげられなかった(7)。この開催の雑種馬のチャンピオンとなっていたのが、ここでデビューしていた新馬の玉来（タマライ）だった。

玉来は、下総御料牧場産、明治一九（一八八六）年生、芦毛、四尺九寸九分（一五一・二センチ）、名義は近衛大佐村井長寛、明治二一（一八八八）年秋季のくじ馬であった(8)。デビュー戦の初日第一レース・宮内省下賜賞典、九町一〇間（五ハロン）、五頭立では、これより先のニッポン・レース・クラブ秋季開催にデビューし二勝をあげていた東山の前に、経験の差もあって二着に終わっていたが、二走目の二日目第一レース・秋季くじ馬賞盃（一五〇円）、七町二〇間（一／二マイル）、四頭立を勝って、ハンデのチャンピオン戦である第九レース・くじ取り雑種重量負担馬景物（一五〇円）、一二町五〇間（七ハロン）、六頭立に臨んできた(9)。ここで東山に雪辱し、この開催の雑種馬くじ馬の一番馬となった。なお東山も下総御料牧場産、玉来と同じ明治一九年生、鹿毛、四尺八寸七分（約一四七・六センチ）[10]、明治二一（一八八八）年秋季のくじ馬、馬主は、共同競馬会社やニッポン・レース・クラブに数多くの馬を出走させていた大西厚だった。

そしてこの共同競馬会社秋季開催には、海門（カイモン）、下総御料牧場産、鹿毛、明治一九（一八八六）年生、四尺八寸一分（約一四五・七センチ）もデビュー[11]、二日目第四レース・有志賞盃、九町一〇間（五ハロン）、四頭立を勝っていた。海門は、おそらく鹿児島の開聞岳にちなむものだったろう。この同世代の玉来、東山、海門三頭は、しばらくはライバル関係となった。

明けて明治二二（一八八九）年春のシーズン。雨が続いたなかで迎えた四月二五、二七、二九日のニッポン・レース・クラブ春季開催[12]。東山と玉来が出走した初日第三レース・春季賞典（Spring Plate）（明治二一、二二年のくじ馬限定）、五ハロン、七頭立、東山が一番人気だった。玉来は東山とともに先行したが直線で離され、人気に応えて一分一三秒三／四で東山が勝ち、玉来は三着に終わった。なお東山のその後の出走はなかった。玉来の二走目は同日第八レース・根岸景物（Negisi Stakes）、三／四マイル、三頭立、直線、海門との接戦となり玉来が優勢に見えるなかでゴールに入線したが、判定は海門（ミスジャッジとの声もあがった）、タイム一分三一秒であった。三走目は、二日目第七レース・北地賞典（Northern Plate）、一周一ディスタンス（約一八〇〇メートル）、四頭立、再び海門との対決となった。昨日の「負け」があっても玉来の方が評価が高く、パリミチュエル方式の単勝でも玉来が本命だった。玉来は、フライングを繰り返したが、スタートが切られるとハナに立ち、そのまま逃げ切り、今度は海門に二馬身差をつけて二分二五秒で勝って、一番人気に応えた。タイムが遅いので、スローペースの逃げだったのだろう。そして玉来と海門の二頭立となった三日目第五レース・雑種馬優勝景物（Half-bred Champion）（明治二一、二二年くじ馬限定）、一周（約一七〇〇メートル）、玉来はここもハナを切り、今度は早いペースで逃げ、海門の直線での追い上げも凌いで一馬身差の二分四秒で勝ち、海門との勝負に決着をつけた。

一方、ヤングオーストラリアは、二日目第三レース・標準賞典（Criterion Plate）、一周（約一七〇〇㍍）、三頭立を二分四秒一／二で楽勝していた。玉来とヤングオーストラリアの初の対決となったのが三日目第八レース、ハンデのチャンピオン戦、雑種馬重量負担景物（Half-bred Handicap）、三／四マイル、四頭立。玉来の一五一ポンド（約六八・五kg）に対してヤングオーストラリアが一六八ポンド（約七六・二kg）、玉来がいつもの通りハナに立ち、そのまま直線でも粘って、一分二九秒一／四で逃げ切った。ヤングオーストラリアは追い込みきれず二着。一七ポンド（約七・七kg）のハンデ差があったとはいえ、ヤングオーストラリアも破って、玉来が定量の優勝戦とハンデ戦を制覇して文句のない雑種馬のチャンピオンとなった。村井がニッポン・レース・クラブの会員ではなかったのか、この開催では玉来は大西厚名義で出走した。だがこの敗戦があったとはいえヤングオーストラリアの評価は高く、この春季開催後の競走馬のオークションでは、主取りとはなったが、四二〇ドルというのがオークション開始時の価格だった(13)。

続く五月一一、一二日の共同競馬会社春季開催、ここの一番人気馬は、根岸の走りが評価されて玉来だった(14)。玉来の名義は村井にもどった。初日第三レース・東台賞盃、九町一〇間（五ハロン）、三頭立、故障や落馬がない限り楽勝と思われていたが、そのまさかが起こり、勝利目前のゴール前でつまずいて騎手が落馬、海門が一分一八秒で勝った。玉来、ヤングオーストラリア、東山が顔をそろえた同日第八レース、ハンデ戦の七町二〇間（一／二マイル）、四頭立。ハンデは、ヤングオーストラリア一六五ポンド（約七四・八kg）、玉来一五三ポンド（約六九・四kg）、東山一四八ポンド（約六七・一kg）。ここは「最軽量」の東山が五五秒一／四で制し、二着ヤングオーストラリア、三着玉来だった。東山は、先の根岸でも一走だけだったが、この開催でもその後の出走はなかった。体質的に弱いところがあったのだろうか、この後は活躍することがなかった。玉来の初勝利は、二日目第三レース・各国公使賞盃、一周（約一五〇〇㍍）、四頭立となった。これまでのように逃げるのではなく、逆にゴール直前で追い込みを決めて一分五四秒で勝ったものだった。チャンピオン戦である同日第八レース・雑種重量負担景物、一四町四〇間（一マイル）は、ヤングオーストラリアと玉来の二頭立となった。ハンデは、それぞれ一六五ポンド（約七四・八kg）、一五五ポンド

（約七〇・三kg）。前走は追い込んだが、逃げた方がよい玉来がやはりスタートで出遅れて後出を踏んでしまった。ヤングオーストラリアが軽快に飛ばし、一分五九秒一／二で押し切った。この二分を切る時計は破格のものであったから、おそらく玉来は大差をつけられていただろう。この圧勝劇を見ると、ヤングオーストラリアが、先の一／二マイル戦で破れたのは、ハンデの他に、距離の問題があったようである。ヤングオーストラリアの適性は、短距離よりも、マイル以上にあることが明らかになっていく。このレースのヤングオーストラリアには、この頃から根岸で活躍し始めていたコリンス（Collins）が騎乗していたが、以後明治二三（一八九〇）年秋のシーズンまでヤングオーストラリアの主戦を務める。これを契機とするかのように、ここまで期待の大きさの割に物足りなさを感じさせていたヤングオーストラリアが次の秋のシーズンでようやくその強さを発揮することになった。一方前評判の割に四戦一勝と期待はずれの成績に終わってしまっていた玉来はこの後、ヤングオーストラリアの壁を打ち破ることが難しくなっていく。

一〇月二九、三〇、三一日のニッポン・レース・クラブ秋季開催(15)。この開催から海門は居留民の名義となり、アデールカデール（Abd-el Kader）と改名された。この名は、アルジェリアの反フランス運動の指導者にちなんだものだろう。まず玉来とアデールカデールが、初日第四レース・少年賞典（Juvenile Plate）、一周（約一七〇〇メートル）、三頭立で対決、両頭の接戦となり、ここは玉来が勝った。ヤングオーストラリア、玉来、アデールカデールの三頭が顔をそろえた同日第九レース・雑種馬賞典（Half-Bred Plate）、一マイル一／四、六頭立、距離が長くなったここではヤングオーストラリアが力通りに勝ち、二着アデールカデール、玉来は着外だった。ここまで未勝利のアデールカデールも、三日目第二レース・雑種馬撫恤景物、一／二マイル、二頭立では人気を落としていたが、低評価を覆して五六秒一／二で勝った。三日目第五レース・雑種馬優勝賞典（Half-Bred Champion）、一マイルは、玉来の単走となり、この年の根岸の春秋の開催の優勝戦を制覇したことになった。この開催それほどの強さを見せてはいなかったが、「この馬に及ぶべき駿馬なきを以て」他が出走を回避したという。なおヤングオーストラリアはここに出走権がなかった。ともかくも玉来はこの勝鞍で「村井大佐所有の逸物名駒の誉を博」することになった(16)。三日目第八レース・雑種馬ハンデカップ（Half-Bred Handicap）、三／四マイル、五頭立が当該開催雑種馬の雌雄を決するものとなった。ハンデはヤングオーストラリア一六七ポンド（約七五・七kg）、玉来一六二ポンド（約七三・五kg）、アデールカデール一五五ポンド（約七〇・三kg）。玉来と共に後方待機のヤングオーストラリアが、残り三ハロンで玉来と一緒に追い上げにかかり、残り一ハロンで先頭に立ち、そのままゴールを一分二九秒一／二で駆け抜けた。ハンデ差がつまれば玉来には負けはしなかった。なおこのレースのカップはニッポン・レース・クラブ会頭神奈川県知事沖守固が授与、その際、沖が会頭就任の挨拶も行っていたから、このハンデキャップ戦が開催のメインレースの位置付けだったと思われる。

そして一一月一〇、一一日の共同競馬会社秋季開催(17)。玉来が初日第四レース・皇族下賜賞典、一一町（三／四マイル）、五頭立、ヤングオーストラリアが初日第七レース・東台賞典、一四町四〇間（一マイル）、二頭立、アデールカデールが二日目第三レース不忍賞盃、二頭立をそれぞれ勝って、チャンピオン決定戦の二日目第九レース・雑種重量負担馬景物、一六町三〇間（一マイル一／四）、四頭立の対戦に臨んだ。距離が長くなったここは力通りヤングオーストラリアが制し、玉来が二着だった。このようにしてヤングオーストラリアが、明治二二（一八八九）年秋のシーズンの根岸、不忍池とチャンピオン戦を勝ち抜き、雑種馬の王座の地位を揺るぎないものにした。ちなみにこの秋季開催後の横浜での競走馬のオークションで、ヤングオーストラリアは、これもウォード名義の日本馬ベンディゴと雑種馬静幡（明治二二年秋季不忍池開催、秋季重量負担馬景物勝馬）という強い馬と合わせての三頭で計一二五〇ドルという非常に高価格な「お台」でオークションにかけられたが、ここでも主取りになっていた(18)。

明けて明治二三（一八九〇）年春のシーズン。五月一六、一七、一八日博覧会附属臨時競馬会が待ち受けていた。その前の四月三〇日、五月一、二日のニッポン・レース・クラブ春季開催(19)。この開催、アデールカデールが不出走、ヤングオーストラリアは、初日第七レース・雑種馬景物、一マイル一／四、三頭立の一勝のみに終わっていたが、これは臨時競馬会にそなえたものだったろう。ここでチャンピオン馬となったのが玉来だった。玉来は、二日目第三レース・北地賞典、一周（約一七〇〇メートル）、五頭立に続いて、三日目第八レース・雑種馬ハンデカップ、三／四マイル、五頭立を制した。なお三日目第五レース・雑種馬優勝賞典（過去二年のくじ馬限定戦）、一周（約一七〇〇メートル）はヤングオーストラリアと同馬主ウォードの静幡の単走となっていた。

　そして博覧会附属臨時競馬会だった[20]。この競馬会は、鹿鳴館時代の競馬の集約点としての意義を持つ開催だったが（第四章第三節）、雑種馬のレースの中心となったのが、ここまでふれてきたヤングオーストラリア、玉来、アデールカデールの三頭及び新馬の荒浪だった。荒浪は、下総牧場産、くじ馬、明治一四（一八八一）年生、四尺九分（約一四八・五センチ）、河原毛[21]。この臨時競馬会、九歳でのデビューだった。まず登場したのが玉来、初日第四レース・東京馬車鉄道会社賞典（二〇〇円）、一二町五〇間（七ハロン）、六頭立、根岸の春のチャンピオン馬の力を示して一分四一秒で勝った。この勝利に臨時競馬会の役員でもあった馬主の村井長寛は喜び、近衛大佐の正帽を、天皇が観戦する玉座前で二度高く放り投げたという。つぎが荒浪、同日第六レース・日本銀行賞盃（総賞金三〇〇円、一着二一〇円）、一四町四〇間（一マイル）、一四頭立を一分五七秒一／四で勝った。直前の日本馬の一マイルレース、勝馬のタイムが二分八秒であったから、この勝時計は破格だった。荒浪の評価が一気に高まった。アデールカデールの緒戦は、二日目第三レース（一五〇円）、九町一〇間（五ハロン）、五頭立、第四大浪という馬との一分一〇秒の一着同着となった。この第四大浪は、下総御料牧場産、名義も同牧場、牝五歳、芦毛、四尺八寸八分（約一四七・九センチ）だった[22]。ヤングオーストラリアの緒戦は、三日目第一レース・横浜紳士賞盃（一五〇円）、九町一〇間（五ハロン）、七頭立、ここは一分一一秒一／四と二日目第三レースより遅い時計ではあったが、それは楽勝の結果だった。同日第二レースが、雑種馬新馬のチャンピオン戦、雑種新馬優等賞盃（総賞金六〇〇円、一着三〇〇円）、一四町四〇間（一マイル）、六頭立、ここは荒浪が初日の日本銀行賞盃の勝ちがフロックではないことを示して、一分五八秒一／二で制した。この時計も優秀なものだった。そして第四レースが、雑種馬古馬の当該開催勝馬限定のチャンピオン戦、古馬優等賞杯（総賞金三五〇円、一着一五〇円）、一四町四〇間（一マイル）、ヤングオーストラリア、玉来、アデールカデールの三頭立。ここは、ヤングオーストラリアが、初日の荒浪、また昨秋の不忍池開催の自己の時計を上回る一分五七秒というすばらしいタイムで制し雑種馬古馬王者の座に就いた。二着アデールカーデル、三着玉来だった。第六レース・日本郵船会社賞盃（総賞金五〇〇円、一着二五〇円）、一二町五〇間（七ハロン）、一五頭立、第四大浪、アデールカデール、荒浪が出走してきたが、ヤングオーストラリア、玉来は回避、負担重量は、牝馬の第四大浪が一四五ポンド（約六五・八kg）、アデールカデールと荒浪が一五五ポンド（約七〇・三kg）。この三頭のなかでは、第四大浪の人気が低かったが、結果は逆に第四大浪が一分四四秒で勝ち、賭けも波乱となった。一／四秒差の二着がアデールカデール、さらに一／四秒差の三着が荒浪だった。第四大浪は、先の一マイルの雑種新馬優等賞盃では着外に敗れていたが、五ハロン、七ハロンで勝ったことを見ると、距離の壁があったようである。なお第四大浪の出走は、この臨時競馬会だけに終わった。雑種馬に関しては、古馬のチャンピオンがヤングオーストラリア、新馬は、当時のチャンピオンディスタンスの一マイルでは荒浪、それ以下では第四大浪、産地（生産牧場）で見ると、ヤングオーストラリアを出した新冠御料牧場以外は、下総御料牧場が圧倒した、というのがこの競馬会の結果だった。三日目の第二、第三、第四、第五レースが雑種馬新馬、日本馬新馬、雑種馬古馬、日本馬及び雑種馬古馬・新馬とそれぞれのジャンルのチャンピオン戦だったが、この各レース優勝馬には博覧会からの褒状が授与された。

この直後の六月一、二日の共同競馬会社春季開催は、同会社が、博覧会臨時競馬会と合わせての出走を呼びかけていたことで、第四大浪を除く、前記の四頭の再戦がなった(23)。荒浪は、この開催から、名義を居留民に移し、アニバル（Annibal）と改名した。ヤングオーストラリアと玉来は、重馬場とハンデが応えたのか、あるいは臨時競馬会での力走で調子を崩したのか、アニバル、アデールカデールにも勝つことができず、両頭とも未勝利に終わっていた。四頭のなかで力を示したのは、臨時競馬会の新馬チャンピオンであったアニバルであった。まずアニバルは、初日第五レース・東宮下賜賞典、一二町（一マイル一／二）、三頭立、三分三秒一／二でヤングオーストラリアを破るという大金星をあげ、ついだ同日第八レース・雑種馬ハンデカップ賞盃、一一町（三／四マイル）、五頭立は、アニバルとアデールカデールと同着となったが、古馬のアデールカーデルが一五〇ポンド（約六八・〇kg）、新馬のアニバルが一六二ポンド（約七三・五kg）というハンデの評価が間違っていなかったことを示す結果となった。一レースをはさんでの両頭の決定戦、ここが圧巻だった。アニバルは一鞭もあてずに一分三二秒で楽勝した。二日目第六レース、未勝利馬限定の雑種馬撫恤景物、一周（約一五〇〇メートル）は、ヤングオーストラリア、玉来、アデールカデールの三頭立という未勝利戦にしては思いもよらないメンバーとなった。ここも、これまでの実績を覆す結果となり、アデールカデールが勝った。二着ヤングオーストラリア、三着玉来だった。そして同日第九レース・雑種馬ハンデカップ賞盃、一四町四〇間（一マイル）、九頭立がチャンピオン戦であった。おそらくアニバルが一番人気、アデールカデール、ヤングオーストラリア、玉来と続いていたであろう。ところがここを勝ったのは、臨時競馬会からここまで未勝利だった伏兵の士乗（シノリ）という馬だった。勝タイム一分五六秒一／二は、臨時競馬会の雑種馬古馬優勝戦のヤングオーストラリアの一分五七秒を上回り、馬場差を考えると、破格の好時計だった。二着アニバル。一、二着の判定まで時間がかかり、観客は「縁故ある馬の勝利を究拳を握りて祈り居りしが」、士乗の勝ちとの判定が発表されると、「アニバル馬の勝利を祈りしもの落胆し、士乗馬贔屓の者は拍手投帽勝声を放ち喜悦云はん方なか」ったという(24)。

士乗は、北海道七重産、栗毛、明治一八年生、四尺九寸三分（約一四九・三センチ）(25)、それまでの蹄跡でわかるところでは明治二一（一八八八）年札幌競馬会で一勝をあげていた馬だった(26)。名義は園田実徳、園田にとって東京・横浜の競馬での記念すべき初勝利であった。馬券黙許時代、園田が、新冠御料牧場産の父第二スプネー、母ミラという名血を価格一五〇〇〇円で購入した時、その馬をシノリと名付けたのは、おそらくこの初勝利を忘れなかったからだと思う。士乗に騎乗していたのは函館大次だったが、この大次は明治を代表する騎手、馬術家であった函館大経の弟子であり実弟だった(27)。士乗は、その後、不忍池、根岸の競馬場には登場しなかった。

次の明治二三（一八九〇）年秋のシーズン。一〇月三〇、三一日、一一月一日がニッポン・レース・クラブ、二週間後の一一月一四、一五日が共同競馬会社の秋季開催という日程だった。まず根岸の開催、ここではヤングオーストラリアが復活、最強馬にふさわしい成績を残した(28)。初日第六レース・雑種馬景物、一マイル一／四、四頭立、ついで二日目第八レース・神奈川賞盃、一周（約一七〇〇メートル）、二頭立、さらに三日目第五レース・雑種馬優勝景物、一周、三頭立と三レースを勝ち抜いた。玉来は、ヤングオーストラリアとの対戦を避け、初日第三レース・青森賞典、三／四マイル、三頭立、二日目第四レース・北海道賞盃、一周（約一七〇〇メートル）、二頭立で二勝をあげていた。またアデールカデールは、三日目第八レース・雑種馬ハンデカップ、三／四マイル、五頭立を勝ち、ヤングオーストラリアと玉来が出走していなかったとはいえ、初めてハンデのチャンピオン戦を制することになった。先の春のシーズン、良績を残して期待されていたアニバルは、三日目第二レース・雑種馬撫恤景物、一／二マイル、三頭立の一勝のみにとどまった。

続く不忍池秋季開催(29)。全一六レース中、雑種馬は五レース。第一戦目の初日第三レース・各国公使賞盃、一四町四〇間（一マイル）、六頭立は、玉来が一分五八秒一／四、二戦目の同日第六レース・東宮職下賜賞典、二二町（一マイル一／二）、六頭立はアデールカデールが三分四秒で勝ち、それぞれ一勝をあげていた。同日第九レース・有志賞盃、一四町四〇間（一マイル）は、前の二レースの勝馬が出走不可であったこともあって、アニバルの単走となっていた。ヤングオーストラリアが勝馬として名を出したのは、二日目第五レース、開催の未勝利限定戦、雑種馬撫恤景物、九町一〇間（五ハロン）、三頭立のことになった。勝タイムの一分一一秒一／二は博覧会臨時競馬会とほとんど変らなかったから力の衰えも体調不良もなかったはずだが、ヤングオーストラリアのこの開催での勝鞍はこの一勝にとどまっていた。根岸で発揮した力から見て、不可解なヤングオーストラリアの成績であった。二日目第八レース、チャンピオン戦である皇族下賜賞典、一四町四〇間（一マイル）、六頭立、ここを一分五五秒一／二というすばらしい時計、それもおそらくレコードで制したのが玉来だった。ここにヤングオーストラリアが出走したのかどうかは不明だが、玉来は不忍池競馬場でのチャンピオン戦に初めて勝利したことになった。

翌明治二四（一八九一）年春のシーズン、四月二八、二九、三〇日ニッポン・レース・クラブ、五月九、一〇日共同競馬会社春季開催という日程だった。まず根岸の開催(30)。全二七レース中、雑種馬九。目に付くのは、ヤングオーストラリアの不調だった。昨秋の不忍池に続いて勝鞍は、二日目第二レース・北地賞典、一周（約一七〇〇メートル）、四頭立の一つだけだった。アニバルは初日第五レース・雑種馬景物、一マイル一／二、三頭立と二日目第八レース・青森賞典、一周（約一七〇〇メートル）、三頭立の二勝をあげていたが、定量とハンデのチャンピオン戦を勝ったのは、それぞれアデールカデールと玉来だった。アデールカデールは、三日目第五レース・雑種馬優勝賞典、一周（約一七〇〇メートル）、三頭立に勝ち、昨秋のハンデに続いて定量のチャンピオン戦を制していた。また玉来の初勝利（あるいは初出走）は三日目第二レース・雑種馬撫恤景物、一／二マイル、五頭立であったが、ついでチャンピオン戦である第八レース・雑種馬ハンデカップ景物、三／四マイル、六頭立にも勝ち、前年春季開催以来一年ぶりに根岸のチャンピオンの座に返り咲いた。

つぎの不忍池の開催(31)。ここから前年の明治二三（一八九〇）年には、春六、秋五と減少傾向であった雑種馬のレースが全一六レース中九レースと増加した。だがヤングオーストラリアは、不調が続いていたらしく、勝馬のなかにはその名が出てこない。四頭のなかで最初に勝鞍をあげたのが玉来、初日第四レース・観客賞盃、一一町（三／四マイル）、四頭立を一分二五秒一／四でのものだった。ついでアニバルが、同日第八レース・皇族下賜賞典、一四町四〇間（一マイル）、二頭立を勝っていたが、勝タイムの二分七秒一／二は、かなり遅い時計だったから相手が楽であったのだろう。アデールカデールは、二日目の二レースを取り消していたが、二日目第六レース・雑種馬ハンデカップ賞盃、一八町二〇間（一マイル一／四）には出走、アニバル、玉来との三頭立の対戦となった。ここを制したのが、順当に玉来、勝タイム二分二八秒一／二、根岸と連続してチャンピオン戦をものにして、この春のシーズンの覇者となった。

ところがここを最後に突然、あるいは花道として玉来の姿は競馬場から消えてしまうことになる。デビューの明治二一（一八八八）年不忍池秋季では、同開催くじ馬の一番馬となり、明治二二（一八八九）年根岸春季ではヤングオーストラリアも破って、定量の優勝戦とハンデ戦を勝つという快挙を演じていた。だが、ハンデ差のつまった明治二二年不忍池春季から明治二三（一八九〇）年根岸秋季まではヤングオーストラリアの前には勝てなくなってしまっていた。しかし明治二三年不忍池秋季から、明治二四（一八九一）年春季の根岸、不忍池とチャンピオン戦を勝ち抜き、再び雑種馬の先頭を走り始めたところでの引退だった。下総御料牧場産、近衛大佐村井長寛の持馬、そしてその成績からみて、少なくとも見捨て去られるような形になっての引退だったとは思えない。

玉来の姿が消えた明治二四年秋のシーズン、一一月四、五、六日ニッポン・レース・クラブ、一二月四、五日共同競馬会社秋季開催という日程だった。まず根岸の開催(32)。古馬のなかで目立ったのは、ヤングオーストラリアの立ち直りであった。まず初日第五レース・雑種馬景物（Half-Bred Stakes）、一マイル一／二、三頭立、半マイル過ぎからアニバルとの激しい競り合いとなったが、アニバルが脱落、当時としては驚異的な二分五六秒で勝ったのが手始めだった。二着が道中最後方からいったアデールカデール、三着がバテてしまったアニバルだった。ついで二日目第八レース・青森賞典（Aomori Plate）、一マイル、三頭立では、スタートして先行するアデールカデールをすぐかわしてそのまま逃げ切って一分五八秒で楽勝。四～五馬身差の二着がアデールカデールだった。さらに三日目第八レース雑種馬ハンデカップ景物（Half-Bred Handicap Stakes）、一マイル、五頭立では、一七五ポンド（約七九・四kg）を背負っての一分五八秒の楽勝、このときの二着のアニバルは一七〇（約七七・一kg）ポンドだったが、他馬が一四〇～一六〇ポンド（約六三・五～七二・六kg）であったから、力の差を見せつけた勝利だった。この開催全二七レース中雑種馬九、内春季くじ馬限定が五だったから古馬が出走できる四レース、といっても残りの一レースが開催未勝利戦だったから、出走可能の三レースすべてをヤングオーストラリアが勝ったことになった。ちなみにその未勝利戦、三日目第二レース・雑種馬撫恤景物（Half-Bred Consolation）、一マイル一／四、二頭立を、相手馬がフライングで一周して疲労気味だったこともあったが、二分三九秒一／二で楽勝したのがアデールカデールだった。ヤングオーストラリアは単に復活しただけでなく、先の初日雑種馬景物、一マイル一／二（約二四〇〇メートル）のレースでの勝タイムが英国のエプサム・ダービー並の記録というすばらしいパフォーマンスを演じていた。横浜で発行されていた英字新聞「ジャパン・メイル」は、これに関して次のような記事を載せたという(33)。

二分五六秒はこのコースの最高タイムであり、注目に値する。雑種にしては素晴らしい出来ばえである。事実これは、一八七六年にセフトン号がダービーで出したタイムであり、ダービー・タイムと呼ぶにふさわしい記録である。ヤ号は六歳馬であり、ダービーの体重より二五ポンド（約一一・三kg）以上もある騎手をのせた。

この驚異的なタイムでの勝利とチャンピオン戦での満量に近い斤量を背負っての優勝と三戦三勝、ヤングオーストラリアは、まさにピークを迎えた観があった。

根岸から一ヶ月後の一二月四、五日の不忍池秋季開催(34)。全一六レース中、雑種馬一二レースだったが、内春季くじ馬限定が四、同秋季限定が五だったから、古馬が出走可能なのは三レースだった。先の根岸秋季開催からヤングオーストラリアの名義はタケダ（おそらく武田鶴松）に移っていたが、タケダは、初日第二レース、シヤンベルタンへの妨害の裁定への不服を唱え、以後すべての持馬を引き上げてしまっていたから（前節）、ヤングオーストラリアはこの開催には出走しないことになった。したがって、雑種馬古馬の三レースは、アニバル、アデールカデールの争いとなった。初日第六レース・皇族下賜賞典、一マイル、三頭立を二分一秒一／四で勝ったのがアニバル、二着アデールカデール。二日目第四レース・雑種馬撫恤景物、一一町（三／四マイル）、四頭立では、アデールカデールがさすがに強く一分三三秒一／二で順当に勝ち抜けた。そして古馬のチャンピオン戦、同日第八レース・雑種馬ハンデカップ、一八町二〇間（一マイル一／四）はアデールカデールとアニバルの二頭立となった。アニバルが三、四間ほど先行したが、一周した辺りで頭を並べ、ゴール前二町（約二一八メートル）でアデールカデールがスパート、二分三三秒一／二で勝った。そしてアデールカデールも、ここでまがりなりにもチャンピオンの座についたことを花道とするかのように引退してしまった。古馬の出走がニッポン・レース・クラブ、共同競馬会社双方ともに制限されることが要因に

表13　ヤングオーストラリア生涯成績・28戦22勝（判明分）

競馬場、日付	レース名	距離、賞金	騎手、着順／頭数、勝馬（2着馬）、タイム
明治20（1887）年			
不忍池11月12日	第1レース試競賞典	9町10間、400円	吉川勝江、1／7、（賎ヶ嶽）、1分16秒
11月13日	第8レース重量負担景物	1周、150円	吉川勝江、1／7、2分6秒1/2
明治21（1888）年			
根岸　5月22日	第5レース海軍賞盃	1周	吉川勝江、競走中止／4、スターライト
5月23日	第4レース銀行賞盃	1周	吉川勝江、1／3
根岸　10月30日	第6レース	3/4マイル	吉川勝江、単走
不忍池11月24日	第3レース各国公使賞盃	14町40間、150円	吉川勝江、1／3
明治22（1889）年			
根岸　4月27日	第3レースCriterion Plate ＊くじ馬限定	1周	大竹考太郎、1／3、（スターリング）、2分4秒1/2
4月29日	第8レースHalf-Bred Handicap ＊くじ馬限定	3/4マイル	2／4、玉来、1分29秒1/2
不忍池5月11日	第8レース	7町20間	2／4、東山、55秒1/4
5月12日	第8レース雑種馬重量負担景物	14町40間	コリンス、1／2、（玉来）、1分59秒1/2
根岸　10月29日	第9レースHalf-Bred Stakes ＊くじ馬限定	1マイル3/4	コリンス、1／6、（アデールカデール）
10月31日	第8レースHalf-Bred Handicap	3/4マイル	コリンス、1／5、（玉来）、1分29秒1/2
不忍池11月10日	第7レース東台賞典	14町40間	大竹考太郎、1／2、（玉来）
11月11日	第9レース雑種馬重量負担馬景物	16町30間	コリンス、1／4、（玉来）
明治23（1890）年			
根岸　4月30日	第7レース雑種馬景物	1マイル1/4	大竹考太郎、1／3
第三回内国勧業博覧会附属臨時競馬会			
不忍池5月18日	第1レース横浜紳士賞盃	9町10間、150円	コリンス、1／7、1分11秒1/4
	第4レース古馬優等賞盃 ＊古馬雑種馬開催勝馬限定	14町40間、300円（1着150円）	コリンス、1／3、（アデールカデール）、1分57秒
不忍池6月1日	第5レース東京府下賜賞典	22町	着順不明／3、アニバル、3分3秒1/2
6月2日	第3レース雑種馬撫恤賞盃	1周	2／3、アデールカデール、1分48秒
	第9レース雑種馬ハンデカップ賞盃	14町40間	3着以下／8、士乗、1分56秒1/2
根岸　10月30日	第6レース雑種馬景物	1マイル1/4	コリンス、1／4
10月31日	第8レース神奈川賞盃	1周	コリンス、1／2

11月1日	第5レース雑種馬優勝景物	1周	コリンス、1／3
不忍池11月15日	第5レース雑種馬撫恤景物	9町10間	コリンス、1／3、1分11秒1/2
明治24（1891）年 根岸　4月29日	第2レース北地賞典	1周	大竹考太郎、1／4
根岸　11月4日 11月5日 11月6日	第5レースHalf-Bred Stakes 第8レースAomori Plate 第8レースHalf-Bred Handicap Stakes	1マイル1/2 1マイル 1マイル	小林音吉、1／3、（アデールカデール）、2分56秒 大野市太郎、1／3、（アデールカデール）、1分58秒 大野市太郎、1／5、（アニバル）、1分58秒

（『毎日』明20・5・18、5・20〜21、6・5、6・7、10・27、10・29、11・5、明21・5・13〜14、5・22〜23、5・25、10・30〜31、11・1、11・25、11・27、明22・4・27、5・1、5・12、5・14、10・31、11・1〜2、11・12、明23・5・1〜2、5・4、5・17、6・3、11・1〜2、11・16、明24・4・30、5・1〜2、5・10、5・12、12・6。『日日』明20・5・26、6・7〜8、10・28〜29、11・15、明21・10・31、11・3、11・25、11・27、明22・5・12、5・14、10・31、11・1〜2、明23・5・2、6・3、11・1〜2、11・16。『読売』明20・5・19、5・21〜22、6・5、6・7、10・27〜29、11・13、11・15、明21・10・31、11・1〜2、11・27、明22・4・27、4・30、5・1、5・12、5・14、10・31、11・1〜2、11・11〜12、明23・5・2〜4、5・17〜19、6・2〜3、11・16〜17。『報知』明20・6・5、6・7、10・27〜28、11・12〜13、11・15、明22・5・12〜13（夕）、10・30〜31、11・1（夕）、11・11〜12、明23・5・17〜18、6・2、11・16〜17、明24・5・10、12・6、12・8。『朝野』明20・5・19、5・21、6・7、10・27〜29、11・13、11・15、明21・10・30〜31、11・2、11・25、11・27、明22・4・27、4・30、5・1、5・12、5・14、10・31、11・1、11・12、明23・5・2〜4、5・18〜20、6・2、10・31、11・2、11・16、11・18、明24・5・12、12・8。『時事』明20・5・19〜21、6・6〜7、10・27、10・29、11・13〜14、明21・10・30〜31、11・1、11・25〜26、明22・4・26、4・28、4・30、5・12〜13、10・30〜31、11・1、11・11〜12、明23・5・2〜4、5・17、5・19、6・3、11・1〜3、11・17、明24・4・30、5・1〜2、5・10〜11、11・6〜8、12・6、12・8。『東朝』明21・10・30〜31、11・1、11・25、11・27、明22・4・27、4・29、5・1、5・12、5・14、10・31、11・1〜2、11・12、明23・5・17〜18、5・20、6・3、11・16、11・18、明24・5・10、5・12、12・6、12・8。J.G. 1889・4・25、4・27、4・29、5・13、10・29〜31、1891・11・4〜6、12・7。『日本』明22・5・12、11・11〜12、明23・11・17。「明治23年第三回内国勧業博覧会附属臨時競馬会番組表」馬の博物館蔵。「共同競馬会社明治25年春季競馬会番組表」馬の博物館蔵より作成）

なっていたと思われる。アデールカデールのその後の消息は不明である。

またヤングオーストラリアも、この共同競馬会社に出走回避以後、競馬場に姿を現すことはなかった。アデールカデールと同様に古馬の出走制限も要因になっていただろうが、ヤングオーストラリアはアデールカデールよりも強かったから、その他に何らかの事情を感じさせるあっけない引退だった。

振り返ってみれば、ヤングオーストラリアは、明治二〇（一八八七）年秋のデビューのシーズンで将来を嘱望させる勝ちぶりを見せ、その後しばらくはその期待に必ずしも応えられなかったが、明治二二（一八八九）年根岸秋季開催、明治二三（一八九〇）年内国勧業博覧会附属臨時競馬会、同年根岸秋季開催とチャンピオンとなり、一旦影を潜めた明治二四（一八九一）年春をはさんで、次の根岸秋季開催では再び驚異的なタイムや極量で勝つといった離れ技を演じていた。そのピークは、明治二二年秋から明治二四年秋にあったといえるから、引退はあまりに唐突だった。その後の消息は不明であるが、下総御料牧場産であり、また博覧会附属臨時競馬会の雑種古馬のチャンピオンともなり、さらには驚異的なタイムも出して、その他のレースでも数多くの勝利をあげていたから、種牡馬となり、いわゆる下総アラブのなかにその血を伝えていた可能性もなくもないと思う。

そして翌明治二五（一八九二）年春のシーズンを迎えたとき、残るはアニバルだけとなった。四月二五、二六、二七日のニッポン・レース・クラブ春季開催には出走しなかったか、あるいは未勝利に終わっていたが(35)、五月七、八日の共同競馬会社春季開催では、初日第四レース不忍賞盃、一四町、三頭立を二分二秒で勝ち、二日目にはチャンピオン戦である第八レース・皇族下賜賞盃、一四町四〇間（一マイル）、三頭立も一分五七秒という好時計で制した(36)。このアニバルも、前記の三頭に続くかのように、この明治二五年春のシーズンで姿を消すことになった。内国勧業博覧会臨時競馬会の勝ち振りから期待された割に、物足りない成績しか残さなかったが、それはデビューが九歳という、当時としても遅いものであったから、もともと成長を望む方が無理だったのだろう。アニバルの消息もわからない。

以上のように、これら四頭が競い合うなかで明治二〇年代前半の雑種馬のレースが展開されていた。順位をつければ、まずヤングオーストラリアが抜けていて、つぎに玉来、そのつぎがアニバル、最後がアデールカデールということになった。とはいえヤングオーストラリアは別格としても、他の三頭は勝ったり負けたりの力関係だった。だがそれもこの三頭が同じ下総御料牧場産であったことを考えれば、当然といえば当然だった。ヤングオーストラリア、そしてこの三頭は、鹿鳴館時代における新冠、下総両御料牧場の馬産の水準を高さを実証した馬たちだった。この先、雑種馬では明治一〇年代からニッポン・レース・クラブのなかで中心的な役割を果たしていたロビソン（R. D. Robison）所有で明治二四（一八九一）年にデビューしていたトラベラー（Traveler）という馬がチャンピオンの地位を占めていくことになるが(37)、そう遅くない内にその雑種馬たちも競馬の後景に退くことになっていく。オーストラリアからのサラブレッド系競走馬の輸入が始まり、その馬たちが雑種馬などを問題にしないほどの圧倒的な能力をみせていくことになるからである。

7 この章のおわりに

このようにして競馬が蓄積されていた。現在の競馬の状況からみれば、児戯に等しいものだったかもしれない。だがそれでも、ここまで述べてきたように馬の「個性」が、すでに充分識別できる競馬が展開されていた。このままレースのシステムが機能し続けていけば、強い馬が選抜され、また今度はその馬に新たな選抜戦を勝ち抜いた馬が闘いを挑む、そうしてチャンピオンが決定されていく。馬の能力は競馬で実証する。チャンピオン級の馬は高い評価を受け、種牡馬、あるいは繁殖牝馬となっていく。馬主は強い馬への所有欲を強め、生産者は生産者でその需要に答えるべく馬産への意欲を高める。こうして馬匹改良が進められていく。鹿鳴館時代の競馬は、まだ現実には、到底そこまで至ってはいなかったけれども、その一歩が踏み出されようとしていたと思う。

また観客の立場からいえば、競馬に相当の興奮を覚え、自分の好きな馬さえできていた。贔屓の馬、あるいは賭けていた馬に声援をおくり、勝てば歓呼の声をあげ、負けたら負けたで失望し、微妙な判定には固唾を飲み、レースが波乱となれば「此の取組中は他に有名の馬匹ありしに、墨染の勝となりしは思い設けぬことどもと見物の云あへり」(1)といったどよめきが競馬場におこっていた。そのなかからは「スター馬」だって生み出されていた。鎌倉、ダブリン、岩川、英、日光、シヤンベルタン、ヤングオーストラリアなどは、まさにそのような馬たちだった。したがってこういった競馬が、人々に何かを感じさせるようになっていたことも確かだったと思う。競馬に人生の比喩あるいは逆に人生に競馬の比喩、または競馬に時代の比喩を見出すまなざしも、現在の私たちはその最良のものとして寺山修司の一連の「作品」を持っているが、それにつながるような萌芽的なものが、鹿鳴館時代には、つぎのようにすでに生まれていた(2)。

……人々今日世を渡る有様も此の競馬の晴業に似たるにあらずや、数万の人が注目する社会という大馬場の中へ何千百人駒の頭を並べ、商人が青き服色か学者が紅き服色か職工が黒きか農家が白きか……わずか千間五百間の距離にても、乗り出しの後れたるが必らず負くるに極まらず、先へ乗り出したるが必らず勝つとも定まらねば、況して五〇年六〇年の永き争い少しの後れ先だちありとも俄かに喜憂をなすべからず、ただ油断なく怠らぬぞ、人世の競馬場に勝を得るの秘訣なりとぞ、古しへの聖賢も云いたれば、坦かにして長円なる馬場の外へ意の駒が外ぬよう、不埒の行いなきように鞭の打かた肝要なり、身不肖なれど小生も此の馬場中に入場せしの一人なれば、痩せたる駒に一鞭を加えんとして聊か所感を爰に記す。

これ自体は、今から見れば、類型的で陳腐なものとはいえ、競馬という新しい出来事が何らかの感慨を引き起こすものを含んでいたことだけはうかがうことができると思う。

馬主たちのなかからも、こういった競馬の不可思議な力に引かれていた者たちが出ていた。簡単に一例をあげてみよう。ロシア大使館書記ローゼンバーグの夫人である。夫人はフランス人で、フランスにいるときから馬を好み、常に一〇数頭を所有し競馬に勝つことを「此上なき快楽」としたほどの「馬僻家」だったという(3)。その持ち馬は雑種馬のオキヤクサン（おそらく「お客さん」にちなんだもの）。能力はあったが、気性が荒くて斜行の癖があり、主催者もそれを惜しんで工夫を重ね、片目を蔽うことでそれを解消しようとした(4)。夫人は、レース中から声を張り上げ、オキヤクサンが勝つと、「桟敷を飛び下りて馬を撫で摩り騎手を労」する姿が競馬場の名物的存在となっていた(5)。「馬は又鼻嵐を吹せて高く嘶き己れが勝を主に報ずる様なるは畜類と雖も恩愛は人にも替らざりけりと看者」

に感じさせ(6)、「案の如くオキヤクサンが勝を得たれば場中オキヤクサンオキヤクサンの喝采は暫時鳴りも止まざりし」(7)とこのオキヤクサンも、かなりの人気者となった。その他競馬に熱中した馬主には、居留民ではL・リンダウ、T・トーマス、N・P・キングドン、T・ストラチャン、E・ホイーラー、M・カークウッド、E・H・アンドリュース、R・J・ウォード、R・D・ロビソンなどがおり、また日本側にも、西郷従道、松方正義、楠本正隆、大河内正質、佐野(旧姓松村)延勝、波多野尹政、藤崎忠貞、谷元道之、分部光謙、藤波言忠、村井長寛、大谷金次郎、川西富五郎、大西厚、園田実徳などがいた。もちろん、騎手たちも競馬、あるいは馬に魅了されていただろう。

だが、私たちが行っていたこの鹿鳴館時代の競馬は、そのまま続けられることはなく、まさにその時代に翻弄されて終焉を迎えざるをえなかった。したがってそこでは、競馬は単に「好き」であることだけでつきあえるものではなくなっていた。競馬には「イカガワシサ」が付着し、賭博の問題化の視線も競馬に届き始めていた。またそれとともにこの時代の作用は、競馬に対するつぎのような「政治」からの批判を露出させてもいっていた(8)。

……目に競馬の上景気のみを見て、人間世界は何時もこんなもの、何処も斯くの通りと思召すことは、彼の貴介公子縉紳先生方に向て、平に御免を願はざるを得ず、今や四海困窮せり、先祖伝来の田地三反を売却しても、容易く百円の金を獲る能はず、況や七百円をや(明治一七年一一月不忍池競馬の最高の一着賞金の額)、小民に至ては、水瓶一個も新たに買入れる能はず、況んや大花瓶をや(同前競馬での宮内省や農商務省などの賞典)、陋巷に住む我々の飲食は、競馬の馬に及ばざる万々なる者有り、若し其の辺に心を留めて、而して後に自ら大快楽を取らば、是れ所謂天下の楽みに後れて楽むものと謂う可し、居士競馬の上景気を賛美し、併て猶一層の賛美を為すに至らんことを希望して斯く申す、若し夫れ眼中に馬有て人無しと謂うが如き無神経家は、居士の与せざる所なり、貴介公子縉紳先生は、豈其れ然らんや。

この論説は、秩父事件が勃発した緊迫した状況のなかで、明治一七（一八八四）年一一月一、二、三日、不忍池競馬場での第一回開催が行われていたことを批判するものとして書かれたものであった。現在の常識的な考えから振返ると、深刻な不況という社会状況からいっても、共同競馬会社が、開催を躊躇したのではないかと思われるが、実際は、そんなことはまったくなかった。政府首脳も、積極的に開催を支援し、また反政府的な言論を展開している新聞も含めて、各新聞は総じて競馬開催を歓迎していた。時代は、競馬を必要としていたからである。だが明治二〇年代、鹿鳴館時代が終焉に向かっていくなかで、競馬も先の論説のような「政治」からの批判にも追いつめられていくことになった。この章で述べた馬たちの蹄跡が時代のなかに消えていったのは、これと無関係ではなかった。冒頭に述べたような強い馬への所有欲、また馬産への意欲は行き場を失い、馬匹改良と競馬の関係も後退せざるをえなかった。それは、西郷従道、伊藤博文、松方正義、井上馨など、この時代の競馬に積極的に関与していた人物たちの履歴が後に作られたとき、そこからその関与の足跡を抹消させていった力ともなっていた。

私たちの競馬は、日露戦争後に馬券黙許という形態で再開されることになるが、もちろん鹿鳴館時代の単なる焼き直しではなかった。そこに、鹿鳴館時代の記憶がどのように刻み込まれ、その結果どのような問題が孕まれることになるのか。その物語は、また新たに書き起されなければならない。

註

はじめに

1　山野浩一「一九九〇合同フリーハンデ古馬選手権距離」『週刊競馬ブック』一九九一年二月一八日号。

2　鈴木健夫『日本レース・クラブ五〇年史』日本中央競馬会、一九七〇年、山本邦夫・棚田真輔『横浜スポーツ草創史』道和書院、一九七七年、早坂昇治『競馬異外史――Sports of Kings 横浜に上陸』中央競馬ピーアール・センター、一九八七年、同『文明開化うま物語――根岸競馬と居留外国人』有隣新書、一九八九年、坂内誠一『碧い目の見た日本の馬』聚海書林、一九八八年などの先駆的な仕事があり、また居留地横浜に関しては横浜開港資料館を中心とする優れた業績が豊富であったことが、横浜における競馬の見通しをよくさせてくれた。

3　「東京競馬会定款」東京競馬倶楽部編『東京競馬会及東京競馬倶楽部史』第一巻、東京競馬倶楽部、一九三七年、所収、六頁。

1　国家的行事の競馬

1　明治一七年一一月上野不忍池競馬場――近代化日本の象徴

1　『時事』明一八・二・二六。明治一七（一八八四）年六月の改選段階では松方正義の代わりに山田顕義（司法卿）と土方久元（内務大輔）が名を列ねていた（『報知』明一七・七・七）。

2　『時事』明一八・一・二七。

3 以下英字新聞、雑誌（『ジャパン・パンチ』を除く）に関しては【 】印で示す。【J・W・M、一八八四・五・一七、一八八五・二・七】。
4 『天皇紀』㈥、三〇五頁。
5 たとえば『時事』明一七・一一・四、一一・五。当時、現在よりもはるかに高給だった内閣員の俸給、太政大臣八〇〇円、右大臣六〇〇円、参議五〇〇円（彦根正三編『改正官員録』博公書院、一八八四年一月）をも上回る額であった。これより二二年後の明治三九（一九〇六）年、馬券を黙許して競馬が実施されたとき、その第一号である東京競馬会の最高賞金レースでも一二〇〇円（賞金六〇〇円と馬政局賞典六〇〇円）であったから（『東朝』明三九・一一・二三）、その高額のほどがうかがえる。
6 以下居留民の馬主も含めて、『馬事年史』㈢、一七八〜八二頁。そこには、各馬の持主が実名で記されているので、仮定名称と照合することで、その本名が判明する。なお仮定名称とは、実名とは別に馬主名や厩舎名として用いられた名称のこと。
7 この開催に関しては、特に記さない限り、『報知』明一七・一〇・二八、一一・一、一一・四〜五、『読売』明一七・一一・一〜二、一一・四〜五、『朝野』明一七・一一・二、一一・四〜五、『毎日』明一七・一一・二、一一・五、『時事』明一七・一一・四〜五、『日日』明一七・一一・四。
8 たとえば『報知』明一七・一一・五。
9 『毎日』明一七・一〇・三〇。
10 『絵入朝野新聞』明一七・一一・二。
11 『報知』明一七・一一・二。
12 『朝野』明一七・四・五。
13 たとえば『毎日』明一七・一〇・二二。
14 『報知』明一七・七・八。
15 『報知』明一七・三・二九、『日日』明一七・四・一、四・五。
16 『報知』明一七・七・八。
17 『朝野』明一七・八・二。

18 『報知』明一七・七・八。
19 たとえば『時事』明一七・九・一七、『日日』明一七・九・一七。
20 『朝野』明一七・一一・一九。
21 『朝野』明一七・一一・三〇。
22 たとえば『毎日』明二二・八・二八、明二六・六・三〇。
23 『報知』明一七・七・八。
24 『報知』明一七・五・二、『読売』明一七・六・一八。
25 内埒八〇九間（約一四七〇メートル）、外埒八七一間（約一五八二メートル）という記録もあり（『報知』明一七・五・二）、またレース記録を見ると一周と一四間四〇間のタイム差が、同じ日のレースで一〇秒前後に及ぶこともあり（第六章第二節～第六節）、さらに当時騎手としても活躍していた宮内省御厩課の根村当守が後に一周一三町五〇間（約一五〇〇メートル）と回想していたことから（田島芳郎「競馬史・落ち穂拾い（上）」『週間競馬ブック』一三九〇号、二〇〇六年九月一一日）、本書では、不忍池競馬場の一周を約一五〇〇メートルと考えておく。
26 たとえば『毎日』明一七・一〇・二二。
27 『報知』明一七・一一・四。久我、春山ともに、この開催に所有馬を出走させていた（『馬事年史』㈢、一八一頁）。
28 「共同競馬会社副社長鍋島直大外一名より不忍池周囲借用方出願の儀不聴許の件」農商務省省博物局『明治一六年土地建物録公園之部』（東京国立博物館所蔵）、「共同競馬会社副社長鍋島直大外一名より不忍池周囲借用方出願に付き聞届並東京府知事へ通知の件」農商務省博物局『明治一七年土地建物録公園之部』（東京国立博物館所蔵）、「農商務省明治一八年四月二二日付上野公園不忍池周囲へ共同競馬場設置差許に付命令書」農商務省博物局『明治一八年土地建物録公園之部』（東京国立博物館所蔵）。
29 たとえば、アーネスト・サトウ／坂田精一訳『一外交官の見た明治維新』上、岩波文庫、一九六〇年、八〇頁、エリザ・R・シッドモア／外崎克久訳『シドモア日本紀行』講談社学術文庫、二〇〇二年、八〇、八四頁。
30 【J・W・M、一八八三・七・七】
31 『読売』明一七・六・一八。
32 たとえば、樋口忠彦「上野山の場所の意味――その連続と断絶」小木新造編集『江戸とは何か5　江戸東京学』至文堂、一九八六年、一二五頁、吉見俊哉『都市のドラマトゥルギー』弘文堂、一九八七年、一二七〜一三三頁。

2　馬匹改良と競馬――国運の旺盛

1　以下馬と軍事に関しては、『馬政史』㈣、佐久間亮三・平井卯輔編『日本騎兵史』上・下、原書房、一九七〇年、大江志乃夫『日露戦争の軍事史的研究』岩波書店、一九七六年、萌黄会編『日本騎兵八十年史』原書房、一九八三年などを参照した。

2　拙稿「日本の競馬観⑴馬券黙許時代・明治三九〜四一年」『富山大学教養部紀要』第二四巻一号、一九九一年。

3　『馬事年史』㈢、二八六頁

4　『馬政史』㈣、五七七頁。

5　以下西洋人たちが見た日本馬に関しては坂内誠一『碧い目の見た日本の馬』聚海書林、一九八八年。

6　以下、競馬での日本馬に関しては、【H・N、一八七一・六・二一、七・一三、一〇・七／J・W・M、一八七一・七・一三、一八七三・二・一、二・一五、一八七六・八・一九、九・一六、一〇・一四、一八七七・四・一四、一八七八・三・二、一八八〇・七・三一／J・G、一八七五・一〇・二、一八七六・四・三】、『毎日』明一一・一一・一。

7　かつての私たちの身体性に関しては、拙稿「外から見た我々の身体性（一）――かつての裸体と混浴」『富山大学人文学部紀要』第二四号、一九九六年。

8　渡辺京二『逝きし世の面影』日本近代素描Ⅰ、葦書房、一九九八年、四一六頁。かつての日本の馬事文化、コスモロジーについては、同書の「第十二章生類とコスモス」（四〇三〜三三頁）、石川英輔『大江戸テクノロジー事情』講談社文庫版、一九九五年（初出一九九二年）の「馬」（二一八〜三九頁）が参考になる。

9　前掲渡辺『逝きし世の面影』四一六頁。

10　神崎宣武編『近代―馬と日本史4』馬の文化叢書第五巻、馬事文化財団、一九九四年、五一〇〜一頁。

11　同右、五〇〇頁。

12　前掲拙稿「日本の競馬観⑴――馬券黙許時代・明治三九年〜明治四一年」。

13　以下諮詢会に関しては、その公式の議事録である『畜産諮詢会記事』明治一七年（国立国会図書館蔵）。

14　日本競馬史編纂委員会編『日本競馬史』巻二、日本中央競馬会、一九六七年、四七〜八頁。

15 同右、四八頁。
16 『読売』明一七・六・一八。

3 婦人財嚢――天晴れ文明国の貴婦人

1 たとえば【J・H、一八六二・七・二六／J・T、一八六六・六・二三】。
2 明治一七（一八八四）年九月付で「レジスポルスのチラシ（明治十七年共同競馬会社第十一次第二日第四競馬婦人財嚢賞盃チラシ）」が頒布された（日高嘉継「明治期の競馬博物資料二点の紹介――ミカドベーシズイラストとレジスポルスチラシー」『馬の博物館 研究紀要』第八号、一九九五年一二月）。なお、この日高の論考には、婦人財嚢の趣意書、表彰式の際の祝辞、式次第、答辞、婦人財嚢寄付金の醵出者及びその金額が記載されたチラシが写真で掲載されている。
3 各新聞が、婦人財嚢を紹介したのは、おそらく右の「チラシ」を受けてのことだろう。趣意書の全文を掲載したのは、『報知』明一七・一〇・一三、『日日』明一七・一〇・一三、『読売』明一七・一〇・一三。
4 『日日』明一七・一〇・一三。その他、「此賞典は競馬中最も貴重な賞典にして之を得るを名誉となすもののよし」（『毎日』明一七・一〇・一二）、「競馬には婦人財嚢とて貴婦人より勝利者に賞典を与えらるるという……此を得たるものハ上なき名誉とする事なりとぞ」（『朝野』明一七・一〇・一二）など。
5 『読売』明一四・一・二〇。
6 【J・W・M、一八八四・一一・二二・九、五・三一】。
7 たとえば『朝野』明一七・一〇・一二。
8 前掲「レジスポルスのチラシ（明治十七年共同競馬会社第十一次第二日第四競馬婦人財嚢賞盃チラシ）」の写真を典拠とした。
9 『井上公伝』㈢、一二一～一二七、七六六～七六八頁。
10 玉井哲雄編集・石黒敬章企画『よみがえる明治の東京東京十五区写真集』角川書店、一九九二年、一二八頁。
11 クララ・ホイットニー／一又民子訳『クララの明治日記』下、講談社、一九七六年、一二九頁。またこのときグラントの書記として随行していたJ・R・ラッセルも延遼館で過ごした時間を好意的に書き残していた（宮永孝訳『グラント将軍日本訪問記』雄松堂、一九八三年、九五～一〇一頁）。

12 【J・W・M、一八九〇・七・二六】。
13 日本史籍協会編『熾仁親王日記』㈢、続日本史籍協会叢書、東京大学出版会、一九三五年、復刻版、一九七六年、一九三頁、『毎日』明一二・六・六。
14 「明治一二年六月九日付玉乃世履宛ヘンネッシー夜会招待状」（横浜開港資料館所蔵）、【J・W・M、一八七九・六・一四】。
15 この日に関しては前掲『熾仁親王日記』㈢、二一〇～一頁、『天皇紀』㈣、七〇二～四頁。
16 『報知』明一二・七・一〇、トク・ベルツ編／菅沼竜太郎訳『ベルツの日記』上、岩波文庫、一九七九年、八七頁。
17 『報知』明一二・七・一〇。
18 前掲『ベルツの日記』上、八七頁。
19 前掲『クララの明治日記』下、一二六～七頁。
20 同右、一三三頁。
21 たとえば『毎日』明一二・八・二七、『天皇紀』㈣、七三八頁、『日日』明一四・一・二〇。
22 『天皇紀』㈤、二〇一頁。
23 『日日』明一〇・一一・九、【J・W・M、一八七七・一一・一〇】。
24 前掲『ベルツの日記』上、九六頁。
25 『日日』明一三・一一・五、『朝野』明一三・一一・五。
26 『天皇紀』㈤、四六頁。
27 『井上公伝』㈢、七七一、七七三～五頁、『天皇紀』㈤、七六頁。
28 『天皇紀』㈤、二〇〇～一、三三四～五頁。ちなみに現在の天皇主催の春・秋の園遊会はここに始まる。
29 『天皇紀』㈤、二三八、二五三～四頁、『日日』明一四・一・二〇。
30 【J・W・M、一八八一・一一・五／J・G・F・S、一八八一・一一・八】。
31 【J・G・F・S、一八八一・一一・八】。
32 同右。
33 『日日』明一四・一・二〇。

34 『毎日』明一五・二・八、『日日』明一五・二・八、『報知』明一五・二・八。

35 『有喜世新聞』明一五・二・二。

36 『時事』明一五・一一・五。

37 日本史籍協会編『熾仁親王日記』㈣、続日本史籍協会叢書、東京大学出版会、一九三五年、復刻版、一九七六年、一三四頁、『報知』明一六・三・一七、『時事』明一六・三・一七。

38 たとえば『天皇紀』㈤ 三八三頁、【J・W・M、一八八四・五・二四】、O・v・モール／金森誠也訳『ドイツ貴族の明治宮廷記』新人物往来社、一九八八年、四七、五九～六〇、一三一、一九六頁。

39 【J・G・F・S、一八八三・一一・九】。

40 たとえば『日日』明一六・一一・三〇、『時事』明一六・一一・三〇。

41 『時事』明一六・一二・一四、一二・一五。

42 以下この慈善会に関しては、特に記さない限り、『毎日』明一七・五・二四、六・一〇、六・一二～一四、六・一五、『時事』明一七・六・一〇～一一、六・一四、六・一六、七・一七、近藤富枝『鹿鳴館貴婦人考』講談社文庫、一九八三年（初出一九八〇年）、一二三～六頁、富田仁『鹿鳴館擬西洋化の世界』白水社、一九八三年、六三～四頁、久野明子『鹿鳴館の貴婦人大山捨松——日本初の女子留学生』中央公論社、一九八八年、一八二～九頁。

43 東京日日新聞社会部編『戊辰物語』岩波文庫、一九八三年、一八〇頁。

44 たとえば『毎日』明一七・八・二三、一〇・一四

45 【J・W・M、一八八四・六・二一】。

46 たとえば『時事』明一八・一一・一九～二一、一一・二六、『報知』明一八・一一・一九～二〇、一二・一五、『天皇紀』㈥、四九七頁。

47 『報知』明二〇・一・二三、『時事』明二〇・一・二四、『天皇紀』㈥、六四五～六、六八二～三、七三九～四〇頁。

48 たとえば『報知』明二〇・一・一九、一・二五、五・二〇、五・二三、五・二四、八・一〇、一一・一七～一九、一二・二。

49 たとえば『報知』明一八・一一・三、明二〇・四・九、『女学雑誌』第三八号（明一九・一〇・五）、第八一号（明二〇・一〇・二二）、第八五号（明二〇・一一・一九）、第一三五号（明二一・一〇・六）。

50 『時事』明一七・一〇・二八。
51 『朝野』明一七・一一・一。
52 『時事』明一七・一〇・二八。
53 たとえば『時事』明一七・一一・五、『報知』明一七・一一・五。
54 『時事』明一七・一一・一一、一一・一九。
55 『毎日』明一七・一二・一一、『朝野』明一七・一二・一一。
56 『時事』明一八・五・二九。
57 『時事』明一八・七・一。ちなみにこれは明治一八（一八八五）年六月二九日の舞楽会第一期納会におけるヤンソンの挨拶の言葉の一節。
58 『朝野』明一七・一二・一一。
59 『朝野』明一八・二・八、二・一一、『報知』明一八・三・四。
60 『時事』明一八・五・二九、『朝野』明一八・五・二九。
61 『朝野』明一八・五・二二、『時事』明一八・七・一。
62 『朝野』明一九・一・五。
63 前掲『熾仁親王日記』㈣、三三二頁。
64 『時事』明一九・一一・九。
65 『報知』明一八・五・二二。
66 以下この婦人財嚢に関しては、特に記さない限り、『時事』明一七・一一・四、『読売』明一七・一一・四、『朝野』明一七・一一・四、『日日』明一七・一一・四、『報知』明一七・一一・四、『絵入朝野新聞』明一七・一一・四、『東京絵入新聞』明一七・一一・四、『毎日』明一七・一一・五。
67 『朝野』明一七・一一・四。
68 前掲日高「明治期の競馬博物資料二点の紹介――ミカドベーシズイラストとレジスポルスチラシー」。なお当時の新聞によれば、出資者四〇名余、総額三九五円（たとえば『読売』明一七・一一・四）。ただし『時事新報』は総額四九一円と報じている（明一七・一一・四）。

69　前掲「レジスポルスのチラシ（明治十七年共同競馬会社第十一次第二回第四競馬婦人財嚢賞盃チラシ）」の写真を典拠にした。

70　以下『緑蓑談』に関して詳しくは、拙稿「文明開化に馬券は舞う　第四回　僕の慧眼（ケイガン）にハ恐れ入たろう、講釈ハ何でもいいから約束の金（エム）を遣（ヨコ）し給へ」、「第五回　此夫人淑女が余財を積みたる錦嚢を手づから受くる紳士こそ誠に名誉の至りなれ」『もきち倶楽部』No.10, No.13. 二〇〇〇年。

71　『日日』明一八・一一・五。

72　たとえば『読売』明一八・五・三。

73　『朝野』明一八・五・一二。

74　『毎日』明一八・五・一五、【J・W・M、一八八五・五・二三】。

75　『女学雑誌』第一号（明一八・七・二〇）。

2　共同競馬会社、戸山競馬場時代

1　共同競馬会社の設立——社交と馬匹改良の交錯

1　『馬事年史』(三)、一四七頁。

2　【J・W・M、一八七〇・一一・一二】。

3　以下この開催については、【J・W・M、一八七二・一一・二／F・E、一八七二・一一・一、一一・一六】、『毎日』明五・一〇・二。ちなみにこのレースは距離一マイル一／四、九頭立、勝ったのはタータン厩舎のT・トーマスの持ち馬、中国馬 **Will O'the Wisp**。なお、本文に引用した横浜毎日新聞の文中に出て来る「ラウタの家君」とは、日本キリスト教史の上で重要な足跡を残したブラウン牧師の長女であったジュリア（**Julia**）、一八六二年英国公使館員ラウダー（**J. F. Rowder**）と結婚、ラウダーは一八七〇年英国横浜領事、一八七二年横浜税関所顧問となっている。このラウダーは、ヨコハマ・レシング・アソシエーション（本章第三節）の一八七六（明治九）年秋、翌一八七七（明治一〇）年春の開催の審判をつとめる（【J・W・M、一八七六・一一・一八／J・G、一八七七・五・一六】）。

4　『毎日』明五・一〇・二。

5 以下違式註違条例に象徴されるような身体をめぐる出来事に関しては、前掲拙稿「外から見た我々の身体性（一）――かつての裸体と混浴」。

6 たとえば、『毎日』明五・三・二五、五・二三、八・二一、九・四、『横浜市史稿』風俗編、横浜市役所、一九三三年、復刻版、臨川書店、一九八五年、九〇〇〜二頁。

7 「東京府達四年一一月二九日」内閣書記局編『法規分類大全』第五五巻、刑法門〔二〕（第一編）、一八九〇年、復刻版、原書房、一九八〇年、所収、三頁。

8 『毎日』明五・三・二五。

9 以下マリア・ルス号事件については、武田八洲満『マリア・ルス事件大江卓と奴隷解放』有隣新書、一九八一年、萩原延壽『大分裂　遠い崖――アーネスト・サトウ日記抄一〇』朝日新聞社、二〇〇〇年、一二〜二七頁、森田朋子「マリア＝ルス号事件と芸娼妓解放令」大口勇次郎編『女の社会史　一七―二〇世紀「家」とジェンダーを考える』山川出版社、二〇〇一年、所収、二四五〜六四頁。

10 【J・W・M、一八七二・六・一、一一・二】。

11 日本史籍協会編『熾仁親王日記』㈠、続日本史籍協会叢書、東京大学出版会、一九三五年、復刻版、一九七六年、五九〇頁。大江は一〇月四日、有栖川宮をその邸に訪れ面談していたが、おそらくこの競馬への臨場に対する挨拶もその目的に含まれていただろう（同、五九〇頁）。

12 F・V・ディキンズ／高梨健吉訳『パークス伝』東洋文庫、平凡社、一九八四年、一四四〜五頁。

13 J・R・ブラック／ねずまさし・小池春子訳『ヤングジャパン』3、東洋文庫、平凡社、一九七〇年、一〇三頁。同書では登場したのは有栖川宮となっているが、前掲『熾仁親王日記』㈠には記載がないので、前掲『パークス伝』にしたがった。

14 『毎日』明五・八・一二。

15 『毎日』明五・一〇・一一、一〇・一七、雑賀博愛『大江天也伝記』大江太発行、一九二七年、復刻版、伝記叢書一八『大江天也伝記』大空社、一九八七年、一七二〜三頁。勝読会社は、この時は短命に終わったようである。

16 『毎日』明五・一〇・一一。

17 【H・N、一八七一・一一・一】。

18 【J・W・M、一八七二・一一・三〇／F・E、一八七二・一二・一】。

19 『毎日』明五・一〇・二七、『新聞雑誌』第五八号（明治五年八月）、第六七号（明治五年一一月）、前掲『熾仁親王日記』㈠、五五八頁。
20 【F・E、一八七二・一二・一】。
21 『天皇紀』㈡、七八五〜六頁。
22 神奈川県立図書館編『神奈川県史料』第六巻、外務部一、神奈川県立図書館、一九七一年、四一五頁。
23 【J・W・M、一八七三・一一・一】。
24 『毎日』明八・二・二七、【J・W・M、一八七五・二・二七】、『報知』明八・二・二八、『日日』明八・二・二八。
25 以下この鉄道開業式に関しては、特に記さない限り、『毎日』明五・九・二、九・七、九・一四、『日日』明五・九・一三、『報知』第一八号附録（明治五年九月）、【F・E、一八七二・一〇・一六／J・W・M、一八七二・一〇・一二、一〇・一九】、『天皇紀』㈡、七四八〜五三頁。
26 『毎日』明五・九・四。
27 前掲『大江天也伝記』三一三〜四頁。
28 【I・L・N、一八七二・一二・一二】金井圓訳『描かれた幕末明治イラストレイテッド・ロンドン・ニュース日本通信一八五三〜一九〇二』雄松堂、増訂第三刷、一九八六年、所収、一九二頁。
29 『天皇紀』㈢、九、四八、二三七頁。
30 中山千代『日本婦人洋装史』吉川弘文館、一九八七年、二三四頁。
31 『天皇紀』㈢、二〇、七五、九七、一二二頁、石井研堂『増補改訂明治事物起源』下巻、一九四四年、明治文化研究会編『明治文化全集』別巻、一九六九年、日本評論社、九三頁。
32 前掲『ヤングジャパン』3、二一三頁。ここでいう接見は、明治六（一八七三）年一月一六日、アメリカ公使デ・ロング夫人とロシア公使ビュツォフ夫人に皇后が掲見したこと。
33 『天皇紀』㈢、六九一頁。
34 『日日』明七・九・三〇、一〇・三、【J・G、一八七四・九・三〇】。
35 前掲『増補改訂　明治事物起源』下巻、八三頁。
36 この開催に関しては、【J・W・M、一八七三・五・一七】、前掲『神奈川県史料』第六巻、外務部一、四三三頁。神奈川賞盃はヨコハマ・レース・クラブが分裂するまでの明治九（一八七六）年春季開催まで続けられていくが（前掲『神奈川県史料』第六巻、外務部一、四八五頁、ただし明治六年秋季開催はなし）、日本婦人によるカップの授与は明治六（一八七三）年春季開催で一応終わっていた。なお神奈川賞盃は、明治一三（一八八〇）年秋季開催以降は県令賞盃（Kenrei Cup）などの名称で復活し、長く続けられる。

37 【J・W・M、一八七四・一一・一四】。

38 『毎日』明七・一一・四、明一一・一〇・三〇、『日日』明一〇・一一・一二、【J・G・一八七八・五・三二】。明治一〇（一八七七）年ヨコハマ・レーシング・アソシエーション（同アソツエーションに関しては本章第三節）の秋季開催、日本の生糸商人がカップを寄贈したレースのジャパン・シルク・カップ（Japan Silk Cup）で、御厩課の関本が福羽逸人騎乗で勝鞍をあげ、折から観戦していた東伏見宮や西伏見宮、徳大寺実則宮内卿などを喜ばせたが、茂木惣兵衛はその賞品（盆と水差し）を英国へ注文、翌年五月宮内省へ寄贈した（『日日』明一〇・一一・一二、【J・G、一八七八・五・三一】）。

39 【J・W・M、一八七六・五・二〇】、レース名は三菱賞盃（Mitsu Bishi Cup）。このレースは日本馬と、中国馬の混合戦だった（同前）。三菱賞盃の寄贈は、ヨコハマ・レース・クラブ（同クラブに関して本章第三節）とヨコハマ・レーシング・アソシエーション分裂直後の明治九（一八七六）年秋の開催は中断されたが、翌一〇（一八七七）年春から、ヨコハマ・レーシング・アソシエーションでは中国馬、ヨコハマ・レース・クラブでは在来馬を対象としたそれぞれの三菱挑戦賞盃（Mitsu Bishi Challenge Cup）（二〇〇ドル）のレースが組まれ（【J・W・M、一八七七・五・一九、五・二六、一一・一〇、一一・二四／J・G、一八七七・五・一七、五・二五、一一・八、一一・二二】）、明治一一（一八七八）年春ヨコハマ・ジョッケー・クラブ（同クラブに関しては本章第三節）第一回開催では、それらを受け継いで在来馬、中国馬それぞれ各々の二〇〇ドルの三菱挑戦賞盃が行われたが、このカップは同一馬あるいは同一オーナーによる二開催連続勝利で獲得との規定で、重賞レースに相当した（【J・G、一八七八・五・八〜九／J・W・M、一八七八・五・一一】）。だがその後の三回、ヨコハマ・ジョッケー・クラブが解散を迎えるまでの開催では、その条件がなくなって、明治一一（一八七八）年秋は日本馬と中国馬の混合、明治一二（一八七九）年春は日本馬の三菱賞盃となり（賞金は不明）、同年秋は行われなかった（【J・W・M、一八七八・一一・二、一八七九・五・一〇、一一・八】）。

40 『報知』明八・一一・四。

41 『報知』明九・八・九、『日日』明九・八・一〇。

42 『毎日』明八・五・一三、『報知』明八・五・一四。
43 『報知』明一〇・七・六。
44 前掲近藤『鹿鳴館貴婦人考』六二頁。
45 『日日』明一〇・一一・九、【J・W・M、一八七七・一一・一〇】。
46 以下この射的会に関しては、『曙』明一〇・一一・二七、『報知』明一〇・一二・八、一二・一八、『朝野』明一〇・一二・九、一二・一八、『日日』明一〇・一二・一二、一二・一七、『読売』明一〇・一二・一八。
この射的会は、かねてから居留民の大会に参加していたことが布石となっていた。居留民の射撃会への私たちの参加は、あの村田三八銃で有名な村田経芳が、明治五（一八七二）年からヨコハマ・ライフル・クラブ（Yokohama Rifle Club）、スイス・ライフル協会（Societe Swisse de Tir）の両大会に出場し、その後も毎開催のように優勝したことに始まる（【J・W・M、一八七二・一〇・一九、一一・一六】、『新聞雑誌』第六八号、明治五年一〇月）。この参加は村田個人の卓越した技量によるところが大きいが、明治八（一八七五）年一〇月のスイス・ライフル協会の大会の頃から、横浜の両射撃クラブに大山巌や川村純義などが継続して加わるようになる（『毎日』明八・一〇・一〇、『報知』明八・一〇・一八、【J・W・M、一八七五・一〇・二二】）。大山はこれより先の一八七一年五月のスイスライフル協会の大会にも参加していた（【J・W・M、一八七一・五・二七】）。
47 先の「共同射的会」は、翌明治一一（一八七八）年からは年二回となって宮内省からも賞典が授与され（『天皇紀』㈣、四〇七頁）、明治一五（一八八二）年には会長に小松宮を迎え、西郷従道らを中心として内外の「貴顕紳士」六〇〇名余を会員とするクラブ、「共同射的会（Union Shooting Club）」となった（『日日』明一五・五・二、明一六・二・九）。この射的会は、向ヶ丘弥生町皇宮地附属地を借り受けて、天皇から年三〇〇円を下賜されるとともに臨幸のもと明治一五（一八八二）年一一月第一回大会を開催し、その後も春秋二回の大会を開いていった（『天皇紀』㈤、七八一、八一七頁、『天皇紀』㈦、四九頁）。この間、横浜の両クラブには、明治一一（一八七八）年秋には北白川宮、寺島宗則、明治一三（一八八〇）年春には有栖川宮熾仁、井上馨、川村純義、西郷従道、大山巌、明治一四（一八八一）年春には東伏見宮、川村、村田、閑院宮らが姿を現し、内外の交流を深めていた（『報知』明一一・一一・一四、『読売』明一三・五・一五、【J・W・M、一八八〇・五・二二、一八八一・六・一二】）。明治一三（一八八〇）年から華族たちが、宮内省から賞典の下賜を受けて、吹上御苑で年二回の射的会を開いていたのは、これらの動向のなかに位置づけられるものでもあった（『会館誌』上、三二二

〜三頁、『天皇紀』㈤、四九頁)。その後、共同射的会は向ヶ丘射的場で大会を続け、明治二一(一八八八)年隣接地が第一高等中学敷地となったことで、無償で下付を受けた後に、それを三井物産に転売して資金を得て(『天皇紀』㈦、四九頁)、明治二二(一八八九)年大森に本格的な射撃場を完成させ、六月開場式を兼ねた大射的会を開いた(『天皇紀』㈦、二五三、二九三頁)。これより先の明治二一年三月には、天覧所新築費として八四八円が下賜され、大会の際には賞品も与えられていた(同)。また横浜でも、京浜の内外の紳士たちが明治二一(一八八八)年放鳥射撃会を設立する(本章第四節)。

48 『日日』明一一・一一・一七。

49 『報知』明一一・一二・一六、『日日』明一一・一二・一八。

50 『報知』明一一・九・一三。

51 『曙』明一一・一〇・三一。

52 『会館誌』上、一三五〜六頁。

53 前掲『日本競馬史』巻二、一二〜二四頁、『馬事年史』㈢、一四頁、『靖国神社誌』明治四四年、一一五頁。だが招魂社の馬場は、長辺が三六〇メートルの長方形に近い一周約九〇〇メートルだったから、小さいというより近代競馬に不適なコースであった。

54 【F・E、一八七〇・一一・一六、一八七一・一一・一六/J・G、一八七五・一〇・一四、一〇・一六】。

55 前掲坂内『碧い目の見た日本の馬』七八頁。

56 この開催に関しては、【J・G、一八七五・一一・三〜五/J・W・M、一八七五・一一・六】、『ジャパン・パンチ』一八七五年一一月号。出走した四頭はミカン、トビヒノ、クサズリ、サクラダ、この四頭も招魂社競馬の出走馬(【J・G、一八七五・一一・九】)。

57 『馬事年史』㈢、五〇頁。

58 前掲『日本レース・クラブ五〇年史』一二一頁。

59 『天皇紀』㈢、一二四頁。馬車用の馬が台無しになると次第に数は減らされ、その後廃止されるが、明治一三(一八八〇)年からは、吹上御苑で本格的なものとして再開される(本章第四節)。

60 【J・W・M、一八七三・一一・一、一八七四・五・一六、五・二三】。この馬はモヒトツ(Mohstoz)。当初N・P・キングドン名義だった(キングドンに関しては本章第三節)。この先に登場していたタイフーンのライバルとして、明治一〇

（一八七七）年まで走り続けた（第六章第一節）。
61 『報知』明八・一二・二〇、『曙』明八・一二・二〇、『天皇紀』㈢、五四五頁。
62 【J・W・M、一八七六・一一・一八】、『毎日』明九・一一・二〇。この課員らは、後に鹿鳴館時代の競馬でも活躍する。
63 【J・W・M、一八七七・一一・一七】。
64 【J・W・M・一八七八・五・一一／J・G・一八七七・一一・二四、一八七八・五・三一、一八八〇・四・二二】。
65 『報知』明一〇・一〇・二二、『曙』明一一・四・一〇、『読売』明一一・四・一〇、七・二二。
66 たとえば『朝野』明一〇・九・二九、『曙』明一一・四・一一。
67 『馬事年史』㈢、八〇頁。
68 陸軍省編『明治天皇御伝記史料軍事史』上、原書房、一九六六年、四〇八～九頁。
69 『毎日』明一二・五・一八、『日日』明一二・六・九。
70 『日日』明一二・七・一。
71 『馬事年史』㈢、八二頁。
72 『報知』明一二・六・一〇。
73 『報知』明一二・七・二四。
74 以下この開催に関しては、特に記さない限り、『毎日』明一二・八・二二、『読売』明一二・八・二二、『朝野』明一二・八・二二、『報知』明一二・八・二二、【J・G、一八七九・八・二二】、『日日』明一二・八・二三、【J・W・M、一八七九・八・二三】、日本史籍協会編『熾仁親王日記』㈡、続日本史籍協会叢書、東京大学出版会、一九三五年、復刻版、一九七六年、二二八頁。
75 前掲『クララの明治日記』下、一四四頁。
76 『馬事年史』㈢、八〇頁、『毎日』明一二・六・三、六・六～七。
77 『馬事年史』㈢、一四八～五〇頁。
78 『馬事年史』㈢、一五一頁。
79 『報知』明一七・八・一三。
80 【J・W・M、一八八七・一〇・六】。この馬はイチロク、母は南部産の日本馬、満五歳四ヶ月、ジャーディン・マセソン商会のケスウィック（J. J. Jeswick）所有、この開催五戦二勝（イチロクに関しては第六章第四節）。

81 『毎日』明一二・九・二五、『会館誌』上、一八二頁。

82 『毎日』明一二・一〇・三〇。

83 たとえば『報知』明一二・一一・一三。

84 『馬事年史』㈢、八〇頁。

85 『毎日』明一六・一・一二。

86 『毎日』明一三・八・二〇。明治一三（一八八〇）年九月から麹町区五番町一三番地に移転したが、ここも陸軍用地だった（『毎日』明一三・九・九）。

87 『時事』明一五・一二・二二。

88 たとえば『朝野』明一三、六・六。

89 『毎日』明一三・二・一二。

90 『毎日』明一五・一一・一七。

91 『時事』明一五・一一・二〇。

92 以下この開催に関しては、特に記さない限り、『毎日』明一二・一二・二、『読売』明一二・一二・二、『朝野』明一二・一二・二、『報知』明一二・一二・二、『日日』明一二・一二・三。

93 『天皇紀』㈣、八一〇頁。

94 たとえば『報知』明一三・二・一六。

95 たとえば『朝野』明一三・四・二四。

96 『毎日』明一二・一二・二。

2　興農競馬会社――もう一つの試み

1 『報知』明一二・一一・一〇。

2 『報知』明一〇・一〇・二、『曙』明一一・四・一〇、『読売』明一一・四・一〇、七・二一。

3 たとえば『読売』明一一・四・一〇、七・二一。

4 以下この日の開催に関しては、『日日』明一二・一二・二二、『報知』明一二・一二・二三、『読売』明一二・一二・二三。
5 『毎日』明一二・一二・二六。
6 『毎日』明一三・四・一八。
7 『馬事年史』㈢、九一頁。
8 松永敏太郎編『木村荘平君伝』錦蘭社、一九〇八年、二一頁。以下木村の経歴、及び興農競馬会社に関しては、特に記さない限り、同前書、二一～四頁、内橋克人『日本資本主義の群像』現代教養文庫、社会思想社、一九九三年、五八～六七頁。
9 『朝野』明一八・六・二七。
10 『毎日』明一三・一一・二七。
11 拙稿「鹿鳴館時代の競馬――明治一一～二五年資料編」『富山大学人文学部紀要』第二二号、一九九五年。なお拙稿は、明治一一年～二五年のヨコハマ・ジョッケー・クラブ、ニッポン・レース・クラブ、共同競馬会社、三田興農競馬会社開催等の記録を網羅したもの。
12 山野浩一『サラブレッドの誕生』朝日選書、一九九〇年、四頁。
13 『毎日』明一三・五・一七、『読売』明一三・五・一七。
14 『毎日』明一三・一一・二二、一一・二四、『天皇紀』㈤、一九一頁。
15 『天皇紀』㈤、三八八頁。
16 『日日』明一五・一二・二六、『朝野』明一七・三・八。
17 『報知』明一二・一一・一〇。
18 『日日』明一三・六・四。
19 『読売』明一四・四・二三。
20 『読売』明一四・六・九。
21 『読売』明一四・四・二三。
22 『日日』明一四・四・一七、七・一六。
23 『読売』明一四・九・一一、明一五・四・一一。
24 たとえば『報知』明一四・七・二三、『日日』明一六・五・九。

25 『時事』明一五・五・一八。
26 『有喜世新聞』明一四・六・二二、七・一七、『報知』明一四・八・二七、明一五・五・三。
27 たとえば『日日』明一三・三・一五、八・二三、明一四・一〇・三。
28 馬好きの福沢諭吉に関しては、拙稿「文明開化に馬券は舞う　第三七回　福沢三八の〝馬を好む父諭吉〟」『もきち倶楽部』No.143. 二〇〇一年。
29 『読売』明一四・一二・四。
30 たとえば『日日』明一三・一一・一六、『毎日』明一三・一一・一八。
31 『毎日』明一三・一一・二二。
32 『毎日』明一三・一一・二七。
33 『読売』明一五・五・三一。
34 『読売』明一四・一二・一。
35 『毎日』明一六・六・一二。
36 『読売』明一六・一二・一一〜一二。
37 以下マニラ・ロッタリーに関しては、【J・W・M、一八八一・一〇・二九、一八八二・四・二二、四・二九／J・G・F・S、一八八二・五・六】、『日日』明一五・四・二四、『報知』明一五・五・二五、紀田順一郎『日本のギャンブル』中公文庫、一九八六年、一七七〜九頁、増川宏一『賭博の日本史』平凡社、一九八九年、一九七〜九頁。
38 『時事』明一六・二・二八。
39 たとえば『毎日』明一六・六・一〇、六・一二。
40 『朝野』明一七・三・八。
41 『毎日』明一八・六・九。
42 『日日』明一八・一一・二三。
43 『時事』明一八・一一・一二。
44 『朝野』明一八・九・八、一〇・二八。
45 たとえば『読売』明一八・一一・一二。

46 前掲『日本競馬史』巻二、三二頁、大江志乃夫『日本の産業革命』岩波書店、一九六八年、一六六頁。
47 『朝野』明一九・四・二七、『絵入自由新聞』明一九・五・六、六・一二。
48 『日日』明一九・一〇・一七。

3 ニッポン・レース・クラブ（日本競馬会社）の誕生――内外の社交、馬政

1 【J・W・M、一八八〇・四・二】。
2 【J・G、一八八〇・一二・三二】。
3 【J・G、一八七六・三・一〇、三・一一】。J・ロバートソンは有力な馬主で、数多くの活躍馬を中国から輸入したが、日本馬でもオオヤマ（第六章第一節）という明治一〇年前後の活躍馬を所有した。一八七六年からミステリー厩舎を主宰【J・G、一八七六・一一・一六～一七】。なおJ・ロバートソンは、明治政府の財政上の多くの重要案件に献身的な協力を行っていた（立脇和夫『明治政府と英国東洋銀行』中公新書、一九九二年、一六六～七頁）。
4 【J・W・M、一八七六・一・一】。
5 「日本レース・クラブ小史」前掲『日本レース・クラブ五十年史』所収、九〇～二頁。この小史の記述は、当時の新聞記事を参照して簡略ながらもヨコハマ・レース・クラブの分裂、アソシエーションの設立、両クラブの対立についてふれている。R・ジェフレは、横浜でゴールデン・ゲート・リヴァリー・ステーブル（Goleden Gate Livery Stable）という貸し馬・馬車業をいとなんでおり、かつてニュージーランドのジョッキー・クラブに所属していたという（【J・G、一八七六・七・一三、七・一九】）。
6 【J・G、一八七六・九・一三】。
7 以下この選出に関しては、【J・G、一八七六・三・二五】。
8 たとえば【J・G、一八七六・三・一一、三・一八、三・二〇、三・二八、四・八】。この内四月八日号には、根岸競馬場の使用権が居留民全体に与えられ、ヨコハマ・レース・クラブがその委託を受ける旨が記録されている一八六六年七月三日のヨコハマ・レース・クラブ創立大会の議事録が掲載されているが、これも自紙の主張を補強するためであった。なお、「ジャパン・メイル」に掲載された記事が必ずしも「ジャパン・ウイークリー・メイル」（週刊）に掲載されてはいないので、同紙の主張は明らかでないが、「ジャパン・ガゼット」の記事は「メイル」への反論として論じられたものが多いので、そ

の内容が推測できる。当時、横浜では、この二紙の他に「ジャパン・ヘラルド」が発行されていたが、一八七六年分は残されていない。だが「ヘラルド」の主張も、「ジャパン・ガゼット」を通じて推測できる。

9 【J・G、一八七六・四・三】。

10 【J・G、一八七六・五・六】。

11 【J・G、一八七六・四・二八、五・三】。

12 【J・G、一八七六・五・六、五・一〇、七・七】。

13 以下この開催に関しては、【J・G、一八七六・五・一七~二〇/J・W・M、一八七六・五・二〇】。競馬人気の低落を強調するジャパン・メイルに対してジャパン・ガゼットは、好レースが展開され、観客数も女性の姿も例年並と書いていた【一八七六・五・二五】。

14 以下この陳情書に関しては、【J・G、一八七六・六・一六】。

15 以下この回答に関しては、【J・G、一八七六・六・二七】。

16 【J・G、一八七六・九・二二】。

17 以下この日の総会に関しては、【J・G、一八七六・七・七/J・W・M、一八七六・七・八】。

18 たとえば【J・G、一八七六・六・二七、七・三、七・一三、七・一九、九・六、九・一四、九・二三/J・W・M、一八七六・七・一五】。

19 【J・G、一八七六・八・五/J・W・M、一八七六・八・一九】。

20 【J・W・M、一八七六・九・二/J・G・一八七六・九・二】。

21 以下この裁定に関しては、パークスのブレンワルドへの私信も含めて、【J・G、一八七六・九・二一/J・W・M、一八七六・九・二三】。公使団裁定は、次のものだった(【J・G、一八七六・九・二一】)。

公使団裁定

東京　一八七六年九月一日

根岸競馬場が横浜居留地全体に帰属するものであると裁定する。借地料を分担する限り、居留民の誰もが、個人であれ集団であれ、競馬場を使用する権利をもつ。

下記署名の外交団は、日本政府と協議を行い、このことを盛り込んだ地券を発効させる。

この裁定を関係する横浜の居留民に伝えることを領事団に要請する。

（署名）ビンガム J. H. Bingum（アメリカ公使）
ヴェッカーリン Weckherlin（オランダ公使）
ストルーヴェ Ch. de Struve（ロシア公使）
グルート C. DE Groote（ベルギー公使）
アイゼンデッヒャー M. von Eisendecher（ドイツ公使）
クウェントン ST. Quentin（フランス代理公使）
アルヴァレツ M. Alvarez（スペイン代理公使）

またパークスのブレンワルドへの私信は、次のものだった（【J・W・M、一八七六・九・二三】）。

公使団の裁定を伝える前に、私個人の見解を先に述べておきたい。根岸競馬場が、横浜の居留民全体の使用に供するために獲得されたことは明らかである（これは「横浜居留地改造及競馬場墓地等約書」に規定されている）。競馬場の使用権に関する問題を判断する場合には、一八六七年、居留民に委託された際の条件を考慮に入れなければならない。

幕府から競馬場用地を獲得した際、公使団は、私もその一員だったが、横浜の各国領事に対して、競馬場管理に関する居留民たちの意向を聴取するように指示した。これを受けて、居留民の大会が開催され、レース・クラブの名を冠する組織が結成され、その入会資格も決められた。

領事団はこれをふまえて、競馬場の管理をそのクラブに委託する旨を報告してきた。公使団はそれを受けて、協議中の地券草案に、領事団の監督の下で横浜の居留民を代表するクラブに競馬場を貸与する規定を盛り込んだ。

貴下の七月三日付書簡により、地券草案が神奈川奉行当局のもとに差し置かれ、今日にいたるまで公使団と日本政府による承認がなされないままに未発効であることを知り、大変驚いている。

このような失態は、ただちに私と公使たちが力を合わせて是正するが、一八六七年の政治情況の混乱に起因していたことは間違いない。

その際の地券草案では、レース・クラブが定めた規則は領事団の承認を受けなければならないと規定されていたが、今回の地券には、貴下たちの意向を勘案して、それを盛り込まないつもりである。

一八六七年、競馬場の管理運営に関して居留民によって合意された内容が、九年の時間を経て、改定が必要とされるようになり、それを望む者たちが出現しても、あまり驚くようなことではない。私の考えによれば、管理運営の新たな形態を決定、それを複数のクラブに、名称は何であれ、委ねることにするかどうかは、改定を望む者たちの判断次第である。

いずれにしろ競馬場の管理運営には、規則が必要であることは明らかであり、それがなければ、競馬場を維持することが不可能となる。また同様に、競馬場の借地料及び必要経費が支払われなければならないことも明白である。居留民自らが、あるいはその代表者が決定した方式に従って、その費用を負担した者のみが、競馬場の使用権をもつ。

敬具

(署名) ハリー・S・パークス

22 パークスはこの段階で、ここで示した判断のように領事団がクラブ規則を承認するという内容を削除した「地券案」を作成していた(「明治一〇年一月一八日英公使出省外務卿へ応接り節差出候分」『在ヨコハマ・レース・クラブ根岸村外国人競馬場地所地解約の上日本政府に取戻更に日本競馬会社に貸渡一件』外交資料館蔵、所収)。なおこの『在ヨコハマ・レース・クラブ根岸村外国人競馬場地所地解約の上日本政府に取戻更に日本競馬会社に貸渡一件』のファイルには主として、明治一三年のヨコハマ・ジョッケー・クラブの解散、根岸競馬場の借地権の日本政府への返還、一五〇〇ドルの借地料を七五〇ドルに半減して改めてニッポン・レース・クラブへ貸与されたことに関連する資料が所収されている。以下この『在ヨコハマ・レース・クラブ根岸村外国人競馬場地所地解約の上日本政府に取戻更に目本競馬会社に貸渡一件』を『貸渡一件』と略記する。
パークス案のポイントは、横浜の全領事(領事団)が競馬場の貸与を受け、競馬場管理に関する全権をもつこと、借地料一五〇〇ドルは競馬クラブではなく領事団を窓口として神奈川県令に納入すること、ただし領事団が債務をもつものではないことであった。

23 パークスは、「横浜競馬場地券」で問題はないと考えていたが、「同僚」(領事、公使)のなかで「不同意」のものがいるので、この「地券案」を作成したが、日本政府、領事及び公使団の一致した同意を得ることが難しいので成案にはならないだろうとの見解を示していた(「明治一〇年一月一八日於本省寺島外務卿英国公使パークス応接記之内」『貸渡一件』)。
以下この評議会に関しては、【J・G、一八七六・一〇・五、一〇・一〇】。

24 以下この大会に関しては、特に記さない限り、【J・G、一八七六・一〇・四/J・W・M、一八七六・一〇・七】。

25 【J・G、一八七六・一〇・一四】。

26 「一八七六年一〇月一〇日付ヨコハマ・レーシング・アソシエーション書記ヘンリー・アレン（H. Allen Jr）より英国公使H・パークス宛書簡」『貸渡一件』。

27 全一二項目は、次のものであった（【J・G、一八七六・一〇・四】）。

第一項　本日、クラブを結成し、ヨコハマ・レーシング・アソシエーションと称する。

第二項　領事の管轄下にある横浜と東京の全ての居留民は、会費を納入すればアソシエーションの会員となることができる。

第三項　年会費一〇ドル、あるいは半期五ドル（ヨコハマ・レース・クラブの年会費は二〇ドル、賛助会員が一〇ドル――引用者）、前納のこと。会員は、コース使用権を与えられ、開催時にはグランド・スタンドを利用することができる。

第四項　オーナーは、アソシエーションが請求する調教にかかわる費用（調教時、使用される競馬場内の厩舎維持費など――引用者）を支払わなければならない。

第五項　非会員は、開催時、入場料一日二ドル、あるいは三日分五ドルを支払えば、競馬場及びグランド・スタンドを利用することができる。ただしアソシエーション規則に従わなければならない。

第六項　不正行為に関与、あるいは行った者、またはアソシエーションの規則に違反した者は、競馬場への立入りを禁止、会員は除名処分とする。

第七項　ニューマーケット・ルール及びジョッキー・クラブ・ルールに基づきアソシエーション規則を定める。過去の実例も参照にしながら、必要な横浜のローカル・ルールについても定める。

第八項　開催は年二回、原則として五月、一一月とする。評議会との協議を経た上で、元旦前後に数日間の開催も行うこともある。

第九項　番組は、年二回の総会の席上で承認されなければならない。番組案は、少なくとも四ヶ月以上前に公表されていなければならない。また番組の変更も、あらかじめ告知して総会の承認を得ることなしには行うことができない。

第一〇項　コミッティは五名とし、今日の総会で選出する。コミッティは、以上の九項目に基づき規則を制定する。任期は、本年内、次期コミッティが選出されるまでとする。

第一一項　日本官員より入会希望があれば、名誉会員とすることができる。
第一二項　総会は、毎年、一月の第二火曜日に開催し、コミッティを選出する。コミッティは、必要があれば、臨時総会を招集することができる。

28 【J・W・M、一八七六・一〇・一四／J・G・一八七六・一〇・一四】。

29 同右。

30 【J・W・M、一八七六・一一・四、一一・一八】。その後の二つのクラブの明治一〇（一八七七）年春季、秋季の開催の日本馬・中国馬・混合のレース数は、アソシエーションが九・一二・七、九・一〇・七、ヨコハマ・レース・クラブが八・一二・六、七・一一・五となり、ほとんど変わらなくなるが、ヨコハマ・レース・クラブは、会員が共同で中国から輸入した馬だけのレースを四つも編成し（アソシエーションはゼロ）、賞金も中国馬のレースをヨコハマ・レーシング・アソシエーションに比べると高めに設定するなどしていたから、やはり中国馬に重点がおかれていたといってよい（【J・W・M、一八七七・五・一九、五・二六、一一・一〇、一一・二四】）。

31 【J・G、一八七六・一一・一六〜一八／J・W・M、一八七六・一一・一八】。

32 たとえば【J・W・M、一八七六・九・九、九・二三、一〇・七／J・G、一八七六・九・一四、九・二三、一〇・七、一〇・一〇】。

33 【J・W・M、一八七六・一〇・一四】。

34 「一八七六年一〇月一〇日付ヨコハマ・レーシング・アソシエーション書記ヘンリー・アレン（H. Allen Jr.）より英国公使Hパークス宛書簡」『貸渡一件』。

35 同右。領事団が評議会を設置する決定を下すのに際して、英国領事ロバートソン（R. Robertson）、ポルトガル領事代理ケスウィック（J. J. Keswick）（ジャーディン・マセソン商会）、スイス総領事ブレンワルド（C. Brennwald）の三名が反対していたので、このような見解をとった（【J・G、一八七六・一〇・一〇】）。ロバートソン、ケスウィックは、ヨコハマ・レース・クラブの役員。ケスウィックは、英国人であったが、ポルトガルから領事代理の委託を受けていた。

36 【J・W・M、一八七六・一〇・一四】。これにアソシエーションは、一〇日付で、パークスに対して、すでに五日、クラブに借地料負担分三七五ドルを預託したこと、評議会が正当なものであること、会員数一四二名を誇っていることなどを伝える書簡を送っていた（「一八七六年一〇月一〇日付ヨコハマ・レーシング・アソシエーション書記ヘンリー・アレン（H.

Allen Jr.）より英国公使H・パークス宛書簡」『貸渡一件』）。

37 「一八七六年一〇月六日付パークス（H. Parks）よりデフェンジャー（F. D'Iffanger）、ライマーズ（C. F. Reimers）、ドッヅ（J. Dodds）宛書簡」【J・W・M・一八七六・一〇・二一】。

38 以下この日の総会に関しては、特に記さない限り、【J・W・M、一八七六・一〇・一四】。

39 ケスウィックの経過説明はつぎのようなものであった（同右）。

一八六六年の大会で、横浜の居留民は、根岸競馬場に関する全権を一八六二年に起源をもつヨコハマ・レース・クラブに委託した。ヨコハマ・レース・クラブは、それ以来、広く人々の意見を聞き、それを取り入れながらクラブの運営、コース管理にあたってきた。入会も、あらゆる人々にその門戸を開き、プロだけを拒否の対象としてきた。したがって、これまで、ヨコハマ・レース・クラブのコース専有権に対する疑問の声などはあがったこともなかった。それが、今回の入会拒否事件を契機に、一部の人の煽動で、この事態に至った。六月の一三〇名の署名を添えた陳情書も、二〜三ヶ月に及ぶ執拗な勧誘運動の結果に過ぎない。その中心になったのは、競馬場に来たこともない、競馬に関心のない人々であった。

七月以降の領事団の対応については、その間の経緯が、新聞紙上に掲載され周知のものになったことで、居留民の大きな非難の声に曝されている。競馬場の地券が発効していないのであれば、まずこの問題に関する日本政府の意向を確認することが必要な手続きのはずであった。したがって領事団が行った評議会の設置、委員の指名には全く根拠がなく、ヨコハマ・レース・クラブは認めることができない。もしそのような評議会が必要であれば、設置する権限は領事団にではなく居留民にある。すでに、評議会設置、委員の指名に対する抗議書を、七七名の署名を添えて公使団に提出してある。横浜の居留民が、ヨコハマ・レース・クラブ以外の別のクラブが根岸競馬場の管理運営にあたることを望むのであるならば、住民大会が開催されることが必要である。そこでの決定であれば、ヨコハマ・レース・クラブは、喜んで権限を移譲する。

今年度の借地料を納入しており、ヨコハマ・レース・クラブは、一二月三一日までコース専有権を保有しているという立場にたって対応する。コース専有権は居留民がヨコハマ・レース・クラブに与えたものであること、またヨコハマ・レース・クラブが競馬場を維持するために多額の支出してきたことに関して、ヨコハマ・レース・クラブに反対する者は全く考慮を払っていない。だがヨコハマ・レース・クラブは、開催期間中を除いて、非会員あるいは他のクラブ員が、コースを使用することを拒否する意思はない。

ヨコハマ・レース・クラブは英国人たちが支配していると言われている。だが、競馬が英国発祥のスポーツであり、また横浜では、他のスポーツに関しても、その関係者には例外なく英国人が多いことを考えればそれも止むを得ないことである。英国人が、様々なクラブの役員に就任しているのもそういった現状の反映に過ぎない。世界中のジョッキー・クラブは、その腐敗ぶりを批判される場合が多いが、ヨコハマ・レース・クラブに対しては全くそういった声があがっていない。これは、これまでのヨコハマ・レース・クラブの運営の正当性を証明している。

最後に、つぎのようなヨコハマ・レース・クラブの立場を明らかにしておきたい。ヨコハマ・レース・クラブは、今年度の借地料を全額納入しているので、一二月三一日までのコースの専有権を保有しており、会員ではない居留民の使用を禁止する権限を持っている。だが、この権限を秋季開催中以外には行使しない。ヨコハマ・レース・クラブは、今後も、その規則にしたがって組織を維持する。競馬場の管理権が他に移譲され、二つのクラブが相互に春季・秋季開催を行うことになった場合には、ヨコハマ・レース・クラブ開催中は、ヨコハマ・レース・クラブ・コミッティとコースの新管理者が協定した条件に基づき専有的に使用することを追求する。ヨコハマ・レース・クラブは、これまで施設改善に費やしてきた費用の全額、あるいは一部の返還を求めるものとする。（後略）

40 たとえば【J・G、一八七六・一〇・一〇、一〇・一四、一〇・二四、一〇・二八／J・W・M、一八七六・一〇・二一、一〇・二八】。
41 英国外交文書 F. O. 262. Vol. 314「一八七七年二月五日付英国領事R・ロバートソンより英国公使H・パークス宛書簡」。以下この第三節では、英国外交文書 F. O. 262 の資料名に関しては邦文で記す。
42 以下ヨコハマ・レース・クラブのこの開催に関しては、特に記さない限り、【J・G、一八七六・一一・二～四／J・W・M、一八七六・一一・四】。
43 【J・W・M、一八七六・一一・四】。
44 同右。
45 以下アソシエーションのこの開催に関しては、【J・G、一八七六・一一・一六～一八／J・W・M、一八七六・一一・一八】、『毎日』明九・一一・二〇。
46 以下この日の総会とクラブの財政状態に関しては、【J・W・M、一八七六・一二・二三】。
47 【J・W・M、一八七六・一〇・二二】。
48 前掲「一八七七年二月五日付英国領事R・ロバートソンより英国公使H・パークス宛書簡」。根岸競馬場の借地料に関する報告を行ったこの書簡の資料として、両クラブと神奈川県の借地料納付に関する交渉を示す、「一八七六年一二月一九日付ヨコハマ・レース・クラブ書記J・J・ケスウィックより神奈川県権令野村靖宛書簡」、「一八七六年一二月二三日付神奈川県権令野村靖よりヨコハマ・レース・クラブ書記J・J・ケスウィック宛書簡」、「一八七六年一二月二三日付神奈川県権令野村靖よりコース管理委員会書記H・P・リリブリッジ（Lillibridge）宛書簡」、「一八七七年一二月三〇日付H・P・リリブリッジより領事団評議会宛書簡」、「一八七六年一二月二一日付コース管理委員会書記H・P・リリブリッジより神奈川県知事宛書簡」のコピーが添付されている。

49 「明治一〇年一月一八日於本省寺島外務卿英国公使パークス応接記之内」（『貸渡一件』）。

50 以下この協議に関しては、特に記さない限り、「日本レース・クラブ小史」前掲『日本レース・クラブ五十年史』所収、九一頁、【J・G、一八七七・四・一八／J・W・M、一八七七・四・二一】。

51 【J・G、一八七七・三・二】。太平洋郵船の出港の関係で四月七日付で五月一六、一七、一八日に延期することが告知された（【J・G、一八七七・四・七】）。

52 【J・W・M、一八七七・三・三】。

53 前掲「一八七七年二月五日付英国領事R・ロバートソンより英国公使H・パークス宛書簡」。

54 「一八七七年四月九日付ヨコハマ・レーシング・アソシエーション・コミッティよりヨコハマ・レース・クラブ宛書簡」（【J・W・M、一八七七・四・一四】）。

提案㈤のただし書きは、同一日に複数レースに出馬登録している場合、前日の午後六時までに、最初に出走させるレースを書記宛に告知させ、それを怠った場合、その日に登録した最初のレースに出走義務を負わせ、そこで取り消した場合、その日の後のレースの出走を禁止することを指していた。ロッタリーの「不正行為」対策であった。

コミッティ五名の内、エルダー以外の四名は、前年一〇月に選出されていた委員。残りの一名がロバートソン（**J. Robertson**：オリエンタル銀行支配人）だったが、一八七七〜一八七八年オリエンタル銀行の経営が悪化、この一八七七年三月帰国せざるえなくなったことで、エルダーが後任となっていた。

55 以下この日の総会に関しては、【J・G、一八七七・四・一八／J・W・M、一八七七・四・二一】。

56 【J・G、一八七七・七・二】。

57 以下このシーズンの両開催に関しては、特に記さない限り、【J・G、一八七七・四・三〇、五・一六〜一七、五・一九、

五・二五～二七／J・W・M、一八七七・五・五、五・一九、五・二六】。

58 たとえば二日目第八レース、距離五ハロン、中国馬新馬のタリスマン（Talisman）が一一ストーン（約六九・九kg）を背負いながら、一分一九秒のレコードで勝った。また二二〇〇㍍のそれまでのレコードは一分三九秒だったが、二日目第一レースで、中国馬のリンティ（Lintie）が一分三六秒という驚異的なレコードを出して勝っていた（【J・W・M、一八七七・五・二六】）。

59 以下この日の総会に関しては、特に記さない限り、【J・W・M、一八七七・六・三〇／J・G・一八七七・六・三〇】。

60 【J・W・M、一八七七・五・一二】。

61 【J・G、一八七七・七・二】。

62 【J・W・M、一八七七・六・三〇】。

63 【J・G、一八七七・七・二二】。

64 以下このヨコハマ・レース・クラブの秋季開催に関しては、特に記さない限り、【J・G、一八七七・一一・七～九／J・W・M、一八七七・一一・一〇】。

65 以下アソシエーションのこの秋季開催に関しては、特に記さない限り、【J・W・M、一八七七・一一・一七、一一・二四／J・G、一八七七・一一・二〇～二三】。

66 以下雑種馬に関しては、たとえば【J・W・M、一八七七・一〇・六、一一・一〇／J・G、一八七七・一一・七～九、一八七八・四・二五／J・G・F・S、一八八一・五・二〇／J・G・F・S、一八八二・六・二】。札幌競馬場馬主協会『北ぐにの競馬』一九八三年、一三頁。

67 【J・W・M、一八七八・五・一一／J・G、一八七七・一一・二四、一八七八・五・三一、一八八九・四・二二】。

68 【J・G、一八七九・三・二五／J・W・M、一八八〇・六・一二、七・三一】。

69 『毎日』明一〇・一一・二一、『日日』明一〇・一一・二三。

70 『日日』明一〇・一一・九、【J・W・M、一八七七・一一・一〇】。

71 【J・W・M、一八七五・五・一八、一八七八・一一・五／J・G、一八七七・一一・二四】。

72 【J・W・M、一八七八・一・五、一・一二／J・G、一八七八・一一・一〇】。

73 【J・W・M、一八七七・一二・一五／J・G、一八七七・一二・二九】。

74 【J・G、一八七七・一二・二四】。

75 【J・W・M、一八七七・一二・二九／J・G、一八七七・一二・二九】。

76 【J・G、一八七七・一二・二九／J・W・M、一八七八・一・五】。

77 【J・G、一八七八・一・一〇／J・W・M、一八七八・一・一二】。

78 【J・G・一八七八・二・二六／J・W・M、一八七八・三・二】。

79 以下この日の総会に関しては、同右。

80 全規則はつぎのものだった（【J・W・M、一八七八・三・二】）。

第一条　本ジョッケー・クラブは、横浜の競馬全般の発展を期することを目的とし、コース及び施設の管理にもあたる。

第二条　全ての居留民及び日本人は、委員会の承認を受けて、書記宛に入会申請、会費納入の手続きを行って、本ジョッケー・クラブへ入会することができる。ただしステークス料、罰金を滞納した者、あるいは不正騎乗を行った者は除名される。またかつていかなる場所であっても競馬に関する詐欺および不正行為を行った者は、入会することができない。

第三条　本ジョッケー・クラブ年会費は一〇ドル、半期分の前納も可能とする。納入者は、その期間、コース及び施設を利用することができる。

第四条　全ての会員は規則及び細則を遵守しなければならない。違反、あるいは義務不履行により生じた結果に関しては、当事者の責任とする。規則は、書記を通じて会員に配布される。

第五条　総会は、一四日前に公示され、毎年二月第一週に開催される。総会では、会計報告、委員選出、及び競馬全般に関する審議を行う。規則変更の場合は、一〇日前に内容を告知するものとする。

第六条　六月にも総会を開催、クラブの状勢及び春季開催報告を行う。規則変更の場合は、前条と同様一〇日前に告知するものとする。

第七条　会員一五名以上の要求があり、委員会が必要あるいは望ましいと判断すれば、書記は臨時総会を招集しなければならない。二五名以上の要求の場合は、無条件に臨時総会が招集される。臨時総会は、開催理由とともに一〇日間の告知期間を設けるものとする。ただし臨時総会では、規則変更の審議、承認を行うことはできない。

第八条　臨時も含めて総会の定足数は会員の一／五以上の出席とする。定足数に満たない場合は、一週間の順延とする。順延された総会では、定足数に満たない場合でも成立と見なされる。ただしその場合は、新規の提案を行うことはできない。
第九条　二月の総会では、当該年度委員一一名の選出を行う。
第一〇条　委員会は、互選で書記、会計、コース・施設管理の各委員を選出する。
第一一条　辞任した委員の後任の指名は委員会がこれを行う。ただしその任期は残任期間とする。
第一二条　委員会は、その活動全般、及びコース管理・運営に必要な細則を定めるものとする。
第一三条　コース・施設管理委員は、パドック、グランド・スタンド、コースに関する注意事項、及び調教時間など調教に関する諸事項を定めるものとする。
第一四条　グランド・スタンド及びコースで騒ぎや混乱を引き起こした者、あるいは非紳士的や不適切な言動を行った者は、委員会が定める期間、場内への立入りを禁止することができる。
第一五条　債務不履行、詐欺、不正行為、不正騎乗を行った会員に対する資格停止期間、あるいは除名処分決定は、委員会がこれを行う。
第一六条　騎乗は、会員中のアマチュアに限定する。報酬を受けている馬丁などは、馬の出走登録、騎乗を行うことはできない。ただし各開催、その馬丁たちを対象に四レースを設ける。報酬を受けている非会員の騎手は、開催毎に五ドルを納入するものとする。
第一七条　番組は、開催二ヶ月以上前に公表するものとする。開催日の決定は、委員会がこれを行う。
第一八条　委員会は、事情に応じて、開催の順延を決定することができる。
第一九条　会員が真に所有する馬だけが出走登録することができる。中国馬と日本馬のみが出走資格を有する。雑種馬は母馬が日本馬である場合に限って日本馬とする。
第二〇条　出走登録は、封書で書記宛に行うものとし、開封は三人以上の委員立会いのもとに行われる。登録料は、小切手で登録時に支払うものとする。体高、服色、レースでの連携（confederation）が表明されている場合はその関係オーナー名が明記されていなければ、登録を無効とする。新馬、及びハック（Hack）・レースの登録締切日は、別に定める。
第二一条　横浜及びその他で出走したことのある馬の馬名の変更は、登録時に委員会に届けるものとする。馬名は○○（旧△△）と表示する。
第二二条　三厩舎以上からの出走がないレースは不成立とする。

第二三条　会員は、ヒート競走を除いて、一レースに二頭以上出走させることができる。可能であれば、勝つと見込む馬を表明すること。
第二四条　オープン・レースとは、出走除外や増量など出走条件に何らの制限も課されていないレースをいう。
第二五条　勝馬に対する増量規定は平地レースを対象とし、ハック・レースは除かれる。
第二六条　体高測定は、委員会が指定した日にコースで実施される。日本馬に関しては、開催毎に実施される。中国馬に関しては、委員会の判断によって、横浜及びその他に出走した際の計測を適用することができる。
第二七条　中国馬の負担重量は体高一二ハンズ、九ストーン七ポンドを基準とし、一インチ高くなる毎に三ポンド増量、一三ハンズ三インチ以上の場合は、五ポンド増量、ただし一インチ未満は切り捨てとする。
日本馬の負担重量は体高一三ハンズ、九ストーン一二ポンドを基準とし、一インチ高くなる毎に二ポンド増量、ただし一インチ未満は切り捨てとする。
報酬を得る者が騎乗するレースに関しては、委員会が負担重量を別に定める。
第二八条　レース前に、オーナーあるいは代表名義人は、検量室におかれた所定の箱に、当該レースに出走させる馬名を投票すること。出馬投票して出走しない場合、その馬は、当該開催の出走資格を失う。第二ベル打鐘後、出馬投票箱が開けられ、馬名と馬番が確定される、この後の取り消しは認められない。指名された開催執務委員あるいは委員会の一名が、各馬のスタート地点での整列順を定め、そのリストをスターターに渡す。スターターはそのリストにしたがって整列させた後、スタートを切るものとする。
第二九条　登録服色を着用しない場合は、罰金五ドル。
第三〇条　オーナーは、所有馬が出走するレースで他の厩舎所属馬に騎乗してはならない。
第三一条　騎乗者は、規定の斤量で騎乗すること。レース前、所定の場所で委員による検量を受けるものとする。
第三二条　負担重量超過で騎乗する場合は、レース出走前、その斤量を告知するものとする。
第三三条　レース後、騎乗者は所定の場所で開催執務委員による後検量を受けなければ下馬してはならない。この規則に従わなかった場合、その馬は失格となり、当該開催のハンデキャップ競走に出走することができない。
第三四条　二頭同着の場合、オーナーが同意すれば、二頭とも勝馬とされる。決定戦は、オーナーが最終レース後を望まない場合には、次レース後に実施される。

第三五条　二つ以上の厩舎が合意した場合、開催初日より一週間以上前に委員会に通告すれば、レースで相互に連携することができる。この連携は公表するものとする。これに違反した場合、関係厩舎は、当該開催の出走資格を失う。
第三六条　二馬身以上の間隔がないにもかかわらず斜行して他馬の進路を妨害した場合、当該馬を失格とする。
第三七条　意図的に斜行、他馬にぶつかり、あるいはその他の妨害を行って勝利を得た場合は失格とする。同レースで、同一厩舎の他馬あるいは共有馬が同様の行為を行った場合も失格とする。
第三八条　騎乗者及び別当に報酬を与えて雇用する者は、登録料五ドルを添えて、その契約書を書記宛に届けるものとする。その契約に関して問題が生じた場合は、委員会が調査、処理にあたるものとする。
第三九条　委員会は、報酬を得ている馬丁などに対して最高二〇ドルの罰金を課することができるものとする。オーナーは、雇用者の行動に対する責任をもち、解雇しない限り罰金を支払わなければならない。解雇の場合は、新雇用者にその責任が移行する。
第四〇条　カップ、賞典などの寄贈を受けたレースの登録料は、特に規定しない限り、クラブの収入に繰り入れる。単走の場合、勝馬には、賞金やステークス料は与えられず、登録料のみが与えられる。
第四一条　開催後、マッチ・レースを希望する場合、開催最終日までに書記宛に五ドルを添えて届けるものとする。
第四二条　異議申立は、当該日終了までに、最終裁決が下される。委員会は、本規則に規定がない場合、ニューマーケット及びジョッキー・クラブ・ルールに従い裁決を下す。出走馬に関する疑義申立は、出走前に行わなければならない。
第四三条　距離計測に関する疑義申立は、レース開始前に行わなければならない。
第四四条　疑義、異議申立等は、五ドルを添えて、文書で行うものとする。
第四五条　書記は、異議申立、委員会裁決の記録を保存するものとする。
第四六条　非会員のグランド・スタンドあるいは施設内への入場料は一日二ドル、三日間五ドルとする。入場後は、規則を遵守しなければならない。会員は無料。入場券を係員に提示しなければ、グランド・スタンドあるいは施設に立ち入ることができない。非会員は、開催前は書記より、開催日はゲートで入場券を購入するものとする。
第四七条　会員が規則を遵守しない場合、委員会の裁定により、除名処分とする。期限付き資格停止処分の場合、委員会の審査を経て、再入会することができる。

＊

この二月二六日の総会の席上に提案された原案中、第一、四〜六、八〜一三条、一八〜二九条、三一〜三四条、三六条、三八〜四五条は問題なく承認された。修正意見が出されたのは、それ以外の一二ヶ条であった。この日の議論は、つぎのように報じられていた（【J・G、一八七八・二・二六】）。

第二条に関して、まず日本人ではなく日本人官員に限定するという修正動議が出された。日本人官員というのは、ヨコハマ・レース・クラブが日本人の入会を認めていなかったのに対してヨコハマ・レーシング・アソシエーションがとった方針だったが、新クラブの設立を機に、その限定をはずすという原案の趣旨が支持を受け、修正案は否決された。これは、かねてからのアソシエーション側の主張が通ったことを意味していた。ついで、「日本人は」の後に、「委員会の承認を得て」を挿入するという修正動議が出され、これは承認された。この条項の後半部分を機能させるためには、委員会の判断が必要ということだった。

第三条では、一年分前納という修正動議が出されたが、これはアソシエーションを踏襲し、原案通りとなった。

第七条に関して、規則変更の審議は定期総会に限定することを明確にするために、「ただし臨時総会では、規則変更の審議、承認を行うことはできない」を付加する修正動議が出され、承認された。

第一四条の原案は、会員のみを対象とするものだったが、その限定を外し、また「委員会が定める期間」を挿入する、という提案がなされ、それが承認された。

第一六条は、明治期に入ってから、横浜の競馬界の大きな問題として議論されてきたことに直接関係していた。「プロ」の参加が、不正行為、あるいは大厩舎による横浜の競馬の私物化につながるという懸念がその背景だった。これに対して、会員となれば「プロ」であっても出走、騎乗を認めるべきだとの修正動議が出されたが、否決され、原案通りとなった。ただ双方の妥協がはかられ、四レースを「プロ」へ開放することとなった。

第一七条も、かねてアソシエーションが主張していたものだった。将来の固定化をにらんで今回公表される春季と同じ番組で秋季開催を実施するという修正動議が出されたが、疑問の声が強くあがった。結局この提案は撤回され、原案通りとなった。

第三五条の原案は二つの厩舎となっていたが、それを二つ以上とするとの修正案が出され、可決された。この連携は、「馬券」絡みの様々な「不正行為」の温床となっていたが、それを禁止して水面下に追いやるのではなく、公にして対応しようとするものだった。

修正動議は提出されなかったが、第二八条も、これらの「不正行為」防止策だった。

この二つの条項もアソシエーション側の主張にそったものであり、幕末期からヨコハマ・レース・クラブの中心的役割を演じていた人物たちには打撃を与えるものだったが、彼らはすでに孤立していた。

第三七条に関しては、ニューマーケット・ルールを逸脱するものとして、「同レースで、同一厩舎の他馬あるいは共有馬が同様の行為を行った場合も失格とする」の字句の削除が求められたが、否決された。

第四六条と第四七条に関しては、原案では順序が逆になっていたが、その入れ替えの修正案が出され、それが承認された。

81 【J・G、一八七八・三・四/J・W・M、一八七八・三・九】。
82 【J・W・M、一八七八・四・六】。
83 【J・W・M、一八七八・七・六】。
84 たとえば【J・G、一八七八・三・三〇、四・一三、四・二〇、四・二五/J・W・M、一八七八・四・二七】。
85 以下この開催に関しては、特に記さない限り、『日日』明一一・五・八、【J・G、一八七八・五・八~一〇】、『毎日』明一一・五・一一、【J・W・M、一八七八・五・一一】。
86 【J・G、一八七八・四・二七】。なお日本側の出走は、ここまで秋季だけで春季は回避されるのが通例だった。
87 たとえばE・S・モース/石川欣一訳『日本その日その日』2、東洋文庫、平凡社、一九七〇年、一五~六頁。
88 以下この日の総会に関しては、【J・W・M、一八七八・七・六】。
89 【J・W・M、一八七八・九・一四】。
90 同右。
91 【J・W・M、一八七六・八・三】。
92 以下この開催に関しては【J・W・M、一八七八・一一・二】。
93 同右。
94 【J・G、一八七九・一・一三】。
95 【J・W・M、一八七九・二・一】。四つの改正案は以下のようなものであった(同)。
(一)会員が真に所有する馬だけが出走することができる。日本馬は、父馬、母馬双方ともに日本産である馬とし、雑種馬は、父馬あるいは母馬の一方が外国産である場合に雑種馬として日本馬から種別化する。特に指定した以外には中国馬、日本馬のレースに出走できない。出走可能なレースにおける雑種馬の負担重量は別に規定する。

(二) すべてのレースを日本馬に開放するとともに、日本馬限定のレースを設けること。雑種馬の負担重量は一〇ストーン七ポンド(約六六・二kg)とする。一マイルを越える全てのレースに出走可能、ただし負担重量は一ストーン(約六・三五kg)増量とする。他の出走可能レースの負担重量については委員会が別に定める。

(三) 会員が真に所有する馬だけが出走することができる。出走可能な馬は、中国馬、日本馬、雑種馬とする。日本馬は、父馬、母馬双方ともに日本産である馬とし、父馬あるいは母馬の一方が外国産である場合には雑種馬とする。雑種馬は、委員会が定めた負担重量で、中国馬と日本馬のレースに出走するものとする。

(四) 会員が真に所有する馬だけが出走することができる。出走可能な馬は、中国馬、日本馬、雑種馬とする。雑種馬は独自に種別化され、委員会が定めた負担重量で出走する。

*

(一) と (三) は雑種馬独自のレースの新設をせず、負担重量の規定を別に設けて、中国馬、日本馬、及びその混合レースに出走させるものだった。(二) は、日本馬の独自のレースを維持するとともに全レースに出走可能としたうえで、雑種馬の負担重量を一一ストーン七ポンド(約七三・六kg)として一マイルを超えるレースを雑種馬に開放するものだった。以上の三つに対して (四) だけが、雑種馬独自のレースの新設を提案したものだった。雑種馬の規定は (一)、(三) と異なり、従来通り父馬が西洋種、母馬が日本馬というものだった。

96 以下この二月七日の総会については、特に記さない限り、【J・W・M、一八七九・二・八/J・G、一八七九・二・七〜八】。規則一九条に関しては、まず提案 (二) の撤回が承認された。このような雑種馬の負担重量では、日本馬はもちろん、中国馬でもまったく歯が立たないということだった。ついで (一) とほぼ同内容の (三) も撤回された。この二つの撤回を受けて、提案 (一)、(四) の審議に入った。(四) はJ・J・ケスウィック (ジャーディン・マセソン商会) が提案したものだったが、この案のみが雑種馬レースの新設案であり、その他のものは、負担重量を別に規定して日本馬、中国馬のレースに出走させる提案だった。議長は、このケスウィック案に関して混合レースに雑種馬の出走も可能という見解を示したが、ケスウィック案は雑種馬単独でのレース実施を意図したものだった。ケスウィックは、それを明確にする修正案を提出、結局、この修正案が可決された。

97 【J・G、一八七九・三・五／J・W・M、一八七九・三・八】。

98 【J・W・M、一八七九・二・一】。

99 以下この開催に関しては、【J・G、一八七九・五・六〜九／J・W・M、一八七九・五・一〇】。問題となったオーナーは、入会問題で、ヨコハマ・レース・クラブの分裂の契機となったバロン厩舎（Baron Stable）のA・ジェフレ。二日目第九レース雑種馬の東京賞盃（Tokio Cup）では、そのA・ジェフレ名義の二頭しか出走しなかったが、レースの成立を認め、そのうえ、ジェフレが人気のない馬の勝利を宣言したため、かなりの物議を醸した。レースの公正さだけでなく、賭けにも関係していたからである（同）。

100 【J・G、一八七九・九・六／J・W・M、一八七九・九・六】。

101 【J・G、一八七九・八・九】。

102 たとえば【J・G、一八七九・九・一二／J・W・M、一八七九・九・一三】。

103 以下「プロ」騎手への開放問題に関しては、【J・W・M、一八七八・五・一一、一八七九・九・一一、九・一三／J・G、一八七八・五・三〇、一八七九・二・四、九・一一〜一二】。

104 【J・G、一八七九・五・一七、五・一九／J・W・M、一八七九・一一・八】。ストラチャンは明治一二（一八七九）年一二月三一日付で、T・トーマスとのパートナーシップを解消して日本を去った（【J・G、一八八〇・七・一】）。だがストラチャンは、その後も横浜の競馬のことがその念頭から消えることはなかったようで、たとえば明治二二（一八八九）年新グランド・スタンド建築計画の時には、英国の地から資材の斡旋などその尽力を約束し、また資金として二〇〇ドルを寄付していた（【J・W・M、一八八九・一・一九／J・G、一八八九・七・一二】）。明治二四（一八九一）年には、横浜にストラチャン商会のオフィスを開設しているが、来日はしていない（【J・G、一八九一・八・二四】）。

105 このレース条件の変更とそれへの不満からの有力厩舎の撤退に関しては、【J・W・M、一八七九・九・一四、一一・八、／J・G、一八七九・九・一一〜一二】。

106 【J・W・M、一八七九・一〇・四】。

107 以下開催までは、【J・G、一八七九・一一・六〜七／J・W・M、一八七九・一一・八】。

108 以下この開催に関しては、【J・G、一八七九・一一・六〜七／J・W・M、一八七九・一一・八】。

109 【J・W・M、一八七九・一一・八】、『毎日』明一二・一一・八。

110　神戸の競馬に関しては、拙稿「神戸居留地における競馬（一）」『富山大学人文学部紀要』第二五号、一九九六年、同「神戸居留地における競馬（二）」『富山大学人文学部紀要』第二六号、一九九七年。

111　【J・W・M、一八八〇・二・二一】、「一八八〇年二月二四日付ゼ・ゼ・ケスウィックより神奈川県令野村靖宛書簡」『貸渡一件』、【J・G、一八八〇・三・一】。一四日の総会で、すでに新クラブのことが協議されていた（【J・W・M、一八八〇・二・二一】）。

112　「明治一三年三月二四日競馬場地租割合書」（『貸渡一件』）。

113　「日付不明神奈川県令野村靖より各国領事筆頭丁抹国総領事イーニー・バヒウール（バヴィエル）宛書簡」、「一八八〇年三月二四日付各国領事筆頭丁抹国総領事イ・デ・バウィール（バヴィエル）より神奈川県令野村靖宛書簡」（『貸渡一件』）。

114　【J・W・M、一八八〇・二・二一／J・G、一八八〇・三・一】。

115　『毎日』明一三・二・二七、【J・W・M、一八八〇・二・二一、三・二七、四・三、四・二四／J・G、一八八〇・三・一、四・二一、四・二三】。

116　「明治一三年四月二日付ジャップンレーシングクラップ名誉書記ゼームス・シアンストン・ケスウィックより神奈川県令野村靖宛書簡」前掲『貸渡一件』、【J・G、一八八〇・四・二／J・W・M、一八八〇・四・三】。この時点では五月二六、二七、二八日開催予定だった（【J・G、一八八〇・四・二】）。

117　「明治一三年三月二七日井上馨外務卿より米英仏蘭公使宛書簡」、「一八八〇年四月六日付和蘭公使館来翰外務卿井上馨宛」、「一八八〇年四月六日付英国代理公使来翰外務卿井上馨宛」、「一八八〇年四月八日付仏公使館来翰外務卿井上馨宛」、「一八八〇年四月一五日付米国公使来翰外務卿井上馨宛書簡」（『貸渡一件』）。なおまずこの四カ国公使の同意を取り付けたのは、一八六六年一二月「横浜居留地改造及競馬場墓地等約書」がこの四カ国と締結されたことを受けてのものだった。井上馨は、英米蘭仏四公使からの同意の取り付けで、外交的手続きが実質的に整えられたものと判断していた（同）。

118　「明治一三年四月二一日付外務卿井上馨より各国公使へ之書翰」、「一八八〇年七月一九日付秘露国公使ゼー・エフ・エルモール）来翰外務卿井上馨宛」（『貸渡一件』）。

119　「明治一三年四月一五日付外務卿井上馨より神奈川県令野村靖宛書簡」、「明治一三年四月二三日付外務卿井上馨より野村靖宛書簡」、「明治一三年四月二七日付神奈川県令野村靖より外務卿井上馨宛本港競馬場ジャンパンレーシング社中江可相渡貸渡証書の義に付上申」前掲『貸渡一件』、『横浜市史』資料編一八、有隣堂、一九七八年、二三五〜六頁、前掲『日本レース・クラブ五〇年史』三〇～五頁。「券証」が締結される前でも、借地料七五〇ドルの納付で第一回開催可能との確認が行われていた（前掲「明治一三年四月二七日付神奈川県令野村靖より外務卿井上馨宛本港競馬場ジャッパンレーシング社中江可相渡貸渡証書の義に付上申」）。その後も「券証」が正式に発効するまでは、この確認にしたがって開催されていった。

120 前掲『横浜市史』資料編一八、二三六～八頁。この「券証」の内容は、明治一三年四月段階で作成されていた「神奈川県令より日本競馬会社保管者に与ふる横浜競馬場貸地の券証案」（『貸渡一件』）と同一のものだった。

121 【J・G、一八八〇・四・二一、四・二三～二四、四・二八／J・W・M、一八八〇・四・二四、五・一】。正式な結成は二〇日前後と思われる（【J・G、一八八〇・四・二一】）。クラブ入会問い合わせ先の告知が四月二三日付（【J・G、一八八〇・四・二三】、番組の確定が二八日付【J・G、一八八〇・四・二八】）。二〇日前後にはオリジナル会員は数日中に公表されると報じられていたが（【J・G、一八八〇・四・二一】）、確認できるのは五月一日付となる（【J・W・M、一八八〇・五・一】）。

122 【J・G、一八八〇・四・二一／J・W・M、一八八〇・四・二四、五・一】、『読売』明一三・五・四、『日日』明一三・五・四。

123 たとえば【J・W・M、一八八一・一二・三】。「日本レース・クラブ小史」前掲『日本レース・クラブ五〇年史』所収、九二頁。ケネディは明治一五（一八八二）年一月帰国する。

124 以下のこの開催に関しては、特に記さない限り、【J・W・M、一八八〇・六・五、六・一二／J・G、一八八〇・六・七～九】、『毎日』明一三・六・八～一一、『日日』明一三・六・八～九、『読売』明一三・六・八。なお、この直前の五月一四、一五日の横浜のスイス・ライフル協会の大会にも、有栖川宮熾仁、井上馨、川村純義、西郷従道、大山巌らが姿を現していた（『読売』明一三・五・一五、【J・W・M、一八八〇・五・二二】）。

125 【J・G、一八八〇・四・二一／J・W・M、一八八〇・六・一二】。

126 『日日』明一六・一二・三。

127 『井上公伝』㈢、七八五～七頁。

128 『天皇紀』㈤、六〇頁。

129 【J・G、一八八〇・六・九】。

130 【J・W・M、一八八〇・六・一二】。

131 『毎日』明一三・六・一一。

132 【J・W・M、一八八〇・七・三一】。

133 【J・G、一八八〇・一二・三一】。コープ（F. A. Cope）は、オークションを行うミッチェル・コープ商会（Mitchell, Cope & Co.）の共同経営者。明治初年代から横浜の競馬クラブの有力会員。議長は、英国公使館書記兼代理公使のケネディ（J. G. Kennedy）が務めていた。規則第二条が「馬匹改良への寄与」を謳っていた。キングドン（Nicolas. P. Kingdon：一八二九〜一九〇三年）は、一八六三年、東アジアの代表的な商社であったデント商会の代理人として来日、一八六六年の同商会の破綻後も横浜に滞在して、居留地運営の様々な分野でリーダーシップを発揮し、活躍していた（歌川隆訳／解題中武香奈美「N・Pキングドン書簡（日本在住時）」『横浜開港資料館紀要』第一四号、横浜開港資料館、一九九六年）。競馬もその一つで、その書記の時代から、横浜の競馬の中心的な役割を果たしてきた人物であった。キングドンは日本馬の調教に関してすぐれた手腕を持ち、宮内省御厩課や陸軍省軍馬局所属馬の調教などにあたってもいた（第六章第一節）。常任委員（permanent comittee）は、内外一五名づつで構成、任期は終身、常任委員会はクラブの最高決議機関だった。明治一三（一八八〇）年四月、常任委員はオリジナル会員として公表された。実際の運営は、内外五名づつ（内各二名づつは常任委員が就任）執務委員会（working committee）が担っていた。だがこの常任委員会は、終身という規定から、時間が経過するほど、運営に支障を来す存在となった（第三章第六節、第七節）。

134 『報知』明一七・七・一三。

135 【J・W・M、一八八一・七・二、一一・五、一一・一二】。くじ馬制度とは、クラブが一括して購入して、抽籤で会員に配布するもの。当時、入手困難であった日本馬に関して、一定の質を持った馬を会員に提供する制度であった。明治一四（一八八一）年秋季開催では、生産者に対して賞金を割当レースは二つ実施され、その額はそれぞれ七五円、五〇円だった（同）。

136 【J・G、一八八〇・四・二一／J・W・M、一八八〇・六・一二、七・三一】。

137 【J・W・M、一八八〇・六・一二】。伊藤博文（参議）、松方正義（内務卿）、品川弥二郎（内務少輔）、大河内正質（侍従）、土方久元（侍従）らが出走させた日本側の馬は、全二三レース中、八勝をあげたがすべては軍馬局所属の馬だった。外務省カップ（Gaimusyo Cup）は、日本馬と中国馬の混合戦、賞金一五〇ドル。中国馬のチーフモンゴリアン（Chief Mongolian）が勝った。その他に、陸軍省、内務省、三菱から寄贈されたカップレースが実施された。天皇からの花瓶とは、先の天皇賞典（Mikado's Vase）のこと。完璧な雑種馬とは、おそらくボンレネー（Bon Rene）とホクセ（Hokuse：後に白雲）のことを指していると思われる。ボンレネーは陸軍所属、この開催では、岩下清十郎（砲兵大尉）とアンゴ（陸軍御雇）の共同名義で出走した。次の秋季開催から西郷従道名義となる（詳しくは第六章第三節）。ここでの指摘とは異なり、松方も西郷も実際には勝鞍をあげていなかった。松方は最高で三着。西郷は自らの名義では出走させてはいなかったが、軍馬局の馬を西郷の馬と考えたのであろう。本文中でもふれたように松方と西郷が競馬に注いでいた情熱は、居留民の間に広く知られていた。

138 【J・G、一八八〇・一二・三一】。

139 『天皇紀』㈤、三四四〜五頁。

140 『日日』明一四・五・一〇、『読売』明一四・五・一三、『天皇紀』㈤、三四四〜五頁。

141 【J・W・M、一八七九・八・二三】。

142 『毎日』明一三・四・九、『日日』明一三・六・一、『読売』明一三・八・一九。

143 【J・G・F・S、一八八一・五・二〇】。

144 たとえば『天皇紀』㈤、三四四〜五、三五六〜七、三八八〜九頁。

145 前掲『ベルツの日記』上、三五五頁。

4　華族競馬、吹上競馬、乗馬飼養令——馬に乗ろう！

1 『天皇紀』㈤、一九六〜七頁。

2 『日日』明一二・八・八。

3 『会館誌』上、二八二頁。

4 『会館誌』上、三〇二、三四六頁。

5 『日日』明一二・一〇・二〇、『会館誌』上、二八五頁。

6 『報知』明一三・六・一、『会館誌』上、三〇二頁。

7 『会館誌』上、三三一〜三頁、『天皇紀』㈤、一九七頁。

8 『毎日』明一三・一一・二〇、『読売』明一三・一二・二一。

9 『会館誌』上、三三四頁、『天皇紀』㈤、一九九～二〇〇頁。
10 『会館誌』上、三三五、三三〇～一頁。
11 『会館誌』上、三〇六頁。
12 以下のような規則だった（『会館誌』上、三三七～八頁）。明治一三（一八八〇）年一二月一〇日の項に射的会規則とともに全文掲載されている。

第一則　馬場内法り四百零六間（約七三八メートル）を四分し、各百零一間半（約一八五メートル）とし其境界を示すに赤旗を以てす

第二則　一組は人員三名に限るべし

　但し欠員あるときは館長（華族会館長）意見を以て其欠を補う

第三則　競馬の前に於て馬名を記したる札を掲げ出場の馬匹を示し、又競走の後に於て勝者の姓名を示すべし（宮内省へ上申された―引用者）

第四則　各回競馬前に第一鐘を鳴すは騎者の用意を報す、第二鐘を鳴すは馬場へ入るを報するものとす

第五則　各回出場の前に馬場並列法は抽籤を以て定むべし

第六則　競走中騎者自己の馬を進行する為め他の馬に鞭を加え、或は三間以内に距離に於て之を遮ぎる等苟も不正の所為あるときは、仮令ひ先着すと雖も勝を与えずして、第二番亦不正の所為あれば第三番のものに勝を与ふるものとす

第七則　二馬同時に到着点に達するときは復走せしむ。但し再度以上に及ぶときは之を許さず

第八則　騎者競走せんとするときは各其馬を正く並列し、赤旗を持する検査役の命を待て競走せしむ

第九則　賞品は競走終りたる毎に館長より直ちに授与す

第十則　乗馬の際に当り私に馬を交換することを許さず。若し事故あり已むを得ざる時は其係員の指揮を受くべし

13 『会館誌』上、三三九頁。
14 『会館誌』上、三三七頁。
15 『会館誌』上、三四三頁。
16 『会館誌』上、三三九、三四二頁。
17 『日日』明一四・五・三一。

18 『会館誌』上、三四二頁。
19 『会館誌』上、三三〇頁。
20 『日日』明一八・一〇・二四、一〇・二七。
21 『朝野』明一八・二・二〇。
22 『報知』明一八・一〇・二七。
23 『毎日』明一九・四・二五。
24 『朝野』明二〇・五・二一。
25 ティサーレイ「一八八〇年代中期の競馬に関する回想」（外国人が見た幕末・明治の横浜全訳『ジャパン・ガゼット横浜五〇年史』『市民グラフヨコハマ』横浜市、一九八二年、四三頁）。ここでは渡辺子爵と回想されているが、渡辺という人物は根岸競馬に関与しておらず、分部子爵の Wakebe を Watanabe と間違えたものだろう。
26 たとえば『会館誌』上、六一三～五頁。
27 『会館誌』上、六一六頁。
28 『会館誌』上、二六五頁。
29 前掲『ヤング・ジャパン』2、二四六頁。
30 『時事』明二四・一〇・二七。
31 『日日』明一五・五・二、明一六・一二・一九、『天皇紀』㈤、八一七頁、七四九頁。
32 『報知』明二三・七・一、『日本』明二三・七・二、『毎日』明二三・七・二。
33 『朝野』明二一・六・三、七・一七、『報知』明二一・六・二七、七・一七。
34 たとえば『天皇紀』㈤、六三一頁、『天皇紀』㈥、二〇頁、【J・W・M、一八八二・二・一八、一八八四・四・五】。
35 『会館誌』上、三五二、三六三頁。
36 『読売』明一六・六・二五、『毎日』明一七、四・三〇、『会館誌』上、四二〇、四二三、四六四頁。
37 『読売』明一七・一二・一四、『時事』明一八・三・二三、一二・七、『会館誌』上、四七八、五三五、五六七頁。
38 『毎日』明一八・六・九。
39 『読売』明一八・六・二三、『日日』明一八・一一・二四。

40 『会館誌』上、三二五、三三五頁、『天皇紀』㈤、一六〇、三四三頁。
41 『日日』明一五・一二・一。
42 『会館誌』上、六一六、六二二〜三頁。
43 『会館誌』上、六三九〜四〇頁。
44 『天皇紀』㈤、五九〜六〇頁。
45 『日日』明一三・五・二七。なお、同紙ではレース数を三六と記してあるが、次の註46の資料を参照すると三五であったことが確実であるので訂正した。
46 この日の競馬に関しては、『毎日』明一三・五・二八、『天皇紀』㈤、六八〜九頁。
47 『天皇紀』㈤、一九六頁。
48 『朝野』明一三・一二・八。
49 『読売』明一三・一二・一四、『天皇紀』㈤、二二五〜六頁。
50 『報知』明一四・四・一二、一一・一〇、一一・一五、一一・二〇、『読売』明一四・五・七、五・二七、『毎日』明一四・六・一〇、『天皇紀』㈤、三二八、三二九、三五四〜五、三七〇、五七一、五七六頁。
51 『報知』明一四・五・二七。
52 招魂社（靖国神社）での競馬に関しては、前掲『日本競馬史』巻二、一二〜二四頁が、今のところ唯一まとまったものである。なおこの競馬の明治初期から一〇年代前半までの開催日時に関しては、村上重良『慰霊と招魂——靖国の思想——』岩波新書、一九七四年で、追っていける。競馬は、例大祭の賑わいのなかで人気を博し、東京の風物詩となって定着していた。また当時の新聞には、騎手や馬名やレースの様子を描写したものもあり、それを追っていけば『日本競馬史』巻二よりも詳しく復元していくことができる。坪内祐三によれば、靖国の競馬は、明治期の靖国神社がモダンでハイカラな場であったことを体現するものであった（坪内祐三『靖国』新潮文庫、二〇〇一年、初出一九九九年、七五〜八頁）。
53 『毎日』明一五・四・一八、『日日』明一五・四・一九、『報知』明一五・四・一九。
54 【J・W・M、一八八四・一二・二】。
55 『報知』明一七・一〇・二九、『時事』明一七・一〇・二九。
56 吹上競馬の規則は以下のものであった（『報知』明一四・五・四、前掲『日本競馬史』巻二、六一〇〜一頁）。先の華族競馬を出発点にしながらもそれを充実させたものになっている。靖国競馬規則に関してはまだ未見だが、おそらくこのようなものに準じたものだったろう。

第一条　競馬関係の者及び馬匹は午前八時三十分に参集すべし
第二条　御場所においては務めて敬礼を重んずべし
第三条　馬場は内法り四百零六間（約七三八メートル）を四分し各間百零一間半（約一八五メートル）としその境界を示すに赤旗を以てす
第四条　競走は御沙汰を俟て施行するものとす
第五条　出場馬匹は三頭に限るべし
第六条　競走の前に乗士の姓名を記したる札を御覧所正面に掲げ競走の後更に其勝者の姓名の上に勝字を記したる札を掲げてこれを標すべし
第七条　各回競馬前第一鐘を鳴らすときは乗士用意を整え第二鐘を鳴らすときは速に馬場に入るべし
第八条　各回発出の前馬場並列法抽籤を以て定むべし
第九条　競走中乗士自己の馬を進行するため他の馬に鞭を加え或はこれを圧し或は三間以内の距離においてこれを遮る等苟も不正の作業を為すときは勝を与えずして第二番に到着する者に与う、第二番もまた不正の所為あれば第三番の者に勝を与うるものとす
第十条　二馬同時に到着点に達するときは伺を経て復走することあるべし
第十一条　乗士競走せんとするときは各その馬を正しく並列し赤旗を所持する出発検査約の命を待ち初めて競走するものとす
第十二条　競馬終りたる後乗士は検査人を経て伺之上退散すべし
第十三条　番組決定の上臨時不参する者あるときは伺を経て番組を改定すべし
第十四条　競馬を終りて後御前において賞品を賜う
　乗士は御厩に具備する競馬服を着すべし

57 『会館誌』上、三五〇、三五二、三六一頁、『天皇紀』㈤、六八二、七〇三、八一八、八三五頁。
58 『天皇紀』㈥、一二〇～一、一九五、三一五頁、『読売』明一六・一〇・一一、『会館誌』上、四六二、四七六頁。

59 たとえば『報知』明一六・五・二三。

60 『馬政史』㈣、四一一〜一二頁。全条は、以下の通り（同）。

第一条　勅奏任文武官は乗馬を飼養すべし、但し陸軍武官たち竝に警視官等にして乗馬本分の職を奉ずる者は其の本分の馬匹は各其の規則に依る、海軍武官は海上勤務奉職中の者を除く。

第二条　文武官飼養の馬匹は戦時若くは事変に際し軍用に供するの義務あるものとす。

第三条　勅奏任官は月俸とを問わず一ヶ月俸百円以上を受くる者（出仕御用掛を包含す）に限り左に掲げたる馬数を飼養すべし、但各自の便宜に依り定数以上の馬匹を飼養する事及乗馬を馬車馬に換ふる事は妨げなし。

俸給	百円以上	三百円未満之者	乗馬一頭
同	三百円以上	四百円未満之者	同　二頭
同	四百円以上	五百円未満之者	同　三頭
同	五百円之者		同　四頭
同	六百円之者		同　五頭
同	八百円之者		同　六頭

第四条　乗馬は各自の望に任せ陸軍省より官馬を払下ぐ可し、但百円以上二百円未満の俸給を受くる者に限り其の代価は月賦にて上納せしむ。

第五条　事故あり乗数の乗馬を飼養すること能はざる者は、飼料として毎一頭一ヶ月金十円（百円以上百五十円未満の俸給を受くる者は七円）の割合を以て毎月本官庁に納め本官庁は其の金額を取り纏め翌月之を陸軍省へ送付すべし、但飼養料を上納する者は臨時陸軍省より官馬を借用することを得。

第六条　陸軍省に於ては第四条の官馬払下げ竝に第五条の飼養料に充つ可き馬匹を備え置き払下げ及臨時貸与の方法を定む可し。

第七条　各自乗馬を飼養する準備の為め本令頒布の日より左に掲ぐる年月間其の飼養を猶予することを得、但本令頒布の後新に任官したる者若くは百円未満より百円以上の俸給に昇進したる者は其の新任若くは昇進日より起算し、又は海軍武官の海上勤務より陸上勤務に転じたる者は転職の日より起算すべし。

俸給　百円以上　百五十円未満之者　一個年

同　百五十円以上　二百円未満之者　十個月
同　二百円以上　三百円未満之者　六個月
同　三百円以上　四百円未満之者　二個月
同　四百円以上之者　一個月

＊

明治期の官僚は、高等官と判任官に大きく分けられた。この乗馬飼養令の対象となった勅奏任官がその高等官だった。官民の格差は大きく、総じて官僚は恵まれた存在だったが、判任官と高等官、さらに高等官中の勅任官と奏任官の間には厳然たる身分格差があった（以下、水谷三公『日本の近代13　官僚の風貌』中央公論新社、一九九九年）。高等官は、現在の官僚制度にあてはめれば、勅任官（本省の次官・局長クラス、知事、会計検査院長、帝国大学総長、内閣書記官長、法制局長官、警視総監）が国家公務員指定職（次官、局長、審議官）、奏任官（課長以下の中堅幹部と幹部候補生）が本庁の中堅幹部・幹部候補生に相当した。現在でも高級官僚は、様々な特権を享受しているが、明治期の高等官のそれに比べれば足元にも及ばない。なお乗馬飼養令施行前年の明治一六（一八八三）年の勅任官、奏任官数は、それぞれ一一七名、一〇五二名だった。

61　たとえば『毎日』明一七・六・一九、『読売』明一七・六・二一。
62　たとえば『毎日』明一七・八・二、八・五、八・七、八・二〇、『時事』明一七・八・一一、八・二〇。
63　『朝野』明一七・八・一二。
64　たとえば『報知』明一九・一二・一九、『時事』明二四・七・一四。
65　『馬政史』㈣、四一四～五頁。
66　たとえば『日日』明一九・一二・二四、『朝野』明二〇・一一・二〇、『読売』明二一・三・三〇、『東朝』明二二・六・五、『時事』明二四・七・二九。
67　三宅雪嶺『同時代史』第二巻、岩波書店、一九五〇年、二三七～八頁。
68　『馬政史』㈣、四一一頁。
69　たとえば『報知』明一七・一〇・三〇。
70　藤森照信『明治の東京計画』同時代ライブラリー、岩波書店、一九九〇年（初出一九八二年）、二六四～七頁。

71 『時事』明一七・八・二〇。
72 たとえば『毎日』明二一・二・一〇。
73 『報知』明一七・八・一九、『いろは新聞』明一七・一〇・一六。

5 不忍池への移転――ヨーロッパ並の競馬場

1 「共同競馬会社副社長井田譲、同鍋島直大明治一六年九月付農商務卿西郷従道宛競馬場地所拝借願」農商務省博物局『明治一六年土地建物録公園之部』(東京国立博物館所蔵)。
2 『毎日』明九・五・六。
3 『日日』明一四・五・二六。
4 同右。
5 『日日』明一五・五・二四。
6 『読売』明一八・一・二七。
7 『時事』明一五・六・一四。
8 『毎日』明九・一一・四、『報知』明一五・三・一、『馬事年史』㈢、一〇八頁。
9 『時事』明一五・六・一四。
10 『時事』明一五・五・二九。
11 『毎日』明一七・一〇・三〇。
12 『読売』明一八・一・二七。
13 『毎日』明一六・六・二三、『時事』明一六・六・二六。
14 『時事』明一五・一・三一。
15 『時事』明一六・六・二六、九・二六。
16 【J・W・M、一八八〇・一〇・九】、『時事』明一六・一・三一、五・一六、【J・G・F・S、一八八三・六・一六】。
17 【J・W・M、一八八三・六・九】。
18 たとえば『時事』明一六・六・四、『日日』明一六・六・六、『読売』明一六・六・六。

19 『天皇紀』㈥、一三二、一四四頁。
20 『読売』明一六・一一・九、【J・G・F・S、一八八三・一一・九】。
21 明治一七（一八八四）年六月一五日共同競馬会社総集会での社長小松宮の挨拶（たとえば『読売』明一七、六・一八）。
22 この申請に関しては、【J・W・M、一八八三・七・七】、『時事』明一六・九・二一、前掲「共同競馬会社副社長井田譲、同鍋島直大明治一六年九月付農商務卿西郷従道宛競馬場地所拝借願」。
23 『報知』明一六・八・二五、明一七・二・八。
24 『日日』明一七・一〇・二一。
25 『読売』明一六・一〇・二三。
26 「上野公園内不忍池周囲に競馬場を取設の儀同会社より請願の儀に付伺」農商務省博物局『明治一六年土地建物録公園之部』（東京国立博物館所蔵）。
27 「明治一七年二月八日付共同競馬会社幹事大河内正質・同副社長鍋島直大より博物局長野村靖宛競馬場地所拝借願」農商務省博物局『明治一七年土地建物録公園之部』（東京国立博物館所蔵）。
28 「明治一七年二月八日付東京府知事芳川顕正より博物局長野村靖宛第一四八三号」農商務省博物局『明治一七年土地建物録公園之部』（東京国立博物館所蔵）。
29 「明治一七年二月一二日付博物局長野村靖より農商務卿西郷従道宛上野公園内不忍池周囲を共同競馬会社に貸与許否之義に付伺」農商務省博物局『明治十七年土地建物録公園之部』（東京国立博物館所蔵）。
30 「明治一七年二月一四日付農商務卿西郷従道より太政大臣三条実美宛上野公園内不忍池周囲を共同競馬会社へ貸与許否之儀伺」農商務省博物局『明治一七年土地建物録公園之部』（東京国立博物館所蔵）。
31 「明治一七年三月一四日付博物局長野村靖より上野公園公園内不忍池周囲に競馬場設置の義共同競馬会社へ御指令相成候に付東京府へ御回答案」「共同競馬会社副社長鍋島直大外一名より不忍池周囲借用の儀出願に付聞届並東京府知事へ通知の件等」農商務省博物局『明治一七年土地建物録公園之部』（東京国立博物館所蔵）、『日日』明一七・三・二四、『毎日』明一七・三・二五。
32 「明治一七年三月二四日付博物局より共同競馬場開設に付不忍池水切落し其他二件着手之義願出に付伺」農商務省博物局『明治一七年土地建物録公園之部』（東京国立博物館所蔵）。

33 『時事』明一七・三・二五、「共同競馬会社より公園内に事務所取設の儀届出の件」農商務省博物局『明治一七年土地建物録公園之部』(東京国立博物館所蔵)。
34 『毎日』明一七・四・二七。
35 『絵入自由新聞』明一七・二・八。
36 『朝野』明一七・四・五。
37 【J・W・M、一八八四・三・二九】。
38 『読売』明一六・一二・八。
39 以下くじ馬制度と明治一七(一八八四)年のくじ馬に関しては、特に記さない限り、【J・W・M、一八八四・一一・一二】。
40 『報知』明一七・八・一三。
41 【J・W・M、一八八一・七・二/J・G・F・S、一八八一・一一・八】。
42 以下春季開催の賞金等に関しては、『時事』明一七・一一・二五、『読売』明一七・四・二〇。
43 【J・W・M、一八八四・二・二】、『時事』明一七・二・二五。
44 以下この開催に関しては、特に記さない限り、『時事』明一七・四・一八、四・二九、『読売』明一七・四・二九、四・三〇、『報知』明一七・四・二九~三〇、『朝野』明一七・四・二九~三〇、『日日』明一七・四・二九、『毎日』明一七・四・二七、四・二九~三〇、【J・W・M、一八八四・五・三】、『天皇紀』㈥、一七九頁。
45 『毎日』明一七・四・二七。
46 『読売』明一五・六・七。
47 『毎日』明一七・四・三〇。
48 『朝野』明一七・六・一七、『読売』明一七・六・一八、『報知』明一七・六・一九。入会資格は一〇月には社員一人の承諾で入社と、改定された(『毎日』明一七・一〇・一四)。
49 『報知』明一七・七・七。
50 前掲『日本競馬史』巻二、四六~七頁。この設立趣意書を掲載したのは、『朝野』明一七・六・一七、『報知』明一七・六・一九。ちなみに、『日本競馬史』巻二に掲載されている趣意書のあとの付言(四七頁)は、明治一七(一八八四)年七月八日の共同競馬会社役員会における小松宮の祝辞を受けての井田譲の答辞である(『日日』明一七・七・一〇、『報知』明一七・六・一〇、『東京絵入新聞』明一七・六・一〇)。ちなみにこの三紙ともにその祝辞と答辞を掲載している。

51 たとえば『日日』明一七・六・一一。

52 『報知』明一七・七・一〇。この日の議長は鍋島直大が務めていた(同)。

53 以下この日に関しては、『時事』明一七・八・二一、『毎日』明一七・八・二一、『読売』明一七・八・二一、『日日』明一七・八・二一、『朝野』明一七・八・二一、『報知』明一七・八・二一。

54 たとえば『報知』明一七・八・一三。当初、上棟式は一二日に予定されていた。結局、来日が八月二六日となったため、上棟式単独となった。

55 『毎日』明一七・八・二三、『東京絵入新聞』明一七・八・三一、『時事』明一七・九・一、『日日』明一七・九・四。

56 『報知』明一七・八・二〇。

57 『報知』明一七・一〇・一三、『読売』明一七・一〇・一四。

58 『報知』明一七・一〇・二一、『読売』明一七・一〇・二一。

59 『絵入朝野新聞』明一七・一〇・二二。

60 「不忍池畔競馬場内の仮橋架橋並出入口新設方競馬会社へ達の件」農商務省博物局『明治一八年土地建物録公園之部』(東京国立博物館所蔵)、『時事』明一九・九・一八。遅くとも明治二二(一八八九)年六月からは、非開催時のコースに人が入ることができるようになった(『時事』明二二・一一・一一)。

61 たとえば『時事』明一七・九・一七、一〇・一三、一〇・二二〜二三。

62 『会館誌』上、四七六〜七頁。

3 横浜の競馬

1 幕末の競馬——競馬への欲求

1 たとえば【J・H、一八六二・八・二三、一二・六】。

2 菊苑老人『みなとのはな　横浜奇談』一七〜八頁。横浜を見聞して居留民たちの生活の有様を紹介した著作、文久二(一八六二)年頃のものと推測される。

3 F. G. Notehelfer, *Japan through American Eyes : The Journal of Fransis Hall 1859-1866*, Westview Press, 2001, p.135. フランシス・ホール（一八二二～一九〇二年）は、一八五九年一一月一日、「旅行者」として来日、その後ビジネスにも従事、米国系のパイオニアとして活躍、横浜駐在領事が不在の時は、代理を務めた。一八六二年四月、上海のラッセル商会にいたトーマス・ウォルシュ（Thomas Walsh）と組んで、ウォルシュ・ホール商会を設立。同商会は、アメ一（アメリカ一番館）とも呼ばれ、幕末から明治初期の日本における最大の米国系商社となった。ホールは、一八六二年六月のヨコハマ・レース・コミッティの創立総会の議長を務めていた。一八六五年一一月設立された横浜外人商業会議所の初代会頭となったが、翌一八六六年七月五日に離日した。ちなみに前々の三日、ヨコハマ・レース・クラブが結成されていた。詳しくは、拙稿「文明開化に馬券は舞う　第三九回　フランシス・ホール日記　一八六〇年九月一日」『もきち倶楽部』No. 149. 二〇〇二年。

4 'Yokohama and Its Changes'（【J・W・M、一八七二・三・二三】）。この回想は、ある人物が、一八五九年七月の開港から二年目を迎えた一八六〇年の横浜を振り返ったもの。他の記述から見て、全体的に信憑性が非常に高いが、著者が、すでに一八六〇年には来日していたのか、あるいは伝聞によるものかは不明。著者は、開港を一八六〇年と勘違いしているふしがある。私は、一八六〇年代から一八八〇年のニッポン・レース・クラブの結成までの横浜における競馬を論じた拙稿（「幕末～文明開化期の競馬――横浜・根岸競馬をめぐって」『富山大学人文学部紀要』第二〇号、一九九四年）で、堀川の向う（居留地から見て）ということであれば、現在の横浜市中区元町にあたり、地形的にも狭く、しかも居留地の設置に伴って、そこ（本村）には元横浜村の住民たちが移住していたから、競馬の開催は無理であり、この回想の開催は、一八六二年に競馬場が設置された横浜新田（現・中華街）の農道を利用したのではないかと推測した。だが、これに対して、フェデリコ・天塩（田島芳郎）氏が『週刊　競馬ブック』（関西版、二二五九号、一九九六年六月一〇日号）で、元町での開催の可能性を指摘され、その後、馬事文化財団学芸員の日高嘉継氏が、日高嘉継／横田洋一『浮世絵　明治の競馬』（小学館、一九九八年、八頁）でフランシス・ホールの日記のなかに、一八六〇年九月、元町での開催が記述されていることを明らかにされた。つまり、私のコースの設置場所の推測は誤りで、この回想の通りであることが確実となった。

5 斎藤多喜夫「幕末の横浜居留地」『たまくす』第五号、横浜開港資料普及協会、一九八七年。

6 松信太助編／石井光太郎・東海林静男監修『横浜近代総合年表』有隣堂、一九八九年、二五頁。

7 青木枝朗訳『ヒュースケン日本日記　一八五五―六一』岩波文庫、一九八九年、一五二～三頁。

8 坂田精一訳『ハリス日本滞在記』下、岩波文庫、一九五四年、五七、九三～六頁。

9 オールコック／山口光朔訳『大君の都』中、岩波文庫、一九六二年、九四頁。

10 中井晶夫訳『オイレンブルク日本遠征記』上、新異国叢書一二、雄松堂出版、一九六九年、一一八～四〇、一四九～五〇、一六八～七〇、二〇〇～二頁など。

11 アーネスト・サトウ／坂田精一訳『一外交官の見た明治維新』上、岩波文庫、一九六〇年、二六頁。

12 前掲『みなとのはな　横浜奇談』一三頁。

13 前掲『大君の都』上、二五五頁。

14 【J・H、一八六二・九・二〇】。

15 たとえば【D・J・H、一八六四・四・七／J・T・O・M、一八六九・一・一三】。また R. M. Jepkson & E. P. Elmhirst *Our Life in Japan*, London, 1869. にこういったペーパーハントの様子が詳しく描写されている。

16 たとえば、久良岐の会編『私たちの古文書ノート――根岸新井家文書より』一九九一年、三七～八頁、【J・W・M、一八七一・二・一二】、『毎日』明九・一二・二七、明一〇・一〇・四。

17 「日本レース・クラブ小史」（前掲『日本レース・クラブ五〇年史』所収、八四、八六頁）には、「記録によれば、一八六一年の春、当時本村と呼ばれた現在の元町において競馬が初めて開催された」との記述がある。同書は当時、競馬クラブを統括していた陸軍省馬政局の要請を受けて、ターナー（F. H. Terner）が編集したもの。若干の事実誤認があるが、総じて信頼性の高い資料となっている。年月に関しては、フランシス・ホールの日記の記述と相違していて誤りだが（註3参照）、一八六一年春にも開催されていたものを「初めて」と取り違えた可能性がなくもないと思う。詳しくは拙稿「文明開化に馬券は舞う　第四〇回　横浜での最初の競馬、もう一つの記録」『もきち倶楽部』No. 152. 二〇〇二年。

18 前掲『横浜市史稿』風俗編、八〇七頁。

19 大田久好『横浜沿革誌』一八九二年、復刻版、白話社、一九七四年、四二頁、前掲『横浜市史稿』風俗編、八〇六～七頁、横浜開港資料館『横浜もののはじめ考　改訂版』横浜開港資料館、二〇〇〇年、一二二頁。

20 ルドルフ・リンダウ／森本英夫訳『スイス領事の見た幕末日本』新人物往来社、一九八六年、一四〇頁。なお原訳では、馬について小馬という訳があてられているが、訳として誤りがないとはいえ、馬という言葉に変更した。なお当時の私たちにとって小馬（Pony）という概念はなかった。

21 前掲『ヤング・ジャパン』1、一七七頁、前掲『横浜市史稿』風俗編、八〇七頁、萩原延壽『旅立ち　遠い崖――アーネスト・サトウ日記抄一』朝日新聞社、一九八〇年、一四八頁。

22 『J・H、一八六二・一〇・一二』、G. W. Rogers 'Early Recoolections of Yokohama1859-1864'（【J・W・M、一九〇三・一二・五】）。入場料は、会員が無料、非会員が入場料一〇ドルだった（同）。

23 前掲萩原『旅立ち　遠い崖――アーネスト・サトウ日記抄一』一四七頁。

24 【J・H、一八六二・八・二三】。

25 ウイリアム・ソンダース（William Saunders）の写真をもとに【I・L・N、一八六三・九・一二】（前掲『描かれた幕末明治イラストレイテッド・ロンドン・ニュース日本通信一八五三～一九〇二』所収、九〇～一頁）に掲載されたもの。

26 【J・H、一八六二・四・二六】。

27 同右。

28 「よこはまかけのり　はるのもよおし」（横浜開港資料館蔵、前掲『横浜もののはじめ考　改訂版』一二四～五頁）。

29 一八六二年秋季開催収支報告を見ると、日本語版番組印刷費七ドルの支出が計上されている（【J・H、一八六二・一一・一三】）。

30 『ジャパン・パンチ』創刊号（一八六三年五月）、特別号（一八六二年八月）、【J・H、一八六二・六・七、六・一四、六・二一、七・二六、八・二】。『ジャパン・パンチ』は一八六二年五月に創刊され、同年八月特別号が七月一五日付で発行されていた、その間にもう一回発行された可能性もある。創刊号は五月の春季開催の特集号の趣を持っており、特別号（あるいはもう一号）も、「ジャパン・ヘラルド」紙に応酬したカリカチュア、記事を掲載している。詳しくは拙稿「文明開化に馬券は舞う　第九〇回～第九三回　『ジャパン・パンチ』に描かれた競馬（一）～（四）」『もきち倶楽部』No.289, No.291, No.295. 二〇〇二年。なお一八八七年まで発行された『ジャパン・パンチ』は横浜の競馬に関する資料の宝庫ともなっている。

31 以下生麦事件に関しては、前掲萩原『旅立ち　遠い崖―アーネスト・サトウ日記抄一』一三三～四三頁。

32 以下この開催に関しては、特に記さない限り、【J・H、一八六二・八・三〇、九・二〇、九・二七、一一・三】。

33 前掲 'Early Recoolections of Yokohama 1859-1864'.

34 前掲萩原『旅立ち　遠い崖――アーネスト・サトウ日記抄一』一四八頁。

35 前掲 'Early Recoolections of Yokohama 1859-1864'. この回想のなかで、「喧嘩」はつぎのように描かれていた。

埋め立てられた田圃（the filled in Swamp）（横浜新田）の周囲に柵が巡らされて競馬場のコースが設置されてレースが行われた。グランドスタンドは、フレーザー（J. A. Fraser）氏とファーリー（Gustavns, FarleyJr）氏のお茶場（tea firing premises）がある一四三番に建てられた。一八六二年の開催中、バロン・マコリー（James B. Macauley）がグランドスタンド近くの堀川側に設けていた飲食物のブースで一騒ぎが起こった。レースが行われている最中、一〇人以上の喧嘩が始まり、その内の一人か二人が、積み重ねられていたビールやスピリッツ、シャンペンの山に投げ飛ばされたのである。ニール中佐（E. St. John, Neal）、クーパー（A. L. Kuper）提督、各国領事等の貴賓たちはグランドスタンドに陣取っていた。英国騎馬護衛隊（English mounted Military Train）（当時そう呼ばれていた）も、公使を護衛すべく競馬場に姿を現していた。喧嘩がどうしようもない騒ぎになろうとしたが、そのときヴァイス（H. Vyse）大尉と騎馬警護隊指揮官アプリン（Applin）中尉がその場に駆けつけ、瞬く間に秩序を回復させた。ついでにいうと、騎馬警護隊員は白で縁取りされたダーク・ブルーの制服を着用しており、後に有名となったハリー・パークス英国公使付の騎馬隊の制服とはまったく異なっていた。

36 ヒュー・コータッツィ／中須賀哲朗訳『ある英人医師の幕末維新』中央公論社、一九八五年、所収、九二頁。

37 以下、一八六二年春秋開催の出走馬に関しては、【J・H、一八六二・四・二六、九・二七】。

38 【J・H、一八六二・四・二二・二二】。外国産の馬は最初、英・仏両公使のボディーガード用に輸入されたという「一八六二―一九〇九年　横浜の移り変わりについて興味のあることなど」前掲『ジャパン・ガゼット横浜五〇年史』所収、八六頁）。

39 【J・H、一八六二・四・二六、九・二七】。

40 春秋、それぞれのレース番組は、以下のようなものだった（【J・H、一八六二・四・二六、九・二〇】）。

春季開催　開催執務委員（Stewards）：コーンズ（F. Corns）、エドワード・リグビー（Edward Rigby）、ポルスブルック（D. de Graffy van Polsbrokk）、キール（O. R. Keele）、ショイヤー（R. Schoyer）、ヤング（J. M. Young）

初　日

1　トロッティング・レース（Trotting Race）――一着賞金：五〇ドルとステークス料、二着馬はステークス料返還、出走条件：すべてのポニーと日本産のホース、負担重量：体高、距離：二周一ディスタンス、登録料一〇ドル（登録馬：七頭。＊各レースの馬主、毛色、品種、馬名、体高、負担重量、服色は略）

2　ニポン・プレート（Nipon Plate）――一着賞金：六〇ドルとステークス料、出走条件：すべてのポニーと日本産のホース、負担重量：体高、距離：一周一ディスタンス、登録料五ドル（登録馬：一二頭）

3　メトロポリタン・プレート（Metropolitan Plate）――一着賞金：一〇〇ドル、出走条件：すべてのホース、負担重量：体高、距離：一周一ディスタンス、登録料：一〇ドル（登録馬：五頭）

4　ハードル・レース（Hurdle Race）――一着賞金：八〇ドルとステークス料、出走条件：すべてのポニーと日本産のホース、二フィート九インチの四個の障害、負担重量：体高、距離：一周一ディスタンス、登録料一〇ドル（登録馬：四頭）

5　ポニー・レース（Pony Race）――一着賞金：五〇ドル、出走条件：体高一二ハンズ二インチ以下のポニー、負担重量：騎乗者の体重、距離：一／二マイル、登録料：五ドル（登録馬：七頭）

二日目

1　トロッティング・レース（Trotting Race）――一着賞金：五〇ドルとステークス料、出走条件：すべてのホース、負担重量：体高、距離：二周一ディスタンス、登録料五ドル（登録馬：五頭）

2　チャレンジ・カップ（Challenge Cup）――一着賞金：一〇〇ドル、出走条件：すべてのポニーと日本産のホース、距離：二周一ディスタンス、負担重量：体高、登録料一〇ドル（登録馬：八頭）

3　ハードル・レース（Hurdle Race）――一着賞金：五〇ドル、出走条件：すべてのポニーと日本産のホース、初日のハードル・レースの勝馬出走不可、二フィート三インチの六個の障害、距離：不明、負担重量：騎乗者の体重、登録料五ドル（登録馬：六頭）

4　レディース・パース（Ladies' Purse）――一着賞金：四〇ドルとステークス料、出走条件：すべてのポニー、体高一三ハンズ二インチ以下、負担重量：体高、距離：半マイル、登録料五ドル（登録馬：九頭）

5　ヨコハマ・プレート（Yokohama Plate）――一着賞金：七五ドル、出走条件：日本産のホース、ニポン・プレートの勝馬七ポンド増量、距離：一周一ディスタンス、負担重量：体高、登録料：五ドル（登録馬：九頭）

6　コンソレーション・スクランブル（Consolation Scramble）――賞金：一着三〇ドル、二着一五ドル、出走条件：今開催未勝利のホース、負担重量：ハンデキャップ（開催執務委員による）、距離：一周一ディスタンス、登録料：無料

7　フット・レース（Foot Race）——外国人雇用の日本人別当、距離：一周、一等賞一〇分、二等賞七分、三等賞五分、ただし三等賞は六人未満の場合はなし

負担重量（体高）	ストーン（Stones）	ポンド（lbs）
一五ハンズ（hands）	一二	〇〇
一四〃三インチ（inches）	一一	〇九
一四〃二〃	一一	〇四
一四〃一〃	一〇	一三
一四〃〇〃	一〇	〇八
一三〃三〃	一〇	〇三
一三〃二〃	九	一二
一三〃一〃	九	〇七
一三〃〇〇〃	九	〇二

＊一三ハンズ以下の場合は、一インチに付三ポンド減
＊＊アラブ馬と騸馬は七ポンド減

審判：S・J・ガワー（Gower）
走路委員（Clerk of the Course）：ポルスブルック（D. de Graffy van Polsbrokk）

秋季開催
初日

1　ヨコハマ・プレート（Yokohama Plate）——一着賞金：八〇ドル、出走条件：日本産、中国産、マニラ産のポニー、距離：一周一ディスタンス、負担重量：体高、登録料：五ドル（登録馬：八頭。各レースの馬主、毛色、品種、馬名、体高、負担重量、服色は略）

2　ヴィジターズ・プレート（The Visitor's Plate）——一着賞金：一〇〇ドル、出走条件：ホース（All Horses）、距離：一／二マイル、負担重量：コロニアル・スタッド・ブレッド（Colonial and Stud Bred）一一ストーン七ポンド、アラブ

(Arabs) 一〇ストーン五ポンド、登録料：一〇ドル(登録馬：六頭)
3 ヨコハマ・ダービー(Yokohama Derby)——一着賞金：一五〇ドル、出走条件：日本産、中国産、マニラ産のポニー、距離：三周一ディスタンス、負担重量：体高、登録料：一〇ドル(登録馬：七頭)
4 メトロポリタン・プレート(Metropolitan Plate)——一着賞金：二〇〇ドル、出走条件：ホース、距離：二周一ディスタンス、負担重量：ヴィジターズ・プレートと同じ、登録料：一〇ドル(登録馬：五頭)
5 コンソレーション・スクランブル(Consolation Scramble)——賞金：一着三〇ドル、出走条件：今開催未勝利のポニー、距離：一周、登録料：無料
6 フット・レース(Foot Race)——外国人雇用の日本人別当、距離：一周、一等賞一〇ドル、二等賞七ドル、三等賞四ドル、四等賞二ドル、五等賞一ドル

二日目
1 ヴァレー・ステークス(The Valley Stakes)——一着賞金：五〇ドル、出走条件：一二ハンズ二インチ以下のポニー、負担重量：騎乗者の体重(Catch weights)、登録料：五ドル(登録馬：五頭)
2 ディプロマティック・カップ(Diplomatic Cup)——一着賞金：二〇〇ドル、出走条件：ホース、距離：二周一ディスタンス、負担重量：コロニアル・スタッド・ブレッド一一ストーン七ポンド、アラブ一〇ストーン五ポンド、メトロポリタン・プレートの勝馬七ポンド増量、登録料：一〇ドル(登録馬：八頭)
3 フジヤマ・プレート(Fujiyama Plate)——一着賞金：六〇ドル、出走条件：日本産、中国産、マニラ産のポニー、距離：一周一ディスタンス、負担重量：体高、ヨコハマ・ステークスの勝馬七ポンド増量、登録料：五ドル(登録馬：八頭)
4 ハードル・レース(Hurdle Race)——一着賞金：一五〇ドル、出走条件：ホース、距離：二周、三個の障害、負担重量、メトロポリタン・プレートとデプロマティック・カップと同じ、この二レースの勝馬七ポンド増量(登録馬：四頭)
5 レディース・パース(Ladies' Purse)——一着賞金：寄付、出走条件：一三ハンズ二インチ以下のポニー、距離：一周半、負担重量：騎乗者の体重、登録料：無料(登録馬：八頭)

6　コンソレーション・ステークス（Consolation Stakes）——賞金：一着五〇ドル、出走条件：今開催未勝利のホース、距離：一周一ディスタンス、負担重量：騎乗者の体重、登録料：無料

春秋の開催規則（Rules and Regulation）は、それぞれ以下のものだった（【J・H、一八六二・四・二六、九・二〇】）。

春季開催規則

一、いずれのレースも二頭以上の出走がなければ賞金なし。
二、出馬登録は四月二五日正午締切。馬名、品種、騎手の服色を明記して名誉書記宛に申し込むこと。
三、異議申し立てのあった場合は、開催執務委員が最終裁定を下す。
四、進路を変更する場合は、二馬身以上の間隔がなければならない。
五、開催執務委員の許可があるまで下馬してはならない。許可があった後、負担重量計量所に行くこと。
六、レースに関する異議は、下馬前に開催執務委員に申し立てること。
七、第一ベル（打鐘）を合図に負担重量の計量を行う。二〇分後の第二ベル（打鐘）でスタート、それまでに各馬はスタート地点に集合のこと。第一レースの第一ベル（打鐘）は、二日間とも午後一時、時間厳守のこと。
八、騎乗者は、開催執務委員の過半数以上の同意がなければ騎乗できない。
九、騎乗者は、可能な限り適切な騎乗服を着用すること。
一〇、開催執務委員の執務を妨害する者は、開催への参加資格を剥奪される。
一一、グランドスタンドの入場券は開催執務委員が配布する。
一二、犬をコースに入れてはならない。
注記：第三項に関して、開催執務委員は、通常競馬に適用される（世界共通の）ルールに則って判定を行う。

秋季開催規則

一、登録料は賞金にあてられる。ただし（クラブの）基金に繰り入れる場合を除く。
二、レース開始時刻は二日間とも午後〇時三〇分、第一レースの騎乗ベル（打鐘）は午後〇時、時間厳守。
三、各レース終了後、第一ベルが鳴らされる：第一ベルと第二ベルの間隔は一五分。
四、出走馬は、規定の場所（the enclosure）で鞍を装着しなければならない。出走馬の準備が整った合図の第二ベル後に、

スターターがスタート地点に赴き、発走。
五、レース後、騎乗者は規定の場所（the enclosure）で開催執務委員の許可を受けて下馬すること。この規則に従わなかった場合、その馬はハンデキャップ競走に出走不可。
六、出走及び騎乗できるのは、陸軍・海軍の将校及びレース・クラブ会員に限られる。あるいはその将校及び会員の二人の推薦を受け、開催執務委員に承認された者も出走及び騎乗できる。その人物の参加料はレースの基金に収められる。
七、異議は文書で委員会に申し立てなければならない。裁定は委員会が行う。委員会がヨコハマ・レーシング・クラブが公にしたルールに基づいて判断できない場合は、ニューマーケット・ルールに準拠して裁定する。
八、（体高等）馬に関する不服は、レース出走前に、文書で委員会に申し立てなければならない。
九、横浜、あるいは他の場所で出走経験がある馬が改名する場合、委員会に旧名と新たな名前を記載して届けなければならない。
一〇、出走可能な日本及びその他のポニーの体高は、一四ハンズ二インチ以下。
一一、ポニーの負担重量は体高による。一二ハンズが九ストーン、それを上回る場合、一インチに付四ポンド増量。
一二、ホース、ギャラウエー（Galloway）、ポニーの体高の一インチ未満は、負担重量に関する限り、切捨てとする。ただし上記の馬を種別する体高としては、この限りではない。
一三、負担重量を超えて騎乗する場合、委員会はその重量を公表する。
一四、レースは三頭以上の出走がなければ不成立とする。
一五、委員会の許可を受けずに、競馬場内に厩舎あるいは馬小屋を設置してはならない。
一六、しかるべき理由を委員会に説明することなしに、登録した服色以外で騎乗した者は、五ドルの罰金（クラブの基金に繰り入れ）。ただし同系統の服色で混同を避けるための場合は除く。
一七、寄付金を寄せたものは、グランド・スタンド及び特別室の入場が無料。改めての料金一〇ドルは不要。
一八、入場チケットはクラブ書記に申し込むこと。チケットを門番（Gate-keeper）に示さなければ入場できない。
一九、犬をコースに入れてはならない。調教中も同様。
二〇、出馬登録は封書にして、九月一五日午後五時までに行うこと。その際、登録料が支払われなければ、登録は無効となる。

二一、ポニーの体高の測定は、委員会が九月一三、一四日の朝八時から一〇時の間に行う。
二二、単走の場合、その馬の登録料は返還される。
二三、ホース、ポニーの体高に異議がある場合は、一八六二年九月二〇日の前までに、文書で委員会に申し立てなければならない。
二四、キャッチ・ウエイト（catch weight）の場合は、斤量測定なし。
二五、（初日第四レース、及び二日目第二レースにおいて）二頭が同着で、オーナーが決定戦を望まない場合、その二頭とも勝馬として増量される。

注記：委員会は、三、四、五、一六、一八に特別の注目が払われることを要望する

＊

春季と秋季の規則を比較すると、春季の一二条から秋季二五条と増加、大きな変更点が三つあった。

一つには、この秋季開催から出走、騎乗できるのが、原則として陸軍・海軍の将校及びレース・クラブの会員に限定されたことである。そのクラブの名称が、次の第七条を見ると、ヨコハマ・レーシング・クラブであったことがわかる。

二つ目は、ホースの種別が、アラブとスタッド・ブレッドだけとなったことである。第一〇条を見ると、ホースとポニーを種別する体高は一四ハンズ二インチであったと思われる。

三つ目は、体高を基準とした負担重量が、春季が一五ハンズ＝一二ストーンを上限に、以下一インチ低くなるごとに五ポンドずつ減量されていたものが（一三ハンズ未満になれば三ポンドずつ）、秋季は一二ハンズ＝九ストーンを下限に、一インチ高くなるごとに四ポンドずつ増量となったことである。なお、アラブとスタッド・ブレッドとアラブに関しては、それぞれ一一ストーン七ポンド、一〇ストーン五ポンドの定量となったが、春季の際は体高を基準とし、アラブが七ポンド減量されるものだった。

その他に関しては、基本的には変更がないが、騎乗者の服色規定が厳しくなり、レース成立が二頭から三頭と増え、進路変更の場合の二馬身以上の間隔の規定がなくなっているのが目につく。

ニューマーケット・ルールに準拠という言葉が明記されたのは、秋季開催が初めてだった。

42 英国外交文書 "FO.262. Vol.80. from Alcock to Winchester. No.17. Aug, 20, 1864."

43 以下この「許可」に関しては、【J・H、一八六二・六・一二、六・一八】。

44 【J・H、一八六二・六・二二】。
45 以下この日の会合に関しては【J・H、一八六二・六・二八】。
46 【J・H、一八六二・九・二〇、一一・八】。
47 ヨコハマ・レース・クラブとヨコハマ・レーシング・アソシエーションの分裂のとき、クラブ側の総会で、同クラブの創立が一八六二年と述べられていた（【J・W・M、一八七六、一〇・一四】）。
48 ニッポン・レース・クラブは、一九一二年にその五〇年史（F. H. Terner, THE NIPPON RACE CLUB ; YOKOHAMA RACE CLUB 1862-1912）を刊行したことで、一八六二年を設立の起源と考えていたことが明らかとなる。
49 【J・H、一八六二・八・一六】。
50 【J・H、一八六二・八・二三】。
51 【J・H、一八六二・一〇・一一】。この記事によれば、その候補地は a new and permanent Race Course being granted a little up the valley、そして to form a new course on paddy land と記述されているから、一八六四年の「横浜居留地覚書」の一ツ目沼案ではなく吉田新田の耕作地のどこかとなるだろう。
52 【J・H、一八六三・一・一七】。一八六三年一月の居留民大会で、英国領事ヴァイスは、数ヶ月前神奈川奉行が彼に、一、二ヶ月で選定できると伝えてきたが、未だに実現していない、と報告、これを受けてオランダ領事ポルスブルックとプロシャ領事ブラントが、数日後に江戸に行くことになっているので、望まれるなら、そこで交渉してもよい、と発言していた（同前）。
53 【J・H、一八六二・一一・八】。
54 【J・H、一八六二・一〇・一一】。
55 同右。
56 【J・H、一八六三・一・一七】。
57 「同一一日（文久二年壬戌一一月）東海道を厚木街道に新開せんと欲す右駅路諸侯通行の時々外国人遊歩を止むべしとの書翰」『続通信全覧編年之部五八』通信全覧編集委員会編『続通信全覧』編年之部三、雄松堂出版、一九八三年、所収、六二八頁。
58 「同日（文久二年壬戌一二月二五日）東海道新道開通の挙は今亜公使の建議適当なるを以て其協同を勧むるの返翰」『続通

信全覧編年之部七八』通信全覧編集委員会編『続通信全覧』編年之部四、雄松堂出版、一九八三年、所収、三九一頁、「同日（文久二年壬戌一二月二五日）街道変換事件別紙米公使の意慮に随て処置せば却て善良なるべければ猶熟考米英公使にも商議可否の報答を乞うとの返翰」『続通信全覧編年之部八七』前掲『続通信全覧』編年之部四、所収、六五五頁。

59 以下プリュインのプランに関しては、「横浜競馬場遊楽所設置一件　文久二年壬戌十一月廿一日米公使より閣老に東海道を変更するよりは横浜山手に於て大一区を開き乗馬其外諸遊楽を為すの所を設るに如かすとの来翰」通信全覧編集委員会編『続通信全覧』類輯之部二一、地処門、雄松堂出版、一九八六年、所収、五九三～五頁。なおプリュインに対し、他の公使や居留民とも相談せずにこのような提案をしたのは独断ではないかとの批判の声があがる（【J・H、一八六三・一・一七】）。

60 前掲「同日（文久二年壬戌一二月二五日）東海道新道開通の挙は今亜公使の建議適当なるを以て其協同を勧むるの返翰」、前掲「同日（文久二年壬戌一二月二五日）街道変換事件別紙米公使の意慮に随て処置せば却て善良なるべければ猶熟考米英公使にも商議可否の報答を乞うとの返翰」、「横浜競馬場遊楽所設置一件　一二月二五日閣老より米公使に来示の意見便宜と思惟すれば英仏公使に照会す可けれども示談をも請うとの返翰」（前掲『続通信全覧』類輯之部二一、地処門、所収、五九五頁）。

61 前掲 "F. O. 262. Vol. 80. from Alcock to Winchester No.17. Aug. 20, 1864."。レクリエーション・グランドは、クリケット・グランドと称されることもあった。

62 『横浜市史』第二巻、横浜市、一九五九年、七七八頁。

63 【J・T、一八六六・三・一六】。

2　ギャリソン競馬——ヨコハマ・レース・クラブへ

1 以下この二月の開催に関しては、【J・H、一八六五・二・二五】。当初二月四日の予定だったが、悪天候でこの日まで延期された（同前）。幕末から明治期にかけての横浜の競馬の中心的存在となるキングドン（N. P. Kingdon）が一八六四年三月三一日付で英国の母親に出した書簡のなかで、四月一日競馬の初日を迎えると書いている（前掲歌川隆訳／解題中武香奈美「N・P・キングドン書簡（日本在住時）」『横浜開港資料館紀要』第一四号、一九一頁）ので、一八六二年一〇月から一八六五年二月の間にも何らかの形での競馬が開催されていたようである。

2　【J・T、一八六六・五・一九】。
3　【J・H、一八六五・二・四】。予想が成立し、オッズが決められていたことを考えれば、日頃の乗馬の延長線上に、私的にマッチ・レースなどが行われ、出走予定馬たちの走りぶりは、居留民の目にふれていたのであろう。そういったところでは当然、馬主同志、あるいは人々は、賭けていたに違いない。
4　【J・H、一八六四・四・七】。
5　以下、この四月の開催に関しては、【J・H、一八六五・四・一、四・八】。なおヨコハマ・クラブとは商人からなるクラブ（前掲『一外交官の見た明治維新』上、二七頁）。後に開放の対象は、ヨコハマ・ユナイッテド・クラブ、ジャーマン・クラブの会員となる（【J・T・D・A、一八六五・一〇・二〇】）。
6　【J・H、一八六五・四・八】。
7　前掲『横浜市史』第二巻、八一二頁
8　W. H. Poynz , *"Per Mare, per Terram" Remmiscences of thirty-two years' military naval and constabulary service*, 1892, p.216, p.232. なお二一六頁の部分の訳出に関しては、ヒュー・コータッツィ／中須賀哲朗訳『維新の港の英人たち』中央公論社、一九八八年、二二〇頁を参照した。
9　【J・H、一八六五・二・二五】。
10　前掲『横浜市史』第二巻、八〇三、八〇九、八一一頁。駐屯軍全般の動向に関しては、横浜開港資料館『史料でたどる明治維新期の横浜英仏駐屯軍』横浜開港資料普及協会、一九九三年、横浜対外関係史研究会・横浜開港資料館編『横浜英仏駐屯軍と外国人居留地』東京堂出版、一九九九年。
11　【J・H、一八六三・一〇・一〇】、前掲『ヤング・ジャパン』1、二三七頁。
12　【J・H、一八六三・九・一九、一八六四・五・七／D・J・H、一八六四・四・一四】。
13　たとえば、【J・H、一八六四・八・六、一〇・二九、一一・一二、一一・一九、一八六五・一・二八、八・二六、九・八／J・T、一八六五・九・一五、九・二三】。
14　【J・T、一八六五・一〇・二〇、一〇・二八／J・H、一八六五・一〇・二一】。
15　【J・H、一八六五・一一・一八】。
16　【J・T、一八六六・一・二六】。

17 【J・H、一八六五・五・一三】。
18 【D・J・H、一八六四・四・七】。
19 【J・H、一八六四・五・一四】。
20 【J・H、一八六四・七・二三】。
21 以下この陳情書に関しては 'Copy of a letter from Committee of Residents respecting a Race-Course etc. Aug. 16, 1864.' 英国外交文書 "F. O. 262. VbL.80. Inc.in Winchester's Desp. No.59. of Aug 20, 1864." 所収。この陳情書は、根岸競馬場設置に向けて一八六六年三月九日開催された住民大会で、一八六二―一八六六年までの競馬場設置問題に関する動向が報告されたが、その資料の一つとして提示された（【J・T、一八六六・三・一六】）。
22 萩原延壽『薩英戦争　遠い崖――アーネスト・サトウ日記抄二』朝日新聞社、一九九八年、九一～一四九頁。
23 たとえば、【D・J・H、一八六四・四・七、四・一九／J・H、一八六四・五・一四、七・二三】。
24 たとえば、【J・H、一八六五・五・一三】。
25 前掲 "F. O. 262. VoL. 80. Winchester's Desp. No.59. of Aug 20, 1864."。
26 【J・T、一八六六・三・一六】。
27 前掲 "F. O. 262. VoL. 80. Winchester's Desp. No.59. of Aug 20, 1864."。
28 「元治元年一〇月二五日横浜居留地を拡広する等外国神奈川両奉行英米公使と談決の条件書を来たすも談判外事件も記載し分明ならねば横浜派出の際質疑すべしと外国奉行の上申」『横浜市史』資料編三、有隣堂、一九七四年、所収、六九～七〇頁。
29 前掲 "F. O. 262. VoL. 80. from Alcock to Winchester. No.17. of Aug 20, 1864."、前掲『横浜市史』第二巻、八四三頁。
30 以下この日の総会、その後の候補地選定に関しては【J・T、一八六六・三・一六】。前掲「元治元年一〇月二五日（一八六四年一一月一七日）横浜居留地を拡広する等外国神奈州両奉行英米公使と談決の条件書を来たすも談判外事件も記載し分明ならねば横浜派出の際質疑すべしと外国奉行の上申」『横浜市史』資料編三、所収、六八～七五頁。
31 前掲萩原『薩英戦争　遠い崖――アーネスト・サトウ日記抄二』二一三～二一七頁。
32 同右、二一三～八一頁。
33 「横浜競馬場遊楽所設置一件　元治元年一〇月二九日（一八六四年一一月二一日）英公使より閣老に予て開陳せし競馬場

其外四五件の條款を挙げ発帆前処置を促すの来翰」前掲通信全覧編集委員会編『続通信全覧』類輯之部二一、所収、五九六～八頁。

34 前掲萩原『薩英戦争 遠い崖――アーネスト・サトウ日記抄二』二四二～七頁。

35 前掲『ヤング・ジャパン』2、八一～二頁、前掲『横浜もののはじめ考 改訂版』一〇八頁。

36 以下建設費用、借地料に関しても、「元治元年一一月三〇日（一八六四年一二月一一日）閣老より英公使に来書中競馬場操練所は場所井築造方調査中其他の件々の模様報道の返書翰」前掲『横浜市史』資料編三、所収、二〇九～一〇頁、「元治元年一一月二七日（一八六四年一二月二五日）英公使より閣老に横浜馬車道の落成を喜び競馬場等も速に成功すべきを証し本国政府に報告すべしとの来翰」前掲『横浜市史』資料編三、所収、二一〇頁。

37 以下「横浜居留地覚書」に関しては、『横浜市史』資料編三、所収、一九七四年、七五～八〇頁。署名者は、幕府側が柴田（剛中）日向守、白石下総守、公使側が英国特派全権公使アールコック（Rutherford Alcock）、仏国全権公使ロッシュロ（Leon Roches）、米国弁理公使プリュイン（Robert H. Pruyn）、和蘭総領事兼公使ポルスブルック（D. de Graeff van Polsbrock）だった。

38 前掲『ヤング・ジャパン』1、二六五頁。

39 長崎における競馬場設置をめぐる推移に関しては、拙稿「幕末・長崎における競馬場設置問題」『富山大学人文学部紀要』第三〇号、二〇〇三年（http://www.hmt.toyama-u.ac.jp/kenkyu/kiyo39.html）。

40 【J・T、一八六六・三・一六】。この遅延には、遊歩新道とともにこの設計にもあたったレイ大佐（Major. Wray：英国陸軍工兵隊指揮官）が、そのプランを変更したことも影響していたようである（同）。

41 【J・H、一八六五・四・八】。

42 【J・H、一八六五・二・二五】。

43 【J・H、一八六五・四・八】。

44 「横浜英国試銃場請求一件」前掲『横浜市史』資料編三、所収、四七～九頁。

45 【J・H、一八六五・五・二七】。

46 【J・T、一八六六・三・一六】。

47 【J・T、一八六五・一〇・二〇、一〇・二八／J・H、一八六五・一〇・二一】、前掲『横浜もののはじめ考 改訂版』

一三四頁。

48 【J・W・M、一八七二・一二・二八】、前掲『横浜もののはじめ考　改訂版』一三二頁。

49 前掲『ヤング・ジャパン』2、三五頁。ブラックのこの記述は、【J・H、一八六五・五・二七】に依拠している。

50 【J・H、一八六五・六・三】。

51 【J・H、一八六五・六・一七、七・八／J・H、一八六五・八・一九】。以下の開催については、開催日の順番に、【J・T・D・A、一八六五・一二・六、一八六六・三・二八、五・九／D・J・H、一八六六・一二・三】。

52 前掲『ヤング・ジャパン』2、一〇九頁。

53 【J・H、一八六五・五・二七】。

54 萩原延壽『英国策論　遠い崖――アーネスト・サトウ日記抄三』朝日新聞社、一九九九年、七〜一七〇頁。

55 【J・H、一八六五・九・一六】。

56 【J・T、一八六六・二・一七】。つぎのように報じられている（同）。

スポーツの愛好家にとって嬉しいニュースがある。それは、今年中には、横浜に競馬場が設置されることがほぼ確実になったことである。先の大坂での幕府と各国公使たちと交渉の際、競馬場用地問題もとりあげられ、それ以降、外交的に交渉が続けられている。関税の改訂が決定される（改税約書―引用者）と同時に、つまり直ちにということだが、条件が取り決められることになっている。

57 前掲『横浜市史』第二巻、八七六頁。

58 「横浜競馬場遊楽所設置一件　慶応二年丙寅二月勘定奉行等の申議」前掲『続通信全覧』類輯之部二一、所収、六〇二〜三頁。

59 前掲『ヤング・ジャパン』2、九〇〜九一頁。

60 以下この日の住民大会に関しては、【J・T、一八六六・三・一六】。

61 「横浜競馬場遊楽所設置一件　慶応二年丙寅三月付競馬場築造場所并方法費額等神奈川奉行の申稟」前掲『続通信全覧』類輯之部　二一、六〇四〜五頁。

62 「横浜競馬場遊楽所設置一件　慶応二年丙寅四月勘定奉行等の申議」前掲『続通信全覧』類輯之部二一、所収、六〇七頁。

63 「横浜競馬場遊楽所設置一件　慶応二年丙寅四月競馬場遊園の地税神奈川奉行の申稟」前掲『続通信全覧』類輯之部二一、

所収、六一〇～一頁。

64 以下、神奈川奉行の「横浜居留地覚書」第一条廃棄確約の要求、四ヶ国公使の「連署」、競馬場竣工までに関しては、「競馬場築造の中稟に指令を促す神奈川奉行の上申」、「競馬場築造を促す為め英仏米蘭公使連署の証書」前掲『続通信全覧』類輯之部二一、六一三～四頁、前掲久良岐の会編『私たちの古文書ノート――根岸・新井家文書より』三三頁。なお鉄砲場のコースは根岸競馬場完成後も障害レースあるいは調教などに使用された（たとえば【J・W・M、一八七三・一一・一〇】）。

65 「横浜居留地改造及競馬場墓地等約書」神奈川県立図書館編『神奈川県史料』第七巻、外務部二、一九七一年、所収、五～九頁。なお「横浜居留地覚書」で北方村（新道海手の方）に予定敷地一二、七七〇坪、地税一〇〇坪に付五ドルで設置することと規定されていた「遊散場」は、「横浜居留地改造及競馬場墓地等約書」では、この競馬場に関する条項のなかで、後の横浜公園（第一条）と山手公園（第一〇条）の端緒となるものに変更された（同）。

66 L・ド・ボーヴォワール／綾部友次郎訳『ジャポン一八六七年』有隣新書、一九八六年、一〇〇頁。

67 前掲『ヤング・ジャパン』2、一〇九頁。

68 以下この開催に関しては、【J・T、一八六六・六・二三】。この開催の詳しいことに関しては、拙稿「文明開化に馬券は舞う　第七五～七七回　四年ぶりに、居留民主催の競馬が開催された（前編、中編、後編）」『もきち倶楽部』No.252, No.253, No.255. 二〇〇二年。

69 前掲拙稿「幕末・長崎における競馬場設置問題」。

70 【J・T、一八六六・六・二五】。

71 【J・T、一八六六・六・二三】

72 【J・T、一八六六・六・二六】。

73 以下この大会に関しては、【J・T、一八六六・六・三〇／J・G、一八七六・四・八】、前掲『ヤング・ジャパン』2、一一〇頁。この一八六六年七月当時の「ジャパン・タイムズ」等の新聞は未発見で、またレース・クラブが所有していた記録は一八八六年の火事で焼失してしまったので、七月三日の大会、その後の結成大会の模様を直接伝える資料は、残されていない。だが七月三日の大会の議事録に関しては、横浜で発行されていた日刊英字新聞「ジャパン・ガゼット」の一八七六年四月八日号に掲載されている。同紙の発刊は、一八六七年一〇月のことだから、この議事録は、クラブが保存していたものか、あるいは「ジャパン・タイムズ」等に掲載されたものを再録したものであろう。なお前掲の『ヤング・ジャパン』2、一一〇頁では、開催日が七月四日となっているが、【J・T、一八六六・六・三〇】の開催予告記事、また【J・G、一八七六・四・八】に掲載されたこの大会の議事録でも七月三日とあるので、誤植かブラックの記憶違いであろう。

74 前掲『ヤング・ジャパン』2、一一〇頁。なおこの引用に際しては、ブラックの原著 *Young Japan Yokohama and Yedo*, Vol II, Baker, Pratt & Company, 1863, Oxford in Asia Historical Reprints, Oxford University Press, 1968, p.11. にそくして文意が通るように修正を加えた。

75 【J・G、一八七六・七・一九】。リンダウは、熱心な馬主で厩舎（White and Black Stable）を経営し、優秀な在来馬を育てるとともに中国馬の導入にも熱心だった（【J・T・O・M、一八六八・一二・二】）。一八六六年半ばスイス領事を辞め、一八六七年には破産して一〇月二一日付でウォルシュ・ホール商会のパートナーとなっていたが（【J・T・O・M、一八六八・一・四】）、一八六九年三月三一日付でそれを解消する（【J・W・M、一八七〇・一・二二】）。こういった経緯のなかで、一八六九年二月、惜しまれながらヨコハマ・レース・クラブを去った（【J・T・O・M、一八六九・二・一二】）。キングドンは、一八六三年デント商会の代理人として来日、一八六六年の同商会の破綻後も滞在して、様々な分野で活躍した（前掲歌川隆訳／解題中武香奈美「N・P・キングドン書簡（日本在住時）」『横浜開港資料館紀要』第一四号、一八五～八頁）。競馬もその一つで、あとでふれるように、長い間にわたって、横浜における競馬の中核的存在となった。不忍池競馬にも登場する。

76 たとえば、【J・W・M、一八七三・一一・一、一八七四・一〇・二四、一八七六・九・三〇】。

77 前掲久良岐の会編『わたしたちの古文書ノート――根岸・新井家文書より――』三三～五頁。

78 【J・W・M、一八七〇・一一・一二】。同紙のなかで、つぎのように描写されていた。

横浜の根岸競馬場に関して絶対にふれておきたいのが、その眺望である。グランド・スタンドからの眺めは絶景である。右手と左手には、緑の田園が広がり、前と後ろには、無数の白帆が浮かぶまるで絵のような海面が見える。英国では、グッドウッドが最も美しい競馬場と呼ばれているが、横浜の根岸競馬場の方がはるかに優り、これほど素晴らしい競馬場はかつて見たことがない。

79 一周一ディスタンス＝一マイル二二〇ヤードという一八七五年の記録（【J・W・M、一八七五・五・一五】）があり、これに基づくと一周は約一七〇〇メートル、また一八六六年根岸競馬場設置の交渉の際に作成された競馬場の「絵図」（「横浜競馬場遊楽所設置一件　根岸村地内外国人輪乗場其外絵図」前掲『続通信全覧』類輯之部二一、所収、六〇六頁）によれば

「輪乗馬場惣長」は九二七間（約一六八五メートル）であり、この「惣長」が内周のことだとすると、【J・W・M】の記録とほぼ合致するので、本書では、根岸競馬場の一周を約一七〇〇メートルと考えておく。なおその後、馬場の整備が行われ、昭和一二（一九三七）年の「横浜競馬場概要」によれば本馬場の一周（本馬場内周）は一六三〇メートルだった（馬の博物館編『根岸の森の物語』神奈川新聞社、一九九五年、九四～五頁）。

80 【D・J・H、一八六七・一・七、一・一二】。

3　競馬をめぐって——社交、スポーツ、馬匹改良

1 たとえば前掲『スイス領事の見た幕末日本』一四四～五頁。

2 【J・H、一八六五・四・八／I・L・N、一八六五・七・八（前掲『描かれた幕末明治イラストレイテッド・ロンドン・ニュース　日本通信　一八五三—一九〇二』所収、一三八頁）】。このイラストレイテッド・ロンドン・ニュースには、チャールズ・ワーグマンの通信で、「ヨコハマ・レース・クラブでの春の競馬会：日本の士官たちの競走、そのスタートの場面」のキャプションがついたイラスト（本章図8）とともに、つぎのような記事が掲載された。

横浜にいる本紙特派画家兼通信員は四月一四日付で次のような手紙を寄せてきた——「先週の木曜日には春の競馬会が当地で行われた。天気は上々で非常に暑かったが、空には雲ひとつなかった。このたびは、初めて日本の士官たちも参加した。彼らの乗りっぷりは広く称讃を博した。彼らはきちんと並んで乗り、勝者は見物人から万雷のかっさいを受け、E嬢がケースにはいった小型拳銃の形をした賞を授けた。日本人騎手のうち二人だけは落馬したが、それでも非常な勇気を示した。

＊

ここでは、武士の騎乗ぶりが賞賛されているが、日本人が競馬に適した騎乗をするのには、まだここから時間を要したのが実情であった。

3 【J・T、一八六六・五・一二】。

4 【J・H、一八六二・四・二六、九・二〇】。

5 【J・H、一八六五・四・八】。

6 【J・H、一八六二・七・二六／J・T、一八六六・六・二三】。

7　前掲J. P. Mollison, 'Remiscences of Yokohama'.

8　【J・H、一八六三・一〇・一〇】。

9　【J・H、一八六四・五・七】。

10　たとえば、【J・H、一八六四・一一・一二】、前掲『維新の港の英人たち』一二九〜三〇頁、前掲『ある英人医師の幕末維新』九一〜二、九五〜六頁、アーサー・ブレント「一八六〇年代の横浜」前掲『ジャパン・ガゼット横浜五〇年史』六九頁。

11　たとえば【J・T・O・M、一八六九・五・二八】。

12　以下鉄砲場のギャリソン競馬のレース体系に関しては、【J・H、一八六五・八・一九／J・T、一八六五・一二・八／J・T・D・A、一八六五・一二・六、一八六六・三・二八、五・九】。一八六五年二月、五月、八月、一二月、一八六六年三月、五月の各開催のレース番組と、レース結果に関しては、拙稿「文明開化に馬券は舞う　第七回　トミーに人気が集まっているが、私はネリーが期待できると思う　ギャリソン競馬第一回（一八六五年二月）メイドン・ステークス予想」『もきち倶楽部』No.19. 二〇〇〇年、「文明開化に馬券は舞う　第六〇回　ギャリソン競馬春季開催一八六四年四月六日」『もきち倶楽部』No.213. 二〇〇一年、「文明開化に馬券は舞う　第六三回　ギャリソン競馬」同前『もきち倶楽部』No.222. 二〇〇一年、「文明開化に馬券は舞う　第六六〜六八回　一八六五年一二月六日、ギャリソン競馬開催（前編、中編、後編）」同『もきち倶楽部』No.231, No.234. 二〇〇一年、No.237. 二〇〇二年、「文明開化に馬券は舞う　第七一回　第五回横浜ギャリソン競馬」、同『もきち倶楽部』No.243. 二〇〇二年、「文明開化に馬券は舞う　第七三〜七四回　一八六六年五月八日のギャリソン競馬」同『もきち倶楽部』No.247, No.248. 二〇〇二年。

一八六六年五月八日、英国陸軍第二〇連隊第二大隊が主力となった最後の開催のレース番組は次の通りであった（【J・T・D・A、一八六六・五・九】）。なお出走条件でjapanese ponies and chinese poniesとall poniesが区別されていたが、双方とも日本馬と中国馬とし、異同は英語表記で示しておいた。All poniesという規定には、ギャラウエー（galaway）、フィリピン産のマニラ馬（manila ponies）など他のポニーが含まれていたが、すでにall poniesと規定する場合、事実上、日本馬と中国馬の混合戦を意味しており、今回も実際に出走したのは、日本馬と中国馬だけだった。

第一レース　メイドン・ステークス（Maiden Stakes）（平地）――未勝利日本馬（Japanese Ponies）限定、負担重量：一〇ストーン以上、距離：一／二マイル、賞金未定、登録料三ドル

第二レース　ギャリソン・カップ（Garrison Cup）（野外障害）――ステープル・チェイス、駐屯軍将校持馬の日本馬限定、

騎乗も同将校、負担重量：一〇ストーン以上、ハードル・レース及びステープル・チェイスの一勝馬七ポンド増、二勝以上一四ポンド増、コース：開催執務委員（Steward）設定、登録料：三ドル、全登録料半額賞金に附加

第三レース　ヨコハマ・プレート（Yokohama Plate）（平地）——賞典五〇ドル相当、日本馬と中国馬、距離：一マイル、負担重量：日本馬一〇ストーン七ポンド以上、中国馬一一ストーン以上、登録料：三ドル

第四レース　スタンド・カップ（Stand Cup）（平地）——日本馬限定、負担重量：一〇ストーン四ポンド以上、平地レース一勝馬五ポンド増、二勝馬以上一〇ポンド増、距離：二マイル、登録料：三ドル

第五レース　オープン・ハードル・レース（Open Hurdle Race）（障害）——日本馬及び中国馬（all ponies）、距離：一マイル、八個の置障害、負担重量：一〇ストーン七ポンド以上、ハードル・レース勝馬七ポンド増、登録料：三ドル

第六レース　ハンディキャップ・レース（Handicap Race）（平地）——日本馬及び中国馬（all Ponies）、距離：一マイル、ハンデは開催執務委員設定、五月四日に公表、各馬は出否を五月六日午後五時までに書記宛に通知すること、登録料：四ドル、出走しない場合は登録料半分没収

第七レース　オープン・ステープル・チェイス（Open Steeple Chase）（野外障害）——日本馬及び中国馬（all ponies）、コース：開催執務委員設定、負担重量：中国馬一〇ストーン七ポンド以上、日本馬一一ストーン以上、登録料三ドル

第八レース　フライアウエー・ステークス（Flayaway Stakes）（平地）——賞金五〇ドル相当、日本馬限定、負担重量：一〇ストーン七ポンド以上、距離：一／二マイル、登録料：三ドル

第九レース　ネーヴァル・カップ（Naval Cup）（障害）——英国陸海軍将校及びユナイテッド・ヨコハマ・クラブ、ジャーマンクラブ両会員所有の日本馬、騎乗もその将校及び両会員、距離：一／二マイル、六個の置障害、負担重量：一〇ストーン五ポンド以上、以前の開催（今開催を除く）のハードル・レース一勝馬五ポンド増、二勝以上の馬一〇ポンド増、カップ六〇ドル相当、登録料：三ドル

第一〇レース　ジェネラル・スクランブル（General Scramble）（平地）——賞金未定、日本馬限定、以前の開催未勝利馬限定、距離：一／二マイル、騎乗はオーナー、騎乗服自由、登録料：三ドル

番外レース　マッチ・レース　賞金一〇〇ドル　距離一／四マイル

13　以下この番組編成に関しては、【J・T、一八六六・六・二三】。登録馬、レース結果等に関しては、拙稿「文明開化に馬券は舞う　第七五〜七七回四年ぶりに、居留民主催の競馬が開催された（前編、中編、後編）」『もきち倶楽部』No.252, No.253, No.255. 二〇〇二年。二日間の番組は次の通り。

初日

第一レース　グリフィンズ・プレート（Griffin's Plate）――賞典：一五〇ドル、距離：一／二マイル、未出走日本馬、負担重量：一〇ストーン七ポンド、登録料：五ドル

第二レース　ハック・ステークス（Hack Stakes）――ステークス料：五〇ドル、距離：一／二マイル、すべての馬（all ponies）、ただし本競走出走馬はグレート・ウエルター以外のレースには出走できない、負担重量：騎乗者の体重（catch weight）、登録料：五ドル

第三レース　レディース・パース（Ladies' Purse）――距離：一マイル、中国馬及び日本馬、負担重量：中国馬一一ストーン、日本馬一〇ストーン、登録料：五ドル

第四レース　ホープフル・ステークス（Hopeful Stakes）――ステークス料：七五ドル、距離：一／二マイル、未勝利日本馬、負担重量：一〇ストーン七ポンド、グリフィン・ステークスの勝馬七ポンド増量、登録料：五ドル

第五レース　ジャーマン・カップ（German Cup）――賞盃：一〇〇ドル、距離：一マイル、日本馬、負担重量：一〇ストーン、ただし今開催勝馬七ポンド増量、登録料：五ドル

第六レース　グレート・ウエルター（Great Welter）――賞金：一〇〇ドル、距離：一マイル、六個の置障害、すべての馬、負担重量：一二ストーン七ポンド、登録料：五ドル

第七レース　オープン・スィープステークス（Open Sweepstakes）――ステークス料：各馬五ドルに二〇ドル附加、距離：一／二マイル、日本における前開催以前の未出走中国馬及び日本馬、負担重量：一〇ストーン七ポンド

第八レース　ステープル・チェイス（Steeple Chase）――賞金：一〇〇ドル、すべての馬、コースは委員会設定、負担重量：一〇ストーン七ポンド、登録料：五ドル

第九レース　ギャリソン・カップ（Garrison Cup）――賞盃：一〇〇ドル、距離：二マイル、日本馬、負担重量：一〇ストーン七ポンド、今開催の勝馬七ポンド増量、登録料：五ドル

二日目

第一レース　ニホン・チャンピオン・プレート（Niphon Champion Plate）――賞典：一五〇ドル、距離：一／二マイル、日本馬、負担重量：一〇ストーン七ポンド、登録料：一〇ドル

第二レース　リリプーシャン・プレート（Lilliputian Plate）――賞典：五〇ドル、距離：一／二マイル、体高一二ハンズ二インチ以下のすべての馬、負担重量：一〇ストーン、登録料：五ドル

第三レース　チャレンジ・カップ（Challenge Cup）――賞盃：一五〇ドル、距離：二マイル、中国馬及び日本馬、負担重量：中国馬一一ストーン、日本馬一〇ストーン、登録料：一〇ドル

第四レース　ステープル・チェイス（Steeple Chase）――賞金：七五ドル、コースは委員会設定、すべての馬、負担重量：一〇ストーン七ポンド、初日のステープル・チェイス・レースの勝馬四ポンド増量、登録料：五ドル

第五レース　ヴィジターズ・カップ（Visitor's Cup）――賞盃：未定、距離：一／二マイル、中国馬及び日本馬、負担重量：中国馬一一ストーン、日本馬一〇ストーン、登録料：五ドル

第六レース　フライアウエー（Flyaway Stakes）――賞金：七五ドル、距離：一／二マイル、四個の置障害、すべての馬、負担重量：一〇ストーン七ポンド、登録料：五ドル

第七レース　ハンディキャップ・プレート（Handicap Plate）――賞典：五〇ドル、距離：一マイル、今開催勝馬限定、ハンデは第五レース後委員会が決定、登録料：五ドル

第八レース　コンソレーション・スィープステークス（Consolation Sweepstakes）――ステークス料：各馬五ドルに二〇ドル附加、距離：一／二マイル、今開催未勝利馬限定、負担重量：騎乗者の体重

14　【J・T、一八六六・六・一六】。

15　同右。

16　The Campites という人物からの投書【J・T、一八六六・四・二七】。これを掲載したジャパン・タイムズは、次のようにコメントしている（同）。

この件に関して、二六日のジャパン・タイムス第二版に、ザ・キャンピティーズ氏からの投書を掲載した。ウエルター・レースが、馬の丈夫さ、持久力、重い重量を背負って日常の乗馬ができる能力を検定する機能をもっている、という彼の意見に全面的に賛成である。ヨコハマのスポーツ好きの住民たちが、馬を購入する際は、競馬のレースに適性をもつかど

うかを判断材料とする。また一方で、その馬が、トレーニングを施せば、周辺に散在している景勝地を訪れる際の旅に耐えうることができるのかということも、大いに重視している。したがって、そういった能力を検定する唯一のレースがなくなると、購入に支障をきたすことになってしまう。

17 たとえば【J・H、一八六五・四・八】。

18 たとえば【J・H、一八六五・四・八、七・二九、八・一九】。

19 【J・T、一八六六・六・二三】。

20 たとえば【J・T、一八六五・一二・六、一二・八、一八六六・三・一六、四・二七、六・一六】。

21 【J・T、一八六五・一一・三】。

22 【J・T、一八六五・一二・七、一八六六・四・二七】。

23 【J・T、一八六六・四・二七】。

24 【J・W・M、一八七八・三・二】。

25 【J・H、一八六五・四・二二】。遊歩新道の建設は、一八六四年一一月着工、一二月仮開通、この一八六五年には拡幅工事が行われ、居留民が乗馬や馬車を楽しむ道となった(第三章第二節)。谷戸坂をあがったところの周辺に英国駐屯軍第二〇連隊の兵舎があった。不動坂は、ペリー艦隊がミシシッピ湾と呼んだ根岸湾が眺望できる絶景の地として、居留民が好んだところだった。このマッチ・レースのコースは、現在の山手通りに設けられた。不動坂近くに根岸競馬場が建設されることになる。

26 前掲萩原『旅立ち　遠い崖――アーネスト・サトウ日記抄一』一四八頁、前掲『ヤング・ジャパン』1、一二七頁、【J・W・M、一八八〇・六・一二】。

27 ジェームズ・ファブル・ブラント「一八五九年――一八六六年　日本人との出会い」前掲『ジャパン・ガゼット横浜五〇年史』二六頁。

28 以下ラットに関しては、【J・T・D・A、一八六五・一二・六、一八六六・三・二八/J・T、一八六五・一二・八、一八六六・六・二五】。

29 たとえば、【J・T、一八六五・一〇・二〇/J・T・D・A、一八六五・一一・九】。

30 【J・T・D・A、一八六五・一二・六、一八六六・三・二八、五・九】。

31 【J・T、一八六六・六・一六】。
32 【J・T、一八六六・三・一六】。
33 【J・T・D・A、一八六六・五・九／J・T、一八六六・六・二三】。
34 【J・T、一八六六・六・二五】。
35 【J・W・M、一八七七・四・一四、一八八〇・七・三一】。
36 【J・T・O・M、一八六八・五・一六】。

4 日本馬か、中国馬か——競馬の目的

1 以下競馬に関する光景に関しては、特に記さない限り、【J・T・O・M、一八六八・五・二／J・W・M、一八七〇・五・一、一八七〇・一一・二二、一八七一・五・六、一八七二・一一・二二、一八七四・一〇・一〇、一八七八・三・二／J・G、一八七四・五・二〇】、など開催及びその前後の各記事を参照した。
2 'Yokohama in the Sixties'【J・W・M、一九〇二・一・四】。
3 前掲『ジャパンガゼット横浜五〇年史』六七〜八頁。
4 たとえば、【J・W・M、一八七三・一一・一】、『読売』明一一・五・一一。
5 以下レース編成等に関しては、【D・J・H、一八六七・五・七〜八／J・T・O・M、一八六八・五・一六、一八六九・五・一四、一〇・二八／J・W・M、一八七〇・五・二八、一一・一二、一八七一・五・一八、一一・一一、一八七二・五・一一、一一・二、一八七三・五・一七、一〇・二五、一一・一、一八七四・五・一六、一一・一四、一八七五・五・一五、一一・六、一八七六・五・二〇】。
6 たとえば【J・T・O・M、一八六九・五・一四】。
7 【J・T・O・M、一八六八・一二・二】。
8 たとえば、【H・N、一八七一・八・九／J・W・M、一八七一・八・二六、一八七三・二・一】。
9 たとえば、【J・W・M、一八七二・五・六、一一・一二】。
10 【J・T・O・M、一八六八・五・一〇、一二・二】。
11 【J・T・O・M、一八六九・一〇・二八／H・N・一八六九・一一・三】。

12 たとえば、【J・T・O・M、一八六九・二・一三／J・W・M、一八七二・四・一三】。
13 【J・W・M、一八七〇・一一・九】。
14 【J・T・O・M、一八六八・一二・二】。その他にも、たとえば、【J・T・O・M、一八六九・二・一二、一〇・二八／J・W・M、一八七〇・一〇・二九、一一・一二、一一・一九、一八七一・五・六、五・一三】。
15 【J・T・O・M、一八六九・二・一二、四・三〇、五・一四】。
16 【J・W・M、一八七〇・五・二八、一一・一二、一八七一・五・一八】。
17 以下中国馬派の日本馬に対する意欲と日本馬の現状に関しては、たとえば【J・W・M、一八七二・二・一】。
18 【J・T・O・M、一八六九・二・一二、一〇・二八】。
19 【J・W・M、一八七一・九・一六、一一・一二】。
20 【J・T、一八六五・一二・八】。本命馬のオーナーが他の人気薄の馬の札を買って、自分の本命馬の出走を取り消してしまったことに対する警告だった。
21 以下ロッタリーに関しては、たとえば、【J・T・D・A、一八六五・一二・六／J・W・M、一八七〇・一〇・二九、一八七一・一一・一一、一一・一八、一八七二・四・二七、一八七五・五・一、一八七六・五・二〇／J・G、一八七七・四・一〇】。
22 【J・W・M、一八七一・一一・一一】。この論説が、非難の直接の対象としていたレースは、一八七一年秋季開催初日、一一月八日のチャレンジ・カップ（Challenge Cup）。このレースは、当時の横浜の競馬において、その獲得が最も名誉と目されていた中国馬のチャンピオン戦。当然レースには有力馬たちが出走を表明、前夜のロッタリーのオークションも活発に行われ、ある馬が本命馬として高い価格でせり落とされていた。ところが、スタート直前、その馬も含んで、明確な理由も示されないままに、次々と出走が取り消され、残るは一頭となってしまった。結局、人々が注目していたレースは、当時の横浜で最有力であったタータン（Tartan）厩舎のW・M・ストラチャン（Strachan）のシャイロック（Shylock）の単走となった。ストラチャンは、シャイロックの他にも登録していたが、取り消していた。「多くの馬がひどい取消病に罹って、シャイロックの単走となったので、スポーツを見ようとやってきた人たちは、ほとほとうんざりしてしまった。」というのが、このレースに関する「ジャパン・メイル」の寸評だった（同）。
23 【J・W・M、一八七二・四・二七】。

24 【H・N、一八七二・二・七】。

25 【J・W・M、一八七二・四・一三】。読者からの投書だが、同様の趣旨の投書が、四月六日、四月二〇日、四月二七日と連続して掲載されていた。このような意見は「ジャパン・メイル」のものでもあった。その他に【J・T・O・M、一八六八・一二・二、一八六九・一〇・二八】。

26 【J・W・M、一八七二・四・六】。

27 【J・W・M、一八七二・四・二七、五・一一、六・一】。神戸のヒョウゴ・オオサカ・レース・クラブは、一八六九年三月結成されたが、早くも同年四月その第一回の春季開催から横浜出走馬の導入を行っていた。その後も、数は少なかったが導入が続けられていった。いずれもかなりの活躍を見込める有力馬たちであった。そしてヒョウゴ・オオサカ・レース・クラブは、一八七〇年から横浜や上海のクラブとの相互の人馬の交流を視野に入れて、規則の整備を進めていこうともしていた。ヨコハマ・レース・クラブが、神戸からの遠征に対して、初めて対応を迫られたのが、この春季開催からだった。ヨコハマ・レース・クラブは、内部対立から、会員のクラブ離れ、厩舎数や出走馬数の減少傾向が続いていたので、その対策としても、神戸からの遠征を奨励する必要があった。神戸の競馬に関しては、前掲拙稿「神戸居留地における競馬（一）」、「神戸居留地における競馬（二）」。

28 【J・W・M、一八七二・六・一】。問題提起を行ったのは、H・マークス（Marks：マークス商会）。マークスは、先の一月の総会では、役員会の中国馬重視の方針を支持していた（【J・W・M、一八七二・一・二七】）。一八七二年度役員は、トーマス（T. Thomas：トーマス・ストラチャン商会）、スノウ（Snow）大尉（英国海兵隊）、マーシャル（W. Marshall：マクファーソン・マーシャル商会）、メルフーシュ（T. J. Melhuish：ギルマン商会）、ロバートソン（R. Robertson：英国領事）。書記は、マーシャル。この五名の内、中国馬派がメルフーシュ、ロバートソン、トーマス、日本馬派がスノウ、中立がマーシャルだった。このままでは、方針転換は難しかったが、日本馬派の根回しが功を奏していた。総会の席上、まずロバートソンが転換を支持。かねて中国馬の導入に熱心であったメルフーシュも、二／三以上を日本馬のレースとして実施するべきだと主張。この段階で、役員会の過半数が方針転換に同意、これまで横浜の競馬をリードしてきたトーマスの孤立が明らかとなった。個人的には中国馬重視を支持しながらも中立的立場を保っていた書記のマーシャルも、多数が望むならと日本馬重視への方針転換を支持することを表明、修正案も提出されたが、結局、原案が可決された（同）。

29 以下この開催に関しては、【J・W・M、一八七二・一一・二】。

30 【J・W・M、一八七二・一一・二二】。一八七〇年秋季開催では、不公平なハンデ、曖昧なスタート、レースでの異議申立に対する裁定への不満、疑惑の着順判定、パドックでの口論などの問題が生じていた。一八七一年一月の総会では、これらをめぐって激論が交わされていた（【J・W・M、一八七一・一・二二】）。五月の総会で驚かせた発言をした役員というのは、H・マークスのこと。

31 以下この日の総会に関しては、【J・W・M、一八七三・二・一】。

32 提案の一つ目は、それまで通例一ヶ月前に公表されていたことを受けたもの。提案の二つ目は、前年秋季開催では三〇〇ドル、二〇〇ドルのレースが各一あったから（【J・W・M、一八七二・一一・二】）、重賞以外の一般レースの賞金額をさしていた。この提案は否決されたから、春季開催での賞金額もそれまでとほぼ同じとなった。一八六九年春季には三〇〇ドルのレースが二、二〇〇ドルが一（【J・T・O・M、一八六九・五・一四】）、秋季には三〇〇ドル、一〇〇ポンド、二五〇ドル、二〇〇ドルが各一（【J・T・O・M、一八六九・一〇・二八】）と実施されていた。提案の四つ目は、当時、馬の能力は体高に対応していると考えられていたが、一八六九年春季開催から、日本馬の負担重量が、それまでの体高から定量と変更されていた（【J・T・O・M、一八六九・五・一四】）。チイサイは、神戸からの遠征馬でその名の通り小さかった（【J・W・M、一八七二・一一・二】）。ボレアスは、ホイーラー（E. Wheeler：医師）の持馬、日本馬の体高が通常一三〇センチ前後であるのに、一五ハンズ（約一五三センチ）もある大きな馬だった（同）。

33 この提案が、番組編成の早期公表、レース数減と賞金増額、体高に応じた日本馬の負担重量、とともに行われていたことを見ると、中国馬派の巻き返しに単に応じたわけではなかった。またこの後に、特定オーナーの利害につながる中国馬くじ馬限定レースの増加の提案に対しても反対していた。そしてこの間のジャパン・メイルの競馬関係の論説もプリンスの考えが反映していた。

34 【J・W・M、一八七三・二・一、二・一五、三・八】。

35 以下三月一二日の臨時総会に関しては、【J・W・M、一八七三・三・一五】。

36 「一八七三年五月三一日付外務少輔上野景範宛英国公使パークス書翰」『自明治三年至明治一三年　横浜山手競馬場地租軽減並滞納の為め解約更に日本競馬会社に貸与一件』（外務省外交資料館蔵）。この『貸与一件』に関しては次節の註4。

37 以下このキングドンをめぐる問題に関しては、【J・W・M、一八七三・三・一五、五・一七】。

38 【J・W・M、一八七三・五・一七】。

39 以下この総会に関しては、【J・W・M、一八七三・六・一四】。

40 "The Japan Gazette, Hong List and Directory, for 1874".

41 【J・G、一八七四・五・四】、"The Japan Gazette, Hong List and Directory, for 1875."。

42 【J・W・M、一八七四・一一・一四】。

43 【J・W・M、一八七四・一〇・一〇、一〇・二四／J・G、一八七四・一〇・一四、一〇・一七、一〇・二〇】。

44 以下、ヨコハマ・ダービーと秋季開催に関しては、特に記さない限り、【J・G、一八七四・一一・一〇／J・W・M、一八七四・一一・一四】。

45 以下ドリフトの疑惑に関しては、【J・D・H、一八七四・一一・六、一一・一六】。

46 以下この日の総会に関しては、【J・G、一八七五・一・二八】。その他、この総会では、新役員会に対して、パドックから馬がそろってコースに出るように促すこと、審判小屋への立入禁止などの要望が出された。前者は、パドックに姿を現さずに最初からコースに出てしまう馬がいたことの是正を求めたものだったが、馬の気性からいって非常に困難であるとの回答が行われた。後者に関しては、審判以外が出入りすることに関する問題を認め、その措置を講じることが確約された（同）。当時はもちろん、写真判定ではなく、審判の目で判断していたから、そこに他の人間がいれば、判定に介入しているとの疑惑が生じても当然だった。

47 以下番組編成に関しては、【J・W・M、一八七五・四・一七】。

48 【J・W・M、一八七五・四・一七】。

49 【J・G、一八七五・六・二九】。

50 以下「ジャパン・メイル」の論陣に関しては、【J・W・M、一八七五・五・一、五・八】。「ジャパン・ヘラルド」は、クラブ側を擁護、「メイル」との間の論争となっていた（【J・W・M、一八七五・五・八】）。

51 以下この開催に関しては、特に記さない限り、【J・G、一八七五・五・一五～一八／J・W・M、一八七五・五・一五】。たとえば初日、第七レース、クリテリオン・ステークス（Criterion Stakes）、中国馬限定、距離一周一ディスタンス（一マイル二二〇ヤード、約一八〇〇メートル）、勝馬ピカユーン（Picayune）のタイム二分三七秒はこれまでのものより三～四秒早かった。また三日目中国馬との混合のハンデ戦の第六レース、フェアウエル賞盃（Farewell Cup）、距離一周（約一七〇〇メートル）で日本馬の王者タイフーン、中国馬七頭を退けて勝ったN・P・キングドン名義のモヒトツ（Mohstoz）は、近い将来の日本馬の新王者誕生を予感させていた（第六章第一節）。

52 【J・G、一八七五・六・二九】。

53 以下クラブの財政に関しては、【J・G、一八七五・六・二九／J・W・M、一八七五・七・三】。

54 以下この日の総会に関しては、同右。

55 当時の神奈川県令は中島信行。神奈川県は、初めて一八七二（明治五）年秋季開催にカップを寄贈、翌一八七三（明治六）年春季開催からは、神奈川県、裁判所長、税関長官三者の寄贈の形となり、カナガワ・カップ（二〇〇ドル相当）と冠するレースとなった（第二章第一節）。以後、ヨコハマ・レース・クラブが分裂する一八七六（明治九）年まで春季開催を原則として続けられた。寄贈にあたっては、神奈川県とヨコハマ・レース・クラブとの間で文書が交換されるのが常であった。たとえば、この一八七五（明治八）年春季開催への寄贈に対して、クラブからつぎのような書状が神奈川県に対して送られていた（前掲『神奈川県資料』第六巻、外務部一、四五一頁）。

競馬社中へ青銅瓶差贈り候書状

横浜に於て

一八七五年第五月三日

カナカワコップの名にて、第二日の六号なる競馬の取極にて、来る横浜競馬社中（ヨコハマ・レース・クラブ）の春会に於て賭るために、神奈川県令（中島信行）裁判所長（尾崎忠治）税関長官（吉原重俊）より贈られたる青銅瓶一対を添たる先月二二日の貴下の恵書へ回答致候。

右諸君の見事なる贈物と懇切なる競馬社中への扶助に付、貴下より同氏へ最も厚く謝礼御通し下さるる事を相願候様、拙者幹事より命せられ候。此段回答に及び候。謹言

競馬会書記

ダブリユ・ジエ・クルークシヤンク（W. J. Cruickshank）

神奈川県庁書記

ヘルシワル・オスボルン（Percival Osborn）貴下

＊

なお日本人の入会は認められていなかったので、名誉会員として処遇して副会頭に迎えるという提案だった。クラブが日

本人の入会を認めなかったのは、「別に日本人を忌避して反対せるに非らず。只馬場は元来外人専用の為め、借地契約を許可せる者なれば、日本臣民を入会せしむるに於ては、或は外人の権利を削減せざるやと云う杞憂より出でたり。」(「日本レース・クラブ小史」前掲『日本レース・クラブ五〇年史』所収、九〇頁)、という理由であった。「外人の権利」は同書では「外人の興味」と訳されているが、原語 interest の誤訳と思われるので訂正した。根岸競馬場は居留民を代表するクラブに貸与するという「競馬場の地券」の条項を、前記のように解釈したものだった。

56 以下ヨコハマ・ユナイテッド・クラブのロッタリー及びそれに対する批判に関しては、【J・W・M、一八七五・五・一、五・八、一〇・二三/J・G、一八七五・一〇・二三】。

57 以下西郷従道名義の馬の出走に関しては、【J・G、一八七五・一〇・一五/J・W・M、一八七五・一〇・二三】。

58 前掲歌川隆訳/解題中武香奈美「N・P・キングドン書簡(日本在住時)」解題中武香奈美『横浜開港資料館紀要』第一四号、一九一頁。

59 続く一八七六(明治九)年五月春季開催に向けてのヨコハマ・レース・クラブからの出馬要請に対しても、それに応じて軍馬局長は陸軍卿山県有朋に上申してその許可を受けていた(前掲『日本レース・クラブ五〇年史』二二頁)。

5 **根岸競馬場借地料交渉**

1 この根岸競馬場借地料減額交渉に関しては、甲斐英高「根岸競馬場の形成と借地料――借地料の減額交渉資料を中心として――」(二〇〇二年度富山大学大学院文学研究科修士論文、未発表)がある。私が指導教員の立場にあったが、本節は甲斐の研究に啓発されたところが大きい。

2 神奈川県立図書館編『神奈川県史料』第七巻、外務部二、一九七一年所収、五~九頁。

3 同右、九八~九頁。

4 たとえば「神奈川県権令より競馬場減租の期限は本年にてあるを以て明年の分徴収云々の伺書　明治五年一〇月二〇日」『自明治三年至明治一三年　横浜山手競馬場地租軽減并滞納の為解約更に日本競馬会社に貸与一件』(外務省外交資料館蔵)。
明治三(一八七〇)年から主として外務省と英国駐日公使H・パークスとの間で行われた横浜・根岸競馬場の年間借地料減額交渉に関する資料ファイルは、外務省外交資料館に『自明治三年至明治一三年　横浜山手競馬場地租軽減并滞納の為解約更に日本競馬会社に貸与一件』(分類番号三―一一―一―二二)として所蔵されている。日本競馬会社とは、ニッポン・レース・クラブのこと。明治一三（一八八〇）年、ニッポン・レース・クラブに根岸競馬場を貸与するに際して、それまでの競馬場借地料関係の資料がまとめられ、また「横浜居留地改造及競馬場墓地等約書」（一八六六年一二月締結）にもとづく「競馬場の地券」を解約する手続きがとられたことで、このようなファイル名となったと思われる。以下この資料ファイルを『貸与一件』と略記する。なお各個別の資料の名称については『貸与一件』の目録にしたがう。

5　前掲『神奈川県史料』第七巻、外務部二、九九頁。この資料には、「該場地租は社中の醵金を以て之を弁することと然るに［此］年以来社員の減少せしを以て公准を得租額三分の一を減少するに至れり」（［　］内は編集者の推定）とあるが、此年がいつのことを指しているのかは明らかではない。可能性としては一八六七年から一八六九年までの間とも考えられるが、前記の記述が「明治三年庚午一〇月更に条約面に遵ひ一五〇〇ドルの租額を全納すへきを命したり」と続くので、少なくとも一八六九年は一〇〇〇ドルの減額措置がとられたと推定できる。

6　以下外務省の反応も含めて、「横浜山手競馬場の地租減少云々大輔英公使との応接記　明治三年四月三日」、「英公使へ競馬社中の出金減少に就ては請求に応じ約定の千五百弗を三ヵ年間千二百弗に減少すへき旨の往翰　明治三年四月五日」（『貸与一件』）。

7　「神奈川県より競馬場減租云々下令に因り千二百弗の額を以て徴収せし旨報知の来翰　明治三年四月二七日」、「英公使より同断速に請求に応するの厚意を謝する旨来翰　明治三年五月六日」（『貸与一件』）。

8　「神奈川県権令より競馬場減租の期限は本年にてあるを以て明年の分徴収方云々の伺書　明治五年一〇月二二日」（『貸与一件』）。

9　「大蔵大少丞へ前件権令の伺書に因り当今同港地位の変革及び地租の価位等を問合せの往翰　明治五年一〇月」、「大蔵大輔等より同港現今の景況繁盛に趣き地位も亦騰貴するに因て明年より約定の租額を徴収し然るへき旨の来翰　明治五年一一月四日」、「英公使へ競馬場減租の期限本年にて了りしに現況地位騰貴するに因て明年より本額を徴収すへき旨の往翰　明治五年一一月一二日」、「神奈川県権令へ前件英公使に達せし旨通知の往翰　明治五年一一月一二日」（『貸与一件』）。

10　「一八七二年一二月一九日（明治五年一一月一九日）付英領事より公使宛の書翰」、「英公使より満期後地租云々更に談判すへきの約定あるを以て其談判の為め面晤を請う旨の来翰　明治五年一一月二三日」（『貸与一件』）。

11　萩原延壽『大分裂　遠い崖――アーネスト・サトウ日記抄一〇』朝日新聞社、二〇〇〇年、四四頁。

12　「横浜居留地取締ベンソンより競馬議長宛の書翰　明治六年一月一〇日」（『貸与一件』）。

13 「競馬仲間惣代トムトーマスよりベンソン宛の返翰」、「同（神奈川）県権令へ其港の地位格別騰貴にも至らす殊に競馬社中人少なるを以て今一ヵ年の減租を公使請求せり仍て実際取調へ租税寮へ稟議の上回答あるへき旨の往翰　明治六年一月二五日」（『貸与一件』）。

14 「同（神奈川）県権令へ其港の地位格別騰貴にも至らす殊に競馬社中人少なるを以て今一ヵ年の減租を公使請求せり仍て実際取調へ租税寮へ稟議の上回答あるへき旨の往翰　明治六年一月二五日」（『貸与一件』）。

15 「競馬仲間惣代トムトーマスよりベンソン宛の返翰」（『貸与一件』）。

16 この日の総会に関しては、『J・W・M、一八七三・二・一』。詳しくは、拙稿「文明開化に馬券は舞う　第一一回　ヨコハマ・レース・クラブ（一二）一八七三年一月年次総会決議：借地料の増額には正当な根拠はない」『もきち倶楽部』No.34．二〇〇四年。

17 「租税寮へ前件神奈川県への指令催促の往翰　明治六年三月四日」、「三月四日租税頭より同権令への指令書」（『貸与一件』）。

18 「神奈川県参事より競馬地租云々就て旧額に復し徴収然るへきの指令ある旨の来翰　明治六年三月七日」（『貸与一件』）。

19 「英公使へ競馬場地租云々近傍の地価騰貴する上は旧額に復し至当なるを以て其旨領事へ下命あるへき旨の往翰　明治六年三月九日」（『貸与一件』）。

20 「神奈川県へ前件英公使に達せし旨を報し就ては領事に照会し否報知あるへき旨の往翰　明治六年三月二八日付同（神奈川）県石田英吉より英領事宛の書翰」（『貸与一件』）。

21 前掲萩原『大分裂　遠い崖――アーネスト・サトウ日記抄一〇』四四頁。

22 以下この交渉に関しては、「大蔵大輔等へ競馬場地租云々の情実あるを以て当分減租の額に据置かんことを英公使の懇請に因り照会の往翰　明治六年五月四日」、「英公使より同断減租の額に永久に定めんことを請求の来翰　明治六年五月七日」（『貸与一件』）。

23 「大蔵省へ英公使の來書に因り再ひ照会の往翰　明治六年五月八日」（『貸与一件』）。

24 「同（大蔵）省事務総裁より競馬場地租云々他の共用地所貸渡の比例を示し地価騰貴するを以て旧額に復し至当なる旨の来翰　明治六年五月一四日」（『貸与一件』）。

25 同右。ヨコハマ・アマチュア・アスレチック・クラブ（Yokohama Amateur Athletic Club）は一八七二年一二月（明治五年一一月）設立（【J・W・M、一八七二・一二・二八】）、翌年、英国横浜駐屯軍撤退後の鉄砲場（Rifle Range）（現・横浜市中区大和町）の利用法として、入り口付近に楕円形の競技場が設置された（前掲『神奈川県史料』第七巻、外務部二、二五七〜九頁）。この競技場は、外交上協定されたものではなく、クラブが明治政府と借地契約を直接結び、名目上は一〇〇坪に付約二八ドルとなっていたが、実質的には一〇〇坪に付一〇ドルと根岸競馬場と同じであった（同）。ちなみに、同クラブ結成の直接の契機は、一八七一年、神戸とのインターポートマッチの陸上競技で、横浜の居留民が喫した敗戦であった。この鉄砲場は、一八六五〜六六年、ギャリソン競馬が実施されたところだった。同クラブは、一八七三年一一月、第一回大会を実施、以後、春秋開催が恒例となった（【J・W・M、一八七三・一一・一五】）。

26 「同（英）公使より大蔵省の書面に対して云々の事情を弁駁し尚熟考あらんを請う旨の来翰　明治六年五月三一日」（『貸与一件』）。

27 「大蔵省事務総裁へ前件英公使と往復の書翰を回付し尚商議の上回答あるへき旨の往翰　明治六年六月三日」（『貸与一件』）。

28 以下大蔵省の混乱については、毛利敏彦『明治六年の政変』中公新書、一九七九年、七八〜九頁。

29 「同（大蔵）省事務総裁より競馬場地租に就て云々の辞柄を唱ふるとも方今一般地価騰貴するに因り減額据置きのこと同意し難き旨の来翰　明治六年七月二二日」（『貸与一件』）。

30 「英公使へ前件大蔵省の來書に拠り低租の請求は承諾し難き旨の往翰　明治六年七月三一日」（『貸与一件』）。

31 前掲萩原『大分裂　遠い崖――アーネスト・サトウ日記抄一〇』七〇頁。

32 以下パークスの返答に関しては、「同（英国）公使より地租全額を求めらるるに就ては当今競馬場破損し大に低下せしを以て充分補理あるへく然る上は全額の地租を収め公平なる旨の来翰　明治六年八月二五日」（『貸与一件』）。

33 「大蔵省事務総裁へ前件英公使と往復の書翰を回付し尚所見を問ふ旨の往翰　明治六年九月二三日」（『貸与一件』）。

34 「同（大蔵）省事務総裁より競馬場の補理等は新約書に明文もあれは諾すへきの理なく又地租も最初より減省しあるを以て尚全額徴収の談判あるへき旨の来翰　明治六年一〇月五日」（『貸与一件』）。

35 「英公使へ前件大蔵省の來書に拠り請求に応し難き旨云々の往翰　明治六年一〇月一〇日」（『貸与一件』）。

36 「英公使へ競馬場地租旧額に復する云々の回答を催促の往翰　明治七年二月二二日」（『貸与一件』）。

37 「神奈川県権令より競馬場地租不納云々具状の来翰　明治六年一一月二〇日」（『貸与一件』）。

38 「英公使へ競馬場地租旧額に復する云々の回答を催促の往翰　明治七年二月二二日」（『貸与一件』）。
39 「競馬場地租云々に就て（外務）卿英公使との応接記　明治七年二月二四日」（『貸与一件』）。
40 以下この日の寺島とパークスの主張に関しては、「前同断（競馬場地租云々に就て（外務）卿英公使との応接記）明治七年三月一三日」（『貸与一件』）。
41 前掲萩原『大分裂　遠い崖――アーネスト・サトウ日記抄一〇』一一七～九、一二四～五頁、萩原延壽『北京交渉　遠い崖――アーネスト・サトウ日記抄一一』朝日新聞社、二〇〇一年、一一九、一三四頁。以下、この間の明治政府、寺嶋等の外交姿勢に関しては、上記萩原の研究に拠る。
42 「神奈川県令へ競馬場減租聞届け難きに就ては云々の箇条取調ふへきを達し且宮本大丞の出張を通知の往翰　明治七年五月二五日」（『貸与一件』）。
43 「大蔵卿へ競馬場は最初の約定もあれは返地せしめ且実際の景況を取調へし旨の云々を述へ今後三ヵ年間減租を許允し然るへき旨の往翰　明治七年五月三〇日」（『貸与一件』）。
44 同右。
45 「競馬場地租云々に就て（外務）卿及ひ大蔵卿英公使との応接記　明治七年五月二八日」（『貸与一件』）。
46 以下台湾征討及び日本政府の「非友好的態度」に対するパークスの反応に関するまでは、前掲萩原『大分裂遠い崖――アーネスト・サトウ日記抄一〇』七六～九六、一一三～九頁、前掲萩原『北京交渉　遠い崖――アーネスト・サトウ日記抄一一』一一一～七〇頁。
47 「大蔵卿より前件余議なきを以て明治六年より三ヵ年間減租を差許すへく仍て其期限後は景況に因り高低等尚談判あるへき旨の来翰　明治七年七月三日」（『貸与一件』）。
48 「英公使へ競馬場地租云々厚議を以て尚三ヵ年間減租の額に据置くへく就ては昨年分の租額速に収納の下命あるへき旨の往翰　明治七年七月八日」（『貸与一件』）。
49 「大蔵卿へ前件英公使に達せし旨を報し且滞租徴収の処分あるへき旨の往翰　明治七年七月一〇日」、「神奈川県令へ同断通知の往翰　明治七年七月一〇日」（『貸与一件』）。
50 「英公使より競馬場減租の許允ある旨を謝し且其地当今低下せしは最初埋築の踈漏なるに因れり仍て補理の処分を請ふ旨の来翰　明治七年八月一九日」、「神奈川県参事より競馬場地租明治六年及ひ七年分とも完納せし旨報知の来翰」（『貸与一件』）。

51「競馬場経営云々に就て（外務）卿英公使との応接記　明治七年八月七日」（『貸与一件』）。

52「英公使より競馬場減租の許允ある旨を謝し且其地当今低下せしは最初埋築の踈漏なるに因れり仍て補理の処分を請ふ旨の来翰　明治七年八月一九日」（『貸与一件』）。

53「神奈川県令へ競馬場低下云々は全く最前築造の充分ならさるか或は堅牢なるも年を経て損せしにや実地取調べ具申あるへき旨の往翰　明治七年八月二〇日」（『貸与一件』）。

54「神奈川県参事より競馬場の低下せしは築造の踈漏に非さる旨云々の来翰　明治七年八月二八日」（『貸与一件』）。

55「同（神奈川）県参事へ其地の低下せしは政府にて補理すへき理なるか或は社中の修復に属すへきか取調へ回答あるへき旨の往翰　明治七年九月二日」（『貸与一件』）。

56「同（神奈川）県令より其地最初築造後再ひ盛土等致し決して築造の不注意に非す仍て政府にて補理する理なき旨の来翰　明治七年九月二三日」（『貸与一件』）。

57「同（神奈川）県令へ再ひ盛土せしときの年月日及ひ何某の需めに応せしや問合せの往翰　明治七年一〇月二日」（『貸与一件』）。

58「同（神奈川）県令より再ひ盛土せしは競馬場社中一同の請ひに応し寅年中落成せし由なれとも其書類焼失するに因り月日等詳ならさる旨の来翰　明治七年一〇月八日」（『貸与一件』）。

59「英公使へ競馬場の低下せしは最初築造の不注意に非さる云々を弁明し社中の修復に附し至当なる旨往翰　明治七年一一月一七日」（『貸与一件』）。

60 前掲久良岐の会編『わたしたちの古文書ノート――根岸・新井家文書より――』三三～五頁。

61 前掲萩原『北京交渉　遠い崖――アーネスト・サトウ日記抄一一』二八八～九〇頁。

62 同右、一六一～七一頁。

63「内務卿より競馬場の減租は既に満期なるに尚本年も減額を請求する云々神奈川県令の稟議に因り旧額に復すへきの処分を要する旨の来翰　明治九年四月二一日」、「同（内務）卿へ前件本年より旧額に復すへきは予て英公使へ達し置きしを以て其（神奈川）県へ全額徴収の指令あるへき旨の往翰　明治九年四月二八日」（『貸与一件』）。

6　鹿鳴館時代のニッポン・レース・クラブ——明治一〇年代

1 【J・W・M、一八八二・一・二八／J・G・F・S、一八八二・二・三】。
2 『日日』明一七・一〇・一六。
3 【J・W・M、一八八六・四・一〇】。
4 たとえば、『報知』明一五・三・二七、明一七・四・二九、一一・五、『時事』明一六・三・二八、一〇・五、一〇・一二、明一七・一〇・二二、明一八・五・九。
5 前掲拙稿「鹿鳴館時代の競馬——明治一二〜一五年資料編」。
6 『馬事年史』㈢、一〇一、一〇六、一一四、一二三頁。
7 『朝野』明一六・六・七、明一八・五・三。
8 前掲拙稿「鹿鳴館時代の競馬——明治一二〜一五年資料編」。当時の重賞の通例として、二開催連続勝利で獲得という規定だった。
9 【J・W・M、一八八五・五・二三】。
10 【J・W・M、一八八一・三・二六、一二・三】。この排除の雰囲気があってか、明治一四（一八八一）年中、日本人の脱会者が増えていたが、ケネディによれば、その多くは、元々競馬に関心がない者が、勧誘されて入会したものだったという（【J・W・M、一八八二・一・二八】）。
11 【J・G、一八八〇、一二・三一／J・W・M、一八八一・三・一二】。
12 【J・W・M、一八八〇・七・三一、一八八六・四・一〇】。日本馬に関しては、西郷従道の尽力もあってくじ馬制度が設けられていたが（【J・W・M、一八八一・七・二／J・G、一八八一・一一・八】）、あまり強い馬を入手することができなかった。
13 【J・G、一八八〇・一二・三一／J・W・M、一八八一・三・二一、一八八三・一一・一〇、一八八六・四・一〇】。
14 「神奈川県令より日本競馬会社の保管者に与うる横浜競馬場貸地の券証」前掲『横浜市史』資料編一八、二三六〜八頁。借地料七五〇ドルは、明治一三（一八八〇）年以降毎年支払われていたが、法的にいえば仮納付の状態が続いていた。この「券証」によって、年七五〇ドルという廉価な借地料で、根岸競馬場（国有地）の「特有専権」が、法的にもニッポン・レース・クラブに与えられることになった。翌明治一八（一八八五）年二月の総会で、クラブが沖神奈川県令に対する感謝決議があげているところから見て（【J・W・M、一八八五・二・二一】）、沖が「券証」締結に大きな役割を果していたようである。なぜこのタイミングかを明かにする資料は現在のところ見出せないが、条約改正交渉の進展や沖が上水道など横浜の都市整備に力を入れていたことから考えると、これも居留民に対する配慮からだったようである。

15 以下この開催に関しては、特に記さない限り、『報知』明一八・五・一六、【J・W・M、一八八五・五・二三】。

16 坂本一登『伊藤博文と明治国家形成』吉川弘文館、一九九一年、一四五頁。

17 たとえば【J・W・M、一八八三・一一・一〇、一八八四・四・一九、一八八九・一一・一九】。

18 たとえば【J・W・M、一八八六・五・八、五・一五】。

19 【J・W・M、一八八六・五・八】。

20 【J・W・M、一八八四・四・一九】。

21 【J・W・M、一八八四・一〇・二五、一八八五・五・二、一八八六・四・一〇】。

22 【J・W・M、一八八六・四・一〇】。

23 同右。

24 『馬事年史』㈢、六〇頁。

25 以下雑種馬の急速な減少に関しては、『朝野』明一八・一〇・三〇〜三一、明一九・五・二九〜三〇、『毎日』明一八・一〇・三〇、明一九・五・二九〜三〇、『時事』明一八・一一・二、明一九・五・二九〜三〇、前掲拙稿「鹿鳴館時代の競馬——明治一二〜二五年資料編」。

26 前掲拙稿「鹿鳴館時代の競馬——明治一二〜二五年資料編」。

27 『時事』明一八・六・二三。騎手として活躍していた軍馬局の久保田成章も同道した（同）。

28 『馬政史』㈣、三三三頁。

29 『馬事年史』㈢、一三七〜八頁。

30 『馬事年史』㈢、一九七頁。

31 『読売』明二〇・五・一八。

32 【J・W・M、一八八六・八・七】、『読売』明一九・一〇・一四。

33 以下この開催の雑種馬及び日本馬のレース数などに関しては、【J・G、一八八七・一〇・二五／J・W・M、一八八

八・二・四】、前掲拙稿「鹿鳴館時代の競馬――明治一二～二五年資料編」。
34 【J・W・M、一八八九・一・一九】。
35 【J・W・M、一八八八・二・四】。「日本レース・クラブ小史」前掲『日本レース・クラブ五〇年史』所収、九三～四頁に、この箇所も含めて、このときの報告の主要部分が掲載されている。
36 【J・W・M、一八八六・四・一〇】。
37 【J・W・M、一八八七・二・一九、一八八八・二・四】。
38 【J・W・M、一八八八・一・七】。
39 たとえば【J・W・M、一八八七・二・一九】。この偽籍が持つ本質的な問題に関しては第四章第四節、第六章第五、六節で論じる。
40 『読売』明二〇・一一・九、明二一・六・六。
41 【J・G、一八八九・四・一一】。
42 『報知』明二〇・九・一〇、一一・一二、一一・一五、『読売』明二〇・一〇・三、『朝野』明二〇・一一・一三、一一・一五。
43 以下この雑種馬獲得の経緯に関しては、【J・W・M、一八八七・一二・二四、一八八八・一・七、二・四】。
44 【J・W・M、一八八八・二・四】。この部分も「日本レース・クラブ小史」前掲『日本レース・クラブ五〇年史』所収、九三頁に掲載されている。
45 同右。
46 【J・W・M、一八八九・一・一九】。
47 ティサーレイ「一八八〇年代中期の競馬に関する回想」前掲『ジャパン・ガゼット横浜五〇年史』四四頁。この引用中に出てくるロビソン（**R. D. Robison**）は貿易商、仮定名称アールフィールド（**R. Field**）。多くの活躍馬を所有、クラブの役員も歴任した。
48 たとえば前掲『ドイツ貴族の明治宮廷記』六九頁。
49 【J・W・M、一八八五・二・二一、一八八六・四・一〇、一八八七・二・一九、一八八八・二・四、一八八九・一・一九】。

50 たとえば【J・W・M、一八八六・八・七、一八九一・八・二七、一八九三・九・二三、九・三〇】、『読売』明一九・一〇・一四、【J・G、一八九一・一〇・五】。

7 パリミチュエル方式馬券の導入――本格的競馬への道

1 'Co-operative Betting'（【J・G、一八八七・八・四】）。この記事は、パリミチュエルの公正さとその歴史を紹介したもの。英国の新聞か雑誌に掲載されたものの転載と考えられる。詳しくは、拙稿「文明開化に馬券は舞う 第一五回 パリミチュエル方式の馬券導入」『もきち倶楽部』No.47. 二〇〇〇年。

2 「日本レース・クラブ小史」前掲『日本レース・クラブ五〇年史』所収、九四頁。

3 【J・T・D・A、一八六五・一二・五】。このタパニィ・バスターについては、拙稿「文明開化に馬券は舞う 第九回 配当金を運ぶ人を準備したまえ――タパニィ・バスター」『もきち倶楽部』No.25. 二〇〇〇年。

4 【S・J・H、一八六五・一二・四】。レース結果は、一着サヨナラ、二着セント・アルバヌスだった。本命のトミーは落馬した。詳しくは拙稿「文明開化に馬券は舞う 第七回 トミーに人気が集まっているが、私はネリーが期待できると思う。ギャリソン競馬第一回（一八六五年二月）メイドン・ステークス予想」『もきち倶楽部』No.19. 二〇〇〇年。

5 「日本レース・クラブ小史」（前掲『日本レース・クラブ五〇年史』所収、九二頁）によれば、明治一五（一八八二）年、パリミチュエル方式の馬券発売が試みられたが、この時は、失敗に終わっていたという。だが、これを裏付ける資料がないので、ここでは註1の記事が出た前後に、導入の検討に入ったと考えたい。

6 【J・W・M、一八八九・一・一九】。この引用中に出てくるロビソンは先に紹介した R. D. Robison（前節註47）。トータライザーは、オッズを掲示するものか、計算する機械だったと思われる。明治二二（一八八九）年中には、三〇〇ドルの経費で設置されたようである（【J・W・M、一八九〇・三・一五】）。ハット・ロッタリーは、たとえば、一枚一ドルで二〇枚のセットで発売、一割の手数料を控除して、一着一二ドル、二着六ドルと配当するものだったと思われる。

7 【J・W・M、一八八九・一・一九、一八九〇・三・一五】。

8 【J・W・M、一八九〇・三・一五、一八九一・一二・七】。

9 ティサーレイ「一八八〇年代中期の競馬に関する回想」前掲『ジャパン・ガゼット横浜五〇年史』四四頁。

10 【J・G、一八八九・一一・一五、一〇・二九】、『読売』明二二・一〇・二〇、『日日』明二二・一〇・二二、『毎日』明二二・一〇・三一。

11 【J・G、一八八九・七・一〇、七・一一】。天皇の寄付は六月一日付（『天皇紀』(七)、二七頁）。

12 【J・G、一八八九・七・一一／J・W・M、一八九〇・三・一五】。

13 【J・G、一八八九・一〇・二九】、「日本レース・クラブ小史」前掲『日本レース・クラブ五〇年史』所収、九五頁。施設改善、隣接土地の借地をめぐっては資金の乱費問題も起こっていた（同）。

14 『日本』明二二・三・二六、『読売』明二二・三・二六、『日日』明二二・三・二六。

15 前掲拙稿「鹿鳴館時代の競馬――明治一一～二五年資料編」。

16 馬券黙許時代の馬券導入の目的については、前掲拙稿「日本の競馬観（一）――馬券黙許時代・明治三九年～明治四一年」、拙稿「失われた競馬場を訪ねて　馬券黙許時代①」『書斎の競馬』八、一九九九年一一月、飛鳥新社。

17 【J・W・M、一八九一・二・七、一八九三・九・二三／J・G、一八九一・一〇・五】。

18 【J・W・M、一八九〇・三・一五、一八九二・二・六、二・一三】。

19 【J・G、一八八九・四・一一】。

20 同右。

21 たとえば【J・G、一八九一・一〇・一九】。

22 同右。

23 『日日』明二三・一一・一六。

24 たとえば【J・W・M、一八九〇・三・一五、一八九二・二・六、二・一三】。

25 【J・W・M、一八九二・二・一三】。

26 「日本レース・クラブ小史」前掲『日本レース・クラブ五〇年史』所収、九五頁。

27 たとえば『毎日』明三〇・五・一～三。

28 「日本レース・クラブ小史」前掲『日本レース・クラブ五〇年史』所収、九六～七頁。

29 ミラに関しては、たとえば中央競馬ピーアール・センター編『日本の名馬・名勝負物語』（株）中央競馬ピーアール・センター、一九八〇年、六～一一頁。

30 「日本レース・クラブ小史」前掲『日本レース・クラブ五〇年史』所収、九四頁。

31 【J・W・M、一八八七・一一・一二】。
32 【J・G、一八八九・四・二三】。
33 【J・G、一八九一・一一・四】。他にワダ、タケダの名がある。タケダ、ワダは、共同競馬会社にも出走させていた武田鶴松（不詳）、和田福蔵（横浜の石油取引商、銀行役員等）だと思われる。
34 【J・W・M、一八八七・二・一九】。
35 【J・W・M、一八九一・九・五、一八九二・二・六、二・一三】。
36 たとえば【J・W・M、一八八九・一一・一六】。
37 【J・W・M、一八八九・一・一九、一八九〇・三・一五】。
38 【J・G、一八九一・二・四、二・五～六】。
39 天皇の根岸競馬場への足跡を簡単に追うには、石野瑛『明治天皇と神奈川県』武相学園、一九六一年、一六～八、七三～五、一七九～八〇、一八一～三、一八七～九、一九八～二〇〇、二二三～五、二三〇～二、二三八～四八頁が便利である。
40 たとえば前掲坂井『伊藤博文と明治国家形成』一四七頁。

4 共同競馬会社、不忍池時代

1 その後の共同競馬会社――どこへ行く

1 『朝野』明一八・四・一四、『読売』明一八・四・一四。
2 『朝野』明一八・二・二〇、『読売』明一八・二・二〇、『日日』明一八・二・二〇。また奥州より購入の内六〇頭が、希望者に六〇円で、四月二一、二二日、抽籤で売却されるとも伝えられていた（『朝野』明一八・二・八）。購入者には、分部光謙、本多忠鵬、谷本道之、川西富五郎、大谷金次郎、カークウッドらの名があった（『日日』明一八・二・二〇）。
3 たとえば『報知』明一八・二・一五、『時事』明一八・八・三。
4 前掲『ベルツの日記』上、一四四頁。
5 『日日』明一八・四・二一、五・一。
6 この開催に関しては、特に記さない限り、『時事』明一八・四・三〇、五・四～五、『朝野』明一八・五・二～三、五・五、

6 『報知』明一八・五・二一〜三、五・五。
7 『朝野』明一八・五・一二。
8 『日日』明一八・六・六。
9 【J・W・M、一八八五・五・二三】、『日日』明一八・一〇・一四。
10 「農商務省明治一八年四月二二日付上野公園不忍池周囲へ共同競馬場設置差許に付命令書」農商務省博物局『明治一八年土地建物録公園之部』（東京国立博物館蔵）。
11 たとえば【J・W・M、一八七六・五・二〇】、『読売』明一五・六・一七、『時事』明一七・四・二九。
12 『報知』明一七・七・七、『時事』明一八・二・二六
13 『報知』明一七・七・七。
14 『絵入朝野新聞』明一七・一一・八。
15 『時事』明一八・一・二六、明一九・一一・五。
16 第一章第一節、第三節。その他にたとえば『読売』明一九・四・二五。
17 前掲拙稿「鹿鳴館時代の競馬――明治一一〜二五年資料編」。その他にたとえば【J・G、一八八七・一〇・二五】。
18 たとえば、『毎日』明二〇・三・二七、『日日』明二〇・六・一五、一一・一五。中野は少なくとも明治二二（一八八九）年不忍池春季開催まで馬主だった（『報知』明二二・五・一二）。
19 たとえば【J・G、一八八七・一〇・二六、一八九一・一一・四／J・W・M、一八九一・一二・七】。
20 前掲『ベルツの日記』上、一四〇頁。
21 前掲柳田泉編『明治政治小説集』（二）、明治文学全集五、所収、三〇九、四一一頁。
22 『時事』明一八・五・五。
23 たとえば『時事』明二二・三・一七、四・一八。
24 たとえば『時事』明一九・一二・一一、『毎日』明二二・一二・六。
25 『報知』明二〇・七・二四。
26 『女学雑誌』第八〇号（明二〇・一〇・一五）、『報知』明二一・四・一二。
27 たとえば『読売』明一八・二・二〇、明二二・五・二。

28　たとえば【J・W・M、一八八五・一一・二八】、『報知』明二三・六・五、『日本』明二三・六・五。
29　たとえば、『日本』明二三・一・二一。
30　『馬事年史』㈢、二〇三頁、『天皇紀』㈥、六六一、六七〇頁、『天皇紀』㈦、二六〇、二七六頁。
31　『朝野』明一八・九・八、一〇・二四、一〇・二七、『毎日』明一八・一〇・九、『時事』明一八・一〇・一四、一〇・二四、一〇・二七。
32　『朝野』明一八・一一・一。
33　『読売』明一九・三・九、四・二四〜二五、四・二七、『毎日』明一九・四・二一、四・二五、四・二七、『時事』明一九・四・二四、四・二六。
34　『毎日』明一八・九・八、『天皇紀』㈥、四四三頁。
35　『日日』明一八・六・一七、『報知』明一八・八・三〇。
36　『毎日』明一九・三・九、『日日』明一九・三・一三。
37　『読売』明一九・三・九。
38　『馬政史』㈣、六〇頁。
39　『読売』明一九・一〇・一四。
40　【J・W・M、一八八六・八・七】。六頭は三／四（七五％）、二頭は一／二（五〇％）の雑種（同）。
41　『時事』明一九・一一・五。
42　『時事』明一九・一一・二五。
43　以下このアラブ馬導入に関しては、『報知』明二〇・一・七、明二一・五・一三、『時事』明二一・二・一三、三・五、『朝野』明二一・四・五、『読売』明二一・五・八、五・一三、五・一五、『馬事年史』㈢、二七八〜八二頁、『馬政史』㈣、三頁、山田仁市編『明治大正馬政功労十一氏事績』帝国馬匹協会、一九三七年、五九五〜六頁。
44　【J・W・M、一八八七・三・一九】、『読売』明二〇・三・二四。
45　『報知』明二〇・九・一〇、『読売』明二〇・一〇・三。
46　『時事』明二〇・九・八、『毎日』明二〇・九・一〇。
47　同右。

48　『毎日』明二〇・九・一六。
49　『時事』明二一・九・八。
50　『東朝』明二一・九・二八。
51　『時事』明二二・二・二二。
52　『読売』明二二・四・七、『時事』明二二・四・七。
53　『読売』明二二・九・一二。
54　『日日』明二〇・一一・一五。
55　たとえば『東朝』明二一・一一・二五、一一・二七、明二二・五・一二、五・一四、一一・一二、明二三・六・三。
56　たとえば『日日』明二四・七・九。
57　『天皇紀』㈦、一三三、三一一頁、前掲『明治大正馬政功労十一氏事績』一～一〇一頁。藤波言忠は、天皇の個人的信任が厚かった（飛鳥井雅道『明治大帝』ちくまライブラリー、筑摩書房、一九九〇年、二二二頁）。
58　『時事』明一八・二・二六、『日日』明一八・四・二一、『東朝』明二三・四・九、『読売』明二三・五・二〇。
59　たとえば『毎日』明一七・一〇・三〇、『読売』明一八・一・二一、『天皇紀』㈥、三〇五頁、『朝野』明一八・一〇・二八。
60　『報知』明二三・一一・二〇。
61　『報知』明一七・一一・四、【J・W・M、一八八四・一一・八】。
62　『朝野』明一八・九・八、一〇・二八。
63　『朝野』明一八・九・八。
64　『読売』明一八・一・二七、『時事』明一八・一・二七。
65　『毎日』明一八・一一・三。
66　【J・W・M、一八八六・二・六、二・二七、一八八八・一二・二五】。
67　『読売』明一八・五・五。
68　たとえば『日日』明一八・一二・一七、【J・W・M、一八八六・三・二七】、『毎日』明一九・一〇・一六、一一・二一、一一・二三。

69 『時事』明一九・一一・五。
70 『天皇記』㈥、八四三頁、『報知』明二〇・一一・一五。
71 『東朝』明二三・一一・一六。

2 婦人財嚢の消失――スキャンダルとしての女性

1 以下この開催に関しては、【J・W・M、一八八五・六・一三】。
2 『報知』明一九・五・二三、『朝野』明一九・六・一、【J・W・M、一八八六・六・五】。
3 『報知』明二〇・一一・三、【J・G、一八八七・一一・四／J・W・M、一八八七・一一・五】。
4 【J・W・M、一八八八・一一・三】。
5 【J・W・M、一八八九・一一・二】。
6 『報知』明二三・一〇・二六。
7 【J・W・M、一八九一・一一・二一】。
8 『日本』明二二・五・一二。
9 『日本』明二二・四・七。
10 『朝野』明二二・四・一一、四・一四、『日本』明二二・四・一四。第一高等中学の表彰式では浜尾新校長夫人が授与にあたった（『日本』明二二・四・一四）。
11 『報知』明二三・四・九、四・一四、【J・W・M、一八九〇・四・一二】。
12 『毎日』明二四・四・五。
13 『朝野』明一九・一〇・二九。
14 和楽会に関しては、特に記さない限り、『女学雑誌』第三九号（明一九・一〇・二五）、『朝野』明一九・一〇・二九、『報知』明二〇・三・二七、前掲近藤『鹿鳴館貴婦人考』一四二頁。
15 『女学雑誌』第一六八号（明二二・六・二九）。
16 『報知』明一九・四・二三、八・一〇、明二〇・二・二三、『朝野』明一九・七・一三、一二・二二。
17 たとえば『朝野』明一九・五・一五。

18 たとえば『報知』明二〇・二・二四。
19 『報知』明一九・八・三、八・四。
20 『朝野』明一八・八・二九。
21 『朝野』明一八・二・五。
22 『毎日』明一八・二・二三、『朝野』明一八・八・二。明治一八（一八八五）年九月設立早々の華族女学校生徒も早速舞踏の稽古を始めていた（『朝野』明一八・九・一二）。
23 深谷昌志『増補良妻賢母主義の教育』黎明書房、一九九〇年、一〇二頁。
24 『報知』明二〇・七・一二、一一・五、一一・六、『朝野』明二〇・一一・五。
25 『女学雑誌』第三七号（明一九・一〇・五）。
26 『日日』明二〇・一・一四。
27 『報知』明二〇・一・一四、七・六、一一・八。
28 『報知』明二一・二・二一、『朝野』明二一・二・二一、三・二九、五・一九、六・二。
29 【J・W・M、一八八八・四・七】。
30 【J・W・M、一八八五・八・二九】。
31 『報知』明一九・一一・一九、『女学雑誌』第四二号（明一九・一一・二五）。
32 『朝野』明一八・一〇・一、一一・二三。
33 たとえば『朝野』明一九・一・七、『時事』明一九・一・七。
34 以下洋装化に関しては、中山千代『日本婦人洋装史』吉川弘文館、一九八七年、二三五〜四四頁、前掲坂本『伊藤博文と明治国家形成』一七二、一八四〜六頁、本田和子『女学生の系譜』青土社、一九九〇年、七五頁、『朝野』明二〇・二・一〇、四・二六。
35 『読売』明一九・一一・二八。
36 『朝野』明一九・一一・二八、『時事』明二〇・一・七。
37 『時事』明一九・六・一一、七・二二、九・二、『報知』明一九・六・一一、『日々』明一九・六・一一。
38 『朝野』明一九・一〇・三一。

39 『朝野』明一八・二・八。
40 『女学雑誌』第一六号（明一九・二・二五）、『朝野』明一九・五・一六。
41 『朝野』明一八・二・二〇、明一九・四・九。
42 『毎日』明一八・一一・二八。その他、婦人の乗馬のすすめに関しては、たとえば『報知』明一八・八・二三、『女学雑誌』第四号（明一八・九・一〇）、第二二号（明一九・一・一五）、『朝野』明一九・一・八。
43 『毎日』明二〇・四・一四、明二二・一二・六、『時事』明二〇・四・一四、四・二〇、『報知』明二〇・四・二八。
44 たとえば『報知』明二一・一一・一四。
45 『読売』明二〇・七・二三。
46 『報知』明二〇・七・二四、明二二・四・一二、『女学雑誌』第八〇号（明二〇・一〇・一五）。
47 たとえば『時事』明二二・四・一八。
48 内田魯庵『思い出す人々』筑摩選書、一九四八年、二頁。
49 『報知』明二〇・一一・一五。
50 『時事』明一九・四・二六、『絵入自由新聞』明一九・四・二九。その後も婦人乗馬短銃練習会の設立の動きがあった（『女学雑誌』第八二号、明二〇・一〇・二九）。
51 『報知』明一八・一一・五。
52 『日日』明一八・一一・五。
53 『報知』明一九・一一・五、『時事』明一九・一一・五、『毎日』明一九・一一・五、『日日』明一九・一一・五、【J・W・M、一八八六・一一・六】、『女学雑誌』第四二号（明一九・一一・二五）。
54 【J・W・M、一八八六・一一・六】、チェンバレン／高梨健吉訳『日本事物誌』一、東洋文庫、平凡社、一九六九年、一五六頁。
55 『報知』明一八・一一・二四。
56 『女学雑誌』第九〇号（明二〇・一二・二四）。
57 杉森真希子「鹿鳴館時代――年表からみた鹿鳴館」『富山大学大学院人文学部研究科紀要』第二集、富山大学大学院人文科学研究科院生会、一九九四年、一五～三一頁。なおこの数字は、東京で発行されていた主な各新聞に掲載されたものに限ってのもの。
58 【J・W・M、一八八七・一一・五】。
59 『女学雑誌』第一三五号（明二一・一一・一〇）。
60 『時事』明二一・一一・五。
61 『報知』明二一・二・一五。
62 『朝野』明二三・一一・五、『日本』明二三・一一・五、『報知』明二三・一一・五。
63 『朝野』明二四・一一・五、『報知』明二四・一一・五、【J・W・M、一八九一・一一・七】。
64 『報知』明二五・一一・五、『日本』明二五・一一・五。
65 『日本』明二三・一・三一、『報知』明二三・一・三一。
66 『日本』明二四・四・二四。
67 『報知』明二一・四・二一。
68 『報知』明二三・四・一四。
69 『報知』明二五・二・二八。
70 『報知』明二〇・一一・一九。
71 『朝野』明二〇・一〇・一八。
72 『女学雑誌』第一一〇号（明二一・五・一九）。
73 『時事』明二一・五・九。
74 【J・W・M、一八八八・一一・一〇】。
75 『日日』明二二・二・二、【J・W・M、一八八九・四・二七／J・G、一八八九・五・四】、『朝野』明二三・一・一五。
76 『報知』明二五・一一・二。
77 『時事』明一八・七・一。
78 『時事』明一九・三・一七。
79 『会館誌』上、五四五頁。
80 『女学雑誌』第一号（明一八・七・二〇）。

81 たとえば『女学雑誌』第三六号（明一九・九・一五）、第三八号（明一九・一〇・五）、第三九号（明一九・一〇・一五）、

82 『報知』明二〇・五・二六、『日日』明二一・八・二三。

83 たとえば【J・W・M、一八八九・九・二一】。

84 たとえば『報知』明二〇・五・一三、『女学雑誌』第六五号（明二〇・五・二一）、『毎日』明二〇・六・二、『朝野』明二〇・六・七、【J・W・M、一八八七・六・一八】。

85 『朝野』明二〇・八・二八、『報知』明二〇・九・一一。

86 『朝野』明二〇・一一・五、『報知』明二〇・一一・五。

87 勝海舟全集刊行会『勝海舟全集』第二巻、講談社、一九八二年、三一七～八頁。

88 『朝野』明一七・一一・一。

89 『読売』明一八・七・二三。

90 『朝野』明二〇・二・二五。

91 『報知』明二〇・三・八。

92 『朝野』明二〇・八・二四。

93 前掲坂本『伊藤博文と明治国家形成』一九九～二一六頁。

94 たとえば『朝野』明二〇・五・五、『女学雑誌』第六五号（明二〇・五・二一）。

95 前掲坂本『伊藤博文と明治国家形成』二〇一頁。

96 たとえば徳富蘇峰「保守的反動の大勢」『国民之友』第一〇号（明二〇・一〇・二一）、拙稿「文明開化に馬券は舞う 第三四回 天下の人心は、既に仮装舞踏会に飽けり、既に競馬に倦めり」『もきち倶楽部』No.127. 二〇〇一年。欧化政策に対する蘇峰の態度に関しては、坂野潤治『近代日本の出発』体系日本歴史一三、小学館ライブラリー、一九九三年、一六一～四頁。

96 たとえば『朝野』明二〇・一〇・二七。

97 『女学雑誌』第一〇五号（明二一・四・一四）、『日日』明二一・一〇・一二。

98 『報知』明二三・四・一七、『女学雑誌』第一五九号（明二二・四・二七）。

99 『時事』明二〇・九・一四。

100 『毎日』明二三・一・二九。

101 たとえば『報知』明二〇・五・二六、『毎日』明二〇・六・二、『日日』明二〇・六・二、明二一・八・二三。

102 たとえば『朝野』明二三・一・二一、一・二三〜二四、九・二八、『日本』明二三・一一・一七。

103 前掲深谷『増補良妻賢母主義の教育』一一八〜二二頁、『女学雑誌』第二五九号（明二四・四・四）、第三〇八号（明二五・三・一二）。

104 たとえば、『改進新聞』明二一・二・三、四・六、『東朝』明二一・六・一一。嵯峨の屋おむろ『くされ玉子』（『都の花』明治二二年二月号、中村光夫編『二葉亭四迷・嵯峨の屋おむろ集』明治文学全集一七、筑摩書房、一九七一年所収、二六八〜七三頁）、『ぬれ衣』（『改進新聞』明治二二年三月に連載、国立国会図書館所蔵ではこの各号を欠く）、『濁世』（『改進新聞』明治二二年四月〜五月に連載、国立国会図書館所蔵ではその二一〜一九が掲載された四月三日〜四月三〇日の他は欠号）がその代表的な作品だった。

105 『女学雑誌』第一六九号（明二二・七・九）。

106 『改進新聞』明二一・四・三〜三〇。

107 『東朝』明二一・六・一八、六・二一、八・四、『女学雑誌』第一六七号（明二一・六・二二）、第一六八号（明二一・六・二九）。

108 『朝野』明二一・六・九。

109 【J・G、一八八九・六・一七】、『女学雑誌』第一六七号（明二一・六・二二）、『朝野』明二一・七・六、『日本』明二三・二・二四。

110 『朝野』明二一・六・二六。

111 『日本』明二三・二・二四。

112 井上章一『美人論』リブロポート、一九九一年、二二一〜二八頁。

113 『女学雑誌』第一六七号（明二一・六・二二）。

114 『東朝』明二一・六・一八、六・二一、『報知』明二一・六・二一、『女学雑誌』第一六七号（明二一・六・二二）、第一六八号（明二一・六・二九）。矢田部は翌年、帝国大学教授と高等女学校校長の兼任の任期が切れて、校長を退くことになるが、それに対して、これで親も安心して娘を入学させられるとの声があがっていた（『朝野』明二三・二・七）。

115 『日本』明二二・五・八。

116 『東朝』明二二・六・一五、『朝野』明二二・六・一五。

117 『日本』明二二・六・一一。

118 『日本』明二二・六・七。

119 『朝野』明二二・六・一九。

120 アリス・ベーコン／久野明子訳『華族女学校の見た明治日本の内側』中央公論社、一九九四年、一七一頁。

121 『日本』明二二・六・一四。

122 『日本』明二二・六・一五。

123 『報知』明二二・六・二三、『朝野』明二二・六・二六。

124 『日本』明二二・七・一三。

125 たとえば『日本』明二二・七・二五、七・二八、七・三〇。

126 たとえば『朝野』明二二・一一・二七、明二三・一・六。

127 『読売』明二三・二・二七。

128 『報知』明二四・二・二三。

129 『報知』明二四・三・一七。

130 『日本』明二三・三・七、『報知』明二四・三・一七。

131 『報知』明二四・三・一七。

132 以下この裁判に関しては、『報知』明二四・六・一三。

133 前掲深谷『増補良妻賢母主義の教育』一一一～四、一二二～七頁。

134 『朝野』明二五・一二・二七。

135 『天皇紀』㈦、五〇四頁。

136 『朝野』明二六・四・七。

137 『朝野』明二〇・六・七。

138 『朝野』明二一・一二・八。

139『女学雑誌』第一九三号(明二二・一二・二五)。

140【J・W・M、一八八九・五・四】。

141『報知』明二二・一二・一七。参考までに鹿鳴館での各年毎の夜会、舞踏会開催数を東京で発行されていた主な新聞に掲載されたものに限ってあげておけば、明治一六(一八八三)年二、明治一七(一八八四)年五、明治一八(一八八五)年一七、明治一九(一八八六)年一七、明治二〇(一八八七)年一〇、明治二一(一八八八)年六、明治二二(一八八九)年五、明治二三(一八九〇)年三となる(前掲杉森真希子「鹿鳴館時代――年表からみた鹿鳴館」『富山大学大学院人文学部研究科紀要』所収、一五~三一頁)。

142『朝野』明二三・二・一〇。

143『日本』明二三・一・一。

144『報知』明二三・七・二九。
145 前掲藤森『明治の東京計画』二八八頁。
146『朝野』明一八・二・七、五・五、八・三一、『報知』明一九・一・一五、『井上公伝』㈢、七九一~八頁、【J・G、一八八九・六・二四/J・W・M、一八八九・六・二九】。その機関誌『羅馬字雑誌』も明治二五年で廃刊されていた(『女学雑誌』第三三五号、明二五・一二・三一)。

147『朝野』明二〇、九・一一。
148 前掲柳田泉編『明治政治小説集』(一)明治文学全集五、二五七頁。
149『毎日』明二四・一・三〇。

150『馬事年史』㈢、二四〇頁。

3 新たな身体性――スポーツ、博覧会の競馬

1【D・J・H、一八六七・五・七】。
2 以下かつての身体性に関しては、前掲拙稿「外から見た我々の身体性⑴――かつての裸体と混浴」。
3 多木浩二『天皇の肖像』岩波新書、一九八八年、一四七頁。
4 三浦雅士『身体の零度』講談社選書メチエ、一九九四年、二三七~八頁。

5 前掲『日本競馬史』巻二、四八頁。

6 『読売』明一七・六・一八。

7 前掲『日本競馬史』巻二、四八頁。

8 『時事』明二二・五・九。

9 西村清和『遊びの現象学』勁草書房、一九八九年、三〇七頁。

10 前掲拙稿「日本の競馬観(1) 馬券黙許時代・明治三九〜四一年」。

11 たとえば、野津操之助編纂『洋式普通馬道独案内』(明治一七年)、松村延勝『乗馬必携』(明治一七年)、中村敏救『馬術要領』(明治一七年)、村上要信『馬史』(明治二〇年)。

12 山本邦夫・棚田真輔『居留外国人による横浜スポーツ草創史』道和書院、一九七七年、一九〜四七、三三五〜五〇頁、前掲『横浜ものはじめ考 改訂版』一二七、一三二、一三四頁。

13 【J・W・M、一八七二・一二・二八】。

14 以下このレースに関しては、【J・W・M、一八七三・一一・一五】。

15 以下この「戯遊会」に関しては、『報知』明七・三・一〇、『雑誌』第三一五号(明七・三・一四)、【F・E、一八七四・四・一】。なおこれが東京で初めて開かれた陸上競技会であり、この刺激を受けて六月には、鉄道局などの御雇外国人が競技会を開いた【J・G、一八七四・六・一〇、六・一五、六・一七】。

16 以下この日に関しては、『日日』明九・四・四、『報知』明九・四・八、『読売』明九・四・八、【J・W・M、一八七六・四・八】。

17 『報知』明九・五・一五、明一〇・一〇・一、【J・W・M、一八七六・五・二〇、一八七七・四・二三、一〇・一六/J・G、一八七七・五・一五、一〇・一】。

18 【J・W・M、一八七六・四・八】。

19 『報知』明一七・七・一〇、【J・W・M、一八八五・六・一三】。ストレンジに関しては、渡辺融「F・W・ストレンジ考」『体育学紀要』第七号、東京大学教養学部体育研究室、一九七二年。以下この日の競技会に関しては、『報知』明一七・七・一〇、【J・W・M、一八八五・六・一三】。

20 たとえば、【J・W・M、一八八五・六・一三、一八八六・六・五、一八九一・一一・二八】。

21 【J・W・M、一八八七・一二・一九】。

22 たとえば『報知』明一八・一〇・一六、明二〇・三・一〇、一〇・一八、明二一・一〇・五、明二三・四・五、『朝野』明一九・四・二四、一一・六、明二〇・一一・五、明二一・一〇・二八。

23 白幡洋三郎「福沢諭吉の運動会——近代のスポーツと日本人のスポーツ観——」国際日本文化研究センター紀要『日本研究』第六集、一九九二年。

24 たとえば『朝野』明二〇・三・五、四・七、四・一九。

25 【F・E、一八七一・六・一六／J・W・M、一八七二・六・八】。

26 たとえば『天皇紀』㈢、一六七頁。

27 【J・W・M、一八七六・四・八、五・二〇】、『報知』明九・五・一五。当時海軍兵学寮は東京築地にあった。

28 【J・G、一八七九・一〇・一七／J・W・M、一八七九・一〇・一八】。

29 【J・W・M、一八八一・六・四】。

30 『読売』明一四・六・一七、『日日』明一四・六・一八、【J・W・M、一八八一・六・一八】。

31 たとえば『時事』明一六・六・四、明一七・四・四、『天皇紀』㈥、六三〜四、一九一〜二頁。

32 『読売』明一四・六・一七。

33 『報知』明一三・一二・二六。

34 『日日』明一四・一一・二五、【J・W・M、一八八一・一一・二六】。

35 たとえば『日日』明一七・一〇・一六、『報知』明一八・四・一四、一〇・三、一〇・六、一一・八、明一九・四・六、『朝野』明一八・一〇・六、一一・一〇、明一九・四・六、四・二三。

36 『報知』明二〇・四・一三。

37 【J・W・M、一八八五・一一・七】。

38 『報知』明二一・四・二三。

39 たとえば『報知』明二〇・四・五、明二一・四・一五、『日本』明二三・四・四、『朝野』明二五・一〇・一八。

40 『朝野』明二三・五・二四、五・二八、『報知』明二三・五・二五。

41 『報知』明二三・九・二三、『朝野』明二五・五・三。

42 『朝野』明二二・七・一一。
43 『報知』明一九・一一・二〇。
44 『日本』明二三・一〇・二三。
45 以下新たな身体性に関しては、前掲拙稿「外から見た我々の身体性(1)――かつての裸体と混浴」。
46 『天皇紀』(二)、五二七~八頁。
47 『天皇紀』(二)、五三一~二頁。
48 『天皇紀』(二)、五四一頁。
49 『天皇紀』(二)、六〇四~五、六〇七頁。
50 『天皇紀』(三)、九七頁。
51 たとえば、『天皇紀』(二)、六六三、六八六頁。
52 『天皇紀』(三)、一五六頁。
53 『天皇紀』(三)、三一〇頁。
54 『天皇紀』(三)、三五〇頁。
55 『天皇紀』(三)、七一九~二〇頁。
56 前掲多木『天皇の肖像』六五頁。
57 『天皇紀』(二)、六九一~三頁。
58 『天皇紀』(二)、六八三頁。
59 『天皇紀』(二)、七八五~六頁。ちなみに大礼服着用時の敬礼式が制定されたのは明治八年二月太政官布達第一八号。
60 『天皇紀』(三)、四七頁。
61 前掲飛鳥井『明治大帝』一四一~五〇頁。
62 前掲『ヤング・ジャパン』3、一七三頁。
63 ヒュー・コータッツィ/中須賀哲朗訳『ある英国外交官の明治維新　ミットフォードの回想』中央公論社、一九八六年、二三四~五頁。
64 『時事』明一八・七・一。

65 『朝野』明二〇・四・一九。
66 伊沢修二編著山住正己校注『洋楽事始音楽取調成績申報書（明治一七年）』東洋文庫、平凡社、一九七一年、一一〇〜一一頁。
67 『朝野』明二三・五・四。
68 『時事』明二四・一〇・二七。
69 福沢諭吉『福翁自伝』岩波文庫、一九七二年、二八六〜七頁。
70 前掲『ベルツの日記』上、二〇三頁。
71 前掲『ベルツの日記』上、三五一頁。
72 『報知』明一七・七・一〇。
73 『読売』明二二・六・二六。
74 『時事』明二三・三・二二。
75 『東朝』明二二・六・九、『時事』明二二・六・九、『毎日』明二二・六・二二。
76 『読売』明二二・六・二六。
77 第三回内国勧業博覧会事務局『第三回内国勧業博覧会事務報告』一八九一年、三五五〜六頁。
78 同右、三三六頁。
79 『東朝』明二三・五・一七。
80 『東朝』明二三・二・一三。
81 前掲吉見『都市のドラマトゥルギー』一一八〜四六頁。
82 前掲『北ぐにの競馬』一四〜二七、三〇〇〜二頁、「北海共同競馬会第九次競馬会明治二二年五月二五、二六日番組表」（馬の博物館所蔵）。
83 たとえば『時事』明二二・五・二七、『読売』明二三・三・一一。
84 『日日』明二二・一〇・一三。
85 『時事』明一九・四・二三、『日日』明二〇・一一・二五。
86 『毎日』明一八・一〇・六、『読売』二〇・一〇・二九。

87 『東朝』明二五・五・一〇。
88 西山菭子「下野那須競馬会始末――那須野ヶ原開拓と競馬」『那須野ヶ原開拓使研究』第三二号、那須野ヶ原開拓使研究会、一九九二年、一～三〇頁。
89 『読売』明二三・一・七。
90 以下この開催に関しては、特に記さない限り、『時事』明二三・五・一七、五・一九、『読売』明二三・五・一七～一九、『東朝』明二三・五・一七～一八、五・二〇、『朝野』明二三・五・一八～二〇、『報知』明二三・五・一七～一八、『日本』明二三・五・一七。
91 『時事』明二三・三・二二、『朝野』明二三・三・二二。
92 『読売』明二三・五・一、『時事』明二三・五・五。
93 『読売』明二三・六・三。
94 前掲柳田泉編『明治政治小説集』（一）、明治文学全集五、二五八頁。

4 共同競馬会社の終焉――イカガワシサ、悪所性

1 『時事』明二四・一〇・二七。
2 たとえば【J・W・M、一八八九・一一・一六】。
3 横浜競馬熱心生「馬籍乱れて競馬競はず」『日日』明二三・一一・一六。
4 たとえば『日日』明二三・一一・一六～一七、『東朝』明二三・一一・一六、一一・一八。
5 【J・G、一八八六・一〇・二六～二七、一一・二三】、『時事』明一九・一一・二二、『朝野』明一九・一一・二三、【J・W・M、一八八七・一二・一〇、一八九二・二・一三】。
6 【J・W・M、一八八七・一二・一〇、一八九二・二・一三】、『毎日』明二〇・五・二〇、六・五、六・七、『時事』明二〇・五・二〇、六・七。
7 『読売』明二〇・一一・九、ティサーレイ「一八八〇年代中期の競馬に関する回想」前掲『ジャパンガゼット横浜五〇年史』四三頁。
8 前掲『北ぐにの競馬』二五頁。

9　以下この開催の英に関しては、『読売』明一九・三・九、四・二四、『時事』明一九・四・二六。
10　『毎日』明一九・五・一四、『絵入自由新聞』明一九・五・一六。
11　前掲『北ぐにの競馬』三五頁。
12　『読売』明二〇・一一・九、明二一・六・六。
13　『読売』明二一・六・六。
14　『日日』明二三・一一・一六。
15　「明治二六年陸軍省農商務省馬匹改良調査方法等」『馬政史』㈣、所収、六〇頁。
16　前掲『明治大正馬政功労十一氏事蹟』七八頁。
17　『読売』明二五・五・九。この記事の原文では、宮内・陸軍両省が手を引いたとなっているが、第一節で論じたように宮内省は馬を供給するとともに賞典や役員も出すなど最後まで積極的であり、また明治二六（一八九三）年農商務・陸軍両省が馬政の協議を行った際の報告書にも、両省は明治二二（一八八九）年で明治一二（一八七九）年以来の競馬への援助を止めたと述べられているので（前掲註15）、この記事の宮内省は農商務省の誤りであると判断、訂正した。なお英は函館産ではなく新冠御料牧場産。
18　たとえば『時事』明二五・五・八、五・一〇、『東朝』明二五・五・八、五・一〇。
19　『馬政史』㈣、四五～六五頁。なお明治期の馬政の推移を、軍事史を押えながら、コンパクトにまとめたものとして大江志乃夫『明治馬券始末』（紀伊国屋書店、二〇〇五年）の「第一章　馬匹改良の掛け声」がある。
20　『時事』明二四・一〇・六。
21　『馬政史』㈣、六一～二頁。
22　『女学雑誌』第一八七号（明二二・一一・一六）。
23　以下調停の提起に関しては、『時事』明一八・二・二六、『日日』明一八・四・二一、『東朝』明二三・四・九、、一〇・二一、一一・二七、『読売』明二三・五・二〇。
24　『読売』明二三・五・二〇、『東朝』明二三・一〇・二一、一一・二七。
25　『東朝』明二四・七・一〇。
26　『日本』明二四・六・二一。

27 『読売』明二三・五・一八。
28 『日本』明二四・一〇・二九、明二五・五・二七。
29 『朝野』明二五・二・七。
30 『報知』明二三・一一・二〇、『時事』明二三・一一・二二。
31 『読売』明二三・一二・二六。
32 同右。
33 『東朝』明二三・六・三。
34 『読売』明二三・六・二。
35 『東朝』明二三・六・三。
36 『日日』明二三・一一・一九。その他『読売』明二三・一一・一六〜一七、『朝野』明二三・一一・一六、一一・一八、『東朝』明二三・一一・一六、一一・一八など。
37 『時事』明二三・一一・二一、明二四・三・八、『朝野』明二三・一二・一三。
38 「明治二三年一二月付共同競馬会社幹事大河内正質・藤波言忠・村井長寛より博物館長九鬼隆一宛競馬場拝借継続願」帝国博物館『明治二四年土地建物録』（東京国立博物館所蔵）。
39 『日日』明二三・一一・一九。
40 『読売』明二三・一一・一六。
41 『東朝』明二三・一一・一八。
42 『読売』明二三・五・一七。
43 『日日』明二三・六・三。
44 『朝野』明二三・六・二。
45 『報知』明二三・六・二。
46 『報知』明二三・一一・一七。
47 『東朝』明二四・五・一〇。
48 『東朝』明二四・五・一二。

49 以下この許可に関しては「不忍池畔競馬場存続の儀許可の件」帝国博物館『明治二四年土地建物録』(東京国立博物館所蔵)。
50 以下この払下げ申請に関しては、「明治二五年三月二五日付共同競馬会社幹事惣代大河内正質・藤波言忠より帝国博物館総長九鬼隆一宛地所御払下之義請願」、「不忍池及池畔の一部払下の儀難聞届旨共同競馬会社へ指令の件」帝国博物館『明治二五年土地建物録』(東京国立博物館所蔵)。
51 『東朝』明二四・一一・一一。
52 同右。
53 『朝野』明二四・一一・二四。
54 『日日』明二四・七・九。明治二四(一八九一)年五月春季開催の執務に携わったのは、勝敗検査官(審判)に藤波、鮫島重雄(近衛参謀)、山口融(宮内省車馬監)、旗役(スターター)に村井長寛(騎兵大佐)、大河内正質(九月貴族院議員、元宮内省御用掛)、広幡忠朝(侍従)、斤量検査員に富士重本(陸軍監獄長)、山口融(宮内省車馬監)などだった(『時事』明二四・五・一〇)。
55 『東朝』明二四・一二・六。
56 『時事』明二四・一二・六。
57 『東朝』明二四・一二・八、『時事』明二四・一二・八。
58 『時事』明二五・五・八。
59 『東朝』明二五・五・一〇。
60 『読売』明二五・五・九。
61 以下この開催に関しては、『朝野』明二五・一一・二〇、『東朝』明二五・一一・二〇、一一・二二、『時事』明二五・一一・二〇、一一・二二、『読売』明二五・一一・二二～二三。
62 たとえば『東朝』明二三・六・三、一一・一六、一一・一八、明二四・五・一〇、五・一二、明二四・一二・六、一二・八、『馬政史』㈣、六一四～六頁、前掲拙稿「鹿鳴館時代の競馬──明治一一～二五年資料編」。
63 図24の他にも、たとえば『読売』明二六・三・二五。
64 【J・W・M、一八九三・五・二七】。

65 『東朝』明二六・一〇・二六。

66 「市区改正道路敷に該当の公園内競馬場の一部引払方猶予方東京府へ願出つべき旨共同競馬会社へ達の件」帝国博物館『明治二八年土地建物録』(東京国立博物館所蔵)。

67 図25の他にも、たとえば『読売』明二八・一・二二。

68 「明治二八年三月一八日付共同競馬会社幹事代書記唐澤徳三郎より宛建物取毀着手済御届」帝国博物館『明治二八年土地建物録』(東京国立博物館所蔵)。

69 前掲「不忍池畔競馬場存続の儀許可の件」、前掲「不忍池及池畔の一部払下の儀難聞届旨共同競馬会社へ指令の件」、「共同競馬会社建物引払済の旨同社より届出の件」帝国博物館『明治二八年土地建物録』(東京国立博物館所蔵)。

70 『読売』明二八・五・一。

71 『毎日』明二九・一〇・五、『東朝』明二九・一〇・二一。

72 加納久宜述/小松悦二編『加納久宜全集』子爵加納久宜遺稿刊行会一九二五年五〇三〜四頁。

73 拙稿「失われた競馬場を訪ねて　馬券黙許時代③」『書斎の競馬』一〇、飛鳥新社、二〇〇〇年一月。

5 賭博の鹿鳴館時代

1 賭博と競馬——競馬に対する賭け(馬券)

1 現在(二〇〇四年)、ほとんどの地方競馬が累積赤字をかかえている。二〇〇一年の中津競馬に始まった公営競馬の廃止は、地方財政に与える打撃の回避という観点から断行されてきた。戦後の競馬が、中央競馬も地方競馬もその存立の根拠が、財政への寄与とされ、その一方で官僚支配を受けることになったことが、現在の競馬の苦境をもたらしている根本的要因だと私は考えている。これを書いた一九九二年の時点では、財政問題が競馬存廃の主要な問題となることを迂闊にも想定していなかった。

2 前掲増川『賭博の日本史』一三頁。

3 フィリップ・アリエス/杉山光信、杉山恵美子訳『〈子供〉の誕生——アンシャン・レジーム期の子供と家族生活』みすず書房、一九八三年、七九頁。

4 増川宏一『賭博』Ⅲ、法政大学出版局、一九八三年、前掲増川『賭博の日本史』。

5 前掲西村『遊びの現象学』（序）三頁。

6 前掲西村『遊びの現象学』三一九～三五頁。

7 馬券黙許時代の馬券の黙許の理由に関しては、前掲拙稿「日本の競馬観⑴ 馬券黙許時代明治三九～四一年」、同「失われた競馬場を訪ねて 馬券黙許時代①」。

8 『朝野』明一八・四・一六。

9 【J・G、一八七九・八・二二】。なおここでグラント大佐が賭けようとしている関本は、宮内省御厩課所属の日本馬。明治九（一八七六）年一一月、ヨコハマ・レーシング・クラブの開催で根岸競馬場にデビュー、翌年の同開催にも出走、各一勝をあげていた。レース中他馬に噛み付きにいったり、騎手を振り落とすなど気性が悪かった。この一八七九（明治一二）年で競馬から姿を消した（関本に関しては第六章第二節）。

10 【J・G・F・S、一八八二・一一・二四】。

11 『毎日』明一三・一一・二四。

12 『毎日』明一八・一〇・二四。未勝利馬景物、明治一七（一八八四）年秋季、一八（一八八五）年春季の共同競馬会社の日本馬くじ馬、且つ明治一八（一八八五）年春季不忍池開催未勝利馬の限定戦、距離七町二〇間（一／二マイル）。

13 たとえば『毎日』明一八・六・七、六・九、『日日』明一八・一〇・三〇～三一、一一・一六～一七。

14 前掲柳田泉『明治政治小説集』（一）明治文学全集五、二五七～八頁。

15 『報知』明二一・五・二三、明二二・五・一一（夕）、一一・一一。

16 『報知』明二二・一二・一一。川西富五郎は、馬車製造、販売業。鹿鳴館時代の競馬の有力馬主。馬名は、この記事では耕雲となっているが、他の記録と対照するとシャンベルタンであることが確実なので、原文を改めた。騎手の大野市太郎は、横浜の居留民の間でイチの愛称で親しまれていた。明治一〇～二〇年代の日本人騎手の中で代表的な存在。大谷金次郎は洋服商、川西富五郎と並ぶ鹿鳴館時代の有力馬主。バシコロの騎手の岡治善は、宮内省御厩課所属。岡治善も鹿鳴館時代に騎手として活躍した（以上詳しくは第六章第五節）。

17 【J・G、一八八九・五・二三】、『日日』明二二・五・一四、『毎日』明二二・五・一四。

18 たとえば【J・G、一八八九・五・七、一一・四】。このホールは、ニッポン・レース・クラブ開催を対象にもロッタリーを発売していた。
19 【J・G、一八八六・一一・二三、一八八七・一一・一五】。
20 『報知』明二三・五・一七。
21 『東朝』明二三・五・二〇。
22 『報知』明二三・六・二。
23 『報知』明二三・一一・一七。
24 『東朝』明二四・五・一〇。
25 『読売』明二五・五・九。
26 『読売』明二五・一一・二三。
27 『朝野』明一八・四・一六。
28 前掲紀田『日本のギャンブル』一四五、二一四～八頁。
29 『毎日』明一〇・四・一三。
30 『朝野』明一六・九・二九、明一七・七・八。
31 以下西郷隆盛の生死に関する賭けについては、『日本』明二四・四・一三。
32 この規則に関しては、前掲増川『賭博』Ⅲ、二九七～三〇三頁。
33 これに対して、博徒の取締りは認めるものの司法権の一部を行政権にゆだねてしまうこと、また「人権侵害」の恐れを懸念する声もあがっていた（たとえば『報知』明一七・一・一四、『毎日』明一七・四・一九～二〇）。
34 前掲増川『賭博』Ⅲ、三一〇頁。
35 たとえば『読売』明一四・九・三〇、『日日』明一五・九・三〇。
36 『日本』明二三・一〇・一五。
37 『日本』明二二・六・一五。
38 『報知』明一四・一一・八。
39 『自由』明一七・一一・二九。
40 【J・W・M、一八九一・五・二、一二・一九】。

41 【J・W・M、一八九〇・七・二六】。
42 『朝野』明一九・三・一二。
43 『朝野』明二〇・七・三一、『日本』明二三・一〇・一五、『毎日』明二四・八・二一。

2 「下層」の賭博

1 横浜などで発行されていた英字新聞に数多くの記事が掲載されているが、そのなかから競馬以外のものを若干あげておくと、一八六六年四月の駐屯軍対居留民のボーリング大会では三対一から四対一の賭け率で両者に賭けられていたし（【J・T・D・A、一八六六・四・一〇】）、一八七二年一一月の陸上競技会に際しては、ヨコハマ・ユナイテッド・クラブで全競技に対してロッタリーが発売された（【J・W・M、一八七二・一一・九】）。
2 【J・W・M、一八七二・六・八】。
3 前掲増川『賭博』Ⅲ、二七五～三〇三頁、同『賭博の日本史』一九九～二二一頁。
4 前掲増川『賭博』Ⅲ、二五七～六七、二九二～三〇九頁、同『賭博の日本史』一九一～六頁。
5 「茨城県権令野村維章・群馬県令楫取素彦・埼玉県令白根多助・千葉県令柴原和・栃木県令鍋島幹、明治一一年三月二五日付司法卿大木喬任宛日本刑法案第二九四条賭博罪に対する意見」『法規分類大全』五四、刑法門（一）、明治二三年、覆刻版、原書房、一九八〇年、三八二頁。
6 前掲西村『遊びの現象学』四～七頁。
7 「安場保和明治一五年九月付大政大臣三条実美宛賭博取締の義に付意見書」我部政男編『明治一五年明治一六年地方巡察使復命書』上、三一書房、一九八〇年、一五八頁。
8 山尾庸三「熊本県巡察復命書」前掲我部政男編『明治一五年明治一六年地方巡察使復命書』上、七〇四頁。
9 「木更津警察署官内警察誌の内木更津村高柳村」前掲我部政男編『明治一五年明治一六年地方巡察使復命書』下、八二二頁。
10 安場保和「東海東山北陸の内十県事情書」前掲我部政男編『明治一五年明治一六年地方巡察使復命書』一一七頁。
11 明治一五年一二月二〇日付「司法省伺」『法規分類大全』五五、刑法門（二）、明治二三年、覆刻版、原書房、一九八〇年、一九二～三頁。

12 桜田大我『貧天地餓寒窟探検記』中川清編『明治東京下層生活誌』岩波文庫、一九九四年、所収、四九～五〇頁。
13 『日日』明二三・一〇・三一。
14 チーハーの形態、その流行については前掲紀田『日本のギャンブル』一六六～七六頁に詳しい。
15 たとえば『曙』明一〇・九・一四、『毎日』明二一・二一・二〇。
16 『報知』明二四・七・一一、『朝野』明二四・九・二二、明二五・九・二。
17 『読売』明二五・二・二七、『朝野』明二五・九・二。
18 たとえば『報知』明二二・一一・二〇、明二四・七・一一、一一・二五、『東朝』明二三・五・一三、『朝野』明二四・九・一六、『読売』明二五・二・二七。
19 たとえば『労働世界』第三三号（明三二・四・一）。

3 「上流」の賭博――スキャンダル化

1 各紙に詳細に報じられているが、たとえば『毎日』で簡単に追ってゆけば、明二五・四・二九～三〇、五・一、五・一一。
2 これも各紙に詳細に報じられているが、ここでは、『報知』で簡単に追ってゆけば、明二五・七・一三～一四、七・一六～一七、八・二二、八・二三～二四。
3 『毎日』明二五・五・七。
4 『宮島誠一郎日記』明治二〇年五月二七日、前掲坂本『伊藤博文と明治国家形成』所収、二〇三頁。
5 『日本』明二三・一〇・一五。
6 『報知』明二四・七・二五。
7 『日本』明二三・五・九、『東朝』明二五・四・三〇。
8 『東朝』明二一・一二・二二。
9 『東朝』明二三・一〇・四、『時事』明二二・一〇・五。
10 『報知』明二四・八・一九。
11 『毎日』明二四・八・二二。
12 『朝野』明二四・八・二七。

13 『朝野』明二四・一・一三、『報知』明二四・三・四、三・一三。
14 『朝野』明二四・一・二五。
15 『報知』明二四・三・四、九・二三、『朝野』明二四・七・一一。
16 『朝野』明二四・二・二八。
17 『報知』明二四・三・四、三・一四。
18 『報知』明二四・三・四。
19 『報知』明二四・三・九、三・一一、三・一四、三・一七、『朝野』明二四・三・一〇。
20 『朝野』明二四・三・一八。
21 『朝野』明二四・五・一〇、【J・G、一八九一・八・一二】。
22 『報知』明二四・九・一五、九・一七。
23 『報知』明二五・六・一。残り一名は無罪となった（同）。
24 『報知』明二四・九・二三。
25 『報知』明二四・一〇・一〇、一〇・一五。
26 『報知』明二四・一二・一一。
27 『朝野』明二五・七・一四。
28 【J・G、一八九一・七・二二】、『報知』明二四・七・二五。
29 【J・W・M、一八九二・五・二二】。
30 『日日』明二五・一一・一二、前掲紀田『日本のギャンブル』一七八頁。
31 『報知』明二四・五・二、七・二五、『日本』明二四・七・二五。
32 『報知』明二四・九・二〇。
33 『東朝』明二四・九・一、『朝野』明二四・九・一一、『日本』明二四・九・一五。
34 『報知』明二四・一〇・二。
35 『報知』明二四・九・二三、『読売』明二四・九・二三。
36 『日本』明二四・一〇・四。

37 『東朝』明二五・四・三〇。
38 『読売』明二四・九・二三。
39 『朝野』明二五・二・二六、【J・W・M、一八九二・三・二五】。
40 『日本』明二三・一〇・一五。
41 『日本』明二四・四・二。
42 『報知』明二四・一一・二一。
43 『東朝』明二五・四・三〇。
44 『読売』明二五・六・一九。
45 『読売』明二五・五・三。
46 たとえば『東朝』明二五・四・三〇。
47 『東朝』明二五・六・二三。
48 たとえば『報知』明二五・八・二四。
49 『毎日』明二五・七・一。
50 『朝野』明二五・七・一五。
51 『日本』明二五・七・一六。
52 『朝野』明二五・八・二三。
53 『日本』明二五・九・二五、『毎日』明二五・一〇・五。
54 『毎日』明二五・一〇・一二。
55 『報知』明二五・一〇・二七。
56 『朝野』明二五・九・三、『読売』明二五・一一・四、『報知』明二五・一一・九。
57 『毎日』明二五・一〇・五。
58 『読売』明二五・一一・一二。
59 前掲紀田『日本のギャンブル』一五四頁。
60 『報知』明二五・一一・一二、一一・一三。

61 『時事』明二四・一・九。

62 前掲拙稿「日本の競馬観（一）馬券黙許時代・明治三九〜四一年」、同「失われた競馬場を訪ねて　馬券黙許時代①」、拙稿「失われた競馬場を訪ねて　馬券黙許時代②」『書斎の競馬』九、飛鳥新社、一九九九年一二月

6 失われてしまった馬たち

1　幕末から明治初年代の日本馬

1 【J・H、一八六二・四・二六、九・二七】。

2 前掲『旅立ち　遠い崖――アーネスト・サトウ日記抄一』一四八頁。なお最良のレースとは、おそらくColonial and Stud Bred と Arab のための初日第二レースの Visitors' Plate（賞金一〇〇ドル、距離：一／二マイル、登録馬六頭）か、第四レースの Metropolitan Plate（賞金二〇〇ドル、距離：二周一ディスタンス、登録馬五頭）をさしていると思われる（【J・H、一八六二・九・二七】）。だがこの開催結果を伝える、新聞等の資料が現在まで未発見なので、これ以上のことは不明。

3 前掲『ヤング・ジャパン』1、一二七頁。ブラックが引用しているのは当時横浜で発行されていた「ジャパン・ヘラルド」からであるが、これを記した発行日のものは今のところ見つかっていない。

4 【J・W・M、一八八〇・六・一二】。

5 【J・H、一八六五・四・二三】。

6 【J・T・O・M、一八六八・一一・一二】。

7 ジェームズ・ファブル・ブラント「一八五九―一八六八　日本人との出会い」前掲『ジャパン・ガゼット横浜五〇年史』二六頁。

8 【J・T・D・A、一八六五・一一・六】。

9 【J・T・D・A、一八六六・三・二八】。

10 【D・J・H、一八六七・一・一二】。

11 以下この開催に関しては、【D・J・H、一八六七・五・八】。なお次の秋季開催の記録は欠いている。

12 【D・J・H、一八六七・一・一二、五・七〜八】。ファファアバラは、一八六五年二月調練場のギャリソン競馬の時から登

場、一八六六年三月の鉄砲場の開催で二勝、六月の開催でも一勝を加えていた。その内二勝は障害レースだったように、ギャリソン競馬の頃は、どちらかというと障害レースにその本領を発揮していた（【J・H、一八六五・二・四、八・一九／J・T・D・A、一八六五・一二・六、一八六六・三・二八／J・T、一八六六・六・二三】）。

13 【D・J・H、一八六七・一・一二】。

14 【D・J・H、一八六七・五・七〜八】。

15 【J・T・O・M、一八六八・五・一六】。

16 以下この開催に関しては、【J・T・O・M、一八六八・五・一六】。

17 一八六六年半ばスイス領事を辞め、一八六七年には破産して一〇月二一日付でウォルシュ・ホール商会のパートナーとなっていたが（【J・T・O・M、一八六八・一・四】）、一八六九年三月三一日付でそれを解消する（【J・W・M、一八七〇・一・二二】）。

18 【J・T・O・M、一八六九・一・一三】。

19 たとえば前掲久良岐の会編「私たちの子文書ノート――根岸・新井家文書より」三七〜八頁。

20 以下この開催に関しては、【J・T・O・M、一八六九・五・一四】。

21 【J・T・O・M、一八六八・一二・二一、一八六九・一・一二】。

22 以下この開催に関しては、【J・T・O・M、一八六九・一〇・二八】。

23 以下この開催に関しては、【J・T・O・M、一八七〇・五・二八】。

24 以下この開催に関しては、【J・T・O・M、一八七〇・一一・一二、一一・一九／H・N、一八七〇・一一・一六、一一・三〇】。

25 たとえば【J・H、一八六五・四・八／J・T・D・A、一八六六・四・二七】。

26 以下この開催に関しては、【J・W・M、一八七一・五・一三】。

27 以下この開催に関しては、【J・W・M、一八七一・一一・一一】。

28 【J・W・M、一八七二・五・一一】。

29 【J・W・M、一八七二・四・二〇】。

30 【J・W・M、一八八〇・六・一二】。

31 【J・W・M、一八七二・四・二七】。
32 キングドンに関しては、前掲歌川隆訳／解題中武香奈美「N・Pキングドン書簡（日本在住時）」『横浜開港資料館紀要』第一四号参照。
33 たとえば【J・G、一八七五・一〇・一六、一八七六・四・三】。
34 以下この開催に関しては、【J・T・O・M、一八六九・五・一四】。
35 【J・T・O・M、一八六九・一〇・二八】。
36 以下この開催に関しては、【J・T・O・M、一八七〇・五・二八】。
37 【H・N、一八七〇・一一・一六】。
38 以下この開催に関しては、【H・N、一八七一、五・一〇／J・W・M、一八七一、五・一三】。
39 【H・N、一八七一・九・一三、九・二三、一〇・二八、一一・一一】。
40 以下この開催に関しては、【J・W・M、一八七一・一一・一一】。
41 以下この開催に関しては、【J・W・M、一八七二・五・一一】。
42 以下この開催に関しては、【F・E、一八七二・一一・一／J・W・M、一八七二・一一・二、一八七三・二・一五】。
43 以下この開催に関しては、【J・W・M、一八七三・五・一七】。
44 【J・W・M、一八七三・二・一五】。
45 【J・W・M、一八七三・三・一五、五・一七】。
46 【F・E、一八七二・七・一／J・G、一八七五・一〇・一六】。
47 【J・W・M、一八七二・四・二七】。
48 以下この開催に関しては、【J・W・M、一八七一・一一・一一】。
49 以下この開催に関して、【J・W・M、一八七二・五・一一】。
50 以下この開催に関しては、【J・W・M、一八七二・一一・二】。
51 以下この開催に関しては、【J・W・M、一八七三・五・一七】。
52 以下この開催に関しては、【J・W・M、一八七三・一〇・二五、一一・一】。
53 以下この開催に関しては、【J・G、一八七四・五・一四、五・一六／J・W・M、一八七四・五・一六、五・二三】。

54 【J・G、一八七四・九・二五〜二七／J・W・M、一八七四・一〇・三】。
55 【J・W・M、一八七四・一〇・一〇、一〇・二四】。
56 以下この開催に関しては、【J・W・M、一八七四・一一・一四】。
57 以下この開催に関しては、【J・W・M、一八七五・五・一五】。
58 【J・G、一八七五・一一・三〜五、一一・九、一一・一〇／J・W・M、一八七五・一一・六】。
59 【J・G、一八七五・一〇・二、一一・四、一一・九】。
60 以下この開催に関しては、【J・G、一八七六・五・一七／J・W・M、一八七六・五・二〇】。
61 【J・W・M、一八七六・一〇・二二】。
62 同右。
63 【J・W・M、一八七六・一〇・二八】。
64 以下この開催に関しては、【J・G、一八七六・一一・二〜三／J・W・M、一八七六・一一・四】。
65 【J・W・M、一八七六・一一・四】。
66 以下この開催に関しては、【J・G、一八七七・五・一六、五・一九／J・W・M、一八七七・五・一九】。
67 以下この開催に関しては、【J・G、一八七七・五・二五〜二六／J・W・M、一八七七・五・二六】。
68 【J・W・M、一八七六・一〇・一四】。
69 以下この開催に関しては、【J・G、一八七七・一一・七〜八／J・W・M、一八七七・一一・一〇】。
70 【J・W・M、一八七九・四・一二】。
71 【J・G、一八七九・五・六〜八／J・W・M、一八七九・五・一〇】。
72 【J・W・M、一八八〇・六・一二】。
73 【J・W・M、一八七三・一一・一】。
74 以下この開催に関しては、【J・W・M、一八七三・一〇・二五】。
75 以下この開催に関しては、【J・G、一八七四・五・一四、五・一六／J・W・M、一八七四・五・一六】。
76 【J・W・M、一八七四・五・二三／J・G、一八七四・一〇・一四】。
77 以下この開催に関しては、【J・G、一八七四・一一・一〇〜一二／J・W・M、一八七四・一一・一四】。

78 【J・W・M、一八七四・一〇・一〇／J・G、一八七四・一〇・一四】。
79 【J・W・M、一八七五・五・一五】。
80 以下この開催に関しては、【J・W・M、一八七五・五・一五】。
81 以下この開催に関しては、【J・G、一八七五・一一・三～五、一一・九、一一・一〇／J・W・M、一八七五・一一・六】。
82 以下この開催に関しては、【J・G、一八七六・五・一七～一八、五・二〇／J・W・M、一八七六・五・二〇】。
83 【J・G、一八七六・一一・一六～一七／J・W・M、一八七六・一一・一八】。
84 【J・G、一八七七・五・一六／J・W・M、一八七七・五・一九】。
85 以下この開催に関しては、【J・G、一八七七・一一・二〇～二二／J・W・M、一八七七・一一・二四】。
86 【J・G、一八七七・一一・二七】。
87 以下この開催に関しては、【J・G、一八七四・一一・一〇～一一／J・W・M、一八七四・一一・一四】。ヨコハマ・ダービーに関しては第三章第四節。
88 【J・W・M、一八七五・五・一五、一一・六、一八七六・五・二〇、一一・八、一八七七・五・一九】。
89 以下オオヤマとこの開催に関しては、【J・G、一八七六・五・一七～一八、五・二〇／J・W・M、一八七六・五・二〇】。
90 以下この開催に関しては、【J・G、一八七六・一一・一六～一八／J・W・M、一八七六・一一・一八】。
91 【J・W・M、一八七六・九・一六】。
92 以下この開催に関しては、【J・G、一八七七・五・一六～一七、五・一九／J・W・M、一八七七・五・一九】。
93 【J・W・M、一八七七・一〇・二七】。
94 以下この開催に関しては、【J・W・M、一八七七・一一・二四】。
95 以下この開催に関しては、【J・G、一八七八・五・八～一〇／J・W・M、一八七八・五・一一】。
96 以下この開催に関しては、【J・W・M、一八七八・一一・二】。
97 以下この開催に関しては、【J・G、一八七九・五・六～八／J・W・M、一八七九・五・一〇】。
98 以下この開催に関しては、【J・G、一八七九・一一・六～七】。

99 以下この開催に関しては、【J・G、一八八〇・六・七〜九／J・W・M、一八八〇・六・一二】。
100 以下この開催に関しては、【J・G、一八八〇・一〇・二七〜二九／J・W・M、一八八〇・一〇・三〇】。
101 以下この開催に関しては、【J・W・M、一八八一・五・一四／J・G・F・S、一八八一・五・二〇】。
102 以下この開催に関しては、【J・W・M、一八八一・一一・五、一一・一二／J・G・F・S、一八八一・一一・八、一一・二四】。
103 以下この開催に関しては、【J・G・F・S、一八八二・一一・一〇】。
104 【J・G、一八七六・一一・二／J・W・M、一八七六・一一・四】。
105 【J・G、一八七七・一一・七〜九／J・W・M、一八七七・一一・一〇】。その他の二レースではそれぞれ着外と二着(同)。
106 【J・W・M、一八七八・五・一一】。
107 【J・G、一八八〇・一〇・二九／J・W・M・一八八〇・一〇・三〇】。
108 【J・G、一八八〇・八・三一】。
109 【J・W・M、一八八一・五・一四／J・G・F・S、一八八一・五・二〇】。
110 以下この開催に関しては、【J・W・M、一八八一・一一・一二／J・G・F・S、一八八一・一一・二四】。
111 【J・W・M、一八八二・五・一三／J・G・F・S、一八八二・五・二〇】。

2 明治一〇年代の日本馬

1 たとえば前掲早坂『文明開化うま物語』五九頁、前掲坂内『碧い目の見た日本の馬』一六二〜三頁。
2 以下この開催に関しては、【J・G、一八七六・一一・一六〜一八／J・W・M、一八七六・一一・一八】。
3 以下この開催に関しては、【J・G、一八七七・一一・二〇〜二二／J・W・M、一八七七・一一・二四】、『毎日』明一〇・一一・二四。
4 『天皇紀』(五)、三二頁。
5 以下ここでの馬の毛色、体高、年齢については、『毎日』明一三・一一・二七、『共同競馬会社明治一四年秋季開催番組表』(馬の博物館所蔵)。

6 以下この開催に関しては、『日日』明一二・八・二三。なお、陸軍省軍事局、宮内省御厩課などが所有していた馬が「官馬」、個人所有の馬が「私馬」と呼ばれていた（第二章第一節）。
7 【J・W・M、一八七九・五・一〇】。
8 『毎日』明一二・一二・二、『報知』明一二・一二・二、『朝野』明一二・一二・二、『日日』明一二・一二・三。
9 『毎日』明一二・一二・二三、『日日』明一二・一二・二三。
10 『毎日』明一三・四・一三。
11 『朝野』明一三・四・二四。
12 同右。
13 同右。
14 『朝野』明一三・四・二四、『安都満新聞』明一三・四・二四。
15 『報知』明一三・五・一七。
16 以下この開催に関しては、【J・G、一八八〇・六・七〜九／J・W・M、一八八〇・六・一二】。なおこの開催に出走していたジムヒルズは明治一四（一八八一）年秋のシーズンから西郷従道の名義となり京都と改名する（【J・G・F・S、一八八一・一一・八】）。
17 『毎日』明一三・六・一一。
18 【J・W・M、一八八〇・一〇・三〇】。
19 『報知』明一三・一〇・一九、『朝野』明一三・一〇・二〇。
20 『毎日』明一三・一一・二七。
21 『読売』明一四・六・二三。
22 『読売』明一四・五・一三。
23 早坂昇治「馬文化余話　十八　ある競走馬の碑」『優駿』一九九二年八月号、日本中央競馬会。以下ここでの馬の毛色、体高、年齢については前掲『共同競馬会社明治一四年秋季開催番組表』。
24 以下この開催に関しては、【J・W・M、一八八一・五・一四／J・G・F・S、一八八一・五・二〇】。
25 『朝野』明一四・五・二九〜三一。

26 『日日』明一四・六・二七、『朝野』明一四・六・二八。
27 以下この開催に関しては、【J・W・M、一八八一・一一・五、一一・一二／J・G・F・S、一八八一・一一・二四】。
28 以下この開催に関しては、『毎日』明一四・一一・二〇、一一・二九、『朝野』明一四・一一・二三、『日日』明一四・一一・二九、【J・W・M、一八八一・一二・三／J・G・F・S、一八八一・一二・九】。
29 以下この開催に関しては、『毎日』明一四・一二・四、『報知』明一四・一二・五、一二・一二【J・W・M、一八八一・一二・一七】。
30 『毎日』明一五・五・一四。
31 以下この開催に関しては、『読売』明一五・五・三〇、『毎日』明一五・五・二八、五・三〇、【J・G・F・S、一八八二・六・二】。
32 以下この開催に関しては、『毎日』明一五・六・一一、六・一四。
33 『毎日』明一五・六・一一。
34 以下この開催に関しては、『毎日』明一五・一一・一、【J・G・F・S、一八八二・一一・一〇】。
35 以下この開催に関しては、特に記さない限り、『毎日』明一五・一一・一九、一一・二二、『時事』明一五・一一・二〇、『読売』明一五・一一・二二、【J・G・F・S、一八八二・一一・二四】。
36 『毎日』明一五・一一・一九。
37 同右。
38 以下この開催に関しては、【J・G・F・S、一八八三・五・三〇】。
39 早坂昇治『競馬の異外史――Sports of Kingsヨコハマに上陸――』中央競馬ピーアール・センター、一九八七年、九二～四頁。
40 以下この開催に関しては、特に記さない限り、『毎日』明一六・六・三、『朝野』明一六・六・六、【J・G・F・S、一八八三・六・一六】。
41 『朝野』明一六・六・六。
42 『毎日』明一六・六・一二。
43 『毎日』明一六・八・七。

44 同右。
45 この墓碑に関しては、前掲早坂「馬文化余話　十八ある競走馬の碑」。筆者も、二〇〇四年九月、千葉県富里市久能の林中にあるこの墓碑を確認した。
46 前掲『共同競馬会社明治一四年秋季開催番組表』。
47 以下この開催に関しては、【J・G、一八八〇・六・七～九／J・W・M、一八八〇・六・一二】。
48 【J・G・F・S、一八八〇・一〇・二八～二九／J・W・M、一八八〇・一〇・三〇】。
49 【J・G・F・S、一八八一・五・二〇】。
50 【J・W・M、一八八一・一一・一二／J・G・F・S、一八八一・一一・二四】。
51 『朝野』明一四・一一・二三、『読売』明一四・一一・二三、【J・W・M、一八八一・一二・三／J・G・F・S、一八八一・一二・九】。
52 『毎日』明一四・一二・四。
53 『毎日』明九・一一・二〇、ティサーレイ「一八八〇年代中期の競馬に関する回想」前掲『ジャパン・ガゼット横浜五〇年史』四三頁、前掲『浮世絵明治の競馬』九四頁。
54 以下この開催に関しては、【J・W・M、一八八二・五・一三／J・G・F・S、一八八二・五・二〇】。
55 『読売』明一五・五・三〇。
56 『毎日』明一五・六・一一、六・一四。
57 『毎日』明一五・一一・一、【J・G・F・S、一八八二・一一・一〇】。
58 『毎日』明一五・一一・一九、一一・二二、『読売』明一五・一一・二二。
59 『毎日』明一五・一二・三、一二・五、『朝野』明一五・一二・四。
60 【J・G・F・S、一八八三・五・三〇】。
61 『毎日』明一六・六・三、『朝野』明一六・六・六、【J・G・F・S、一八八三・六・一六】。
62 『毎日』明一六・六・一二。
63 【J・G・F・S、一八八三・一一・九、一一・二六】。
64 『毎日』明一六・一一・一八、一一・二〇。

65 『毎日』明一六・一二・九、一二・一一、『読売』明一六・一二・一一～一二。
66 『毎日』明一七・五・一一。
67 『日日』明一七・一一・一四。
68 たとえば『時事』明一七・四・二八～二九、一一・四～五。
69 以下この開催に関しては、『報知』明一八・五・二六、【J・W・M、一八八五・五・二三】。
70 前掲『共同競馬会社明治一四年秋季開催番組表』。
71 以下この開催に関しては、『毎日』明一六・一一・七、【J・G・F・S、一八八三・一一・九、一一・二六】。
72 以下この開催に関しては、『毎日』明一六・一一・一八、一一・二〇、『読売』明一六・一一・二〇～二一、『朝野』明一六・一一・二〇、『時事』明一六・一一・二〇。
73 以下この開催に関しては、『時事』明一七・四・二八～二九、『朝野』明一七・四・二九～三〇、『読売』明一七・四・二九。
74 『毎日』明一七・五・九、五・一一、五・一三。
75 以下この開催に関しては、『毎日』明一七・一一・二、一一・五、『時事』明一七・一一・四、『朝野』明一七・一一・五。
76 以下この開催に関しては、『毎日』明一八・五・二～三、五・五、『報知』明一八・五・二～三、『読売』明一八・五・三、五・五、『時事』明一八・五・四～五。
77 『朝野』明一八・五・五。
78 『朝野』明一八・七・三〇。
79 以下この開催に関しては、『時事』明一八・一〇・二四、一〇・二七、『毎日』明一八・一〇・二四、『読売』明一八・一〇・二七。
80 以下この開催に関しては、『朝野』明一八・一〇・三〇、『毎日』明一八・一〇・三〇。
81 『読売』明一九・三・九、『日日』明一九・三・一三、『時事』明一九・四・一六、『絵入自由新聞』明一九・五・一六。
82 この開催に関しては、『時事』明一九・四・二四、四・二六、『日日』明一九・四・二七、『朝野』明一九・四・二七。
83 【J・G、一八八七・一〇・二七】、『毎日』明二〇・一〇・二九、一一・一三、一一・一五、『日日』明二〇・一〇・二九、一一・一五

84 『読売』明二五・五・九。
85 『共同競馬会社明治一八年春季番組表』（馬の博物館所蔵）。
86 以下この開催に関しては、『時事』明一六・一一・七、【J・G・F・S、一八八三・一一・九】。
87 『朝野』明一六・一一・二〇、『読売』明一六・一一・二一。
88 『毎日』明一七・四・二六、『朝野』明一七・四・二九～三〇、『日日』明一七・四・二九。
89 『毎日』明一七・五・九、五・一一、五・一三。
90 以下この開催に関しては、『時事』明一七・一一・四～五、『読売』明一七・一一・四、『朝野』明一七・一一・五。
91 『毎日』明一七・一一・一二～一四。
92 以下この開催に関しては、『毎日』明一八・五・二～三、五・五、『日日』明一八・五・二～三、五・五、『報知』明一八・五・三、五・五、『時事』明一八・五・四～五、『朝野』明一八・五・五。
93 以下この開催に関しては、『時事』明一八・五・一五～一六、『朝野』明一八・五・一五～一六、【J・W・M、一八八五・五・二三】。
94 『日日』明一八・一〇・一六。
95 以下この開催に関しては、『時事』明一八・一〇・二七。
96 以下この開催に関しては、『毎日』明一八・一〇・三〇、『時事』明一八・一〇・三〇、『朝野』明一八・一〇・三一、一一・一。
97 『朝野』明一九・四・二五、四・二七、『時事』明一九・四・二六、『日日』明一九・四・二七。
98 『毎日』明一九・五・三〇、『朝野』明一九・五・三〇、『報知』明一九・五・三〇、『時事』明一九・五・三〇。
99 以下この開催に関しては、『毎日』明一九・一〇、二七～二九、『日日』明一九・一〇・二八～三〇。
100 以下この開催に関しては、『報知』明一九・一一・二〇、『毎日』明一九・一一・二一、『時事』明一九・一一・二二、『日日』明一九・一一・二三。
101 前掲飛鳥井『明治大帝』二九、二二二～三頁。
102 前掲『明治大正馬政功労十一氏事蹟』一～一〇一頁。
103 前掲『共同競馬会社明治一八年春季開催番組表』。

104 『読売』明一七・四・二九、『朝野』明一七・五・一一。
105 『時事』明一七・一一・四、『読売』明一七・一一・四。
106 『毎日』明一七・一一・一三。
107 『報知』明一八・五・三。
108 以下この開催に関しては、『毎日』明一八・五・一四〜一五、『時事』明一八・五・一五〜一六、『朝野』明一八・五・一五〜一六、【J・W・M、一八八五・五・二三】。
109 『朝野』明一八・一〇・二七。
110 『朝野』明一八・一〇・三〇〜三一、『毎日』明一八・一〇・三〇。
111 『朝野』明一九・四・二五、四・二七。
112 以下この開催に関しては、『毎日』明一九・五・二九、『時事』明一九・五・二九、『朝野』明一九・五・二九。
113 以下この開催に関しては、【J・G、一八八六・一〇・二六〜二七】、『日日』明一九・一〇・二八、『毎日』明一九・一〇・二八、『時事』明一九・一〇・二八。
114 以下この開催に関しては、『毎日』明一九・一一・二二、『時事』明一九・一一・二三、『日々』明一九・一一・二三。

3 明治一〇年代の雑種馬――新たな競馬の時代

1 以下イチロク及び明治一〇（一八七七）年ヨコハマ・ジョッケー・クラブ秋季開催に関しては、【J・W・M、一八七七・一〇・六、一一・一〇／J・G、一八七七・一一・七〜九、一八七八・四・二五】。
2 以下この開催及びアドミラルラウス、ペトレルに関しては、【J・G、一八七八・五・八〜一〇／J・W・M、一八七八・五・一二】。
3 以下この開催に関しては、【J・W・M、一八七八・一一・二】。
4 以下この開催に関しては、【J・G、一八七九・五・六〜八／J・W・M、一八七九・五・一〇】。
5 以下ボンレネー及び広沢牧場に関しては、『毎日』明一三・一一・二七、『馬事年史』㈢、二一八、六四頁、前掲『明治初年馬政功労十六氏事績』第二巻、三二八頁、『時事』明二一・八・二九。
6 『毎日』明一三・一一・二七。

7 『毎日』明一二・一二・二、『日日』明一二・一二・三。

8 『朝野』明一三・四・二四。

9 『報知』明一三・五・一七。

10 『馬事年史』㊂、九一頁。なお同上では薄雲と記されているが白雲の誤り。また献上の期日を明治一三（一八八〇）年五月としているが、そうであればこの六月のニッポン・レース・クラブ開催にには名義が変更されているはずであるから、献上はこの六月の開催後であったと思われる。

11 以下この開催に関しては、特に記さない限り【J・G、一八八〇・六・七〜九／J・W・M、一八八〇・六・一二】。

12 『毎日』明一三・六・二〇。

13 以下この開催に関しては、『報知』明一三・一〇・一九、『読売』明一三・一〇・一九、『日日』明一三・一〇・二〇。

14 【J・W・M、一八八〇・一〇・三〇】、『報知』明一四・五・三〇。

15 この開催とタチバナに関しては、【J・G、一八八〇・一〇・二七〜二九／J・W・M、一八八〇・一〇・三〇】。

16 以下この開催に関しては、『毎日』明一三・一一・二一、一一・二七。

17 『毎日』明一三・一一・二四。

18 以下この開催に関しては、『朝野』明一四・五・一二、【J・W・M、一八八一・五・一四／J・G・F・S、一八八一・五・二〇】。

19 小桜、その父ドンファンに関しては、『日日』明一三、一・八、【J・G・F・S、一八八一・五・二〇】、前掲『北ぐにの競馬』二三頁、フェデリコ・手塩（田島芳郎）「FROM THE NEW WORLD 新世界より vol. 2 馬匹改良のあけぼの」『週刊競馬ブック』一二六九号、一九九六年八月一九日。

20 以下この開催に関しては、【J・W・M、一八八一・一一・五、一一・一二／J・G・F・S、一八八一・一一・八、一一・二四】。

21 この開催に関しては、特に記さない限り、『毎日』明一四・一一・二〇、『日日』明一四・一一・二九、【J・W・M、一八八一・一二・三／J・G・F・S、一八八一・一二・九】。

22 『毎日』明一四・一一・二〇。

23 『日日』明一四・一一・二九。

24 『毎日』明一四・一二・四。
25 『報知』明一四・一二・五。
26 『毎日』明一四・一二・一三。
27 『日日』明一五・一一・二一。
28 【J・W・M、一八八二・五・一三／J・G・F・S、一八八二・五・二〇】。
29 『読売』明一六・三・二四。
30 以下ダブリンに関しては、『馬政史』㈣、五四八頁、【J・G・F・S、一八八二・六・二】、フェデリコ・手塩（田島芳郎）「FROM THE NEW WORLD 新世界より vol. 6 トロッターまかり通る」『週刊競馬ブック』一二九四号、一九九七年二月二四日。ダブリンの名は、明治一〇（一八七七）年アメリカから輸入されて種牡馬として供されていたダブリン（父：Kentucky、母：Zaidee）の名をそのまま受け継いだものだった（前掲『北ぐにの競馬』一三頁、フェデリコ・手塩同）。
31 以下この開催に関しては、【J・W・M、一八八二・五・一三／J・G・F・S、一八八二・五・二〇】。
32 以下この開催に関しては、『毎日』明一五・五・二八、五・三〇、『読売』明一五・五・三〇、【J・G・F・S、一八八二・六・二】。なお『読売』明一五・五・三〇では初日第三レースの勝馬がダブリンとなっているが、『毎日』明一五・五・二八、【J・G・F・S、一八八二・六・二】と対照すると千途勢が勝っていたと思われる。
33 『報知』明一六・五・二五。
34 以下この開催に関しては、『毎日』明一五・六・一四。
35 以下この開催に関しては、【J・G・F・S、一八八二・一一・一〇】。
36 以下この開催に関しては、『毎日』明一五・一一・一九、『日日』明一五・一一・二一、『読売』明一五・一一・二一、【J・G・F・S、一八八二・一一・二四】。
37 『報知』明一七・一二・一九。
38 『馬政史』㈣、五四八頁。
39 以下この開催に関しては、【J・G・F・S、一八八三・五・三〇】。
40 『朝野』明一五・一二・五。
41 以下この開催に関しては、『毎日』明一六・六・三、六・五、『日日』明一六・六・四、六・六、『朝野』明一六・六・六、

『読売』明一六・六・六、【J・G・F・S、一八八三・六・一六】。
42 以下この開催に関しては、【J・G・F・S、一八八三・一一・九、一一・二六】。
43 以下この開催に関しては、『毎日』明一六・一一・一八、一一・二〇、『日日』明一六・一一・一九、『時事』明一六・一一・一九〜二〇、『読売』明一六・一一・二〇〜二一。
44 以下この開催に関しては、『時事』明一七・四・二八〜二九、『朝野』明一七・四・二九〜三〇、『毎日』明一七・四・二九、『日日』明一七・四・二九、『読売』一七・四・二九。
45 以下この開催に関しては、『読売』明一七・五・一〇、『毎日』明一七・五・一一、五・一三
46 以下この開催に関しては、『朝野』明一七・一一・二、一一・四、一一・五、『毎日』明一七・一一・二、一一・五、『時事』明一七・一一・四、一一・五、『日日』明一七・一一・四、『読売』明一七・一一・四。
47 以下この開催に関しては、『毎日』明一七・一一・一三〜一四、『日日』明一七・一一・一四。
48 『朝野』明一七・一二・三。
49 同右。

4　明治一九、二〇年を駆け抜けた馬——英、播磨、日光

1 以下この開催に関しては、特に記さない限り、『読売』明一九・四・二四、『時事』明一九・四・二六、『日日』明一九・四・二七、『朝野』明一九・四・二七。
2 『読売』明一九・三・九、『日日』明一九・三・一三。
3 『函館新聞』明一八・一〇・二一〜二三、明一九・四・二八、『北海共同競馬会社第六次競馬会番組表』(馬の博物館所蔵)、前掲『北ぐにの競馬』二五頁。函館での初日二戦のレースぶりは圧巻で、三戦目の二日目第三レースの敗戦時は、驚きで場内がどよめいたという(『函館新聞』明一八・一〇・二二)。
4 『絵入自由新聞』明一九・五・一六。
5 『毎日』明一九・五・二四。
6 『絵入自由新聞』明一九・五・一六。
7 前掲『北ぐにの競馬』二五、三六頁、『時事』明一九・四・二四。

8　前掲『北ぐにの競馬』二七頁。
9　以下この開催に関しては、【J・G、一八八六・一〇・二六～二八】、『日日』明一九・一〇・二八～三〇、『時事』明一九・一〇・二八、『毎日』明一九・一〇・二八、『読売』明一九・一〇・二八、『朝野』明一九・一〇・二九～三〇。
10　以下この開催に関しては、『時事』明一九・一一・二三、『日日』明一九・一一・二三、【J・G、一八八六・一一・二三】。
11　以下この開催に関しては、『毎日』明二〇・五・一八、五・二〇～二一、『読売』明二〇・五・一九～二一、『時事』明二〇・五・一九～二一。
12　以下この開催に関しては、『毎日』明二〇・六・五、六・七、『読売』明二〇・六・五、六・七、『時事』明二〇・六・六～七。
13　『読売』明二一・六・六。
14　たとえば前掲『北ぐにの競馬』二五頁。
15　『読売』明二〇・一一・九、明二一・六・六。
16　前掲『北ぐにの競馬』二五頁。
17　以下この開催に関しては、【J・G、一八八六・一〇・二六～二七】、『時事』明一九・一〇・二八。
18　【J・W・M、一八八七・一一・一九】。
19　【J・W・M、一八八七・一一・一九、一八九二・一一・一三】。
20　以下この開催に関しては、『時事』明一九・一一・二三、【J・G、一八八六・一一・二三】、『朝野』明一九・一一・二三。
21　【J・W・M、一八八七・一一・一九】。
22　以下この開催に関しては、『毎日』明二〇・五・一八、五・二〇、『時事』明二〇・五・二〇。
23　以下この開催に関しては、『毎日』明二〇・六・五、六・七、『時事』明二〇・六・六～七。
24　『毎日』明二〇・六・五
25　『読売』明二〇・一一・九、ティサーレイ「一八八〇年代中期の競馬に関する回想」前掲『ジャパン・ガゼット横浜五〇年史』四三頁。
26　【J・W・M、一八九二・一一・一三】。
27　『毎日』明二〇・六・一二。

28 『読売』明一九・一〇・一九。
29 以下日光が出走にこぎつけるまでのエピソードに関しては、『毎日』明二〇・六・二二。
30 ティサーレイ「一八八〇年代中期の競馬に関する回想」前掲『ジャパン・ガゼット横浜五〇年史』四四頁。
31 以下この開催に関しては、【J・G、一八八六・一〇・二六〜二八】、『時事』明一九・一〇・二八〜二九、『日日』明一九・一〇・三〇。
32 以下この開催に関しては、『毎日』明一九・一一・二二、一一・二三、『時事』明一九・一一・二二、一一・二五、『日日』明一九・一一・二三、【J・G、一八八六・一一・二三】、『朝野』明一九・一一・二三、一一・二五。
33 『毎日』明二〇・六・二二。
34 以下この開催に関しては、『毎日』明二〇・六・五、六・七、『時事』明二〇・六・六〜七。
35 以下この開催に関しては、【J・G、一八八七・一〇・二五〜二七】、『時事』明二〇・一〇・二七、一〇・二九、『毎日』明二〇・一〇・二七、一〇・二九。
36 『読売』明二〇・五・一九、五・二一〜二三、『朝野』明二〇・五・一九、五・二一。
37 以下この開催に関しては、『毎日』明二〇・一一・一三、一一・一五、『日日』明二〇・一一・一五。
38 【J・W・M、一八八七・一二・二四】。
39 『読売』明二一・六・六。
40 『毎日』明二〇・五・一八、五・二〇〜二一、『読売』明二〇・五・一九〜二一、『時事』明二〇・五・一九〜二一。
41 『毎日』明二一・五・一三〜一四。
42 『毎日』明二一・五・二二〜二三、五・二五。
43 【J・W・M、一八九一・三・二四】。

5 日本馬の挽歌――シヤンベルタンを中心として

1 『読売』明二五・五・九。
2 『第三回内国勧業博覧会附属臨時競馬会番組表』（馬の博物館所蔵）。
3 『朝野』明二一・一〇・三〇〜三一、『読売』明二一・一〇・三〇〜三一。

4　以下この開催に関しては、『朝野』明二一・一一・二五、一一・二七、『読売』明二一・一一・二七。
5　明治一八（一八八五）五月、ニッポン・レース・クラブ春季開催の婦人財嚢、ネモー名義のアレグレット（Allegretto）が勝っていたが、アンドリュースはオーナーであり勝利騎手と紹介されているので、ネモーはアンドリュースと考えられる（【J・W・M、一八八五・五・二三】）。
6　以下この開催に関しては、【J・G、一八八九・四・二五、四・二七、四・二九】、『毎日』明二二・四・二七、五・一、『東朝』明二二・五・一、『読売』明二二・五・一。
7　以下この開催に関しては、『日日』明二二・五・一二、五・一四、『毎日』明二二・五・一二、五・一四、『東朝』明二二・五・一二、【J・G、一八八九・五・一三】。
8　以下この開催に関しては、【J・G、一八八九・一〇・二九～三一】、『時事』明二二・一〇・三〇～三一、一一・一、『毎日』明二二・一〇・三一、一一・一、『日日』明二二・一〇・三一、一一・一、『東朝』明二二・一一・一、『朝野』明二二・一一・一、『報知』明二二・一〇・三一（夕）、一一・一。
9　【J・G、一八八九・四・二七、四・二九】。
10　『時事』明二二・五・一二、『日日』明二二・五・一二。
11　【J・H、一八六二・四・二六、九・二〇】。
12　【J・G、一八八九・一〇・二七～二九】。
13　以下この開催に関しては、『読売』明二二・一一・一一、『毎日』明二二・一一・一二、『東朝』明二二・一一・一二、『日本』明二二・一一・一二、『朝野』明二二・一一・一二、『報知』明二二・一一・一二。
14　前掲『第三回内国勧業博覧会臨時競馬会番組表』。
15　『日日』明二三・一一・一六。
16　以下この開催に関しては、『毎日』明二三・五・二、五・四、『時事』明二三・五・三～四。
17　以下この開催に関しては、『東朝』明二三・五・一七、五・二〇、『毎日』明二三・五・一七、『時事』明二三・五・一七。
18　以下この開催に関しては、特に記さない限り、『毎日』明二三・六・一、『報知』明二三・六・二、『東朝』明二三・六・三、『日日』明二三・六・三。
19　前掲『第三回内国勧業博覧会附属臨時競馬会番組表』。

20 『東朝』明二三・五・一八、『時事』明二三・五・一九。
21 以下この開催に関しては、『時事』明二三・一一・一～三。
22 以下この開催に関しては、『東朝』明二三・一一・一六、一一・一八、『毎日』明二三・一一・一六、『時事』明二三・一一・一七。
23 以下この開催に関しては、『時事』明二四・四・三〇、五・一、『毎日』明二四・四・三〇、五・一。
24 【J・G、一八九一・一一・六】。
25 以下この開催に関しては、『東朝』明二四・五・一〇、五・一二、『毎日』明二四・五・一〇、『時事』明二四・五・一〇～一一。
26 以下この開催に関しては、【J・G、一八九一・一一・四～六】、『時事』明二四・一一・六～七、一一・一〇。
27 以下この開催に関しては、【J・G、一八九一・一二・七】。
28 以下春季開催に関しては、『読売』明二五・四・三〇、五・一、五・三。
29 以下秋季開催に関しては、『時事』明二五・一一・四、『読売』明二五・一一・四。
30 『明治二六年日本レースクラブ春季開催番組表』（馬の博物館所蔵）、『時事』明二六・五・一〇、五・一二。
31 『読売』明二五・五・一四、『日本』明二五・五・一五。
32 以下この開催に関しては、『東朝』明二五・一一・二〇～二二、『読売』明二五・一一・二一～二二。
33 前掲『第三回内国勧業博覧会臨時競馬会番組表』。
34 以下園田に関しては、特に記さない限り、『明治初年馬政功労十六氏事績』第三巻、中央馬事会、一九四八年、前掲『北ぐにの競馬』三〇〇～一頁、『時事』明二四、九・一八。
35 『東朝』明治四〇・一二・二二。
36 武彦七に関しては、『函館競馬場一〇〇年史～人と馬と競馬場と』日本中央競馬会函館競馬場、一九九六年、八〇頁。
37 『札幌共同競馬会明治二一年八月二一、二三日番組表』、『北海共同競馬会第九次競馬会明治二三年五月二五、二六日番組表』（馬の博物館所蔵）。
38 以下この開催に関しては、『東朝』明二三・五・一七～一八、五・二〇、『時事』明二三・五・一七、五・一九。
39 『東朝』明二三・六・三。

40 『函館共同競馬会第一〇次明治二三年九月一三、一四日番組表』、『函館共同競馬会第一一次明治二四年六月一三、一四日番組表』(馬の博物館所蔵)。
41 以下この開催に関しては、【J・G、一八八九・一二・七】、『東朝』明二四・一二・八、『時事』明二四・一二・八。
42 『時事』明二五・五・一〇。
43 以下この開催に関しては、『時事』明二五・一一・一二。

6 明治二〇年代の雑種馬——ヤングオーストラリアを中心として

1 前掲『第三回内国勧業博覧会附属臨時競馬会番組表』。同番組表には、産地、年齢、体高、毛色、馬主などが記されている。
2 同右。
3 以下この開催に関しては、『時事』明二〇・一一・一三、『日日』明二〇・一一・一五、『毎日』明二〇・一一・一五。
4 たとえば『朝野』明二一・五・一三〜一四。
5 以下この開催に関しては、『読売』明二一・五・二三〜二四、『時事』明二一・五・二四、『毎日』明二一・五・二五。
6 『時事』明二一・一〇・三一。
7 『毎日』明二一・一一・二五、『東朝』明二一・一一・二五。
8 前掲『第三回内国勧業博覧会附属臨時競馬会番組表』。
9 以下この開催に関しては、『朝野』明二一・一一・二五、一一・二七、『東朝』明二一・一一・二七、『読売』明二一・一一・二七。
10 前掲『第三回内国勧業博覧会附属臨時競馬会番組表』。
11 同右。
12 以下この開催に関しては、【J・G、一八八九・四・二五、四・二七、四・二九】、『毎日』明二二・五・一、『東朝』明二二・五・一、『読売』明二二・五・一。
13 【J・G、一八八九・五・一七】。
14 以下この開催に関しては、『東朝』明二二・五・一二、五・一四、『日本』明二二・五・一二、五・一四、【J・G、一八

八九・五・一三】、『毎日』明二三・五・一四、『日日』明二三・五・一四、『報知』明二三・五・一四。
15 以下この開催に関しては、特に記さない限り、【J・G、一八八九・一〇・二九、一〇・三一】、『毎日』明二二・一〇・三一、一一・二、『時事』明二二・一〇・三一、一一・一、『日日』明二二・一一・二。
16 『馬政史』㈣、六一〇頁。
17 以下この開催に関しては、『読売』明二二・一一・一一～一二、『毎日』明二二・一一・一二、『東朝』明二二・一一・一二、『時事』明二二・一一・一二、『朝野』明二二・一一・一二。
18 【J・G、一八八九・一一・一四】。
19 以下この開催に関しては、『毎日』明二三・五・一～二、五・四、『時事』明二三・五・二～四、『読売』明二三・五・四。
20 以下この開催に関しては、『時事』明二三・五・一七、五・一九、『読売』明二三・五・一七～一九、『東朝』明二三・五・一七～一八、五・二〇、『朝野』明二三・五・一八～二〇、『報知』明二三・五・一七～一八、『日本』明二三・五・一七。
21 『馬政史』㈣、六一五～六頁。第三回内国勧業博覧会附属臨時競馬会の際は遠江産とされていた（前掲『第三回内国勧業博覧会附属臨時競馬会番組表』）。
22 前掲『第三回内国勧業博覧会附属臨時競馬会番組表』。
23 以下この開催に関しては、特に記さない限り、『東朝』明二三・六・三、『日日』明二三・六・三、『読売』明二三・六・三、『時事』明二三・六・三。
24 『朝野』明二三・六・三。
25 前掲『第三回内国勧業博覧会附属臨時競馬会番組表』。
26 前掲『札幌共同競馬会明治二一年八月二、三日番組表』。
27 前掲『函館競馬場一〇〇年史～人と馬と競馬場と』四六頁。
28 以下この開催に関しては、『時事』明二三・一一・一～三、『毎日』明二三・一一・一～二。
29 以下この開催に関しては、『東朝』明二三・一一・一六、一一・一八、『毎日』明二三・一一・一六、『時事』明二三・一一・一七。
30 以下この開催に関しては、『時事』明二四・五・一～二、『毎日』明二四・五・二。

31 以下この開催に関しては、『毎日』明二四・五・一〇、『東朝』明二四・五・一〇、五・一二、『時事』明二四・五・一〇〜一一。
32 以下この開催に関しては、【J・G、一八九一・一一・四〜六】、『時事』明二四・一一・六〜七、一一・一〇。
33 ティサーレイ「一八八〇年代中期の競馬に関する回想」前掲『ジャパン・ガゼット横浜五〇年史』四四頁。【J・G、一八九一・一一・四】でも六歳と記述されているが、となるとデビューは当時は西洋に倣って馬も満年齢で数えていたから二歳というわけになるが、当時の育成技術では到底無理であったと思う。
34 以下この開催に関しては、【J・G、一八九一・一二・七】、『東朝』明二四・一二・六、一二・八、『時事』明二四・一二・八。
35 『読売』明治二五・四・三〇、五・一、五・三。
36 『時事』明二五・五・八、五・一〇。
37 ティサーレイ「一八八〇年代中期の競馬に関する回想」前掲『ジャパン・ガゼット横浜五〇年史』四四頁。

7 この章のおわりに

1 『毎日』明一七・四・二六。
2 『読売』明一七・一一・四。
3 『毎日』明一七・一一・一八。
4 『読売』明一六・六・六。
5 『読売』明一六・一一・二〇。
6 『日日』明一六・一一・九。
7 『読売』明一六・一二・一二。
8 贅言居士「競馬の上景気」『朝野』明一七・一一・六。

資料・参考文献一覧

＊本書で基本資料とした英字、邦字の各新聞に関しては、章別ではなく先に一括して掲げておく。
＊各章では、資料（復刻版、資料集を含む）等と参考文献に分けて著者等のあいうえお順を原則としてそれぞれを掲げる。
＊二つ以上の章に及ぶものに関しては、重複して掲げる。

新聞資料

"Japan Herald", 1861.11~1865.12.
"Daily Japan Herald", 1866.10~1867.8.
"Japan Times", 1865.9~1866.6.
"Japan Times', Daily Advertiser", 1865.11~1866.6.
"Japan Times', Overland Mail", 1868.4~1869.12.
"Hiogo News", 1868.1~1872.6.
"Hiogo & Osaka Herald", 1867.12~1870.2.
＊以上の各紙に関しては、北根豊監修『日本初期新聞全集【編年複製版】』第一巻～第四四巻、ぺりかん社、一九八六年～一九九三年、所収のものを参照した。
"Japan Weekly Mail", 1870.1~1892.12.

"Japan Gazette", 1874.5~1889.12, 1891.7~1892.12.

"Japan Daily Herald", 1874.4~1874.12, 1875.1~1875.2.

"Japan Gazette Fortnightly Summary", 1881.1~1883.12.

『横浜毎日新聞』明治三（一八七〇）年一二月～明治二五（一八九二）年一二月（明治一二年一一月から『東京横浜毎日新聞』、明治一八年五月から『毎日新聞』）。

『新聞雑誌』明治四（一八七一）年五月～明治一二（一八七九）年九月（明治八年一月『あけほの新聞』、明治八年六月から『東京曙新聞』）。

『東京日日新聞』明治五（一八七二）年二月～明治二五（一八九二）年一二月。

『日新真事誌』明治五（一八七二）年三月～明治八（一八七五）年一二月。

『郵便報知新聞』明治五（一八七二）年六月～明治二五（一八九二）年一二月。

『読売新聞』明治七（一八七四）年一一月～明治二五（一八九二）年一二月。

『朝野新聞』明治七（一八七四）年九月～明治二五（一八九二）年一二月、縮刷版、ぺりかん社、一九八一～八四年。

『東京絵入新聞』明治九（一八七六）年三月～明治一七（一八八四）年一二月。

『有喜世新聞』明治一一（一八七八）年一月～明治一六（一八七三）年一月。

『時事新報』明治一五（一八八二）年三月～明治二五（一八九二）年一二月、復刻版、龍渓書舎、一九八六～八年。

『自由新聞』明治一五（一八八二）年六月～明治一八（一八八五）年三月。

『絵入自由新聞』明治一五（一八八二）年九月～明治一九（一八八六）年一二月。

『絵入朝野新聞』明治一六（一八八三）年一月～明治一七（一八八四）年一二月。

『東京朝日新聞』明治二一（一八八八）年七月～明治二五（一八九二）年一二月。

『日本』明治二二（一八八九）年二月～明治二五（一八九二）年一二月。

『改進新聞』明治二三（一八九〇）年三月～五月。

＊以上の各新聞の内、現在『横浜毎日新聞』（不二出版）、『郵便報知新聞』（柏書房）、『東京日日新聞』（日本図書センター）、『東京朝日新聞』（日本図書センター）、『日新真事誌』（ぺりかん社）は復刻版、『読売新聞』はＣＤ－ＲＯＭ版（紀伊國屋）が刊行されているが、『時事新報』、『朝野新聞』を除いて、私が閲覧したときにはまだ

それらが刊行されていなかったので、国立国会図書館、横浜開港資料館、神奈川県文化資料館（現・神奈川県立図書館地域資料課）所蔵のものを閲覧した。

第1章

資料等

金井圓編訳『描かれた幕末明治イラストレイテッド・ロンドン・ニュース　日本通信　1853〜1902』雄松堂、増訂第3刷、一九八六年。

『女学雑誌』第一号（明治一八年七月二〇日）〜第三三五号（明治二五年一二月三一日）、女学雑誌社、複製版、臨川書店、一九八五年。

『畜産諮詢会記事』一八八四年（国立国会図書館蔵）。

日本史籍協会編『熾仁親王日記』三〜五、続日本史籍協会叢書、東京大学出版会、一九三五年、復刻版、一九七六年。

農商務省博物局『明治一六年土地建物録公園之部』（東京国立博物館蔵）。

農商務省博物局『明治一七年土地建物録公園之部』（東京国立博物館蔵）。

農商務省博物局『明治一八年土地建物録公園之部』（東京国立博物館蔵）。

参考文献

飛鳥井雅道『鹿鳴館』岩波ブックレット、岩波書店、一九九二年。

市川建夫『日本の馬と牛』東京書籍、一九八一年。

榎並重行・三橋俊明『細民窟と博覧会』ＪＩＣＣ出版局、一九八九年。

大江志乃夫『日露戦争の軍事史的研究』岩波書店、一九七六年。

大江志乃夫『明治馬券始末』紀伊國屋書店、二〇〇五年。

大友源九郎編『馬事年史』三、一九四八年、復刻版、原書房、一九八二年。

小西四郎『錦絵幕末明治の歴史』第一〜一〇巻、講談社、一九七七年。

坂内誠一『碧い目の見た日本の馬』聚海書林、一九八八年。

佐久間亮三・平井卯輔編『日本騎兵史』上・下、原書房、一九七〇年。

日本競馬史編纂委員会編『日本競馬史』巻二、日本中央競馬会、一九六七年。

井上馨公伝記編纂会『世外井上公伝』第三巻、原書房、一九六八年。

石川英輔『大江戸テクノロジー事情』講談社文庫版、一九九五年（初出一九九二年）。

磯田光一『鹿鳴館の系譜』文藝春秋社、一九八三年。

鹿島茂『馬車が買いたい！』白水社、一九九〇年。

神崎宣武編『近代―馬と日本史4』馬の文化叢書第5巻、馬事文化財団、一九九四年。

木村凌二『馬の世界史』講談社新書、二〇〇一年。

久野明子『鹿鳴館の貴婦人大山捨松――日本初の女子留学生』中央公論社、一九八八年。

近藤富枝『鹿鳴館貴婦人考』講談社文庫、一九八三年（初出一九八〇年）。

アーネスト・サトウ／坂田精一訳『一外交官の見た明治維新』上・下、岩波文庫、一九六〇年。

シッドモア／恩地光夫訳『日本・人力車旅情』有隣新書、一九八六年。

シッドモア／外崎克久訳『シドモア日本紀行』講談社学術文庫、二〇〇二年。

須藤南翠『緑蓑談』柳田泉編『明治政治小説集』（二）明治文学全集五、筑摩書房、一九六六年。

杉森真希子「鹿鳴館時代――年表からみた鹿鳴館」『富山大学大学院人文学部研究科紀要』第二集、一九九四年。

武市銀治郎『富国強馬　ウマからみた近代日本』講談社選書メチエ、一九九九年。

玉井哲雄・石黒敬章企画『よみがえる明治の東京東京十五区写真集』角川書店、一九九二年。

丹波恒夫『錦絵にみる明治天皇と明治時代』朝日新聞社、一九六六年。

東京日日新聞社会部編『戊辰物語』岩波文庫、一九八三年。

帝国競馬協会編『日本馬政史』第四巻、一九二八年、復刻版、原書房、一九八二年。

富田仁『鹿鳴館擬西洋化の世界』白水社、一九八三年。

樋口忠彦「上野山の場所の意味――その連続と断絶」小木新造編集『江戸とは何か5　江戸東京学』至文堂、一九八六年。

日高嘉継「明治期の競馬博物資料二点の紹介――ミカドベーシズイラストとレジスポルスチラシー」『馬の博物館研究紀要』

第八号、一九九五年一二月。

日高義継／横田洋一『浮世絵明治の競馬』小学館、一九九八年。

イザベラ・バード／高梨健吉訳『日本奥地紀行』東洋文庫、平凡社、一九八七年。

坂野潤治『近代日本の出発』体系日本歴史13、小学館ライブラリー、一九九三年。

アリス・ベーコン／久野明子訳『華族女学校の見た明治日本の内側』中央公論社、一九九四年。

トク・ベルツ編／菅沼竜太郎訳『ベルツの日記』上・下、岩波文庫、一九七九年。

クララ・ホイットニー／一又民子訳『クララの明治日記』上・下、講談社、一九七六年。

本城靖久『馬車の文化史』講談社新書、一九九三年。

『明治天皇紀』第二巻〜第六巻、吉川弘文館、一九六九〜七一年。

牟田和恵『戦略としての家族――近代日本の国民国家形成と女性――』新曜社、一九九六年。

萌黄会編『日本騎兵八十年史』原書房、一九八三年。

山森芳郎・有馬洋太郎・岡村純『図説　日本の馬と人の生活誌』原書房、一九九三年。

ジョン・ラッセル・ヤング／宮永孝訳『グラント将軍日本訪問記』雄松堂、一九八三年。

吉見俊哉『都市のドラマトゥルギー』弘文堂、一九八七年。

吉見俊哉『博覧会の政治学』中公新書、一九九二年。

渡辺京二『逝きし世の面影』日本近代素描Ⅰ、葦書房、一九九八年。

拙稿「日本の競馬観⑴馬券黙許時代・明治39〜41年」『富山大学教養部紀要』第二四巻一号、一九九一年。

拙稿「外から見た我々の身体性⑴――かつての裸体と混浴」『富山大学人文学部紀要』第二四号二号、一九九六年。

拙稿「文明開化に馬券は舞う　第四回　僕の慧眼（ケイガン）にハ恐れ入たろう、講釈ハ何でもいいから約束の金（エム）を遣（ヨコ）し給へ」、「第五回此夫人淑女が余財を積みたる錦嚢を手づから受くる紳士こそ誠に名誉の至りなれ」『もきち倶楽部』No.10, No.13. 二〇〇〇年。

第2章

資料等

霞会館華族資料調査委員会編纂『華族会館誌』上・下、霞会館、一九八六年。

神奈川県立図書館編『神奈川県史料』第六巻、外務部一、神奈川県立図書館、一九七一年。

『在ヨコハマ・レース・クラブ根岸村外国人競馬場地所解約の上日本政府に取戻更に日本競馬会社に貸渡一件』（外交資料館蔵）。

遠山茂樹『日本近代思想体系2　天皇と華族』岩波書店、一九八八年。

『THE JAPAN PUNCH（復刻版ジャパン・パンチ）』〈一〉～〈一〇〉、雄松堂、一九七五年。

日本史籍協会編『熾仁親王日記』一～二、続日本史籍協会叢書、東京大学出版会、一九三五年、復刻版、一九七六年。

内閣書記局編『法規分類大全』第55巻・刑法門［2］（第一編）一八九〇年、復刻版、原書房、一九八〇年。

『THE FAREAST（復刻版ザ・ファー・イースト）』第一巻～第七巻、雄松堂、一九六五年。

英国外交文書 F.O.262, 1876~1880.（横浜開港資料館蔵）

前掲農商務省博物局『明治一六年土地建物録公園之部』。

前掲農商務省博物局『明治一七年土地建物録公園之部』。

前掲農商務省博物局『明治一八年土地建物録公園之部』。

『横浜市史』資料編一八、有隣堂、一九七八年。

陸軍省編『明治天皇御伝記史料軍事史』上・下、原書房、一九六六年。

参考文献

L. D. Adam ed., "Japan Gazette", Yokohama Semi-Centenial, 1869-1909 (1909).（外国人が見た幕末・明治の横浜全訳『ジャパン・ガゼット横浜五〇年史』『市民グラフヨコハマ』四一号、一九八二年）
石井研堂『増訂改訂明治事物起源』上・下、一九四四年、明治文化研究会編『明治文化全集』別巻、一九六九年、日本評論社。

歌川隆訳／解題中武香奈美「N・P・キングドン書簡（日本在住時）」『横浜開港資料館紀要』第一四号、横浜開港資料館、一九九六年。

内橋克人『日本資本主義の群像』現代教養文庫、社会思想社、一九九三年。

奥武則『文明開化と民衆』新評論、一九九三年。

大植四郎『明治過去帳』東京美術、一九七一年。

大江志乃夫『日本の産業革命』岩波書店、一九六八年。

前掲大友編『馬事年史』三。

前掲鹿島『馬車が買いたい！』。

前掲神崎編『近代―馬と日本史4』馬の文化叢書第5巻。

紀田順一郎『日本のギャンブル』中公文庫、一九八六年。

前掲木村『馬の世界史』。

雑賀博愛『大江天也伝記』大江太発行、一九二七年、復刻版、伝記叢書一八『大江天也伝記』大空社、一九八七年。

前掲坂内『碧い目の見た日本の馬』。

札幌競馬場馬主協会『北ぐにの競馬』一九八三年。

柴田和子『銀座の米田屋商店――時代と共に歩んだ百年』ＭＢＣ21、一九八二年。

鈴木健夫『日本レース・クラブ五〇年史』日本中央競馬会、一九七〇年。

武田八洲満『マリア・ルス事件　大江卓と奴隷解放』有隣新書、一九八一年。

立脇和夫『明治政府と英国東洋銀行』中公新書、一九九二年。
F. H. Terner, 'The Nippon Race Club ; Yokohama Race Club 1862-1912'.（「日本レース・クラブ小史」前掲鈴木『日本レース・クラブ五〇年史』所収）
坪内祐三『靖国』新潮文庫、二〇〇一年（初出一九九九年）。

前掲『日本馬政史』第四巻。

Ｆ・Ｖ・ディキンズ／高梨健吉『パークス伝』東洋文庫、平凡社、一九八四年。

中山千代『日本婦人洋装史』吉川弘文館、一九八七年。

前掲『日本競馬史』巻二。

J・R・ブラック／ねずまさし・小池春子訳『ヤングジャパン』1〜3、東洋文庫、平凡社、一九七〇年。

福沢諭吉『福翁自伝』岩波文庫、一九七二年。

福沢先生研究会編『父諭吉を語る』福沢先生研究会、一九五八年。

藤森照信『明治の東京計画』同時代ライブラリー、岩波書店、一九九〇年（初出一九八二年）。

前掲『クララの明治日記』下。

前掲本城『馬車の文化史』。

増川宏一『賭博の日本史』平凡社、一九八九年。

松永敏太郎編『木村荘平君伝』錦蘭社、一九〇八年。

水谷三公『日本の近代13　官僚の風貌』中央公論新社、一九九九年。

三宅雪嶺『同時代史』第二巻、岩波書店、一九五〇年。

『明治初年馬政功労十六氏事績』第二巻、第三巻、中央馬事会、一九四八年（馬の博物館蔵）。

『明治天皇紀』第二巻〜第七巻、吉川弘文館、一九六九〜七三年。

村上重良『慰霊と招魂――靖国の思想――』岩波新書、一九七四年。

E・S・モース／石川欣一訳『日本その日その日』1〜3、東洋文庫、平凡社、一九七〇年。

森田朋子「マリア＝ルス号事件と芸娼妓解放令」大口勇次郎編『女の社会史　17―20世紀「家」とジェンダーを考える』山川出版社、二〇〇一年。

『靖国神社誌』一九一一年。

山野浩一『新しい名馬のヴィジョン』中央競馬ピーアール・センター、一九八六年。

山野浩一『サラブレッドの誕生』朝日選書、一九九〇年。

『横浜市史稿』風俗編、横浜市役所、一九三三年、復刻版、名著出版、一九七四年。

前掲拙稿「外から見た我々の身体性(1)――かつての裸体と混浴」。

拙稿「神戸居留地における競馬(1)」『富山大学人文学部紀要』第二五号、一九九六年。

拙稿「神戸居留地における競馬(2)」『富山大学人文学部紀要』第二六号、一九九七年。

拙稿「文明開化に馬券は舞う　第三七回福沢三八〝馬を好む父諭吉〟」『もきち倶楽部』No.143. 二〇〇一年。

第3章

資料等

前掲『描かれた幕末明治　イラストレイテッド・ロンドン・ニュース日本通信１８５３～１９０２』。
前掲『神奈川県史料』第六巻、外務部一。
神奈川県立図書館編『神奈川県史料』第七巻、外務部二、神奈川県立図書館、一九七一年。
前掲『THE JAPAN PUNCH（復刻版ジャパン・パンチ）』〈一〉～〈一〇〉。
The China Directory 1873~1874.（横浜開港資料館蔵）
Japan Gazette, "Hong List and Directory", 1874~76.（横浜開港資料館蔵）
Japan Gazette, "The Japan Directory", 1890~1895.（横浜開港資料館蔵）
通信全覧編集委員会編『続通信全覧』編年之部三、雄松堂出版、一九八三年。
通信全覧編集委員会編『続通信全覧』編年之部四、雄松堂出版、一九八三年。
通信全覧編集委員会編『続通信全覧』類輯之部二一、地処門、雄松堂出版、一九八六年。
前掲『THE FAR EAST（復刻版ザ・ファー・イースト）』第一巻～第七巻。
英国外交文書 F. O. 262, 1862~1875.（横浜開港資料館蔵）
英国外交文書 F. O. 46, 1862~1875.（横浜開港資料館蔵）
『横浜市史』資料編三、有隣堂、一九七四年。
前掲『横浜市史』資料編一八。
『自明治三年至明治一三年　横浜山手競馬場地租軽減並滞納の為め解約更に日本競馬会社に貸与一件』（外交資料館蔵）。

参考文献

前掲『ジャパン・ガゼット横浜五〇年史』。
石野瑛『明治天皇と神奈川県』武相学園、一九六一年。

ハロルド・S・ウィリアムズ／西村充夫訳『ミカドの国の外国人』近代文芸社、一九九四年。

前掲歌川隆訳／解題中武香奈美「N・P・キングドン書簡（日本在住時）」。

馬の博物館編『根岸の森の物語』神奈川新聞社、一九九五年。

オイレンブルク／中井晶夫訳『オイレンブルク日本遠征記』上・下、新異国叢書一二・一三、雄松堂出版、一九六九年。

太田久好『横浜沿革誌』一八九二年、復刻版、白話社、一九七四年。

オールコック／山口光朔訳『大君の都』上・中・下、岩波文庫、一九六二年。

甲斐英高「根岸競馬場の形成と借地料――借地料の減額交渉資料を中心として――」（2002年度富山大学大学院文学研究科修士論文、未発表）。

カッテンディーケ／水田信利訳『長崎海軍伝習所の日々』東洋文庫、平凡社、一九六四年。

菊苑老人『みなとのはな横浜奇談』文久二（一八六二）年頃（横浜開港資料館蔵）。

玉蘭斉貞秀『横浜開港見聞誌』青木茂酒井忠康『日本近代思想体系17　美術』岩波書店、一九八九年。

久良岐の会編『私たちの古文書ノート――根岸新井家文書より』一九九一年。

ヒュー・コータッツィ／中須賀哲朗訳『ある英人医師の幕末維新』中央公論社、一九八五年。

ヒュー・コータッツィ／中須賀哲朗訳『維新の港の英人たち』中央公論社、一九八八年。

斎藤多喜夫「幕末の横浜居留地」『たまくす』第五号、横浜開港資料普及協会、一九八七年。

前掲坂内『碧い目の見た日本の馬』。

坂本一登『伊藤博文と明治国家形成』吉川弘文館、一九九一年。

前掲『一外交官の見た明治維新』上・下。
R. M. Jepkson & E. P. Elmhírst, "Our Life in Japan", London, 1869.
前掲鈴木『日本レース・クラブ五〇年史』。
F. H. Terner, 'The Nippon Race Club : Yokohama Race Club1862-1912'.（「日本レース・クラブ小史」前掲鈴木『日本レース・クラブ五〇年史』所収）。
鳥居民『横浜山手　日本にあった外国』草思社、一九七七年。

前掲『日本競馬史』巻二。

F. G. Notehelfer, *Japan through American Eyes : The Journal of Fransis Hall1859-1866*, Westview Press, 2001.
前掲日高・横田『浮世絵明治の競馬』。

前掲『ヤングジャパン』1。
J. R. Black, *Young Japan*, Vol. Ⅰ~Ⅱ, Baker Pratt & Company, 1883, Oxford in Asia Historical Reprint, Oxford Vmiversity Press, 1968.
萩原延壽『遠い崖――アーネスト・サトウ日記抄一』朝日新聞社、一九八〇年。

萩原延壽『薩英戦争　遠い崖――アーネスト・サトウ日記抄二』朝日新聞社、一九九八年。

萩原延壽『英国策論　遠い崖――アーネスト・サトウ日記抄三』朝日新聞社、一九九九年。

萩原延壽『大分裂　遠い崖――アーネスト・サトウ日記抄一〇』朝日新聞社、二〇〇〇年。

萩原延壽『北京交渉　遠い崖――アーネスト・サトウ日記抄一一』朝日新聞社、二〇〇一年。

ハリス／坂田精一訳『ハリス日本滞在記』上・中・下、岩波文庫、一九五四年。

早坂昇治『競馬異外史――Sports of Kingsヨコハマに上陸』中央競馬ピーアール・センター、一九八七年。

早坂昇治『文明開化うま物語――根岸競馬と居留外国人』有隣新書、一九八九年。

マーガレット・バラ／川久保とくお訳『古き日本の瞥見』有隣新書、一九九二年。

ヒュースケン／青木枝朗訳『ヒュースケン日本日記１８５５―６１』岩波文庫、一九八九年。

ヘボン／高谷道男編訳『ヘボンの手紙』有隣新書、一九七六年。
W. H. Poynz, "Per Mare, per Terram", Remmiscences of thirty-two years' military naval and constabulary service, 1892.
L. de ボーヴォワール／綾部友次郎訳『ジャポン１８６７年』有隣新書、一九八六年。
松信太助編／石井光太郎・東海林静男監修『横浜近代総合年表』有隣堂、一九八九年。

『明治二一年以降の開催執務委員氏名及専任職員に関する法令抜粋』日本中央競馬会、一九七〇年。

毛利敏彦『明治六年の政変』中公新書、一九七九年。

E・v・モール／金森誠也『ドイツ貴族の明治宮廷記』新人物往来社、一九八八年。
J. P. Mollison, 'Reminiscences of Yokohama', "Japan Gazette", 1909, 1.11.
森田忠吉『横浜成功名誉鑑』有隣堂、一九八〇年。

山本邦夫・棚田真輔『横浜スポーツ草創史』道和書院、一九七七年。

'Yokohama and Its Changes', "Japan Weekly Mail", 1872, 3.23.

'Yokohama in the Sixties', "Japan Weekly Mail", 1902, 1.4.

横浜開港資料館編『F・ベアト幕末日本写真集』横浜開港資料普及協会、一九八七年。

横浜開港資料館編「開港のひろば」復刻版Ⅰ横浜開港資料館館報（第一号～第三四号）、横浜開港資料普及協会、一九九二年。

横浜開港資料館『史料でたどる明治維新期の横浜英仏駐屯軍』横浜開港資料普及協会、一九九三年。

横浜開港資料館『横浜商人とその時代』有隣堂、一九九四年。

横浜開港資料館編『歴史を彩った50人　よこはま人物伝』神奈川新聞社、一九九五年。

横浜開港資料館編『図説　横浜外国人居留地』有隣堂、一九九八年。

横浜開港資料館編「開港のひろば」復刻版Ⅱ横浜開港資料館館報（第三五号～第六七号）、横浜開港資料館、二〇〇〇年。

横浜居留地研究会編集『居留地の位相』横浜開港資料館、一九九三年。

『横浜市史』第二巻、一九五九年。

前掲『横浜市史稿』風俗編。

横浜対外関係史研究会・横浜開港資料館編『横浜英仏駐屯軍と外国人居留地』東京堂出版、一九九九年。

横浜開港資料館『横浜もののはじめ考　改訂版』横浜開港資料館、二〇〇〇年。

横浜開港資料館編『図説　アーネスト・サトウ――幕末維新のイギリス外交官――』有隣堂、二〇〇一年。
G. W. Rogers, 'Early Recoolections of Yokohama 1859-1864', "Japan Werldy Mail", 1903, 12.5.
ルドルフ・リンダウ／森本英夫訳『スイス領事の見た幕末日本』新人物往来社、一九八六年。

前掲拙稿「日本の競馬観⑴馬券黙許時代・明治39～41年」。

拙稿「鹿鳴館時代の競馬――明治12～25年資料編」『富山大学人文学部紀要』第二二号、一九九五年。

拙稿「横浜の競馬――１８６２～１８７８年資料編」『富山大学人文学部紀要』第二三号、一九九五年。

前掲拙稿「神戸居留地における競馬⑴」。

前掲拙稿「神戸居留地における競馬⑵」。

拙稿「異質な馬文化との遭遇、横浜の競馬、生麦事件」中央競馬ピーアール・センター編『ＭＯＲＳ　馬銜』vol.94. ＪＲＡ日本中央競馬会、二〇〇一年。

拙稿「幕末・長崎における競馬場設置問題」『富山大学人文学部紀要』第三〇号、二〇〇三年（http://www.hmt.toyama-u.ac.jp/kenkyu/kiyo39.html）。

拙稿「失われた競馬場を訪ねて　馬券黙許時代①」『書斎の競馬』八、飛鳥新社、一九九九年一一月。

拙稿「失われた競馬場を訪ねて　馬券黙許時代②」『書斎の競馬』九、飛鳥新社、一九九九年一二月。

拙稿「文明開化に馬券は舞う　第7回　トミーに人気が集まっているが、私はネリーが期待できると思う　ギャリソン競馬第1回（1865年2月）メイドン・ステークス予想」『もきち倶楽部』No.19. 二〇〇〇年。以下、ホームページは省略。

拙稿「文明開化に馬券は舞う　第15回　パリミチュエル方式の馬券導入」『もきち倶楽部』No.47. 二〇〇〇年。

拙稿「文明開化に馬券は舞う　第39回　フランシス・ホール日記　1860年9月1日」『もきち倶楽部』No.149. 二〇〇一年。

拙稿「文明開化に馬券は舞う　第40回　横浜での最初の競馬、もう一つの記録」『もきち倶楽部』No.152. 二〇〇一年。

拙稿「文明開化に馬券は舞う　第60回　ギャリソン競馬春季開催1864年4月6日」『もきち倶楽部』No.213. 二〇〇一年。

拙稿「文明開化に馬券は舞う　第63回　ギャリソン競馬」『もきち倶楽部』No.222. 二〇〇一年。

拙稿「文明開化に馬券は舞う　第66～68回　1865年12月6日、ギャリソン競馬開催（前編、中編、後編）」『もきち倶楽部』No.231, No.234. 二〇〇一年、No.237. 二〇〇二年。

拙稿「文明開化に馬券は舞う　第71回第5回横浜ギャリソン競馬」『もきち倶楽部』No.243. 二〇〇二年。

拙稿「文明開化に馬券は舞う　第75～77回　4年ぶりに、居留民主催の競馬が開催された（前編、中編、後編）」『もきち倶楽部』No.252, No.253, No.255. 二〇〇二年。

拙稿「文明開化に馬券は舞う　第73～74回　1866年5月8日のギャリソン競馬」『もきち倶楽部』No.247, No.248. 二〇〇二年。

拙稿「文明開化に馬券は舞う　第90回～第93回『ジャパン・パンチ』に描かれた競馬(1)～(4)」『もきち倶楽部』No.287, No.289, No.291, No.293, No.295. 二〇〇二年。

第4章

資料等

『国民之友』第一〇号、明二〇年一〇月二一日、国民之友社、複製版、明治文献資料刊行委員会編『国民之友』第一巻、一九六六年、所収。

前掲『女学雑誌』第一号（明治一八年七月二〇日）～第三三五号（明治二五年一二月三一日）。

前掲農商務省博物局『明治一八年土地建物録公園之部』。

帝国博物館『明治一九年土地建物録』（東京国立博物館蔵）。

帝国博物館『明治二〇年土地建物録』（東京国立博物館蔵）。

帝国博物館『明治二四年土地建物録』（東京国立博物館蔵）。

帝国博物館『明治二五年土地建物録』（東京国立博物館蔵）。

帝国博物館『明治二八年土地建物録』（東京国立博物館蔵）。

『札幌共同競馬会明治二一年八月二、三日番組表』（馬の博物館所蔵）。

『北海共同競馬会第九次競馬会明治二二年五月二五、二六日番組表』（馬の博物館蔵）。

『函館共同競馬会第一〇次明治二三年九月一三、一四日番組表』（馬の博物館蔵）。

『函館共同競馬会第一一次明治二四年六月一三、一四日番組表』（馬の博物館蔵）。

『明治二三年第三回内国勧業博覧会附属臨時競馬会番組表』（馬の博物館蔵）。

参考文献

前掲飛鳥井『鹿鳴館』。

飛鳥井雅道『文明開化』岩波新書、一九八五年。

飛鳥井雅道『明治大帝』ちくまライブラリー、筑摩書房、一九九〇年。

前掲『ジャパン・ガゼット横浜五〇年史』。

伊沢修二編著／山住正巳校注『洋楽事始音楽取調成績申報書』東洋文庫、平凡社、一九七一年。

前掲磯田『鹿鳴館の系譜』。

井上勲『文明開化』教育社歴史新書、一九八六年。

井上章一『美人論』リブロポート、一九九一年。

内田魯庵『思い出す人々』筑摩選書、一九四八年。

前掲榎並・三橋『細民窟と博覧会』。

前掲大江『明治馬券始末』。

前掲大友編『馬事年史』三。

川村邦光『セクシュアリティの近代』講談社選書メチエ、一九九六年。

川村邦光『幻視する近代空間』【新装版】青弓社、一九九七年。

小木新造・熊倉功夫・上野千鶴子『日本近代思想体系二三　風俗／性』岩波書店、一九九〇年。

霞会館『華族会館史』霞会館、一九六六年。

勝海舟全集刊行会『勝海舟全集』第二巻、講談社、一九八二年。

加納久宜述／小松悦二編『加納久宜全集』子爵加納久宜遺稿刊行会、一九二五年。

前掲久野『鹿鳴館の貴婦人大山捨松――日本初の女子留学生』。

國學院大學日本文化研究会編『近代化と日本人の生活』同朋舍出版、一九九四年。

ヒュー・コッタッツイ／中須賀哲朗訳『ある英国外交官の明治維新ミットフォードの回想』中央公論社、一九八六年。

小西四郎『錦絵幕末明治の歴史　九　鹿鳴館時代』講談社、一九七七年。

前掲近藤『鹿鳴館貴婦人考』。

前掲坂本『伊藤博文と明治国家形成』。

前掲『北ぐにの競馬』。

前掲柴田『銀座の半田屋商店――時代と共に歩んだ百年』。

白幡洋三郎「福沢諭吉の運動会――近代のスポーツと日本人のスポーツ観――」国際日本文化研究センター紀要『日本研究』

　第六集、一九九二年三月。

前掲杉森「鹿鳴館時代――年表からみた鹿鳴館」。

前掲須藤『緑蓑談』。

第三回内国勧業博覧会事務局『第三回内国勧業博覧会事務報告』一八九一年。

多木浩二『天皇の肖像』岩波新書、一九八八年。

多木浩二『スポーツを考える』ちくま新書、一九九五年。

前掲丹波『錦絵にみる明治天皇と明治時代』。

チェンバレン／高梨健吉訳『日本事物誌』一・二、東洋文庫、平凡社、一九六九年。

前掲『日本馬政史』第四巻。

前掲『戊辰物語』。

前掲富田『鹿鳴館擬西洋化の世界』。

中村敏救『馬術要領』一八八四年。

西山藹子「下野那須野競馬会始末――那須野ヶ原開拓と競馬」『那須野ヶ原開拓使研究』第三二号那須野ヶ原開拓使研究会、一九九二年。

前掲『日本競馬史』巻二。

山田仁市編『明治大正馬政功労十一氏事績』帝国馬匹協会、一九三七年。

中村光夫編『二葉亭四迷・嵯峨の屋おむろ集』明治文学全集一七、筑摩書房、一九七一年。

前掲中山『日本婦人洋装史』。

野津操之助編纂『洋式普通馬道独案内』万字堂、一八八四年。

野村雅一『しぐさの世界――身体表現の民族学』日本放送出版協会、一九八三年。

林屋辰三郎編『文明開化の研究』岩波書店、一九七九年。

前掲坂野『近代日本の出発』。

深谷昌志『増補良妻賢母主義の教育』黎明書房、一九九〇年。

前掲福沢『福翁自伝』。

ミシェル・フーコー／田村俶訳『監獄の誕生』新潮社、一九九七年。

前掲藤森『明治の東京計画』。

前掲『ヤングジャパン』3。

前掲『華族女学校の見た明治日本の内側』。

前掲ベルツ編『ベルツの日記』上・下。

本田和子『女学生の系譜』青土社、一九九〇年。

松村延勝『乗馬必携』内外兵事新聞局、一八八四年。

松山巖『噂の遠近法』青土社、一九九三年。

三浦雅士『身体の零度』講談社選書メチエ、一九九四年。

村上要信『馬史』大日本農会、一八八七年。

前掲『明治天皇紀』第二巻〜第七巻。

前掲牟田『戦略としての家族――近代日本の国民国家形成と女性――』。

前掲山本・棚田『横浜スポーツ草創史』。

前掲『横浜もののはじめ考　改訂版』。

前掲吉見『都市のドラマトゥルギー』。

前掲吉見『博覧会の政治学』。

渡辺融「F・W・ストレンジ考」『体育学紀要』第七号、東京大学教養学部体育研究室、一九七二年。

前掲拙稿「外から見た我々の身体性⑴――かつての裸体と混浴」。

拙稿「失われた競馬場を訪ねて　馬券黙許時代③」『書斎の競馬』一〇、飛鳥新社、二〇〇〇年一月。

拙稿「文明開化に馬券は舞う　第34回　天下の人心は、既に仮装舞踏会に飽けり、既に競馬に倦めり」『もきち倶楽部』No.127.

二〇〇一年。

第5章

資料等

内閣書記局編『法規分類大全』第54巻・刑法門［1］、第55巻・刑法門［2］（第一編）一八九〇年、復刻版、原書房、一九八〇年。

我部政男編『明治一五年明治一六年地方巡察使復命書』上・下、三一書房、一九八〇年。

労働運動資料会編『労働世界』労働運動資料刊行委員会、一九六〇年。

参考文献

前掲アリエス『〈子供の誕生〉』。

前掲榎並・三橋『細民窟と博覧会』。

尾佐竹猛／三谷太一郎校注『大津事件』岩波書店、一九九一年。

霞会館『華族会館史』霞会館、一九六六年。

前掲紀田『日本のギャンブル』。

前掲菊苑老人『みなとのはな横浜奇談』。

楠精一郎『児島惟謙』中公新書、一九九七年。

礫川全次『大津事件と明治天皇』批評社、一九九八年。

前掲坂本『伊藤博文と明治国家形成』。

前掲須藤『緑蓑談』。

前掲多木『スポーツを考える』。

中川清編『明治東京下層生活誌』岩波文庫、一九九四年。

西村清和『遊びの現象学』勁草書房、一九八九年。

前掲フーコー『監獄の誕生』。

ミシェル・フーコー／渡辺守章訳『生の歴史Ⅰ　知への意志』新潮社。

増川宏一『賭博』Ⅰ～Ⅲ、法政大学出版局、一九八〇～八三年。

前掲増川『賭博の日本史』。

松原岩五郎『最暗黒の東京』岩波文庫、一九八八年。

前掲山野『新しい名馬のヴィジョン』。

前掲山野『サラブレッドの誕生』。

横山源之助『日本の下層社会』岩波文庫、一九八五年。

前掲拙稿「日本の競馬観⑴馬券黙許時代・明治39〜41年」。

拙稿「失われた競馬場を訪ねて　馬券黙許時代①」『書斎の競馬』八、飛鳥新社、一九九九年一一月。

拙稿「失われた競馬場を訪ねて　馬券黙許時代②」『書斎の競馬』九、飛鳥新社、一九九九年一二月。

第6章

資料等

前掲『THE JAPAN PUNCH（復刻版ジャパン・パンチ）』〈一〉〜〈一〇〉。

前掲『THE FAR EAST（復刻版　ザ・ファー・イースト）』第一巻〜第七巻。

『共同競馬会社明治一四年秋季競馬会番組表』（馬の博物館蔵）。

『共同競馬会社明治一八年春季競馬会番組表』（馬の博物館蔵）。

『北海共同競馬会社第六次競馬会番組表　明治一九年七月一〇、一一日番組表』（馬の博物館蔵）。

前掲『札幌共同競馬会明治二一年八月二、三日番組表』（馬の博物館蔵）。

前掲『北海共同競馬会第九次競馬会明治二二年五月二五、二六日番組表』（馬の博物館蔵）。

前掲『明治二三年第三回内国勧業博覧会附属臨時競馬会番組表』（馬の博物館蔵）。

前掲『函館共同競馬会第一〇次明治二三年九月一三、一四日番組表』（馬の博物館蔵）。

前掲『函館共同競馬会第一一次明治二四年六月一三、一四日番組表』。（馬の博物館蔵）

「共同競馬会社明治二五年春季番組表」（馬の博物館蔵）。

『明治二六年春季日本競馬会社春季競馬会番組表』（馬の博物館蔵）。

参考文献

前掲『ジャパン・ガゼット横浜五〇年史』。

前掲歌川隆訳／解題中武香奈美「N・P・キングドン書簡（日本在住時）」。

前掲大植『明治過去帳』。

前掲大友編『馬事年史』三。

宮内庁『下総御料牧場史』宮内庁、一九七四年。

前掲坂内『碧い目の見た日本の馬』。

佐藤正人『趣味の競馬学』中央競馬ピーアール・センター、一九八〇年。

佐藤正人『蹄の音に誘われて』毎日新聞社、一九九五年。

前掲『北ぐにの競馬』。

白井透編『日本の名馬』サラブレッド血統センター、一九七一年。

中央競馬ピーアール・センター編『日本の名馬・名勝負物語』中央競馬ピーアール・センター、一九八〇年。

前掲『日本馬政史』第四巻。

寺山修司『旅路の果て』新書館、一九七九年。

寺山修司『山河ありき』新書館、一九八〇年。

寺山修司『さらば競馬よ』新書館、一九八三年。

寺山修司『競馬への望郷』新書館、一九八三年。

寺山修司『馬破れて草原あり』新書館、一九八九年。

寺山修司『競馬放浪記』新書館、一九八九年。

寺山修司『競馬無宿』新書館、一九九〇年。

時岡剛編『札幌競馬沿革誌』札幌競馬倶楽部、一九一一年
前掲萩原『遠い崖――アーネスト・サトウ日記抄一』。

『函館競馬場１００年史～人と馬と競馬場と』日本中央競馬会函館競馬場、一九九六年。

前掲早坂『競馬異外史――Sports of Kings ヨコハマに上陸』。

前掲早坂『文明開化うま物語――根岸競馬と居留外国人』。

早坂昇治「馬文化余話十八ある競走馬の碑」『優駿』一九九二年八月号。

原田俊治『世界の名馬』サラブレッド血統センター、一九七〇年。

原田俊治『新・世界の名馬』サラブレッド血統センター、一九九三年。

前掲『浮世絵明治の競馬』。

フェデリコ・手塩（田島芳郎）「FROM THE NEW WORLD 新世界より」vol.2~9.『週刊競馬ブック』一九九六年八月十九日号、一九九六年九月一六日号、一九九六年九月二三日号、一九九六年一一月二五日号、一九九七年二月二四日号、一九九七年三月三日号、一九九七年三月三一日号、一九九七年四月七日号。

フェデリコ・手塩（田島芳郎）「日本競馬の歩み」一～二六〇、『週刊競馬ブック』一九八五年七月一日号～一九九六年八月一〇日号。＊断続的な掲載。

麓三郎編著『小岩井農場七十年史』小岩井農牧株式会社、一九六八年。

前掲『ヤングジャパン』1。

ヘルマン・ムースハルト編著／生態文訳『ポルスブルック日本報告　1857―1870　オランダ領事の見た幕末事情』雄松堂、一九九五年。

前掲『明治初年馬政功労十六氏事績』第二巻、第三巻、中央馬事会、一九四八年（馬の博物館蔵）。

山田仁市編『明治大正馬政功労十一氏事績』帝国馬匹協会、一九三七年。

山口瞳／赤木駿介『日本競馬論序説』新潮社、一九八六年。

山野浩一『伝説の名馬』Part Ⅰ、中央競馬ピーアール・センター、一九九三年。

山野浩一『伝説の名馬』Part Ⅱ、中央競馬ピーアール・センター、一九九四年。

山野浩一『伝説の名馬』Part Ⅲ、中央競馬ピーアール・センター、一九九六年。

山野浩一『伝説の名馬』Part Ⅳ、中央競馬ピーアール・センター、一九九七年。

山本一生『競馬学への招待』ちくま新書、一九八五年（『競馬学への招待　増補』平凡社ライブラリー、二〇〇五年）。

山本一生『競馬学の冒険』毎日新聞社、一九八八年。

湯本豪一「『ジャパン・パンチ』新出資料からの一考察」『川崎市市民ミュージアム紀要』第九集、一九九七年。

前掲拙稿「鹿鳴館時代の競馬――明治12～25年資料編」。

前掲拙稿「横浜の競馬――１８６２～１８７８年資料編」。

前掲拙稿「神戸居留地における競馬(1)」。

前掲拙稿「神戸居留地における競馬(2)」。

拙稿「失われてしまった馬たち」第1回～第21回『もきち倶楽部』No.28, No.35, No.39, No.43, No.50, No.54, No.58, No.62, No.66, No.73. 二〇〇〇年、No.81, No.92, No.96, No.100, No.107, No.111, No.115, No.126, No.134, No.138, No.142. 二〇〇一年。

拙稿「文明開化に馬券は舞う第116回　ヨコハマ・レース・クラブ（17）ヨコハマ・ダービーの創設――1874年秋季開催」『もきち倶楽部』No.350. 二〇〇三年。

おわりに

日本の競馬史に関しては、通史を書くにしてもまだその基礎的作業を行っていく段階にあると思う。自分が取り組んでみて、その観を一層強くさせられた。少なくとも本書で対象とした時期のものに関しては、極端にいえば、ほとんどが一から取り組んで、あれもこれも書き込まなくてはならず、また、たとえば中国の競馬と日本の競馬の関係、北海道及び各地方の競馬など未開拓の領域が充分すぎるほど残されており、それに本書でとった方法の他にも様々なアプローチが考えられると思うからである。そういった意味でも、本書はささやかな一つの試みにしか過ぎないが、それでも競馬史への「好奇心」をいくらかでも刺激できたとすれば、これにまさる幸せはない。

本書と既発表の論文との関連を述べておけば、「はじめに」でも述べたように、「文明開化に馬券は舞う」(山本一生編集『もきち倶楽部』http://www.bunkamura.ne.jp/mokichi-club)の作業を基にほとんどに大幅な修正と加筆が加えてあるが、第一章から第五章までは以下の通りである。

第一章第一節→「日本の競馬観(2) 鹿鳴館時代」(『富山大学教養部紀要』第二四巻第二号、一九九二年)

第一章第二節→「日本の競馬観(1) 馬券黙許時代・明治三九～四一年」(『富山大学教養部紀要』第二四巻第一号、一九九一年)、「日本の競馬観(3) 鹿鳴館時代(続)」(『富山大学教養部紀要』第二五巻第一号、一九九二年)

第一章第三節↓「日本の競馬観(2)　鹿鳴館時代」、「幕末~文明開化期の競馬——横浜・根岸競馬をめぐって——」
（『富山大学人文学部紀要』第二〇号、一九九四年）
第二章第一節↓「日本の競馬観(2)　鹿鳴館時代」、「幕末~文明開化期の競馬——横浜・根岸競馬をめぐって——」
第二章第二節↓「日本の競馬観(2)　鹿鳴館時代」
第二章第三節↓「幕末~文明開化期の競馬——横浜・根岸競馬をめぐって——」
第二章第四節↓「日本の競馬観(2)　鹿鳴館時代」
第二章第五節↓「日本の競馬観(2)　鹿鳴館時代」
第三章第一節↓「幕末~文明開化期の競馬——横浜・根岸競馬をめぐって——」
第三章第二節↓「幕末~文明開化期の競馬——横浜・根岸競馬をめぐって——」
第三章第三節↓「幕末~文明開化期の競馬——横浜・根岸競馬をめぐって——」
第三章第四節↓「幕末~文明開化期の競馬——横浜・根岸競馬をめぐって——」
第三章第五節↓書下し
第三章第六節↓書下し
第三章第七節↓書下し
第四章第一節↓「日本の競馬観(3)　鹿鳴館時代（続）」
第四章第二節↓「日本の競馬観(3)　鹿鳴館時代（続）」
第四章第三節↓「日本の競馬観(3)　鹿鳴館時代（続）」、「幕末~文明開化期の競馬——横浜・根岸競馬をめぐって——」
第四章第四節↓「日本の競馬観(3)　鹿鳴館時代（続）」
第五章第一節↓「日本の競馬観(3)　鹿鳴館時代（続）」

第五章第二節→「日本の競馬観⑶　鹿鳴館時代（続）」
第五章第三節→「日本の競馬観⑶　鹿鳴館時代（続）」
第六章は、第七節（→「日本の競馬観⑵　鹿鳴館時代」）を除いて、一九九五年三月段階ではすべてが書下ろしであったが、その第一節から第五節の大部分に関しては、補筆、修正を加えたものを『もきち倶楽部』に「失われてしまった馬たち」（二〇〇〇年九月～二〇〇一年五月）と題して連載した。したがって、第一節から第五節に関しては、それが基になっており、第六節のみが書下しとなった。

本書の資料の閲覧をしたのは、主として、国立国会図書館、横浜開港資料館、神奈川県文化資料館（現・神奈川県立図書館地域資料課）、馬の博物館、外務省外交資料館、東京国立博物館であった。その内、新聞や英国の外交文書、横浜に関する資料のほとんどは開港資料館と文化資料館で閲覧したが、その二つの資料館は私のような一般閲覧者に対しても、とても利用しやすいように様々な便宜がはかられており、閲覧している間、常に感心させられた。一利用者として、場違いかも知れないが、それに対する敬意をここで表しておきたい。

本書につながる競馬に関する研究のきっかけを与えてくれたのは、一九八八年当時、筑波大学の教員であった大濱徹也、熊倉功夫、池田元、千本秀樹の各氏。本書出版の橋渡しをしてくれたのは甲南大学の木股知史氏である。また『きもち倶楽部』への連載を誘い、結果的に、かつて書いたものを改めて本書にまとめる意欲を与えてくれたのは山本一生氏である。ここに記して感謝の意を表しておきたい。

一九九〇年代以降の日本の競馬の推移を見ていると、官僚（天下りを含む）が支配し、関係者が既得権益の確保を優先するような競馬はいや応なしに破壊に向かう、というのが私の実感である。今後、明治後半期から昭和二〇年代までの競馬史を、馬券黙許から馬券禁止、馬券復活から昭和戦前期、敗戦期といったいくつかの時期に分けて論じていく予定にしているが、その作業を通して現在のような日本の競馬の構造が形作られていく歴史的経緯を明らかにすることができればとも考えている。

と書いてからも、四年の時間がたってしまった。さらに私の仕事も古びてしまった観が否めない。

二〇〇八年八月

立川健治

立川健治（たちかわ・けんじ）プロフィール

一九五〇年佐賀県生まれ。京都大学文学部卒業。現在、富山大学人文学部教授。専攻は日本近代史。主な論文に「片山潜（『史林』）、「明治後半期の渡米熱」（『史林』）、共同執筆に『大阪地方社会労働運動史』第一巻・第二巻（有斐閣）、編訳書に『図説世界文化地理大百科　日本』（朝倉書店）などがある。

●競馬及び競馬史に関する略歴●

一九五二年頃　佐賀競馬場でのスナップ写真有り、もちろん覚えていない。
一九六〇年四月　廃止直後の大阪長居競馬場近くに生まれてから七回目の転居、騎手一家と同敷地内に住み、その縁で春木競馬場に行く。
一九七三年一一月　初めてレース（菊花賞）検討、的中（一着タケホープ、二着ハイセイコー）。
一九七四年三月　大阪難波場外で初めて馬券を自分で購入（不的中）、その後現在にいたるまで、毎週買い続けている。
一九七四年四月　京都競馬場に初めて行く。ＪＲＡ（日本中央競馬会）の競馬場の初体験。同年ダービー五着のエクセルラナーの「追っかけ」となる。
一九七五年二月　川崎競馬場に初めて行く。振り返れば川崎記念（勝馬マルイチダイオー）の日、オッズ板はバスの車体だった。
一九八六年四月　大井競馬場に初めて行く。帝王賞（勝馬トムカウント）で万馬券（枠連一一八倍）を初めて的中。嬉しくて、ステーキ肉を買って帰った。
一九八八年一〇月　ロジータと出会う。新馬戦を除いて、引退式も含めて全レースを競馬場で観戦。
筑波大学で、「日本生活史」の講義を行うのが契機になって日本競馬史の勉強を開始する。
一九九〇年一二月　風呂に入っているときに、日本競馬史の研究を論文にしようと思いつき、新聞等の資料を調べ始めるようになる。現在にいたるまで続けているが、まだその道は遠い。
一九九五年一〇月　ブリダーズカップ初観戦（於：ベルモントパーク）。
二〇〇〇年八月　メールマガジン『もきち倶楽部』（http://www.bunkamura.ne.jp/mokichi-club/）に競馬史関係の資料の紹介、解説の連載開始（現在にいたる）。
二〇〇三年一二月　全日本二歳優駿（勝馬アドマイヤホープ）で、三連単三八三二倍を的中（現在までの最高配当）。
二〇〇四年五月　地方競馬の馬主資格取得（二〇〇八年三月までに計五頭を共有、計二一戦四勝）。

競馬の社会史[1]

文明開化に馬券は舞う——日本競馬の誕生——

2008年 9 月30日　第 1 刷発行©

著　者　立川健治
装　幀　M. 冠着
発行者　伊藤晶宣
発行所　(株)世織書房
印刷所　(株)マチダ印刷
製本所　協栄製本(株)

〒220-0042　神奈川県横浜市西区戸部町 7 丁目240番地　文教堂ビル
電話045(317)3176　振替00250-2-18694

落丁本・乱丁本はお取替いたします　Printed in Japan

ISBN978-4-902163-39-1